ESTUDOS EM HOMENAGEM
AO PROFESSOR DOUTOR
CARLOS FERREIRA DE ALMEIDA

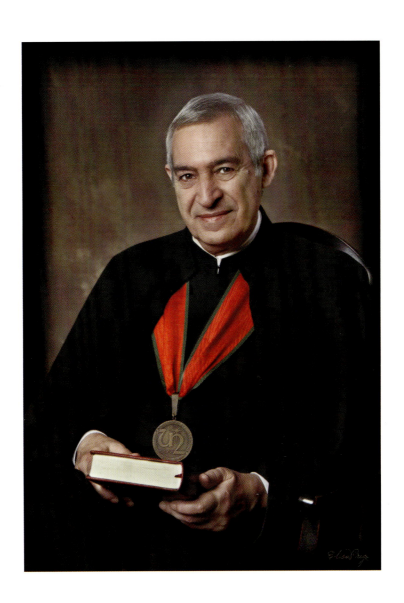

ESTUDOS EM HOMENAGEM AO PROFESSOR DOUTOR CARLOS FERREIRA DE ALMEIDA

VOLUME I

COMISSÃO ORGANIZADORA

JOSÉ LEBRE DE FREITAS
RUI PINTO DUARTE
ASSUNÇÃO CRISTAS
VÍTOR PEREIRA DAS NEVES
MARTA TAVARES DE ALMEIDA

ESTUDOS EM HOMENAGEM
AO PROFESSOR DOUTOR
CARLOS FERREIRA DE ALMEIDA

COORDENADORES
JOSÉ LEBRE DE FREITAS
RUI PINTO DUARTE
ASSUNÇÃO CRISTAS
VÍTOR PEREIRA DAS NEVES
MARTA TAVARES DE ALMEIDA

EDITOR
EDIÇÕES ALMEDINA, SA
Av. Fernão Magalhães, n.º 584, 5.º Andar
3000-174 Coimbra
Tel.: 239 851 904
Fax: 239 851 901
www.almedina.net
editora@almedina.net

DESIGN DE CAPA
FBA

PRÉ-IMPRESSÃO | IMPRESSÃO | ACABAMENTO
G. C. – GRÁFICA DE COIMBRA, LDA.
Palheira – Assafarge
3001-453 Coimbra
producao@graficadecoimbra.pt

Janeiro, 2011

DEPÓSITO LEGAL
321447/11

Os dados e as opiniões inseridos na presente publicação são da exclusiva responsabilidade do(s) seu(s) autor(es).

Toda a reprodução desta obra, por fotocópia ou outro qualquer processo, sem prévia autorização escrita do Editor, é ilícita e passível de procedimento judicial contra o infractor.

Biblioteca Nacional de Portugal – Catalogação da Publicação

ESTUDOS EM HOMENAGEM AO
PROFESSOR DOUTOR CARLOS
FERREIRA DE ALMEIDA

Estudos de homenagem ao professor
doutor Carlos Ferreira de Almeida / comis.
org. José Lebre de Freitas... [et al.]. – 4 v.
(Estudos de homenagem)
1º v. : p. - ISBN 978-972-40-4318-0

I – FREITAS, José Lebre de, 1939-

CDU   34

INTRODUÇÃO

A vida de Carlos Ferreira de Almeida tem sido cheia (como o impressionante *curriculum vitae* que adiante consta bem comprova). Entre as suas muitas realizações contam-se, em lugar de destaque, os contributos decisivos que deu para a fundação e o desenvolvimento da Faculdade de Direito da Universidade Nova de Lisboa. Ao decidir promover os presentes Estudos, tendo como motivo próximo a jubilação do homenageado, a FDUNL nada mais fez, pois, do que uma pequena retribuição.

O projecto inicial desta obra restringia-a às áreas do Direito a que Carlos Ferreira de Almeida mais atenção tem dedicado: Direito dos Registos, Direito Económico, Direito do Consumo, Direito dos Contratos, Direito Comparado e Direito dos Valores Mobiliários. A diversidade dos textos recebidos levou à decisão de abranger outras matérias (e a que a arrumação dos textos em secções nem sempre fosse fácil...). Compreender-se-á, no entanto, que os dois primeiros dos quatro volumes em que estes Estudos se desdobram, respeitando parcialmente a intenção primitiva, sejam dedicados a áreas por que o homenageado tem manifestado predilecção.

Agradecemos a todos aqueles que se juntaram a esta iniciativa. A quantidade e a qualidade dos textos reunidos são demonstrativas do prestígio de Carlos Ferreira de Almeida, mas também ilustram os seus autores.

Ao homenageado desejamos que continue a participar na vida jurídica portuguesa com as características do seu carácter e da sua obra: rigor, profundidade, energia e juventude.

A Comissão Organizadora
JOSÉ LEBRE DE FREITAS
RUI PINTO DUARTE
ASSUNÇÃO CRISTAS
VÍTOR PEREIRA DAS NEVES
MARTA TAVARES DE ALMEIDA

UMA NOTA PESSOAL

Sentámo-nos ao mesmo tempo nos bancos da Faculdade, onde só um ano de curso nos separava. Entrámos nela pela mesma altura a ensinar. Trocámos ambos a FDUL pela FDUNL, ele primeiro (desde o primeiro momento no novo projecto), eu dois anos mais tarde (para acorrer às primeiras lições de processo civil). Dos três momentos guardo gratas recordações pessoais.

Corria o ano de 1960. No anfiteatro do 1.º ano da Faculdade de Direito, em assembleia geral de estudantes, perorou um nosso «colega», arauto do regime. Era uma intervenção cheia de provocações e golpes rasteiros, ao jeito da ala mais extremista da Assembleia Nacional: para o tribuno, o terrível perigo comunista estava entre nós, na nossa Associação Académica, e havia que esconjurá-lo. Houve resposta e o debate generalizou-se. *In illo tempore* o número de estudantes opositores ao regime não parava de crescer – em breve havia de surgir a greve de 1962 –, mas também havia entre eles oportunistas e medrosos e aos primeiros, secundados pelos segundos, cabia defender o *status quo* e tentar suster o avanço da subversão democrática. Democratas também, mas mais moderados, eram os católicos progressistas, que tinham ganho as eleições para o conselho fiscal, constituído por três membros: o Rui Machete, o Miguel Galvão Teles e o presidente da JUC (Juventude Universitária Católica), Carlos Ferreira de Almeida. Sentados os três dum lado da mesa da assembleia, cabia-lhes a difícil missão de fornecer dados que objectivamente contribuiriam para moderar o debate. Num cantinho da minha memória, vejo ainda o Carlos no desempenho da missão com o sentido de equilíbrio e de justiça que nunca mais deixou de o caracterizar. Comigo guardo esse fugaz lampejo dum tempo em que o tempo existia e, existindo, se espraiava em acontecimentos que sucessivamente o iam enchendo e iam enchendo as nossas jovens imaginações.

Anos mais tarde, éramos já crescidotes quando o 25 de Abril abriu a mim e ao Carlos as portas do ensino universitário. Ao princípio, foram inúmeras assembleias de assistentes, a procurar orientar a lufada de ar fresco que os novos ensinantes insuflaram numa instituição prestigiada, mas precisada de renovação. Depois, quando à Faculdade chegou um 25 de Novembro muito nebuloso, passámos ambos, como representantes dos assistentes, pelo Conselho Pedagógico. Mais tarde, franqueado o portão resistente do doutoramento, tivemos assento no Conselho Científico e no grupo de Ciências Jurídicas da FDUL. Ao longo dessas reuniões que tivemos em comum, mais uma vez a voz do Carlos se fazia ouvir com realismo e sensatez, cada vez mais grave no tom, cada vez mais madura no conteúdo. O tempo do tempo reencontrado do 25 de Abril muito rapidamente passou, mas para a geração que a meio da vida o atravessou a sua vivência perdura.

Um dia, o Carlos, com o Diogo Freitas do Amaral, passou de armas e bagagens para a NOVA. Depois, para o 3.º ano do primeiro curso da nova faculdade pública, foram-me ambos buscar. E de novo trabalhámos lado a lado. Os tempos da nossa vida eram já outros e a sua ordenação era agora horizontal, mas o Carlos conservou sempre a persistência sem a qual não é possível realizar tarefas importantes. O seu contributo para a configuração actual da FDUNL e para o prestígio que em poucos anos ela adquiriu foi importantíssimo: se Freitas do Amaral rasgou os horizontes da nova faculdade, o Carlos preencheu-os e nesse preenchimento imprimiu a marca essencial da equipa que rapidamente fez da NOVA o que ela é, e é preciso que continue a ser: uma faculdade em que se ensina a teoria do Direito sem esquecer, por um lado, a ligação do Direito às outras disciplinas humanísticas e, por outro, a orientação da teoria para a sua aplicação prática.

Devo acrescentar que, neste nosso percurso largamente comum, nos jubilámos quase simultaneamente? Ah, sim, com um ano à frente do Carlos! Até nisso ele me leva vantagem.

JOSÉ LEBRE DE FREITAS

Curriculum vitae

científico, profissional e pedagógico
de
Carlos Manuel Figueira Ferreira de Almeida

I
DADOS PESSOAIS

Carlos Manuel Figueira Ferreira de Almeida nasceu em Setúbal, em 28 de Setembro de 1938, filho de Emídio Ernesto Calejo Ferreira de Almeida e de Ema Fernanda Figueira Henriques Ferreira de Almeida.

II
GRAUS ACADÉMICOS

1. Instrução primária na Escola Primária de Castro Daire (1944-48), concluído com exame de admissão ao Liceu Nacional de Viseu, em 1948.

2. Curso secundário no Liceu Nacional de Viseu (1948-54) e no Liceu Camões, em Lisboa (1954-55), concluído com a classificação de 18 valores.

3. Licenciatura em Direito na Faculdade de Direito da Universidade de Lisboa (1955-60) com a classificação final de 15 valores.

4. Curso Complementar de Ciências Jurídicas concluído na Faculdade de Direito da Universidade de Lisboa, em provas públicas realizadas em 22 de Junho de 1964, com a classificação de 16 valores, perante um júri constituído pelos Professores Doutores Paulo Cunha (presidente e arguente da dissertação intitulada «A publicidade no direito privado»), Manuel Gomes da Silva (Direito Civil – discussão de duas proposições escritas sobre «Justificação da protecção jurídica da aparência» e «Autorização: requisito de validade ou de eficácia?»), Adelino da Palma Carlos (Direito Processual Civil – discussão de trabalho escrito sobre «Os processos especiais de destituição de administrador e investidura em cargos sociais»), Fernando Olavo (Direito Comercial – discussão de trabalho escrito sobre «Concorrência desleal») e António Truyol y Serra (Filosofia do Direito – interrogatório livre).

5. Por deliberação do Conselho Científico da mesma Faculdade, de 19 de Julho de 1985, foi-lhe concedida a equiparação ao grau de Mestre em Direito.

6. Doutoramento em Ciências Jurídicas. Aprovado com distinção, por unanimidade, em provas públicas prestadas na Universidade de Lisboa, em 25 de Maio de 1992, perante um júri presidido pelo Professor Doutor Carlos Alberto Medeiros (Vice-Reitor) e constituído pelos Professores Doutores António Pinto Monteiro (arguente), José Dias Marques, Isabel de Magalhães Collaço (orientadora da dissertação), José de Oliveira Ascensão, Ruy de Albuquerque (arguente), António Menezes Cordeiro e Miguel Teixeira de Sousa. A prova consistiu na arguição e defesa da dissertação intitulada «Texto e enunciado na teoria do negócio jurídico».

7. Agregação em Direito Privado. Aprovado, por unanimidade, em provas públicas prestadas na Universidade Nova de Lisboa, em 24 e 25 de Fevereiro de 2005, perante um júri presidido pelo Reitor, Professor Doutor Leopoldo Guimarães, e constituído pelos Professores Doutores José de Oliveira Ascensão (arguente do relatório sobre «Direito do Consumo»), Jorge Sinde Monteiro (arguente da lição sobre «Registo de Valores Mobiliários»), António Pinto Monteiro (arguente do *curriculum vitae*), Diogo Freitas do Amaral, António Manuel Hespanha e José Lebre de Freitas.

III
CARREIRA ACADÉMICA

1. Assistente especialmente convidado e, depois, assistente convidado da Faculdade de Direito da Universidade de Lisboa, desde 2 de Novembro de 1978 até 25 de Maio de 1992.

2. Professor auxiliar do Grupo de Ciências Jurídicas da mesma Faculdade desde 26 de Maio de 1992 até 25 de Maio de 1997.

3. Professor auxiliar de nomeação definitiva da mesma Faculdade desde 26 de Maio de 1997 até 31 de Julho de 1997.

4. Professor associado do 4.° Grupo (Ciências Jurídicas) da mesma Faculdade, desde 1 de Agosto de 1997, na sequência de concurso aberto por edital de 20 de Dezembro de 1995, no qual foi graduado em 1.° lugar pelo júri constituído pelos Professores Doutores António Ferrer Correia, Inocêncio Galvão Telles, Mário Júlio de Almeida Costa, Orlando de Carvalho, Pedro Soares Martínez, José Dias Marques, Isabel de Magalhães Collaço, José de Oliveira Ascensão, Ruy de Albuquerque, Martim de Albuquerque, Jorge Miranda e Marcelo Rebelo de Sousa. Cessou estas funções em 31 de Agosto de 1998.

5. Professor associado do 2.° Grupo (Direito Privado) da Faculdade de Direito da Universidade Nova de Lisboa, nomeado definitivamente por transferência, com efeitos a partir de 1 de Setembro de 1998, por despacho do vice-reitor daquela Universidade, de 14 de Agosto de 1998, publicado no *D. R.*, II série, de 30 de Setembro de 1998.

6. Professor catedrático do 2.° Grupo (Direito Privado) da Faculdade de Direito da Universidade Nova de Lisboa, lugar para que foi designado em concurso público por deliberação unânime tomada em 7 de Dezembro de 2005 pelo júri presidido pelo Reitor, Professor Doutor Leopoldo Guimarães, e constituído pelos Professores Doutores José de Oliveira Ascensão, Guilherme de Oliveira, António Pinto Monteiro, António Manuel Hespanha, José Lebre de Freitas e João Caupers (nomeação com efeito a partir de 8 de Março de 2006, conforme *D. R.*, II série, dessa data).

7. Jubilação em 28 de Setembro de 2008.

IV
SERVIÇO DOCENTE
(MESTRADO E DOUTORAMENTO)

1. Na Faculdade de Direito da Universidade de Lisboa, co-regente (com os Professores Isabel de Magalhães Collaço e António Marques dos Santos) da cadeira de Direito Comercial Internacional em 6 anos lectivos consecutivos, desde 1992-93 até 1997-98.

2. No curso de Mestrado em Direito da mesma Faculdade, destinado a licenciados propostos pelo Ministério da Justiça de Moçambique, co-regente da parte escolar da disciplina de Direito Empresarial. Coube-lhe a leccionação no 1.° período, que decorreu em Maputo de 2 a 13 de Dezembro de 1996, compreendendo 10 aulas em seminário e entrevistas individuais com os mestrandos para selecção dos temas e preparação dos trabalhos a apresentar no 2.° período (a cargo do Professor Eduardo Paz Ferreira).

3. Na Faculdade de Direito da Universidade Lusíada (Lisboa), regente da disciplina de Direito das Empresas, nos anos lectivos de 1995-96 e 1996-97 (tema: «Instituições jurídicas de financiamento das empresas»).

4. Na Faculdade de Direito da Universidade Nova de Lisboa, regente, no âmbito do Programa de Doutoramento e de Mestrado, da disciplina anual de Direito Civil nos sete cursos até agora iniciados (desde 2001 até 2004 em co-regência com o Professor Rui Pinto Duarte). Temas: «Objecto do contrato» (1997-98); «Elementos pessoais do contrato» (1998-99); «Actos jurídicos unilaterais» (1999--2000); «Compra e financiamento da aquisição de bens móveis» (2001-02); «Aquisição *inter vivos* de direitos patrimoniais» (2002-03); «Cláusulas contratuais abusivas» (2004-05); «Gestão de bens por conta de outrem» (2006-07).

5. Na mesma Faculdade e no âmbito do mesmo programa, coordenador no ano lectivo de 1997-98 da disciplina semestral de Investigação Jurídica, leccionada por vários professores para o efeito convidados. Além de orientar os trabalhos dos estudantes, dirigiu as aulas sobre «Direitos estrangeiros e comparação jurídica» e «Utilização da jurisprudência».

6. Ainda no âmbito do mesmo programa, regente da disciplina de Direito Privado Comparado: no 1.º semestre do ano lectivo de 1998-99 (tema: «Transferência da propriedade de bens móveis na sequência de contrato»); no 1.º semestre do ano lectivo de 2005-06, em co-regência com a Professora Maria Helena Brito (tema: «Os princípios Unidroit e europeus de direito dos contratos»); no 1.º semestre do ano lectivo de 2007-08 (tema: «Prescrição»).

7. Regente (com a doutoranda Margarida Lima Rego) da disciplina de Direito Bancário e dos Seguros no 1.º semestre do ano lectivo de 2008-09 do curso de mestrado da Faculdade de Direito da Universidade Nova de Lisboa.

8. Na mesma Faculdade, no 1.º semestre do ano lectivo de 2008-09, regente da disciplina de Direito Privado do Programa de Doutoramento (tema: «contratos de cooperação associativa»).

V
SERVIÇO DOCENTE (LICENCIATURA)

1. Na Faculdade de Direito da Universidade de Lisboa:

a. Direito Económico e Direito da Economia I

– regente, sob orientação do Professor Sousa Franco, nos anos lectivos de 1978-79 (anual), 1979-80 (dois semestres), 1981-82 (um semestre), 1982--83 (um semestre), 1983-84 (um semestre), 1984-85 (dois semestres) e 1985-86 (um semestre).

– assistente colaborador do mesmo Professor, nos anos lectivos de 1980-81 (dois semestres), 1981-82 (um semestre), 1982-83 (um semestre) e 1983-84 (um semestre).

b. Direito Comparado

– regente, sob orientação da Professora Isabel de Magalhães Collaço, nos anos lectivos de 1985-86 (um semestre) e 1991-92 (dois semestres).
– regente em seis anos lectivos consecutivos, desde 1992-93 até 1997-98.

c. Sistemas Jurídicos Comparados

– regente, sob orientação da Professora Isabel de Magalhães Collaço, no ano lectivo de 1986-87 (dois semestres).

d. Teoria Geral do Direito Civil

– assistente colaborador do Professor Menezes Cordeiro, no ano lectivo de 1987-88.
– regente de uma das turmas, nos anos lectivos de 1989-90 e de 1990-91, sob orientação dos Professores Menezes Cordeiro e Oliveira Ascensão, respectivamente.

e. Direito Comercial

– regente de uma das turmas, sob orientação do Professor Oliveira Ascensão, no ano lectivo de 1992-93.
– coordenador da disciplina e regente de uma das turmas, em 5 anos lectivos consecutivos, desde 1993-94 até 1997-98.

2. Na Faculdade de Direito da Universidade Nova de Lisboa:

a. Sistemas Jurídicos Comparados

– regente no 2.º semestre dos anos lectivos de 1997-98, 1998-99, 2001-02 e 2005-06.

b. Teoria Geral do Direito Civil I

– regente no 1.º semestre em cinco anos lectivos consecutivos, desde 1998-99 até 2002-03, e, numa das duas turmas, nos anos lectivos de 2004-05 e 2005-06.

c. Teoria Geral do Direito Civil II

– regente no 2.º semestre em seis anos lectivos consecutivos, desde 1998-99 até 2003-04.

d. Teoria Geral do Direito Privado

– regente no 1.º semestre de uma das turmas, no ano lectivo de 2007-08.

e. Direito do Consumo

– regente no 1.º semestre dos anos lectivos de 2000-01, 2001-02 e 2002-03 e no 2.º semestre de 2005-06.
– co-regente (com a Professora Mariana França Gouveia) no 1.º semestre dos anos lectivos de 2003-04 e 2004-05.

f. Contratos Civis e Comerciais

– coordenador da regência no 1.º semestre do ano lectivo de 2001-02, tendo a seu cargo a leccionação de 9 aulas sobre o contrato de compra e venda; regente no 2.º semestre dos anos lectivos de 2003-04 e de 2004-05. Temas: «tipos contratuais; contrato de compra e venda; contrato de "depósito" bancário».
– regente no 2.º semestre do ano lectivo de 2007-08. Tema: «tipos contratuais».

g. Responsabilidade Civil

– coordenador da regência, com o encargo de leccionação de 4 aulas, elaboração e classificação dos testes intermédios e final (2.º semestre do ano lectivo de 2002-03).

h. Fundamentos do Método Científico e da Lógica

– orientador programático e pedagógico no 2.º semestre do ano lectivo de 1997-98, estando a leccionação a cargo da Mestra Susana Brito.

i. Direito das Obrigações I e II

– coordenador, no ano lectivo de 2004-05, da regência das duas turmas, a cargo dos doutorandos Maria Assunção Cristas e Vítor Pereira Neves.

VI
ORIENTAÇÃO DE DISSERTAÇÕES DE DOUTORAMENTO

1. Na Faculdade de Direito da Universidade Nova de Lisboa, orientou as seguintes dissertações de doutoramento em Direito Privado:

– «Tipicidade e atipicidade dos contratos», apresentada por Rui Pinto Duarte, que, em 03.07.99, foi aprovado por unanimidade, com a classificação de distinção e louvor,
– «O regime da sociedade irregular e a integridade do capital social», apresentada por Manuel António Pita, que, em 22.07.03, foi aprovado, por unanimidade, com a classificação de distinção e louvor, deliberada por maioria.

- «Transmissão contratual do direito de crédito. Do carácter real do direito de crédito», apresentada por Maria Assunção Cristas, que, em 25.01.05, foi aprovada, por unanimidade, com a classificação de distinção e louvor, deliberada por maioria.
- «Cessão de créditos em garantia», apresentada por Vítor Pereira Neves, que, em 26.05.06, foi aprovado por maioria com a classificação de distinção e louvor;
- «Contrato de seguro e terceiros», apresentada por Margarida Lima Rego, que, em 31.03.09, foi aprovada por unanimidade com a classificação de distinção e louvor;

2. Na mesma Faculdade, orienta as dissertações de doutoramento em Direito Privado sobre os seguintes temas:

- «Os alimentos entre divorciados por motivos de equidade», em elaboração desde 1999 pela Mestra Susana Brito;
- «Pagamento em moeda escritural», em elaboração desde 2000 pela licenciada Beatriz Segorbe Luís;
- «Contratação nos mercados de valores mobiliários», em elaboração desde 2002 pela licenciada Carla Pereira;
- «A responsabilidade civil dos intermediários financeiros pela violação de deveres de informação», em elaboração desde 2002 pelo licenciado Nuno Casal;
- «Contratos de consumo», em elaboração desde 2005 pelo licenciado Jorge Carvalho;
- «A medida da indemnização na responsabilidade civil contratual», em elaboração desde 2006 por Patrícia Guia Pereira.
- «Risco contratual e alteração das circunstâncias», em elaboração desde 2006 por Jorge Mattamouros Rezende.

3. Na Universidade do Minho (Departamento Autónomo da Faculdade de Direito) orientou as seguintes dissertações de doutoramento:

- «A função distintiva da marca», apresentada por Luís Couto Gonçalves; foi co-orientador o Professor Gomez Segade, da Universidade de Santiago de Compostela; em 15.01.99, o candidato foi aprovado com distinção, por unanimidade.
- «União de contratos de crédito e de venda para consumo. Efeitos para o financiador do incumprimento pelo vendedor», apresentada por Américo Fernando de Gravato Morais, que, em 06.10.03, foi aprovado por unanimidade.

VII
ORIENTAÇÃO DE DISSERTAÇÕES DE MESTRADO

1. Na Faculdade de Direito da Universidade de Lisboa, foi designado como orientador da dissertação de vários candidatos ao grau de mestre, dos quais realizaram a prova final:

- José Maria Varela Gomes Borges, que apresentou dissertação sobre «O contrato de *countertrade* no direito angolano» e foi aprovado, em 31.10.97, com 14 valores;
- António João Sequeira Ribeiro, que apresentou dissertação sobre «A garantia bancária autónoma» e foi aprovado, em 09.02.98, com 16 valores;
- Nelson Fernando Raposo Fernandes Bernardo, que apresentou dissertação sobre «A aquisição de domínio total nas sociedades comerciais» e foi aprovado, em 09.03.98, com 17 valores;
- Sofia do Nascimento Rodrigues, que apresentou dissertação sobre «A operação de reporte» e foi aprovada, em 17.06.98, com 17 valores;
- Carlos Manuel Costa Pina, que apresentou dissertação sobre «A responsabilidade pelo prospecto» e foi aprovado, em 18.06.98, com 16 valores;
- Pedro Gil Amorim Caetano Nunes, que apresentou dissertação sobre «A responsabilidade dos administradores das sociedades anónimas perante os sócios» e foi aprovado, em 11.07.2000, com 17 valores.

2. Na Faculdade de Direito da Universidade Lusíada de Lisboa orientou a dissertação de mestrado sobre «Crédito ao consumo. Da dependência contratual no crédito ao consumo», apresentada por Silvina Valente. Em provas prestadas em 15.03.2000 a candidata foi aprovada com 16 valores.

VIII
JÚRIS DE AGREGAÇÃO

1. Na Faculdade de Direito da Universidade de Coimbra, participou no júri de agregação em Ciências Jurídicas do Doutor Jorge Coutinho de Abreu, tendo a seu cargo a apreciação do *curriculum vitae*. Após provas públicas, que se realizaram nos dias 6 e 7 de Dezembro de 2006, o candidato obteve o título por maioria.

2. Na Faculdade de Direito da Universidade Nova de Lisboa, participou no júri de agregação em Direito Público da Doutora Maria Lúcia Amaral. Após provas públicas, que se realizaram nos dias 4 e 5 de Janeiro de 2007, a candidata obteve o título por unanimidade.

3. Na Faculdade de Direito da Universidade Nova de Lisboa, participou no júri de agregação em Direito Público do Doutor Jorge Bacelar Gouveia. Após provas públicas, que se realizaram nos dias 4 e 5 de Janeiro de 2007, o candidato obteve o título por unanimidade.

4. Na Escola de Direito da Universidade do Minho, participou no júri de agregação do Doutor Heinrich Ewald Hörster, tendo a seu cargo a apreciação do relatório sobre a disciplina de Direito dos Registos e do Notariado. Após provas públicas, que se realizaram nos dias 12 e 13 de Fevereiro de 2007, o candidato obteve o título por unanimidade.

5. Na Escola de Direito da Universidade do Minho, participou no júri de agregação do Doutor Luís Couto Gonçalves, tendo a seu cargo a apreciação do *curriculum vitae*. Após provas públicas, que se realizaram nos dias 23 e 24 de Julho de 2007, o candidato obteve o título por unanimidade.

6. Na Faculdade de Direito da Universidade Nova de Lisboa, participou no júri de agregação em Direito Privado do Doutor Rui Pinto Duarte. Após provas públicas, que se realizaram nos dias 15 e 16 de Maio de 2008, o candidato obteve o título por unanimidade.

7. Na Faculdade de Direito da Universidade Nova de Lisboa, participou no júri de agregação em Direito Público da Doutora Teresa Pizarro Beleza. Após provas públicas, que se realizaram nos dias 3 e 4 de Julho de 2008, a candidata obteve o título por unanimidade.

8. Na Escola de Direito da Universidade do Minho, participou no júri de agregação do Doutor Nuno Pinto de Oliveira. Após provas públicas, que se realizaram nos dias 15 e 16 de Julho de 2008, o candidato obteve o título por unanimidade.

IX
JÚRIS DE CONCURSO PARA PROFESSOR CATEDRÁTICO E ASSOCIADO

1. Na Faculdade de Direito da Universidade Nova de Lisboa participou no júri de concurso para um lugar de professor associado (Direito Público). A única candidata, Doutora Teresa Pizarro Beleza, foi aprovada por unanimidade em reunião realizada em 18 de Dezembro de 2000.

2. Na Escola de Direito da Universidade do Minho participou no júri de concurso para um lugar de professor associado (Ciências Jurídicas Privatísticas) que, em reunião realizada em 3 de Fevereiro de 2003, propôs por unanimidade a nomeação como professor associado do Doutor Luís Couto Gonçalves.

3. Na Faculdade de Direito da Universidade de Coimbra participou no júri de concurso para um lugar de professor catedrático do 4.º grupo (Ciências Jurídicas) que, em reunião realizada em 11 de Abril de 2008, propôs por unanimidade a nomeação do único candidato, Doutor Jorge Manuel Coutinho de Abreu.

4. Na Faculdade de Economia da Universidade de Coimbra participou no júri de concurso para um lugar de professor associado do VII Grupo (Quadros Jurídicos da Economia). O único candidato, Doutor Rui Namorado, foi aprovado por unanimidade em reunião realizada em 7 de Julho de 2008.

5. Na Faculdade de Direito da Universidade Nova de Lisboa participou no júri de concurso para dois lugares de professor associado (Direito Privado). As duas candidatas, Doutoras Mariana França Gouveia e Assunção Cristas, foram admitidas por unanimidade em reunião realizada em 3 de Outubro de 2008.

X
RELATÓRIOS SOBRE ACTIVIDADE CIENTÍFICA

1. Elaborou, em 16 de Outubro de 2007, relatório com parecer favorável para a nomeação definitiva do Doutor Luís Couto Gonçalves como professor associado da Escola de Direito da Universidade do Minho.

2. Subscreveu, em 24 de Março de 2008, relatório com parecer favorável para a nomeação definitiva do Doutor Manuel António Pita como Professor auxiliar da Secção Autónoma de Direito do ICSTE.

3. Subscreveu, em 19 de Junho de 2008, relatório com parecer favorável para a nomeação definitiva do Doutor Fernando de Gravato Morais como Professor auxiliar da Escola de Direito da Universidade do Minho.

4. Subscreveu, em Setembro de 2008, relatório com parecer favorável para a nomeação definitiva da Doutora Mariana França Gouveia como Professora auxiliar da Faculdade de Direito da Universidade Nova de Lisboa.

5. Elaborou, em 12 de Outubro de 2008, parecer favorável sobre a tese de doutoramento em Direito apresentada por Achim Puetz, na Universitat Jaume I de

Castelló de la Plana, com o título «Régimen jurídico de la utilización de vagones particulares en tráfico ferroviario».

XI
JÚRIS DE DOUTORAMENTO

Conforme a seguir se discrimina, participou em 14 júris de doutoramento, constituídos em 5 universidades, tendo sido arguente de 3 dissertações sobre temas de Teoria Geral do Direito Civil, Direito das Obrigações e Direito do Trabalho.

1. Na Universidade do Minho, participou em 25.10.95 num júri de doutoramento em Ciências Jurídicas. Após provas públicas realizadas em Braga, foi recusada, por maioria, a atribuição ao candidato do grau de doutor.

2. Na Faculdade de Direito da Universidade de Lisboa, participou no júri de doutoramento em Ciências Jurídicas de Luís Manuel Teles de Menezes Leitão, que apresentou a dissertação intitulada «O enriquecimento sem causa no direito civil». Após provas públicas realizadas em 26.01.98, o candidato foi, por unanimidade, aprovado com distinção e louvor.

3. Na Universidade do Minho, participou no júri de doutoramento em Ciências Jurídicas de Luís Couto Gonçalves, que apresentou a dissertação intitulada «Função distintiva da marca». Após provas públicas realizadas em Braga, em 15.01.99, o candidato foi, por unanimidade, aprovado com distinção.

4. Na Faculdade de Direito da Universidade do Porto, integrou o júri das provas de doutoramento requeridas por Ana Maria Correia Rodrigues Prata, tendo arguido a dissertação intitulada «O sinal e a função do contrato-promessa». Após provas públicas realizadas em 25.03.99, a candidata foi aprovada por unanimidade.

5. Na Faculdade de Direito da Universidade Nova de Lisboa, participou no júri de doutoramento em Direito Privado de Rui Pinto Duarte, tendo arguido a dissertação intitulada «Tipicidade e atipicidade dos contratos». Após provas públicas realizadas em 03.07.99, o candidato foi aprovado com distinção e louvor, por unanimidade.

6. Na Faculdade de Direito da Universidade Nova de Lisboa, participou no júri de doutoramento em Direito Privado de António Garcia Pereira, tendo arguido a dissertação intitulada «A viragem do século: o "ocaso" ou o "renascimento" do Direito do Trabalho?». Em provas públicas realizadas em 23.07.02, o candidato foi aprovado com distinção, por maioria.

7. Na Faculdade de Direito da Universidade Nova de Lisboa, participou no júri de doutoramento em Direito Privado de Manuel António Pita, que apresentou a dissertação intitulada «O regime da sociedade irregular e a integridade do capital social». Em provas públicas realizadas em 22.07.03, o candidato foi aprovado por unanimidade, obtendo a classificação de distinção e louvor, por maioria.

8. Na Universidade do Minho, participou no júri de doutoramento em Ciências Jurídico-Empresariais de Américo Fernando de Gravato Morais sobre «União de contratos de crédito e de venda para consumo. Efeitos para o financiador do incumprimento pelo vendedor». Após provas públicas realizadas em Braga, em 06.10.03, o candidato foi aprovado por unanimidade.

9. Na Faculdade de Direito da Universidade Nova de Lisboa, participou no júri de doutoramento em Direito Privado de Mariana França Gouveia que apresentou a dissertação intitulada «A causa de pedir na acção declarativa». Em provas públicas realizadas em 16.10.03, a candidata foi aprovada com distinção e louvor, por unanimidade.

10. Na Faculdade de Direito da Universidade de Coimbra, participou no júri de doutoramento em Ciências Jurídico-Empresariais de Filipe Cassiano Nunes dos Santos que apresentou a dissertação intitulada «Estrutura associativa e participação societária capitalística». Em provas públicas realizadas em 17.10.03, o candidato foi aprovado por unanimidade, com a classificação de distinção e louvor, deliberada por maioria.

11. Na Faculdade de Direito da Universidade Nova de Lisboa, participou no júri de doutoramento em Direito Privado de Maria Assunção Cristas, que apresentou a dissertação intitulada «Transmissão contratual do direito de crédito. Do carácter real do direito de crédito». Em provas públicas realizadas em 25.01.05, a candidata foi aprovada por unanimidade, obtendo a classificação de distinção e louvor, por maioria.

12. Na Faculdade de Direito da Universidade de Coimbra, participou no júri de doutoramento em Ciências Jurídico-Empresariais de Alexandre Soveral Martins, tendo arguido a dissertação intitulada «Cláusulas do contrato de sociedade que limitam a transmissibilidade das acções: sobre os arts. 328.° e 329.° do CSC». Em provas públicas realizadas em 10.02.06, o candidato foi aprovado com a classificação de distinção e louvor, por unanimidade.

13. Na Faculdade de Direito da Universidade Nova de Lisboa, participou no júri de doutoramento em Direito Privado de Vítor Pereira Neves, que apresentou a dissertação intitulada «Cessão de créditos em garantia». Em provas públicas realizadas em 26.05.06, o candidato foi aprovado por maioria com a classificação de distinção e louvor.

14. Na Faculdade de Direito da Universidade de Coimbra, participou no júri de doutoramento em Ciências Jurídico-Civilísticas de Paulo Mota Pinto, que apresentou a dissertação intitulada «Interesse contratual negativo e interesse contratual positivo». Em provas públicas realizadas em 16.01.08, o candidato foi aprovado com a classificação de distinção e louvor, por unanimidade.

15. No Instituto Superior de Ciências do Trabalho e da Empresa, participou, como arguente, no júri de doutoramento em Direito das Empresas (Direito Comercial) de Nuno Mário Torres Mendes, que apresentou a dissertação intitulada «A transferência do risco no contrato de compra e venda. Direito português». Em provas públicas realizadas em 12.11.08, foi recusada, por maioria, a atribuição ao candidato do grau de doutor.

16. Na Faculdade de Direito da Universidade Nova de Lisboa, participou no júri de doutoramento em Direito Privado de Margarida Lima Rego, que apresentou a dissertação intitulada «Contrato de seguro e terceiros». Em provas públicas realizadas em 31.03.09, a candidata foi aprovada por unanimidade com a classificação de distinção e louvor.

XII
JÚRIS DE MESTRADO

Participou em 67 júris de mestrado, constituídos em 6 universidades – Universidade de Lisboa (32), Universidade de Coimbra (22), Universidade Católica Portuguesa (7 em Lisboa e 1 no Porto), Nova de Lisboa (3), Autónoma (1) e Lusíada (1). As dissertações correspondentes (das quais arguiu 33) incidem sobre temas relativos às seguintes disciplinas jurídicas:

2 de Teoria Geral do Direito Civil (arguente de ambas)
5 de Direito das Obrigações (arguente de 3)
1 de Direitos Reais (arguente)
15 de Direito Comercial (arguente de 6)
14 de Direito das Sociedades (arguente de 7)
10 de Direito dos Valores Mobiliários (arguente de 7)
5 de Direito do Consumo (arguente de todas)
1 de Direito do Trabalho (arguente)

3 de Direito Processual Civil (arguente de 1)
4 de Direito da Economia (arguente de 2)
3 de Direito Comunitário (arguente de 2)
1 de Direito Fiscal
2 de Direito Administrativo e
1 de Direito Constitucional.

XIII
PARTICIPAÇÃO EM ÓRGÃOS ACADÉMICOS E DESEMPENHO DE OUTRAS FUNÇÕES ACADÉMICAS

1. Na Faculdade de Direito da Universidade de Lisboa:

– Presidente do Conselho Fiscal da Associação Académica no ano lectivo de 1959-60.
– Membro da Assembleia de Representantes em vários anos lectivos a partir de 1978-79.
– Presidente da Assembleia de Representantes em quatro anos lectivos, desde 1992-93 até 1995-96.
– Coordenador dos Centros de Apoio de Beja e de Faro em três anos lectivos, desde 1992-93 até 1994-95.
– Membro dos júris para a apreciação de trabalhos apresentados em concursos para assistente estagiário, em Outubro de 1992, Junho de 1993, Outubro de 1994, Junho de 1996 e Setembro de 1997.

2. Na Universidade de Lisboa:

– Membro por inerência da Assembleia da Universidade em quatro anos lectivos, de 1992-93 a 1995-96.
– Coordenador para a Faculdade de Direito do Projecto de Avaliação da Universidade de Lisboa nos anos lectivos de 1992-93 e 1993-94.
– Membro do Senado da Universidade nos anos lectivos de 1993-94 e de 1997-98.

3. Na Faculdade de Direito da Universidade Nova de Lisboa

– Desempenhou na fase de instalação, desde Abril de 1996 até Novembro de 1999, a função de vogal da Comissão Instaladora da Faculdade de Direito da Universidade Nova de Lisboa, no âmbito da qual colaborou designadamente na elaboração dos seguintes documentos: Princípios Orientadores, Regulamento Curricular e Pedagógico do curso de licenciatura e Regulamento do Programa de Doutoramento e Mestrado.

– Na mesma qualidade, tomou parte na missão que, entre 21 e 25 de Abril de 1997, visitou a *Law School* da Universidade de Columbia (Nova Iorque) com o objectivo de estudar métodos de organização e de ensino do direito.
– Entre Julho e Novembro de 1999 fez parte do Conselho Administrativo da Comissão Instaladora da Faculdade.
– Coordenador do Seminário Permanente sobre o Estado e o Estudo do Direito (SPEED) nos anos lectivos de 1998-99, 1999-2000 e 2000-01.
– Integrou os júris de selecção dos candidatos aos 1.º, 2.º, 3.º e 5.º Programas de Doutoramento e de Mestrado (1997, 1998, 1999 e 2002).
– Membro dos júris que decidiram a contratação do Doutor Miguel Poiares Maduro (1998) e do Mestre Francisco Sousa da Câmara (2000), respectivamente, como professor auxiliar e professor convidado da Faculdade de Direito.
– Integrou os júris de selecção de assistentes estagiários em 1999 e 2000.
– Presidente do Conselho Pedagógico da Faculdade desde 10 de Novembro de 1999 até 31 de Dezembro de 2001 e, por inerência, vogal do Conselho Directivo durante o mesmo período.
– Presidente do júri de concurso para provimento de um lugar de Director de Serviços do quadro de pessoal da Faculdade de Direito da Universidade Nova de Lisboa, aberto por aviso publicado no *D. R.*, II série, de 19 de Janeiro de 2001.
– Coordenador da UMAC – Unidade de Mediação e de Acompanhamento de Conflitos de Consumo, criada pela Faculdade de Direito da Universidade Nova de Lisboa e pelo Instituto do Consumidor (desde Julho de 2001 até Fevereiro de 2004).
– Director da Faculdade de Direito da Universidade Nova de Lisboa, eleito pela Assembleia de Representantes e nomeado pelo Reitor; exerceu funções desde 1 de Janeiro de 2002, tendo renunciado ao cargo em 8 de Outubro de 2003, para gozar licença sabática.
– Por inerência, no mesmo período, presidente dos Conselhos Directivo e Administrativo da Faculdade.
– Por designação do Conselho Científico, pertenceu, desde Novembro de 2003 até à jubilação, ao Conselho Directivo com os pelouros de ensino pós-graduado, reorganização curricular e reflexão estratégica.

4. Na Universidade Nova de Lisboa
– Participou, nos anos lectivos de 1997-98 e 1998-99, em reuniões do Senado e da Comissão Permanente do Senado da Universidade Nova de Lisboa, em substituição do Presidente da Comissão Instaladora da Faculdade de Direito.

– Em cumprimento de despacho do Reitor, de 28 de Abril de 1999, instruiu processo disciplinar em que era arguido um professor associado de outra Faculdade.
– Por inerência ao cargo de director da Faculdade de Direito, foi, desde Janeiro de 2002 até Outubro de 2003, membro do Senado, da Secção Permanente do Senado, da Secção Disciplinar do Senado e da Mesa da Assembleia da Universidade Nova de Lisboa.
– Membro do júri de selecção do estudo prévio do projecto de arquitectura do edifício da Faculdade de Direito da Universidade Nova de Lisboa; o relatório final foi entregue em 24 de Outubro de 2002 e posteriormente homologado pelo Reitor da Universidade Nova de Lisboa.
– Membro do Senado, eleito em Maio de 2006.
– Provedor do Estudante da Universidade Nova de Lisboa, desde 11 de Dezembro de 2008.

XIV
OUTRAS ACTIVIDADES E FUNÇÕES

1. Dirigente da Juventude Universitária Católica, onde assumiu sucessivamente os cargos de presidente da secção de Direito de Lisboa (1958-59), presidente diocesano de Lisboa (1959-60), presidente geral (1960-61) e, por inerência, nesse período, director do jornal *Encontro*.

2. Serviço militar obrigatório como cadete miliciano, em Mafra e em Lisboa, desde Agosto de 1960 até Janeiro de 1961, aspirante a oficial miliciano, em Lisboa, de Janeiro a Junho de 1961, e alferes miliciano de Administração Militar, em Luanda e Quibaxe (Angola), desde Junho de 1961 até Junho de 1963.

3. Delegado do Procurador da República, interino, na comarca de Meda (desde Dezembro de 1963 até Fevereiro de 1964), Delegado do Procurador da República, efectivo, primeiro, na comarca de Vila Real de Santo António (desde Julho de 1964 até Julho de 1966) e, depois, em comissão de serviço, como inspector da subdirectoria do Porto da Polícia Judiciária (desde Julho de 1966 até Agosto de 1968).

4. Director-adjunto, director e director-geral-adjunto do Banco de Crédito Comercial e Industrial, em Luanda (1968-73) e em Lisboa (1973-75).

5. Advogado inscrito no Tribunal da Relação de Luanda (1968-73).

6. Administrador e presidente do Conselho de Administração de várias sociedades, em representação, ou por designação, do Banco Borges & Irmão, durante diversos períodos entre 1974 e 1994.

7. Presidente da Comissão Administrativa nomeada pelo Governo no âmbito da intervenção do Estado na gestão de várias sociedades pertencentes ao «grupo Borges» (1976-81).

8. Director-geral do Banco Borges & Irmão, em Lisboa (1976-82).

9. Assessor jurídico do conselho de administração do Banco Borges & Irmão, desde 1983, continuando a desempenhar idênticas funções nas instituições que lhe sucederam, primeiro, no Banco de Fomento e Exterior e, depois, no BPI – Banco Português de Investimento, até à aposentação em 1 de Janeiro de 2002.

10. Membro da Comissão Consultiva da Concorrência (1986-90).

11. Vogal da direcção da DECO – Associação Portuguesa para a Defesa do Consumidor (1988-90).

12. Membro do grupo de trabalho para o direito comunitário que funcionou na Associação Portuguesa de Bancos (1990-93).

13. Exerce, desde 1992, a actividade de jurisconsulto. Nesta qualidade elaborou vários pareceres para junção em processos judiciais e arbitrais, para a prevenção ou a resolução extrajudicial de conflitos ou para o esclarecimento de diversas questões jurídicas. A maioria desses pareceres tem incidido sobre questões de Direito Civil e de Direito Comercial, especialmente Direito dos Contratos, Direito das Sociedades, Direito dos Valores Mobiliários e Direito do Consumo.

14. Tem participado em vários tribunais arbitrais, como presidente e como vogal, integrando a lista de árbitros do Centro de Arbitragem Comercial de Lisboa (desde 1994), a lista de árbitros do Centro de Arbitragem do Instituto dos Valores Mobiliários (desde 2000) e a lista de árbitros do Centro de Arbitragem Comercial do Porto (desde 2004).

15. Vogal do Conselho Superior do Ministério Público, eleito pela Assembleia da República (Janeiro de 1993-Julho de 1997).

16. Pertenceu, desde a sua criação em Julho de 1998 até Julho de 2001, ao Conselho Orientador do Instituto de Valores Mobiliários. Em Julho de 2001 foi eleito para a Direcção do Instituto. Desde 2006, desempenha a função de Presidente da Assembleia Geral.

17. Por designação do Ministro da Justiça, integrou, desde Setembro de 1998 até Abril de 2002, o Conselho Pedagógico do Centro de Estudos Judiciários.

18. Membro do Conselho Directivo e Científico do curso de pós-graduação sobre *Mercados, instituições e instrumentos financeiros*, organizado, no ano lectivo de 1999-2000, pelas Faculdades de Direito das Universidades de Lisboa e Nova de Lisboa, pela Nova Forum e pela Bolsa de Derivados do Porto.

19. Membro do Conselho Consultivo da Comissão do Mercado de Valores Mobiliários, desde Junho de 2000.

20. Membro da Comissão Gestora dos Índices da Bolsa de Valores de Lisboa e Porto, desde Junho de 2000 até Dezembro de 2002.

21. Membro da Comissão Científica do curso de pós-graduação sobre *Gestão e Direito das Empresas*, organizado em 2003 e em 2004 pela Nova Forum e pela Faculdade de Economia da Universidade Nova de Lisboa.

22. Presidente da Mesa da Assembleia Geral da Jurisnova – Associação da Faculdade de Direito da Universidade Nova de Lisboa (desde Abril de 2005).

23. Vogal do Conselho Superior da Magistratura, eleito pela Assembleia da República em 5 de Maio de 2005.

24. Vice-Presidente da Assembleia Geral da APA – Associação Portuguesa de Arbitragem (desde Março de 2006).

XV
TRABALHOS E FUNÇÕES DE NATUREZA CIENTÍFICA E DE COLABORAÇÃO NORMATIVA

1. Redigiu os capítulos I a IV («Introduction», «Information», «Publicité», «Prix») do relatório intitulado *L'examen détaillé de la législation portugaise à l'égard des consommateurs*, elaborado a pedido da Comissão das Comunidades Europeias. O relatório, no qual colaboram também José Simões Patrício e Manuela Neto, foi apresentado em 1985.

2. Em substituição da Professora Isabel de Magalhães Collaço e por sua indicação, participou na última reunião plenária (Oxford, 3 a 7 de Dezembro de 1990) da 1.ª *Commission on European Contract Law*, que elaborou os «Princípios» a seguir referidos.

3. Colaborou com a Professora Isabel de Magalhães Collaço na redacção das *Notes concernant le droit portugais*, concluídas em Julho de 1991, destinadas à redacção final dos Princípios de Direito Europeu dos Contratos – cfr. *Principles of European Contract Law. Part I. Performance, non-performance and remedies* (org. Lando & Beale), Dordrecht, Boston, London, Martinus Nijhoff Publishers, 1995.

4. Membro do Conselho Científico da *Revue européenne de droit de la consommation*, editada pelo *Centre de droit de la consommation* da Universidade de Louvain-la-Neuve (1991-98).

5. Membro do *European Consumer Law Group*, com sede em Bruxelas (1993-98).

6. Participou em sucessivos painéis de avaliação em concursos abertos, na área das Ciências Jurídicas, pela Junta Nacional de Investigação Científica e Tecnológica (e depois pela Fundação para a Ciência e Tecnologia), designadamente no âmbito do Programa Praxis XXI, para a atribuição de bolsas de Mestrado, Doutoramento e Pós-Doutoramento e de outros meios de financiamento de projectos de investigação (Junho de 1995, Julho de 1995, Outubro de 1996, Maio de 1997, Outubro de 1997, Abril de 1998, Abril de 1999, Junho de 2004, Janeiro de 2005, Julho e Outubro de 2007, Julho de 2008, sendo o coordenador nos painéis desde 2004).

7. Participou no projecto *The common core of european private law*, promovido pela Universidade de Trento; na primeira reunião geral, que teve lugar em Trento de 6 a 8 de Julho de 1995, tomou parte na discussão geral sobre os objectivos e o método, assim como na sessão do grupo sobre «Contract (Good faith)».

8. A pedido do Secretário de Estado do Ambiente, apresentou em 28 de Janeiro de 1996 comentários ao Anteprojecto de Decreto-Lei relativo aos serviços públicos essenciais.

9. Membro da Comissão para a elaboração do anteprojecto do Código do Consumidor, nomeada pela Ministra do Ambiente, desde Julho de 1996 até Maio de 1997, data em que pediu a exoneração por ter sido designado para outra comissão legislativa.

10. Por indicação da Associação Portuguesa de Bancos, fez parte da Comissão Euro (secção jurídica) nomeada pelo Ministro das Finanças em Janeiro de 1997.

11. Redigiu, em Janeiro de 1997, as notas comparativas relativas ao direito português, destinadas à 2.ª parte dos Princípios de Direito Europeu dos Contratos (*Formation, authority of agents, validity, interpretation, contents and effects*). Estas notas foram tomadas em consideração nos *Principles of European Contract*

Law. Parts I and II (org. Lando & Beale), The Hague, Boston, London, Kluwer Law International, 2000.

12. Integrou a *Third Commission on European Contract Law*, presidida pelo Professor Ole Lando, que funcionou desde Fevereiro de 1997 até Fevereiro de 2001, dando sequência aos Princípios referidos no n.º 2 e no número anterior. Nessa qualidade, participou nas reuniões da Comissão realizadas em Regensburg (Alemanha) entre 9 e 13 de Dezembro de 1997, Edinburgh (Escócia) entre 5 e 9 de Janeiro de 1999, Graz (Áustria) entre 14 e 18 de Fevereiro de 2000 e Copenhagen (Dinamarca) entre 6 e 10 de Fevereiro de 2001, tendo elaborados as «notas» referentes ao direito português. Os temas analisados durante esta fase foram os seguintes: condição, juros compostos, efeitos da ilegalidade, prescrição, compensação, cessão de créditos, assunção de dívidas, pluralidade de devedores e de credores. O resultado final do trabalho da Comissão está publicado em *Principles of European Contract Law – Part III* (org. Lando, Clive Prum & Zimmerman), Aspen Publishers, 2004.

13. Presidente do Grupo de Trabalho encarregado de elaborar o projecto de um novo Código do Mercado dos Valores Mobiliários, nomeado por despacho do Ministro das Finanças de 27 de Maio de 1997. O Grupo de Trabalho apresentou ao Ministro das Finanças o projecto da proposta de lei do Governo que veio a ser aprovada pela Assembleia da República como Lei n.º 106/99, de 26 de Julho, o projecto do Código dos Valores Mobiliários que veio a ser aprovado pelo Decreto-Lei n.º 486/99, de 13 de Novembro, e o projecto do Estatuto da Comissão do Mercado de Valores Mobiliários, que veio a ser aprovado pelo Decreto-Lei n.º 473/99, de 8 de Novembro. O Grupo de Trabalho participou ainda nos trabalhos preparatórios do Decreto-Lei n.º 394/99, de 13 de Outubro, sobre o regime das entidades gestoras de mercados de valores mobiliários regulamentados e não regulamentados e das entidades que prestam serviços relacionados com a gestão desses mercados. Por proposta do Grupo de Trabalho, estes diplomas foram traduzidos para inglês, constituindo a obra *Securities Code*, Lisboa, Coimbra, CMVM, Almedina, 2000.

14. A pedido do Ministro Adjunto do Primeiro-Ministro, elaborou, em Maio de 1998, com a colaboração do Professor Paulo Otero, parecer sobre o «cálculo do prémio no contrato de seguro contra danos próprios em veículo automóvel», com base no qual foi alterada a Norma Regulamentar n.º 14/97-R, de 9 de Outubro, do Instituto de Seguros de Portugal, publicada no *D. R.*, III série, de 25 de Outubro de 1997, sobre a elaboração de tabelas de desvalorização.

15. A pedido do Ministro da Justiça, apresentou, em Abril de 1999, observações sobre o anteprojecto do «Regime jurídico de protecção das pessoas singulares insolventes».

16. Membro do Conselho de Redacção da *Themis* – Revista da Faculdade de Direito da Universidade Nova de Lisboa, desde o n.º 1, publicado em Abril de 2000.

17. Autor do projecto de Código Deontológico aprovado pela APFIN – Associação Portuguesa das Sociedades Gestoras de Patrimónios e de Fundos de Investimento, registado na CMVM em Dezembro de 2000, e do projecto de Código Deontológico da APFIPP – Associação Portuguesa de Fundos de Investimento, Pensões e Patrimónios, apresentado àquela associação em Março de 2004.

18. Membro dos júris para a atribuição pela Comissão do Mercado de Valores Mobiliários dos prémios para trabalhos jurídicos relativo a 2001 e 2005.

19. Membro da Comissão Organizadora dos *Estudos em homenagem à Professora Doutora Isabel de Magalhães Collaço*, obra em dois volumes, publicada em 2002 pela Livraria Almedina, de Coimbra.

20. A pedido do Instituto do Consumidor, apresentou, em Outubro de 2002, comentários a um anteprojecto de diploma de alteração do regime do crédito ao consumo.

21. Coordenador do grupo de trabalho formado na Faculdade de Direito da Universidade Nova de Lisboa, em Maio de 2003, para a execução do protocolo celebrado com o Ministério da Justiça para a eventual revisão do Código Civil; o relatório preliminar foi publicado em *Reforma do Direito Civil* (org. Ministério da Justiça, Gabinete de Política Legislativa e Planeamento), Coimbra, Almedina, 2005, pp. 75-98.

22. Redigiu, em co-autoria e a pedido do Gabinete de Política Legislativa e de Planeamento do Ministério da Justiça, parecer sobre o enquadramento jurídico preliminar relativo a um «Novo Sistema de Informação Empresarial», com incidência na constituição e registo das sociedades comerciais (Maio de 2004).

23. Membro da direcção do CEDIS – Centro de Investigação & Desenvolvimento sobre Direito e Sociedade da Faculdade de Direito da Universidade Nova de Lisboa, desde Abril de 2004.

24. Coordenador do grupo de reflexão sobre direito do consumo, criado na Faculdade de Direito da Universidade Nova de Lisboa, em Abril de 2005, para a elaboração de pareceres sobre projectos legislativos em apreciação no Instituto do Consumidor (depois Direcção-Geral do Consumidor); foram já apresentados pareceres sobre «orçamento em contratos de prestação de serviços de consumo»;

«instalação, funcionamento e segurança de centros de bronzeamento artificial»; «livro de reclamações»; «prescrição do direito à restituição das cauções» (2005); «práticas comerciais desleais»; «data-valor», «seguros de saúde» (2006); «crédito ao consumo», «brindes», «seguro de vida associado a crédito à habitação» (2009).

25. A convite do Ministro da Justiça, participou, a partir de Maio de 2005, num círculo informal de reflexão na área de acção do Ministério da Justiça.

26. A pedido do Ministro da Justiça, elaborou com o Doutor Vítor Pereira Neves um *Estudo para a recepção legislativa do trust no direito português*, entregue em Julho de 2006, que inclui uma sinopse comparativa, as linhas gerais de política legislativa, o anteprojecto de decreto-lei sobre o regime jurídico da fidúcia (com a respectiva exposição de motivos), o anteprojecto de lei de autorização legislativa e a proposta de adesão de Portugal à Convenção da Haia sobre a lei aplicável ao *trust* e ao seu reconhecimento.

27. Coordenador (com Assunção Cristas e Nuno Piçarra) da obra *Portuguese Law – an Overview*, publicada em 2007 pela Livraria Almedina, de Coimbra.

28. Redigiu em Janeiro e Agosto de 2007, em conjunto com a Professora Assunção Cristas, as notas de direito português destinadas ao *Common Frame of Reference on contractual and non-contractual rights and obligations (Book I – General provisions; Book II – Contracts and other juridical acts; Book III – Obligations and corresponding rights)*. O projecto, coordenado pelo Professor Eric Clive, integra-se nos trabalhos do *Study Group on a European Civil Code*.

29. Coordenador (com Diogo Freitas do Amaral e Marta Tavares de Almeida) da obra *Estudos comemorativos dos 10 anos da Faculdade de Direito da Universidade Nova de Lisboa*, 2 volumes, publicado em 2008 pela Livraria Almedina, de Coimbra.

XVI
COMUNICAÇÕES APRESENTADAS EM CONGRESSOS E LIÇÕES PROFERIDAS EM CURSOS, SEMINÁRIOS E OUTRAS ACTIVIDADES DE FORMAÇÃO

Mais de 150, em universidades, associações cívicas, associações profissionais e outras instituições, públicas e privadas, em Portugal e no estrangeiro.

XVII
TEXTOS DE DIVULGAÇÃO JURÍDICA

1. «Ilícito concorrencial: para uma concorrência efectiva» – artigo publicado em *O Jornal*, suplemento de 11.05.84

2. Coordenação e redacção em co-autoria do *Guia do consumidor*, editado em 1987 pelo Instituto Nacional de Defesa do Consumidor

3. «A protecção dos direitos económicos dos consumidores», *A defesa do consumidor*, IPSD-FSC, Linda-a-Velha, 1985, pp. 41-47

4. Tradução para português do original francês do artigo de Sami Abu-Sahlieh Aldeeb «Conflitos entre direito religioso e direito estadual em relação aos muçulmanos residentes em países muçulmanos e em países cristãos», publicado em *Análise Social*, n.ºs 145-147, 1998, pp. 539-561

5. «O novo Código dos Valores Mobiliários» – entrevista publicada na *Newsletter* do Instituto do Mercado de Capitais, n.º 5, Março de 2000

6. «Seminário Permanente sobre o Estado e o Estudo do Direito (SPEED)», *Themis*, n.º 2, 2000, pp. 327-329

7. «Os fornecedores que se acautelem!» – artigo publicado no *Jornal de Negócios* de 15 de Março de 2001

8. «Cinco anos de existência da Faculdade de Direito da Universidade Nova de Lisboa: um balanço», *Themis*, n.º 3, 2001, pp. 411-416

9. «Seminário Permanente sobre o Estado e o Estudo do Direito (SPEED)», *Themis*, n.º 3, 2001, pp. 408-409

10. «UMAC – Unidade de Mediação e de Acompanhamento de Conflitos de Consumo», *Themis*, n.º 4, 2001, pp. 247-251

11. Revisão do CD-ROM sobre *Comércio electrónico* editado em Julho de 2002 pela DECO, pelo Instituto do Consumidor e pelo jornal *Público*

12. «Freitas do Amaral e Ferreira de Almeida falam sobre o ensino do Direito» – entrevista ao *JL – Jornal de Letras, Artes e Ideias*, n.º 843, caderno *JL – Educação* (22 de Janeiro a 4 de Fevereiro de 2003)

13. «Sistema judicial e desenvolvimento económico» – IV Encontro Anual do Conselho Superior da Magistratura, Coimbra, 2007, pp. 154-159

XVIII
OBRAS PUBLICADAS
(DE NATUREZA CIENTÍFICA E PEDAGÓGICA)

1. *A publicidade no direito privado*, Dissertação para o Curso Complementar de Ciências Jurídicas, 129 p. + 255 p., Faculdade de Direito da Universidade de Lisboa, 1964 (policopiado)

2. *Publicidade e teoria dos registos*, 342 p., Coimbra, Almedina, 1966 (texto revisto da obra referida em 1)

3. *Direito económico*, sumários das lições ao 3.º ano, no ano lectivo de 1978-79, 397 p., Associação Académica da Faculdade de Direito de Lisboa, 1978--79 (policopiado)

4. «As empresas – alguns aspectos», 289 p., em *Temas de direito económico*, n.º 5, Associação Académica da Faculdade de Direito de Lisboa, 1978-79 (policopiado)

5. *Direito económico*, I e II Partes, 755 p., Associação Académica da Faculdade de Direito de Lisboa, 1979-80 (policopiado, com sucessivas reimpressões; texto concentrado e revisto das obras antes referidas sob os n.ºs 3 e 4)

6. «O direito do consumo», capítulo IX (pp. 105-112) da obra de Sousa Franco, *Direito económico*, vol. I, Associação Académica da Faculdade de Direito de Lisboa, 1981

7. *Os direitos dos consumidores*, 360 p., Coimbra, Almedina, 1982

8. *Direito económico. Programa e indicações complementares de estudo para o curso regido no 2.º semestre do ano lectivo de 1981-82*, 20 p., Associação Académica da Faculdade de Direito de Lisboa, 1982 (policopiado)

9. *Propriedade dos meios de produção*, 80 p., Associação Académica da Faculdade de Direito de Lisboa, 1982 (policopiado, com sucessivas reimpressões)

10. «O consumidor na ordem jurídica portuguesa», *Progresso do Direito*, n.º 2, 1984, pp. 13-18

11. *Direito económico. Programa de curso*, 16 p., Associação Académica da Faculdade de Direito de Lisboa, 1983-4 (policopiado)

12. *Direito da economia I. Programa do curso e indicações complementares de estudo*, 42 p., Associação Académica da Faculdade de Direito de Lisboa, 1985 (policopiado)

13. «Negócio jurídico de consumo», *Boletim do Ministério da Justiça*, n.º 347, 1985, pp. 11-38

14. «Conceito de publicidade», *Boletim do Ministério da Justiça*, n.º 349, 1985, pp. 115-134

15. *Sistemas Jurídicos Comparados. Programa e bibliografia (ano lectivo de 1986-87)*, 24 p., Associação Académica da Faculdade de Direito de Lisboa, 1986 (policopiado)

16. *La protection du consommateur au Portugal*, 44 p., Europa-Institut der Universität des Saarlandes, Saarbrücken, 1987

17. *Texto e enunciado na teoria do negócio jurídico*, 2 volumes, 1178 p., Coimbra, Almedina, 1992 (= *Texto e enunciado na teoria do negócio jurídico*, dissertação de doutoramento em Ciências Jurídicas na Faculdade de Direito da Universidade de Lisboa, 3 volumes, 1178 p., Lisboa, 1990)

18. «Contratos de consumo. Análise de alguns casos decididos no Centro de Arbitragem de Conflitos de Consumo de Lisboa», *Arbitragem de Conflitos de Consumo. Que futuro?*, DECO, Lisboa, 1992, pp. 17-22

19. «Un quart de siècle de droit rural au Portugal», *Nascita e sviluppo del diritto agrario come legislazione e come scienza*, Unione mondiale degli agraristi universitari, Pisa, 1992, pp. 105-116

20. «Interpretação do contrato», *O Direito*, ano 124.º, 1992, IV, pp. 629-651

21. «Meios jurídicos de resolução de conflitos económicos», *Boletim da Faculdade de Direito de Bissau*, n.º 2, 1993, pp. 173-188

22. «Desmaterialização dos títulos de crédito: valores mobiliários escriturais», *Revista da Banca*, n.º 26, 1993, pp. 23-39

23. *Direito comercial. Programa e textos de apoio pedagógico* (coordenação), 131 p., Associação Académica da Faculdade de Direito de Lisboa, 1994 (policopiado)

24. *Direito comparado. Textos de apoio pedagógico* (com a colaboração de José Allen Fontes), 100 p., Associação Académica da Faculdade de Direito de Lisboa, 1994 (policopiado)

25. *Introdução ao direito comparado*, 157 p., Coimbra, Almedina, 1994

26. «Contratos de publicidade», *Scientia Ivridica. Revista de direito comparado português e brasileiro*, tomo XLIII, n.os 250/252, Julho/Dezembro 1994, pp. 281-301

27. «Recusa de cumprimento declarada antes do vencimento (Estudo de direito comparado e de direito civil português)», *Estudos em memória do Professor Doutor João de Castro Mendes*, ed. Faculdade de Direito da Universidade de Lisboa, Lisboa, s/ d. (mas 1995), pp. 289-317

28. «Os contratos de prestação de serviço médico no direito civil português», *Revista de Direito do Consumidor* (São Paulo), n.º 16, Outubro/Dezembro – 1995, pp. 5-21

29. «Relevância contratual das mensagens publicitárias», *Congresso Internacional de Responsabilidade Civil. Documentos básicos*, Blumenau – Brasil, 29 de Outubro – 1.º de Novembro de 1995, volume I, pp. 31-41 (adaptação do capítulo X da obra referida *supra* sob o n.º 17; publicado também em *Revista Portuguesa de Direito do Consumo*, n.º 6, Junho de 1996, pp. 9-35)

30. «O âmbito de aplicação dos processos de recuperação da empresa e de falência: pressupostos objectivos e subjectivos», *Revista da Faculdade de Direito da Universidade de Lisboa*, vol. XXXVI, 1995, n.º 2, pp. 383-400

31. *O ensino do direito comparado*. Relatório sobre o programa, o conteúdo e os métodos do ensino teórico e prático da disciplina de Direito Comparado elaborado no âmbito do concurso, aberto nos termos do edital de 22 de Novembro de 1995, para professor associado do Grupo de Ciências Jurídicas da Faculdade de Direito da Universidade de Lisboa, Lisboa, 1996

32. «Os contratos civis de prestação de serviço médico», *Direito da Saúde e Bioética*, Lisboa, Associação Académica da Faculdade de Direito de Lisboa, 1996, pp. 75-120 (= 28)

33. «As transacções de conta alheia no âmbito da intermediação no mercado de valores mobiliários», *Direito dos Valores Mobiliários*, Lisboa, Lex, 1997, pp. 291-309

34. *Introdução ao direito comparado*, 2.ª edição, 169 p., Coimbra, Almedina, 1998

35. «L'enseignement du droit au Portugal», Cahiers de méthodologie juridique, vol. 13, Méthodes comparées de l'enseignement du droit en France et à l'étranger, *Revue de la recherche juridique*, 1998, n.º spécial, pp. 1495-1500

36. *Direito comparado. Textos de apoio pedagógico* (com a colaboração de José Allen Fontes e José de Sousa Cunhal Sendim), 2.ª ed., 110 p., Associação Académica da Faculdade de Direito de Lisboa, 1999 (reimp. 2004)

37. *Direito comparado. Ensino e método*, 195 p., Lisboa, Cosmos, 2000 (= 31)

38. «O Código dos Valores Mobiliários e o sistema jurídico», *Cadernos do Mercado de Valores Mobiliários*, n.º 7, 2000 (edição especial sobre o Código dos Valores Mobiliários), pp. 19-47

39. *Contratos. I. Conceito. Fontes. Formação*, 147 p., Coimbra, Almedina, 2000

40. «Conteúdo dos contratos: comparação entre os Princípios Unidroit e o direito português», *Themis*, n.º 2, 2000, pp. 191-203

41. «Recensão» às obras de António Menezes Cordeiro, *Tratado de Direito Civil Português*, I, *Parte Geral*, tomo I, *Introdução. Doutrina Geral. Negócio Jurídico*, Almedina, Coimbra, 1999, de José de Oliveira Ascensão, *Direito Civil. Teoria Geral*, vol. II, *Acções e factos jurídicos*, Coimbra Editora, Coimbra, 1999, e de Pedro Pais de Vasconcelos, *Teoria Geral do Direito Civil*, vol. I, Lex, Lisboa, 1999, em *Themis*, n.º 2, 2000, pp. 281-285

42. «Prefácio» ao livro de Pedro Caetano Nunes, *Responsabilidade civil dos administradores perante os accionistas*, Coimbra, Almedina, 2001, pp. 7-10

43. «Prefácio» ao livro de Assunção Cristas, Mariana França Gouveia & Vítor Pereira Neves, *Transmissão da propriedade e contrato*, Coimbra, Almedina, 2001, pp. 7-10

44. «Relação de clientela na intermediação de valores mobiliários», *Direito dos Valores Mobiliários*, vol. III, Coimbra, Coimbra Editora, 2001, pp. 121-136

45. «Orientações de política legislativa adoptadas pela Directiva 1999/44/CE sobre venda de bens de consumo. Comparação com o direito português vigente», *Themis*, n.º 4, 2001, pp. 109-120

46. «Questões a resolver na transposição da Directiva e respostas dadas no Colóquio», *Themis*, n.º 4, 2001, pp. 219-222

47. «Serviços públicos, contratos privados», *Estudos em homenagem à Professora Doutora Isabel de Magalhães Collaço*, Coimbra, Almedina, 2002, vol. II, pp. 117-143

48. *Contratos. I. Conceito. Fontes. Formação*, 2.ª ed. (revista e ampliada), 224 p., Coimbra, Almedina, 2003

49. «Direitos islâmicos e "direitos cristãos"», *Estudos em homenagem ao Professor Doutor Inocêncio Galvão Telles*, vol. V, Coimbra, Almedina, 2003, pp. 713-748

50. «Direito a dividendos no âmbito de oferta pública de aquisição de acções», *Direito dos Valores Mobiliários*, vol. V, Coimbra, Coimbra Editora, 2004, pp. 29-89

51. *Direito do Consumo*, 240 p., Coimbra, Almedina, 2005

52. *Contratos. I. Conceito. Fontes. Formação*, 3.ª ed., 240 p., Coimbra, Almedina, 2005

53. «Registo de valores mobiliários», *Estudos em memória do Professor Doutor António Marques dos Santos*, Coimbra, Almedina, 2005, vol. I, pp. 873--960 (= *Direito dos Valores Mobiliários*, vol. VI, 2006, pp. 51-138)

54. «Transmissão contratual da propriedade – entre o mito da consensualidade e a realidade de múltiplos regimes», *Themis*, n.º 11, 2005, pp. 5-17

55. «Responsabilidade civil pré-contratual. Reflexões de um jurista português (porventura) aplicáveis ao direito brasileiro», *O Direito da Empresa e das Obrigações e o Novo Código Civil Brasileiro* (org. A. Santos Cunha), Quartier Latin, São Paulo, 2006, pp. 158-189

56. «Contrato formal e pré-contrato informal», *Comemorações dos 35 anos do Código Civil e dos 25 anos da reforma de 1977*, vol. II, *A Parte Geral do Código e a Teoria Geral do Direito Civil*, Coimbra Editora, Coimbra, 2006, pp. 349-365

57. «Qualidade do objecto contratual», *Estudos de Direito do Consumidor*, n.º 7, Coimbra, 2005 (mas 2006), pp. 17-47

58. «Ensino do direito do consumo», *Themis*, n.º 12, 2006, pp. 215-238

59. «O poder dos professores», *Themis*, n.º 12, 2006, pp. 239-247

60. «As pessoas no conteúdo dos contratos», *Estudos jurídicos e económicos em homenagem ao Prof. Doutor António de Sousa Franco*, vol. I, Coimbra Editora, Coimbra, 2006, pp. 517-555

61. «A função económico-social na estrutura do contrato», *Estudos em Memória do Professor Doutor José Dias Marques*, Almedina, Coimbra, 2007, pp. 57-80

62. «Contratos de troca para a transmissão de direitos», *Homenagem da Faculdade de Direito de Lisboa ao Professor Doutor Inocêncio Galvão Telles. 90 anos*, Almedina, Coimbra, 2007, pp. 199-233

63. «Portuguese Legal System as Civil Law» (em co-autoria com Vítor Pereira Neves), *Portuguese Law – an Overview*, Almedina, Coimbra, 2007, pp. 29-42

64. «Contract Law» (em co-autoria com Margarida Lima Rego), *Portuguese Law – an Overview*, Almedina, Coimbra, 2007, pp. 183-196

65. *Contratos. II. Conteúdo. Contratos de troca*, 283 p., Almedina, Coimbra, 2007

66. «O registo comercial na reforma do direito das sociedades de 2006», *A Reforma do Código das Sociedades Comerciais. Jornadas em Homenagem ao Professor Doutor Raúl Ventura*, Almedina, Coimbra, 2007, pp. 279-288

67. «Apreciação do *curriculum* científico e pedagógico do Doutor Jorge Manuel Coutinho de Abreu», *Themis*, n.º 14, 2007, pp. 183-193

68. «Transmissão contratual da propriedade: desconstrução de um mito», *Aproximaciones interdisciplinarias a la reflexión jurídica*, Universidad Michoacana de San Nicolás de Hidalgo (México), 2007, pp. 221-232

69. «Valores mobiliários: o papel e o computador», *Nos 20 anos do Código das Sociedades Comerciais. Homenagem aos Profs. A. Ferrer Correia, Orlando de Carvalho e Vasco Lobo Xavier*, Coimbra Editora, 2007, vol. I, pp. 621-629

70. «Código Civil: atear a chama da reforma», *Código Civil Português. Evolução e perspectivas actuais*, *Themis*, edição especial, 2008, pp. 345-347

71. «Convenção de arbitragem: conteúdo e efeitos», em *I Congresso do Centro de Arbitragem da Câmara de Comércio e Indústria Portuguesa. Intervenções*, Almedina, Coimbra, 2008, pp. 81-95

72. «Contratos diferenciais», em *Estudos comemorativos dos 10 anos da Faculdade de Direito da Universidade Nova de Lisboa*, Almedina, Coimbra, 2008, vol. II, pp. 81-118

73. «Instituições de direito privado na obra de Júlio Dinis», *Estudos em Honra do Professor Doutor José de Oliveira Ascensão*, Almedina, Coimbra, 2008, vol. II, pp. 1807-1843

74. *Contratos. I. Conceito. Fontes. Formação*, 4.ª ed., 264 p., Almedina, Coimbra, 2008

PLANO DA OBRA

VOLUME I

I
Direito Comparado

CATARINA BOTELHO, Lost in Translations – *A crescente importância do Direito Constitucional Comparado.*

MARIA HELENA BRITO, *A utilização do método comparativo em direito internacional privado. Em especial, o problema da qualificação.*

JOÃO CAUPERS, *Carlos Ferreira de Almeida, comparatista.*

ANA RITA GIL, *Novo Mundo / Velha Europa – A Comparação do Direito da Imigração no Canadá e na União Europeia.*

JOSÉ MANUEL MEIRIM, *Os grupos organizados de adeptos: comparação entre as ordens jurídicas portuguesa e espanhola.*

II
Direito Económico

MARISA APOLINÁRIO, *A regulação do sector do gás natural em Portugal: presente e futuro.*

TIAGO DUARTE, Treaty Claims, Contract Claims e Umbrella Clauses *na Arbitragem Internacional de Protecção de Investimentos.*

ANTÓNIO PEDRO FERREIRA, *O reenquadramento do exercício da actividade seguradora no início do século XXI – Antecedentes próximos e perspectivas de evolução.*

LUÍS COUTO GONÇALVES, *o Acordo de Londres no âmbito da patente europeia.*

ARMINDO SARAIVA MATIAS, *Regulação bancária: conceito e tipologia.*

Paulo de Sousa Mendes, *A orientação da investigação para a descoberta dos beneficiários económicos e o sigilo bancário.*

Luís Máximo dos Santos, *O Conselho Nacional de Supervisores Financeiros.*

Cláudia Trabuco e Mariana França Gouveia, *A arbitrabilidade das questões de concorrência no direito português:* the meeting of two black arts.

III
Direito do Consumo

Jorge Morais Carvalho, *Reflexão em torno dos contratos promocionais com objecto plural.*

Maria Antonieta Gálvez Krüger, *O consumidor de referência para avaliar a deslealdade da publicidade e de outras práticas comerciais.*

Adelaide Menezes Leitão, *Práticas comerciais desleais como impedimento à outorga de direitos industriais?*

Alexandre Soveral Martins, *A transposição da directiva sobre práticas comerciais desleais (Directiva 2005/29/CE) em Portugal.*

Sofia Oliveira Pais, *O critério do bem-estar dos consumidores no contexto da renovação do direito comunitário da concorrência.*

IV
Direito dos Valores Mobiliários

Paulo Câmara, *Os Fundos de Investimento.*

Nuno Casal, *Contratos sobre divisas (fx) e instrumentos financeiros (o caso especial dos* rolling spot forex contract*s).*

Carolina Cunha, *Valores mobiliários* vs. *letras e livranças: virtudes de um confronto pouco usual.*

Amadeu Ferreira, *Um Código dos Instrumentos Financeiros? Algumas notas soltas.*

Vítor Neves, *Delimitação dos votos relevantes para efeitos de constituição e de exigibilidade do dever de lançamento de oferta pública de aquisição.*

Frederico de Lacerda da Costa Pinto, *Intermediação excessiva.*

Florbela de Almeida Pires e Filipe Santos Barata, *Obrigações sobre o sector público – Alguns problemas.*

António Soares e Rita Oliveira Pinto, *Os deveres do órgão de administração da sociedade visada na pendência de uma Oferta Pública de Aquisição.*

Magda Viçoso, *Os acordos de concertação dirigidos ao domínio de sociedades abertas.*

VOLUME II

V
Direito dos Contratos e das Obrigações

Jorge Manuel Coutinho de Abreu, *Sobre a (não) reautonomização do Direito Comercial.*

Luís Vasconcelos Abreu, *Sobre o poder unilateral de modificação do* spread *pelas instituições de crédito nos financiamentos MLP contratados com empresas.*

António Pereira de Almeida, *Instrumentos financeiros: os* SWAPS.

José Engrácia Antunes, *Os contratos bancários.*

Rui Paulo Coutinho de Mascarenhas Ataíde, *Acidentes em auto-estradas: natureza e regime jurídico da responsabilidade dos concessionários.*

Diogo Leite de Campos, *Dos contratos de relação às relações de associação.*

Carlo Castronovo, *Precontractual Liability.*

Assunção Cristas, *Incumprimento contratual – O Código Civil Português e o DCFR – Notas comparadas.*

Vera Eiró, *Os contratos sem valor no Código dos Contratos Públicos.*

Joana Farrajota, Anticipatory Breach *no Direito Português?*

Luís A. Carvalho Fernandes, *Notas breves sobre a cláusula de reserva da propriedade.*

André Figueiredo, *A compensação de créditos: estudo comparativo (Direitos português e inglês, princípios Unidroit e princípios de Direito Europeu dos Contratos).*

Júlio Manuel Vieira Gomes, *O dever de informação do (candidato a) tomador do seguro na fase pré-contratual, à luz do Decreto-Lei n.° 72/2008, de 16 de Abril.*

HECTOR L. MACQUEEN, *Gain-Based Damages for Breach of Contract and The DCFR.*

PEDRO ROMANO MARTINEZ, *Responsabilidade civil por acto ou omissão do médico – Responsabilidade civil médica e seguro de responsabilidade civil profissional.*

FERNANDO GRAVATO MORAIS, *A solidariedade nas obrigações comerciais.*

PEDRO CAETANO NUNES, *Comunicação de cláusulas contratuais gerais.*

NUNO MANUEL PINTO OLIVEIRA, *Conceito e regime(s) do sinal no Direito Civil português.*

ALEXANDRE LIBÓRIO DIAS PEREIRA, *Patrocínio e contratos publicitários.*

MARIA DE LURDES PEREIRA e PEDRO MÚRIAS, *Obrigação primária e obrigação de indemnizar.*

PATRÍCIA DA GUIA PEREIRA, *Nótula sobre tipologia do incumprimento.*

MARGARIDA LIMA REGO, *A promessa de exoneração de dívida a terceiro – Pretexto para uma reflexão sobre o conceito de prestação.*

VOLUME III

VI
Direitos Fundamentais e Direito Constitucional

TERESA PIZARRO BELEZA e HELENA PEREIRA MELO, *Liberdade e Direito: A opção pela Estrada do Tabaco.*

RICARDO BRANCO, *Algumas notas de direito comparado em torno da consagração constitucional da tutela de direitos com recurso aos tribunais – Um exercício a pretexto da necessidade de interpretar o artigo 20.º da Constituição Portuguesa.*

PAULO FERREIRA DA CUNHA, *Constituintes, ideologia e utopia – Linhas de leitura comparativas luso-brasileiras.*

PATRÍCIA JERÓNIMO, *Estado de Direito e Justiça Tradicional – Ensaios para um equilíbrio em Timor-Leste.*

LUÍS MANUEL TELES DE MENEZES LEITÃO, *Publicidade e liberdade de expressão.*

JOSÉ JÚNIOR FLORENTINO DOS SANTOS MENDONÇA, *A eficácia das decisões proferidas no controle de constitucionalidade e os efeitos do caso julgado.*

Nuno Piçarra, *Os poderes das comissões parlamentares de inquérito no Direito brasileiro e no Direito português.*

Miguel Galvão Teles, *A independência e imparcialidade dos Árbitros como imposição constitucional.*

VII
Direito das Pessoas e da Família

Míriam Afonso Brigas, *O contrato de casamento no Código Civil de 1867 e legislação subsequente: a positivação da «convivência familiar».*

Cristina Manuela Araújo Dias, *O casamento como contrato celebrado entre duas pessoas (de sexo diferente ou do mesmo sexo (!)).*

João Zenha Martins, *Do regime das associações sem personalidade jurídica: algumas notas.*

Rute Teixeira Pedro, *A partilha do património comum do casal em caso de divórcio – Reflexões sobre a nova redacção do art. 1790.º do Código Civil.*

Jorge Duarte Pinheiro, *Ideologias e ilusões no regime jurídico do divórcio e das responsabilidades parentais.*

Luís Lingnau da Silveira, *Registos públicos, direitos fundamentais e protecção de dados pessoais.*

VIII
Direito do Trabalho

José João Abrantes, *Liberdade contratual e lei. O caso das cláusulas de mobilidade geográfica dos trabalhadores.*

Margarida Lamy Pimenta, *O conteúdo obrigatório mínimo dos estatutos das associações sindicais: sentidos e motivações da reforma de 2009.*

Maria do Rosário Palma Ramalho, *Delimitação do contrato de trabalho e presunção de laboralidade no novo Código do Trabalho – Breves notas.*

Rita Canas da Silva, *Dever de lealdade do trabalhador e níveis de gestão.*

IX
Direito Processual Civil

José Lebre de Freitas, *Legitimidade do insolvente para fazer valer direitos de crédito não apreendidos para a massa.*

João de Oliveira Geraldes, *O arresto do navio do não devedor do crédito marítimo: estudo sobre a Convenção de Bruxelas para a unificação de certas regras sobre o arresto de navios de mar de 1952.*

José Miguel Júdice, *As providências cautelares e a arbitragem: em que estamos?*

Armindo Ribeiro Mendes, *Do Dualismo ao Monismo – A eliminação dos recursos de agravo na Reforma de 2007.*

Catarina Serra, *Concurso sem concurso? (a falência com um único credor).*

Dário Moura Vicente, *A execução de decisões arbitrais em Portugal.*

VOLUME IV

X
Direito das Sociedades

António Menezes Cordeiro, *Pelo Decreto-Lei n.º 57/2008, de 26 de Março.*

Higina Orvalho Castelo, *O* acordo *a que se reporta o artigo 36.º, 2, do Código das Sociedades Comerciais. Natureza e validade.*

Rui Pinto Duarte, *Publicidade das Participações nas Sociedades Comerciais.*

Manuel Carneiro da Frada, *Acordos parassociais «omnilaterais» – Um novo caso de «desconsideração» da personalidade jurídica?*

Francisco Briosa e Gala, *As participações sociais e o conceito de lucro nas sociedades de advogados.*

Manuel Januário da Costa Gomes, *A sociedade com domínio total como garante. Breves notas.*

António Pinto Monteiro e Pedro Maia, *Sociedades anónimas unipessoais e Reforma de 2006.*

Manuel Pita, *Os efeitos do registo comercial e a integridade do capital social.*

Maria Raquel Rei, *Sociedades anónimas desportivas. O fim lucrativo.*

Maria de Fátima Ribeiro, *A responsabilidade de gerentes e administradores pela actuação na proximidade da insolvência de sociedade comercial.*

José António Gómez Segade, *A responsabilidade dos administradores das sociedades no quadro da responsabilidade social da empresa.*

PAULA COSTA E SILVA, *Arbitrabilidade e tutela colectiva no contencioso das deliberações sociais.*

XI
Outras Áreas do Direito

JOSÉ OLIVEIRA ASCENSÃO, *Uso por terceiro não autorizado de bem intelectual protegido e sanção penal.*

MARIA AMÉLIA BARRADAS CARLOS, *Alguns aspectos contabilísticos e fiscais tendentes ao fortalecimento do mercado de capitais.*

MARIA MIGUEL CARVALHO, *A aferição da deceptividade originária da marca à luz da jurisprudência recente do Tribunal de Comércio de Lisboa.*

GUILHERME D'OLIVEIRA MARTINS, *Notas sobre o Tratado de Lisboa — Novas responsabilidades.*

LUÍS LIMA PINHEIRO, *Direito privado da cultura – Algumas reflexões.*

RICARDO DE GOUVÊA PINTO, *O credor hipotecário como contra-interessado na acção de impugnação de actos administrativos no Direito português.*

RITA CALÇADA PIRES, *O comércio electrónico como realidade económica e fiscal – A necessidade de tributar o rendimento gerado através do comércio electrónico.*

MIGUEL ASSIS RAIMUNDO, *O Estado-consumidor – Contratos de aquisição de bens móveis no Código dos Contratos Públicos.*

M. NOGUEIRA SERENS, *A obrigação de reenvio prejudicial decorrente do art. 234.º, § 3.º (ex-art. 177.º, § 3.º), do Tratado CE.*

GLÓRIA TEIXEIRA e ANA SOFIA CARVALHO, *As finanças locais: estudo comparado. Os casos inglês, italiano e espanhol.*

XII
Outros Saberes

DIOGO FREITAS DO AMARAL, *Três conceitos de «constituição» em Aristóteles.*

JOSÉ NEVES CRUZ, *Desafios jurídicos, económicos e políticos às crises mundiais.*

ANTÓNIO MANUEL HESPANHA, *As outras razões da política: a economia da «graça».*

I
DIREITO COMPARADO

LOST IN TRANSLATIONS
– A crescente importância do Direito Constitucional Comparado

Catarina Santos Botelho*

I – Considerações introdutórias

Em 1994, Carlos Ferreira de Almeida escreveu que o Direito Comparado «pressupõe o estudo de, pelo menos, uma ordem jurídica estrangeira, mas não se confunde com o simples conhecimento de direitos estrangeiros»[1]. Este foi o mote que justificou e guiou a nossa pequena incursão pelo mundo da comparação jurídica, em particular a comparação de Direitos constitucionais. Como é sabido, na sociedade contemporânea de mundividências plurais, fazem parte do nosso léxico jurídico expressões como «interconstitucionalidade», «cosmopolitismo constitucional», «constitucionalismo global», «homogeneidade», «fertilização cruzada», «integração», «harmonização jurídica internacional», «europeização», «assimilação», entre tantas outras. Ora, um tal caminho, que tem vindo a ser rapidamente trilhado, relançou para a arena o debate sobre o alcance e a força jurídica que deverão ser atribuídos ao Direito Constitucional Comparado.

Para cumprir o objectivo pretendido dividimos o nosso estudo em seis partes. Iniciaremos com uma breve sinopse da evolução do Direito Constitucional Comparado como fonte de conhecimento autónoma. De seguida, abordaremos as possíveis metodologias de comparação, assim

---
* Assistente da Escola de Direito do Porto da Universidade Católica Portuguesa.
[1] *Introdução ao Direito Comparado*, Almedina, 1994, p. 10.

como as técnicas a utilizar para maximizar as suas potencialidades. Destacaremos, num plano substantivo, as principais críticas de que tem sido objecto o Direito Constitucional Comparado, passando, posteriormente, a uma enumeração das vantagens da análise comparada. A terminar, e já numa perspectiva mais prática, apresentaremos uma resenha jurisprudencial sobre o tema.

Antes de avançarmos, porém, importa referir que muitas das considerações que aqui teceremos a propósito do Direito Constitucional Comparado serão de aplicar também, *mutatis mutandis*, ao Direito Comparado geral.

II – A evolução do Direito Constitucional Comparado como ciência jurídica autónoma

1. Apesar dos primeiros exercícios intelectuais de comparação remontarem à Grécia Antiga, tanto a Platão, como a Aristóteles[2], na obra *Do Espírito das Leis*, Montesquieu colocou essa ideia em causa, ao escrever que «as leis devem ser de tal forma adequadas ao povo para o qual foram feitas que, apenas por uma grande casualidade, as de uma Nação poderão convir a outra»[3]. Desta forma, podemos afirmar que foi sobretudo no século XIX que se desenvolveu, de forma institucionalizada, o estudo do Direito Comparado geral, através da criação da *Société de Législation Comparée* (1869), em Paris, a que se seguiu, em 1895, a *Society of Comparative Legislation*, localizada em Londres[4].

Hoje em dia, porém, palavras como Direito Constitucional Comparado, *Verfassungsrechtsvergleichung, Diritto Costituzionale Comparato, Comparative Constitutional Law, Derecho Constitucional Comparado* ou

---

[2] KONRAD ZWEIGERT e HEIN KÖTZ, *Einführung in die Rechtsvergleichung*, 3. Auflage, J. C. B. Mohr, Tübingen, 1996, pp. 47-61.

[3] (Trad.: Jean Melville), Editora Martin Claret, São Paulo, 2004, p. 22.

[4] Sobre o assunto, cfr. EDUARDO FERRER MAC-GREGOR, «El Amparo Iberoamericano», *in Estudios Constitucionales*, noviembre, Año 4, Núm. 2, Centro de Estudios Constitucionales, Universidad de Talca, Chile, 2006, pp. 39-65, pp. 40-42, KONRAD ZWEIGERT e HEIN KÖTZ, *op. cit.*, p. 54, e PHILLIP G. RAPOZA, «Reflections on Comparative Law at the beginning of the 21st century: Developing a luso-american model», *in Estudos em Homenagem a Cunha Rodrigues*, vol. II, Coimbra Editora, 2001, pp. 579-601, p. 584.

Droit Constitutionnel Comparé soam muito familiares aos nossos ouvidos e fazem parte do quotidiano jurídico.

2. O Direito Constitucional Comparado é uma especialização do Direito Público Comparado e assenta no conceito de «constituição» *lato sensu*[5]. Ora, no domínio do Direito Constitucional – e, em geral, no domínio do Direito Público – a actividade comparativa não é equiparável à que se produz no Direito Privado[6]. Se por um lado o facto de o Direito Constitucional estar umbilicalmente associado à ideia de identidade nacional limita, até certo ponto, a possibilidade de comparação, por outro lado, ao invés do que sucede no Direito Privado, as normas constitucionais são frequentemente dotadas de um carácter indeterminado e assentam em princípios gerais comuns aos Estados[7].

Note-se ainda que o Direito Constitucional Comparado permite a aquisição de novos conhecimentos e, nessa medida, deve ser encarado como uma disciplina científica autónoma e não como um simples método[8]. Uma relevante questão que se coloca, nesta sede, é precisamente a

---

[5] Lucio Pegoraro, «El Método en el Derecho Constitucional: La Perspectiva Desde el Derecho Comparado» (trad.: Daniel Berzosa López), *in Revista de Estudios Políticos (Nueva Época)*, Núm. 112, Abril-Junio 2000, pp. 9-26, p. 16.

[6] Giuseppe de Vergottini, *Derecho Constitucional Comparado* (trad.: Claudia Herrera), Universidade Nacional Autónoma de México, 2004, p. 2. Uma parte desta obra está, igualmente, publicada no texto «Balance y Perspectivas del Derecho Constitucional Comparado», *in Revista Española de Derecho Constitucional*, Año 7, Núm. 19, Enero-Abril 1987, pp. 165-221

[7] Brun-Otto Bryde, «The Constitutional Judge and the International Constitutionalist Dialogue», *in Tulane Law Review*, vol. 80, November 2005, pp. 203-219, pp. 203--204, lembra que dificilmente se pode ter uma discussão séria acerca do conceito da dignidade da pessoa humana sem uma referência a Kant, ou pensar sobre a igualdade sem mencionar Aristóteles. Cfr., quanto às especificidades da interpretação constitucional, António Manuel Hespanha, «Ideias sobre a Interpretação», *in* AA.VV., Liber Amicorum *de José de Sousa e Brito – Em comemoração do 70.° Aniversário*, Almedina, 2009, pp. 29-57, pp. 54-56.

[8] Nesta linha, Giuseppe de Vergottini, *op. cit.*, p. 5., Lucio Pegoraro, *op. cit.*, pp. 14-16, e Vernon Valentine Palmer, «Insularity and Leadership in American Comparative Law: The Past One Hundred Years», *in Tulane Law Review*, Vol. 75, March 2001, pp. 1093-1101, p. 1100. Em sentido oposto, Roger P. Alford, «In Search of a Theory for Constitutional Comparativism», *in University of California Law Review*, Vol. 52, February 2005, pp. 639-714, p. 641, defende que a comparação não pertence à teoria constitucional, constituindo somente uma metodologia que poderá facultativamente ser utilizada pelos juízes.

de saber o que é que deve ser considerado «direito» a comparar[9]. A aplicação do Direito Constitucional Comparado deve limitar-se à análise da constituição em causa ou poderá também alargar-se à interpretação que dela faz a sua doutrina e a jurisprudência? Parece-nos que devemos optar pela segunda alternativa. Hoje, a comparação jurídica deverá ser de longo alcance, ou seja, deverá incluir não apenas as características gerais de um sistema constitucional, como também a análise de elementos concretos, tais como a doutrina e jurisprudência constitucionais[10].

Giuseppe de Vergottini distingue o mero estudo do Direito estrangeiro do Direito Comparado, na medida em que, enquanto o primeiro procede a uma mera análise descritiva de institutos presentes em vários Estados, o segundo, ao considerar um Direito em relação a outro, leva a cabo uma efectiva comparação, «um exame de conjunto e uma operação lógica de contraste da qual se extraem conclusões»[11]. O Direito Comparado como relação assenta, assim, na dinâmica entre o ordenamento jurídico comparado (*comparatum*) e aquele(s) sobre o que incide a comparação (*comparandum*)[12].

3. Podemos afirmar que o fenómeno do constitucionalismo acompanhou a criação de constituições escritas na maioria dos Estados do Mundo, assim como a crescente qualidade das decisões dos respectivos tribunais constitucionais. Em concreto, o «*Nicht-Recht*»[13] derivado das Guerras Mundiais e da experiência de regimes violadores dos direitos fundamentais deitou por terra a até então confiança absoluta na omnipotência do aparelho legislativo e exigiu uma «subida de alçada»[14] dos direitos fundamentais. Os cidadãos compreenderam que a existência de um Parlamento não era uma garantia suficiente para a protecção dos seus

---

[9] DAVID FONTANA, «Refined Comparativism in Constitutional Law», *in University of California Law Review*, Vol. 49, 2001, pp. 539-623, p. 541, nt. 4.

[10] Neste sentido, cfr. LORRAINE E. WEINRIB, «Constitutional Conceptions and Constitutional Comparativism», in AA.VV., *Defining The Field of Comparative Constitutional Law* (Edited by Vicki C. Jackson and Mark Tushnet), Praeger, USA, 2002, pp. 3-34, p. 4.

[11] *Op. cit.*, pp. 26-27. Esta ideia encontra apoio em LUCIO PEGORARO, *op. cit.*, p. 21.

[12] GIUSEPPE DE VERGOTTINI, *op. cit.*, p. 38.

[13] Como observa MANUEL AFONSO VAZ, «O Direito e a Justiça na estrutura constitucional portuguesa – A heteronomia como estrutura organizatório-valorativa do Estado de Direito», *in Direito e Justiça*, vol. XI, tomo 2, 1997, pp. 63-72, p. 66.

[14] Expressão proferida por MANUEL AFONSO VAZ, em ensinamentos orais.

direitos e exigiram uma protecção contra potenciais investidas do próprio legislador[15].

A tese kelseniana foi amplamente incorporada na Constituição austríaca de 1920 e serviu de modelo para o constitucionalismo que fervilhou durante e após as duas Guerras Mundiais, na Europa Ocidental (Alemanha, Itália, Portugal, Espanha, Grécia, Bélgica), Europa de Leste, e em inúmeros Estados da América Latina. Deste modo, a maioria da doutrina opta por destacar três grandes momentos de expansão da justiça constitucional, que ocorreram precisamente depois da Segunda Grande Guerra, após a queda de regimes ditatoriais/autoritários na Europa Ocidental e, por fim, na sequência da queda do Muro de Berlim, a 9 de Novembro de 1989[16].

O fio condutor que perpassou este *«rise of world constitutionalism»*[17], além da óbvia influência constitucional norte-americana foi também, sem dúvida, inspirado no modelo constitucional germânico e prende-se com a ênfase colocada pelo mesmo no princípio da dignidade da pessoa humana[18]. Talvez por isso, alguma doutrina tenha procedido a uma diferenciação entre o constitucionalismo germânico – como constituição de dignidade – e o constitucionalismo norte-americano – constituição de liberdade[19]. A ver-

---

[15] Cfr., de forma desenvolvida, CATARINA SANTOS BOTELHO, *A Tutela Directa dos Direitos Fundamentais – Avanços e Recuos na Dinâmica Garantística das Justiças Constitucional, Administrativa e Internacional*, Almedina, 2010, pp. 43-47.

[16] Cfr., entre outros, CATARINA SANTOS BOTELHO, *op. cit.*, pp. 36-37, ERNST-WOLFGANG BÖCKENFÖRDE, «Verfassungsgerichtsbarkeit: Strukturfragen, Organization, Legitimation», *in Neue Juristische Wochenschrift*, Jahr. 52, Heft 1, C. H. Beck, München, 1999, pp. 9-16, p. 9, J. J. GOMES CANOTILHO, «Jurisdição constitucional e intranquilidade discursiva», *in* AA.VV., *Perspectivas Constitucionais – Nos 20 Anos da Constituição de 1976*, vol. I, Coimbra Editora, Coimbra, 1996, pp. 871-887, p. 877, e JOSÉ JULIO FERNÁNDEZ RODRÍGUEZ, «La expansión de la justicia constitucional en Europa Central y Oriental», *in Ius et praxis*, Vol. 5, Núm. 2, 1999, Universidad de Talca, Chile, pp. 321-352, p. 30.

[17] Nestes precisos termos, BRUCE ACKERMAN, «The Rise of World Constitutionalism», *in Virginia Law Review*, Vol. 83, No. 4, May, 1997, pp. 771-797. Contra este conceito de «constitucionalismo mundial» manifestou-se HORST DIPPEL, *História do Constitucionalismo Moderno – Novas Perspectivas* (trad.: A. M. Hespanha e C. Nogueira da Silva), Fundação Calouste Gulbenkian, Lisboa, 2007, p. 2, por entender que faltam esclarecer as origens e as formação de uma suposta cultura constitucional mundial.

[18] DONALD P. KOMMERS, «Comparative Constitutional Law: Its Increasing Relevance», *in* AA.VV., *Defining The Field of Comparative Constitutional Law* (Edited by Vicki C. Jackson and Mark Tushnet), Praeger, USA, 2002, pp. 61-70, p. 64.

[19] *Idem, ibidem*. Cfr., igualmente, MANUEL AFONSO VAZ, *Lei e Reserva da Lei. A Causa da Lei na Constituição Portuguesa de 1976*, Universidade Católica, Porto, 1992, pp. 189-190.

dade é que a *Grundgesetz* (Lei Fundamental) e a jurisprudência do *Bundesverfassungsgericht* (Tribunal Constitucional Federal) influenciaram de tal modo o movimento constitucional do pós-II Guerra Mundial, que motivaram vários Autores a rotulá-lo de «padrão mundial do constitucionalismo democrático», em detrimento do modelo da Constituição norte-americana de 1787[20].

4. Vivemos num tempo histórico repleto de desafios, em que a recente criação de novos tribunais constitucionais e a atribuição de novas competências a tribunais já existentes confere uma mais-valia incomensurável: a interpretação e aplicação das normas constitucionais terão ao seu dispor os exemplos e experiências comparadas, que são confrontadas com problemas muito semelhantes aos nossos[21]. Se, inicialmente, o estudo do Direito Constitucional Comparado se encontrava balizado pelo modelo europeu liberal clássico, nos nossos dias ele alastrou-se aos Estados que emergiram na Europa de Leste e na sequência da descolonização. Com isto queremos sustentar que a forma de Estado classicamente elegida para a comparação – Estado liberal clássico – perdeu o exclusivo[22].

---

[20] Mais em pormenor, cfr. CATARINA SANTOS BOTELHO, *op. cit.*, p. 47, CHRISTIAN PESTALOZZA, «Das Bundesverfassungsgericht: Bonner Reform-Allerlei'98», *in Juristenzeitung*, Jahr. 53, Heft 21, Nov. 1998, J. C. B. Mohr, Tübingen, pp. 1039-1046, p. 1039, INGO VON MÜNCH, «¿El Tribunal Constitucional Federal como actor político?» (trad. David García Pazos), *in Anuario Iberoamericano de Justicia Constitucional*, núm. 6, 2002, Centro de Estudios Constitucionales, Madrid, pp. 567-582, p. 568, e KARL LOEWENSTEIN, «Alemania desde 1945 à 1960 (Una relación de hechos)» (trad. Cándido Perea Gallego), *in Revista de Estudios Políticos*, Núm. 110, 1960, Centro de Estudios Constitucionales, Madrid, pp. 115--142, p. 132, MARK TUSHNET, *Weak Courts, Strong Rights – Judicial Review and Social Welfare Rights in Comparative Constitutional Law*, Princeton University Press, New Jersey, 2008, p. 18, KLAUS SCHLAICH e STEFAN KORIOTH, *Das Bundesverfassungsgericht – Stellung, Verfahren, Entscheidungen*, Verlag C. H. Beck, München, 6. Auflage, 2004, p. 4, RUI MEDEIROS, *A Decisão de Inconstitucionalidade – Os autores, o conteúdo e os efeitos da decisão de inconstitucionalidade da lei*, Universidade Católica Editora, Lisboa, 1999, p. 20, e WILLIAM E. FORTBATH e LAWRENCE SAGER, «Comparative Avenues in Constitutional Law: An Introduction», *in Texas Law Review*, Vol. 82, N. 7, June 2004, pp. 1953--1669, p. 1669.

[21] ROGER P. ALFORD, «Four mistakes in the debate on "outsourcing authority"», *in Albany Law Review*, Vol. 69, 2006, pp. 653-681, p. 668.

[22] GIUSEPPE DE VERGOTTINI, *op. cit.*, p. 3. No mesmo sentido, ALAIN WIJFFELS, «Le Droit Comparé à la Recherche D'un Nouvel Interface Entre Ordres Juridiques», *in Revue de Droit International et de Droit Comparé*, N.os 2 e 3, 2008, pp. 228-252, p. 230.

Adicionalmente, a perspectiva de «*interconstitucionalidade*», isto é, de tudo aquilo que aproxima os direitos constitucionais nacionais, esteve na origem de diplomas europeus e internacionais em domínios que anteriormente pertenciam, em exclusivo, à esfera de competência dos Estados, tais como as temáticas relativas aos direitos fundamentais[23].

A proliferação da Internet e a rapidez e universalidade no acesso e partilha de informação foram responsáveis pelo desenvolvimento do Direito Comparado, que se nos apresenta como uma ciência jurídica «vibrante» e aberta, que apela à circulação de pessoas e ideias[24]. Em especial, a compreensão do Direito Constitucional Comparado passará sempre pela premissa incontornável de as Constituições contemporâneas serem simultaneamente globais e locais[25].

III – Possíveis metodologias de comparação

1. O estudo ou ensino de Direito Constitucional Comparado pode realizar-se pela *micro*comparação ou a comparação temática – escolha de um instituto ou tema comum – ou através da *macro*comparação, uma com-

---

[23] Expressão utilizada, no contexto europeu, por FRANCISCO LUCAS PIRES, *Introdução ao Direito Constitucional Europeu*, Almedina, 1997, p. 18, e que traduz precisamente a ideia de articulação e interacção de Constituições que fazem parte de um mesmo espaço político. Hoje fala-se também em «fertilização cruzada» (*constitutional cross-fertilization*), «constitucionalismo multilateral» (*multilevel constitutionalism*), «governação transnacional» (*transnational governance*), e «constitucionalismo internético». Para uma referência a estes conceitos, cfr. J. J. GOMES CANOTILHO, «*Brancosos*» *e interconstitucionalidade – Itinerários dos discursos sobre a historicidade constitucional*, Almedina, Coimbra, 2006, p. 261, e MARIA LÚCIA AMARAL, «Queixas Constitucionais e Recursos de Constitucionalidade (Uma Lição de «Direito Público Comparado»)», *in Estudos Comemorativos dos 10 Anos da Faculdade de Direito da Universidade Nova de Lisboa*, vol. I, coord. Diogo Freitas do Amaral, Carlos Ferreira de Almeida e Marta Tavares de Almeida, Almedina, 2008, pp. 473-501, p. 477.

[24] Cfr. ANTOINE J. BULLIER, «Le droit comparé dans l'enseignement – Le droit comparé est-il un passe temps inutile?», *in Revue de Droit International et de Droit Comparé*, N.os 2 e 3, 2008, pp. 163-172, p. 169, e JOHN E. FINN e DONALD P. KOMMERS, «A comparative constitutional law canon?», *in Constitutional Commentary*, Vol. 17, Summer 2000, pp. 219-232, p. 225.

[25] SUJIT CHOUDHRY, «Globalization in Search of Justification: Toward a Theory of Comparative Constitutional Interpretation», *in Indiana Law Journal*, Vol. 74, Summer 1999, pp. 819-892, p. 824.

paração da arquitectónica constitucional de dois sistemas. Obviamente que a primeira opção permitirá um desenvolvimento mais aprofundado do assunto em análise, podendo, daí, advir uma acrescida relevância prática do estudo. Não se pode olvidar, porém, a necessidade de se conhecer o ordenamento jurídico a comparar na sua globalidade, uma vez que um estudo apenas sectorial poderá enfermar o resultado da investigação, levando a possíveis interpretações erróneas e descontextualizadas.

A microcomparação desempenha, nomeadamente, funções *heurísticas*, isto é, auxilia o intérprete-aplicador a descobrir soluções para determinados problemas[26]. Já a macrocomparação acaba por ser um momento prévio à microcomparação, pois fornece-lhe o quadro geral em que esta se deverá reger e desempenha funções de ordem *epistemológica*, de posicionamento do Direito nacional entre as famílias jurídicas[27].

2. Os sistemas jurídicos positivos constituem o objecto do Direito Comparado, podendo ou não ser vigentes. Destarte, a comparação poderá ser *simultânea*, caso se estudem sistemas que coexistem em determinada época, ou então *sucessiva*, na hipótese de os sistemas pertencerem a momentos diferentes num ou mais Estados[28].

Quando se examinam os ordenamentos jurídicos num momento temporal específico, a comparação é *sincrónica* (ou espacial), podendo ser *diacrónica* (ou histórica), quando se examinam os ordenamentos jurídicos na sua sucessão temporal[29]. A doutrina refere, ainda, uma segunda distinção entre comparação *positiva*, que acolhe uma solução prevista num ordenamento estrangeiro, importando-a, e a comparação *negativa*, que conduz a um juízo crítico das soluções previstas noutro sistema legal, realçando, desta forma, a existência de uma melhor solução prevista no direito interno[30].

---

[26] DÁRIO MOURA VICENTE, *Direito Comparado*, vol. I – *Introdução e Parte Geral*, Almedina, 2008, pp. 22 e 24.

[27] Alguma doutrina opta por não classificar estas famílias jurídicas como sistemas de Direito, mas sim como tradições, ou seja, como «a transmissão de uma maneira de actuar fundada no passado». Cfr. ANTOINE J. BULLIER, *op. cit.*, p. 165.

[28] JORGE MIRANDA, *Teoria do Estado e da Constituição*, Coimbra Editora, 2002, p. 21.

[29] GIUSEPPE DE VERGOTTINI, *op. cit.*, p. 50, e LUCIO PEGORARO, *op. cit.*, p. 19.

[30] DAVID FONTANA, *op. cit.*, p. 551.

3. O Direito Constitucional Comparado manifesta-se em duas frentes. A *comparação genealógica* baseia-se numa relação – cultural, histórica, legal – existente entre o país que exporta a ideia e o país que a importa. Desta forma, na actividade de comparação, é plausível a escolha de Estados que possuam uma herança comum, por exemplo, as famílias romano--germânica, da *common law*, muçulmana, africana, hindu e chinesa[31]. Já a *comparação a-histórica* fundamenta-se essencialmente na solução que o outro ordenamento jurídico-constitucional propõe, independentemente da existência ou inexistência de laços históricos, culturais ou legais entre os dois países em questão[32].

Outra doutrina prefere falar em três modalidades de emprego do Direito Comparado, a saber: a interpretação *genealógica* (acima referida); a interpretação *universalista*, que assenta na ideia de que os tribunais constitucionais interpretam e aplicam normas que estão todas embebidas em princípios comuns transcendentes e apriorísticos em relação às mesmas; e, por fim, a interpretação *dialogante* (*dialogical interpretation*) que, através de um processo auto-reflexivo, permitirá ao juiz concluir que se encontra perante um cenário bastante semelhante àquele com que já se depararam tribunais e doutrina estrangeiros[33].

4. Num esforço metodológico, alguma doutrina, após analisar várias decisões judiciais norte-americanas em que os juízes se socorreram do Direito Comparado, vem catalogando a comparação, classificando-a como não problemática, potencialmente problemática e problemática[34]. Assim, a abrir, as categorias não problemáticas serão as seguintes: (*i*) *mera «citação»* de Direito estrangeiro quando este apresenta uma ideia/argumentação com a qual o juiz da causa se identifica; (*ii*) *«ilustração de contrastes»* entre o Direito nacional e o Direito estrangeiro; (*iii*) utilização da compa-

---

[31] Sobre as várias famílias jurídicas, cfr. DÁRIO MOURA VICENTE, *op. cit.*, pp. 9-16, e MARÍA ISABEL GARRIDO GÓMEZ, «La Utilidad del Iuscomparatismo en la Armonización de los Sistemas Jurídicos», *in Boletín Mexicano de Derecho Comparado*, Nueva Serie, Año XXXVI, Núm, 108, Septiembre-Diciembre 2003, pp. 907-926. Para um tratamento, mais específico, das famílias jurídicas *constitucionais*, cfr. JORGE MIRANDA, *Teoria do Estado e da Constituição*, cit., pp. 87-232.

[32] Seguimos, de perto, o estudo de DAVID FONTANA, *op. cit.*, pp. 550-551.

[33] SUJIT CHOUDHRY, *op. cit.*, p. 825.

[34] Seguiremos, de perto, a análise de GANESH SITARAMAN, «The use and abuse of foreign law in constitutional interpretation», *in Harvard Journal of Law & Public Policy*, Spring 2009, pp. 653-693, pp. 664-691.

ração apenas como «*reforço lógico*», precisamente para demonstrar que a decisão a ser tomada não é inédita ou irrazoável; (*iv*) procura de «*proposições factuais*», ou seja, o juiz citará Direito Comparado para estabelecer, v. g., asserções acerca de factos históricos[35].

De seguida, evidenciaremos algumas hipóteses em que a fruição do Direito Comparado se poderá, eventualmente, revelar problemática: (*i*) quando este é utilizado para determinar que «*consequências empíricas*» advêm de decidir num sentido ou noutro sentido; (*ii*) «*aplicação directa*» do Direito Comparado quando as constituições a comparar possuam um laço genético entre si; (*iii*) e nas situações em que o juiz nacional fundamenta a sua decisão em argumentos contidos em jurisprudência estrangeira («raciocínio *persuasivo*»)[36].

Por fim, as utilizações problemáticas do Direito Comparado manifestam-se em três frentes: (*i*) atribuição de «força vinculativa» ao Direito estrangeiro (*authoritative borrowing*), que pode, como resulta óbvio, levantar complexas questões de teoria da interpretação e de saber até que ponto o juiz da causa domina a cultura, tradição e historia constitucional do ordenamento jurídico que aplica; (*ii*) a «agregação» de jurisprudência estrangeira à jurisprudência nacional, incrementando assim o número de decisões que apontam num determinado sentido; (*iii*) e, por último, nos antípodas, revela-se igualmente problemática a recusa absoluta de utilização do Direito Comparado[37]. Quanto a este último ponto, a crítica doutrinal fundamenta-se no facto de muitos dos direitos constitucionalmente consagrados beberem nos mesmos princípios fundamentais, anteriores às próprias constituições, daí que o Direito Constitucional Comparado tenha um papel relevantíssimo na identificação desses mesmos princípios[38].

IV – Como pode a jurisprudência retirar a máxima potencialidade da comparação?

1. Como sabemos, o recurso à comparação aquando do exercício do poder constituinte originário foi uma constante na esmagadora maioria das

---
[35] *Idem, op. cit.*, pp. 664-670.
[36] *Idem, op. cit.*, pp. 670-677.
[37] *Idem, op. cit.*, pp. 677-691.
[38] *Idem, op. cit.*, p. 691.

constituições de todo o Mundo e não levanta problemas na doutrina. A questão põe-se, isso sim, quanto à possibilidade e/ou conveniência de nos socorrermos do Direito Constitucional Comparado na interpretação e aplicação das normas constitucionais nacionais. Não sendo a Constituição um corpo normativo «estático e congelado no tempo», parece razoável admitir que os seus preceitos possam sofrer diferentes interpretações, em diferentes momentos históricos ou políticos[39].

Ainda que não defendamos a actual existência de uma «crise de identidade do Direito Comparado»[40], certo é que não deixamos de secundar a doutrina que, após realizar um profundo estudo, concluiu que os graus de utilização do Direito Comparado variam em todo o Mundo. Assim, destacam-se os seguintes Estados, consoante o modo de aproveitamento: (*i*) utilização *encoberta/não explícita*: a Itália e a França socorrem-se recorrentemente do Direito Comparado, ainda que não o citem de forma expressa; (*ii*) utilização *assumida*: o Reino Unido e a Alemanha; e, por fim, (*iii*) utilização *em larga escala*: Canadá e África do Sul[41]. Outros Autores acrescentam a Austrália[42] e Israel[43] à listagem de Estados «amigos» da referida comparação jurídica.

Nesta matéria, assume uma relevância exemplar a jurisprudência do Tribunal Constitucional Federal alemão que, na argumentação da sua célebre decisão *Lüth* (1958), se socorreu da comparação constitucional, tendo realizado referências à Declaração francesa dos Direitos do Homem e à jurisprudência norte-americana[44]. Mais recentemente e de forma gradual, porém, o Tribunal Constitucional Federal alemão tem vindo a declinar o recurso à comparação e, em vez de citar direito estrangeiro, cita a sua pró-

---

[39] ANNA-VERENA BAUER e CHRISTOPH MIKULASCHEK, «Looking Beyond the National Constitution – The Growing Role of Contemporary International Constitutional Law. Reflections on the First Vienna Workshop on International Constitutional Law», *in German Law Journal*, Vol. 6, N.º 7, 2005, pp. 1109-1120, p. 1111.

[40] MARY A. GLENDON *apud* SUJIT CHOUDHRY, *op. cit.*, p. 829.

[41] BASIL MARKESINIS e JORG FEDTKE, «The Judge as a Comparatist», *in Tulane Law Review*, Vol. 80, November 2005, pp. 11-167, pp. 26-76.

[42] VICKI C. JACKSON, «Multi-Valenced Constitutional Interpretation and Constitutional Comparisons: An Essay in Honor of Mark Tushnet», *in Quinnipiac Law Review*, Vol. 26, 2008, pp. 599-670, p. 621.

[43] AHARON BARAK, «Response to the Judge as Comparatist: Comparison in Public Law», *in Tulane Law Review*, Vol. 80, November 2005, pp. 195-202, p. 200.

[44] ANNA-VERENA BAUER e CHRISTOPH MIKULASCHEK, *op. cit.*, p. 1110, e BASIL MARKESINIS e JORG FEDTKE, *op. cit.*, p. 38.

pria jurisprudência, muito provavelmente porque a sua jurisprudência está cada vez mais formada e sólida[45].

De igual forma, desde os primórdios da sua actividade que o *Supreme Court* norte-americano se tem socorrido do Direito Comparado, em especial em domínios como o dos direitos fundamentais[46]. Todavia, como adiante veremos, na última década o recurso a elementos estrangeiros tem sido mais escasso e parece limitar-se cada vez mais à mera citação de Direito britânico quando em causa esteja um instituto ou uma norma historicamente inspirada neste Direito[47].

Exemplo cristalino da importância do recurso ao Direito Constitucional Comparado é o artigo 39.º, n.º 1, al. *c*), da Constituição da República da África do Sul (1996), que permite aos tribunais terem em consideração, na interpretação do catálogo de direitos, o Direito internacional e o Direito estrangeiro[48]. O que tem de tão peculiar este preceito não é propriamente o facto de deixar implícito que o texto constitucional sul-africano foi o fruto de uma interacção e absorção de práticas constitucionais estrangeiras. Verdadeiramente merecedor de atenção é o facto de este admitir, sem reservas, que o Direito Constitucional Comparado permita adequar o texto constitucional às exigências da realidade constitucional, esta sim, em constante evolução e efervescência. O texto constitucional não pretende afirmar que o Direito estrangeiro possui força vinculativa na ordem jurídica interna sul-africana, mas apenas deixar claro que aquele deverá ser tido em conta como fonte de inspiração[49].

---

[45] Brun-Otto Bryde, *op. cit.*, p. 206.

[46] Rex D. Glensy, «Which Countries Count?: Lawrence v. Texas and the Selection of Foreign Persuasive Authority», *in Virginia Journal of International Law*, Vol. 45, Winter 2005, pp. 357-449, p. 361.

[47] Rex D. Glensy, *op. cit.*, p. 372, e Sarah K. Harding, «Comparative Reasoning and Judicial Review», *in Yale Journal of International Law*, Vol. 28, 2003, pp. 419-464, pp. 424-427.

[48] Estipula este artigo o seguinte: «*When interpreting the Bill of Rights, a court, tribunal or forum (...) may consider foreign law*». Defendendo uma ligação intrínseca entre este preceito e a interpretação do catálogo de direitos fundamentais sob a égide do princípio da dignidade da pessoa humana, Gustavo Zagrebelsky, «Jueces Constitucionales», *in* AA.VV., *Teoría del neoconstitucionalismo – Ensayos escogidos*, Editorial Trotta, Madrid, 2007, pp. 91-104, p. 92, e Theunis Roux, «The Dignity of Comparative Constitutional Law», *in Acta Juridica – 2008*, Faculty of Law, University of Cape Town, JUTA, March 2009, pp. 185-203, p. 190.

[49] Basil Markesinis e Jorg Fedtke, *op. cit.*, p. 51, perspectivam este preceito como um «mandato constitucional aos tribunais sul-africanos» para atenderem ao que se passa no estrangeiro.

Por conseguinte, não nos causará surpresa saber que, em 1995, no caso «*O Estado v. Makwanyane e Mavuso Mchunu*», o Tribunal Constitucional sul-africano tenha invalidado a disposição legal que estabelecia a pena de morte invocando a jurisprudência de uma série de Estados, entre eles, dos Estados Unidos da América, Canadá, Alemanha, Hungria, Índia e Namíbia, entre outros[50].

2. Chegados a este ponto, cabe legitimamente perguntar: quais são os sistemas jurídicos comparáveis entre si? Como resposta a esta pergunta, é interessante a pista deixada por alguma doutrina, que defende que, no século actual, o direito comparado deverá incluir a ideia de que «*humani nihil a me alienum*»[51], ou seja, que, em abstracto, todos os sistemas do Mundo poderão ser comparados.

Na verdade, durante muitas décadas vigorou a percepção de uma pretensa superioridade dos ordenamentos jurídicos ocidentais[52]. Ora, esta adesão apriorística a uma premissa supostamente inquestionável foi muito criticada por Peter Häberle, que propôs colocar, no centro da teoria constitucional, o estudo de diferentes culturas constitucionais nacionais, afastando-nos, assim, «do mito da construção de um único e grande modelo institucional»[53]. Alguns autores, porém, chamam a atenção para aquilo a que designam de «falácia da igualdade entre os Estados», que assentaria numa pretensa igualdade do direito a comparar, como se fosse tão avisado o *Supreme Cout* norte-americano socorrer-se do Direito francês, como do Direito da Alemanha nazi ou da Ex-URSS ou até na China comunista[54]. Como é óbvio, este receio carece de fundamento, pois aqueles Estados,

---

[50] Para uma narrativa, cfr. CODY MOON, «Comparative Constitutional Analysis: Should the United States Supreme Court Join the Dialogue», *in Journal Law & Policy*, Vol. 12, 2003, pp. 230-247, pp. 238-239, HOYT WEBB, «The Constitutional Court of South Africa: Rights Interpretation and Comparative Constitutional Law», *in University of Pennsylvania Journal of Constitutional Law*, Vol. 1, Fall 1998, pp. 205-283, pp. 227-255, MARIA LÚCIA AMARAL, «Queixas Constitucionais e Recursos de Constitucionalidade…», *cit.*, p. 475, e SUJIT CHOUDHRY, *op. cit.*, pp. 851-855.

[51] ALAIN WIJFFELS, *op. cit.*, p. 252, e MARÍA ISABEL GARRIDO GÓMEZ, *op. cit.*, p. 917.

[52] ALAIN WIJFFELS, *op. cit.*, p. 232.

[53] ÁNGELO ANTONIO CERVATI, «El Derecho Constitucional entre Método Comparado y Ciencia de la Cultura (El Pensamiento de Peter Häberle y la Exigencia de Modificar el Método de Estudio del Derecho Constitucional», *in Revista de Derecho Constitucional Europeo*, Núm. 5, Enero-Junio 2006, pp. 297-326, p. 304 e p. 311.

[54] REX D. GLENSY, *op. cit.*, p. 405.

que ainda não possuem um certo nível de democratização, não fazem sequer parte do horizonte de comparação[55].

Um estudo de Direito Constitucional Comparado não deverá proceder a uma mera descrição de ordenamentos jurídicos estrangeiros mas, ao invés, procurar compará-los, apontando aquilo que os une e o que os separa. Ao fazê-lo, deverá, ainda, fazer emergir os motivos que subjazem a essas mesmas semelhanças e diferenças. Como diz expressivamente Maria Lúcia Amaral «há uma diferença entre aquilo a que se pode chamar comparação "mecânica" e "acrítica" e a comparação crítica ou valorativa. A segunda, que nos obriga a fazer juízos de selecção, é boa e útil»[56].

A escolha do material a comparar é extremamente complexa, não apenas no que toca ao ordenamento jurídico-constitucional a eleger, mas, igualmente, no que concerne ao problema concreto que se quer ver resolvido. É imperioso que exista entre o Direito *comparatum* e o Direito *comparandum* «uma certa relação de vizinhança, de parecença, para que a comparação não redunde em diletantismo»[57].

3. A comparação de ordenamentos ou de institutos jurídicos tem-se baseado na procura de um certo grau de *homogeneidade*[58] ou de um «escopo mínimo de comparação»[59]. Destarte, na escolha do Direito *comparandum* os intérpretes-aplicadores serão tentados, mesmo inconscientemente, a escolher Estados cujas práticas jurídicas lhes sejam familiares ou facilmente acessíveis[60].

Ora, cumpre frisar que esta homogeneidade não é necessariamente equivalente à pertença a uma mesma família de Direito[61]. Como ressalva Jorge Miranda, o importante é que não se comparem «em bruto» sistemas ou institutos jurídicos e que se realize uma «análise prévia simplificadora», que forneça critérios de comparação[62]. Os sistemas jurídicos exis-

---

[55] *Idem, op. cit.*, p. 411.
[56] «Queixas Constitucionais e Recursos de Constitucionalidade...», *cit.*, p. 476.
[57] JORGE MIRANDA, *Notas para uma introdução ao direito constitucional comparado*, Separata de *O Direito*, n.os 2 e 3, Lisboa, 1970, p. 43. Idêntica posição é assumida por WILLIAM E. FORTBATH e LAWRENCE SAGER, *op. cit.*, p. 1657.
[58] GIUSEPPE DE VERGOTTINI, *op. cit.*, p. 30. No mesmo sentido, AHARON BARAK, *op. cit.*, p. 199, LUCIO PEGORARO, *op. cit.*, p. 24, e REX D. GLENSY, *op. cit.*, p. 424.
[59] ROSALIND DIXON, «A Democratic Theory of Constitutional Comparison», *in American Journal of Comparative Law*, Vol. 56, Fall 2008, pp. 947-997, p. 979.
[60] *Idem, op. cit.*, p. 991.
[61] JORGE MIRANDA, *Notas para uma introdução...*, *cit.*, p. 76.
[62] *Manual de Direito Constitucional*, tomo IV, Coimbra Editora, 3.ª edição, 2000, p. 121.

tentes são a manifestação de uma cultura vigente. Nesta medida, a título ilustrativo, falamos de uma «cultura ocidental» ou de uma «cultura europeia»[63]. Não nos podemos nunca esquecer do «legado cultural» (*kulturellen Erbes*), embebido em cada uma das constituições e que as torna, por isso mesmo, únicas[64].

Qualquer estudo comparado que pretenda ser minimamente digno terá de ir bem mais além da mera comparação de normas jurídicas. A legislação não é um conjunto aleatório de palavras, mas assenta em «poderes invisíveis» (*invisible powers*), nos quais se encontram a cultura, a religião, a história, a geografia, a moral, o costume, a filosofia ou as ideologias políticas[65]. Do mesmo modo, J. J. Gomes Canotilho não hesita em designar o Direito Constitucional de «*intertexto aberto*», no qual desaguam uma amálgama de elementos profundamente identificadores, tais como a cultura, a filosofia, a política e as experiências constitucionais nacionais e estrangeiras que de alguma forma repousam no texto constitucional[66].

4. Será esta «*bricolage*»[67] entre ordenamentos jurídico-constitucionais útil?[68] A actividade de comparação é extremamente complexa, vive

---

[63] María Isabel Garrido Gómez, *op. cit.*, p. 919.

[64] Peter Häberle, «Verfassungsrechtliche Aspekte der kulturellen Identität», in Peter Häberle, *Verfassungsvergleichung in europa- und weltbürgerlicher Absicht – Späte Schriften* (Hersg.: Markus Kotzur und Lothar Michael), Schriften zum Öffentlichen Recht, Band 1127, Duncker & Humblot, Berlin, 2009, pp. 46-55, p. 50. Numa visão mais global, cfr. A. Castanheira Neves, «Pensar o Direito num Tempo de Perplexidade», in AA.VV., Liber Amicorum *de José de Sousa e Brito – Em comemoração do 70.º Aniversário*, Almedina, 2009, pp. 3-28, em especial pp. 7 e 10.

[65] Edward J. Eberle, «The Method and Role of Comparative Law», in *Washington University Global Studies Law Review*, Vol. 8, 2009, pp. 451-486, pp. 452-453.

[66] *Direito Constitucional e Teoria da Constituição*, Almedina, Coimbra, 7.ª edição, 2003, p. 19.

[67] Termo primeiramente utilizado por Claude Levi-Strauss, *apud* Mark Tushnet, «The Possibilities of Comparative Constitutional Law», in *Yale Law Journal*, Vol. 108, April 1999, pp. 1225-1309, p. 1225. Claude Levi-Strauss procedeu a uma distinção entre «engenharia» e «*bricolage*». Enquanto que na primeira o engenheiro tem um projecto em mente e estuda que materiais possui que lhe permitam levar a cabo o trabalho, na «*bricolage*», aquele que a desempenha utiliza o que «estiver à mão», mesmo que não possua uma relação directa com o trabalho que está a realizar naquele momento. O Autor, contrariamente ao que se possa pensar, adiantou ainda que a cultura constitucional norte-americana é mais um produto da «*bricolage*» do que da engenharia (pp. 1285-1286).

[68] Mark Tushnet, «The Possibilities of Comparative Constitutional Law...», *cit.*, p. 1225.

do diálogo com a realidade social e jurídica pelo que não deve, de forma alguma, ser pensada estritamente na perspectiva do direito positivado. Exemplo deveras ilustrativo do que estamos a referir encontra-se no modelo de constitucionalismo anglo-saxónico, que atribui incomensurável relevância ao direito não escrito (às convenções, aos costumes e demais *praxis* interpretativas)[69]. Com efeito, a realidade constitucional, espelho do direito vigente (*law in action*), pode não coincidir impreterivelmente com o direito escrito (*law in books*)[70].

Quando nos deparamos com uma reprodução, no texto constitucional nacional, de um instituto ou preceito consagrado expressamente noutros ordenamentos jurídicos, estamos perante aquilo que frequentemente se designa de «transplante legal»[71]. Nesta sede, é inegável que o Direito Comparado desempenha uma função prática de extrema relevância[72]. Como sabemos e à semelhança do que sucede num transplante médico, o transplante legal não está, todavia, isento de perigos. Para os contornar, o cultor do Direito Comparado «deverá ter a certeza de que os tecidos legais do sistema doador são compatíveis com aqueles do sistema que recebe»[73].

Adicionalmente, é preciso procurar o sentido que está para além das palavras. Neste domínio, a barreira linguística pode levantar problemas delicados e não deverá, por isso, ser descurada. A tradução apresenta as dificuldades que são bem conhecidas de todos, em especial o facto de carecer do conhecimento do contexto que subjaz às próprias palavras[74]. Por outro lado, o tradutor pode também equivocar-se, por causa de aparentes afinidades, em termos homólogos aos nacionais ou da proximidade fonética de algumas expressões[75].

---

[69] GIUSEPPE DE VERGOTTINI, *op. cit.*, p. 29.

[70] *Idem, op. cit.*, p. 29.

[71] *Idem, op. cit.*, p. 16.

[72] CARLOS FERREIRA DE ALMEIDA, *Direito Comparado. Ensino e Método*, Cosmos, Lisboa, 2000, p. 68.

[73] CHRISTOPHER OSAKWE, «Introduction: The problems of the comparability of notions in constitutional law», *in Tulane Law Review*, Vol. 59, March 1985, pp. 875-883, p. 876.

[74] ANNA-VERENA BAUER e CHRISTOPH MIKULASCHEK, *op. cit.*, p. 1114, EDWARD J. EBERLE, *op. cit.*, p. 459, e LUCIO PEGORARO, *op. cit.*, p. 22.

[75] GIUSEPPE DE VERGOTTINI, *op. cit.*, pp. 25-26, LUCIO PEGORARO, *op. cit.*, p. 23, e MICHEL ROSENFELD, «Constitutional Migration and the Bounds of Comparative Analysis», *in New York University Annual Survey of American Law*, Vol. 58, 2001, pp. 67-83, p. 71. Expondo este mesmo problema, os Autores de dicionários jurídicos F. SILVEIRA RAMOS, *Dicionário Jurídico Alemão-Português*, Almedina, 1995, pp. 9-10, e MICHEL

Em suma, o recurso ao Direito Constitucional Comparado deverá sempre ser precedido do estudo da história constitucional, do sistema de fontes do ordenamento jurídico a comparar.

V – Críticas quanto à utilização do Direito Constitucional Comparado pela jurisprudência

Com realismo, não será improvável encontrar, quer na doutrina quer na jurisprudência, algumas reservas quanto ao emprego do Direito Constitucional Comparado, as quais passaremos a expor de imediato.

a) A inexistência de uma metodologia rigorosa

1. Como se disse atrás, a primeira preocupação do estudioso do Direito Comparado consiste no Direito *comparandum* e na razão para escolher um determinado ordenamento jurídico em detrimento de outro. Nesta sede, a doutrina tem-se mostrado algo reticente, criticando a inexistência de uma metodologia coerente, de uma teorização sobre estas questões[76]. Por outro lado, alerta para a falta de critério na selecção do Direito a comparar e para o modo descuidado com que se procede à importação de ideias e institutos estrangeiros, sem ter presente o seu contexto[77].

2. Destarte, são muitos os que defendem a criação de uma matriz metodológica de Direito Constitucional Comparado. Na realidade, podemos verificar que actualmente são inúmeros e díspares os métodos que procuram levar a cabo a tarefa de comparação constitucional. Seguidamente, passaremos a enunciar três métodos de comparação: universalista normativo, o funcionalista e o contextual.

Doucet e Klaus E. W. Fleck, *Wörterbuch der Rechts- und Wirtschaftssprache*, Teil II: Deustch-Französich, 6. Auflage, C. H. Beck Verlag, München, pp. V-VI.

[76] Cfr., por exemplo, Ran Hirschl, «The Question of Case Selection in Comparative Constitutional Law», in *American Journal of Comparative Law*, Vol. 53, Winter 2005, pp. 125-155, p. 125, e Roger P. Alford, «In Search of a Theory for Constitutional Comparativism», *cit*., p. 641.

[77] Ran Hirschl, *op. cit*., p. 129.

Aderindo a uma perspectiva internacional, o método *universalista normativo* parte da premissa de que o constitucionalismo assenta em determinados princípios fundamentais, dentre os quais alguns são também genuínos direitos do homem[78]. Assim, ao analisarmos o modo como diversas constituições concretizaram esses mesmos princípios, poderemos compreendê-los melhor e, assim, exportar essa mesma interpretação para ordenamentos jurídicos que não tenham uma concretização tão perfeita[79].

Por seu turno, Konrad Zweigert e Heinz Kötz, apostam no «princípio metodológico da funcionalidade» (*Funktionalitätsprinzip*) ou, na linguagem de R. Schlesinger, método da «aproximação funcional» (*functional approach*), que coloca a função como ponto de partida de toda a comparação jurídica[80]. Estes Autores defendem que serão comparáveis aqueles institutos que desempenharem funções económico-sociais análogas em sistemas jurídicos distintos[81]. Por outras palavras, podem comparar-se institutos e figuras de sistemas jurídicos diferentes, caso estas cumpram a mesma função e prossigam a mesma finalidade[82]. Este método acaba por presumir que os sistemas jurídicos mundiais enfrentam, até certo ponto, os mesmos problemas e, apesar de os resolverem de diferentes maneiras, acabam por, amiúde, chegar aos mesmos resultados[83].

O método *contextual* enfatiza o facto de o Direito Constitucional Comparado estar profundamente enraizado nos contextos culturais, sociais e doutrinais de cada Estado, pelo que necessitamos de atender a todos esses factores aquando da comparação[84]. Os defensores deste método aconselham, por isso mesmo, a uma enorme cautela na actividade de comparação.

---

[78] MARK TUSHNET, «Weak Courts, Strong Rights...», *cit.*, p. 5.
[79] *Idem, ibidem*, p. 6.
[80] *Op. cit.*, pp. 33-39.
[81] Na doutrina, aceitando esta justificação, cfr. CARLOS FERREIRA DE ALMEIDA, *Introdução ao Direito Comparado*, *cit.*, pp. 21-22, e DONALD E. CHILDRESS, «Using Comparative Constitutional Law to Resolve Domestic Federal Questions», *in Duke Law Journal*, Vol. 53, 2003, pp. 193-221, p. 199.
[82] GIUSEPPE DE VERGOTTINI, *op. cit.*, p. 40.
[83] PHILLIP G. RAPOZA, *op. cit.*, p. 590.
[84] MARK TUSHNET, «Weak Courts, Strong Rights...», *cit.*, p. 10, e MARK VAN HOECKE e MARK WARRINGTON, «Legal Cultures, Legal Paradigms and Legal Doctrine: Towards a New Model for Comparative Law», *in International & Comparative Law Quarterly*, Issue 47, 1998, Oxford University Press, pp. 495-536.

3. Chegados a este ponto, parece-nos pertinente dar a conhecer o *critério tríplice* proposto por Jorge Miranda aquando da actividade de comparação. Assim, o Autor sugere que, na procura daquilo que une e que separa os ordenamentos jurídico-constitucionais, nos socorramos de um critério que passa pela averiguação da exequibilidade de um juízo de comparação do objecto, seguido do esforço pela localização e que culminará na definição do contexto dos regimes comparados[85]. Por outras palavras, trata-se de saber os termos da comparação, o modo de a levar a cabo e, por fim, as conclusões que dela se possam extrair[86].

Em geral, os ordenamentos jurídicos pretendem que as suas constituições não percam a sua força normativa, destarte permitindo que a interpretação constitucional possa sofrer mutações face à dinâmica da realidade e cultura constitucionais. Com tal desiderato, os norte-americanos fazem apelo à ideia de «*living constitution*»[87] e os australianos ao conceito de «*living force*». Todavia, é curioso determo-nos na designação canadiana da Constituição como uma «*living tree*», isto é, como um documento basilar da organização política de uma comunidade, que possui profundas raízes – que em caso algum devem ser ignoradas e que proporcionam o alimento para a restante árvore – assim como troncos e folhas que desabrocham em vários sentidos e em diferentes direcções[88]. Em suma, esta metáfora elucida com peculiar clareza os diversos elementos de que se deve socorrer a interpretação constitucional hodierna.

4. De resto, é curioso observar que, aos métodos clássicos da interpretação de normas propostos, em 1840, por Friedrich Carl von Savigny, os juristas Theo Öhlinger e Peter Häberle ousaram adicionar um *quinto*

---

[85] «Notas para uma introdução...», *cit*., pp. 21 e 42-48. Sobre os desafios da interpretação comparativa, cfr. J. J. GOMES CANOTILHO, *Direito Constitucional e Teoria da Constituição*, *cit*., p. 1214.

[86] JORGE MIRANDA, *Notas para uma introdução...*, *cit*., p. 45.

[87] ELIZABETH PRICE FOLEY, «The Role of International Law in U.S. Constitutional Interpretation: Original Meaning, Sovereignty and the Ninth Amendment», *in Florida International University*, Vol. 3, Fall 2007, pp. 27-46, p. 29, alerta para alguns perigos da «*living Constitution*», que acabam por reduzir o edifício constitucional a uma fundação movediça.

[88] VICKI C. JACKSON, «Constitutions as "living trees"? Comparative Constitutional Law and interpretative metaphors», *in Fordham Law Review*, Vol. 75, November 2006, pp. 921-960, p. 954.

método – o comparado. Parafraseando uma frase bem conhecida, a «*Rechtsvergleichung als fünfte Auslegungmethode*» (o Direito Comparado como quinto método de interpretação), apresenta-se como um «estádio imprescindível na exegese das cláusulas constitucionais sobre os direitos»[89]. Ainda que a comparação esteja remetida para o quinto critério de interpretação, os Autores não descartam a possibilidade de um dia se converter no primeiro ou de subir alguns escalões na importância a ele concedida[90].

b) A noção demasiadamente enraizada de «identidade nacional»

5. A história constitucional dos Estados vem acompanhada de uma identidade muito própria, aquilo a que D. Sternberger chama de «patriotismo constitucional» (*Verfassungspatriotismus*)[91]. A esta luz, poderá legitimamente sustentar-se que sendo a Constituição um produto que nasceu fruto de uma história e cultura muito específicas, deverá ter o mesmo tratamento que se dá aos produtos tipicamente nacionais, ou seja, deverá ser protegida contra uma avalanche de importações[92].

Na verdade, impende sobre o Direito Constitucional Comparado uma enorme «tensão, na medida em que este precisa de encontrar um ponto de equilíbrio entre «uma tendência universalista de conhecimento» e os inúmeros «factores de diferenciação» do mesmo[93]. Deveremos tomar a devida consciência dos limites da comparação jurídica. Com efeito, as particularidades de cada ordenamento jurídico «não devem ser niveladas por um igualitarismo, uma perspectiva apenas superficial da comparação jurídica»[94].

---

[89] PETER HÄBERLE, «Juristische Ausbildungszeitschriften in Europa», *in* PETER HÄBERLE, *Verfassungsvergleichung in europa- und weltbürgerlicher Absicht – Späte Schriften* (Hersg.: Markus Kotzur und Lothar Michael), Schriften zum Öffentlichen Recht, Band 1127, Duncker & Humblot, Berlin, 2009, pp. 188-201, p. 197. Sobre o tema, cfr. ANNA-VERENA BAUER e CHRISTOPH MIKULASCHEK, *op. cit.*, p. 1112, e GIUSEPPE DE VERGOTTINI, *op. cit.*, p. 12.

[90] PETER HÄBERLE, «Interview mit...», *cit.*, p. 270.

[91] *Apud* PETER HÄBERLE, «Verfassungsrechtliche Aspekte...», *cit.*, p. 50.

[92] Ver Autores citados por WILLIAM E. FORTBATH e LAWRENCE SAGER, *op. cit.*, p. 1657.

[93] JORGE MIRANDA, «Notas para uma introdução...», *cit.*, p. 36.

[94] PETER HÄBERLE, «Interview mit Professor Botha» (Juli 2001), *in* PETER HÄBERLE, *Verfassungsvergleichung in europa- und weltbürgerlicher Absicht – Späte Schriften*, (Hersg.: Markus Kotzur und Lothar Michael), Schriften zum Öffentlichen Recht, Band 1127, Duncker

6. Nos Estados Unidos da América, uma parte considerável da teorização da interpretação constitucional desemboca no «particularismo jurídico» (*legal particularism*) do modelo norte-americano. Daqui advém que a aplicação do Direito Constitucional Comparado não possui um interesse prático relevante, possuindo somente, quando muito, um mero interesse académico[95]. A doutrina que adere a esta visão é classificada de «*originalist*», pois entende que, na interpretação do texto constitucional, se deverá ter em atenção (apenas) o argumento histórico, ou seja, o sentido que se quis dar às normas aquando da sua positivação[96].

Antes de nos debruçarmos sobre este tema importa fazer uma distinção entre dois tipos distintos de questões que se levantam nesta sede: uma delas prende-se com a utilização do Direito Comparado e outra com a utilização do Direito Internacional[97]. Por questões de economia, trataremos somente a primeira questão, já que a segunda excede o objecto do nosso trabalho.

7. A conhecida «*american tradition of constitutional insularity*», traduz-se num escasso aproveitamento do Direito Comparado pelo *Supreme Court*[98]. Por conseguinte, sempre que este Tribunal adopta uma postura mais receptiva à análise comparada, todos os olhos se focam na sua actividade e escrevem-se rios de tinta acerca da conveniência – e mesmo da

---

& Humblot, Berlin, 2009, pp. 263-271, p. 270. Como salienta RUI MEDEIROS, «A Carta dos Direitos Fundamentais da União Europeia, a Convenção Europeia dos Direitos do Homem e o Estado Português», in AA.VV., *Nos 25 Anos da CRP de 1976 – Evolução Constitucional e Perspectivas Futuras*, Associação Académica da Faculdade Direito Lisboa, Lisboa, 2001, pp. 227-293, pp. 272-273, referindo-se à temática da universalização dos direitos do homem, a «assimilação deve coexistir com diferenciação. Ou seja, à semelhança do lobo e do cordeiro, universalidade e particularidade devem coexistir em matéria de direitos fundamentais».

[95] SUJIT CHOUDHRY, *op. cit.*, p. 830.
[96] Assim, BASIL MARKESINIS e JORG FEDTKE, *op. cit.*, p. 20, e ROBERT F. WILLIAMS, «Comparative Subnational Law: South Africa's Provincial Constitutional Experiments», in *South Texas Law Review*, Vol. 90, Summer 1999, pp. 625-660, p. 633.
[97] CINDY G. BUYS, «Burying Our Constitution in the Sand? Evaluating the Ostrich Response to the Use of International Law and Foreign Law in U.S. Constitutional Interpretation», in *Brigham Young University*, Vol. 21, 2007, pp. 1-54, p. 6, lembra que, ao contrário do Direito Internacional, o Direito estrangeiro não vincula os Estados Unidos da América.
[98] MARK C. RAHDERT, «Comparative Constitutional Advocacy», in *American University Law Review*, Vol. 56, February 2007, pp. 553-665, p. 589.

probidade – dessa actuação[99]. Como de seguida veremos, em recentes decisões que tocavam aspectos delicados da vida em sociedade, o *Supreme Court* mencionou jurisprudência estrangeira.

Consequentemente, vários juristas atacaram esta opção judicial considerando que esta prática pretendia, através de meras decisões judiciais, pôr em causa a própria soberania do povo americano e forçar a Constituição americana aos valores e ideais de uma elite cosmopolita[100]. Segundo este raciocínio, o plano, desenvolvido por um «emergente movimento intelectual vanguardista» seria o de seduzir os juízes a abdicarem do seu Direito nacional, em homenagem a um utópico sistema jurídico universal[101]. Ora, em resposta a estas preocupações, podemos desde já adiantar que o que se pretende com o Direito Comparado não é, obviamente, uniformizar o Direito Constitucional, mas, ao invés, encorajar a uma *harmonização*, a um *profícuo diálogo e troca de ideias*.

A polémica tem sido tal que surgiram, inclusive, iniciativas legislativas que incitaram o Congresso a tomar medidas para impedir que os tribunais tenham em conta o Direito estrangeiro nas suas decisões. Estas vozes críticas sugerem até que se deveria proceder a uma Emenda à Constituição norte-americana que proibisse expressamente esta prática[102].

Foram os Casos *Atkins v. Virginia* (2002) e *Lawrence v. Texas* (de 2003) que trouxeram para a luz da ribalta o problema do recurso ao Direito Comparado[103]. No primeiro caso, o *Supreme Court* baseou-se em legis-

---

[99] CASS R. SUNSTEIN, *A Constitution of Many Minds – Why the Founding Document Doesn't Mean What It Meant Before*, Princeton University Press, Oxford, 2009, p. 187, e DAVID S. LAW, «Generic Constitutional Law», *in Minnesota Law Review*, Vol. 89, February 2005, pp. 652-742, p. 699. Cfr., para uma análise exaustiva da jurisprudência norte-americana que citou expressamente Direito estrangeiro nas suas decisões, STEVEN G. CALABRESI e STEPHANIE DOTSON ZIMDAHL, «The Supreme Court and Foreign Sources of Law: Two Hundred Years of Practice and the Juvenile Death Penalty Decision», *in William & Mary Law Review*, Vol. 47, December 2005, pp. 743-909.

[100] Entre os críticos estão RICHARD POSNER, ROBERT BORK e ROGER P. ALFORD, *apud* MARK TUSHNET, «Weak Courts, Strong Rights...», *cit.*, p. 3. Por sua vez, MARK TUSHNET classifica esses alertas como «exagerados» e «fora de contexto» (p. 4).

[101] KEN I. KERSCH, «*Multilateralism Comes to the Courts*», *apud* ROGER P. ALFORD, «Lower Courts and Constitutional Comparativism», *in Fordham Law Review*, Vol. 77, 2008, pp. 647-665, p. 648, e RICHARD A. POSNER, «No Thanks, We Already Have Our Own Laws», *in Legal Affairs*, July/August 2004, p. 6.

[102] CASS R. SUNSTEIN, *op. cit.*, p. 188.

[103] Cfr. CASS R. SUNSTEIN, *op. cit.*, p. 187, JOSEPH F. MENEZ e JOHN R. VILE, *Summaries of Leading Cases on the Constitution*, Rowman & Littlefield Publishers, USA,

lação estrangeira para proibir a execução de cidadãos portadores de deficiência mental. Já no segundo caso, o mesmo Tribunal, baseando-se na jurisprudência do Tribunal Europeu dos Direitos do Homem, revogou a sua jurisprudência anterior que validava leis estaduais criminalizadoras de relações homossexuais consentidas entre adultos.

8. Quando questionado sobre o papel da utilização do Direito Comparado nas decisões do *Supreme Court*, o juiz John Roberts respondeu o seguinte: «No direito estrangeiro é possível encontrar tudo o que se pretende. Se não o encontrar nas decisões de França ou Itália, estará nas decisões da Somália, Japão, Indonésia ou onde quer que seja. Como já alguém disse noutro contexto, olhar para o direito estrangeiro procurando apoio é como olhar sobre uma multidão e escolher os nossos amigos»[104].

É um facto que a ideia de uma suposta «hegemonia jurídica»[105] norte-americana está bem presente numa parte considerável da sua doutrina e jurisprudência, que advogam que os Estados Unidos possuem uma tradição política distinta de todo o Mundo, inclusive distinta da Europa[106]. Metaforicamente e com uma boa dose de ironia, alguns Autores não hesitam em afirmar que «os americanos são de Marte e os europeus de Vénus»[107].

Na sequência destas considerações, o juiz Antonin Scalia foi lapidar na conclusão de que a análise comparativa é inapropriada para a tarefa de interpretar a Constituição, e não apresenta qualquer pudor ou artifício retórico ao qualificar o Direito estrangeiro como «*alien law*»[108-109]. Escreveu

---

2004, pp. 447-449, MARIA LÚCIA AMARAL, «Queixas Constitucionais e Recursos de Constitucionalidade...», *cit.*, p. 475, MARK C. RAHDERT, *op. cit.*, p. 556.

[104] *Apud* MARK TUSHNET, «When is Knowing Less Better Than Knowing More? Unpacking the Controversy over Supreme Court Reference to Non-U.S. Law», *in Minnesota Law Review*, Vol.90, 2006, pp. 1275-1302, p. 1276.

[105] SUJIT CHOUDHRY, *op. cit.*, p. 832.

[106] SANFORD LEVINSON, *apud* MARK TUSHNET, «When is Knowing Less Better Than Knowing More?...», *cit.*, p. 1289, e REX D. GLENSY, *op. cit.*, p. 431.

[107] R. KAGAN, *Of Paradise and Power: America and Europe in the New World Order*, *apud* JO ERIC KHUSHAL MURKENS, «Comparative Constitutional Law in the Courts: Reflections on the Originalists' Objections», *in Verfassung und Recht in Übersee*, 41. Jahrgang, 1/2008, Nomos, pp. 32-50, p. 36.

[108] *Caso Printz v. United States*, *apud* VICKI C. JACKSON, «Constitutional Comparisons: Convergence, Resistance, Engagement», *in Harvard Law Review*, Vol. 119, November 2005, pp. 109-128, p. 114. Na doutrina norte-americana, apoiando esta tese, são de destacar BRUCE ACKERMAN, *We The People: Foundations*, *apud* CODY MOON, *op. cit.*, p. 240, nt. 93, e DONALD E. CHILDRESS, *op. cit.*, p. 217. Este último Autor alerta para o

este juiz que o *Supreme Court* «não deverá impor aos americanos modelos estrangeiros, ou modas»[110]. Ao invés, na interpretação da Constituição norte-americana, o juiz deve procurar compreender qual era o entendimento que dela fazia a sociedade que a adoptou, pelo que apenas a história constitucional inglesa assumirá relevância, quando se estiver perante mecanismos herdados desse modelo constitucional (tais como o *due process*, ou o *right of confrontation*)[111].

9. Mas será mesmo assim? A saída deste dilema pode não ser tão simples quanto parece. A verdade é que se, no âmbito do Conselho da Europa, a jurisprudência do Tribunal Europeu dos Direitos do Homem tende a ser seguida pelas jurisdições constitucionais nacionais, fora deste contexto internacional regional, a direcção da «influência interconstitucional» (*cross-constitutional influence*) será, provavelmente, menos poderosa e bastante mais complexa[112].

Num tom crítico, Basil Markesinis e Jorg Fedtke lembram que, se por um lado esta linguagem patriótica pode ser, por alguns, considerada ape-

---

perigo de a actividade judicial de comparação poder redundar numa usurpação de funções legislativas pelos juízes (pp. 219-220).

[109] *Apud* JO ERIC KHUSHAL MURKENS, *op. cit.*, p. 36.

[110] Cfr. o voto de vencido do Juiz ANTONIN SCALIA, no *caso Atkins v. Virginia*, *apud* GARY JEFFREY JACOBSOHN, «The Permeability of Constitutional Borders», *in Texas Law Review*, Vol. 82, 2004, pp. 1763-1768, p. 1763. Igualmente, no *caso Stanford v. Kentucky*, o juiz SCALIA, ignorando todos os estudos de Direito Constitucional Comparado trazidos para o caso em análise, manifestou-se (novamente em voto de vencido) a favor da permissão constitucional da pena de morte a indivíduos menores de 16 anos à data da prática de crime de homicídio. Com efeito, o juiz afirmou que «nós, os juízes das democracias americanas, somos servidores do nosso povo, jurámos aplicar, sem medo ou favorecimento, as leis que essas mesmas pessoas consideraram apropriadas. (...) Se as "normas internacionais" tivessem controlado os nossos antepassados, a democracia nunca teria nascido aqui na América». Cfr., mais desenvolvidamente, LORRAINE E. WEINRIB, *op. cit.*, pp. 5-14 e p. 23.

[111] ANTONIN SCALIA *apud* JO ERIC KHUSHAL MURKENS, *op. cit.*, p. 35.

Este argumento é veementemente criticado por P. KAHN, «Comparative Constitutionalism in a New Key», *in Michigan Law Review*, Vol. 101, 2003, pp. 2677-2705, p. 2685, quando afirma não compreender o motivo pelo qual se deve dar mais peso à intenção dos criadores da Constituição – «que há muito faleceram e estão culturalmente afastados» do Mundo actual – do que à «compreensão que os juízes contemporâneos fazem dos mesmos problemas». No mesmo sentido, CINDY G. BUYS, *op. cit.*, p. 40, e ELIZABETH PRICE FOLEY, *op. cit.*, p. 31. Também JO ERIC KHUSHAL MURKENS, *op. cit.*, p. 47, critica o que designa de «inconsistência e de política de "dois pesos, duas medidas"».

[112] ROSALIND DIXON, *op. cit.*, p. 963.

lativa, por outro lado, porém, não consegue travar «o novo Mundo que se afigura *ante portas*» e que reivindica uma crescente internacionalização[113]. Há um sem-número de novos problemas que perpassam todas as ordens jurídicas contemporâneas e que são respondidos de forma diversa, tais como a liberdade religiosa, o direito à privacidade, a igualdade em função da orientação sexual, do sexo e da raça, os direitos fundamentais das minorias, os direitos do arguido, o direito à educação, entre outros[114].

10. O modo de os intérpretes-aplicadores americanos encararem o Direito Constitucional Comparado tem sido qualificado de «refinado» (*refined comparativism*) ou de «paroquial», na medida em que se, por um lado, estes se prontificam imediatamente a influenciar outros ordenamentos jurídicos, por outro lado, raramente têm abertura para estudar soluções diferentes e se deixar influenciar[115].

Com efeito, não faltam vozes que qualificam de «ultrajante ou bizarra» a consideração pelos juízes norte-americanos do Direito de democracias constitucionais mais recentes. Se não, veja-se; Cass R. Sunstein afirma que as democracias mais jovens (*v. g.*, África do Sul, Canadá, Hungria, Israel e Polónia) farão bem em considerar material legislativo estrangeiro na interpretação das suas disposições constitucionais[116]. Contudo, para os Estados Unidos da América – Estado com tradições constitucionais enraizadas e desenvolvidas – tal acabaria por significar uma perda de tempo[117]. Convirá ter presente que o Autor inclui Portugal – juntamente

---

[113] *Op. cit.*, p. 157.

[114] MARK C. RAHDERT, *op. cit.*, pp. 564-565 e pp. 613-614.

[115] Como anotam, entre tantos outros, AHARON BARAK, *op. cit.*, p. 201, BERND J. HARTMANN, «How American Ideas Travelled: Comparative Constitutional Law at Germany's National Assembly in 1848-1849», *in Tulane European and Civil Law Forum*, Vol. 17, 2002, pp. 23-70, CODY MOON, *op. cit.*, p. 246, DAVID FONTANA, *op. cit.*, pp. 542-544, JOHN E. FINN e DONALD P. KOMMERS, *op. cit.*, p. 225, LORRAINE E. WEINRIB, *op. cit.*, p. 4, MARK TUSHNET, «Returning with interest: Observations on some putative benefits of studying Comparative Constitutional Law», *in University of Pennsylvania Journal of Constitutional Law*, Vol. 1, Fall 1998, pp. 325-349, p. 325, *Idem*, «When is Knowing Less Better Than Knowing More?...», *cit.*, pp. 1275-1302, p. 1292, PETER J. MESSITTE, «Citing Foreign Law in U.S. Courts: Is Our Sovereignty Really at Stake?», *in University of Baltimore Law Review*, Vol. 35, Winter 2005, pp. 171-184, p. 183, SUJIT CHOUDHRY, *op. cit.*, p. 832, VERNON VALENTINE PALMER, *op. cit.*, p. 1101, e WILLIAM E. FORTBATH e LAWRENCE SAGER, *op. cit.*, p. 1953.

[116] *Op. cit.*, p. 214.

[117] *Idem*, *op. cit.*, p. 208.

com o Reino Unido, Israel, Hungria, Polónia e Brasil – na enumeração exemplificativa de Estados com os quais não descortina um mínimo interesse de comparação[118].

Nestes termos, o Direito Comparado assume uma perspectiva unidireccional, ou seja, faz apenas sentido quando utilizado pelos outros Estados, mas carece de fundamento se for usado pelos próprios juristas norte-americanos. Lamentavelmente, esta atitude de «introversão» e «auto-suficiência intelectual» parece conduzir a um empobrecimento da sua doutrina constitucional[119]. Todavia, esta resistência é algo ambivalente, já que muita jurisprudência norte-americana acaba por basear as suas decisões, até certo ponto, no Direito Constitucional estrangeiro[120].

Não nos esqueçamos que a comparação é uma *estrada de dois sentidos*, em que o próprio Estado que influenciou várias constituições por todo o mundo não se deve limitar a exportar os seus conhecimentos, mas também deverá ter a humildade de tomar em consideração algumas soluções que, entretanto, foram implementadas nos Estados outrora influenciados por ele. Esta ideia encontra apoio no provérbio popular *«wise parents do not hesitate to learn from their children»*[121]. Na verdade, a «descendência constitucional» (*constitutional offspring*) de um Estado não deverá ser desvalorizada ou olhada com condescendência[122].

---

[118] *Idem, op. cit.*, p. 191.
[119] BASIL MARKESINIS e JORG FEDTKE, *op. cit.*, pp. 137 e 156.
[120] DAVID FONTANA, *op. cit.*, p. 545. Todavia, ROGER P. ALFORD, «Lower Courts and Constitutional Comparativism», *cit.*, pp. 650-651, alerta que desde o polémico *caso Roper v. Simmons* (2005) é mais do que visível que os tribunais norte-americanos têm abdicado de citar Direito estrangeiro. No *Caso Roper v. Simmons* o *Supreme Court* foi chamado a pronunciar-se sobre se a Oitava Emenda à Constituição americana – que proíbe tratamentos cruéis – proibia a execução de um menor condenado criminalmente. Entendeu em sentido afirmativo e, para tal, socorreu-se da *«opinion of the world community»*, ou seja, do largo consenso – presente na esmagadora maioria dos ordenamentos jurídicos nacionais e internacionais (tais como o Pacto Internacional dos Direitos Civis e Políticos e a Convenção das Nações Unidas Para os Direitos das Crianças) – quanto à abolição da pena de morte a menores. Para mais desenvolvimentos sobre este caso, cfr. CINDY G. BUYS, *op. cit.*, pp. 12-15, EUGENE KONTOROVICH, «Disrespecting the "Opinions of Mankind": International Law in Constitutional Interpretation», *in The Green Bag An Entertainment Journal of Law*, Vol. 8, Spring 2005, pp. 261-268, p. 261, e STEVEN G. CALABRESI e STEPHANIE DOTSON ZIMDAHL, *op. cit.*, pp. 864-876.
[121] Provérbio este citado pelo juiz GUIDO CALABRESI, numa declaração de voto, *apud* DAVID FONTANA *op. cit.*, p. 573.
[122] MARK TUSHNET, «The Possibilities of Comparative Constitutional Law...», *cit.*, p. 1226.

11. Será um truísmo dizer que o Direito norte-americano (em geral), e o Direito constitucional (em particular) são extremamente ricos e desenvolvidos. Basta pensarmos que o Direito americano está plasmado em cinquenta e um sistemas jurídicos, cada um com as suas especificidades e particularidades. Não obstante, parece-nos que é sempre possível e desejável aprender algo de outros sistemas jurídicos democráticos que, por sua vez, foram discípulos do constitucionalismo norte-americano[123].

Ao contrário do que à primeira vista poderia supor-se, se uma Constituição mais antiga possui uma inegável sabedoria advinda da ampla experiência, já uma Constituição mais recente expandiu-se para além desse texto constitucional e poderá albergar mais informação e perspectiva do que a Constituição-mãe ou modelo. As novas gerações foram prendadas com o incomensurável benefício de saberem os resultados, positivos ou negativos, dos planos e experiências das gerações anteriores[124]. Como salienta Gustavo Zagrebelsky a comunicabilidade entre as jurisprudências constitucionais «coincide com a participação numa relação paritária e exclui nefastos complexos constitucionais de superioridade»[125].

A Declaração da Independência dos Estados Unidos (1776) prevê, no seu primeiro parágrafo, um «*decent respect to the opinions of mankind*». Ora, alguma doutrina vê precisamente aqui um sinal de que o *Supreme Court* deverá tomar em conta o Direito estrangeiro nas suas decisões[126]. Obviamente que não se pretende que a citação de fontes estrangeiras possua força de lei, em contradição com o texto constitucional nacional[127]. O Direito Constitucional Comparado visa tão-somente a *procura de denominadores comuns* entre vários ou alguns ordenamentos jurídico-constitucionais, que facilitem a actividade interpretativa realizada pelos aplicadores da Constituição. Segundo o enquadramento que propomos, o Direito Constitucional Comparado deve ser encarado como «*obiter dicta*: uma achega, observação, ilustração, analogia ou fundamento que contribui para a validade substantiva (não formal) da decisão do tribunal»[128].

---

[123] AHARON BARAK, *op. cit.*, pp. 201-202.
[124] GANESH SITARAMAN, *op. cit.*, p. 684, e MARK C. RAHDERT, *op. cit.*, p. 566.
[125] *Op. cit.*, p. 95.
[126] Cfr., já com esta ideia, HAROLD HONGJU KOH, «International Law as Part of Our Law», *in American Journal of International Law*, Vol. 43, 2004, pp. 43-56.
[127] Conforme reconhecem ANNA-VERENA BAUER e CHRISTOPH MIKULASCHEK, *op. cit.*, p. 1111, e DAVID S. LAW, *op. cit.*, p. 699.
[128] ERIC KHUSHAL MURKENS, *op. cit.*, p. 47.

12. O argumento *ad terrorem* da agressão à soberania norte-americana parece-nos algo desproporcionado e deverá ser desvalorizado. Tanto assim é que, no nosso entender, os principais custos do desenvolvimento da actividade comparativa são logísticos e educacionais, atinentes, *maxime*, às dificuldades de localização, contextualização e tradução de materiais estrangeiros[129].

Recentemente, um juiz norte-americano socorreu-se do título de uma belíssima comédia de W. Shakespeare para retratar, com enorme exactidão, que este alarmismo que ressoa quanto ao alcance do Direito Comparado não é senão «muito barulho por nada» (*much ado about nothing*)[130]. A digressão comparativa almeja um compromisso horizontal inter-societário de ideias e concepções, e não um compromisso vertical internacionalista de autoridade[131].

c) *Potencial utilização casuística e oportunista da actividade comparativa*

13. A actividade de comparação deve ser efectivada de forma *transparente e cuidada*. Nesta sede, não nos parece avisado importar, *ad nutum*, uma experiência constitucional de um Estado para outro, sem ter em conta os circunstancialismos históricos, culturais e éticos específicos de cada localidade. Por este mesmo motivo e a título exemplificativo, a doutrina japonesa vem, desde há muito, alertando para o facto de a ideia de «constitucionalismo» ser um conceito de certa forma estranho à mentalidade japonesa. Com efeito, a ideia de uma Constituição que dita regras que limitam o poder legislativo «não é endógena ao [seu] próprio solo [japonês]», que sempre encarou o poder legislativo como absoluto, tendo apenas os limites morais que indicavam que os órgãos legislativos deveriam legislar «do mesmo modo que os pais governam as suas próprias casas», ou seja, procurando sempre defender «o melhor interesse dos seus filhos»[132].

---

[129] Neste sentido, MARK C. RAHDERT, *op. cit.*, p. 656.

[130] Juiz O'CONNOR, *apud* ERNEST A. YOUNG, «Foreign Law and the Denominator Problem (The Supreme Court, 2004 Term)», *in Harvard Law Review*, Vol. 119, 2005, pp. 148-167, p. 151.

[131] REX D. GLENSY, *op. cit.*, p. 449.

[132] KAZUYUKI TAKAHASHI, «Why Do We Study Constitutional Laws of Foreign Countries, and How?», *in* AA.VV., *Defining The Field of Comparative Constitutional Law* (Edited by Vicki C. Jackson and Mark Tushnet), Praeger, USA, 2002, pp. 35-59, p. 35.

Serão, assim, de *evitar importações descontextualizadas*[133]. A nosso ver, é relevante frisar que o Direito Constitucional Comparado é uma ciência que tem por base o Direito nacional[134]. Este é precisamente o foco do Direito Comparado: procurar compreender a forma como sistemas estrangeiros lidam com situações semelhantes e resolvem idênticos problemas. Numa palavra, a tónica da comparação não está lá fora, mas bem *dentro* – com os holofotes direccionados para o *Direito estadual*.

14. Numa aproximação diferente, há quem denuncie, na actividade de comparação, um certo «*cherry-picking*»[135] ou «*ad hoc borrowing*»[136] na escolha dos ordenamentos jurídicos a comparar e até, mais gravemente, na escolha da jurisprudência ou doutrina a citar. O que, dito de outro modo, deixa a sensação de que essa escolha não é de índole sistemática e não obedece a uma qualquer matriz metodológica[137]. Pelo contrário, o intérprete-aplicador limitar-se-ia, algo preguiçosamente, a procurar elementos de Direito comparado que confortassem ou apoiassem a sua tese, sem se preocupar com a comparação como um todo. Vigorosamente neste sentido e referindo-se à citação de jurisprudência estrangeira pelo *Supreme Court*, Richard A. Posner qualifica a escolha de decisões estrangeiras que apoiam a solução a que o Tribunal quer chegar como um confortável «*promiscuous opportunism*» (oportunismo promíscuo)[138]. Não temos pejo em reconhecer que, a ser verdadeiro este cenário, nada mais se poderá esperar da comparação de Direitos constitucionais que não seja incerteza e insegurança jurídicas.

Apesar da justeza do reparo, o certo é que, como contra-argumento, alguma doutrina desvaloriza estas críticas e rebate, alegando que esse

---

[133] MICHEL ROSENFELD, *op. cit.*, p. 68.
[134] Igualmente, ANTOINE J. BULLIER, *op. cit.*, p. 164.
[135] Juiz JOHN ROBERTS *apud* MARK TUSHNET, «When is Knowing Less Better Than Knowing More?...», *cit.*, p. 1280.
[136] DAVID S. LAW, *op. cit.*, p. 701.
[137] RAN HIRSCHL, *op. cit.*, p. 153.
[138] «No Thanks, We Already Have Our Own Laws», *cit....*, p. 5, e *idem*, «Foreword: A Political Court (The Supreme Court, 2004 Term)», *in Harvard Law Review*, Vol. 119, 2005, pp. 32-102, p. 85. Em reforço da mesma ideia, cfr. CASS R. SUNSTEIN, *op. cit.*, p. 192, MICHEL ROSENFELD, *op. cit.*, p. 73. Por sua vez, ROGER P. ALFORD, «Misusing International Sources to Interpret the Constitution», *in American Journal of International Law*, Vol. 98, January 2004, pp. 57-69, p. 69, lembra que o uso selectivo pode ser expectável de advogados, mas nunca de um Tribunal.

perigo de promiscuidade é tão real no Direito Comparado como no próprio Direito interno, no qual, como sabemos, poderão igualmente surgir análises superficiais e direccionadas[139]. Para evitar este problema do uso demasiado selectivo do Direito Comparado (em geral), parece-nos imperativo que os intérpretes-aplicadores tenham conhecimentos razoáveis de Direito Comparado e usem de *honestidade intelectual* na sua investigação, pesquisando não apenas argumentos que reforcem a sua tese, mas também os argumentos contrários. Se bem vemos as coisas, o que é decisivo na actividade de comparação não é a leitura de centenas de páginas de informação sobre um determinado tema, mas sim os argumentos nelas consagrados. Em plena sintonia, o juiz Steyn reconhece que os argumentos são pertinentes e refinados quando se basearem na consideração de diferentes posições[140]. Segundo nos parece, do mesmo modo que a leitura de um voto de vencido ajuda a uma melhor compreensão da opinião da maioria, também o estudo do Direito Constitucional Comparado ajuda a compreender o Direito Constitucional dos vários ordenamentos jurídicos.

15. Olhando as coisas de uma perspectiva mais realista, temos de atender ao facto de o Direito Constitucional Comparado ser de utilização ainda algo recente por parte da jurisprudência, pelo que o passar do tempo certamente irá ditar referências mais completas – e menos oportunistas – assim como permitirá que se desenvolvam técnicas doutrinais adequadas para saber o que se deve seleccionar[141].

Em abono da verdade, deve concluir-se que a adopção de uma justiça constitucional cosmopolita não constitui uma «*meretricious practice*», na expressão de Richard A. Posner, nos termos em que terá sempre pendente a espada de Dâmocles de padrões mínimos de homogeneidade entre ordenamentos jurídicos[142].

---

[139] BASIL MARKESINIS e JORG FEDTKE, *op. cit.*, p. 127.

[140] *Caso White v. Jones*, apud BASIL MARKESINIS e JORG FEDTKE, *op. cit.*, p. 133.

[141] MARK TUSHNET, «When is Knowing Less Better Than Knowing More?...», *cit.*, p. 1282, nt. 22, apresenta algumas propostas de técnicas a adoptar aquando da escolha dos ordenamentos jurídicos a comparar. Destacamos algumas: (*i*) referências a Estados que possam ser qualificados como o exemplo de democracia; (*ii*) Estados em que a *law in books* seja complementada pela *law in action*; (*iii*) e Estados em que o poder judicial possua um impacto significativo na vivência jurídica da respectiva sociedade.

[142] Cfr., no mesmo sentido, AHARON BARAK, *op. cit.*, p. 196, CATARINA SANTOS BOTELHO, *op. cit.*, p. 163, nt. 598, GUSTAVO ZAGREBELSKY, *op. cit.*, pp. 94-95, e PETER HÄBERLE, «Role and impact of constitutional courts in a comparative perspective», *in* AA.VV., *The*

Nesta ordem de considerações, e no que concerne ao maior ou menor ênfase a dar ao Direito Constitucional Comparado, parece-nos que o *barómetro* a seguir poderá ser *o grau de consenso* existente relativamente a determinadas problemáticas[143]. Assim, a metodologia poderia passar pelo seguinte raciocínio: quanto maior for o grau de consenso, maior deverá ser o peso dado à análise comparada. Por sua vez, se o grau de consenso for menor ou inexistente, o intérprete-aplicador deverá procurar compreender a razão de ser da diferença de tratamento das matérias e socorrer-se de cautelas para evitar importações descontextualizadas de Direito Comparado.

d) Cepticismo

16. Como tivemos ocasião de referir, muitas das vozes críticas da utilização do Direito Comparado – em especial pela jurisprudência – prendem-se com receios de deferência às jurisdições e legislações estrangeiras, culminado numa agressão à soberania dos Estados. Convém, todavia, ressalvar que a doutrina está longe de ser unânime quanto a esse ponto. Na verdade, alguns Autores desvalorizam tais críticas e defendem que o recurso ao Direito Comparado deverá somente ser encarado do ponto de vista do «cosmopolitismo constitucional» (*constitutional cosmopolitanism*), naquela que parece ser uma «tendência do futuro»[144].

Chegados a este ponto, cabe perguntar: qual a razão de ser da comparação? Ou, mais concretamente falando: quais os motivos que levam os juízes a citarem Direito Comparado nas suas decisões? Responder a esta questão não constitui tarefa fácil. Para alguns, tal citação é apenas «decorativa» ou «ornamentadora»[145]. Para outros, demonstra, de certa forma, a «preguiça intelectual» dos juízes, uma recusa em aceitar as responsabilidades que advêm de tomar uma decisão baseada apenas na convicção

---

Future of the European Judicial System in a Comparative Perspective, Nomos Verlag, Baden-Baden, Alemanha, 2006, pp. 65-77, p. 66.

[143] Contra, defendendo que o único consenso que releva é o consenso nacional, DONALD E. CHILDRESS, *op. cit.*, p. 212.

[144] CASS R. SUNSTEIN, *op. cit.*, pp. 188-189.

[145] Cfr. a doutrina citada por BASIL MARKESINIS e JORG FEDTKE, *op. cit.*, p. 128, e MARK TUSHNET, «When is Knowing Less Better Than Knowing More?...», *cit.*, p. 1282, nt. 45, que defende que a utilização do Direito Comparado é um exercício de narcisismo e ostentação cultural.

pessoal do juiz[146]. Por último, há quem considere que acaba por constituir uma espécie de «*flirt*» com a ideia de um Direito natural universal, ou uma assunção de que «os juízes de todo o Mundo constituem uma única elite de sabedoria e consciência»[147].

17. Seja qual for o fundamento da discórdia, a verdade é que todos estes reparos desaguam na mesma proposição: a da *inutilidade do esforço comparativo*. Eis como, numa análise custo-benefício, grande parte da doutrina norte-americana conclui que o tempo, esforço e dinheiro gastos na comparação – em especial em traduções jurídicas – não compensam o escasso benefício do conhecimento acrescido que com ela se obtém[148-149].

Uma utilização profícua do Direito Constitucional Comparado pressuporia, desejavelmente, um conhecimento profundo de várias línguas estrangeiras, que permitiria um estudo de um número confortável de materiais nas línguas originais dos Estados a comparar. É cada vez mais importante o domínio das línguas estrangeiras. Como dizia Goethe: «*wer keine fremden Sprachen kennt, kennt nicht die eigene*» (aquele que desconhece línguas estrangeiras, desconhece a própria [língua])[150].

Convém esclarecer que, no sistema norte-americano, poderão existir alguns problemas quanto ao conhecimento de línguas estrangeiras. Com efeito, é francamente visível, quer na doutrina quer na jurisprudência, a ausência de referências a obras estrangeiras, ou, pelo menos, a obras escritas em outra língua que não seja o inglês.

---

[146] RICHARD A. POSNER, «No Thanks, We Already Have Our Own Laws», *cit*..., p. 5. Contra, MARK TUSHNET, «When is Knowing Less Better Than Knowing More?...», *cit.*, p. 1289.

[147] RICHARD A. POSNER, «Foreword: A Political Court...», *cit.*, p. 86.

[148] Este é o caminho seguido abertamente por CASS R. SUNSTEIN, *op. cit.*, p. 192, MARK TUSHNET, «Weak Courts, Strong Rights...», *cit.*, p. 5, e ROGER P. ALFORD, «Four mistakes in the debate on "outsourcing authority"», *cit.*, p. 656, *idem*, «Lower Courts and Constitutional Comparativism», *cit.*, p. 661, e *idem*, «Misusing International Sources to Interpret the Constitution», *cit.*, p. 58. Frontalmente contra, MARK C. RAHDERT, *op. cit.*, pp. 655-656.

[149] Esta objecção foi já classificada como a «objecção americana», pois parece ser recorrente nos Estados Unidos da América. Cfr. BASIL MARKESINIS e JORG FEDTKE, *op. cit.*, p. 132.

[150] *Apud* PETER HÄBERLE, «Pädagogische Briefe an einen jungen Verfassungsjuristen – Skizze eines Projekts», *in* PETER HÄBERLE, *Verfassungsvergleichung in europa- und weltbürgerlicher Absicht – Späte Schriften* (Hersg.: Markus Kotzur und Lothar Michael), Schriften zum Öffentlichen Recht, Band 1127, Duncker & Humblot, Berlin, 2009, pp. 310-316.

E não se diga que esta situação se deve somente a uma pretensa superioridade jurídica do Direito norte-americano. O juiz Richard A. Posner alertou, de modo transparente, para o facto de os juízes norte-americanos serem «monolingues» e «praticamente ignorantes» em relação ao que se passa no Direito estrangeiro[151]. Por conseguinte, como aconselhou Cass R. Sunstein, deverão apenas consultar o Direito de Estados cujos materiais estejam traduzidos para inglês[152].

Ora, se os juízes e a doutrina basearem o seu estudo de Direito Comparado somente em traduções, este deixará muito a desejar. Sem querermos entrar num argumento fácil como o de questionar a qualidade dessas mesmas traduções, parece-nos relevante mencionar que basta dedicar algum tempo a pesquisar motores de busca na Internet, para perceber que apenas (e com muita sorte!) as principais obras de Direito Constitucional estão traduzidas para a língua inglesa e que, por outro lado, a esmagadora maioria dos Tribunais constitucionais – pelo menos atendendo aqui aos mais influentes a nível europeu – não publica, com regularidade, versões traduzidas das suas decisões. Uma excepção a destacar é o *Bundesverfassungsgericht*, que opta por traduzir determinadas decisões para a língua inglesa[153]. O único problema que se pode apontar é, por vezes, o lapso de tempo que medeia entre a decisão e a sua publicação na versão traduzida. Essa, porém, será sempre uma inevitabilidade do processo de tradução. Em acréscimo, parece-nos cada vez mais evidente que a língua inglesa se transformou na língua internacional mais falada e escrita, pelo que muitos Autores optam por escrever as suas obras em inglês ou procuram traduzi--las para inglês[154].

Apesar de este argumento da dificuldade linguística ter a sua força, a verdade é que a solução não deve passar por uma recusa pura e simples de atribuir relevância ao Direito Comparado. Importa, ao invés, educar os

---

[151] «Foreword: A Political Court...», *cit.*, p. 86, *idem*, «No Thanks, We Already Have Our Own Laws», *cit...*, p. 5. As mesmas preocupações são apontadas por GANESH SITARAMAN, *op. cit.*, p. 663.

[152] «A Constitution of Many Minds...», *cit.*, p. 207.

[153] Cfr. o seguinte endereço electrónico: http://www.bundesverfassungsgericht.de/en/index.html. Na versão inglesa do site do *Bundesverfassungsgericht*, podemos encontrar algumas das decisões mais relevantes tomadas por este Tribunal. A título exemplificativo, está traduzido o recente acórdão (de 30/06/2009) que considera o Tratado de Lisboa compatível com a Lei Fundamental alemã.

[154] MARK C. RAHDERT, *op. cit.*, p. 655.

magistrados e os advogados no cultivo da ciência da comparação[155]. Hoje em dia, temos fácil acesso ao Direito estrangeiro, numa extensão e qualidade nunca experimentados anteriormente[156]. Recorde-se aliás que, nos nossos dias, a maioria dos tribunais constitucionais possui uma página electrónica disponível na Internet.

VI – Vantagens de uma análise de Direito Constitucional Comparado

1. Chegados aqui, impõe-se uma referência às vantagens do estudo do Direito (Constitucional) Comparado pelos investigadores e intérpretes-aplicadores. Neste contexto, há um ponto que deve ter-se por incontroverso: o de que os benefícios do Direito Comparado não podem meramente «duplicar as perspectivas disponíveis em elementos nacionais», ou seja, não poderão ser os mesmos que conseguimos obter internamente[157]. A esta luz, como a seguir se demonstrará, os *benefícios* de uma análise comparada afiguram-se-nos claros.

À cabeça, destacamos a simples *curiosidade intelectual* que nos motiva a saber mais, a questionarmo-nos constantemente, e nos incita a um conhecimento mais profundo acerca do nosso sistema constitucional[158]. Esta mesma ideia aflora no pensamento de Aharon Barack, quando afirma que «o Direito Comparado serve como um espelho», permitindo-nos observar e compreender melhor o ordenamento jurídico em que estamos inseridos[159]. Mais: beneficiamos também da possibilidade de ver o nosso

---

[155] No mesmo sentido, CINDY G. BUYS, *op. cit.*, p. 40.
[156] MARK C. RAHDERT, *op. cit.*, p. 561.
[157] *Idem*, *op. cit.*, p. 614.
[158] Como reconhecem, expressamente, ANNA-VERENA BAUER e CHRISTOPH MIKULASCHEK, *op. cit.*, p. 1112, ANTOINE J. BULLIER, *op. cit.*, pp. 164 e 169, BASIL MARKESINIS e JORG FEDTKE, *op. cit.*, p. 23, CARLOS FERREIRA DE ALMEIDA, «Direito Comparado. Ensino e Método», *cit.*, p. 68, PHILLIP G. RAPOZA, *op. cit.*, p. 589, RUTH BADER GINSBURG, «Looking beyond our borders: The value of a comparative perspective in constitutional adjudication», *in Idaho Law Review*, Vol. 40, 2003, pp. 1-10, p. 8, e SETH F. KREIMER, «Invidious comparisons: Some cautionary remarks on the process of constitutional borrowing», *in University of Pennsylvania Journal of Constitutional Law*, Vol. 1, Spring 1999, pp. 640-650, p. 650.
[159] *Apud* GUSTAVO ZAGREBELSKY, *op. cit.*, p. 95.

próprio sistema constitucional através dos olhos de juízes, académicos e comentadores estrangeiros[160].

E não se diga, por outro lado, que o Direito Comparado tem como objectivo criticar os ordenamentos jurídicos estrangeiros, elogiando, como consequência, o ordenamento nacional. Nada de mais falso. O que se pretende é compreender o porquê de cada solução legislativa, doutrinal e jurisprudencial diferente da nossa, em sintonia com o velho ditado de que «duas cabeças pensam melhor do que uma só»[161]. Peter Häberle perspectiva a Constituição como o *«Möglichkeitsdenken»* (pensamento da possibilidade), ou seja, um processo aberto a novos desenvolvimentos[162]. Daí que o Direito Comparado seja «um *processo reflexivo* em ordem a compreender o Direito»[163].

O estudo de Direito Comparado reveste-se de várias potencialidades, dado que a investigação sobre a forma como questões similares são respondidas noutros ordenamentos jurídicos, permite-nos obter uma visão mais cristalina acerca do modo como abordamos – nacionalmente – determinado tema, desenvolvendo o espírito crítico do jurista. É necessário reconhecer que, nos nossos dias, o exercício de qualquer profissão ligada ao Direito passa pelo reconhecimento de que vivemos numa realidade profissional crescentemente globalizada e multicultural.

Em poucas palavras, a comparação ajuda-nos a compreender *donde* vimos, *quem* somos e *para onde* queremos seguir[164]. Por isso, não é de espantar que o Direito Comparado assuma uma *dupla faceta*: a de nos incitar a valorizar os aspectos verdadeiramente originais do nosso ordenamento jurídico-constitucional, e, por seu turno, a de desvalorizar determinadas soluções legislativas ou jurisprudenciais, que deixam de ser encaradas como perfeitas à luz de uma diferente visão mais esclarecedora que podemos encontrar no estrangeiro.

2. Em face do que se disse, a jurisprudência assume um papel crucial na divulgação da ciência do Direito Comparado, pois se adoptar como

---

[160] LORRAINE E. WEINRIB, *op. cit.*, pp. 4-5. No mesmo sentido, ERNEST A. YOUNG, *op. cit.*, pp. 156-157, e JORGE MIRANDA, *Manual de Direito Constitucional*, tomo IV, *cit.*, p. 120.
[161] ANTOINE J. BULLIER, *op. cit.*, pp. 169-170, e GANESH SITARAMAN, *op. cit.*, p. 663.
[162] ANGELO ANTONIO CERVATI, *op. cit.*, p. 303.
[163] ABO JUNKER, «Rechtsvergleichung als Grundlagenfach», *in Juristenzeitung*, Heft 49, 1994, J. C. B. Mohr, Tübingen, pp. 921-928, p. 922.
[164] AHARON BARAK, *op. cit.*, p. 196, e EDWARD J. EBERLE, *op. cit.*, p. 472.

hábito a citação de fontes estrangeiras, incentivará os futuros litigantes a inserir uma análise comparativa nas suas peças processuais[165].

Mais precisamente, a comparação de direitos constitucionais permite-nos *antecipar problemas constitucionais* que hão-de surgir num futuro próximo no nosso próprio país[166]. Exemplo paradigmático do que se acaba de dizer encontra-se nos desafios colocados pelos direitos fundamentais de quarta ou de quinta geração[167]. Por outro lado, é interessante atestar a relevância do Direito Comparado na reforma legislativa e na detecção de *espaços vazios de regulação*, que mereçam ser repensados e, eventualmente, alterados[168].

Basta pensarmos, por exemplo, na recente reforma constitucional francesa. A saber, de forma sintética, a maioria da doutrina classificava como «mínima» a tutela subjectiva dos direitos fundamentais oferecida pelo constitucionalismo francês, uma vez que apenas previa a fiscalização preventiva das leis e dos tratados, ainda que o seu *Conseil Constitutionnel* se tenha esforçado por actuar à semelhança dos seus congéneres europeus[169]. Eram múltiplos os apelos dos Autores estrangeiros ao legislador

---

[165] DAVID FONTANA, *op. cit.*, p. 563. Por exemplo, no Reino Unido, os Tribunais supremos esperam que as partes citem jurisprudência e doutrina da Austrália, Canadá, Nova Zelândia. Mais em pormenor, cfr. AILEEN KAVANAGH, «Comparative Perspectives on Constitutional Law: Implications for the Human Rights Act 1998», *in European Public Law*, Vol. 10, Issue 1, 2004, Kluwer Law International, pp. 161-178, p. 162.

[166] KAZUYUKI TAKAHASHI, *op. cit.*, p. 48.

[167] Não nos esqueçamos que alguma doutrina tende a classificar o Estado contemporâneo como um «Estado preventivo do risco» (*Staat der Risikovorsorge*), pelo facto de este consagrar, nas suas constituições e declarações de direitos, *v. g.*, os direitos tecnológicos, os direitos da bioética e os direitos do meio ambiente, que visam proteger – da forma mais precoce possível – os riscos e perigos que enfrenta e enfrentará a humanidade. Cfr., para um desenvolvimento desta ideia, CODY MOON, *op. cit.*, p. 245, e MARTIN SCHULTE, «Zur Lage und Entwicklung der Verfassungsgerichtsbarkeit», *in DVBl, 111. Jahrgang des Reichsverwaltungsblattes*, Heft 18, 15. September 1996, Carl Heymanns Verlag Gmbh, Köln, pp. 1009-1020, pp. 1012-1013.

[168] Cfr. DÁRIO MOURA VICENTE, *op. cit.*, p. 25, GIUSEPPE DE VERGOTTINI, *op. cit.*, p. 15, e PETER HÄBERLE, «Interview mit...», *cit.*, p. 270.

[169] Cfr., como etapas do mesmo discurso, CATARINA SANTOS BOTELHO, *op. cit.*, pp. 78-79, CLAUDE LECLERCQ, *Droit Constitutionnel et Institutions Politiques*, Éditions Litec, 10.ᵉ édition, 1999, p. 443, JORGE MIRANDA, «Tribunais, Juízes e Constituição», *in Revista da Ordem dos Advogados*, ano 59, vol. I, Jan. 1999, Almedina, pp. 5-28, p. 23, MARIA LÚCIA AMARAL PINTO CORREIA, *Responsabilidade do Estado e dever de indemnizar do legislador*, Coimbra Editora, 1998, p. 182, PIERRE BON, «Le Conseil Constitutionnel français et le modèle des cours constitutionnelles européennes», *in Revista Española de Derecho Consti-*

de revisão francês, assim como as críticas na doutrina francesa, fortemente influenciadas pelas experiências de Direito Constitucional Comparado[170]. Mais recentemente, a esmagadora revisão constitucional, de 23 de Julho de 2008, introduziu o controlo da constitucionalidade de leis já promulgadas. Os efeitos que resultarão desta reforma de tão grande envergadura ainda não são totalmente conhecidos, pelo que a doutrina espera, com alguma curiosidade e optimismo, que se tenha caminhado no sentido de uma efectiva protecção dos direitos fundamentais.

3. Assente esta ideia, cabe agora perspectivar o Direito Comparado como fonte inspiradora do pensamento jurídico, potenciadora de contrastes, que apela à *criatividade, ao diálogo doutrinal e jurisprudencial*, não apenas de ideias, mas também de horizontes culturais, de modelos de análise ou até de novos léxicos[171].

Já o dissemos, mas não é demais enfatizá-lo, que a *harmonização jurídica internacional* é uma realidade, quer seja assumida formal ou informalmente[172]. A diversidade legislativa não impede a descoberta de princípios comuns aos diferentes sistemas jurídicos nacionais[173]. Com efeito, e numa dimensão constitucional, os direitos fundamentais não são criações jurídicas concebidas *ex novo* por cada Estado, mas sim derivam de princípios jurídicos fundamentais e uma herança histórica comum[174].

---

tucional, Año 11, Núm. 32, Mayo-Agosto 1991, Centro de Estudios Constitucionales, Madrid, pp. 45-72, p. 59, e VITAL MOREIRA, «Princípio da maioria e princípio da constitucionalidade: legitimidade e limites da justiça constitucional», *in* AA.VV., *Legitimidade e Legitimação da Justiça Constitucional* – Colóquio no 10.º Aniversário do Tribunal Constitucional – Lisboa, 28 e 29 de Maio de 1993, Coimbra Editora, Coimbra, 1995, pp. 177-198, p. 178.

[170] Cfr., para o efeito, MAURO CAPPELLETTI, «¿Renegar de Montesquieu? La expansión y la legitimación de la "justicia constitucional"», *in Revista Española de Derecho Constitucional*, Año 6, Núm. 17, Mayo-Agosto 1986, Centro de Estudios Constitucionales, Madrid, pp. 9-46, p. 28, e MICHEL FROMONT, «La justice constitutionnelle en France ou l'exception française», *in Anuario Iberoamericano de Justicia Constitucional*, Núm. 8, 2004, Centro de Estudios Constitucionales, Madrid, pp. 171-187, p. 171.

[171] Cfr., em concreto e sobre este tema, AHARON BARAK, *op. cit.*, p. 201, DAVID FONTANA, *op. cit.*, p. 566, GANESH SITARAMAN, *op. cit.*, p. 663, MARK C. RAHDERT, *op. cit.*, p. 633, e PETER HÄBERLE, «Verfassungsrechtliche Aspekte..», *. cit.*, p. 51.

[172] Nesta linha, cfr. JO ERIC KHUSHAL MURKENS, *op. cit.*, p. 45, e MARK TUSHNET, «The Inevitable Globalization of Constitutional Law», *in Virginia Journal of International Law*, Vol. 49, 2009, pp. 985-1006, pp. 988-989.

[173] DÁRIO MOURA VICENTE, *op. cit.*, p. 27.

[174] FRIEDHELM HUFEN, *Staatsrecht II – Grundrechte*, 2. Auflage, Verlag C. H. Beck, München, 2009, p. 41.

Nesta dimensão, a liberdade de circulação de pessoas, a globalização da economia e o desenvolvimento de uma concepção europeia (ou até internacional) de direitos fundamentais, têm sido os factores apontados como favorecedores da criação de redes de contacto entre as jurisdições[175]. Tem-se assistido à criação de redes internacionais de juízes ou de juristas, que se dedicam à partilha de ideias e informações constitucionais, tais como, *v. g.*, o *European Public Law Center* (Atenas) ou a *European Constitutional Law Network* (Berlim).

4. Numa metáfora curiosa, Gustavo Zagrebelsky descreveu que o constitucionalismo tem raízes nas condições político-constitucionais de cada Estado, mas tem, ao mesmo tempo, a cabeça dirigida a princípios de alcance universal[176]. Podemos, então, considerar plausível que o Direito Comparado é uma importante ciência de compreensão dos povos estrangeiros, e um pilar seguro para o estabelecimento de relações internacionais de cooperação e de integração[177]. É por demais evidente que a massiva circulação de pessoas traz consigo todas as dificuldades que advêm da necessidade de coabitação, num só Estado, de pessoas de diferentes etnias, culturas, religiões e convicções políticas.

Seja-nos permitido, para fechar as considerações precedentes, reiterar a nossa profunda convicção de que o Direito Constitucional Comparado é relevante e sê-lo-á cada vez mais. Vivemos num mundo crescentemente integrado e onde, a nível jurídico, se procura a harmonização, tão patente em diplomas internacionais e comunitários como a Carta das Nações Unidas, a Declaração Universal dos Direitos do Homem, a Convenção Americana dos Direitos do Homem, a Convenção Europeia dos Direitos do Homem, a Carta Social Europeia, a Carta dos Direitos Fundamentais da União Europeia, a Carta Africana dos Direitos dos Homens e dos Povos e a Carta Árabe de Direitos Humanos, entre outros[178].

---

[175] JUTTA LIMBACH, «Globalization of Constitutional Law through Interaction of Judges», *in Verfassung und Recht in Übersee*, 41. Jahrgang, 1/2008, Nomos, pp. 51-55, p. 51. Em sentido muito semelhante, cfr. BASIL MARKESINIS e JORG FEDTKE, *op. cit.*, p. 157, e MARK C. RAHDERT, *op. cit.*, pp. 603-609.

[176] *Op. cit.*, p. 95.

[177] Tal como defende MARÍA ISABEL GARRIDO GÓMEZ, *op. cit.*, p. 918.

[178] Cfr. JAVIER PARDO FALCÓN, «Una globalización urgente y necesaria: la de los derechos humanos», *in Revista Iberoamericana de Filosofia, Política y Humanidades*, Núm. 17, Mayo de 2007, pp. 82-94, e JOSÉ CARLOS VIEIRA DE ANDRADE, *Os Direitos Fundamentais na Constituição Portuguesa de 1976*, Almedina, Coimbra, 2009, 4.ª edição, pp. 27-37.

VII – O Tribunal Constitucional português e o Direito Constitucional Comparado

1. Chegados aqui, a pergunta que naturalmente surge é esta: quando deve, então, a jurisprudência socorrer-se do Direito Constitucional Comparado? Para responder a esta questão de fundo, uma primeira linha orientadora deverá passar pela verificação, no Direito Constitucional de um determinado Estado, de uma omissão ou falta de clareza relativamente a uma questão, quer devido à originalidade do problema apresentado, quer motivadas pelas múltiplas respostas que poderão ser dadas ao mesmo problema[179].

A relevância da questão não pode ser de modo algum menosprezada, pois não nos esqueçamos que, na generalidade dos ordenamentos jurídicos de inspiração kelseniana o Tribunal Constitucional (doravante TC) é configurado como o intérprete privilegiado da Constituição[180]. A este propósito e numa perspectiva global, é sintomático o recurso, por parte dos tribunais constitucionais de todo o Mundo, ao Direito Comparado, formando um diálogo generalizado de interpretação de problemas comuns, *maxime* no que concerne aos direitos fundamentais[181]. Nos inícios do século XX, Charles Evans Hughes imortalizou a expressão «*we are under a Constitution but the Constitution is what the judges say it is*» («estamos sob a égide de uma Constituição, mas a Constituição é aquilo que os juízes dizem que ela é»)[182].

---

[179] Como referem DAVID FONTANA, *op. cit.*, p. 556 e p. 558, ROSALIND DIXON, *op. cit.*, p. 954, e VICKI C. JACKSON, «Constitutional Comparisons…», *cit.*, p. 116.

[180] Em concordância, KLAUS SCHLAICH e STEFAN KORIOTH, *op. cit.,* p. 16, nt. 55, PABLO PÉREZ TREMPS, *Tribunal Constitucional y Poder Judicial*, Centro de Estudios Constitucionales, Madrid, 1985, p. 9, e PAOLO COMANDUCCI, «Modelos e interpretación de la Constitución», in AA.VV., *Teoría del neoconstitucionalismo – Ensayos escogidos*, Editorial Trotta, Madrid, 2007, pp. 41-67, p. 58.

[181] CODY MOON, *op. cit.*, p. 232, JOHN E. FINN e DONALD P. KOMMERS, *op. cit.*, p. 225.

[182] Relembre-se que, entre 1930-1941, CHARLES EVANS HUGHES foi Chefe de Justiça dos Estados Unidos da América (presidente do *Supreme Court* norte-americano). Para uma exposição mais detalhada, cfr. JETHRO K. LIEBERMAN, *A Practical Companion to the Constitution – How the Supreme Court Has Ruled On Issues from Abortion to Zoning*, University of California Press, 1999, p. 266, e M. GLENN ABERNATHY e BARBARA A. PERRY, *Civil Liberties Under the Constitution*, University of South Carolina Press, 6th Edition, 1993, p. 1.

2. Ainda que não se deva perspectivar a figura do TC como uma espécie de «instituto de Direito Comparado», não podemos ignorar o facto de, cada vez mais, a jurisdição constitucional citar jurisprudência comparada para marcar e articular a sua própria posição numa determinada questão constitucional[183].

3. Qual será, assim, o fundamento constitucional que encoraja – ainda que indirectamente – o TC português a olhar para além das suas fronteiras? A resposta está no *artigo 16.º da CRP*, preceito este dotado não apenas de um carácter extraordinariamente amplo e aberto, mas também de uma certa humildade constitucional, querendo com isto reconhecer que a Constituição Portuguesa não consagra um elenco absoluto, imutável e perene de direitos fundamentais. Por um lado, no seu n.º 1, admite a possibilidade de existência, no Direito ordinário ou no Direito Internacional, de novos direitos fundamentais ou de novas dimensões, faculdades, desdobramentos ou desenvolvimentos de direitos fundamentais já previstos. Por outro lado, no n.º 2, encontramos o princípio da interpretação conforme com a Declaração Universal dos Direitos do Homem[184].

Perante esta abertura constitucional, é pertinente verificar o modo como o nosso TC se tem servido, em especial em temas complexos ou polémicos, da comparação de Direitos constitucionais. Não nos esqueçamos que a jurisprudência integra a cultura constitucional, também designada por alguns Autores como uma verdadeira «matriz extraconstitucional» (*extraconstitutional matrix*)»[185].

Após um estudo aprofundado – mas não exaustivo – da jurisprudência constitucional portuguesa, chegámos a algumas conclusões quanto a possíveis padrões de referência na utilização do Direito Constitucional Comparado e na identificação de *leading cases* a comparar, que procuraremos evidenciar de seguida.

---

[183] BRUN-OTTO BRYDE, *op. cit.*, p. 207, e RAN HIRSCHL, *op. cit.*, p. 128.

[184] Cfr., para mais desenvolvimentos, JORGE MIRANDA e RUI MEDEIROS, *Constituição Portuguesa Anotada*, tomo I, Coimbra Editora, 2.ª edição, 2010, pp. 296-301, JOSÉ CARLOS VIEIRA DE ANDRADE, *op. cit.*, pp. 73-93, e J. J. GOMES CANOTILHO, *Direito Constitucional e Teoria da Constituição*, *cit.*, p. 369.

[185] Empregamos a expressão no sentido que lhe dá LAURENCE H. TRIBE, *The Invisible Constitution*, Oxford University Press, New York, 2008, p. 11.

a) *Reforço e sustento da argumentação do Tribunal Constitucional*

4. A invocação expressa de legislação, doutrina e jurisprudência estrangeiras tem como objectivo corroborar *a argumentação* do TC, por exemplo, quando decide que «o valor da indemnização do bem expropriado corresponde ao respectivo valor de mercado, não influenciado por factores especulativos»[186], que «não restam dúvidas de que a concretização legislativa da restrição constitucional tipificada no artigo 50.º, n.º 3, da CRP, ao estabelecer a inelegibilidade dos juízes de paz em exercício de funções jurisdicionais, encontra-se materialmente autorizada nos termos que decorrem da Constituição»[187], que «o cumprimento da ordem de expulsão deve ceder quando o destinatário da mesma seja progenitor de menores a seu cargo de nacionalidade portuguesa»[188], que, no estabelecimento de diferenciações, «é necessário estabelecer um cânone de razoabilidade»[189] ou, por último, que «na generalidade dos países da Europa continental, a propriedade da farmácia se encontra reservada a detentores de título de farmacêutico»[190-191].

5. Por vezes, em declaração de voto, alguns magistrados constitucionais optam por aludir ao Direito Comparado em ordem a justificar os motivos da sua discordância. Nessa sede, *v. g.*, Armindo Ribeiro Mendes, invocando directamente a experiência francesa, defendeu que «a fixação do valor das indemnizações previstas em matéria de nacionalizações ou

---

[186] Acórdão do TC n.º 147/93, de 28/01/1993, relatora: Cons. MARIA ASSUNÇÃO ESTEVES.
[187] Acórdão do TC n.º 250/09, de 18/05/2009, pt. 4, relator: Cons. BENJAMIM RODRIGUES.
[188] Acórdão do TC n.º 232/04, de 31/03/2004, pt. 6.1, relator: Cons. BENJAMIM RODRIGUES.
[189] Acórdão do TC n.º 232/03, de 13/05/2003, pt. 2, relator: Cons. RUI MOURA RAMOS.
[190] Acórdão do TC n.º 187/01, de 02/05/2001, pt. 6, relator: Cons. PAULO MOTA PINTO.
[191] Para mais exemplos, cfr. os acórdãos do TC n.º 186/90, de 06/06/1990, pt. 4, relator: Cons. ALVES CORREIA; n.º 217/93, de 16/03/1993, relator: Cons. LUÍS NUNES DE ALMEIDA; n.º 1010/96, de 08/10/1996, pts. 7 e 9, relator: Cons. J. SOUSA E BRITO; n.º 407/97, de 21/05/1997, pts. 10 e 11, relator: Cons. J. SOUSA E BRITO; n.º 509/02, de 19/12/2002, pts. 10 e 12, relator: Cons. LUÍS NUNES DE ALMEIDA; n.º 288/04, de 27/04/2004, pt. 8, relator: Cons. PAULO MOTA PINTO; n.º 274/07, de 02/05/2007, pt. 6.1, relator: Cons. BENJAMIM RODRIGUES; e n.º 639/05, de 16/11/2005, pt. 3, relator: Cons. BRAVO SERRA.

expropriações cabe no âmbito material da função jurisdicional, à face da Constituição portuguesa»[192].

b) *Reunião de elementos para uma melhor compreensão de determinada figura ou instituto jurídico*

6. Num acórdão de 2004, o TC, após uma análise do Direito Comparado, afirmou que: «esta abordagem de direito comparado, estando em causa uma figura doutrinária aparecida fora do nosso espaço jurídico, permite-nos colher elementos de grande utilidade para a caracterização do sentido do artigo 122.º, n.º 1, do Código de Processo Penal»[193]. Igualmente, em 2008, o TC invocou o Direito espanhol para elucidar a compreensão do disposto no artigo 57.º, n.º 3, da CRP. Desta forma, decidiu que «como disse o Tribunal Constitucional espanhol, interpretando norma [a do artigo 28.º, 2, da Constituição espanhola) próxima da nossa: «[o preceito significa que] o direito dos trabalhadores de defender os seus interesses mediante a utilização de um instrumento de pressão no processo de produção de bens ou serviços cede quando com ele se ocasiona ou pode ocasionar um mal mais grave do que aquele que os grevistas experimentariam se a sua pretensão ou reivindicação não tivesse êxito»[194-195].

c) *Alerta para a singularidade de características específicas do Direito Constitucional português*

7. Igualmente, o recurso ao Direito Constitucional Comparado permite ao TC chamar a atenção para a particularidade de características específicas do Direito nacional, que o separam dos seus congéneres euro-

---

[192] Declaração de voto ao Acórdão do TC n.º 452/95, de 06/07/1995. Cfr., também, os votos de vencido do Cons. A. RIBEIRO MENDES, no acórdão do TC n.º 1/91, de 22/01/1991, e do Cons. J. SOUSA E BRITO no acórdão do TC n.º 681/95, de 05/12/1995.

[193] Acórdão do TC n.º 198/04, de 24/03/2004, pt. 2.3, relator: Cons. RUI MOURA RAMOS.

[194] Acórdão do TC n.º 572/08, de 26/11/2008, pt. 5.2, relatora: Cons. M. LÚCIA AMARAL.

[195] Para mais exemplos, cfr. os acórdãos do TC n.º 640/95, de 15/11/1995, pt. 34, relator: Cons. A. RIBEIRO MENDES, e n.º 607/03, de 05/12/03, pt. 22.1.3, relator: Cons. BENJAMIM RODRIGUES.

peus. Por exemplo, em 1996, o TC alertou para o facto de em Portugal se verificar uma situação algo inédita «quanto aos trabalhadores da Administração Pública, por referência ao panorama europeu, na medida em que gozam do mesmo estatuto dos trabalhadores do sector privado, sendo a uns e outros aplicável a mesma lei (Lei n.º 65/77), ficando apenas excluídas as forças militares e militarizadas»[196] e, em 1998, citando José Damião da Cunha, o TC chamou a atenção para o facto de a figura do assistente corresponder a «uma especificidade do processo penal português, visto não se encontrar uma figura análoga no direito comparado»[197].

d) *Esclarecimento de aparentes peculiaridades de determinados preceitos da Constituição portuguesa*

8. Por seu turno, o TC socorre-se do Direito Comparado no intuito de desdizer o carácter aparentemente singular de um preceito constitucional, procurando elucidar que este revela, pelo contrário, uma comunhão com outros ordenamentos jurídicos. Por isso, «e apesar de a redacção literal do preceito constitucional não conter, como é frequente em direito comparado, uma referência expressa às funções que a lei ordinária desempenha enquanto *instrumento* de modelação do conteúdo e limites da "propriedade", em ordem a assegurar a conformação do seu exercício com outros bens e valores constitucionalmente protegidos, a verdade é que essa *remissão* para a lei se deve considerar implícita na "ordem de regulação" que é endereçada ao legislador na parte final do n.º 1 do artigo 62.º e que o *vincula* a definir a *ordem da propriedade nos termos da Constituição*. Tal vinculação não será, portanto, substancialmente diversa da contida, por exemplo, no artigo 33.º da Constituição espanhola (...); no artigo 42.º da Constituição italiana (...)"; no artigo 14.º da Lei Fundamental de Bona»[198].

---

[196] Acórdão do TC n.º 114/96, de 06/02/1996, relator: Cons. A. RIBEIRO MENDES.

[197] Acórdão do TC n.º 254/98, de 05/03/1998, relator: Cons. A. RIBEIRO MENDES. Outro exemplo, elucidado pelo acórdão do TC n.º 64/05, de 02/02/2005, pt. 2.2.2, relator: Cons. RUI MOURA RAMOS, é o do instituto *do habeas corpus*, inspirado no conhecido *habeas corpus* anglo-saxónico e brasileiro, mas que se afastou destes modelos inspiradores, assumindo «algum grau de especificidade, o que lhe confere uma natureza passível de ser qualificada como mista, posicionando-se a meio caminho entre os sistemas onde esse instituto apresenta grande campo de intervenção e aqueles onde a sua relevância é escassa».

[198] Acórdão do TC n.º 421/2009, de 13/08/2009, pt. 12, relatora: Cons. M. LÚCIA AMARAL.

e) *Recusa de importações automáticas e descontextualizadas de Direito Comparado*

9. Da escrita deste trabalho confirmámos as nossas suspeitas iniciais – as de que a tarefa de comparação não resulta fácil, nem deve ser realizada sem mais. Com efeito, para minimizar os prejuízos que possam resultar de uma mera importação de uma solução legislativa estrangeira – olvidando as patentes diferenças entre a globalidade dos ordenamentos jurídicos – o intérprete deverá atender ao que une e ao que separa as legislações a comparar.

Com base no referido facto, o TC não hesita em negar importações irreflectidas e descontextualizadas do Direito Constitucional Comparado. Em 1998, aquando da fiscalização preventiva da constitucionalidade e da legalidade da proposta de referendo da interrupção voluntária da gravidez, o Tribunal entendeu que não poderia decidir da mesma forma que havia feito o *Bundesverfassungsgericht*, pois este «operou com um modelo de solução legal de contornos qualitativamente muito diversos (nomeadamente no que toca à natureza do aconselhamento da grávida) e muito mais exigentes, não só do que aqueles que constam da pergunta que integra a proposta de referendo ora em apreço, como inclusivamente daqueles para que aponta a alteração legislativa a introduzir na nossa ordem jurídica, no seguimento de uma eventual resposta positiva a esse referendo. O que vale por dizer que esse precedente judicial comparado é, em qualquer caso, intransponível, sem mais, para a situação ora *sub judice*»[199].

10. Num acórdão recente, no âmbito do Direito laboral, o recorrente invocou que a duração do período experimental em Portugal se situava «ao nível das mais alargadas entre os ordenamentos que nos são tradicionalmente próximos», passando a expor o cenário vigente em Espanha, França e Itália. Todavia, o TC alertou que «o argumento comparativo deve no entanto ser utilizado com cautela. A comparação, para ser frutuosa, não se pode cingir à análise de um instituto, isoladamente tomado, sem que se tenha em conta o sistema mais vasto da regulação em que se insere. Só se compara o que é comparável; e a verdade é que as *figuras* do período experimental em outros ordenamentos – nomeadamente nos acima menciona-

---

[199] Acórdão do TC n.º 288/98, de 17/04/1998, pt. 12, relator: Cons. Luís Nunes de Almeida. Cfr., igualmente, o acórdão n.º 287/90, de 30/10/1990, pt. 20, relator: J. Sousa e Brito.

dos – por se inserirem em contextos de regime diversos dos nossos, podem adquirir um sentido e uma relevância que não legitimam *transponibilidades automáticas* para a "leitura" do sistema português»[200].

11. Em 2009, o TC decidiu sobre a polémica questão do casamento entre pessoas do mesmo sexo, no seguinte sentido: «cabe fazer notar que as ordens jurídicas onde se procedeu a uma redefinição judicial do casamento não continham nas respectivas Constituições normas equivalentes aos artigos 36.º e 67.º da Constituição portuguesa. Aliás, aquelas ordens jurídicas, todas elas de raiz anglo-saxónica, têm um carácter próprio que não é coincidente com a tradição radicada na *Declaração de Direitos* francesa de 1789; as constituições *continentais* visam essencialmente configurar a conduta do Estado face aos princípios democráticos e ao primado da lei, ao passo que as constituições que assumem a tradição do *Bill of Rights* britânico, ou, mais precisamente, da *Declaração de Direitos de Virgínia* de Junho de 1776, acentuam a necessidade de limitar o poder do governo, isto é, do poder legislativo, conferindo aos indivíduos o poder de intentar, junto de um tribunal independente, as acções necessárias à defesa dos seus direitos, sempre que sintam que estão a ser ameaçados ou restringidos»[201].

Através desta decisão, o TC deu eco à doutrina que advoga que, no âmbito da microcomparação, é arriscado confrontar instituições presentes em famílias jurídicas distintas ou em formas de Estado diversas[202]. Defende esta corrente doutrinal que apesar de todos os ordenamentos jurídicos serem igualmente respeitáveis e merecedores de estudo, a verdade é que aqueles que fazem parte de uma determinada família jurídica obedecem a um passado e raízes comuns[203].

12. Por último, no acórdão n.º 101/2009, o TC, antes de levar a cabo um denso tratamento da matéria da procriação medicamente assistida em Direito Comparado, deixou claro, no ponto 5. b), que «o Direito dos outros países não é parâmetro de constitucionalidade. Mas não há dúvida de que em matérias que se ligam a problemas humanos tão universais como os

---

[200] Acórdão do TC n.º 632/2008, de 23/12/2008, pt. 12, relatora: Cons. M. LÚCIA AMARAL.
[201] Acórdão n.º 359/09, de 09/07/2009, pt. 12, relator: Cons. C. PAMPLONA DE OLIVEIRA.
[202] LUCIO PEGORARO, *op. cit.*, p. 23.
[203] Cfr. MARÍA ISABEL GARRIDO GÓMEZ, *op. cit.*, p. 920.

relacionados com a procriação medicamente assistida poderá ter interesse saber o que sucede no âmbito de outras experiências jurídicas e (sem perda do sentido de autonomia de cada sistema jurídico) tirar daí porventura conclusões, em especial quando seja possível induzir princípios jurídicos comuns de tais experiências (…)»[204].

VIII – Conclusões

1. O Direito Constitucional Comparado não é um simples método de que se poderá socorrer o intérprete-aplicador, mas emerge como uma disciplina científica autónoma que se centra na relação dinâmica entre o Direito *comparatum* e o Direito *comparandum*. No que diz respeito às metodologias de comparação, a doutrina tem adiantado vários critérios e parece-nos, com efeito, que este será ainda um terreno fértil a desenvolver nas próximas décadas.

2. A jurisprudência constitucional tem assumido uma relevância incomensurável, ao assumir a sua função de reveladora da «Constituição invisível» (Laurence H. Tribe). O modo como a jurisprudência se socorre da comparação diverge em cada ordenamento jurídico. Todavia, encontra-se um fio condutor na tendência generalizada de, aquando da escolha do ordenamento jurídico-constitucional a comparar, optar, até certo ponto, por critérios de homogeneidade.

Ponto assente é o de que a comparação jurídica não se limita à análise das legislações estrangeiras, mas igualmente incide – sempre numa perspectiva relacional – no estudo da doutrina, da jurisprudência e dos chamados «poderes invisíveis», de entre os quais se evidencia o incontornável contexto cultural da normação.

3. As críticas à utilização do Direito Constitucional Comparado pela jurisprudência são várias e, curiosamente, sobressaem do outro lado do Atlântico. Ao longo deste nosso trabalho procurámos desmistificar algumas dessas principais objecções, reconhecendo, ao mesmo tempo, a validade daquelas que nos pareceram certeiras. Foram, de facto, as inúmeras

---

[204] De 03/03/2009, relator: Cons. CARLOS FERNANDES CADILHA.

vantagens de uma análise comparada que nos moveram a trabalhar este interessante tema.

4. Importa, de resto, lembrar que o Direito Constitucional Comparado visa, mais propriamente, lançar pistas problemáticas do que oferecer soluções concretas para a interpretação e aplicação das normas constitucionais – eis, em suma, a síntese do nosso estudo.

Referências Bibliográficas

ABERNATHY, M. Glenn / PERRY, Barbara A., *Civil Liberties Under the Constitution*, University of South Carolina Press, 6th Edition, 1993.
ACKERMAN, Bruce, «The Rise of World Constitucionalism», *in Virginia Law Review*, Vol. 83, No. 4, May, 1997, pp. 771-797.
ALFORD, Roger P., «Four mistakes in the debate on "outsourcing authority"», *in Albany Law Review*, Vol. 69, 2006, pp. 653-681;
– «In Search of a Theory for Constitutional Comparativism», *in University of California Law Review*, Vol. 52, February 2005, pp. 639-714;
– «Lower Courts and Constitutional Comparativism», *in Fordham Law Review*, Vol. 77, 2008, pp. 647-665;
– «Misusing International Sources to Interpret the Constitution», *in American Journal of International Law*, Vol. 98, January 2004, pp. 57-69.
ALMEIDA, Carlos Ferreira de, *Direito Comparado. Ensino e Método*, Cosmos, Lisboa, 2000;
– *Introdução ao Direito Comparado*, Almedina, 1994.
AMARAL, Maria Lúcia, «Queixas Constitucionais e Recursos de Constitucionalidade (Uma Lição de "Direito Público Comparado")», *in Estudos Comemorativos dos 10 Anos da Faculdade de Direito da Universidade Nova de Lisboa*, vol. I, coord. Diogo Freitas do Amaral, Carlos Ferreira de Almeida e Marta Tavares de Almeida, Almedina, 2008, pp. 473-501;
– *Responsabilidade do Estado e dever de indemnizar do legislador*, Coimbra Editora, 1998.
ANDRADE, José Carlos Vieira de, *Os Direitos Fundamentais na Constituição Portuguesa de 1976*, Almedina, Coimbra, 2009, 4.ª edição.
BARAK, Aharon, «Response to the Judge as Comparatist: Comparison in Public Law», *in Tulane Law Review*, Vol. 80, November 2005, pp. 195-202.
BAUER, Anna-Verena / MIKULASCHEK, Christoph, «Looking Beyond the National Constitution – The Growing Role of Contemporary International Constitutional Law. Reflections on the First Vienna Workshop on International Constitutional Law», *in German Law Journal*, Vol. 6, N.° 7, 2005, pp. 1109-1120.
BÖCKENFÖRDE, Ernst-Wolfgang, «Verfassungsgerichtsbarkeit: Strukturfragen, Organization, Legitimation», *in NJW*, Jahr. 52, Heft 1, C. H. Beck, München, 1999, pp. 9-16.
BON, Pierre, «Le Conseil Constitutionnel français et le modèle des cours constitutionnelles européennes», *in Revista Española de Derecho Constitucional*, Año 11, Núm. 32, Mayo-Agosto 1991, Centro de Estudios Constitucionales, Madrid, pp. 45-72.

BOTELHO, Catarina Santos, *A Tutela Directa dos Direitos Fundamentais – Avanços e Recuos na Dinâmica Garantística das Justiças Constitucional, Administrativa e Internacional*, Almedina, 2010.

BRYDE, Brun-Otto, «The Constitutional Judge and the International Constitutionalist Dialogue», *in Tulane Law Review*, Vol. 80, November 2005, pp. 203-219.

BULLIER, ANTOINE J., «Le droit comparé dans l'enseignement – Le droit comparé est-il un passe temps inutile?», *in Revue de Droit International et de Droit Comparé*, N.ᵒˢ 2 e 3, 2008, pp. 163-172.

BUYS, Cindy G., «Burying Our Constitution in the Sand? Evaluating the Ostrich Response to the Use of International Law and Foreign Law in U.S. Constitutional Interpretation», *in Brigham Young University*, Vol. 21, 2007, pp. 1-54.

CALABRESI, Steven G. / ZIMDAHL, Stephanie Dotson, «The Supreme Court and Foreign Sources of Law: Two Hundred Years of Practice and the Juvenile Death Penalty Decision», *in William & Mary Law Review*, Vol. 47, December 2005, pp. 743-909.

CANOTILHO, José Joaquim Gomes, *«Brancosos» e interconstitucionalidade – Itinerários dos discursos sobre a historicidade constitucional*, Almedina, Coimbra, 2006;
– *Direito Constitucional e Teoria da Constituição*, Almedina, Coimbra, 7.ª edição, 2003;
– «Jurisdição constitucional e intranquilidade discursiva», *in AA.VV., Perspectivas Constitucionais – Nos 20 Anos da Constituição de 1976*, vol. I, Coimbra Editora, Coimbra, 1996, pp. 871-887;
– *Direito Constitucional e Teoria da Constituição*, Almedina, Coimbra, 7.ª edição, 2003.

CAPPELLETTI, Mauro, «¿Renegar de Montesquieu? La expansión y la legitimidad de la "justicia constitucional"», *in Revista Española de Derecho Constitucional*, Año 6, Núm. 17, Mayo-Agosto 1986, Centro de Estudios Constitucionales, Madrid, pp. 9-46.

CERVATI, Ángelo Antonio, «El Derecho Constitucional entre Método Comparado y Ciencia de la Cultura (El Pensamiento de Peter Häberle y la Exigencia de Modificar el Método de Estudio del Derecho Constitucional», *in Revista de Derecho Constitucional Europeo*, N.º 5, Enero-Junio 2006, pp. 297-326.

CHILDRESS, Ronald E., «Using Comparative Constitutional Law to Resolve Domestic Federal Questions», *in Duke Law Journal*, Vol. 53, 2003, pp. 193-221.

CHOUDHRY, Sujit, «Globalization in Search of Justification: Toward a Theory of Comparative Constitutional Interpretation», *in Indiana Law Journal*, Vol. 74, Summer 1999, pp. 819-892.

COMANDUCCI, Paolo, «Modelos e interpretación de la Constitución», *in AA.VV., Teoría del neoconstitucionalismo – Ensayos escogidos*, Editorial Trotta, Madrid, 2007, pp. 41-67.

DIPPEL, Horst, *História do Constitucionalismo Moderno – Novas Perspectivas* (trad.: A. M. Hespanha e C. Nogueira da Silva), Fundação Calouste Gulbenkian, Lisboa, 2007.

DIXON, Rosalind, «A Democratic Theory of Constitutional Comparison», *in American Journal of Comparative Law*, Vol. 56, Fall 2008, pp. 947-997.

EBERLE, Edward J., «The Method and Role of Comparative Law», *in Washington University Global Studies Law Review*, Vol. 8, 2009, pp. 451-486.

FERNÁNDEZ RODRÍGUEZ, José Julio, «La expansión de la justicia constitucional en Europa Central y Oriental», *in Ius et praxis*, Vol. 5, Núm. 2, 1999, Universidad de Talca, Chile, pp. 321-352.

FINN, JOHN E. / KOMMERS, Donald P., «A comparative constitutional law canon?», in *Constitutional Commentary*, Vol. 17, Summer 2000, pp. 219-232.
FOLEY, Elizabeth Price, «The Role of International Law in U.S. Constitutional Interpretation: Original Meaning, Sovereignty and the Ninth Amendment», in *Florida International University*, Vol. 3, Fall 2007, pp. 27-46.
FONTANA, David, «Refined Comparativism in Constitutional Law», in *University of California Law Review*, Vol. 49, pp. 539-623.
FORBATH, William E. / SAGER, Lawrence, «Comparative Avenues in Constitutional Law: An Introduction», in *Texas Law Review*, Vol. 82, N. 7, June 2004, pp. 1953-1669.
FROMONT, Michel, «La justice constitutionnelle en France ou l'exception française», in *Anuario Iberoamericano de Justicia Constitucional*, Núm. 8, 2004, Centro de Estudios Constitucionales, Madrid, pp. 171-187.
GARRIDO GÓMEZ, María Isabel, «La Utilidad del Iuscomparatismo en la Armonización de los Sistemas Jurídicos», in *Boletín Mexicano de Derecho Comparado*, Nueva Serie, Año XXXVI, Núm. 108, Septiembre-Diciembre 2003, pp. 907-926.
GINSBURG, Ruth Bader, «Looking beyond our borders: The value of a comparative perspective in constitutional adjudication», in *Idaho Law Review*, Vol. 40, 2003, pp. 1-10.
GLENSY, Rex D., «Which Countries Count?: Lawrence v. Texas and the Selection of Foreign Persuasive Authority», in *Virginia Journal of International Law*, Vol. 45, Winter 2005, pp. 357-449.
HÄBERLE, Peter, «Juristische Ausbildungszeitschriften in Europa», in PETER HÄBERLE, *Verfassungsvergleichung in europa- und weltbürgerlicher Absicht – Späte Schriften* (Hersg.: Markus Kotzur und Lothar Michael), Schriften zum Öffentlichen Recht, Band 1127, Duncker & Humblot, Berlin, 2009, pp. 188-201;
– «Pädagogische Briefe an einen jungen Verfassungsjuristen – Skizze eines Projekts», in PETER HÄBERLE, *Verfassungsvergleichung in europa- und weltbürgerlicher Absicht – Späte Schriften* (Hersg.: Markus Kotzur und Lothar Michael), Schriften zum Öffentlichen Recht, Band 1127, Duncker & Humblot, Berlin, 2009, pp. 310-316;
– «Role and impact of constitutional courts in a comparative perspective», in AA.VV., *The Future of the European Judicial System in a Comparative Perspective*, Nomos Verlag, Baden-Baden, Germany, 2006, pp. 65-77;
– «Verfassungsrechtliche Aspekte der kulturellen Identität», in PETER HÄBERLE, *Verfassungsvergleichung in europa- und weltbürgerlicher Absicht – Späte Schriften* (Hersg.: Markus Kotzur und Lothar Michael), Schriften zum Öffentlichen Recht, Band 1127, Duncker & Humblot, Berlin, 2009, pp. 46-55.
HARDING, Sarah K., «Comparative Reasoning and Judicial Review», in *Yale Journal of International Law*, Vol. 28, 2003, pp. 419-464.
HARTMANN, Bernd J., «How American Ideas Traveled: Comparative Constitutional Law at Germany's National Assembly in 1848-1849», in *Tulane European and Civil Law Forum*, Vol. 17, 2002, pp. 23-70.
HESPANHA, António Manuel, «Ideias sobre a Interpretação», in AA.VV., *Liber Amicorum de José de Sousa e Brito – Em comemoração do 70.º Aniversário*, Almedina, 2009, pp. 29-57.
HIRSCHL, Ran, «The Question of Case Selection in Comparative Constitutional Law», in *American Journal of Comparative Law*, Vol. 53, Winter 2005, pp. 125-155.

HOECKE, Mark van / WARRINGTON, Mark, «Legal Cultures, Legal Paradigms and Legal Doctrine: Towards a New Model for Comparative Law», *in International & Comparative Law Quarterly*, Issue 47, 1998, Oxford University Press, pp. 495-536.

HUFEN, Friedhelm, *Staatsrecht II – Grundrechte*, 2. Auflage, Verlag C. H. Beck, München, 2009.

JACKSON, Vicki C., «Constitutional Comparisons: Convergence, Resistance, Engagement», *in Harvard Law Review*, Vol. 119, November 2005, pp. 109-128;
– «Constitutions as "living trees"? Comparative Constitutional Law and interpretative metaphors», *in Fordham Law Review*, Vol. 75, November 2006, pp. 921-960;
– «Multi-Valenced Constitutional Interpretation and Constitutional Comparisons: An Essay in Honor of Mark Tushnet», *in Quinnipiac Law Review*, Vol. 26, 2008, pp. 599-670.

JACOBSOHN, Gary Jeffrey, «The Permeability of Constitutional Borders», *in Texas Law Review*, Vol. 82, pp. 1763-1768.

JUNKER, Abo, «Rechtsvergleichung als Grundlagenfach», *in Juristenzeitung*, Heft 49, 1994, J. C. B. Mohr, Tübingen, pp. 921-928.

KAVANAGH, Aileen, «Comparative Perspectives on Constitutional Law: Implications for the Human Rights Act 1998», *in European Public Law*, Vol. 10, Issue 1, Kluwer Law International, 2004, pp. 161-178.

KOMMERS, Donald P., «Comparative Constitutional Law: Its Increasing Relevance», *in AA.VV., Defining the Field of Comparative Constitutional Law* (Edited by Vicki C. Jackson and Mark Tushnet), Praeger, USA, 2002, pp. 61-70.

KONTOROVICH, Eugene, «Disrespecting the "Opinions of Mankind": International Law in Constitutional Interpretation», *in The Green Bag An Entertainment Journal of Law*, Vol. 8, Spring 2005, pp. 261-268.

LAW, David S., «Generic Constitutional Law», *in Minnesota Law Review*, Vol. 89, February 2005, pp. 652-742.

LECLERCQ, Claude, *Droit Constitutionnel et Institutions Politiques*, Éditions Litec, 10.ᵉ édition, 1999.

LIEBERMAN, Jethro K., *A Practical Companion to the Constitution – How the Supreme Court Has Ruled On Issues from Abortion to Zoning*, University of California Press, 1999.

LIMBACH, Jutta, «Globalization of Constitutional Law through Interaction of Judges», *in Verfassung und Recht in Übersee*, 41. Jahrgang, 1/2008, Nomos, pp. 51-55.

LOEWENSTEIN, Karl, «Alemania desde 1945 à 1960 (Una relación de hechos)» (trad. Cándido Perea Gallego), *in REP*, Núm. 110, 1960, Centro de Estudios Constitucionales, Madrid, pp. 115-142.

MAC-GREGOR, Eduardo Ferrer, «El Amparo Iberoamericano», *in Estudios Constitucionales*, noviembre, Año 4, Núm. 2, Centro de Estudios Constitucionales, Universidad de Talca, Chile, 2006, pp. 39-65.

MARKESINIS, Basil / FEDTKE, Jorg, «The Judge as a Comparatist», *in Tulane Law Review*, Vol. 80, November 2005, pp. 11-167.

SCHULTE, Martin, «Zur Lage und Entwicklung der Verfassungsgerichtsbarkeit», *in DVBl*, 111. Jahrgang des Reichsverwaltungsblattes, Heft 18, 15. September 1996, Carl Heymanns Verlag Gmbh, Köln, pp. 1009-1020.

MEDEIROS, Rui, «A Carta dos Direitos Fundamentais da União Europeia, A Convenção Europeia dos Direitos do Homem e o Estado Português», in AA.VV., *Nos 25 Anos*

da CRP de 1976 – Evolução Constitucional e Perspectivas Futuras, Associação Académica da Faculdade de Direito de Lisboa, Lisboa, 2001, pp. 227-293;
- *A Decisão de Inconstitucionalidade – Os autores, o conteúdo e os efeitos da decisão de inconstitucionalidade da lei*, Universidade Católica Editora, Lisboa, 1999.

MESSITTE, Peter J., «Citing Foreign Law in U.S. Courts: Is Our Sovereignty Really at Stake?», *in University of Baltimore Law Review*, Vol. 35, Winter 2005, pp. 171-184.

MIRANDA, Jorge, *Manual de Direito Constitucional*, tomo IV, Coimbra Editora, 3.ª edição, 2000;
- *Notas para uma introdução ao direito constitucional comparado*, Separata de *O Direito*, n.ᵒˢ 2 e 3, Lisboa, 1970;
- *Teoria do Estado e da Constituição*, Coimbra Editora, 2002;
- «Tribunais, Juízes e Constituição», *in Revista da Ordem dos Advogados*, Ano 59, vol. I, Jan. 1999, Almedina, pp. 5-28.

MIRANDA, Jorge / MEDEIROS, Rui, *Constituição Portuguesa Anotada*, tomo I, Coimbra Editora, 2.ª edição, 2010.

MONTESQUIEU, *Do Espírito das Leis* (trad.: Jean Melville), Editora Martin Claret, São Paulo, 2004.

MOON, Cody, «Comparative Constitutional Analysis: Should the United States Supreme Court Join the Dialogue», *in Journal Law & Policy*, Vol. 12, 2003, pp. 230-247.

MOREIRA, Vital, «Princípio da maioria e princípio da constitucionalidade: legitimidade e limites da justiça constitucional», *in* AA.VV., *Legitimidade e Legitimação da Justiça Constitucional* – Colóquio no 10.º Aniversário do Tribunal Constitucional – Lisboa, 28 e 29 de Maio de 1993, Coimbra Editora, Coimbra, 1995, pp. 177-198.

MÜNCH, Ingo von, «¿El Tribunal Constitucional Federal como actor político?» (trad. David García Pazos), *in Anuario Iberoamericano de Justicia Constitucional*, Núm. 6, 2002, Centro de Estudios Constitucionales, Madrid, pp. 567-582.

MURKENS, Jo Eric Khushal, «Comparative Constitutional Law in the Courts: Reflections on the Originalists' Objections», *in VRÜ*, 41. Jahrgang, 1/2008, Nomos, pp. 32-50.

NEVES, A. Castanheira, «Pensar o Direito num Tempo de Perplexidade», *in* AA.VV., *Liber Amicorum de José de Sousa e Brito – Em comemoração do 70.º Aniversário*, Almedina, 2009, pp. 3-28.

OSAKWE, Christopher, «Introduction: The problems of the comparability of notions in constitutional law», *in Tulane Law Review*, Vol. 59, March 1985, pp. 875-883.

PALMER, Vernon Valentine, «Insularity and Leadership in American Comparative Law: The Past One Hundred Years», *in Tulane Law Review*, Vol. 75, March 2001, pp. 1093-1101.

PARDO FALCÓN, Javier, «Una globalización urgente y necesaria: la de los derechos humanos», *in Revista Iberoamericana de Filosofia, Política y Humanidades*, N.º 17, Mayo de 2007, pp. 82-94.

PEGORARO, Lucio, «El Método en el Derecho Constitucional: La Perspectiva Desde el Derecho Comparado» (trad.: Daniel Berzosa López), *in Revista de Estudios Políticos* (Nueva Época), Núm. 112, Abril-Junio 2000, pp. 9-26.

PÉREZ TREMPS, Pablo, *Tribunal Constitucional y Poder Judicial*, Centro de Estudios Constitucionales, Madrid, 1985.

PESTALOZZA, Christian, «Das Bundesverfassungsgericht: Bonner Reform-Allerlei'98», *in JZ*, Jahr. 53, Heft 21, Nov. 1998, J. C. B. Mohr, Tübingen, pp. 1039-1046.

PIRES, Francisco Lucas, *Introdução ao Direito Constitucional Europeu*, Almedina, 1997.
RAHDERT, Mark C., «Comparative Constitutional Advocacy», *in American University Law Review*, Vol. 56, February 2007, pp. 553-665.
RAPOZA, Philip G., «Reflections on Comparative Law at the beginning of the 21st century: Developing a luso-american model», *in Estudos em Homenagem a Cunha Rodrigues*, vol. II, Coimbra Editora, 2001, pp. 579-601.
ROSENFELD, Michel, «Constitutional Migration and the Bounds of Comparative Analysis», *in New York University Annual Survey of American Law*, Vol. 58, 2001, pp. 67--83.
ROUX, Theunis, «The Dignity of Comparative Constitutional Law», *in Acta Juridica –* 2008, Faculty of Law, University of Cape Town, JUTA, March 2009, pp. 185--203.
SCHLAICH, Klaus / KORIOTH, Stefan, *Das Bundesverfassungsgericht – Stellung, Verfahren, Entscheidungen*, Verlag C. H. Beck, München, 6. Auflage, 2004.
SITARAMAN, Ganesh, «The use and abuse of foreign law in constitutional interpretation», *in Harvard Journal of Law & Public Policy*, Spring 2009, pp. 653-693.
SUNSTEIN, Cass R., *A Constitution of Many Minds – Why the Founding Document Doesn't Mean What It Meant Before*, Princeton University Press, Oxford, 2009.
TAKAHASHI, Kazuyuki, «Why Do We Study Constitutional Laws of Foreign Countries, and How?», *in AA.VV., Defining The Field of Comparative Constitutional Law* (Edited by Vicki C. Jackson and Mark Tushnet), Praeger, USA, 2002, pp. 35-59.
TRIBE, Laurence H., *The Invisible Constitution*, Oxford University Press, New York, 2008.
TUSHNET, Mark, «How (and how not) to use Comparative Constitutional Law in basic Constitutional Law Courses», *in Saint Louis University Law Journal*, Vol. 49, Spring 2005, pp. 671-683;
 – «Returning with interest: Observations on some putative benefits of studying Comparative Constitutional Law», *in University of Pennsylvania Journal of Constitutional Law*, Vol. 1, Fall 1998, pp. 325-349;
 – «The Inevitable Globalization of Constitutional Law», *in Virginia Journal of International Law*, Vol. 49, 2009, pp. 985-1006;
 – «The Possibilities of Comparative Constitutional Law», *in Yale Law Journal*, Vol. 108, April 1999, pp. 1225-1309;
 – «When is Knowing Less Better Than Knowing More? Unpacking the Controversy over Supreme Court Reference to Non-U.S. Law», *in Minnesota Law Review*, Vol. 90, 2006, pp. 1275-1302.
VAZ, Manuel Afonso, «O Direito e a Justiça na estrutura constitucional portuguesa – A heteronomia como estrutura organizatório-valorativa do Estado de Direito», *in Direito e Justiça*, vol. XI, tomo 2, 1997, pp. 63-72;
 – *Lei e Reserva da Lei. A Causa da Lei na Constituição Portuguesa de 1976*, Universidade Católica, Porto, 1992.
VERGOTTINI, Giuseppe, *Derecho Constitucional Comparado* (trad.: Claudia Herrera), Universidade Nacional Autónoma de México, 2004.
VICENTE, Dário Moura, *Direito Comparado, Vol. I – Introdução e Parte Geral*, Almedina, 2008.
VILE, John R., *Summaries of Leading Cases on the Constitution*, Rowman & Littlefield Publishers, USA, 2004.

WEBB, Hoyt, «The Constitutional Court of South Africa: Rights Interpretation and Comparative Constitutional Law», *in University of Pennsylvania Journal of Constitutional Law*, Vol. 1, Fall 1998, pp. 205-283.

WEINRIB, Lorraine E., «Constitutional Conceptions and Constitutional Comparativism», *in* AA.VV., *Defining the Field of Comparative Constitutional Law* (Edited by Vicki C. Jackson and Mark Tushnet), Praeger, USA, 2002, pp. 3-34.

WIJFFELS, Alain, «Le Droit Comparé à la Recherche d'un Nouvel Interface Entre Ordres Juridiques», *in Revue de Droit International et de Droit Comparé*, N.os 2 e 3, 2008, pp. 228-252.

WILLIAMS, Robert F., «Comparative Subnational Law: South Africa's Provincial Constitutional Experiments», *in South Texas Law Review*, Vol. 90, Summer 199, pp. 625-660; – «Introduction», *in Rutgers Law Journal*, Vol. 31, Summer 2000, pp. 937-939.

YOUNG, Ernest A., «Foreign Law and the Denominator Problem (The Supreme Court, 2004 Term)», *in Harvard Law Review*, Vol. 119, 2005, pp. 148-167.

ZAGREBELSKY, Gustavo, «Jueces constitucionales» (trad. Miguel Carbonell), *in* AA.VV., *Teoría del neoconstitucionalismo – Ensayos escogidos*, Edición de Miguel Carbonell, Instituto de Investigaciones Jurídicas – UNAM, Editorial Trotta, Madrid, 2007, pp. 105-119.

ZWEIGERT, Konrad / KÖTZ, Hein, *Einführung in die Rechtsvergleichung*, 3. Auflage, J. C. B. Mohr, Tübingen, 1996.

A UTILIZAÇÃO DO MÉTODO COMPARATIVO EM DIREITO INTERNACIONAL PRIVADO. EM ESPECIAL, O PROBLEMA DA QUALIFICAÇÃO

Maria Helena Brito[*]

> «Os resultados da comparação jurídica são frequentemente postos ao serviço do direito nacional, com alguma das seguintes funções:
> [...]
> – aplicação de regras de direito, com destaque para as de direito internacional privado [...]».
> «[...]
> Não há uma receita única para resolver a questão de saber quantas e quais são as ordens jurídicas a seleccionar em cada tarefa comparativa. Tudo depende da sua finalidade concreta.
> Assim, quando esteja em causa a qualificação ou outra questão de direito internacional privado, a comparação deve restringir-se às ordens jurídicas que estejam em contacto com a situação controvertida».
> (Carlos Ferreira de Almeida, *Introdução ao Direito Comparado*, 2.ª ed., Coimbra, 1998, pp. 16 e 28/29)

---

[*] Professora da Faculdade de Direito da Universidade Nova de Lisboa.

O presente texto retoma e actualiza o que escrevi em *A representação nos contratos internacionais. Um contributo para o estudo do princípio da coerência em direito internacional privado*, Coimbra, 1999, p. 27 e ss.

I – Considerações gerais

1. O direito comparado é, reconhecidamente, uma importante ciência auxiliar do direito internacional privado.

As questões jurídicas emergentes da vida privada internacional exigem uma visão ampla e uma investigação comparativa intensa, não só no momento da construção de normas materiais especiais e de normas de conflitos de fonte interna ou de fonte internacional que tenham por objecto tais questões, como também no momento da interpretação e da aplicação de todas essas normas.

A elaboração de normas de direito internacional privado de fonte estadual e a preparação de convenções internacionais para a unificação do direito de conflitos são hoje impensáveis sem a prévia comparação de soluções vigentes em diferentes espaços jurídicos.

2. A ideia de utilizar o método comparativo na interpretação e aplicação das normas de direito internacional privado é contemporânea da institucionalização do direito comparado como disciplina jurídica[1].

No relatório apresentado ao Congresso Internacional de Direito Comparado realizado em Paris, em 1900, Franz Kahn defendeu o método do direito comparado como via para superar a querela entre a abordagem nacionalista e a abordagem internacionalista do direito internacional privado[2].

3. Até aos finais do séc. XIX, a comparação jurídica era incipiente. A necessidade de comparar as normas de conflitos vigentes nas diversas ordens jurídicas é consequência do fenómeno de «nacionalização» ou «particularização» do direito de conflitos.

---

[1] Sobre as origens e a evolução histórica das relações entre o direito comparado e o direito internacional privado, veja-se, por todos, ERNST RABEL, *The conflict of laws. A comparative study*, vol. I – *Introduction. Family law*, 2.ª ed., por ULRICH DROBNIG, Ann Arbor, 1958, p. 6 e ss.

[2] Cfr. FRANZ KAHN, «Rôle, fonction et méthode du droit comparé dans le domaine du droit international privé. Rapport présenté au Congrès International de Droit Comparé», *Bulletin de la Société de législation comparée*, 29 (1899-1900), p. 406 e ss. [= «Bedeutung der Rechtsvergleichung mit Bezug auf das internationale Privatrecht. Bericht für den Congrès International de Droit Comparé (Paris 1900)», *in Abhandlungen zum internationalen Privatrecht* (org. OTTO LENEL, HANS LEWALD), München, Leipzig, I, 1928, p. 491 e ss.].

Enquanto o direito internacional privado se traduziu na construção de sistemas universais para a resolução dos diversos problemas de conflitos de leis no espaço, podiam apenas comparar-se opiniões doutrinárias, não normas jurídicas positivas.

O direito de conflitos de fonte legislativa apenas surgiu nas grandes codificações de direito privado dos sécs. XVIII e XIX e, até aí, não era fácil o acesso às normas reveladas por outras fontes de direito, por exemplo, pelas decisões jurisprudenciais.

Não admira por isso que as primeiras tentativas de comparação nesta matéria sejam posteriores à nacionalização do direito internacional privado operada pela inclusão de normas de conflitos nos códigos modernos.

Não falta, porém, quem entenda que a teoria dos estatutos oferece os primeiros rudimentos de uma comparação legislativa como base da resolução das questões de direito internacional privado[3].

Não pode também esquecer-se que Joseph Story ensaiou a utilização do método comparativo no campo dos conflitos de leis, embora ainda de modo limitado, pois apenas recorria às opiniões de comentadores estrangeiros[4].

Foelix utilizou a doutrina e alguma jurisprudência estrangeiras, bem como textos de direito positivo em vigor em outros países, fazendo uma exposição comparativa com as normas de conflitos do *Code Civil*[5].

Logo após a publicação dos primeiros artigos de Foelix na *Revue étrangère* e ainda antes do aparecimento do *Traité*, surgiu na Alemanha a obra de Wilhelm Schaeffner[6], que, utilizando em grande parte as fontes estrangeiras coligidas pelo Autor francês, aplica igualmente o método comparativo no domínio do direito internacional privado.

---

[3] Assim, PROSPERO FEDOZZI, «Ufficio, funzione e metodo del diritto comparato nel campo del diritto internazionale privato», *Archivio Giuridico «Filippo Serafini»*, 1902, p. 225 e ss.

[4] JOSEPH STORY, *Commentaries on the conflict of laws, foreign and domestic, in regard to contracts, rights and remedies, and specially in regard to marriages, divorces, wills, successions, and judgments*, 1.ª ed., Boston, 1834.

[5] Vejam-se, da autoria de FOELIX, por um lado, as recensões a obras de outros autores sobre a matéria dos conflitos de leis e os diversos estudos dedicados ao direito internacional privado, publicados, a partir de 1840, na *Revue étrangère de législation et d'économie politique*, por ele fundada em 1834, e, por outro lado, o *Traité du droit international privé ou du conflit des lois de différentes nations en matière de droit privé*, 1.ª ed., Paris, 1843; 2.ª ed., 1847; 3.ª ed., revista e aumentada, por CHARLES DEMANGEAT, 1856.

[6] WILHELM SCHAEFFNER, *Entwicklung des Internationalen Privatrechts*, Frankfurt a. M., 1841.

Os esforços comparatistas destes Autores não tiveram todavia seguidores imediatos.

A doutrina francesa posterior assenta, em geral, numa base estritamente nacional. Para Étienne Bartin, por exemplo, o direito internacional privado será necessariamente particularista, cada Estado conservará sempre um sistema próprio de solução dos conflitos de leis, pois o direito internacional privado é considerado através do prisma do respectivo direito interno[7].

Por outro lado, os três maiores representantes da doutrina internacionalprivatista alemã do final do séc. XIX (e do início do séc. XX) não recorreram ao método comparativo. Savigny, no capítulo do seu *System des heutigen Römischen Rechts* dedicado ao direito internacional privado[8], apesar de no preâmbulo acentuar o «esforço no sentido da aproximação, adaptação, entendimento» entre os povos, faz reduzidas referências a normas de conflitos vigentes em outros sistemas. Ludwig von Bar[9] afasta deliberadamente a análise comparativa[10] e funda a sua construção na *Natur der Sache* (mais tarde, no entanto, o Autor parece reconhecer algum mérito à ciência comparativa, pois permite um maior reconhecimento do espírito e do sentido dos direitos de outros povos, que é «uma das condições prévias mais importantes para o desenvolvimento do direito internacional privado»[11]). Zitelmann constrói o seu sistema de direito internacional privado com base em princípios gerais derivados do direito das gentes[12].

Contudo, nessa mesma época, foram criadas numerosas revistas jurídicas, dedicadas ao direito internacional privado ou abrangendo temas de direito internacional privado, que contribuíram para a divulgação de sistemas vigentes em diferentes ordens jurídicas e ofereceram oportunidade para

---

[7] Cfr. «La théorie des qualifications en droit international privé», in *Études de droit international privé*, Paris, 1899, p. 1 e ss., anteriormente publicado em *Clunet*, 1897, p. 225 e ss., 466 e ss., 720 e ss.

[8] Cfr. SAVIGNY, *System des heutigen Römischen Rechts*, Band 8, *Drittes Buch – Herrschaft der Rechtsregeln über die Rechtsverhältnisse: Erstes Kapitel – Oertliche Gränzen der Herrschaft der Rechtsregeln über die Rechtsverhältnisse*, Berlin, 1849.

[9] Cfr. LUDWIG VON BAR, *Theorie und Praxis des internationalen Privatrechts*, 1.ª ed., 1862.

[10] Veja-se o prefácio da 2.ª ed., de 1889, p. VIII.

[11] Cfr. LUDWIG VON BAR, «Neue Prinzipien und Methoden des internationalen Privatrechts», *Archiv für öffentliches Recht*, 1900, p. 1 e ss. (p. 46). Neste estudo, L. VON BAR, apreciando o método proposto por JITTA, ZITELMANN e KAHN, dá um certo apoio às soluções defendidas por KAHN (pp. 45 e 49).

[12] Cfr. ERNST ZITELMANN, *Internationales Privatrecht*, I, Leipzig, 1897, II, München, Leipzig, 1912.

a investigação comparativa neste campo[13]. Pretendia-se, através da divulgação do direito e da prática de vários países[14], e dentro de um «espírito de internacionalismo»[15], contribuir para o desenvolvimento de uma justiça universal na resolução dos problemas de conflitos de leis.

A preparação da codificação do direito civil alemão deu igualmente um novo impulso aos trabalhos de natureza comparativa[16]. Gebhard, o redactor da parte geral do anteprojecto na primeira Comissão, não só procedeu à pesquisa das normas de conflitos contidas nas leis estrangeiras então existentes, como utilizou elementos comparativos nos *Motive* das propostas apresentadas em 1881 e em 1887[17]. Por sua vez, Theodor Niemeyer com-

---

[13] São exemplos: *Revue de droit international et de législation comparée*, organizada por T. M. C. ASSER, G. ROLIN-JAEQUEMYNS, J. WESTLAKE: n.º 1, London, Bruxelles, Paris, Den Haag, Berlin, Turin, Bern, New York, 1869 (publicada até 1914 e de 1920 até 1939); *Annuaire de législation étrangère*, editada pela Société de Législation Comparée: n.º 1, Paris, 1872 (publicada até 1987); *Bulletin de la Société de Législation Comparée*, editada igualmente pela Société de Législation Comparée: n.º 1, Paris, 1872 (designada, a partir de 1949, e até aos nossos dias, *Revue internationale de droit comparé*); *Journal du droit international privé*, fundada por ÉDOUARD CLUNET, com a colaboração de C. DEMANGEAT e P. S. MANCINI: n.º 1, Paris, 1874 (denominada, logo a partir do n.º 2 e até 1914, *Journal du droit international privé et de la jurisprudence comparée* e, desde 1915 até hoje, *Journal du droit international*, frequentemente conhecida pelo nome do seu fundador); *Il Filangieri*, n.º 1, Napoli, 1876 (publicada até 1919); *Zeitschrift für vergleichende Rechtswissenschaft*, organizada por F. BERNHÖFT, G. COHN: n.º 1, Stuttgart, 1878 (publicada até ao presente); *Zeitschrift für Internationales Privat- und Strafrecht*, fundada e editada por F. BÖHM: n.º 1, Erlangen, 1891 (mais tarde editada por T. NIEMEYER, foi publicada até 1935); *Jahrbuch der internationalen Vereinigung für vergleichende Rechtswissenschaft und Volkswirtschaftslehre*, organizada por F. BERNHÖFT, F. MEYER: n.º 1, Berlin, 1896 (publicada até 1912); *Revue de droit international privé et de droit pénal international*, publicada por A. DARRAS, com o patrocínio de A. LAINÉ, A. WEISS, F. DESPAGNET, A. PILLET, E. AUDINET, E. BARTIN: n.º 1, Paris, 1905 (a partir de 1922, *Revue de droit international privé*; entre 1934 e 1946, *Revue critique de droit international*; a partir de 1947, e até aos nossos dias, *Revue critique de droit international privé*).

[14] Cfr. C. DEMANGEAT, «Introduction», *Clunet*, 1, 1874, p. 9 e ss., 12.

[15] Cfr. G. ROLIN-JAEQUEMYNS, «De l'étude de la législation comparée et du droit international privé», *Revue de droit international et de législation comparée*, 1, 1869, p. 17.

[16] Sobre o desenvolvimento que tiveram na Alemanha, durante essa época, os estudos de direito internacional privado, cfr. ANZILOTTI, «Una pagina di storia della codificazione civile in Germania», *Studi critici di diritto internazionale privato*, Rocca S. Casciano, 1898, p. 1 e ss.

[17] Os *Motive* das propostas de GEBHARD não foram imediatamente tornados públicos, situação que esteve na origem de críticas – cfr. THEODOR NIEMEYER, *Das internationale Privatrecht im Entwurf eines Bürgerlichen Gesetzbuchs*, Berlin, 1896, p. 5 e s.; tal

pilou as normas de conflitos que estavam em vigor na Alemanha antes da entrada em vigor da lei de introdução ao Código Civil[18]. Considerando a exposição dogmática do direito vigente como uma tarefa preliminar da ciência do direito, o Autor procedeu ao inventário e à publicação de modo sistematizado das normas de conflitos existentes nos diversos estados alemães.

Nos anos que se seguiram, e em resposta a um concurso promovido pela *Juristische Gesellschaft*, de Berlim, novos projectos legislativos foram apresentados por Theodor Niemeyer[19] e Hugo Neumann[20]. Os dois Autores fundamentavam as suas propostas na análise comparativa do direito em vigor em diversos países. Ambas as publicações incluíam os textos de leis estrangeiras e de tratados internacionais, organizados sistematicamente.

4. Face a estes antecedentes, a tese formulada no Congresso Internacional de Direito Comparado de Paris teve acolhimento favorável[21].

---

falta apenas foi suprida por iniciativa de T. NIEMEYER, que publicou as duas propostas de GEBHARD, bem como as respectivas exposições de motivos, em *Zur Vorgeschichte des Internationalen Privatrechts im Deutschen Bürgerlichen Gesetzbuch («Die Gebhardschen Materialen»)*, München, Leipzig, 1915.

[18] THEODOR NIEMEYER, *Positives Internationales Privatrecht*, I – *Das in Deutschland geltende Internationale Privatrecht*, Leipzig, 1894.

[19] THEODOR NIEMEYER, *Vorschläge und Materialen zur Kodifikation des Internationalen Privatrechts*, Leipzig, 1895.

[20] HUGO NEUMANN, *Internationales Privatrecht in Form eines Gesetzentwurfs nebst Motiven und Materialen. Ein Beitrag zur Kodifikation des Deutschen bürgerlichen Rechts*, Berlin, 1896.

[21] No decurso do Congresso Internacional de Paris, a tese de FRANZ KAHN foi criticada por A. LAINÉ (cfr. «Rôle, fonction et méthode du droit comparé dans le domaine du droit international privé. Communication en réponse au rapport présenté par M. Kahn», *Congrès International de Droit Comparé tenu à Paris du 31 juillet au 4 août 1900. Procès-verbaux des séances et documents*, I, Paris, 1905, p. 327 e ss.) e sustentada por CHAUSSE (cfr. «Observations sur le rapport de M. Kahn», *Procès-verbaux..., cit.*, p. 338 e ss.). Dois anos depois da realização do Congresso, um autor italiano publicou um estudo subordinado ao mesmo título da comunicação de FRANZ KAHN, onde, embora com algumas críticas, desenvolvia o tema do papel do direito comparado no âmbito do direito internacional privado (cfr. PROSPERO FEDOZZI, «Ufficio, funzione e metodo del diritto comparato nel campo del diritto internazionale privato», já antes referido). Outras repercussões do Congresso de Paris podem ver-se em: GEORGES SAUSER-HALL, *Fonction et méthode du droit comparé. Leçon inaugurale faite le 23 octobre 1912*, Genève, 1913, p. 43 e s.; G. STREIT, «Droit international privé comparé. Communication faite à l'Académie diplomatique internationale le 20 octobre 1928», *Revue critique*, 1929, p. 146 e ss.; HENRI LÉVY-ULLMANN, «Rapports du droit international privé avec le droit comparé», *Bulletin de la Société de législation comparée*, 61 (1931-1932), p. 205 e ss.

Mas o grande impulso no sentido da utilização do direito comparado na resolução de problemas do direito de conflitos deve-se a Ernst Rabel. Este Autor aplicou o método comparativo ao problema da qualificação e defendeu a autonomia na construção de conceitos de direito internacional privado[22], abrindo o caminho para a que mais tarde foi designada «terceira escola no direito internacional privado»[23] e para a emancipação deste ramo da ciência jurídica.

Foi principalmente depois dos importantes trabalhos de Ernst Rabel, assentes no direito comparado – o mais importante dos quais é, sem dúvida, o citado estudo sobre a qualificação, não só pela relevância do tema, mas pela influência que exerceu na doutrina posterior[24] –, que muitos autores em diversos países passaram a atribuir significado ao método comparativo no domínio do direito internacional privado[25].

---

[22] Cfr. «Das Problem der Qualifikation», *Zeitschrift für ausländisches und internationales Privatrecht*, 1931, p. 241 e ss., e a versão francesa, publicada na *Revue critique*, 1933, p. 1 e ss.

[23] KONRAD ZWEIGERT, «Die dritte Schule im internationalen Privatrecht. Zur neueren Wissenschaftsgeschichte des Kollisionsrechts», in *Festschrift für Leo Raape zum seinem siebzigsten Geburtstag 14. Juni 1948*, Hamburg, 1948, p. 35 e ss. Cfr. HANS LEWALD, «Eine "Dritte Schule im internationalen Privatrecht"?», *NJW*, 1949, p. 644 e ss., onde o Autor, embora pronunciando-se a favor da necessidade da utilização do direito comparado no domínio do direito internacional privado, critica a ideia de «terceira escola» proposta por ZWEIGERT.

[24] Podem citar-se ainda, do Autor: «Aufgabe und Notwendigkeit der Rechtsvergleichung» (1924), in *Rechtsvergleichung* (org. KONRAD ZWEIGERT, HANS-JÜRGEN PUTTFARKEN), Darmstadt, 1978, p. 85 e ss.; «Rechtsvergleichung und internationale Rechtsprechung», *RabelsZ*, 1927, p. 5 e ss.; *The conflict of laws. A comparative study*, volumes I a IV, 1.ª ed., Ann Arbor, 1945 a 1958; «Comparative conflicts law», *Indiana Law Journal*, 1949, p. 353 e ss.; *Sobre la situación actual del derecho internacional privado comparado*, trad., Córdoba, Argentina, 1949. RABEL fundou a *Zeitschrift für ausländisches und internationales Privatrecht* (em colaboração com E. HEYMANN, H. TITZE, M. WOLFF, M. PAGENSTECHER, F. SCHLEGELBERGER: n.º 1, Berlin, Leipzig, 1927). Como edição especial dessa revista, começou a ser publicada a *Deutsche Rechtsprechung auf dem Gebiete des internationalen Privatrechts*: o primeiro número foi publicado em 1928 e incluía a jurisprudência a partir do ano de 1926; editada anualmente, esteve suspensa entre 1935 e 1944 (as decisões proferidas durante aquele período foram englobadas num único volume, publicado em 1980).

[25] Efectivamente, no período que se seguiu ao estudo de RABEL sobre a qualificação, muitos autores em diversos países defenderam a importância da utilização do método comparativo no âmbito do direito internacional privado. Cfr., por exemplo: ROBERT R. NEUNER, *Der Sinn der internationalprivatrechtlichen Norm. Eine Kritik der Qualifikationstheorie*, Brünn, Prag, Leipzig, Wien, 1932, p. 26 e ss.; LÉA MERIGGI, «Les qualifica-

tions en droit international privé», *Revue critique*, 1933, p. 201 e ss. (p. 206 e ss.); MAX RHEINSTEIN, «Comparative law and conflict of laws in Germany», *University of Chicago Law Review*, 1934-35, p. 232 e ss. (p. 257 e ss.); PIERRE WIGNY, «Remarques sur le problème des qualifications», *Revue critique*, 1936, p. 392 e ss. (p. 418 e ss.); JACQUES MAURY, «Règles générales des conflits de lois», *Recueil des Cours*, 1936 – III, tome 57, p. 325 e ss. (p. 474 e ss., apesar de mover algumas críticas ao método proposto por RABEL); ELEMER BALOGH, «Le rôle du droit comparé dans le droit international privé», *Recueil des Cours*, 1936 – III, tome 57, p. 571 e ss.; HENRI BATIFFOL, *Les conflits de lois en matière de contrats. Étude de droit international privé comparé*, Paris, 1938 (veja-se, quanto ao método, p. 2 e ss.); A. H. ROBERTSON, *Characterization in the conflict of laws*, Cambridge, Massachusetts, 1940 (p. 90 e s.); WERNER NIEDERER, *Die Frage der Qualifikation als Grundproblem des internationalen Privatrechts*, Zürich, 1940 (em especial, p. 90 e ss.); ID., *Einführung in die allgemeinen Lehren des internationalen Privatrechts*, Zürich, 1961, p. 248 e ss.; HANS LEWALD, *Règles générales des conflits de lois. Contributions à la technique du droit international privé*, Basel, 1941, p. 76 e s.; ID., «Eine "Dritte Schule im internationalen Privatrecht"?», *cit.*, p. 645 e ss.; H. C. GUTTERIDGE, «Comparative law and the conflict of laws», *in Transactions of the Grotius Society*, vol. 29, 1944, p. 119 e ss.; ID., *Comparative law. An introduction to the comparative method of legal study and research*, Cambridge, 1946, p. 41 e ss.; KONRAD ZWEIGERT, «Die dritte Schule im internationalen Privatrecht», *cit.*, p. 38 e ss.; ID., «Rechtsvergleichung als universale Interpretationsmethode», *RabelsZ*, 1949, p. 5 e ss. (p. 12); ALEXANDER N. MAKAROV, *Internationales Privatrecht und Rechtsvergleichung*, Tübingen, 1949; ID., «Theorie und Praxis der Qualifikation», *in Vom Deutschen zum europäishen Recht. Festschrift für Hans Dölle*, II – *Internationales Recht, Kollisionsrecht und Internationales Zivilprozessrecht. Europäisches Recht* (org. ERNST VON CAEMMERER, ARTHUR NIKISCH, KONRAD ZWEIGERT), Tübingen, 1963, p. 149 e ss.; ID., «Internationales Privatrecht und Rechtsvergleichung», *in Buts et méthodes du droit comparé. Inchieste di diritto comparato*, 2, Padova, New York, 1973, p. 465 e ss.; MARTIN WOLFF, *Private International Law*, 2.ª ed., Oxford, 1950, p. 153 e s. (embora sublinhando a insuficiência do método para a resolução dos problemas de qualificação); GÜNTHER BEITZKE, «Betrachtungen zur Methodik im Internationalprivatrecht», *in Rechtsprobleme in Staat und Kirche. Festschrift für Rudolf Smend*, Göttingen, 1952, p. 1 e ss. (p. 7 e ss.); FRANK VISCHER, *Die rechtsvergleichenden Tatbestände im internationalen Privatrecht. Die Übereinstimmung der materiellen Rechtsinhalte als Voraussetzung des internationalen Privatrechts. Die Bedeutung des Begriffes der Äquivalenz*, Basel, 1953 (com referência ao método, p. 11 e ss.); JOHN D. FALCONBRIDGE, *Essays on the conflict of laws*, 2.ª ed., Toronto, 1954, p. 70 e s.; FRITZ SCHWIND, «Rechtsvergleichung, Rechtsvereinheitlichung und internationales Privatrecht», *Juristische Blätter*, 1956, p. 33 e ss.; PAUL-EMILE TROUSSE, «L'orientation comparative du droit international privé», *in En hommage à Léon Graulich ses ancients élèves*, Liège, 1957, p. 283 e ss.; HESSEL E. YNTEMA, «Les objectifs du droit international privé», *Revue critique*, 1959, p. 1 e ss. (p. 6 e ss.); GEORGES VAN HECKE, «Universalisme et particularisme des règles de conflit au XX.ème siècle», *in Mélanges en l'honneur de Jean Dabin*, II – *Droit positif*, Bruxelles, 1963, p. 939 e ss. (p. 940 e ss.).

Na Alemanha, as obras publicadas a partir de 1930, e principalmente as de Hans Lewald[26], Martin Wolff[27] e Leo Raape[28], todas elas interessadas no estudo da jurisprudência, comparam as soluções nacionais com as de outros países. No *Rechtsvergleichendes Handwörterbuch für das Zivil- und Handelsrecht des In- und Auslandes*, editado por Franz Schlegelberger, a partir de 1929, é incluída uma exposição do sistema de direito internacional privado, em base comparativa[29].

No período entre as duas guerras, e em paralelo com a própria afirmação da autonomia do direito comparado, assiste-se à utilização do método comparativo mesmo em obras que representam as derradeiras tentativas de construção de um sistema universal, baseado em princípios apriorísticos[30], ou em obras que contêm a exposição do sistema positivo de direito internacional privado de um determinado país[31]. Com Arthur Nussbaum surge a primeira exposição de um sistema geral de direito internacional privado em base comparativa[32]. Por outro lado, foram organizadas colectâneas de textos, que, embora incluíssem apenas leis e tratados, constituíam um ponto de partida indispensável para a comparação no domínio do direito internacional privado[33]. Foi criado em Berlim, em 1926, o *Institut für ausländisches und internationales Privatrecht* (inicialmente dirigido por Rabel), com o objectivo de realizar investigação comparativa neste domínio.

Em França, apesar de se ter acentuado a tendência particularista e nacionalista, Lerebours-Pigeonnière[34] chamou a atenção para a necessidade de as regras de conflitos de leis terem em conta o carácter internacional das relações a que se referem. Defensor de um método ecléctico, que inclui a

---

[26] HANS LEWALD, *Das deutsche internationale Privatrecht auf Grundlage der Rechtsprechung*, Leipzig, 1931.

[27] MARTIN WOLFF, *Internationales Privatrecht*, Berlin, 1933.

[28] LEO RAAPE, *Deutsches Internationales Privatrecht*, 1.ª ed., Berlin, Bd. 1, 1938, Bd. 2, 1939.

[29] Cfr. vol. IV, Berlin, 1933, p. 320 e ss.

[30] ERNST FRANKENSTEIN, *Internationales Privatrecht*, volumes I a IV, Berlin, 1926 a 1935.

[31] GEORG MELCHIOR, *Grundlagen des deutschen internationalen Privatrechts*, Berlin, Leipzig, 1932.

[32] ARTHUR NUSSBAUM, *Deutsches internationales Privatrecht. Unter besonderer Berücksichtigung des österreichischen und schweizerischen Rechts*, Tübingen, 1932 (cfr. a exposição sobre a importância do direito comparado para o direito internacional privado, p. 16 e ss.).

[33] ALEXANDER N. MAKAROV, *Die Quellen des internationalen Privatrechts*, 1.ª ed., Berlin, 1929.

[34] PAUL LEREBOURS-PIGEONNIÈRE, *Précis de droit international privé*, 1.ª ed., Paris, 1928.

análise tanto do direito interno como das exigências do comércio internacional e dos interesses gerais dos Estados[35], o Autor afirmou a importância do direito comparado na resolução das questões privadas internacionais (embora no *Précis* tenha feito uma utilização limitada do direito comparado). Lapradelle e Niboyet organizaram uma compilação de relatórios sobre os sistemas nacionais de direito internacional privado, incluída no tema «direito internacional privado comparado» do *Répertoire de droit international*[36].

Em Itália, por iniciativa do *Istituto italiano di studi legislativi*, passou a editar-se a *Giurisprudenza comparata di diritto internazionale privato* (publicada a partir de 1937, sob a responsabilidade de Salvatore Galgano, foi editada até 1956, contendo as sentenças mais importantes de diversos países, por vezes acompanhadas de comentários da doutrina).

Em diferentes partes do mundo surgiram obras gerais de direito internacional privado comparado[37].

5. Sobretudo a partir da Segunda Guerra Mundial, a doutrina tem reconhecido que o direito comparado é uma importante ciência auxiliar do direito internacional privado[38].

---

[35] Cfr. PAUL LEREBOURS-PIGEONNIÈRE, *Précis de droit international privé*, 5.ª ed., 1948, pp. 60 e s., 262, 266 e ss.

[36] *Répertoire de droit international*, volumes VI e VII, Paris, 1930.

[37] Para além do *Conflict of laws*, de RABEL, já citado, podem ainda mencionar-se as seguintes obras: ARTHUR K. KUHN, *Comparative commentaries on private international law or conflict of laws*, New York, 1937; ÉTIENNE DE SZÁSZY, *Droit international privé comparé. Traité de législation comparée avec référence spéciale au droit égyptien et musulman*, Alexandrie, Paris, 1940 (veja-se, mais tarde, do mesmo Autor, *Conflict of laws in the western, socialist and developing countries*, Leiden, 1974). ERNST FRANKENSTEIN ensaiou a primeira tentativa de uma codificação europeia de direito internacional privado: *Projet d'un code européen de droit international privé*, Leiden, 1950 (neste projecto, o Autor serve-se do direito comparado para elaborar conceitos «internacionais», que não podem ser interpretados no sentido técnico que lhes corresponde em determinada legislação – cfr. Introdução, p. 8 e s., e artigo 1.°). Começou a ser editada sob a responsabilidade de ARTHUR NUSSBAUM a série *Bilateral studies in private international law*, tendo sido publicado o primeiro volume em 1951.

[38] Assim: ADOLF F. SCHNITZER, *Handbuch des internationalen Privatrecht einschließlich Prozeßrecht, unter besonderer Berücksichtigung der Schweizerischen Gesetzgebung und Rechtsprechung*, Bd. I, 4.ª ed., Basel, 1957, p. 32 e ss.; ID., *Vergleichende Rechtslehre*, Bd. I, 2.ª ed., Basel, 1961, p. 32 e ss.; ID., «Rechtsvergleichung, Internationales Privatrecht und Völkerrecht im System des Rechts», *Zeitschrift für Rechtsvergleichung*, 1976, p. 13 e ss.; SEVOLD BRAGA, «Kodifikationsgrundsätze des internationalen Privatrechts», *RabelsZ*, 1958, p. 421 e ss. (pp. 425 e ss., 437 e ss.); HAROLDO VALLADÃO, *Direito*

internacional privado em base histórica e comparativa, positiva e doutrinária, especialmente dos Estados americanos. Introdução e parte geral, Rio de Janeiro, São Paulo, 1968, p. 31 e ss.; ALEXANDER N. MAKAROV, *Grundriβ des internationalen Privatrechts*, Frankfurt a. M., 1970, p. 34 e s.; LÉONTIN-JEAN CONSTANTINESCO, *Traité de droit comparé*, II – *La méthode comparative*, Paris, 1974, p. 358 e ss.; J. A. WADE, «The comparative law approach: objectives and difficulties for the PIL lawyer – a note», *Netherlands International Law Review*, 1976, p. 205 e ss.; PAUL HEINRICH NEUHAUS, *Die Grundbegriffe des internationalen Privatrechts*, 2.ª ed., Tübingen, 1976, p. 79 e ss.; L. RAAPE, F. STURM, *Internationales Privatrecht*, Bd. I – *Allgemeine Lehren*, 6.ª ed., München, 1977, pp. 21 e s., 278; KURT HANNS EBERT, *Rechtsvergleichung. Einführung in die Grundlagen*, Bern, 1978, pp. 148 e s., 181 e ss.; EDOARDO VITTA, «Cours général de droit international privé», *Recueil des Cours*, 1979 – I, tome 162, p. 9 e ss. (p. 44); BERTRAND ANCEL, «L'objet de la qualification», *Clunet*, 1980, p. 227 e ss. (p. 263 e ss.); WILHELM WENGLER, *Internationales Privatrecht*, Berlin, New York, 1981, p. 138; KLAUS SCHURIG, *Kollisionsnorm und Sachrecht. Zu Struktur, Standort und Methode des internationalen Privatrechts*, Berlin, 1981, p. 133 e s.; KURT SIEHR, «Scherz und Ernst im Internationalen Privatrecht. Gedanken zur Vergangenheit, Gegenwart und Zukunft des Kollisionsrechts», *in Festschrift für Imre Zajtay* (org. RONALD H. GRAVESON, KARL KREUZER, ANDRÉ TUNC, KONRAD ZWEIGERT), Tübingen, 1982, p. 409 e ss. (p. 414); KONRAD ZWEIGERT, HEIN KÖTZ, *Einführung in die Rechtsvergleichung auf dem Gebiet des Privatrechts*, 2.ª ed., Bd. I – *Grundlagen*, Tübingen, 1984, p. 7 e s., 3.ª ed., Tübingen, 1996, p. 6 e s.; GÜNTHER BEITZKE, «Bemerkungen zur Kollisionsrechtsvergleichung in der Praxis», *RabelsZ*, 1984, p. 623 e ss.; ADOLFO MIAJA DE LA MUELA, *Derecho internacional privado*, I – *Introducción y parte general*, 9.ª ed., Madrid, 1985, p. 269 e ss.; FRANÇOIS RIGAUX, «Science comparative et droit positif», *in Festschrift für Karl H. Neumayer zum 65. Geburtstag* (org. WERNER BARFUß, BERNARD DUTOIT, HANS FORKEL, ULRICH IMMENGA, FERENC MAJOROS), Baden-Baden, 1985, p. 503 e ss. (p. 513 e ss.); ULRICH DROBNIG, «Rechtsvergleichung *in* der deutschen Rechtsprechung», *RabelsZ*, 1986, p. 610 e ss. (pp. 613 e s., 619 e s.); CHRISTIAN VON BAR, *Internationales Privatrecht*, I – *Allgemeine Lehren*, München, 1987, p. 93 e ss.; C. VON BAR, P. MANKOWSKI, *Internationales Privatrecht*, I, 2.ª ed., München, 2003, p. 93 e ss.; BERNARD AUDIT, *Droit international privé*, Paris, 1991, p. 24 e ss.; BERTRAND ANCEL, «La connaissance de la loi étrangère applicable», *in Droit international et droit communautaire. Actes du Colloque, Paris, 5 et 6 Avril 1990*, Paris, 1991, p. 87 e ss. (p. 93 e ss.); RAYMOND LEGEAIS, «L'utilisation du droit comparé par les tribunaux», *Revue internationale de droit comparé*, 1994, p. 347 e ss. (p. 349 e ss.); J. A. JOLOWICZ, «Les professions juridiques et le droit comparé: Angleterre», *Revue internationale de droit comparé*, 1994, p. 747 e ss. (p. 748 e ss.); MICHAEL BOGDAN, *Comparative law*, Göteborg, 1994, p. 35 e ss.; HARALD KOCH, «Rechtsvergleichung im Internationalen Privatrecht. Wider die Reduktion des IPR auf sich selbst», *RabelsZ*, 1997, p. 623 e ss. (p. 624); JAN KROPHOLLER, *Internationales Privatrecht*, 4.ª ed., Tübingen, 2001, p. 80 e ss. (com remissão para os institutos de direito internacional privado em que a intervenção do método comparativo mais se justifica); GERHARD KEGEL, KLAUS SCHURIG, *Internationales Privatrecht*, 8.ª ed., München, 2000, pp. 66, 251 e ss.; KARL FIRSCHING,

Afirma-se que o direito comparado é essencial para um ramo da ciência jurídica que tem como objecto a coordenação de sistemas jurídicos[39]; ou que o direito comparado é imprescindível para os ramos da ciência jurídica que, como o direito internacional privado, exigem uma abordagem de natureza funcional[40].

BERND VON HOFFMANN, *Internationales Privatrecht*, 4.ª ed., München, 1995, pp. 24, 59; BERND VON HOFFMANN, *Internationales Privatrecht*, 6.ª ed., München, 2000, pp. 23, 57; HANS JÜRGEN SONNENBERGER, «Einleitung», in *Münchener Kommentar zum Bürgerlichen Gesetzbuch*, Bd. 10 – *Einführungsgesetz zum Bürgerlichen Gesetzbuche. Internationales Privatrecht*, 4.ª ed., München, 2006, an. 363 e ss.

[39] Esta ideia é expressa por HENRI BATIFFOL em muitos pontos da sua obra. Cfr. *Aspects philosophiques du droit international privé*, Paris, 1956 (pp. 15 e ss., 37 e ss.); «The objectives of private international law», *The American Journal of Comparative Law*, 1967, p. 159 e ss.; «Réflexions sur la coordination des systèmes nationaux», *Recueil des Cours*, 1967 – II, tome 120, p. 165 e ss. (= *Choix d'articles rassemblés par ses amis*, Paris, 1976, p. 199 e ss.); «Les apports du droit comparé au droit international privé», in *Livre du centenaire de la Société de législation comparée*, Agen, 1969, p. 131 e ss. (= *Choix d'articles*, cit., p. 113 e ss.); «Droit comparé, droit international privé et théorie générale du droit (Le droit international privé et le caractère systématique du droit)», *Revue internationale de droit comparé*, 1970, p. 661 e ss. (p. 664 e ss.); «Le pluralisme des méthodes en droit international privé», *Recueil des Cours*, 1973 – II, tome 139, p. 79 e ss. (pp. 79, 81); «Les intérêts de droit international privé», in *Internationales Privatrecht und Rechtsvergleichung im Ausgang des 20. Jahrhunderts. Bewahrung oder Wende? Festschrift für Gerhard Kegel* (org. ALEXANDER LÜDERITZ, JOCHEN SCHRÖDER), Frankfurt a. M., 1977, p. 11 e ss. (p. 12 e s.); «Actualité des intérêts du droit international privé», in *Festschrift für Konrad Zweigert zum 70. Geburtstag* (org. HERBERT BERNSTEIN, ULRICH DROBNIG, HEIN KÖTZ), Tübingen, 1981, p. 23 e ss. (pp. 26 e s., 29 e ss.); e, por último, HENRI BATIFFOL, PAUL LAGARDE, *Droit international privé*, I, 8.ª ed., Paris, 1993, p. 35 e s. Em sentido não substancialmente diferente, GARCÍA VELASCO, *Derecho internacional privado (Reflexiones introductorias)*, Salamanca, 1994, p. 116. Cfr. também a recensão ao livro de BATIFFOL, *Aspects philosophiques...*, realizada por J. G. RENAULD, «Droit international privé, droit comparé et philosophie du droit», *Revue de droit international et de droit comparé*, 1956, p. 78 e ss. Vejam-se ainda outros estudos comparativos da autoria de BATIFFOL: «L'état du droit international privé en France et dans l'Europe continentale de l'Ouest», *Clunet*, 1973, p. 22 e ss., e, principalmente, *Les contrats en droit international privé comparé*, Montréal, 1981.

[40] Cfr. PAUL HEINRICH NEUHAUS, «Rechtsvergleichende Gedanken zur Funktion der IPR-Regeln», *RabelsZ*, 1971, p. 321 e s.; JAN KROPHOLLER, «Zur funktionellen Methode im Kollisionsrecht. Deutsches Verfahrensrecht in ausländischen Unterhaltsentscheidungen», in *Festschrift für Friedrich Wilhelm Bosch zum 65. Geburtstag 2 Dezember 1976* (org. WALTER J. HABSCHEID, HANS FRIEDHELM GAUL, PAUL MIKAT), Bielefeld, 1976, p. 525 e ss. (p. 525); ID., «Die vergleichende Methode und das Internationale Privatrecht», *Zeitschrift für vergleichende Rechtswissenschaft*, 1978, p. 1 e ss. (p. 7 e ss.); ERIK JAYME, «Rechtsvergleichung im internationalen Privatrecht. Eine Skizze», in *Festschrift für Fritz Schwind*

Por vezes considera-se que a comparação de direitos é uma evidência no âmbito do direito internacional privado[41] e que tem um valor tão indispensável para esta disciplina que os seus métodos são hoje essencialmente os do direito comparado[42].

Ao mesmo tempo que se multiplicam as obras dedicadas ao estudo do direito internacional privado comparado[43], surgem novas realizações neste campo.

---

zum 65. Geburtstag. Rechtsgeschichte, Rechtsvergleichung, Rechtspolitik (org. RUDOLF STRASSER, MICHAEL SCHWIMANN, HANS HOYER), Wien, 1978, p. 103 e ss. (p. 104 e ss.); ID., «Identité culturelle et intégration: le droit international privé postmoderne. Cours général de droit international privé», *Recueil des Cours*, 1995, tome 251, p. 9 e ss. (p. 105 e ss.); ARTHUR TAYLOR VON MEHREN, «Choice-of-law theories and the comparative-law problem», *The American Journal of Comparative Law*, 1975, p. 751 e ss. (p. 754 e ss.); ID., «Recent trends in choice-of-law methodology», *Cornell Law Review*, 1975, p. 927 e ss. (p. 927); ID., «L'apport du droit comparé à la théorie et à la pratique du droit international privé», *Revue internationale de droit comparé*, 1977, p. 493 e ss. (p. 497 e ss.); ID., «Choice of law and the problem of justice», in *Contemporary perspectives in conflict of laws: essays in honor of David F. Cavers*, 1977, p. 27 e ss. (p. 31); ID., «The contribution of comparative law to the theory and practice of private international law», *The American Journal of Comparative Law*, 1978, supl., p. 31 e ss. (p. 38 e ss.); ID., «The role of comparative law in the practice of international law», in *Festschrift für Karl H. Neumayer zum 65. Geburtstag*, cit., 1985, p. 479 e ss. (p. 484 e ss.); R. SCHLESINGER, H. BAADE, M. DAMASKA, P. HERZOG, *Comparative law. Cases, text, materials*, 5.ª ed., Mineola, New York, 1988, p. 24 e ss.; RUI MOURA RAMOS, *Da lei aplicável ao contrato de trabalho internacional*, Coimbra, 1991, p. 592 e ss.

[41] Cfr.: BERNHARD GROSSFELD, «Vom Beitrag der Rechtsvergleichung zum deutschen Recht», *AcP* 184 (1984), p. 289 e ss. (p. 297); ID., *Macht und Ohnmacht der Rechtsvergleichung*, Tübingen, 1984, p. 45; ID., *The strength and weakness of comparative law*, Oxford, 1990, p. 19.

[42] Cfr. K. ZWEIGERT, H. KÖTZ, *Einführung in die Rechtsvergleichung*, cit., I, p. 7, 3.ª ed., p. 6.

[43] Vejam-se, por exemplo: HAROLDO VALLADÃO, *Direito internacional privado em base histórica e comparativa*, cit.; FRANCESCAKIS, «Droit international privé comparé», in *Répertoire de droit international*, I, Paris, 1968, p. 674 e ss.; RONALD H. GRAVESON, *Selected essays*, vol. I – *Comparative conflict of laws*, Amsterdam, New York, Oxford, 1977; EVANGELOS VASSILAKAKIS, *Orientations méthodologiques dans les codifications récentes du droit international privé en Europe*, Paris, 1987. São sobretudo numerosos os exemplos no domínio da microcomparação. Recordo, em especial, os estudos que procedem a uma comparação explícita ou implícita do direito de conflitos em matéria de representação (para uma indicação desses estudos, cfr. MARIA HELENA BRITO, *A representação nos contratos internacionais*, cit., p. 409, nota 281). Veja-se ainda, na doutrina portuguesa, a dissertação de DÁRIO MOURA VICENTE, *Da responsabilidade pré-contratual em direito internacional privado*, Coimbra, 2001.

São fundadas novas revistas, que incluem habitualmente temas de direito internacional privado[44].

Muitos dos cursos proferidos na Academia da Haia de Direito Internacional Privado têm natureza comparativa ou, pelo menos, expõem as concepções sobre o direito de conflitos que dominam em diversos países, assim abrindo o caminho para a comparação jurídica neste campo[45].

---

[44] De entre as revistas fundadas depois da Segunda Guerra Mundial, mencionam-se: *Revue héllénique de droit international*, Athènes, 1948; *International and Comparative Law Quarterly*, London, 1952 (que é o produto da fusão da *International Law Quarterly*, com o *Journal of Comparative Law*); *The American Journal of Comparative Law*, Ann Arbor, Michigan, 1952; *Rivista di diritto internazionale privato e processuale* (fundada por MARIO GIULIANO), Padova, 1965; *Revue de droit uniforme / Uniform law review*, Roma, 1973 (que continua *L'Unification du droit / Unification of law*, publicada entre 1948 e 1972); *Netherlands International Law Review*, 1976 (que sucede à *Nederlands Tidjdschrift voor Internationaal Recht*, criada em 1953); *IPRax – Praxis des internationalen Privat- und Verfahrensrechts*, Bielefeld, 1981; *Revue de droit des affaires internationales*, Paris, 1985. A *International Encyclopedia of Comparative Law*, publicada desde 1971, inclui no volume III os temas relativos ao direito internacional privado.

[45] Citam-se, a título de exemplo: RONALD H. GRAVESON, «Comparative aspects of the principles of private international law», *Recueil des Cours*, 1963 – II, tome 109, p. 1 e ss.; DIMITRIOS J. EVRIGENIS, «Tendances doctrinales actuelles en droit international privé», *Recueil des Cours*, 1966 – II, tome 118, p. 313 e ss.; RODOLFO DE NOVA, «Historical and comparative introduction to conflict of laws», *Recueil des Cours*, 1966 – II, tome 118, p. 435 e ss.; O. KAHN-FREUND, «General problems of private international law», *Recueil des Cours*, 1974 – III, p. 139 e ss.; PIERRE LALIVE, «Tendances et méthodes en droit international privé (Cours général)», *Recueil des Cours*, 1977 – II, tome 155, p. 1 e ss.; EDOARDO VITTA, «Cours général de droit international privé», *cit.*, 1979, p. 9 e ss.; ALFRED E. VON OVERBECK, «Les questions générales du droit international privé à la lumière des codifications et projets récents», *Recueil des Cours*, 1982 – III, tome 176, p. 9 e ss.; FRITZ SCHWIND, «Aspects et sens du droit international privé», *Recueil des Cours*, 1984 – IV, tome 187, p. 11 e ss.; OLE LANDO, «The conflict of laws of contracts: general principles (general course on private international law)», *Recueil des cours*, 1984 – VI, tome 189, p. 225 e ss.; GEORGES A. L. DROZ, «Regards sur le droit international privé comparé. Cours général de droit international privé», *Recueil des Cours*, 1991 – IV, tome 229, p. 9 e ss.; ERIK JAYME, «Identité culturelle et intégration...», *cit.*, 1995, p. 9 e ss.; KARL KREUZER, «La propriété mobilière en droit international privé», *Recueil des cours*, 1996, tome 259, p. 9 e ss.; IOANNIS VOULGARIS, «Le crédit-bail (leasing) et les institutions analogues en droit international privé», *Recueil des cours*, 1996, tome 259, p. 319 e ss.; DONOVAN W. M. WATERS, «The institution of the Trust in civil and common law», *Recueil des cours*, 1995, tome 252, p. 113 e ss.; TH. M. DE BOER, «Facultative choice of law: the procedural status of choice-of-law rules and foreign law», *Recueil des Cours*, 1996, tome 257, p. 223 e ss.; DONGGEN XU, «Le droit international privé en Chine: une perspective comparative», *Recueil des cours*, 1997, tome 270, p. 107 e ss.; JANE C. GINSBURG, «The private

No Congresso Internacional de Direito Comparado que decorreu em Budapeste, em 1978, um dos temas propostos para discussão era «o papel do método comparativo em direito internacional privado», tendo sido sublinhada uma vez mais a interligação entre as duas disciplinas[46].

international law of copyright in an era of technological change», *Recueil des cours*, 1998, tome 273, p. 239 e ss.; OMAIA ELWAN, «La loi applicable à la garantie bancaire à première demande», *Recueil des cours*, 1998, tome 275, p. 9 e ss.; PAOLO PICONE, «Les méthodes de coordination entre ordres juridiques en droit international privé. Cours général de droit international privé», *Recueil des Cours*, 1999, tome 276, p. 9 e ss.; PAOLO PICONE, «Les méthodes de coordination entre ordres juridiques en droit international privé. Cours général de droit international privé», *Recueil des Cours*, 1999, tome 276, p. 9 e ss.; ANDREAS BUCHER, «La famille en droit international privé», *Recueil des cours*, 2000, tome 283, p. 9 e ss.; JACOB DOLINGER, «Evolution of principles for resolving conflicts in the field of contracts and torts», *Recueil des cours*, 2000, tome 283, p. 187 e ss.; HERBERT KRONKE, «Capital markets and conflict of laws», *Recueil des cours*, 2000, tome 286, p. 245 e ss.; JULIO D. GONZÁLEZ CAMPOS, «Diversification, spécialisation, flexibilisation et matérialisation des règles de droit international privé», *Recueil des cours*, 2000, tome 287, p. 9 e ss.; HORACIO A. GRIGERA NAÓN, «Choice-of-law problems in international commercial arbitration», *Recueil des cours*, 2001, tome 289, p. 9 e ss.; BERNARD HANOTIAU, «L'arbitrabilité», *Recueil des cours*, 2002, tome 296, p. 25 e ss.; CATHERINE KESSEDJIAN, «Codification du droit commercial international et droit international privé. De la gouvernance normative pour les relations économiques transnationales», *Recueil des cours*, 2002, tome 300, p. 79 e ss.; ARTHUR TAYLOR VON MEHREN, «Theory and practice of adjudicatory authority in private international law: a comparative study of the doctrine, policies and practices of common- and civil-law systems. General course on private international law (1996)», *Recueil des cours*, 2002, tome 295, p. 9 e ss.; BERNARD AUDIT, «Le droit international privé en quête d'universalité: cours général (2001)», *Recueil des cours*, 2003, tome 305, p. 9 e ss.; HÉLÈNE GAUDEMET-TALLON, «Le pluralisme en droit international privé: richesses et faiblesses (Le funambule et l'arc-en-ciel). Cours général», *Recueil des cours*, 2005, tome 312, p. 9 e ss.; ALEGRÍA BORRÁS, «Le droit international privé communautaire: réalités, problèmes et perspectives d'avenir», *Recueil des cours*, 2005, tome 317, p. 313 e ss.; GÉRALD GOLDSTEIN, «La cohabitation hors mariage en droit international privé», *Recueil des cours*, 2006, tome 320, p. 9 e ss.; JOHN Y. GOTANDA, «Damages in private international law», *Recueil des cours*, 2007, tome 326, p. 73 e ss.; PIERRE MAYER, «Le phénomène de la coordination des ordres juridiques étatiques en droit privé. Cours général de droit international privé», *Recueil des cours*, 2007, tome 327, p. 9 e ss.; SPYRIDON VRELLIS, «Conflit ou coordination de valeurs en droit international privé. À la recherche de la justice», *Recueil des cours*, 2007, tome 328, p. 175 e ss.; DÁRIO MOURA VICENTE, «La propriété intellectuelle en droit international privé», *Recueil des Cours*, 2008, tome 335, p. 105 e ss.

[46] Consultem-se os seguintes relatórios apresentados ao Congresso: JUAN CARLOS SMITH, «El método comparativo en el derecho internacional privado», *Derecho Comparado*, 1980, p. 69 e ss.; JAN KROPHOLLER, «Die vergleichende Methode und das Internationale Privatrecht», *cit.*; YVON LOUSSOUARN, «Le rôle de la méthode comparative en droit international privé français», *Revue critique*, 1979, p. 307 e ss.; EMILE BENDERMACHER--GEROUSSIS, «La méthode comparative et le droit international privé», *Revue hellénique de*

A doutrina portuguesa – que inicialmente fez, neste domínio, uma utilização limitada do método comparativo[47] – tem também reconhecido generalizadamente a importância do direito comparado como ciência auxiliar do direito internacional privado[48].

---

droit international, 1979, p. 54 e ss.; RODOLFO DE NOVA, «The comparative method and private international law», in *Rapports nationaux italiens au X.ème Congrès International de Droit Comparé (Budapest, 1978)*, Milano, 1979, p. 119 e ss.; JESSURUN D'OLIVEIRA, «La méthode comparative et le droit international privé», in *Netherlands reports to the 10th International Congress of Comparative Law (Budapest, 1978)*, Amsterdam, 1978, p. 51 e ss.; GERTE REICHELT, «Die rechtsvergleichende Methode und das Internationale Privatrecht», in *Österreichische Landesreferate zum X. Internationalen Kongreß für Rechtsvergleichung in Budapest 1978*, Wien, 1979, p. 9 e ss.; D. LASOK, «The comparative method and private international law», in *10th International Congress of Comparative Law (Budapest, 1978). U. K. national reports submitted to the Congress*, I.C.1.; ARTHUR TAYLOR VON MEHREN, «The contribution of comparative law to the theory and practice of private international law», *cit.*; TATIANA B. DE MAEKELT, «El método comparado y el derecho internacional privado venezolano», in *Ponencias venezolanas al X Congreso Internacional de Derecho Comparado (Budapest, 1978)*, Caracas, 1978, p. 75 e ss.; MILAN SAHOVIC, «Le rôle de la comparaison dans le stade de préparation de la réglementation juridique internationale», in *Rapports nationaux yougoslaves au X.ème Congrès International de Droit Comparé (Budapest, 1978)*, Beograd, 1978, p. 183 e ss. A YVON LOUSSOUARN coube a missão de redigir o relatório geral sobre este tema: «La méthode comparative en droit international privé», in *General reports to the 10th International Congress of Comparative Law (Budapest, 1978)*, Budapest, 1981, p. 127 e ss.

[47] Cfr.: JOÃO DIAS ROSAS, «As qualificações em direito internacional privado», *Jornal do Foro*, 1947, separata, p. 66 e ss.; ANTÓNIO FERRER CORREIA, «O problema das qualificações em direito internacional privado», *Revista de direito e estudos sociais*, V, 1949, n.ºs 1 a 3, p. 43 e ss. (mas mais tarde o Autor sublinha, em muitos dos seus numerosos estudos sobre direito internacional privado, a importância do recurso ao direito comparado, como se refere na nota seguinte e na nota 68); VASCO TABORDA FERREIRA, «Considerações sobre o problema das qualificações em direito internacional privado», *Scientia Iuridica*, VIII, 1959, n.ºs 42/43, p. 386 e ss., n.º 44, p. 510 e ss., IX, 1960, n.ºs 48/49, p. 356 e ss. (n.º 44, p. 516 e s.); ID., «Vers la solution du problème des qualifications», in *De conflictu legum. Essays presented to Roeland Duco Kollewijn and Johannes Offerhaus at their seventieth birthdays* (org. *Netherlands International Law Review*), Leyden, 1962, p. 493 e ss.

[48] Cfr. ANTÓNIO FERRER CORREIA, «Unidade do estatuto pessoal» (1954), in *Estudos jurídicos*, III – *Direito internacional privado*, Coimbra, 1970, p. 291 e ss. (p. 296); ID., «Discurso», em «Sessão da Faculdade Internacional para o Ensino do Direito Comparado», *Boletim da Faculdade de Direito da Universidade de Coimbra*, vol. XLII, 1966, p. 395 e ss. (p. 402 e ss.); ID., «O problema da qualificação segundo o novo direito internacional privado português», *BFD*, vol. XLIV, 1968, p. 39 e ss. (p. 43 e ss.); ID., *Estudos de direito comercial*, vol. I, Coimbra, 1969, *Nota prévia*; ID., «O novo direito internacional privado português (Alguns princípios gerais)» (1972), in *Estudos vários de direito*, Coimbra, 1982,

6. Na verdade, só o método comparativo pode servir de suporte a uma disciplina jurídica que tem a sua origem no comércio internacional, que tem como finalidade satisfazer necessidades internacionais e que tem como objecto a regulamentação de relações internacionais[49].

Repetindo a expressão de Leo Raape, «o direito internacional privado sem comparação é vazio (*leer*) e cego (*blind*)»[50].

As funções desempenhadas pelo direito comparado em relação ao direito internacional privado correspondem àquelas que tradicionalmente são reconhecidas ao direito comparado em geral[51].

Porém, tendo em conta a natureza e a função das normas que integram o direito internacional privado, a comparação assume contornos próprios e tem um significado especial no âmbito deste ramo do direito.

---

p. 3 e ss. (pp. 7, 17 e s., nota (1)); ID., *Lições de direito internacional privado*, Coimbra, 1973, pp. 64 e ss., 272; ID., *Direito internacional privado. Alguns problemas*, Coimbra, 1981, reimp., 1995, p. 154 e s.; ID., «Conflitos de leis em matéria de direitos sobre as coisas corpóreas», in *Temas de direito comercial e direito internacional privado*, Coimbra, 1989, p. 363 e ss. (p. 370); ID., «O direito internacional privado português e o princípio da igualdade», in *Temas, cit.*, p. 413 e ss. (p. 421 e ss.); ID., «O princípio da autonomia do direito internacional privado no sistema jurídico português», in *Temas, cit.*, p. 451 e ss. (p. 452 e ss.); ISABEL MAGALHÃES COLLAÇO, *Da compra e venda em direito internacional privado. Aspectos fundamentais*, vol. I, Lisboa, 1954, p. 13 e s.; ID., *Direito internacional privado*, II, Lisboa, 1959, p. 153 e ss.; ID., *Da qualificação em direito internacional privado*, Lisboa, 1964, p. 174 e ss.; ID., «Prefácio» a LIMA PINHEIRO, *A venda com reserva da propriedade em direito internacional privado* (1991), p. XIII e ss. (p. XIV); JOÃO BAPTISTA MACHADO, *Âmbito de eficácia e âmbito de competência das leis (Limites das leis e conflitos de leis)*, Coimbra, 1970, p. 396 e ss. (p. 399 e s. e nota (15), p. 402 e s.); ID., *Lições de direito internacional privado*, 3.ª ed., Coimbra, 1985, reimp., 1995, p. 94 e ss.; CARLOS FERREIRA DE ALMEIDA, *Introdução ao direito comparado, cit.*, p. 16; ID., *Direito comparado. Ensino e método*, Lisboa, 2000, p. 69; RUI PINTO DUARTE, «Uma introdução ao Direito Comparado», *O Direito*, 2006, p. 769 e ss. (p. 776); LUÍS LIMA PINHEIRO, *Direito internacional privado*, vol. I – *Introdução e direito de conflitos. Parte geral*, 2.ª ed., Coimbra, 2008, p. 367 e ss. (p. 379); DÁRIO MOURA VICENTE, *Da responsabilidade pré-contratual em direito internacional privado, cit.*, p. 87 e s.; ID., *Direito comparado*, vol. I – *Introdução e parte geral*, Coimbra, 2008, p. 25 e ss.

[49] ERNST RABEL, *The conflict of laws..., cit.*, I, 2.ª ed., p. 103 e ss. (p. 105); HEIKKI JOKELA, «Internationalism in private international law», in *Comparative and private international law. Essays in honor of John Henry Merryman on his seventieth birthday* (ed. DAVID S. CLARK), Berlin, 1990, p. 395 e ss. (p. 408).

[50] Cfr. *Internationales Privatrecht. Ein Lehrbuch*, 3.ª ed., Berlin, Frankfurt a. M., 1950, p. 9, e, no mesmo sentido, L. RAAPE, F. STURM, *Internationales Privatrecht, cit.*, I, p. 22.

[51] Cfr., por todos, CARLOS FERREIRA DE ALMEIDA, *Introdução ao direito comparado, cit.*, p. 15 e ss.; ID., *Direito comparado. Ensino e método, cit.*, p. 66 e ss.

As regras de direito internacional privado conduzem frequentemente à aplicação de normas (materiais) de uma ordem jurídica estrangeira. Essa aplicação exige que o órgão de aplicação do direito averigue o conteúdo do sistema estrangeiro competente. A informação e o conhecimento do direito estrangeiro não implicam só por si um trabalho de natureza comparativa, mas a aplicação de direito estrangeiro, em consequência da remissão operada por uma regra de conflitos, envolve em muitos casos, directa ou indirectamente, uma tarefa comparativa, explícita ou implícita[52] – quando não comparação entre normas do direito estrangeiro designado e normas da *lex fori*, pelo menos análise macrocomparativa, sempre necessária para a compreensão do complexo normativo aplicável no conjunto do sistema em que se insere.

Nos casos em que não é possível averiguar o conteúdo da lei estrangeira competente, o direito comparado desempenha papel relevante na determinação do direito subsidiariamente aplicável[53].

E certo é que a aplicação de regras de conflitos estrangeiras – a que por vezes tem de proceder-se – «pressupõe um certo grau de compatibilidade entre os juízos de valor que são o próprio fundamento do direito internacional privado local e aqueles em que se inspira a lei designada por este: é preciso que as normas de conflitos dos dois sistemas derivem de uma perspectiva dalguma sorte comum»[54].

7. Como decorre do exposto, a exigência de comparação no domínio do direito internacional privado coloca-se em dois níveis diferentes: comparação de normas ou de institutos jurídicos materiais inseridos nas ordens jurídicas em contacto com uma dada questão da vida privada internacio-

---

[52] No mesmo sentido, cfr.: K. ZWEIGERT, H. KÖTZ, *Einführung in die Rechtsvergleichung*, cit., I, p. 8, 3.ª ed., p. 7; MICHAEL BOGDAN, *Comparative law*, cit., p. 35 e s.; FRITZ SCHWIND, «Rechtsvergleichung, Rechtsvereinheitlichung und internationales Privatrecht», cit., p. 38; HENRI BATIFFOL, «Les apports du droit comparé au droit international privé», cit., p. 29; RAYMOND LEGEAIS, «L'utilisation du droit comparé par les tribunaux», cit., p. 348 e ss. (p. 354) (muito embora na exposição do Autor nem sempre seja clara a distinção entre simples recurso ao direito estrangeiro e utilização do método comparativo); J. A. JOLOWICZ, «Les professions juridiques et le droit comparé», cit., p. 748 e ss.; HARALD KOCH, ULRICH MAGNUS, PETER WINKLER VON MOHRENFELS, *IPR und Rechtsvergleichung. Ein Studien- und Übungsbuch zum Internationalen Privat- und Zivilverfahrensrecht und zur Rechtsvergleichung*, 2.ª ed., München, 1996, p. V.
[53] Cfr. ERIK JAYME, «Identité culturelle et intégration...», cit., p. 124 e ss.
[54] Cfr. FERRER CORREIA, «Discurso», cit., p. 407.

nal; comparação de normas de direito internacional privado vigentes em uma ordem jurídica com normas de direito internacional privado vigentes em outra ou outras ordens jurídicas.

Nenhum sistema de direito internacional privado pode ignorar a contribuição do direito comparado, nem dispensar a comparação quer de disposições materiais quer de normas de conflitos contidas nas diversas ordens jurídicas com as quais a situação a regular se encontra em contacto. Apenas o âmbito, o objecto, a finalidade e a intensidade da investigação comparativa variam, consoante o problema a resolver e a metodologia adoptada no domínio do direito de conflitos[55].

Tratarei aqui apenas de alguns aspectos relacionados com a comparação de normas materiais, imprescindível para proceder à operação de qualificação.

II – Comparação de normas materiais

1. Tal como afirmava Franz Kahn, «a comparação do direito material é o fundamento do direito internacional privado»[56].

---

[55] Neste sentido também ARTHUR TAYLOR VON MEHREN, «Choice-of-law theories and the comparative-law problem», *cit.*, p. 758; ID., «Recent trends in choice-of-law methodology», *cit.*, p. 927 e s.; ID., «L'apport du droit comparé à la théorie et à la pratique du droit international privé», *cit.*, pp. 493, 500; ID., «The contribution of comparative law to the theory and practice of private international law», *cit.*, p. 32; ID., «The role of comparative law in the practice of international law», *cit.*, p. 483. Para uma análise crítica das relações entre o direito internacional privado e o direito comparado, tal como essas relações são actualmente entendidas segundo as concepções dominantes, tanto no âmbito de um *jurisdiction-selecting process*, como no âmbito de um *rule-selecting process*, cfr. TH. M. DE BOER, «The missing link. Some thoughts between private international law and comparative law», in *Comparability and evaluation. Essays on comparative law, private international law and international commercial arbitration in honour of Dimitra Kokkini--Iatridou* (org. K. BOELE-WOELKI, F. W. GROSHEIDE, E. H. HONDIUS, G. J. W. STEENHOFF), Dordrecht, Boston, London, 1994, p. 15 e ss. (principalmente por considerar que, na comparação a que é necessário proceder para aplicar as regras de direito internacional privado, falta o objectivo do conhecimento – *the motive of learning* –, característico do direito comparado, p. 24).

[56] Cfr. FRANZ KAHN, «Über Inhalt, Natur und Methode des internationalen Privatrechts», *Jherings Jahrbücher für die Dogmatik des bürgerlichen Rechts*, 1899, p. 1 e ss., mais tarde em *Abhandlungen zum internationalen Privatrecht*, *cit.*, I, 1928, p. 255 e ss. (p. 316).

A necessidade de proceder, no âmbito de um estudo de direito internacional privado ou aquando da interpretação e aplicação das regras de direito internacional privado, a uma actividade de comparação tendo como objecto ordens jurídicas materiais justifica-se pela própria natureza e função das normas de conflitos – regras indirectas e de conexão, que têm como função indicar a regulamentação jurídico-material para as questões da vida privada internacional, através da atribuição de competência a uma ou a várias ordens jurídicas.

O direito internacional privado assenta numa «comunidade de direito das nações que entre si mantêm relações»[57].

A diferença de conteúdo das leis dos vários Estados, pressuposto da existência do direito internacional privado, não deve todavia ser tão grande que torne a sua aplicação impossível. É necessária, mas é suficiente, uma «semelhança quanto ao essencial», uma semelhança valorativa ou funcional do conteúdo jurídico dos institutos integrados nas distintas ordens jurídicas. A verificação dessa semelhança funcional só pode ser levada a cabo com a colaboração do direito comparado. Esta pois a primeira grande tarefa que o direito comparado é chamado a desempenhar no âmbito do direito internacional privado.

A possibilidade de as normas das diferentes ordens jurídicas entrarem em conflito supõe portanto que elas sejam entre si *comparáveis* e o princípio fundamental da comparabilidade é a *funcionalidade* – a correspondência ou o paralelismo entre as funções que as normas ou institutos dos diferentes sistemas jurídicos se propõem prosseguir[58].

Por outro lado, só a comparação de normas materiais das ordens jurídicas em contacto com uma situação da vida privada internacional permite verificar se existe um autêntico problema de conflito de leis e determinar qual o seu alcance[59].

---

[57] SAVIGNY, *System des heutigen römischen Rechts*, Bd. 8, Berlin, 1849, reimp., Darmstadt, 1981, p. 27.

[58] K. ZWEIGERT, H. KÖTZ, *Einführung in die Rechtsvergleichung*, cit., I, p. 34, 3.ª ed., p. 33.

[59] No mesmo sentido, cfr.: HENRI LÉVY-ULLMANN, «Rapports du droit international privé avec le droit comparé», *cit.*, p. 212; PAUL-EMILE TROUSSE, «L'orientation comparative du droit international privé», *cit.*, p. 291, 293; HENRI BATIFFOL, «Les apports du droit comparé au droit international privé», *cit.*, p. 116; JESSURUN D'OLIVEIRA, «La méthode comparative et le droit international privé», *cit.*, p. 58 e ss.; RODOLFO DE NOVA, «The comparative method and private international law», *cit.*, p. 127; JUAN CARLOS SMITH, «El método comparativo en el derecho internacional privado», *cit.*, p. 76. Para um comentário

A questão do conflito de leis apenas assume relevância se forem diferentes as soluções materiais decorrentes das ordens jurídicas em contacto com a situação internacional. Daí que a comparação deva abranger o teor das regras materiais e ainda o modo como tais regras são interpretadas e aplicadas, ou seja, igualmente o resultado prático da sua aplicação[60].

Se for a mesma a solução material em todas as ordens jurídicas com as quais uma situação da vida privada internacional se encontra em contacto, não é necessário resolver o problema da determinação do direito aplicável[61].

A comparação das soluções materiais decorrentes das diversas ordens jurídicas quanto a um determinado instituto é além disso instrumento indispensável de política legislativa e de unificação de normas de conflitos[62].

2. Mas sobretudo a comparação de normas materiais é necessária para a resolução de inúmeros problemas de interpretação e aplicação das normas de direito internacional privado.

De acordo com um cânone hermenêutico fundamental, as normas jurídicas devem interpretar-se dentro do contexto da ordem jurídica em que se inserem.

Este princípio, aplicável igualmente no domínio do direito internacional privado, não pode no entanto ter uma valia ilimitada neste ramo do direito, atenta a função específica das normas que o integram.

No direito internacional privado, tem de adoptar-se uma perspectiva supra-sistemática ou universalista, capaz de transcender o horizonte do

---

crítico a este momento comparativo durante o *choice-of-law process*, cfr. TH. M. DE BOER, *The missing link, cit.*, p. 18 e s.

[60] K. ZWEIGERT, H. KÖTZ, *Einführung in die Rechtsvergleichung, cit.*, I, p. 40 e s., 3.ª ed., p. 38 e s.; JOSÉ DE OLIVEIRA ASCENSÃO, «Pesquisa de um direito vivo», *Revista de direito e estudos sociais*, XXVI, 1979, p. 233 e ss. (p. 234 e ss.); MICHAEL BOGDAN, *Comparative law, cit.*, p. 60; ERIK JAYME, «Identité culturelle et intégration...», *cit.*, p. 105; CARLOS FERREIRA DE ALMEIDA, *Direito comparado. Ensino e método, cit.*, p. 119.

[61] WILHELM WENGLER, «L'évolution moderne du droit international privé et la prévisibilité du droit applicable», *Revue critique*, 1990, p. 657 e ss. (p. 660). Cfr. também JESSURUN D'OLIVEIRA, «La méthode comparative et le droit international privé», *cit.*, p. 58 (o Autor fala, a este propósito, de *règle de l'antichoix*).

[62] Por isso os trabalhos que preparam a celebração de convenções internacionais para a unificação do direito de conflitos devem incluir também a análise dos regimes materiais a que estão sujeitos, nas diferentes ordens jurídicas, os institutos em causa. Assim acontece, por exemplo, no âmbito da Conferência da Haia de Direito Internacional Privado.

direito material interno. Essa perspectiva irá certamente reflectir-se no método a utilizar na interpretação das normas de conflitos. Só uma orientação comparatista permitirá atribuir aos conceitos utilizados nas normas de direito internacional privado um sentido compatível com a sua função de regulamentação de relações internacionais.

Consideremos então, em especial, a importância do método comparativo em relação ao problema da interpretação e da integração do conceito-quadro da norma de conflitos.

III – Comparação de normas materiais na operação de qualificação

1. A interpretação do conceito-quadro da norma de conflitos – ou, em termos mais gerais, a resolução do problema da qualificação – constitui porventura o exemplo mais significativo da exigência de intervenção do método comparativo em direito internacional privado.

Está em causa «a interpretação dos conceitos que na norma de conflitos delimitam o objecto e o âmbito da conexão, em ordem à determinação das situações da vida que podem reconduzir-se a tal norma, em vista da disciplina que dela decorre para essas situações»[63].

Mesmo os autores que têm defendido a determinação do conceito-quadro da regra de conflitos através do recurso ao direito interno do foro aceitam a intervenção, neste domínio, do direito comparado.

Vai já distante o tempo em que as categorias de conexão eram entendidas como o resultado de uma simples projecção no plano internacional das categorias do direito interno[64].

Se essa projecção existe, trata-se de uma projecção *deformante*[65], de modo a ter em conta o objecto próprio do direito internacional privado.

---

[63] ISABEL MAGALHÃES COLLAÇO, *Da qualificação em direito internacional privado*, *cit.*, p. 33.

[64] Assim era para ÉTIENNE BARTIN, «La théorie des qualifications en droit international privé», *cit.*, p. 17 e ss.

[65] A expressão é utilizada sobretudo pela doutrina francesa. Vejam-se: JACQUES MAURY, «Règles générales des conflits de lois», *cit.*, p. 493 e ss. (pp. 504, 512); HENRI BATIFFOL, «Droit comparé, droit international privé et théorie générale du droit», *cit.*, p. 669; H. BATIFFOL, P. LAGARDE, *Droit international privé*, *cit.*, I, p. 485 e s.; YVON LOUSSOUARN, «Le rôle de la méthode comparative en droit international privé français», *cit.*, p. 327 e s.; ID., «La méthode comparative en droit international privé», *cit.*, p. 136 e s.;

Os conceitos do direito interno têm de sofrer uma adaptação sensível, na maioria dos casos no sentido do alargamento, a fim de receberem instituições estrangeiras que de outro modo não poderiam reconduzir-se às categorias jurídicas do foro. O instrumento dessa adaptação é precisamente o direito comparado.

Mais longe foi Rabel, ao sustentar a necessidade de construir categorias de conexão dotadas de valor universal e representando uma síntese das várias legislações, sem tomar como base o direito do foro.

Tal conduziria a qualificações autónomas, distintas das categorias internas, expressas por conceitos comuns aos diferentes países e obtidas a partir da comparação dos direitos nacionais[66].

2. Na interpretação do conceito-quadro não pode deixar de se considerar a respectiva função, que consiste em definir e delimitar o âmbito de competência da lei designada pela conexão.

Y. LOUSSOUARN, P. BOUREL, *Droit international privé*, 5.ª ed., Paris, 1996, p. 202 e s.; BERTRAND ANCEL, «L'objet de la qualification», *cit.*, p. 264 e s.; BERTRAND ANCEL, YVES LEQUETTE, *Grands arrêts de la jurisprudence française de droit international privé*, 2.ª ed., Paris, 1992, p. 246. Em sentido semelhante, cfr.: PIERRE MAYER, *Droit international privé*, 5.ª ed., Paris, 1994, p. 118; BERNARD AUDIT, *Droit international privé*, *cit.*, p. 167 e ss.; ID., «Qualification et droit international privé», *Droits*, n.º 18, 1994, p. 55 e ss. (p. 60). A ideia de «deformação» é também usada, embora com sentido diferente, por PIERRE LOUIS-LUCAS, «Qualification et répartition», *Revue critique*, 1957, p. 153 e ss. (p. 156, onde o Autor, defendendo uma tese de dupla qualificação – uma qualificação primária, de factos, segundo a *lex fori*, destinada a encontrar a *lex causae*, e uma qualificação secundária, de normas, segundo a *lex causae* –, considera que, uma vez designada como competente uma lei estrangeira, a interpretação dessa lei deve ser conduzida segundo a sua lógica própria; em seu entender, interpretar a lei estrangeira competente segundo uma lógica exterior teria o significado de a «deformar»; ora essa seria a consequência inevitável da utilização dos critérios da *lex fori* para determinar o sentido dos conceitos da *lex causae*).

[66] ERNST RABEL, «Das Problem der Qualifikation», *cit.*, p. 253 e ss.; ID., *The conflict of laws...*, *cit.*, I, 2.ª ed., p. 54 e ss. (p. 66). Cfr. também: ROBERT R. NEUNER, *Der Sinn der internationalprivatrechtlichen Norm*, *cit.*, p. 133 e s. (qualificações internacionais); LÉA MERIGGI, «Les qualifications en droit international privé», *cit.*, p. 206 e ss., p. 231 (qualificações universais); PIERRE WIGNY, «Remarques sur le problème des qualifications», *cit.*, p. 427 (conceitos com valor original, susceptíveis de englobar institutos jurídicos diversos que, nas diferentes ordens jurídicas, preencham uma função social idêntica); MAX RHEINSTEIN, «Comparative law and conflict of laws in Germany», *cit.*, p. 264 (conceitos susceptíveis de abranger os direitos de todas as nações civilizadas). Em época mais recente, sustentando a tese de que as expressões utilizadas nas normas de conflitos têm «um significado genérico, tendencialmente universal», GIUSEPPE BARILE, «Qualificazione (diritto internazionale privato)», *Enciclopedia del diritto*, XXXVIII, 1987, p. 1 e ss. (pp. 12 e s., 19).

Num sistema de regras bilaterais (multilaterais), o direito internacional privado co-envolve a aplicação de um conjunto, por vezes numeroso, de ordens jurídicas – todas as ordens jurídicas que, em cada caso, estão em contacto com uma dada questão da vida privada internacional.

As normas de conflitos têm que compreender no seu círculo de previsão uma pluralidade de ordens jurídicas.

Daí que ao conceito-quadro deva corresponder um sentido que seja susceptível de referir-se a diferentes regulamentações nacionais.

O conceito-quadro da norma de conflitos não pode por isso ser preenchido com o conteúdo do correspondente conceito do direito material do foro. A norma de conflitos tem de ser entendida em função das ordens jurídicas cuja aplicação pode determinar e o conceito-quadro tem de ser construído com *autonomia*[67].

---

[67] Assim, na doutrina italiana. Cfr.: EMILIO BETTI, *Problematica del diritto internazionale*, Milano, 1956, p. 202 e s.; EDOARDO VITTA, *Diritto internazionale privato*, I – *Parte generale*, Torino, 1972, p. 314 e ss.; ID., «Cours général de droit international privé», *cit.*, 1979, p. 60 e ss. (p. 62 e s.); ID., *Corso di diritto internazionale privato e processuale*, 4.ª ed. por FRANCO MOSCONI, Torino, 1991, reimp. 1992, p. 140 e s.; GIORGIO BALLADORE PALLIERI, «Diritto internazionale privato italiano», *in Trattato di diritto civile e commerciale diretto da Antonio Cicu e Francesco Messineo*, vol. XLV, Milano, 1974, p. 77; TITO BALLARINO, *Diritto internazionale privato*, 3.ª ed., com a colaboração de ANDREA BONOMI, Padova, 1999, p. 237; FRANCO MOSCONI, *Diritto internazionale privato e processuale. Parte generale e contratti*, Torino, 1996, p. 101. Em sentido não muito diferente, vejam-se, na doutrina alemã: GEORG MELCHIOR, *Grundlagen des deutschen internationalen Privatrechts*, *cit.*, 1932, p. 115 e ss. (p. 118); WILHELM WENGLER, «Die Qualifikation der materiellen Rechtssätze im internationalen Privatrecht», *in Festschrift für Martin Wolff. Beiträge zum Zivilrecht und internationalen Privatrecht* (org. ERNST VON CAEMMERER, F. A. MANN, WALTER HALLSTEIN, LUDWIG RAISER), Tübingen, 1952, p. 337 e ss. (pelo menos, implicitamente); ID., «Réflexions sur la technique des qualifications en droit international privé», *Revue critique*, 1954, p. 661 e ss. (pelo menos, implicitamente); ID., *Internationales Privatrecht*, *cit.*, I, 1981, p. 130 e ss.; PAUL HEINRICH NEUHAUS, *Die Grundbegriffe des internationalen Privatrechts*, *cit.*, 2.ª ed., 1976, p. 126 e ss.; FRANZ GAMILLSCHEG, «Überlegungen zur Methode der Qualifikation», *in Festschrift für Karl Michaelis zum 70. Geburtstag am 21. Dezember 1970* (org. HANS-MARTIN PAWLOWSKI, FRANZ WIEACKER), Göttingen, 1972, p. 79 e ss. (p. 80 e ss.); L. RAAPE, F. STURM, *Internationales Privatrecht*, *cit.*, I, 6.ª ed., 1977, p. 278; ERIK JAYME, «Rechtsvergleichung im internationalen Privatrecht», *cit.*, 1978, p. 106; ID., «Identité culturelle et intégration...», *cit.*, 1995, p. 107 e s.; KLAUS SCHURIG, *Kollisionsnorm und Sachrecht*, *cit.*, 1981, p. 133 e s., 215 e ss.; HELMUT WEBER, *Die Theorie der Qualifikation. Franz Kahn, Étienne Bartin und die Entwicklung ihrer Lehre bis zur universalen Anerkennung der Qualifikation als allgemeines Problem des internationalen Privatrechts (1890-1945)*, Tübingen, 1986, p. 226; HANNS-CHRISTIAN HEYN, *Die «Doppel-» und «Mehrfachqualifikation» im IPR*, Frankfurt a. M., 1986, p. 18;

A doutrina portuguesa desde muito cedo se pronunciou no sentido da interpretação autónoma das categorias utilizadas nas normas de conflitos, tomando como ponto de partida o direito material interno do foro, mas tendo em conta os fins específicos do direito internacional privado[68].

HARALD KOCH, «Rechtsvergleichung im Internationalen Privatrecht», *cit.*, p. 634; CHRISTIAN VON BAR, *Internationales Privatrecht*, *cit.*, I, p. 515 e ss.; C. VON BAR, P. MANKOWSKI, *Internationales Privatrecht*, *cit.*, I, p. 658 e ss.; HANS JÜRGEN SONNENBERGER, «Einleitung», *cit.*, an. 364, 510 e ss.; JAN KROPHOLLER, *Internationales Privatrecht*, *cit.*, p. 119 e ss.; G. KEGEL, K. SCHURIG, *Internationales Privatrecht*, *cit.*, p. 296 e ss. [*internationalprivatrechtliche (teleologische) Qualifikation*, em função dos interesses subjacentes às normas de conflitos]; K. FIRSCHING, B. VON HOFFMANN, *Internationales Privatrecht*, *cit.*, p. 204 e ss.; B. VON HOFFMANN, *Internationales Privatrecht*, *cit.*, p. 201 e ss. (*funktionelle Qualifikation*). Consultem-se ainda: A. H. ROBERTSON, *Characterization in the conflict of laws*, *cit.*, 1940, p. 86 e ss. (quanto à *primary characterization*); MARTIN WOLFF, *Private International Law*, *cit.*, 2.ª ed., 1950, p. 154 e ss. (pelo menos, implicitamente); WERNER NIEDERER, *Die Frage der Qualifikation als Grundproblem des internationalen Privatrechts*, *cit.*, 1940, p. 103 e ss.; ID., *Einführung in die allgemeinen Lehren des internationalen Privatrechts*, *cit.*, 1961, p. 251 e ss.; HANS LEWALD, *Règles générales des conflits de lois*, *cit.*, 1941, p. 75 e ss.; JOHN D. FALCONBRIDGE, *Essays on the conflict of laws*, *cit.*, 2.ª ed., 1954, p. 63 e ss.; FRANÇOIS RIGAUX, *La théorie des qualifications en droit international privé*, Bruxelles, Paris, 1956, p. 494 e ss. (que a este propósito utiliza a ideia de «extensão variável das categorias de conexão»); HAROLDO VALLADÃO, *Direito internacional privado*, *cit.*, 1968, p. 256 e ss.; CHESHIRE and NORTH, *Private international law*, 11.ª ed. por P. M. NORTH e J. J. FAWCETT, London, 1987, p. 45 e ss.; CHRISTOPHE BERNASCONI, *Der Qualifikationsprozess im internationalen Privatrecht*, Zürich, 1997, p. 222 e ss., 349.

[68] Cfr., ainda antes do Código Civil português de 1966: ANTÓNIO FERRER CORREIA, «O problema das qualificações em direito internacional privado», *cit.*, 1949, p. 76 e ss.; ID., «Discurso», *cit.*, 1966, p. 402 e ss.; ISABEL MAGALHÃES COLLAÇO, *Direito internacional privado*, *cit.*, II, 1959, pp. 153 e ss., 178 e ss.; ID., *Da qualificação em direito internacional privado*, *cit.*, 1964, p. 183; VASCO TABORDA FERREIRA, «Considerações sobre o problema das qualificações em direito internacional privado», *cit.*, 1959/1960, p. 517; ID., «Vers la solution du problème des qualifications», *cit.*, 1962, p. 493 e ss. Já anteriormente – sob a influência de JACQUES MAURY –, JOÃO DIAS ROSAS defendia a necessidade de, na interpretação das normas de conflitos, proceder a uma adaptação dos conceitos do direito interno (cfr. «As qualificações em direito internacional privado», *cit.*, 1947, p. 77 e ss.). Após a entrada em vigor do Código Civil, cfr.: ANTÓNIO FERRER CORREIA, «O problema da qualificação segundo o novo direito internacional privado português», *cit.*, 1968, p. 45; ID., «O novo direito internacional privado português», *cit.*, 1972, p. 16 e ss.; ID., *Lições de direito internacional privado*, *cit.*, 1973, p. 275 e ss.; ID., *Direito internacional privado. Alguns problemas*, *cit.*, 1981, p. 155 e s.; ID., «Direito internacional privado – conceitos fundamentais», *in Temas*, *cit.*, p. 299 e ss. (p. 305 e s.); ID., «O direito internacional privado português e o princípio da igualdade», *cit.*, p. 420 e ss.; ID., «O princípio da autonomia do direito internacional privado no sistema jurídico português», *cit.*, p. 454 e ss.; JOÃO BAPTISTA MACHADO, *Âmbito de eficácia e âmbito de competência das leis*, *cit.*, 1970, pp. 395, 399

3. Pode aliás sustentar-se que o conteúdo do conceito-quadro se obtém por abstracção, com base nos elementos comuns retirados das ordens jurídicas envolvidas.

Para encontrar esse conteúdo comum, é necessário adoptar uma perspectiva comparatista, que parta dos regimes ou conteúdos jurídicos dos diferentes direitos cuja aplicabilidade possa estar em causa a propósito de uma dada situação da vida privada internacional.

Não se trata, assim, de construir noções universais, como pretendia Rabel. Em cada caso, será de considerar *o círculo de leis em contacto com a situação da vida privada a que se refere o problema em discussão*.

A comparação é, pois, imprescindível neste contexto, mas «*deve restringir-se às ordens jurídicas que estejam em contacto com a situação controvertida*»[69].

Tal significa, por exemplo, que, numa situação de «representação internacional», em conexão com os sistemas jurídicos português e inglês, o conceito de «representação» da norma de conflitos do artigo 39.º do Código Civil[70] há-de resultar da consideração conjunta das noções de *representação* e de *agency*, dominantes naqueles dois sistemas jurídicos. Tendo em conta a noção e o regime da *representação*, no direito protuguês, bem como a noção e o regime da *agency*, no direito inglês, o conceito de «representação», para efeitos de aplicação da citada norma de conflitos,

---

e ss. (p. 402); ID., *Lições de direito internacional privado*, *cit*., p. 111 e ss. (p. 115); ANTÓNIO MARQUES DOS SANTOS, *Direito internacional privado. Sumários*, Lisboa, 1987, reimp., 1989, p. 196 e s.; RUI MOURA RAMOS, *Da lei aplicável ao contrato de trabalho internacional*, *cit*. p. 592 e s.; LUÍS LIMA PINHEIRO, *Direito internacional privado*, *cit*., I, pp. 405, 514; DÁRIO MOURA VICENTE, *Da responsabilidade pré-contratual em direito internacional privado*, *cit*., p. 398 e s.; MARIA HELENA BRITO, «O Direito Internacional Privado no Código Civil. Perspectivas de reforma», *in Estudos comemorativos dos 10 Anos da Faculdade de Direito da Universidade Nova de Lisboa* (coord. DIOGO FREITAS DO AMARAL, CARLOS FERREIRA DE ALMEIDA, MARTA TAVARES DE ALMEIDA), Coimbra, 2008, vol. II, p. 355 e ss. (p. 358).

[69] CARLOS FERREIRA DE ALMEIDA, *Introdução ao Direito Comparado*, *cit*., p. 29.

[70] Supondo que a essa situação seja ainda aplicável o artigo 39.º do Código Civil. O âmbito de aplicação desta norma de conflitos encontra-se actualmente restringido em consequência da vigência, em Portugal, da Convenção da Haia de 1978 sobre a lei aplicável aos contratos de intermediação e à representação. Cfr. MARIA HELENA BRITO, *A representação nos contratos internacionais*, *cit*., p. 434 e ss.; ID., «A representação em direito internacional privado. Análise da Convenção da Haia de 1978 sobre a lei aplicável aos contratos de intermediação e à representação», *in Estudos de Direito Comercial Internacional* (coord. LUÍS LIMA PINHEIRO), vol. I, Coimbra, 2004, p. 143 e ss. (p. 152 e ss.).

deverá abranger, no caso, toda a «actuação com efeitos jurídicos para outrem», independentemente de saber se o representante actua ou não em nome do representado[71].

Por outro lado, a análise comparativa destinada a determinar o conteúdo do conceito-quadro da norma de conflitos não pode deter-se na definição dogmática e na estrutura formal dos institutos nas ordens jurídicas de referência, antes deve procurar a *função* de cada um desses institutos e as afinidades que entre eles existam[72].

A tese da autonomia dos conceitos usados nas normas de conflitos e o recurso ao método comparativo para determinar o sentido desses conceitos impõem-se ainda com mais força na interpretação das normas de direito internacional privado convencional[73].

---

[71] Em matéria de representação, uma das diferenças mais relevantes entre os sistemas de *civil law* e os sistemas de *common law* reside no modo de actuação do representante. Nos primeiros, é pressuposto da actuação representativa a invocação do nome do representado (*contemplatio domini* ou princípio da exteriorização), só se produzindo os efeitos típicos da representação se for revelada à contraparte a identidade do representado; nos segundos, basta a actuação do *agent* por conta do *principal* e não é indispensável a revelação do nome do *principal*, admitindo-se a produção dos efeitos típicos da *agency*, verificadas certas circunstâncias, mesmo em relação a um *undisclosed principal*. Nos direitos de *civil law* é precisamente a invocação do nome do representado que permite distinguir a representação em sentido próprio da designada representação indirecta. Para mais desenvolvimentos sobre este ponto, cfr. MARIA HELENA BRITO, *A representação nos contratos internacionais*, cit., p. 83 e ss. e, em especial, p. 261 e ss.

[72] Defendendo esta perspectiva metodológica, cfr.: JOSEF ESSER, *Grundsatz und Norm in der richterlichen Fortbildung des Privatrechts. Rechtsvergleichende Beiträge zur Rechtsquellen- und Interpretationslehre*, Tübingen, 1956, pp. 28 e ss., 102 e s., 336 e ss., 346 e ss., 358; EMILIO BETTI, *Problematica del diritto internazionale*, cit., p. 201 e ss.

[73] Na doutrina portuguesa, este aspecto foi sublinhado, já em 1947, por JOÃO DIAS ROSAS, «As qualificações em direito internacional privado», p. 81 e ss. (p. 83), na sequência da posição defendida por alguns autores franceses. Cfr. também: ERNST FRANKENSTEIN, *Projet d'un code européen de droit international privé*, p. 8 e s., e artigo 1.º; PETROS G. VALLINDAS, «Réflexions sur la conclusion des conventions de droit international privé uniforme», in *Scritti di diritto internazionale in onore di Tomaso Perassi*, II, Milano, 1957, p. 353 e ss. (p. 364). Referindo-se expressamente à necessidade de recorrer ao direito comparado, para a interpretação de normas de conflitos constantes de tratados internacionais, também FRANZ GAMILLSCHEG, «Überlegungen zur Methode der Qualifikation», cit., p. 83. Mais recentemente, sobre a interpretação autónoma de normas de conflitos uniformes, com base na comparação de direitos, vejam-se, em geral: JAN KROPHOLLER, *Internationales Einheitsrecht. Allgemeine Lehren*, Tübingen, 1979, p. 328 e ss.; GEORG WALCH, *Gespaltene Normen und Parallelnormen im deutschen Internationalen Privatrecht. Zum Verhältnis zwischen staatsvertraglichem und nationalem IPR nach der Reform 1986 unter besonderer*

Não vale sequer, em relação a este caso, a imagem de «projecção» no plano internacional de normas de um sistema jurídico interno. A determinação do sentido dos conceitos utilizados em normas de conflitos convencionais não pode obter-se por remissão para o direito interno de cada um dos Estados contratantes. Só uma interpretação fundada no direito comparado, só noções construídas a partir da síntese que resulta dos regimes próprios de cada uma das ordens jurídicas nacionais dos Estados contratantes (em especial, da síntese que resulta dos elementos comuns aos regimes das várias famílias de direitos em que se integram os Estados contratantes) e independentes de qualquer sistema de normas internas, permitem «ter em conta o carácter internacional» das normas de fonte internacional e contribuir para a sua «interpretação e aplicação uniformes»[74].

Na verdade, a interpretação autónoma dos conceitos utilizados nas normas de conflitos convencionais constitui um instrumento indispensável da harmonia de decisões, objectivo para que tendem as convenções que estabelecem regras uniformes de direito internacional privado.

4. Se assim é quanto ao momento da interpretação do conceito-quadro utilizado na norma de conflitos, o mesmo ponto de partida comparatista deve assumir-se no momento da caracterização do *quid* concreto a subsumir naquele conceito.

Decisiva para a individualização das normas materiais a reconduzir ao conceito-quadro é a consideração dessas normas não nas suas características particularistas mas na *função* e *finalidade* que lhes são atribuídas. Só a análise comparativa permite descobrir problemas comuns e funções

---

Berücksichtigung der rechtsvergleichenden Methode bei der Auslegung von Kollisionsrecht, Frankfurt a. M., Bern, New York, Paris, 1991, pp. 8 e ss., 106 e ss.; HANS JÜRGEN SONNENBERGER, «Einleitung», *cit.*, an. 364. Colocando reservas quanto à interpretação autónoma, em base comparativa, dos conceitos jurídicos usados em normas de conflitos constantes de tratados internacionais, STEFAN GRUNDMANN, *Qualifikation gegen die Sachnorm. Deutsch-portugiesische Beiträge zur Autonomie des internationalen Privatrechts*, München, 1985, p. 68 e ss. (mas considerando indispensável conduzir desse modo a interpretação relativamente a conceitos que as normas de conflitos de fonte estadual desconhecem e relativamente a normas contidas em tratados cuja interpretação compete a um tribunal internacional, *ob. cit.*, p. 69, nota (222)).

[74] Cfr., por exemplo, artigo 18.º da Convenção de Roma de 19 de Junho de 1980 sobre a lei aplicável às obrigações contratuais e artigo 16.º da Convenção da Haia de 22 de Dezembro de 1986 sobre a lei aplicável aos contratos de compra e venda internacional de mercadorias.

sociais equivalentes em meios técnicos diferentes a que recorrem as diversas ordens jurídicas.

Seja qual for o entendimento que se perfilhe quanto ao objecto da norma de conflitos e seja qual for também a concepção que se defenda em matéria de qualificação[75], a comparação de direitos é indispensável[76].

Com efeito, nem os autores fiéis à qualificação *lege fori* prescindem do recurso ao método comparativo. Para os defensores desta tese, se uma instituição de direito estrangeiro é desconhecida da ordem jurídica do foro, deve atender-se ao direito em causa, para conhecer e analisar essa instituição, sendo depois necessário compará-la com as instituições do direito do foro, de modo a descobrir aquela com que tem mais semelhanças. Este modo de raciocinar é típico do método comparativo e responde, de resto, a críticas de nacionalismo e isolacionismo jurídico dirigidas à tese da qualificação *lege fori*, entendida no seu sentido mais rigoroso.

Por certo a teoria da qualificação *lege causae* exige com maior amplitude a comparação de direitos, já que a individualização do *quid* a subsumir na norma de conflitos se faz à luz da lei designada, havendo portanto sempre que proceder à comparação da *lex causae* com a *lex fori* para averiguar a correspondência entre esse *quid* concreto e a categoria abstracta da regra de conflitos do foro e para finalmente decidir se é ou não possível proceder à subsunção.

5. O método a adoptar na operação de qualificação, ao longo das diversas fases em que esta se decompõe, não pode pois deixar de ter *natureza funcional e teleológica*[77].

---

[75] Na literatura mais recente, procederam à descrição e ao comentário crítico de diversas teses em matéria de qualificação LOUKAS A. MISTELIS, *Charakterisierung und Qualifikation im internationalen Privatrecht*, Tübingen, 1999, pp. 32 e ss., 91 e ss., 224 e ss., e CHRISTOPHE BERNASCONI, *Der Qualifikationsprozess im internationalen Privatrecht*, *cit.*, pp. 67 e ss., 227 e ss.

[76] Assim consideram também: ALEXANDER N. MAKAROV, *Internationales Privatrecht und Rechtsvergleichung*, 1949, *cit.*, p. 37 e s.; ID., «Theorie und Praxis der Qualifikation», *cit.*, p. 164 e s.; ID., *Grundriß des internationalen Privatrechts*, *cit.*, p. 66; ID., «Internationales Privatrecht und Rechtsvergleichung», 1973, *cit.*, p. 476; LÉONTIN-JEAN CONSTANTINESCO, *Traité de droit comparé*, *cit.*, II, p. 359 e ss.; JAN KROPHOLLER, «Die vergleichende Methode und das Internationale Privatrecht», *cit.*, p. 7; ULRICH DROBNIG, «Rechtsvergleichung in der deutschen Rechtsprechung», *cit.*, p. 613.

[77] WILHELM WENGLER privilegia a consideração das conexões teleológicas e sistemáticas entre as regras jurídicas. Cfr. «Réflexions sur la technique des qualifications en droit international privé», p. 668 e ss., e, já antes, «Die Qualifikation der materiellen Rechtssätze im internationalen Privatrecht», p. 346 e ss.

No momento da *interpretação do conceito-quadro* é a consideração dos fins do direito internacional privado que determina a autonomia do sentido a atribuir às categorias utilizadas para delimitar o objecto e o âmbito da conexão da norma de conflitos do foro.

Na *individualização das normas materiais designadas*, há que ter em conta o conteúdo e também a função que as normas desempenham na ordem jurídica em que se inserem.

A decisão quanto à *subsunção* envolve a comparação entre a função própria das normas materiais, na *lex causae*, e a do instituto visado na regra de conflitos do foro[78].

---

[78] Uma grande parte da doutrina tem referido a necessidade de recorrer ao direito comparado para a resolução do problema da qualificação. Para além de RABEL e dos seus seguidores mais directos, já antes referidos, cfr.: FRANZ KAHN, «Rôle, fonction et méthode du droit comparé dans le domaine du droit international privé», *cit.*, p. 409 e s.; HENRI LÉVY-ULLMANN, «Rapports du droit international privé avec le droit comparé», *cit.*, p. 214 e ss.; ELEMER BALOGH, «Le rôle du droit comparé dans le droit international privé», *cit.*, p. 598 e ss.; A. H. ROBERTSON, *cit.*, p. 90 e s.; WERNER NIEDERER, *Die Frage der Qualifikation als Grundproblem des internationalen Privatrechts*, *cit.*, p. 90 e ss.; ID., *Einführung in die allgemeinen Lehren des internationalen Privatrechts*, *cit.*, p. 248 e ss.; H. C. GUTTERIDGE, «Comparative law and the conflict of laws», *cit.*, p. 136 e ss.; ID., *Comparative law. An introduction to the comparative method of legal study and research*, *cit.*, p. 57 e ss.; ALEXANDER N. MAKAROV, *Internationales Privatrecht und Rechtsvergleichung*, 1949, *cit.*, p. 26 e ss.; ID., «Theorie und Praxis der Qualifikation», *cit.*, p. 164 e s.; ID., *Grundriß des internationalen Privatrechts*, *cit.*, p. 66; ID., «Internationales Privatrecht und Rechtsvergleichung», 1973, *cit.*, p. 474 e ss.; JOHN D. FALCONBRIDGE, *Essays on the conflict of laws*, *cit.*, p. 70 e s.; PAUL-EMILE TROUSSE, «L'orientation comparative du droit international privé», *cit.*, p. 291; HENRI BATIFFOL, «Les apports du droit comparé au droit international privé», *cit.*, p. 121; ID., «Actualité des intérêts du droit international privé», *cit.*, p. 29 e s.; PAUL HEINRICH NEUHAUS, *Die Grundbegriffe des internationalen Privatrechts*, *cit.*, p. 85; L. RAAPE, F. STURM, *Internationales Privatrecht*, *cit.*, I, pp. 22, 278; JAN KROPHOLLER, «Die vergleichende Methode und das Internationale Privatrecht», *cit.*, p. 6 e ss.; YVON LOUSSOUARN, «Le rôle de la méthode comparative en droit international privé français», *cit.*, p. 327 e ss.; ID., «La méthode comparative en droit international privé», *cit.*, p. 136 e ss.; EMILE BENDERMACHER-GEROUSSIS, «La méthode comparative et le droit international privé», *cit.*, p. 56; RODOLFO DE NOVA, «The comparative method and private international law», *cit.*, p. 125 e s.; GERTE REICHELT, «Die rechtsvergleichende Methode und das Internationale Privatrecht», *cit.*, p. 11; TATIANA B. DE MAEKELT, «El método comparado y el derecho internacional privado venezolano», *cit.*, p. 98; BERTRAND ANCEL, «L'objet de la qualification», *cit.*, p. 264 e s.; KURT SIEHR, «Scherz und Ernst im Internationalen Privatrecht», *cit.*, p. 414; FRANÇOIS RIGAUX, «Science comparative et droit positif», *cit.*, p. 513 e ss.; LÉONTIN-JEAN CONSTANTINESCO, *Traité de droit comparé*, *cit.*, II, p. 359 e ss.; K. ZWEIGERT, H. KÖTZ, *Einführung in die Rechtsvergleichung*, *cit.*, I, p. 7 e s., 3.ª ed., p. 7; KURT HANNS EBERT, *Rechtsvergleichung. Einführung in die Grundlagen*, *cit.*,

Na resolução dos designados «conflitos em matéria de qualificação»[79], o recurso à comparação jurídica – incluindo ao nível macrocomparativo – é essencial para a compreensão das relações que existem entre institutos jurídicos afins ou interferentes[80] nas diferentes ordens jurídicas em contacto com a situação internacional em causa.

Em suma, só o método funcional inerente à comparação de direitos permite aferir da *equivalência* de conceitos e de institutos jurídicos entre as diversas ordens jurídicas em contacto com a situação privada internacional. Ora, a verificação dessa *equivalência funcional* é elemento indispensável do processo de qualificação e, consequentemente, da determinação do direito aplicável às situações da vida de que se ocupa o direito internacional privado[81].

---

p. 148 e s.; BERNHARD GROSSFELD, *Macht und Ohnmacht der Rechtsvergleichung*, cit., p. 49; ID., *The strength and weakness of comparative law*, cit., p. 21; MICHAEL BOGDAN, *Comparative law*, cit., p. 35 e s.; H. KOCH, U. MAGNUS, P. WINKLER VON MOHRENFELS, *IPR und Rechtsvergleichung*, cit., p. 235.

[79] Sobre as figuras do concurso de normas de conflitos, do conflito de normas de conflitos e da falta de normas aplicáveis, cfr. ISABEL MAGALHÃES COLLAÇO, *Da qualificação em direito internacional privado*, cit., p. 237 e ss.

[80] Na verdade, «o conhecimento de institutos jurídicos estrangeiros para efeitos microcomparativos pressupõe habilitação específica na utilização de fontes e compreensão dos métodos de direitos estrangeiros. Ora tais dados só são correctamente assimilados através da macrocomparação» (CARLOS FERREIRA DE ALMEIDA, *Introdução ao direito comparado*, cit., p. 27 e s.).

[81] Sobre a importância da noção de equivalência para o direito internacional privado, ver, recentemente, CHRISTIAN ENGEL, «L'utilité du concept d'équivalence en droit international privé», *Annales de Droit de Louvain*, 2006, p. 55 e ss. Em especial sobre a relevância dessa noção no domínio da operação de qualificação, cfr. ISABEL MAGALHÃES COLLAÇO, *Da qualificação em direito internacional privado*, cit., p. 227 e ss.

CARLOS FERREIRA DE ALMEIDA, COMPARATISTA

João Caupers*

> *Of ourselves, so long as we know only ourselves, we know nothing*[1].
> Woodrow Wilson

1. Este não é um texto de direito comparado, para cuja redacção o autor não teria conhecimentos suficientes. Devendo incidir, pela própria natureza da obra em que se insere, sobre uma das áreas da ciência jurídica cultivadas pelo homenageado, o seu objecto não é o direito comparado em si, como disciplina científica, mas as ideias de Carlos Ferreira de Almeida sobre o direito comparado e o possível reflexo destas ideias nos seus discípulos.

A verdade é que o autor destas linhas, considerando a participação na obra uma homenagem merecida, justa e irrecusável a um jurista notável, um académico brilhante e, o que é o mais, um grande amigo, não teria facilidade em encontrar um tema adequado, sobre o qual pudesse dizer mais do que lugares-comuns, de entre as várias matérias que mereceram a atenção de Carlos Ferreira de Almeida e que são, na verdade, muito distintas das que o vêm ocupando.

A escolha do tema foi, pois, uma espécie de último recurso.

2. Por *direito comparado* designa-se, em geral, uma metodologia de investigação que faz uso do método comparativo para analisar as diferen-

---

[*] Professor Catedrático da Faculdade de Direito da Universidade Nova de Lisboa.

[1] Cfr. «The Study of Administration», *in Classics of Public Administration,* 3.ª edição, Wadsworth, Belmonte (Cal), 1992, p. 23.

ças e as semelhanças entre ordenamentos jurídicos. Pese embora a designação algo enganosa, não se trata de um ramo do direito, como o direito penal, o direito civil ou o direito constitucional, mas de uma forma de fazer investigação jurídica.

E qual é o propósito inerente a uma tal metodologia? Porque é que, estando a estudar, suponhamos, o pacto de preferência ou a delegação de poderes em Portugal, nos haverão de interessar os institutos correspondentes no Uruguai, na Alemanha ou na Nigéria?

A razão fundamental para, pelo menos, não descartar liminarmente o interesse de tal investigação encontra justificação na frase que adoptámos como epígrafe deste texto: é bem verdade que o nosso conhecimento vale pouco se não ultrapassar as fronteiras nacionais – e isto não é verdade somente na ciência jurídica (Wilson não era um jurista, de resto).

O mundo actual, crescentemente integrado e globalizado, onde dia a dia estamos menos sós, recomenda uma cada vez maior ponderação de outras realidades. Elas podem ajudar-nos a compreender a nossa, na medida em que todas se relacionam e se influenciam reciprocamente, com maior ou menor intensidade, num quadro complexo, em que avultam os contextos histórico, geográfico político e ideológico.

Não quer isto dizer, evidentemente, que todas as realidades estrangeiras possam interessar no quadro da análise de um instituto jurídico nacional. É duvidoso que tal ocorresse nos exemplos que apresentámos, do direito uruguaio ou nigeriano. Mas é muito provável que a ponderação da realidade alemã fosse justificada e proveitosa.

Naturalmente que esta asserção não envolve qualquer menosprezo pelas ordens jurídicas uruguaia ou nigeriana. Decorre, sim, da evidência de que o ordenamento jurídico português sofre muito maior influência alemã do que uruguaia ou nigeriana.

Compreensivelmente. A Alemanha é um grande e poderoso país europeu; está no mesmo continente que Portugal. Os seus filósofos, ideólogos, escritores, músicos e artistas plásticos exercem há séculos, mesmo antes de a Alemanha existir como uma unidade política, grande influência em toda a Europa. Naturalmente que os seus cultores da ciência jurídica também. Tanto as leis como o pensamento jurídico nacionais são muito influenciados pelo pensamento jurídico alemão e, também, pelas leis alemãs, tanto directamente, como por via do direito da União Europeia.

As comparações podem, pois, ser muito úteis no estudo e no ensino do direito. Colocam, porém, um sem-número de questões: comparar o quê?

Utilizar que ordens jurídicas para proceder às comparações? E comparar para quê, com que propósito?
Este escrito compõe-se de duas partes:

– na primeira, analisaremos o pensamento comparatista de Carlos Ferreira de Almeida, incluindo as influências que recebeu;
– na segunda, veremos como foi o direito comparado utilizado nas teses de doutoramento orientadas por ele.

Esperamos conseguir, no final do percurso, uma imagem da influência do pensamento de Carlos Ferreira de Almeida no âmbito do direito comparado.

3. As primeiras lições de Direito Comparado portuguesas a que pudemos aceder foram as do saudoso Professor João de Castro Mendes, dando conta da regência da disciplina no ano lectivo de 1982/1983, na Faculdade de Direito da Universidade de Lisboa[2]. A nossa convicção de que terão sido as primeiras reforçou-se quando verificámos que nenhumas outras eram ali referenciadas[3].

Castro Mendes começa por concentrar a sua atenção em dois aspectos: a comparação (que designa por *estrutura*) e os direitos (a que chama *objecto*). Começando por este, pergunta-se, como nós nos perguntámos, *O que é que se compara?*[4]

A sua resposta admite duas possibilidades: a *macrocomparação*, ou comparação de ordens jurídicas na sua globalidade, e a *microcomparação*, comparação de institutos ou figuras jurídicas pertencentes a diferentes ordens jurídicas, sublinhando ser esta a mais frequente.

Situando-se no âmbito do objecto da comparação, Castro Mendes passa de seguida a algumas observações complementares.

A primeira respeita ao número de ordens jurídicas a ter em conta: sendo manifestamente inviável analisar todas as ordens jurídicas do mundo, é sensato e prudente reduzir o seu número, limitando a comparação, sob pena de se não conseguir resultado algum. Nasce assim a questão da escolha das ordens jurídicas mais adequadas a uma certa comparação.

---

[2] Edição da Associação Académica desta Faculdade.
[3] Uma história detalhada do ensino do direito comparado em Portugal pode ler-se nas páginas 35 a 58 da obra de CARLOS FERREIRA DE ALMEIDA *Direito Comparado. Ensino e Método*, Lisboa, 2000, que analisaremos mais adiante.
[4] *Direito Comparado*, cit., p. 11.

A segunda refere-se à observação das normas a comparar: comparam-se as normas, na sua formulação e no seu conteúdo, ou na sua aplicação prática, designadamente por via da actividade dos tribunais? E também poderá comparar-se, para além das normas, o *instrumentarium* utilizado pelos cultores da ciência jurídica para compreender e explicar o direito? Como refere Castro Mendes, estaremos então a comparar, não as normas, mas as ciências jurídicas.

Castro Mendes procura então esclarecer um mal entendido comum: proceder a uma investigação jus-comparatística não significa estudar um, ou vários, direitos estrangeiros. Melhor: não significa fazer apenas isso. Claro que o estudo dos direitos estrangeiros é indispensável, mas não é suficiente. De outra forma não se compreenderão os institutos ou figuras que, depois, deverão ser utilizados na análise comparativa.

Uma outra reflexão relevante feita por Castro Mendes é a que subjaz à distinção entre um direito comparado *autónomo* e um direito comparado *instrumental*. É este que preenche, por tradição académica, um ou mais capítulos das dissertações de doutoramento no âmbito da ciência jurídica (quando estes não se limitam, naturalmente, a descrições, de utilidade duvidosa, de direitos estrangeiros, sem que, verdadeiramente, os seus Autores procedam a quaisquer comparações...).

Seguidamente, passa à estrutura da comparação, que define como *a actividade intelectual de conhecimento, consistente no registo e explicação, entre realidades jurídicas comparáveis, de semelhanças e diferenças*[5].

A chave que possibilita a compreensão desta definição é a noção de *realidades jurídicas comparáveis*. É que a própria ideia de comparação envolve alguma ambiguidade: tal como a ninguém ocorreria comparar uma alface com uma sinfonia, não faria sentido comparar o estatuto de réu no direito penal italiano com o estatuto de trabalhador subordinado no direito português. A comparação envolve, necessariamente, um prévio juízo sobre a comparabilidade daquilo que se vai comparar. E pode, acrescentamos, assentar num equívoco, susceptível de inutilizar a comparação.

Suponhamos que se vão comparar dois institutos razoavelmente comparáveis – a administração periférica do Estado no direito português e a *field administration* no direito inglês, por exemplo. O que se irá então fazer?

---

[5] *Direito Comparado, cit.*, p. 25.

A definição de Castro Mendes responde a esta pergunta: primeiro, há que fazer o levantamento das semelhanças e das diferenças; depois, há que procurar explicar umas ou outras. E adianta factores que influenciam as semelhanças – nomeadamente a imitação – e factores que influenciam as diferenças – a tradição, factores naturais, como o geográfico, e factores étnicos.

4. Carlos Ferreira de Almeida teve a sua formação de comparatista inspirada pelo pensamento de Isabel de Magalhães Collaço[6], de quem foi assistente. Infelizmente, esta notável jurista e professora não deixou obra escrita à medida do seu talento. Tivemos acesso aos dois fascículos que consubstanciam o programa e a bibliografia da disciplina de Sistemas Jurídicos Comparados no ano lectivo de 1986/1987, na Faculdade de Direito da Universidade de Lisboa, cuja regência coube a Carlos Ferreira de Almeida, sendo Isabel de Magalhães Collaço a orientadora do ensino.

Não é fácil extrair de umas escassas 19 páginas uma linha de pensamento clara e consistente, podendo, quando muito, dar-se por assente – sobretudo por quem, como nós, foi aluno da Professora Isabel de Magalhães Collaço e conhecia minimamente a sua fortíssima personalidade – que as suas ideias encontram ali, de alguma forma, reflexo[7].

Supomos que se deverá à sua influência a opção por uma estratégia macrocomparativa, optando por centrar o programa na comparação de sistemas jurídicos – o que, de resto, era recomendado pela própria designação da disciplina. Na parte que mais nos interessa – o método –, avultam as referências ao problema da comparabilidade e do critério de escolha dos sistemas em comparação; por fim, a adopção da grelha comparativa como instrumento metodológico das macrocomparações.

5. Em 1994, Carlos Ferreira de Almeida publica a sua *Introdução ao Direito Comparado*[8].

Logo na primeira página do texto, o Autor apresenta a sua definição de direito comparado (que também designa, com muito maior precisão,

---

[6] Por sua vez marcado pela obra fundamental de ZWEIGERT e KÖTZ, que pudemos consultar na tradução inglesa de Tony Wier, *An introduction to Comparative Law*, 3.ª edição, Clarendon Press, Oxford, 1998.

[7] Isto mesmo é confirmado por CARLOS FERREIRA DE ALMEIDA no seu escrito, já referenciado, *Direito Comparado. Objecto e Método*, nomeadamente nas páginas 55, 127, 141 e 143.

[8] Coimbra, Almedina.

por *estudo comparativo de direitos*): *disciplina jurídica que tem por objecto estabelecer sistematicamente semelhanças e diferenças entre ordens jurídicas*[9].

Sublinhamos nesta definição um aspecto para o qual já chamáramos a atenção: não se trata de estudar um ramo do direito mas, sim, de utilizar uma metodologia comparativa no estudo de direitos.

Da definição, Carlos Ferreira de Almeida passa para a distinção, que adopta, entre macrocomparação – em que se comparam globalmente elementos estruturantes de dois ou mais sistemas jurídicos – e microcomparação – em que se comparam institutos jurídicos afins de diferentes ordens jurídicas.

Também Carlos Ferreira de Almeida chama a atenção, como o fizera já Castro Mendes, para que o direito comparado exige, mas não se contenta, com o conhecimento de direitos estrangeiros, na medida em que exige a utilização do método comparativo e a formulação de sínteses comparativas, assentes naqueles direitos[10].

Deste escrito vamos analisar mais detalhadamente dois aspectos: o primeiro respeita às *funções do direito comparado*, ou seja, as respostas à pergunta «para que *procedemos nós ao estudo comparativo de direitos?*»; o segundo incide sobre os problemas metodológicos, aos quais Carlos Ferreira de Almeida dedicou especial atenção e que assumem particular relevo, considerado o objectivo principal deste escrito: escrutinar a «herança» recebida do seu pensamento comparatista pelos seus discípulos.

6. Carlos Ferreira de Almeida considera que o direito comparado preenche quatro grandes grupos de funções.

O primeiro grupo é constituído pelas *funções relativas ao direito nacional*, que podem consistir:

– no melhor conhecimento do sistema jurídico nacional, propiciado pela verificação de semelhanças e diferenças relativamente aos outros;
– no fornecimento de instrumentos de comparação;
– na aplicação de regras de direito – normas de direito internacional privado, normas que estabeleçam a reciprocidade, etc.;
– no auxílio ao processo de integração de lacunas;
– como instrumento de política legislativa.

---

[9] *Introdução ao Direito Comparado*, p. 7.
[10] *Introdução ao Direito Comparado*, *cit.*, p. 10.

O segundo grupo de funções tem a ver com a *uniformização* e a *harmonização de direitos*. Com a primeira pretende-se caminhar no sentido da adopção de normas jurídicas iguais em distintos ordenamentos jurídicos; com a segunda, pretende-se, menos ambiciosamente, eliminar as contradições entre normas de diferentes ordenamentos – é o caso das directivas da União Europeia.

O terceiro grupo de funções tem a ver com a *construção de regras de aplicação subsidiária*, que apenas podem ser identificadas por via da comparação entre ordens jurídicas – por exemplo, a remissão para os princípios gerais de direito reconhecidos pelas nações civilizadas, feita no artigo 38.º do Estatuto do Tribunal Internacional de Justiça.

O último grupo de funções é designado por Carlos Ferreira de Almeida *funções de cultura jurídica*, que o Autor considera *porventura a mais importante e certamente a mais nobre* das funções do direito comparado[11].

7. Mas são os problemas metodológicos, como dissemos, que merecem a maior atenção de Carlos Ferreira de Almeida. Segundo ele, existem três pólos de problematização no âmbito da metodologia do direito comparado: a selecção dos elementos relevantes para a comparação, a comparabilidade propriamente dita e o procedimento comparativo. Concentra-se neste, retomando então a distinção entre a macrocomparação e a microcomparação.

No que respeita à macrocomparação, a metodologia proposta assenta, como propunha Isabel de Magalhães Collaço, na elaboração de uma grelha comparativa[12]. Para a construção desta, é indispensável proceder a uma selecção dos elementos que irão ser comparados. Destes, uns apresentam natureza jurídica, constituindo os *elementos internos*: a concepção de direito, a estrutura das regras jurídicas, as instituições constitucionais, as fontes de direito, os métodos de descoberta do direito aplicável (interpretação das regras, nomeadamente), os órgãos de aplicação do direito, as profissões jurídicas, o ensino do direito e a formação dos juristas; outros são *elementos contextuais de natureza não jurídica*, os *elementos externos* ou metajurídicos (relações entre o direito e outros sistemas normativos – ética, religião, etc. –, organização económico-social, cultura, línguas faladas, valores fundamentais, etc.).

---

[11] *Introdução ao Direito Comparado*, cit., pp. 12 a 17.
[12] Cfr., no mesmo sentido, RUI PINTO DUARTE, «Uma introdução ao Direito Comparado», *in O Direito*, n.º 138.º (2006), IV, pp. 777 a 779.

A grelha comparativa consubstancia-se num quadro com duas entradas, relativas, uma, às ordens jurídicas em comparação, outra, aos elementos previamente seleccionados para a comparação. Inserem-se então no quadro as características relevantes de cada ordem jurídica.

No que toca à microcomparação, Carlos Ferreira de Almeida chama sobretudo a atenção para as dificuldades metodológicas, desde logo na identificação dos institutos comparáveis. Dificuldades resultantes das designações dos diferentes institutos, agravadas pelo uso de distintas línguas. Dá então conta de que a superação das dificuldades passa pelo apuramento das funções desempenhadas pelo instituto em cada ordem jurídica: seriam comparáveis os institutos que desempenhassem uma função económico-social semelhante e que apresentassem um enquadramento jurídico similar (isto é, interviessem em questões semelhantes, através de instrumentos de natureza semelhante)[13].

8. Seguidamente, Carlos Ferreira de Almeida passa ao faseamento do processo comparativo, considerando que ele integra três momentos lógicos: o conhecimento, a compreensão e a comparação.

A etapa *conhecimento* exige a decomposição dos sistemas ou institutos a comparar em elementos considerados relevantes para a comparação. Nesta etapa devem ser respeitadas determinadas regras, a que Carlos Ferreira de Almeida prefere chamar *cânones*: cada elemento deve ser considerado de acordo com a complexidade das fontes originárias e conforme a respectiva aplicação e analisado nos termos do método próprio da respectiva ordem jurídica.

A etapa que se segue, a *compreensão*, consiste na análise crítica dos elementos recolhidos, integrando-os sistematicamente e ponderando-os com elementos histórico-jurídicos e metajurídicos.

A última etapa é a *síntese comparativa*, consubstanciada no apuramento de semelhanças e diferenças e na respectiva (tentativa de) explicação[14].

9. Em 1996, Carlos Ferreira de Almeida submeteu ao júri do concurso para professor associado da Faculdade de Direito da Universidade de Lisboa um relatório sobre o conteúdo, objecto e métodos de uma dis-

---

[13] *Introdução ao Direito Comparado*, cit., pp. 18 a 22.
[14] *Introdução ao Direito Comparado*, cit., pp. 22 a 26.

ciplina de direito comparado, escrito que veio a ser publicado no ano 2000[15].

Tendo este texto sido escrito apenas dois anos após a publicação do anterior, não seriam de esperar profundas alterações no pensamento do Autor. E realmente estas não existem. Diversos passos, porém, justificam menção e comentário.

O primeiro respeita à circunstância de se ter ficado a dever a Carlos Ferreira de Almeida a inclusão do direito português nos estudos comparativos. A explicação que entendeu dever dar desta opção parece certa e pedagogicamente sustentável[16].

Algumas das ideias de Carlos Ferreira de Almeida já expressas no escrito anterior conhecem reforço ou desenvolvimento.

Desde logo, a divisão dos estudos de direito comparado em duas grandes vertentes: os estudos macrocomparativos e os estudos microcomparativos. Como novidade, Carlos Ferreira de Almeida acrescenta uma outra vertente, intermédia: os estudos mesocomparativos, em que a comparação é feita entre ramos do direito *e outros conjuntos correspondentes a divisões do direito*[17].

No que respeita às funções do direito comparado, Carlos Ferreira de Almeida distingue, numa formulação mais simples do que a anterior, *funções culturais* e *funções práticas*. Enumera várias de entre as primeiras, todas elas relacionadas, evidentemente, com o conhecimento do direito e a formação dos juristas. Quanto às segundas, reparte-as por quatro grupos, em atenção à ordem jurídica a que se reportam: direito nacional português, direitos estrangeiros, direito internacional e direito da União Europeia. Estas funções práticas são bastante variadas, podendo os estudos de direito comparado servir um sem-número de propósitos, uns relativos ao direito constituído (prova da existência de normas, mecanismos interpretativos, integração de lacunas, etc.), outros ao direito a constituir (preparação de tratados internacionais, transposição de directivas comunitárias, etc.)[18].

10. Numa obra com a natureza deste escrito, são absolutamente compreensíveis as preocupações metodológicas, que ocupam um número de páginas muito significativo do texto.

---

[15] Com o nome de *Direito Comparado. Ensino e Método,* já referenciado.
[16] *Direito Comparado. Ensino e Método, cit.*, p. 106.
[17] *Direito Comparado. Ensino e Método, cit.*, p. 64.
[18] *Direito Comparado. Ensino e Método, cit.*, pp. 68 a 71.

A complexa temática da comparabilidade ocupa o início desta parte do escrito.

A primeira reflexão que o Autor faz a este propósito, após recordar que os objectos da comparação são sistemas jurídicos e institutos jurídicos, pode resumir-se no seu truísmo *comparar apenas o comparável*[19].

Carlos Ferreira de Almeida chama a atenção para a inviabilidade da utilização do método do *tertium comparationis*, por várias razões, que explicita, – desde logo porque, as mais das vezes, não é possível encontrar entre o *comparatum* e o *comparandum* um denominador comum aos objectos comparados.

Pese embora não se mostrar muito entusiasmado com a formulação, sempre foi escrevendo que *só é possível comparar entidades que tenham entre si uma semelhança mínima ou um mínimo de afinidades*, advertindo do mesmo passo que a questão da comparabilidade, não obstante se poder colocar também nas macrocomparações, iria ser tratada somente no âmbito das microcomparações[20].

Discorrendo então sobre estas, escreve:

> *Comparáveis são apenas os institutos jurídicos que, em diversos sistemas e com soluções eventualmente diversas, dão resposta jurídica a necessidades semelhantes, resolvem o mesmo problema da vida, isto é, o mesmo problema social, político, económico ou criminológico*[21].

Trata-se de um desenvolvimento daquilo que o Autor escrevera no escrito anterior.

11. Seguidamente, o Autor passa à análise do processo comparativo.

Se, no escrito anterior, Carlos Ferreira de Almeida decompunha o processo comparativo em três momentos lógicos – o conhecimento, a compreensão e a comparação –, passa agora a considerar apenas duas fases: a análise e a síntese. Percebe-se facilmente que a primeira etapa cobre as anteriores duas primeiras – o conhecimento e a compreensão –, mantendo-se a comparação propriamente dita como objecto da etapa ora designada síntese[22].

Naquele mesmo escrito, o Autor defendia o respeito por certos cânones relativos ao conhecimento das realidades jurídicas a comparar. Não modificou a sua concepção relativamente a estes cânones:

---

[19] *Direito Comparado. Ensino e Método, cit.*, p. 114.
[20] *Direito Comparado. Ensino e Método, cit.*, pp. 116-117.
[21] *Direito Comparado. Ensino e Método, cit.*, p. 150.
[22] *Direito Comparado. Ensino e Método, cit.*, p. 117.

– utilização das fontes originais;
– uso das fontes em toda a sua complexidade, preferindo as mais representativas e interpretando-as de acordo com os métodos próprios da ordem jurídica a que pertencem;
– procura do direito «real», isto é, o direito na sua aplicação[23].

Carlos Ferreira de Almeida passa então a detalhar aquilo que designa por *modelo comparativo*. Trata-se, explica, de um modelo estrutural porque assenta na ideia de que cada um dos objectos da comparação pode ser analisado como estrutura, *entendida como conjunto de elementos interdependentes e ordenados em função desse conjunto*[24]. E esclarece que a primeira forma que o comparatista atribui ao modelo é uma forma provisória, uma hipótese de trabalho, resultante das suas pré-compreensões quanto ao objecto da comparação. Chegada a fase da síntese, verificar-se-á, em regra, que o modelo era imperfeito e que têm de lhe ser introduzidas correcções. A análise é então rectificada, procedendo-se a nova síntese. E assim sucessivamente, numa conexão que o Autor qualifica de *dialéctica* entre as fases do processo comparativo, *resultado de aproximações sucessivas, segundo uma sequência de tentativa e erro*[25].

Tal como havia sustentado no escrito anterior, sob a influência de Isabel de Magalhães Collaço, o Autor concretiza o modelo comparativo numa grelha comparativa. A concepção desta não é objecto de alterações significativas, sendo, porém, de registar a afirmação de Carlos Ferreira de Almeida de que *a grelha comparativa não corresponde a qualquer estrutura de matriz universal; representa antes a justaposição ordenada de várias estruturas, cada uma das quais se reporta a diferentes sistemas existentes na realidade social e histórica*[26].

12. A parte que consideramos mais interessante e inovadora na obra é a relativa à metodologia das microcomparações.

Carlos Ferreira de Almeida começa por reafirmar, como critério primordial para as microcomparações, a função económica e social desempenhada pelos institutos que se estão a comparar; mas continua a ligar indissociavelmente essa função ao enquadramento jurídico, melhor, ao di-

---
[23] *Direito Comparado. Ensino e Método, cit.*, pp. 118-119.
[24] *Direito Comparado. Ensino e Método, cit.*, p. 124.
[25] *Direito Comparado. Ensino e Método, cit.*, p. 124.
[26] *Direito Comparado. Ensino e Método, cit.*, p. 129.

reito, numa fusão que enuncia assim: *comparáveis são apenas os institutos que, desempenhando funções equivalentes, intervenham na resolução de questões jurídicas através de instrumentos jurídicos de natureza semelhante*[27].

A segunda observação de Carlos Ferreira de Almeida salienta uma dificuldade difícil de superar: *a falta de ensaios relativos à concepção teórica de modelos comparativos*, sobretudo a inexistência de critérios susceptíveis de guiar o comparatista na decomposição estrutural dos institutos jurídicos em processo de comparação. Esta lacuna remete o comparatista para uma actividade casuística, na qual a intuição tende a desempenhar um papel fundamental[28].

A última e, em nosso entender, mais importante sugestão de Carlos Ferreira de Almeida, respeita à utilização das grelhas comparativas como instrumento metodológico das microcomparações. Muito embora defenda, nesta obra, a aplicabilidade destas grelhas às microcomparações, o Autor não deixa de assinalar os obstáculos inerentes: estes decorrem, sobretudo, das dificuldades em comparar institutos jurídicos pertencentes a ordens jurídicas diferentes de uma forma descontextualizada, isto é, desconsiderando as relações e interconexões que se estabelecem, no âmbito do mesmo ordenamento, entre distintos institutos. Estas relações e interconexões tornam muito difícil a compreensão isolada de cada instituto, tornando arriscadas as comparações entre institutos de ordens jurídicas diversas[29].

Para procurar ultrapassar as dificuldades de concepção e utilização da grelha microcomparativa, Carlos Ferreira de Almeida, reconhecendo que cada grelha deve ser concebida para uma comparação específica, propõe um *modelo-padrão* para esta espécie de grelha. De acordo com esta proposta, o modelo comporta três tipos de elementos: *elementos históricos*; *elementos externos*, de natureza metajurídica; *elementos internos*, de natureza jurídica.

Coerentemente com os obstáculos que considera próprios das microcomparações – decorrentes do isolamento artificial dos institutos a comparar –, o Autor admite a inclusão, em cada um desses elementos, de dados relativos não só aos *institutos que constituem o núcleo central da compa-*

---

[27] *Direito Comparado. Ensino e Método*, cit., p. 151.
[28] *Direito Comparado. Ensino e Método*, cit., p. 153.
[29] *Direito Comparado. Ensino e Método*, cit., pp. 153-154.

ração, mas também àqueles que integram o *itinerário sistemático* ou o *itinerário comparativo*[30].

13. Antes de procedermos à análise das dissertações de doutoramento orientadas por Carlos Ferreira de Almeida, sintetizaremos as suas ideias.

Em primeiro lugar, a admissão de três pólos de problematização no âmbito da metodologia do direito comparado, constituídos pela selecção dos elementos relevantes para a comparação, pela comparabilidade propriamente dita e pelo procedimento comparativo.

Em segundo lugar, a exigência de que os institutos a comparar desempenhem funções económico-sociais afins nos respectivos ordenamentos jurídicos, resolvendo juridicamente o mesmo tipo de problemas.

Em terceiro lugar, o respeito pelos «cânones comparativos»: uso de fontes originais, em toda a sua complexidade, e respectiva interpretação no quadro dos métodos próprios da respectiva ordem jurídica; busca do direito tal como é aplicado.

Por último, a utilização de uma grelha microcomparativa assente num modelo que inclua elementos históricos, elementos de natureza metajurídica, e elementos de natureza jurídica, e que tenha em consideração, para além dos institutos que ocupam o núcleo central da comparação, aqueles cujo conhecimento é imprescindível ao processo comparativo.

14. Segundo as informações que pudemos obter, Carlos Ferreira de Almeida orientou cinco teses de doutoramento que já obtiveram aprovação na Faculdade de Direito da Universidade Nova de Lisboa.

A primeira foi a de Rui Pinto Duarte, sobre *Tipicidade e atipicidade dos contratos* (1999)[31].

A segunda foi a de Manuel António Pita, *O regime da sociedade irregular e a integridade do capital social* (2002).

A terceira foi a de Assunção Cristas, com o título *Transmissão contratual do direito de crédito. Do carácter real do direito de crédito* (2004)[32].

A quarta foi a de Vítor Neves, *A cessão de créditos em garantia* (2005).

A última foi de Margarida Lima Rego, intitulada *Contrato de seguros e terceiros. Estudo de direito civil* (2008).

---

[30] *Direito Comparado. Ensino e Método*, cit., p. 155.
[31] Almedina, Coimbra, 2000.
[32] Almedina, Coimbra, 2005.

A dissertação de doutoramento de Rui Pinto Duarte – que foi contemporâneo de Carlos Ferreira de Almeida enquanto assistente de Isabel de Magalhães Collaço – não sofreu influência directa do pensamento deste, que apenas foi seu orientador durante cerca de um ano[33]. De resto, somente devido a um triste e lamentável episódio da vida académica o Autor a não pôde defender vários anos antes, quando foi apresentada na Faculdade de Direito da Universidade de Lisboa. Por essa razão, não a incluímos nesta análise.

Para além destas dissertações, pudemos ainda tomar em consideração[34] dois escritos da autoria de três (então) doutorandos da Faculdade de Direito da Universidade Nova de Lisboa – Assunção Cristas, Mariana França Gouveia e Vítor Neves – dois dos quais foram orientados por Carlos Ferreira de Almeida[35].

15. Começaremos precisamente pelo primeiro destes escritos, da autoria de Assunção Cristas e Mariana França Gouveia, que apresenta o título *Transmissão da propriedade de coisas móveis e contrato de compra e venda*. Trata-se, esclarece o subtítulo, de um estudo de direito comparado dos direitos português, espanhol e inglês.

É evidente a enorme influência das concepções de Carlos Ferreira de Almeida no texto, fácil de explicar, visto que era ele o regente da disciplina do curso de doutoramento no âmbito da qual foram escritos. A introdução fala por si, sem necessidade de comentários:

O trabalho está dividido em quatro capítulos.
Um primeiro em que se apresentarão as noções fundamentais de cada uma das ordens jurídicas a analisar. É de essencial importância fazer tal apresentação, para se poder depois utilizar, sem ter de a cada passo explicar, determinadas palavras (todas em português), em cada sistema jurídico.
De seguida, apresentar-se-á a grelha comparativa, base metodológica de qualquer trabalho de comparação.
Numa terceira secção, serão analisados os três ordenamentos jurídicos escolhidos para a comparação.
Por fim, far-se-á a síntese comparativa[36].

Tudo foi feito conforme o anunciado.

---

[33] «Uma introdução ao direito comparado», *cit.*, pp. 769-770.
[34] Graças ao auxílio amigo do Professor Rui Pinto Duarte, a quem manifestamos o nosso reconhecimento.
[35] Os dois textos foram publicados conjuntamente sob o título *Transmissão da propriedade e contrato*, Almedina, Coimbra, 2001.
[36] *Transmissão da propriedade e contrato, cit.*, p. 22.

16. Passemos ao segundo escrito, da autoria de Vítor Neves e intitulado *A protecção do proprietário desapossado de dinheiro*.

Trata-se de um texto que anuncia proceder à comparação de duas ordens jurídicas, a inglesa e a portuguesa.

Também neste escrito o Autor teve preocupações metodológicas significativas: delimitou cuidadosamente o objecto; procurou esclarecer o conceito de *dinheiro* nas duas ordens jurídicas; referiu a necessidade de uma grelha comparativa.

O aspecto mais interessante, no plano metodológico, deste texto é que ele assume a renúncia expressa à comparação anunciada, por o Autor ter considerado que o problema não tinha uma solução no direito português vigente; em seu entender, a comparação haveria de se fazer entre o direito inglês e *um (alegado) direito português que, apesar de todos os esforços que se fizessem em sentido contrário, se afiguraria sempre como potencialmente «virtual»*[37].

Dito isto, o Autor passa à descrição da situação em cada um dos direitos, terminando por uma *síntese conclusiva* que é, como seria de esperar, uma síntese «não comparativa». Trata-se afinal, de um escrito que não constitui direito comparado em sentido próprio, não por incapacidade ou negligência do Autor, mas porque este entendeu que não se encontravam reunidas as condições para o fazer[38].

17. A dissertação de Manuel António Pita consagra uma parte importante ao direito comparado, isto é, faz um uso significativo do método da comparação entre ordens jurídicas. As ordens jurídicas sobre que incide a comparação são a alemã, a italiana, a francesa, a espanhola e a portuguesa, tendo o Autor tido o cuidado de justificar a sua escolha (pp. 47/48).

O Autor revela ao longo do texto uma grande preocupação com o sentido do uso do método comparativo, explicando que o objecto da comparação é *o período situado entre a formalização do contrato e a sua inscrição no registo comercial*.

O tratamento dos dados das ordens jurídicas utilizadas é rigoroso e transparente: o Autor formula cinco perguntas e apresenta as respectivas respostas com base em cada uma das ordens jurídicas, elaborando uma grelha comparativa. Pode dizer-se que a influência de Carlos Ferreira de

---

[37] *A protecção do proprietário desapossado de dinheiro*, *cit.*, p.163.
[38] Desconhecemos as reacções que CARLOS FERREIRA DE ALMEIDA terá manifestado quando leu o texto. Mas ficámos com curiosidade...

Almeida está bem patente nesta forma de fazer direito comparado, desde a concepção da grelha comparativa ao uso da ordem jurídica portuguesa.

18. A dissertação de Assunção Cristas revela, no plano que importa a este escrito, menos interesse.

Não existe neste escrito um capítulo autónomo relativo ao direito comparado: apenas encontramos algumas páginas, constituindo o ponto 4.3. do Capítulo II (pp. 81 a 95), páginas que contêm referências ao direito inglês e ao direito norte-americano, sendo a própria a Autora a comentar que tais menções têm *pouco interesse* (p. 81).

Não obstante, encontram-se algumas referências a outras ordens jurídicas dispersas pelo texto, usualmente em nota de rodapé, como sucede com a nota (782), nas páginas 286 e 287.

19. A dissertação de Vítor Neves também não comporta um capítulo autónomo com o direito comparado. A opção do Autor foi dispersar as referências comparativas pelo texto. Aliás, existe mesmo um capítulo, o III, em que anuncia tratar especificamente o direito português.

As comparações são, contudo, abundantes, sendo múltiplas as referências às soluções do direito alemão – nota (156), p. 70, nota (289), p. 110, nota (126), p. 350, entre muitas –, ao direito espanhol – nota (49), p. 68 –, ao direito italiano (nota 151), p. 69 – e ainda mais numerosas as referências a vários direitos estrangeiros – nota (147), p. 67, nota (228), p. 94, nota (380), p. 136.

20. A última dissertação que apreciámos foi a de Margarida Lima Rego.

Também neste texto se não encontra qualquer capítulo dedicado ao direito comparado. Existem muitas referências dispersas a outras ordens jurídicas, salientando-se, nas páginas 158 a 173, o tratamento do conceito de *interesse* no direito inglês e no direito alemão dos seguros e, nas páginas 542 a 548, a análise do modelo de protecção de terceiro lesado no direito alemão.

21. Não estamos, naturalmente, em condições de apreciar as razões das opções destes Autores: limitamo-nos a registar que, com excepção da obra de Manuel António Pita, as dissertações não revelam influência significativa das concepções comparatistas de Carlos Ferreira de Almeida.

Depois, não deixou de nos causar alguma surpresa que Assunção Cristas e Vítor Neves, que haviam respeitado escrupulosamente as concepções comparatistas de Carlos Ferreira de Almeida em escrito anterior, as houvessem abandonado, sem sequer referirem quaisquer circunstâncias que pudessem explicar o respectivo afastamento, na elaboração das suas dissertações.

Uma coisa é para nós segura: para um leigo nas matérias de que tratam as dissertações, como nós, é muito mais fácil conhecer as soluções dos direitos estrangeiros e proceder à respectiva comparação com as nossas num escrito que adopta a metodologia de Manuel António Pita, concentrando as comparações, do que nos textos que as dispersam.

Em suma e em conclusão, só podemos lamentar que as concepções de Carlos Ferreira de Almeida, comparatista, não tenham tido maior repercussão na investigação jurídica que se faz nesta Faculdade.

NOVO MUNDO / VELHA EUROPA
A Comparação do Direito da Imigração no Canadá e na União Europeia

Ana Rita Gil[*]

I – Os desafios da comparação entre o direito da imigração no Canadá e na União Europeia

Pretendendo contribuir para a homenagem a Carlos Ferreira de Almeida, decidimos fazê-lo com um estudo de Direito Comparado de direito da imigração. Não só por ser Direito Comparado, disciplina que a doutrina portuguesa muito deve ao homenageado, mas também por visar um ramo do Direito que ainda não ganhou autonomia doutrinal no nosso ordenamento, e que é marcado por grande interdisciplinaridade. Desafios que o Professor Carlos Ferreira de Almeida não só enfrentou, como também incentivou ao longo da sua carreira, demarcando-se de perspectivas conservadoras de um Direito estático e hermético. Assim, a análise comparativa que nos propomos levar a cabo apresenta vários desafios.

1. O primeiro diz respeito ao ramo jurídico escolhido: o *direito da imigração*. É um desafio pela escassez de tratamento doutrinário[1] e pela

---

[*] Doutoranda na Faculdade de Direito da Universidade Nova de Lisboa.

O presente estudo corresponde a parte das actividades desenvolvidas enquanto investigadora visitante na Universidade da Colúmbia Britânica, Vancouver. A autora agradece ao Prof. Doutor Nuno Piçarra a leitura e sugestões feitas ao presente artigo, que muito contribuíram para enriquecer o mesmo.

[1] Assim também José de Melo Alexandrino, «A nova lei de entrada, permanência, saída e afastamento de estrangeiros», *Revista da Faculdade de Direito da Universidade de Lisboa*, Vol. XLIX, n.ᵒˢ 1 e 2, 2008, p. 69.

sua hibridez, já que é influenciado por vários ramos do saber jurídico e não jurídico.

O *direito da imigração*, porém, reveste autonomia suficiente, não só para ser considerado uma disciplina autónoma, como ainda para ser objecto de comparação. Enquanto disciplina autónoma, pode ser definido como o conjunto de normas que visam regular a entrada, permanência e estatuto dos estrangeiros no território nacional. A autonomia da disciplina deriva, assim, da especificidade do seu objecto – regulação do estatuto e dos direitos de entrada e permanência no território de uma categoria de pessoas – os «*estrangeiros*».

2. O segundo desafio do tema diz respeito às ordens jurídicas escolhidas. Propomo-nos comparar o direito da imigração de um Estado federal – o Canadá – com o equivalente de uma organização supranacional – a União Europeia (UE). Não nos parece que a isso se oponha a ciência do direito comparado, já que a mesma «*tem por objecto estabelecer sistematicamente semelhanças e diferenças entre ordens jurídicas*»[2], não tendo estas que pertencer obrigatoriamente a dois *países* diferentes. Mas é claro que a diferente estrutura dos ordenamentos levanta dificuldades e especificidades, de que iremos dando conta, embora não se pretenda fazer um estudo de macrocomparação entre os mesmos[3].

3. A terceira dificuldade prende-se com o facto de o direito da imigração da UE ser um ramo jurídico ainda em construção – construção que tem sido lenta, difícil e marcada por inúmeras resistências[4]. Assim, actual-

---

[2] CARLOS FERREIRA DE ALMEIDA, *Introdução ao Direito Comparado*, 2.ª edição, Almedina, Coimbra, 1998, p. 9.

[3] Não nos cabe aqui estabelecer sistematicamente as diferenças entre a organização da UE e a de uma federação que, por si só, mereceriam um estudo comparativo autónomo. Sobre essa comparação, v., entre nós, ANA MARIA GUERRA MARTINS, *Curso de Direito Constitucional da União Europeia*, Almedina, Coimbra, 2004, p. 189 e ss., e bibliografia aí citada.

[4] Vários factores o explicam. Desde logo, como reconheceu a Comissão na COM (2007) 780 final, de 05.12.2007, «*Os Estados-membros têm necessidades diferentes, pois também são diferentes as suas necessidades económicas, perspectivas demográficas, normas sociais e laços históricos e, por isso, são também bastante diferentes as suas políticas em matéria de imigração*». Não obstante, tem-se considerado que os vários países têm pelo menos alguns problemas migratórios comuns que justificam que o seu tratamento seja feito em conjunto. Desde logo, nos últimos 30 anos quase todos eles se tornaram países de acolhimento de imigrantes. Para além disso, o impacto das medidas de imigração de um

mente, o direito europeu da imigração apresenta-se ainda fragmentário[5], pelo que a comparação com direito de imigração canadiano apenas se pode realizar em relação a aspectos em que já houve actuação por parte da UE. Nos demais, os Estados-membros possuem ainda liberdade de regulamentação. Não obstante, afigura-se-nos que uma análise comparativa em direito da imigração tem de se situar hoje ao nível da União. Isto porque, desde o Tratado de Amesterdão, ela se encontra apostada em construir uma política de imigração comum, o que passa pela criação de normas que vinculam os Estados-membros, e determinam o sentido final do direito da imigração de cada um.

4. Apesar das dificuldades referidas, julgamos que o estudo reveste inegável interesse. Desde logo, precisamente porque o direito da imigração europeu está em construção. E como tem demonstrado a história, os estudos comparativos afiguram-se particularmente importantes para a evolução do Direito. Ora, a comparação será tanto mais interessante se envolver uma ordem jurídica em que o ramo de direito visado esteja sedimentado por décadas de elaboração doutrinal, como é o caso do direito da imigração do Canadá. O direito da imigração da UE poderá, assim, beneficiar da comparação com o direito da imigração canadiano, até porque, como se verá, as políticas de imigração de ambos se encontram em convergência. O estudo reveste ainda interesse teórico, por comparar dois sistemas marcados por histórias diferentes: o da *velha Europa*, e o do *Novo Mundo*, aqui representado por um dos países que nasceram de raiz como países de imigração.

Estado-membro nos demais justifica uma abordagem comum. V. GIUSEPPE SCIORTINO e FERRUCIO PASTORE, «Immigration and European Immigration Policy: Myths and Realities», in AA.VV., *Justice and Home Affairs in the UE – Liberty and Security issues after Enlargement*, Joanna Apap (ed.), Edward Elgar Publishing Limited, Cheltenham, 2004, p. 199.

[5] Essa fragmentariedade diz respeito não só às matérias em que a UE intervém, como à própria técnica legislativa usada – a da harmonização das legislações, que não tem permitido mais do que uma nivelação superficial das mesmas. Cf. PHILIPPE DE BRUYCKER, «Le niveau d'Harmonisation Législative de la Politique Européenne d'Immigration et d'Asile», in AA.VV., *La Politique Européenne d' Immigration et d'Asile: Bilan Critique cinq ans après le Traité d'Amsterdam*, François Julien LaFerrière, Henri Labayle, Örjan Edström (sup.), Bruylant, Bruxelles, 2005, p. 52.

II – Delimitação do Objecto de Comparação

5. Definido o direito da imigração como o conjunto de normas que visam regular a entrada, permanência e estatuto dos estrangeiros no território, há que saber o que constitui «*estangeiro*» nos dois ordenamentos, para que se possa determinar um critério unitário que delimite os ramos jurídicos a comparar[6]. Ora, o conceito de estrangeiro é distinto nos dois ordenamentos. Na UE, tem correspondido ao do art. 1.º da Convenção de Aplicação do Acordo de Schengen, em que «*estrangeiro*» é «*qualquer pessoa que não seja nacional dos Estados membros das Comunidades Europeias*». Já no que toca à lei canadiana, o art. 2.º, n.º 1, do *Immigration and Refugee Protection Act* (doravante *IRPA*[7]), estipula que estrangeiro é todo aquele que não é cidadão canadiano nem residente permanente[8]. Assim, enquanto a UE se socorre do critério da nacionalidade para delimitar a categoria de «*estrangeiros*», o Canadá usa o critério do tipo de título de permanência no território.

Porém, enquanto esta definição tem relevância no que toca ao âmbito de aplicação pessoal do direito da imigração da UE, isso já não sucede no que toca à lei canadiana, pois a mesma disciplina também as condições de entrada, residência e permanência dos residentes permanentes, apesar de não os considerar «*estrangeiros*». Assim sendo, apesar de a categoria central que concede autonomia ao direito da imigração não revestir o mesmo significado nos dois regimes a comparar, é possível levar a cabo

---

[6] Referindo a necessidade de o objecto de comparação ter de ser considerado de forma unitária sob um determinado critério, CARLOS FERREIRA DE ALMEIDA, *op. cit.*, p. 11.

[7] O regime canadiano da imigração encontra-se plasmado em dois actos legislativos: numa lei-quadro, o *IRPA*, de 2002, que enuncia os princípios e regras essenciais para a Imigração, e que é depois desenvolvida por acto do governo federal – *Immigration and Refugee Protection Regulations* (doravante *IRP Regulations*).

[8] O *IRPA* distingue três categorias de pessoas: o cidadão canadiano, o residente permanente e o estrangeiro. Segue-se a divisão tripartida da Carta Canadiana de Direitos e Liberdades no que toca ao gozo de direitos fundamentais: o cidadão é aquele que goza de direitos mais extensos, incluindo o direito de voto e o direito absoluto de entrar e permanecer no país; o residente permanente possui o direito de entrar e de sair do país, mas esse direito pode ser-lhe retirado se perder o estatuto, e o estrangeiro não tem qualquer direito de entrada, apenas podendo permanecer temporariamente no território enquanto cumprir as condições impostas pelas autoridades. Cfr. YVES LE BOUTHILLIER, «Quelques Aspects de la Nouvelle Loi Canadienne relative à l'Immigration et à l'Asile», *in* AA.VV., *Derecho de la Inmigración y derecho de la Integración. Una Vision múltiple: Unión Européa, Canadá, España, Quebec y Cataluña*, Universitat de Girona, Girona, 2002, p. 53.

essa comparação se se usar a abordagem funcional de que nos fala Carlos Ferreira de Almeida. De acordo com esta abordagem, institutos comparáveis são aqueles que «*dão resposta a necessidades semelhantes, resolvendo o mesmo problema social, político ou económico*»[9]. Se a essa abordagem funcional juntarmos o critério do enquadramento jurídico da instituição[10], concluímos que é possível comparar os dois regimes da imigração, já que os mesmos visam, afinal, a resolução de questões jurídicas semelhantes – as condições de entrada, permanência e estatuto de não nacionais no território das ordens jurídicas envolvidas.

6. Uma análise comparativa do direito da imigração relevaria da «mesocomparação» de que nos fala Carlos Ferreira de Almeida, por visar comparar dois ramos jurídicos de dois ordenamentos jurídicos diferentes[11]. Na determinação dos vários aspectos a comparar, há que ter em conta a específica natureza do direito da imigração. Trata-se de um ramo do direito extremamente mutável, politizado e dependente das conjunturas económico-sociais. Mas no nosso entender, é composto também por um conjunto de normas mínimas, que visam implementar o respeito pelos direitos fundamentais do estrangeiro e que, por isso, não podem ser derrogadas pelas maiorias conjunturais. Assim, o direito da imigração será fruto e resultado de dois tipos de normas: primeiro, das que resultam da política de imigração, que a cada momento visa responder às referidas estratégias. Segundo, das normas que não estão dependentes das variações conjunturais e constituem mínimos que devem ser sempre reconhecidos à pessoa estrangeira, derivados do respeito pelos seus direitos fundamentais. Uma análise mesocomparativa deve, pois, abordar estes dois aspectos, já que a suposta maior ou menor «*abertura*» de que se fala em relação à imigração só poderá ser avaliada em função destas duas vertentes.

No que toca às normas «*conjunturais*» da imigração, aspectos a ter em conta serão as condições de entrada no território, razões de recusa de entrada e de afastamento de estrangeiros e estatuto dos mesmos. No que toca às normas mínimas de protecção dos estrangeiros, há que ter em conta se o âmbito de aplicação pessoal das leis fundamentais os abrange, que direitos lhes são reconhecidos e em que circunstâncias a protecção desses

---

[9] Carlos Ferreira de Almeida, *op. cit.*, p. 23.
[10] Carlos Ferreira de Almeida, *op. cit.*, p. 24.
[11] Carlos Ferreira de Almeida, *op. cit.*, p. 12.

direitos implica um direito à entrada, à permanência ou ao acesso a um determinado estatuto no território, independentemente das opções legais.

7. Apesar de tentador, não iremos levar a cabo esse estudo de mesocomparação, que se afiguraria demasiado extenso para os presentes *Estudos em Homenagem*. O nosso objectivo é levar a cabo uma primeira abordagem comparativa que envolva o direito da imigração. Assim, estudaremos a título ilustrativo apenas dois aspectos – a disciplina da imigração económica e a da imigração familiar. Teremos em conta as normas concretizadoras da política de imigração actualmente em vigor nos dois ordenamentos. Afastamo-nos assim da mesocomparação do direito da imigração, que só seria possível se se tivesse em conta simultaneamente a protecção dos direitos fundamentais dos estrangeiros, e optamos antes por uma microcomparação, que abordará apenas os dois institutos referidos, enquanto institutos que concretizam políticas de imigração actuais. Alertamos para o facto de a análise assim levada a cabo não poder servir para se retirarem conclusões típicas de um trabalho de mesocomparação, respeitantes a saber qual o ordenamento jurídico mais «aberto» em relação ao direito da imigração. As únicas conclusões a retirar apenas poderão dizer respeito às actuais opções de política de imigração traduzidas nos dois institutos a analisar.

8. Antes de avançarmos, porém, para a comparação desses dois institutos, afigura-se-nos indispensável, primeiro, analisar de que forma nos dois ordenamentos jurídicos se procede à distribuição de competências em matéria de imigração entre o nível supra-estadual e o estadual, e, em seguida, abordar resumidamente a evolução histórica das políticas de imigração de ambos, sem o que a compreensão das soluções normativas em vigor se afiguraria descontextualizada e a comparação inevitavelmente pobre.

III – A divisão de competências entre o nível estadual e supra-estadual

9. Em ambos os sistemas há uma partilha das competências em matéria de imigração entre os níveis estadual e supra-estadual, não possuindo nem a UE nem o parlamento e governo federais canadianos competência exclusiva nessa matéria.

No Canadá, o art. 95.º da Constituição de 1867 dá poderes concorrentes em matéria de imigração ao parlamento federal e às várias províncias: o parlamento federal tem poder para fazer leis em relação ao Canadá como um todo. Os parlamentos provinciais têm poder para fazer leis no que toca às questões de imigração da província[12], desde que não contrariem qualquer lei do parlamento canadiano[13].

No que toca à UE, o art. 79.º do Tratado de Funcionamento da União Europeia (TFUE) fixa, entre as áreas da competência da UE, as condições de entrada e residência dos nacionais de países terceiros no território da União[14]. Esclarece o art. 4.º, n.º 2, alínea *j*), que se trata de competência partilhada entre a União e os Estados-membros. Isso significa que quer a União quer os Estados-membros podem legislar nesse domínio. Os Estados exercem a sua competência na medida em que a União não tenha exercido a sua e voltam a exercê-la se a União tiver decidido deixar de exercer a sua (art. 2.º, n.º 2, do TFUE).

10. Apesar de em ambos os sistemas a matéria de imigração ser da competência partilhada entre o nível estadual e supra-estadual, existem diferenças estruturais, derivadas da diferente natureza das duas ordens jurídicas. Como refere Henri Labayle, a intervenção da UE visa apenas orientar e coordenar as diferentes abordagens nacionais, através do mecanismo da harmonização das legislações, juntamente com a intervenção do princípio da subsidiariedade[15]. Assim, o direito da imigração da UE visa harmonizar as regras respeitantes à imigração através do estabelecimento de

---

[12] No que toca a aquisição e perda de cidadania, o parlamento federal tem competência exclusiva. Contrariamente, no sistema da UE, os Estados-membros é que possuem competência exclusiva em matéria de aquisição da cidadania. Para mais desenvolvimentos, v. KEVIN TESSIER, «Immigration and the Crisis in Federalism: A Comparison of the United States and Canada», *Indiana Journal of Global Legal Studies*, Vol. 3, 1995-1996, p. 223.

[13] Para evitar conflitos, a lei estabelece vários mecanismos de cooperação e consulta entre os governos provinciais e o governo federal. V. KEVIN TESSIER, *op. cit.*, p. 244.

[14] Sobre a evolução das competências da União em matéria de direito da imigração, v. STEVE PEERS, «From Black market to Constitution: The Development of the Institutional Framework for EC Immigration and Asylum Law», *in UE Immigration and Asylum Law*, Steve Peers and Nicola Rogers (eds.), Martinus Nijhoff Publishers, Leiden, Boston, 2006, p. 40 e ss.

[15] HENRI LABAYLE, «Vers une Politique Commune de l'Asile et de l'Immigration dans l'Union Européenne», *in* AA.VV., *La Politique Européenne d'Immigration et d'Asile: Bilan Critique cinq ans après le Traité d'Amsterdam*, François Julien LaFerriére, Henri Labayle, Örjan Edström (sup.), Bruylant, Bruxelles, 2005, *op. cit.*, p. 31.

normas mínimas, deixando aos Estados-membros o poder de estabelecer disposições mais favoráveis. Já no Canadá a lei de imigração federal estabelece normas concretas que não dependem de qualquer transposição, são directamente aplicáveis às províncias e disciplinam de forma imediata os casos concretos.

Para além disso, o exercício das competências não exclusivas da UE é disciplinado pelo princípio da subsidiariedade, plasmado no art. 5.° do Tratado da União Europeia (TUE), de acordo com o qual, nos domínios que não sejam das suas atribuições exclusivas, a Comunidade intervém apenas se os objectivos da acção pretendida não puderem ser suficientemente realizados pelos Estados-membros isoladamente[16]. Semelhante limitação não existe na partilha de competências federais e provinciais do Canadá.

11. Em ambos os sistemas a divisão de competências em matéria de imigração é objecto de grande complexidade e de excepções, derivadas sobretudo da sensibilidade da matéria.

Na UE, isso traduz-se desde logo em relação a determinados aspectos que, por estarem mais intimamente ligados às soberanias estaduais, são da competência exclusiva dos Estados-membros. É o caso, desde logo, das responsabilidades em matéria de manutenção da ordem pública e de garantia da segurança interna, nos termos do art. 72.° do TFUE. Como refere Henri Labayle, a problemática da preservação da ordem pública situa-se no cerne de qualquer política migratória, pelo que reservar essa competência aos Estados-membros traduz-se numa grande limitação no que toca à construção de um direito comum de imigração[17]. Semelhante problema não se coloca no Canadá. Esta particularidade justifica-se pelo facto de a manutenção da ordem pública e segurança serem tradicionais prerrogativas da soberania estadual, que os Estados-membros da UE pretendem manter, o mesmo não sucedendo no que toca às províncias de um Estado federal.

---

[16] Refere MARIA DO ROSÁRIO VILHENA que o princípio da subsidiariedade se traduz numa ordem de abstenção, visando evitar o excesso de intervenção supra-estadual. Cf. *O Princípio da Subsidiariedade no Direito Comunitário*, Coimbra, Almedina, 2002, p. 110. Já ANA MARIA GUERRA MARTINS defende o carácter neutro do princípio. Cf. *op. cit.*, p. 257. Note-se que no TFUE o controlo do respeito por este princípio foi reforçado nas matérias respeitantes ao espaço de liberdade, segurança e justiça, através da previsão do controlo da sua observância por parte dos parlamentos nacionais (art. 69.°).

[17] HENRI LABAYLE, *op. cit.*, p. 24.

12. Para além disso, e agora em ambos os ordenamentos jurídicos, a divisão de competências não tem sido homogénea. No que toca ao Canadá, a política de imigração encontra-se no centro da crise constitucional derivada das aspirações autonómicas do Quebeque, que tem encarado a política de imigração como um instrumento para atingir os seus objectivos de afirmação cultural[18]. Assim, devido a um acordo especial de 1991 com o governo federal, a província tem poderes especiais no que toca à imigração[19]. O acordo permite que o Quebeque seleccione os seus imigrantes de categoria económica[20] e estabelece que Otava deverá consultar o Quebeque no que toca à fixação dos objectivos anuais de imigração. O Quebeque é actualmente a única província com uma lei de imigração própria – *A Loi sur l'Immigration du Québec* – e um departamento governamental em matéria de Imigração – o *Ministère de l'Immigration et des Communautés culturelles*.

Também na UE a imigração é uma política comum de geometria variável. Isto devido a dois Protocolos anexos ao Tratado e que, nos termos do art. 51.° do TUE, dele fazem parte integrante. Eles dizem respeito, por um lado, ao Reino Unido e à Irlanda e, por outro, à Dinamarca. No que toca ao Reino Unido e à Irlanda, estes Estados-membros podem escolher caso a caso as disposições do Tratado e os actos jurídicos adoptados em matéria de política de imigração a que se pretendam vincular[21]. Também a Dinamarca dispõe dessa possibilidade nos termos do respectivo Protocolo[22].

---

[18] KEVIN TESSIER, *op. cit.*, p. 211.

[19] Acordo Gagnon-Tremblay/McDougall, assinado em Fevereiro de 1991. Para mais desenvolvimentos, v. JEAN-PIERRE ARSENAULT, «La Politique d'Immigration Québécoise», in AA.VV., *Derecho de la Inmigración y derecho de la Integración. Una Vision múltiple: Unión Européa, Canadá, España, Quebec y Cataluña*, Universitat de Girona, Girona, 2002, p. 77.

[20] A lei de imigração do Quebeque fixa critérios autónomos de admissão de pessoas que podem entrar a título de residentes permanentes por motivos económicos. Alguns deles justificam-se com o objectivo de afirmação da cultura francófona. Assim, a título de exemplo, valora-se mais o conhecimento da língua francesa que da língua inglesa. Para mais desenvolvimentos, v. JEAN-PIERRE ARSENAULT, *op. cit.*, p. 82.

[21] Protocolo relativo à posição do Reino Unido e da Irlanda em relação ao Espaço de Liberdade, Segurança e Justiça. Nos termos dos arts. 3.° e 4.°, esses Estados podem participar na adopção dos actos ou vincular-se aos mesmos *a posteriori* após a sua adopção.

[22] Arts. 3.° e 4.° do anexo ao Protocolo relativo à posição da Dinamarca. O Protocolo prevê ainda que a Dinamarca aceite os actos destinados a desenvolver o acervo de Schengen sob a forma de actos de direito internacional (art. 4.°). Para mais desenvolvi-

Contrariamente ao que se passa no Quebeque, em que as excepções à distribuição de competências foram justificadas por razões de afirmação cultural, no caso do Reino Unido e da Irlanda justificaram-se com razões securitárias, ligadas à supressão do controlo de pessoas nas fronteiras internas, introduzida pelos Acordos de Schengen e recusada pelo Reino Unido. Já no caso da Dinamarca, esta situação tem na sua base receios de perda de soberania, já que este Estado-membro considera que as matérias ligadas à política de imigração se deveriam manter numa base estritamente intergovernamental[23]. A técnica de previsão de excepções é também diferente. No caso da UE, os Estados em causa estão desvinculados dos actos adoptados, podendo optar por participar dos mesmos caso a caso. No caso do Quebeque, a lei de imigração federal aplica-se em geral a todas as províncias, mas estabelece excepções no que toca às condições da imigração para o Quebeque, remetendo a regulamentação para a respectiva lei provincial[24].

13. A divisão de competências em matéria de imigração é um assunto extremamente sensível nas duas ordens jurídicas. Se na União isso se agrava por estarem em causa vários Estados soberanos, no Canadá é também nesta matéria que mais se fazem sentir as aspirações autonómicas do Quebeque. Não obstante, o Canadá demonstra que essas dificuldades não são um obstáculo à criação de um direito de imigração sólido, como se verá de seguida.

IV – Os diferentes rumos da política de imigração

14. As diferenças do direito da imigração dos dois sistemas jurídicos em análise apenas se poderão compreender após uma incursão nas his-

---

mentos, v. NUNO PIÇARRA, «O Espaço de Liberdade, Segurança e Justiça no Tratado que estabelece uma Constituição para a Europa: Unificação e Aprofundamento», *O Direito*, Vol. IV-V, 2005, p. 1006 e ss.

[23] NUNO PIÇARRA, «O Espaço de Liberdade, Segurança e Justiça após a assinatura do Tratado que estabelece uma Constituição para a Europa: Balanço e Perspectivas», in *Polícia e Justiça*, n.º 5, Jan.-Jun. 2005, p. 21.

[24] Vejam-se os art. 65.º, n.º 2, 67.º, alínea *a*), 68.º, alínea *a*), 70.º, n.º 3, e 71.º, todos das *IRP Regulations*, que ressalvam que quem pretenda imigrar para o Quebeque tem de cumprir os critérios de admissão previstos na respectiva legislação provincial.

tórias que marcaram o surgimento de cada um e nas políticas que orientam o sentido das opções legais.

15. O direito da imigração do Canadá desde cedo esteve ligado ao interesse de promoção da prosperidade nacional. Nos finais do séc. XVIII surgiram de forma sistemática várias leis destinadas a regular a admissão e exclusão de estrangeiros[25], visando promover a imigração, e, ao mesmo tempo, seleccionar os imigrantes que deveriam ser admitidos a entrar no país de acordo com os interesses nacionais[26]. A partir de 1872 começaram a fixar-se classes de pessoas cuja entrada era proibida, tendo os inícios do séc. XX sido marcados por uma tendência de racialização da imigração. Essa política culminou com a aprovação do *Chinese Immigration Act*, de 1923, destinado a proibir a entrada de imigrantes de proveniência chinesa no país. De uma forma geral até 1967, a política de imigração era baseada num sistema de preferência nacional dos europeus: era a chamada «*White Canada policy*».

Em 1967, o Canadá alterou de forma significativa as suas políticas de imigração, visando afastar-se de considerações ligadas à origem nacional dos imigrantes para se focar em objectivos ligados à prosperidade económica[27]. Nessa data, a selecção de imigrantes foi sistematizada através da consagração do sistema de pontos, destinado a dar precisão ao processo de avaliação das vantagens de admissão dos imigrantes. A política do multiculturalismo, aprovada em 1971, marcou o surgimento de uma atitude de abertura no que toca à entrada de imigrantes provenientes de variadas partes do mundo. Foi mais tarde consagrada na lei de imigração de 1976, que se manteve em vigor, com várias alterações, até 28 Junho de 2002, data do *IRPA*.

16. No que toca à Europa, o controlo dos movimentos migratórios desenvolveu-se sobretudo após a Revolução Francesa[28]. A Suíça e a França

---

[25] DONALD GALLOWAY, *Immigration Law*, Iriwin Law, Ontario, 1997, p. 3.

[26] RONALD G. ATKEY, «Canadian Immigration Law and Policy: A study in politics, demographics and economics», *Canada-United States Law Journal*, Vol. 16, 1990, p. 59.

[27] K. SOMERVILLE e S. WALSWORTH, «Vulnerabilities of Highly Skilled Immigrants in Canada and the United States», *American Review of Canadian Studies*, Vol. 39, No. 2, June 2009, p. 149.

[28] RICHARD PLENDER, *International Migration Law*, Martinus Nijhoff Publishers, Leiden, Boston, 1988, p. 64 e ss.

foram os primeiros países a introduzir leis relativas aos passaportes em 1797, motivados por preocupações de ordem política, apesar de ainda se aceitar generalizadamente um direito de livre circulação[29]. O início do séc. XX foi marcado pelo surgimento de uma tendência restritiva devido ao aumento dos fluxos migratórios iniciados pela I Grande Guerra e pela situação económica e social. Essas tendências inverteram-se com o desenvolvimento económico do pós-II Guerra, que fez surgir a necessidade de mão-de-obra na indústria pesada e agricultura, tendo os países sentido necessidade de atrair trabalhadores estrangeiros[30]. A maior parte dos Estados europeus fechou as fronteiras após a crise económica dos anos 70[31]. A imigração passou a estar limitada às formas temporárias de imigração ou às necessárias para respeito das normas internacionais em matéria de direitos fundamentais (reagrupamento familiar e protecção de refugiados), excluindo-se por isso a imigração económica e voluntária.

17. Era essa a conjuntura existente nos inícios da construção de uma política europeia de imigração. Durante bastante tempo, a regulação da imigração era um assunto que apenas dizia respeito aos Estados-membros. A assinatura, em Schengen, a 14 de Junho de 1985, de um acordo destinado à instituição de um espaço de livre circulação de pessoas através da abolição de controlos nas fronteiras internas veio alterar essa situação. A referida abolição de controlos reclamou a necessidade de medidas compensatórias, traduzidas no reforço do controlo das fronteiras externas e no estabelecimento de regras comuns em matéria de passagem das mesmas, de vistos e de admissão de estrangeiros. Foram esses os primórdios da política de imigração comum, marcados por uma dimensão securitária[32] e que se traduziu na criação de uma «Europa-fortaleza», através do reforço dos controlos nas fronteiras externas e da luta contra a imigração ilegal[33].

---

[29] SYLVIE SAROLÉA, *Droits de l'Homme et Migrations*, Bruylant, Bruxelles, 2006, p. 319.

[30] ESTHER EZRA, «The Undesired: Exclusion (and Inclusion) in Migration Policy-making in Europe», *in Revue des Affaires Européennes*, a. 2000, vol. 1-2, p. 12.

[31] Estamo-nos a referir sobretudo aos tradicionais países europeus de imigração, como a Inglaterra, a França e a Alemanha. Para uma análise da evolução das políticas de imigração destes países, v. ESTHER EZRA, *op. cit.*, pp. 7-38.

[32] HENRI LABAYLE, *op. cit.*, p. 23.

[33] Assim o Programa de acção de Viena, aprovado pelo Conselho de Justiça e Assuntos Internos de 3 de Dezembro de 1998, publicado no *JO* de 23.01.1999.

O acervo de Schengen foi integrado na UE com o Tratado de Amesterdão[34]. No mesmo ano, em Tampere, desenvolveram-se as bases para uma política comum de imigração[35], reconhecendo-se a necessidade de aproximação das legislações nacionais sobre condições de admissão e residência de nacionais de países terceiros. Não obstante, o acento tónico continuou a colocar-se na necessidade de um controlo coerente das fronteiras exteriores a fim de parar a imigração ilegal.

Em 2000 iniciou-se uma segunda fase, com o lançamento por parte da Comissão de um debate sobre uma política de gestão dos fluxos migratórios à escala europeia[36]. Reconhecendo, primeiro, que as pressões migratórias se iriam manter, apesar da adopção de muitas *«políticas de imigração zero»* por parte de Estados-membros e, segundo, a necessidade de imigração para fazer face ao declínio da população da UE e à falta de mão-de-obra em certos sectores, a Comissão referiu ser necessário abrirem-se os canais de imigração legal. Isso seria feito através de três vias: imigração humanitária, familiar e económica. A esta mudança na política de imigração não foi alheia a Estratégia de Lisboa[37], que estabeleceu um novo objectivo para a UE: o de se tornar a economia mais competitiva e dinâmica baseada no conhecimento. O acesso ao mercado de trabalho por parte dos imigrantes representava uma componente essencial para o sucesso dessa estratégia[38].

18. Como se vê da curta análise que levámos a cabo, as primeiras preocupações da política de imigração do Canadá diziam respeito à regulação da imigração legal, o que se justifica pela necessidade de povoar

---

[34] Com a entrada em vigor do Tratado de Amesterdão, em 1 de Maio de 1999, foi atribuído à UE um novo objectivo global: o desenvolvimento de um espaço de liberdade, segurança e justiça, *«em que seja assegurada a livre circulação de pessoas, em conjugação com medidas adequadas em matéria de controlos nas fronteiras externas, asilo e imigração (...)»*, de forma a *«possibilitar que a União Europeia se transforme mais rapidamente num espaço de liberdade, segurança e justiça»* (Protocolo que integra o Acervo de Schengen no âmbito da União Europeia).

[35] Conclusões do Conselho Europeu de Tampere, de 15 e 16 de Outubro de 1999.

[36] COM (2000) 757 final, de 22 de Novembro de 2000.

[37] Delineada no Conselho Europeu de Lisboa, de Março de 2000. Para mais desenvolvimentos, v. STEVE PEERS e NICOLA ROGERS, *Immigration and Asylum Law* (eds.), Martinus Nijhoff Publishers, Leiden, Boston, 2006, p. 769 e ss.

[38] COM (2003) 336 final, 03 de Junho de 2003. Esse objectivo tem vindo a ser reafirmado nos mais recentes instrumentos, como a COM (2008) 611 final, de 08.10.2008.

o território do *Novo Mundo*[39]. Contrariamente, desde o início, as primordiais preocupações da política de imigração europeia foram marcadas por exigências de segurança. Resta saber se essas divergências marcam ainda as actuais políticas de imigração dos dois sistemas.

19. Nos termos do art. 3.º, n.º 1, do *IRPA,* continuam a ser objectivos actuais da política de imigração do Canadá a promoção dos benefícios sociais, económicos e culturais derivados da imigração (als. *a*), *b*), *c*)). Visa-se ainda promover a reunificação das famílias (*d*), e a integração dos imigrantes (als. *e*), *j*)). A gestão da imigração legal continua a ser o principal objectivo da lei. Isso permite a compreensão de determinadas soluções legais que não encontramos numa política europeia de imigração surgida principalmente com objectivos securitários.

20. O Canadá tem desde sempre visado atrair imigrantes que se estabeleçam permanentemente no território e que possam mais tarde adquirir a cidadania. A imigração temporária é encarada como um meio usado apenas para suprir necessidades de trabalho imediatas. Assim, um imigrante pode entrar no país logo com o estatuto de residente permanente, desde que tenha sido seleccionado para tal. Contrariamente, os países da Europa têm tradicionalmente vindo a preferir a imigração temporária, pelo que um estatuto mais estável só se conquista após uma estadia de determinada duração[40]. Nesse sentido, já se sublinhou que os países europeus não esperam que os imigrantes permaneçam no país após terem suprido as suas necessidades temporárias, sendo desejável, pelo contrário, que regressem ao país de origem[41].

---

[39] KEVIN TESSIER, *op. cit.*, p. 233.

[40] JOANNA APAP, «Recent Developments as regards European Migration Policy in view of an Enlarged Europe», *in* AA.VV., *Justice and Home Affairs in the UE – Liberty and Security issues after Elargement*, Joanna Apap (ed.), Edward Elgar Publishing Limited, Cheltenham, 2004, p. 184. Veja-se, a título de exemplo, a Directiva 2003/109/CE, do Conselho, de 25 de Novembro de 2003, relativa ao estatuto dos nacionais de países terceiros residentes de longa duração, que confere aos imigrantes residentes nos Estados--membros um estatuto mais estável ao fim de cinco anos de residência.

[41] B. LINDSAY LOWELL e SUSAN MARTIN, «Transatlantic Round table on High Skilled Migration: A Report on the Proceedings», *Georgetown Immigration Law Journal*, Vol. 15, 2001-2002, p. 654.

21. Não obstante, fazem-se sentir algumas aproximações entre os dois regimes. Desde logo, a lei canadiana tem vindo a alargar as possibilidades de recurso à imigração temporária, para cobrir necessidades dos sectores de trabalho menos qualificados, mesmo que essas necessidades não sejam temporárias. Muitos autores têm tecido várias críticas a esse alargamento[42]. Nessa sequência, a lei canadiana alargou também as possibilidades de os residentes temporários requererem residência permanente[43].

22. Por outro lado, à semelhança do Canadá, a UE reconhece hoje que a imigração pode contribuir significativamente para a prosperidade dos Estados-membros. Em 2007, a Comissão afirmou que a Europa estava obrigada a recorrer cada vez mais à imigração para equilibrar a oferta e a procura nos mercados de trabalho e, em geral, para impulsionar o crescimento económico[44]. Por seu turno, o Pacto Europeu de Imigração e de Asilo de 2008[45] veio relembrar que a UE não pode acolher dignamente todos os imigrantes que a procuram, pelo que a organização da imigração deveria ter em conta as capacidades de acolhimento dos Estados-membros. Assim, se por um lado se reconhece a importância da contribuição da imigração legal para o desenvolvimento socioeconómico da UE, por outro lado, há uma clara exclusão das imigrações em massa. Para equilibrar estes dois objectivos, o Conselho criou o conceito da «*imigração escolhida*»: a imigração seria incentivada, «*mas sob condição de melhorar radicalmente a combinação entre as necessidades do mercado de trabalho, as qualificações dos imigrantes e a sua integração global*»[46].

A UE encontra-se, pois, também ela, apostada a construir uma política de imigração legal por motivos económicos. Por outro lado, reconhece a necessidade de uma imigração escolhida, tal como o Canadá, que histo-

---

[42] Muitas delas dizem respeito ao programa de trabalhadores agrícolas sazonais, que tem vindo a promover graves situações de exploração. V. KERRY PREIBISCH e LUZ MARÍA HERMOZO SANTAMARIA, «Engendering Labour Migration: The Case of Foreign Workers in Canadian Agriculture», *in* AA.VV., *Women, Migration and Citizenship*, Ashgate Publishing, Hampshire – Burlington, 2006, pp. 107-131.
[43] Nos termos do art. 65.º, *IRP Regulations* o imigrante deve ter vivido no Canadá pelo menos três ou cinco anos (dependendo do motivo pelo qual não pode beneficiar automaticamente do direito de residência permanente).
[44] COM (2007) 780 final, de 05.12.2007.
[45] Aprovado pelo Conselho Europeu de Bruxelas, de 15 e 16 de Outubro de 2008.
[46] COM (2007) 780 final, de 05.12.2007.

ricamente sempre apostou numa imigração seleccionada. As pistas para semelhante selecção passarão pelas necessidades de mercado de trabalho. Já no Canadá, como se verá, têm em conta as especiais capacidades dos candidatos.

23. Por seu turno, a lei canadiana, elaborada após os ataques de 11 de Setembro e marcada por grande participação pública[47], manifesta hoje também preocupações de securitarismo. A manutenção da saúde pública e segurança pública são listadas entre os objectivos da política de imigração (al. *h*), *i*) do n.º 1 do art. 3.º, *IRPA*). Por outro lado, os motivos de recusa de entrada de estrangeiros no território são vastíssimos, contando--se entre eles razões de segurança, violação de obrigações internacionais, criminalidade grave ou organizada, saúde pública, motivos económicos, falsas declarações e fraude (arts. 34.º-40.º, *IRPA*). Neste ponto pois, é a política de imigração canadiana que se aproxima da europeia.

24. Finalmente, em ambos os sistemas prevêem-se formas de salvaguardar a imigração familiar e por motivos humanitários. A selecção dos residentes permanentes no Canadá faz-se através da sua inserção numa de três categorias: imigração económica, reagrupamento familiar e protecção dos refugiados (art. 12.º, *IRPA*). A política de imigração canadiana aproxima-se, por isso, dos três eixos da política de imigração europeia delineada pela Comissão em 2000: imigração económica, familiar e humanitária. Resta-nos comparar a actual regulação dos primeiros dois. Sublinhamos desde já que é diferente o peso dado pelos dois sistemas a cada um deles: no Canadá a imigração económica abrange cerca de 60 por cento do total da imigração[48]. Pelo contrário, o reagrupamento familiar continua a ser a maior via de imigração na Europa[49].

---

[47] YVES LE BOUTHILLIER, *op. cit.*, p. 53.

[48] Em 2007, de todos os novos residentes permanentes do Canadá, 55,4 por cento pertenciam à categoria económica. K. SOMERVILLE e S. WALSWORTH, *op. cit.*, p. 149. O governo federal tem tentado manter esta tendência, procurando limitar o número de refugiados e de reagrupamentos familiares apenas em 40%. Cf. PATRICIA M. IRIBARREN, «Canada's new Immigration Policy: Family Reunification versus Skilled Workers», *Georgetown Immigration Law Journal*, Vol. 9, Winter, 1995, p. 227.

[49] Na Europa, em média, a imigração familiar chega a 40%-60% do total da imigração. Cf. KEES GRONENDIJK, «Familiy reunification as a right under community law», *European Journal of Migration and Law*, Vol. 8, n.º 2, 2006, p. 215.

V – Imigração Económica

25. Até há bem pouco tempo não existia na UE disciplina jurídica específica da imigração económica, apesar de várias propostas e tentativas de regulação[50]. O acesso ao trabalho por parte de imigrantes era, porém, um aspecto abordado noutros instrumentos, o que tornava paradoxal a inexistência de um regime global disciplinador da imigração económica[51]. Assim, consciente da necessidade de se criar um regime jurídico comum da imigração com fins económicos, a Comissão propôs uma abordagem composta por uma Directiva-quadro e quatro instrumentos específicos. A primeira, que se encontra actualmente em discussão[52], visa estabelecer um procedimento para concessão de autorização única de residência e de trabalho para os nacionais de países terceiros, bem como garantir direitos socioeconómicos básicos em condições de igualdade com os cidadãos da UE, no que toca a condições de trabalho, saúde e segurança no local de trabalho, educação, reconhecimento de qualificações e acesso à segurança social. Por seu turno, as quatro Directivas sectoriais visarão regular as condições de entrada e residência das seguintes categorias de agentes económicos: trabalhadores altamente qualificados, trabalhadores sazonais, pessoas transferidas dentro da mesma empresa e estagiários remunerados. Para além destas categorias, recentes trabalhos da Comissão têm ainda dado atenção à imigração temporária para fins comerciais[53], bem como à

---

[50] Em 2000, a Comissão fez uma proposta de Directiva relativa às condições de entrada e de residência de nacionais de países terceiros para efeitos de trabalho assalariado e de exercício de uma actividade económica independente (COM (2001) 386, de 21.11.2001), que foi abandonada durante as negociações, face à impossibilidade de se chegar a acordo entre os Estados-membros. Sobre as várias tentativas de regulação da imigração laboral na UE, v. STEVE PEERS and NICOLA ROGERS, *op. cit.*, p. 671 e ss.

[51] STEVE PEERS, *UE Justice and Home Affairs Law*, Oxford University Press, Oxford, 2006, p. 224. Esses instrumentos regulavam a imigração por outros motivos, mas conferiam aos imigrantes o direito de acesso ao trabalho e ao exercício de uma actividade económica. Exemplos desses instrumentos são: a Directiva 2003/86/CE, sobre o Reagrupamento familiar dos nacionais de países terceiros, a Directiva 2003/109/CE, relativa ao estatuto dos nacionais de países terceiros residentes de longa duração, a Directiva 2004//114/CE, relativa às condições de admissão de nacionais de países terceiros para efeitos de estudos, e a Directiva 2005/71/CE, relativa à admissão de nacionais de países terceiros para efeitos de investigação científica.

[52] COM (2007) 638 final, de 23.10.2007.

[53] COM (2008) 611 final, de 08.10.2008.

imigração de empreendedores e investidores[54]. São estes, pois, os imigrantes económicos que a UE visa actualmente atrair.

26. Já o Canadá possui uma sólida disciplina da imigração económica, que parte do princípio de que os imigrantes são seres sociais e económicos que trazem contributos insubstituíveis à sociedade[55]. A categoria de imigrantes económicos beneficia automaticamente do direito de residência permanente. É composta pelas seguintes categorias: trabalhadores qualificados, investidores[56], empreendedores[57] e os trabalhadores por conta própria[58] (art. 70.°, n.° 2, alínea *b*), *IRP Regulations*). Há, pois, uma certa convergência no que toca às categorias de imigrantes económicos que os dois ordenamentos elegem como prioritárias.

27. As instituições europeias já haviam demonstrado interesse em se aproximarem da percentagem de imigrantes qualificados do Canadá[59], o que seria importante para a Estratégia de Lisboa. Assim, não admira que o primeiro (e por enquanto único) regime jurídico europeu relativo à imigração económica diga respeito aos trabalhadores qualificados. Trata-se da Directiva relativa às condições de entrada e de residência de nacionais de países terceiros para efeitos de emprego altamente qualificado (a chamada Directiva do cartão azul)[60], que visa regular a admissão e a mobilidade – para efeitos de um emprego altamente qualificado – de nacionais de países terceiros por períodos superiores a três meses. Comparemos o seu regime com o actualmente em vigor no direito canadiano.

---

[54] COM (2008) 359 final, de 17.06.2008.

[55] MENDEL GREEN, «How Canada Selects the Brightest and the Best and Preserves Family Reunification in the Immigration Process», in AA.VV., *Looking ahead: International Law in the 21st century*, Kluwer Law International, Hague – London, 2000, pp. 228-234.

[56] Investidor é definido como aquele que controla ou dirige um negócio e que pretende fazer ou fez um mínimo de investimentos no Canadá.

[57] Empreendedor é definido como aquele que possui a capacidade para dar um contributo económico importante através do qual será criado ou mantido pelo menos um emprego para um cidadão canadiano ou residente permanente.

[58] Trabalhador por conta própria é aquele que tem condições para criar uma actividade que irá produzir uma contribuição significativa para a economia ou vida artística e cultural do Canadá.

[59] De acordo com dados da COM (2007) 780 final, de 05.12.2007, a percentagem de imigrantes qualificados era de 1,7% na UE e de 7,3% no Canadá.

[60] Directiva 2009/50/CE do Conselho, de 25 de Maio de 2009.

28. Desde logo, há que saber o que se considera trabalhador qualificado. Na lei canadiana é considerado como tal quem tenha pelo menos um ano de experiência nos dez anos anteriores ao pedido[61], em uma das seguintes ocupações: cargos de direcção, ocupações que normalmente requerem um diploma universitário e ocupações que normalmente requerem um diploma pós-secundário (art. 75.°, *IRP Regulations*)[62]. A Directiva da UE, por seu turno, fala de «*qualificações profissionais elevadas*». Nos termos do art. 2.°, alínea *g*), essas qualificações são as comprovadas por um diploma do ensino superior, ou, quando previsto no direito nacional, por um mínimo de cinco anos de experiência profissional de nível comparável a habilitações de ensino superior pertinentes na profissão ou sector em causa. Contrariamente ao direito canadiano, que exige simultaneamente a posse de experiência profissional e de qualificações académicas elevadas, na UE, se o direito nacional o previr, o critério da experiência aparece em alternativa ao critério das qualificações académicas, sendo suficiente o preenchimento ou de um ou de outro para o imigrante se poder considerar trabalhador qualificado.

29. Não basta preencher o conceito referido para que se possa imigrar para o Canadá com o estatuto de trabalhador qualificado. É ainda necessário cumprir determinados critérios de selecção. O sistema canadiano estabelece um sistema de selecção que visa determinar a capacidade do requerente para se estabelecer com sucesso no Canadá, em que são atribuídos pontos ao candidato de acordo com determinados critérios objectivos[63]. O Ministro competente fixa o número mínimo de pontos que um requerente deve reunir para poder imigrar por esta via. Este sistema tem

---

[61] A fixação do período de dez anos visa não penalizar as mulheres que, por razões familiares, são mais susceptíveis de se ausentarem do mercado de trabalho por períodos mais longos. Cfr. YVES LE BOUTHILLIER, *op. cit.*, p. 60.

[62] Trata-se dos níveis 0 («*Management occupations*»), A («*occupations usually require university education*») e B («*occupations usually require college education or apprenticeship training*») da *National Occupational Classification matrix*.

[63] Valorizadas são a experiência profissional, educação, idade (atribuindo-se mais pontos a quem se encontre em idade activa), capacidade de comunicar em inglês ou francês, existência de oferta de trabalho, adaptabilidade (*i. e.*, existência de ligações prévias com o Canadá, como estudos ou ligações familiares no território). V. art. 76.° e ss., *IRP Regulations*, e STEPHAN YALE-LOHER e CHRISTOPH HOASHI-ERHARDT, «A Comparative Look at Immigration and Human capital Assessment», *Georgetown Immigration Law Journal*, Vol. 16, 2001-2002, p. 102.

como vantagem o facto de instituir critérios objectivos e transparentes no que toca à selecção dos imigrantes[64]. O actual sistema de pontos visa atrair imigrantes com capacidades adaptáveis e transferíveis, substituindo o anterior sistema que estruturava a selecção com base nas necessidades do mercado de trabalho[65]. Já o direito da UE não prevê harmonização dos critérios de selecção dos candidatos a imigrantes, sendo as únicas orientações existentes as que referem que essa selecção deverá ter por base as necessidades do mercado de trabalho[66].

30. A Directiva da UE não define critérios de selecção dos trabalhadores qualificados. Isso prende-se com o facto de os Estados pretenderem continuar a ter margem de manobra para poderem adaptar essa selecção às suas necessidades. Nesse sentido, a disciplina europeia preocupa-se também em não prejudicar o direito de os Estados-membros determinarem os volumes de admissão de estrangeiros que entrem no respectivo território para efeitos de emprego altamente qualificado (art. 6.º). Assim, mesmo que os candidatos cumpram todos os requisitos exigidos pela Directiva, a sua entrada poderá ser-lhes negada por se ter atingido a quota nacional anual de entrada de nacionais de países terceiros para efeitos de imigração laboral (art. 8.º, n.º 3). Essa é uma competência que, de resto, continuará a ser reservada aos Estados nas futuras regulações. Senão, veja-se o art. 79.º, n.º 5, do TFUE, que estipula que as competências da UE em matéria de política de imigração não afectam «*o direito de os Estados-membros determinarem os volumes de admissão de nacionais de países terceiros, provenientes de países terceiros, no respectivo território, para aí procurarem trabalho, assalariado ou não assalariado*»[67]. No que toca ao Canadá, também o Quebeque tem competência, por um lado, para determinar cri-

---

[64] Não obstante, o art. 76.º, n.º 3, *IRP Regulations*, prevê a possibilidade de a administração recusar uma pessoa que tenha obtido o número de pontos necessário ou ainda de aceitar uma pessoa no caso inverso. Trata-se do reconhecimento de que o sistema de pontos nem sempre reflecte a capacidade de um candidato se integrar com sucesso no Canadá. Cf. YVES LE BOUTHILLIER, *op. cit.*, p. 60.

[65] O anterior sistema foi considerado pouco adequado às contemporâneas características do mercado de trabalho, em que as necessidades são permanentemente mutáveis. Cfr YVES LE BOUTHILLIER, *op. cit.*, p. 59.

[66] COM (2000) 757 final, de 22 de Novembro de 2000.

[67] De notar que este poder apenas diz respeito à imigração para fins de trabalho, e já não para a imigração para outros fins, como a imigração familiar. V. STEVE PEERS, *UE Justice and Home Affairs Law...*, cit., p. 239.

térios de selecção dos imigrantes económicos e, por outro, para fixar as quotas de imigração[68].

31. No que toca às condições de entrada, há também diferenças a assinalar. A lei canadiana exige que o imigrante possua ou suficientes meios de subsistência, ou oferta de emprego numa das ocupações referidas (art. 76.º, n.º 1, alínea b), *IRP Regulations*). Assim, não é necessária perspectiva concreta de emprego para ser possível a imigração qualificada para o Canadá. Já a Directiva da UE exige como condição para concessão de um cartão azul a posse de contrato de trabalho válido ou de oferta vinculativa de emprego altamente qualificado de pelo menos um ano no Estado-membro. Para além disso, o salário anual não deve ser inferior a pelo menos 1,5 vezes o salário anual bruto médio no Estado-membro em causa (art. 5.º)[69]. A Directiva da UE é, por isso, mais cautelosa que a lei canadiana, precavendo-se contra possíveis situações de desemprego dos imigrantes[70].

Os dois sistemas exigem ainda requisitos adicionais. A lei canadiana exige que o imigrante tenha intenção de se estabelecer permanentemente no Canadá e não seja, nem os membros da sua família o sejam, considerados inadmissíveis (art. 70.º, *IRP Regulations*). Trata-se de requisitos comuns a todos os candidatos a residentes permanentes. A Directiva exige que o estrangeiro possua seguro de saúde e não seja considerado uma ameaça para a ordem pública, segurança pública ou saúde pública. Para além disso, tem de exibir prova de que reúne as condições que o direito nacional exige para o exercício da profissão ou das qualificações profissionais, bem como documento de viagem válido.

32. A Directiva estabelece ainda cláusulas de protecção dos mercados de trabalho nacionais. Nos termos do art. 8.º, n.º 2, antes de tomarem uma decisão sobre um pedido de concessão ou renovação de cartão azul, os Estados-membros podem verificar se a vaga em questão pode ser preen-

---

[68] JEAN-PIERRE ARSENAULT, *op. cit.*, p. 77.
[69] Trata-se de um limiar salarial mínimo podendo, por isso, os Estados-membros definir um limiar mais elevado. O n.º 5 estabelece algumas excepções, no que toca, em particular, a profissões particularmente necessitadas.
[70] O sistema canadiano tem sido criticado por não prevenir situações de desemprego entre imigrantes qualificados. Nesse sentido, K. SOMERVILLE e S. WALSWORTH, *op. cit.*, p. 148.

chida pela mão-de-obra nacional ou comunitária, ou por nacionais de países terceiros que façam já parte do seu mercado de trabalho. Na lei canadiana, uma disposição semelhante aplica-se apenas à emissão de vistos de trabalho temporários, aplicáveis a trabalhadores pouco qualificados, ou para fazer face a necessidades de trabalho momentâneas[71]. Isso explica-se pelas diferentes políticas de imigração já referidas: enquanto o Canadá tem um programa permanente de atracção de trabalhadores qualificados, a UE encara a atracção de trabalhadores qualificados como um instrumento para suprir necessidades momentâneas.

33. Resta saber qual o estatuto dos trabalhadores admitidos. No que toca ao regime europeu, àqueles cujo pedido for deferido é-lhes atribuído o chamado cartão azul. Este tem um período de validade de um a quatro anos, podendo ter uma validade inferior se o prazo do contrato de trabalho for menor (art. 7.°, n.° 2). O cartão autoriza a entrada, reentrada e residência no país. Os trabalhadores têm especiais direitos de mobilidade, laboral, por um lado, e geográfica, por outro. A primeira está limitada durante os dois primeiros anos de emprego. Assim, por um lado, qualquer mudança de empregador carece de autorização prévia das autoridades, e, por outro, o acesso ao mercado de trabalho fica limitado a determinado tipo de actividades (art. 12.°). Findos esses dois anos, os Estados podem conceder ao titular do cartão azul um tratamento igual aos nacionais no que diz respeito ao acesso ao mercado de trabalho. Caso contrário, o imigrante terá de continuar a comunicar às autoridades as mudanças de actividade.

Diferentemente, os trabalhadores seleccionados através do sistema canadiano obtêm o direito de residência permanente, o que significa que no momento da entrada no país têm o direito de procurar emprego ou de mudar de emprego como qualquer cidadão[72].

34. A Directiva do cartão azul foi o primeiro instrumento destinado a regular a imigração económica na UE. O seu objectivo foi, concorrendo com o Canadá e outros países, potenciar a afirmação da UE como a eco-

---

[71] Nos termos do art. 203.°, n.° 1, *IRP Regulations*, antes da emissão de um visto de trabalho, é necessário que o Departamento de Desenvolvimento de Recursos Humanos esclareça se o trabalho a ser desempenhado pelo estrangeiro terá um efeito positivo ou neutral no mercado de trabalho nacional.

[72] K. SOMERVILLE e S. WALSWORTH, *op. cit.*, p. 148.

nomia mais competitiva baseada no conhecimento. Não obstante, as diferenças de regime apontadas demonstram ainda uma diferente visão estrutural da imigração: se, por um lado, o Canadá estabelece uma selecção dos imigrantes qualificados mais rigorosa, tendo estes de possuir experiência e qualificações académicas elevadas, bem como cumprir determinados critérios de selecção, o facto é que depois o seu estatuto é mais estável. A UE, por um lado, no que toca à selecção dos imigrantes, preocupa-se primordialmente com a protecção do mercado de trabalho nacional e menos com o mérito dos candidatos. Por outro, concede-lhes um estatuto mais precário, demonstrando não pretender que integrem de forma duradoura o corpo de trabalhadores qualificados da União.

VI – Imigração Familiar

35. Os dois sistemas preocupam-se igualmente em estabelecer mecanismos de protecção da imigração familiar. Na UE, isso é feito através da Directiva sobre o Reagrupamento Familiar[73], que consistiu numa das primeiras regulações materiais adoptadas ao abrigo do Tít. IV da Parte III do Tratado da Comunidade Europeia criado pelo Tratado de Amesterdão. Por seu turno, um dos objectivos da actual lei de imigração canadiana é o de facilitar a união das famílias no Canadá, como prevê o art. 3.º, n.º 1, do *IRPA*. E isso é levado a cabo através de duas vias: através do instituto do reagrupamento familiar, e através da figura dos *«accompanying family members»*. O primeiro instituto é uma forma de aquisição de residência permanente no Canadá, em que não há necessidade de os candidatos cumprirem os critérios de selecção impostos aos imigrantes independentes[74]. Já o segundo visa possibilitar que os imigrantes temporários se façam acompanhar de determinados membros da família nas suas estadas no Canadá.

36. Os dois sistemas estabelecem requisitos no que toca aos requerentes do reagrupamento familiar. A Directiva da UE aplica-se aos nacionais de Estados terceiros que residam legalmente na União e que sejam titulares de autorização de residência válida por um ano e de perspectivas

---

[73] Directiva 2003/86/CE do Conselho, de 22 de Setembro de 2003.
[74] DONALD GALLOWAY, *op. cit.*, 1997.

de residência permanente (art. 3.º)[75]. Assim, não poderão beneficiar deste regime os imigrantes que disponham de um título de residência de duração inferior a um ano, bem como aqueles que, mesmo que residam há vários anos no território, não tenham perspectivas de aí residir permanentemente.

No Canadá, apenas poderem requerer o reagrupamento familiar – na terminologia legal, apenas podem ser «*sponsors*» – os cidadãos canadianos ou os residentes permanentes maiores de 18 anos de idade[76]. Parece que a solução canadiana é ainda mais restritiva que a europeia, mas isso não é verdade por dois motivos. Primeiro, há que lembrar que, contrariamente à regra na Europa, no Canadá pode-se imigrar para o país logo com o estatuto de residente permanente. Segundo, os imigrantes temporários, apesar de não beneficiarem do instituto do reagrupamento familiar *stricto sensu*, podem fazer-se acompanhar de determinados familiares através do instituto dos «*accompanying family members*». Assim, ao permitir que os imigrantes temporários se façam acompanhar de determinados familiares, o Canadá acaba, afinal, por ser mais permissivo no que toca à determinação dos beneficiários da imigração familiar.

37. No que toca ao conceito da família, a lei canadiana adopta um conceito amplo. Ela visou cortar com a tradição anterior, em vigor desde 1976, que privilegiava o conceito tradicional de família nuclear. Assim, propõe um modelo de família apoiado nas realidades familiares contemporâneas, que visa respeitar o princípio da igualdade plasmado no art. 15.º da Carta Canadiana de Direitos e Liberdades[77]. Nos termos do art. 117.º, *IRP Regulations,* dele fazem parte, para além do cônjuge e filhos dependentes[78] do *sponsor* ou do cônjuge, ainda os parceiros de facto indepen-

---

[75] STEVE PEERS defende que «residência permanente» significa a aquisição do estatuto de residente de longa duração nos termos da Directiva 2003/109/CE, ou nos termos de um regime nacional mais favorável. Cf. «Family Reunion and Community Law», *in* AA.VV., *Europe's Area of Freedom, Security and Justice*, Neil Walker (dir.), Oxford University Press, Oxford, 2004, p. 179.

[76] Art. 13.º, n.º 1, do *IRPA*. É ainda necessário que o *sponsor* não se encontre em nenhuma das seguintes situações: sujeito a uma ordem de afastamento, detido ou condenado pela prática de determinados crimes (art. 133.º, *IRP Regulations*).

[77] YVES LE BOUTHILLIER *op. cit.*, p. 58.

[78] Nos termos do art. 1.º, *IRP Regulations,* é considerado filho dependente o filho biológico ou adoptado que esteja numa das seguintes situações: 1 – seja solteiro, não viva em união de facto e tenha menos de 22 anos de idade; 2 – tenha dependido economica-

dentemente do sexo[79] e respectivos filhos dependentes, bem como os pais e avós do *sponsor*. Para além destas categorias de familiares, a lei abre ainda a porta a outras pessoas, como órfãos com menos de 18 anos de idade com alguma ligação familiar ao *sponsor* na linha recta[80], menores de 18 anos que o *sponsor* pretenda adoptar no Canadá, e, finalmente, qualquer outro familiar do *sponsor*, independentemente da idade, se este não possuir familiares que caibam nas categorias indicadas, ou que tenham direito a entrar no país a outro título. Mais restrito é o grupo de familiares que pode acompanhar os residentes temporários. O conceito de «*accompanying family members*» abrange apenas o cônjuge, parceiro de facto e filhos ou netos dependentes do *sponsor* ou do respectivo cônjuge / parceiro de facto (art. 1.º, n.º 3, *IRP Regulations*).

Já na perspectiva da Directiva da UE, os membros da família relevantes para efeitos de reagrupamento familiar limitam-se ao cônjuge e aos filhos menores, do requerente ou do cônjuge, incluindo os adoptados (art. 4.º). Adopta-se, assim, o conceito de família nuclear[81]. É deixada à discricionariedade dos Estados-membros a admissão de outros familiares, entre os quais: os ascendentes e os filhos maiores a cargo «*por motivos de saúde*», bem como quem «*mantenha com o requerente do reagrupamento uma relação estável e duradoura e devidamente comprovada (...) ou uma união de facto registada*», e os descendentes destes[82]. Neste ponto, pois,

---

mente dos pais até aos 22 anos e após atingir essa idade ou após casar ou se unir de facto tenha prosseguido os estudos; 3 – ter 22 anos de idade ou mais e dependa economicamente dos pais devido a incapacidade física ou mental.

[79] A união de facto é definida no art. 1.º, *IRP Regulations* como a relação conjugal entre duas pessoas que coabitam há pelo menos um ano. A lei assimila aos parceiros de facto as pessoas que mantêm uma relação conjugal há pelo menos um ano, mas que não podem viver juntas devido a procedimento penal. As duas noções cobrem as uniões entre pessoas do mesmo sexo. Sobre esse ponto, v. NICOLE LAVIOLETTE. «Coming Out to Canada: The Immigration of Same-Sex Couples Under the Immigration and Refugee Protection Act», *The McGill Law Journal*, Vol. 49, iss. 4, 2004, pp. 969-1003.

[80] Trata-se de menores que tenham sido filhos do pai ou mãe do *sponsor*; netos do pai ou mãe do *sponsor*, ou netos do próprio *sponsor*. V. art. 117.º, alínea *f*).

[81] A proposta inicial da Comissão reconhecia este direito também aos membros da família alargada, tal como se encontra garantido pela Directiva 2004/38/CE para os cidadãos da UE. Cf. COM (1999) 368 final, art. 5.º, n.º 1.

[82] A Assembleia Parlamentar do Conselho da Europa recomendou que, na transposição da Directiva, os Estados-membros adoptassem um conceito amplo de família, assente sobretudo em critérios de facto. V., Recomendação 1686 (2004), sobre mobilidade humana e direito ao reagrupamento familiar. No Relatório sobre a aplicação da Directiva

a UE adoptou o modelo de família tradicional, disso se demarcando do direito canadiano, que aproveitou as recentes alterações legislativas para se adaptar aos novos modelos de família que já há muito proliferavam na sociedade. Este seria um ponto em que o direito da imigração europeu poderia colher os exemplos do canadiano, o que lhe permitiria, de resto, seguir mais de perto a jurisprudência do Tribunal Europeu dos Direitos do Homem sobre o conceito de família, assente primordialmente em critérios de facto.

38. Resta saber quais as condições a que a imigração familiar está sujeita. A Directiva da UE permite a fixação de um período de espera até dois anos durante o qual o requerente tem de residir legalmente no território antes que os seus familiares se lhe venham juntar (art. 8.°). O direito canadiano não prevê semelhante solução. Muito pelo contrário, permite que alguns membros da família possam acompanhar o imigrante logo que este entre no Canadá, ao abrigo da figura de *«accompanying family members»* (art. 70.°, n.° 4, *IRP Regulations*). No que toca ao reagrupamento familiar, sendo este um meio de adquirir a residência permanente, a única exigência é que os familiares se encontrem fora do país na data do pedido. Não obstante, permite-se o reagrupamento do cônjuge ou unido de facto que se encontre no Canadá ao abrigo de uma autorização de residência temporária (art. 123.° e ss., *IRP Regulations*)[83]. A partir do momento em que o reagrupamento for autorizado, não só o cônjuge ou unido de facto, como também os respectivos membros da família, tornam-se residentes permanentes.

39. Por fim, a Directiva da UE exige ainda que o requerente possua recursos estáveis, regulares e suficientes para manutenção da família, alojamento considerado normal e seguro de saúde (art. 7.°, n.° 1). Estas exigências visam que o reagrupante e sua família não constituam uma sobre-

---

2003/86/CE (COM (2008) 610 final, de 08.10.2008), a Comissão refere que mais de metade dos Estados-membros autoriza o reagrupamento familiar dos ascendentes, e sete autorizam o reagrupamento de pessoas unidas de facto.

[83] Anteriormente, se estes familiares já se encontrassem no Canadá, tinham de recorrer a um meio discricionário – as *«humanitarian and compassionate considerations»* para que os seus pedidos fossem considerados. V. EMILY CARASCO, DONALD GALLOWAY, SHARRYN J. AIKEN & AUDREY MACKLIN, *Immigration and Refugee Law*, Edmond Montgomery Publications Limited, Toronto, 2007, p. 372.

carga para o sistema de segurança social do país de acolhimento[84]. Semelhante preocupação existe também na lei canadiana. Aí, o *sponsor* responsabiliza-se por os familiares não recorrerem a assistência social durante um determinado período de tempo. Caso contrário, caber-lhe-á reembolsar o Estado[85]. Mas, para se assegurar que o *sponsor* tem capacidade de sustentar a família, determinadas pessoas não podem patrocinar o reagrupamento familiar. Estão nessa situação as que já não cumpriram anteriores obrigações de responsabilização, forem consideradas insolventes, estejam dependentes de assistência social por qualquer motivo que não incapacidade, ou possuam rendimentos abaixo de um limiar mínimo (art. 133.º, *IRP Regulations*). Note-se, porém, que se estiver em causa o reagrupamento de parceiros, cônjuge ou descendente dependentes, o requisito da posse de rendimentos mínimos não se aplica.

Ambos os sistemas se preocuparam em evitar que a imigração familiar se traduzisse em encargos para o Estado. Porém, o Canadá adopta uma solução mais permissiva, que prescinde do requisito da posse de rendimentos mínimos quando está em causa o reagrupamento dos parceiros, cônjuge e descendentes dependentes. Semelhante excepção não se verifica na Directiva da UE.

40. Resta saber qual o estatuto das pessoas que forem admitidas através da imigração familiar. No Canadá, se ingressarem através do instituto do reagrupamento familiar, os familiares adquirem imediatamente o estatuto de residentes permanentes, podendo trabalhar ou estudar livremente no país. Se entrarem enquanto «*accompanying family members*», terão o mesmo estatuto de residentes temporários do familiar que visam acompanhar, sendo o acesso ao trabalho ou a estudos mais limitado[86]. Caso este

---

[84] Estas exigências foram criticadas por grande parte da doutrina. V., por todos, CONSTANÇA URBANO DE SOUSA, «Le regroupement familial au regard des standards internationaux», in AA.VV., *La politique européenne d'immigration et d'asile: bilan critique cinq ans après le traité d'Amsterdam,* François Julien LaFerrière, Henri Labayle, Örjan Edström (sup.), Bruylant, Bruxelles, 2005, pp. 127-139.

[85] Art. 131.º e ss., *IRP Regulations.* O período de duração dessa responsabilidade é em regra de dez anos. Se estiver em causa o reagrupamento do cônjuge ou parceiro de facto, é de apenas três anos. O objectivo foi prevenir situações de dependência de potenciais parceiros abusivos. Cf. YVES LE BOUTHILLIER *op. cit.*, p. 58.

[86] Semelhante acesso fica dependente da aquisição de um visto de trabalho ou de estudos por parte do membro da família. Cf. o art. 199.º, alínea *e*), e 215.º, n.º 2, *IRP Regulations*.

adquira o estatuto de residente permanente, esse estatuto estende-se também aos familiares acompanhantes (art. 72.º, n.º 4, *IRP Regulations*).

Já nos termos da Directiva da UE, os familiares beneficiarão de uma autorização de residência temporária e renovável, cuja duração não pode ser inferior a um ano e não pode exceder a data de validade da autorização de residência do reagrupante. As condições de concessão do reagrupamento familiar têm de se manter durante cinco anos, sob pena de se retirar ou não renovar a autorização de residência aos membros da família (art. 16.º). Passado esse prazo, os familiares podem beneficiar de um direito de residência autónomo. Os familiares têm ainda o direito de acesso à educação, à formação profissional, a um trabalho assalariado ou a uma actividade independente no Estado-membro de acolhimento (art. 14.º).

Os diferentes graus de estabilidade do estatuto dos familiares prendem-se novamente com a já referida diferente concepção da imigração: contrariamente ao que se passa no Canadá, na UE ela é encarada como um instituto temporário, pelo que os familiares terão inevitavelmente um estatuto precário e dependente do do reagrupante.

41. Em ambos os sistemas são previstas melhores condições para o reagrupamento familiar dos trabalhadores qualificados. A Directiva do cartão azul estabelece derrogações à Directiva do reagrupamento familiar em vários pontos. Em particular, o reagrupamento familiar não fica subordinado à necessidade de o titular do cartão azul ter a perspectiva de obter o direito de residência permanente, nem de um período mínimo de residência. No Canadá o tratamento mais vantajoso explica-se porque os trabalhadores qualificados são uma das categorias de candidatos a residentes permanentes. Os demais trabalhadores dependentes apenas poderão beneficiar do estatuto de residentes temporários, pelo que o acesso ao reagrupamento familiar lhes está vedado. Resta-lhes socorrerem-se do instituto do *«accompanying family members»*, em que o conceito de família é mais restrito, e o estatuto dos familiares mais precário.

VII – Conclusões

42. Muitas das diferenças entre os regimes da imigração económica e da imigração familiar da UE e do Canadá podem dizer-se justificadas por dois motivos estruturais. Primeiro, pela diferente natureza das ordens jurídicas contempladas. Muitas das soluções do direito europeu não podem ir tão longe quanto as do direito canadiano porque o primeiro visa harmonizar os direitos de vinte e sete Estados-membros, marcados por diversas histórias e necessidades económicas, sociais e demográficas. Para além disso, a UE depara-se com inúmeras resistências, de cada vez que a sua actividade se projecta na esfera de competências soberanas dos Estados, como sucede com a regulação da imigração. O Canadá, sendo um Estado federal, não se tem deparado com esse tipo de resistência por parte das províncias. No entanto, é também nas matérias de imigração que aí mais se fazem sentir dificuldades na partilha de competências entre o nível federal e o provincial. Essas dificuldades revelam-se, nos dois ordenamentos, em determinadas matérias sensíveis, como os critérios de selecção ou o número de admissões de imigrantes económicos, em que os Estados-membros na UE, e o Quebeque no Canadá, possuem competências próprias.

43. Em segundo lugar, as diferentes soluções justificam-se pelas profundas diferenças das políticas de imigração. Se é verdade que hoje ambos se encontram apostados em atrair a imigração qualificada, o facto é que a forma de abordarem a questão é estruturalmente diferente. O Canadá visa atrair imigrantes que passem a fazer parte da população do país e potenciem o seu crescimento, preocupando-se em seleccionar imigrantes que se tornem residentes permanentes. Já a UE continua tendencialmente a encarar a imigração, seja a económica seja a familiar, como um instituto temporário. Esta diferença justifica algumas das soluções mais restritivas, como a reduzida mobilidade laboral e uma maior precariedade do estatuto dos imigrantes.

44. Ora, se por um lado o Canadá concede um estatuto mais estável aos imigrantes, o facto é que isso é conjugado com uma maior exigência na selecção dos candidatos, sendo estes abrangidos por uma exigente noção de trabalhador qualificado e tendo de ser seleccionados através do sistema de pontos. Uma evolução do direito da imigração económica da UE poderia tomar como exemplo o sistema canadiano, através da previsão de um sistema de selecção que oferecesse segurança aos imigrantes, mas que ao mesmo tempo protegesse os interesses nacionais, valorizando simultaneamente a capacidade de integração dos candidatos e as potencialidades que estes podem oferecer. Após essa selecção, os direitos e a estabilidade no país poderiam ser maiores, mesmo que não traduzíveis em residência permanente. Isso não obstaria a que se continuasse a reservar aos Estados-

-membros competência no que toca à determinação dos volumes de admissão dos nacionais de países terceiros para efeitos de trabalho assalariado.

45. Também na imigração familiar algumas das soluções do direito canadiano poderiam ser igualmente transponíveis para a UE, como a criação da figura dos familiares acompanhantes nas estadias temporárias, a eliminação do tempo de espera para se levar a cabo o reagrupamento familiar ou o alargamento do conceito de família.

46. Não obstante, não se pode concluir do presente estudo que o direito da imigração canadiano é um direito mais *«aberto»* que o europeu. Isto por duas razões. Primeiro, no que toca aos institutos que analisámos, vimos que ele é também extremamente selectivo. Toda a suposta *«abertura»* se verifica apenas face aos candidatos que forem seleccionados como podendo contribuir para a prosperidade nacional. Assim, apesar de já não se basear no critério racial, o Canadá mantém soluções de protecção da sociedade face a imigrantes *«indesejáveis»*. Senão, vejam-se as soluções mais restritivas aplicáveis a imigrantes temporários, os amplos motivos de recusa de entrada de estrangeiros, bem com as exclusões do direito ao reagrupamento familiar em caso de insuficiência de meios de sustento por parte do requerente.

Segundo, porque essa afirmação seria uma conclusão susceptível de figurar apenas num estudo mesocomparativo. Como se referiu inicialmente, não era esse o nosso objectivo. De facto, deixámos de fora um aspecto por demais importante para a caracterização de um sistema de imigração – o nível de protecção conferido aos direitos fundamentais dos estrangeiros. Esse aspecto poderia equilibrar o saldo final de um estudo mesocomparativo, se tivéssemos em conta os grandes avanços do Tribunal Europeu dos Direitos do Homem no que toca à protecção dos direitos fundamentais dos estrangeiros[87], aspecto em que a *Supreme Court* do Canadá se tem mostrado mais reticente[88].

---

[87] Note-se que várias vezes o Tribunal de Justiça das Comunidades Europeias interpretou o Direito Comunitário à luz dos direitos inscritos na Convenção Europeia dos Direitos do Homem, tal como os interpreta o Tribunal Europeu dos Direitos do Homem, já que, nos termos do art. 6.º, n.º 3, do TUE, estes fazem parte dos direitos protegidos pelos princípios gerais do Direito da União. Sobre esse aspecto, v. NUNO PIÇARRA, «A Competência do Tribunal de Justiça das Comunidades Europeias para fiscalizar a compatibilidade do direito nacional com a Convenção Europeia dos Direitos do Homem», *in Ab Uno ad Omnes, 75 anos da Coimbra Editora*, Coimbra Editora, Coimbra, 1998, pp. 1393-1440.

O que pretendemos foi apenas, como se referiu inicialmente, realizar uma primeira e exemplificativa abordagem comparativa do direito da imigração europeu com um dos mais desenvolvidos direitos da imigração do mundo. Cientes de que as diferenças dos regimes se justificam por divergências enraizadas e estruturais, julgamos ter também demonstrado que, em alguns pontos, o direito europeu pode bem colher os exemplos do direito canadiano, assim se cumprindo uma das funções do direito comparado: a comparação enquanto instrumento de política legislativa, o chamado *«plágio feliz»* de que nos fala Carlos Ferreira de Almeida[89].

O n.º 2 desse art. 6.º prevê que a União adira à Convenção Europeia dos Direitos do Homem e das Liberdades Fundamentais.
    [88] Para uma análise comparativa desse ponto, v. SYLVIE SAROLÉA, *op. cit.*
    [89] V. CARLOS FERREIRA DE ALMEIDA, *op. cit.*, p. 16.

OS GRUPOS ORGANIZADOS DE ADEPTOS: COMPARAÇÃO ENTRE AS ORDENS JURÍDICAS PORTUGUESA E ESPANHOLA

JOSÉ MANUEL MEIRIM[*]

Introdução

1. Não há como fugir à realidade da violência no desporto, em particular nas competições de futebol, tal a profusão de incidentes que se verificam um pouco por todo o mundo, bem presentes em reflexos mediáticos que ganham uma insistência perturbadora[1].

---

[*] Professor convidado da Faculdade de Direito da Universidade Nova de Lisboa.

Este trabalho foi concluído em 30 de Outubro de 2009. Estamos perante um modestíssimo contributo para estes *Estudos em Homenagem a Carlos Ferreira de Almeida*. O Professor foi meu Mestre e, em 1982, apadrinhou a minha entrada no mundo da docência em Direito, enquanto seu monitor na Faculdade de Direito de Lisboa, na então pioneira disciplina de Direitos dos Consumidores. A partir daí solicitou a minha colaboração para outras iniciativas nesse novo olhar do Direito. Mais tarde – bem mais tarde –, presumo a sua influência na inserção do Direito do Desporto no plano curricular da Faculdade de Direito da Universidade Nova de Lisboa. Mais uma vez, um *novo* Direito. Dele recebi ainda a vivacidade da crítica e da argumentação pronta. Este texto, tentando respeitar os seus ensinamentos no âmbito do Direito Comparado, é fraco contributo na «parceria» que estabeleci com o PROFESSOR DOUTOR CARLOS FERREIRA DE ALMEIDA.

[1] ROSA VENTAS SASTRE adianta-nos que, no século XX, pelo menos 1500 espectadores morreram em trágicas circunstâncias e mais de 6000 ficaram feridos enquanto assistiam a um evento desportivo. Cf. «La tutela penal», *Comentarios a Ley contra la Violencia, el Racismo, la Xenofobia y la Intolerancia en el Deporte*, coordenação de ALBERTO PALOMAR OLMEDA e EDUARDO GAMERO CASADO, Navarra, Thomson / Aranzadi, 2008, p. 565 [565-586].

Nesta matéria, surge-nos também de difícil refutação a proeminência adquirida pelos denominados grupos organizados de adeptos, claques ou *peñas*[2].

As actividades destes grupos são, na actualidade, o expoente máximo dessa violência que acompanha o desporto.

Todavia, a estas constatações fácticas junta-se uma de natureza normativa.

Na verdade, em particular a partir da década de 80 do século passado[3], um pouco por todo o lado, mas com espaço significativo na Europa, assiste-se ao surgir de uma regulação pública específica do fenómeno.

No continente europeu ganha relevo decisivo a Convenção Europeia Sobre a Violência e os Excessos dos Espectadores por Ocasião das Manifestações Desportivas e Nomeadamente de Jogos de Futebol[4].

Portugal e Espanha não fugiram a esse padrão e apresentam legislação própria neste domínio.

2. Se a preocupação dominante, nessa época, era a violência física, a evolução registada desde então leva as entidades públicas a cobrir – assimilando a essa manifestação –, outras realidades que no desporto encontraram espaço.

Com efeito, as competições desportivas, provas e jogos, passaram a ser palco de acções xenófobas, racistas e intolerantes[5], o que motivou a

---

[2] *Peña* é o correspondente castelhano de claque.

[3] Os anos 80 representam uma década negra da violência no futebol e de gravíssimos incidentes motivados por excesso de espectadores. Um dos episódios mais marcantes – desde logo pela sua apreensão em directo pela televisão – foi, sem dúvida, a final da então Taça dos Campeões Europeus, disputada em 1985, no Estádio de Heysel, em Bruxelas, entre as equipas do Liverpool e da Juventus, com um balanço de 39 mortos e 500 feridos graves.

[4] Convenção n.° 120 do Conselho da Europa, feita em Estrasburgo, a 19 de Agosto de 1985. O texto foi aprovado para ratificação pela Resolução da Assembleia da República n.° 11/87, publicada no *DR*, 1.ª série, n.° 57, de 10 de Março de 1987.

Conforme aviso do Ministério dos Negócios Estrangeiros, publicado no *DR*, 1.ª série, n.° 204, de 5 de Setembro de 1987, Portugal depositou, em 26 de Junho de 1987, o respectivo instrumento de ratificação. A Convenção entrou em vigor, para o nosso país, em 14 de Agosto de 1987. A Espanha ratificou o convénio em 22 de Junho de 1987.

Para uma apreensão do conteúdo da convenção, consulte-se ANTONIO MILLÁN GARRIDO, «La violencia deportiva en el âmbito supranacional: el Convenio Europeo de 1985», na obra colectiva por si coordenada *Régimen jurídico de la violencia en el deporte*, Barcelona, Bosch, 2006, pp. 63-113.

[5] Sobre a vertente racista, CÁRMEN PÉREZ GONZÁLEZ destaca os mais recentes documentos internacionais que equacionam a sua presença no desporto: um relatório da Co-

tomada de respostas públicas – mas também privadas, a partir das federações desportivas internacionais – na tentativa de prevenir e combater essas diferentes projecções negativas da vida social moderna.

A um conceito estrito de violência, segue-se, então, a prevenção e o combate à violência, xenofobia, racismo e intolerância.

E, também aqui, são os grupos organizados de adeptos que assumem, pela negativa, o protagonismo[6].

3. O objecto deste texto é o de operar uma microcomparação entre as soluções jurídicas existentes nas ordens jurídicas portuguesa e espanhola, sobre o enquadramento dos grupos organizados de adeptos.

Compreende-se, face à vastidão de questões que se podem colocar no domínio da violência no desporto, que nos centremos apenas num aspecto particular.

Elegemos, assim, um dos «sujeitos» dessa normação, o grupo organizado de adeptos, vulgarmente denominado, em Portugal, por claque.

Cremos justificada a nossa opção, uma vez que muitas das acções levadas a cabo por alguns agrupamentos de adeptos, se encontram ligadas a registos de violência, dentro e fora dos recintos desportivos.

Nesse sentido, começaremos por conhecer a lei portuguesa e a lei espanhola, procurando *compreender* as respectivas normas.

Um segundo momento registará as principais semelhanças e diferenças, a que se seguirá um espaço sintético conclusivo.

---

missão de Direitos Humanos da ONU, uma declaração do Parlamento Europeu e o Plano de Acção Pierre de Coubertin, aprovado, conjuntamente com o Livro Branco do Desporto, pela Comissão Europeia. Cf. «El marco internacional de protección», na obra colectiva, como na nota 2, pp. 131 e 138-139 [121-143].

[6] Uma leitura crítica do actual estádio de medidas – nomeadamente de natureza administrativa – adoptadas pelos países europeus na procura de respostas eficazes à violência no futebol, é-nos oferecida por ANASTASSIA TSOUKALA, «Security Policies & Human Rights in European Football Stadia», *Research Paper n.° 5, Challenge – Liberty & Security*, Março, 2007, CEPS – Centre for European Policy Studies, disponível em http://www.ceps.be/index3.php. Em apreço encontram-se, por exemplo, a vídeovigilância, a troca de informações e a interdição da presença nos jogos e de deslocação no espaço europeu. A autora pretende demonstrar que as restrições da liberdade, em busca da segurança, não são meros efeitos colaterais das políticas *counter-hooliganism*, sendo antes inerentes à verdadeira estrutura da regulação do fenómeno.

ANASTASSIA TSOUKALA sublinha uma curiosa situação, a propósito da importância do Conselho da Europa neste específico domínio, desde logo com o surgir da Convenção Europeia. É uma organização internacional que tem por objectivo a protecção dos direitos humanos na Europa que vem institucionalizar, pela primeira vez, o controlo de adeptos

Conhecer a lei portuguesa

4.1. Em Portugal já existia registo legal em momento anterior à Convenção Europeia, embora, como é bom de ver, sem o mesmo alcance.

Coube ao Decreto-Lei n.º 339/80, de 30 de Agosto, concretizar as primeiras medidas tendentes a conter, *a curto prazo* (no seu dizer), a violência nos recintos desportivos.

Este diploma veio a sofrer alterações por força da Lei n.º 16/81, de 31 de Julho e, mais tarde, o Decreto-Lei n.º 61/85, de 12 de Março, revogou estes dois diplomas[7].

Este – ver-se-á que contínuo – suceder legislativo relativo a medidas preventivas e punitivas da violência associada ao desporto, ganha novo espaço com o Decreto-Lei n.º 270/89, de 18 de Agosto[8].

Este diploma, que revoga o regime anterior, apresenta dados significativamente inovadores, vindo tornar efectivas as medidas preconizadas pela Convenção Europeia. Não se tratou somente de rectificar alguns aspectos merecedores de melhor atenção, mas sim de dotar o ordenamento jurídico de um novo conjunto de regras.

A título de mero exemplo, previa-se um conjunto de obrigações para os clubes desportivos que se traduziam em medidas especiais de segu-

---

desportivos. Enquanto anteriores casos de violação de direitos e liberdades civis de membros de certos grupos sociais sempre provocou vivo criticismo por parte de políticos e movimentos de defesa dos direitos do homem, a violação desses direitos e liberdades, quando referida aos adeptos de futebol, é usualmente vista com indiferença.

[7] Sobre as soluções e a evolução registada nestes diplomas pode consultar-se a nossa «A violência associada ao desporto (aproximação à legislação portuguesa)», *BMJ*, n.º 389, em especial, p. 27 e ss. [5-40].

[8] Cujo texto foi rectificado no *DR*, n.º 251, 1.ª série, 2.º suplemento, de 31 de Outubro de 1989.

Elaborámos algumas notas às disposições deste diploma, cf. *A violência associada ao desporto. Colectânea de textos*, Lisboa, Ministério da Educação, 1994. Registe-se ainda que algumas das normas do Decreto-Lei n.º 270/89, estiveram sujeitas ao crivo do Tribunal Constitucional. Com efeito, o Provedor de Justiça veio requerer a apreciação e declaração de inconstitucionalidade material, com força obrigatória geral, de normas legais e regulamentares federativas, tendo por objecto a aplicação de sanções aos clubes desportivos em virtude de actos, reconduzíveis a situações de violência associada ao desporto, praticados por seus adeptos. Disso se ocupou o importante – a diversos títulos – Acórdão n.º 730/95, de 14 de Dezembro, publicado no *DR*, 2.ª Série, n.º 31, de 6 de Fevereiro, pp. 1854-1864, nos *AcTC*, 32.º vol., pp. 255-291, e no *BMJ*, n.º 452, pp. 148-180. Anotámos esta decisão («A fiscalização da constitucionalidade dos regulamentos das federações desportivas») na *Revista do Ministério Público*, Ano 17.º, Abril / Junho, 1996, n.º 66, pp. 117-130.

rança. Assim, quando se verificassem indícios de provável ocorrência de distúrbios em determinados jogos, a federação respectiva deveria classificá-los como «jogos de risco» ou «de alto risco», impondo aos clubes desportivos intervenientes medidas de segurança adequadas à situação concreta. Entre tais medidas, contava-se a separação dos adeptos rivais, o controlo da venda de bilhetes (a fim de assegurar a separação) e o acompanhamento e vigilância de grupos de adeptos, nomeadamente nas deslocações para assistir a jogos disputados fora do recinto próprio[9].

Aos clubes desportivos incumbia incentivar o espírito ético e desportivo dos seus adeptos, especialmente dos *grupos organizados de apoiantes*[10], bem como tomar medidas contra os seus associados envolvidos em desordens, expulsando os que comprovadamente pratiquem ou incitem à prática de violência nos recintos desportivos.

4.2. Ao diploma de 1989 segue-se a Lei n.º 38/98, de 4 de Agosto[11], a qual, em bom rigor, inaugura a regulação específica dos grupos organizados de adeptos.

E, porque permanente, na futura regulação, quer portuguesa, quer espanhola, retenha-se, desde já, que o traço jurídico desses grupos determina a intervenção de um conjunto de operadores do sistema desportivo, públicos e privados. Ou seja, sendo irradiação de uma filosofia comum e geral na prevenção e combate à violência e outras manifestações antidesportivas, o sistema funciona com o contributo, que se quer articulado, dos poderes públicos e das organizações desportivas privadas.

Por outro lado, é este diploma que incorpora, pela primeira vez, novas modalidades de manifestações antidesportivas – como o racismo e a xenofobia –, procurando dar resposta a novas situações (e preocupações públicas) que tomam o desporto por veículo.

A nossa atenção centra-se no seu artigo 6.º[12], dedicado ao apoio a grupos organizados de adeptos.

---

[9] Cf. artigo 12.º, n.º 1, alínea *f*).
[10] Cf. artigo 14.º, n.º 1, alínea *a*).
[11] Que veio estabelecer medidas preventivas e punitivas a adoptar em caso de manifestações de violência associadas ao desporto. Este diploma revogou, no seu artigo 38.º, o Decreto-Lei n.º 270/89, de 18 de Agosto e, por sua vez, veio a ser revogado pela Lei n.º 16/2004, de 11 de Maio (artigo 43.º). Analisámos esta lei em «A prevenção e punição das manifestações de violência associada ao desporto no ordenamento jurídico português», *Revista do Ministério Público*, Ano 21, Julho-Setembro, 2000, n.º 83, pp. 121-156.
[12] Este preceito é um bom exemplo da necessária presença de diversos sujeitos, públicos e privados, neste universo de prevenção e punição da violência no desporto. Com

Aí, em traços assumidamente breves, o legislador, estabelece a seguinte solução:

a) Os promotores do espectáculo desportivo podem apoiar tais grupos, através da concessão de facilidades de instalações[13], apoio técnico, financeiro ou material;
b) Para que tal apoio seja possível, torna-se imprescindível que os grupos estejam constituídos como associações nos termos gerais de direito e registados como tal na federação ou na liga da respectiva modalidade;
c) É ainda necessário, para a regularidade desse apoio, que os grupos de adeptos possuam um registo organizado e actualizado dos seus filiados, com a indicação de um conjunto de elementos (nome, filiação, estado civil, morada e profissão)[14];
d) O apoio é expressamente proibido a associações que adoptem sinais, símbolos ou expressões que incitem à violência, ao racismo e à xenofobia[15].

---

efeito, vêem-se aqui referidos os promotores dos espectáculos desportivos – os clubes desportivos e as sociedades desportivas –, mas ainda os organizadores das competições desportivas, caso das federações desportivas e das ligas. Haverá que aditar o relevo concedido pelo diploma ao Conselho Nacional Contra a Violência no Desporto, funcionando na dependência do membro do Governo responsável pela área do desporto, criado com o objectivo de promover e coordenar a adopção de medidas adequadas ao combate às manifestações de violência associadas ao desporto e de promoção da segurança das competições desportivas, bem como de fiscalizar a sua execução (artigo 28.º). A esse órgão competia, por exemplo, determinar a adopção e configuração específica, em função do risco elevado do jogo, de um conjunto de medidas (artigo 35.º).

[13] A cedência de instalações a grupos de adeptos que estejam constituídos como associações é da responsabilidade do promotor do espectáculo desportivo, cabendo-lhe, nesta medida, a fiscalização das mesmas, a fim de assegurar que nelas não sejam depositados quaisquer objectos proibidos ou susceptíveis de possibilitar ou agravar actos de violência.

[14] O n.º 5 do preceito em análise estipula que, em caso de reincidência, pode a federação ou liga respectiva suspender ou anular o registo.

[15] Registe-se ainda, a título de mero exemplo, outras menções normativas significativas.

O artigo 5.º determina que os promotores do espectáculo desportivo – os clubes e as sociedades desportivas – estão especialmente sujeitos a incentivar o espírito ético e desportivo dos seus adeptos, especialmente dos *grupos organizados de apoiantes* [alínea *a*)] e a tomar medidas contra os seus associados envolvidos em desordens, expulsando os que comprovadamente pratiquem ou incitem à prática de violência nos recintos desportivos [alínea *b*)].

Por outro lado, no domínio das medidas preventivas (artigo 7.º), a tomar em concertação com as autoridades policiais, menciona-se a separação dos grupos de adeptos,

Significa esta moldura legal que ao legislador não parecia *estranha* uma certa ligação das claques aos clubes e sociedades desportivas, aproveitando-se dessa «intimidade» para, por um lado, co-responsabilizar esses promotores do espectáculo desportivo e, por outro lado, estabelecer uma primeira fórmula de fiscalização da organização e actividades desses grupos de adeptos.

Pena foi que, e para além das eventuais sanções disciplinares desportivas a aplicar aos clubes e sociedades desportivas incumpridores, tenha caído a sanção contra-ordenacional. Com efeito, de acordo com o artigo 6.º da proposta de lei n.º 84/VII, o não cumprimento, por parte dos clubes desportivos, de um dado universo de injunções quanto ao apoio a conceder a grupos organizados de adeptos, implicava a punição com coima entre 2.000.000$ e 4.000.000$, agravada para o dobro no caso dos clubes que participassem em competições profissionais (n.º 5).

Esta norma veio a ser aprovada por unanimidade, em sede de comissão especializada, não figurando, contudo, na versão final da lei.

Encontramo-la, isso sim, no artigo 22.º, onde se previam as coimas a aplicar, como o seu n.º 5, sem qualquer relação material com o estabelecido nos números anteriores[16].

4.3. Seguiu-se a Lei n.º 16/2004, de 11 de Maio[17], que veio aprovar medidas preventivas e punitivas a adoptar em caso de manifestação de violência associadas ao desporto[18].

Esta lei oferece uma definição de grupo organizado de adeptos [artigo 3.º, alínea *j*)]: o conjunto de adeptos, usualmente denominado «cla-

---

reservando-lhes zonas distintas [alínea *b*)], o controlo da venda de bilhetes, a fim de assegurar tal separação [alínea *c*)] e o acompanhamento e vigilância de grupos de adeptos, nomeadamente nas deslocações para assistir a jogos disputados fora do recinto próprio do promotor do espectáculo desportivo [alínea *g*)].

[16] Eventualmente, aquando da redacção final, este n.º 5 «dirigiu-se» do artigo 6.º para o 22.º, por respeitar a coimas. Porém, com essa operação, perdeu-se a tipicidade do comportamento contra-ordenacional que permaneceu no artigo 6.º sem a correspondente sanção.

[17] Revogada pelo artigo 52.º da Lei n.º 39/2009, de 30 de Julho.

Registe-se ainda a Lei Orgânica n.º 2/2004, de 12 de Maio, que veio estabelecer o regime temporário da organização da ordem pública e da justiça no contexto extraordinário da fase final do Campeonato Europeu de Futebol – Euro 2004.

[18] Objecto de uma leitura espanhola. Ver JUAN RODRÍGUEZ ENRÍQUEZ, «La violencia deportiva en la legislación portuguesa», *Régimen jurídico de la violencia en el deporte*, coordenação de ANTONIO MILLÁN GARRIDO, Barcelona, Bosch, 2006, pp. 161-168.

ques», os quais se constituem como associação nos termos gerais de direito, tendo como objecto o apoio a clubes, associações ou sociedades desportivas nas competições desportivas em que os mesmos participarem.

Centremo-nos, de novo, no artigo fundamental, neste caso o artigo 18.º (*Apoio a grupos organizados de adeptos*).

Vejamos o traçado normativo de 2004:

a) Quanto às exigências dirigidas a esses grupos, para que possam ser apoiados[19], mantém-se a necessidade da sua constituição como associações, nos termos gerais de direito, devendo encontrar-se registados, como tal, no CNVD[20];

b) Tais grupos devem possuir um registo organizado e actualizado dos seus filiados, com a indicação de um conjunto de elementos (nome, fotografia, filiação, número do bilhete de identidade, data de nascimento, estado civil, morada e profissão);

c) Este registo deve ser depositado junto do respectivo promotor do espectáculo desportivo e do CNVD, actualizado anualmente e suspenso ou anulado no caso de grupos organizados de adeptos que não cumpram o disposto no preceito legal;

d) Os promotores de espectáculos desportivos devem reservar, nos recintos desportivos que lhes estão afectos, uma ou mais áreas específicas para os indivíduos enquadrados em grupos organizados de adeptos;

e) Só é permitido o acesso e o ingresso nas áreas referidas no número anterior aos indivíduos portadores de um cartão especial emitido para o efeito pelo promotor do espectáculo desportivo;

f) É expressamente proibido o apoio, por parte dos promotores do espectáculo desportivo, a grupos organizados de adeptos que adoptem sinais, símbolos e expressões que incitem à violência, ao racismo e à xenofobia ou a qualquer outra forma de discriminação.

---

[19] A concessão de facilidades de utilização ou cedência de instalações a grupos de adeptos que estejam constituídos como associações é da responsabilidade do promotor do espectáculo desportivo, cabendo-lhe, nesta medida, a respectiva fiscalização, a fim de assegurar que nelas não sejam depositados quaisquer objectos proibidos ou susceptíveis de possibilitar ou gerar actos de violência.

[20] Sobre o CNVD – Conselho Nacional Contra a Violência no Desporto – dispõe o artigo 4.º

E o artigo encerra com uma norma sancionatória, constante do n.º 8: o incumprimento do disposto no presente artigo implica para o promotor, enquanto as situações indicadas nos números anteriores se mantiverem, a impossibilidade de promover qualquer espectáculo desportivo[21-22].

No âmbito dos ilícitos disciplinares, o artigo 38.º, n.º 1, estabelece um dever de regulamentação para as ligas e federações desportivas: os promotores de espectáculos desportivos que violem o disposto nos n.ºs 1, 4, 5 e 6 do artigo 18.º incorrem em sanções disciplinares e pecuniárias, que devem ser aplicadas pelas respectivas ligas e federações, nos termos dos respectivos regulamentos.

5. Em Portugal assistiu-se ao longo dos últimos vinte e nove anos a um suceder de diplomas e a temática da prevenção da violência veio mesmo a alcançar guarida constitucional[23].

---

[21] Sobre as condições de permanência dos espectadores no recinto desportivo, dispõe o artigo 11.º

Aos promotores do espectáculo desportivo, na linha da lei anterior, endereçam-se um conjunto de deveres relacionados com os grupos de adeptos [artigo 16.º, n.º 2, alíneas *a*), *f*) e *i*), e 17.º, n.º 1, alíneas *b*) – incentivar o espírito ético e desportivo dos seus adeptos, especialmente dos constituídos em grupos organizados –, *c*) e n.º 2, alíneas *c*) e *d*)].

[22] Por outro lado, esta lei consigna um espaço de criminalização específica. Com efeito, os artigos 22.º e 23.º vêm criar, respectivamente, o crime de dano qualificado por deslocação para ou de espectáculo desportivo e o crime de participação em rixa na deslocação para ou de espectáculo desportivo.

Sobre esta vertente, consulte-se JORGE BAPTISTA GONÇALVES, «Os crimes na lei sobre a prevenção e punição da violência associada ao desporto (Algumas considerações)», *I Congresso de Direito do Desporto*, Estoril – Outubro de 2004, *Memórias,* Coordenação de RICARDO COSTA e NUNO BARBOSA, Coimbra, Almedina, 2005, pp. 98-121, e TERESA ALMEIDA, «Violência associada ao desporto – As normas tipificadoras de ilícitos penais da Lei n.º 16/2004», *Desporto & Direito. Revista Jurídica do Desporto*, Ano II, n.º 4, Setembro-Dezembro, 2004, pp. 37-45.

[23] Com efeito, o artigo 79.º, n.º 2, da lei fundamental, fruto da segunda revisão constitucional (1989), viu-se aditado do segmento final «bem como prevenir a violência no desporto», como uma das incumbências do Estado no âmbito da efectivação do direito ao desporto. Não sendo único, é, no mínimo, excepcional (Cabo Verde recolheu semelhante mensagem normativa no artigo 79.º, n.º 2, alínea *d*), do seu texto constitucional).

No plano das leis de bases do desporto, a sua sucessão temporal não abanou a constância desse valor.

Na primeira, a Lei de Bases do Sistema Desportivo – Lei n.º 1/90, de 13 de Janeiro, rectificada no *DR,* n.º 64, de 17 de Março, e alterada pela Lei n.º 19/96, de 25 de Junho –, é o artigo 5.º, em particular o seu n.º 3, que se centra nesse domínio («Na prossecução da defesa da ética desportiva, é função do Estado adoptar as medidas tendentes a prevenir e a

O ordenamento jurídico nacional expressa-se, pois, pelo menos no plano formal, em moldes quase ímpares no que respeita à prevenção e combate à violência no desporto (e outras manifestações antidesportivas). A resposta vigente encontramo-la na recente Lei n.º 39/2009, de 30 de Julho, que estabelece o regime jurídico do combate à violência, ao racismo, à xenofobia e à intolerância nos espectáculos desportivos (LVED)[24], a qual constitui um dos termos da nossa microcomparação.

---

punir as manifestações antidesportivas, designadamente a violência, a corrupção, a dopagem e qualquer forma de discriminação social»). Por sua vez, na Lei de Bases do Desporto – Lei n.º 30/2004, de 21 de Julho –, para além do artigo 16.º, o qual previa a criação de um Conselho de Ética Desportiva, o artigo 40.º seguia os mesmos passos da lei anterior. Todavia, o artigo 43.º actualizava o discurso, conferindo espaço à luta contra a violência e a intolerância racial e étnica («O Estado e os corpos sociais intermédios públicos e privados que compõem o sistema desportivo colaboram para assegurar a manutenção da ordem nas infra-estruturas desportivas e para evitar actos de violência, racismo, xenofobia e todas as demais formas de discriminação ou intolerância racial e étnica»). Por fim, a vigente Lei de Bases da Actividade Física e do Desporto – Lei n.º 5/2007, de 16 de Janeiro –, no seu artigo 3.º (*Princípio da ética desportiva*), expressa-se da seguinte forma:
«1. A actividade desportiva é desenvolvida em observância dos princípios da ética, da defesa do espírito desportivo, da verdade desportiva e da formação integral de todos os participantes.
2. Incumbe ao Estado adoptar as medidas tendentes a prevenir e a punir as manifestações antidesportivas, designadamente a violência, a dopagem, a corrupção, o racismo, a xenofobia e qualquer forma de discriminação.
3. São especialmente apoiados as iniciativas e os projectos, em favor do espírito desportivo e da tolerância».

[24] Na origem desta lei esteve a Proposta de lei n.º 249/X, apresentada pelo Governo, publicada no *Diário da Assembleia da República,* II Série-A, n.º 64, de 5 de Fevereiro de 2009.
O parecer da Comissão de Educação, Desporto e Cultura da Assembleia Legislativa da Região Autónoma da Madeira, bem como o do Governo Regional da Madeira, encontram-se publicados no *Diário da Assembleia da República*, II Série-A, n.º 93, de 4 de Abril de 2009. Relativamente aos órgãos de governo próprio da Região Autónoma dos Açores, os seus pareceres foram publicados no *Diário da Assembleia da República*, II Série-A, n.º 100, de 18 de Abril de 2009. O parecer da Comissão de Educação e Ciência e a nota técnica elaborada pelos serviços de apoio encontram-se reproduzidos no *Diário da Assembleia da República*, II Série-A, n.º 71, de 19 de Fevereiro de 2009. A iniciativa legislativa veio a ser apreciada, na generalidade, e o respectivo debate está transcrito no *Diário da Assembleia da República*, I Série, n.º 47, de 19 de Fevereiro de 2009, pp. 47-57. A proposta de lei foi aprovada, na generalidade, com votos a favor do PS, do PSD e do CDS-PP e abstenções do PCP, do BE, de Os Verdes e de uma Deputada não inscrita (cf. *Diário da Assembleia da República*, I Série, n.º 48, de 20 de Fevereiro de 2009, p. 26). O relatório da votação na especialidade e texto final da Comissão de Educação e Ciência encontra-se

Num primeiro momento, destacaremos as normas que se apresentam como relevantes para o nosso objecto de estudo; de seguida, extrairemos delas o discurso normativo sobre os grupos organizados de adeptos.

6.1. No artigo 3.º, dedicado às definições operativas do diploma, a alínea g) define «Grupo organizado de adeptos» como o conjunto de adeptos, filiados ou não numa entidade desportiva, tendo por objecto o apoio a clubes, a associações ou a sociedades desportivas.

Revelam-se ainda úteis as definições de «Promotor do espectáculo desportivo» [as associações de âmbito territorial, clubes e sociedades desportivas, bem como as próprias federações e ligas, quando sejam simultaneamente organizadores de competições desportivas (alínea i)] e de «Organizador da competição desportiva» [a federação da respectiva modalidade, relativamente às competições não profissionais ou internacionais que se realizem sob a égide das federações internacionais, as ligas profissionais de clubes, bem como as associações de âmbito territorial, relativamente às respectivas competições (alínea j)].

E, como que fechando o círculo de operadores envolvidos, o artigo 4.º dedica-se ao Conselho para a Ética e Segurança no Desporto (CESD)[25].

---

publicado no *Diário da Assembleia da República*, II Série-A, n.º 104, de 27 de Abril de 2009. A iniciativa legislativa foi aprovada, em votação final global, com votos a favor do PS, do PSD e de um Deputado não inscrito e abstenções do PCP, do CDS-PP, do BE, de Os Verdes e de uma Deputada não inscrita (cf. *Diário da Assembleia da República*, I Série-A, n.º 72, de 27 de Abril de 2009). O Decreto n.º 287/X, encontra-se publicado no *Diário da Assembleia da República*, II Série-A, n.º 119, de 21 de Maio de 2009.

[25] Estabelece esse artigo: «Para efeitos da presente lei, o Conselho para a Ética e Segurança no Desporto (CESD) é o órgão competente para promover e coordenar a adopção de medidas de combate às manifestações de violência, racismo, xenofobia e intolerância nos espectáculos desportivos, e funciona junto do Conselho Nacional do Desporto nos termos do Decreto-Lei n.º 315/2007, de 18 de Setembro, na sua redacção actual».

O Decreto-Lei n.º 315/2007, de 18 de Setembro, veio estabelecer as competências, composição e funcionamento do Conselho Nacional do Desporto.

De acordo com o seu artigo 3.º, n.º 1, alínea c), compete-lhe promover e coordenar, nos termos definidos pela lei, a adopção de medidas com vista a assegurar a observância dos princípios da ética desportiva, designadamente quanto ao combate às manifestações de violência associadas ao desporto, ao racismo e à xenofobia.

Quanto ao CESD, o artigo 8.º, no seu n.º 1, regista a sua competência de forma genérica e o n.º 2 respeita à sua composição.

A Declaração de Rectificação n.º 100/2007, publicada no *DR*, 1.ª série, n.º 207, de 26 de Outubro de 2007, rectificou o texto da alínea c) do art. 2.º do Decreto-Lei n.º 315/2007.

Por fim, o artigo único do Decreto-Lei n.º 1/2009, de 5 de Janeiro, procedeu a alterações ao n.º 2 do artigo 8.º

6.2. Destaquemos um pequeno grupo de normas.

Em primeiro lugar, o dever de regulamentação, que é dirigido ao organizador da competição desportiva.

Dispõe o artigo 5.º, n.º 1 – regulamentos de prevenção da violência –, que o organizador da competição desportiva aprova regulamentos internos em matéria de prevenção e punição das manifestações de violência, racismo, xenofobia e intolerância nos espectáculos desportivos, nos termos da lei.

Estes regulamentos encontram-se sujeitos a registo no CESD, o que constitui condição da sua validade, e devem respeitar as regras estabelecidas na lei e disposições regulamentares e as normas estabelecidas no quadro das convenções internacionais sobre violência associada ao desporto a que a República Portuguesa se encontre vinculada (n.º 2).

O preceito determina um conteúdo mínimo regulamentar (n.º 3), onde se inclui a enumeração tipificada de situações de violência, racismo, xenofobia e intolerância nos espectáculos desportivos, bem como as correspondentes sanções a aplicar aos agentes desportivos, adiantando ainda tipos de sanções a aplicar (n.º 4).

Bem significativa da relevância do cumprimento deste dever de regulamentação é a previsão do n.º 5: a não aprovação e a não adopção, pelo organizador da competição desportiva, da regulamentação prevista no n.º 1, bem como a adopção de regulamento cujo registo seja recusado pelo CESD, implicam, enquanto a situação se mantiver, a impossibilidade de o organizador da competição desportiva em causa beneficiar de qualquer tipo de apoio público, e, caso se trate de entidade titular de estatuto de utilidade pública desportiva, a suspensão do mesmo.

6.3. Para os promotores do espectáculo desportivo direcciona a lei alguns deveres bem significativos.

O artigo 7.º, por exemplo, impõe a aprovação de regulamentos internos em matéria de segurança e de utilização dos espaços de acesso público (n.º 1)[26].

---

[26] Também estes regulamentos dependem de registo no CESD, sob pena de invalidade (n.º 3). Por outro lado, a não aprovação e a não adopção do regulamento, ou a adopção de regulamentação cujo registo seja recusado pelo CESD, implicam, enquanto a situação se mantiver, a impossibilidade de serem realizados espectáculos desportivos no recinto desportivo respectivo, bem como a impossibilidade de obtenção de licença de funcionamento ou a suspensão imediata de funcionamento, consoante os casos (n.º 4). Estas sanções são aplicadas pelo Instituto do Desporto de Portugal, I. P., sob proposta do CESD (n.º 5).

Tais regulamentos devem prever um número de medidas mínimas, tais como a separação física dos adeptos, reservando-lhes zonas distintas, nas competições desportivas de natureza profissional ou não profissional consideradas de risco elevado [n.º 2, alínea *a*)] e a vigilância de grupos de adeptos, nomeadamente nas deslocações para assistir a competições desportivas de natureza profissional ou não profissional consideradas de risco elevado[27], disputadas fora do recinto desportivo próprio do promotor do espectáculo desportivo [n.º 2, alínea *g*)].

No artigo 8.º, n.º 1, inscrevem-se outros deveres, sendo de destacar o de incentivar o espírito ético e desportivo dos seus adeptos, especialmente junto dos grupos organizados [alínea *b*)] e o de aplicar medidas sancionatórias aos seus associados envolvidos em perturbações da ordem pública, impedindo o acesso aos recintos desportivos nos termos e condições do respectivo regulamento ou promovendo a sua expulsão dos mesmos [alínea *c*)].

Registe-se, por fim, os deveres dos organizadores e promotores de espectáculos desportivos, em articulação com o Estado, no âmbito do desenvolvimento de acções de prevenção socioeducativa (artigo 9.º).

6.4. Vejamos o núcleo essencial da nossa leitura.

No Capítulo II da lei, sobre as medidas de segurança e condições do espectáculo desportivo, a Secção III respeita aos «Grupos organizados de adeptos», compreendendo três artigos.

O artigo 14.º ocupa-se do apoio a «grupos organizados de adeptos».

Só os grupos organizados de adeptos constituídos como associações, nos termos da legislação aplicável ou no âmbito do associativismo juvenil, e registados como tal junto do CESD, podem ser objecto de apoio, por parte do promotor do espectáculo desportivo, nomeadamente através da concessão de facilidades de utilização ou cedência de instalações[28], apoio técnico, financeiro ou material (n.º 1). Tais apoios são objecto de um pro-

---

[27] Quanto à qualificação do risco, rege o artigo 12.º

[28] Nos termos do n.º 5, a concessão de facilidades de utilização ou a cedência de instalações a grupos de adeptos constituídos nos termos da presente lei é da responsabilidade do promotor do espectáculo desportivo, cabendo-lhe, nesta medida, a respectiva fiscalização, a fim de assegurar que nesta não sejam depositados quaisquer materiais ou objectos proibidos ou susceptíveis de possibilitar ou gerar actos de violência, racismo, xenofobia, intolerância nos espectáculos desportivos, ou qualquer outra forma de discriminação, ou que traduzam manifestações de ideologia política.

tocolo, a celebrar em cada época desportiva, o qual é disponibilizado, sempre que solicitado, à força de segurança e ao CESD (n.º 2)[29].

Expressamente proibido é o apoio, por parte do promotor do espectáculo desportivo, a grupos organizados de adeptos que adoptem sinais, símbolos e expressões que incitem à violência, ao racismo, à xenofobia, à intolerância nos espectáculos desportivos, ou a qualquer outra forma de discriminação, ou que traduzam manifestações de ideologia política (n.º 4).

A vertente sancionatória expressa-se, para o promotor do espectáculo desportivo, e enquanto as situações indicadas no artigo se mantiverem, na realização de espectáculos desportivos à porta fechada (n.º 6), sanção a aplicar pelo Instituto do Desporto de Portugal, I. P., sob proposta do CESD (n.º 7).

6.5. O artigo 15.º respeita ao «registo dos grupos organizados de adeptos».

De acordo com o seu n.º 1, tais grupos devem possuir um registo sistematizado e actualizado[30] dos seus filiados[31], com a indicação de um conjunto de elementos (nome, número de bilhete de identidade, data de nascimento, fotografia, filiação – caso de menor de idade – e morada)[32].

O registo é efectuado junto do promotor do espectáculo desportivo, o qual envia cópia ao CESD, que o disponibiliza às forças de segurança (n.º 2).

Por outro lado, os grupos organizados de adeptos devem possuir uma listagem actualizada contendo a identificação de todos os filiados, registados nos termos dos números anteriores, presentes na deslocação em concreto para o espectáculo desportivo (n.º 4)[33].

---

[29] Este protocolo deve identificar, em anexo, os elementos que integram o respectivo grupo organizado, referidos no n.º 1 do artigo seguinte (n.º 3).

[30] O registo é actualizado sempre que se verifique qualquer alteração quanto aos seus filiados, e pode ser suspenso ou anulado no caso de incumprimento do disposto no artigo (n.º 3).

[31] No cumprimento da Lei n.º 67/98, de 26 de Outubro (*Lei da Protecção dos Dados Pessoais*).

[32] A lei de 1998 previa ainda o estado civil e a profissão, mas não se referia ao número de bilhete de identidade, data de nascimento e fotografia. Por sua vez, a lei de 2004, também mantinha o estado civil e a profissão. Ambos os diplomas, quanto à filiação, não restringiam à situação de menoridade.

[33] A listagem é disponibilizada, sempre que solicitado, às forças de segurança e ao CESD (n.º 5).

Por último, os n.ᵒˢ 6 e 7 configuram a vertente sancionatória.

Por um lado, os elementos responsáveis por grupos organizados de adeptos que não cumpram o disposto neste preceito, ficam impossibilitados de aceder ao interior de qualquer recinto desportivo mediante decisão do Instituto do Desporto de Portugal, I. P., sob proposta do CESD, enquanto a situação de incumprimento se mantiver. Por outro lado, em caso de reincidência, o CESD deve suspender, por período não superior a um ano, ou anular o registo.

6.6. Vejamos, por fim, o que determina o artigo 16.º, no domínio do acesso dos grupos organizados de adeptos aos recintos desportivos.

Em primeiro lugar, os promotores do espectáculo desportivo devem reservar, nos recintos desportivos que lhes estão afectos, uma ou mais áreas específicas para os filiados dos grupos organizados de adeptos (n.º 1).

Por outro lado, nas competições consideradas de risco elevado, os promotores não podem ceder ou vender bilhetes a grupos organizados de adeptos em número superior ao de filiados nesses grupos e identificados no registo, devendo constar em cada bilhete cedido ou vendido o nome do titular filiado (n.º 2), sendo que, em consequência, só é permitido o acesso e o ingresso aos indivíduos portadores desse bilhete (n.º 3).

O incumprimento destas regras, por parte do promotor, implica, enquanto as situações se mantiverem, a realização de espectáculos desportivos à porta fechada (n.º 4), sanção a aplicar pelo Instituto do Desporto de Portugal, I. P., sob proposta do CESD (n.º 5).

6.7. Contudo, neste âmbito, haverá ainda que jogar mão do que dispõem os artigos 22.º (*condições de acesso de espectadores ao recinto desportivo*), 23.º (*condições de permanência dos espectadores no recinto desportivo*) e, muito particularmente, 24.º (*condições especiais de permanência dos grupos organizados de adeptos*) e 25.º (*revista pessoal de prevenção e segurança*).

De acordo com o artigo 24.º os grupos gozam de um regime especial.

Na verdade, eles podem, excepcionalmente, utilizar no interior do recinto desportivo instrumentos produtores de ruídos, usualmente denominados «megafone» e «tambores», bem como artifício pirotécnico de utilização técnica fumígeno, usualmente denominado «pote de fumo»[34].

---

[34] Nos termos dos n.ᵒˢ 2 e 3, essa utilização carece de autorização e encontra-se sujeita a monitorização, que varia de acordo com o tipo de instrumento.

No que respeita à revista, nos termos do n.º 4 do artigo 25.º ela é obrigatória no que diz respeito aos grupos organizados de adeptos.

6.8. Olhemos, a finalizar este breve percurso, outras normas da lei.

O Capítulo III – regime sancionatório –, estabelece três tipos de responsabilidade.

Embora não se encontre, em todos eles, uma projecção que abarque as actividades dos grupos como tal, parece-nos evidente a sua potencial aplicação aos elementos que os integrem.

No que respeita à *responsabilidade criminal*, na esteira da lei anterior, define-se um quadro específico.

Assim, temos o artigo 27.º (que dispõe sobre o crime de distribuição e venda de títulos de ingresso falsos ou irregulares), o artigo 28.º (sobre o crime de distribuição e venda irregulares de títulos de ingresso), o artigo 29.º (crime de dano qualificado no âmbito de espectáculos desportivos), o artigo 30.º (crime de participação em rixa na deslocação para ou de espectáculo desportivo), o artigo 31.º (crime de arremesso de objectos ou de produtos líquidos), o artigo 32.º (crime de invasão da área do espectáculo desportivo) e o artigo 33.º (crime de ofensas à integridade física actuando em grupo).

Este registo criminal vê-se complementado pelo agravamento das penas em algumas situações, de acordo com o estabelecido no artigo 34.º, pela aplicação da pena acessória de privação do direito de entrar em recintos desportivos, conforme o artigo 35.º, e ainda pela previsão da aplicação da medida de coacção de interdição de acesso a recintos desportivos (artigo 36.º)[35].

TÂNIA MARIA NOGUEIRA, contudo, ia mais longe e, a nosso ver, mal, na possibilidade, a conceder às claques, de utilização de determinados produtos:

«Encontrando-nos actualmente num período de reformulação legislativa ao nível da violência associada aos espectáculos desportivos recomendamos também a possível inclusão legislativa da utilização de engenhos explosivos e substâncias pirotécnicas no âmbito destes espectáculos quando asseguradas todas as condições de segurança para este efeito. Esta medida resultaria de um acordo oficial entre forças de segurança, clubes desportivos e adeptos, e prende-se com o reconhecimento da existência da subcultura ultra no seio dos grupos de adeptos de futebol no nosso país. Assim, tendo chegado à conclusão que apesar de a utilização dessas substâncias estar proibida por lei esta continua a ter lugar nos recintos desportivos talvez seja mais eficaz conseguir pelo menos proceder ao seu controlo». Cf. «A violência associada ao desporto, em especial ao futebol», *Polícia portuguesa*, n.º 7, III Série, Abril-Junho, 2008, p. 28 [20-29].

[35] O artigo 37.º prevê hipóteses de substituição da pena de prisão por prestação de trabalho a favor da comunidade, e o artigo 38.º estabelece deveres de comunicação.

No domínio da *responsabilidade contra-ordenacional*, o artigo 39.º, n.º 1, define um conjunto de contra-ordenações, entre elas a prática de actos ou o incitamento à violência, ao racismo, à xenofobia e à intolerância nos espectáculos desportivos, sem prejuízo de outras sanções aplicáveis [alínea *d*)][36], a utilização nos recintos desportivos de buzinas alimentadas por baterias, corrente eléctrica ou outras formas de energia, bem como quaisquer instrumentos produtores de ruídos instalados de forma fixa, com excepção da instalação sonora do promotor do espectáculo desportivo [alínea *e*)], a utilização de dispositivos luminosos tipo luz laser, que, pela sua intensidade, seja capaz de provocar danos físicos ou perturbar a concentração e o desempenho dos atletas [alínea *f*)] e a introdução ou utilização de substâncias ou engenhos explosivos ou pirotécnicos ou objectos que produzam efeitos similares, sem prejuízo de outras sanções aplicáveis [alínea *g*)][37].

Por fim, quanto à *responsabilidade disciplinar* é o artigo 46.º que dispõe – em moldes bem pormenorizados – sobre sanções disciplinares por actos de violência, as quais, a aplicar aos *clubes, associações e sociedades desportivas*, têm por base acções dos seus sócios, adeptos ou simpatizantes.

Tais sanções revestem diversas modalidades, conforme a gravidade dos actos, prevendo-se a interdição do recinto desportivo, a perda dos efeitos desportivos dos resultados das competições desportivas, nomeadamente os títulos ou apuramentos, a perda de pontos nas classificações, a realização de espectáculos desportivos à porta fechada e a multa (alíneas do n.º 1).

7.1. É agora possível estabelecer as máximas da lei portuguesa no que respeita ao enquadramento dos grupos organizados de adeptos.

Em boa medida, o registo normativo é construído com base num pressuposto inicial: existe uma ligação próxima entre os promotores do espectáculo desportivo e os grupos organizados de adeptos que se concretiza, entre outros aspectos, pelo apoio dos primeiros aos segundos.

Sendo assim, o legislador tende, no fundamental, a direccionar as suas medidas para montante e não tanto para os grupos organizados de

---

[36] A condenação nesta contra-ordenação pode determinar, em função da gravidade da infracção e da culpa do agente, a aplicação da sanção acessória de interdição de acesso a recintos desportivos por um período até um ano (artigo 42.º, n.º 1).

[37] As respectivas coimas são estabelecidas no artigo 40.º

adeptos. A vertente sancionatória, por exemplo, passa, no fundamental, por eleger os clubes e sociedades desportivas como sujeito passivo principal, na lógica de que, uma vez retirados os apoios, a acção negativa dos grupos será irrelevante ou inexistente.

7.2. Esse apoio tem uma proibição absoluta estabelecida no artigo 14.º, n.º 4: a grupos organizados de adeptos que adoptem sinais, símbolos e expressões que incitem à violência, ao racismo, à xenofobia, à intolerância nos espectáculos desportivos, ou a qualquer outra forma de discriminação, ou que traduzam manifestações de ideologia política[38].

Fora dessa hipótese, todo o apoio se encontra condicionado ao preenchimento de um conjunto de requisitos:

a) Os grupos de adeptos têm obrigatoriamente de assumir uma dada forma jurídica (associação, nos termos gerais ou no âmbito do associativismo juvenil);
b) Encontrarem-se registados no CESD;
c) Existência de um protocolo sobre os apoios, a celebrar entre o promotor do espectáculo e os grupos de adeptos[39];
d) O protocolo deve identificar, em anexo, os elementos que integram o grupo organizado de adeptos referidos no registo previsto no artigo 15.º, n.º 1.

Esta última condição remete-nos para a exigência quanto ao registo dos grupos organizados de adeptos.

Vejamos a sua dinâmica:

a) É efectuado junto do respectivo promotor do espectáculo desportivo;
b) É enviada cópia para o CESD, que o disponibiliza às forças de segurança;
c) Tem que se encontrar actualizado.

Por outro lado, os grupos devem ainda possuir uma listagem actualizada contendo a identificação de todos os seus filiados presentes nas des-

---

[38] Adiante diremos algo sobre esta equiparação das manifestações de ideologia política às outras acções prevista na norma.

[39] A disponibilizar, sempre que solicitado, ao CESD e às forças de segurança. Não se vê razão determinante para que esta disponibilidade não seja, desde logo, imediata.

locações para os espectáculos desportivos, a disponibilizar, sempre que solicitado, às forças de segurança e ao CESD (artigo 15.º, n.ºs 4 e 5)[40].

7.3. Toda esta construção dota-se de um segmento sancionatório, quando o apoio ocorra no incumprimento dos requisitos legais, que se exprime nos seguintes moldes:

a) Sancionamento dos clubes e sociedades desportivas, enquanto as situações se mantiverem, com a realização dos espectáculos desportivos à porta fechada;
b) Aplicação de sanção pelo Instituto do Desporto de Portugal, I. P., sob proposta do CESD.

Por outro lado, quanto ao registo dos adeptos, a não observância dos exactos contornos estipulados pela lei, incluindo a actualização permanente, o mesmo pode ser suspenso ou anulado, com clara repercussão nas consequências sancionatórias descritas.

Por último, e num plano diverso do anterior, o incumprimento, por parte dos grupos organizados de adeptos, dos deveres relativos à listagem dos adeptos presentes na deslocação para o espectáculo desportivo, conduz à interdição de acesso ao interior de qualquer recinto desportivo dos respectivos elementos responsáveis.

Também aqui a decisão compete ao Instituto do Desporto de Portugal, I. P., sob proposta do CESD.

Em caso de reincidência, este incumprimento projecta-se na suspensão, por período não superior a um ano, ou na anulação do registo dos grupos organizados de adeptos[41-42].

---

[40] Também aqui se exprime a reserva enunciada na nota anterior.

[41] Também no acesso dos grupos ao recinto desportivo, em que em dados jogos se exige o nome do adepto no bilhete, a violação da norma acarreta a realização do espectáculo desportivo à porta fechada.

[42] A todo este desenho normativo acrescem, como é óbvio, as sanções disciplinares, previstas no artigo 46.º, a aplicar aos promotores do espectáculo desportivo. Todavia, estas não têm como elemento caracterizador exclusivo os grupos organizados de adeptos. A lei vai, se assim se pode dizer, mais longe, referindo as infracções dos «sócios, adeptos ou simpatizantes» (n.ºs 2 e 3).

Conhecer a lei espanhola

8.1. Em Espanha registou-se um percurso algo semelhante, embora com um bem menor número de actos publicados ao longo do tempo[43].

O primeiro marco é a Ley 10/1990, de 15 de Outubro (*del Deporte*), que inclui título específico (o IX – artigos 60.° a 72.°) sobre a prevenção da violência nos espectáculos desportivos[44].

É então criada a *Comisión Nacional contra la Violencia en los espectáculos deportivos*, cujas funções são enunciadas no artigo 60.°, n.° 2[45], e, ao longo do articulado, a Ley 10/1990 recolhe as indicações vertidas na Convenção Europeia[46].

Não contém, contudo, nenhuma referência específica a grupos organizados de adeptos[47].

---

[43] ROSA VENTAS SASTRE oferece-nos um breve resumo da legislação espanhola neste domínio. Ver «La violencia en espectáculos deportivos: eventual responsabilidad penal», *Revista Española de Derecho Deportivo*, Ano 2007-2, n.° 20, pp. 59-71. ALBERTO PALOMAR OLMEDA aponta as razões desta evolução. Ver «Ámbito de aplicación y definiciones», *Comentários a la Ley contra la Violência, el Racismo, la Xenofobia y la Intolerancia en el Deporte*, coordenação de ALBERTO PALOMAR OLMEDA e EDUARDO GAMERO CASADO, Navarra, Thomson / Aranzadi, 2008, pp. 95-96 [71-119].

Por sua vez, MIGUEL MARÍA GARCÍA CABA, «La Comisión estatal contra la violencia, el racismo, la xenofobia y la intolerancia en el deporte», na mesma obra colectiva, pp. 290-297 [283-343], dá-nos uma visão da realidade espanhola quanto à preocupação social pelo aumento da violência no desporto, incluindo todas as suas mais recentes manifestações.

[44] Estas normas são complementadas pelas constantes do Título XI (*La disciplina deportiva*), em particular os artigos 76.° e 79.° A doutrina espanhola sublinha, porém, que tais normas não constavam da iniciativa legislativa originária, sendo fruto do labor do Senado. Cf. EDUARDO GAMERO CASADO, «Objeto y estructura general de la Ley», na obra colectiva como na nota 44, p. 54 [25-69], e JOSÉ LUÍS CARRETERO LESTÓN, «La violencia deportiva en el derecho espanõl: antecedentes, régimen actual y distribución de competências», em *Régimen jurídico de la violencia en el deporte*, coordenação de ANTONIO MILLÁN GARRIDO, Barcelona, Bosch, 2006, p. 175 [169-190].

[45] Entre elas, por exemplo, a de instar as federações desportivas e as ligas profissionais a modificar os seus estatutos para preverem, nos regimes disciplinares, normas relativas à violência e à declaração de um evento desportivo como de alto risco.

[46] Como afirmam EMÍLIO ANDRÉS GARCIA SILVERO e JORGE VAQUERO VILLA, na obra colectiva como na nota 44, «Responsabilidad de las personas que asisten a las competiciones deportivas», p. 188 [181-206], é esta lei que «transpõe» a Convenção Europeia para a ordem jurídica espanhola.

[47] Todavia, prevê, na linha da Convenção Europeia e da legislação portuguesa de 1989, a adopção, como medida preventiva, em determinados jogos de risco, da *separación de las aficiones rivales en zonas distintas del recinto* (artigo 64.°).

Seguem-se-lhe o Real Decreto n.º 75/1992, de 31 de Janeiro, que veio regular a estrutura, composição e funcionamento da *Comisión Nacional contra la Violencia en los espectáculos deportivos*, o Real Decreto n.º 769/1993, de 21 de Maio, que aprovou o Regulamento para a Prevenção da Violência nos Espectáculos Desportivos[48] e ainda a Órden Ministerial de 31 de Julho de 1997 e a Órden Ministerial de 22 de Dezembro de 1998, que vieram regular o *Registro Central de Sanciones* aplicadas por infracções contra a segurança pública em matéria de espectáculos desportivos, bem como as *unidades de control organizativo* para a prevenção da violência.

8.2. Mais tarde, a Ley 10/1990 veio a ser alterada pela Ley 53/2002, de 30 de Dezembro (*Medidas físcales, administrativas y de orden social*), com precipitações nas normas que versam sobre esta matéria, tipificando novas condutas ilícitas e agravando sanções.

Por outro lado, o legislador passou a incorporar outras manifestações violentas, para além da meramente física, acolhendo, deste modo, tipos de conduta violenta no âmbito desportivo na sua mais ampla acepção.

Assinale-se, por último, neste sumário percurso que antecede a lei vigente, as alterações que foram introduzidas no Código Penal, através da Ley Orgánica 15/2003, de 25 de Novembro.

Seguindo via diversa da portuguesa[49], a criminalização de algumas condutas neste específico domínio, incorporou-se no Código Penal, tendo sido alterados os artigos 557.º e 558.º (*De los desordenes públicos*) e 633.º (*Faltas contra el orden público*)[50].

9. A Ley 19/2007, de 11 de Julho, *contra la violencia, el racismo, la xenofobia y la intolerancia en el deporte* (LCVD), representa o marco jurídico vigente[51].

---

[48] Ver, a este respeito, EMÍLIO ANDRÉS GARCIA SILVERO e JORGE VAQUERO VILLA, na obra colectiva como na nota 44, pp. 189-193.

[49] Ver, *supra*, nota 23 e 6.8.

[50] Ver, a este respeito, ROSA VENTAS SASTRE, «La tutela penal», na obra colectiva como na nota 44, pp. 568-575 [565-586] e «La violencia en espectáculos deportivos: eventual responsabilidad penal», *Revista Española de Derecho Deportivo*, Ano 2007-2, n.º 20, pp. 59-71, e LORENZO MORILLAS CUEVA e JOSÉ MARIA SUÁREZ LÓPEZ, «Régimen penal de la violencia en el deporte», *Régimen jurídico de la violencia en el deporte*, coordenação de ANTONIO MILLÁN GARRIDO, Barcelona, Bosch, 2006, pp. 305-326 [312-324].

[51] A sua *Disposición derogatoria única* revoga preceitos da Ley 10/1990 [artigos 60.º a 69.º, 76.º, n.º 1, alíneas *e*), *g*) e *h*), e n.º 2, alínea *g*)]. Uma primeira leitura da lei

O diploma legal oferece um extenso preâmbulo, não sendo possível, neste espaço, dar conta de todos os fundamentos e destaques do texto[52].

Seja-nos permitido, todavia, proceder a alguns sublinhados, muitos deles, aliás, comuns ao quadro português. Um primeiro enfatiza a dimensão social do desporto – elemento de educação – como acervo comum europeu. Percorre este espaço com alusão à Convenção do Conselho da Europa e à Resolução n.° 4/2000, do Comité de Ministros responsáveis pelo desporto, do Conselho de Europa, sobre a prevenção do racismo, da xenofobia e da intolerância no desporto[53].

Após efectuado o percurso pela anterior regulação espanhola, o texto preambular constata que não obstante a significativa experiência espanhola neste domínio, bem como a existência de normativos específicos, a legislação não se revela adequada.

A opção legislativa foi a de sistematizar e ordenar as obrigações gerais e particulares nesta matéria, assim como o regime sancionatório e ainda as questões que se prendem com a segurança pública aquando da realização de espectáculos desportivos.

Procurou-se fundir num único texto legal todo um conjunto de preceitos, quaisquer que sejam os sujeitos que levem a cabo condutas objecto de sanção, incluindo os próprios praticantes e outros agentes detentores de licença federativa.

10. Dispondo o artigo 1.° sobre o objecto[54] e âmbito de aplicação da

---

efectuou-a MARIO ALBERTO RODRÍGUEZ DOMÍNGUEZ, «El nuevo régimen jurídico de la prevención y represión de la violencia y el racismo en el deporte español: Análisis particular de la reciente Ley 19/2007 de julio, en la matéria», *Dopaje, fraude y abuso en el deporte*, coordenação de ESTEVE BOSCH CAPDVILA e M.ª TERESA FRANQUET SUGRAÑES, Bosch, 2007, pp. 303-318.

[52] EDUARDO GAMERO CASADO regista o facto de, pela primeira vez, Espanha contar com uma lei específica sobre esta temática o que, no seu entender, é bem significativo da importância conferida ao tema pelo legislador. Cf. «Objeto y estructura general e la Ley», na obra colectiva como na nota 44, p. 37 [25-69].

[53] Aprovada na sua 9.ª Conferência (Bratislava, 30 e 31 de Maio de 2000).

[54] Assim se exprime, no n.° 1, em termos genéricos, antes do enunciado de várias alíneas: «*El objeto de la presente Ley es la determinación de un conjunto de medidas dirigidas a la erradicación de la violencia, el racismo, la xenofobia y la intolerancia en el deporte*».

lei[55], o artigo 2.º adianta um conjunto de definições com que o texto legal vai operar, à semelhança da solução alcançada na LVED[56].

Assim temos, por exemplo, a definição de *actos o conductas violentas o que incitan a la violencia en el deporte* (n.º 1) e entre eles se inclui *la facilitación de medios técnicos, económicos, materiales, informáticos o tecnológicos que den soporte a la actuación de las personas o grupos que promuevan la violencia, o que inciten, fomenten o ayuden a los comportamientos violentos o terroristas, o la creación y difusión o utilización de soportes digitales utilizados para la realización de estas actividades* [alínea *f*)], de *actos racistas, xenófobos o intolerantes en el deporte* (n.º 2) e, entre eles, *la facilitación de medios técnicos, económicos, materiales, informáticos o tecnológicos que den soporte, inciten o ayuden a personas o grupos de personas a realizar en los recintos deportivos con motivo de la celebración de actos deportivos, en sus aledaños o en los medios de transporte públicos en los que se puedan desplazar a los mismos, los actos enunciados en los apartados anteriores* [alínea *e*)], de *entidades desportivas* (n.º 3), de *personas organizadoras de competiciones y espectáculos deportivos* (n.º 4) e *deportistas* (n.º 5).

11. O Título I da LCVD dispõe sobre as *obligaciones y dispositivos de seguridad para la prevención de la violencia, el racismo, la xenofobia y la intolerancia en competiciones deportivas*.

As normas dele constantes dirigem-se, desde logo, às *personas organizadoras de competiciones y espectáculos deportivos*.

Nesse sentido, o artigo 3.º enuncia as medidas para evitar actos violentos, racistas, xenófobos ou intolerantes.

Em particular, de acordo com o seu n.º 2, constitui obrigação dessas entidades *facilitar a la autoridad gubernativa y en especial al Coordinador de Seguridad toda la información disponible sobre los grupos de se-*

---

[55] Dispõe o n.º 2: «El ámbito objetivo de aplicación de esta Ley está determinado por las competiciones deportivas oficiales de ámbito estatal, que se organicen por entidades deportivas en el marco de la Ley 10/1990, de 15 de octubre, del Deporte, o aquellas otras organizadas o autorizadas por las federaciones deportivas españolas». JOSÉ MARÍA PÉREZ MONGUIÓ critica a delimitação negativa do âmbito da lei, considerando que o que é relevante não é o nível da competição mas sim o fenómeno da violência. Ver, «El régimen administrativo sancionador», na obra colectiva como na nota 44, pp. 350-351 [345-417].

[56] Esta técnica legislativa é, aliás, bem recolhida pela doutrina espanhola e imputada, na sua origem, ao exemplo da Lei n.º 16/2004. Cf. EDUARDO GAMERO CASADO, «Objeto y estructura general de la Ley», na obra colectiva como na nota 44, p. 37 [25-69].

guidores, en cuanto se refiere a composición, organización, comportamiento y evolución, así como los planes de desplazamiento de estos grupos, agencias de viaje que utilicen, medios de transporte, localidades vendidas y espacios reservados en el recinto deportivo [alínea *e*)], assim como *colaborar activamente en la localización e identificación de los infractores y autores de las conductas prohibidas por* [alínea *g*)].

Por outro lado, restringindo ao nosso campo de análise, tais entidades têm ainda o dever *de no proporcionar ni facilitar a las personas o grupos de seguidores que hayan incurrido en las conductas definidas en los apartados primero y segundo del artículo 2 de la presente Ley, medios de transporte, locales, subvenciones, entradas gratuitas, descuentos, publicidad o difusión o cualquier otro tipo de promoción o apoyo de sus actividades* [alínea *h*)].

Para José Vida Fernández[57] a finalidade desta última norma é evidente: pretende erradicar a condescendência dos clubes e sociedades desportivas com os adeptos mais «radicais».

Para este autor, este dever (de não apoiar) abrange todos os grupos de seguidores, independentemente de terem sido ou não efectivamente sancionados[58].

Ou seja, a norma não exige nem uma sanção definitiva, nem sequer qualquer sanção[59].

Não estamos, pois, perante uma medida ablatória mas perante a perda de um benefício concedido livre e gratuitamente pelos clubes e sociedades desportivas. Desta forma, na sua opinião, não se encontra em crise o princípio da culpa.

12. É no artigo 9.º que vamos encontrar algo directamente relacionado com a actividade grupal dos adeptos[60].

---

[57] Cf. «Las obligaciones de las personas organizadoras de competiciones y espectáculos deportivos», na obra colectiva como na nota 44, p. 164 [145-180].

Na nota 24, na mesma página, o autor, dá-nos conta de que em 1992 foram identificados, pela polícia, 38 grupos ultras, 9 dos quais incluíam *skin heads*, situação que, na actualidade, na sua opinião, regista um claro aumento de infiltração (90%).

[58] *Idem*, p. 165.

[59] JOSÉ VIDA FERNÁNDEZ não vislumbra nesta interpretação qualquer sanção indirecta ou acessória. Trata-se somente, no seu entender, de evitar tratamentos favoráveis dos clubes a pessoas ou grupos de seguidores.

[60] No que se refere aos espectadores, o artigo 6.º estabelece as condições de acesso ao recinto desportivo, cabendo ao artigo 7.º determinar as condições de permanência. Neste âmbito é de destacar o disposto no no n.º 1, alínea *a*), do primeiro desses preceitos, onde

A LCVD institui um *Libro de registro de actividades de seguidores*. Pela sua importância, proceda-se à transcrição integral da norma:

«1. Los clubes y personas organizadoras de las competiciones y espectáculos deportivos que establezca la Comisión Estatal contra la Violencia, el Racismo, la Xenofobia y la Intolerancia en el Deporte[61] deberán disponer de un libro de registro, cuya regulación se establecerá reglamentariamente[62], que contenga información genérica e identificativa sobre la

---

se estabelece a proibição de «*Introducir, portar o utilizar cualquier clase de armas o de objetos que pudieran producir los mismos efectos, así como bengalas, petardos, explosivos o, en general, productos inflamables, fumíferos o corrosivos*». No artigo 7.º, o nosso sublinhado vai para a alínea *f*) do n.º 1: «*No tener, activar o lanzar, en las instalaciones o recintos en las que se celebren o desarrollen espectáculos deportivos, cualquier clase de armas o de objetos que pudieran producir los mismos efectos, así como bengalas, petardos, explosivos o, en general, productos inflamables, fumíferos o corrosivos*».

[61] Da *Comisión Estatal contra la Violencia, el Racismo, la Xenofobia y la Intolerancia en el Deporte*, ocupa-se o artigo 20.º

Trata-se de «*un órgano colegiado encargado de la formulación y realización de políticas activas contra la violencia, la intolerancia y la evitación de las prácticas racistas y xenófobas en el deporte*» (n.º 1). Das suas funções, enunciadas no n.º 3, destacamos as de vigilância e controlo [alínea *c*)], por exemplo, «*interponer recurso ante el Comité Español de Disciplina Deportiva contra los actos dictados en cualquier instancia por las federaciones deportivas en la aplicación del régimen disciplinario previsto en esta Ley, cuando considere que aquéllos no se ajustan al régimen de sanciones establecido*» (2.º), «*instar a las federaciones deportivas españolas y ligas profesionales a modificar sus estatutos para recoger en los regímenes disciplinarios las normas relativas a la violencia, el racismo, la xenofobia y la intolerancia en el deporte*» (3.º) ou «*instar a las federaciones deportivas españolas a suprimir toda normativa que implique discriminación en la práctica deportiva de cualquier persona en función de su nacionalidad u origen*» (4.º).

Coube ao Real Decreto n.º 748/2008, de 9 de Maio, regular a *Comisión*.

Este órgão encontra-se organicamente inserido no Ministério de Educación, Política Social y Deporte, por via do Consejo Superior de Deportes, actuando por iniciativa própria ou a solicitação do Consejo Superior de Deportes ou do Ministério do Interior (artigo 2.º, n.º 2).

Entre as suas funções, destacamos «*la determinación de los clubes y personas organizadoras de competiciones y espectáculos deportivos que deberán disponer de un libro de registro que contenga información sobre la actividad de asociaciones o grupos de aficionados que presten su adhesión o apoyo a entidades deportivas, con arreglo a lo previsto en el artículo 9.1 de la Ley 19/2007, de 11 de julio*» [artigo 3.º, n.º 1, alínea *b*)]. A *Comisión* funciona em alargado plenário (artigo 7.º) e em *Comisión Permanente*, como órgão executivo do plenário (artigo 8.º). Ver ANTÓNIA PERELLÓ JORQUERA, «La Comisión Estatal contra la Violencia, el Racismo, la Xenofobia y la Intolerância en el deporte: organización, composición y funcionamiento», *Revista Española de Derecho Deportivo*, Ano 2008-3, n.º 24, pp. 93-106.

[62] A 15 de Outubro de 2009 ainda não existia esta regulamentação.

actividad de la peñas, asociaciones, agrupaciones o grupos de aficionados, que presten su adhesión o apoyo a la entidad en cuestión.

A estos efectos sólo se considerarán aquellas entidades formalizadas conforme a la legislación asociativa vigente y aquellos grupos de aficionados que, sin estar formalizados asociativamente, cumplan con los requisitos de identificación y de responsabilidad que se establezcan reglamentariamente.

2. Dicho libro deberá ser facilitado a la autoridad gubernativa correspondiente y, asimismo, estará a disposición del Coordinador de Seguridad y de la Comisión Estatal contra la Violencia, el Racismo, la Xenofobia y la Intolerancia en el Deporte.

3. En la obtención, tratamiento y cesión de la citada documentación se observará la normativa sobre protección de datos personales.

4. Queda prohibido cualquier tipo de apoyo, cobertura, dotación de infraestructura o de cualquier tipo de recursos a grupo o colectivo de seguidores de un club, con independencia de tener o no personalidad jurídica, de estar formalizado o no como peña o asociación, si no figura, el citado grupo, sus actividades y sus responsables en el Libro de Registro y si en alguna ocasión ha cometido infracciones tipificadas en esta Ley»[63].

Estamos perante norma já reflectida pela doutrina espanhola.

Para Antonio Millán Garrido[64] o *libro de registro de actividades de seguidores* constitui uma das medidas tendentes a controlar as *peñas*, associações e grupos de seguidores das entidades desportivas.

---

[63] Assume também especial interesse o disposto no artigo 17.º, a respeito dos deveres de informação e coordenação da segurança.

Assim, conforme o seu n.º 1, as «*entidades deportivas, y principalmente los clubes y sociedades anónimas deportivas participantes en encuentros declarados de alto riesgo, suministrarán a la persona responsable de la coordinación de seguridad toda la información de que dispongan acerca de la organización de los desplazamientos de los seguidores desde el lugar de origen, sus reacciones ante las medidas y decisiones policiales y cualquier otra información significativa a efectos de prevención de los actos racistas, violentos, xenófobos o intolerantes (...)*». Por sua vez, determina o n.º 2 que os «*Cuerpos y Fuerzas de Seguridad, especialmente los radicados en las localidades de origen y destino de los seguidores de participantes en competiciones o espectáculos deportivos calificados de alto riesgo, promoverán la cooperación y el intercambio de informaciones adecuadas para gestionar las situaciones que se planteen con ocasión del evento, atendiendo a las conductas conocidas de los grupos de seguidores, sus planes de viaje, reacciones ante las medidas y decisiones policiales y cualquier otra información significativa a efectos de prevención de la violencia, el racismo, la xenofobia y la intolerancia en el deporte*».

[64] Cf. «Dispositivos de seguridad reforzados (Artículos 8.º a 14.º)», na obra colectiva como na nota 39, p. 217 [207-254].

O autor enfatiza a solução constante do n.º 4 – não deixando de questionar a ligação entre esta norma e as anteriores –, a qual estabelece uma proibição bem alargada. Ela vale, pelo prisma do concedente, para a Administração Pública e, dir-se-ia especialmente, para as próprias entidades desportivas, relativamente aos colectivos de adeptos que não figurem no livro de registo, para aqueles outros que cometam infracções no domínio da violência, racismo, xenofobismo ou intolerância no desporto, sendo indiferente que tal colectivo tenha ou não personalidade jurídica e que esteja ou não constituído formalmente como *peña* ou associação[65].

13.1. No que se refere ao modelo sancionatório, a LVCD apresenta uma resposta dupla. A responsabilidade pelas infracções localiza-se em sede administrativa e disciplinar desportiva[66].

Vejamos, em primeiro lugar, a *responsabilidade administrativa*.

O artigo 21.º ocupa-se das infracções das *personas organizadoras de competiciones y espectáculos deportivos*[67].

O n.º 1 estabelece as infracções muito graves, mas é no n.º 2 – infracções graves – que recolhemos as que especialmente versam sobre o objecto da nossa comparação[68].

Assim, temos:

a) *La gestión deficiente del libro de registro de seguidores o su inexistencia, al que se refiere el artículo 9 de la presente Ley* [alínea *d*)];

---

[65] *Idem*, p. 218.

[66] A LVCD dispõe de norma – artigo 38.º – que se ocupa das relações entre estes dois níveis de responsabilidade e ainda da criminal, desde logo tentando acautelar o respeito do princípio *ne bis in idem*.

[67] O artigo 22.º versa sobre as infracções dos espectadores e o artigo 23.º das infracções de outros sujeitos.

[68] Sem prejuízo de a alínea *j*) do n.º 1 considerar infracção muito grave «*el incumplimiento de las obligaciones previstas en el artículo 25 de la presente Ley*». Dispõe esse artigo:

«*1. Los clubes y las personas responsables de la organización de espectáculos deportivos deberán privar de la condición de socio, asociado o abonado a las personas que sean sancionadas con la prohibición de acceso a recintos deportivos, a cuyo efecto la autoridad competente les comunicará la resolución sancionadora, manteniendo la exclusión del abono o de la condición de socio o asociado durante todo el período de cumplimiento de la sanción.*

2. A efectos del cumplimiento de la sanción, podrán arbitrarse procedimientos de verificación de la identidad, que serán efectuados por miembros de las Fuerzas y Cuerpos de Seguridad».

b) *El apoyo a actividades de peñas, asociaciones, agrupaciones o grupos de aficionados que incumplan lo estipulado en esta Ley* [alínea e)].

Quanto à segunda infracção, visa evitar qualquer tipo de amparo, por parte dos clubes e sociedades desportivas, aos grupos de adeptos que não cumpram o determinado na lei.

José María Pérez Monguió, entendendo justificável esta previsão, não deixa de lhe endereçar algumas críticas quanto à técnica adoptada[69], em particular a de a solução poder atentar contra princípios básicos do direito sancionatório, como o da proporcionalidade, da presunção de inocência e da segurança jurídica.

Por exemplo, é suficiente o incumprimento – qualquer que seja? – ou é necessário que exista prévia aplicação de sanção?

A letra da norma aponta para que qualquer incumprimento por parte destes colectivos seja suficiente para os clubes e sociedades desportivas serem sancionados pelo cometimento de uma infracção grave.

Todavia, no respeito daqueles princípios, o autor exige que haja uma prévia sanção dos sujeitos envolvidos e que esta seja firme (inatacável), antes de se sancionar a entidade desportiva.

Por outro lado, José María Pérez Monguió aponta a desproporcionalidade em sancionar o clube ou sociedade desportiva independentemente da gravidade da infracção do grupo de seguidores[70-71].

13.2. Sem prejuízo das sanções a aplicar individualmente aos adeptos, interessa-nos fazer ressaltar o quadro sancionatório aplicável aos clubes e sociedades desportivas.

Assim, ao cometimento de infracções muito graves corresponde a aplicação de uma sanção económica entre € 60 000,01 a € 650 000 [ar-

---

[69] Cf. «El régimen administrativo sancionador», na obra colectiva como na nota 44, pp. 355-357 [345-417].

[70] Numa frase do autor que agora acompanhamos, entender que qualquer apoio e em qualquer circunstância poder ser constitutivo de uma infracção grave do clube, surge como um excesso legislativo.

[71] Debate-se ainda o autor com uma última dúvida quanto ao segmento temporal do tipo: durante quanto tempo não pode a entidade desportiva apoiar os grupos de adeptos, sob pena de ser sancionada? Trata-se de um prazo indefinido?

JOSÉ MARÍA PÉREZ MONGUIÓ sustenta, numa interpretação possível, que se deve aplicar os prazos de prescrição das sanções.

tigo 24.º, n.º 1, alínea c)] e, no caso das infracções graves, o que é o caso, entre € 3 000,01 a € 60 000 [artigo 24.º, n.º 1, alínea b)][72].
Por outro lado, para além da sanção económica, o n.º 2 deste artigo 24.º abre caminho à aplicação de outras sanções:

a) La inhabilitación para organizar espectáculos deportivos hasta un máximo de dos años por infracciones muy graves y hasta dos meses por infracciones graves [alínea a)];
b) La clausura temporal del recinto deportivo hasta un máximo de dos años por infracciones muy graves y hasta dos meses por infracciones graves [alínea b)].

Por outro lado, o artigo 29.º ocupa-se do *Registro de sanciones* em matéria de violência, racismo, xenofobia e intolerância no desporto.
O seu n.º 5 determina que quando se trate de sanções impostas a *personas seguidoras de las entidades deportivas*, o órgão sancionador notificará o clube ou entidade desportiva a que pertençam, tendo em vista a inclusão dessa referência no *libro de registro de actividades de seguidores a que hace referencia el artículo 9 y de aplicar la prohibición de apoyo que contempla el artículo 3, apartado 2, literal* h).

13.3. Quanto ao *regime disciplinar desportivo*, regem os artigos 32.º a 37.º

Depois de o artigo 32.º circunscrever o seu âmbito de aplicação, o artigo 33.º apresenta uma qualificação das infracções disciplinares em muito graves e graves.

Nos termos do artigo 34.º, n.º 3, são consideradas muito graves, para os clubes e sociedades anónimas desportivas que participem em competições profissionais, as seguintes infracções:

a) *La omisión del deber de adoptar todas las medidas establecidas en la presente Ley para asegurar el correcto desarrollo de los espectáculos deportivos con riesgos para los espectadores o para los participantes en los mismos y evitar la realización de actos o comportamientos racistas, xenófobos, intolerantes y contrarios a los derechos fundamentales* [alínea a)];

---

[72] Sobre as entidades competentes para a aplicação das sanções dispõe o artigo 28.º

b) *La facilitación de medios técnicos, económicos, materiales, informáticos o tecnológicos que den soporte a la actuación de las personas o grupos que promuevan la violencia o las conductas racistas, xenófobas e intolerantes a que se refieren los apartados primero y segundo del artículo 2 de esta Ley* [alínea *b*)].

Esta última infracção vem, naturalmente, na linha da infracção administrativa e comunga dos mesmos fundamentos.

Santiago Prados Prados realça o objectivo de *erradicar la denostada y, por desgracia, habitual e impune práctica que, al menos, hace unos años, realizaban determinados clubes deportivos favoreciendo y apoyando económica y materialmente a sus grupos de aficionados más radicales o «ultras»*[73].

Facilitar (a conduta transgressora) pretende abarcar, de forma exaustiva, todos os meios de apoio, cortando com *ello esa «savia negra» imprescindible para la actuación de estas personas y grupos que promueven los comportamientos racistas, xenófobos e intolerantes en el deporte*[74].

13.4. Das sanções ocupa-se o artigo 36.º

Entre as infracções muito graves destacam-se as seguintes:

«a) Por la comisión de infracciones consideradas como muy graves de las previstas en la presente Ley, se podrá imponer las siguientes sanciones:
[...]
2.º Sanción pecuniaria para los clubes, deportistas, jueces, árbitros y directivos en el marco de las competiciones profesionales, de 18.000,01 a 90.000 euros.
3.º Sanción pecuniaria para los clubes, deportistas, jueces, árbitros y directivos en el marco del resto de competiciones, de 6.000,01 a 18.000 euros.
4.º Clausura del recinto deportivo por un periodo que abarque desde cuatro partidos o encuentros hasta una temporada.
[...]

---

[73] Cf. «Régimen disciplinario deportivo contra la violencia, el racismo, la xenofobia y la intolerancia», na obra colectiva como na nota 44, p. 457 [419-509]. O autor sublinha a correlação com a infracção prevista na alínea *b*) do n.º 1 («*La promoción, organización, dirección, encubrimiento o defensa de los actos y conductas tipificados en los apartados primero y segundo del artículo 2 de esta Ley*»).

[74] *Idem*, p. 458.

6.º Celebración de la prueba o competición deportiva a puerta cerrada.
7.º Pérdida de puntos o puestos en la clasificación.
8.º Pérdida o descenso de categoría o división».

Estas sanções são independentes e compatíveis com as medidas que os estatutos e regulamentos federativos possam prever quanto aos efeitos puramente desportivos que devam ser ultrapassados para assegurar o normal desenrolar da competição, encontro ou prova. Em todo o caso, entendem-se abrangidas por esta norma, *las decisiones sobre la continuación o no del encuentro, su repetición, celebración, en su caso, a puerta cerrada, resultados deportivos y cualesquiera otras previstas en aquellas normas que sean inherentes a la organización y gobierno de la actividad deportiva* [alínea *c*)].

Por outro lado, os estatutos e regulamentos podem contemplar a imposição de sanções de natureza reinsertiva, a acumular com as económicas, e alternativas ou acumuladas às de outro tipo [alínea *d*)][75-76].

14. Por fim, dê-se conta da norma que dota de eficácia plena muitas das soluções atrás estabelecidas.

Referimo-nos à *Disposición adicional segunda* (*Habilitaciones reglamentarias a las entidades deportivas y normas de aplicación inmediata*).

Dispõe o seu n.º 1:

«1. En el plazo de seis meses, las entidades deportivas dictarán las disposiciones precisas para la adecuación de sus reglamentos a la presente Ley. En tanto que esta adaptación tenga lugar, serán de directa aplicación desde su entrada en vigor los tipos de infracción y las sanciones que la presente Ley contempla como mínimos indisponibles, aún cuando no se encuentren expresamente contemplados en las reglamentaciones deportivas vigentes.

Transcurrido el plazo citado en el párrafo anterior, serán nulos de pleno derecho los preceptos contenidos en los Estatutos, Reglamentos y demás normas federativas que contengan algún mecanismo discriminatorio en función de la nacionalidad u origen de las personas».

---

[75] «En particular, puede establecerse el desarrollo de acciones de voluntariado en organizaciones dedicadas a tareas sociales relacionadas con el objeto de la infracción, y especialmente, las implicadas en la lucha contra la violencia, el racismo, la xenofobia y la intolerancia».

[76] Sobre o controlo jurisdicional das sanções, administrativas e disciplinares, consulte-se DAVID ORDÓÑEZ SOLÍS, «El control judicial de las sanciones administrativas y disciplinarias contra la violencia y la discriminación en el deporte», *Revista jurídica de deporte y entretenimiento*, Ano 2008-2, n.º 23, pp. 95-117.

15.1. Pretendendo reter o essencial das soluções espanholas, verificamos, desde logo, que se estabelece *ab initio* um desenho típico das acções que se devem ter como constituindo *actos o conductas violentas o que incitan a la violencia en el deporte* e *actos racistas, xenófobos o intolerantes en el deporte*.

No seu recorte incluem-se algumas medidas de apoio que usualmente têm por beneficiários os *grupos de seguidores*, mas que não se quedam por eles, antes se prevêem, como potenciais beneficiários, *personas o grupos de personas*.

No que respeita aos deveres das *personas organizadoras de competiciones y espectáculos deportivos*, realce para o *de no proporcionar ni facilitar a las personas o grupos de seguidores que hayan incurrido en las conductas definidas en los apartados primero y segundo del artículo 2 de la presente Ley, medios de transporte, locales, subvenciones, entradas gratuitas, descuentos, publicidad o difusión o cualquier otro tipo de promoción o apoyo de sus actividades*.

15.2. Tendo estes parâmetros prévios, o enquadramento dos *grupos de seguidores*, revela as seguintes directrizes:

a) Os clubes e os organizadores de competições e espectáculos desportivos, a determinar pela *Comisión Estatal contra la Violencia, el Racismo, la Xenofobia y la Intolerancia en el Deporte*, devem dispor de um livro de registo, em termos a regulamentar, que *contenha informação genérica e identificadora*, sobre as *peñas*, associações, agrupamentos ou grupos de adeptos;

b) Só são consideradas as entidades que se constituam como associações, nos termos gerais, e outros grupos de adeptos que, embora sem serem associações, cumpram determinados requisitos de identificação e responsabilidade;

c) O livro de registo é disponibilizado ao Coordenador de Segurança e à mencionada *Comisión*;

d) É proibido todo o apoio a grupos de seguidores, independentemente de terem ou não personalidade jurídica, se o mesmo, as suas actividades e os responsáveis, não figurarem no livro de registo ou se tiverem cometido algumas das infracções tipificadas na lei.

Os clubes e outros organizadores de competições e espectáculos desportivos respondem administrativamente, no domínio que agora capta a nossa atenção, em duas situações, ambas qualificadas como infracções disciplinares graves.

Em primeiro lugar, quando tenha lugar uma gestão deficiente do livro de registo ou ele não exista.

Em segundo lugar, quando apoiem as actividades de grupo de seguidores que violem o estipulado na lei.

A estas infracções corresponde a aplicação de uma sanção económica entre € 3 000,01 a € 60 000.

Porém, para além desta sanção, pode ainda haver lugar à *inhabilitación para organizar espectáculos deportivos hasta dos meses* ou à *clausura temporal del recinto deportivo hasta dos meses*.

15.3. Quanto ao regime disciplinar desportivo, é de destacar a infracção muito grave, prevista para os clubes e sociedades anónimas desportivas que participem em competições profissionais, repita-se, a «*facilitación de medios técnicos, económicos, materiales, informáticos o tecnológicos que den soporte a la actuación de las personas o grupos que promuevan la violencia o las conductas racistas, xenófobas e intolerantes a que se refieren los apartados primero y segundo del artículo 2 de esta Ley*».

Ou seja, novamente, um espaço normativo que, embora os incluindo, vai para além da actividade dos *grupos de seguidores*.

Semelhanças e diferenças

16.1. Numa aproximação inicial dir-se-á que no domínio da prevenção e combate à violência no desporto, Portugal e Espanha apresentam não só um tronco comum originário, como a partir daí o percurso mais recente de medidas preventivas e sancionatórias adoptadas nos dois países seguiu um mesmo rumo.

Com efeito, em ambas as ordens jurídicas se fez sentir o impacto da Convenção Europeia, mediante a emanação de legislação específica e a «actualização» da focalização do problema, passando a abranger o racismo, a xenofobia e a intolerância.

Por outro lado, os dois países, cada um à sua medida, vivem num ambiente de sucessiva intervenção legislativa, na procura da resposta satisfatória[77].

---

[77] Este registo vai para além de Portugal e Espanha.

O sistema delineado pelos dois países exige a intervenção dos poderes públicos e das organizações desportivas privadas – federações desportivas, ligas profissionais, clubes e sociedades desportivas –, operando, pois, com diversos sujeitos desportivos.

Neste universo reflecte-se algo mais amplo e, dir-se-ia, de alguma forma permanente no quadro do desporto e mesmo das fontes normativas desportivas: a presença pública e privada.

Em França a matéria é regulada no *Code du Sport* (artigos L332-16 a L332-21), alterado, neste domínio, pela Loi n.° 2006-784, de 5 de Julho de 2006, *relative à la prévention des violences lors des manifestations sportives* e ainda de alteração introduzida pela Loi n.° 2009-526, de 12 de Maio de 2009, *de simplification et de clarification du droit et d'allègement des procédures*.

VIRGINIE CASTILLON examina esse regime (cf. «Prévention et sanction des violences sportives», *Droit Penal. Juris Classeur*, n.° 12, 19.° ano, Dezembro de 2007, pp. 10-16). Do seu trabalho resulta, também para França, a importância dos anos 80 – Heysel e Convenção Europeia –, o registo das múltiplas intervenções legislativas – desde 1992 –, a crítica a medida administrativa tida como gravemente violadora da liberdade individual – a interdição de acesso aos recintos desportivos, também extensível a *potenciais perturbadores* – e a análise da medida de dissolução de agrupamentos de adeptos que a lei francesa adopta.

Registe-se ainda uma decisão do Tribunal Administrativo de Marselha, de 19 de Dezembro de 2007, que reconheceu interesse em agir a uma associação de adeptos (*Yankee Nord Marseille*), porque a decisão contestada teve como consequência impedir que os membros dessa associação assistissem ao jogo.

Trata-se de uma decisão da Comissão de Disciplina da liga francesa que sancionou o Olympique de Marseille com um jogo à porta fechada, na sequência de incidentes ocorridos no jogo Nice-Marselha, disputado a 29 de Outubro de 2006. Ver, a este respeito, as notas de PRUCE ROCIPON, *Revue Juridique et Economique du Sport*, n.° 86, Março, 2008, pp. 71-73.

Por sua vez, em Itália vigora a Legge n.° 210, de 17 de ottobre 2005 (converzione en legge, com modificazioni, del decreto-legge n.° 162, 17 de Agosto de 2005, *recante ulteriore misure per contrastare i fenomeni di violenza in occasione di competizioni sportive*.

Todavia, na sequência de novas manifestações de violência, veio a ser aprovado o decreto-legge n.° 8, de 8 de Fevereiro de 2007 (convertido em Legge n.° 41, de 4 de Abril de 2007), sendo adoptadas «*misure urgenti per la prevenzione e la repressione di fenomeni di violenza connessi a competizioni calcistiche*».

Sobre alguns aspectos da legislação italiana veja-se AMERIGO NAZZARO, «Normativa antiviolenza negli stadi: sptunti e riflessioni», *Rivista di Diritto ed Economia dello Sport*, volume I, fasc. 2, 2005, pp. 45-61, FRANCISCO J. DURÁN RUIZ, «Una vez más sobre la violência alrededor del fútbol, las medidas legislativas extemporâneas y el cierre de los estadios en Itália», *Revista Española de Derecho Deportivo*, n.° 20 (2007-2), pp. 107-123.

16.2. Ainda num plano de apreensão geral seja-nos permitido operar alguns sublinhados.

O primeiro vai para a diferente concepção de violência que as duas leis recolhem.

A lei portuguesa centra-se, no fundamental, na violência exógena à competição desportiva, isto é, naquela que se desencadeia no recinto desportivo mas por sujeitos externos ao jogo, em particular por espectadores.

Também essa violência se encontra abrangida pela lei espanhola.

Porém, ela procura abranger a própria violência endógena, ou seja, a que se verifica no decurso de uma competição desportiva em concreto e que é protagonizada pelos desportistas.

A este respeito é sintomático o disposto no artigo 18.º, impressivamente epigrafado de *depuración y aplicación de las reglas del juego*.

Dispõe o seu n.º 1 que as «entidades deportivas a que se refiere el *artículo 2, apartado 3, de la presente Ley*, en su respectiva esfera de competencia, promoverán la depuración de las reglas del juego y sus criterios de aplicación por los jueces y árbitros deportivos a fin de limitar o reducir en lo posible aquellas determinaciones que puedan poner en riesgo la integridad física de los deportistas o incitar a la violencia, al racismo, a la xenofobia o a la intolerancia de los participantes en la prueba o de los espectadores». Por seu turno, o n.º 2 prevê que a «Comisión Estatal Contra la Violencia, el Racismo, la Xenofobia y la Intolerancia en el Deporte y las organizaciones de árbitros y jueces de las federaciones deportivas españolas velarán por el cumplimiento del presente artículo en sus respectivos ámbitos de competência».

Adiante, no artigo 32.º, n.º 4, não se consideram «conductas infractoras las que se contengan en el presente título por remisión a las definiciones contenidas en los apartados primero y segundo del artículo 2 de la Ley, cuando sean realizadas por los deportistas de acuerdo con las reglas técnicas del juego propias de la correspondiente modalidad deportiva».

E, por fim, o artigo 34.º, n.º 1, alínea *a*), qualifica como infracção disciplinar muito grave das «*reglas de juego o competición o de las normas deportivas generales*, os *comportamientos y gestos agresivos y manifiestamente antideportivos de los deportistas, cuando se dirijan al árbitro, a otros deportistas o al público, así como las declaraciones públicas de directivos, administradores de hecho o de derecho de clubes deportivos y sociedades anónimas deportivas, técnicos, árbitros y deportistas que inciten a sus equipos o a los espectadores a la violencia de conformidad con lo dispuesto en los apartados primero y segundo del artículo 2 de esta Ley*».

16.3. Um segundo realce vai para o facto de a LCVD não deixar de dedicar norma muito especial no âmbito da não-discriminação.

Estabelece a *Disposición adicional quinta*, que procede à alteração do artigo 32.º, n.º 2, da Ley 10/1990, de 15 de octubre, *del Deporte*:

«2. Los estatutos de las federaciones deportivas españolas incluirán los sistemas de integración y representatividad de las federaciones de ámbito autonómico, según lo establecido en las disposiciones de desarrollo de la presente Ley. A estos efectos, la presidencia de las Federaciones de ámbito autonómico formarán parte de las Asambleas generales de las Federaciones deportivas españolas, ostentando la representación de aquéllas.

En todo caso, para que las federaciones de ámbito autonómico puedan integrarse en las federaciones deportivas españolas o, en su caso, mantener esa integración, *deberán eliminar cualquier obstáculo o restricción que impida o dificulte la participación de extranjeros que se encuentren legalmente en España y de sus familias en las actividades deportivas no profesionales que organicen*» (sublinhámos).

16.4. Por fim, temos uma solução da lei portuguesa que merece especial atenção.

Com efeito, embora no artigo 1.º, sobre o objecto da lei, nada seja referido – *estabelece o regime jurídico do combate à violência, ao racismo, à xenofobia e à intolerância nos espectáculos desportivos, de forma a possibilitar a realização dos mesmos com segurança e de acordo com os princípios éticos inerentes à sua prática* –, certo é que, adiante, o diploma vem «equiparar» a essas manifestações a combater as *manifestações de ideologia política*.

É assim, no artigo 14.º, n.os 4 e 5, sobre o apoio aos grupos organizados de adeptos[78].

Mas também se confirma o mesmo registo no artigo 23.º, quanto às condições de permanência dos espectadores – de todos, mesmo individualmente considerados – no recinto desportivo.

Ora, entende-se que a lei portuguesa foi longe de mais, particularmente no que respeita aos espectadores não organizados em grupo de

---

[78] Sendo expressamente proibido, nos termos da primeira norma, como já vimos, o apoio, por parte do clube ou sociedade desportiva, a claques que adoptem sinais, símbolos e expressões que incitem à violência, ao racismo, à xenofobia, à intolerância nos espectáculos desportivos, ou a qualquer outra forma de discriminação, *ou que traduzam manifestações de ideologia política*.

adeptos, havendo legítimas dúvidas sobre a constitucionalidade de tais proibições[79].

17.1. No âmbito da nossa microcomparação parece claro que os legisladores partem de um mesmo pressuposto.

Na verdade, as medidas legislativas que são preconizadas têm como ponto assente que os grupos organizados de adeptos recebem – sempre receberam – o apoio, umas vezes público, mas muitas vezes não confessado, dos clubes desportivos.

Bem vistas as coisas, a violência e a prática de actos antidesportivos, em última análise, bem pode ser imputada aos clubes, os quais, necessitados do «apoio à equipa» por parte desses grupos de adeptos, não se coíbem de conviver com as acções bem negativas destes.

Daí que o ponto de partida de ambos os legisladores seja o mesmo: o apoio dos clubes e sociedades desportivas aos grupos de adeptos (*de seguidores*).

E «acredita-se» que pondo termo a essa *seiva negra*, através de uma regulação própria que determine esse apoio e, do mesmo passo, mediante algum controlo da actividade dos grupos de adeptos, se põe cobro às manifestações de violência, racismo, xenofobia e intolerância no desporto.

A responsabilidade primária, na arquitectura idealizada, assenta, pois, nos clubes e sociedades desportivas[80].

---

[79] Para já não falar na impropriedade de juntar esta específica manifestação aos actos de violência, racismo, xenofobia e de intolerância.

[80] Esta responsabilidade tem sido objecto de aferição, desde logo, em face do princípio da culpa.

No Acórdão n.º 730/95, publicado como na nota 9, o Tribunal Constitucional afastou a presença de uma responsabilidade objectiva, localizando nos clubes desportivos deveres de formação e de vigilância (das respectivas claques desportivas) que a lei lhes impõe.

A questão tem recebido respostas diferentes fora de portas.

Assim, decisões alcançadas em França (Tribunal administratif de Paris, de 16 de Março de 2007) e em Itália (Tribunale amministrativo regionale de Catania, 13 de Abril de 2007), coincidiram na anulação da aplicação de sanções disciplinares a clubes por factos imputáveis a seus adeptos, fundamentando o decidido na invalidade constitucional da responsabilidade objectiva, decorrente da regulamentação desportiva, em face dos princípios gerais do ordenamento estatal, desde logo, o *princípio da personalidade da pena*. Ver, sobre estas decisões, VALERIO FORTI, «Riflessioni in tema di diritto disciplinare sportivo e responsabilità oggetiva», *Rivista di Diritto ed Economia dello Sport*, vol. III, fascículo 2, 2007, pp. 13-25, e as notas à decisão francesa de MATHIEU MAISONNEUVE, *L'Actualité Juri-*

17.2. Efectuado enquadramento genérico, onde já se registaram pontos de semelhança e diferença, centremo-nos, agora, num último balanço comparativo no domínio das normas que se ocupam dos grupos organizados de adeptos.

Aquí chegados, julgamos ser de destacar os seguintes aspectos:

a) Enquanto na lei portuguesa (LVED) os grupos de adeptos têm de assumir forma associativa (com personalidade jurídica), o diploma espanhol (LCVD) labora também com *grupos de seguidores* não dotados de personalidade jurídica;

b) A inscrição de dados relativos aos grupos de adeptos, em livro de registo próprio, constitui, em ambas as leis, pressuposto da legalidade do apoio a prestar por clubes e sociedades desportivas;

c) O conteúdo do registo, todavia, surge em moldes diferentes;

d) A LVED é mais pormenorizada neste domínio, exigindo o registo de vários dados – que desde logo enumera – e relativamente a todos os adeptos; já a LCVD, não só aguarda regulação, como também parece ficar-se por informação genérica e identificadora;

e) O registo é, nos dois casos, efectuado junto dos clubes e sociedades desportivas;

f) A LVED exige ainda, ao contrário da LCVD, a celebração de protocolo entre o promotor do espectáculo e o grupo de adeptos;

g) Na vertente sancionatória administrativa, no que concerne ao livro de registo (inexistência ou desactualização, no caso português, e inexistência ou gestão deficiente, no caso espanhol), a LVED conduz à aplicação da sanção de realização de espectáculos desportivos à porta fechada e a LCVD determina a aplicação de uma sanção pecuniária que pode ser acompanhada da medida de inabilitação para organizar espectáculos desportivos (até dois meses) ou de interdição do recinto desportivo (também até dois meses);

---

dique *Droit Administratif* (ADJA), n.º 34/2007, 8 de Outubro de 2007, pp. 1890-1894, e de SÉBASTIEN MARCIALI, «Les réglements sportives et les principes constitutionnels», *Recueil Dalloz*, ano 183.º, n.º 32, 20 de Setembro de 2007, pp. 2292-2295. Uma afirmação da validade da responsabilidade objectiva neste domínio é possível colher numa decisão contemporânea das anteriores, mas alcançada pelo Tribunal Arbitral do Desporto, de Lausana, que opôs o clube holandês Feynoord à UEFA (CAS 2007/A/1217, de 20 de Abril de 2007).

Por último, registe-se o *avis* do Conseil d'État francês, de 29 de Outubro de 2007. Sobre esta importante decisão francesa veja-se o comentário de NATHALIE ROS, *Revue Juridique et Économique du Sport*, n.º 85, Dezembro de 2007, pp. 41-63.

h) Quanto às sanções disciplinares, releva a aplicabilidade imediata da lei espanhola.

Espaço conclusivo

18.1. Do que atrás se explanou, o que parece resultar, à evidência, é que os Estados, os poderes públicos, vivem numa busca permanente de soluções para enfrentar esse omnipresente fenómeno que é a violência no desporto e que, qual vírus da gripe, se encontra em permanente mutação.

Contudo, a palavra dominante, não obstante essa proliferação (e inflação) legislativa parece ser *ineficácia*[81].

Esta reserva quanto ao grau de efectivação da lei – e dos perigos daí derivados – é, aliás, partilhada nos dois lados da fronteira.

18.2. Lê-se nas conclusões de um relatório da Inspecção-Geral da Administração Interna, de 23 de Abril de 2007, a respeito de graves incidentes ocorridos em jogo entre o Benfica e o FC do Porto, realizado a 1 de Abril:

«15. Não se encontra registado, junto do CNVD, nenhum grupo de adeptos quer do SLB quer do FCP. A "Associação Super Dragões" e a "Associação Colectivo Ultras 95" requereram ao CNVD, em Novembro de 2006 e Janeiro de 2007, os respectivos registos como grupos organizados de adeptos, mas os processos não se acham (?) finalizados;

16. *Apesar das sanções expressamente previstas na Lei n.° 16/2004, de 11 de Maio, para as situações de incumprimento assinaladas neste relatório nem a LPFP nem o CNVD actuaram contra os clubes prevaricadores*».

---

[81] Mantemos, pois, o mesmo estado de espírito que, por mais de uma vez, tornámos público. Cf., por exemplo, a comunicação «Una legislación ineficaz: la normativa portuguesa sobre la violencia en el deporte» ao 1er Congreso Internacional de Derecho del Deporte: Fraude, Dopaje y Abuso en el Deporte, Tarragona, 19 e 20 de Outubro de 2006, publicada em *Dopaje, fraude y abuso en el deporte*, coordenação de ESTEVE BOSCH CAPDVILA e M.ª TERESA FRANQUET SUGRAÑES, Bosch, 2007, pp. 287-301. A versão portuguesa encontra-se publicada na *Revista Brasileira de Direito Desportivo*, n.° 12, Jul.-Dez. 2007, pp. 146-159.

E propõe-se, entre outras acções, o seguinte:

«2. Sem prejuízo de outras medidas que se considerem adequadas propõe-se que se remetam certidões dos autos ao Secretário de Estado da Juventude e do Desporto, ao Presidente do Instituto do Desporto de Portugal e, por, inerência, do Conselho Nacional Contra a Violência no Desporto, ao Presidente da Federação Portuguesa de Futebol e ao Presidente da Liga Portuguesa de Futebol Profissional para conhecimento, adopção de iniciativas que tiverem por convenientes, *e exercício dos poderes sancionatórios decorrentes da lei e regulamentos em vigor, face aos factos apurados e no âmbito das respectivas competências e atribuições*» (destacámos).

O próprio «legislador» parece não ter muita fé naquilo que gera.

Aquando do procedimento legislativo que conduziu à aprovação da Lei n.° 38/98, de 4 de Agosto, lê-se no relatório da Comissão de Assuntos Constitucionais, Direitos, Liberdades e Garantias[82]:

«O que distingue Portugal dos outros países nesta matéria não é a qualidade da legislação, mas antes o grau de eficácia, cumprimento e capacidade do Estado em fazer cumprir e sancionar as violações à lei».

18.3. Também em Espanha há quem viva a mesma contradição, que parece inultrapassável.

Por exemplo, Javier Rodríguez Ten refere impressivamente esse estado de espírito: de que serve todo um compêndio de normas legais, regulamentares e estatutárias que pomposamente preconizam a prevenção da violência no desporto, se não se aplicam?[83]

Também Rosa Ventas Sastre regista que, não obstante o amplo elenco de instrumentos jurídicos para fazer face à violência no desporto e nos espectáculos desportivos, existe uma notória dificuldade em adoptar medidas de prevenção e sanção contra actos violentos quando estes têm motivações racistas ou xenófobas[84].

---

[82] Publicado no *Diário da Assembleia da República*, II Série-A, n.° 1, de 9 de Outubro de 1997, p. 3 e ss.

[83] Cf. «Materia organizativa y disciplinaria, acceso a la jurisdicción y cumplimiento de los compromisos en materia de prevención y represión de la violencia en el deporte: reflexiones sobre el denominado «caso» Deportivo-Valencia», *Revista jurídica de deporte y entretenimiento*, n.° 18, 2006, p. 202 [197-212].

[84] «La violencia en espectáculos deportivos: eventual responsabilidad penal», *Revista Española de Derecho Deportivo*, Ano 2007-2, n.° 20, p. 61 [59-71].

E Eduardo Gamero Casado, embora acolhendo com agrado a LVCD, não deixa de registar a inevitabilidade de não estarmos perante a última intervenção legislativa neste domínio: «Sea pues bienvenida esta Ley, que por desgracia no será la última que necesitemos para abordar el fenómeno de la violencia en el deporte, y ojalá que su aplicación responda a las justificadas expectativas que genera su aprobación»[85].

19. Por tudo isto, continuo a não ter outra forma de fechar um texto sobre esta temática, se não recorrendo às palavras de Dominique Bodin[86].

No domínio da violência no desporto a não aplicação de uma lei (desregulamentação jurídica) influencia o comportamento violento dos espectadores e dos apoiantes[87].

E é na repetição de pequenas infracções e na participação em acções delinquentes que se acaba por possibilitar a certos adeptos que se tornem «desviados a longo termo», se tornem *hooligans* que vão descobrir o agradável da violência e multiplicar as suas acções[88-89].

ANEXO
Decisões dos tribunais portugueses[90]

Supremo Tribunal de Justiça

ACÓRDÃO DE 19 DE JUNHO DE 2008
Contrato de seguro – Cláusula – Condições particulares – Interpretação – Estádios de futebol – Lançamento de foguetes – Rocket – Very

---

[85] Na obra colectiva como na nota 44, p. 69 [25-69].
[86] «Football, Supporteurs, Violence. La non-application des normes comme vecteur de la violence», *Revue Juridique et Economique du Sport*, Julho, 1999, n.º 51, pp. 139-149.
[87] *Idem*, p. 140.
[88] *Idem*, p. 146.
[89] FERRANDO MANTOVANI, «Il calcio: sport criminogeno», *Rivista Italiana di Diritto e Procedura Penale,* Nuova Série, Anno LI, Fasc. 4, Outubro-Dezembro, 2008, pp. 1484--1495, num muito interessante texto, refere-se ao futebol como algo de *stupidogeno* e vinca a *stupiditá criminogena* que o está invadindo.
[90] JOSÉ MARÍA PÉREZ MONGUIÓ, «El régimen administrativo sancionador», na obra colectiva como na nota 44, pp. 409-417 [345-417], apresenta um quadro sinóptico das mais significativas decisões dos tribunais administrativos espanhóis, em matéria de violência no desporto, no período compreendido entre 1997 e 2007.

light – Exclusão do risco – Espectáculo desportivo – Segurança dos espectadores.
Texto integral acessível em www.dgsi.pt/jstj
Sumário na *Desporto&Direito. Revista Jurídica do Desporto*, ano VI, Janeiro-Abril, 2009, n.º 17, p. 332.

ACÓRDÃO DE 31 DE JANEIRO DE 2007
Árbitro – Agressão – Insultos – Omissão das condições de segurança – Clube desportivo – Associação distrital de futebol – Organizador da competição desportiva – Responsabilidade civil extracontratual – Direito a indemnização – Prescrição.
Texto integral acessível em www.dgsi.pt/jstj
Sumário na *Desporto&Direito. Revista Jurídica do Desporto*, ano IV, Maio-Agosto, 2007, n.º 12, p. 532.

ACÓRDÃO DE 6 DE JULHO DE 2004
Violência associada ao desporto – Responsabilidade do organizador do espectáculo desportivo – Jogo de alto risco – Adopção de medidas especiais de segurança – Omissão – Ilicitude – Culpa.
Texto integral acessível em www.dgsi.pt/jstj
Sumário na *Desporto&Direito. Revista Jurídica do Desporto*, ano II, Janeiro-Abril, 2005, n.º 5, pp. 284-285.

Tribunal da Relação de Coimbra

ACÓRDÃO DE 9 DE ABRIL DE 2008
Crime de invasão da área do espectáculo desportivo – Pena de multa – Trabalho a favor da comunidade.
Texto integral acessível em www.dgsi.pt/jrtc
Sumário na *Desporto&Direito. Revista Jurídica do Desporto*, ano V, Maio-Agosto, 2008, n.º 15, p. 528.

Tribunal da Relação de Guimarães

ACÓRDÃO DE 23 DE SETEMBRO DE 2002
Violência associada ao desporto – Entrada não autorizada na área de competição – Contra-ordenação.
Publicado na *Colectânea de Jurisprudência*, ano XXVII, tomo IV, 2002, pp. 284-285.

Sumário na *Desporto&Direito. Revista Jurídica do Desporto*, ano I, Janeiro-Abril, 2004, n.º 2, p. 373.

Tribunal da Relação do Porto

ACÓRDÃO DE 4 DE JUNHO DE 2008
Participação em motim armado – Agressão colectiva à equipa de arbitragem.
Texto integral acessível em www.dgsi.pt/jrtp
Sumário na *Desporto&Direito. Revista Jurídica do Desporto*, ano VI, Setembro-Dezembro, 2008, n.º 16, p. 119.

ACÓRDÃO DE 10 DE ABRIL DE 2007
Crime de invasão em recinto desportivo – Crime de perigo abstracto – Invasão – Aplicação da pena – Princípio da proporcionalidade.
Publicado na *Colectânea de Jurisprudência*, n.º 196, ano XXXII, tomo I/2007, pp. 220-222.
Sumário na *Desporto&Direito. Revista Jurídica do Desporto*, ano V, Setembro-Dezembro, 2007, n.º 13, p. 160.

ACÓRDÃO DE 28 DE MAIO DE 2003
Suspensão da pena — Sujeição a condições — Proibição de frequentar recintos desportivos — Obrigatoriedade de apresentação e permanência em esquadra policial.
Texto integral acessível em www.dgsj.pt/jtip
Sumário na *Desporto&Direito. Revista Jurídica do Desporto*, ano I, Maio-Agosto, 2004, n.º 3, p. 520.

4.º Juízo Criminal do Tribunal Judicial de Braga

SENTENÇA DE 20 DE OUTUBRO DE 2004 (Processo Comum Singular n.º 3443/03.4PBBRG)
Violência associada ao desporto – Crime de resistência e de coacção sobre funcionário Agente da PSP – Suspensão da execução da pena de prisão – Cumprimento de regras de conduta – Interdição de acesso a recinto desportivo – Interdição de frequência ou de participação em reuniões e actividades de claques desportivas – Regime de prova.
Publicada na *Desporto & Direito. Revista Jurídica do Desporto*, ano I, n.º 5, Janeiro-Abril, 2005, pp. 263-279, com notas de NUNO ALBUQUERQUE.

II
DIREITO ECONÓMICO

A REGULAÇÃO DO SECTOR DO GÁS NATURAL EM PORTUGAL: PRESENTE E FUTURO[*]

MARISA APOLINÁRIO[*]

SUMÁRIO: 1. *Introdução* **2.** *Novo sentido da regulação económica* **2.1.** *A evolução do conceito de serviço público. A influência decisiva do Direito Comunitário* **2.2.** *O novo papel do Estado. O Estado regulador* **2.3.** *Os diferentes níveis de regulação. As Autoridades Administrativas Independentes* **3.** *A regulação do sector do gás natural em Portugal* **3.1.** *O Sistema Nacional de Gás Natural. Os Decretos-Leis n.º 30/2006 e 140/2006* **3.2.** *Direitos dos consumidores* **3.3.** *Obrigações de serviço público* **3.4.** *A Entidade Reguladora dos Serviços Energéticos (ERSE)* **4.** *Quais os problemas que se colocam ao futuro da regulação do sector do gás natural em Portugal? Conclusões* **5.** *Bibliografia*

1. Introdução

As transformações a que temos assistido nas últimas duas décadas em grandes sectores da actividade económica (energia, telecomunicações, transportes, banca, entre outros) transformaram também o Direito, em especial o Direito Público Económico. O objectivo do presente artigo é apresentar uma visão geral de algumas dessas mudanças servindo-nos do exemplo do sector do gás natural.

Depois de mais de meio século em que nos habituámos a conviver com um Estado todo-poderoso, omnipotente e omnipresente, fomos for-

---

[*] Doutoranda na Faculdade de Direito da Universidade Nova de Lisboa. Advogada.

Este artigo encontra-se actualizado até Novembro de 2009, pelo que não contempla ainda as alterações introduzidas pelo Decreto-Lei n.º 66/2010, de 11 de Junho, aos Decretos-Leis n.º 30/2006 e 140/2006.

çados a encarar a realidade: «*(...) o Estado tornou-se demasiado grande, sendo notória a sua incapacidade; a ineficiência económica do sector público é alarmante; a qualidade dos serviços mínima e o cidadão é hoje um cidadão cativo, que entregou a sua vida e o seu património a um monstro que devora os seus próprios filhos*»[1].

Às virtualidades do monopólio, sucedem-se agora as vantagens do jogo da oferta e da procura num mercado aberto, livre e concorrencial. Assim, enquanto ontem se defendiam os exclusivos legais, hoje discute-se a liberalização dos grandes sectores da economia.

No epicentro destas mudanças está o Direito Comunitário e o objectivo da criação de um mercado único a nível europeu, capaz de fazer frente a economias como a americana ou de alguns países do leste asiático, e cujo objectivo último é, pelo menos nos princípios, a melhoria do bem-estar dos cidadãos europeus.

Perante tantas transformações, há uma pergunta que surge como inevitável: qual o papel que neste novo contexto (social, político, internacional e também jurídico) *resta* ao Estado? Será que a privatização, acompanhada da liberalização dos sectores tradicionais da economia, implica o desaparecimento do Estado, tal como o conhecemos até aqui? A resposta é negativa.

Com efeito, não obstante pudesse haver quem temesse pela morte do Estado, a verdade é que o Estado não *desapareceu*, apenas se transformou. Estamos, pois, num ponto de viragem que corresponde ao fim do Estado Social e ao início de um Estado Regulador, que se caracteriza pelo abandono, pelo Estado, da sua intervenção directa na economia (enquanto produtor de bens e de serviços), para passar a assumir o lugar de árbitro, estabelecendo as regras do jogo – um jogo que não é outro senão o do mercado, em que participam quer os *players*, quer os consumidores.

Um dos sectores em que estas alterações que descrevemos acima mais se fizeram sentir foi o sector da energia, e dentro dele o sector do gás natural. Com efeito, sendo um sector fundamental da actividade económica, desde cedo foi assumido, nos países europeus, como um serviço público, de responsabilidade estatal. E foi precisamente pela sua importância estratégica para a economia de cada Estado-membro e, em último lugar, para a economia da própria União Europeia, que, no contexto da

---

[1] GASPAR ARIÑO ORTIZ, *Principios de Derecho Público Económico. Modelo de Estado, gestión pública, regulación económica*, 3.ª edição ampliada, Comares, Granada, 2004, p. 600.

afirmação de um mercado único europeu, o Parlamento Europeu e o Conselho estabeleceram as directrizes para a sua liberalização a nível europeu, pondo fim aos monopólios legais que ainda subsistiam em muitos Estados-membros. Deste modo, pode ler-se na recém-aprovada Directiva n.º 2009//73/CE, do Parlamento Europeu e do Conselho, de 13 de Julho[2], que «*as liberdades que o Tratado garante aos cidadãos da União, nomeadamente a liberdade de circulação de mercadorias e a liberdade de estabelecimento e de prestação de serviços pressupõem um mercado plenamente aberto que permita a todos os consumidores a livre escolha de comercializadores e a todos os comercializadores o livre abastecimento dos seus clientes*».

2. Novo sentido da regulação económica

2.1. A evolução do conceito de serviço público. A influência decisiva do Direito Comunitário

Se, durante o período do Estado Liberal, o Estado tinha um papel de mero polícia, de forma a salvaguardar os direitos, liberdades e garantias dos cidadãos, não tendo praticamente qualquer intervenção na actividade económica, o período que se lhe seguiu, e que ficou conhecido como o período do Estado Social ou Providência, caracteriza-se precisamente pelo oposto.

Com efeito, enquanto durante o Estado Liberal o papel do Estado era o de um mero espectador do mercado, já que se entendia que este funcionava melhor entregue a si mesmo e à livre iniciativa dos privados (*teoria da mão invisível* de Adam Smith), no período seguinte, e que corresponde à fase que se seguiu à grande depressão de 1929, passou a defender-se uma cada vez maior intervenção do Estado na economia, como forma de colmatar as falhas do mercado.

O Estado assumiu-se, assim, como um grande empresário, presente em quase todos os ramos de actividade. O modelo era, portanto, o de um Estado providência sempre pronto a acorrer às aflições dos seus cidadãos, quer produzindo directamente os bens de que estes necessitavam, quer prestando directamente, ou por interposta pessoa (através da figura da con-

---

[2] Directiva que estabelece as regras comuns para o mercado interno do gás natural e que revoga a Directiva n.º 2003/55/CE, com efeitos a partir de 3 de Março de 2011. Esta Directiva faz parte da 3.ª geração de directivas em matéria de energia.

cessão), serviços como os transportes, a água, a electricidade, o gás, a saúde, procurando satisfazer, desta forma, as mais diversas necessidades colectivas. Foi a época de afirmação dos direitos económicos, sociais e culturais. Foi a época das nacionalizações e da criação de grandes empresas públicas, gestoras de grandes monopólios públicos.

O Estado era tudo e o Estado estava em todo o lado.

A crise deste modelo começou, no entanto, a fazer-se sentir, na maior parte dos países europeus, nos inícios dos anos 80 (na Grã-Bretanha logo nos anos 70). O excessivo peso da máquina pública, que se tornou num *monstro* difícil de controlar, o défice das contas públicas, a ineficiência dos serviços públicos e da sua gestão pública, demasiado burocrática e pouco eficaz, estiveram na origem do fim deste modelo de Estado e de Administração Pública.

Mas para o fim deste modelo de Estado Social também contribuiu o Direito Comunitário e a própria evolução do conceito de serviço público[3]. Conceito-chave da ciência do Direito Administrativo do século XX, teorizado, sobretudo, pela doutrina francesa (Duguit, Jèze e Hauriou), o conceito de serviço público foi, durante muitos anos, considerado intocável pelo próprio Direito Comunitário. Assim se explicam, aliás, as poucas referências, e sempre com carácter excepcional, a este conceito no Tratado da Comunidade Europeia (TCE).

Com efeito, durante muito tempo, a única referência significativa a esta figura limitava-se ao art. 86.º, n.º 2, do TCE, nos termos do qual «*(a)s empresas encarregadas da gestão de serviços de interesse económico geral ou que tenham a natureza de monopólio fiscal ficam submetidas ao disposto no presente Tratado, designadamente às regras da concorrência, na medida em que a aplicação destas regras não constitua obstáculo ao cumprimento, de direito ou de facto, da missão particular que lhes foi confiada (...)*». Esta norma permite, assim, que quando estejam em causa serviços de interesse económico geral possam ser derrogadas as regras da concorrência e o princípio da não-discriminação em função da nacionalidade (cfr. art. 12.º do TCE).

---

[3] De acordo com GASPAR ARIÑO ORTIZ este é um trágico destino da ciência do Direito Administrativo. Quando se pensava ter, finalmente, definido e configurado o conceito de «serviço público», muda radicalmente o marco sociopolítico a que aquele correspondia, voltando tudo ao início (cfr. GASPAR ARIÑO ORTIZ, *Principios de Derecho Público Económico. Modelo de Estado, gestión pública, regulación económica* (...), ob. cit., nota de rodapé n.º 3, p. 601).

Esta relativa indiferença pela noção de serviço público no Tratado explica-se «*pela preocupação inicial de promover um espaço de livre circulação em termos concorrenciais, o que seria possível apenas em domínios concorrenciais, não se alargando a zonas politicamente sensíveis*»[4], como era o caso do serviço público. Passada, no entanto, esta fase inicial e face à constatação de que a manutenção deste regime de excepção em favor do serviço público poderia perturbar seriamente a construção de um mercado único europeu, aberto e concorrencial, deu-se início a um processo, de certa forma inverso, de compatibilização das exigências tradicionais do serviço público com as regras comunitárias da concorrência. Associado a este processo surge então a privatização e liberalização dos grandes serviços públicos.

O conceito de serviço público passou, assim, a dar lugar ao conceito de «serviços económicos de interesse geral». A alteração não se resume apenas a mera semântica. Na verdade pretende-se evidenciar, com este novo conceito, o enfoque dado ao elemento objectivo ou material da noção de serviço público, em detrimento da sua dimensão subjectiva, que perde relevância. Deste modo, o que releva agora é que estamos perante serviços que visam a satisfação de necessidades colectivas, independentemente de terem titularidade pública ou privada. Aliás, as actividades do novo serviço público já não são de titularidade estatal, mas sim de titularidade privada (*despublicatio*).

O abandono da noção de serviço público, tal como a conhecemos tradicionalmente, não significou, no entanto, o fim das preocupações subjacentes àquele conceito e que visam, em última análise, garantir um elevado nível de satisfação dos consumidores. Pelo contrário, neste contexto, ganham renovada importância obrigações como a de garantir o acesso aos serviços em condições de igualdade e de transparência, de acordo com elevados padrões de qualidade e de segurança, assegurando-se, em última instância, o funcionamento correcto, regular e contínuo do serviço em causa.

Com efeito, a privatização e subsequente liberalização dos grandes serviços públicos económicos não significou, nem podia significar, uma diminuição ou total desaparecimento dos direitos dos seus utilizadores. Bem pelo contrário. Não obstante os serviços terem deixado de ser geridos

---

[4] PEDRO GONÇALVES, LICÍNIO LOPES MARTINS, «Os Serviços Públicos Económicos e a Concessão no Estado Regulador», *in* AA.VV., *Estudos de Regulação Pública I*, org. Vital Moreira, Coimbra Editora, Coimbra, 2004, pp. 187-188.

pelo Estado, e de, em muitos casos, terem sido integralmente privatizados, ainda assim se continuou a exigir ao seu titular, seja ele público ou privado, o respeito pelas denominadas obrigações de serviço público. Deste modo, «(...) *a ideia das "obrigações de serviço público" constitui ainda uma homenagem à filosofia fundamental da concepção europeia de serviço público*»[5].

Ao Estado cabe, por sua vez, garantir o respeito por estas obrigações, sendo essa uma das dimensões do seu *novo* papel de regulador da economia, como teremos oportunidade de analisar no capítulo seguinte.

A crise da noção de serviço público é, pois, em última análise, uma crise que afecta os fundamentos do próprio direito administrativo, nomeadamente a noção de Estado e o papel que este deve desempenhar na condução da actividade económica[6].

2.2. O novo papel do Estado. O Estado Regulador

A privatização, seguida da liberalização dos grandes serviços públicos, iniciada na década de 80, não significou, no entanto, conforme referimos acima, e ao contrário do que se poderia ser levado a pensar, um regresso ao Estado abstencionista e à máxima do «*laissez faire, laissez passer*» do período liberal.

Com efeito, a intervenção pública na economia não desapareceu, mas apenas se modificou.

Deste modo, em vez de intervir directamente na economia, condicionando o mercado e os agentes económicos, o Estado passa agora a regular o mercado de forma indirecta. «*O que está em causa não é, por conseguinte, o retorno ao Estado abstencionista do século passado; mas a emergência de um novo tipo de Estado: o Estado regulador*»[7].

Não basta privatizar os serviços públicos e abri-los à concorrência. Deixado a si próprio «*(...) o mercado pode ser suicidário, por efeito da*

---

[5] VITAL MOREIRA, «Serviço Público e Concorrência. A Regulação do Sector Eléctrico», in AA.VV., «Os Caminhos da Privatização da Administração Pública», IV Colóquio Luso-Espanhol de Direito Administrativo, *Boletim da Faculdade de Direito de Coimbra*, Coimbra Editora, Coimbra, 2001, p. 237.

[6] MARIANO CARBAJALES, *El Estado Regulador – Hacia un nuevo modelo de Estado*, Editorial Ábaco de Rodolfo Desalma, Buenos Aires, 2006, p. 164.

[7] VITAL MOREIRA, FERNANDA MAÇÃS, *Autoridades reguladoras independentes: estudo e projecto de lei-quadro*, Coimbra Editora, Coimbra, 2003, p. 54.

concentração monopolista de empresas, das coligações entre empresas para limitar a concorrência, dos abusos de posição dominante, das práticas restritivas em geral»[8-9]. Torna-se, por isso, absolutamente fundamental regular o mercado, não só para garantir a concorrência e evitar que os antigos monopólios públicos se transformem, afinal, em novos monopólios privados, mas, sobretudo, para proteger os consumidores, assegurando que todos, sem excepção, possam beneficiar de um mercado competitivo e seguro.

Neste contexto, a presença do Estado continua, pois, a ser necessária, agora já não como produtor de bens e de serviços[10], mas desempenhando o papel de árbitro, criando as regras do jogo e vigiando a sua aplicação pelos diversos intervenientes.

A novidade reside, portanto, não propriamente na emergência de uma (nova) função reguladora do Estado, mas na sua autonomização funcional relativamente à função de empresário e de gestor.

Esta autonomização acaba por ser, assim, uma consequência directa do movimento de expansão do sector privado e tem um duplo objectivo: por um lado, proteger os consumidores e, por outro lado, defender o bom funcionamento do mercado[11].

---

[8] VITAL MOREIRA, «Serviço Público e Concorrência. A Regulação do Sector Eléctrico», in AA.VV., *Os Caminhos da Privatização da Administração Pública* (...), *op. cit.*, p. 227.

[9] Existem, aliás, alguns exemplos de casos em que a abertura do mercado não foi acompanhada de medidas adequadas para prevenir as distorções da concorrência, o que acabou por originar situações de ruptura. Foi o caso, entre outros, da crise eléctrica da Califórnia de 2000/2001 (também conhecido como o *blackout* da Califórnia) que afectou mais de 1,5 milhões de consumidores. Esta crise teve a sua origem na manipulação, por parte de algumas empresas do sector, do mercado de electricidade da Califórnia, o que determinou ganhos consideráveis para essas empresas à custa dos consumidores e do Estado da Califórnia. A *Federal Energy Regulatory Commission* (FERC) apesar de alertada para essa situação, não tomou, no entanto, em devido tempo, as medidas adequadas, não tendo conseguido evitar a crise.

[10] No fundo, a existência de empresas públicas era uma via de regulação (regulação endógena). Tratava-se, afinal, de estar na economia para melhor a orientar ou comandar. O Estado intervencionista era, portanto, também regulador (ainda que de forma directa) – cfr. VITAL MOREIRA, «Serviço Público e Concorrência. A Regulação do Sector Eléctrico», in AA.VV., *Os Caminhos da Privatização da Administração Pública* (...), *op. cit.*, p. 228.

[11] ANA ROQUE, *Regulação do Mercado: novas tendências*, Quid Iuris?, Lisboa, 2004, p. 12.

O Estado intervém, deste modo, onde não há mercado ou onde existem sérios constrangimentos ao seu funcionamento (caso, por exemplo, dos monopólios naturais).

Deste modo, e citando Juan Miguel de la Cuétara Martínez, podemos ter dois tipos de regulação. De um lado, a *regulação de «transição para a concorrência»*, ou seja, a que organiza a transformação do sector tradicionalmente fechado, exercido em monopólio e com direitos exclusivos tendo em vista a sua abertura a novos operadores e ao exercício do direito de livre escolha dos consumidores (ex.: a regulação tarifária que deve manter-se enquanto não existir uma concorrência efectiva e com ela a livre formação de preços mediante o mecanismo da oferta e da procura). De outro lado, a *regulação que «garante a concorrência»* e que se destina a estabelecer as condições necessárias para que a concorrência se desenvolva eficientemente em condições de mercado (ex.: a regulação das interconexões e do direito de acesso às redes nos sectores que delas dependem)[12].

No fundo, ao regular a actividade económica, o Estado define as regras e os condicionamentos a que os operadores económicos estão sujeitos, procurando, dessa forma, por um lado, reprimir os comportamentos que podem pôr em causa a concorrência e o funcionamento de um mercado aberto, ao mesmo tempo que, por outro lado, visa corrigir as falhas do mercado e contribuir para a satisfação dos consumidores, assegurando que os serviços são prestados em condições de igualdade de acesso e de transparência.

A regulação deixa, assim, de ter como objectivo central (como no modelo do Estado Social) o controlo do sistema e dos seus intervenientes (através da intervenção directa do Estado na economia), para passar a centrar-se na promoção e garantia da concorrência, bem como na protecção dos direitos dos consumidores.

2.3. Os diferentes níveis de regulação. As Autoridades Administrativas Independentes.

A emergência de um novo modelo de Estado, de um Estado Regulador, traz consigo novas questões e novos problemas.

---

[12] JUAN MIGUEL DE LA CUÉTARA MARTÍNEZ, «La regulación subsiguiente a la liberalización y privatización de servicios públicos», *in* AA.VV., «Os Caminhos da Privatização da Administração Pública», IV Colóquio Luso-Espanhol de Direito Administrativo, *Boletim da Faculdade de Direito de Coimbra*, Coimbra Editora, Coimbra, 2001, p. 193.

«*A afirmação do Estado Regulador é* (por conseguinte) *um facto mais vasto, não apenas Europeu, que anuncia novas relações entre instituições públicas, política representativa, mercado e cidadania*»[13].

Como tivemos oportunidade de referir acima, até agora, no modelo clássico de regulação dos grandes serviços públicos, o Estado era, simultaneamente, produtor de bens, prestador de serviços e regulador.

No novo modelo de regulação económica podemos distinguir, desde logo, dois níveis regulatórios: um supra-estadual, e outro infra-estadual. Pode falar-se ainda num nível estadual, quando o Estado assume directamente a função de regulação. Veremos, no entanto, que este nível tende a perder relevância para o nível infra-estadual de regulação.

No primeiro nível estão a Comissão Europeia e os órgãos comunitários. A tendência não é, no entanto, a de centralizar os poderes regulatórios na Comissão, por via de delegação dos Estados-membros, mas antes uma opção pela cooperação entre os órgãos comunitários e as autoridades nacionais, assente no princípio da subsidiariedade. Neste sentido, veja-se a norma do art. 16.º do TCE (versão introduzida pelo Tratado de Amesterdão), nos termos da qual constitui obrigação dos Estados-membros e da Comunidade, dentro do limite das respectivas competências, assegurar que os serviços de interesse económico geral funcionem com base em princípios e em condições que lhes permitam cumprir as suas missões. «*Também aqui se manifesta, (...), o princípio da subsidiariedade, residindo o seu fundamento provavelmente no facto de a Comunidade se ver confrontada, no momento actual, com a impossibilidade de adoptar um regime comum a todos os Estados-membros em matéria de obrigações de serviço público, entendendo, consequentemente, que estes estarão melhor colocados para assegurarem essas obrigações e definirem o seu conteúdo*»[14].

Em relação aos níveis estadual e infra-estadual de regulação, a maior parte dos países europeus tem optado por confiar a novas entidades, independentes do Governo, estas funções. São as, entre nós, denominadas Autoridades Administrativas Independentes (cfr. art. 267.º, n.º 3, da Constituição da República Portuguesa)[15].

---

[13] ANTONIO LA SPINA, GIANDOMENICO MAJONE, *Lo Stato Regolatore*, il Mulino, Bolonha, 2000, p. 9.

[14] PEDRO GONÇALVES, LICÍNIO LOPES MARTINS, «Os Serviços Públicos Económicos e a Concessão no Estado Regulador» (...), ob. cit., p. 313.

[15] Há, no entanto, quem prefira chamar-lhes autoridades reguladoras autónomas, por considerar contraproducente a sua qualificação como entidades «independentes», tendo

Com efeito, entre regulação directa a cargo do Estado e a regulação independente, a opção tem sido claramente por este último modelo, argumentando-se com a vantagem que existe na separação entre operadores e reguladores, a par da especialização, flexibilidade e celeridade de acção que caracteriza a actuação destas entidades. Em particular, em relação à primeira daquelas vantagens, é usual defender-se que a existência de uma regulação independente é a melhor garantia de uma concorrência real e efectiva, uma vez que, podendo o Estado continuar a actuar no mercado, em concorrência com o sector privado, podia criar-se uma situação em que o Estado seria (novamente) operador e regulador[16]. É um facto que «*a abertura dos sectores económicos à concorrência não comportaria uma verdadeira concorrência se uma das partes, que continua a actuar no mercado, agora liberalizado, mantivesse o poder de definir as regras do jogo*»[17]. Por outro lado, a criação de Autoridades Administrativas Independentes constitui também o meio adequado «*(...) a garantir a observância do princípio da separação de poderes entre política e burocracia na medida em que a generalidade das estruturas administrativas são dirigidas e/ou controladas pelos órgãos políticos*»[18].

As Autoridades Administrativas Independentes são, pois, o rosto de uma nova Administração Pública, que se caracteriza por um elevado nível de especialização técnica e uma ampla margem de discricionariedade, tendo em vista o adequado cumprimento das suas funções.

---

em conta as questões de representatividade que se podem colocar (EDUARDO PAZ FERREIRA e LUÍS SILVA MORAIS, «A Regulação Sectorial da Economia – Introdução e Perspectiva Geral», *in* AA.VV., *Regulação em Portugal: novos tempos, novo modelo?*, Almedina, Coimbra, 2008, p. 30).

[16] «*Tão importante como a liberalização e a privatização é a separação entre as funções de regulação pública e o sector empresarial do Estado remanescente: as empresas públicas deixam de ser um instrumento de regulação ou de deter funções de regulação, passando a estar sujeitas, em pé de igualdade com os operadores privados do sector, ao poder regulatório de entidades reguladoras dedicadas, com funções exclusivamente reguladoras*» (cfr. VITAL MOREIRA, «Lamentável recuo», *in A mão visível: mercado e regulação*, MARIA MANUEL LEITÃO MARQUES, VITAL MOREIRA, Coimbra Editora, Coimbra, 2003, p. 137).

[17] JOAQUÍN TORNO MAS, «La actividad de regulación», *in* AA.VV., *El derecho administrativo en el umbral del siglo XXI: homenage al Profesor Dr. D. Ramón Martín Mateo*, coord. Francisco Sosa Wagner, vol. I, Tirant lo Blanch, Valencia, 2000, p. 1330.

[18] JOSÉ LUCAS CARDOSO, *Autoridades administrativas independentes e Constituição*, Coimbra Editora, Coimbra, 2002, p. 414.

Não se pense, no entanto, que esta opção por um modelo de regulação independente é isenta de críticas. Uma das principais críticas que é feita a este modelo é, precisamente, a independência destas entidades em relação ao Governo, a qual se traduz, por sua vez, em independência em relação ao Parlamento e, consecutivamente, num corte da relação de legitimidade democrática. O dilema é, no entanto, evidente: «*ou as agências reguladoras são parte da Administração Pública e, nesse caso, não podem ser independentes, ou são independentes, mas, neste caso, perante quem respondem?*»[19]. Estas críticas saem, por outro lado, reforçadas quando se atenta nos poderes quase-legislativos e quase-jurisdicionais que são reconhecidos a estas entidades. Os reparos não se ficam, no entanto, por aqui, fazendo-se especialmente ouvir a propósito da tentativa, por parte de algumas destas entidades independentes, de definição das próprias políticas dos sectores em que actuam, sobrepondo-se às próprias orientações emanadas do executivo.

Quanto a nós, somos da opinião que as vantagens da criação de Autoridades Administrativas Independentes e, por conseguinte, da existência de uma regulação independente do poder político e económico, superam, ainda assim, as suas críticas. É preciso, no entanto, ter consciência de que, não obstante o seu estatuto de independentes, existe o perigo da «captura do regulador pelos regulados», fenómeno que pode acabar por distorcer a razão de ser destas entidades. Este perigo é bastante real, sobretudo se tivermos em conta a assimetria de informação que existe entre reguladores e regulados e que, em última análise, acaba por condicionar a actuação destas entidades.

3. A Regulação do sector do gás natural em Portugal

3.1. O Sistema Nacional de Gás Natural. Os Decretos-Leis n.º 30/2006 e 140/2006

A entrada em vigor da Directiva n.º 2003/55/CE, do Parlamento Europeu e do Conselho, de 26 de Junho de 2003, que estabeleceu as regras comuns para o mercado interno de gás natural, veio acelerar o processo de privatização e de liberalização do sector do gás natural nos países euro-

---

[19] GIANDOMENICO MAJONE, «The Rise of the Regulatory State in Europe», *West European Politics*, 17 (3), 1994, p. 93.

peus em que, como em Portugal, ainda subsistiam monopólios legais e direitos exclusivos. Com efeito, não obstante a publicação, cinco anos antes, da Directiva n.º 98/30/CE, também do Parlamento Europeu e do Conselho, de 22 de Junho, a verdade é que poucos foram os Estados-membros que tomaram medidas efectivas para abrirem o sector à concorrência. A segunda geração de Directivas comunitárias (da qual faz parte a Directiva n.º 2003/55/CE) visou, assim, contribuir de forma mais efectiva para a construção de um mercado interno de gás e com isso aumentar a eficiência, reduzir os preços, assegurar a existência de padrões de qualidade mais elevados e promover uma maior competitividade no sector.

Em Portugal, o Governo definiu a estratégia nacional para a energia (e, dentro desta, para o gás) através da Resolução do Conselho de Ministros n.º 169/2005, de 24 de Outubro. Fê-lo seguindo, entre outras, as orientações da Directiva n.º 2003/55/CE. Deste modo, assumiu-se, expressamente, que a liberalização do mercado da energia (electricidade e gás natural) constitui um vector estratégico, com vista à redução dos custos e à atenuação da factura energética.

Neste sentido, e em matéria de liberalização do mercado do gás, o Governo definiu, desde logo, como prioridades:

a) A aprovação de uma lei de bases do gás natural, bem como de legislação complementar;
b) A antecipação da liberalização do mercado do gás natural;
c) O desenvolvimento das infra-estruturas do gás natural em todo o território nacional, tendo em conta a racionalidade dos respectivos investimentos; e
d) A reorganização da estrutura empresarial do sector da energia.

Em particular, e no que diz respeito à última medida anunciada – de reorganização da estrutura empresarial do sector da energia – o Governo reviu as orientações seguidas na Resolução do Conselho de Ministros n.º 63/2003, de 10 de Maio, que preconizavam a junção numa única entidade empresarial das actividades de distribuição e de comercialização de electricidade e de gás natural e respectivas infra-estruturas. Com efeito, com a aprovação da Resolução n.º 169/2005 o Governo passou a seguir, nesta matéria, uma orientação completamente diferente, assente no pressuposto de que o incentivo da concorrência recomenda que as empresas incumbentes dos sectores da electricidade e do gás natural em vez de se limitarem a manter as suas áreas de actividade, deveriam alargá-las, tornando-se operadores em concorrência. Neste sentido, determinou a autonomização dos activos regulados do sector do gás natural (recepção, transporte e armazenamento) de forma a ser operacionalizada a sua junção à empresa operadora da rede de transporte de electricidade. Assim, a REN – Rede Eléctrica Nacional, S. A., foi autorizada, através da Resolução do Conselho de Ministros n.º 85/2006, de 30 de Junho, a proceder à constituição de novas sociedades, cujo objecto visava assegurar o exercício das concessões do serviço público de transporte de gás natural em alta pressão, de armazenamento subterrâneo de gás natural e de recepção, armazenamento e regaseificação de gás natural na forma liquefeita, no âmbito do Sistema Nacional de Gás Natural (SNGN).

Definida a (nova) estratégia nacional para a energia, meses mais tarde foram publicados o Decreto-Lei n.º 30/2006, de 15 de Fevereiro[20] e o Decreto-Lei n.º 140/2006, de 26 de Julho[21], seguindo a tendência europeia de adopção de uma regulação económica sectorial.

De acordo com o art. 50.º do Decreto-Lei n.º 30/2006, a regulação do Sistema Nacional de Gás Natural (SNGN) tem por finalidade contribuir para assegurar a eficiência e a racionalidade das actividades em termos objectivos, transparentes, não discriminatórios e concorrenciais, através da sua contínua supervisão e acompanhamento, integrada nos objectivos de realização do mercado interno de gás natural.

Em relação ao modelo de regulação adoptado há que considerar, desde logo, que estamos perante uma indústria de rede (como são as telecomunicações e a electricidade, para citar apenas alguns exemplos), a qual reúne as características de um monopólio natural[22]. Deste modo, as actividades de recepção, armazenamento e regaseificação de GNL, de armazenamento subterrâneo, transporte, distribuição e comercialização

---

[20] Diploma que estabelece as bases gerais da organização e do funcionamento do Sistema Nacional de Gás Natural (SNGN) em Portugal, bem como as bases gerais aplicáveis ao exercício das actividades de recepção, armazenamento, transporte, distribuição e comercialização de gás natural e à organização dos mercados de gás natural.

[21] Diploma que estabelece os regimes jurídicos aplicáveis às actividades de transporte de gás natural, de armazenamento e regaseificação em terminais de gás natural liquefeito (GNL) e de distribuição de gás natural, incluindo as respectivas bases das concessões e a definição do tipo de procedimentos aplicáveis à respectiva atribuição e, bem assim, as alterações da actual concessão do serviço público de importação de gás natural e do seu transporte e fornecimento através da rede de alta pressão.

[22] Tendo em conta que, por razões essencialmente económicas, não é viável a multiplicação de redes paralelas de transporte e de distribuição.

de último recurso, bem como as actividades de operação logística de mudança de comercializador e de gestão de mercados organizados foram sujeitas a regulação. Assim sendo, a única actividade livre que é exercida em regime de livre concorrência é a actividade de comercialização[23].

Em nossa opinião, são três as condições fundamentais para garantir a existência de uma indústria de rede concorrencial: (i) separação jurídica de actividades, (ii) direito de acesso de terceiros às redes e (iii) direito dos consumidores de escolherem o seu comercializador.

Até 2006, as actividades do sector do gás natural estavam entregues, no nosso país, a uma empresa verticalmente integrada (no caso concreto, um grupo de empresas que exerce várias actividades do sector: recepção, transporte, distribuição, armazenamento e comercialização de gás natural), o Grupo Galp Energia.

Na prática, existia, portanto, um monopólio legal da Galp Energia no sector do gás, cuja origem remonta ao período das nacionalizações operadas durante o 25 de Abril de 1974.

No entanto, no contexto de liberalização do sector e da sua progressiva abertura à concorrência, tornou-se imperioso realizar a separação jurídica das diferentes actividades que compõem a cadeia de valor, uma vez que só dessa forma se pode assegurar a compatibilização entre a liberdade de escolha dos clientes (quanto ao seu comercializador) com a existência de uma única rede de transporte e de distribuição.

Neste sentido, pode ler-se no preâmbulo da Directiva n.º 2003/55/CE que *«para assegurar um acesso eficiente e não discriminatório às redes é conveniente que as redes de transporte e de distribuição sejam exploradas por entidades juridicamente separadas nos casos em que existam empresas verticalmente integradas»*.

Com efeito, apenas mediante a separação jurídica das diferentes actividades, a montante – nomeadamente das actividades de transporte e de distribuição relativamente à actividade de comercialização – se pode garantir, a jusante, um mercado livre de comercialização de gás natural,

---

[23] O que não significa, no entanto, que não exista qualquer regulação desta actividade. Com efeito, ainda que de uma forma menos intensa, esta actividade também está sujeita a regulação da Entidade Reguladora do Sector Energético, nomeadamente em relação ao conteúdo dos contratos de fornecimento de gás natural celebrados por estas entidades e cuja principal justificação se prende com a protecção dos direitos dos consumidores.

assegurando-se aos consumidores o direito de escolherem livremente o seu fornecedor.

O legislador português acabaria, no entanto, por ir mais longe do que o legislador comunitário. Com efeito, enquanto na Directiva expressamente se afirmava que a separação jurídica não implicava a separação da propriedade, uma das orientações dadas pelo Governo, constante da Resolução do Conselho de Ministros n.º 169/2005, e que foi seguida nos Decretos-Leis n.º 30/2006 e 140/2006, foi precisamente a de determinar, para além da separação jurídica, a separação patrimonial dos operadores das redes de transporte de energia (electricidade e gás) de outras empresas com interesses no sector – no caso do gás, distribuição e comercialização – visando-se, assim, garantir a sua total independência, bem como a existência de condições não discriminatórias no acesso às redes[24].

A separação de actividades e em particular a separação de propriedade das infra-estruturas de alta pressão (rede de transporte, terminal de recepção, armazenamento e regaseificação de GNL e armazenamento subterrâneo) da empresa verticalmente integrada veio a ocorrer a 26 de Setembro de 2006, data da celebração dos contratos de concessão das diferentes actividades[25].

Deste modo, não só em relação à actividade de transporte se foi mais longe do que o previsto na Directiva n.º 2003/55/CE, como também em relação às actividades de recepção, armazenamento e regaseificação de GNL e de armazenamento subterrâneo o legislador nacional foi mais ambicioso do que o legislador comunitário.

Com efeito, embora a Directiva apenas impusesse a separação contabilística destas actividades face às restantes actividades do sector, o nosso legislador determinou a sua separação jurídica, acompanhada da sua separação patrimonial relativamente às actividades de distribuição e de comercialização (uma vez que os activos regulados daquelas actividades foram também integrados na empresa operadora da rede de transporte de electricidade).

---

[24] Este é um tema que tem gerado bastante discussão a nível europeu, tendo ficado bem patente na nova Directiva n.º 2009/73/CE que, por enquanto, ainda não é possível um consenso entre os diferentes Estados-membros sobre a completa separação da propriedade destes activos das empresas que exercem as actividades.

[25] Recepção, armazenamento e regaseificação de GNL, armazenamento subterrâneo, transporte e distribuição.

Para além da separação jurídica e patrimonial das actividades de transporte, de recepção, armazenamento e regaseificação de GNL e de armazenamento subterrâneo, e da separação jurídica da actividade de distribuição relativamente a outras actividades não relacionadas com a distribuição[26], a nossa legislação consagra ainda a separação funcional das mesmas actividades.

A separação funcional das actividades é, nitidamente, um *plus* relativamente à separação jurídica e patrimonial. Com efeito, à partida, e se não se impusesse este nível de separação (funcional) nada impediria que embora existindo entidades juridicamente distintas, os órgãos de direcção dessas mesmas entidades não pudessem ser os mesmos.

Precisamente para impedir esta situação, e para garantir a total independência dos operadores das infra-estruturas, o legislador nacional, por influência da legislação comunitária, exigiu também a separação funcional, para além da separação jurídica e patrimonial daquelas actividades.

Finalmente, e de forma a prevenir a existência de abusos de posição dominante, estabeleceram-se também limitações quanto à participação na estrutura accionista das empresas concessionárias da Rede Nacional de Transporte, Infra-Estruturas de Armazenamento e Terminais de GNL (RNTIAT), condicionando a participação quer de entidades que não sejam intervenientes no SNGN, quer de entidades que exerçam actividades no sector do gás natural, sejam nacionais ou estrangeiras. Deste modo, estabelece-se na al. *e*) do n.º 4 do art. 21.º do Decreto-Lei n.º 30/2006 que nenhuma pessoa singular ou colectiva pode deter, directamente ou sob qualquer forma indirecta, mais de 10% do capital social de cada empresa concessionária da RNTIAT. Esta limitação é de 5% para as entidades que exerçam actividades no sector do gás natural, nacional ou estrangeiro (al. *f*)).

Estas limitações não se aplicam, no entanto, quer ao Estado directamente, quer a empresas por ele controladas (ou seja, a empresas públicas na acepção do art. 3.º do Decreto-Lei n.º 558/99, de 17 de Dezembro), quer ainda à empresa operadora da rede nacional de transporte ou à em-

---

[26] Excepcionalmente, no entanto, e quando estejam em causa pequenas distribuidoras (com menos de 100 000 clientes) não é exigível a separação jurídica das actividades, mas apenas a sua separação contabilística.

presa que a controle[27]. A tendência tem sido, no entanto, a diminuição da participação do Estado no capital destas empresas.

O livre acesso de terceiros às infra-estruturas de gás natural (seja ao terminal de GNL, seja às infra-estruturas de armazenamento subterrâneo, seja ainda às redes de transporte e de distribuição) é uma das pedras angulares do SNGN, na medida em que dele depende, em grande parte, a existência de um mercado concorrencial de gás natural.

Com efeito, com a abertura dos mercados à concorrência surge um duplo risco: por um lado, o risco de os incumbentes (enquanto operadores das infra-estruturas) poderem discriminar os seus concorrentes, dando preferência aos seus próprios comercializadores (empresas do mesmo grupo empresarial) em detrimento de outros comercializadores; por outro lado, o risco de serem cobradas tarifas de uso das redes/infra-estruturas muito elevadas atendendo a que estamos perante monopólios naturais[28].

Deste modo, e de forma a evitar estes potenciais riscos, o legislador comunitário, ao mesmo tempo que impôs a separação jurídica das diferentes actividades do sector, consagrou também o direito de acesso de terceiros às infra-estruturas de forma não discriminatória e transparente (cfr. artigos 18.º, 19.º e 20.º da Directiva n.º 2003/55/CE).

A nível nacional, os Decretos-Leis n.º 30/2006 e 140/2006 seguiram as orientações comunitárias. Assim, e para além da imposição da separação jurídica das actividades (cfr. artigos 21.º e 31.º do Decreto-Lei n.º 30/2006), estabeleceram, para cada operador, o dever de facultar o acesso às infra-estruturas de todos os agentes de mercado numa base não discriminatória e transparente (cfr. artigos 18.º, n.º 2, al. *c*), 19.º, n.º 2, al. *c*), 20.º, n.º 2, als. *e*) e *f*), e 30.º, n.º 2, als. *d*) e *e*) do Decreto-Lei n.º 30/2006). A importância do direito de livre acesso de terceiros às infra-estruturas é tal que o nosso legislador o incluiu entre as obrigações de serviço público a que se encontram sujeitas as concessionárias (cfr. art. 8.º, n.º 2, al. *b*), do Decreto-Lei n.º 140/2006).

---

[27] Estas restrições também não se aplicam às sociedades responsáveis pela construção de novas infra-estruturas de armazenamento subterrâneo e de terminal de GNL, a serem concessionadas após a entrada em vigor do Decreto-Lei n.º 30/2006.
[28] Cfr. MICHAEL ALBERS, «The New EU Directives on Energy Liberalization from a competition point of view», *in* AA.VV., *Legal Aspects of EU Energy Regulation – Implementing the New Directives on Electricity and Gas Across Europe*, ed. Peter Cameron, Oxford University Press, Oxford, 2005, p. 42.

Desta forma, têm direito de acesso às infra-estruturas da Rede Pública de Gás Natural (RPGN) todos os agentes de mercado.

O acesso às infra-estruturas processa-se de acordo com os seguintes princípios gerais (cfr. art. 5.° do Regulamento de Acesso às Redes, às Infra-Estruturas e às Interligações[29]):

a) Salvaguarda do interesse público, incluindo a manutenção da segurança do abastecimento;
b) Garantia da oferta de gás natural nos termos adequados às necessidades dos clientes, quantitativamente e qualitativamente;
c) Igualdade de tratamento e de oportunidades;
d) Não-discriminação;
e) Transparência e objectividade das regras e decisões relativas ao acesso às infra-estruturas;
f) Imparcialidade nas decisões;
g) Direito à informação;
h) Reciprocidade no uso das interligações por parte das entidades responsáveis pela gestão das redes com que o SNGN se interliga;
i) Pagamento das tarifas aplicáveis.

Os operadores das infra-estruturas têm direito de receber uma retribuição pelo uso das suas instalações físicas e serviços inerentes, através da aplicação de tarifas relativas ao uso de cada infra-estrutura. As tarifas são fixadas pela Entidade Reguladora dos Serviços Energéticos, sendo, portanto, tarifas reguladas. A fixação de tarifas reguladas por uma terceira entidade (independente) garante assim não só a igualdade de tratamento dos utilizadores das infra-estruturas, evitando o risco de discriminação entre utilizadores, mas também que o montante das tarifas não é exageradamente inflacionado pelos respectivos operadores, mercê do facto de as redes serem monopólios naturais.

As disposições sobre o direito de acesso às infra-estruturas podem ser, no entanto, derrogadas em três situações: (i) falta de capacidade das infra-estruturas, (ii) existência de sérias dificuldades económicas e financeiras resultantes da celebração de contratos *take or pa*y e (iii) no caso de construção de novas infra-estruturas. Qualquer recusa deve ser, no entanto, devidamente fundamentada.

---

[29] Aprovado através do Despacho n.° 19 624-A/2006, da Entidade Reguladora dos Serviços Energéticos, de 11 de Setembro, publicado no *Diário da República*, II série, de 25 de Setembro de 2006.

Assim, e no seguimento do disposto no art. 21.º da Directiva n.º 2003//55/CE, estabelece-se no art. 8.º, al *i*), do Decreto-Lei n.º 140/2006 que os operadores das infra-estruturas podem recusar, fundamentadamente, o acesso às respectivas infra-estruturas com base na falta de capacidade ou se esse acesso os impedir de cumprir as suas obrigações de serviço público.

Finalmente, falta-nos analisar aquela que é, em nossa opinião, a terceira condição para a existência de um mercado livre e concorrencial de gás natural, a saber, o reforço dos direitos dos consumidores, em particular a garantia do direito de escolherem o seu comercializador. A este ponto dedicaremos, no entanto, um capítulo à parte.

3.2. Direitos dos consumidores

A liberalização do mercado do gás natural, com o consequente aumento da concorrência, visa, em última análise, a redução do custo da energia e o aumento da qualidade de serviço.

Assim, pode ler-se no preâmbulo da Directiva n.º 2003/55/CE que «*os benefícios resultantes do mercado interno deverão ser colocados, o mais rapidamente possível, à disposição de todos os sectores da indústria e do comércio da Comunidade, incluindo as pequenas e médias empresas, e de todos os cidadãos da Comunidade, por razões de equidade, competitividade e, indirectamente, para a criação de emprego em consequência dos ganhos de eficiência de que beneficiarão as empresas*».

A abertura do mercado de gás natural à concorrência não seria, no entanto, possível se aos consumidores[30] não fosse reconhecido o direito de escolherem, livremente, o seu comercializador. Com efeito, apesar de se prever um direito de acesso de terceiros às infra-estruturas e de se poder garantir o exercício da actividade de comercialização em regime de livre concorrência, a verdade é que tal não asseguraria, só por si, a existência de um verdadeiro mercado se os consumidores continuassem sem ter a possibilidade de escolher o seu fornecedor de gás.

---

[30] Consumidor, para efeitos do Decreto-Lei n.º 30/2006, é o cliente final de gás natural, ou seja, o cliente que compra gás natural para consumo próprio (cfr. art. 3.º, alíneas *g*) e *o*), Decreto-Lei n.º 30/2006). Para este efeito, incluem-se também nesta noção as empresas que compram gás natural para consumo próprio mas que o utilizam no seu processo produtivo (cfr. RUI PENA, MÓNICA CARNEIRO PACHECO, MARISA APOLINÁRIO, *Legislação do Sector Energético*, volume I, *Legislação do Gás Natural, Bases Gerais Comentadas*, Almedina, Coimbra, 2008, comentário ao artigo 47.º).

Deste modo, prevê-se no Decreto-Lei n.º 30/2006 que todos os consumidores têm o direito de escolher o seu comercializador de gás natural, podendo adquirir gás natural directamente a comercializadores ou através dos mercados organizados (cfr. art. 47.º).

A abertura do mercado de gás natural, entendida no sentido de o cliente ser livre de comprar gás ao comercializador da sua escolha, tem sido, no entanto, um processo gradual. A Directiva n.º 2003/55/CE estabeleceu, assim, um calendário que deveria ser cumprido pelos Estados-membros (cfr. art. 23.º).

Com efeito, a abertura do mercado por etapas foi a forma mais adequada que se encontrou para permitir, por um lado, aos incumbentes a possibilidade de se adaptarem às profundas alterações sofridas no sector e, por outro lado, para assegurar a existência do tempo necessário para introduzir medidas e sistemas adequados para proteger os interesses dos consumidores e garantir o seu direito real e efectivo de escolher o seu comercializador.

O nosso país, sendo considerado um mercado emergente[31], beneficiou, no entanto, da derrogação prevista no art. 28.º da Directiva àquele calendário de abertura. De qualquer forma, e como referimos anteriormente, por orientação política do Governo o Decreto-Lei n.º 140/2006 antecipou a liberalização do mercado de gás natural (cfr. art. 64.º). Deste modo, e sem prejuízo de alguns clientes já o poderem fazer desde Janeiro de 2007, a partir de Janeiro de 2010, todos os clientes poderão escolher o seu comercializador.

O factor temporal pode não ser, porém, o único constrangimento ao exercício, pelos consumidores, do seu direito de livre escolha. Com efeito, na prática, existem outras limitações que podem condicionar este direito e, por conseguinte, pôr em causa a concorrência no sector. A cobrança de taxas pela mudança de comercializador é um dos exemplos. Neste caso, no entanto, o Decreto-Lei n.º 30/2006 prevê, como um dos princípios que esta operação deve respeitar, a ausência de pagamento pelo acto de mudança de comercializador (cfr. art. 47.º, n.º 2, al. *b*)).

O papel do operador logístico da mudança de comercializador é, pois, fundamental, enquanto entidade responsável pela gestão da mudança de comercializador de gás natural, velando pela portabilidade dos

---

[31] Atendendo a que o primeiro contrato comercial de fornecimento de gás natural ocorreu em Abril de 1997, portanto menos de 10 anos antes da data da entrada em vigor da Directiva n.º 2003/55/CE.

dados dos consumidores, de modo a que os mesmos não sejam apenas acessíveis aos incumbentes.

Assim, e como sublinha Juan de la Cruz Ferrer, «*neste modelo objectivo de regulação dos serviços públicos o centro da instituição desloca-se da direcção e controlo da actividade pelo Estado para o conteúdo da prestação aos consumidores e utentes. É este o marco verdadeiramente importante do serviço: não interessa, portanto, se é «público», mas sim que os bens e serviços prestados «ao público» o sejam nas melhores condições possíveis de segurança, qualidade, variedade, preço, entre outras*»[32].

Para além do direito de escolher o seu comercializador, são ainda consagrados na legislação outros direitos dos consumidores, merecendo a pena destacar os direitos de informação e o direito a procedimentos transparentes, simples e a baixo custo para o tratamento de queixas e reclamações relacionadas com o fornecimento de gás natural. Em matéria de direitos de informação, atribui-se aos consumidores o direito a uma informação não discriminatória e adequada às suas condições específicas, em particular aos consumidores com necessidades especiais, bem como o direito a uma informação completa e transparente sobre preços e tarifas aplicáveis e condições normais de acesso e utilização dos serviços energéticos, salvaguardando-se o direito de os consumidores serem consultados previamente sobre todos os actos que possam vir a pôr em causa os seus direitos (cfr. art. 48.º do Decreto-Lei n.º 30/2006).

Estes direitos têm de ser articulados com o disposto na Lei n.º 23/96, de 26 de Julho, que aprova o regime de protecção dos utentes de serviços públicos e que se aplica, depois da alteração aprovada pela Lei n.º 12/2008, de 26 de Fevereiro, ao serviço de fornecimento de gás natural[33].

Os direitos dos consumidores estão, aliás, também no centro das preocupações da Directiva n.º 2009/73/CE, recentemente aprovada. Com efeito, na sequência do disposto na Directiva n.º 2003/55/CE, a nova Directiva sublinha a necessidade de se garantir o acesso, pela parte dos consumidores, a informação clara e compreensível sobre os seus direitos, defendendo

---

[32] JUAN DE LA CRUZ FERRER, *La liberalización de los servicios públicos y el sector eléctrico – modelos y análisis de la Ley 54/1997*, Marcial Pons, Madrid, Barcelona, 1999, p. 62.

[33] Destacam-se, sobretudo, as disposições sobre suspensão do fornecimento do serviço público, proibição de cobrança de consumos mínimos e de cobrança de utilização de contadores, as regras sobre facturação (que passou a ser mensal) e o regime especial da prescrição e da caducidade.

a criação, pela Comissão, de um catálogo de direitos do consumidor europeu de energia.

3.3. Obrigações de serviço público

«(...) *(P)artindo-se do pressuposto realista de que o mercado não consegue ou não pode só por si garantir ao conjunto dos cidadãos a prestação dos serviços indispensáveis aos mais diversos níveis (...), e a custos rentáveis do ponto de vista comercial ou económico, impõe-se a necessidade de encontrar uma nova fórmula que permita conciliar ou conjugar a prossecução daquele fim, que é o objectivo típico do clássico serviço público de titularidade da Administração, com o desenvolvimento das actividades pela livre iniciativa privada num contexto de mercado concorrencial entre os operadores*»[34].

A fórmula consiste, precisamente, no estabelecimento de obrigações de serviço público[35] a que os todos os agentes de mercado ficam sujeitos, independentemente de serem pessoas colectivas públicas ou privadas e independentemente de exercerem a sua actividade em regime livre e concorrencial ou sujeito a regulação[36].

Com efeito, e como tivemos oportunidade de escrever acima, o processo de liberalização não significa uma ruptura com o anterior sistema de serviços públicos, nem, tão-pouco, um desaparecimento da responsabilidade pública. Assim, se bem que o Estado tenha deixado de ter uma *responsabilidade de execução ou de gestão*, tem, no entanto, agora, uma *responsabilidade de garantia*. Deste modo, cabe ao Estado (seja por via directa ou indirecta) assegurar que são satisfeitas as necessidades colectivas consideradas essenciais.

No caso do sector do gás natural, as obrigações de serviço público a que os agentes de mercado se encontram submetidos passam pela garantia de for-

---

[34] Pedro Gonçalves, Licínio Lopes Martins, «Os Serviços Públicos Económicos e a Concessão no Estado Regulador» (...), ob. cit., p. 300.

[35] De acordo com a definição constante do Livro Branco da Comissão sobre os serviços de interesse geral (2004), obrigações de serviço público são as obrigações impostas pelas autoridades públicas a um fornecedor de serviços a fim de garantir a realização de certos objectivos.

[36] Rui Pena, Mónica Carneiro Pacheco, Marisa Apolinário, *Legislação do Sector Energético*, volume I, *Legislação do Gás Natural, Bases Gerais Comentadas*, Almedina, Coimbra, 2008, comentário ao artigo 5.º, Decreto-Lei n.º 30/2006.

necimento, em condições de regularidade e de continuidade do serviço; garantia de ligação dos clientes às redes; pela qualidade de serviço; protecção dos consumidores quanto a preços e tarifas; disponibilização de informação em termos simples e compreensíveis; e promoção da eficiência energética e utilização racional dos recursos, a par da protecção do ambiente[37].

A obrigação de assegurar a existência de um serviço contínuo e regular liga-se, em última análise, com o tema da segurança do abastecimento. Com efeito, numa Europa tão dependente do exterior em relação a fontes energéticas, é natural que este tema assuma uma importância crucial. Neste particular, as principais responsabilidades são, sobretudo, dos operadores das redes e dos comercializadores. Com efeito, sobre os primeiros recai o dever de assegurar a oferta de capacidade a longo prazo das redes, enquanto os segundos estão obrigados a constituir e manter reservas de segurança de gás natural[38].

Nesta matéria assume ainda especial interesse a figura do comercializador de último recurso. Com efeito, o comercializador de último recurso (que se distingue do comercializador livre que actua em regime de mercado) está obrigado a fornecer gás natural aos clientes que o requisitem, estejam situados nas áreas abrangidas pela Rede Pública de Gás Natural e preencham os requisitos legais definidos para o efeito. A criação desta figura insere-se na linha do previsto na Directiva n.º 2003/55/CE em matéria de obrigações de serviço público, em que se dispunha que os Estados-membros deveriam adoptar medidas adequadas para proteger os *clientes vulneráveis* (cfr. art. 3.º, n.º 3).

O legislador português foi, no entanto, *original* e em vez de um comercializador de último recurso previu dois tipos: um comercializador de último recurso grossista[39] e vários comercializadores de último recurso retalhista[40].

---

[37] Cabe à ERSE e à DGEG velar pelo cumprimento, por parte dos agentes de mercado, destas obrigações de serviço público.

[38] De acordo com o Despacho n.º 7927/2008, de 17 de Março, da ERSE, que aprovou o Mecanismo de Atribuição de Capacidade de Armazenamento Subterrâneo de GN, estas reservas correspondem às «quantidades armazenadas com o fim de serem libertadas para consumo, quando expressamente determinado pelo ministro responsável pela área da energia, para fazer face a situações de perturbação do abastecimento».

[39] É a entidade titular de uma licença de comercialização de último recurso que assegura o fornecimento de gás natural aos comercializadores de último recurso retalhista, bem como aos grandes clientes que, por opção ou por não reunirem as condições, não exerçam o seu direito de elegibilidade.

[40] São as entidades titulares de licença de comercialização de último recurso que

De qualquer forma, resulta do preâmbulo do Decreto-Lei n.º 30/2006 que estamos perante figuras transitórias que se destinam a actuar no mercado apenas enquanto este não estiver a funcionar «*com plena eficácia e eficiência, em condições de assegurar a todos os consumidores o fornecimento de gás natural segundo as suas necessidades*».

3.4. A Entidade Reguladora dos Serviços Energéticos (ERSE)

O sector da energia não constitui uma excepção relativamente à tendência europeia, a que já fizemos referência acima, de cooperação dos órgãos comunitários com os órgãos nacionais no exercício de poderes regulatórios. Com efeito, resulta, claramente, da legislação comunitária aplicável ao sector (Directiva n.º 2003/55/CE e Directiva n.º 2009/73/CE) que a intenção não é centralizar esses poderes regulatórios na Comissão, mas antes partilhá-los com as entidades nacionais, com base no princípio da subsidiariedade.

Aliás, a nível europeu foi criado, alguns meses depois da publicação das Directivas n.º 2003/54/CE e 2003/55/CE, o Grupo Europeu de Reguladores da Electricidade e do Gás (ERGEG)[41] que tinha como objectivo principal encorajar a cooperação e a coordenação das entidades reguladoras nacionais, visando promover o desenvolvimento do mercado interno da electricidade e do gás e contribuir para a aplicação coerente, em todos os Estados-membros, das Directivas em matéria de energia. A experiência demonstrou, no entanto, que a cooperação voluntária entre as entidades reguladoras nacionais se revelou insuficiente. Neste sentido, e seguindo a proposta feita pelo próprio ERGEG, foi criada a Agência de Cooperação dos Reguladores de Energia[42], estrutura comunitária com poderes para tomar decisões regulamentares em certos casos específicos. O objectivo da Agência é, assim, assistir as entidades reguladoras nacionais no exercício, a nível comunitário, das funções de regulação

---

estão obrigadas a assegurar o fornecimento de gás natural a todos os consumidores com consumo anual inferior a 2 milhões de m³ ligados à rede, que, por opção ou por não reunirem as condições de elegibilidade para manter uma relação contratual com outro comercializador, ficam sujeitos ao regime de tarifas e preços regulados.

[41] Decisão n.º 2003/796/CE, de 11 de Novembro.
[42] Regulamento (CE) n.º 713/2009, do Parlamento Europeu e do Conselho, de 13 de Julho.

desempenhadas nos Estados-membros e, se necessário, coordenar a sua actuação.

Em relação à natureza das entidades reguladoras nacionais, a nova Directiva n.º 2009/73/CE vai para além da Directiva n.º 2003/55/CE, que se limitava a prever que estas entidades deveriam ser totalmente independentes de empresas do sector do gás, mas que não adiantava nada sobre o grau de independência das mesmas relativamente aos governos nacionais. Com efeito, estabelece-se agora na Directiva n.º 2009/73/CE que as entidades reguladoras devem ser juridicamente distintas e funcionalmente independentes de qualquer outra entidade pública ou privada, cabendo aos Estados-membros tomar medidas que assegurem que o pessoal e as pessoas responsáveis pela sua gestão não solicitam, nem recebem instruções directas de qualquer entidade governamental ou outra, pública ou privada. Para além destas medidas, os Estados devem ainda garantir que estas entidades dispõem de dotações orçamentais separadas, com autonomia na execução do orçamento atribuído.

No nosso país, assiste-se a uma partilha dos poderes regulatórios (no sector da energia) entre, por um lado, autoridades como a ERSE[43], a Autoridade da Concorrência e a Comissão do Mercado de Valores Mobiliários e, por outro lado, organismos governamentais, como a DGEG (cfr. art. 51.º, n.º 2, do Decreto-Lei n.º 30/2006).

Naturalmente que neste desenho regulatório, e como também já referimos acima, existe uma preferência por uma regulação sectorial (até por influência comunitária), pelo que é a ERSE que detém a maior fatia de poderes nesta matéria (com amplos poderes regulamentares, para além de poderes tarifários e de resolução de conflitos entre os intervenientes no SNGN). Não obstante, na prática, muitas vezes não é fácil conseguir distinguir o âmbito das atribuições e das competências de cada uma das entidades reguladoras, nomeadamente quando a regulação especializada transversal (da Autoridade da Concorrência) se cruza com a necessidade de regulação sectorial (da ERSE).

---

[43] Entidade que resultou da atribuição à Entidade Reguladora do Sector Eléctrico da regulação das actividades do gás natural, com o consequente alargamento das suas atribuições – cfr. Estatutos aprovados pelo Decreto-Lei n.º 97/2002, de 12 de Abril.

4. Quais os problemas que se colocam ao futuro da regulação do sector do gás natural em Portugal? Conclusões

A regulação do sector do gás natural em Portugal encontra-se ainda a dar os primeiros passos. Com efeito, apesar de os diplomas que transpuseram para o nosso ordenamento jurídico a Directiva n.º 2003/55/CE terem já três anos, a experiência da sua aplicação é ainda insuficiente para concluirmos se as opções tomadas conduzem, de facto, a uma abertura do mercado do gás natural e, com isso, à promoção da concorrência no sector, salvaguardando os interesses dos consumidores.

É, portanto, ainda cedo para podermos dizer se a liberalização do sector, tal como implementada em 2006, conduziu a uma efectiva redução dos custos e à atenuação da factura energética (objectivos definidos pelo Governo na Resolução do Conselho de Ministros n.º 169/2005).

De qualquer forma, alguns passos importantes já foram dados: o *unbundling* das actividades de transporte, de recepção, armazenamento e regaseificação de gás natural e da actividade de armazenamento subterrâneo, com a autonomização dos seus activos que, entretanto, foram transferidos para a empresa operadora da rede de transporte de electricidade; o *unbundling* das distribuidoras regionais, tendo em vista a separação da actividade de comercialização livre, acompanhada da constituição de novas sociedades a quem foram atribuídas licenças de comercialização de último recurso (retalhista); a abertura progressiva do mercado de gás natural, que conhecerá a sua última etapa em Janeiro de 2010 e a regulação tarifária pela ERSE[44].

Neste momento, podemos, no entanto, colocar já algumas dúvidas. Desde logo, pode questionar-se se a fixação de tarifas reguladas (para remuneração dos comercializadores de último recurso), com valores baixos, não coloca em risco a existência de um mercado competitivo, com uma pluralidade de comercializadores. Com efeito, a existência de tarifas reguladas com valores abaixo dos valores de mercado, se bem que favoreça os consumidores, dificulta, seriamente, a entrada de novos comercializadores no mercado, limitando, dessa forma, a concorrência.

Este risco encontra-se, por sua vez, associado ao risco de domínio do mercado pelos incumbentes. Efectivamente, tratando-se de empresas que

---

[44] Entretanto foram também aprovados os procedimentos e prazos a adoptar na gestão do processo de mudança de comercializador (cfr. Despacho n.º 6973/2009 ERSE, de 5 de Março).

tradicionalmente já estavam implantadas no sector, e que na maior parte dos casos gozavam de direito exclusivos, existe o risco de se verificarem fenómenos de abuso de posição dominante.

Por outro lado, a existência de contratos de aquisição de gás natural, em regime *take or pay*, celebrados em data anterior à da entrada em vigor da Directiva n.° 2003/55/CE, e que se mantiveram na titularidade do antigo incumbente, pode também constituir uma limitação importante à entrada de novos comercializadores no mercado, dadas as condições fixadas naqueles contratos e que tornam, na prática, difícil a qualquer novo entrante competir com as mesmas (nomeadamente em termos de preços).

Estas e outras questões exigem, portanto, uma atenção redobrada da parte dos reguladores.

No entanto, e numa altura em que o mercado do gás natural, com esta nova configuração, leva já três anos de vida, talvez a questão mais interessante que se pode colocar, em termos regulatórios, seja saber até que ponto uma regulação demasiado «apertada» não poderá, ela própria, funcionar com um entrave ao funcionamento do mercado.

O desafio que se coloca assim, neste momento, é encontrar o necessário, mas difícil, equilíbrio entre uma regulação eficaz, nomeadamente em termos de salvaguarda dos direitos dos consumidores, mas não tão «asfixiante» ao ponto de poder pôr em causa a existência de um mercado livre e concorrencial.

5. Bibliografia

ALBERS, Michael, «The New EU Directives on Energy Liberalization from a competition point of view», in AA.VV., *Legal Aspects of EU Energy Regulation – Implementing the New Directives on Electricity and Gas Across Europe*, ed. Peter Cameron, Oxford University Press, Oxford, 2005.

ARIÑO ORTIZ, Gaspar, *Principios de Derecho Público Económico. Modelo de Estado, gestión pública, regulación económica*, 3.ª edição ampliada, Comares, Granada, 2004.

CARBAJALES, Mariano, *El Estado Regulador – Hacia un nuevo modelo de Estado*, Editorial ábaco de Rodolfo Depalma, Buenos Aires, 2006.

CARDOSO, José Lucas, *Autoridades administrativas independentes e Constituição*, Coimbra Editora, Coimbra, 2002.

FERREIRA, Eduardo Paz; SILVA MORAIS, Luís, «A Regulação Sectorial da Economia – Introdução e Perspectiva Geral», in AA.VV., *Regulação em Portugal: novos tempos, novo modelo?*, Almedina, Coimbra, 2008, pp. 6-38.

FERRER, Juan de la Cruz, *La liberalización de los servicios públicos y el sector eléctrico – modelos y análisis de la Ley 54/1997*, Marcial Pons, Madrid, Barcelona, 1999.

GASPAR, Pedro Portugal, «As concessões de gás natural – em especial, a actividade de distribuição regional», *Revista Jurídica do Urbanismo e Ambiente*, n.ᵒˢ 15/16, Junho--Dezembro 2001.

GONÇALVES, Pedro; MARTINS, Licínio Lopes, «Os Serviços Públicos Económicos e a Concessão no Estado Regulador», *in* AA.VV., *Estudos de Regulação Pública I*, org. Vital Moreira, Coimbra Editora, Coimbra, 2004.

LA SPINA, Antonio; MAJONE, Giandomenico, *Lo Stato Regolatore*, il Mulino, Bolonha, 2000.

MAJONE, Giandomenico, «The Rise of the Regulatory State in Europe», *West European Politics*, 17 (3), 1994.

MARTÍNEZ, Juan Miguel de la Cuétara, «La regulación subsiguiente a la liberalización y privatización de servicios públicos», *in* AA.VV., «Os Caminhos da Privatização da Administração Pública», IV Colóquio Luso-Espanhol de Direito Administrativo, *Boletim da Faculdade de Direito de Coimbra*, Coimbra Editora, Coimbra, 2001, p. 193.

MAS, Joaquín Torno, «La actividad de regulación», *in* AA.VV., *El derecho administrativo en el umbral del siglo XXI: homenage al Profesor Dr. D. Ramón Martín Mateo*, coord. Francisco Sosa Wagner, vol. I, Tirant lo Blanch, Valencia, 2000.

MOREIRA, Vital, «Serviço Público e Concorrência. A Regulação do Sector Eléctrico», *in* AA.VV., *Os Caminhos da Privatização da Administração Pública*, IV Colóquio Luso--Espanhol de Direito Administrativo, *Boletim da Faculdade de Direito de Coimbra*, Coimbra Editora, Coimbra, 2001.

— «Lamentável recuo», *in A mão visível: mercado e regulação*, MARIA MANUEL LEITÃO MARQUES; VITAL MOREIRA, Coimbra Editora, Coimbra, 2003

MOREIRA, Vital; MAÇÃS, Fernanda, *Autoridades reguladoras independentes: estudo e projecto de lei-quadro*, Coimbra Editora, Coimbra, 2003.

PENA, Rui; CARNEIRO PACHECO, Mónica; APOLINÁRIO, Marisa, *Legislação do Sector Energético*, volume I, *Legislação do Gás Natural, Bases Gerais Comentadas*, Almedina, Coimbra, 2008.

TREATY CLAIMS, CONTRACT CLAIMS E UMBRELLA CLAUSES NA ARBITRAGEM INTERNACIONAL DE PROTECÇÃO DE INVESTIMENTOS

TIAGO DUARTE[*]

> *Recent ICSID cases on the relations between contract and treaty claims have introduced considerable confusion into the world of investment law*[1].

I. Introdução

A promoção e a protecção de investimentos estrangeiros, como factor de desenvolvimento económico dos países, seja através da celebração,

---

[*] Professor na Faculdade de Direito da Universidade Nova de Lisboa.

Este trabalho foi elaborado para integrar os Estudos de Homenagem ao Prof. Doutor Carlos Ferreira de Almeida, de quem fui aluno, primeiro, na minha licenciatura na Faculdade de Direito da Universidade de Lisboa e, depois, durante o meu doutoramento na Faculdade de Direito da Universidade Nova de Lisboa. Aproveito esta ocasião para agradecer ao Prof. Doutor Ferreira de Almeida tudo o que com ele tenho aprendido, agradecendo, em particular, o estímulo que me deu para iniciar a minha dissertação de doutoramento, incentivando-me a que me deixasse abrir ao Mundo, não me resignando com uma investigação de «vistas curtas». Tendo acabado por seguir o Direito Público e não o Direito Privado, acabámos por encontrar na Arbitragem um gosto comum, que, por isso mesmo, justifica este estudo.

[1] YUVAL SHANY, «Contract Claims vs. Treaty Claims: Mapping conflicts between ICSID decisions on multisourced investments claims», *American Journal of International Law*, vol. 99, 2005, p. 848.

por parte dos Estados, de contratos de investimento com investidores estrangeiros, seja através da celebração de *bilateral investment treaties*[2], entre Estados, tem vindo a tornar-se uma realidade cada vez mais presente no comércio internacional.

Associada a esta crescente globalização dos investimentos e sendo, aliás, um dos elementos que tem contribuído para criar um clima de confiança que favoreça a realização desses mesmos investimentos, sobretudo em países em vias de desenvolvimento, encontra-se a previsão, seja nos referidos contratos, seja nos tratados bilaterais (BIT), de que os litígios decorrentes desses mesmos investimentos possam ser dirimidos por recurso a arbitragem internacional[3].

Neste contexto, e no meio de outros centros de arbitragem internacional, ressalta o Centro Internacional para a Resolução de Diferendos relativos a Investimentos (CIRDI[4]), criado pela Convenção de Washington e que funciona junto do Banco Mundial[5]. No contexto da Convenção de Washington, para que qualquer uma das partes do litígio possa recorrer a

---

[2] Em Portugal, a terminologia mais vulgar é a de Acordos de Promoção e Protecção de Investimentos, mas o acrónimo *BIT*, correspondente a *Bilateral Investment Treaty*, encontra-se totalmente vulgarizado na literatura especializada, sendo, por isso, adoptado também ao longo deste artigo. Veja-se, como exemplo de um BIT celebrado por Portugal, o recente Acordo de Promoção e Protecção de Investimentos, celebrado entre Portugal e a China e publicado no *Diário da República*, I série, de 26 de Junho de 2008.

[3] Com efeito, existe normalmente uma certa desconfiança, sobretudo em países menos desenvolvidos, face à independência e imparcialidade dos tribunais nacionais, sempre que venham a ser chamados a dirimir litígios em que o próprio Estado é uma das partes envolvidas. Por este motivo, o recurso à arbitragem internacional tem sido considerado um elemento que favorece a confiança dos investidores, sobretudo quando estão em causa investimentos avultados com retorno diferido ao longo de muito tempo, como acontece, por exemplo, com os contratos de concessão.

[4] O acrónimo ICSID, correspondente a *International Centre for Settlement of Investment Disputes*, encontra-se mais vulgarizado, mesmo entre nós, pelo que será preferencialmente usado neste texto. Para uma visão global da arbitragem ICSID, LUCY REED, JAN PAULSSON e NIGEL BLACKABY, *Guide to ICSID Arbitration,* 2004, ENRIQUE FERNÁNDEZ MASIÁ, *Arbitraje en Inversiones Extranjeras: El Procedimiento Arbitral en el CIADI*, 2004, D. H. BLIESENER, «La Compétence du CIRDI dans la Pratique Arbitrale», *Revue de Droit International et de Droit Comparé*, tome LXVIII, 1991, p. 95 e ss. De modo mais resumido, STEPHEN JAGUSCH e MATTHEW GEARING, «International Centre for Settlement of Investment Disputes», *Arbitration World – Jurisdictional Comparisons*, 2006, p. LXV.

[5] A Convenção de Washington entrou em vigor em Outubro de 1966, tendo entrado em vigor, em relação a Portugal, a 4 de Agosto de 1984. A Convenção de Washington encontra-se publicada no *Diário da República*, I série, de 3 de Abril de 1984.

este Centro de Arbitragem não basta que os Estados envolvidos (Estado onde o investimento é realizado e Estado da nacionalidade do investidor) sejam Estados Contratantes da referida Convenção, sendo ainda necessário que tenha havido um consentimento específico, por parte do Estado onde o investimento é realizado e por parte do investidor estrangeiro, aceitando ambos a jurisdição do referido Centro de Arbitragem[6].

Uma das modalidades mais usuais de ambas as partes prestarem o seu consentimento é através da inserção de uma cláusula arbitral no contrato de investimento que venha a ser celebrado entre o investidor e o Estado em cujo território o investimento venha a ser realizado, através da qual se remetam os litígios resultantes da execução do referido contrato para a arbitragem ICSID.

Outra das modalidades, que tem vindo a tornar-se cada vez mais popular, consiste na possibilidade de os Estados Contratantes (partes na Convenção de Washington) promoverem uma «oferta de arbitragem», inserida num *bilateral investment treaty* (BIT), e em que ambos os Estados asseguram, aos investidores do outro Estado Contratante, um conjunto de direitos relativos à protecção dos seus investimentos e aceitam antecipadamente que os litígios que venham a ocorrer por violação desses mesmos direitos, garantidos pelo referido BIT, sejam dirimidos por recurso à arbitragem ICSID (ou outra)[7].

Nalguns casos, esse consentimento por parte do Estado Contratante encontra-se condicionado ao preenchimento de alguns requisitos, como seja a utilização prévia dos tribunais nacionais, ou, pelo menos, a utilização dos tribunais nacionais durante um determinado período de tempo, como forma de procurar resolver o litígio, ou ainda à aceitação de um *cooling off period* antes de se iniciar o recurso à arbitragem, de modo a procurar obter uma solução amigável entre as partes[8].

---

[6] Sobre o conceito de consentimento nas arbitragens ICSID, Tiago Duarte, «O Consentimento nas Arbitragens ICSID», *Estudos em Homenagem ao Prof. Doutor Sérvulo Correia*, (no prelo).

[7] Nestes casos, é muito vulgar que o consentimento do investidor apenas seja prestado quando o mesmo apresenta o «*request of arbitration*» junto do ICSID. Este modo de prestar o consentimento tem vindo a ser aceite pelos Tribunais arbitrais. A oferta de arbitragem pode igualmente ser consagrada na legislação interna de um determinado Estado membro da Convenção de Washington.

[8] Christoph Schreuer, «Travelling the BIT route – of waiting periods, umbrella clauses and forks in the road», *Journal of World Investment and Trade*, n.º 5, 2004.

Face ao exposto, torna-se claro que o recurso à arbitragem ICSID pode resultar da violação do próprio contrato de investimento e encontrar o consentimento de ambas as partes para o recurso à arbitragem ICSID na própria cláusula arbitral ou, diferentemente, resultar de uma violação dos direitos garantidos pelo Estado Contratante no BIT celebrado com o Estado da nacionalidade do investidor estrangeiro e encontrar o consentimento de ambas as partes, primeiro na oferta de arbitragem prevista no referido BIT e, depois, no consentimento do investidor, prestado autonomamente, v. g. no momento de instaurar o processo arbitral junto do ICSID.

O primeiro tipo de litígios acima identificados tem vindo a ser vulgarmente catalogado pela doutrina e pela jurisprudência como «*contract claims*», enquanto o segundo tipo de litígios é normalmente qualificado como «*treaty claims*», sendo possível (e até vulgar) que um mesmo litígio, associado ao mesmo acervo de factos, envolva, ao mesmo tempo, violações do contrato e violações do BIT, com todas as complicações daí advenientes.

O Estudo que aqui se apresenta pretende, assim, analisar os fundamentos que permitem a submissão à arbitragem ICSID, seja de «*contract claims*», seja de «*treaty claims*», analisando, em especial, os casos em que o contrato de investimento (onde se poderia basear uma «*contract claim*») remete expressamente a resolução dos diferendos daí advenientes para os tribunais nacionais e não para a arbitragem ICSID, enquanto o *Bilateral Investment Treaty* aplicável ao caso (onde se baseiam as «*treaty claims*») remete a resolução dos diferendos daí advenientes para a arbitragem ICSID[9].

---

[9] Sobre a distinção entre *treaty claims* e *contract claims*, encontrando cinco critérios distintivos, BERNARDO M. CREMADES e DAVID J. A. CAIRNS, «Contract and Treaty Claims and Choice of Forum in Foreign Investment Disputes, Arbitrating Foreign Investment Disputes», ed. Norbert Horn, *Studies in Transnational Economic Law*, vol. 19, 2004, p. 327 e ss. Assim, para estes autores, os critérios distintivos (que os mesmos consideram poderem, por vezes, não ser totalmente seguros), são: (i) a fonte do direito, (ii) o conteúdo do direito, (iii) as partes na disputa, (iv) a lei aplicável e (v) a responsabilidade do Estado onde o investimento é realizado. Pelo contrário, considerando que, *the separation of contract claims and treaty claims is intellectually attractive but leads to a number of practical problems* (...) e que, *a clear-cut separation of treaty claims and contract claims is often difficult and hinges on the facts of each case*, CHRISTOPH SCHREUER, *The ICSID Convention – A Commentary*, 2009, p. 379. O mesmo autor considera que, *the separate treatment of contract claims and treaty claims may lead to the indesirable phenomenon of claim splitting and parallel proceedings*.

Finalmente, analisar-se-á, sobretudo atendendo ao enorme desencontro de opiniões doutrinais e à equívoca e contraditória jurisprudência arbitral existente, o conteúdo e o significado das chamadas «*umbrella clauses*»[10], inseridas em alguns BIT, e por virtude das quais se pode – alegadamente – «elevar» uma «*contract claim*» em «*treaty claim*», tarefa que, como se verá, é credora de enormes incertezas quanto à sua admissibilidade e quanto à jurisdição competente para julgar os litígios contratuais – supostamente – internacionalizados, daí advenientes.

Com efeito, ainda hoje, não é de modo algum pacífica a solução a dar aos casos de arbitragens ICSID desencadeadas por violação simultânea de cláusulas do BIT e de cláusulas contratuais, em que o contrato de investimento contém uma cláusula conferindo a jurisdição para a resolução de litígios contratuais aos tribunais nacionais mas em que o BIT aplicável (remetendo os litígios para arbitragem ICSID) contém uma *umbrella clause*, levando (supostamente) a que a violação de cláusulas contratuais seja, ao mesmo tempo, uma violação do próprio BIT[11].

II. Os litígios com base em violação de contratos de investimento («*contract claims*»)

Embora se possam admitir outros modos de realizar investimentos internacionais, na maioria dos casos os investidores estrangeiros (muitas vezes através de subsidiárias locais) celebram um contrato ou um conjunto de contratos de investimento com os Estados (ou com qualquer outra entidade pública) onde esses investimentos vão ser realizados, aí se fixando os direitos e as obrigações de ambas as partes, relativamente a esse mesmo investimento.

---

[10] Através de uma «*umbrella clause*», os Estados partes no BIT comprometem-se a respeitar os compromissos assumidos com nacionais do outro Estado parte no BIT, sendo que entre esses compromissos se podem encontrar os compromissos contratualmente assumidos, o que leva, segundo certos autores, a que a violação de um contrato de investimento se transforme, automaticamente, por intermédio da «*umbrella clause*» numa violação do próprio BIT. Ora, como os referidos BIT prevêem, normalmente, que a violação das obrigações aí previstas deva ser resolvida através do recurso à arbitragem ICSID, tal permitiria que os tribunais ICSID apreciassem, por este modo, litígios contratuais.

[11] A questão ainda se pode complicar no caso de o contrato ter sido celebrado por uma entidade pública diversa do Estado que celebrou o BIT ou ter sido celebrado com uma subsidiária local do investidor estrangeiro (nacional do outro Estado parte no BIT).

Muitas vezes, prevê-se, também, no respectivo contrato, uma cláusula arbitral que consubstancia o consentimento de ambas as partes para que os litígios resultantes do referido contrato sejam dirimidos com recurso à arbitragem ICSID. Para que a arbitragem se possa iniciar, será sempre necessário verificar se o Estado que celebrou o Contrato é parte na Convenção de Washington, bem como se o investidor é nacional de um Estado que seja também parte na Convenção de Washington[12].

No caso de o contrato ser celebrado por uma entidade pública diferente do Estado, será ainda necessário verificar se o Estado Contratante, no momento em que se vinculou à Convenção de Washington, aceitou que essa mesma entidade pública pudesse validamente consentir na submissão de litígios contratuais a arbitragens ICSID, nos termos do n.º 3 do art. 25.º da Convenção[13]. Por outro lado, se o contrato for celebrado por uma subsidiária local de um investidor estrangeiro, essa mesma empresa local não poderá, ela própria, desencadear a arbitragem ICSID, por não ter nacionalidade diferente da do Estado onde o investimento é realizado[14].

No seguimento do acima referido, seja por não ser possível, *in casu*, o recurso à arbitragem ICSID, seja por exigência do Estado onde o investimento é realizado (no seguimento da chamada *doutrina Calvo*[15]), o certo

---

[12] É possível que na altura da celebração do contrato de investimento e da inclusão da respectiva cláusula de arbitragem, nenhuma das partes seja um Estado Contratante ou um nacional de um Estado Contratante na Convenção de Washington, caso em que o consentimento prestado no contrato apenas passará a ser vinculativo e permissivo do recurso à referida arbitragem se e quando o Estado onde o investimento for realizado e o Estado de que o investidor é nacional passarem a ser Estados Contratantes na referida Convenção.

[13] No n.º 3 do art. 25.º da Convenção de Washington, pode ler-se que, *o consentimento de uma pessoa colectiva de direito público ou de um organismo de um Estado Contratante requererá a aprovação do referido Estado, excepto se o mesmo notificar o Centro no sentido de que tal aprovação não é necessária*.

[14] O que pode acontecer é que os accionistas (estrangeiros) dessa subsidiária local iniciem, eles próprios, uma arbitragem ICSID por eventual violação do BIT vigente entre ambos os Estados (o Estado onde o investimento é realizado e o Estado da nacionalidade do investidor).

[15] Sobre a «Doutrina Calvo» e a sua influência negativa relativamente ao desenvolvimento da arbitragem ICSID, JAMES C. BAKER e LOIS J. YODER, «ICSID and the Calvo Clause: a Hindrance to Foreign direct Investment in LDC's», *Ohio State Journal on Dispute Resolution*, vol. 5, 1989, p. 75, e JAN KLEINHEISTERKAMP, «O Brasil e as disputas com investidores estrangeiros», em MÓNICA TERESA COSTA SOUSA CHEREM e ROBERTO DI SENA JÚNIOR (org.), *Comércio Internacional e Desenvolvimento: uma perspectiva brasileira,*

é que muitas vezes é imposta, como condição para a celebração dos contratos de investimento, a inclusão de uma cláusula atribuindo jurisdição sobre os litígios contratuais aos tribunais nacionais do Estado onde o investimento vai ser realizado, levando a que sejam estes os tribunais competentes para dirimir qualquer conflito surgido com fundamento na execução do referido contrato.

III. Os litígios com base em violação de *bilateral investment treaties* («*treaty claims*»)

A celebração de *bilateral investment treaties* entre Estados contratantes da Convenção de Washington generalizou-se na última década, estimando-se haver hoje em dia mais de 2500 BIT em vigor, prevendo, a maior parte deles, a possibilidade de resolução de litígios por violação do referido tratado bilateral, através do recurso a arbitragem ICSID.

Os referidos tratados bilaterais, que seguem geralmente um modelo próprio, asseguram normalmente aos nacionais do outro Estado um conjunto de direitos relativamente aos investimentos realizados pelos nacionais do outro Estado no seu território, prestando-se, aí, desde logo, o consentimento de ambos os Estados para que qualquer litígio relacionado com o incumprimento do referido BIT possa ser dirimido através do recurso a arbitragem ICSID[16].

De entre os direitos assegurados nos referidos BIT encontra-se, vulgarmente, a garantia da proibição de discriminação contra investidores

---

2004, p. 157 e ss. A obra de referência deste antigo diplomata argentino (1824-1906) é *Derecho International Teórico y Prático de Europa y América*, vol. 2, 1868. Sobre o assunto, também, F. TAMBURINI, «Historia y destino de la "doctrina Calvo": actualidad u obsolescência del pensamiento de Carlos Calvo?», *Revista de Estúdios Histórico-Jurídicos*, n.º 24, 2002, p. 81 e ss., e DONALD R. SHEA, *The Calvo Clause, a problem of inter--american and international law and diplomacy*, 1955. Muito recentemente, KATIA FACH GÓMEZ, «La protección del médio ambiente y el comercio internacional: hay que «pensar en verde» el arbitraje de inversiones?», *Derecho de la Regulación Económica*, VIII Comercio Exterior, 2009, p. 252 e ss.

[16] Alguns BIT elegem outros centros de arbitragem como competentes para dirimir os litígios advenientes do incumprimento do referido BIT, existindo igualmente BIT em que os Estados aceitam vários centros de arbitragem, deixando ao investidor a escolha, em concreto, daquele onde prefere submeter o litígio.

estrangeiros (através de cláusulas de «*national treatment*» e de «*most--favoured nation*»), bem como a garantia de «*fair and equitable treatment*» e de «*full protection and security of foreign investments*», bem como de adequada indemnização por expropriação directa ou indirecta e a livre transferência dos lucros resultantes do investimento para fora do país onde o investimento foi realizado[17].

Aqui chegados, poder-se-ia antecipar a existência de uma espécie de «muro de Berlim», separando as *contract claims*, baseadas em incumprimentos contratuais, que seriam submetidas à arbitragem ICSID ou aos tribunais nacionais consoante o que estivesse fixado na cláusula arbitral, por acordo entre as partes, das *treaty claims*, baseadas em incumprimento por parte do Estado dos direitos garantidos por esse mesmo Estado no *bilateral investment treaty*, e que seriam submetidas à arbitragem ICSID, no caso de se ter obtido o *matching* dos consentimentos necessários para o efeito (do Estado Contratante, parte no BIT, e do investidor nacional do outro Estado Contratante, parte no mesmo BIT).

Acontece que o *wording* da generalidade dos BIT é, em regra, muito amplo, permitindo a aplicação da cláusula atributiva de jurisdição à arbitragem ICSID a todos os investimentos realizados e sempre que exista algum litígio relacionado com esses investimentos, o que parece poder permitir a utilização da arbitragem ICSID, mesmo quando o litígio decorra de um investimento contratualizado e esteja em causa um incumprimento desse mesmo contrato.

O recurso à arbitragem ICSID está, no entanto, normalmente reservado para os casos em que o investimento contratual tenha sido de tal forma «perturbado» na sua execução, seja por responsabilidade directa da contraparte contratual, seja por responsabilidade de outra entidade, *maxime* do próprio Estado (quando não é parte no contrato ou, sendo-o, actuando fora da sua natureza de parte contratual), que tenha provocado uma violação dos direitos (para o investidor) e das obrigações (para o Estado) garantidos pelo BIT.

A este propósito, veja-se, por exemplo, a afirmação do comité ad hoc que anulou a sentença do caso *Vivendi v. Argentina*, quando considera que, *a state may breach a treaty without breaching a contract, and vice-versa,*

---

[17] Sobre os princípios gerais acolhidos, em geral, nos diversos BIT, RUDOLF DOLZER e CHRISTOPH SCHREUER, *Principles of International Investment Law*, 2008, e CAMPBELL MCLACHLAN, LAURENCE SHORE, MATTHEW WEINIGER, *International Investment Arbitration, Substantive Principles*, 2008.

pelo que, segundo o mesmo comité, *whether there has been a breach of the BIT and whether there has been a breach of contract are different questions*[18].

Neste caso (quando ocorra uma actuação danosa, que, ao mesmo tempo, viole o contrato e o BIT), é possível admitir-se que o investidor reaja junto dos tribunais previstos no contrato (admitindo que o contrato não preveja o recurso a arbitragem ICSID), por causa da violação contratual e reaja junto dos tribunais ICSID previstos no BIT (admitindo que o BIT preveja o recurso à arbitragem ICSID), na medida em que os mesmos factos possam ter provocado uma violação do próprio tratado bilateral.

Esta situação é tanto mais vulgar quanto pode ocorrer que a parte contratual seja uma subsidiária local do investidor estrangeiro, que não possa, por isso mesmo, recorrer à arbitragem ICSID (por não ser nacional de um outro Estado Contratante) e que, por isso, recorre aos tribunais nacionais (por violação do contrato), enquanto os accionistas dessa mesma subsidiária local (investidores estrangeiros) recorrem à arbitragem ICSID (por causa da violação do BIT).

Para além desta situação, em que se admite que os mesmos factos possam dar origem, ao mesmo tempo, mas perante jurisdições diversas, a *contract claims* e a *treaty claims*, consoante a natureza, os responsáveis e a gravidade dos mesmos, pode ocorrer que o referido BIT contenha uma «*umbrella clause*»[19].

Através da inserção deste tipo de cláusulas, os Estados Contratantes, partes no referido BIT, obrigam-se a respeitar todas as obrigações que tenham assumido relativamente a investimentos estrangeiros realizados no seu território, o que leva a que, de acordo com a interpretação que parece ser maioritária, se possa incluir, entre essas obrigações assumidas e garantidas por virtude do BIT, aquelas que tenham natureza contratual e não apenas as obrigações unilateralmente assumidas no próprio BIT, como sejam os chamados «*BIT Standards*» (cláusulas de *Equitable and Fair Treatment, National Treatment* ou *Most Favoured Nation*...)[20].

---

[18] Decisão de anulação, de 3 de Julho de 2002.

[19] Referindo-se à «*umbrella clause*», na doutrina nacional, LIMA PINHEIRO, «A arbitragem CIRDI e o regime dos contratos de Estado», *Revista Internacional de Arbitragem e Conciliação*, 2008, p. 93. Para este autor, *trata-se de uma cláusula do tratado que estabelece o dever de cumprimento de obrigações assumidas pelo Estado de acolhimento em actos de Direito estadual, designadamente no contrato de investimento.*

[20] AUGUST REINISCH (ed.), *Standards of Investment Protection*, 2008.

A denominação de «*umbrella clause*» decorre do facto de, através desta cláusula, os Estados parte no BIT colocarem sob a alçada da protecção conferida pelo BIT, desde logo no que respeita à arbitragem ICSID, a violação de obrigações contratuais, que, não fora esta protecção acrescida, teriam apenas, em regra, uma natureza obrigacional, vinculando apenas as partes contratuais, sendo os litígios daí resultantes dirimidos de acordo com as regras contratuais previstas para o efeito[21].

Como exemplo de uma «*umbrella clause*», veja-se, o actual *British Model Treaty*, cuja «umbrella clause» tem o seguinte conteúdo: *each contracting party shall observe any obligation it may have entered into with regard to investments of nationals or companies of the other contracting party.*

Aqui chegados, importa notar que, por este facto, é possível suscitar-se a dúvida sobre se, por força de uma «*umbrella clause*», um litígio de natureza contratual (que poderia *de per se* não implicar uma violação dos direitos garantidos pelo BIT) não poderá passar a estar sujeito, ao mesmo tempo, e quanto aos mesmos factos, seja à jurisdição dos tribunais nacionais (por virtude da cláusula contratual), seja à jurisdição dos tribunais ICSID (por consubstanciar uma violação de uma obrigação assumida pelo Estado e, por efeito da «*umbrella clause*», essa violação implicar *ipso facto* uma violação do BIT).

Ora, num domínio em que se procura, desde logo por questões de eficácia, a exclusividade de jurisdições[22], a possibilidade de um litígio de base contratual poder estar sujeito a uma jurisdição nacional e ao mesmo tempo

---

[21] Duvidando da utilidade e da necessidade de uma «*umbrella clause*», no caso de contratos celebrados directamente pelo Estado parte no BIT e em que o BIT remete para a arbitragem ICSID todos os litígios relacionados com todos os investimentos realizados por nacionais do outro Estado parte no BIT, por considerar que o *wording* do BIT é, nesses casos, só por si, bastante para permitir submeter à arbitragem ICSID *contract claims* imputáveis ao Estado, SOPHIE LEMAIRE, «Treaty Claims et Contract Claims: La compétence du Cirdi à l'épreuve de la dualité de l'Etat», *Revue de L'Arbitrage*, n.º 2, 2006, p. 390. Em sentido diverso, ANTHONY SINCLAIR, «Bridging the Contract/Treaty Divide», AA.VV., *International Investment Law for the 21st Century, Essays in Honour of Christoph Schreuer*, 2009, p. 102. O autor faz mesmo a seguinte pergunta: *if pursuant to a broad dispute settlement provision a treaty tribunal may be seized of contractual claims, what then is the utility of an umbrella clause?* A esta questão, responde, considerando que, *between contractual liability under a national law and international responsibility for breach of treaty, a multitude of legal and practical diferences exist, spanning interpretation, breach, defences, and remedies.*

[22] Neste sentido, veja-se o art. 26.º da Convenção de Washington.

a uma jurisdição internacional é motivo das maiores dúvidas e perplexidades, seja por parte da doutrina, seja por parte da jurisprudência arbitral.

IV. As consequências da inclusão de uma «Umbrella Clause» num *Bilateral Investment Treaty*

As origens da «umbrella clause» remontam aos anos 20[23], encontrando-se, desde logo, no primeiro BIT, celebrado entre a Alemanha e o Paquistão em 1959, e, no mesmo ano, na «Draft Convention on Investments Abroad», que nunca chegou a ver a luz do dia, onde se previa que, *each party shall at all times ensure the observance of any undertakings which it may have given in relation to investments made by nationals of any other party.*

O objectivo da inclusão de uma «umbrella clause» num BIT é o de assumir, perante o Direito Internacional, o respeito pelo Estado relativamente às obrigações a que livremente se vinculou[24]. Assim, como alguns autores referem, *the clause thus enshrines the principle of «pacta sunt servanda», a cornerstone of the legal security of economic transactions and the basis for contract law in national and international law*[25].

---

[23] ANDREW NEWCOMBE e LLUÍS PARADELL, *Law and Practice of Investment Treaties – Standards of Treatment*, 2009, p. 440 e ss. Neste sentido, veja-se, também, ANTHONY C. SINCLAIR, «The origins of the Umbrella Clause in the International Law of Investment Protection», *Arbitration International*, vol. 20, n.º 4, 2004, p. 411 e ss., e, do mesmo autor, «Contractual Claims, Courts, and Bilateral Investment Treaties», *Investment Treaty Law – Current Issues*, vol. 1, 2006, p. 200 e ss.

[24] THOMAS W. WALDE, «Contract Claims under the Energy Charter Treaty's Umbrella Clause: Original Intentions versus Emerging Jurisprudence», *Investment Arbitration and the Energy Charter Treaty*, ed. CLARISSE RIBEIRO, 2006, p. 215, analisa as origens das «*umbrella clauses*» e acaba por concluir que, *it seems that it was Sir Eli Lauterpacht, in a legal memorandum after the Anglo-Iran litigation who came up with the idea of anchoring protection of an oil concession contract in an intergovernmental agreement.* Esta ideia de não permitir que os Estados invocassem os seus poderes soberanos para porem termo a obrigações contratuais a que se haviam vinculado foi-se desenvolvendo, aparecendo também no *draft* da «*Abs Convention*», que acabaria por se fundir com o *draft* da «*Shawcross Convention*» – os nomes são os dos seus impulsionadores – e que haveria de dar lugar à «*Abs-Shawcross« Model Convention*, que influenciaria os primeiros BIT, desde logo o primeiro de todos, celebrado entre a Alemanha e o Paquistão e que continha, como se viu, uma «*umbrella clause*».

[25] ANDREW NEWCOMBE e LLUÍS PARADELL, *Law and Practice of Investment Treaties – Standards of Treatment*, 2009, p. 438.

Assumindo uma posição ampla do significado da «*umbrella clause*», F. A. Mann, afirma que, *this is a provision of particular importance in that it protects the investor against any interference with its contractual rights, whether it results from a mere breach of contract (...) the variation of the terms of a contract or license by legislative measures, the termination of the contract or the failures to perform any of its terms, for instance, by non-payment, the dissolution of the local company with which the investor may have contracted and the transfer of its assets (with or without the liabilities) – these and similar acts the treaties render wrongful*[26].

Diferentemente, considerando interpretar uma espécie de «*communis opinio*», o que parece ser muito discutível, sobretudo na doutrina, Thomas Walde considera que, *there is now a consensus that «purely commercial disputes» cannot seek recourse from investment treaties. This approach is faithful to the original intention of the drafters* (dos BIT) *(...). The original intention was to constrain the abuse of the dual role of states as regulators and contracting parties, not to lift normal commercial procurement disputes into the protection offered by investment treaties*[27].

---

[26] F. A. MANN, «British Treaties for the Promotion and Protection of Investments», *British Yearbook of International Law*, n.º 52, 1981, p. 246. No mesmo sentido, PROSPER WEIL, «Problèmes relatifs aux contrats passés entre un État et un particulier», *III Hague Recueil*, 1969, p. 128. Concordando com os *supra* referidos autores, considerando que, *of course, if there is an umbrella clause in the BIT, then any breach of contract might constitute a breach of the treaty*, BERNARDO M. CREMADES e DAVID J. A. CAIRNS, «Contract and Treaty Claims and Choice of Forum in Foreign Investment Disputes, Arbitrating Foreign Investment Disputes», ed. NORBERT HORN, *Studies in Transnational Economic Law*, vol. 19, 2004, p. 332 (nota 14). Veja-se, também, CHRISTOPH SCHREUER, «Travelling the BIT route – of waiting periods, umbrella clauses and forks in the road», *Journal of World Investment and Trade*, n.º 5, 2004, p. 250. Segundo o autor, *in this way, a violation of such a contract becomes a violation of the BIT*. Do mesmo autor, «The coexistence of local and international remedies», *Investment Treaty Law – Current Issues*, vol. 1, 2006, p. 161, onde o mesmo começa por se referir à, *famous or infamous umbrella clause*. Seguidamente refere que, *the effect of such a clause is to make compliance with investment contracts by the host state a treaty obligation. At least that's what I think it means, although I've seen tribunals hold different opinions*. No mesmo sentido, considerando que o objectivo da «*umbrella clause*» é de, *faire juger ce contentieux contractuel par le tribunal compétent en vertu du TBI dont les investisseurs revendiquent la protection*, ÉRIC TEYNIER, «Umbrella Clauses: le temps se couvre», *Les Cahiers de l'Arbitrage*, vol. IV, 2008, p. 429. Este autor vai ainda mais longe, ao considerar que, *il est exacte que la formulation souvent large des umbrella clauses est susceptible d'englober les engagements des États résultant non seulement de contrats mais également de mesures législatives ou administratives internes vis-a-vis des investissements étrangers*.

[27] THOMAS W. WALDE, «Contract Claims under the Energy Charter Treaty's Umbrella Clause: Original Intentions versus Emerging Jurisprudence», *Investment Arbitration*

Quanto à inclusão de *«umbrella clauses»* em *Bilateral Investment Treaties*, não obstante a mesma se encontre, como se viu, logo no BIT celebrado entre a Alemanha e o Paquistão, em 1959[28], o certo é que, até à década de 90, pouca relevância foi dada a este tipo de cláusulas e à perturbação que as mesmas poderiam vir a causar no relacionamento entre *treaty claims* e *contract claims*[29]. Com efeito, até essa altura, eram também poucos os casos de arbitragens ICSID iniciadas por violação directa dos direitos consagrados no BIT, sendo mais vulgares os casos em que o consentimento para a arbitragem ICSID era prestada no próprio contrato.

Aqui chegados, importa ainda notar que, como acontece com outro tipo de cláusulas, a intensidade e o âmbito de aplicação das *«umbrella clauses»* pode variar de BIT para BIT. Assim, como exemplo de uma cláusula que não pode verdadeiramente considerar-se como *«umbrella clause»*, por apenas oferecer uma obrigação de meios, pode indicar-se a cláusula prevista no BIT Itália-Jordânia (1996), onde se pode ler que, *each contracting party shall create and maintain in its territory a legal framework apt to guarantee the investors the continuity of legal treatment, including compliance, in good faith, of all undertakings assumed with regard to each specific investor.*

Em termos já mais intensos, veja-se, por exemplo, a cláusula prevista no BIT Austrália-Polónia (1991), quando refere que, *a contracting party shall, subject to its laws, do all in its power to ensure that a written undertaking given by a competent authority to a national of the other Contracting Party with regard to an investment is respected.*

Finalmente, em termos mais habituais, veja-se o teor de uma verdadeira e própria *«umbrella clause»*, como a que constava do BIT celebrado entre a Suíça e as Filipinas, à data do célebre caso *SGS v. Filipinas*, e que referia que *each contracting party shall observe any obligation it has*

---

and the Energy Charter Treaty, ed. CLARISSE RIBEIRO, 2006, p. 236. O autor faz um bom resumo do modo como normalmente o investidor que inicia a arbitragem «vê» a *«umbrella clause»* e o modo, bem diferente, como o Estado que é demandado na arbitragem «vê» a mesma *«umbrella clause»*.

[28] O teor do art. 7.º do referido BIT era o seguinte: *either party shall observe any other obligation it may have entered into with regard to investments by nationals or companies of the other party.*

[29] Considerando que, *the umbrella clause lay dormant for over 40 years*, THOMAS W. WALDE, «Contract Claims under the Energy Charter Treaty's Umbrella Clause: Original Intentions versus Emerging Jurisprudence», *Investment Arbitration and the Energy Charter Treaty*, ed. CLARISSE RIBEIRO, 2006, p. 212.

assumed with regard to specific investments in its territory by investors of the other contracting party.

Nos últimos anos a questão da relevância das *«umbrella clauses»*, no que respeita à possibilidade de os tribunais ICSID poderem apreciar, tendo em conta essas cláusulas, *contract claims*, por violação do BIT, tem-se tornado num dos temas mais importantes e recorrentes, seja na doutrina, seja na jurisprudência, sendo que, até ao momento, a impressão generalizada é a de que a última palavra sobre esta matéria ainda não terá sido pronunciada.

V. Os *Leading Cases* sobre a aplicação da *«Umbrella Clause»* na relação entre as *Treaty Claims* e as *Contract Claims*

Um dos primeiros casos em que a distinção entre *treaty claims* e *contract claims* se colocou foi no caso *Salini v. Marrocos*[30]. Estava em causa um litígio em torno de um contrato celebrado entre um investidor italiano e a Empresa Pública gestora das auto-estradas, que era totalmente controlada pelo Estado marroquino. Na arbitragem ICSID, não obstante houvesse uma cláusula contratual conferindo jurisdição aos tribunais marroquinos relativamente aos litígios contratuais, foi iniciada uma arbitragem ICSID, com base no BIT celebrado entre Marrocos e a Itália, tendo, nessa mesma arbitragem, sido invocadas violações ao cum-

---

[30] *Salini v. Marrocos*, decisão sobre jurisdição, de 23 de Julho de 2001. Para JUDITH GILL, MATTHEW GEARING e GEMMA BIRT, «Contractual Claims and Bilateral Investment Treaties – Comparative Review of the SGS Cases», *Journal of International Arbitration*, vol. 21, n.º 5, 2004, p. 401, o primeiro caso foi o *Lanco International v. Argentina*, de 1998, onde o tribunal aceitou que todo o litígio fosse dirimido através de uma arbitragem ICSID, não obstante houvesse uma cláusula contratual remetendo a resolução dos litígios para os tribunais administrativos da Argentina. Sobre esta questão, CHRISTOPHER F. DUGAN, DON WALLACE JR., NOAH D. RUBINS e BORZU SABAHI, *Investor-State Arbitration*, 2008, p. 395. Para THOMAS W. WALDE, «Contract Claims under the Energy Charter Treaty's Umbrella Clause: Original Intentions versus Emerging Jurisprudence», *Investment Arbitration and the Energy Charter Treaty*, ed. CLARISSE RIBEIRO, 2006, p. 219, o primeiro caso em que a *«umbrella clause»* foi aplicada terá sido o caso *Fedax v. Venezuela* (sentença de 9 de Março de 1998). No mesmo sentido, ANTHONY C. SINCLAIR, «The origins of the Umbrella Clause in the International Law of Investment Protection», *Arbitration International*, vol. 20, n.º 4, 2004, p. 411.

primento do contrato, para além de violações directas dos direitos conferidos pelo BIT em causa[31].

O tribunal traçou a distinção entre as *contract claims* e as *treaty claims* (tendo defendido que há violações de contratos, que, pela sua natureza, consubstanciam também violações do próprio BIT), acabando por considerar apenas ter jurisdição sobre as *treaty claims*, remetendo as «*pure contract claims*» para os tribunais marroquinos, conforme previsto no contrato, desde logo porque não tinham sido directamente celebradas com o Estado marroquino, o que impedia a utilização do BIT, através do qual os Estados apenas se haviam vinculado a respeitar as obrigações (mesmo que contratuais) que directamente tivessem celebrado[32].

Posteriormente, importa analisar o caso *Vivendi v. Argentina*[33]. Neste litígio estava em causa um contrato de concessão, celebrado em 1995 entre

---

[31] Não obstante este BIT não contivesse uma «*umbrella clause*», o art. 8.º do referido BIT permitia o recurso a arbitragem ICSID no que respeita a *all disputes or differences* (...) *between a Contracting Party and an investor of the other Contracting Party concerning an investment* (...). O tribunal considerou que, sendo a terminologia «muito geral» permitia o recurso à arbitragem ICSID, mesmo que o investimento tivesse base contratual, apenas excepcionando actuações lesivas do contrato que fossem da responsabilidade de outra entidade pública diversa da que havia subscrito o BIT (como era o caso). EMANNUEL GAILLARD, «Investment Treaty Arbitration and Jurisdiction over Contract Claims – The SGS Cases Considered», *International Investment Law and Arbitration, Leading Cases from ICSID, NAFTA, Bilateral Treaties and Customary International Law*, ed. Todd Weiler, 2005.

[32] IBRAHIM FADLALLAH, «La distinction "treaty claims – contract claims" et la compétence de l'arbitre Cirdi: faison-nous fausse route?», *Gazette du Palais*, n.º 6, ano 124, 2004, p. 3612 e ss.; GABRIELLE KAUFMANN-KOHLER, «The relationship between contractual claims and claims under the ECT and other investment protection treaties», *Investment Arbitration and the Energy Charter Treaty*, ed. CLARISSE RIBEIRO, 2006, p. 203, e CHRISTOPH SCHREUER, «Investment Treaty Arbitration and Jurisdiction over Contract Claims – The Vivendi I case considered», *International Investment Law and Arbitration, Leading Cases from ICSID, NAFTA, Bilateral Treaties and Customary International Law*, ed. TODD WEILER, 2005.

[33] *Vivendi v. Argentina*, sentença de 21 de Novembro de 2000. Para CHRISTOPH SCHREUER, «Investment Treaty Arbitration and Jurisdiction over Contract Claims – The Vivendi I case Considered», *International Investment Law and Arbitration, Leading Cases from ICSID, NAFTA, Bilateral Treaties and Customary International Law*, ed. TODD WEILER, 2005, o presente caso *is the most important case on the relationship between claims based on a treaty and claims based on a contract*. Sobre este caso, BERNARDO M. CREMADES, «Litigating annulment proceedings – the Vivendi matter: contract and treaty claims», *Annulment of ICSID Awards, iai – series on international arbitration*, n.º 1, ed. EMMANUEL GAILLARD, 2004, p. 87 e ss., e, na mesma obra colectiva, STANIMIR A. ALEXANDROV,

um investidor estrangeiro (empresa francesa que controlava uma subsidiária local) e a província argentina de Tucumán, prevendo-se no contrato que os litígios daí advenientes seriam resolvidos por recurso aos tribunais da província de Tucumán[34].

No seguimento de um conjunto de vicissitudes, foi iniciada uma arbitragem ICSID contra a Argentina por alegada violação do BIT celebrado entre a Argentina e a França, tendo o Tribunal considerado ter jurisdição para apreciar as «*treaty claims*»[35], não obstante a jurisdição nacional quanto aos litígios relacionados com o contrato («*contract claims*»).

Para o tribunal, *in this case the claims filed by CGE – Compagnie Générale des Eaux (posteriormente Vivendi) against the Respondant are based on violation by the Argentine Republic of the BIT through acts or omissions of that government and acts of the Tucumán authorities that Claimants assert should be attributed to the central government.*

O Tribunal considerou depois, no entanto, quando estava a analisar o mérito e já não a jurisdição, que era impossível separar as actuações «soberanas» da província de Tucumán que implicariam violação do BIT daquelas que eram simples actuações contratuais, no âmbito da execução (e eventual incumprimento) do contrato e que apenas implicavam violação do contrato, não sindicável perante os tribunais arbitrais mas apenas perante os tribunais nacionais.

Segundo o Tribunal, *the actions of the province of Tucumán on which the Claimants rely for their position attributing liability to the Argentine Republic are closely linked to the performance or non-performance of the parties under the Concession Contract. The Tribunal concludes, accordingly, that all of the issues relevant to the legal basis for these claims*

The Vivendi Annulment Decision and the Lessons for future ICSID Arbitrations – the applicants' perspective, p. 97 e ss., e Carlos Ignacio Suarez Anzorena, *Vivendi v. Argentina: In the admissibility of requests for partial annulment and the ground of a manifest excess of powers*, p. 123.

[34] Segundo o art. 16.4 do contrato de concessão, *for purposes of interpretation and application of this Contract the parties submit themselves to the exclusive jurisdiction of the contentious administrative tribunals of Tucumán*. Esta norma levou a que o Governo da Argentina considerasse que o investidor tinha prescindido do seu direito a recorrer aos tribunais ICSID.

[35] Isto, sem prejuízo de a maioria das actuações violadoras do BIT – redução de tarifas e abusos regulatórios – serem directamente imputáveis à província de Tucumán e ao seu governo e não ao governo da Argentina, tendo o tribunal considerado que as acções das «*subdivisions*» eram, de um ponto de vista internacional, imputáveis aos governos dos Estados.

against the Republic of Argentina arose from disputes between Claimants and Tucumán concerning their performance and non-performance under the Concession Contract.

Ainda segundo o Tribunal, *it is not possible for this Tribunal to determine which actions of the Province were taken in exercise of its sovereign authority and which in the exercise of its rights as a party to the Concession Contract.*

Assim, para o Tribunal, *because of the crucial connection in this case between the terms of the Concession Contract and these alleged violations of the BIT, the Argentine Republic cannot be held liable unless and until Claimants have, as article 16.4 of the concession contract requires, asserted their rights in proceedings before the contentious administrative courts of Tucumán and have denied their rights, either procedurally or substantively*[36].

O tribunal acabou assim por indeferir a pretensão do demandante (relativamente às actuações da província de Tucumán, que poderiam violar o BIT por responsabilizarem o Estado da Argentina, tendo expressamente considerado não provados os actos directamente imputáveis ao Governo da Argentina e que também poderiam ter violado o BIT), remetendo o investidor para os tribunais nacionais de Tucumán, pelo menos até que se verificasse que estes não era capazes de exercer o poder judicial de modo justo e imparcial[37].

Esta decisão viria a ser objecto de anulação por parte de um comité *ad hoc*[38], nos termos previstos na Convenção de Washington[39], na medida

---

[36] BERNARDO M. CREMADES e DAVID J. A. CAIRNS, «Contract and Treaty Claims and Choice of Forum in Foreign Investment Disputes», *Arbitrating Foreign Investment Disputes*, ed. NORBERT HORN, *Studies in Transnational Economic Law*, vol. 19, 2004, p. 336, consideram que, *The Vivendi arbitration is an excellent illustration of the possible complexities of the relationship between treaty claims and contract claims.*

[37] IBRAHIM FADLALLAH, «La distinction "treaty claims – contract claims" et la compétence de l'arbitre Cirdi: faison-nous fausse route?», *Gazette du Palais*, n.° 6, ano 124, 2004, p. 3612 e ss.

[38] 25 de Setembro de 2007.

[39] Sobre esta decisão, BERNARDO M. CREMADES, «Litigating Annulment Proceedings – the Vivendi Matter: Contract and Treaty Claims», p. 87 e ss., STANIMIR A. ALEXANDROV, «The Vivendi Annulment Decision and the Lessons for future ICSID Arbitrations – The Applicant's perspective», p. 97 e ss., e CARLOS IGNACIO SUAREZ ANZORENA, «Vivendi v. Argentina: on the admissibility of requests for partial annulment and the ground of a manifest excess of powers», p. 123 e ss., todos em AA.VV., *Annulment of ICSID Awards, International Arbitration Institute, series on international arbitration*, n.° 1, 2004.

em que foi considerado que o Tribunal se recusou injustificadamente a exercer os seus poderes, na medida em que poderia e deveria ter apreciado as «*treaty claims*», independentemente da existência simultânea de «*contract claims*», mesmo que para isso tivesse que analisar o contrato de concessão. Segundo o comité *ad hoc*, a competência do tribunal arbitral pode estender-se à analise da execução e violação dos contratos, na medida em que tal seja necessário para se indagar da existência de uma efectiva violação do BIT e dos direitos aí garantidos aos investidores[40].

Para o comité *ad hoc*, *a state may breach a treaty without breaching a contract, and vice-versa*, pelo que, segundo o mesmo comité, *whether there has been a breach of the BIT and whether there has been a breach of contract are different questions.*

Assim, para o comité *ad hoc*, *the tribunal, in dismissing the Tucumán claims* (queixas contra actuação extracontratual da província de Tucumán) *as it did, actually failed to decide whether or not the conduct in question amounted to a breach of the BIT. (...) It was open to Claimants to claim, and they did claim, that these acts taken together, or some of them, amounted to a breach of articles 3 and/or 5 of the BIT. In the Committee's view, the Tribunal, faced with such a claim and having validly held that it had jurisdiction, was obliged to consider and to decide it.*

Outro dos *leading cases* em matéria de articulação entre *treaty claims* e *contract claims*, no contexto de um BIT contendo uma «*umbrella clause*» é o relativo à decisão *CMS v. Argentina*[41]. Neste litígio, estava em causa uma participação minoritária de um investidor estrangeiro numa empresa

---

[40] CLAIRE CRÉPET, «Treaty Claims/Contract Claims», *Gazette du Palais*, n.º 6, ano 124, 2004, p. 3630 e ss. Para esta autora, p. 3631, esta separação só é necessária nos casos em que haja uma jurisdição escolhida para os litígios contratuais e outra para os litígios internacionais, já que, em geral, a Convenção de Washington e a terminologia geralmente usada nos BIT, permitindo o recurso à arbitragem ICSID para *todos os diferendos* envolvendo investimentos realizados entre nacionais de um Estado parte no BIT no território do outro Estado parte no mesmo BIT, não inviabilizam que os Tribunais ICSID apreciem também litígios contratuais. Sobre a decisão de anulação, CHRISTOPHER F. DUGAN, DON WALLACE JR., NOAH D. RUBINS e BORZU SABAHI, *Investor-State Arbitration*, 2008, p. 381 e ss. Para estes autores, a distinção entre *treaty claims* e *contract claims*, tal como foi apresentada pelo comité *ad hoc* que anulou a sentença Vivendi, *although theoretically sound, may in some circumstances prove illusory.*

[41] *CMS v Argentina*, decisão sobre jurisdição, de 17 de Julho de 2003. KATIA FACH GÓMEZ, «La protección del médio ambiente y el comercio internacional: hay que "pensar en verde" el arbitraje de inversiones?», *Derecho de la Regulación Económica*, VIII, Comercio Exterior, 2009, p. 250.

argentina (TGN), beneficiária de uma licença de transporte de gás, que foi seriamente afectada pela crise argentina de 1999 e pelas medidas anticrise tomadas pelo governo da altura.

Tendo sido iniciada a arbitragem ICSID com base em violação do BIT entre a Argentina e os EUA, e tendo sido invocada a violação da *«umbrella clause»*[42], o tribunal começou por referir que, *purely commercial aspects of a contract might not be protected by the treaty in some situations, but the protection is likely to be available when there is significant interference by governements or public agencies with the rights of the investor.*

Neste contexto, considerou então que, não obstante a existência de uma *«umbrella clause»*, nem todas as violações de um contrato implicavam imediatamente violações do BIT, sendo necessário diferenciar aquelas em que o contraente público do contrato *is acting as a sovereign and a merchant respectively*[43].

Ora, em consequência, o Tribunal considerou que as actuações em causa *are all related to government decisions that (...) resulted in the interferences and breaches noted,* pelo que considerou que a *«umbrella clause»* não tinha sido respeitada, *to the extent that legal and contractual obligations pertinent to the investment had been breached and had resulted in the violation of the standards of protection under de treaty.*

Esta decisão foi igualmente objecto de anulação parcial, através de sentença do comité *ad hoc*[44], na medida em que o comité *ad hoc* considerou que o tribunal havia efectuado uma interpretação abusiva dos efeitos da *«umbrella clause»*, considerando que esta cláusula não tinha a virtualidade de impedir que o Estado alterasse as suas leis e regulamentos.

---

[42] A primeira decisão arbitral em que se analisou a questão da *«umbrella clause»* terá sido a relativa ao caso *Fedax v. Venezuela* (sentença de 9 de Março de 1998). Para um resumo da mais relevante bibliografia sobre *«umbrella clauses»*, JEAN-CHRISTOPHE HONLET e GUILLAUME BORG, «The decision of the ICSID Ad Hoc Committee in CMS v. Argentina regarding the Conditions of Application of an umbrella clause: SGS v. Philippines revisited», *The Law and Practice of International Courts and Tribunals – A Practioners' Journal*, vol. 7 (2008), p. 4.

[43] JEAN-CHRISTOPHE HONLET e GUILLAUME BORG, «The decision of the ICSID Ad Hoc Committee in CMS v. Argentina regarding the Conditions of Application of an umbrella clause: SGS v. Philippines revisited», *The Law and Practice of International Courts and Tribunals – A Practioners' Journal*, vol. 7 (2008), p. 7.

[44] Decisão de 25 de Setembro de 2007.

Assim, o comité *ad hoc* começou por considerar que, *it is a confusion to equate a State law or regulation with an obligation entered by the State, or regard an umbrella clause as implicitly freezing the laws of the State as at the date of admission of an investment. (...) In the absence of express stabilization, investors take the risk that the obligations of the host State under its own law may change, and the umbrella clause makes no difference to this basic proposition.*

Para o comité *ad hoc*, *the effect of the umbrella clause is not to transform the obligation which is relied on into something else; the content of the obligation is unaffected, as is its proper law. If this is so, it would appear that the parties to the obligation (i.e. the persons bound by it and entitled to rely on it) are likewise not changed by reason of the umbrella clause*[45].

Não obstante as decisões supracitadas, é apenas em 2003, com a decisão caso *SGS v. Paquistão*[46] que a «*umbrella clause*» sai definitivamente do estado adormecido em que se encontrava desde a sua primeira consagração, em 1959, no primeiro BIT mundialmente celebrado.

Neste litígio estava em causa um contrato celebrado por um investidor suíço com o governo do Paquistão sobre «pre-shipment embarquement» e pagamento de taxas alfandegárias. O referido contrato continha uma cláusula de arbitragem interna, de acordo com a legislação do Paquistão, existindo ainda um BIT celebrado entre a Suíça e o Paquistão, que envolvia a possibilidade de recurso a arbitragem ICSID no caso de violações do referido BIT por qualquer um dos Estados face a investimentos efectuados por nacionais do outro Estado.

No seguimento de diversos conflitos sobre a execução do referido contrato, o Paquistão decidiu resolvê-lo, iniciando uma arbitragem interna, enquanto o investidor estrangeiro (*SGS – Société Générale de Surveillance*) iniciou uma arbitragem ICSID, por alegada violação directa do BIT (*treaty claims*) e por violação indirecta do mesmo, *ex vi* «*umbrella clause*», relativamente aos incumprimentos contratuais ocorridos («*contract claims*»).

---

[45] Sobre este caso *CMS v. Argentina*, JEAN-CHRISTOPHE HONLET e GUILLAUME BORG, «The decision of the ICSID Ad Hoc Committee in CMS v. Argentina regarding the Conditions of Application of an umbrella clause: SGS v. Philippines revisited», *The Law and Practice of International Courts and Tribunals – A Practioners' Journal*, vol. 7 (2008), p. 1 e ss.

[46] *SGS v. Paquistão*, decisão sobre jurisdição, de 6 de Agosto de 2003.

O tribunal arbitral (ICSID) considerou que tinha jurisdição relativamente às «*treaty claims*» (alegada violação por parte do Paquistão da obrigação de promover e proteger os investimentos estrangeiros, bem como violação do *Fair and Equitable Treatment*, bem como tomada de medidas com efeito equivalente à expropriação, sem o pagamento da compensação devida) mas já não relativamente às «*contract claims*», tendo desconsiderado, por um lado, o facto de a cláusula de recurso à arbitragem ICSID (art. 9.º) ser muito ampla[47] e, por outro lado, o facto de o BIT conter (art. 11.º) uma «*umbrella clause*»[48], que, segundo o demandante, teria a virtualidade de transformar as violações do contrato em violações do próprio BIT, razão pela qual deveria o tribunal arbitral pronunciar-se também sobre as mesmas.

Segundo o tribunal, a «*umbrella clause*» não poderia ter esse efeito de «*open the floodgates*» e de promover uma transubstanciação da natureza dos litígios, tendo aduzido um conjunto de argumentos nesse sentido restritivo[49-50].

---

[47] Nos termos desta cláusula, previa-se a possibilidade de recurso a arbitragem ICSID, *with respect to investments between a Contracting Party and an Investor of the other Contracting Party*.

[48] O art. 11.º do BIT celebrado entre a Suíça e o Paquistão tinha o seguinte texto: *Either Contracting Party shall constantly guarantee the observance of the commitments it has entered into with respect to the investments of the investors of the other contracting party*.

[49] Os argumentos apresentados pelo tribunal, demonstrando as enormes consequências derivadas da aceitação da pretensão da demandante (*SGS*) de transformar «*contract claims*» em «*treaty claims*», por virtude da «*umbrella clause*» eram os seguintes: (i) não era de presumir que as partes quisessem, através da inclusão daquela cláusula, obter um resultado de tamanha importância e que, desde logo, contraria a ideia geralmente aceite de que uma violação de um contrato não é uma violação do Direito internacional; (ii) com essa interpretação, qualquer violação de um contrato, independentemente da sua gravidade, seria uma violação do BIT; (iii) tal solução tornaria supérfluos os princípios materiais previstos nas demais cláusulas dos BIT (*fair and equitable treatment*...), na medida em que qualquer violação do contrato seria sempre violação do BIT, sem ter de se provar se tal violação teria implicado, pela sua gravidade, uma violação de algum desses direitos previstos e garantidos no BIT; (iv) com esta interpretação, o investidor tornaria inútil qualquer cláusula contratual de resolução de litígios, que apenas seria vinculativa para o contraente público; (v) a própria colocação sistemática da «*umbrella clause*», naquele caso no final do BIT, indiciaria que não tinha sido considerada uma das cláusulas mais importantes. ANDREW NEWCOMBE e LLUÍS PARADELL, *Law and Practice of Investment Treaties – Standards of Treatment*, 2009, p. 467.

[50] Esta posição do tribunal motivou, mesmo, uma carta muito crítica do embaixador suíço, dirigida ao Secretário-Geral do ICSID, protestando pelo modo como o tribunal tinha

O tribunal referiu, ainda assim, que, *as a matter of general principle, the same set of facts can give rise to different claims grounded on differing legal orders: the municipal and the international legal orders. (...) BIT claims and contract claims appear reasonably distinct in principle. Complexities, however, arise on the ground, as it were, particularly where, as in the present case, each party claims that one tribunal (this Tribunal or the PSI Agreement arbitrator) has jurisdiction over both types of claims which are alleged to co-exist.*

Segundo o Tribunal, *we do not see anything in article 9 or in any other provision of the BIT that can be read as vesting this tribunal with jurisdiction over contract claims resting ex hypothesi exclusively on contract. (...) We are not suggesting that the parties cannot, by special agreement, lodge in this tribunal jurisdiction to pass upon and decide claims sounding solely in the contract. Obviously the parties can. But we do not believe that they have done so in this case.*

Para além do art. 9.º do BIT, que referia a possibilidade de recurso à arbitragem ICSID relativamente a *disputes with respect to investments*, havia ainda o art. 11.º do BIT, que continha a «*umbrella clause*», ao afirmar que *either contracting party shall constantly guarantee the observance of the commitments it has entered into with respect to the investments of the investors of the other contracting party.*

Não obstante tal facto, o Tribunal considerou que não havia provas suficientes no sentido de que, com essa cláusula, as partes estivessem a querer transformar todas e quaisquer obrigações contratuais em obrigações protegidas pelo BIT. Assim, para o Tribunal, *applying the familiar norms of customary international law on treaty interpretation, we do not find a*

---

interpretado o BIT. Na referida carta, pode ler-se que, *the swiss authorities are alarmed about the very narrow interpretation given to the meaning of article 11 by the Tribunal, which not only runs counter the intention of Switzerland when concluding the Treaty but is quite evidently neither supported by the meaning of similar articles in BIT's concluded by other countries nor by academic comments on such provisions.* CHRISTOPHER F. DUGAN, DON WALLACE JR., NOAH D. RUBINS e BORZU SABAHI, *Investor-State Arbitration*, 2008, p. 559, referem, a este propósito, o seguinte: *tribunals that adhere to the restrictive approach object that interpreting umbrella clauses broadly will «blur» the distinction between the national and international legal orders by elevating «mere» contractual disputes to the plane of international law. That is surely true, but so do investment treaties as a whole.* Estes autores concluem, assim, que uma visão restritiva da «*umbrella clause*» acabará por eliminar qualquer vantagem desta cláusula, acabando a mesma por ser consumida pelo princípio do *fair and equitable treatment* vulgarmente incluído nos BIT.

convincing basis for accepting the Claimant's intention that article 11 of the BIT has had the effect of entitling a contracting party's investor, like SGS, in the face of a valid forum selection clause, to «elevate» its claim grounded solely in a contract with another Contracting Party, like the PSI Agreement, to claims grounded on the BIT, and accordingly to bring such contract claims to this Tribunal for resolution and decision.

Na verdade, para o Tribunal, os efeitos que o investidor queria assacar à *«umbrella clause»* eram *so far-reaching in scope, and so automatic and unqualified and sweeping in their operation, so burdensome in their potential impact upon a Contracting party, we believe that clear and convincing evidence must be adduced by claimant. (...) We do not find such evidence in the text itself of article 11*[51-52].

Em sentido crítico, tal como a maioria da doutrina, considerando que a *«umbrella clause»* serve precisamente para conferir uma protecção acrescida aos investidores, pronunciou-se Christoph Schreuer, afirmando que, *clauses of this kind have been added to some BIT's to provide additional protection to investors beyond the traditional international standards (...) they add the compliance with investment contracts, or other undertakings*

---

[51] Segundo o Tribunal, *the tribunal is not saying that States may not agree with each other in BIT that henceforth, all breaches of each State's contracts with investors of the other State are forthwith converted into and to be treated as breaches of the BIT. What the Tribunal is stressing is that in this case, there is no clear and persuasive evidence that such was in fact the intention of both Switzerland and Pakistan in adopting article 11 of the BIT.*

[52] Adoptando o mesmo tipo de abordagem e assim negando a capacidade de uma *«umbrella clause»* poder levar à conversão de *contract claims* em *treaty claims*, veja-se o caso *Salini v. Jordânia*, decisão sobre jurisdição de 29 de Novembro de 2004. Aí o Tribunal considerou que, *of course, each state Party to the BIT between Italy and Jordan remains bound by its contractual obligations. However, this undertaking was not reiterated in the BIT. Therefore, these obligations remain purely contractual in nature and any disputes regarding the said obligations must be resolved in accordance with the dispute settlement procedures foreseen in the contract.* Recorde-se que, neste caso, o BIT não continha uma verdadeira e própria *«umbrella clause»*, já que as partes não se haviam obrigado a respeitar todas as obrigações assumidas mas apenas *committed to create and maintain in the territory a legal Framework favourable to investments.* Essa diferença no *wording* do BIT levou o Tribunal a afirmar expressamente que o *article 2(4) of the BIT between Italy and Jordan is couched in terms that are appreciably different from the provisions applied in the arbitral decisions and awards cited by the Parties (SGS v. Pakistan and SGS v. Philippines).* EMANNUEL GAILLARD, «Investment Treaty Arbitration and Jurisdiction over Contract Claims – The SGS Cases Considered», *International Investment Law and Arbitration, Leading Cases from ICSID, NAFTA, Bilateral Treaties and Customary International Law*, ed. Todd Weiler, 2005.

of the host state, to the BIT's substantive standards. In this way, a violation of such a contract becomes a violation of the BIT[53].

Poucos meses depois desta importante sentença, surgiu o caso *SGS v. Filipinas*[54], que haveria de abalar o mundo da arbitragem internacional, pelo modo como se afirmou clara e expressamente como um contraponto à sentença do caso *SGS v. Paquistão*, abrindo brechas profundas quanto ao real sentido das «*umbrella clauses*» que ainda hoje se encontram, em grande parte, por fechar.

No presente caso, cujos factos eram muito semelhantes aos do caso *SGS v. Paquistão*, o Tribunal arbitral considerou que, em virtude da ampla cláusula de recurso à arbitragem (prevista no art. VIII do BIT)[55], bem como da «*umbrella clause*» existente[56], tinha jurisdição, seja sobre as *treaty*

---

[53] CHRISTOPH SCHREUER, «Travelling the BIT route – of wating periods, umbrella clauses and forks in the road», *Journal of World Trade & Investment*, vol. 5, n.º 2, 2004, p. 250. Esta matéria encontra-se mais clarificada no *Energy Charter Treaty* (art. 10/1), sendo que no documento explicativo do referido tratado (*The Energy Charter Treaty. A reader's guide*, 2002, p. 26) pode ler-se que, *article 10 (1) has the important effect that a breach of an individual investment contract by the host state country becomes a violation of the ECT. As a result, the foreign investor and its home country may invoke the dispute settlement mechanism of the treaty.* ÉRIC TEYNIER, «Les "Umbrella Clauses"», *Gazette du Palais*, n.º 6, ano 124, 2004, p. 3639.

[54] *SGS v. Filipinas*, decisão sobre Jurisdição de 29 de Janeiro de 2004.

[55] O art. VIII permitia o recurso a arbitragem ICSID relativamente a, *disputes with respect to investments between a Contracting Party and an Investor of the other contracting party*. Concordando com a posição do Tribunal, neste particular, CHRISTOPH SCHREUER, «Investment Treaty Arbitration and Jurisdiction over Contract Claims – The Vivendi I Case Considered», *International Investment Law and Arbitration, Leading Cases from ICSID, NAFTA, Bilateral Treaties and Customary International Law*, ed. TODD WEILER, 2005. Para este autor, *the view that a jurisdictional clause referring all investments disputes to international arbitration vests the tribunal also with competence over pure contract claims is clearly the better one. (...) The distinction between contract claims and BIT claims does not mean that these claims must be presented in different forums. In fact, an arrangement that leads to the adjudication of all claims arising from an investment dispute in one forum is clearly the preferable solution.*

[56] O artigo X(2) do BIT celebrado entre a Suíça e as Filipinas tinha a seguinte redacção: *Each contracting party shall observe any obligation it has assumed with regard to specific investments in its territory by investors of the other contracting party.* Diferentemente do que acontecera com o Tribunal do caso *SGS v. Paquistão*, o Tribunal deste litígio considerou que, *article X(2) makes it a breach of the BIT for the host State to fail to observe binding commitments, including contractual commitments, which it has assumed with regard to specific investments.*

claims, seja sobre as *contract claims*, na medida em que estas, por virtude da «*umbrella clause*» passavam a ser violações do próprio BIT.

Surpreendentemente, viria o Tribunal a considerar, depois de passar a fase da verificação da jurisdição, que os pedidos formulados não eram (ainda) admissíveis, já que, para se saber se tinha ou não ocorrido uma violação do tratado bilateral (BIT), era necessário saber primeiro qual o montante da dívida (resultante do incumprimento contratual) do Estado das Filipinas face à SGS, pelos serviços por esta contratualmente prestados.

Com efeito, para o Tribunal, só se se concluísse que havia um valor em dívida e no caso de as Filipinas se recusarem a pagar esse valor é que haveria violação do BIT, pelo que primeiro seria necessário esperar que os tribunais locais, escolhidos pelas partes para dirimirem as questões relacionadas com o contrato, procedessem a essa verificação do incumprimento contratual das Filipinas e do *quantum* devido à SGS.

Assim, segundo o Tribunal, *the Philippines courts are available to hear SGS's contract claim. Until the question of scope or extent of the Respondent's obligation to pay is clarified (...) a decision by this Tribunal on SGS's claim to payment would be premature*[57].

O tribunal arbitral sustentou ainda a sua posição no facto de entender que os tribunais nacionais escolhidos no contrato eram *lex specialis* face aos tribunais arbitrais previstos no BIT (o Tribunal não analisou o facto de o BIT ser posterior ao contrato), devendo, assim, o Tribunal arbitral suspender o seu julgamento até que o tribunal «do contrato» decidisse a questão do incumprimento contratual e das respectivas consequências daí advenientes, que, não sendo cumpridas pelas Filipinas, motivariam, então, a intervenção do Tribunal arbitral[58].

---

[57] Para EMMANUEL GAILLARD, «Investment Treaty Arbitration and Jurisdiction over Contract Claims – The SGS cases Considered», *International Investment Law and Arbitration: Leading cases from ICSID, NAFTA, Bilateral Treaties and Customary International Law*, ed. TODD WEILER, 2005, *the tribunal's attempt «to give effect to the parties' contracts while respecting the general language of BIT dispute settlement provisions» results in practice in an impossible situation to the extent that it attempts to render compatible two contradictory intentions: the parties to the investment contract seek an exclusive forum, whereas the intention of the contracting parties to the BIT is to accord to the investors a choice of forum.* Para este autor, *it results in the BIT Tribunal having jurisdiction over an empty shell and depriving the BIT dispute resolution provision of any meaning. As such, the SGS v. Philippines decision is hardly satisfactory.*

[58] Esta solução mereceu um voto de vencido de um dos árbitros, que considerou que a vantagem dos BIT é, precisamente, a de oferecer mais possibilidades de escolha quanto

Assim, para o Tribunal, *the basic obligation on the State in this case is the obligation to pay what is due under the contract, which is an obligation assumed with regard to the specific investment (the performance of the services under the CISS Agreement). But this obligation does not mean that the determination of how much money the Philippines is obliged to pay becomes a treaty matter. The extent of the obligation is still governed by the contract and it can only be determined by reference to the terms of the contract.*

Da leitura do sentença, fica a sensação de que o tribunal arbitral efectuou uma leitura ampla da «*umbrella clause*», em contraponto com a que havia sido efectuada pelo Tribunal que havia julgado o caso *SGS v. Paquistão*, aceitando ter jurisdição sobre «*contract claims*», mas que depois, subitamente, decidiu puxar o «travão de emergência»[59], considerando que havia uma questão de (in)admissibilidade que inviabilizava que se pronunciasse sobre as referidas «*contract claims*», enquanto os tribunais nacionais (previstos no contrato) o não fizessem, não sendo, de resto, claro o que é que o Tribunal arbitral poderia fazer, relativamente a essas mesmas «*contract claims*», se, por exemplo, os tribunais nacionais as indeferissem, por não as considerarem provadas[60].

Note-se, aliás, que o Tribunal, ao considerar que, *should not exercise its jurisdiction over a contractual claim when the parties have already*

---

ao modo de dirimir os litígios, e que, por isso mesmo, o investidor poderia ter optado entre o recurso à cláusula de resolução de litígios do contrato ou do BIT (que, *in casu*, era, aliás, posterior à celebração do contrato). Sobre esta questão, SOPHIE LEMAIRE, «Treaty Claims et Contract Claims: la compétence du Cirdi à l'épreuve de la dualité de l'Etat», *Revue de L'Arbitrage*, n.º 2, 2006, p. 394 e ss.

[59] A expressão é de THOMAS W. WALDE, «Contract Claims under the Energy Charter Treaty's Umbrella Clause: Original Intentions versus Emerging Jurisprudence», *Investment Arbitration and the Energy Charter Treaty*, ed. CLARISSE RIBEIRO, 2006, p. 221. Segundo este autor, *the solution appears at first glance persuasive, but it is neither practical, as pointed out in the Crivellaro* (juiz que votou vencido) *dissent, nor in my view correct*. Para este autor, *the modern investor-state arbitration tool was designed to provide protection to the investor even where investors were unable to negotiate ad-hoc arbitration clauses for themselves*. O autor reconhece, porém, ao mesmo tempo, que, *if the contract disputes were «merely commercial», without any signficant implication of government powers, then there is no case for applying an investment protection treaty. An investment treaty is intended to regulate the abuse of government powers against foreign investors, but not to provide an alternative jurisdiction for commercial disputes*.

[60] O litígio acabou por terminar por acordo entre as partes, pelo que a solução «criada» pelo tribunal arbitral acabou por não ser verdadeiramente testada pela prática, deixando muitas dúvidas quanto à sua exequibilidade.

agreed on how such a claim is to be resolved, and have done so exclusively, acabou por tomar uma posição bastante semelhante à que, noutro contexto, tomou o Tribunal do caso *Vivendi v. Argentina* e que acabaria, como se viu, por ser anulada, precisamente por o Tribunal não ter sabido distinguir as «*treaty claims*» das «*contract claims*», tendo deixado de apreciar aquelas para as quais tinha jurisdição (e que, aqui, seriam, ao contrário do caso Vivendi, por força da «*umbrella clause*», ambas[61]).

Esta sentença, tendo merecido acolhimento da doutrina, na parte em que procede a uma leitura mais ampla do significado da «*umbrella clause*», haveria de ser criticada na parte em que remeteu, depois, em concreto, para os tribunais nacionais a apreciação das «*contract claims*»[62]. Assim, para Christoph Schreuer, enquanto o tribunal do caso *Vivendi v. Argentina* não analisou as «*treaty claims*» porque entendeu que não as conseguia separar das «*contract claims*», relativamente às quais entendia não ter jurisdição, no caso em apreço, a decisão de não analisar as «*contract claims*» surge ainda como menos razoável, por ter o Tribunal entendido previamente que tinha jurisdição, quer sobre as «*treaty claims*», quer sobre as «*contract claims*»[63].

---

[61] Criticando esta decisão, na medida em que o Tribunal arbitral se havia colocado a si próprio numa situação difícil uma vez que dificilmente se poderia assumir como um tribunal de recurso face à decisão dos tribunais nacionais para onde havia remetido a resolução do litígio, ÉRIC TEYNIER, «Les "Umbrella Clauses"», *Gazette du Palais*, n.º 6, ano 124, 2004, p. 3640.

[62] EMANNUEL GAILLARD, «Investment Treaty Arbitration and Jurisdiction over Contract Claims – The SGS Cases Considered», *International Investment Law and Arbitration, Leading Cases from ICSID, NAFTA, Bilateral Treaties and Customary International Law*, ed. Todd Weiler, 2005. Para o referido autor, *this analysis is the same as the one adopted with respect to the BIT tribunal's jurisdiction over contractual claims in the absence of an observance of undertakings clause*.

[63] CHRISTOPH SCHREUER, «Investment Treaty Arbitration and Jurisdiction over Contract Claims – The Vivendi I Case Considered», *International Investment Law and Arbitration, Leading Cases from ICSID, NAFTA, Bilateral Treaties and Customary International Law*, ed. Todd Weiler, 2005. Pelo contrário, YUVAL SHANY, «Contract Claims vs. Treaty Claims: Mapping conflicts between ICSID decisions on multisourced investments claims», *American Journal of International Law*, vol. 99, 2005, p. 850, considera que a suspensão dos procedimentos é uma boa solução para este tipo de situações. O autor invoca ainda o princípio do «abuso de direito», que poderia ser utilizado pelos tribunais arbitrais nos casos em que os investidores recorrem a arbitragem ICSID depois de terem, de livre vontade, acordado numa cláusula contratual de resolução dos litígios decorrentes do contrato. Esta situação poderia, para o autor, levar o tribunal arbitral a considerar ilegítima a acção arbitral, mesmo que, formalmente, tivesse jurisdição sobre as *contract claims*.

Este autor critica ainda a opção do Tribunal de considerar que a cláusula do contrato era *lex specialis* face à jurisdição ICSID, por entender, bem ao invés, que, enquanto a cláusula do contrato se aplicava a todos os litígios contratuais, a arbitragem ICSID era só para aquele litígio em concreto, em que tinha havido o *matching* de consentimentos entre os intervenientes, primeiro das Filipinas, ao assinar o BIT, e depois do investidor, ao apresentar o «*request of arbitration*», razão pela qual se devia considerar a jurisdição ICSID especial face à jurisdição nacional.

Em sentido consonante, também Emmanuel Gaillard refere, em sentido critico que, *when a BIT tribunal asserts jurisdiction, it should effectively exercise such jurisdiction, be it over claims relating to the more «traditional» provisions of the treaty or over claims alleging the violation of an observance of undertakings clause*[64].

Aqui chegados, importa dizer que, em matéria de «*treaty claims*», «*contract claims*» e «*umbrella clauses*», toda a jurisprudência posterior às decisões dos casos *SGS v. Paquistão* e *SGS v. Filipinas* passou a relacionar-se com ambas as decisões, seja apoiando uma e rejeitando a outra, seja procurando encontrar um equilíbrio entre ambas, mas sem nunca ignorar esses dois marcos que, até hoje, ainda representam, com muitos críticos e muito poucos apoiantes incondicionais, os verdadeiros *leading cases* neste domínio.

Tanto assim é que, no caso *Joy Mining v. Egipto*[65], não obstante o tribunal tenha considerado que não tinha jurisdição sobre o caso, por entender não se estar perante um verdadeiro investimento, no sentido previsto na Convenção de Washington e no BIT entre o Reino Unido e o Egipto, ainda assim não deixou de, em *obiter dictum,* se pronunciar sobre esta *vexata quaestio*.

Assim, a propósito da «*umbrella clause*»[66], referiu que a mesma servia para os casos de *violation of contract rights of such magnitude as to trigger the Treaty protection*, desta forma se aproximando da «Escola *SGS v. Paquistão*».

---

[64] EMANNUEL GAILLARD, «Investment Treaty Arbitration and Jurisdiction over Contract Claims – The SGS Cases Considered», em *International Investment Law and Arbitration, Leading Cases from ICSID, NAFTA, Bilateral Treaties and Customary International Law*, ed. Todd Weiler, 2005.

[65] *Joy Mining v. Egipto*, decisão sobre jurisdição, de 6 de Agosto de 2004.

[66] O art. 2(2) do BIT celebrado entre o Egipto e o Reino Unido tinha a seguinte redacção: *each contracting party shall observe any obligation it may have entered into with regard to investments of nationals or companies of the other contracting party.*

E, perante o caso concreto, considerou que, *in this context, it could not be held that an umbrella clause inserted in the Treaty, and not very prominently, could have the effect of transforming all contract disputes into investment disputes under the treaty, unless of course there would be a clear violation of the Treaty rights and obligations or a violation of contract rights of such a magnitude as to trigger the treaty protection, which is not the case*[67].

Para Christoph Schreuer, *the position taken by the other two tribunals* (refere-se ao *SGS v. Paquistão* e ao *Joy Mining v. Egipto*) *deprives the clause of any practical meaning. To require that there must be a treaty violation is simply to negate the effect of the umbrella clause (...). The object and purpose of the Umbrella Clause is to add extra protection to the investor. It dispenses the often difficult proof that there has been an indirect expropriation or a violation of the fair and equitable standard under the treaty. There is no good reason why a specific undertaking to honour obligations arising from a contract should not be enforceable by an international tribunal*[68].

Diferentemente, aproximando-se da «Escola SGS v. Filipinas», é paradigmático o caso *Noble Ventures v. Roménia*, em que o Tribunal considerou ter jurisdição para apreciar eventuais violações contratuais, por causa da existência de uma «*umbrella clause*» no BIT em causa. Assim, o tribunal veio a considerar que, *where the acts of a governmental agency are to be attributed to the State for the purposes of applying an umbrella clause, such as art. II(2)(c) of the BIT, breaches of a contract into which the State has entered are capable of constituting a breach of international law by virtue of the breach of the umbrella clause*[69].

Finalmente surge, como tentativa de procurar uma «terceira via», o caso *El Paso v. Argentina*[70], que, rejeitando a doutrina do *SGS v. Filipi-*

---

[67] Sobre este caso, ÉRIC TEYNIER, «Les "Umbrella Clauses"», *Gazette du Palais*, n.º 6, ano 124, 2004, p. 3637.

[68] CHRISTOPH SCHREUER, «Investment Treaty Arbitration and Jurisdiction over Contract Claims – The Vivendi I Case Considered», em *International Investment Law and Arbitration, Leading Cases from ICSID, NAFTA, Bilateral Treaties and Customary International Law*, ed. Todd Weiler, 2005.

[69] JACOMIJN J. VAN HAERSOLTE-VAN HOF e ANNE K. HOFFMANN, «The Relationship between International Tribunals and Domestic Courts», *The Oxford Handbook of International Investment Law*, 2008, p. 978. O Tribunal acabaria, no entanto, por indeferir os pedidos, por falta de provas, não se vindo a saber se seguiria a «Escola SGS v. Filipinas» em toda a sua extensão ou se apreciaria efectivamente as *contract claims*.

[70] *El Paso v. Argentina*, decisão sobre jurisdição, de 27 de Abril de 2006.

nas, procurou encontrar uma explicação que, acolhendo os pressupostos estabelecidos no caso *SGS v. Paquistão*, ainda assim encontrasse algum sentido útil para as «*umbrella clauses*».

Neste caso, estava-se perante um investidor estrangeiro (americano) que era accionista de um conjunto de empresas argentinas, tendo iniciado a arbitragem ICSID invocando a violação, por parte da Argentina, do BIT que este país havia celebrado com os Estados Unidos da América. Para o demandante, a existência de uma «*umbrella clause*» levava a que, quer as «*contract claims*», quer as «*treaty claims*» pudessem ser apreciadas, conjuntamente, pelo Tribunal arbitral previsto no BIT para as disputas envolvendo a violação do referido tratado bilateral.

Colocado perante situação, o Tribunal considerou que *an umbrella clause cannot transform any contract claim into a treaty claim, as this would necessarily imply that any commitments of the State in respect to investments, even the most minor ones, would be transformed into treaty claims. These far reaching consequences of a broad interpretation of the so-called umbrella clause, quite destructive of the distinction between national legal orders and the international legal order, have been well understood and clearly explained by the first tribunal which dealt with the issue of the so-called umbrella clause in the SGS v. Paquistan case* (...).

Depois desta primeira manifestação de concordância com a visão global apresentada pelo tribunal do caso *SGS v. Paquistão*, o tribunal sentiu necessidade de se distanciar expressamente da doutrina expressa no caso *SGS v. Filipinas*, afirmando que, *the interpretation given in SGS v. Philippines does not only deprive one single provision of far-reaching consequences but renders the whole Treaty completely useless: indeed, if this interpretation were to be followed* (...) *it would be sufficient to include a so-called «umbrella clause» and a dispute settlement mechanism, and no other articles setting strandards for the protection of foreign investments in any BIT. If any violation of any legal obligation of a State is, ipso facto, a violation of the Treaty, then that violation need not amount to a violation of the high standards of the Treaty of «fair and equitable treatment» or «full protection and security»*[71].

---

[71] Fazendo um resumo dos casos *SGS v. Paquistão* e *SGS v. Filipinas* e analisando este último caso em particular, DAVID FOSTER, «Umbrella Clauses – a retreat from the Philippines», *International Law Review*, 2006, p. 100 e ss., e HAKEEM SERIKI, «Umbrella Clauses and investment treaty arbitration: all encompassing or a respite for sovereign states and state entities?», *Journal of Business Law*, 2007, p. 570 e ss.

O Tribunal haveria, ainda assim, de procurar uma aproximação entre ambos os casos, de modo a não poder ser acusado, como sucedeu com a decisão do caso *SGS v. Paquistão*, de «matar» o conceito de *«umbrella clause»*, que deixaria de ter qualquer autonomia e relevância prática.

Assim, procurou introduzir uma novidade no discurso, ao recorrer à distinção conceptual entre actuações de um Estado *«as a sovereign»* e *«as a merchant»*[72], considerando que um investidor apenas poderia invocar violações do BIT, nos casos em que as actuações lesivas do Estado que acolhe o investimento tivessem sido praticadas no contexto da sua actividade *«as sovereign»*[73].

Esta distinção entre o modo de actuação contratual e extracontratual do Estado ou das entidades públicas, já tinha, em parte, sido referida no caso *CMS v. Argentina*, quando o tribunal desse mesmo caso considerou que, *a purely commercial aspect of a contract might not be protected by the treaty in some situations, but protection is likely to be available when*

---

[72] Não se trata, verdadeiramente, de uma novidade, já que esta distinção havia sido abordada nos casos *Impregilo v. Paquistão* e *CMS v. Argentina*. Também THOMAS W. WALDE, «Contract Claims under the Energy Charter Treaty's Umbrella Clause: Original Intentions versus Emerging Jurisprudence», em *Investment Arbitration and the Energy Charter Treaty*, ed. CLARISSE RIBEIRO, 2006, p. 228, refere que, *there can be no more doubt that tribunals will rely on the commercial-governmental distinction in the future* (...).

[73] Aderindo, de alguma forma, a esta distinção entre *«mesure étatique de puissance publique»* por contraposição a *«mesure contractuelle»*, mas apenas para casos de contratos celebrados com Entidades Públicas diferentes do Estado e não directamente com o Estado, SOPHIE LEMAIRE, «Treaty Claims et Contract Claims: La compétence du Cirdi à l'épreuve de la dualité de l'Etat», *Revue de L'Arbitrage*, n.º 2, 2006, p. 378 e ss. A autora recorda que, por vezes, as próprias entidades diferentes do Estado também têm *«puissance publique»*, podendo usar esse poder para causar perturbações no contrato através de *«fait du prince du cocontractant»*, caso em que a competência do tribunal arbitral previsto no BIT se justificaria, desde logo, por violação do *fair and equitable treatment*, por exemplo. Esta situação ocorreu, por exemplo, no caso *Vivendi v. Argentina*, em que eram imputados à Argentina actos não contratuais praticados pela Província de Tucumán, considerados violadores do BIT entre a Argentina e França. Para esta Autora (p. 382), a competência do Tribunal arbitral é justificada nestes casos, *parce que les TBI assurent la protection des investissements étrangers non seulement contre les mesures de puissance publique d'origine étatique, mais plus génénalement contre toute mesure administrative qui s'y apparente*. Quando o contrato de investimentos é celebrado directamente entre o Estado e o Investidor, como ocorreu nos casos *SGS v. Paquistão* e *SGS v. Filipinas*, a Autora considera, afastando-se da doutrina maioritária, que (p. 399), *la distinction entre les treaty claims et les contract claims perd sa pertinence. La compétence du tribunal Cirdi est générale: elle couvre aussi bien les demandes fondées sur le traité que celles fondées sur le contrat*.

there is significant interference by governments or public agencies with the rights of the investor.

Aprofundando esta distinção, o Tribunal do caso *El Paso v. Argentina*, deu, mesmo, um exemplo dessa distinção, considerando que se um contrato tiver uma «*stabilisation clause*», no que respeita à legislação (fiscal, por exemplo) aplicável e, depois, houver alterações a essa mesma legislação que se venham a repercutir no contrato, ocorre uma violação contratual através da prática de actos legislativos do Estado, actuando «*as a sovereign*», o que, em caso de existência de «*umbrella clause*», implicaria uma violação do BIT existente, possibilitando o recurso à arbitragem prevista no BIT[74].

O Tribunal acentua, assim, a ideia de que o BIT não pode ser convocado, nem sequer no caso de existência de uma «*umbrella clause*», nos casos em que o litígio em causa resulta de uma actuação de uma «parte» no contrato (parte pública), actuando no contexto da execução desse mesmo contrato. Pelo contrário, a intervenção do BIT, *ex vi «umbrella clause»* apenas poderia ocorrer se a violação do contrato resultasse como consequência de uma actuação dessa mesma parte pública (ou do Estado, no caso de este não ser parte no contrato), que não se contivesse no domínio

---

[74] Posteriormente ao caso *El Paso v. Argentina*, veja-se o caso *Pan American Energy v. Argentina*, em que também se encontra presente a questão da «*umbrella clause*» e em que o Tribunal usaria os mesmos argumentos do caso *El Paso v. Argentina* (dois dos árbitros em causa eram comuns a ambas as arbitragens). Considerando não ser muito fácil proceder à distinção entre um *comercial act* e um *sovereign act*, veja-se o caso *Sempra Energy International v. Argentina*. Nesta linha de raciocínio, SCHWEBEL, «The breach by a State of a Contract», *Essays in Honour of Roberto Ago*, 1987, p. 401, quando afirma que, *a breach by a State of a contract with an alien (whose proper law is not international law) is not a violation of international law, a «non-commercial» act of a State contrary to such a contract may be. That is to say, the breach of such a contract by a State in ordinary commercial intercourse is not, in the predominant view, a violation of international law, but the use of the sovereign authority of a State, contrary to the expectations of the parties, to abrogate or violate a contract with an alien, is a violation of international law. When the State employs its legislative or administrative or executive authority as only a State can employ governmental authority to undo the fundamental expectation on the basis of which parties characteristically contract – performance, not non-performance – then it engages its international responsibility.* Criticando também esta distinção entre actuações do Estado enquanto «comerciante» e enquanto «soberano», ÉRIC TEYNIER, «Umbrella Clauses: Le temps se couvre», *Les Cahiers de l'Arbitrage*, vol. IV, 2008, p. 437 e ss. Para o autor, *la distinction entre les actes de l'État commerçant et ceux où il agit comme puissance publique (...) manque de pertinence en la matière puisqu'elle ne figure pas dans les TBI. Elle est donc impropre à délimiter le champ d'application d'une umbrella clause.*

da execução do contrato, ainda que o pudesse ter como reflexo, aproximando-se, assim, da doutrina do *fait du prince*[75-76].

Esta posição do tribunal do caso *El Paso v. Argentina*, considerando que a «*umbrella clause*» apenas se aplicaria a casos de interferência no contrato provocadas por actos legislativos, regulatórios ou administrativos que não fossem meras declarações negociais emitidas no contexto contratual, tem suscitado alguns reparos na doutrina[77] e na jurisprudên-

---

[75] O tribunal adere, desta forma, à doutrina dos «contratos administrativos» e dos poderes exorbitantes da Administração, a que talvez não seja alheio o facto de um dos árbitros ser a Professora Francesa Brigitte Stern. Em sentido crítico, RUDOLF DOLZER e CHRISTOPH SCHREUER, *Principles of International Investment Law*, 2008, p. 159 a 161, referem que, *any attempt to define the scope of the umbrella clause by reference to abstract concepts such as «sovereign acts», «commercial acts» or «contrats administratifs» will carry no methodological power of persuasion when it comes to interpret and apply the clause*.

[76] CAMPBELL MCLACHLAN, LAURENCE SHORE e MATTHEW WEINIGER, *International Investment Arbitration – Substantive Principles*, 2008, p. 117, referem-se mesmo a casos de *state interference in the contract, for example by subsequent changes in host State law which had the effect of defeating the specific undertakings which the State had given to the investor* (...). Considerando que a «*umbrella clause*» pode ainda aplicar-se, não apenas à violação de obrigações bilaterais assumidas entre o Estado e o Investidor mas também a obrigações unilaterais, como seja a legislação do próprio Estado, MARIA CRISTINA GRITON SALIAS, «Do Umbrella Clauses apply to Unilateral Undertakings?», AA.VV., *International Investment Law for the 21st Century, Essays in Honour of Christoph Schreuer*, 2009, p. 490 e ss. Neste sentido, veja-se o caso *LG&E v. Argentina*, de 3 de Outubro de 2006. Sobre este mesmo caso, CHRISTOPH SCHREUER, «Consent to Arbitration», *The Oxford Handbook of International Investment Law*, 2008, p. 842, e STEPHAN W. SCHILL, «International Investment and the Host State's power to handle economic crises – comment on the ICSID decision in LG&E v. Argentina», *Journal of International Arbitration*, vol. 24, n.º 3, 2007, p. 265 e ss.

[77] Na doutrina, ANDREW NEWCOMBE e LLUÍS PARADELL, *Law and Practice of Investment Treaties – Standards of Treatment*, 2009, pp. 471 e 472, consideram que se deve fazer uma leitura mais ampla das «*umbrella clauses*», de modo a conceder uma protecção acrescida ao investidor. Estes autores referem ainda que o recurso à «*umbrella clause*», invocando violação contratual, poderá ser seriamente limitado, no caso de se poder aplicar qualquer um dos motivos que, nos contratos administrativos, permitem limitar a aplicação do princípio *pacta sunt servanda*, como seja a teoria da imprevisão, o *fait du prince*, o princípio *rebus sic stantibus* ou o poder de modificação ou de resolução do contrato por interesse público. Criticando a decisão do caso *El Paso v. Argentina*, ÉRIC TEYNIER, «Umbrella Clauses: le temps se couvre», *Les Cahiers de l'Arbitrage*, vol. IV, 2008, p. 437. Para o autor, *en refusant de faire relever du juge du traité une réclamation contractuelle fondée sur le non-respect d'une umbrella clause sauf si cette réclamation contractuelle est également fondée sur la violation des standards de protection du TBI, le Tribunal de l'affaire El Paso vide les umbrella clauses de toute autonomie et, partant, de toute utilité*. Esta solu-

cia[78], não só pela dificuldade de se traçar essa linha divisória, mas também pelo facto de com essa visão restritiva se poder fazer consumir o objectivo da «*umbrella clause*» pelo objectivo da cláusula que garante um «*fair and equitable treatment*» ou até da cláusula que consagra uma «*full protection and security*» e que, vulgarmente, se incluem nos BIT, mesmo naqueles que têm também «*umbrella clause*»[79].

Neste contexto, pode dizer-se que nem a doutrina, nem a jurisprudência souberam ainda encontrar um equilíbrio entre uma visão ampla da «*umbrella clause*», que transforme automaticamente em «*treaty claim*» qualquer violação contratual, eliminando assim a distinção entre «*treaty claims*» e «*contract claims*» e levando a que qualquer cláusula contratual fixando o modo de resolução de litígios seja, nesse caso, apenas uma opção e não uma obrigação para o contraente privado, e uma visão restrita de «*umbrella clause*» que, limitando a sua aplicabilidade a actos do contraente público fora do contexto da execução contratual, acabe por criar uma certa permeabilidade entre as fronteiras da «*umbrella clause*» e dos demais *standards* assegurados pelo BIT, com ou sem «*umbrella clause*», como sejam as cláusulas a garantir o *fair and equitable treatment* e o *full protection and security*.

Bem vistas as coisas, qualquer que seja a posição que se tome sobre a relevância da «*umbrella clause*» no contexto dos BIT, a verdade é que a inserção desta cláusula num BIT acaba por «canibalizar» os demais princípios vulgarmente previstos nesses mesmos BIT, como seja a obrigação assumida pelos Estados de assegurarem um *fair and equitable treatment* aos investimentos estrangeiros.

Com efeito, no caso de se optar por uma visão ampla do significado da «*umbrella clause*», poderá dizer-se que qualquer violação contratual

---

ção foi igualmente criticada por DAVID FOSTER, «Umbrella Clauses – a retreat from the Philippines», *International Law Review*, 2006, p. 107, e por HAKEEM SERIKI, «Umbrella Clauses and investment treaty arbitration: all encompassing or a respite for sovereign states and state entities?», *Journal of Business Law*, 2007, p. 581.

[78] Veja-se o caso *Sempra v. Argentina*, de 28 de Setembro de 2007, que considerou difícil de distinguir ambos os tipos de interferências nos contratos (comerciais e soberanas).

[79] Neste sentido, considerando que os referidos princípios podem acabar por desempenhar *an equivalent function of protecting long-term, invested related contracts against undermining conduct that uses and abuses the dual role of government as regulator and contract party*, THOMAS W. WALDE, «Contract Claims under the Energy Charter Treaty's Umbrella Clause: Original Intentions versus Emerging Jurisprudence», em *Investment Arbitration and the Energy Charter Treaty*, ed. CLARISSE RIBEIRO, 2006, p. 228.

dará origem a uma «*treaty claim*», tornando desnecessário provar que essa violação é de tal modo grave e intensa que implica também uma violação ao princípio do *fair and equitable treatment*. Por outro lado, no caso de se optar por uma visão restrita do significado da referida «*umbrella clause*», poderá dizer-se que as actuações do Estado capazes de implicar uma violação dessa mesma cláusula sempre violariam também o princípio do *fair and equitable treatment*.

A situação complica-se, ainda mais, no caso de os contratos de investimentos em causa não terem sido celebrados directamente pelo Estado, que é parte no BIT, mas antes por uma outra entidade pública, ou não terem sido celebrados com o investidor estrangeiro, mas antes com uma subsidiária local, ainda que esta seja detida por esse mesmo investidor estrangeiro.

VI. A questão de contratos celebrados por entidades públicas diferentes dos Estados e dos contratos celebrados por subsidiárias locais diferentes dos investidores estrangeiros

Para além de todas as dúvidas e perplexidades suscitadas pela aplicação da «*umbrella clause*» e que já aqui foram relatadas, importa ainda fazer uma análise breve relativamente a duas situações que têm suscitado alguma controvérsia, seja ao nível da doutrina, seja da jurisprudência arbitral.

A primeira questão que se coloca é a de saber se um BIT (com ou sem «*umbrella clause*») pode permitir que seja suscitada perante o tribunal arbitral previsto nesse mesmo BIT (normalmente o Tribunal ICSID), como «*treaty claim*», por violação desse BIT, uma violação de um contrato celebrado entre um Estado parte no BIT e uma subsidiária local de um investidor estrangeiro[80].

Com efeito, no caso *Azurix v. Argentina*[81], o tribunal rejeitou a pretensão da demandante, sem grandes explicações, referindo apenas que *it*

---

[80] Sobre esta matéria, de modo claro, NICK GALLUS, «An umbrella just for two? BIT obligations observance clauses and the parties to a contract», *Arbitration International*, vol. 24, n.º 1, 2008, p. 157 e ss. RICHARD HAPP e NOAH RUBINS, *Digest of ICSID awards and decisions*, 2009, p. 363. Estes autores consideram que, *there appears to be little consensus among tribunals as to whether an umbrella clause is limited in application to undertakings assumed directly with investor-claimant*.

[81] Sentença de 14 de Julho de 2006.

was ABA (a subsidiária local) *and not Azurix which was the party to this Agreement,* desta forma demonstrando que, quando os Estados se obrigam através de um BIT a respeitar os investimentos contratuais que os nacionais do outro Estado aí realizem, não se abrangem os contratos assinados por subsidiárias locais (mesmo se controladas por investidores estrangeiros).

Uma decisão idêntica haveria de ser proferida, meses depois, no caso *Siemens v. Argentina*[82], onde o Tribunal referiu, de modo lapidar, que *the claimant is not a party to the Contract and SITS* (a subsidiária local) *is not a party to these proceedings.*

Em sentido contrário ao das decisões acima referidas, surgem, porém, os casos *CMS v. Argentina*[83], *Enron v. Argentina*[84] e *Sempra v. Argentina*[85], tendo estes dois últimos casos sido decididos posteriormente aos casos *Auzurix* e *Siemens*. Assim, o tribunal, no caso *Enron v. Argentina,* explicou a sua posição, considerando que, não obstante o contrato tenha sido celebrado com uma subsidiária local, os investidores estrangeiros *are beyond any doubt the owners of the investment made and their rights are protected under the Treaty as clearly established treaty-rights and not merely contract rights related to some intermediary.*

Note-se, no entanto, que, a decisão *CMS v. Argentina,* que havia concluído em sentido próximo da do caso *Enron v. Argentina,* haveria, no entanto, de ser anulada, precisamente pela falta de razões que justificassem a possibilidade de um investidor apresentar uma «*treaty claim*» por violação de um contrato (invocando, no caso, a existência de «*umbrella clause*») em que não era parte[86]. Para o comité *ad hoc* que anulou a sentença, *it is quite unclear how the tribunal arrived at its conclusion that CMS could enforce the obligations of Argentina to TGN* (subsidiária local que tinha celebrado o contrato).

Para o referido comité *ad hoc,* quando o BIT se referia a *any obligation it may have entered into,* estaria a pensar em obrigações directamente assumidas entre um Estado e nacionais do outro Estado parte no BIT, sem

---

[82] Sentença de 6 de Fevereiro de 2007 (o presidente do tribunal tinha sido também presidente do Tribunal que julgou o caso *Azurix v. Argentina*).
[83] Sentença de 12 de Maio de 2005.
[84] Sentença de 22 Maio de 2007.
[85] Sentença de 28 Setembro de 2007.
[86] JEAN-CHRISTOPHE HONLET e GUILLAUME BORG, «The Decision of the ICSID Ad Hoc Committee in CMS v. Argentina regarding the Conditions of Application of an umbrella clause: SGS v. Philippines revisited», *The Law and Practice of International Courts and Tribunals – A Practioners' Journal,* vol. 7 (2008), p. 22 e ss.

contar com a possibilidade de esses contratos terem sido celebrados com terceiros, da nacionalidade do Estado que acolhe o investimento[87].

A não se entender dessa maneira, e segundo a visão do referido comité *ad hoc*, estaria dar-se um poder desmesurado ao investidor estrangeiro, que poderia exercer os direitos da subsidiária local (recorrendo à arbitragem ICSID, por exemplo, em caso de incumprimento do contrato em que não era parte) mas que não estaria sujeito às obrigações que impendiam sobre essa mesma subsidiária, por ter personalidade jurídica distinta da mesma. Por outro lado, neste caso, estaria a tornar-se inútil, segundo o referido comité *ad hoc*, o disposto na alínea *b*) do n.º 2 do art. 25.º da Convenção de Washington, que permite que uma subsidiária local seja considerada (mas apenas por acordo entre as partes) como sendo um nacional de um estado estrangeiro.

A clarificação operada pela decisão do comité *ad hoc* relativamente ao facto de não ser possível a um investidor estrangeiro que não seja parte contratual vir invocar uma violação de contrato junto de um tribunal arbitral, não invalida que o possa fazer se a actuação do Estado onde o investimento é realizado seja directamente violadora do BIT, por expropriação do investimento sem adequada compensação, caso em que se permite que o investidor estrangeiro invoque directamente a violação das obrigações previstas no BIT para iniciar uma arbitragem ICSID (no caso de o BIT estabelecer a arbitragem ICSID como forma de resolução dos litígios, claro).

A segunda questão que se coloca é a de saber se o Estado pode ser responsabilizado, por violação do BIT, no caso de o litígio ter na sua base uma actuação danosa da autoria de entidade pública diferente do Estado e pela qual este não é directamente responsável[88].

Dito por outras palavras, não tem sido claro, até ao momento, saber se o Estado, quando se obriga internacionalmente, através da celebração

---

[87] Contra, tendo em conta o amplo *wording* da generalidade das *«umbrella clauses»*, ANDREW NEWCOMBE e LLUÍS PARADELL, *Law and Practice of Investment Treaties – Standards of Treatment*, 2009, p. 456.

[88] NICK GALLUS, «An umbrella just for two? BIT obligations observance clauses and the parties to a contract», *Arbitration International*, vol. 24, n.º 1, 2008, p. 157 e ss. RICHARD HAPP e NOAH RUBINS, *Digest of ICSID awards and decisions*, 2009, p. 363. Os autores concluem que *a majority of tribunals during the 2003-2007 period held that umbrella clauses cover only obligations assumed by the state itself. Contracts concluded with agencies or state-owned companies with separate legal personality are generally viewed as falling outside the scope of umbrella clauses*.

de um BIT, apenas se está a responsabilizar enquanto pessoa colectiva pública, *strictu sensu*, ou se, pelo contrário, está a responsabilizar o Estado soberano, abrangendo desta forma todas as entidades públicas, ainda que estas possam ser, no plano interno, pessoas colectivas distintas da pessoa colectiva Estado.

Considerando que o Estado era responsável, ao abrigo de «*umbrella clause*», por violações contratuais da responsabilidade de entidades diversas do Estado, pronunciou-se o tribunal que julgou o caso *Noble Ventures v. Roménia*[89]. Nesta decisão, o tribunal considerou que a distinção entre «*commercial acts*» e «*sovereign acts*» não tinha relevância, nem era passível de aplicação prática, tendo antes feito apelo à «*teoria da unidade do Estado em matéria de responsabilidade internacional*», assim justificando que o Estado fosse responsável por obrigações contratuais de entidades públicas autónomas do mesmo[90].

Para o referido Tribunal, a entidade pública que havia celebrado (e incumprido) o contrato, *acted as the empowered public institution under the privatization law,* pelo que os seus actos e obrigações contratual e unilateralmente assumidos, deveriam ser *attributable to the Respondent* (Estado Romeno) *for the purposes of assessment under the BIT*[91].

Em sentido divergente, pronunciou-se o tribunal que julgou o *RFCC v. Marrocos*[92], tendo o tribunal considerado ser competente para apreciar os litígios de raiz contratual, desde que a parte contratante fosse o próprio Estado que havia firmado o BIT e não uma qualquer entidade pública, relativamente à qual o Estado não era directamente responsável[93].

---

[89] *Noble Ventures v. Roménia*, sentença de 12 de Outubro de 2005.

[90] Em sentido crítico, SOPHIE LEMAIRE, «Treaty Claims et Contract Claims: la compétence du Cirdi à l'épreuve de la dualité de l'Etat», *Revue de L'Arbitrage*, n.º 2, 2006, p. 385.

[91] No mesmo sentido, *SGS v. Paquistão*, sentença de 6 de Agosto de 2003, *Nykomb v. Letónia,* sentença 16 de Dezembro de 2003, e *Eureko v. Polónia*, sentença de 19 de Agosto de 2005. Para o Tribunal do caso *SwemBalt AB v. Letónia*, decisão de 23 de Outubro de 2000, *if the State delegates certain work to lower levels of government, be they federal, regional or municipal, it must be an obligation of the state under international law to ensure that its obligations under international law, whether general or treaty law are fulfilled by such subdivisions.*

[92] Sentença de 22 de Dezembro de 2003. Sobre a matéria, CLAIRE CRÉPET, «Treaty Claims / Contract Claims», *Gazette du Palais*, n.º 6, ano 124, 2004, p. 3632.

[93] Concordando com esta solução, CLAIRE CRÉPET, «Treaty Claims / Contract Claims», *Gazette du Palais*, n.º 6, ano 124, 2004, p. 3632. Para esta autora, o Estado não pode ser

No mesmo sentido, considerou o Tribunal do caso *Nagel v. República Checa*[94] que o Estado não podia ser internacionalmente responsável por compromissos contratuais (posteriormente incumpridos) que não tinha livremente assumido (ainda que esses compromissos tivessem sido assumidos por entidades totalmente detidas pelo Estado). Para o Tribunal, *while* (a empresa estatal) *was party to the cooperation agreement*, (a República checa) *was not. Although* (a empresa estatal) *was a fully owned state enterprise, it was a separate legal person whose legal undertakings did not as such engage the responsability of the Republic*.

A mesma posição foi igualmente manifestada pelo comité *ad hoc* que anulou a sentença do caso *CMS v. Argentina*, quando refere, em poucas palavras, que *it would appear that the parties to the obligation (i.e. the persons bound by it and entitled to rely on it) are likewise not changed by reason of the umbrella clause*[95].

Como se pode verificar face ao acima exposto, este é outro dos tópicos ainda longe de encontrar um consenso doutrinal e jurisprudencial, sendo tanto mais perturbante esta indefinição quanto não se encontra na livre disponibilidade do investidor que o contrato seja directamente celebrado com o Estado ou, ao invés, com uma outra entidade pública, já que essa divisão de competências encontra-se normalmente legislativamente fixada.

VII. Conclusão

> *Not long ago teachers of international law used to explain that treaties are like contracts, only between states. Today it is necessary to explain that contracts are like treaties, only between individuals and the State*[96].

---

internacionalmente responsável relativamente a obrigações contratuais que não foram por si subscritas.

[94] No mesmo sentido, veja-se o caso *Impregilo v. Paquistão*, decisão de 22 de Abril de 2005.

[95] Dando conta da falta de unanimidade da doutrina a este propósito, ANDREW NEWCOMBE e LLUÍS PARADELL, *Law and Practice of Investment Treaties – Standards of Treatment*, 2009, p. 464.

[96] FRANCISCO ORREGO VICUÑA, «Of Contracts and Treaties in the Global Market», *Max Plank Yearbook of United Nations Law*, vol. 8, 2004, p. 341.

Aqui chegados, a conclusão que se impõe e que já se foi antecipando ao longo do texto é a de que as relações entre *«treaty claims»*, *«contract claims»* e *«umbrella clauses»* são tudo menos claras e estáveis.

Com efeito, sendo a arbitragem um domínio em que é muito grande a permeabilidade entre a doutrina e a jurisprudência, torna-se ainda mais difícil saber se é a jurisprudência que vai seguindo hesitantemente as posições doutrinais ou se, pelo contrário, é a doutrina que tem dificuldade em dogmatizar as erráticas soluções jurisprudenciais.

O certo é que todas as fronteiras que se pudessem querer traçar, seja entre *«treaty claim»* e *«contract claim»*, seja entre BIT com *«umbrella clause»* e BIT sem *«umbrella clause»*, seja entre acto contratual do Estado e acto extracontratual do Estado, seja entre contrato celebrado com o Estado e contrato celebrado com entidade pública diversa do Estado, seja, enfim, entre contrato celebrado por subsidiária local e contrato celebrado por investidor estrangeiro, são fronteiras fluidas e permeáveis.

Mais especificamente sobre a questão da *«umbrella clause»*, que, no fundo, poderia ser a ponte que unisse (ou destruísse) a divisão entre *«treaty claims»* e *«contract claims»*, parece verificar-se uma tendência por parte de doutrina e jurisprudência em aceitar que, em tese, seria possível que uma violação contratual num caso em que o BIT contivesse uma *«umbrella clause»* poderia fundamentar a apresentação de uma *«treaty claim»*.

Isso mesmo conclui Anthony Sinclair, salientando que até o Tribunal do caso *SGS v. Paquistão* aceitou essa possibilidade, em abstracto. Segundo o referido autor, *tribunals have appeared willing to accept the main question of principle – that the generic clause* (umbrella clause) *does admit contractual claims – but for various reasons of scope, they have so far declined to do so*[97].

---

[97] ANTHONY SINCLAIR, «Bridging the Contract / Treaty Divide», *International Investment Law for the 21st Century, Essays in Honour of Christoph Schreuer*, 2009, pp. 98 e 99. O autor analisa os casos *Salini v. Marrocos, RFCC v. Marrocos, Salini v. Jordânia, Impregilo v. Paquistão* e *Siemens v. Argentina* (em que os tribunais consideraram que uma *contract claim* tinha de se basear num contrato directamente celebrado pelo Estado que havia assinado o BIT), acabando o Autor por concluir que a interpretação restritiva – *ratione personae* – que os tribunais têm vindo a realizar da *«umbrella clause»*, no que respeita ao facto de não se poder também aplicar a contratos celebrados (como é cada vez mais vulgar nos investimentos internacionais) com outras entidades públicas diferentes do Estado tem também inviabilizado a apreciação pelos Tribunais arbitrais de *contract claims*, por violação do *BIT ex vi «Umbrella Clause»*.

Para Claire Crépet, uma das justificações possíveis para que os tribunais ICSID sejam tão relutantes em apreciar, em concreto, «*contract claims*» (ou, dito de outra forma, «*treaty claims*» com base em violações contratuais em casos em que exista «*umbrella clause*» no BIT vigente), prender-se-ia com o facto de terem de admitir, nesse contexto, que o Estado pudesse vir a suscitar um pedido reconvencional, com base no próprio contrato, assim «arrastando» um tribunal arbitral internacional (como são os tribunais ICSID) para a análise de um litígio de base contratual, porventura com invocações de incumprimento de ambas as partes[98].

Face ao exposto, crê-se que a presente situação, de grande confusão e insegurança jurídica, não agradando a ninguém em particular, acaba por também não poder ser imputada a ninguém em especial, razão pela qual se tem mantido uma espécie de «alinhamento» entre as várias «Escolas» que se foram posicionando, a partir das decisões *SGS v. Paquistão* e *SGS v. Filipinas*. Como em todas as situações deste género, acabará por ser um facto «*certus an*» mas «*incertus quando*» que levará à mudança, seja no sentido da protecção dos investidores e da jurisdição dos tribunais arbitrais, seja no sentido da protecção dos Estados e das cláusulas contratuais, mais facilmente impostas pelos Estados aos investidores e que muitas vezes remetem a resolução dos litígios contratuais obrigatoriamente para os Tribunais nacionais.

---

[98] CLAIRE CRÉPET, «Treaty Claims / Contract Claims», *Gazette du Palais*, n.º 6, ano 124, 2004, p. 3634. Em defesa da possibilidade de os Estados deduzirem pedidos reconvencionais nessas situações, W. BEN HAMIDA, *L'arbitrage transnational unilateral. Réflexions sur une procédure réservée à l'initiative d'une personne privée contre une personne publique*, 2003. Equacionando também a questão, JUDITH GILL, MATTHEW GEARING e GEMMA BIRT, «Contractual Claims and Bilateral Investment Treaties – Comparative Review of the SGS Cases», *Journal of International Arbitration*, vol. 21, n.º 5, 2004, p. 412. Para estes autores, enquanto os tribunais se mantiverem irredutíveis (com um argumento ou com outro) em não analisar «*contract claims*» ao abrigo de BIT, a situação manter-se-á calma. *The danger – particularly regarding ICSID's acceptability with States – may come if the current dam is breached and if umbrella clauses do start to override exclusive jurisdiction clauses. It may be that States will alter their BIT drafting (or redrafting) practice now that the scope of umbrella clauses is clearer* (...).

O REENQUADRAMENTO DO EXERCÍCIO DA ACTIVIDADE SEGURADORA NO INÍCIO DO SÉCULO XXI
ANTECEDENTES PRÓXIMOS E PERSPECTIVAS DE EVOLUÇÃO

António Pedro A. Ferreira[*]

SUMÁRIO: **1.** *Introdução* **2.** *A natureza dinâmica da actividade seguradora e as novas condicionantes do respectivo exercício* **3.** *A desespecialização* **4.** *A desregulamentação* **5.** *A integração dos serviços financeiros* **5.1.** *O modelo de* assurbanking **6.** *A internacionalização e a redefinição regulamentar* **6.1.** *O Acordo Geral sobre o Comércio de Serviços (GATS)* **6.2.** *Os* Insurance Core Principles **6.2.1.** *Em especial, os princípios sobre a supervisão de grupos* **7.** *A intensificação da concorrência* **8.** *O comércio electrónico* **8.1.** *Os benefícios derivados da compra de seguros por via electrónica* **8.2.** *A protecção dos clientes/ /consumidores* **8.3.** *As necessidades específicas de regulação e de supervisão* **9.** *A indústria seguradora no contexto da manutenção da estabilidade financeira sistémica* **9.1.** *A actividade seguradora como fonte de capital de longo prazo* **9.2.** *A integração de actividades entre bancos e seguradores* **9.3.** *A actividade seguradora como intermediária de riscos financeiros* **9.4.** *As incidências supervisionais e de informação* **10.** *A União Europeia* **10.1.** *A sedimentação das liberdades* **10.2.** *A construção da União Económica e Monetária* **10.3.** *O reforço dos requisitos de capital* **10.3.1.** *O projecto Solvência II* **11.** *Síntese conclusiva*

---

[*] Doutor em Direito. Professor na Universidade Autónoma de Lisboa – Luís de Camões. Jurista no Banco de Portugal.

Texto entregue para publicação em Dezembro de 2009. A promoção de *Estudos de Homenagem* ao Senhor Professor Doutor Carlos Ferreira de Almeida, deliberada pelo Conselho Científico da Faculdade de Direito da Universidade Nova de Lisboa, constitui uma iniciativa digna do maior relevo, em cujo âmbito me foi dada a honra de participar. Pretendo, singelamente, traduzir o enorme respeito que a elevada estatura intelectual e profissional do homenageado desde sempre me têm suscitado.

1. **Introdução**

O conceito de «mercado global», cuja emergência se mantém na ordem do dia, apresenta uma natureza potencialmente enganadora, pois, embora descreva acuradamente a crescente interdependência que caracteriza a moderna economia internacional, também parece querer simbolizar um sistema excessivamente simplificado e homogéneo.

Relativamente à indústria seguradora, tal visão é especialmente distorcida, uma vez que ignora as profundas transformações operadas no mercado, nas últimas três décadas. Apesar de a globalização estar a revolucionar a indústria seguradora, determinados factores locais de ordem económica, jurídica, demográfica, cultural e política continuam a desempenhar um papel fundamental na definição das ofertas de produtos de seguros e dos sistemas de mercado em todo o mundo.

No referido período e à semelhança do que se tem verificado relativamente aos demais sectores da actividade financeira[1], também os mercados seguradores têm enfrentado um conjunto amplo de novos desafios e condicionantes, que têm vindo a determinar e enformar o actual *modus operandi* do exercício da actividade.

O presente trabalho pretende passar em revista esse conjunto de elementos, identificando os constrangimentos dos mesmos resultantes, mas, também, as potencialidades de inovação e desenvolvimento que ali podem encontrar terreno fértil de evolução.

A final, será elaborada uma síntese conclusiva.

2. **A natureza dinâmica da actividade seguradora e as novas condicionantes do respectivo exercício**

Onde e quando o seguro tenha feito, pela primeira vez, a sua aparição nas sociedades humanas, permanecem questões discutidas e para as quais se afigura quase impossível encontrar respostas conclusivas.

Bem mais convincente parece ser a ideia de que também o seguro, à semelhança de todas as grandes obras do pensamento social, não surgiu do nada de um momento para o outro, como que nascido de um passe de

---

[1] Para uma análise da questão na perspectiva da actividade bancária, cfr. FERREIRA, ANTÓNIO PEDRO A., *Direito Bancário*, 2.ª ed., Lisboa, 2009, p. 43 e s.

magia, mas antes sofreu um longo processo evolutivo, naturalmente assinalado por ocorrências marcantes ao longo dos tempos.

E se algumas certezas se podem sedimentar em torno do tema, uma delas respeita ao facto de todas as ocorrências da história do seguro terem tido sempre a ver com a necessidade, sentida desde muito cedo pelo ser humano, de encontrar mecanismos de distribuição do risco[2].

Afigura-se que tudo terá sido despoletado pela natural necessidade do ser humano de prevenir o desconhecido e, por essa via, sedimentar as primeiras formas de especulação e de beneficência, de tal modo se explicando o aparecimento de mecanismos de financiamento das expedições comerciais ou, por outro lado, de protecção de certas categorias de pessoas tendencialmente mais desprotegidas[3].

Não cabendo, aqui, historiar o processo evolutivo do seguro, estas referências introdutórias pretendem, ainda assim, realçar o facto de esta

---

[2] Para um aprofundamento do tema e a título de referência bibliográfica indicativa podem citar-se: ALMEIDA, J. C. MOITINHO DE, *O Contrato de Seguro no Direito Português e Comparado*, Lisboa, 1971, p. 5 e ss.; BERNSTEIN, PETER L., *Against the Gods. The Remarkable Story of Risk*, New York, 1998; CASSANDRO, GIOVANNI, *Assicurazione. I – Premessa storica*, Enc. Dir., III, Milano, 1958, p. 420 e ss.; CHAUFTON, ALBERT, *Les Assurances. Leur passé, leur présent, leur avenir*, I, Paris, 1884, p. 347 e ss.; DE SIMONE, ENNIO, *Breve Storia delle Assicurazioni*, Milano, 2003 (Ristampa); DONATI, ANTIGONO, *Trattato del Diritto delle Assicurazioni Private*, I, Milano, 1952, p. 53 e ss.; HAMON, GEORGES, *Histoire Générale de l'Assurance en France et a l'Étranger*, Paris, 1895/1896, p. 17 e ss.; HÉMARD, JOSEPH, *Théorie et pratique des assurances terrestres*, I, Paris, 1924, p. 139 e ss.; LEFORT, J., *Traité Theorique et Pratique du Contrat d'Assurance sur la Vie*, I, Paris, 1894, p. 31 e s.; MACCARINI, VITTORIO RICCI, *Trattato Teórico-Pratico delle Assicurazioni Vita e del Ramo Vita*, Milano, 1934, p. 25 e ss.; MANES, ALFRED, *Outlines of a General Economic History of Insurance*, JBusUnivChic, 1942, 15 (1), p. 30 e ss.; MOTA, FRANCISCO GUERRA DA, *O Contrato de Seguro Terrestre*, 1.º, Porto, s. d., p. 9 e ss.; O'DONNELL, TERENCE, *History of life insurance in its formative years*, Chicago, 1936; PIEDADE JÚNIOR, J., *Um Resumo da história do Seguro*, Lisboa, 1951; RIBEIRO, AMADEU CARVALHAES, *Direito de Seguros. Resseguro, Seguro Direto e Distribuição de Serviços*, São Paulo, 2006, p. 7 e ss.; SOUTO, ALBERTO, *Evolução histórica do Seguro*, Coimbra, 1919; TRENERRY, C. F., *The Origin and Early History of Insurance Including the Contract of Bottomry*, London, 1926; VILELA, ÁLVARO DA COSTA MACHADO, *Seguro de vidas (Esboço historico, economico e juridico)*, Coimbra, 1898, p. 17 e ss.; VIVANTE, CESARE, *L'assicurazione delle cose. Evoluzione storica*, ArchGiur. XXXII, 1884, p. 80 e ss.

[3] Com efeito, «la Asociación mutua de numerosas personas, debida al espíritu natural de recíproca asistencia, se pierde en la noche de los tiempos, y podemos afirmar que ella nace como un fenómeno normal de la humanidad» – FÉLIX MORANDI, JUAN CARLOS, «Génesis, formación y conclusión del contrato de seguro», *RJAS*, 1992, 21/22, p. 55 e ss.

actividade assumir uma natureza profundamente dinâmica, em função da qual a respectiva estrutura interna vai sendo determinada pelas circunstâncias vigentes em cada momento histórico. Bem à semelhança, afinal de contas, do que se passa com os demais vectores integrantes do sistema financeiro.

Um bom exemplo do que fica dito é proporcionado pela transformação funcional que a actividade seguradora tem conhecido, especialmente a partir dos finais da década de 1970, em termos de estrutura e objecto.

Num certo sentido, ficou para trás a realidade clássica de uma divisão óbvia da actividade financeira em três partes (banca, seguros e investimento), qual Gália a que se referia Júlio César na abertura do Livro I dos *Commentariorum De Bello Gallico*[4]. A nova realidade passou a pautar-se pelo aparecimento de novos actores, pelo esbatimento das fronteiras funcionais e pela intercomunicabilidade dos mercados nacionais em contexto cada vez mais global.

O acesso à actividade seguradora e o respectivo exercício passaram a concretizar-se num ambiente até então desconhecido, cuja definição tem vindo a ser profundamente influenciada por um amplo conjunto de factores[5]:

A *desespecialização*, que se apresenta como uma manifestação de acolhimento da recente e acentuada tendência para a combinação entre produtos bancários e produtos de seguros.

A *desregulamentação*, que pretende traduzir uma redefinição do enquadramento funcional da indústria de serviços financeiros, em geral, para melhor enfrentar a globalização dos mercados e criar uma plataforma reguladora comum entre os diversos países.

---

[4] «Gallia est omnis divisa in partes tres, quarum unam incolunt Belgae, aliam Aquitani, tertiam qui ipsorum lingua Celtae, nostra Galli appellantur».

[5] Sobre a relevância destes factores na evolução das estruturas seguradoras actuais, cfr. CUMMINS, J. DAVID / VENARD, BERTRAND, «International Insurance Markets: Between Global Dynamics and Local Contingencies – An Introduction», em CUMMINS, J. DAVID / / VENARD, BERTRAND (Ed.), *Handbook of International Insurance. Between Global Dynamics and Local Contingencies*, New York, 2007, pp. 1 e 17 e ss.; também GENETAY, NADEGE / MOLYNEUX, PHILIP, *Bancassurance*, Houndmills, 1998, p. 221 e ss.; STEINHERR, ALFRED, «Financial Innovation, Internationalization, Deregulation and Market Integration in Europe: Why Does It All Happen Now?», em FAIR, DONALD E. / DE BOISSIEU, CHRISTIAN (Ed.), *Financial Institutions in Europe under New Competitive Conditions*, Dordrecht, 1990, p. 49 e ss.

A *integração dos serviços financeiros*, que visa possibilitar a entidades integradas num dos três principais sectores financeiros a produção ou distribuição de um produto ou serviço normalmente associado a outro dos sectores financeiros.

A *internacionalização*, que vem impondo a construção de um sistema que assegure uma adequada coordenação das políticas de supervisão, com vista ao reforço dos sistemas seguradores internacionais e ao afastamento das distorções de concorrência.

A *intensificação da concorrência*, que tem obrigado a indústria seguradora a deixar de estar essencialmente focada nos produtos e a levar em maior consideração as reais necessidades da clientela.

O *comércio electrónico*, cuja evolução permite visualizar melhorias de eficiência, a nível interno e externo: naquele, proporcionando a redução de custos de gestão e uma melhor utilização dos recursos disponíveis, por parte das empresas seguradoras; neste, permitindo reduzir o valor das comissões pagas aos agentes intermediários.

O reforço da relevância da indústria seguradora na *manutenção da estabilidade financeira sistémica*, que se apresenta como corolário lógico da sedimentação dos relacionamentos de alternância e complementaridade entre as actividades bancária e seguradora.

Finalmente, e a um nível geograficamente mais restrito, o fenómeno da *União Europeia*, abarcando os planos distintos da sedimentação das liberdades, da construção da União Económica e Monetária e do reforço dos requisitos de capital.

A análise mais circunstanciada de cada um destes aspectos vai permitir obter uma visão abrangente do estado da arte, relativamente à concretização prática de actuação no contexto segurador, inquestionavelmente encarado como uma das manifestações essenciais da realidade multifuncional que constitui o sistema financeiro.

3. A desespecialização

Pode-se afirmar com alguma segurança que o fenómeno da desespecialização é uma consequência directa e necessária da tendência de combinação entre produtos bancários e produtos de seguros, presente nos sistemas financeiros, de forma mais ou menos generalizada, a partir da década de 1980.

Importa, contudo, salientar que tal fenómeno tem aproveitado de forma mais sistemática e estruturada às entidades bancárias, não se verificando uma tendência acentuada para concretizar uma efectiva expansão das entidades seguradoras para o comércio bancário: se, cada vez mais, os bancos vendem seguros, já a inversa parece não retratar fielmente a realidade dos factos, por se apresentar ainda de forma incipiente uma concreta comercialização de produtos bancários por parte das seguradoras[6].

A tendência para fundir os produtos bancários e de seguros é, afinal de contas, motivada por uma ideia geral de «finança global», na perspectiva de que tais produtos, embora revelando substanciais diferenças entre si[7], tanto constituem alternativas próximas como se complementam directamente[8].

Uns e outros tratam do risco, mas podem desdobrar-se em abordagens diferenciadas: os seguros de vida constituem aplicações alternativas de poupança; outros produtos de seguros complementam os produtos bancários tradicionais, como seja o caso, por exemplo, do financiamento da aquisição de bens imóveis ou de veículos automóveis, acompanhado pela subsequente contratação dos seguros respectivos.

Importa salientar que os incentivos à participação dos bancos na actividade seguradora têm crescido acentuadamente e a respectiva penetração substancialmente facilitada, até a ponto de as restrições à participação no capital de outras empresas, por parte dos bancos, ser apenas aplicável ao sector não-financeiro da economia.

A este respeito, as soluções vigentes nos ordenamentos jurídicos português e italiano constituem exemplos elucidativos:

No caso português, a ideia está plasmada no n.° 6 do artigo 100.° e no n.° 3 do artigo 101.° RGICSF, onde se determina que as regras fixadas a propósito das relações das participações com os fundos próprios das sociedades participantes e das relações das participações com o capital das sociedades participadas, respectivamente, não são aplicáveis às

---

[6] GENETAY, NADEGE / MOLYNEUX, PHILIP, *Bancassurance*, cit., p. 231 e ss.

[7] Salientando tais diferenças, cfr. GENETAY, NADEGE / MOLYNEUX, PHILIP, *Bancassurance*, cit., p. 5; SANTOMERO, ANTHONY M., «Insurers in a Changing and Competitive Financial Structure», *JRI*, 64/4, 1997, p. 727 e ss.; SAUNDERS, ANTHONY / WALTER, INGO, *Universal Banking in the United States*, New York, 1994, especialmente p. 132 e ss.

[8] GENETAY, NADEGE / MOLYNEUX, PHILIP, *Bancassurance*, cit., p. 6 e ss.; STEINHERR, ALFRED, *Financial Innovation, Internationalization, Deregulation and Market Integration in Europe: Why Does It All Happen Now?*, cit., p. 60.

participações noutras entidades financeiras, em geral, nomeadamente em empresas de seguros.

Contudo, as CAEASR nada dispõem em especial no sentido inverso, isto é, relativamente à participação de empresas seguradoras no capital social de instituições de crédito. Deste modo, deverá ser aqui seguido o regime geral constante dos artigos 102.° e seguintes RGICSF, relativo à comunicação ao Banco de Portugal das participações qualificadas, nomeadamente para efeitos de apreciação da idoneidade dos respectivos detentores (artigo 103.°).

No caso italiano, o *TUBancario* dispõe, no artigo 19, n.° 6, que

«I soggetti che, anche attraverso società controllate, svolgono in misura rilevante attività d'impresa in settori non bancari né finanziari non possono essere autorizzati ad acquisire partecipazioni quando la quota dei diritti di voto complessivamente detenuta sia superiore al 15 per cento o quando ne consegua, comunque, il controllo della banca. A tali fini, la Banca d'Italia individua i diritti di voto e gli altri diritti rilevanti»[9]; por seu turno, a participação dos bancos noutras entidades está, em princípio, permitida, podendo, assim, ficar sujeita a especiais controlos por parte da *Banca d'Italia*, visando salvaguardar a supervisão em base consolidada (no caso de participações em empresas financeiras e de serviços auxiliares) e a contenção de riscos (no caso de participações em empresas não-financeiras)[10].

Já o artigo 79, n.° 1, *CAP* dispõe que «l'impresa di assicurazione e di riassicurazione, con il patrimonio libero, può assumere partecipazioni, anche di controllo, in altre società ancorché esercitino attività diverse da quelle consentite alle stesse imprese».

Este preceito veio colocar um ponto final na divergência de entendimentos que a anterior formulação, constante do artigo 4, n.° 1, da *Legge 9 gennaio* 1991, n.° 20, vinha suscitando, ao determinar que «Le imprese e gli enti assicurativi non possono assumere partecipazioni di controllo in altre società quando queste esercitino attività diverse da quelle consentite

---

[9] A regulação desta matéria é complementada pela *Circolare* n.° 229, de 21 de Abril de 1999 (sucessivamente actualizada), inserida nas *Istruzioni di Vigilanza per le banche* (em www.bancaditalia.it/vigilanza/banche/normativa/disposizioni/istrvig/istr_vig_99_12a.pdf).

[10] Sobre esta matéria, cfr. a *Deliberazione n. 276, Partecipazioni detenibili dalle banche e dai gruppi bancari*, de 29 de Julho de 2008, do CICR – Comitato Interministeriale per il Credito ed il Risparmio.

alle stesse imprese di assicurazione»: para uns, a lei permitia expressamente às empresas seguradoras a aquisição de participações de controlo no capital social dos bancos, por entenderem que a actividade seguradora seria conexa da actividade bancária[11]; para outros, a referida disposição apenas permitia às empresas seguradoras assumirem posição de controlo em sociedades cujo objecto fosse uma actividade que as próprias seguradoras pudessem directamente exercer, concluindo, assim, pela impossibilidade de as seguradoras assumirem posição de controlo em bancos[12].

Pelo lado das seguradoras, no entanto, esta mesma estratégia de diversificação tem enfrentado um processo de consolidação bastante mais lento, tendo, aliás, começado por se revelar uma opção menos atractiva, considerando as ordens de problemas suscitadas: por um lado, o aumento do risco operacional para as seguradoras, derivado da combinação de produtos de seguros com empréstimos comerciais, apesar do substancial acréscimo do retorno operacional global que tal combinação pode representar; por outro lado, as dificuldades organizacionais que uma ampla e diversificada empresa de seguros implica, situação em que as vantagens são ensombradas pelo aumento exponencial dos custos operativos de uma organização estruturalmente mais complexa[13].

Embora os objectivos visados com as diferentes estratégias de interpenetração funcional entre a actividade bancária e a actividade seguradora fossem claramente identificáveis (uma combinação ideal entre a capacidade de distribuição dos bancos e a capacidade de criação de novos e sofisticados produtos financeiros das seguradoras), a sua gestão tendia a revelar-se muito complicada, a vários níveis, seja pela profunda divergência de filosofias e culturas organizacionais, seja pela tendência de «canibalização» dos produtos tradicionalmente bancários, em favor da reconhecida experiência das seguradoras para desenhar produtos financeiros complexos[14].

---

[11] MARANO, PIERPAOLO, «"Bancassicurazione"» e procedure per l'autorizzazione all'acquisto di partecipazione: verso una semplificazione?», *DBMF*, XI/1, 1997, p. 78 e ss.

[12] NIGRO, ALESSANDRO, «L'integrazione fra l'attività bancaria e l'attività assicurativa: profili giuidici», *DBMF*, XI/2, 1997, p. 187 e ss.

[13] SCORDIS, NICOS A. / SCHELLHORN, CAROLIN D. / BARRESE, JAMES, «Insurers' Expansion into Banking: Thrifts and Benefits from integration», *RevBusiness*, 23, 2002, p. 49 e ss.; no mesmo sentido, cfr. KATRISHEN, FRANCES A. / SCORDIS, NICOS A., «Economies of Scale in Services: A Study of Multinational Insurers», *JIBS*, 29, 1998, p. 307 e ss.

[14] Neste sentido, CANALS, JORDI, *Universal Banking. International Comparisons and Theoretical Perspectives*, Oxford, 1997, p. 156.

Certa parece ser, portanto, a intenção geral de ter começado por permitir aos bancos o acesso a mercados crescentes de poupança e de seguro social, aproveitando a necessidade de complementar com produtos de seguros específicos os sobrecarregados sistemas de segurança social, exclusivamente financiados através de recursos fiscais e agora chamados a responder às solicitações de uma população idosa cada vez mais numerosa. Neste contexto se entende o aumento significativo, verificado nas últimas três a quatro décadas, da quota de poupança investida em seguros e fundos de pensões, em detrimento da quota destinada a produtos bancários[15].

Tal não significa, no entanto, que as potencialidades de negócio sugeridas por estratégias de diversificação adequadamente estruturadas, tenham deixado de suscitar um interesse sério por parte dos agentes seguradores. A implementação do denominado modelo de *assurbanking* é, como adiante melhor se verá[16], exemplo eloquente das sólidas raízes criadas pela concretização prática da integração funcional de produtos financeiros, agora também na perspectiva da actividade seguradora, para a mesma representando uma opção consistente de gestão negocial.

4. A desregulamentação

Ao denominado *princípio da separação* entre o negócio bancário e o negócio segurador foi dispensado, durante muito tempo, um acolhimento notório por parte das entidades reguladoras[17], em boa verdade como resultado directo da «grande depressão» da década de 1930. Em consequência, a penetração internegocial nos serviços financeiros foi alvo de um enquadramento regulamentar estrito, fundamentalmente visando a regulação relativa à produção (de produtos de seguros pelos bancos e de produtos bancários pelas seguradoras), à distribuição (de produtos bancários e de seguros) e à posse de um banco ou de uma seguradora, respectivamente (constituição, *ex novo*, de uma entidade pela outra ou aquisição, por uma delas, de uma parte de capital social da outra).

---

[15] BRÖKER, G., *Competition in Banking*, Paris, 1989, p. 21; HOSCHKA, TOBIAS C., *Bancassurance in Europe*, London, 1994, p. 30 e ss.; STEINHERR, ALFRED, *Financial Innovation, Internationalization, Deregulation and Market Integration in Europe: Why Does It All Happen Now?*, cit., p. 60.

[16] Cfr. *infra*.

[17] Sobre esta questão, desenvolvidamente, HOSCHKA, TOBIAS C., *Bancassurance in Europe*, cit., p. 7 e ss., com referências bibliográficas.

Neste mesmo contexto, por outro lado, se enquadrou o aumento das restrições regulatórias nacionais, visando dificultar o acesso aos respectivos mercados financeiros por parte de seguradoras estrangeiras, situação esta que conduziu a um decréscimo acentuado, entre 1968 e 1982, da actividade internacional exercida por seguradores primários. A discriminação dos seguradores estrangeiros passava por serem alvo da imposição de requisitos de capital mais elevados, da aplicação de impostos agravados, do impedimento do acesso à actividade resseguradora ou, ao invés, da limitação das suas actividades apenas ao resseguro, ou da total proibição de exercício da actividade seguradora nos países considerados[18].

Esta ideia sobre a necessidade de uma especial regulamentação das actividades relacionadas com serviços financeiros, em geral, assentava em dois argumentos económicos fundamentais[19]:

Por um lado, no facto de a natureza dos produtos financeiros ser especialmente complexa e, por vezes, apenas em momento posterior ser possível descortinar as reais qualidades das respectivas concretizações[20]. De tal se inferia uma assimetria de informação entre os fornecedores dos serviços financeiros e os consumidores (em boa verdade, uma situação semelhante à que se verifica no caso de produtos novos ou em fase experimental, acerca dos quais a informação imperfeita dos consumidores a respeito das respectivas qualidades apenas será suprida através de experimentação), podendo conduzir a problemas relacionados com o risco moral (*moral hazard*)[21], facto este frequentemente apontado como justificação de uma intervenção regulatória ao nível da protecção dos consumidores.

---

[18] CARTER, ROBERT L. / DICKINSON, GERARD M., *Barriers to Trade in Insurance*, London, 1979, especialmente p. 7 e ss.; PFEFFER, IRVING, «Problems in International Insurance Markets», em LONG, JOHN D. (Ed.), *Issues in Insurance*, II, Malvern, PA, 1978, p. 371 e ss.; SCORDIS, NICOS / KATRISHEN, FRANCES, *The Changing International Insurance Industry*, cit., p. 132 e ss.; SWISS RE, «Changes in the international insurance structure», *Sigma*, 7/1983, p. 7 e ss.; SKIPPER, HAROLD D., «Protectionism in the provision of international insurance services», *JRI*, 54/1, 1987, pp. 60 e 65 e ss.

[19] Cfr. HOSCHKA, TOBIAS C., *Bancassurance in Europe*, cit., p. 14.

[20] NELSON, PHILLIP, «Information and Consumer Behaviour», *JPE*, 78/2, 1970, p. 311 e ss.; SHAPIRO, CARL, «Optimal pricing of experience goods», *BJE*, 14/2, 1983, p. 497 e ss. Também, DARBY, MICHAEL R. / KARNY, EDI, «Free Competition and the Optimal Amount of Fraud», *JLE*, 16/1, 1973, p. 67 e ss., cuja análise enfoca especialmente o problema-chave do fornecimento conjunto de diagnóstico e serviços (como acontece, por exemplo, na escolha e execução de uma reparação automóvel), mas acabam por concluir que o modelo desenvolvido apresenta uma aplicabilidade generalizada.

[21] STIGLITZ, J. / WEISS, A., «Credit rationing in markets with imperfect information»,

Por outro lado, a referida ideia sobre a necessidade de uma especial regulamentação dos serviços financeiros fundava-se na necessidade de assegurar a estabilidade sistémica e prevenir contágios derivados de corridas às instituições financeiras[22].

Contudo, foi-se progressivamente sedimentando a ideia de que os objectivos visados pela regulamentação apertada dos serviços financeiros, nomeada e especialmente a estabilidade financeira, podiam ser mais facilmente assegurados através de enquadramentos mais flexíveis e estrategicamente dirigidos aos elementos fundamentais a atender: por exemplo, assegurando a solidez das bases de capital das instituições financeiras e a efectiva disponibilização de mecanismos de salvaguarda em caso de insolvência, no contexto das figuras do prestamista de último recurso (*lender of last resource*), normalmente desempenhada pelos bancos centrais; ou reforçando os mecanismos da garantia de depósitos.

Passou a ser, por outro lado, dispensada uma maior atenção ao facto de a reserva estrita quanto à penetração internegocial entre bancos e seguradoras estar em profundo contraste com a postura adoptada relativamente a outras indústrias, nas quais a penetração intersectorial é, normalmente, encarada de forma neutra pelas autoridades reguladoras, pelas potencialidades que apresenta em termos de incremento da concorrência, de pressão nos preços e de crescimento do consumo. A perspectiva de verificação de tais benefícios, no contexto dos serviços financeiros, em resultado de um afrouxamento das barreiras regulatórias à interpenetração sectorial, passou a constituir um dado digno de consideração séria por parte das autoridades reguladoras.

A partir da década de 1980 concretizou-se, então, uma tendência no sentido da atenuação das barreiras que separavam o exercício das actividades bancária e seguradora.

Começou a tomar forma um processo de *desregulamentação*, entendido como um fenómeno de reacção ao, supostamente, exagerado intervencionismo do Estado na fixação de regras, restrições e limitações ao

---

AER, 71, 1981, p. 393 e ss.; ARNOTT, RICHARD J. / STIGLITZ, JOSEPH E., «The basic analytics of moral hazard», *NBER*, 2484, 1988, p. 4 e ss.

[22] DIAMOND, DOUGLAS W. / DYBVIG, PHILIP H., «Bank Runs, Deposit Insurance, and Liquidity», *JPE*, 91/3, 1983, p. 401 e ss.; JACKLIN, CHARLES J. / BHATTACHARYA, SUDIPTO, «Distinguishing Panics and Information-based Bank Runs: Welfare and Policy Implications», *JPE*, 96/3, 1988, p. 568 e ss.; KAUFMAN, GEORGE G., «The Truth about Bank Runs», em ENGLAND, CATHERINE / HUERTAS, THOMAS (Ed.), *The Financial Services Revolution. Policy Directions for the Future*, Boston, 1988, p. 21 e s.

livre exercício da actividade económica em geral, preferindo-lhe o sistema de um puro funcionamento das regras de mercado[23].

Na origem directa de tal processo terá estado a crescente internacionalização dos sectores não-financeiros da economia e a obsolescência das regulações financeiras existentes. Esta última razão terá, mesmo, induzido as entidades bancárias a concentrarem os seus esforços de inovação na tentativa de contornar tais regulações[24].

A grande aposta foi feita, decididamente, na dinamização de um maior espírito concorrencial, com as inerentes vantagens daí resultantes, para o sistema e para todos os que nele intervêm. As palavras de ordem passaram a ser o afrouxamento das restrições impostas no âmbito dos serviços financeiros, a adopção de posturas pró-competitivas pelas autoridades reguladoras e a liberalização dos fluxos de capital internacional[25].

Do mesmo passo, contudo, a necessidade de assegurar um efectivo controlo sobre os mercados financeiros levou a que as autoridades reguladoras repensassem as respectivas aproximações a esta questão e o acento tónico da matéria passasse a ser colocado no reforço dos mecanismos de supervisão e controlo da actividade bancária, fundamentalmente tendo em vista o adequado acompanhamento da respectiva internacionalização.

---

[23] «A trend to relax the regulation of rules governing various aspects of commerce that began gradually and later accelerated. Deregulation is rooted in both politics and the rebirth of free enterprise economics. There was an underlying perception that an unfettered private sector could improve upon rigorous systems of governmental control» – GART, ALAN, *Regulation, Deregulation, Reregulation. The Future of the Banking, Insurance, and Securities Industries*, New York, 1994, p. 394 e ss.; também, GILLESPIE, JAMES, *Financial Services Liberalization in the World Trade Organization*, Harvard Law School, 2000, p. 4 e ss.

[24] STEINHERR, ALFRED, *Financial Innovation, Internationalization, Deregulation and Market Integration in Europe: Why Does It All Happen Now?*, cit., p. 49 e ss.

[25] De facto, assumiu-se a conclusão de que o incremento da concorrência no seio do sistema financeiro prestava um contributo decisivo para o aumento da melhoria da sua eficiência e do seu funcionamento: «There is a wide measure of agreement amongst the authorities of OECD countries that policies toward improving the efficiency and the functioning of financial systems should essentially be implemented through competition policies aiming at increasing the scope for adequate price competition, product and service competition and territorial competition» – BRÖKER, G., *Competition in Banking*, cit., p. 79.

No mesmo sentido, sublinhando o facto de o aumento da concorrência bancária, em especial, desenvolver a eficiência do sistema financeiro, a qual, por sua vez, desenvolve o desempenho macroeconómico, cfr. SMITH, R. TODD, «Banking Competition and Macroeconomic Performance», *JMCB*, 30/4, 1998, p. 793 e ss.

De facto, esta internacionalização impôs a construção de um sistema que assegurasse uma adequada coordenação das políticas de supervisão bancária, tendo em vista o reforço do sistema bancário internacional e o afastamento das distorções de competitividade. É nesse enquadramento que se compreendem as iniciativas do Banco de Pagamentos Internacionais (*Bank for International Settlements – BIS*), ao nível da fiscalização numa base consolidada da adequação do capital dos bancos (1978) e da definição de um conjunto de regras de adequação do capital dos bancos em função de critérios de risco, que passaram a vigorar nos principais países industrializados (*Acordo de Adequação de Capital*, 1988)[26].

Também no que especificamente se reporta à construção de um sistema internacional de comércio de seguros devidamente liberalizado, os argumentos de sinal positivo foram marcantes, embora sujeitos à imperiosa necessidade de as autoridades consolidarem medidas de adequada protecção dos consumidores. Os mercados nacionais de seguros têm continuado, à volta do mundo, a afastar-se do modelo isolacionista tradicional, aceitando a ideia de que os interesses económicos nacionais são melhor protegidos através de uma maior concorrência e de que essa maior concorrência sairá beneficiada pela intervenção de seguradoras estrangeiras[27].

A desregulamentação traduziu, pois, uma redefinição do enquadramento funcional da indústria de serviços financeiros, visando enfrentar a globalização dos mercados e criar uma plataforma reguladora comum entre os diversos países: os bancos utilizaram a inovação dos produtos financeiros como forma de escapar a um apertado e desadequado controlo regulamentar, mas os reguladores tentaram reassumir o controlo sobre os mercados financeiros através de medidas liberalizadoras, acompanhadas por um reforço das regras prudenciais.

O ambiente financeiro passou, assim, a ser caracterizado por uma liberdade estrutural das instituições, acompanhada pela sua sujeição a apertados regimes de adequação de capital e de outras regras prudenciais, numa situação de desregulamentação estrutural e de re-regulamentação supervisora: «The former refers to the liberalisation of financial markets – the

---

[26] Para uma análise mais desenvolvida desta questão e suas evoluções subsequentes, cfr. FERREIRA, ANTÓNIO PEDRO A., *Direito Bancário*, cit., p. 49 e s., com indicação bibliográfica.
[27] SKIPPER, HAROLD D. / KWON, W. JEAN, *Risk Management and Insurance. Perspectives in a Global Economy*, Malden, MA, 2007, p. 80.

breakdown in demarcation lines between particular business areas. The latter refers to the fact that, if one allows financial institutions to undertake business activities in areas which are new to them, they must do so in a safe and proper manner, hence increased supervisory requirements»[28].

A consequência mais imediata deste processo de desregulamentação estrutural concretizou-se na progressiva e cada vez mais acentuada consolidação da integração dos serviços financeiros: em processo iniciado por via bancária, através do denominado modelo de *bancassurance*; em face do que a indústria seguradora tem vindo a desenhar estratégias de reacção, através do denominado modelo de *assurbanking*; mas com um desenvolvimento evolutivo constante, que já indicia soluções no sentido da emergente «finança global» (*all finance*), de que os conglomerados financeiros constituem exemplo eloquente.

5. A integração dos serviços financeiros

A actividade seguradora tem enfrentado, especialmente ao longo dos últimos trinta anos, uma acentuada concorrência de outros intermediários financeiros, fundamentalmente corporizada em torno de uma ideia de diversificação funcional.

Tal ideia, desenvolvida num processo também denominado de *difusão estrutural*, mediante o entrosamento de sectores cujo campo de intervenção estava anteriormente bem definido e segmentado (bancário e segurador), constitui, de alguma forma, uma vertente do já mencionado processo mais amplo de desregulamentação dos sectores financeiros, com o vincado objectivo de reforço da eficiência, através da redução de preços e de custos, bem como do desenvolvimento de mais e melhor inovação de produtos disponibilizados à clientela[29].

Em termos gerais, pode afirmar-se que a concretização prática do processo tem evoluído no sentido de uma cada vez maior integração dos serviços financeiros, entendendo-se como tal a produção ou distribuição de um produto ou serviço financeiro normalmente associado a um dos três principais sectores financeiros, por uma entidade integrada noutro sector

---

[28] GENETAY, NADEGE / MOLYNEUX, PHILIP, *Bancassurance*, cit., p. 224.

[29] Cfr. BROWN, Z. M. / GARDENER, E. P. M., *Bancassurance and european banking strategies: an exploratory analysis using DEA of the concept and treatment of 'relative efficiency'*, Bangor, 1995, p. 1.

financeiro, podendo tal integração ocorrer ao nível do fornecimento, da produção ou do aconselhamento[30].

A integração dos serviços financeiros através da produção dá-se quando a uma entidade de um sector financeiro é permitido criar e comercializar produtos contendo elementos característicos de produtos de outro sector de serviços financeiros – é o caso, por exemplo, dos seguros de renda associados a fundos de investimento (*unit-linked annuities*) e dos seguros de vida variáveis (modalidade de seguro de vida orientada para o investimento, que proporciona um rendimento conexionado com uma dada carteira de valores mobiliários que lhe está subjacente), produtos que combinam características de seguro e de valores mobiliários.

A integração a nível consultivo, por sua vez, não implica qualquer convergência pelo lado do fornecimento, nem mesmo uma cooperação, uma vez que se traduz na simples prestação de um serviço de aconselhamento, por exemplo visando proporcionar à clientela opções multifacetadas em termos de serviços financeiros – o exemplo típico de tal integração é proporcionado pelos serviços de intermediação de seguros ou de corretagem.

Ainda assim, maior atenção justifica a integração ao nível do fornecimento, por ser este o nível que apresenta uma maior riqueza conceptual e uma maior densidade dogmática, atendendo à diversidade de que se reveste, em termos de estruturação de procedimentos.

Disso mesmo dá uma primeira nota o facto de ser um processo que tem assumido designações diversas (*bancassurance, assurbanking, Allfinanz, assurfinance, financial services*), as quais, reportando-se à mesma realidade conceptual e tendo mesmo, genericamente, aparecido em simultâneo, chegaram a desenvolver especificidades que justificam alguma autonomização[31].

---

[30] BERGER, ALLEN N., «The Integration of the Financial Services Industry: Where Are the Efficiencies?», *NAAJ*, 4/3, 2000, p. 26 e ss.; DANIEL, JEAN-PIERRE, «The Integration of Financial Services in Europe», *NAAJ*, 4/3, 2000, p. 53 e ss.; SKIPPER, HAROLD D. / / KWON, W. JEAN, *Risk Management and Insurance. Perspectives in a Global Economy*, cit., p. 656 e ss.; ST. JACQUES, BOB, «Integration of Financial Services: A Canadian Perspective», *NAAJ*, 4/3, 2000, p. 111 e ss.

[31] Assim, BERGENDAHL, GÖRAN, *Allfinanz, Bancassurance, and the Future of Banking*, Bangor, 1994, p. 1 e ss.; no mesmo sentido, BANZ, OLIVER, *Rechtsprobleme der Allfinanz. Unter besonderer Berücksichtigung des Alternativen Risiko Transfers (ART)*, Zürich, 1999, p. 1; DINAUER, JOSEF, *Allfinanz. Grundzüge des Finanzdienstleistungsmarkts*, München, 2001, p. 1; GADDUM, JOHANN WILHELM, *Allfinanz*, ZKW 1989, p. 710 e ss.; GIES,

Dado ter sido já, noutros locais, analisada a abordagem da integração dos serviços financeiros segundo a perspectiva bancária (*bancassurance*)[32] e segundo o emergente conceito de «finança global» (*all finance*), no contexto dos conglomerados financeiros[33], a exposição subsequente vai centrar-se na análise da questão segundo a perspectiva seguradora, no âmbito do denominado modelo de *assurbanking*.

5.1. O modelo de *assurbanking*

O modelo de concretização da integração dos serviços financeiros denominado *assurbanking*[34], pode ser definido como o processo de venda de produtos bancários por empresas seguradoras, através de canais de distribuição seguradores ou no quadro de estruturas comuns com empresas bancárias[35].

HELMUT, «Allfinanz – Angebot als Wettbewerbskonzept – Aus der Sicht eines Versicherungsunternehmens», em HEIN, MANFRED (Hrsg.), *Aktuelle Fragen des Wettbewerbs in der Bankwirtschaft – Berichte und Materialien*, Berlin, 1989, p. 47 e ss.; HAHN, HUGO J., *Allfinanz*, ZKW 1989, p. 712 e ss.; LEHMANN, AXEL P., «Financial Services: Veränderungen von Märkten, Leistungen und Unternehmen», em BELZ, CHRISTIAN / BIEGER, THOMAS (Hrsg.), *Dienstleistungskompetenz und innovative Geschäftsmodelle*, St. Gallen, 2000, p. 25; RAHLFS, CARSTEN, *Redefiniton der Wertschöpfungskette von Versicherungsunternehmen*, Wiesbaden, 2007, p. 1 e ss.; VAN DEN BERGHE, L. A. A., «Convergence in the financial services industry», em AA.VV., *Insurance Regulation and Supervision in the OECD Countries*, Paris (OECD), 2001, p. 182; SKIPPER, HAROLD D. / KWON, W. JEAN, *Risk Management and Insurance. Perspectives in a Global Economy*, cit., p. 656.

[32] Um desenvolvimento da perspectiva de *bancassurance* pode ser colhido em FERREIRA, ANTÓNIO PEDRO A., *Direito Bancário*, cit.

[33] Sobre os conglomerados financeiros e as especiais preocupações suscitadas pela respectiva supervisão, cfr. FERREIRA, ANTÓNIO PEDRO A., *Direito Bancário*, cit., p. 100 e s.; idem, *O Governo das Sociedades e a Supervisão Bancária – Interacções e Complementaridades*, Lisboa, 2009, p. 89 e ss.

[34] A designação é atribuída a JEAN CROOKS GORA, Directora de investigação da *LOMA – Life Office Marketing Association*, que a utilizou, pela primeira vez, num relatório intitulado *Bancassurance: Positioning for Affiliations. Lessons from Europe, Canada, and the United States*, Atlanta, 1997.

[35] ALMAÇA, JOSÉ ANTÓNIO FIGUEIREDO, *El Mercado ibérico de seguros. Retos y estrategias frente a la Unión Europea*, 1. reimp., Madrid, 2000, p. 157 e ss.; JUILLIARD, MARC-PHILIPPE / BRANCHEY, ALAIN, *Bancassurance or not Bancassurance*, FitchRatings, Feb. 2006, p. 1 e ss.; VAN DEN BERGHE, L. A. A., *Convergence in the financial services industry*, cit., pp. 183 e 192 e s.; WAGNER, HENRI, *Bancassurance et Assurbanque: un grand dessein pour l'Europe bancaire et financière?*, cit., p. 10.

O conceito não está ainda, contudo, devidamente estabilizado, pois outras definições, embora partindo da mesma ideia, não se cingem exclusivamente à distribuição e à vertente de cruzamento multissectorial, mas colocam o acento tónico na produção de produtos financeiros que, embora originados em cruzamentos sectoriais, no entanto abarcam a integração da produção, da gestão e dos direitos de controlo[36]. Ou chega, mesmo, a entender-se a ideia como tratando-se «... de services bancaires prestés par une banque, filiale d'une compagnie d'assurances au bénéfice des assurés de la compagnie»[37].

Este modelo tem-se assumido como o reverso do modelo de *bancassurance* ou, sob um outro prisma, como a contra-ofensiva da indústria seguradora à invasão do seu ambiente de negócio por parte das entidades bancárias.

Na origem desta reacção da indústria seguradora podem referenciar-se vários elementos relevantes:

De um lado, o crescimento da procura de produtos de seguros, especialmente no ramo vida, como consequência do aumento da esperança de vida humana e dos impactos por tal facto produzidos nos sistemas de previdência social, cada vez mais acossados pelo aumento dos encargos financeiros daí resultantes e pelo decréscimo do número de contribuintes. A situação assim desenhada sublinhou a insuficiência e a inadequação dos sistemas previdenciais tradicionais, sob responsabilidade estadual, e estimulou a procura de meios de previdência integrativa por parte dos cidadãos[38].

De outro lado, o aumento da maturidade financeira da clientela, cada vez mais exigente na procura de produtos financeiros diversificados[39],

---

[36] «*Assurbanking* is the process of an insurance company selling banking products manufactured by banking subsidiaries that are owned by the insurer» – YUAN, YUAN, *Financial Integration and Scope Efficiency Post Gramm-Leach-Bliley*, Atlanta, 2007, p. 11.

[37] DE GRYSE, BERNARD, *La bancassurance en mouvement*, Bruxelles, 2005, p. 2.

[38] Sobre esta questão, cfr. WARTH, WOLFGANG P., «Die weitere Entwicklung der Allfinanz und ihre Konsequenzen für Banken und Versicherungsunternehmen», em CORSTEN, HANS / HILKE, WOLFGANG (Hrsg.), *Integration von Finanzdienstleistungen. BankAssurance – AssuranceBanking – Allfinanz*, Wiesbaden, 1999, p. 126 e ss.

[39] Nesta vertente assumiu relevo especial a dinâmica gerada em torno da criação de novos produtos, denominados *border line*, congregando características de poupança, de investimento e de seguro – neste sentido, cfr. SCHÖNHEIT, GADI, «Analisi della domanda di prodotti assicurativi», em VARALDO, RICCARDO / TURCHETTI, GIUSEPPE (a cura di), *Profili evolutivi del marketing e della distribuzione assicurativa*, Milano, 2000, p. 118.

que reavivou o interesse por produtos de poupança a longo prazo e de alto rendimento, apresentando-se os produtos relacionados com seguros de vida como uma opção de interesse especial, dados os benefícios fiscais aos mesmos normalmente associados e a competitividade das respectivas taxas de juro a médio e longo prazos[40]. As perspectivas de crescimento deste nicho do mercado financeiro tornaram-no especialmente apetecível, obrigando as empresas seguradoras a enfrentaram o aumento exponencial da concorrência, não só por parte das suas próprias congéneres (nacionais e estrangeiras), mas, também, por parte de empresas classicamente alheadas deste tipo de negócio, de que os bancos constituem o exemplo de maior relevo, por via da implementação de uma estratégia negocial assente na *bancassurance*[41].

Este modelo de integração dos serviços financeiros representou um forte impacto na evolução do sector dos seguros, considerando as mudanças profundas que veiculou, tanto ao nível do equilíbrio das relações com a clientela como ao nível da estrutura dos canais distributivos tradicionais.

Se a estes factos se juntar a crescente internacionalização e concentração do exercício da actividade financeira, em geral, fica desenhado o pano de fundo genérico das mudanças estruturais, funcionais e organizativas que influenciaram decisivamente a postura das empresas seguradoras no exercício da respectiva actividade. Estas viram-se forçadas a encontrar estratégias competitivas que pudessem constituir uma resposta adequada às mudanças verificadas do lado da procura e do lado da oferta, agora essencialmente orientadas para a satisfação das necessidades da clientela, justificando a definição de novas formas de comunicação e de novos sistemas de oferta de produtos, bem como o desenvolvimento de estratégias inovadoras: as razões de ser, afinal de contas, do aparecimento de um modelo de exercício da actividade financeira com uma imagem de marca do sector segurador, de que a *assurbanking* constitui um exemplo assinalável.

---

[40] VAN DEN BERGHE, L. A. A., *Convergence in the financial services industry*, cit., p. 186.

[41] Sobre o impacto e a pressão competitiva exercidos pela *bancassurance* no sector dos seguros, cfr. SOLARI, LUCA, «L'evoluzione del settore assicurativo e l'impatto della bancassicurazione», em CIOCCARELLI, GABRIELE (a cura di), *La bancassicurazione. Il settore, le strategie e gli assetti organizzativi*, Milano, 1999, p. 18 e ss., que sublinha as cinco áreas-chave de impacto da concorrência no sector: fornecedores, clientes, produtores de bens substitutivos, potenciais novos concorrentes e outras empresas do sector.

Todavia e apesar de tudo, a situação de facto vem demonstrando que as empresas seguradoras têm desempenhado um papel menos relevante como agentes de produtos bancários, quando se compara o modelo em análise com o modelo inverso, muito melhor sucedido (pelo menos com especial relevo no ramo vida), de *bancassurance*[42].

O modelo de *assurbanking* continua a apresentar constrangimentos de relevo que, em síntese, se podem agrupar em duas grandes vertentes; uma, relativa às restrições reguladoras essenciais; e outra, respeitante às estruturas de distribuição[43].

No aspecto regulador, continua a verificar-se que os bancos podem comercializar produtos de seguros sem grandes barreiras regulatórias, o mesmo já não se verificando relativamente às seguradoras, que têm maiores dificuldades em atrair as poupanças do público ou em operar como instituições monetárias. Neste ponto concreto, assume especial relevância o facto de as instituições seguradoras não poderem, por exemplo, receber do público depósitos ou outros fundos reembolsáveis equiparáveis a depósitos[44].

No que se refere às estruturas de distribuição, vários factores de bloqueio têm sido identificados: as seguradoras são vítimas da sua falta de imagem enquanto fornecedoras de produtos bancários; não têm a mesma relação próxima com a respectiva clientela (os tomadores de seguros), que caracteriza a relação dos bancos com os seus clientes, uma vez que operam, em muitos países, através de redes independentes de agentes e corretores e não alcançam directamente, por isso, os respectivos clientes finais;

---

[42] Para um excurso sobre as razões de sucesso do modelo de *bancassurance*, das quais se podem destacar o relacionamento mais estreito com a clientela, a complementaridade de produtos de seguros com produtos bancários (caso das hipotecas como garantia de empréstimos, associadas a seguros de vida), a consciência de marca numa determinada região geográfica e a utilização maciça de novas tecnologias, cfr. CAPGEMINI / EFMA, *World Insurance Report 2008*, p. 36 e ss.; SWISS RE, «Bancassurance: emerging trends, opportunities and challenges», *Sigma*, 5/2007, p. 8.

[43] VAN DEN BERGHE, L. A. A., *Convergence in the financial services industry*, cit., p. 193; também, LEDOUBLE, ALEXANDRE / DUPONT, ERIC, «When French Insurers want to be Bankers», *FitchRatings*, Jul. 2006, p. 1, em conclusão assumida no contexto do sistema financeiro francês que, contudo, se pode tornar extensiva à generalidade dos sistemas europeus; LOWN, CARA S. / OSLER, CAROL L. / STRAHAN, PHILIP E. / SUFI, AMIR, «The Changing Landscape of the Financial Services Industry: What Lies Ahead?», *FRBNY Econ. Policy Rev.*, 6/4, 2000, p. 50.

[44] Sobre as figuras referidas, cfr. FERREIRA, ANTÓNIO PEDRO A., *Direito Bancário*, cit., pp. 663 e s. e 680 e s., respectivamente.

as redes bancárias são mais visíveis e melhor distribuídas no mercado; os agentes de seguros necessitam de ganhar uma maior experiência e motivação na venda de produtos bancários; e, finalmente, os bancos já possuem a arquitectura de tecnologias da informação necessária à distribuição de produtos de seguros (com especial enfoque no ramo vida), enquanto as seguradoras necessitam de construir, desde o início, uma arquitectura própria para o efeito inverso e, por isso, amortizar o inerente investimento em pesados sistemas de apoio de retaguarda para as suas operações bancárias.

O modelo de *assurbanking* continua, pois, a funcionar de forma algo incipiente, talvez por ainda se apresentar como «a new and relative immature business»[45] e, assim, manter em aberto a busca de novos caminhos de integração financeira, de que a denominada «finança global» (*all finance*) parece já constituir um indicador a ter em conta.

6. A internacionalização e a redefinição regulamentar

A internacionalização da actividade seguradora tem estado, inquestionavelmente, na ordem do dia e apresenta como corolário lógico uma globalização crescente dos mercados e uma mobilidade acrescida dos capitais e da clientela.

Para essa ocorrência muito têm contribuído as inovações tecnológicas ocorridas nos últimos anos, ao proporcionarem uma assinalável diminuição dos custos da informação e um aumento da sua velocidade de propagação.

O desenvolvimento do comércio internacional cada vez mais impõe que a actividade seguradora não conheça fronteiras físicas e as instituições têm de responder, de uma forma eficiente e capaz de satisfazer as exigências da clientela, aos desafios que lhes são assim colocados.

A necessidade, daqui resultante, de uma evolução sustentada no quadro económico, institucional e jurídico é óbvia, assumindo particular relevância as questões que podem ser suscitadas ao nível do controlo e da supervisão do exercício da actividade.

Com efeito, também a internacionalização da actividade seguradora tem vindo a impor a construção de um sistema que assegure uma adequada coordenação das políticas de supervisão, com vista ao reforço dos sistemas seguradores internacionais e ao afastamento das distorções de concorrência.

---

[45] CAPGEMINI / EFMA, *World Insurance Report 2008*, cit., p. 9.

Nesta questão da internacionalização justificam uma especial referência o Acordo Geral sobre o Comércio de Serviços (*General Agreement on Trade in Services – GATS*) e os denominados *Insurance Core Principles*.

6.1. O Acordo Geral sobre o Comércio de Serviços (*GATS*)

O *General Agreement on Trade in Services (GATS)*[46], concluído em 15 de Dezembro de 1993 (na localidade uruguaia de Punta del Este) e entrado em vigor em 1 de Janeiro de 1995, reveste-se de particular importância a vários títulos: por um lado, trata-se de um acordo genérico, com um campo de aplicação vastíssimo que cobre, tendencialmente, todos os sectores de actividade na área dos serviços; por outro lado, submete o comércio internacional de serviços, pela primeira vez, a um corpo de regras multilaterais e a um sistema de regulamentação de litígios organizado sob os auspícios da Organização Mundial de Comércio (OMC)[47].

O concreto domínio dos serviços financeiros foi, no âmbito do quadro geral estabelecido pelo GATS, complementado por um conjunto de disposições que lhe são especificamente aplicáveis[48]. A importância de tais disposições desdobra-se em duas vertentes:

---

[46] O conjunto formado por este acordo e por outros mais parcelares, regulando os aspectos essenciais do comércio internacional, bem como a criação da Organização Mundial de Comércio (OMSC, tornou-se possível pela ratificação do Acordo Geral sobre Tarifas e Comércio (*General Agreement on Tariffs and Trade – GATT*, originalmente concluído em 1947, em Genebra), culminando, como é sabido, as árduas negociações efectuadas no quadro do *Uruguay Round* (1986-1993) e assinado na reunião ministerial de *Marrakesh*, em Abril de 1994 – para uma visão geral do Acordo sobre Serviços, cfr. GILLESPIE, JAMES, *Financial Services Liberalization in the World Trade Organization*, cit., p. 6 e ss.; HOEKMAN, BERNARD, *Tentative First Steps. An Assessment of the Uruguay Round Agreement on Services*, Washington, DC, 1995, pp. 3, 8 e 19; MATTOO, AADITYA, «National Treatment in the GATS: Corner Stone or Pandora's Box?», *JWT*, 31, 1997, p. 107 e ss.; idem, «Financial Services and the WTO: Liberalisation Commitments of the Developing and Transition Economies», *World Economy*, 23/3, 2000, p. 351 e ss.; WOODROW, R. BRIAN, «The 1997 World Trade Organization Accord on Financial Services: Its Impact on and Implications for the World Insurance Industry», *The Geneva Papers*, 25/1, 2000, p. 78 e ss.

[47] MURINDE, VICTOR, «General Agreement on Trade in Services: Financial Services Issues: Part 1», *IBFL*, 14/3, 1995, p. 28.

[48] Cfr. SERVAIS, DOMINIQUE, «GATS: caractéristiques et conséquences de l'accord sur les services financiers», *RevBanque*, 2, 1997, p. 103 e ss.

De um lado, assumiram as especificidades do sector financeiro (como sejam as definições a adoptar e as excepções a consagrar) e, assim, completaram o sistema desenhado pelo Acordo.

Nesta vertente se coloca o Anexo relativo aos serviços financeiros, nele sendo de destacar a demarcação clara do direito que assiste aos Estados signatários de adoptarem medidas prudenciais que assegurem a integridade e a estabilidade do sistema financeiro e, também, a protecção dos investidores, dos depositantes, dos segurados e dos credores em geral, muito embora frisando que a desconformidade de tais medidas com as disposições do Acordo não poderá justificar o incumprimento destas (alínea a) do artigo 2.)[49].

De outro lado, visaram estabelecer compromissos específicos em matéria de serviços financeiros com base numa abordagem distinta da utilizada no Acordo em geral.

É aqui considerado o entendimento comum adoptado quanto aos compromissos relativos aos serviços financeiros (*FSU – Financial Services Understanding*). Este entendimento comum representou uma abordagem opcional de programação dos compromissos específicos, tendo sido utilizado pela maioria dos países da OCDE. Em vez da denominada abordagem «bottom-up», onde apenas os sectores listados eram sujeitos aos compromissos obrigatórios relativos ao acesso ao mercado e ao tratamento nacional, tal como definidos na programação inicial, o entendimento comum constituiu uma abordagem «top-down». Através dela, os membros que aceitaram programar com base no entendimento comum aceitaram, igualmente, um nível mais elevado de obrigações mínimas do que aquele enunciado nas disposições básicas do GATS[50].

De todo o modo, sendo o GATS um acordo genérico, deixou em aberto a concretização de soluções mais efectivas, em determinadas ma-

---

[49] «2. Domestic Regulation. a) Notwithstanding any other provisions of the Agreement, a Member shall not be prevented from taking measures for prudential reasons, including for the protection of investors, depositors, policy holders or persons to whom a fiduciary duty is owed by a financial service supplier, or to ensure the integrity and stability of the financial system. Where such measures do not conform with the provisions of the Agreement, they shall not be used as a means of avoiding the Member's commitments or obligations under the Agreement». Cfr. MURINDE, VICTOR, *General Agreement on Trade in Services: Financial Services Issues: Part 1*, cit., p. 28.

[50] Sobre esta questão cfr. GILLESPIE, JAMES, *Financial Services Liberalization in the World Trade Organization*, cit., p. 12; também SERVAIS, DOMINIQUE, *GATS: caractéristiques et conséquences de l'accord sur les services financiers*, cit., p. 104.

térias, para ulteriores negociações. Foi esse, exactamente, também o caso dos serviços financeiros, em cujo âmbito foi celebrado em Genebra, em 27 de Fevereiro de 1998, o Quinto Protocolo ao GATS[51]. Este Protocolo, entrado em vigor em 1 de Março de 1999, preconizou genericamente a liberalização progressiva dos serviços financeiros em geral, neles incluídos, naturalmente, os serviços em matéria de seguros.

6.2. Os *Insurance Core Principles*

Os *Insurance Core Principles*, essencialmente inspirados nos seus homónimos relativos à actividade bancária[52], reflectem uma tentativa de harmonização geral dos métodos e abordagens regulamentares da actividade seguradora e, apesar do seu carácter generalista, proporcionam um guia muito útil sobre o que internacionalmente se considera, no momento actual, serem as melhores práticas na matéria[53].

Este documento fundamental foi aprovado em 1997 pela *IAIS – International Association of Insurance Supervisors*[54] e teve a sua mais recente actualização em 3 Outubro de 2003, na reunião de Singapura.

---

[51] Este Protocolo veio substituir o Segundo Protocolo ao GATS, por força da Segunda Decisão sobre Serviços Financeiros adoptada pelo Conselho para o Comércio de Serviços, em 21 de Julho de 1995.

Em sede comunitária e no que respeita à parte que é da competência da Comunidade, este Quinto Protocolo e seu anexo foram aprovados através da Decisão 99/61/CE, do Conselho, de 14 de Dezembro de 1998 (JOCE, n.° L 020, de 27 de Janeiro de 1999, p. 38 e s.). A nível interno, Portugal aprovou os mesmos documentos pelo Decreto n.° 4/99, de 3 de Fevereiro (*DR*, I, A, n.° 28, de 3 de Fevereiro de 1999, que igualmente contém a versão inglesa e a tradução portuguesa do respectivo texto).

[52] Sobre os *Core Principles for Effective Banking Supervision (The Basle Core Principles)* cfr., com referências bibliográficas, FERREIRA, ANTÓNIO PEDRO A., *Direito Bancário*, cit., p. 51.

[53] Para uma informação mais sistematizada sobre esta matéria, cfr. CARMICHAEL, JEFFREY / POMERLEANO, MICHAEL, *The Development and Regulation of Non-Bank Financial Institutions*, Washington, 2002, p. 85 e ss.; SANTOS, ANA CRISTINA / RIBEIRO, EDUARDA, «As melhores práticas internacionais na regulação e supervisão da actividade seguradora. Os *Insurance Core Principles*», *FÓRUM 20*, 2005, p. 7 e ss.

[54] Trata-se de um organismo internacional fundado em Basileia (1994), que representa reguladores e supervisores de seguros de cerca de 190 jurisdições, em 140 países. A partir de 1999, puderam passar a participar na IAIS diversos profissionais de seguros, na qualidade de Observadores, contando-se actualmente mais de 120, em representação de associações industriais e profissionais, seguradores e resseguradores, consultores e insti-

Em análise sumária, pode referir-se que o documento integra 28 princípios organizados em 7 grupos distintos: *I – Condições para uma supervisão de seguros eficiente* (ICP 1); *II – O sistema de supervisão* (ICP 2 a 5, relativos aos objectivos, à autoridade, ao processo e à cooperação e partilha de informação); *III – A entidade supervisionada* (ICP 6 a 10, relativos ao licenciamento, idoneidade de pessoas, alterações de controlo e transferências de carteiras, *corporate governance* e controlo interno); *IV – Supervisão continuada* (ICP 11 a 17, relativos à análise de mercado, ao reporte aos supervisores e monitorização fora do local, inspecção no local, medidas de prevenção e correcção, aplicação da lei e sanções, liquidação e saída do mercado e supervisão complementar); *V – Requisitos prudenciais* (ICP 18 a 23, relativos à avaliação e gestão do risco, à actividade seguradora, às responsabilidades, aos investimentos, aos derivados e compromissos similares e à adequação de capital e solvência); *VI – Mercados e consumidores* (ICP 24 a 27, relativos aos intermediários, à protecção dos consumidores, à informação, divulgação e transparência relativamente ao mercado e à fraude); *VII – Combate ao branqueamento de capitais e ao financiamento do terrorismo* (ICP 28).

O enquadramento básico dos *ICP and Methodology* é, por sua vez, desenvolvido através de diversos contributos complementares[55]:

- Outros *princípios*, que constituem os elementos fundamentais de uma efectiva supervisão da actividade seguradora, identificando áreas nas quais os supervisores devem ter real autoridade ou controlo e formando a base em que os padrões são desenvolvidos[56];

---

tuições financeiras internacionais. Esta entidade tem como objectivos primordiais: cooperar na contribuição para uma supervisão melhorada da indústria seguradora, a nível interno e internacional, tendo em vista a manutenção de mercados de seguros eficientes, justos, seguros e estáveis, para benefício e protecção dos segurados; promover o desenvolvimento de mercados de seguros adequadamente regulados; contribuir para a estabilidade financeira global – www.iaisweb.org

[55] Toda a documentação a seguir referida está acessível em www.iaisweb.org/index.cfm?pageID=39.

[56] Citem-se: princípios aplicáveis à supervisão de seguradores internacionais e grupos de seguradores e suas operaçãoes negociais transfronteiriças (*Insurance Concordat*, Dezembro de 1999), princípios sobre o exercício do negócio de seguros (Dezembro de 1999), princípios sobre adequação de capital e solvência (Janeiro de 2002), princípios sobre os requisitos mínimos da supervisão dos resseguradores (Outubro de 2002), princípios sobre a supervisão das actividades de seguros na Internet (Outubro de 2004) e princípios sobre supervisão em base consolidada (Outubro de 2008).

- *Standards*, padrões que se focam em aspectos particulares, descrevendo as melhores práticas ou as mais prudentes: em alguns casos, estes padrões definem as melhores práticas a assumir pelas autoridades supervisoras; noutros casos, descrevem as práticas que se espera sejam adoptadas por uma empresa seguradora bem gerida e, nessa medida, auxiliam os supervisores na avaliação das práticas adoptadas pelas empresas sob sua jurisdição[57];
- *Guidance papers*, que complementam os princípios e os *standards* e são desenhados para assessorar os supervisores e aumentar a efectividade da supervisão[58].

---

[57] Ao nível dos *standards*, podem citar-se os relativos ao licenciamento (Outubro de 1998), às inspecções *in loco* (Outubro de 1998), aos derivados (Outubro de 1998), à gestão de activos por companhias de seguros (Dezembro de 1999), à coordenação de grupos (Outubro de 2000), à troca de informações (Janeiro de 2002), à avaliação da cobertura por resseguro de seguradores primários e segurança dos respectivos resseguradores (Janeiro de 2002), à supervisão de resseguradores (Outubro de 2003), às informações relativas a desempenho técnico e riscos de seguradores e resseguradores não-vida (Outubro de 2004), às informações relativas a riscos técnicos e a desempenho de seguradores vida (Outubro de 2004), aos requisitos próprios e adequados e à avaliação para seguradores (Outubro de 2005), à prestação de informações relativas a riscos de investimento e a desempenho para seguradores e resseguradores (Outubro de 2005), à gestão de activos/responsabilidades (Outubro de 2006), à estrutura dos requisitos de capital regulatório (Outubro de 2008), à gestão do risco empresarial para efeitos de adequação de capital e solvência (Outubro de 2008) e à utilização de modelos internos para efeitos de capital regulatório (Outubro de 2008).

[58] Ao nível dos *guidance papers*, podem citar-se: a regulação de seguros e supervisão para economias de mercado emergentes (Setembro de 1997), o memorando de entendimento para facilitar a troca de informações entre supervisores financeiros (Setembro de 1997), os princípios próprios e adequados e sua aplicação (Outubro de 2000), a informação pública a prestar pelos seguradores (Janeiro de 2002), os níveis de controlo da solvência (Outubro de 2003), a utilização de actuários como parte do modelo de supervisão (Outubro de 2003), o teste de *stress* (Outubro de 2003), a luta contra a lavagem de dinheiro e financiamento do terrorismo (Outubro de 2004), a gestão do risco de investimento (Outubro de 2004), o combate à má utilização de seguradores para propósitos ilícitos (Outubro de 2005), a transferência de risco, informação e análise do resseguro finito (Outubro de 2006), a prevenção, detecção e correcção da fraude nos seguros (Outubro de 2006), a estrutura dos requisitos regulatórios de capital (Outubro de 2008), a gestão empresarial do risco para fins de adequação de capital e de solvência (Outubro de 2008), o uso de modelos internos para fins de capital regulatório (Outubro de 2008), o mútuo reconhecimento da supervisão de resseguros (Outubro de 2008), a regulação e supervisão dos *captive insurers* (Outubro de 2008) e o papel e responsabilidades da supervisão em base consolidada (Outubro de 2008).

Os *ICP* constituem, indubitavelmente, uma referência de peso, enquanto dinamizadores de uma convergência global em matéria de boas práticas de regulação e de supervisão, dada a abrangência, profundidade e actualidade de que se revestem. Essa função de referência tem, aliás, vindo a ser reconhecida tanto a nível internacional como a nível interno:

- Recorde-se, no contexto comunitário, o projecto «Solvência II», em termos de incremento da protecção dos tomadores de seguros e beneficiários e de reforço da competitividade das seguradoras da UE, permitindo uma melhor afectação de capital, no âmbito do qual o cumprimento dos ICP foi assumido como uma das bases essenciais[59];
- Recordem-se, por outro lado, os desenvolvimentos que a regulação e as práticas de supervisão da actividade seguradora vêm conhecendo nos últimos anos[60]; e
- Tenham-se em vista os desenvolvimentos que se tornam futuramente necessários, por força da adaptação tempestiva e gradual aos requisitos operacionais do novo sistema de solvência.

---

[59] São disso exemplo as referências aos *ICP* contidas em documentos de consulta preparados pelo *CEIOPS – Committee of European Insurance and Occupational Pensions Supervisors*, no âmbito do desenvolvimento do projecto do novo sistema de solvência em apreço – cfr. CEIOPS, *Specific Calls for Advice, First Wave – 07.2004* e *Second Wave – 12.2004*.

[60] A título de exemplo, podem citar-se os casos da Norma n.º 14/2005-R, de 29 de Novembro, do ISP, que estabelece os princípios gerais que devem presidir ao desenvolvimento dos sistemas de gestão de riscos e de controlo interno a implementar pelas empresas de seguros até 31 de Dezembro de 2007; e do DL n.º 2/2009, de 5 de Janeiro, que, ao transpor para a ordem jurídica nacional a Directiva n.º 2005/68/CE, do Parlamento Europeu e do Conselho, de 16 de Novembro de 2005 (relativa ao resseguro e que altera as Directivas 73/239/CEE e 92/49/CEE, do Conselho, assim como as Directivas 98/78/CE e 2002/83/CE, *JOUE*, L 323, de 9 de Dezembro de 2005, p. 1 e ss.), reviu o DL n.º 94-B/98, de 17 de Abril, em particular quanto às matérias relativas ao sistema de governo e à conduta de mercado.

Esta Directiva 2005/68 foi, entretanto, já alterada pela Directiva 2007/44/CE, do Parlamento Europeu e do Conselho, de 5 de Setembro de 2007, que altera a Directiva 92/49/CEE, do Conselho, e as Directivas 2002/83/CE, 2004/39/CE, 2005/68/CE e 2006//48/CE no que se refere a normas processuais e critérios para a avaliação prudencial das aquisições e dos aumentos de participações em entidades do sector financeiro (*JOUE*, L 247, de 21 de Setembro de 2007, p. 1 e ss.), ainda aguardando oportunidade de transposição para o ordenamento jurídico português.

De todo o modo, importa reconhecer que «a eficiência da regulação/supervisão e do mercado segurador que potencialmente resulta da aplicação dos ICP está condicionada por dois vectores: *i*) o peso relativo que, sem prejuízo da especificidade e nível de detalhe de cada ICP, seja atribuído a cada um dos princípios e a coerência e o equilíbrio que sejam conferidos à interligação entre estes; *ii*) a necessidade de adaptação às características, singularidades e vinculações de cada mercado, sob pena de as soluções se revelarem inexequíveis ou ineficientes nos casos concretos»[61].

7. A intensificação da concorrência

A concorrência oriunda de produtores de seguros a custos mais reduzidos, nomeadamente no contexto da *bancassurance*, constitui uma das razões geralmente apontadas para justificar ajustamentos substanciais do modelo de negócio, a que se juntam o aumento dos custos estruturais e a substituição das rendas de investimento por agregados de produtos que enfatizam a remuneração[62].

Efectivamente, o ambiente de desregulamentação em que a actividade financeira passou, em geral, a ser exercida nas últimas décadas, teve como consequência o aparecimento de novos actores (especialmente bancos) que começaram a oferecer produtos de seguros no contexto de enquadramentos regulatórios alternativos, eventualmente mais flexíveis do que a regulação de seguros. E, à medida que a distinção entre os vários mercados cada vez mais se vai atenuando, parece fundamental reavaliar o enquadramento segurador, de forma a identificar novas possibilidades de estabelecimento de um mercado competitivo[63].

A resposta possível a este incremento da concorrência, por parte da indústria seguradora, parece assentar na adopção de uma nova perspectiva de inovação que, pelo menos, a coloque a par dos demais sectores de ser-

---

[61] SANTOS, ANA CRISTINA / RIBEIRO, EDUARDA, «As melhores práticas internacionais na regulação e supervisão da actividade seguradora. Os *Insurance Core Principles*», cit., p. 27 e ss.

[62] Neste sentido, ACCENTURE, *Navigation toward High Performance in Turbulent Markets*, The Point, 2008.

[63] Assim, BROUGH, WAYNE T., *Bringing Greater Competition to the Insurance Industry*, FreedomWorks, 2007.

viços financeiros (também estes, já de si, genericamente atrasados em relação à actividade industrial geral)[64].

Tem-se entendido que as indústrias regulamentadas estão, por natureza, pouco predispostas ao risco, uma vez que o processo regulatório força as empresas a fornecer às entidades supervisoras volumosa documentação informativa sobre tudo o que fazem, assim aumentando a ponderação e cautela nas decisões de gestão.

A isto acresce, no caso da indústria seguradora, o facto de esta se focar essencialmente nos produtos, em detrimento dos consumidores, o que leva as empresas a prestarem menos atenção às reais necessidades da clientela, contrariamente ao que acontece noutras indústrias, onde os produtos são, muitas vezes, criados em função das necessidades pressentidas no mercado.

Ainda assim, algumas mudanças de estratégia se vão perfilando no horizonte, tais como a implementação de programas de bem-estar para os trabalhadores de empresas de seguros de vida, optando por uma visão de longo prazo das necessidades dos segurados em vez de visualizar, apenas, o reembolso das reclamações; ou, por outro lado, no âmbito dos seguros de frota, a utilização de dados sobre a forma de as pessoas conduzirem veículos motorizados, de modo a obter uma melhor compreensão dos riscos e ajustar os prémios em conformidade.

A percepção geral é a de que a indústria seguradora tem perdido em termos de inovação, quando comparada com outros sectores dos serviços financeiros. Também estes enfrentam, afinal de contas, o desafio da regulação, mas o aumento da concorrência e o aparecimento de empresas cada vez maiores forçaram os sobreviventes a desenvolverem uma maior criatividade na luta por uma quota de mercado.

Contudo, a criatividade e a inovação não têm de significar temeridade negocial e, por isso, não conflituam necessariamente com a definição de parâmetros de exercício da actividade no contexto da regulação e da supervisão: basta que, de ambos os lados, o acento tónico seja colocado na definição de estruturas e procedimentos e na criação de produtos que tenham em vista a satisfação adequada das reais necessidades dos consumidores.

---

[64] Sobre a questão, cfr. BOLCH, MATT, «"Flat" Insurance Industry Plays Catch-up on Innovation», *Risk & Insurance Online*, September 15, 2008.

8. O comércio electrónico

Os desenvolvimentos verificados no denominado comércio electrónico[65], na última década, produziram efeitos assinaláveis no sector dos serviços financeiros em geral.

De facto, o recurso cada vez mais sistemático aos mecanismos disseminados, padronizados e de baixo custo proporcionados pela *Internet* permitiu, por um lado, alterar profundamente os custos e as potencialidades da publicidade, da distribuição e do fornecimento dos produtos financeiros clássicos e, por outro lado, desenvolver novos tipos de produtos e de serviços, marcando uma diferença substancial relativamente às mal sucedidas tentativas anteriores, encetadas por algumas empresas financeiras no decurso da década de 1980, de estabelecer linhas electrónicas directas de distribuição de serviços financeiros de retalho à respectiva clientela[66].

No domínio dos seguros, em especial, começou a tomar forma o designado «seguro electrónico» (*e-insurance*), conceito genérico que admite, do mesmo passo, uma definição ampla e uma definição restrita. Numa perspectiva ampla, o seguro electrónico pode ser definido como a utilização da *Internet* e de outras tecnologias da informação com esta relacionadas na produção e distribuição de serviços de seguros; mais restritamente, o conceito é definido como a outorga de uma cobertura de seguro através de uma apólice solicitada, oferecida, negociada e contratada virtualmente (*online*)[67].

A consagração desta nova via de exercício da actividade seguradora visa a obtenção de um efeito de eficiência que se pode desdobrar numa dupla vertente: em primeiro lugar, pode permitir a redução dos custos internos de administração e de gestão através da automatização dos processos negociais, ao mesmo tempo que proporciona o funcionamento em

---

[65] O comércio electrónico pode ser definido, de forma muito ampla e simples, como a produção, publicidade, venda e distribuição de produtos através de redes de telecomunicações – assim, BACCHETTA, MARC / LOW, PATRICK / MATTOO, AADITYA / SCHUKNECHT, LUDGER / WAGER, HANNU / WEHRENS, MADELON, «Electronic Commerce and the Role of the WTO», *WTO Special Studies*, 2, Geneva, 1998, p. 1.

[66] CLEMONS, ERIC K. / HITT, LORIN M., *The Internet and the Future of Financial Services: Transparency, Differential Pricing and Disintermediation*, 00-35, Wharton School, University of Pennsylvania, 2000, p. 2; também CLEMONS, ERIC K., «Evaluation of Strategic Investments in Information Technology», *Communic. ACM*, 34/1, 1991, p. 24.

[67] Cfr. UNCTAD, *E-Commerce and Development Report 2002*, New York, Geneva, 2002, p. 192, texto que fundamenta, no essencial, a exposição subsequente.

rede, em tempo real, de todos os departamentos da empresa seguradora e assegura a melhoria da informação de gestão disponibilizada; em segundo lugar, pode permitir a redução do valor das comissões pagas aos agentes intermediários, dado estabelecer uma relação directa com a clientela.

A utilização do seguro electrónico não tem conhecido um grau de sucesso homogéneo, no âmbito do seguro e do resseguro; e, por outro lado, os dados disponíveis apontam, genericamente, para taxas de crescimento da venda de produtos de seguro, por via electrónica, situadas em níveis estacionários, embora com alguma tendência de crescimento[68].

Assim e de acordo com as informações disponíveis, no início da primeira década do século XXI estimava-se que, dos 2.5 triliões de dólares de valor global dos prémios de seguros, apenas cerca de 1% podia ser enquadrado na definição ampla de seguro electrónico e bastante menos ainda quando utilizada a respectiva definição restrita. Em contrapartida, a maioria dos 100 biliões de dólares de resseguros globais era comercializada utilizando algum meio electrónico[69].

Quanto à taxa de crescimento, os estudos têm apontado para quotas de mercado ganhando uma dimensão já com algum relevo, especialmente na área dos seguros individuais (não empresariais). As estimativas conhecidas apontaram para que, em 2005, este segmento de mercado representaria uma quota de 5-10% nos EUA e de 3-5% na Europa, sendo que os clientes adquirindo seguros e outros produtos financeiros por via electrónica atingiriam cerca de 20% na Europa e 30% nos EUA. O volume de negócios envolvendo prémios gerados através da *Internet* atingiria cerca de 6 biliões USD na Europa e 17 biliões USD nos EUA, representando uma quota do mercado *online* de 4% e 8%, respectivamente.

De todo o modo, a relativa modéstia destes resultados, quando comparada com o sucesso, por exemplo, da banca electrónica, prende-se com várias questões de fundo. Do ponto de vista jurídico, as mais relevantes dizem respeito à garantia de manutenção de adequados níveis de protec-

---

[68] HADDADEEN, BASEM, «Insurance online: are insurers making the best out of the web?», *JIRP*, 21/2, 2006, p. 24 e ss.; SWISS RE, «The impact of e-business on the insurance industry: Pressure to adapt – chance to reinvent», *Sigma*, 5/2000, p. 12.

[69] De acordo com o *ranking* da A. M. Best para 2007, relativo aos 35 maiores grupos de resseguros globais, calculado em função do valor bruto de prémios subscritos em 2006, as 5 primeiras posições são ocupadas, respectivamente, pelo SWISS RE GROUP, pelo MUNICH RE, pelo BERKSHIRE HATHAWAY GROUP, pelo HANNOVER RE e pela LLOYD'S OF LONDON – cfr. «Swiss Re takes top global reinsurer slot», *Best's Review*, 8/2007.

ção dos clientes/consumidores, especialmente no que diz respeito à privacidade e à segurança das operações; aos benefícios concretos que podem advir para a clientela da compra de seguros por via electrónica; e, do ponto de vista da supervisão, aos perigos latentes que requerem uma regulação mais desenvolvida e melhorada.

8.1. Os benefícios derivados da compra de seguros por via electrónica

Já no que respeita aos benefícios concretos que podem advir para a clientela da compra de seguros por via electrónica, parece ser já inquestionável que a *Internet* e as demais tecnologias de comércio electrónico produziram alterações substanciais na estrutura da indústria seguradora.

Efectivamente, a denominada «época pré-Internet» caracterizou-se pela presença insubstituível dos agentes e corretores de seguros, enquanto elos de ligação entre clientes e seguradores: os agentes estabelecendo contacto entre, de um lado, as pequenas e médias empresas ou os clientes não empresariais e, de outro lado, as empresas seguradoras; os corretores intermediando, fundamentalmente, o relacionamento entre as grandes empresas e os seguradores e entre estes e os resseguradores.

A relevância económica destes intermediários sempre teve a ver com o papel por eles desempenhado no desenvolvimento da eficiência de mercado através da diminuição das assimetrias de informação entre as partes. Tal assimetria podia ser originada na insuficiente visualização das necessidades da clientela, por parte dos seguradores, ou no desconhecimento, por parte dos clientes, da variedade de apólices e de preços disponível; mas podia, também, radicar na inadequada determinação, por parte dos seguradores, dos detalhes económicos e técnicos do risco submetido a cobertura, ou no entendimento insuficiente, por parte dos clientes, dos termos e condições da apólice de seguro proposta.

Contudo, o que se verifica, na prática, é que os agentes de seguros apenas comercializam apólices de uma empresa seguradora ou, no limite, de um conjunto reduzido de empresas, a que acresce o facto de a terminologia utilizada pelas apólices oriundas de diferentes seguradores, mesmo quando intermediadas pelo mesmo agente, não coincidir de forma equilibrada, donde resulta que o principal papel desempenhado pelo agente consiste na clarificação das divergências verificadas e na disponibilização de comparações cruzadas entre os diversos produtos.

É neste contexto que relevam as potencialidades apresentadas pela Internet e pelas tecnologias do comércio electrónico, dado estar cada vez mais consolidada a ideia de que tais mecanismos podem proporcionar melhores resultados do que o sistema físico de agente/corretor no desenvolvimento da transparência de mercado e da concorrência, bem como na educação de seguradores e de segurados acerca das características técnicas das apólices e dos riscos, nomeadamente pela diversidade comparativa de produtos que, assim, é disponibilizada aos consumidores. A consequência dessa melhoria pode ser, em conclusão ainda passível de demonstração categórica, a diminuição do preço de determinados produtos e o contributo para a definição de um mercado mais competitivo.

Ainda assim, o exposto não significa que a função desempenhada pelos agentes e corretores deva ser relegada para segundo plano.

De facto, tem-se tornado evidente que as empresas seguradoras não estão disponíveis para dispensar os seus colaboradores tradicionais, preferindo, muitas vezes, apostar os respectivos investimentos no apoio à sua rede de agentes do que em dispendiosos investimentos na área da tecnologia da informação que lhes proporcionem melhores resultados na utilização dos novos circuitos de comunicação.

Mas, por outro lado, começa a ser um facto que as potencialidades do recurso a esses novos circuitos de comunicação, do mesmo passo que produzem um interessante efeito de desintermediação, podem também ser utilizadas em benefício do circuito físico tradicional de contacto entre seguradores e clientes, quando os próprios agentes corporizem uma estratégia inversa que assente no desenvolvimento das respectivas capacidades de utilização da Internet e de outros mecanismos de comércio electrónico, no contexto das estruturas empresariais em que estão envolvidos.

De todo o modo, o incremento do recurso às tecnologias da informação como veículo de busca e aquisição de produtos de seguros parece estar, ainda, preferencialmente vocacionado para o relacionamento entre seguradores e utilizadores singulares.

Ao nível empresarial, efectivamente, tanto a dimensão como a complexidade dos riscos de negócio inviabilizam a utilização da *Internet* como meio de disponibilização de linhas de seguros, sendo que, neste caso, as empresas clientes normalmente demandam coberturas de seguro «à medida», que levem em atenção o facto de estarem em causa operadores de grande dimensão, actuando em diversos pontos do globo, sujeitos a variados níveis de perigo ou, mesmo, gerindo sistemas industriais sofisticados. A estes factos acrescem, ainda, as motivações que justificam a contratação de seguros por parte das grandes empresas, para quem a transferência de riscos para um segurador, através de uma apólice, está longe de constituir a única ou, mesmo, a principal razão que justifica a aquisição de seguros: «... the company's purchase of insurance is intended to introduce the external monitoring role of the insurance underwriter, hence inhibiting opportunistic behavior on part of the company and so enhancing the degree of co-operation among stakeholders and reducing transaction costs»[70].

Apesar de tudo e em conclusão genérica, parece indiscutível que a Internet vai continuar a ganhar quota de mercado no contexto das redes de distribuição de produtos de seguros.

Com efeito, alguns estudos já revelam que, num prazo de três anos e em mercados desenvolvidos, 28% dos clientes afirmam pretender adquirir apólices de seguros de vida por via electrónica e 34% afirmam pretender adquirir apólices de seguros não-vida pela mesma via, situação que, em análise agregada, representa um notável desenvolvimento em relação à situação verificada actualmente.

Compulsando os factores que influenciam maioritariamente a decisão dos clientes acerca da aquisição de produtos de seguros (preço/retorno, qualidade do produto e confiança na marca), a conclusão parece evidente: «Internet distribution is not just an attractive delivery vehicle, offering online-purchase capabilities. Rather, Internet distribution is perceived as a superior means of delivering those three key factors that sway purchasers. In fact, the Internet scores so high in terms of price/delivery and product that it can overcome any lingering concerns customers may have about brand/trust issues»[71].

Também no que se refere ao resseguro, os factos demonstram tratar-se de uma actividade que tem vindo, rapidamente, a tornar-se cada vez mais electrónica, tanto no que respeita à utilização de tecnologias da informação (seja a nível interno das empresas de resseguro, seja ao nível das relações entre resseguradores e corretores de resseguro), como no que se refere à comercialização, propriamente dita, dos produtos de resseguro.

Com efeito, o aumento da eficiência, a melhoria da qualidade das informações e a perspectiva de melhoria da qualidade das decisões tomadas tanto por compradores como por subscritores são as razões normalmente apontadas para o aumento que se tem verificado na negociação

---

[70] MAIN, BRIAN G. M., «Large Companies and Insurance Purchases: Some Survey Evidence», *The Geneva Papers*, 25/2, 2000, p. 248

[71] CAPGEMINI / EFMA, *World Insurance Report 2008*, *cit*., p. 26.

electrónica de produtos de resseguro. A título de exemplo, pode citar-se o caso da AON Corp., em que 80% das renovações de produtos de resseguro, em 1 de Janeiro de 2008, foram efectuadas por via electrónica[72].

8.2. A protecção dos clientes/consumidores

Na matéria da protecção dos consumidores em face do exercício da actividade seguradora por via electrónica, a primeira grande questão que se coloca às autoridades reguladoras e de supervisão tem a ver com a necessidade da identificação dos riscos concretos colocados pelo comércio electrónico, de modo a ser possível gerir adequadamente as situações concretas e desenvolver as estratégias de supervisão mais apropriadas.

Sobre esta questão, é obrigatória a referência a um documento produzido pela *IAIS*, em Outubro de 2002 (*Risks to Insurers Posed by Electronic Commerce*), onde são identificados riscos de diversas naturezas: estratégicos, operacionais, de transacção, de segurança de dados, de conectividade e de condução do negócio[73].

De entre os vários aspectos que justificam análise aprofundada, pode eleger-se, como tópico exemplificativo, a matéria relativa à protecção da privacidade dos clientes/consumidores, onde começa por ganhar relevo, desde logo, o aspecto relativo à consistência da troca de informações entre as partes, de modo a proporcionar-lhes uma declaração de vontade livre e esclarecida e que, por outro lado, permita verificar a satisfação dos requisitos básicos relativos à legalidade, à capacidade, à oferta e aceitação e à tomada de decisão.

A legalidade deve ser aferida em função do interesse segurável titulado pelo cliente, a quem caberá demonstrar, por exemplo, que o activo objecto do seguro é sua propriedade.

Quanto à capacidade, a troca de informação vai permitir confirmar que o segurador, agente ou corretor estão devidamente licenciados para o exercício da profissão e que o cliente não está afectado por nenhuma incapacidade de exercício (por exemplo, não é menor, não está interdito, tem os poderes de representação necessários para actuar em nome de terceiros, etc.).

---

[72] CFR. ZOLKOS, RODD, «Reinsurance placement increasingly electronic», *Industry-Focus*, Aug. 11, 2008.

[73] O documento pode ser consultado em www.iaisweb.org/__temp/Risks_to_insurers_posed_by_electronic_commerce.pdf

O requisito de oferta e aceitação segue, também aqui, os trâmites normais, constituindo a fase do processo onde é trocado o maior volume de informação: o segurador oferece, por sua iniciativa ou a solicitação do cliente, a cobertura de riscos que possam afectar um interesse segurável, derivados da ocorrência de factos genéricos ou especificados, em determinados termos e condições. O cliente, por sua vez e se for o caso, manifesta a sua aceitação da proposta recebida, concretizando o encontro de vontades tendente à celebração do contrato.

Finalmente, a tomada de decisão traduz-se numa dupla promessa: por parte do segurador, de prestar uma compensação financeira em face dos prejuízos derivados de factos definidos na apólice; por parte do cliente, de pagar o prémio definido.

De todo o modo, percebe-se facilmente como todo este processo de transmissão electrónica de dados, de intercâmbio de informações e de tomada de decisões em ambiente virtual necessita de ser rodeado de especiais cautelas. De facto, o exercício do «seguro electrónico» exige a definição, relativamente ao comércio electrónico em geral, de um ambiente legislativo moderno e eficiente, que permita a seguradores e a segurados trocarem informações de forma segura e inequívoca, efectuarem pagamentos electrónicos e validarem a assunção das respectivas responsabilidades através de assinaturas digitais.

Em referência genérica, os desenvolvimentos legislativos, nesta matéria, têm-se multiplicado[74], cabendo referenciar, a nível geral e entre várias outras, as seguintes iniciativas da Comissão das Nações Unidas para o Direito Comercial Internacional (CNUDCI) ou, na designação anglo-saxónica, *United Nations Comission on International Trade Law* (*UNCITRAL*)[75]:

a) Através da Resolução n.º 51/162, de 16 de Dezembro de 1996, adoptou uma lei-modelo sobre o comércio electrónico (*Model Law on Electronic Commerce*), actualizada em 1998 com a introdução de um artigo 5 *bis*, tendo por objectivo facilitar a utilização dos modernos meios de comunicação e armazenamento de informação, tais como o intercâmbio electrónico de dados (*EDI – Elec-*

---

[74] Para uma visão panorâmica da questão, cfr. UNCTAD, *E-Commerce and Development Report 2001*, New York, Geneva, 2001, p. 99 e ss.

[75] O texto dos documentos a seguir referidos, acompanhado dos respectivos guias de aplicação (*Guides to Enactment*), pode ser consultado, nomeadamente, em www.uncitral.org.

tronic Data Interchange), o correio electrónico e a telecópia, com ou sem recurso ao suporte da Internet. A lei estabelece equivalentes funcionais para os tradicionais conceitos de *redacção*, *assinatura* e *original*, baseados em suporte de papel e disponibiliza padrões de avaliação do valor legal das mensagens electrónicas, assim contribuindo para o desenvolvimento do uso das comunicações virtuais;

b) Através da Resolução n.º 56/80, de 12 de Dezembro de 2001, adoptou uma lei-modelo sobre assinaturas electrónicas (*Model Law on Electronic Signatures*), destinada a proporcionar uma certeza jurídica adicional à utilização das assinaturas electrónicas, cuja validade é equiparada à das assinaturas manuais, desde que se achem satisfeitos determinados requisitos de segurança técnica, independentemente do meio técnico utilizado. Em complemento, a lei estabelece regras básicas de conduta que visam prevenir a responsabilidade das diversas partes envolvidas no processo de assinatura electrónica: o signatário, a parte a quem o documento se destina e terceiros que, eventualmente, intervenham no processo.

Ao nível comunitário justificam destaque, neste âmbito[76], a Directiva 99/93/CE, do Parlamento Europeu e do Conselho, de 13 de Dezembro de 1999, relativa a um quadro legal comunitário para as assinaturas electró-

---

[76] Cfr., exemplificativamente, ARIAS, MARTHA L., *Internet Law – The EU Law on Electronic Signatures and its Recent Report*, 2007; BAROFSKY, ANDREW, «The European Commission's Directive on Electronic Signatures: Technological "Favoritism" Towards Digital Signatures», *BCICLReview*, 2000, 4, p. 145 e ss.; DUMORTIER, JOS / KELM, STEFAN / / NILSSON, HANS / SKOUMA, GEORGIA / VAN EECKE, PATRICK, *The Legal and Market Aspects of Electronic Signatures*, Leuven, 2003; HADDING, WALTHER, «Die EG-Richtlinie über grenzüberschreitende Überweisungen», em HORN, NORBERT / SCHIMANSKY, HERBERT (Hrsg.), *Bankrecht 1998*, Köln, 1998, p. 125 e ss.; LODDER, ARNO R., «Directive 2000/31/EC on certain legal aspects of information society services, in particular electronic commerce, in the Internal Market», em LODDER, ARNO R. / KASPERSEN, H. W. K. (Ed.), *E-Directives: Guide to European Union Law on E-Commerce – Commentary on the Directives on Distance Selling, Electronic Signatures, Electronic Commerce, Copyright in the Information Society, and Data Protection*, London, 2002, p. 67 e ss.; MAZZEO, MIRELLA, *Digital Signatures and European Laws*, 2004; NOLL, JUERGEN, *The European Community's Legislation on e-commerce*, 2001; STAUDER, BERND, «Kritische Analyse der Richtlinie vom 27. Januar 1997 über grenzüberschreitende Überweisungen», em KRÄMER, LUDWIG / MICKLITZ, HANS-W. / / TONNER, KLAUS (Hrsg.), *Law and diffuse interests in the European legal order. Liber ami-*

nicas[77], a Directiva 2000/31/CE, do Parlamento Europeu e do Conselho, de 8 de Junho de 2000, relativa a certos aspectos legais dos serviços da sociedade de informação, em especial do comércio electrónico, no mercado interno – «Directiva sobre o comércio electrónico»[78] e a Directiva 2002/65/CE, do Parlamento Europeu e do Conselho, de 23 de Setembro de 2002, relativa à comercialização à distância de serviços financeiros prestados a consumidores (e que altera as Directivas 90/619/CEE, do Conselho, 97/7/CE e 98/27/CE)[79].

A propósito desta última Directiva citada, refira-se ter a mesma sido já alterada por dois outros diplomas:

- Directiva 2005/29/CE, do Parlamento Europeu e do Conselho, de 11 de Maio de 2005, relativa às práticas comerciais desleais das empresas face aos consumidores no mercado interno e que altera a Directiva 84/450/CEE, do Conselho, as Directivas 97/7/CE, 98//27/CE e 2002/65/CE e o Regulamento (CE) n.º 2006/2004 («directiva relativa às práticas comerciais desleais»)[80];
- Directiva 2007/64/CE, do Parlamento Europeu e do Conselho, de 13 de Novembro de 2007, relativa aos serviços de pagamento no mercado interno[81].

---

corum Norbert Reich, Baden-Baden, 1997, p. 585 e ss.; YONGE, WILLIAM, «The distance marketing of consumer financial services directive», *JFSM*, 8/1, 2003, p. 79 e ss.

Especificamente no que respeita à incidência destas questões na actividade seguradora, cfr. PAULI, KAREN, *Electronic Signature and Secure Forms in the Insurance Industry: Taking the P&C Pen to the Web*, Needham, MA, Oct. 2007.

[77] *JOCE*, n.º L 013, de 19 de Janeiro de 2000, p. 12 e ss., transposta para o direito interno pelo DL n.º 62/2003, de 3 de Abril. Foi alterada pelo Regulamento (CE) n.º 1137/ /2008, do Parlamento Europeu e do Conselho, de 22 de Outubro, que adapta à Decisão 1999/468/CE, do Conselho, certos actos sujeitos ao procedimento previsto no artigo 251.º do Tratado, no que se refere ao procedimento de regulamentação com controlo (enumerados em anexo).

[78] *JOCE*, n.º L 178, de 17 de Julho de 2000, p. 1 e ss., transposta para o direito interno pelo DL n.º 7/2004, de 7 de Janeiro.

[79] *JOUE*, n.º L 271, de 9 de Outubro de 2002, p. 16 e ss. Este diploma foi alterado pelas Directivas 2005/29/CE, do Parlamento Europeu e do Conselho, de 11 de Maio, e 2007/64/CE, do Parlamento Europeu e do Conselho, de 13 de Novembro. A Directiva 98/27/CE, referida, foi entretanto revogada pela Directiva 2009/22/CE, do Parlamento Europeu e do Conselho, de 23 de Abril.

[80] *JOUE*, n.º L 149, de 11 de Junho de 2005, p. 22 e ss., transposta para o direito interno pelo DL n.º 57/2008, de 26 de Março.

[81] Altera as Directivas 97/7/CE, 2002/65/CE, 2005/60/CE e 2006/48/CE e revoga a Directiva 97/5/CE – *JOUE*, n.º L 319, de 5 de Dezembro de 2007, p. 1 e ss.

Ao nível do ordenamento jurídico português, a matéria está genericamente regulada por diversos diplomas: o DL n.º 290-D/99, de 2 de Agosto, que aprovou o regime jurídico dos documentos electrónicos e da assinatura digital, regulando a validade, eficácia e valor probatório dos mesmos; o DL n.º 375/99, de 18 de Setembro, que estabeleceu a equiparação entre a factura emitida em suporte de papel e a factura electrónica (posteriormente regulamentado pelo Decreto Regulamentar n.º 16/2000, de 2 de Outubro); o DL n.º 221/2000, de 9 de Setembro, que transpôs para a ordem jurídica interna, apenas no que se refere aos sistemas de pagamento, a Directiva n.º 98/26/CE, do Parlamento Europeu e do Conselho, de 19 de Maio, relativa ao carácter definitivo da liquidação nos sistemas de pagamento; e o DL n.º 95/2006, de 29 de Maio, que transpôs para a ordem jurídica nacional a referida Directiva 2002/65.

8.3. As necessidades específicas de regulação e de supervisão

A utilização de metodologias de negociação de seguros baseadas na *Internet* oferece potenciais benefícios, em termos de eficiência e de custos, tanto a consumidores individuais como a seguradores e intermediários. O seguro electrónico proporciona, efectivamente, uma maior simetria de informação e melhores condições de transparência do mercado, podendo lubrificar a concorrência e, por sua vez, conduzir a uma redução de preços.

O seguro electrónico começa por colocar às autoridades de regulação, tal como se verifica com os demais métodos de distribuição, uma questão fundamental, que tem a ver com a protecção dos consumidores de seguros. Essa preocupação com os consumidores tem justificado que os supervisores abordem as operações de seguro electrónico da mesma forma que o têm feito relativamente às operações tradicionais: monitorizando taxas, vigiando a publicidade aos produtos de seguro, respondendo às queixas do público, concretizando uma educação dos consumidores e uma fiscalização das actividades fraudulentas.

Mas a supervisão do seguro electrónico apresenta particularidades significativas, como bem salientou o grupo de trabalho constituído no âmbito da *IAIS*, ao enunciar os *Principles on the Supervision of Insurance Activities on the Internet*, aprovados na conferência anual da organização realizada em Cape Town, em 10 de Outubro de 2000[82].

---

[82] O documento foi revisto em 7 de Outubro de 2004 (na reunião de Amman), com o objectivo de possibilitar a respectiva aplicação também aos intermediários de seguros e

São dignas de nota, à semelhança do que se verifica no contexto dos demais negócios electrónicos, especialmente os de natureza financeira, as preocupações relativas à continuidade de negócio, à privacidade dos dados pessoais, aos processos de pagamento e respectiva segurança, às assinaturas electrónicas e às plataformas de tecnologias de informação.

Nesse contexto, foram enunciados três princípios fundamentais:

a) O *princípio da consistência de abordagem*, nos termos do qual a actividade seguradora exercida na *Internet* deve ser abordada, do ponto de vista supervisional, de uma forma consistente com a abordagem utilizada para as actividades seguradoras exercidas através de outros circuitos. Está aqui em causa, uma vez mais, o especial cuidado que a defesa dos interesses dos consumidores de serviços financeiros justifica, embora sem correr o risco de constranger ou dificultar a utilização legítima dos circuitos electrónicos;

b) O *princípio da transparência e da divulgação de informação*, determinando que os supervisores de seguros devem exigir, dos seguradores e intermediários sobre os quais exercem a sua jurisdição, que o cumprimento das exigências relativas à transparência e à disponibilização de informação aplicáveis à actividade exercida através da Internet seja equivalente às aplicadas à actividade seguradora exercida por outros meios. Em causa está, naturalmente, a necessidade de garantir que, independentemente do meio utilizado, o consumidor define uma vontade negocial livre e esclarecida, assente num agregado mínimo de informação que cubra os aspectos essenciais da operação;

c) O *princípio da cooperação*, em cujos termos é assumida a inadequação de uma efectiva regulação da actividade exercida através da *Internet* baseada, apenas, em acções levadas a cabo numa única jurisdição. É imperiosa, pois, a construção de um espírito de colaboração generalizada, ao nível das autoridades supervisoras, por exemplo disponibilizando mutuamente assistência, quando necessário, ou cooperando na abordagem de situações de abuso nos mercados respectivos.

---

acrescer observações relativas aos riscos principais e aos riscos de gestão das actividades seguradoras desenvolvidas na *Internet*. O respectivo texto está acessível em www.iaisweb.org/index.cfm?pageID=39

De referir, por outro lado, o facto de a própria *Internet* poder constituir uma útil ferramenta de partilha de informação básica entre as autoridades supervisoras de seguros, constituindo essa partilha um elemento--chave na prossecução de uma supervisão efectiva das actividades que utilizam aquele meio de concretização.

Em conclusão, importa salientar que o poder da *Internet* deve, do ponto de vista da supervisão, ser aproveitado em três planos complementares: no plano do reforço da melhoria da protecção e da educação dos consumidores, através da sua maior consciencialização acerca das questões fundamentais em torno da actividade seguradora; no plano da dinamização das potencialidades proporcionadas pela recepção e processamento dos relatórios informativos produzidos periodicamente, libertando assim recursos importantes para uma efectiva supervisão da gestão e das práticas de seguro; no plano, finalmente, da utilização das disponibilidades tecnológicas disponibilizadas por este recurso para o reforço da comunicação entre as autoridades supervisoras, permitindo a coordenação das respectivas actividades relativamente à prevenção de fraudes, ao branqueamento de capitais e ao financiamento do terrorismo.

9. A indústria seguradora no contexto da manutenção da estabilidade financeira sistémica

O crescente esbatimento das fronteiras entre as funções desempenhadas pelas instituições seguradoras e pelos bancos e a progressiva intensificação da intervenção dos seguradores nos mercados financeiros, especialmente em matéria de produtos derivados negociados nos denominados mercados *over-the-counter* (*OTC*)[83], permitiram construir, ao longo das últimas décadas, consideráveis relacionamentos de alternância ou complementaridade entre ambas as actividades.

Tal situação determinou, por outro lado, um assinalável reforço da relevância do papel desempenhado pela actividade seguradora na manutenção da estabilidade financeira sistémica, área que era predominantemente reservada aos bancos, dada a sua intervenção nas transformações de

---

[83] Para uma visão introdutória dos instrumentos financeiros derivados, cfr. FERREIRA, ANTÓNIO PEDRO A., *Direito Bancário*, cit., p. 797 e s.

maturidade e o seu papel central na gestão e controlo dos sistemas de pagamentos[84].

A actividade seguradora passou a ser analisada, nesta nova perspectiva da estabilidade financeira, segundo três vertentes de abordagem: como fonte primordial de capital de longo prazo; como componente da integração funcional entre bancos e seguradoras; e como modalidade de intermediação de crédito e de risco de mercado[85].

Cada uma destas vertentes tem suscitado preocupações de relevo, que assim se podem sintetizar:

9.1. A actividade seguradora como fonte de capital de longo prazo

Os seguros de vida têm constituído a via preponderante de concretização do papel estabilizador que a indústria seguradora normalmente é chamada a desempenhar.

Com efeito, as respectivas responsabilidades de longo prazo tendem a ser fundeadas através de investimentos de longo prazo (obrigações e empréstimos), deixando uma margem de manobra muito menor aos investimentos em produtos – nomeadamente acções – sem dividendos fixos (os denominados *equity investments*).

Mas esta tendência conheceu uma acentuada variação, especialmente a partir da década de 1990, quando se começou a assistir a um crescente aumento dos investimentos em acções pelas seguradoras dos ramos vida e não-vida.

Tal situação chegou, mesmo, a justificar a implementação de certos incentivos legislativos à venda de tais produtos, de que a *Regulatory Minimum Margin* (*RMM*), fixada pela *Financial Services Authority* do Reino Unido, constituiu exemplo assinalável.

A medida traduziu-se na obrigação imposta às empresas seguradoras de manterem apenas uma margem mínima, acima dos níveis de solvência, para efeitos de intervenção naquele tipo de investimentos, eventualmente pressionando as seguradoras do ramo vida a desfazerem-se, a todo o custo, dos activos que pudessem afectar tal margem e, assim, interferindo negativamente na própria solidez e valor intrínseco do mercado de títulos.

---

[84] *Idem, ibidem*, p. 247 e s.
[85] A exposição subsequente sustenta-se, fundamentalmente, em HÄUSLER, GERD, «The Insurance Industry, Systemic Financial Stability, and Fair Value Accounting», *The Geneva Papers*, 29/1, 2004, p. 63 e ss.

Disso mesmo se deu conta a própria FSA, ao reconhecer que «one effect of the mechanics of the RMM approach is that it can put life insurance companies under pressure to sell equities (either outright or through derivative contracts) as equity prices fall, even though the firm may reasonably consider holding equities to be prudent and good value for policyholders in the longer term. There is a risk that these sales cause further falls which in turn trigger additional selling and a downward spiral in equity market prices»[86].

O desafio assim colocado à actividade seguradora tem a ver com a necessidade de encontrar o justo equilíbrio entre a possibilidade de acesso a operações de mercado não tradicionais e a manutenção dos requisitos relativos às margens de solvência, cujas especificidades neste contexto são inquestionavelmente reconhecidas.

9.2. A integração de actividades entre bancos e seguradores

A crescente integração entre os serviços e produtos bancários e seguradores, em tendência já referenciada[87], tem alertado para a possibilidade de os problemas que afectam a indústria seguradora se disseminarem mais rapidamente pelos demais sectores financeiros, através das dificuldades criadas às instituições afiliadas que integram o mesmo amplo complexo financeiro.

Por outro lado, e em resultado da intensificação das ligações entre seguradoras e bancos (seja por via de participações cruzadas ou de transferências de riscos de crédito), tem-se assistido, especialmente por parte das entidades operando no ramo vida, a uma crescente diversificação da oferta à clientela, com recurso a produtos de tipo bancário e de gestão de activos, reflectindo a crescente procura de alternativas de poupança e de investimento, para complementar a aquisição da protecção proporcionada pelo seguro.

A possibilidade de a estabilidade financeira geral ser ameaçada pelo eventual fracasso das entidades seguradoras constitui, pois, um quadro a ser levado em linha de conta de forma muito séria[88]. E, embora de alguns

---

[86] FSA, *Required Minimum Margin: Letter to CEOs of life insurance firms*, 2003.
[87] Cfr. *supra*.
[88] Assim, IMF, *Financial Soundness Indicators. Background Paper*, Washington, 2003, p. 31; DAS, UDAIBIR S. / DAVIES, NIGEL / PODPIERA, RICHARD, «Insurance and Issues in Financial Soundness», *IMF Working Paper*, 03/138, Washington, 2003, p. 11 e ss.

exemplos de colapso de entidades seguradoras, ocorridos no passado recente, não tenham derivado volatilidades significativas nos mercados financeiros[89], já o caso do norte-americano *American International Group, Inc.*, cuja situação catastrófica motivou uma intervenção federal em 2008, parece demonstrar eloquentemente a razão de ser das preocupações com a estabilidade financeira sistémica relacionadas com a indústria seguradora.

De facto, em comunicado do *Board of Governors of the Federal Reserve System*, emitido em 16 de Setembro de 2008, foi claramente referido que «..., in current circumstances, a disorderly failure of AIG could add to already significant levels of financial market fragility and lead to substantially higher borrowing costs, reduced household wealth, and materially weaker economic performance», a ponto de justificar a autorização concedida ao *Federal Reserve Bank of New York* para conceder àquela empresa um empréstimo, até ao montante de 85 biliões USD, a ser utilizado à medida das necessidades efectivamente verificadas, pelo período de vinte e quatro meses[90].

Assim e para além das questões de natureza social e política envolvidas, este caso veio demonstrar à saciedade a especial precaução que merecem, especialmente em épocas de acentuadas e amplas tensões de mercado, os denominados riscos de «contágio», derivando, no seio do sector segurador, pela tríplice via dos conglomerados, dos mercados financeiros e do resseguro[91].

A situação vem exigindo, da parte das autoridades de supervisão, um reforço substancial das respectivas intervenções, nomeadamente enquadradas no âmbito de projectos genéricos tendentes a melhorar a verifica-

---

[89] Sobre este ponto é normalmente referido o exemplo da insolvência da seguradora australiana *HIH Insurance Ltd.*: «... the bankruptcy of HIH, the second largest internationally active insurer of Australia, caused no significant volatility in Australian financial markets» – BROUWER, HENK, *The Relevance of Insurance for the Financial System and European Crisis Management*, 2004; a título exemplificativo podem citar-se, com pormenores sobre o processo, HIH ROYAL COMMISSION, *The Failure of HIH Insurance*, Volume 1, *A corporate collapse and its lessons*, Canberra, 2003; MARDJONO, AMERTA, «A tale of corporate governance: lessons why firms fail», *MAJ*, 20/3, 2005, p. 272 e ss.

[90] Cfr. www.federalreserve.gov/newsevents/press/other/20080916a.htm

[91] Cfr. BROUWER, HENK, *The relevance of insurance for the financial system and European crisis management*, cit., p. 3 e ss.; também, NAGAR, WEITZMAN, «The Insurance Sector and Financial Stability: An International Perspective and an Assessment of the Situation in Israel», *Financial Stability Issues – Discussion Paper*, Jerusalem, 2005.1, pp. 8 e 16 e ss.

ção da solidez financeira dos seguradores, à semelhança do que se tem verificado relativamente à actividade bancária: «The Basel II Accord is aimed at bringing the capital requirements closer to the true economic risks in banks' portfolios and at offering a wide range of options and approaches to respond to the increased complexity of financial instruments. Basel II is achieving all of this basically by relying more on banks' internal models in the supervisory process. An important by-product is, therefore, that there is a lot of pressure on banks to improve their risk management systems. Improvements are already visible. It seems clear to me that more supervisory efforts, similar to those in the banking sector, may also be needed in the other sectors of financial institutions, for example in insurance»[92].

O projecto SOLVÊNCIA II constitui, como adiante se verá[93], o referencial actualizado das novas tendências de supervisão desenvolvidas neste contexto.

9.3. A actividade seguradora como intermediária de riscos financeiros

O exposto salienta o facto de os desenvolvimentos verificados na indústria seguradora apresentarem, inquestionavelmente, potenciais ramificações sistémicas no contexto do sistema financeiro, considerado como um todo.

Com efeito, as empresas seguradoras têm-se tornado cada vez mais activas em transacções financeiras que implicam responsabilidades sinalagmáticas em face dos bancos, especialmente em mercados *OTC* de produtos derivados e outros produtos financeiros complexos. Muitas destas actividades, com relevo para as transferências de riscos de crédito, vinham sendo parcialmente influenciadas por um ambiente caracterizado pela denominada *arbitrariedade regulatória*, baseada em distintos regimes de regulação criados para os bancos e para as seguradoras (em especial, no que se refere às regras de adequação de capital).

Mas, por outro lado, as empresas seguradoras constituem, reconhecidamente, grandes intermediárias de poupanças de retalho e detêm instrumentos financeiros diversos, em larga escala, pelo que as grandes compras ou vendas em que intervenham podem criar acentuadas volatilidades de mercado.

---

[92] TRICHET, JEAN-CLAUDE, *Financial stability*, 2003.
[93] Cfr. *infra*.

A referida potencialidade de ramificação sistémica das ocorrências verificadas na indústria seguradora ilustra-se com o exemplo típico da migração de risco verificada entre seguradoras e outras instituições financeiras (particularmente bancos).

Se, desde logo, este facto torna mais desafiante a tarefa de rastrear a distribuição dos riscos nos sistemas financeiros, pode, também, conduzir a um nível de concentração mais elevado em matéria de alocação de riscos. De facto, as seguradoras podem descarregar, nos mercados financeiros, alguns riscos de seguro através da respectiva titularização (por exemplo, mediante as denominadas *catastrophe bonds*)[94], mas, por outro lado, as actividades desenvolvidas no mercado financeiro também podem deslocar risco para o sector segurador, tal como se verifica, por exemplo, nos casos de transformação das seguradoras em vendedoras de protecção de crédito, absorvendo um tipo de risco tradicionalmente nascido no seio bancário.

---

[94] Instrumentos de dívida (obrigações) de alto rendimento, usualmente associados a seguros e destinados a proporcionar um ganho monetário em caso de catástrofe (como seja, por exemplo, um furacão, uma tempestade, etc.). Estão sujeitos a uma especial condição, determinando que, caso o emitente (seguradora ou resseguradora) sofra perdas derivadas de uma catástrofe pré-definida, a sua obrigação de pagar juros, capital, ou ambos, é diferida ou completamente perdoada – BRANDTS, SILKE / LAUX, CHRISTIAN, *Cat bonds and reinsurance: the competitive effect of information-insensitive triggers*, 2007, p. 2; CANTER, MICHAEL S. / COLE, JOSEPH B. / SANDOR, RICHARD L., «Insurance Derivatives: A New Asset Class for the Capital Markets and a New Hedging Tool for the Insurance Industry», *JACF*, 10/3, 1997, p. 69 e ss.; COX, SAMUEL H. / PEDERSEN, HAL W., *Catastrophe Risk Bonds*, Georgia State University, Center for Risk Management and Insurance Research, *Working Papers Series*, 97/4, Atlanta, GA, 1997, p. 3 e ss.; DOHERTY, NEIL A., «Financial Innovation in the Management of Catastrophe Risk», *JACF*, 10/3, 1997, p. 84 e ss.; DOHERTY, NEIL A. / RICHTER, ANDREAS, «Moral Hazard, Basis Risk, and Gap Insurance», *JRI*, 69/1, 2002, p. 9 e ss.; FROOT, KENNETH, «The Limited Financing of Catastrophe Risk: An Overview», *NBER WP6025*, Cambridge, MA, 1997, p. 17 e ss.; JAFFEE, DWIGHT M. / / RUSSELL, THOMAS, «Catastrophe Insurance, Capital Markets, and Uninsurable Risks», *JRI*, 64/2, 1997, p. 218 e ss.; LEWIS, CHRISTOPHER M. / DAVIS, PETER O., «Capital Market Instruments for Financing Catastrophe Risk: New Directions?», *JIR*, 17, 1998, p. 110 e ss.; LOUBERGÉ, HENRI / KELLEZI, EVIS / GILLI, MANFRED, «Using Catastrophe-Linked Securities to Diversify Insurance Risk: A Financial Analysis of Cat Bonds», *JII*, 22/2, 1999, p. 130 e ss.; NELL, MARTIN / RICHTER, ANDREAS, «Improving Risk Allocation Through Cat Bonds», *Working Papers on Risk and Insurance*, Hamburg University, 10, 2002, p. 2 e ss.; SCHÖCHLIN, ANGELIKA, «Where's the CAT Going? Some Observations on Catastrophe Bonds», *JACF*, 14/4, 2002, p. 100 e ss.; SKIPPER, HAROLD D. / KWON, W. JEAN, *Risk Management and Insurance. Perspectives in a Global Economy*, cit., p. 396 e ss.

Como a alocação de riscos através dos diferentes sectores do sistema financeiro fica, assim, sujeita a permanentes modificações, o efeito dos choques financeiros está, do mesmo modo, a ser alterado. Classicamente, era bastante improvável que os sectores bancário e segurador fossem afectados, simultaneamente, pelos mesmos choques; mas, à luz da actual convergência dos respectivos perfis de risco, incluindo o intercâmbio accionista entre as diversas entidades, a possibilidade de bancos e seguradoras serem afectados por choques similares é crescente, daí podendo resultar uma clara redução da capacidade de absorção de choques por parte do sistema financeiro, como um todo.

Duas questões fundamentais se suscitam a propósito deste novo enquadramento da alocação de riscos: por um lado, a questão de saber se tais riscos, incluindo os riscos de crédito, são mais eficientemente distribuídos pelas entidades melhor capacitadas para os suportar; por outro lado, a questão de saber se as empresas seguradoras estão devidamente apetrechadas para gerir os riscos que, assim, vêm assumindo[95].

Quanto à primeira questão, não devem desconsiderar-se as vantagens resultantes para as seguradoras da diversificação de risco que lhes é proporcionada por esta via, bem como a diversificação para o mercado em geral, devido à partilha, por essas entidades, de riscos tradicionalmente suportados pelos bancos. Mas, em contraponto, releva aqui o facto de, por força da consolidação verificada na indústria seguradora e resseguradora, haver lugar a uma maior concentração de riscos, colocando em perigo todas as entidades, especialmente os bancos, que interajam em operações dos mercados financeiros com determinadas resseguradoras que estejam, porventura, enfrentando dificuldades.

Quanto à segunda questão, o acento tónico tem sido colocado na verificação de uma especial necessidade de desenvolver mecanismos de gestão interna de risco nas seguradoras e sistemas de controlo da gestão das respectivas actividades de mercado sobre activos, aqui relevando, especialmente, o risco de crédito.

Consciente de tal necessidade, o *Financial Stability Forum*[96] tem vindo a avaliar as formas de aperfeiçoar a divulgação pública de informa-

---

[95] De facto, «the transfer of risk to nonbanking sectors has raised concerns about 'where the risk has gone'; whether risk has been widely dispersed or concentrated; and whether the recipients of risk are able to manage it» – HÄUSLER, GERD, «Risk Transfer and the Insurance Industry», *The Geneva Papers*, 30/1, 2005, p. 121.

[96] Estrutura internacional criada em 1999, com o objectivo de intensificar a cooperação entre as várias autoridades supervisoras nacionais e internacionais e as instituições

ção sobre a actividade de transferência de riscos de crédito e os respectivos dados agregados, de modo a permitir concluir se o risco foi assumido por quem, de facto, está em melhores condições de o suportar.

De acordo com esta linha de orientação, o *Joint Forum*[97] desenvolveu, em 2005, um conjunto de recomendações (actualizadas e complementadas em 2007), visando a identificação das melhores práticas de gestão do risco, de divulgação de informação e de abordagem da respectiva supervisão.

Das actuais dezanove recomendações[98], especificamente relacionadas com a matéria dos produtos de transferência de riscos de crédito relativos a outras classes de activos que não, apenas, os de créditos societários, podem referir-se, exemplificativamente, as relacionadas com:

- O papel a desempenhar, pela gestão de topo das empresas seguradoras que participam nos mercados de transferência de risco de crédito, no acompanhamento regular e sistemático do desenvolvimento de tais operações (1);
- A necessidade de assegurar uma análise de crédito criteriosa e cuidada (2);
- A necessidade de evitar concentrações de risco indevidas (5);
- A necessidade de construir modelos de gestão e avaliação de risco adequados aos produtos de especial complexidade que existam em carteira (6);
- A identificação cautelosa dos riscos derivados de específicas situações das contrapartes (10);

---

financeiras internacionais, tendo em vista a promoção da estabilidade no sistema financeiro internacional – informação adicional pode ser colhida em www.fsforum.org

[97] Grupo de trabalho constituído em 1996, com a participação do *Basel Committee on Banking Supervision* (*BCBS*), da *International Organization of Securities Commissions* (*IOSCO*) e da *International Association of Insurance Supervisors* (*IAIS*), para tratar de assuntos comuns aos sectores bancário, de valores mobiliários e segurador, incluindo a regulação dos conglomerados financeiros – informação adicional pode ser colhida em www.bis.org/bcbs/jointforum.htm

[98] Cfr. THE JOINT FORUM, *Credit Risk Transfer. Developments from 2005 to 2007*, Basel, July 2008, p. 27 e ss.

Este documento sustenta-se, complementando-as, nas dezassete recomendações produzidas, em 2005, pelo mesmo organismo (THE JOINT FORUM, *Credit Risk Transfer. Developments from 2005 to 2007 – Appendix E*, *cit.*, p. 73 e ss.) e integraram inicialmente o relatório sobre a *Credit Risk Transfer*, Basel, March 2005.

- A divulgação de informação consistente relativa às actividades desenvolvidas no âmbito da transferência de riscos de crédito (17); e
- A definição, quanto ao capital, de requisitos de supervisão adequados, levando especialmente em conta as exposições em créditos estruturados (18).

A preocupação é particularmente pertinente, uma vez que muitas destas actividades de transferência de riscos extravasam as tradicionais actividades de subscrição de seguros e de investimento, pelo que requerem abordagens mais integradas relativamente à gestão do risco, tal como, aliás, já foi enfatizado pela *IAIS*:

> «Credit risk can potentially give rise to substantial losses and so firms engaging in such activities need to align internal capital requirements with the total level of risk they have accepted. This in turn needs to be supported by strong risk management systems. Credit risk does not in itself give rise to any new high level risk management issues, but is unusual in that it straddles both the investment and the underwriting activities of the insurer or indeed can extend to other parts of the group. This raises potentially difficult issues for detailed implementation of risk management systems within the firms, as these two activities often have different risk management approaches. New skills and techniques may be needed before firms participate in the credit risk transfer market. Control frameworks will need to be holistic, such that they are capable of crossing the traditional boundaries and of operating at group-wide, as well as individual company level»[99].

9.4. As incidências supervisionais e de informação

A matéria relativa aos reflexos sistémicos derivados do exercício da actividade seguradora vem suscitando uma reflexão aprofundada no contexto de duas áreas de especial relevância: de um lado, no modo como a supervisão e regulação da actividade seguradora é conduzida; de outro lado, no tipo de informação financeira que as empresas seguradoras devem divulgar, em termos gerais.

No que respeita à supervisão e regulação da actividade seguradora, cumpre reconhecer que as actividades financeiras das seguradoras e das

---

[99] IAIS, *Paper on Credit Risk Transfer between Insurance, Banking and Other Financial Sectors Presented to the Financial Stability Forum*, Mar. 2003, p. 20 e ss.

resseguradoras têm justificado uma menor preocupação pública, quando comparada com a preocupação que suscitam as actividades dos bancos.

A razão de ser de tal situação parece ter a ver, pelo menos em parte, com o facto de o enquadramento regulatório e de supervisão da actividade seguradora ter estado, ao longo do tempo, fundamentalmente orientado no sentido da protecção dos tomadores de seguros e menos apontado para a forma como as empresas seguradoras gerem os seus riscos financeiros. Mas, como se vem demonstrando, parece evidente que esta visão tradicional, sustentada na ideia de que as seguradoras colocam menos riscos sistémicos do que o sector bancário e, por isso, justificam uma menor incidência de regras prudenciais, está substancialmente desactualizada, por não levar em consideração a crescente interacção verificada entre o sector segurador, os mercados financeiros (tais como os de obrigações, acções e derivados) e outros intermediários financeiros[100].

Efectivamente, do mesmo passo que esta interacção desempenha, segundo uma perspectiva de estabilidade financeira, um papel de relevo assinalável, também é claro que o aumento da relevância dos riscos financeiros assumidos pelas empresas seguradoras deve justificar a reorientação da supervisão no sentido da correcta avaliação desses riscos, percurso que a revisão dos *Insurance Core Principles*, concluída em Outubro de 2003, já iniciou, ao enfatizar a necessidade de uma adequada gestão de tais riscos, por parte dos seguradores, e de uma minuciosa análise de mercado, por parte das autoridades supervisoras[101].

No que respeita à divulgação e transparência da informação relativa às actividades das seguradoras no âmbito do mercado financeiro, também cumpre reconhecer que se trata de uma área a exigir desenvolvimentos apreciáveis, uma vez que a forma como essa tarefa tem sido realizada parece não estar de acordo com o relevante papel que, cada vez mais, estas entidades vêm desempenhando no sistema financeiro.

A referida inadequação da informação prestada pode ser detectada a três níveis: num primeiro nível, verifica-se que a informação divulgada a respeito dos riscos de investimento e das operações fora do balanço, assumidos pelas empresas seguradoras, tem sido, geralmente, muito limitada; num segundo nível, algumas características dos padrões contabilísticos, tais como as relativas às pressuposições actuariais que fundamentam

---

[100] TRICHET, JEAN-CLAUDE, *Financial Stability and the Insurance Sector*, cit., p. 67.
[101] Cfr. *supra*.

determinadas estimativas, podem dificultar uma visão de conjunto por parte dos investidores externos; num terceiro nível, é igualmente reconhecida a necessidade de ser prestada mais informação, aos supervisores e aos participantes no mercado, sobre os sistemas internos de controlo de risco de que as empresas de seguros dispõem para gerir as suas actividades no mercado financeiro.

Também relativamente a este aspecto parece evidente que o aumento da relevância do papel desempenhado pelas seguradoras, como intermediárias de risco financeiro, deve ser acompanhado por um aumento proporcional de divulgação de informação sobre os seus riscos financeiros, estejam estes traduzidos em posições de balanço ou derivem, apenas, de exposições fora do balanço.

Um bom exemplo de contributo para a prossecução de tal objectivo foi constituído pelos estudos desenvolvidos por um Grupo de Trabalho especialmente constituído para o efeito no âmbito da *IAIS*[102], com vista à concretização de um enquadramento para a produção, em termos fidedignos, de análises e estatísticas globais do mercado ressegurador, para utilização pelas autoridades responsáveis pela estabilidade financeira, por todos os intervenientes no mercado e pelo público em geral[103].

Desde então é publicado anualmente, pela *IAIS*, um *Global Reinsurance Market Report*, tendo em vista facilitar a transparência da informação sobre a actividade resseguradora numa base continuada, apresentando as estatísticas resseguradoras globais de uma forma não anteriormente disponível e contribuindo, assim, para o objectivo maior da sedimentação da estabilidade financeira[104].

---

[102] Trata-se da *Task Force Re*, cujos trabalhos tiveram origem no 8.º Encontro do *Financial Stability Forum*, 3-4 de Setembro de 2002, realizado em Toronto, onde foram discutidas várias questões relacionadas com a indústria resseguradora e se concluiu que «... the reinsurance industry had performed well in the face of recent shocks. However, the opaqueness of the reinsurance market and of public disclosures makes it difficult, if problems in the reinsurance industry were to arise, to assess the potential impact on the insurance sector as a whole and on financial stability more generally. It was also pointed out that some of these issues are also relevant to other parts of the insurance industry» – o documento síntese da conferência está acessível em www.fsforum.org/press/pr_02 0903.pdf

[103] TASK FORCE RE, *Enhancing Transparency and Disclosure in the Reinsurance Sector*, March 2004.

[104] Cfr. www.iaisweb.org/index.cfm?pageID=48

10. A União Europeia

A construção da União Europeia e do mercado único de serviços financeiros que lhe está subjacente traduz, finalmente, uma outra subvertente fundamental do processo genérico de internacionalização das estruturas seguradoras, agora desenhada com base numa ideia de mercado único europeu do seguro[105].

A concretização deste objectivo tem girado em torno de três planos de intervenção essenciais, a saber, o plano da sedimentação das liberdades (de estabelecimento e de prestação de serviços); o plano da construção da União Económica e Monetária; e o plano do reforço dos requisitos de capital.

Importa salientar que a relevância deste último aspecto recrudesceu exponencialmente em face dos reflexos negativos de diversa ordem produzidos pela crise do sistema financeiro mundial, iniciada no Verão de 2007. Do ponto de vista negocial, aliás, a situação abalou profundamente a base de confiança em que costumava assentar a relação entre as instituições financeiras e a sua clientela (e o público, de forma mais generalizada).

Contudo, é geralmente reconhecido que as economias de mercado necessitam de se amparar em sistemas financeiros sólidos e competitivos, tanto do ponto de vista nacional como do ponto de vista internacional. Tais sistemas devem ser capazes de enfrentar os riscos inerentes ao desempenho da sua função primordial de intermediação financeira, assegurando a efectividade do processo através da existência de uma robusta base de confiança mútua entre os agentes do mercado, sustentada na integridade das instituições e na continuidade dos mercados.

Na busca de um novo enquadramento para a estabilidade financeira, ancorado nesses pressupostos, passou a estar na primeira linha das preocupações internacionais a definição de mecanismos melhor adequados

---

[105] BERR, CLAUDE J., «Droit européen de l'assurance», *R.T.D. Eur.*, 31/3, 1995, p. 564 e ss.; LAMBERT-FAIVRE, YVONNE / LEVENEUR, LAURENT, *Droit des assurances*, 12. éd., Paris, 2005, p. 66 e ss.; LOHÉAC, FRANCIS, «Le Marché Unique Européen de l'Assurance», em EWALD, FRANÇOIS / LORENZI, JEAN-HERVÉ (Ed.), *Encyclopédie de l'Assurance*, Paris, 1998, p. 131 e ss.; MÜLLER-REICHART, MATTHIAS, «The EU Insurance Industry: Are we Heading for an Ideal Single Financial Services Market?», *The Geneva Papers*, 30/2, 2005, p. 285 e ss.; RÜHL, GIESELA, *Obliegenheiten im Versicherungsvertragsrecht. Auf dem Weg zum Europäischen Binnenmarkt für Versicherungen*, Tübingen, 2004, p. 3 e ss.

à verificação da solidez financeira das empresas, num contexto genérico onde se integra, com responsabilidade acrescida, a actividade seguradora.

10.1. A sedimentação das liberdades

A abordagem europeia da internacionalização estruturou-se em torno de um conjunto de Directivas de relevância fundamental que, afinal de contas, mais não fizeram do que corporizar os princípios fundadores, relativamente à matéria do exercício da actividade seguradora, desde logo consagrados no Tratado de Roma de 1957, a saber, a liberdade de estabelecimento (artigos 52.º e seguintes do Tratado) e a liberdade de prestação de serviços (artigos 59.º e seguintes do Tratado).

Ao longo de uma vintena de anos, o espaço jurídico comunitário viu, assim, surgir um primeiro bloco de Directivas, relativo à liberdade de estabelecimento[106]; um segundo bloco, relativo à liberdade de prestação de serviços[107]; e um terceiro bloco, relativo à licença única[108], num enqua-

---

[106] Directiva 73/239/CEE, do Conselho, de 24 de Julho de 1973, primeira directiva do Conselho relativa à coordenação das disposições legislativas, regulamentares e administrativas respeitantes ao acesso à actividade de seguro directo não-vida e ao seu exercício (*JOCE*, L 228, de 16 de Agosto de 1973, p. 1 e ss.), com alterações subsequentes.

Directiva 79/267/CEE, do Conselho, de 5 de Março de 1979, primeira directiva do Conselho relativa à coordenação das disposições legislativas, regulamentares e administrativas, respeitantes ao acesso à actividade de seguro directo de vida e ao seu exercício (*JOCE*, L 63, de 13 de Março de 1979, p. 1 e ss.), com alterações subsequentes.

[107] Directiva 88/357/CEE, do Conselho, de 22 de Junho de 1988, segunda directiva do Conselho, relativa à coordenação das disposições legislativas, regulamentares e administrativas respeitantes ao seguro directo não-vida, que fixa disposições destinadas a facilitar o exercício da livre prestação de serviços e que altera a Directiva 73/239/CEE (*JOCE*, L 172, de 4 de Julho de 1988, p. 1 e ss.), com alterações subsequentes. Esta Directiva foi complementada pelas Directivas relativas ao seguro automóvel – Directiva 2005/14/CE, do Parlamento Europeu e do Conselho, de 11 de Maio de 2005, que altera as Directivas 72//166/CEE, 84/5/CEE, 88/357/CEE e 90/232/CEE, do Conselho, e a Directiva 2000/26/CE relativas ao seguro de responsabilidade civil resultante da circulação de veículos automóveis (*JOUE*, L 149, de 11 de Junho de 2005, p. 14 e ss.).

Também a Directiva 90/619/CEE, do Conselho, de 8 de Novembro de 1990, segunda directiva do Conselho relativa à coordenação das disposições legislativas, regulamentares e administrativas respeitantes ao seguro directo de vida, que fixa as disposições destinadas a facilitar o exercício efectivo da livre prestação de serviços e altera a Directiva 79/267//CEE (*JOCE*, L 330, de 29 de Novembro de 1990, p. 50 e ss.), com alterações subsequentes, das quais cumpre destacar as introduzidas pela Directiva 2002/65/CE, do Parlamento Europeu e do Conselho, de 23 de Setembro de 2002, relativa à comercialização à distância

dramento complementado por um conjunto de importantes decisões do Tribunal de Justiça das Comunidades Europeias, de que são exemplo notável os acórdãos Reyners (21 de Junho de 1974), Van Binsbergen (3 de Dezembro de 1974), seguro/co-seguro (4 de Dezembro de 1986), Poucet et Pistre (17 de Fevereiro de 1993), etc.[109]

Deste modo, incrementou-se efectivamente a liberdade de estabelecimento e a liberdade de prestação de serviços e dinamizou-se o exercício da actividade seguradora no espaço intra-europeu, não só facilitando a abertura de agências e sucursais em qualquer Estado-membro por seguradoras sedeadas noutro Estado-membro mas, também, permitindo-lhes o exercício da actividade em regime de livre prestação de serviços, num caso como noutro sob o controlo e a fiscalização do Estado-membro de origem.

10.2. A construção da União Económica e Monetária

A implementação da União Económica e Monetária produziu, sob o ponto de vista da pura dimensão económica, profundas alterações na estrutura dos mercados financeiros.

De facto, a UEM começou por alargar o mercado, substituindo os vários mercados nacionais, restritos, por um único grande mercado europeu integrado.

---

de serviços financeiros prestados a consumidores e que altera as Directivas 90/619/CEE, do Conselho, 97/7/CE e 98/27/CE (*JOCE*, L 271, de 9 de Outubro de 2002, p. 16 e ss.).

[108] Directiva 92/49/CEE, do Conselho, de 18 de Junho de 1992, terceira directiva do Conselho relativa à coordenação das disposições legislativas, regulamentares e administrativas respeitantes ao seguro directo não-vida e que altera as Directivas 73/239/CEE e 88/357/CEE (*JOCE*, L 228, de 11 de Agosto de 1992, p. 1 e ss.), com alterações subsequentes.

Directiva 92/96/CEE, do Conselho, de 10 de Novembro de 1992, terceira directiva do Conselho que estabelece a coordenação das disposições legislativas, regulamentares e administrativas relativas ao seguro directo vida e que altera as Directivas 79/267/CEE e 90/619/CEE (*JOCE*, L 360, de 9 de Dezembro de 1992, p. 1 e ss.), com alterações subsequentes.

[109] Sobre as decisões referidas cfr., por exemplo, FLYNN, JAMES, «Insurance: Recent Judgments of the European Court of Justice», *ICLQ*, 37, 1988, p. 154 e ss.; MORENO, LUIS / MCEWEN, NICOLA, «Exploring the territorial politics of welfare», em MCEWEN, NICOLA / MORENO, LUIS (Ed.), *The Territorial Politics Of Welfare*, London, 2005, p. 29 e ss.; SCHWINTOWSKI, HANS-PETER, «The Common Good, Public Subsistence and the Functions of Public Undertakings in the European Internal Market», *EBOLR*, 4/3, 2003, p. 357.

Mas desse alargamento, derivou, em sequência, um reforço da concorrência das entidades estrangeiras com as entidades nacionais, de onde resultaram reflexos profundos com incidência jurídica relevante, nomeadamente ao nível da protecção dos direitos dos consumidores de serviços financeiros.

A construção deste grande mercado europeu passa, necessariamente, pela denominada *integração financeira*, neste contexto entendida como a situação em que não existem quaisquer fricções que discriminem entre os agentes económicos, no que se refere ao acesso e ao investimento de capital, especialmente em resultado da sua origem geográfica[110].

A integração dos serviços e dos mercados financeiros é considerada fundamental para o sucesso da economia da União Europeia, não só porque implica a remoção dos obstáculos que impedem a utilização da rede de externalidades e as economias de escopo e de escala disponíveis para os participantes num mercado alargado, como, por outro lado, permite o desenvolvimento de regras, práticas e padrões comuns, para todos os participantes e fornecedores de serviços.

Tal justifica que se tenha decidido lançar, em 1999, um ambicioso plano em matéria de regulação financeira (*FSAP – Financial Services Action Plan*), destinado a facilitar a construção do mercado único de serviços financeiros na UE[111], que terminou em 2005 e integrou um conjunto de 42 medidas, entre regulamentos, recomendações e cerca de 30 Directivas.

A implementação deste plano foi acompanhada pela execução do denominado *Processo Lamfalussy*, desenvolvido segundo o sistema de comitologia[112-113]. Este processo resultou das recomendações efectuadas pelo

---

[110] ECB, *The integration of Europe's financial markets*, Monthly Bulletin, 10/2003, p. 54; GUALANDRI, ELISABETTA / GRASSO, ALESSANDRO GIOVANNI, «Towards a New Approach to Regulation and Supervision in the EU: Post-FSAP and Comitology», *RBF*, 2006/3, p. 157.

[111] Comunicação da Comissão, de 11 de Maio de 1999, sobre a «Aplicação de um enquadramento para os serviços financeiros: Plano de acção» (COM (1999) 323), acessível em http://europa.eu/scadplus/leg/pt/lvb/l24210.htm; uma exposição global do desenvolvimento deste plano pode ser colhida em http://ec.europa.eu/internal_market/finances/actionplan/index_en.htm

[112] Por «comitologia» designa-se o sistema de comités que controla e assiste a Comissão Europeia, no exercício da sua função de órgão executivo da UE encarregado de implementar a legislação aprovada pelo Parlamento e pelo Conselho. Os procedimentos que determinam o relacionamento entre a Comissão e os Comités foram definidos pela

Committee of Wise Men on the Regulation of European Securities Markets, constituído em 17 de Julho de 2000 pelo Conselho de Ministros das Finanças e da Economia e presidido pelo Barão Alexandre Lamfalussy.

Com efeito, em 15 de Fevereiro de 2001, o Comité de Sábios publicou um relatório[114] onde concluiu que o sistema regulador da UE era incapaz de reagir rapidamente às mudanças de condições do mercado e não permitia uma distinção correcta entre princípios essenciais e regras de implementação prática. Recomendou, por isso, uma nova abordagem, em quatro níveis, da regulação dos valores mobiliários, em sistema que se generalizou pelos demais sectores financeiros.

Decisão 1999/468/CE, do Conselho, de 28 de Junho de 1999, que fixa as regras de exercício das competências de execução atribuídas à Comissão (*JOCE*, n.º L 184, de 17 de Julho de 1999, p. 23 e ss.), entretanto alterada pela Decisão 2006/512/EC, do Conselho, de 17 de Julho de 2006 (*JOUE*, n.º L 200, de 22 de Julho de 2006, p. 11 e ss.).

[113] Para um historial da constituição dos diversos comités, no âmbito dos sectores integrantes do sistema financeiro, cfr.: a Decisão 2001/527/CE, da Comissão, de 6 de Junho de 2001, que institui o Comité das Autoridades de Regulamentação dos Mercados Europeus de Valores Mobiliários (*JOCE*, n.º L 191, de 3 de Julho de 2001, p. 43 e ss.); a Decisão 2001/528/CE, da Comissão, de 6 de Junho de 2001, que institui o Comité Europeu dos Valores Mobiliários (*JOCE*, n.º L 191, de 3 de Julho de 2001, p. 43 e ss.); a Decisão 2004/5/CE, da Comissão, de 5 de Novembro de 2003, que institui o Comité das Autoridades Europeias de Supervisão Bancária (*JOUE*, n.º L 3, de 7 de Janeiro de 2004, p. 28 e ss.); a Decisão 2004/6/CE, da Comissão, de 5 de Novembro de 2003, que institui o Comité das Autoridades Europeias de Supervisão dos Seguros e Pensões Complementares de Reforma (*JOUE*, n.º L 3, de 7 de Janeiro de 2004, p. 30 e ss.); a Decisão 2004/7/CE, da Comissão, de 5 de Novembro de 2003, que altera a Decisão 2001/527/CE, que institui o Comité das Autoridades de Regulamentação dos Mercados Europeus de Valores Mobiliários (*JOUE*, n.º L 3, de 7 de Janeiro de 2004, p. 32); a Decisão 2004/8/CE, da Comissão, de 5 de Novembro de 2003, que altera a Decisão 2001/528/CE, que institui o Comité Europeu dos Valores Mobiliários (*JOUE*, n.º L 3, de 7 de Janeiro de 2004, p. 33); a Decisão 2004/9/CE, da Comissão, de 5 de Novembro de 2003, que institui o Comité Europeu dos Seguros e Pensões Complementares de Reforma (*JOUE*, n.º L 3, de 7 de Janeiro de 2004, p. 34 e ss.); a Decisão 2004/10/CE, da Comissão, de 5 de Novembro de 2003, que institui o Comité Bancário Europeu (*JOUE*, n.º L 3, de 7 de Janeiro de 2004, p. 36 e ss.). A Directiva 2005/1/CE, do Parlamento Europeu e do Conselho, de 9 de Março de 2005, que altera as Directivas 73/239/CEE, 85/611/CEE, 91/675/CEE, 92/49/CEE e 93/6/CEE, do Conselho, e as Directivas 94/19/CE, 98/78/CE, 2000/12/CE, 2001/34/CE, 2002/83/CE e 2002/87/CE, com vista a estabelecer uma nova estrutura orgânica para os comités no domínio dos serviços financeiros (*JOUE*, n.º L 79, de 24 de Março de 2005, p. 9 e ss.) veio actualizar e consolidar as disposições sobre a matéria.

[114] *Final Report of the Committee of Wise Men on the Regulation of European Securities Markets* – o documento está acessível em http://europa.eu.int/comm/internal_market/securities/lamfalussy/index_en.htm

Cada pacote legislativo passou, de acordo com este processo, a ser desdobrado em quatro níveis distintos, cada um deles orientado para um patamar específico de implementação da legislação:

- No nível 1, são estabelecidos apenas os princípios políticos enformadores da nova legislação, que constituem os elementos essenciais de cada proposta e reflectem as escolhas políticas fundamentais a adoptar pelo Parlamento Europeu e pelo Conselho na base de uma proposta da Comissão. São, também aqui, especificadas a natureza e a extensão das medidas técnicas de implementação a adoptar no nível seguinte;
- No nível 2, são concretizadas as medidas técnicas detalhadas para implementação dos princípios gerais, com a assessoria de comités especializados;
- No nível 3, é requerida a cooperação entre as autoridades reguladoras nacionais, através do desenvolvimento de recomendações e orientações interpretativas padronizadas, tendo em vista assegurar uma interpretação consistente das regras do nível 2;
- No nível 4, a Comissão Europeia desempenha um papel de especial responsabilidade, por via da sua função de guardiã dos Tratados, monitorizando e zelando pelo cumprimento da legislação comunitária. Ganha aqui relevo a tarefa de recolha de informações e de queixas e o estudo aprofundado de casos concretos.

10.3. O reforço dos requisitos de capital

Resulta evidente que, tal como se verifica relativamente aos bancos, também as empresas seguradoras devem estar prevenidas com o capital suficiente para fazerem face a acontecimentos inesperados, tendo em vista a estabilidade do sistema e a protecção dos segurados.

Esta asserção prende-se com o facto de se verificar, no que respeita à função estrutural do capital social, uma diferença fundamental entre as instituições financeiras e as instituições não financeiras, uma vez que, nestas, o capital social é normalmente encarado como uma fonte de financiamento da actividade negocial e, naquelas, constitui a almofada capaz de absorver os riscos financeiros derivados da actividade: «the primary purpose of capital in a financial institution is to absorb financial risk, not to provide funding for the assets of the business. Since the absorption of financial risk is not just incidental to a bank's business, but forms an integral part of the business itself, it follows that capital is itself an integral part of the business»[115].

A regulação seguradora sempre conheceu, relativamente a esta matéria, concepções estruturais diferenciadas, justificando um particular destaque a abordagem europeia de solvência e a abordagem norte-americana baseada no risco, as quais continuam a apresentar, embora actualmente de forma mais esbatida, uma diferença fundamental: «The essential difference is that the solvency approach bases the institution's regulatory capital requirement on one or a combination of liability measures, while the risk-based approach uses a broader measure based on both asset and liability measures or, in its more sophisticated forms, on model measures of the company's risk profile»[116].

A fixação de requisitos de solvência para as empresas seguradoras foi objecto de abordagem expressa logo na primeira geração de Directivas de Seguros (73/239/CEE e 79/267/CEE, citadas, relativas aos ramos não-vida e vida, respectivamente), consagrando-se um conceito de «margem de solvência», no contexto das empresas seguradoras, que significa o montante de capital que a empresa seguradora está obrigada a deter como garantia contra a ocorrência de eventos inesperados.

Contudo, a crescente sofisticação das metodologias de negócio cedo fez perceber que esta abordagem era demasiadamente incipiente para assegurar com eficácia a garantia e salvaguarda dos direitos dos segurados, tendo, por isso, a terceira geração de Directivas de Seguros (92/49/CEE e 92/96/CEE, citadas, relativas aos ramos não-vida e vida, respectivamente) despoletado uma reflexão sobre a necessidade de novos princípios prudenciais e incumbindo, mesmo, a Comissão de conduzir uma revisão dos requisitos de solvência.

No âmbito dessa reflexão foi produzido, em Abril de 1997, o denominado *Relatório Müller*, sobre a solvência da actividade de seguros[117], onde se considerou que os então correntes requisitos relativos à mar-

---

[115] MATTEN, CHRIS, *Managing Bank Capital*, 2. ed., Chichester, 2000, pp. 11 e ss., e 29; também, CARMICHAEL, JEFFREY / POMERLEANO, MICHAEL, *The Development and Regulation of Non-Bank Financial Institutions*, cit., p. 87.

[116] CARMICHAEL, JEFFREY / POMERLEANO, MICHAEL, *The Development and Regulation of Non-Bank Financial Institutions*, cit., p. 88; também SKIPPER, HAROLD D. / KWON, W. JEAN, *Risk Management and Insurance. Perspectives in a Global Economy*, cit., p. 635.

[117] Conference of Insurance Supervisory Services of the Member States of the European Union, *Solvency of Insurance Undertakings*, 1997. Como o grupo de trabalho foi

gem de solvência tinham provado cumprir satisfatoriamente a respectiva função.

Contudo, este relatório aproveitou a oportunidade para apontar algumas situações de deficiência que poderiam ter sido evitadas através da aplicação de regimes de margem de solvência mais acurados, tais como discordâncias relativas a investimentos e à relação entre activos e responsabilidades, resseguro inadequado, etc.

Mas foi no contexto do já referido *Financial Services Action Plan* que a redefinição do enquadramento da solvência das empresas seguradoras justificou uma atenção especial, envolvendo a concretização das iniciativas denominadas SOLVÊNCIA I e SOLVÊNCIA II[118].

Essa revisão começou a concretizar-se através da adopção de duas Directivas que actualizaram os requisitos em matéria de margem de solvência aplicáveis às empresas de seguro vida (Directiva 2002/12/CE, do Parlamento Europeu e do Conselho, de 5 de Março de 2002, que altera a Directiva 79/267/CEE, do Conselho, posteriormente consolidada através da Directiva 2002/83/CE, do Parlamento Europeu e do Conselho, de 5 de

---

presidido por Hans Müller, o relatório assumiu a designação corrente de «Relatório Müller». Este relatório não se encontra publicado, mas podem ser localizadas referências ao mesmo em diversos documentos, tais como, por exemplo, em COMISSÃO EUROPEIA, *Revisão da Situação Financeira Global das Seguradoras (Revisão da Margem de Solvência II)*, Markt//2095/99, Working Paper, Brussels, 1999, p. 5 e ss.; EUROPEAN COMMISSION, *Study into the methodologies to assess the overall financial position of an insurance undertaking from the perspective of prudential supervision, Appendices*, May 2002, p. 74 e ss.; FURRER, HANS-JÖRG, «Risk-based solvency requirements», em ASMUSSEN, SØREN / BÄUERLE, NICOLE / KORN, RALF, «Recent Developments in Financial and Insurance Mathematics and the Interplay with the Industry», *Oberwolfach Report*, 10/2007, p. 578; e, também, no denominado «Relatório Sharma» (cfr., *infra*, nota 124), que o complementou.

[118] Em geral cfr., por exemplo, APS, *Solvência II*, 2006; ELING, MARTIN / SCHMEISER, HATO / SCHMIT, JOAN T., «The Solvency II Process: Overview and Critical Analysis», *RMIR*, 10/1, 2007, p. 69 e ss.; EUROPEAN COMMISSION, *Design of a Future Prudential Supervisory System in the EU – Recommendations by the Commission Services*, Markt//2509/03, Working Paper, Brussels, 2003; FURRER, HANSJÖRG, *Risk-based solvency requirements*, cit., p. 577 e ss.; LINDER, ULF / RONKAINEN, VESA, *Solvency II – Towards a New Insurance Supervisory System in the EU*, SAJ 6/2004, p. 462 e ss.; MILLNS, RICHARD // WILKINSON, MIKE, *SOLVENCY II: Understanding the Directive*, 2008; MÜLLER, HELMUT, *Legal Bases of the Internal Insurance Market in Europe*, s. d., p. 28 e ss.; NOGUEIRA, FERNANDO, *O Projecto Solvência II*, Lisboa, 2006; STEFFEN, THOMAS, «Solvency II and the Work of CEIOPS», *The Geneva Papers*, 33/1, 2008, p. 60 e ss.; TRAINAR, PHILIPPE, «La réforme de la solvabilité des assureurs européens: l'exercice Solvency II», *Risques*, 54, 2003, p. 45 e ss.

Novembro de 2002) e de seguro não-vida (Directiva 2002/13/CE, do Parlamento Europeu e do Conselho, de 5 de Março de 2002, que altera a Directiva 73/239/CEE, do Conselho)[119], que tiveram por base as propostas contidas no referido *Relatório Müller*.

Ambas determinaram que os Estados-membros deveriam dispor no sentido de as disposições de ordem jurídica interna aprovadas para dar cumprimento às Directivas se aplicarem pela primeira vez à fiscalização das contas dos exercícios com início em 1 de Janeiro de 2004 ou durante esse ano civil (respectivos artigos 3.º, n.º 2).

Esta reforma ficou conhecida por SOLVÊNCIA I e o respectivo regime concretizou, fundamentalmente, um aumento dos requisitos mínimos de capital (por exemplo, foi aumentado para três milhões de euros o valor do fundo de garantia, em certos casos) e um reforço dos poderes da entidade de supervisão (a entidade de supervisão passou a poder exigir um plano de reequilíbrio da situação financeira a uma empresa que, embora respeitando os requisitos mínimos de solvência, apresente uma evolução que possa vir a colocar em risco os direitos dos segurados). A base de sustentação do regime foi definida em torno de 3 grandes vectores: utilização de fórmulas prudentes nas regras de cálculo das provisões técnicas; definição do tipo e limites dos activos a serem utilizados como garantia das provisões técnicas; e utilização de percentagens de prémios, sinistros e provisões para efectuar o cálculo da margem de solvência e do fundo de garantia.

Este modelo, pela ostensiva simplicidade de que se revestia, foi logo de início assumido como transitório, atentas as limitações estruturais que lhe foram identificadas: modelo estático, sem ponderação dos riscos assumidos; alheamento da gestão do risco e da optimização de controlos internos; acentuado desfasamento das regras de supervisão e de intervenção face à realidade do mercado.

Tornou-se, assim, evidente a necessidade de definir uma metodologia que proporcionasse uma visão mais ampla e fundamentada da posição financeira global de cada seguradora e que levasse em conta, nomeadamente, os novos desenvolvimentos em matéria de seguros, de gestão de risco, de técnicas financeiras, de padrões prudenciais, etc.

---

[119] *JOCE*, n.º L 77, 20 de Março de 2002, pp. 11 e ss. e 17 e ss., respectivamente. Ambas as Directivas foram transpostas para o ordenamento jurídico português através do DL n.º 251/2003, de 14 de Outubro, introduzindo diversas alterações nos DL n.os 94-B/98, de 17 de Abril (que republicou) e 475/99, de 9 de Janeiro.

10.3.1. O projecto Solvência II

A verificação dos constrangimentos enunciados determinou o nascimento do projecto denominado SOLVÊNCIA II, em desenvolvimento pela Comissão Europeia desde 2001.

À semelhança do que já se verificou com o projecto BASILEIA II, para o sector bancário[120], também esta iniciativa pretende rever os requisitos de capital a que devem estar sujeitas as empresas seguradoras, através da introdução de uma estrutura de três pilares, tendo em vista proporcionar uma melhor correspondência entre o verdadeiro perfil de cada seguradora e os respectivos requisitos de solvabilidade, com consequências naturalmente positivas ao nível dos contributos para a estabilidade financeira[121].

O desenvolvimento do projecto foi estruturado em três fases distintas:

A primeira fase, que decorreu entre 2001 e 2003, envolveu a especificação dos aspectos fundamentais do futuro sistema de supervisão, a definição do seu enquadramento geral e a realização de estudos sob solicitação da Comissão Europeia, afinal de contas, todo o trabalho preparatório das fases que se seguiriam.

Por terem fundamentado as decisões tomadas pela Comissão nesta matéria, relativamente ao caminho a seguir, justificam uma referência especial:

a) O estudo elaborado pela empresa KPMG, que sugeriu a concretização da supervisão seguradora segundo uma estrutura de três pilares, à semelhança da solução adoptada para o sector bancário[122], sugestão esta que mereceu, desde logo, o acordo de princípio da Comissão[123];

b) O relatório produzido pelo grupo de trabalho constituído no âmbito da *Conference of Insurance Supervisory Services*[124], elabo-

---

[120] Sobre o ponto, cfr. FERREIRA, ANTÓNIO PEDRO A., *Direito Bancário*, cit., p. 52 e s.

[121] TRICHET, JEAN-CLAUDE, «Financial Stability and the Insurance Sector», *The Geneva Papers*, 30/1, 2005, p. 70 e ss.

[122] KPMG, *Study into the Methodologies to Assess the Overall Financial Position of an Insurance Undertaking from the Perspective of Prudential Supervision*, Brussels, 2002.

[123] Cfr. EUROPEAN COMMISSION, *Considerations on the Design of a Future Prudential Supervisory System*, Markt/2535/02, Working Paper, Brussels, 2002, p. 28.

[124] Conference of Insurance Supervisory Services of the Member States of the European Union, *Prudential Supervision of Insurance Undertakings*, 2002. Como o grupo de

rado sobre a análise das respostas à auscultação efectuada às entidades reguladoras de todos os Estados-membros, que se repartiu por três áreas distintas – mecanismos de intervenção antecipada disponíveis; deficiências efectivas; e necessidades próximas.

Das respostas à referida auscultação resultou um conjunto aprofundado de recomendações que, em síntese, demonstram a necessidade de um esquema regulatório que aborde a matéria do risco segundo três vertentes essenciais:

b.1. Uma vertente de adequação de capital e solvência, garantindo que os seguradores estão habilitados a lidar com os riscos a que estão expostos;

b.2. Uma vertente de disponibilização de ferramentas variadas que cubram integralmente a cadeia causal, corporizadas em indicadores de aviso prévio e outros mecanismos de diagnóstico e de prevenção que ajudem a detectar e a corrigir as potenciais ameaças à solvência dos seguradores, antes da materialização plena dos respectivos efeitos;

b.3. Uma vertente de avaliação da qualidade da gestão e da adequação dos sistemas internos, com especial incidência nas áreas de *corporate governance* e dos sistemas de gestão do risco dos seguradores.

A segunda fase de desenvolvimento do projecto SOLVÊNCIA II, que decorreu entre 2003 e 2007, assumiu uma natureza mais técnica e visou concretizar o desenvolvimento das necessárias regulamentações detalhadas, como sejam, por exemplo, a avaliação de activos e de responsabilidades e a determinação de capital de risco.

Essa concretização foi desenhada segundo o escopo do referido *Processo Lamfalussy*, em quatro níveis diferenciados[125]:

a) O primeiro nível consistiu na definição dos princípios de enquadramento e dos poderes de implementação, a consagrar através da adopção de uma Directiva;

---

trabalho foi presidido por Paul Sharma, director do Departamento dos Riscos Prudenciais da *Financial Services Authority* do Reino Unido, o relatório assumiu a designação corrente de «Relatório Sharma», tendo sido desenhado como suplemento ao anterior «Relatório Müller», citado (cfr., *supra*, nota 117).

[125] Cfr. CORINTI, ALBERTO, *Reacting to a demanding environment – new initiatives from CEIOPS*, 2005.

b) No segundo nível, a concretizar na sequência da Directiva adoptada no nível 1, a Comissão Europeia definirá as medidas detalhadas de implementação, relativas apenas aos artigos do diploma em concreto, utilizando o procedimento de «comitologia». De acordo com este procedimento, será obtido o aconselhamento do Comité Europeu de Supervisores dos Seguros e Pensões Complementares de Reforma (*CEIOPS – Committee of European Insurance and Occupational Pensions Supervisors*)[126], o denominado comité de nível 3, tendo em vista a apresentação de propostas ao comité que representa os ministros competentes dos Estados-membros (o denominado comité de nível 2);

c) No terceiro nível, uma vez definidas as regras, o referido comité de nível 3 acompanhará a sua consistente implementação, melhorando a convergência das práticas de supervisão e facilitando a cooperação entre supervisores;

d) Finalmente, no nível quatro, a Comissão verificará a adequação dos Estados-membros à legislação comunitária.

De salientar que, no contexto do referido primeiro nível, a Comissão adoptou, em Julho de 2007, uma proposta de Directiva Solvência II[127], na qual se determina a respectiva transposição para os ordenamentos jurídicos dos Estados-membros até 31 de Outubro de 2012.

Em observação genérica, podem ser salientados os seguintes aspectos que se afiguram mais relevantes:

---

[126] Uma ideia geral sobre o trabalho já desenvolvido por este organismo pode ser colhida em STEFFEN, THOMAS, *Solvency II and the Work of CEIOPS*, cit., p. 61 e ss.

[127] *Proposta de Directiva do Parlamento Europeu e do Conselho relativa ao acesso à actividade de seguros e resseguros e ao seu exercício – SOLVÊNCIA II*, COM (2007) 361. Este documento foi actualizado pela proposta «SOLVÊNCIA II» alterada, de 26 de Fevereiro de 2008, COM (2008) 119, que levou em consideração o conteúdo da Directiva 2007/44/CE, do Parlamento Europeu e do Conselho, de 5 de Setembro de 2007, que altera a Directiva 92/49/CEE, do Conselho, e as Directivas 2002/83/CE, 2004/39/CE, 2005/68/CE e 2006/48//CE no que se refere a normas processuais e critérios para a avaliação prudencial das aquisições e dos aumentos de participações em entidades do sector financeiro (*JOUE*, n.º L 247, de 21 de Setembro de 2007, p. 1 e ss.), bem como a próxima adopção da denominada *Regulação Roma I*, sobre a lei aplicável às obrigações contratuais (a propósito do que já foi obtido, em Dezembro de 2007, um acordo político no Conselho e no Parlamento Europeu) – o texto da proposta alterada está acessível em http://eur-lex.europa.eu/LexUriServ/LexUriServ.do?uri=COM:2008:0119:FIN:PT:PDF

No documento consagra-se o sugerido sistema de regulação da solvência das empresas de seguros segundo uma estrutura de três pilares, solução esta que, embora avance no sentido de uma real convergência entre os sistemas regulatórios dos sectores bancário e segurador, não deixa de realçar o aspecto individualizador da solvência seguradora: a consagração de uma abordagem holística da gestão do risco e não de uma gestão independente de riscos singulares.

O primeiro pilar, relativo aos requisitos quantitativos, contém normas de regulação dos requisitos de capital das empresas seguradoras, agrupados em torno de uma efectiva avaliação do balanço, da determinação de um capital mínimo (*MCR – Minimum Capital Requirements*) e da determinação de um capital de solvência (*SCR – Solvency Capital Requirements*), normalmente mais elevado. Quanto a este, ficou aberta a possibilidade de adopção de um processo de avaliação interna, total ou parcial, do perfil de risco (*IRCA – Individual Risk and Capital Assessment*), incluindo uma comparação com o perfil de risco subjacente à fórmula *standard*.

São, também, identificadas quatro categorias de risco relevantes para efeitos de controlo e de monitorização[128]: riscos de subscrição, derivados particularmente dos cálculos de prémios e das reservas de reclamações; riscos de crédito, originados nos incumprimentos dos devedores; riscos de mercado, resultantes da flutuação de todos os preços relevantes em termos de mercado e nos quais se incluem acções, obrigações e taxas de câmbio; e riscos operacionais, derivados de processos internos inadequados, de pessoas e sistemas, ou de eventos externos.

O segundo pilar, relativo aos requisitos qualitativos e à supervisão, determina as metodologias mais adequadas, no contexto de um sistema de gestão de risco, para lidar com os riscos reconhecidos pelos modelos quantitativos do primeiro pilar. Ganham, aqui, especial relevância os princípios de gestão interna e de controlo interno do risco, a que se associam intervenções específicas de supervisão. Realça-se, por outro lado, a importância de factores como o controlo interno, a organização administrativa e os sistemas de reporte, tendo em vista a futura supervisão da qualidade da gestão interna do risco.

---

[128] Sobre esta questão, em especial, cfr. EUROPEAN COMMISSION, *The Draft Second Wave Calls for Advice from CEIOPS and Stakeholder Consultation on Solvency II*, Markt//2515/04, Working Paper, Brussels, 2004, p. 22; também, International Actuarial Association, *A Global Framework for Insurer Solvency Assessment*, Ottawa, 2004, p. 29 e ss.

Finalmente, o terceiro pilar, relativo ao reporte supervisional e à informação pública, agrega considerações a propósito dos requisitos sobre a transparência de mercado e a divulgação de informação, tendo em vista a promoção de uma adequada disciplina de mercado, no enquadramento de um processo que, no limite, tenderá a ser menos regulado, por força da imposição de comportamentos transparentes às seguradoras, pelos próprios participantes no mercado. Outros aspectos adicionais são também levados em linha de conta, tais como o desencorajamento da publicação de informação que distorça a concorrência, ou a coordenação, quando necessário, com os padrões internacionais de relatórios financeiros (tais como, por exemplo, os derivados das *IAS/IFRS*, definidas no âmbito do *IASB*)[129].

A referida proposta foi, finalmente, aprovada pelo Parlamento Europeu, em 22 de Abril de 2009, e pelo ECOFIN, em 5 de Maio de 2009, prevendo-se a respectiva publicação no *Jornal Oficial* até Dezembro de 2009.

O texto aprovado apresenta algumas diferenças relativamente à proposta-base, em quatro áreas essenciais[130]:

- Eliminou as disposições relativas ao regime do *group support*, embora reforce os mecanismos de supervisão dos grupos seguradores e preveja a revisão do processo no prazo de três anos a contar da respectiva implementação;
- Introduziu ajustamentos na identificação e quantificação dos riscos a que as empresas seguradoras se encontram expostas, visando reduzir a prociclicalidade e reforçar os mecanismos de defesa contra a instabilidade económica geral;
- Passou a permitir que o cálculo dos requisitos do capital de solvência (*SCR*) inclua a previsão de realização de novos negócios no período de um ano;

---

[129] Trata-se das Normas Internacionais de Contabilidade (NIC), sob a respectiva designação inglesa – *International Accounting Standards* (*IAS*). Estas normas, actualmente conhecidas por *International Financial Reporting Standards* (*IFRS*), são um conjunto de directrizes internacionais de contabilidade, publicado e revisto pelo *International Accounting Standards Board* (*IASB*), uma organização internacional sem fins lucrativos criada, em 1 de Abril de 2001, na estrutura da *International Accounting Standards Committee Foundation* (*IASC Foundation*).

[130] BORGINHO, HUGO, *Projecto Solvência II – Novo regime de solvência europeu para a actividade seguradora*, Lisboa, Setembro de 2009; TOWERS PERRIN, *The Solvency II Directive Agreed: Where to now?*, Maio de 2009.

- Clarificou os requisitos de capital mínimo (*MCR*) e determinou a respectiva quantificação entre 25% e 45% do SCR.

Ainda quanto aos referidos aspectos da informação, justifica uma referência especial o facto de a *IAIS* apoiar objectivamente a concretização de uma consistência substancial entre as matérias objecto de informação pública nos relatórios financeiros e as matérias informadas aos reguladores, para efeitos de supervisão.

No contexto geral da prossecução do objectivo de promover o desenvolvimento de mercados de seguros correctamente regulados, tem assumido uma particular importância para esta organização o desenvolvimento de padrões de reporte financeiro de elevada qualidade internacional, o que justifica o interesse com que têm sido acompanhados os projectos desenvolvidos pelo *IASB* que mais podem influenciar o modelo geral de contabilidade para as empresas de seguros reguladas, tendo em vista a disponibilização, para os mercados externos, de uma informação consistente e economicamente sólida acerca das referidas empresas.

No actual momento, uma especial atenção tem sido dispensada à Fase II do Projecto de Contratos de Seguro do *IASB*, que tem cuidado de preparar um reporte financeiro internacionalmente padronizado para efeitos de avaliação das responsabilidades de seguro, em termos genéricos, projecto que se reveste de uma especial importância para a indústria seguradora e para as autoridades supervisoras[131].

Por último, a terceira fase de desenvolvimento da SOLVÊNCIA II, já em curso, é votada à implementação do projecto, o que também abrange, naturalmente, a respectiva adopção por parte dos ordenamentos jurídicos nacionais.

---

[131] A decisão de desenvolver uma *IFRS* relativa aos contratos de seguro, por parte do *IASB*, visou suprir a inexistência de normas específicas sobre uma matéria que, por outro lado, também não está abrangida por nenhuma das outras *IFRS* relevantes (tais como, por exemplo, as relativas a provisões ou a instrumentos financeiros e outros activos intangíveis). O processo foi dividido em duas fases, na primeira das quais foi emitida a *IFRS 4 – Contratos de Seguro*, de natureza interina. Na fase dois, actualmente em curso, o *IASB* pretende desenvolver um padrão que substitua aquela norma interina e proporcione, a longo prazo, uma base de contabilização consistente dos contratos de seguro – cfr. www.iasb.org/Current+Projects/IASB+Projects/Insurance+Contracts/Insurance+Contracts.htm; também FLAMÉE, MICHEL, «IFRS and SOLVENCY II: Global Exposure and Interaction – The Work of the IAIS», *The Geneva Papers*, 33/1, 2008, p. 54 e ss., com análise dos desenvolvimentos já concretizados sobre as questões enunciadas.

Assim e de acordo com a informação disponível, a calendarização do projecto assume como referências a prestação, pelo CEIOPS e ainda em 2009, de aconselhamento sobre as medidas de implementação, a adopção dessas medidas em 2010 e a transposição da Directiva, como já referido, até 31 de Outubro de 2012.

Em conclusão, pode assumir-se que um dos principais objectivos do projecto SOLVÊNCIA II tem a ver com o estabelecimento de um sistema de solvência que melhor corresponda aos verdadeiros riscos enfrentados pelas empresas seguradoras. Constitui, em boa verdade, a resposta de supervisão e de regulação às necessidades da indústria seguradora em termos de monitorização de riscos e de definição das acções necessárias.

Mas esta ideia de solvência não atende, apenas, à simples consideração dos aspectos relativos ao capital. A própria proposta de Directiva SOLVÊNCIA II desenvolve o entendimento de que o capital não é a única (ou, necessariamente, a melhor) forma de mitigar falhanços, pois a realidade tem demonstrado que as primeiras causas desses falhanços têm a ver com uma gestão deficiente e decisões de risco inapropriadas, mais do que com uma inadequação de capital estritamente considerada[132].

Este projecto apresenta, pois, potencialidades para proporcionar acentuadas melhorias à indústria europeia de seguros, uma vez que define uma regulação consistente em todo o território da União, desenvolve a solvência da indústria, do que também saem beneficiados os consumidores, pela melhoria da protecção dos respectivos interesses daí derivada, e augura benefícios resultantes de uma melhor gestão de capital, ao alinhar a solvência com o perfil de risco de cada empresa.

A obtenção de um adequado equilíbrio entre a protecção dos segurados e a competitividade das empresas parece, então, constituir já um objectivo de consistência assinalável.

11. Síntese conclusiva

Na passagem em revista dos principais factores de reenquadramento do exercício da actividade seguradora foi possível verificar a sedimenta-

---

[132] Cfr., a propósito, o exposto nos considerandos 17 a 19 da proposta; no mesmo sentido, o ponto 1 de EUROPEAN COMMISSION, *Amended Framework for Consultation on Solvency II*, Brussels, 2005 (July), p. 2.

ção de duas tendências de primeira relevância: de um lado, o esbatimento das fronteiras funcionais entre as diversas componentes do sistema financeiro, de que o surgimento dos conglomerados financeiros constitui o corolário mais determinante; de outro lado, o reforço do papel desempenhado pela indústria seguradora na manutenção da estabilidade financeira sistémica.

Num caso como noutro, as diversas questões suscitadas chamam a atenção para a necessidade de definição de um extenso quadro de alterações inter-relacionadas, ao nível das políticas, das práticas e dos padrões de mercado, enquanto condição fundamental para assegurar o necessário reforço da estabilidade do sistema.

A regulação e supervisão prudenciais da actividade financeira em geral constituem, actualmente, matéria central de reflexão aos mais diversos níveis, assim se percebendo que o *Relatório do Grupo dos Trinta*, de Janeiro de 2009, tenha elegido como uma das suas recomendações fundamentais a eliminação das lacunas e fraquezas verificadas na cobertura da regulação e supervisão prudenciais, de modo a garantir a sujeição de todas as instituições financeiras sistemicamente relevantes a um adequado grau de fiscalização prudencial, independentemente do seu tipo (recomendações 1 a 5); ou que o *Relatório De Larosière*, de Fevereiro de 2009, tenha enunciado um ambicioso conjunto de reformas, com vista à reformulação da supervisão financeira na União Europeia, cuja adopção parece ser determinante para garantir uma abordagem bem sucedida dos desafios que actualmente se colocam ao exercício da actividade financeira e à respectiva supervisão[133].

Trilhando essa senda de renovação, perfila-se no horizonte a adopção de uma nova directiva relativa ao acesso e exercício da actividade seguradora e resseguradora, cuja proposta alterada foi já aprovada pelo Parlamento Europeu[134], onde são plasmadas as medidas necessárias à implementação de «Solvência II», com particular destaque para o desenvolvimento da protecção dos consumidores, a modernização da supervisão, o aprofundamento da integração do mercado e o aumento da competitividade dos seguradores europeus.

---

[133] Sobre estes documentos, cfr. FERREIRA, ANTÓNIO PEDRO A., *O Governo das Sociedades e a Supervisão Bancária – Interacções e Complementaridades*, cit., p. 178 e ss.

[134] COM (2008) 119 final, de 26 de Fevereiro de 2008 (http://ec.europa.eu/internal_market/insurance/docs/solvency/proposal_en.pdf).

Ou, dito de outro modo e para terminar recorrendo a uma das ideias iniciais, está à vista a reafirmação da natureza profundamente dinâmica da actividade seguradora, sempre determinada estruturalmente pelas circunstâncias vigentes em cada momento histórico.

ABREVIATURAS

AER – *The American Economic Review*, Nashville, Tenn.
APS – *Associação Portuguesa de Seguradores*, Lisboa
BCICLReview – *Boston College International and Comparative Law Review*, Boston
BJE – *The Bell Journal of Economics*, Santa Monica, CA
CPA – *Codice delle Assicurazioni Private* (D.L.vo 7 settembre 2005, n. 209, sucessivamente alterado pelo D.L.vo 6 novembro 2007, n. 198 e pelo D.L. 3 giugno 2008, n. 97)
CAEASR – *Condições de Acesso e de Exercício da Actividade Seguradora e Resseguradora* [DL n.º 94-B/98, de 17 de Abril, sucessivamente alterado pelos seguintes diplomas: DL n.º 8-C/2002, de 11 de Janeiro (que o republicou); DL n.º 169/2002, de 25 de Julho; DL n.º 72-A/2003, de 14 de Abril; DL n.º 90/2003, de 30 de Abril; DL n.º 251/2003, de 14 de Outubro (que também o republicou); DL n.º 76-A/2006, de 29 de Março; DL n.º 145/2006, de 31 de Julho; DL n.º 291/2007, de 21 de Agosto; DL n.º 357-A/2007, de 31 de Outubro; DL n.º 72/2008, de 16 de Abril; DL n.º 211-A/2008, de 3 de Novembro; DL n.º 2/2009, de 5 de Janeiro (que também o republicou); e Lei n.º 28/2009, de 19 de Junho]
Communic. ACM – *Communications of the ACM*, New York
DBMF – *Diritto della Banca e del Mercato Finanziario*, Padova
DL – Decreto-Lei
D.L. – *Decreto Legge*
D.L.vo – *Decreto legislativo* (nomenclatura italiana)
EBOLR – *European Business Organization Law Review*, The Hague
ECB – *European Central Bank*
Enc. Dir. – CALASSO, Francesco (Dir. e coord.), *Enciclopedia del diritto*, Milano
FÓRUM – *FÓRUM – Revista Semestral do Instituto de Seguros de Portugal*, Lisboa
FRBNY Econ. Policy Rev. – *Federal Reserve Bank of New York Economic Policy Review*, New York
The Geneva Papers – *The Geneva Papers on Risk and Insurance: Issues and Practice*, Hampshire
IBFL – *International Banking and Financial Law*, London
ICLQ – *International and Comparative Law Quarterly*, Cambridge
JACF – *Journal of Applied Corporate Finance*, New York
JBusUnivChic – *The Journal of Business of the University of Chicago*, Chicago
JFSM – *Journal of Financial Services Marketing*, London
JII – *Journal of Insurance Issues*, Mississippi State, MS
JIBS – *Journal of International Business Studies*, Columbia, SC
JIR – *Journal of Insurance Regulation*, Kansas City

JIRP – *Journal of Insurance Research and Practice*, London
JLE – *The Journal of Law and Economics*, Chicago
JMCB – *Journal of Money, Credit and Banking*, Ohio
JPE – *Journal of Political Economy*, Chicago
JRI – *The Journal of Risk and Insurance*, Orlando, Flo.
JWT – *Journal of World Trade*, Geneva
MAJ – *Managerial Auditing Journal*, Bradford
NAAJ – *North American Actuarial Journal*, Schaumburg, Ill.
NBER – *National Bureau of Economic Research*, Working Paper Series, Cambridge, MA
p.(p.) – página(s)
RBF – *Revue bancaire et financière*, Bruxelles
RevBanque – *Revue de la Banque*, Bruxelles
RevBusiness – *Review of Business*, Jamaica, NY
RGICSF – *Regime Geral das Instituições de Crédito e Sociedades Financeiras* (aprovado pelo DL 298/92, de 31 de Dezembro, com alterações introduzidas pelos seguintes diplomas: DL n.ᵒˢ 246/95, de 14 de Setembro, 232/96, de 5 de Dezembro, 222/99, de 22 de Junho, 250/2000, de 13 de Outubro, 285/2001, de 3 de Novembro, 201//2002, de 26 de Setembro, 319/2002, de 28 de Dezembro, 252/2003, de 17 de Outubro, 145/2006, de 31 de Julho, 104/2007, de 3 de Abril, 357-A/2007, de 31 de Outubro, 1/2008, de 3 de Janeiro, 126/2008, de 21 de Julho, 211-A/2008, de 3 de Novembro, Lei n.° 28/2009, de 19 de Junho, DL n.° 162/2009, de 20 de Julho, DL n.° 185//2009, de 12 de Agosto e Lei n.° 94/2009, de 1 de Setembro)
Risques – *Risques. Les cahiers de l'assurance*, Paris
RJAS – *Revista Jurídica Argentina del Seguro, la Empresa y la Responsabilidad*, Buenos Aires
RMIR – *Risk Management and Insurance Review*, Mount Vernon, NY
RTD Eur. – *Revue trimestrielle de droit européen*, Paris
SAJ – *Scandinavian Actuarial Journal*, Basingstoke
TUBancario – *Testo Unico delle leggi in materia bancaria e creditizia* (aprovado pelo D.lgs. de 1 de Setembro de 1993, n.° 385, com as alterações subsequentes)
World Economy – *The World Economy*, Oxford
ZKW – *Zeitschrift für das gesamte Kreditwesen*, Frankfurt am Main

BIBLIOGRAFIA

A. M. BEST, «Swiss Re takes top global reinsurer slot», *Best's Review*, 8/2007
ACCENTURE, *Navigation toward High Performance in Turbulent Markets*, The Point, 2008 (em www.accenture.com/Global/Services/By_Industry/Financial_Services/Insurance/The_Point/Y2008/fsi_thepoint60a.htm)
ALMAÇA, José António Figueiredo, *El Mercado ibérico de seguros. Retos y estrategias frente a la Unión Europea*, 1. Reimp., Madrid, 2000
ALMEIDA, J. C. Moitinho de, *O Contrato de Seguro no Direito Português e Comparado*, Lisboa, 1971
APS, *Solvência II*, 2006 (em www.apseguradores.pt/solvencia)

ARIAS, Martha L., *Internet Law – The EU Law on Electronic Signatures and its Recent Report*, 2007 (em www.ibls.com/internet_law_news_portal_view.aspx?id=1920&s=latestnews)
ARNOTT, Richard J.; STIGLITZ, Joseph E., *The basic analytics of moral hazard*, NBER 2484, 1988
BACCHETTA, Marc; LOW, Patrick; MATTOO, Aaditya; SCHUKNECHT, Ludger; WAGER, Hannu; WEHRENS, Madelon, «Electronic Commerce and the Role of the WTO», *WTO Special Studies*, 2, Geneva, 1998
BANZ, Oliver, *Rechtsprobleme der Allfinanz. Unter besonderer Berücksichtigung des Alternativen Risiko Transfers (ART)*, Zürich, 1999
BAROFSKY, Andrew, «The European Commission's Directive on Electronic Signatures: Technological "Favoritism" Towards Digital Signatures», *BCICLReview 2000*, 4, 145-159
BARRESE, James, V. SCORDIS, Nicos A., et al.
BERGENDAHL, Göran, *Allfinanz, Bancassurance, and the Future of Banking*, Bangor, 1994
BERGER, Allen N., «The Integration of the Financial Services Industry: Where Are the Efficiencies?», *NAAJ* 4/3, 2000, 25-52
BERNSTEIN, Peter L., *Against the Gods. The Remarkable Story of Risk*, New York, 1998
BERR, Claude J., *Droit européen de l'assurance*, R.T.D. Eur. 31/3, 1995, 561-576
BHATTACHARYA, Sudipto, V. JACKLIN, Charles J.
BOLCH, Matt, «"Flat" Insurance Industry Plays Catch-up on Innovation», *Risk & Insurance Online*, September 15, 2008 (em www.riskandinsurance.com/issues.jsp)
BORGINHO, Hugo, *Projecto Solvência II – Novo regime de solvência europeu para a actividade seguradora*, XIII Conferência e 6.ª Assembleia Geral da ASEL, Lisboa, 22 de Setembro de 2009 (em www.isp.pt/NR/rdonlyres/4FAFD04A-7C6F-487A-9BAB-E610C51D107B/0/200909_HB_ASEL.pdf)
BRANDTS, Silke; LAUX, Christian, *Cat bonds and reinsurance: the competitive effect of information-insensitive triggers*, 2007 (em www.finance.uni-frankfurt.de/wp/941.pdf)
BRÖKER, G., *Competition in Banking*, Paris, 1989
BROUGH, Wayne T., *Bringing Greater Competition to the Insurance Industry*, FreedomWorks, 2007
BROUWER, Henk, *The Relevance of Insurance for the Financial System and European Crisis Management*, discurso proferido no *Comité Européen des Assurances* (18.06.2004)
BROWN, Z. M.; GARDENER, E. P. M., *Bancassurance and european banking strategies: an exploratory analysis using DEA of the concept and treatment of «relative efficiency»*, Bangor, 1995
CANALS, Jordi, *Universal Banking. International Comparisons and Theoretical Perspectives*, Oxford, 1997
CANTER, Michael S.; COLE, Joseph B.; SANDOR, Richard L., *Insurance Derivatives: A New Asset Class for the Capital Markets and a New Hedging Tool for the Insurance Industry*, JACF 10/3, 1997, 69-83
CAPGEMINI / EFMA, *World Insurance Report 2008*
CARMICHAEL, Jeffrey; POMERLEANO, Michael, *The Development and Regulation of Non-Bank Financial Institutions*, Washington, 2002

CARTER, Robert L.; DICKINSON, Gerard M., *Barriers to Trade in Insurance*, London, 1979
CASSANDRO, Giovanni, «Assicurazione. I – Premessa storica», *Enc. Dir.*, III, Milano, 1958, 561-576
CEIOPS, *Specific Calls for Advice, First Wave – 07.2004 e Second Wave – 12.2004* (http://www.ceiops.eu/content/view/5/5/)
CHAUFTON, Albert, *Les Assurances. Leur passé, leur présent, leur avenir*, I, Paris, 1884
CICR – Comitato Interministeriale per il Credito ed il Risparmio, *Deliberazione n. 276, Partecipazioni detenibili dalle banche e dai gruppi bancari*, 29 de Julho de 2008 (www.tesoro.it/ministero/comitati/CICR/documenti/2008-07-29_Delibera_n276.pdf)
CLEMONS, Eric K., *Evaluation of Strategic Investments in Information Technology*, Communic. ACM 34/1, 1991, 22-36
CLEMONS, Eric K.; HITT, Lorin M., *The Internet and the Future of Financial Services: Transparency, Differential Pricing and Disintermediation*, 00-35, Wharton School, University of Pennsylvania, 2000
COLE, Joseph B., *V.* CANTER, Michael S., *et al.*
COMISSÃO EUROPEIA, *Revisão da Situação Financeira Global das Seguradoras (Revisão da Margem de Solvência II)*, Markt/2095/99, Working Paper, Brussels, 1999
CORINTI, ALBERTO, *Reacting to a demanding environment – new initiatives from CEIOPS*, 2005 (em www.ceiops.eu//media/files/speechesarticles/041030_corinti.pdf)
COX, Samuel H.; PEDERSEN, Hal W., *Catastrophe Risk Bonds*, Georgia State University, Center for Risk Management and Insurance Research, *Working Papers Series* 97/4, Atlanta GA, 1997
CUMMINS, J. David; VENARD, Bertrand, «International Insurance Markets: Between Global Dynamics and Local Contingencies – An Introduction», em CUMMINS, J. David; VENARD, Bertrand (Ed.), *Handbook of International Insurance. Between Global Dynamics and Local Contingencies*, New York, 2007, 1-24
DANIEL, Jean-Pierre, *The Integration of Financial Services in Europe*, NAAJ 4/3, 2000, 53-63
DARBY, Michael R.; KARNY, Edi, «Free Competition and the Optimal Amount of Fraud», *JLE*, 16/1, 1973, 67-88
DAS, Udaibir S.; DAVIES, Nigel; PODPIERA, Richard, *Insurance and Issues in Financial Soundness*, IMF Working Paper 03/138, Washington, 2003
DAVIES, Nigel, *V.* DAS, Udaibir S., *et al.*
DAVIS, Peter O., *V.* LEWIS, Christopher M.
DE GRYSE, Bernard, *La bancassurance en mouvement*, Bruxelles, 2005
DE SIMONE, Ennio, *Breve Storia delle Assicurazioni*, Milano, 2003 (Ristampa)
DIAMOND, Douglas W.; DYBVIG, Philip H., *Bank Runs, Deposit Insurance, and Liquidity*, JPE 91/3, 1983, 401-419
DICKINSON, Gerard M., *V.* CARTER, Robert L.
DINAUER, Josef, *Allfinanz. Grundzüge des Finanzdienstleistungsmarkts*, München, 2001
DOHERTY, Neil A., «Financial Innovation in the Management of Catastrophe Risk», *JACF*, 10, 1997, 84-95
DOHERTY, Neil A.; RICHTER, Andreas, Moral Hazard, «Basis Risk, and Gap Insurance», *JRI*, 69/1, 2002, 9-24
DONATI, Antigono, *Trattato del Diritto delle Assicurazioni Private*, I, Milano, 1952

DUMORTIER, JOS; KELM, Stefan; NILSSON, Hans; SKOUMA, Georgia; VAN EECKE, Patrick, *The Legal and Market Aspects of Electronic Signatures. Legal and market aspects of the application of Directive 1999/93/EC and practical applications of electronic signatures in the Member States, the EEA, the Candidate and the Accession countries*, Leuven, 2003 (em www.secorvo.de/publikationen/electronic-sig-report. pdf)

DYBVIG, Philip H., *V.* DIAMOND, Douglas W.

ECB, *The integration of Europe's financial markets*, Monthly Bulletin, 10/2003

ELING, Martin; SCHMEISER, Hato; SCHMIT, Joan T., *The Solvency II Process: Overview and Critical Analysis*, RMIR 10/1, 2007, 69-85

EUROPEAN COMMISSION, *Amended Framework for Consultation on Solvency II*, Brussels, 2005 (July)
– *The Draft Second Wave Calls for Advice from CEIOPS and Stakeholder Consultation on Solvency II*, Markt/2515/04, Working Paper, Brussels, 2004
– *Design of a Future Prudential Supervisory System in the EU – Recommendations by the Commission Services*, Markt/2509/03, Working Paper, Brussels, 2003
– *Considerations on the Design of a Future Prudential Supervisory System*, Markt/ /2535/02, Working Paper, Brussels, 2002
– *Study into the methodologies to assess the overall financial position of an insurance undertaking from the perspective of prudential supervision, Appendices*, May 2002

FÉLIX MORANDI, Juan Carlos, *Génesis, formación y conclusión del contrato de seguro*, RJAS 1992, 21/22, 55-83

FERREIRA, António Pedro A., *Direito Bancário*, 2. ed., Lisboa, 2009
– *O Governo das Sociedades e a Supervisão Bancária – Interacções e Complementaridades*, Lisboa, 2009

FLAMÉE, Michel, *IFRS and SOLVENCY II: Global Exposure and Interaction – The Work of the IAIS*, The Geneva Papers 33/1, 2008, 54-59

FLYNN, James, «Insurance: Recent Judgments of the European Court of Justice», *ICLQ*, 37, 1988, 154-172

FROOT, Kenneth, «The Limited Financing of Catastrophe Risk: An Overview», *NBER*, WP6025, Cambridge MA, 1997

FSA, *Required Minimum Margin: Letter to CEOs of life insurance firms*, 2003 (em www. fsa.gov.uk/Pages/Library/Communication/PR/2003/017.shtml)

FURRER, Hansjörg, *Risk-based solvency requirements*, em ASMUSSEN, Søren; BÄUERLE, Nicole; KORN, Ralf, *Recent Developments in Financial and Insurance Mathematics and the Interplay with the Industry*, Oberwolfach Report 10/2007, 577-580 (em www.mfo.de/programme/schedule/2007/08b/OWR_2007_10.pdf)

GADDUM, Johann Wilhelm, «Allfinanz», *ZKW*, 1989, 710-712

GARDENER, E. P. M., *V.* BROWN, Z. M.

GART, Alan, *Regulation, Deregulation, Reregulation. The Future of the Banking, Insurance, and Securities Industries*, New York, 1994

GENETAY, Nadege; MOLYNEUX, Philip, *Bancassurance*, Houndmills, 1998

GIES, Helmut, «Allfinanz – Angebot als Wettbewerbskonzept – Aus der Sicht eines Versicherungsunternehmens», em HEIN, Manfred (Hrsg.), *Aktuelle Fragen des Wettbewerbs in der Bankwirtschaft – Berichte und Materialien*, Berlin, 1989, 47-57

GILLESPIE, James, *Financial Services Liberalization in the World Trade Organization*, Harvard Law School, 2000 (em http://cyber.law.harvard.edu/rfi/papers/WTO.PDF)
GILLI, Manfred, *V.* LOUBERGÉ, Henri, *et al.*
GORA, JEAN CROOKS, *Bancassurance: Positioning for Affiliations. Lessons from Europe, Canada, and the United States*, Atlanta, 1997
GRASSO, Alessandro Giovanni, *V.* GUALANDRI, Elisabetta
GUALANDRI, Elisabetta; GRASSO, Alessandro Giovanni, «Towards a New Approach to Regulation and Supervision in the EU: Post-FSAP and Comitology», *RBF*, 2006/3, 157-175
HADDADEEN, Basem, «Insurance online: are insurers making the best out of the web?», *JIRP*, 21/2, 2006, 24-36
HADDING, Walther, «Die EG-Richtlinie über grenzüberschreitende Überweisungen», em HORN, Norbert; SCHIMANSKY, Herbert (Hrsg.), *Bankrecht 1998*, Köln, 1998, 125-137
HÄUSLER, Gerd, *Risk Transfer and the Insurance Industry*, The Geneva Papers 30/1, 2005, 121-127
  – *The Insurance Industry, Systemic Financial Stability, and Fair Value Accounting*, The Geneva Papers 29/1, 2004, 63-70
HAHN, Hugo J., «Allfinanz», *ZKW*, 1989, 712-717
HAMON, Georges, *Histoire Générale de l'Assurance en France et a l'Étranger*, Paris, 1895/1896
HÉMARD, Joseph, *Théorie et pratique des assurances terrestres*, I, Paris, 1924
HIH ROYAL COMMISSION, *The Failure of HIH Insurance*, Volume 1, *A corporate collapse and its lessons*, Canberra, 2003
HITT, Lorin M., *V.* CLEMONS, Eric K.
HOEKMAN, Bernard, *Tentative First Steps. An Assessment of the Uruguay Round Agreement on Services*, Washington, DC, 1995
HOSCHKA, Tobias C., *Bancassurance in Europe*, London, 1994
IAA – International Actuarial Association, *A Global Framework for Insurer Solvency Assessment*, Ottawa, 2004
IAIS – International Association of Insurance Supervisors, *Paper on Credit Risk Transfer between Insurance, Banking and Other Financial Sectors Presented to the Financial Stability Forum*, Mar. 2003 (em www.iaisweb.org/index.cfm?pageID =48)
  – *Risks to Insurers Posed by Electronic Commerce*, Oct. 2002 (em www.iaisweb.org/__temp/Risks_to_insurers_posed _by_electronic_commerce.pdf)
IMF, *Financial Soundness Indicators. Background Paper*, Washington, 2003
JACKLIN, Charles J.; BHATTACHARYA, Sudipto, «Distinguishing Panics and Information--based Bank Runs: Welfare and Policy Implications», *JPE*, 96/3, 1988, 568-592
JAFFEE, Dwight M.; RUSSELL, Thomas, «Catastrophe Insurance, Capital Markets, and Uninsurable Risks», *JRI*, 64/2, 1997, 205-230
THE JOINT FORUM, *Credit Risk Transfer. Developments from 2005 to 2007*, Basel, July 2008 (em www.bis.org/publ/joint21.pdf)
  – *Credit Risk Transfer*, Basel, March 2005 (em www.bis.org/publ/joint13.pdf)
JUILLIARD, Marc-Philippe; BRANCHEY, Alain, *Bancassurance or not Bancassurance*, Fitch--Ratings, Feb. 2006
KARNY, Edi, *V.* DARBY, Michael R.
KATRISHEN, Frances A.; SCORDIS, Nicos A., «Economies of Scale in Services: A Study of Multinational Insurers», *JIBS*, 29, 1998, 305-323

KAUFMAN, George G., «The Truth about Bank Runs», em ENGLAND, Catherine; HUERTAS, Thomas (Ed.), *The Financial Services Revolution. Policy Directions for the Future*, Boston, 1988, 9-40

KELLEZI, Evis, V. LOUBERGÉ, Henri, et al.

KELM, Stefan, V. DUMORTIER, Jos, et al.

KPMG, *Study into the Methodologies to Assess the Overall Financial Position of an Insurance Undertaking from the Perspective of Prudential Supervision*, Brussels, 2002

KWON, W. Jean, V. SKIPPER, Harold D.

LAMBERT-FAIVRE, Yvonne; LEVENEUR, Laurent, *Droit des assurances*, 12. éd., Paris, 2005

LAUX, Christian, V. BRANDTS, Silke

LEDOUBLE, Alexandre; DUPONT, Eric, *When French Insurers want to be Bankers*, Fitch-Ratings, Jul. 2006

LEFORT, J., *Traité Theorique et Pratique du Contrat d'Assurance sur la Vie*, I, Paris, 1894

LEHMANN, Axel P., «Financial Services: Veränderungen von Märkten, Leistungen und Unternehmen», em BELZ, Christian; BIEGER, Thomas (Hrsg.), *Dienstleistungskompetenz und innovative Geschäftsmodelle*, St. Gallen, 2000, 22-35

LEVENEUR, Laurent, V. LAMBERT-FAIVRE, Yvonne

LEWIS, Christopher M.; DAVIS, Peter O., «Capital Market Instruments for Financing Catastrophe Risk: New Directions?», *JIR*, 17, 1998, 110-133

LINDER, Ulf; RONKAINEN, Vesa, «Solvency II – Towards a New Insurance Supervisory System in the EU», *SAJ*, 6/2004, 462-474

LODDER, Arno R., «Directive 2000/31/EC on certain legal aspects of information society services, in particular electronic commerce, in the Internal Market», em LODDER, Arno R.; KASPERSEN, H. W. K. (Ed.), *E-Directives: Guide to European Union Law on E-Commerce – Commentary on the Directives on Distance Selling, Electronic Signatures, Electronic Commerce, Copyright in the Information Society, and Data Protection*, London, 2002, 67-93

LOHÉAC, Francis, «Le Marché Unique Européen de l'Assurance», em EWALD, François; LORENZI, Jean-Hervé (Ed.), *Encyclopédie de l'Assurance*, Paris, 1998, 131-153

LOUBERGÉ, Henri; KELLEZI, Evis; GILLI, Manfred, «Using Catastrophe-Linked Securities to Diversify Insurance Risk: A Financial Analysis of Cat Bonds», *JII*, 22/2, 1999, 125--146

LOW, Patrick, V. BACCHETTA, Marc, et al.

LOWN, Cara S.; OSLER, Carol L.; STRAHAN, Philip E.; SUFI, Amir, «The Changing Landscape of the Financial Services Industry: What Lies Ahead?», *FRBNY Econ. Policy Rev.*, 6/4, 2000, 39-55

MACCARINI, Vittorio Ricci, *Trattato Teórico-Pratico delle Assicurazioni Vita e del Ramo Vita*, Milano, 1934

MAIN, Brian G. M., *Large Companies and Insurance Purchases: Some Survey Evidence*, The Geneva Papers 25/2, 2000, 235-250

MANES, Alfred, *Outlines of a General Economic History of Insurance*, JBusUnivChic 1942, 15(1), 30-48

MARANO, Pierpaolo, «"Bancassicurazione" e procedure per l'autorizzazione all'acquisto di partecipazione: verso una semplificazione?», *DBMF*, XI/1, 1997, 76-96

MARDJONO, Amerta, «A tale of corporate governance: lessons why firms fail», *MAJ*, 20/3, 2005, 272-283

MATTEN, Chris, *Managing Bank Capital*, 2. ed., Chichester, 2000
MATTOO, Aaditya, «Financial Services and the WTO: Liberalisation Commitments of the Developing and Transition Economies», *World Economy*, 23/3, 2000, 351-386
– «National Treatment in the GATS: Corner Stone or Pandora's Box?», *JWT*, 31, 1997, 107-135
– V. BACCHETTA, Marc, *et al.*
MAZZEO, Mirella, *Digital Signatures and European Laws*, 2004 (em www.securityfocus.com/infocus/1756)
MCEWEN, Nicola, *V.* MORENO, Luis
MILLNS, Richard; WILKINSON, Mike, *SOLVENCY II: Understanding the Directive*, 2008 (www.solvency-2.com)
MOLYNEUX, Philip, *V.* GENETAY, Nadege
MORENO, Luis; MCEWEN, Nicola, «Exploring the territorial politics of welfare», em MCEWEN, Nicola; MORENO, Luis (Ed.), *The Territorial Politics of Welfare*, London, 2005, 1-40
MOTA, Francisco Guerra da, *O Contrato de Seguro Terrestre*, 1.º, Porto, s. d.
MÜLLER, Helmut, *Legal Bases of the Internal Insurance Market in Europe*, s. d. (em www.hgfv.de/hgfv/pdf/BinnenmarktMueller06E.pdf)
MÜLLER-REICHART, Matthias, *The EU Insurance Industry: Are we Heading for an Ideal Single Financial Services Market?*, The Geneva Papers 30/2, 2005, 285-295
MURINDE, Victor, «General Agreement on Trade in Services: Financial Services Issues: Part 1», *IBFL*, 14/3, 1995, 28-30
NELL, Martin; RICHTER, Andreas, *Improving Risk Allocation Through Cat Bonds*, Working Papers on Risk and Insurance, Hamburg University, 10, 2002
NELSON, Phillip, «Information and Consumer Behaviour», *JPE*, 78/2, 1970, 311-329
NIGRO, Alessandro, «L'integrazione fra l'attività bancaria e l'attività assicurativa: profili giuidici», *DBMF*, XI/2, 1997, 187-199
NILSSON, Hans, *V.* DUMORTIER, Jos *et. al.*
NOGUEIRA, Fernando, *O Projecto Solvência II*, Lisboa, 2006
NOLL, Juergen, *The European Community's Legislation on E-Commerce*, 2001 (em http://papers.ssrn.com/sol3/papers.cfm?abstract_id=288942)
O'DONNELL, Terence, *History of life insurance in its formative years*, Chicago, 1936
OSLER, Carol L., *V.* LOWN, Cara S. *et. al.*
PAULI, KAREN, *Electronic Signature and Secure Forms in the Insurance Industry: Taking the P&C Pen to the Web*, Needham, MA, Oct. 2007 (em www.adobe.com/financial/pdfs/electronic_secure_forms.pdf)
PEDERSEN, Hal W., *V.* COX, SAMUEL H.
PFEFFER, Irving, «Problems in International Insurance Markets», em LONG, JOHN D. (Ed.), *Issues in Insurance*, II, Malvern, PA, 1978, 371-433
PIEDADE Júnior, J., *Um Resumo da história do Seguro*, Lisboa, 1951
PODPIERA, Richard, *V.* DAS, Udaibir S., *et al.*
POMERLEANO, MICHAEL, *V.* Carmichael, Jeffrey
RAHLFS, CARSTEN, *Redefiniton der Wertschöpfungskette von Versicherungsunternehmen*, Wiesbaden, 2007
RIBEIRO, Amadeu Carvalhaes, *Direito de Seguros. Resseguro, Seguro Direto e Distribuição de Serviços*, São Paulo, 2006
RIBEIRO, Eduarda, *V.* SANTOS, Ana Cristina

RICHTER, Andreas, V. DOHERTY, Neil A.
— V. NELL, Martin
RONKAINEN, Vesa, V. LINDER, Ulf
RÜHL, Giesela, *Obliegenheiten im Versicherungsvertragsrecht. Auf dem Weg zum Europäischen Binnenmarkt für Versicherungen*, Tübingen, 2004
RUSSELL, Thomas, V. JAFFEE, Dwight M.
SANDOR, Richard L., V. CANTER, Michael S., *et al.*
SANTOMERO, Anthony M., «Insurers in a Changing and Competitive Financial Structure», *JRI*, 64/4, 1997, 727-732
SANTOS, Ana Cristina; RIBEIRO, Eduarda, *As melhores práticas internacionais na regulação e supervisão da actividade seguradora. Os* Insurance Core Principles, FÓRUM 20, 2005, 7-28
SAUNDERS, Anthony; WALTER, Ingo, *Universal Banking in the United States*, New York, 1994
SCHELLHORN, Carolin D., V. SCORDIS, Nicos A., *et al.*
SCHÖCHLIN, Angelika, «Where's the CAT Going? Some Observations on Catastrophe Bonds», *JACF*, 14/4, 2002, 100-107
SCORDIS, Nicos A.; SCHELLHORN, Carolin D.; BARRESE, James, «Insurers' Expansion into Banking: Thrifts and Benefits from integration», *RevBusiness*, 23, 2002, 49-52
— V. KATRISHEN, Frances A.
SCHMEISER, Hato, V. ELING, Martin, *et al.*
SCHMIT, Joan T., V. ELING, Martin, *et al.*
SCHÖNHEIT, Gadi, «Analisi della domanda di prodotti assicurativi», em VARALDO, Riccardo; TURCHETTI, Giuseppe (a cura di), *Profili evolutivi del marketing e della distribuzione assicurativa*, Milano, 2000, 113-132
SCHUKNECHT, Ludger, V. BACCHETTA, Marc, *et al.*
SCHWINTOWSKI, Hans-Peter, «The Common Good, Public Subsistence and the Functions of Public Undertakings in the European Internal Market», *EBOLR*, 4/3, 2003, 353-382
SERVAIS, Dominique, «GATS: caractéristiques et conséquences de l«accord sur les services financiers», *RevBanque*, 2, 1997, 100-113
SHAPIRO, Carl, «Optimal pricing of experience goods», *BJE*, 14/2, 1983, 497-507
SKIPPER, Harold D., «Protectionism in the provision of international insurance services», *JRI*, 54/1, 1987, 55-85
SKIPPER, Harold D.; KWON, W. Jean, *Risk Management and Insurance. Perspectives in a Global Economy*, Malden, MA, 2007
SKOUMA, Georgia, V. DUMORTIER, Jos, *et al.*
SMITH, R. Todd, «Banking Competition and Macroeconomic Performance», *JMCB*, 30/4, 1998, 793-815
SOLARI, Luca, «L'evoluzione del settore assicurativo e l'impatto della bancassicurazione», em CIOCCARELLI, Gabriele (a cura di), *La bancassicurazione. Il settore, le strategie e gli assetti organizzativi*, Milano, 1999, 15-33
SOUTO, Alberto, *Evolução histórica do Seguro*, Coimbra, 1919
ST. JACQUES, Bob, «Integration of Financial Services: A Canadian Perspective», *NAAJ*, 4/3, 2000, 111-112
STAUDER, Bernd, «Kritische Analyse der Richtlinie vom 27. Januar 1997 über grenzüberschreitende Überweisungen», em KRÄMER, Ludwig; MICKLITZ, Hans-W.; TONNER,

Klaus (Hrsg.), *Law and diffuse interests in the European legal order. Liber amicorum Norbert Reich*, Baden-Baden, 1997, 585-601

STEFFEN, Thomas, *Solvency II and the Work of CEIOPS*, The Geneva Papers 33/1, 2008, 60-65

STEINHERR, Alfred, «Financial Innovation, Internationalization, Deregulation and Market Integration in Europe: Why Does It All Happen Now?», em FAIR, Donald E.; DE BOISSIEU, Christian (Ed.), *Financial Institutions in Europe under New Competitive Conditions*, Dordrecht, 1990, 49-63

STIGLITZ, J.; WEISS, A., «Credit rationing in markets with imperfect information», *AER*, 71, 1981, 393-410
 — V. ARNOTT, Richard J.

STRAHAN, Philip E., V. LOWN, Cara S. et. al.

SUFI, Amir, V. LOWN, Cara S.

SWISS RE, «Bancassurance: emerging trends, opportunities and challenges», *Sigma*, 5/2007
 — «The impact of e-business on the insurance industry: Pressure to adapt – chance to reinvent», *Sigma*, 5/2000
 — «Changes in the international insurance structure», *Sigma*, 7/1983

TASK FORCE RE, *Enhancing Transparency and Disclosure in the Reinsurance Sector*, March 2004 (em www.iaisweb.org/__temp/Task_Force_Re_report.pdf)

TOWERS, Perrin, *The Solvency II Directive Agreed: Where to now?*, Maio de 2009 (em http://www.towersperrin.com/tp/getwebcachedoc?webc=GBR/2009/200905/May_2009_ _Sol_II_Directive_agreed.pdf)

TRAINAR, Philippe, «La réforme de la solvabilité des assureurs européens: l'exercice Solvency II», *Risques*, 54, 2003, 45-58

TRENERRY, C. F., *The Origin and Early History of Insurance Including the Contract of Bottomry*, London, 1926

TRICHET, Jean-Claude, *Financial Stability and the Insurance Sector*, The Geneva Papers 30/1, 2005, 65-71
 — *Financial stability*, discurso proferido no *Forum Financier Belge*, Brussels, 26 de Novembro de 2003 (em www.ecb.eu/press/key/date/2003/html/sp031126.en.html)

UNCTAD, *E-Commerce and Development Report 2002*, New York, Geneva, 2002
 — *E-Commerce and Development Report 2001*, New York, Geneva, 2001

VAN DEN BERGHE, L. A. A., «Convergence in the financial services industry», em AA.VV., *Insurance Regulation and Supervision in the OECD Countries*, Paris (OECD), Policy Issues in Insurance, n. 3, Paris (OECD), 2001, 173-301

VAN Eecke, Patrick, V. DUMORTIER, Jos, et al.

VENARD, Bertrand, V. CUMMINS, J. David

VILELA, Álvaro da Costa Machado, *Seguro de vidas (Esboço historico, economico e juridico)*, Coimbra, 1898

VIVANTE, Cesare, *L'assicurazione delle cose. Evoluzione storica*, ArchGiur. XXXII, 1884, 80-109

WAGER, Hannu, V. BACCHETTA, Marc, et al.

WAGNER, Henri, *Bancassurance et Assurbanque: un grand dessein pour l'Europe bancaire et financière?*, Luxembourg, 1992

WALTER, Ingo, V. SAUNDERS, Anthony

WARTH, Wolfgang P., «Die weitere Entwicklung der Allfinanz und ihre Konsequenzen für Banken und Versicherungsunternehmen», em CORSTEN, Hans; HILKE, Wolfgang (Hrsg.), *Integration von Finanzdienstleistungen. BankAssurance – AssuranceBanking – Allfinanz*, Wiesbaden, 1999, 119-153

WEHRENS, Madelon, V. BACCHETTA, Marc, et al.

WILKINSON, Mike, V. MILLNS, Richard

WOODROW, R. Brian, *The 1997 World Trade Organization Accord on Financial Services: Its Impact on and Implications for the World Insurance Industry*, The Geneva Papers 25/1, 2000, 119-153

YONGE, William, «The distance marketing of consumer financial services directive», *JFSM*, 8/1, 2003, 79-92(14)

YUAN, Yuan, *Financial Integration and Scope Efficiency Post Gramm-Leach-Bliley*, Atlanta, 2007

ZOLKOS, Rodd, «Reinsurance placement increasingly electronic», *IndustryFocus*, Aug. 11, 2008 (em www.businessinsurance.com/cgi-bin/industryFocus.pl?articleId=25592&print=Y)

O ACORDO DE LONDRES NO ÂMBITO DA PATENTE EUROPEIA

Luís Couto Gonçalves[*]

I – ENQUADRAMENTO DO PROBLEMA

1. A patente europeia

Em Portugal, desde 1992, é possível proteger a invenção não só pela via nacional, mas também pela via europeia (Convenção sobre a Patente Europeia[1]) e pela via internacional (Tratado de Cooperação em Matéria de Patentes, de Washington, de 19/06/1970[2]).

A via nacional corresponde ao sistema tradicional de protecção de patentes e significa o pedido de patente em cada país em que se deseja obter protecção. Aquele que tiver apresentado pedido de patente de invenção num dos países da Convenção da União da Paris, de 1883 (CUP), gozará do direito de prioridade durante o período de 12 meses para apre-

---

[*] Professor da Escola de Direito da Universidade do Minho.

O Doutor Carlos Ferreira de Almeida é um professor que marca, indelével e decisivamente, a minha carreira académica. Este trabalho constitui, a par de uma singela e sentida homenagem, a expressão de uma imprescritível gratidão e um testemunho das suas excepcionais qualidades humanas e universitárias.

Este artigo encontra-se actualizado até Setembro de 2009.

[1] A CPE foi assinada em Munique em 5/10/1973 e entrou em vigor a 7/10/1977. A última versão, resultante da importante revisão de 2000, entrou em vigor em 13/12/2007, tendo sido aprovada pela Resolução da Assembleia da República n.º 60-A/2007, de 30 de Novembro, e ratificada pelo Decreto do Presidente da República n.º 126-A/2007, de 12 de Dezembro. A patente europeia entrou em vigor em Portugal a 1/1/1992.

[2] Conhecido pelo acrónimo inglês PCT, com efeitos em Portugal desde 24/11/1992.

sentar o pedido nos outros países (artigo 4.º, *a*), 1, e *c*), 1, CUP). A via nacional implica que cada entidade administrativa nacional tenha de efectuar um exame quanto à forma e substância de cada pedido.

A diferença principal entre o sistema nacional de patentes e o sistema da Convenção sobre a Patente Europeia (CPE) reside no facto de, neste último, o interessado, através de um único pedido, apreciado por uma Administração centralizada, obter uma patente que produz efeitos em todos os Estados designados.

As legislações nacionais de patentes dos países da União Europeia e de outros países europeus são, hoje, praticamente comuns em domínios relevantes como os da definição do objecto da invenção patenteável[3] e da regulação dos requisitos de patenteabilidade[4]. Esta situação é explicada pela fortíssima influência uniformizadora da CPE (artigos 52.º a 57.º), que instituiu a Organização Europeia de Patentes (OEP), que não é um organismo da União Europeia, mas à qual pertencem todos os seus Estados-membros[5].

Este tem sido o indiscutível mérito da CPE, que tem funcionado, na realidade, como um texto *supralegal* dos direitos nacionais de patentes.

---

[3] Não são invenções (artigo 52.º, n.º 2, CPE): *a*) As descobertas, as teorias científicas e os métodos matemáticos; *b*) As criações estéticas; *c*) Os planos, princípios e métodos no exercício de actividades intelectuais em matéria de jogo ou no domínio das actividades económicas, assim como os programas de computadores; *d*) As apresentações de informações.

O artigo 52.º, n.º 3 refere que «o n.º 2 não exclui a patenteabilidade dos elementos que enumera a não ser na medida em que o pedido de patente europeia ou a patente europeia se refira a um desses elementos considerado como tal».

Não são susceptíveis de protecção (artigo 53.º, CPE): *a*) As invenções cuja exploração comercial seja contrária à ordem pública ou aos bons costumes; *b*) As variedades vegetais ou as raças animais, assim como os processos essencialmente biológicos de obtenção de vegetais ou animais. Esta disposição não se aplica aos processos microbiológicos e aos produtos obtidos por esses processos; *c*) Os métodos de tratamento cirúrgico ou terapêutico do corpo humano ou animal e os métodos de diagnóstico aplicáveis ao corpo humano ou animal. Esta disposição não se aplica aos produtos, especialmente às substâncias ou composições, para utilização num desses métodos.

Estas disposições encontram paralelo nos artigos 52.º e 53.º do Código da Propriedade Industrial português de 2003 (artigos 52.º e 53.º, n.ºs 1 e 3, als. *b*) e *c*)).

Para mais desenvolvimentos ver o nosso *Manual de Direito Industrial: patentes, desenhos ou modelos, marcas e concorrência desleal*, Almedina, 2008, p. 56 e ss.

[4] Os requisitos de patenteabilidade são a novidade, a actividade inventiva e a aplicação industrial (artigos 54.º a 57.º, CPE). Ver, ainda, para mais considerações, o nosso *Manual de Direito Industrial*, cit., p. 82 e ss.

[5] Conta, actualmente, com 36 países aderentes, incluindo os 27 Estados da União Europeia.

Em Portugal, é possível proteger a invenção pela via europeia desde 1 de Janeiro de 1992.

A CPE criou um sistema centralizado para a apresentação de pedidos e a concessão de patentes executado pelo Instituto Europeu de Patentes (IEP), sob a supervisão do Conselho de Administração, com sede em Munique.

A patente europeia não representa um título unitário para o conjunto dos Estados-membros. O significado da patente europeia é permitir, com base num único pedido e num único processo de exame, que seja concedido um feixe de patentes nacionais nos países designados pelo requerente.

Procedimento (critério linguístico)

O artigo 14.º, n.º 1, CPE estabelece que as línguas oficiais do IEP são o alemão, o inglês e o francês.

O artigo 65.º, n.º 1, CPE permite, no entanto, que os Estados-membros condicionem a produção de efeitos de patente europeia ao cumprimento de certos requisitos.

Assim, de acordo com o n.º 1 deste artigo, quando a patente europeia concedida pelo IEP não esteja redigida numa das línguas oficiais do Estado designado, este *poderá* impor ao titular da patente a respectiva tradução.

Portugal consagrou esta orientação. O Código da Propriedade Industrial português, de 2003 (CPI), estabelece que o titular da patente europeia, para esta produzir efeitos em Portugal, deve apresentar no Instituto Nacional da Propriedade Industrial (INPI) a tradução correspondente (reivindicações, descrição, resumo, cópias dos desenhos) no prazo de três meses a contar da publicação no *Boletim Europeu de Patentes* da decisão de concessão (artigos 79.º, n.º 1, e 80.º, n.º 1, CPI).

O artigo 65.º CPE limita-se a atribuir uma faculdade, temporalmente enquadrada, aos Estados Europeus que não tenham uma das três línguas oficiais do sistema europeu de patentes. Trata-se, pois, de uma norma meramente dispositiva.

Os Estados-membros adoptaram esta solução de tradução nas respectivas legislações nacionais, com as excepções do Luxemburgo e do Reino Unido (ambos desde 1/12/1987) e da Alemanha (desde 1/06/1992).

O Estado contratante pode determinar que a ausência de tradução implique que a patente europeia seja considerada, desde o início, sem efeito nesse Estado (artigo 65.º, n.º 3, CPE).

2. Acordo de Londres

Em meados da década de noventa, a OEP incluiu na sua agenda de trabalhos a questão linguística, tendo em vista a redução de custos de tradução da patente europeia.

Segundo dados da OEP, a manter-se a situação inalterada, os custos associados à tradução de patentes encareciam o processo de protecção em aproximadamente 40%.

Se, por exemplo, pensando no momento presente, o titular da patente pretendesse proteger a sua invenção na totalidade dos 36 Estados que fazem parte da OEP seria obrigado a apresentar a tradução integral da sua patente em 23 línguas, o que envolveria um custo acrescido nunca inferior a 30.000 euros.

Na Conferência Intergovernamental de Junho de 1999, de Paris, criou-se o grupo de trabalho «Redução de Custos» com a incumbência de elaborar um parecer sobre a diminuição dos custos de tradução da patente europeia[6].

Na Conferência de 17/10/2000, celebrada em Londres, uma nova Conferência Intergovernamental aprovou o Acordo relativo ao artigo 65.º, CPE, designado *Acordo de Londres*)[7].

O Acordo de Londres (AL) foi assinado por oito Estados (Alemanha, Dinamarca, Liechtenstein, Mónaco, Holanda, Reino Unido, Suécia e Suíça).

Até ao momento, já foi ratificado por 14 Estados[8], entre os quais figuram a Alemanha, França e Reino Unido, tendo entrado em vigor a 1 de Maio de 2008, depois de cumprida a condição prevista no artigo 6.º, n.º 1, AL.

Para os Estados que, posteriormente, o venham a ratificar, a entrada em vigor terá lugar no primeiro dia do quarto mês seguinte à data do depósito do instrumento de ratificação ou adesão (artigo 6.º, n.º 2, AL).

O objectivo central do AL foi, confessadamente, o desejo de reforçar a cooperação entre países europeus em matéria de protecção das invenções, reconhecendo, para tanto, a necessidade de redução dos custos associados à exigência de tradução das patentes europeias.

---

[6] Ver OJ EPO 1999, 545.
[7] Ver OJ EPO 2001, 549.
[8] Alemanha (19/02/2004); Croácia (31/10/2007); Dinamarca (18/01/2008); Eslovénia (18/09/2002); França (29/01/2008); Holanda (5/10/2006); Islândia (31/08/2004); Letónia (5/04/2005); Liechtenstein (23/11/2006); Luxemburgo (18/09/2007); Mónaco (12/11/2003); Reino Unido (15/08/2005); Suécia (29/04/2008); Suíça (12/06/2006).

O AL permite a dispensa às exigências em matéria de traduções, admitindo quatro situações distintas:

1.ª – Dispensa incondicionada à exigência de tradução de um Estado com língua oficial da OEP

Segundo o n.º 1 do artigo 1.º, AL, todo o Estado contratante que tenha uma língua oficial comum com alguma das três línguas oficiais da OEP deve dispensar as exigências de tradução previstas no n.º 1 do artigo 65.º, CPE[9].

2.ª – Dispensa incondicionada à exigência de tradução de um Estado sem língua oficial da OEP

De acordo com o n.º 2 do artigo 1.º, AL «qualquer Estado parte do presente Acordo que não tenha, como língua oficial, uma das três línguas da OEP deve dispensar as exigências de tradução previstas no n.º 1 do artigo 65.º da CPE, nos casos em que a patente seja concedida na língua da OEP que por ele tenha sido designada ou nos casos em que a patente tenha sido traduzida para essa mesma língua, nos termos e condições previstas no n.º 1 do artigo 65.º da CPE».

3.ª – Dispensa condicionada à exigência de tradução parcial de um Estado sem língua oficial da OEP

Os Estados sem uma das três línguas oficiais podem manter o direito de exigir a tradução das *reivindicações* numa das suas línguas oficiais, nos termos e condições previstas no n.º 1 do artigo 65.º, CPE (artigo 1.º, n.º 3, AL).

As *reivindicações* definem o objecto da protecção pedida devendo ser claras, concisas e apoiar-se na descrição (artigo 84.º, CPE).

As reivindicações devem conter, quando apropriado (cfr. artigo 62.º, n.º 3, CPI):

«Um preâmbulo mencionando o objecto da invenção e as características técnicas necessárias à definição dos elementos reivindicados, mas que, combinados entre si, fazem parte do estado da técnica»;

---

[9] Até ao momento, os Estados nestas condições são a Alemanha, França, Liechtenstein, Luxemburgo, Mónaco, Reino Unido e Suíça.

«Uma parte caracterizante, precedida da expressão "caracterizado por" e expondo as características técnicas que, em ligação com as características indicadas na alínea anterior, definem a extensão da protecção solicitada».

As reivindicações constituem a parte mais importante do pedido, porquanto definem o seu objecto, seja invenção-produto (aparelho, máquina, dispositivo ou substância), seja invenção-processo (processo propriamente dito, método ou uso) ou ainda invenção de produto e processo. Dito de outra forma, abrangem tudo o que caracteriza a invenção do ponto de vista técnico, quer estrutural, quer funcional. No caso das reivindicações de produto, as características técnicas são os parâmetros físicos (e, se necessário, também funcionais) desse produto; no caso das reivindicações de processo, as regras técnicas são as etapas físicas que definem esse processo[10].

As reivindicações devem ser elaboradas de modo a que se esbatam as dúvidas sobre o conteúdo da invenção, se facilite a apreciação dos requisitos de patenteabilidade e se proporcione segurança jurídica ao titular e aos concorrentes[11].

As reivindicações servem tanto para definir o objecto como para definir o âmbito de protecção. Trata-se de um documento essencial para concretizar o bem incorpóreo de protecção e delimitar o espaço de exclusividade do direito.

Os outros documentos técnicos que devem ser apresentados juntamente com o pedido de patente são a descrição, os desenhos e o resumo (cfr. artigo 78.º, n.º 1, CPE).

A *descrição* deve indicar, de maneira breve e clara, sem reservas nem omissões, tudo o que constitui o objecto da invenção, contendo uma explicação pormenorizada de, pelo menos, um modo de realização da invenção, de maneira que qualquer perito na matéria a possa executar (cfr. artigo 83.º, CPE). A descrição visa garantir que a invenção reivindicada representa um contributo para o enriquecimento técnico da comunidade suficientemente justificativo do direito privativo atribuído ao respectivo titular pela ordem jurídica.

---

[10] SALVADOR JOVANI, *El âmbito de protección de la patente*, Tirant lo Blanch, Valencia, 2002, p. 117.

[11] Para mais desenvolvimentos sobre o importante estudo das reivindicações, ver FRANZOSI, «L'interpretazione delle rivendicazione», *Rivista di Diritto Industriale* (RDI), 2005, p. 75 e ss., SALVADOR JOVANI, ob. cit., p. 113 e ss., e SCUFFI / FRANZOSI / FITTANTE, *Commentario Codice della Proprietà Industriale*, CEDAM, Padova, 2005, p. 288 e ss.

Os *desenhos* deverão ser constituídos por figuras em número estritamente necessário à compreensão da invenção a que se referem a descrição e as reivindicações (artigo 78.º, n.º 1, al. *d*), CPE).

O *resumo* da invenção (artigo 85.º, CPE) serve exclusivamente para fins de informação técnica e não será tomado em consideração para qualquer outra finalidade, designadamente para determinar a extensão da protecção requerida.

4.ª – Salvaguarda das traduções em caso de litígio

O AL (artigo 2.º) deixa intocável o direito do Estado de, em caso de litígio, envolvendo uma patente europeia, fazer recair sobre o respectivo titular a obrigação de, a expensas deste:

a) Apresentar, a pedido do alegado infractor, uma tradução integral da patente na língua oficial do país onde a alegada infracção teve lugar;

b) Apresentar, a pedido do tribunal competente ou de uma autoridade *quasi*-judicial, uma tradução da patente na língua oficial do país em causa.

É muito importante frisar, novamente, que o n.º 1 do artigo 65.º, CPE, mesmo sem a adesão ao AL, não é uma norma imperativa. O AL só se tornou necessário pela circunstância de os Estados, na sua quase totalidade, não terem dispensado as traduções nas respectivas legislações nacionais.

A tradução, como condição da produção de efeitos num país que não tenha uma das três línguas oficiais, foi sempre uma mera prerrogativa dos Estados.

O AL não derroga, pois, nenhuma norma da CPE.

Limita-se a querer consagrar uma orientação prática diferente (dispensa total ou parcial de traduções) que, em abstracto, já seria originariamente admissível e era a mais expectável. No entanto, a vontade do legislador da CPE foi, claramente, «contrariada» pelas legislações nacionais. Com o tempo, a excepção (isto é, a exigência de tradução) *transformou-se* na regra.

O AL pretende, afinal, tão-só, e na medida do possível, repor a lógica originária do sistema da patente europeia.

II – A ADESÃO DE PORTUGAL AO ACORDO DE LONDRES

1. O problema da adesão

Vamos, de seguida, ponderar, segundo uma tripla perspectiva (jurídica, linguística e económica), se Portugal tem interesse em aderir ao Acordo de Londres.

1.1. Valoração jurídica

Trata-se da questão de saber se a patente nacional obtida por via nacional é juridicamente equivalente à patente nacional obtida por via europeia.

O princípio é o de que a patente europeia tem os mesmos efeitos e é submetida ao mesmo regime que uma patente nacional concedida nesse Estado, a não ser que a CPE disponha de outra forma (artigo 2.°, n.° 2, CPE).

Por sua vez, o artigo 75.°, n.° 2, CPI estatui que «as disposições do presente Código aplicam-se em tudo o que não contrarie a Convenção sobre a Patente Europeia de 5 de Outubro de 1973».

Isto significa que a noção de patente europeia não é desprovida de alcance substancial, na medida em que o Estado-membro se vincula a aplicar o direito convencional no que concerne a alguns aspectos essenciais da patente, como por exemplo: âmbito temporal (artigo 63.°, n.° 1, CPE); extensão dos direitos conferidos (artigo 64.°, n.° 2, CPE); âmbito objectivo de protecção (artigo 69.°, CPE); causas de nulidade (artigo 138.°, n.° 1, CPE).

A patente europeia não é, pois, um simples «entreposto» de patentes nacionais, apenas ligadas pelo facto de derivarem de um único procedimento de concessão, mas traduz a ideia de que incumbe ao direito convencional regular unitariamente (de acordo com o referido artigo 2.°, n.° 2, CPE, e confirmado pelo artigo 75.°, n.° 2, CPI) pontos substanciais relevantes do regime jurídico da patente.

De acordo com o artigo 65.°, n.° 1, CPE, a patente europeia tem os mesmos efeitos de uma patente nacional, mas isto não significa que seja equivalente a uma patente nacional[12].

---

[12] Para citarmos SINGER / STAUDER, *The European Patent Convention* (*Commentary*), vols. I e II, Thomson, Sweet & Maxwell, Heymanns Verlag, Cologne, Berlin, Bonn, Munich, 2003, vol. I, p. 14.

A patente nacional obtida por via europeia resulta de um sistema de protecção consagrado por uma convenção internacional, que tem normas substancialmente autónomas (como referimos atrás), que não podem ser contrariadas pela legislação nacional (artigo 2.º, n.º 2, CPE) e em que o exame de fundo dos requisitos de patenteabilidade incumbe ao IEP e não ao INPI.

A patente nacional obtida por via nacional resulta de um sistema exclusivamente nacional ao qual se aplica unicamente o direito nacional e cujo processo de protecção «corre» inteiramente junto do INPI, cumprindo o procedimento prescrito nos artigos 61.º a 74.º, CPI.

A patente nacional por via europeia *não é a mesma coisa* do que a patente nacional por via nacional, aproximando-as, contudo, os efeitos produzidos (a atribuição de um direito privativo industrial de âmbito nacional).

Reconhecemos que seria «chocante» que o pedido de uma patente nacional efectuado por via nacional passasse a ser feito em língua estrangeira por força de uma convenção internacional.

Mas o argumento já não procede quando é o interessado a pretender a protecção em Portugal utilizando a via europeia, uma via distinta, com regras próprias de uma convenção internacional (que *ab initio* privilegia o alemão, francês e o inglês como línguas oficiais), envolvendo uma entidade internacional e com uma ponderação, técnico-jurídica, distinta.

Após o pedido de patente europeia, segue-se uma 1.ª fase do processo de pesquisa sobre a sua regularidade formal, a cargo da Secção de Recepção do IEP (artigo 90.º, CPE).

Em simultâneo, o IEP elabora um relatório de pesquisa que pretende ser uma primeira indicação ao requerente do estado da técnica (artigo 92.º, CPE) preparando o exame mais substancial dos requisitos de patenteabilidade. Este relatório é publicado juntamente com o pedido de patente ou posteriormente (artigo 93.º, CPE).

O pedido de patente é publicado, logo que possível, após a expiração do prazo de 18 meses a contar da data da apresentação (artigo 93.º, CPE). A requerimento do interessado, o prazo pode ser encurtado. Com esta publicação pode ser conferida ao pedido uma protecção provisória (artigo 67.º, n.º 1, CPE).

O requerente dispõe de um prazo para decidir se deseja ou não prosseguir com o seu pedido, solicitando um exame quanto ao fundo (artigo 94.º, CPE).

Esta 2.ª fase decorre na sede do IEP, em Munique, onde cada pedido é examinado por uma divisão de exame técnico que verifica se foram satisfeitos os critérios e requisitos de patenteabilidade. A divisão de exame pode recusar ou conceder o pedido. Uma vez concedida, a patente é publicada na sua forma definitiva (artigo 98.º, CPE).

Segue-se a *fase nacional*, que significa que o titular possui, em cada Estado contratante designado, os mesmos efeitos que lhe seriam conferidos por uma patente nacional.

O titular da patente europeia, para esta produzir efeitos em Portugal, deve apresentar no INPI uma tradução em português do fascículo da patente no prazo de três meses a contar da publicação no *Boletim Europeu de Patentes* da decisão de concessão (artigos 79.º, n.º 1, e 80.º, n.º 1, CPI).

Quando o requerente ou o titular da patente europeia não tiver domicílio nem sede social em Portugal, as traduções dos textos devem ser executadas sob a responsabilidade de um agente oficial da propriedade industrial ou de mandatário acreditado junto do INPI (artigo 81.º, CPI).

O INPI procederá à publicação no *Boletim da Propriedade Industrial* (BPI) de um aviso relativo à remessa da tradução referida anteriormente, contendo as indicações necessárias à identificação da patente europeia (artigo 82.º, CPI).

No prazo de nove meses a contar da data de concessão da patente, qualquer pessoa pode apresentar oposição se considerar que a patente não deveria ter sido concedida (artigos 99.º e ss., CPE). Esta oposição, que corresponde à 3.ª fase, afecta a patente em todos os Estados contratantes designados.

O processo de oposição é da competência das divisões de oposição do IEP, em Munique. A divisão de oposição pode tomar três tipos de decisões: revogar a decisão de concessão; manter a decisão de concessão com alterações ou recusar a oposição (artigo 101.º, CPE).

A pedido do titular, e desde que não esteja pendente um processo de oposição, também passa a ser possível, após a entrada em vigor da Revisão da CPE de 2000, a revogação da patente ou a limitação do âmbito das suas reivindicações (artigo 105.º-B, CPE).

As decisões da Secção de Recepção, da Divisão de Exame, das Divisões de Oposição e da Divisão Jurídica são susceptíveis de recurso (artigo 106.º, CPE). O recurso, que tem efeito suspensivo, é examinado pelas Câmaras de Recurso do IEP de Munique (Câmara Legal de Recurso e Câmaras Técnicas de Recurso), segundo as regras de competência estabelecidas no artigo 21.º, CPE. As Câmaras de Recurso constituem a estrutura contenciosa do IEP e funcionam como se fossem tribunais administrativos, embora não sejam verdadeiros tribunais[13]. Destas decisões, observados certos requisitos, cabe recurso de revisão para a Grande Câmara de Recurso (artigo 112.º-A, CPE).

Por todas as patentes europeias que produzam efeitos em Portugal devem ser pagas, no INPI, as taxas anuais aplicáveis às patentes nacionais, nos prazos previstos no CPI (artigo 89.º).

Desta descrição resulta, em conclusão, que, ao lado das diferenças substanciais assinaladas, também se observam alterações procedimentais e institucionais importantes da patente nacional (via europeia) em relação à patente nacional (via nacional).

Em síntese, a patente nacional (via nacional) e a patente nacional (via europeia) não são equivalentes embora produzam os mesmos efeitos (artigo 64.º, n.º 1, CPE), isto é, a atribuição do direito exclusivo de exploração da invenção em Portugal e o correspectivo direito de proibir outrem de, sem o consentimento do titular, violar essa reserva espacial de domínio. Também são aplicáveis as limitações aos direitos conferidos pela patente (cfr. artigos 101.º a 104.º, CPI).

Nada impede, portanto, do ponto de vista estritamente jurídico, atentas as diferenças substanciais, procedimentais e institucionais assinaladas, que a patente (*quimicamente impura*) nacional obtida por via europeia possa ter um tratamento linguístico (consentido originariamente pela CPE) distinto da patente (*quimicamente pura*) nacional obtida por via nacional.

O problema está agora em saber se esse tratamento linguístico diferenciado é ou não razoável e justificável.

1.2. Valoração linguística

1.ª – Dispensa incondicionada à exigência de tradução

De acordo com o n.º 2 do artigo 1.º, AL, Portugal pode dispensar as exigências de tradução previstas no n.º 1 do artigo 65.º da CPE, nos casos em que a patente seja concedida na língua da OEP que por ele tenha sido designada[14] ou nos casos em que a patente tenha sido tradu-

---

[13] Neste sentido, cfr. Joos, in Singer / Stauder, *The European Patent Convention*, cit., vol. II, p. 189.

[14] Escolheram a língua inglesa a Croácia, a Dinamarca, a Holanda, a Islândia e a Suécia.

zida para essa mesma língua, nos termos e condições previstos no n.º 1 do artigo 65.º da CPE.

2.ª – Dispensa condicionada à exigência de tradução

Portugal pode manter o direito de exigir a tradução das *reivindicações* (artigo 1.º, n.º 3, AL)[15].

No caso de litígio, Portugal também pode continuar a exigir ao respectivo titular a tradução integral da patente (artigo 2.º, AL).

Qual a solução preferível?

Num critério estritamente jurídico-constitucional, qualquer dos modelos pode ser adoptado por Portugal.

Reafirmamos que o AL não derroga nenhuma norma da CPE.

O AL, não alterando a CPE, não suscita, por si mesmo, qualquer problema novo de eventual relevância constitucional.

A possibilidade de dispensa de tradução podia ter sido perfeitamente adoptada pelo legislador português sem haver o AL. Outros Estados o fizeram[16].

Não façamos, pois, do AL aquilo que ele não é, e não é um Acordo que altere a CPE.

O AL limita-se a propor que o nosso país abdique da faculdade de solicitar a tradução do fascículo de uma patente a um requerente de uma patente europeia que designe Portugal. Trata-se da mera dispensa (total ou parcial) concedida a um particular de um requisito procedimental com vista à atribuição de um direito privativo industrial.

O AL não é dirigido ao INPI, enquanto organismo público, dispensando-o do uso da língua portuguesa no exercício da sua missão de serviço público. O que está em causa com o AL é, essencialmente, a simplificação e o menor custo na atribuição de um direito de propriedade industrial.

Como reconheceu o Conselho Constitucional francês, na decisão 2006//541, de 28/09/2006, que se pronunciou negativamente sobre a questão da inconstitucionalidade do AL, este Acordo não pretende imiscuir-se na ordem jurídica interna de cada Estado, obrigando pessoas colectivas públicas ou privadas de serviço público a utilizar uma língua diferente da lín-

---

[15] Exigem a tradução das reivindicações a Croácia, a Dinamarca, a Eslovénia, a Holanda, a Islândia, a Letónia e a Suíça.

[16] O Luxemburgo e o Reino Unido (ambos, desde 1/12/1987) e a Alemanha (desde 1/06/1992).

gua nacional. Do que se trata, tão-somente, é de uma renúncia permitida, originariamente, pela CPE de exigir a um titular de uma patente a respectiva tradução integral para a língua do Estado designado, num quadro de direitos privados e de interesses disponíveis.

No entanto, atendendo ao estado de desenvolvimento tecnológico em que o nosso país se encontra e à ponderação de todas as questões jurídicas pertinentes, pensamos que o modelo de adesão mais equilibrado é o de Portugal manter a exigência de as reivindicações (que, como vimos atrás, constituem a peça mais importante das patentes) continuarem a ser traduzidas para português (artigo 1.º, n.º 3, AL) e o de impor a tradução integral em caso de litígio (artigo 2.º, AL).

Esta opção tem duas vantagens claras:

a) Não prejudica, no seu âmago, na parte das reivindicações, o princípio da publicidade da patente europeia que produz efeitos em Portugal;
b) Proporciona melhores garantias de acesso e defesa judicial.

A língua oficial designada por Portugal deve ser o inglês, que é a língua mais acessível (ficando, também deste modo, mais salvaguardado, com uma interpretação actualista «reforçada», o princípio da publicidade), a que melhor satisfaz os interesses (nacionais e europeus) em presença e que, actualmente, é, «de facto» e de modo indiscutível, a língua mais utilizada no mercado europeu (e também mundial) da inovação e desenvolvimento[17].

Face a este modelo de adesão proposto, pergunta-se: a dispensa de tradução parcial afigura-se razoável e justificável?

A resposta é afirmativa.

Quando falamos da OEP estamos a falar de uma organização cujos objectivos essenciais são a cooperação europeia a nível da protecção das invenções, a simplificação de procedimentos de protecção, a aproximação de legislações dos Estados-membros, a promoção e valorização do conhecimento técnico e a competitividade no mercado global.

A OEP dos nossos dias não pode ser a OEP dos anos setenta do século passado, quando foi criada. O mundo mudou, radicalmente, nas últimas

---

[17] De acordo com dados estatísticos da OEP, 75% dos pedidos são apresentados em inglês, 19% em alemão e 6% em língua francesa. Pode prever-se, com grande margem de segurança, que o número de pedidos em inglês subirá para mais de 90%, com a adesão plena dos Estados ao AL.

três décadas. O fenómeno da globalização, acompanhado de uma inovação tecnológica inimaginável, impôs-se de um modo inexorável. Seria absolutamente estranho que a OEP «parasse no tempo» e não procurasse ser competitiva, de um modo especial, com os EUA, quando a patente europeia (numa estimativa de protecção média de seis Estados contratantes) é mais cara do que a patente americana, aproximadamente, sete vezes.

O Acordo de Londres pretende ser uma resposta aos novos problemas de competitividade que são colocados à patente europeia. O AL não é «responsável» pela supremacia da língua inglesa no mercado global. Ao contrário, o AL pretende ser uma resposta a este problema que, de tão notório, não carece de prova.

O objectivo é o de que a patente europeia seja um meio menos dispendioso, mais atractivo e eficiente. Procura-se, ainda, que seja um sistema menos susceptível de provocar «entropias» linguísticas, estas com implicações sérias a nível da verdade material e da celeridade da litigância judicial.

O INPI tem por missão «assegurar a promoção e protecção da propriedade industrial a nível nacional e internacional, de acordo com a política de modernização e fortalecimento da estrutura empresarial do País, nomeadamente em colaboração com as organizações internacionais e europeias especializadas na matéria, de que Portugal seja membro»[18].

Vamos ser claros: quando falamos de patente europeia, o que está em causa é, essencialmente, a afirmação de Portugal no espaço europeu da inovação tecnológica e é este o aspecto central que deve ser apreciado.

A dispensa linguística condicionada e parcial só valerá para as patentes europeias concedidas em inglês (a ser aceite a designação desta língua, como se propõe).

As patentes europeias atribuídas nas restantes línguas oficiais do IEP (francês e alemão) ficam sujeitas à obrigatoriedade de apresentação de tradução para português de todo o fascículo (reivindicações, descrição, resumo), a menos que sejam traduzidas para inglês, aplicando-se, nesta última hipótese, a regra da tradução limitada às reivindicações (artigo 1.º, n.º 2, *in fine*, AL).

A dispensa de tradução linguística portuguesa, nos limites referidos, é justificável e razoável.

Em primeiro lugar, o AL não impede que o fundo documental tecnológico do INPI, na sua essência (na parte das reivindicações da patente

---

[18] Artigo 3.º, n.º 1, do Decreto-Lei n.º 132/2007, de 27/04 (Lei Orgânica do INPI).

europeia apresentada em inglês), continue a estar disponível na língua portuguesa.

Em segundo lugar, já hoje, os interessados, através de peritos, recorrem, na sua grande maioria, directamente à língua oficial originária do pedido de patente europeia (esmagadoramente o inglês[19]) e não à tradução portuguesa.

É um facto que as empresas interessadas em acompanhar as publicações científicas consultam as patentes a partir do texto original, utilizando as informações nelas contidas logo no momento em que estas se tornam acessíveis ao público. Seria, na verdade, um acto negligente que os interessados aguardassem pelo momento em que as patentes são traduzidas para português para defenderem os seus legítimos interesses, tendo em conta que a tradução só tem lugar após a validação da patente em Portugal, isto é, alguns anos depois da publicação do pedido de patente. Do ponto de vista do acesso à informação e do acompanhamento dos avanços científicos e tecnológicos, o momento mais determinante, em cada um dos países, é o da publicação[20] e não o da validação.

A língua inglesa é hoje um verdadeiro instrumento de trabalho na actividade de I&D. Isto explica, igualmente, por que razão Portugal só deverá dispensar as traduções integrais para português das patentes europeias que tenham sido concedidas em inglês.

Em terceiro lugar, estamos num domínio muito específico, de grande complexidade técnica, apenas ao alcance de peritos, normalmente bem conhecedores da língua inglesa, mas inacessível ao cidadão comum, mesmo na língua portuguesa, não se podendo falar, com honestidade intelectual, num problema de defesa linguística relevante e com dimensão nacional.

Em quarto lugar, a tradução é integral sempre que haja litígio judicial. A segurança jurídica, a protecção da confiança e a tutela jurisdicional efectiva são, por esta via, asseguradas. Poder-se-á objectar que já estamos numa fase «patológica» do direito e que a tradução integral não está disponível numa fase anterior de eventual prevenção de conflitos. Esta crítica não

---

[19] Como já referimos, de acordo com dados estatísticos da OEP, 75% dos pedidos são apresentados em inglês, 19% em alemão e 6% em língua francesa. Ver este argumento, igualmente, em BOTANA AGRA, «El acuerdo de Londres sobre la aplicación del artículo 65 del CPE: un primer paso hacia la reducción de costes de las traducciones de patentes europeas», em *Actas de Derecho Industrial* (ADI), 28 (2007-2008), p. 588.

[20] A publicação tem lugar depois de expirado um prazo de 18 meses a contar da data da apresentação (artigo 93.º, n.º 1, al. *a*), CPE).

procede no direito de patentes. Aqui, a prevenção está, normalmente, confiada a peritos em propriedade industrial. Cabe, por via de regra, aos agentes oficiais de propriedade industrial o mandato de, em tempo, a partir, como dissemos atrás, do conhecimento integral da patente na língua original actuarem preventivamente em defesa dos seus clientes. Também, neste ponto, não se afigura vital o interesse na tradução integral.

Por último, mas não em último, tendo em conta as finalidades prosseguidas pela dispensa parcial de tradução, consideramos, repetindo-nos, que não há justificação, na nossa opinião, para falar, aqui, de um problema de constitucionalidade[21] (que já foi suscitado na França, sem êxito, como dissemos atrás[22]), mas, ao contrário, de um verdadeiro imperativo constitucional. Do que se trata não é de «ofender» a língua portuguesa, sem mais, sem uma fortíssima justificação, mas, antes, o de, cumprindo preceitos constitucionais aplicáveis[23], salvaguardar um interesse nacional muito relevante como é o de preparar Portugal para ser competitivo e atractivo no espaço europeu da inovação e desenvolvimento tecnológico.

Sobre a incumbência prioritária do Estado, consagrada no artigo 81.º, al. *l*), da Constituição da República Portuguesa, «de assegurar uma política científica e tecnológica favorável ao desenvolvimento do país», escrevem Gomes Canotilho e Vital Moreira[24]: «A tarefa estadual de desenvolvimento da ciência e da tecnologia vem especificar a já referida no artigo 73.º, n.º 4, para a generalidade da investigação científica, destacando-se, agora, em sede de constituição económica, a que se liga ao desenvolvimento, dado o papel crescente da ciência e da inovação no progresso económico, papel esse que a nível da UE constitui o essencial da chamada «estratégia de Lisboa». «(...) Esta tarefa relaciona-se, aliás, com um dos objectivos da política industrial: *o reforço da inovação industrial e tecnológica* (artigo 100.º, *b*))». «Esta incumbência constitucional justifica não somente o investimento público na investigação e na inovação, mas também as medidas de incentivo, ou até medidas preceptivas que se afigurarem necessárias em relação às empresas».

---

[21] Que consideramos extemporâneo, atendendo a que, como foi dito, o AL não altera a CPE.
[22] Decisão 2006/541, de 28/09/2006, do Conselho Constitucional.
[23] Artigos 73.º, n.º 4, 81.º, al. *l*), e 100.º, al. *b*).
[24] *Constituição da República Anotada*, Coimbra Editora, 2007, p. 971.

Os distintos constitucionalistas, em anotação ao disposto no artigo 73.º, n.º 4, CRP[25], aduzem ainda o seguinte: «(...) A investigação e desenvolvimento tecnológico em termos competitivos são, deste modo, as traves mestras da estruturação e aprofundamento da sociedade do conhecimento e da inovação, contribuindo, também, para a obtenção da coesão económica e social».

Por sua vez, Jorge Miranda e Rui Medeiros[26], em anotação ao referido artigo 81.º, al. *l*), CRP, escrevem: este preceito «amplia e especifica, no âmbito económico e social, as *tarefas fundamentais do Estado*, enunciadas no artigo 9.º». «Que se qualifiquem os normativos deste artigo como *princípios constitucionais impositivos*, quer como *normas programáticas*, eles caracterizam-se por traçarem linhas rectoras da actividade política e legislativa».

No *Comentário à Constituição Portuguesa* (sob a coordenação de Paulo Otero[27]), Rui Guerra da Fonseca, também a propósito do artigo 81.º, al. *l*), esclarece que «sendo expressamente uma política de aqui se incumbe o Estado, o instrumento por excelência da sua tradução jurídica é, desde logo, a *lei*. Não existindo nenhuma reserva de competência da AR quanto a esta matéria (...) e ficando a mesma, por conseguinte, no domínio legislativo concorrencial entre a AR e o Governo, é sobre ambos os órgãos de soberania – atendendo a que se trata de uma política nacional – que recai o principal dever decorrente da alínea *l*) do artigo 81.º».

Estes preceitos constitucionais mostram, sem hesitações, a importância nacional que reveste a actividade de inovação e desenvolvimento tecnológico e a legitimidade de adopção de medidas legislativas de incentivo (como, por exemplo, a da adesão ao AL) que se mostrem necessárias a esse fim.

Do ponto de vista linguístico, e tendo em conta o enquadramento constitucional, não há impedimento à adesão de Portugal ao Acordo de Londres, muito menos dentro dos limites assinalados (designação da língua inglesa, tradução de reivindicações e tradução integral em caso de litígio).

---

[25] Ob. cit., p. 892.
[26] *Constituição Portuguesa Anotada*, tomo II, Coimbra Editora, 2006, p. 18.
[27] *Comentário à Constituição Portuguesa*, Almedina, 2008, II volume, p. 193.

1.3. Valoração económica

A OEP conta actualmente com 36 Estados-membros e, desde 2006, o IEP tem recebido cerca de 200.000 pedidos de patentes por ano e concedido, aproximadamente, 60.000 patentes, no mesmo período temporal. Estes números são muito impressivos sobre o êxito do projecto, mas nem tudo corre bem.

Uma das críticas mais recorrentes diz respeito ao custo da patente europeia para o qual contribui, de um modo relevante, o custo das traduções.

Posicionando-nos na situação anterior ao AL, o interessado que pretendesse proteger a sua invenção no conjunto dos 35 Estados contratantes da OEP teria de proceder a 23 traduções o que representaria um custo acrescido superior a 30.000 euros (partindo de um custo médio/baixo por tradução de 1.250 euros). A este preço deveria juntar-se a complexidade do processo, a dificuldade de encontrar peritos idóneos para o difícil trabalho de tradução, o risco de dissonância semântica e a morosidade inevitável daqui decorrente.

Se tivermos em conta o padrão médio de protecção territorial (seis Estados-Membros), o custo da tradução é superior a 6.000 euros.

O Acordo de Londres pretende responder a este aspecto negativo da patente europeia que a torna menos atractiva do que a patente norte-americana («a principal concorrente»).

A patente europeia, mantendo a mesma referência de seis Estados contratantes, é sete vezes mais cara do que a patente americana.

Até ao momento, com 14 Estados aderentes, o AL já permite uma redução do custo da patente de 20% a 30% que pode subir para 40% a 60% se todos os Estados o ratificarem.

A poupança em termos económicos globais pode atingir mais de 220 milhões de euros por ano (60.000 patentes x 3.700 euros = redução do custo médio de tradução em seis Estados)[28].

Estes números são suficientes para formular um juízo de fortíssima probabilidade de que a redução do custo de traduções pode influenciar, substancial e favoravelmente, o comportamento dos interessados.

Isto significa que é seguro que o número de pedidos de patentes europeias aumente significativamente (estima-se que o número de patentes possa aumentar 20% por cada ano, isto é, 40.000 pedidos adicionais) e que o nú-

---

[28] VAN POTTELSBERGHE / MEJER, *The London Agreement and the cost of patenting in Europe*, Bruegel Working Paper, Université Libre de Bruxelles, n.º 2008/05, 10/2008.

mero de Estados designados seja muito superior, subindo a actual média de seis Estados designados.

A ratificação dos Estados ao AL provocará, inevitavelmente, um efeito positivo de «contágio», pois que as vantagens económicas associadas à adesão são directamente proporcionais ao aumento do número de Estados contratantes. Tratando-se de uma convenção internacional também não deixará de «pesar», *cum grano salis*, o princípio da reciprocidade.

Portugal, sendo um país afastado dos grandes centros europeus de decisão económica e empresarial, não pode dar-se «ao luxo» de prescindir de uma dupla vantagem clara que o AL proporciona: por um lado, ter mais patentes europeias que designem Portugal e, por outro, ter um preço mais atractivo e competitivo.

Obtemperar-se-á que, do ponto de vista económico, o AL vai prejudicar o acesso das pequenas e médias empresas ao acesso integral das patentes e aos recentes desenvolvimentos tecnológicos.

Esta objecção não colhe por duas ordens de razões.

A primeira, já expendida, refere-se ao facto de o acesso ao conteúdo das patentes se fazer, esmagadoramente, na língua original do pedido (maioritariamente, o inglês). As empresas nacionais mal andariam se ficassem anos à espera da tradução de uma patente europeia para português para definirem a sua estratégia de inovação e de mercado.

A segunda é «cristalina»: para que as pequenas e médias empresas possam aceder à informação, no nosso país, é necessário que as patentes europeias designem Portugal. Ora, o que se pretende com a adesão ao AL é, precisamente, que o grau de probabilidade de os pedidos de patentes europeias designarem Portugal (e, ao invés, não o evitarem) aumente substancialmente. Sendo certo que a tradução passa a não ser integral, não é menos certo que as reivindicações traduzidas «corporizam» o núcleo da patente. Consequentemente, as pequenas e médias empresas não vão ter mais custos de tradução para acederem ao estado da técnica.

Por outro lado, o interesse económico ligado à transferência de tecnologias em nada é prejudicado com a adesão ao AL. Repetindo-nos, a prática das empresas é a da consulta do conteúdo dos pedidos de patente no momento em que são publicados, independentemente da língua em que se encontram redigidos e, nessa medida, a adesão não se mostra incompatível com o desenvolvimento científico e tecnológico, nem tão-pouco representa um obstáculo à valorização e negociação do conhecimento tecnológico. O AL não representa, por conseguinte, qualquer limitação de acesso à informação tecnológica.

Tudo sopesado, a ratificação do AL não só promoverá a atracção de investimento estrangeiro em Portugal, como pode incentivar e alargar também a exportação de tecnologia portuguesa, atendendo ao menor custo de tradução associado ao registo da patente europeia, independentemente do número de países designados.

Em conclusão, nas vertentes jurídica, linguística e económica, a adesão ao AL é claramente vantajosa para a afirmação nacional no espaço europeu de I&D, reforçando-a tanto na óptica de ser considerado um mercado atractivo, como na óptica da maior expressão europeia da tecnologia portuguesa.

REGULAÇÃO BANCÁRIA:
CONCEITO E TIPOLOGIA

Armindo Saraiva Matias[*]

1. Noção de Regulação

Gostaríamos, hoje, de poder contribuir para a clarificação de alguns conceitos jurídico-económicos, de uso corrente, em torno da noção de regulação.

O primeiro conceito de regulação, o conceito mais simples, menos denso e, por isso também, mais abrangente, é o de um conjunto ou complexo de princípios e normas que tenham por finalidade a prossecução de um determinado objectivo[1].

Todavia, um conceito assim definido, de tão impreciso e incaracterístico, de nada adiantaria, postulando outros elementos, como sejam, o tipo de normas, a respectiva fonte, o fim a prosseguir. E destes elementos resultará uma infinidade de outros conceitos, tantos quantos os elementos distintivos e caracterizadores.

A regulação poderá, por exemplo, revestir natureza meramente técnica, visando a melhor produção de certo bem, mas também poderá ter por objecto a «normatização» de uma determinada actividade social, prosseguindo o melhor desempenho desta.

---

[*] Professor da Universidade Autónoma de Lisboa. Advogado especialista em direito financeiro (O. A.).

[1] «The expression «Regulation» is frequently found in both legal and non-legal contexts», como refere Ogus Anthony, *Regulation: Legal Form and Economic Theory*, Oxford Portland Oregon, 2004, p. 1.

E se transportarmos este conceito básico para o campo da economia, podemos, então, confrontar diversos outros conceitos, mais recortados e mais definidos[2-3-4].

De entre eles, está já consagrado nos ordenamentos jurídicos o conceito de regulação da economia.

É, ainda assim, uma noção demasiado ampla que, no limite, poderia coincidir com a de direito de economia ou com a de direito económico, tal como muitos o definem[5].

Nesta concepção, regulação da economia significaria «intervenção, directa ou indirecta do Estado» nas actividades privadas para realizar finalidades públicas[6-7].

A intervenção directa consistiria na actuação do Estado como agente económico, através das suas empresas e dos seus instrumentos de produção ou de prestação de serviços.

Já na intervenção indirecta, o Estado se limitará a incentivar, promover, enquadrar a actuação dos agentes económicos. Ainda assim, é de distinguir uma dupla actuação: aquela com que o Estado fomenta as actividades, através de incentivos, benefícios fiscais, e uma outra em que o Estado apenas regula o comportamento dos agentes.

Àquela modalidade de intervenção indirecta na economia chamamos fomento económico[8]; reservaremos para esta última modalidade de intervenção indirecta a designação de regulação económica.

---

[2] J. NORTON, C. CHENG e I. FLETCHER, *International Banking Regulation and Supervision: Change and Transformation in the 1990's*, Graham and Trotman, Londres, 1994, p. 50 e ss.

CAYSEELE. P., *Regulation and Financial Market Integration*, Steinherr, ed., 1991, p. 68 e ss.

[3] Para o conceito de regulação no âmbito do mercado de valores mobiliários, vd. CASTILLA, MANUEL «Regulación y Competencia en los Mercados de Valores», *Civitas*, Madrid, 2001, p. 257 e ss.

[4] SÁNCHEZ ANDRÉS, A., «A modo de Prontuario sobre una Reforma Polémica: La Ley 24/1988 del Mercado de Valores», in *RDM*, 192 (1989), p. 276.

[5] SARAIVA MATIAS A., *Para um Conceito de Direito Económico*, FDL, policópia, Lisboa, 1981, p. 140 e ss, especialmente p. 156.

[6] MOREIRA, VITAL, *Auto-regulação Profissional e Administração Pública*, Almedina, 1997. p. 34.

[7] FRANCS, J., *The Politics of Regulation*, Oxford, Blackwell, 1993, p. 5.

[8] Era esta a designação que, por contraposição às «medidas de polícia» e de acordo com a doutrina administrativa tradicional, adoptávamos, já em 1978, in «Aspectos da Intervenção do Estado nas Actividades Económicas Privadas», *Temas de Direito Económico*, Associação Académica da Faculdade de Direito de Lisboa, 1978/1979.

A regulação económica será, então, um complexo de princípios e de normas que enquadram, orientam, promovem ou determinam as actividades dos agentes económicos, inseridos em determinado sistema, económico e de mercado, independentemente da natureza, pública ou privada, dos agentes[9].

2. Regulação da economia e regulação bancária

Esta noção, ainda muito ampla, de regulação, coincide, a nosso ver, com a do direito da economia, mas não com a noção de direito económico. O direito da economia será o conjunto de todas as normas que regulam a economia, a noção de direito económico é mais qualificativa: abrange apenas as normas jurídicas reguladoras da economia na perspectiva da organização e do desenvolvimento económico.

Referindo-nos à regulação da economia, queremos, pois, abranger todas as normas com valor jurídico que tenham por objecto a actividade económica.

Todavia, quer a especificidade das matérias quer os fins a prosseguir permitem, com vantagem, determinar áreas ou zonas dentro daquele campo regulatório.

É o caso da regulação bancária[10,11,12].

A regulação bancária há-de, assim, ser caracterizada pelo objectivo que prossegue, isto é, o melhor funcionamento da actividade bancária. Procede-se, deste modo, a um recorte da actividade bancária dentro da actividade económica, do sector bancário dentro do sector financeiro.

---

[9] Neste sentido, também, PATRICIO, SIMÕES, «Os Códigos de Conduta nas Entidades Financeiras Sujeitas a Supervisão», in Cadernos de Auditoria Interna, ano VI, ed. Banco de Portugal, Lisboa, 2003, p. 61 e ss.

[10] Desenvolvidamente, TATTERSALL, JOHN, «The Regulation of Banking – An Introduction», in A Practitioner's Guide to the FSA Regulation of Banking, 2002, p. 1 e ss.; MUSCH, FREDERIK, «The Interaction between FSA Regulation and International Bodies: The Basel Committee and the European Union», in Practitioner's Guide To the FSA Regulation of Banking, CFP, Surrey, 2002, p. 23 e ss.

[11] Ou do mercado de valores mobiliários, CASTILLA, MANUEL, obra citada, sobretudo conclusões, p. 381.

[12] Como análise de fundo, mais financeira que jurídica, pode ver-se CHORAFAS, DIMITRIS, New Regulation of the Financial Industry, Macmilan Press, London, 1999.

A regulação abrangerá, por exemplo, o acesso e o exercício da actividade, mas também as instituições que desempenham esse exercício.

Trata-se, pois, em primeiro lugar, de regular a constituição e o funcionamento das instituições bancárias; prossegue-se, depois, a actividade destas.

Ora, por um lado, a actividade bancária está definida no art. 4.º do Regime Geral das Instituições de Crédito e Sociedades Financeiras (RGICSF), através de enumeração, de resto correspondente ao Anexo I (Lista das operações que beneficiam de reconhecimento mútuo) da Directiva 2006/48//CE, do Parlamento Europeu e do Conselho, de 14 de Junho de 2006[13].

Por outro lado, as instituições bancárias serão todas aquelas a que a lei permite o exercício das actividades constantes daquele citado preceito.

Alinham-se em dois tipos principais: as instituições de crédito e as sociedades financeiras. Dentro de cada tipo, existem subtipos cuja regulamentação básica consta de diplomas especiais[14].

Todas as actividades praticadas por instituições bancárias, no exercício do seu objecto, integram a actividade bancária, designando-se os actos que praticam por contratos ou operações bancárias[15]. A regulamentação destes contratos ou operações é objecto de direito comercial, mas também de regulação bancária. Neste último caso, na exacta medida em que os actos ou operações se integram e prossigam finalidades próprias do sector bancário.

Parece, pois, que o conceito de regulação bancária coincidirá com o de direito bancário. Pouco assim se adiantaria com este novo conceito. Mas talvez não seja assim.

A regulação implica uma componente administrativa da actuação do Estado, para além da legislativa. E o modo como se prossegue aquela regulação também é diferente do meramente legislativo. Designadamente quando se manifesta através de entidades exteriores e independentes do Estado, como é o caso das entidades reguladoras ou supervisoras de determinados tipos de mercados. Ou quando se manifesta através de normas criadas pelos próprios agentes do mercado.

Tentaremos ilustrar melhor nos números seguintes.

---

[13] Que revogou a Directiva 2000/12/CE, do Parlamento Europeu e do Conselho, de 20 de Março de 2000, codificadora das anteriores directivas de coordenação bancária.

[14] Definem, entre o mais, o respectivo objecto social, o capital social mínimo, as operações vedadas.

[15] A designação de «operações de banco» era já adoptada pelo Código Comercial aprovado por Carta de Lei de 1888 e que, nesta parte, ainda se mantém em vigor (art. 362.º a art. 365.º).

3. Regulação e Desregulação

Antes de mais, à Regulação há que contrapor a Desregulação[16-17] por ser esta uma forma de o Estado permitir o funcionamento do mercado.

Embora parecendo contraditório, a Desregulação é também uma forma de regulação[18], na medida em que o Estado opta por deixar que os agentes funcionem livremente, abstendo-se de lhes impor comportamentos. Naturalmente, a Desregulação nunca é completa, os mercados nunca são absolutamente desregulados; os limites da desregulação constituem, por isso, formas de regulação.

A Desregulação traduz uma atitude de abstenção do Estado, mas essa abstenção implica uma escolha de modelo de regulação.

E nem sempre os agentes económicos preferirão uma atitude de abstenção do Estado. A intervenção deste implica a necessidade de conhecimento do sector económico em que actua, pressupõe medidas de previsão e de orientação dos respectivos agentes. A ausência de Estado aumenta o grau de responsabilidade, indisponibiliza estudos globais de mercado, inviabiliza políticas de incentivo.

E, não obstante, o Estado continuará a exigir o cumprimento de regras no que concerne, por exemplo, à concorrência, ao investimento em valores mobiliários e tantas outras que os operadores económicos não podem evitar.

No nosso conceito de Regulação vai, pois, também o da Desregulação, entendido este como uma atitude do Estado perante o mercado, com todas as suas implicações[19-20].

---

[16] KHOURY, S. J., *The Deregulation of the World Financial Markets, Myths, Realities and Impact*, London, Pinter Publishers, 1990.
   DALE, R., *International Banking Deregulation*, Oxford, Basil Blackwell, 1992.

[17] Ou «Desregulamentação» para alguns autores, FERREIRA, ANTÓNIO PEDRO, «A Relação Negocial Bancária, Conceito e Estrutura», Quid Júris, Lisboa, 2005, p. 57.

[18] COOKE, WILLIAM PETER, «Centros Financeiros Internacionais. As Autoridades Perante a Desregulamentação e a Supervisão», *in Revista de Banca*, n.º 4, 1987, p. 27 e ss.

[19] COOKE, WILLIAM PETER, *Centros Financeiros Internacionais...*, cit., especialmente, p. 44.

[20] CABRAL NAZARÉ, «O Princípio da Desregulação e o Sector Bancário», *in Revista da Faculdade de Direito da Universidade de Lisboa*, 1997, p. 436.

4. Neo-regulação

Assiste-se, ultimamente, mormente na União Europeia, a um processo especial de Regulação de determinados sectores de actividades económicas[21] que passaram a ser designados por Sectores Regulados.

Estes sectores resultam, quase sempre, da privatização de sectores públicos ou nacionalizados[22].

É assim nos sectores da electricidade, do gás, das telecomunicações, dos transportes aéreos[23]. É também assim no sector que aqui estudamos: o sector bancário.

Em todos estes sectores se colocam problemas delicados, sobretudo de concorrência e concentração económica, tornando-se necessário um novo modelo de Regulação. São sectores cujas empresas, na sua maioria, revestem natureza privada, regidas pelo direito privado, ainda que, em algumas delas, o Estado detenha parte ou a totalidade do capital social. Todavia, desempenham actividades de interesse público que, em última instância, o Estado tem de assegurar.

O problema agudiza-se quando se constata que a nova tendência vai no sentido do neoliberalismo. A regulação, nessas circunstâncias, terá de revestir especiais características, por isso se falando de neo-regulação.

Na verdade, a regulação é compatível com o livre mercado e a concorrência, agora em termos diferentes, já se vê. Trata-se de sistemas de mono ou oligopólio.

Poderá a regulação revestir carácter subsidiário, de mero enquadramento, mas não é totalmente dispensável. Como também não pode substituir o mercado. A pior tentação do regulador é a de substituir o gestor[24-25-26].

---

[21] «Over the last fifteen years, there has been a significant transformation in the style and institutions of regulatory law», OGUS ANTHONY, obra citada, p. 337.

[22] GASPAR ARINO ORTIZ, LUCIA GARCIA MORATO, *Derecho de la Competencia en Sectores Regulados*, Comares, Granada, 2001, p. 1 e ss.

[23] IBAÑES, SANTIAGO GONZÁLES-VARAS, *El Derecho Administrativo Privado*, Editorial Montecorvo, S. A., Madrid, 1996, na perspectiva das relações dos direitos nacionais com o direito comunitário, *passim*, mas principalmente, a este propósito, cap. III, p. 463 e ss.

[24] É o que tentaremos mostrar, na parte final do nosso trabalho.

[25] Em todo o caso, não pode o Regulador alhear-se dos problemas do risco associado aos novos mercados. Cfr. desenvolvidamente, PECCIA, ANTHONY, «Operational Risk Management: a Practical Approach and the Regulatory Implications», *in A Practitioner's Guide to the FSA Regulation of Banking*, C. F. P., Surrey, 2002, p. 141. e ss.

[26] Sobre o tema, SALINAS, C., «Desregulación y Neoregulación en el Mercado de Valores», *in Revista de Derecho Mercantil*, p. 224 (1997).

5. Modalidades de Regulação Bancária

Referimo-nos, naturalmente, à Regulação económica e, dentro desta, à Regulação da banca.

De acordo com os critérios que deixámos assinalados para as respectivas definições, a Regulação bancária pode assumir diversas modalidades.

A primeira delas consistirá na pura e simples criação de normas pelo Estado, aplicáveis à actividade bancária.

As normas relativas ao acesso e exercício da actividade são exemplo desta modalidade de regulação.

Uma segunda modalidade de Regulação consistirá na criação de normas técnicas, prudenciais ou outras, por entidades independentes que também curarão da sua aplicação, fiscalizando, por isso, a respectiva actividade.

Integram esta modalidade os Avisos e Instruções, emanados da Autoridade de Supervisão.

Terceira modalidade de regulação consistirá na própria actuação do Estado ou de outras entidades sob seu mandato, no âmbito da actividade bancária, intervindo, por exemplo, através da injecção ou retirada da moeda nos mercados.

Exemplifica esta modalidade a intervenção dos Bancos Centrais nos Mercados Internacionais.

A quarta modalidade de Regulação Bancária traduzir-se-á na criação de normas pelos próprios agentes (as Instituições Bancárias) elas mesmas interessadas no funcionamento do mercado.

Esta modalidade manifesta-se, por exemplo, na criação de Códigos de Conduta a que as instituições aderem.

6. Hetero-regulação e auto-regulação

O novo conceito de Regulação é, como se vê, mais amplo que o de direito da economia ou de direito bancário. Justamente porque nele se incluem, por um lado, práticas de natureza administrativa, quando não mesmo de natureza privada mas de interesse público; por outro lado, porque neste conceito de Regulação cabem normas privadas[27] criadas pelos próprios agentes económicos[28].

---

[27] A natureza pública ou privada das normas de conduta é discutível, por dependerem de aprovação de entidades públicas, Estado ou Entidade Reguladora. Veremos mais adiante.

[28] Sobre a natureza difusa do conceito de regulação, PARKER, SCOTT, LACEY, *Regu-*

Parece-nos oportuna, pela inovação que apresenta, a distinção segundo a origem de que promana esta Regulação. E pelas contradições que implica.

O conceito e o domínio da lei é uma aquisição dos Estados modernos. Trata-se de uma elaboração formal, atribui-se à lei carácter geral e abstracto e torna-se aplicável a todos os cidadãos de um Estado.

É uma forma engenhosa de transferência para o Estado dos poderes das comunidades e dos grupos sociais, económicos ou profissionais, assegurando a todos a igualdade de tratamento. O poder legislativo representa o povo e exerce o seu poder através da lei.

Esta é a forma mais importante da Regulação.

Trata-se de Regulação imposta aos agentes destinatários pelo poder executivo: é uma modalidade de hetero-regulação.

É também hetero-regulação a que se traduz na adopção de comportamentos ou na prática de actos administrativos que visem a intervenção da Administração no mercado, bem como as práticas administrativas de enquadramento e fomento de actividades[29].

Trata-se de actuação administrativa do Estado, por este imposta ou oferecida aos operadores do mercado com a finalidade da prossecução do interesse público.

Todavia, está hoje em voga, diríamos que está mesmo na moda, outro tipo de Regulação: a que se traduz na criação de normas, regras ou padrões pelos próprios agentes económicos, organizados em associações que legislam e se regulamentam a si mesmos, vinculando os seus comportamentos. No seu próprio interesse já se vê, mas também, por vezes, de acordo com as finalidades almejadas pelo Estado.

É, porventura, a modalidade mais antiga e mais eficiente de Regulação. É mesmo primitiva, na medida em que corresponde ao tipo de go-

---

lating Law, Oxford University Press, 2005, p. 1: «When we speak of applying a regulatory lens to law, what do we mean by regulation? Definitions of "regulation" abound, and for different intellectual purposes there is merit in defining regulation in different ways – excluding or including regulation by non government actors, excluding or including governance without rules, including only intentional attempts to influence behaviour, or including all actions that have regulatory effects».

[29] Durante o século passado, esta modalidade de intervenção tornou-se tão característica que não passou despercebida nem mesmo aos estudiosos do sistema social. A este propósito e sobre o intervencionismo do Estado com vista à racionalidade da economia, *vd*. KARL POPPER, *The Open Society and its Enemies*, vol. II, Routledge, London, 1993, especialmente p. 175 e ss.

verno das pequenas comunidades cujos chefes eram reconhecidos por todos os seus membros[30].

Deveria ser eficiente, porque sendo auto-imposta, estarão respeitados, à partida, os pressupostos indispensáveis de aceitação pela maioria.

Em abstracto, não haveria, portanto, razões para incumprimento.

Talvez por isso se tenha regressado a esta fórmula do passado, esperando o Estado poder ficar dispensado de impor comportamentos. Ter-se-á formado a convicção, porventura ingénua, de que a autocriação de normas, evitando o odioso da imposição, resulta mais eficiente[31].

É a nova e apregoada modalidade da Auto-regulação[32].

7. Hetero-regulação e Mercados regulados

A supervisão entendida como actuação administrativa e actividade reguladora constitui, certamente, a forma típica e mais relevante da hetero-regulação.

À entidade reguladora cabe a criação de normas, a fiscalização do seu cumprimento e, muitas vezes, o próprio sancionamento[33].

Deste tipo de Regulação nos ocuparemos, noutra oportunidade.

Aqui, há, antes, que fazer referência a outro tipo de hetero-regulação, a regulação sectorial[34].

Trata-se de um tipo de regulação especial, com vista a promover a liberalização e a concorrência em sectores especiais, com interesse público

---

[30] GUILHERME OLIVEIRA, «Auto-regulação profisional dos Médicos», in Revista de Legislação e Jurisprudência, ano 134.°, 2001, p. 34 e ss.

[31] O que, já há muito vem a ser posto em crise, vd. SÁNCHEZ ANDRÉS, «A Modo de Prontuario sobre una Reforma Polémica»: La Ley 24/1988, del Mercado de Valores, RDM, 192 (1989), p. 266.

[32] OGUS, A. «Rethinking Self-Regulation», in Oxford Journal of Legal Studies, 15 (1995).

[33] E que MARAIS BERTRAND designa de «triângulo de ouro da regulação», acrescentando, designadamente, e entre o mais: «privatizar sem liberalizar é conferir monopólio a uma empresa privada; liberalizar sem privatizar gera conflitos de interesse para o Estado, que deve, por um lado, regular e, por outro, competir no mercado», in Droit Public de la Régulation Économique, Dalloz, Paris, 2004, p. 553.

[34] MOREIRA, VITAL, «A mão invisível, o futuro das entidades de regulação sectorial», Expresso, 20.09.02.

e que, anteriormente, fizeram parte do sector público estadual[35]. É o caso do sector da electricidade, com a ERSE, e das telecomunicações, com a ANACOR.

Ou, de forma mais abrangente, com a Autoridade da Concorrência.

No fundo, visa-se restabelecer a concorrência e o mercado em sectores de mono ou oligopólio. Mas não é tarefa fácil[36].

As leis do mercado não bastam, nestes sectores, sobretudo porque contraditórias com a ideia-base de serviço público que as caracteriza. A actuação das entidades reguladoras tem[37], assim, que desempenhar uma missão de efeitos contrários: por um lado, instaurar as leis de mercado, liberalizar as práticas dos agentes económicos e, por outro lado, manter disponíveis os serviços para a colectividade, torná-los acessíveis em preço e qualidade. Acresce que o Regulador não pode, não deve, intrometer-se na gestão dos agentes[38-39].

A tarefa parece impossível.

Segue-se, de resto, o exemplo do que se passa nos Estados Unidos desde há mais de um século, com as Comissões Reguladoras Independentes chamadas a intervir, a cada passo, sempre que se justifique a protecção do interesse público, através da defesa do consumidor ou do sistema em que este se integra.

8. A Auto-regulação e o Mercado

A auto-regulação é compatível com o mercado[40].

Diremos, mesmo, que é uma das formas de regular o mercado. Se a regulação é levada a cabo pelos próprios agentes, mal se entenderia que o resultado se não traduzisse na prossecução dos seus interesses, isto é, no

---

[35] Já antes lhe fizemos referência, designando-a de Neo-Regulação.

[36] Trata-se, nestes casos, dos designados monopólios naturais. Segundo OGUS, obra citada, p. 5: «The principal function of economic regulation is, then, to provide a substitute for competition in relation to natural monopolies».

[37] Como sucede, por exemplo, com a SEC, Securities and Exchange Commission, nos USA.

[38] PRATT, RICHARD, «To Regulate or not to Regulate», *in The Financial Regulator*, 8, September 2003, p. 40.

[39] ARTHUR D. VANLEEUWEN, EUGÉNE R., «Corporate Governance: Regulate Care», *in The Financial Regulator*, vol. 8, September 2003, p. 19.

[40] CASTILLA, MANUEL, obra citada, p. 99 e ss.

melhor funcionamento do mercado. Todavia, a auto-regulação conhece limites. Estes são encontrados nos conflitos de interesses entre os agentes económicos, nas normas de defesa do consumidor, nas normas de defesa da concorrência[41].

Estamos, deste modo, a constatar que a auto-regulação pressupõe a hetero-regulação.

Com a Auto-regulação, o agente económico associa-se a outros agentes, cria normas de interesse comum, adopta comportamentos que melhoram a sua acção, punindo eventuais prevaricadores. O agente económico, criador da Auto-regulação, também está interessado na sã concorrência. Esta será, assim, defendida até ao limite dos interesses de cada agente. Pode este não estar interessado na defesa do consumidor, mas aí actuará a lei comum.

Tanto vale por dizer que a auto-regulação não é, por si só, apta e suficiente para regular o mercado. Em nosso entender, a auto-regulação é apenas um dos meios; a hetero-regulação enquadra e determina as formas de auto-regulação[42].

A auto-regulação pode intervir no mercado de diversas formas, mais simples ou mais complexas, mais ou menos extensas.

Constituem exemplos de auto-regulação as convenções colectivas de trabalho. Mas também são formas de auto-regulação os códigos profissionais ou deontológicos.

Mais sofisticada ainda é a forma de auto-regulação traduzida no desenvolvimento de actividades económicas pelas próprias entidades reguladoras[43].

9. Auto-regulação profissional

A auto-regulação profissional é levada a cabo pelo conjunto dos agentes que exerçam determinada profissão[44].

À primeira vista, parece incompatível com o mercado.

---

[41] CUESTA RUTE, «Algunas Reflexiones sobre el fenomeno de la Autoregulació», in *RDBB*, 94, 2004, p. 87 e ss.

[42] Assim, CUESTA RUTE, citado, p. 91.

[43] MOREIRA, VITAL, *Auto-regulação Profissional e Administração Pública*, Almedina, Coimbra, 1997, p. 109 e ss.

[44] Através de entidades representativas, normalmente associações; o vínculo jurídico assenta, deste modo, na autonomia da vontade.

Com efeito, os profissionais associam-se, criam normas de comportamentos próprias, punem os associados que as incumpram, disciplinam a actividade. Naturalmente, esta intromissão associativa no mercado vai alterar a espontaneidade e a liberdade de cada agente, parecendo, ao invés, ser esta a regra básica do mercado concorrencial.

O problema maior surge, no entanto, no acesso à profissão. Os grupos profissionais pretendem delimitar e controlar o acesso à profissão. E as associações profissionais reivindicam mesmo, frequentemente, poderes de autoridade para esse efeito. É o caso das Ordens Profissionais (médicos, advogados, engenheiros).

O fenómeno é curioso e, de algum modo, contraditório: o grupo profissional pretende poder público para regular os seus próprios interesses. Não quer que o Estado regule, mas quer regular como se fosse Estado.

No fundo, são experiências corporativas, nascidas e alimentadas na primeira parte do século XX, para concretizar experiências de colectivização do poder. Corresponderam, noutros casos, a fórmulas ou ensaio de democratização do poder.

Em Portugal, por exemplo, tiveram o maior desenvolvimento no sistema corporativo iniciado com a Constituição de 1933, em que os conflitos de trabalho encontravam solução nas Corporações, isto é, por acordos entre as associações patronais e associações de trabalhadores.

Superada a época do Corporativismo com a revolução de 1974, mantiveram-se muitas daquelas associações profissionais, já não com os mesmos propósitos, mas com o objectivo de Auto-regulação, de protecção de interesses de grupo, no contexto da sociedade. Passou-se a um corporativismo diferente, de diferentes inspiração e finalidade: o neocorporativismo.

Fundamentalmente, as novas associações profissionais visam[45]: *a)* a defesa dos interesses profissionais de grupo; *b)* a prestação de ajuda aos membros do grupo, no exercício da sua actividade; *c)* o estudo e proposta de medidas legislativas a levar a efeito pelo poder político; *d)* a regulamentação profissional de acesso à profissão; *e)* estabelecimento de normas e de códigos deontológicos, com a disciplina profissional; *f)* a certificação de produtos ou serviços; *g)* a regulação do mercado.

Em geral, está, agora, fora do âmbito destas associações a regulação das relações de trabalho entre empregadores e assalariados.

---

[45] MOREIRA, VITAL, obra citada, p. 191.

A criação de Códigos de Conduta, a sua efectivação e, através deles, a regulação dos agentes do grupo profissional é, para nós, porventura a zona de intervenção mais importante, porque suprime e substitui os regimes estaduais. Como adiante, mais detalhadamente, descreveremos.

Resta, no entanto, sempre perguntar, se a eficiência desta regulação é suficiente para suprir a intervenção do Estado nos mercados. Coloca-se, ainda, a questão de saber se os grupos profissionais não geram pela sua força, económica e social, desequilíbrios na regulação geral do sistema económico e financeiro[46].

Independentemente do que concluirmos, a final, a resposta terá de ser, desde já, afirmativa.

E tanto assim é, que se tornou necessário contrariar esse efeito, através de legislação especial. Assim, na esfera comunitária, surge toda a legislação sobre concorrência, proibindo as práticas restritivas, a divisão dos mercados, os abusos de posição dominante.

E quando a legislação reguladora da concorrência não é aplicável, são as próprias associações que impõem regras similares induzidas pelo poder público que aprova os respectivos estatutos: é, designadamente, o caso da proibição de publicidade e da fixação de honorários pelas ordens profissionais.

10. Regulação, Desregulação e Constitucionalidade

A regulação e a auto-regulação, nas suas manifestações actuais, são reacções contra a moderna tendência de desregulação.

Com efeito, os Estados têm-se, ultimamente, assumido como muito liberais em matéria de mercados, deixando, frequentemente, aos agentes liberdade de actuação ou que se auto-regulem eles próprios.

Todavia, esta liberalização ou ausência de regulação pode, por si mesma, gerar problemas de inconstitucionalidade material[47]. Na verdade, há direitos constitucionalmente consagrados, como são alguns direitos dos trabalhadores e dos consumidores, que seriam postos em causa pela via da desregulação[48].

---

[46] SALDANHA SANCHES, *Revista O. A.*, ano 60, Janeiro de 2000, Lisboa, p. 20.

[47] Sobre a problemática da constitucionalidade das normas, por todos, GOMES CANOTILHO, *Direito Constitucional e Teoria da Constituição*, 7.ª ed. Almedina, Coimbra, 2003, *passim*, especialmente, p. 1327 e ss.

[48] *Vd.* BACHOF OTTO, *Normas Constitucionais Inconstitucionais*, tradução de Cardoso da Costa, Almedina, Coimbra, 1994.

Por este ângulo de observação, a regulação torna-se também necessária como instrumento de execução de normas e princípios constitucionais. A Auto-regulação pode ser substitutiva ou complementar da hetero-regulação, mas não pode contrariar nem desviar-se dos princípios constitucionais.

A hetero-regulação poderia surgir, assim, como uma exigência de natureza constitucional, para afastar a auto-regulação[49].

---

[49] BLACK, «Constitutionalising Self-Regulation», *in The Modern Law Review*, 59 (1996).

A ORIENTAÇÃO DA INVESTIGAÇÃO PARA A DESCOBERTA DOS BENEFICIÁRIOS ECONÓMICOS E O SIGILO BANCÁRIO

Paulo de Sousa Mendes[*]

INTRODUÇÃO

Todos partilhamos a ideia de que só conseguiremos combater eficazmente a criminalidade organizada se seguirmos a pista do dinheiro e assim descobrirmos os *beneficiários económicos finais* (*ultimate beneficial owners*), os quais, como se imagina, não podem deixar de ser os mandantes dos crimes.

Como vivemos numa economia bancarizada, a pista do dinheiro deve ser procurada através da análise de contas bancárias. A investigação criminal não pode, pois, deixar de enfrentar as dificuldades postas pela vigência do *sigilo bancário*.

I – OS DIFERENTES REGIMES DE DERROGAÇÃO DO SEGREDO BANCÁRIO NO PROCESSO PENAL

Os bancos resistem aos pedidos de colaboração que impliquem cedência de informações e entrega de documentos relacionados com contas de clientes. É natural que assim seja, já que a existência de um pedido de

---

[*] Professor da Faculdade de Direito da Universidade de Lisboa.

Na investigação do tema contei com a colaboração de Marina Carvalho e Miguel Brito Bastos, a quem publicamente agradeço.

colaboração por parte das autoridades judiciárias não constitui, sem mais, razão bastante para os bancos disponibilizarem a informação e a documentação solicitadas. A conformidade legal do pedido de colaboração terá de ser analisada pelos juristas do banco em causa. Na sequência, vamos analisar o sigilo bancário e os diferentes regimes para a sua derrogação no processo penal.

1. O dever de segredo profissional

O *dever de segredo profissional* é imposto aos membros dos órgãos de administração ou de fiscalização das instituições de crédito, aos seus empregados, mandatários, comitidos e outras pessoas que lhes prestem serviços a título permanente ou ocasional, nos termos do art. 78.º, n.º 1, do Regime Geral das Instituições de Crédito e Sociedades Financeiras (doravante, RGICSF)[1]. Esclareça-se, desde já, que não há dúvidas de que o sigilo bancário é tido como verdadeiro segredo profissional[2].

Por sua vez, o Código de Processo Penal (doravante, CPP) dispõe que os membros de instituições de crédito possam escusar-se a depor sobre os factos abrangidos pelo segredo profissional (art. 135.º, n.º 1), além de que podem recusar-se a entregar documentos se invocarem, por escrito, segredo profissional (art. 182.º, n.º 1). O art. 135.º, n.º 1, CPP até peca por defeito, ali onde diz que os membros de instituições de crédito «podem escusar-se...». É mais do que isso: essas pessoas devem mesmo escusar-se a depor, pois têm um dever de segredo que lhes é imposto por lei, como vimos. Tal como devem recusar-se a entregar documentos.

2. O direito do cliente ao sigilo bancário

Vale a pena explicar brevemente a razão de ser desses dois deveres negativos, que impedem, tantas vezes, uma pronta colaboração dos bancos com os operadores de justiça. É verdade que o sigilo bancário é, hoje em dia, alvo de muita contestação, mas, pensando bem, não é difícil de perce-

---

[1] Aprovado pelo Decreto-Lei n.º 298/92, de 31 de Dezembro, alterado pela última vez pelo Decreto-Lei n.º 357-A/2007, de 31 de Outubro.

[2] Cf. RODRIGO SANTIAGO, «Sobre o segredo bancário – Uma perspectiva jurídico--criminal e processual penal», *RB*, 42 (1997), (pp. 23-76), p. 32.

ber a sua importância. O sigilo bancário protege a esfera de intimidade dos clientes das instituições de crédito. Repare-se que não serve apenas para resguardar a informação relativa à situação económica dos titulares das contas bancárias, mas tutela antes de mais os aspectos que respeitam à privacidade de cada um. Há quem diga: «Conhecer a conta bancária é conhecer os traços fundamentais da vida privada de cada um; é ter o ponto de partida para conhecer o outro»[3]. Na verdade, as operações económicas de cada cidadão são hoje efectuadas quase exclusivamente através da(s) sua(s) conta(s) bancária(s): «O que cada um veste; o que oferece ao cônjuge e aos filhos; os restaurantes que frequenta; as viagens que realiza; como decora a casa; os estudos dos filhos; o volume da sua leitura; as próprias aventuras extraconjugais, tudo é revelável através de uma consulta perspicaz da sua conta bancária»[4]. Daí que não seja nenhum exagero irmos buscar à própria Constituição os fundamentos do sigilo bancário. Assim é que o sigilo bancário entronca no *direito à reserva da intimidade da vida privada*, que faz parte dos direitos, liberdades e garantias pessoais. Esta afirmação é controversa[5], mas o Tribunal Constitucional (doravante, TC) já proferiu arestos nesse sentido. No Ac. n.º 278/95 (Alves Correia), o TC afirmou claramente que «a situação económica do cidadão, espelhada na sua conta bancária, incluindo as operações activas e passivas nela registadas, faz parte do âmbito de protecção do direito à reserva da intimidade da vida privada, condensado no artigo 26.º, n.º 1, da Constituição, surgindo o segredo bancário como um instrumento de garantia deste direito»[6]. O TC destacou – parafraseando o Ac. n.º 110/1984, de 26 de Novembro, do TC espanhol – que, na sociedade moderna, «uma conta-corrente pode constituir a "biografia pessoal em números" do contribuinte»[7]. No mesmo sentido vai o importante Ac. n.º 442/2007 do TC (Sousa Ribeiro), em plenário, que concluiu «que o bem protegido pelo si-

---

[3] DIOGO LEITE DE CAMPOS, «O sigilo bancário», *in* AA.VV., *Sigilo bancário* (org.: Banco de Portugal / Instituto de Direito Bancário), Lisboa, Cosmos, 1997, (pp. 13-17) p. 16.
[4] *Ibidem*.
[5] Em sentido contrário, cf. J. L. SALDANHA SANCHES, «Segredo bancário, segredo fiscal – Uma perspectiva funcional», *Fiscalidade*, 21 (Jan.-Mar. de 2005), (pp. 33-42) pp. 35-37.
[6] *Apud* NOEL GOMES, *Segredo bancário e Direito fiscal*, Coimbra, Almedina, 2006, pp. 89-90.
[7] *Ibidem*.

gilo bancário cabe no âmbito de protecção do direito à reserva da vida privada consagrado no artigo 26.º, n.º 1, da Constituição da República»[8].

Não é preciso falar das outras razões, menos importantes, para se defender o sigilo bancário[9], tais como a necessidade que os bancos têm de salvaguardar a relação de confiança que mantêm com os seus clientes, que é essencial para a actividade bancária[10]. Nada impede que um determinado instituto jurídico, como é o caso do sigilo bancário, satisfaça diferentes interesses, desde que compatíveis.

A importância do sigilo bancário é tal que a sua violação constitui um crime. Na verdade, cabe na previsão do crime de *revelação de segredo* (art. 195.º CP)[11].

Apesar do que ficou dito, o direito ao sigilo bancário não tem, no entanto, carácter absoluto. Quer dizer: a garantia efectiva do sigilo bancário pode sofrer restrições em função da ponderação de outros interesses constitucionalmente protegidos que conflituem com aquele direito. Em especial, a realização da justiça pode exigir intrusões na reserva da intimidade do cidadão, se isso for indispensável para a descoberta da verdade ou se a prova for impossível ou muito difícil de obter de outra forma. Só que a liberdade de conformação do legislador ordinário fica sujeita aos estritos limites constantes do art. 18.º, n.os 2 e 3, CRP.

Pode, pois, o legislador estabelecer excepções ao dever de segredo. Assim é que o RGICSF admite, entre outras excepções, que os factos ou elementos das relações do cliente com a instituição possam ser revelados nos termos da lei penal e de processo penal (art. 79.º, n.º 2, alínea *d*)).

---

[8] Outros acórdãos do Tribunal Constitucional que relevam em matéria de levantamento do segredo bancário são os seguintes: Ac. n.º 602/2005 (Bravo Serra), Ac. n.º 146/2006 (Gil Galvão), Ac. n.º 672/2006 (Paulo Mota Pinto), Ac. n.º 42/2007 (Maria Fernanda Palma), Ac. n.º 547/2008 (Ana Guerra Martins) e Ac. n.º 378/2008 (Mário Torres).

[9] O sigilo bancário é velho como o mundo e não foi necessário esperar pela sua vinculação ao direito à reserva da vida privada para tal segredo surgir na prática bancária. Sobre a origem e a história do sigilo bancário, cf. RABINDRANATH CAPELO DE SOUSA, «O segredo bancário», *in* AA.VV., *Estudos em Homenagem ao Professor Doutor Inocêncio Galvão Telles* (org.: António Menezes Cordeiro, Luís Menezes Leitão e Januário da Costa Gomes), vol. II (Direito bancário), Coimbra, Almedina, 2002, (pp. 157-223) pp. 157-161.

[10] Cf. MARIA JOSÉ AZAUSTRE FERNÁNDEZ, *El secreto bancário*, Barcelona, Bosch, 2001, p. 152.

[11] O art. 84.º RGICSF prescreve que a violação do dever de sigilo bancário é punível nos termos da lei penal (art. 195.º CP), sem prejuízo de outras sanções aplicáveis.

3. O sigilo bancário no Código de Processo Penal

Comecemos por ver, em pormenor, o regime do sigilo bancário no CPP. Nada impede o Ministério Público (doravante, MP), no âmbito de inquérito criminal, de requisitar a uma instituição bancária informação referente a conta de depósito. O mais natural é que depare com uma escusa por parte da instituição interpelada. Não se conformando, o MP terá de averiguar se houve *ilegitimidade* da escusa, conforme previsto na 1.ª parte do art. 135.º, n.º 2, CPP. De facto, a escusa até pode ser ilegítima, se o facto ou elemento solicitado não estivesse compreendido no âmbito do sigilo bancário (art. 78.º, n.º 2, RGICSF), o que é raro, ou se tivesse havido consentimento por parte do titular da conta, o que é possível, pois basta uma autorização genérica que conste do contrato de abertura de conta. Há AA. que defendem que a decisão sobre a ilegitimidade da escusa não se deveria ficar por uma recapitulação do juízo porventura previamente feito pelo MP, mas deveria basear-se em consulta ao organismo representativo da profissão do interpelado, cuja opinião deveria ser tomada como definitiva[12]. É uma posição que faz todo o sentido, se não quisermos impor às pessoas comportamentos contrários à sua deontologia profissional. Se concluir que a escusa é ilegítima, o MP ordena, por despacho, a prestação da informação, nos termos da 2.ª parte do art. 135.º, n.º 2. Conforme o mesmo normativo, o MP poderá, em alternativa, requerer ao juiz de instrução que ordene a prestação desse depoimento, o que será provavelmente mais eficaz. Enfim, a questão não morrerá necessariamente aí, pois é bem possível que a instituição bancária interponha recurso desse despacho do juiz de instrução. O mais que se seguirá é da lógica dos recursos. No limite das possibilidades, a instituição bancária poderá recalcitrar de recurso em recurso, até chegar, se for possível (e já aconteceu de facto), a um recurso extraordinário para fixação de jurisprudência, nos termos do art. 437.º, n.º 2, CPP (embora este último já não tenha efeito suspensivo da decisão recorrida).

Se o MP concluir que é *legítima* a escusa, já que o facto estava abrangido pelo segredo, então a solução é outra. Ou bem que o MP se conforma com a invocação do segredo, desistindo assim do depoimento, ou então suscita o incidente de *quebra* de sigilo junto do Tribunal superior. De facto, a quebra do sigilo é aqui necessariamente da competência de um Tribunal

---

[12] Neste sentido, cf. RODRIGO SANTIAGO (1997), cit., p. 64.

superior (Relação ou STJ, conforme os casos), por imposição do art. 135.º, n.º 3, CPP. Por conseguinte, o MP terá de requerer ao juiz de instrução que suscite o incidente de quebra do sigilo junto do Tribunal superior. Este terá depois de decidir segundo apertados critérios de ponderação dos interesses em conflito[13], dado que o direito ao segredo beneficia da superlativa resiliência que é própria do regime dos direitos, liberdades e garantias constitucionalmente consagrado (por exemplo, o segredo não pode ser afastado para permitir a investigação de crimes contra o património, nem sequer contra as pessoas, mas de pouca gravidade[14]). Se concluir pela quebra do sigilo, tal decisão não admite recurso (art. 400.º, n.º 1, alínea c), CPP)[15]. Notificada dessa decisão judicial, a instituição bancária poderá ainda, quem sabe, entrar com um pedido de aclaração do acórdão. Mas, no final de contas, não pode deixar de cumprir a decisão.

Ainda se pode perguntar se a recusa do banco em cumprir uma decisão judicial constituirá, ou não, crime de *desobediência*. Assim seria só se o Tribunal, na decisão, cominasse a própria punição da desobediência simples (art. 348.º, n.º 1, alínea b), CP)[16]. Mas então cabe ao MP o ónus de requerer ao juiz de instrução que não deixe de pedir essa cominação. Seja como for, a questão é meramente académica, pois nenhuma instituição bancária deixará de cumprir uma determinação judicial num processo em que ela mesma, ou os seus membros, não são arguidos.

O regime do sigilo bancário no CPP é assaz complexo e tem suscitado diferentes interpretações doutrinais, mas a explicação dada agora mesmo apresenta a vantagem de traduzir a jurisprudência que, entretanto, se consolidou entre nós. De facto, fiz questão de me basear, quase integralmente, no Ac. do STJ (Maia Costa), de 13-Fev.-2008, de fixação de jurisprudência sobre o sigilo bancário[17].

Deu para perceber que a quebra do sigilo bancário é um procedimento complicado, que levará, por certo, vários dias, senão mesmo alguns meses a decidir, mas é eficaz. E não podemos esquecer-nos de que a infor-

---

[13] Nos termos da alteração ao CPP introduzida pela Lei n.º 48/2007, de 29-Ago.
[14] Neste sentido, cf. DIOGO LEITE DE CAMPOS (1997), cit., p. 17.
[15] Neste sentido, veja-se o Ac. do STJ (Souto Moura), de 6-Dez.-2007.
[16] Cf. CRISTINA LÍBANO MONTEIRO, «Anotação ao artigo 348.º CP – Desobediência», in AA.VV., *Comentário Conimbricense do Código Penal – Parte Especial* (dirigido por Jorge de Figueiredo Dias), tomo III, Coimbra, Coimbra Editora, 2001, (pp. 349-359) pp. 355-356.
[17] *DR*, I Série, n.º 63, de 31-Mar.-2008.

mação não desaparece, pois não há, em princípio, perigo de descaminho dos meios de prova conservados nos bancos. A menos que a instituição bancária tenha contabilidades paralelas, mas nesse caso a informação também nunca seria prestada.

Por muito que se queira, a investigação terá de esperar pela quebra do sigilo bancário para prosseguir. Não se pode fazer o *by-pass* à quebra do sigilo bancário empregando outros meios de obtenção de prova. É claro que o MP e os Órgãos de Polícia Criminal (OPC) que o auxiliam não podem proceder a buscas na instituição bancária que recusou a entrega de documentos ou cujos membros se escusaram a depor acerca de factos abrangidos pelo dever de segredo[18]. De resto, o visado pelas buscas só pode ser a pessoa que utiliza o lugar em causa para um fim que a autoridade suspeita ser ilícito. Ou seja: o visado tem de ser um suspeito e só essa suspeita é que legitima a busca[19]. Ora, o banco e os seus membros não são suspeitos da prática de nenhum crime, pois apenas recusaram colaborar com a investigação em curso. Nessas circunstâncias, a própria busca redundaria na prática de um crime de *abuso de autoridade*, nos termos p. e p. no art. 378.° CP (violação de domicílio profissional por funcionário).

Não se diga, por fim, que o compasso de espera imposto pela suscitação do incidente de quebra do sigilo junto da Relação compromete a possibilidade de confisco dos bens patrimoniais obtidos através da prática dos crimes em investigação. Nada impede o MP de requerer logo o *arresto preventivo* até determinado valor dos fundos e recursos financeiros do suspeito (ou arguido), nos termos do art. 228.°, n.° 1, CPP. Para o decretamento do arresto preventivo não é necessário que o banco ceda a informação pedida[20]. De resto, é um procedimento análogo, só para invocar um lugar paralelo, à apreensão feita por juiz em bancos de títulos, valores, quantias e quaisquer outros objectos, mesmo que em cofres individuais, quando tiver razões para crer que estão relacionados com um crime, mesmo que não pertençam ao arguido ou não estejam depositados em seu nome (art. 181.°, n.° 1, CPP)[21]. Em ambos os casos, o juiz é, de facto, chamado a actuar preventivamente um pouco às cegas...

---

[18] Por todos, cf. PAULO PINTO DE ALBUQUERQUE, *Comentário do Código de Processo Penal à luz da Constituição da República e da Convenção Europeia dos Direitos do Homem*, 2.ª ed., Lisboa, Universidade Católica Editora, 2008 (1.ª ed., 2007), p. 362, n.° m. 3.

[19] *Idem*, p. 473, n.° m. 14.

[20] Neste sentido, Ac. TRC (Vasques Osório), 28-Out.-2008, Proc. 302/08.8YRCBR.

[21] A propósito, veja-se Ac. n.° 294/2008 TC (Carlos Fernandes Cadilha).

4. Regimes especiais de derrogação do sigilo bancário

Entretanto surgiram novas possibilidades legais de acesso a informações protegidas pelo sigilo bancário, disseminadas por inúmeros diplomas avulsos. Neste tocante, o legislador limitou-se, algumas vezes, a dar cumprimento às obrigações internacionais do Estado português. Outras vezes, o legislador terá ido mais além do que lhe era imposto pelos instrumentos internacionais vinculativos.

Tentarei ser exaustivo se não na análise, pelo menos na indicação dos regimes especiais dispersos pelas leis avulsas (em vigor), que são os seguintes:

- Art. 13.º-A do Decreto-Lei 454/91, de 28-Dez., com a redacção dada pelo Decreto-Lei 316/97, de 19-Nov. (*Regime jurídico do cheque sem provisão*);
- Art. 60.º do Decreto-Lei n.º 15/93, de 22-Jan. (*Combate à droga*);
- Art. 63.º-B, n.º 3, do Decreto-Lei n.º 398/98, de 17-Dez., com a redacção dada pela Lei n.º 55-B/2004, de 30-Dez. (*Lei Geral Tributária*);
- Art. 385.º, n.º 1, alínea *a*), do Decreto-Lei n.º 486/99, de 13-Nov. (*Código dos Valores Mobiliários*);
- Art. 2.º da Lei n.º 5/2002, de 11-Jan. (*Combate à criminalidade organizada*);
- Art. 18.º da Lei n.º 25/2008, de 5-Jun. (*Combate ao branqueamento de capitais e ao financiamento do terrorismo*).

Cabe aqui salientar que o aspecto mais relevante de toda essa legislação avulsa é não só a *desjurisdicionalização* (*i. e.*, a eliminação do incidente processual), mas até a própria *desjudicialização* (*i. e.*, a retirada do juiz de instrução) da quebra do sigilo bancário. Não vou discutir se a dispensa do juiz de instrução, enquanto juiz das liberdades, ofende, ou não, a Constituição[22].

A minha questão é muito mais prosaica, mas de grande interesse prático. Quer dizer: de que servem estes regimes excepcionais se os bancos recusarem a colaboração?

---

[22] Considerando não haver inconstitucionalidade material na dispensa da intervenção judicial para a quebra do sigilo bancário, desde que seja assegurada a ponderação e enquadramento de interesses públicos considerados dominantes, veja-se o Ac. n.º 42/2007 TC (Maria Fernanda Palma).

O legislador quis simplificar o acesso a informações protegidas pelo sigilo bancário. Mas a simplificação conseguida através da desjurisdicionalização não pode deixar de acarretar, como reverso da medalha, o enfraquecimento do dever de obediência[23]. Senão vejamos: a obediência não justifica a violação do dever de segredo se o pedido for formulado fora das condições legais que autorizariam a derrogação do sigilo bancário. Por outras palavras, não há dever de obediência a ordens ilegítimas que conduzam à prática de um ilícito penal. Deve dizer-se que «[a] única excepção a esta regra é constituída pelas ordens judiciais executáveis que, apesar da sua eventual ilegitimidade material, reúnam os pressupostos formais necessários à sua execução, dado o monopólio da função jurisdicional constitucionalmente atribuído aos tribunais»[24]. Temendo ser responsabilizados criminalmente por aquilo que indevidamente cumprirem, é, pois, natural que os membros das instituições de crédito continuem a invocar o dever de segredo, escudando-se no RGICSF, por um lado, e nos CP e CPP, por outro. Além de que têm o dever de exame da legalidade dos pedidos de colaboração, por isso mesmo que estão adstritos a um especial dever de protecção terceiros, que são os clientes visados.

Além de que não se pode deixar de considerar, no momento da escolha de um desses regimes excepcionais de derrogação do sigilo bancário, que uma escolha mal feita poderá fazer com que toda a prova reunida ao abrigo de um regime excepcional acabe sendo declarada nula, não podendo ser valorada, nem repetida. De facto, cairíamos no domínio das *proibições de prova* (art. 126.º, n.º 3, CPP).

Perante o que ficou dito, atrevo-me a recomendar que se dê preferência, na prática, ao regime geral da quebra do sigilo bancário, que acabará quase sempre por se revelar mais eficaz e até mais célere, contra todas as aparências.

Uma via de simplificação dos procedimentos de acesso a informação protegida pelo sigilo bancário poderia ser oficiar ao Banco de Portugal (doravante, BP) que proceda à identificação das contas bancárias de que o suspeito ou arguido é titular. Já se sabe que o BP recusará fazê-lo, caso não tenha havido antes determinação da quebra do sigilo bancário pelo Tribu-

---

[23] Neste caso, trata-se da chamada *obediência política* à autoridade pública, já que a designação *obediência devida* está reservada para a justificação dos factos praticados por funcionários em cumprimento de ordens superiores (cf. NUNO BRANDÃO, *Justificação e desculpa por obediência em Direito penal*, Coimbra, Coimbra Editora, 2006, pp. 17 e 27).

[24] *Idem*, p. 324.

nal da Relação. Na verdade, as entidades de supervisão e os seus funcionários estão igualmente adstritos ao segredo profissional[25]. Mas se for no domínio da Lei do Combate ao Branqueamento de Capitais, então o BP já terá, em princípio, o dever de colaborar com todas as autoridades judiciárias competentes que o requeiram. Se as autoridades de supervisão têm o dever de comunicação ao MP das suspeitas da prática de crime de branqueamento obtidas *de motu proprio*, então têm também, necessariamente, o dever de colaboração quando confrontadas com um pedido feito nesse sentido por uma autoridade judiciária encarregue da direcção de um processo penal. O dever de segredo profissional a cargo das autoridades de supervisão cede defronte do regime de prevenção e repressão do branqueamento.

II – A IDENTIFICAÇÃO DOS BENEFICIÁRIOS ECONÓMICOS FINAIS

Finalmente desbloqueado o acesso à desejada informação, ainda agora começaram os verdadeiros obstáculos à investigação. Na sequência, darei apenas alguns exemplos das dificuldades que podem surgir.

1. O dever de revelação dos beneficiários económicos finais

Se as contas bancárias relevantes forem tituladas por um testa-de-ferro, mas não houver provas dessa qualidade, só vagas suspeitas, o que é que se pode fazer? Adianta perguntar ao banco pela identidade do beneficiário económico final? A ordem jurídica portuguesa não aceita a figura do *trust*[26], que existe nos sistemas anglo-saxónicos para proteger a identidade dos beneficiários económicos finais. Mas nesses países a legislação já impõe, em muitas circunstâncias, obrigação de *revelar a identidade do beneficiário económico final* (*to disclose the ultimate beneficial owner*), com maior ou menor sucesso na prática. Na nossa ordem jurídica, o que temos são *mandatos sem representação*, baseados em acordos privados.

---

[25] Cf. Luís Guilherme Catarino, «Segredo bancário e revelação jurisdicional», *RMP*, 74 (Abr.-Jun. de 1998), (pp. 61-101) pp. 63, 70-71.

[26] Excepto na Zona Franca da Madeira.

Portanto, é bem possível que o mandatário nunca se assuma com essa qualidade. De resto, o BP, se calhar porque a nossa lei não reconhece *trustees*, não obriga à identificação dos beneficiários económicos no momento da abertura de contas (Aviso do BP n.º 2/2007). Felizmente, a legislação de combate ao branqueamento de capitais e ao financiamento do terrorismo impõe a revelação dos *beneficiários efectivos* (art. 2.º, n.º 5, e art. 7.º, n.º 4). Além de que os bancos, na decorrência das indicações comunitárias (Directiva n.º 2004/39/CE, de 21-Abr.-2004, mais conhecida por Directiva dos Mercados de Instrumentos Financeiros – DMIF), devidamente transpostas, têm o dever de implementar modelos organizacionais e práticas de *conhecimento do cliente* (*know your client*). Assim, os bancos têm a obrigação, já hoje, de procurar saber quem são os beneficiários económicos finais. Portanto, têm também o dever de responder a essa pergunta, se souberem.

2. A suspeita de controlo dos veículos societários

Se a pista do dinheiro aponta para que as contas e os valores estejam *offshore*, o que é que se pode fazer? O primeiro impulso do investigador será expedir uma carta rogatória e ficar à espera da resposta, que, já se sabe, nunca virá. Na melhor das hipóteses, há-de chegar uma resposta simpática e protocolar, sem nenhuma informação relevante. No entanto, o investigador até já sabe que as contas do suspeito (ou arguido) estão localizadas em *veículos societários* (*corporate vehicles*) sediados *offshore*, mas que são detidos na totalidade por bancos portugueses. De facto, os bancos portugueses têm sucursais em paraísos fiscais: por exemplo, nas ilhas *Cayman*.

Então por que razão não se há-de poder solicitar directamente aos bancos portugueses a informação pretendida? Mesmo que um banco negue a relação de domínio que mantém com um determinado veículo societário, a verdade é que o investigador poderá actuar simplesmente com base na sua suspeita de domínio do veículo societário pelo banco português. No mínimo, o banco solicitado tem o dever de fornecer a informação pedida, se a tiver na sua posse.

Espero ter contribuído de alguma forma para reflectirmos, em conjunto, sobre a melhor maneira de superar algumas das dificuldades postas à investigação criminal. Mas não existem respostas milagrosas para estes problemas, como todos sabemos. Sobretudo não é solução reclamar a criação de instrumentos jurídicos de investigação contrários aos direitos, liberdades e garantias pessoais[27].

BIBLIOGRAFIA:

AA.VV., *Sigilo bancário* (org.: Banco de Portugal / Instituto de Direito Bancário), Lisboa, Cosmos, 1997.

ALBUQUERQUE, Paulo Pinto de, *Comentário do Código de Processo Penal à luz da Constituição da República e da Convenção Europeia dos Direitos do Homem*, 2.ª ed., Lisboa, Universidade Católica Editora, 2008 (1.ª ed., 2007).

AZAUSTRE FERNÁNDEZ, Maria José, *El secreto bancário*, Barcelona, Bosch, 2001.

BRANDÃO, Nuno, *Justificação e desculpa por obediência em Direito penal*, Coimbra, Coimbra Editora, 2006.

CATARINO, Luís Guilherme, «Segredo bancário e revelação jurisdicional», *RMP*, 74 (Abr.--Jun. de 1998), pp. 61-101.

GOMES, Noel, *Segredo bancário e Direito fiscal*, Coimbra, Almedina, 2006.

MONTEIRO, Cristina Líbano, «Anotação ao artigo 348.º CP – Desobediência», in AA.VV., *Comentário Conimbricense do Código Penal – Parte Especial* (dirigido por Jorge de Figueiredo Dias), tomo III, Coimbra, Coimbra Editora, 2001, pp. 349-359.

SANCHES, J. L. Saldanha, «Segredo bancário, segredo fiscal – Uma perspectiva funcional», *Fiscalidade*, 21 (Jan.-Mar. de 2005), pp. 33-42.

SANTIAGO, Rodrigo, «Sobre o segredo bancário – Uma perspectiva jurídico-criminal e processual penal», *RB*, 42 (1997), pp. 23-76.

SOUSA, Rabindranath Capelo de, «O segredo bancário», in AA.VV., *Estudos em Homenagem ao Professor Doutor Inocêncio Galvão Telles* (org.: António Menezes Cordeiro, Luís Menezes Leitão e Januário da Costa Gomes), vol. II (Direito bancário), Coimbra, Almedina, 2002, pp. 157-223.

---

[27] *Advertência:* o presente texto foi escrito antes da aprovação na generalidade pelo Parlamento, em 16-Abr.-2009, do Projecto de Lei n.º 712/X do Bloco de Esquerda (BE) sobre o sigilo bancário, mas os pontos de vista defendidos em texto não são afectados por isso.

O CONSELHO NACIONAL
DE SUPERVISORES FINANCEIROS

LUÍS MÁXIMO DOS SANTOS*

SUMÁRIO: **I** – *A criação do Conselho Nacional de Supervisores Financeiros: fundamentos e estatuto legal* **II** – *O Comité Nacional para a Estabilidade Financeira* **III** – *A actividade do Conselho Nacional de Supervisores Financeiros* **IV** – *O Conselho Nacional de Supervisores Financeiros no quadro da projectada reforma da regulação financeira* **V** – *Considerações finais*

I. A criação do Conselho Nacional de Supervisores Financeiros: fundamentos e estatuto legal

1. No conjunto de entidades que compõem o sistema financeiro português, o Conselho Nacional de Supervisores Financeiros (de ora em diante abreviadamente designado por CNSF) é seguramente uma das mais discretas e menos conhecidas, não só pela generalidade dos cidadãos mas mesmo entre aqueles sectores que prestam maior atenção aos assuntos financeiros, seja por dever profissional, interesse académico ou qualquer outro motivo[1].

---

* Docente do Instituto Europeu e do Instituto de Direito Económico, Financeiro e Fiscal, ambos da Faculdade de Direito da Universidade de Lisboa. Consultor jurídico do Banco de Portugal.

[1] Essa relativa discrição do CNSF repercutiu-se também na literatura a seu respeito, que não é abundante. Veja-se, no entanto, ANTÓNIO MENEZES CORDEIRO, *Manual de Direito Bancário*, 3.ª ed., Almedina, Coimbra, 2008, pp. 770-772; JOÃO CALVÃO DA SILVA, *Banca, Bolsa e Seguros – Direito Europeu e Português*, tomo I, Parte Geral, 2.ª ed., Almedina, Coimbra, 2007, pp. 29-30; LUÍS MÁXIMO DOS SANTOS, «Regulação e Supervisão Bancária»,

E, no entanto, como iremos ver, trata-se de uma entidade com uma missão bem relevante e já com uma relativa longevidade. Com efeito, foi instituído pelo Decreto-Lei n.º 228/2000, de 23 de Setembro, pelo que, no momento em que escrevemos estas linhas, caminha para o seu décimo aniversário, não podendo por isso dizer-se que é uma entidade recente.

A motivação para a sua criação resultou de se reconhecer que o esbatimento das fronteiras entre os diferentes sectores do sistema financeiro, de que os denominados «conglomerados financeiros» são exemplo notório[2], tornava necessário reforçar a cooperação e a coordenação entre as três autoridades de supervisão do sistema financeiro português, a saber, o Banco de Portugal, a Comissão do Mercado de Valores Mobiliários (CMVM) e o Instituto de Seguros de Portugal (ISP), de modo a aumentar a eficácia da sua acção.

Com efeito, como se refere no próprio preâmbulo do mencionado Decreto-Lei n.º 228/2000, de 23 de Setembro, a «eliminação das fronteiras entre os diversos sectores da actividade financeira, de que os conglomerados financeiros são corolário, reforça a necessidade de as diversas autoridades de supervisão estreitarem a respectiva cooperação, criarem canais eficientes de comunicação de informações relevantes e coordenarem a sua actuação com o objectivo de eliminar, designadamente, conflitos de competência, lacunas de regulamentação, múltipla utilização de recursos próprios».

De facto, a existência de conglomerados financeiros veio gerar dificuldades e responsabilidades acrescidas em matéria de supervisão, pela necessidade de evitar riscos decorrentes da criação de activos fictícios mediante operações intragrupo e a utilização múltipla do mesmo capital para cobrir riscos de duas ou mais sociedades conglomeradas, contando-o nes-

---

in *Regulação em Portugal: Novos Tempos, Novo Modelo?*, Eduardo Paz Ferreira, Luís Silva Morais e Gonçalo Anastácio (coordenadores), Almedina, Coimbra, 2009, pp. 105-107; CARLOS COSTA PINA, *Instituições e Mercados Financeiros*, Almedina, Coimbra, 2005, pp. 174-175, e ANTÓNIO PEDRO A. FERREIRA, *Direito Bancário*, Quid Juris, Lisboa, 2005, pp. 209-210.

[2] Como refere JOÃO CALVÃO DA SILVA, no caminho de progressivo esbatimento das fronteiras entre os diversos sectores da actividade financeira, «em nome de sinergias e vantagens competitivas para fazer face à concorrência numa economia crescentemente global, ladeia-se a impossibilidade legal de *"bancassurance"*, *"assurfinance"* ou *"assurbanque"* e *"bancassurfinance"* no seio da mesma sociedade pelo recurso à figura geral da coligação de sociedades (...), formando-se conglomerados financeiros» (cf. JOÃO CALVÃO DA SILVA, ob. cit., p. 27).

tas e na empresa emitente, daí surgindo potenciais ameaças à estabilidade financeira decorrentes do risco acrescido de contágio resultante precisamente do esbatimento das fronteiras entre os diferentes sectores.

A própria União Europeia sentiu necessidade de dar uma resposta legislativa ao problema, o que fez através da Directiva n.º 2002/87/CE, do Parlamento Europeu e do Conselho, de 16 de Dezembro de 2002, relativa à supervisão complementar das instituições de crédito, empresas de seguros e empresas de investimento de um conglomerado financeiro[3], transposta para o direito português pelo Decreto-Lei n.º 145/2006, de 31 de Julho. As condições que um grupo de empresas deve satisfazer para poder ser considerado um conglomerado financeiro encontram-se definidas nesse diploma legal, em especial no seu artigo 3.º

Que fique bem claro, no entanto, que com a criação do CNSF não se visou criar um órgão responsável por uma supervisão integrada, que garanta a observância das normas prudenciais de cada uma das actividades em causa. A criação do CNSF teve sim por objectivo, sem afectar a competência e a autonomia das diferentes autoridades de regulação financeira, institucionalizar e organizar a cooperação entre elas, criando um *fórum de coordenação da actuação de supervisão do sistema financeiro em ordem a facilitar o mútuo intercâmbio de informações*, tendo em vista, designadamente, a salvaguarda da estabilidade financeira.

2. Integram o CNSF o governador do Banco de Portugal, que preside[4], o membro do conselho de administração do Banco de Portugal com o pelouro da supervisão das instituições de crédito e das sociedades financeiras, o presidente do ISP e o presidente da CMVM. Poderão ser convidadas a participar nos trabalhos do Conselho outras entidades públicas ou privadas, em especial representantes do Fundo de Garantia de Depósitos, do Fundo de Garantia do Crédito Agrícola Mútuo, do Sistema de

---

[3] Publicada no *Jornal Oficial da União Europeia* L 35, de 11 de Fevereiro de 2003.

[4] Em caso de ausência ou impedimento do presidente, os trabalhos são coordenados por um dos restantes membros do Conselho, que servirá de suplente, sendo as suas funções exercidas rotativamente, por períodos de um ano, coincidentes com o ano civil (cf. artigo 5.º). Já porém, em caso de ausência, por motivos justificados, dos membros permanentes referidos nas alíneas *b*), *c*) e *d*) do n.º 1 do artigo 4.º (isto é, respectivamente, o membro do conselho de administração do Banco de Portugal com o pelouro da supervisão, o presidente do ISP e o presidente da CMVM) «podem fazer-se representar pelos substitutos legais ou estatutários, os quais terão todos os direitos e obrigações dos representados».

Indemnização aos Investidores, das entidades gestoras de mercados regulamentados e associações representativas de quaisquer categorias de instituições sujeitas a supervisão prudencial (cf. artigo 4.º, n.ºs 1 e 3, do Decreto-Lei n.º 228/2000, de 23 de Setembro).

A atribuição da presidência do CNSF ao governador do Banco de Portugal é justificada pelo legislador no preâmbulo do diploma instituidor com o facto de o Banco de Portugal ser a principal entidade responsável «pela estabilidade do sistema financeiro».

Na sua versão inicial, o artigo 2.º do Decreto-Lei n.º 228/2000, de 23 de Setembro, atribuía ao CNSF as seguintes competências:

a) Promover a coordenação da actuação das autoridades de supervisão do sistema financeiro;
b) Facilitar e coordenar o intercâmbio de informações entre as autoridades de supervisão;
c) Promover o desenvolvimento de regras e mecanismos de supervisão dos conglomerados financeiros;
d) Formular propostas de regulamentação de matérias conexas com a esfera de acção de mais de uma das autoridades de supervisão;
e) Emitir pareceres nos termos do artigo 7.º[5];
f) Promover a formulação ou a adopção de políticas de actuação coordenadas junto de entidades estrangeiras e organizações internacionais;
g) Realizar quaisquer acções que, consensualmente, sejam consideradas, pelos seus membros, adequadas às finalidades indicadas nas alíneas precedentes e que caibam na esfera de competência de qualquer das autoridades de supervisão.

Porém, na sequência do agravamento da crise financeira verificado a partir de Setembro de 2008, o Governo, através do Decreto-Lei n.º 211-

---

[5] Sob a epígrafe «emissão de pareceres», a versão inicial do artigo 7.º do Decreto-Lei n.º 228/2000 estabelecia, no seu n.º 1, que «o Ministro das Finanças e o governador do Banco de Portugal, este em representação do Banco enquanto entidade responsável pela estabilidade do sistema financeiro nacional, podem solicitar pareceres ao Conselho ou enviar-lhe comunicações sobre quaisquer assuntos do seu âmbito de competência», estatuindo o n.º 2 que «o Conselho poderá tomar a iniciativa de emitir pareceres sobre quaisquer assuntos da sua competência».

-A/2008, de 3 de Novembro[6], entendeu reforçar as competências do CNSF, «em particular no âmbito de cooperação de actuações conjuntas das autoridades de supervisão sobre matérias de interesse comum», determinando também «o reforço efectivo das trocas de informação entre supervisores e entre estes e o Ministério das Finanças e da Administração Pública, sempre que se trate de informação relevante em matéria de estabilidade financeira» (cf. o respectivo preâmbulo)[7].

Assim, nos termos do artigo 2.º, n.º 1, do Decreto-Lei n.º 228/2000, de 23 de Setembro, na redacção que lhe foi dada pelo Decreto-Lei n.º 211-A/2008, de 3 de Novembro, o CNSF tem as seguintes competências:

a) Coordenar a actuação das autoridades de supervisão do sistema financeiro;
b) Coordenar o intercâmbio de informações entre autoridades de supervisão;
c) Coordenar a realização conjunta de acções de supervisão presencial junto das entidades supervisionadas;
d) Desenvolver regras e mecanismos de supervisão de conglomerados financeiros,
e) Formular propostas de regulamentação em matérias conexas com a esfera de actuação de mais de uma das autoridades de supervisão;
f) Emitir pareceres e formular recomendações concretas no âmbito das respectivas competências, no âmbito do artigo 7.º;

---

[6] O Decreto-Lei n.º 211-A/2008, de 3 de Novembro, introduziu também importantes alterações em diplomas fundamentais do sistema financeiro, como é o caso do Regime Geral das Instituições de Crédito e Sociedades Financeiras, aprovado pelo Decreto-Lei n.º 298/92, de 31 de Dezembro, do Código dos Valores Mobiliários, aprovado pelo Decreto-Lei n.º 486/99, de 13 de Novembro, do Decreto-Lei n.º 94-B/98, de 17 de Abril, que regula as condições de acesso e de exercício da actividade seguradora, no Decreto-Lei n.º 345/98, de 9 de Novembro, que regula o funcionamento do Fundo de Garantia do Crédito Agrícola Mútuo, do Decreto-Lei n.º 252/2003, de 17 de Outubro, que aprova o Regime Jurídico dos Organismos de Investimento Colectivo, do Decreto-Lei n.º 60/2002, de 20 de Março, que aprova o Regime Jurídico dos Fundos de Investimento Imobiliário, e do Decreto-Lei n.º 453/98, de 5 de Novembro, que aprova o regime jurídico da titularização de créditos (muito embora todos estes diplomas legais tenham sido já objecto de variadíssimas alterações, consideramos desnecessário mencioná-las neste contexto, razão pela qual nos referimos apenas ao diploma de aprovação).

[7] Até ao momento em que se escrevem estas linhas, as alterações introduzidas pelo Decreto-Lei n.º 211-A/2008, de 3 de Novembro, foram as únicas de que foi objecto o diploma instituidor do CNSF.

g) Coordenar a actuação conjunta das autoridades de supervisão junto quer de entidades nacionais quer de entidades estrangeiras ou organizações internacionais;
h) Acompanhar e avaliar os desenvolvimentos em matéria de estabilidade financeira, assegurar a troca de informação relevante neste domínio entre as autoridades de supervisão, estabelecendo os mecanismos adequados para o efeito, e decidir actuações coordenadas no âmbito das respectivas competências;
i) Realizar quaisquer acções que, consensualmente, sejam consideradas, pelos seus membros, adequadas às finalidades indicadas nas alíneas anteriores e que estejam compreendidas na esfera de competências de qualquer das entidades de supervisão;
j) Elaborar as linhas de orientação estratégica da actividade do Conselho.

Das alterações introduzidas em 2008, destacam-se as seguintes:

- A contemplada na alínea *c*), que prevê a competência para coordenar a realização *conjunta* de acções de supervisão presencial junto das entidades supervisionadas;
- A possibilidade de, a par da já antes prevista emissão de pareceres, o CNSF formular recomendações concretas [alínea *f*)], que se repercutiu também na modificação da redacção do n.º 2 do artigo 7.º;
- A contemplada na alínea *h*), relativa ao acompanhamento e avaliação dos desenvolvimentos em matéria de estabilidade financeira;
- O poder-dever de elaborar «as linhas de orientação estratégica da actividade do Conselho», que de algum modo se deve considerar uma mera explicitação de algo que já antes estava implícito, pois não seria concebível que um órgão com estas características não procedesse a uma definição das suas linhas de orientação estratégica.

O Decreto-Lei n.º 211-A/2008, de 3 de Novembro, aditou ao artigo 2.º do Decreto-Lei n.º 228/2000 três novos números: n.º 2, n.º 3 e n.º 4. Assim, o n.º 2 do artigo 2.º estatui que «no âmbito da competência prevista na alínea *h*) do número anterior, deve o CNSF prestar ao membro do Governo responsável pela área das finanças a informação relevante em matéria de estabilidade financeira, *ainda que abrangida por dever legal de segredo*» (itálico nosso), estabelecendo o n.º 3 que «as informações trocadas ao abrigo dos n.ᵒˢ 1 e 2 do artigo 2.º do diploma que criou o CNSF estão abrangidas pelo dever de segredo que vincula legalmente as pessoas e entidades aí identificadas» (artigo 2.º, n.º 3)[8].

Outra inovação consiste na imposição do dever legal de o CNSF elaborar um relatório anual de actividades, que deve ser enviado ao membro do Governo responsável pela área das finanças e publicado até ao dia 31 de Março de cada ano (cf. artigo 2.º, n.º 4).

Além dos artigos 2.º e 7.º, o Decreto-Lei n.º 211-A/2008, de 3 de Novembro, modificou também a redacção do artigo 8.º do Decreto-Lei n.º 228/2000. Com efeito, enquanto na redacção inicial se dizia que as sessões do CNSF não tinham «periodicidade definida», o n.º 1 do artigo 8.º estatui agora que «as sessões têm uma periodicidade mínima bimestral, sendo a respectiva data marcada pelo presidente do Conselho com uma antecedência mínima de 15 dias», estabelecendo o n.º 2 que «podem ser realizadas sessões extraordinárias em qualquer momento por iniciativa do presidente ou mediante solicitação de qualquer dos restantes membros permanentes do Conselho, sem a antecedência referida no número anterior».

Sob a epígrafe «deliberações», o artigo 6.º do Decreto-Lei n.º 228//2000 (que não sofreu alterações), estatui no seu n.º 1 que «as conclusões das reuniões do Conselho serão objecto de uma súmula, que será apresentada em sessão do órgão de administração de cada uma das autoridades representadas». Por sua vez, o n.º 2 do mesmo preceito estabelece que «as conclusões consensuais que não contenham elementos por lei sujeitos a sigilo poderão ser levadas ao conhecimento do Ministro das Finanças, de quaisquer entidades do sector público ou privado, bem como do público em geral, se tal for consensualmente considerado conveniente».

Refira-se também que o artigo 9.º do Decreto-Lei n.º 228/2000, sob a epígrafe «apoio técnico», estabelece que «mediante prévio acordo entre os membros do Conselho, os mesmos podem fazer-se acompanhar por colaboradores, que terão o estatuto de observadores, ou determinar a cria-

---

[8] Note-se que, apesar destas alterações, no artigo 2.º, na parte em que se refere ao dever de segredo, não houve qualquer articulação com o disposto no artigo 10.º do Decreto-Lei n.º 228/2000, que foi mantido integralmente e tem por epígrafe precisamente «dever de segredo». Nele se estatui que «os membros do Conselho, bem como todas as outras pessoas que com ele colaborem, ficam sujeitos ao dever de segredo, relativamente a factos e elementos cobertos por tal dever, nos termos previstos na lei aplicável a cada caso», surgindo assim, a nosso ver, e salvo melhor opinião, uma duplicação de normas tutelando o segredo, pelo menos nalgumas situações.

ção de grupos de trabalho para o estudo de questões comuns às autoridades que integram o Conselho».

3. Por último, importa também salientar que a alínea b) do artigo 3.º do Decreto-Lei n.º 228/2000, que tem por epígrafe «definições», define «conglomerados financeiros» (naturalmente apenas para efeitos do diploma, embora isso não seja dito expressamente) como «grupos de empresas que abranjam, simultaneamente, entidades sujeitas a supervisão prudencial do Banco de Portugal e do Instituto de Seguros de Portugal».

Fruto do esbatimento de fronteiras entre os diversos sectores da actividade financeira, os conglomerados financeiros são, como já vimos, em larga medida, a realidade económico-financeira que esteve na génese da criação do CNSF. Mas parece-nos que a definição não é a mais feliz. E em qualquer caso há que atender, como já referenciámos *supra*, ao disposto no Decreto-Lei n.º 145/2006, de 31 de Julho.

Como escrevemos noutra ocasião, no âmbito da chamada «revolução financeira» que se deu a partir dos anos 80 do século XX, «assistimos a um processo de profunda interpenetração das actividades bancária e seguradora (*bancassurance* e *assurbanque*) e, mais do que isso, a um processo de integração das actividades financeiras em geral, aspecto que, entre outras consequências, teve tradução institucional no surgimento dos chamados conglomerados financeiros»[9].

O legislador, porém, ao definir «conglomerado financeiro», optou por um critério puramente formal e, além disso, colocou o enfoque no conceito de «supervisão prudencial», o que se afigura redutor e, sobretudo, insuficientemente caracterizador da realidade em causa. Refira-se a propósito que na própria definição de «autoridades de supervisão do sistema financeiro», que consta da alínea *a*) do aludido artigo 3.º, se incluem apenas as autoridades a quem compete, em Portugal, «a supervisão prudencial».

Ora, como bem observa Carlos Costa Pina, «tal poderá ser indiciador de uma relativa subalternização da componente da supervisão comportamental, igualmente importante numa perspectiva de defesa *imediata* dos interesses dos depositantes segurados e investidores»[10].

João Calvão da Silva, por exemplo, define conglomerados financeiros como «grupos de empresas que prestam diversos serviços financeiros

---

[9] Cf. Luís Máximo dos Santos, ob. cit., p. 44.
[10] Cf. Carlos Costa Pina, ob. cit., p. 174.

entrelaçados (...) nos três sectores – o sector da Banca, o sector da Bolsa e o sector dos Seguros – sujeitos ao mesmo e único controlo, não raro uma holding ou Sociedade de Gestão de Participações Sociais (S. G. P. S.) que não é nem instituição de crédito ou sociedade financeira nem empresa de investimento ou companhia de seguros»[11].

Em qualquer caso, não se trata de uma questão particularmente importante, pois a definição de conglomerado financeiro que tem de relevar é a que resulta do disposto no Decreto-Lei n.º 145/2006, de 31 de Julho, que, conforme já referenciámos *supra*, transpôs para a ordem jurídica nacional a Directiva n.º 2002/87/CE, do Parlamento Europeu e do Conselho, de 16 de Dezembro.

4. É assim patente que as alterações introduzidas pelo Decreto-Lei n.º 211-A/2008, de 3 de Novembro, conquanto tenham reforçado, em aspectos limitados, o estatuto do CNSF, não trouxeram modificações fundamentais.

O CNSF continua a ser aquilo que foi aquando da sua criação em 2000: um ente sem personalidade jurídica e sem uma estrutura própria, sem um *staff* próprio, designadamente ao nível de quadros técnicos, dependente de recursos que nesse domínio lhe forem alocados pelas entidades que o compõem.

Carlos Costa Pina refere que o CNSF deve ser visto «não tanto como ponto de chegada, mas antes enquanto ponto de partida»[12] e também nós já tivemos ocasião de escrever[13] que «apesar de ser bastante louvável a sua instituição, e mesmo levando em conta as alterações introduzidas pelo Decreto-Lei n.º 211-A/2008, de 3 de Novembro, (...) talvez não se tenham ainda extraído todas as virtualidades do CNSF, podendo haver lugar a aprofundamentos na sua concepção».

II. O Comité Nacional para a Estabilidade Financeira

Através de um Memorando de Entendimento, assinado em 27 de Julho de 2007, entre o Ministério das Finanças e da Administração Pública

---

[11] Cf. JOÃO CALVÃO DA SILVA, ob. cit., pp. 27-28.
[12] Cf. CARLOS COSTA PINA, ob. cit., p. 175.
[13] Cf. LUÍS MÁXIMO DOS SANTOS, ob. cit., p. 107.

(MFAP) e as três autoridades de regulação e supervisão financeira, a saber, o Banco de Portugal, o ISP e a CMVM, foi criado o Comité Nacional para a Estabilidade Financeira (CNEF). Trata-se de uma outra instância de cooperação na área financeira mas não pode ser confundida com o CNSF.

O CNEF tem como objectivo a cooperação nas áreas da estabilidade e da prevenção de crises. Com efeito, visa a estabilidade na área financeira, bem como a criação de mecanismos que possam ser accionados em situações de crise com impacto sistémico no mercado financeiro nacional.

Estes mecanismos incluem procedimentos adequados de trocas de informação, de avaliação da natureza e do impacto de eventuais crises e, se for necessário, inclui ainda coordenação nas medidas de actuação, de forma a tornar o processo de decisão de cada uma das autoridades mais eficiente e efectivo. Esta cooperação funciona não só em situações de regular funcionamento dos sistemas e dos mercados financeiros, mas também em caso de crise com impacto sistémico que afecte instituições ou grupos financeiros, incluindo conglomerados financeiros ou infra-estruturas do sistema financeiro, compreendendo os sistemas de pagamento.

Nos termos do Memorando, determina-se ainda que as autoridades de supervisão são responsáveis pela identificação das potenciais situações de crise e, se for o caso, pela activação tempestiva dos mecanismos de cooperação, de modo a assegurar-se uma gestão eficaz e efectiva dessas mesmas crises. Nestes casos, as partes devem trocar informação versando matérias como as implicações potenciais sistémicas para o sistema financeiro nacional, os canais de contágio da crise a instituições ou grupos (incluindo conglomerados), as eventuais implicações económicas da crise ou as dificuldades de aplicação de medidas de gestão da crise.

O CNEF integra representantes, ao mais alto nível, das entidades que o compõem, promove a troca periódica de informação em alturas de normal funcionamento dos sistemas e mercados financeiros, abordando matérias como as perspectivas de estabilidade financeira aos níveis nacional e internacional, os instrumentos que facilitem a prevenção e gestão de crises e os desenvolvimentos relevantes dos mecanismos de cooperação internacional, em particular na União Europeia.

As partes podem ainda convidar outras entidades a tornarem-se signatárias do Memorando, que se prevê seja revisto periodicamente e, no máximo, três anos após a data da sua entrada em vigor.

Por último, refira-se que a criação do CNEF dá cumprimento às recomendações do Conselho ECOFIN e responde ao Memorando de Entendimento entre autoridades de supervisão bancárias, bancos centrais e ministérios das finanças da União Europeia para a cooperação no contexto de crises financeiras, celebrado em Julho de 2005.

Trata-se de um outro nível de cooperação institucional, não só porque no CNEF participa o Governo, através do MFAP, mas também porque a sua intervenção está exclusivamente orientada para a estabilidade financeira e a prevenção de crises financeiras. Ainda assim, cremos que poderão surgir zonas de duplicação com o CNSF.

III. A actividade do Conselho Nacional de Supervisores Financeiros

Do relatório de actividade do CNSF relativo ao período de 2000--2004 (acessível através do sítio do Banco de Portugal) resulta que o CNSF se debruçou, naturalmente, sobre a questão dos conglomerados financeiros (inventariação dos conglomerados financeiros, negociação da proposta de Directiva comunitária, coordenação dos trabalhos de transposição da Directiva e exercícios de avaliação dos níveis de capitalização), mas também sobre diversos aspectos relativos à informação contabilística, designadamente normalização da apresentação da informação contabilística, âmbito de aplicação do Regulamento (CE) n.º 1606/2002, do Parlamento Europeu e do Conselho, de 19 de Julho de 2002, relativo à aplicação das normas internacionais de contabilidade, instituição de uma «Plataforma de Cooperação» entre as três autoridades de supervisão representadas no Conselho, tendo por objectivo a articulação de posições sobre os temas em debate no Comité de Regulamentação Contabilística, presidido pela Comissão Europeia, com funções regulamentares no âmbito da execução do Regulamento (CE) n.º 1606/2002, e a sua transmissão, de forma sistemática e em tempo útil, ao representante de Portugal no mesmo.

Por outro lado, segundo se lê no aludido relatório, o CNSF procedeu também ao acompanhamento do processo negocial, na esfera comunitária, de propostas de diversas Directivas comunitárias de carácter horizontal, que envolviam mais do que uma das autoridades de supervisão, bem como do respectivo processo de transposição para a ordem jurídica interna.

Além disso, importa referir que o CNSF coordenou a preparação das autoridades de supervisão para a avaliação do sistema financeiro português levada a cabo pelo Fundo Monetário Internacional (FMI) ao abrigo do *Financial Sector Assessment Program* (FSAP), tendo também definido orientações quanto à participação de Portugal no Grupo de Acção Financeira (GAFI) relativo ao branqueamento de capitais.

Quanto aos anos de 2005 a 2007, a actividade desenvolvida pelo CNSF encontra-se mencionada em anexo ao relatório de actividade referente a 2008 (o primeiro apresentado em cumprimento do disposto no n.º 4 do artigo 2.º do Decreto-Lei n.º 228/2000, na redacção que lhe foi dada pelo Decreto-Lei n.º 211-A/2008). Muitos dos temas aí referidos surgem em continuidade dos anteriores (*v. g.* conglomerados financeiros e coordenação dos diferentes supervisores no âmbito da realização do FSAP), mas são referidos também assuntos novos, como é o caso da participação no projecto comunitário «Better Regulation» no sector financeiro e a celebração de diversos protocolos e memorandos de cooperação entre os supervisores, incluindo o que já atrás aludimos relativo à instituição do CNEF.

Especificamente quanto ao ano de 2008, e como não poderia deixar de ser, «a crise financeira e económica internacional constituiu um dos temas dominantes nos trabalhos do CNSF», para usar as palavras do próprio relatório. Segundo consta do relatório, «foi promovido um acompanhamento dos desenvolvimentos registados nos sistemas e mercados financeiros, tendo sido discutidas as possíveis implicações da crise para o sistema financeiro nacional. Além disso, os Membros do Conselho discutiram, oportunamente, o teor e os impactos das medidas que foram sendo adoptadas pelas autoridades de supervisão, bem como as medidas anunciadas pelo Governo e por instâncias internacionais. Igualmente no âmbito da crise, o CNSF discutiu a situação de algumas instituições em particular, destacando-se o caso do Banco Português de Negócios».

Da análise do relatório verifica-se que o projecto de «Better Regulation» do sector financeiro constituiu um tema igualmente recorrente nas agendas do CNSF ao longo de 2008. Foi no contexto deste projecto que foi elaborado o Relatório sobre Estruturas de Administração e Fiscalização das Instituições de Crédito e das Empresas de Seguros e Idoneidade e Experiência Profissional», de Junho de 2008, cuja importância importa destacar.

Por outro lado, verifica-se também que o Conselho elaborou diversas propostas de actuação, tendo em vista a maior articulação entre as autoridades de supervisão, a convergência normativa e o aperfeiçoamento, em geral, da supervisão do sector financeiro.

Entre as restantes matérias objecto de discussão no CNSF em 2008, destacam-se ainda:

- O processo de criação do Conselho Nacional de Supervisão de Auditoria (CNSA);
- O acompanhamento e transposição de Directivas relativas a matérias de interesse comum para as autoridades de supervisão;
- O processo de celebração de Protocolos de Cooperação bilaterais entre as autoridades;
- O acompanhamento da situação do Banco Comercial Português.

Muito importante também é o facto de ter sido instituído um Comité de Coordenação, cuja missão consiste em coordenar o planeamento das actividades, bem como os trabalhos preparatórios no âmbito dos temas submetidos a discussão nas reuniões do CNSF. O Comité de Coordenação é composto por representantes das três autoridades de supervisão e tem carácter permanente.

Passaram também a ser objecto de divulgação pública, de forma sistemática, as principais conclusões das reuniões do CNSF, para além de relatórios elaborados no âmbito de projectos concretos desenvolvidos pelo Conselho. Aqueles documentos, e ainda as iniciativas de consulta pública que o Conselho entenda promover, são disponibilizados nos sítios da Internet das três autoridades de supervisão.

É inegável, pois, que o desencadeamento da crise financeira internacional em meados de 2007, mas com um significativo agravamento a partir de Setembro de 2008, veio fazer avultar a importância do CNSF. A coordenação entre as autoridades tornou-se mais importante do que nunca e, portanto, o papel do CNSF foi objectivamente revalorizado, como inequivocamente resulta do seu relatório de actividade relativo a 2008, mas também dos elementos já disponíveis quanto à acção empreendida em 2009.

Pode pois dizer-se que muito embora as mudanças introduzidas pelo Decreto-Lei n.º 211-A/2008 no estatuto legal do CNSF tenham sido muito limitadas, como já vimos, é notória uma intensificação da sua actividade no quadro dos instrumentos disponíveis.

IV. O Conselho Nacional de Supervisores Financeiros no quadro da projectada reforma da regulação financeira

1. Como é sabido, o Governo colocou em discussão pública, até 31 de Outubro de 2009, uma proposta de alteração do modelo de regulação financeira em Portugal. Sintomaticamente, dois dos objectivos declarados da consulta pública foram recolher observações sobre «a reformulação e reforço dos poderes» do CNSF e a atribuição de estatuto legal ao CNEF, reforçando igualmente a sua responsabilidade[14].

As alterações propostas são profundas. Está fora do objecto deste artigo proceder à sua análise. Sempre se dirá, ainda assim, que se visa abandonar o actual modelo tripartido de regulação e supervisão financeira substituindo-o pelo modelo denominado *twin peaks*.

Socorrendo-nos do texto da proposta submetida a consulta pública, podemos dizer que o modelo *twin peaks* se caracteriza «pela repartição das responsabilidades de supervisão por duas entidades autónomas e independentes, tendo ambas poderes transversais sobre todos os sectores do sistema financeiro. A repartição de competências é efectuada em função da natureza prudencial ou comportamental da supervisão»[15].

No modelo *twin peaks* a *supervisão prudencial* é exercida com vista à prossecução do objectivo de estabilidade, tanto a um nível macro como microprudencial. Numa perspectiva macro, a salvaguarda da estabilidade do sistema financeiro é prosseguida através do controlo sobre as entidades relevantes para o sistema globalmente considerado, atento o seu nível de risco. Numa perspectiva micro, as instituições são reguladas e supervisionadas através de regras de disciplina financeira e de controlo dos riscos da actividade, tais como a imposição de rácios de fundos próprios e de solvabilidade, reservas de liquidez, limites ao endividamento, restrições quanto às actividades que podem desenvolver, regulamentação das actividades fora do balanço, regras específicas quanto aos investimentos de carteira própria, entre outros.

A *supervisão comportamental*, incidindo em geral sobre as denominadas normas de conduta, tem em vista a tutela dos direitos e interesses dos investidores e consumidores de produtos e serviços financeiros, sendo orientada no sentido de (*i*) estabelecer e supervisionar os deveres de informação aplicáveis às instituições financeiras e aos emitentes; (*ii*) estabelecer regras de conduta aplicáveis aos agentes do sector financeiro e supervisionar o seu cumprimento; (*iii*) estabelecer regras sobre *governance* e responsabilidades fiduciárias e garantir o seu cumprimento.

---

[14] Cf. Reforma da Supervisão Financeira em Portugal – Consulta pública, p. 3 (disponível no sítio do MFAP).

[15] Cf. *idem,* pp. 13-14. Os próximos três parágrafos reproduzem também o teor do texto submetido pelo Governo a consulta pública (cf. pp. 14-15).

Assim, a prossecução dos objectivos de transparência do mercado e de protecção dos investidores e dos consumidores de produtos e serviços financeiros, bem como a supervisão da actuação dos agentes do sector financeiro, são confiadas à dimensão comportamental da supervisão.

2. Da leitura do documento governamental resulta inequívoco que, na sua perspectiva, o grau de coordenação e cooperação entre as diferentes autoridades de supervisão realizado ao nível do CNSF não é satisfatório. Com efeito, entre as razões pelas quais o actual modelo deve ser afastado, aponta-se o facto de não dar «resposta adequada aos conglomerados financeiros, sujeitando os mesmos agentes a distintos padrões de supervisão» e de «comprometer a eficácia da coordenação da supervisão» (cf. p. 16).

No entanto, o novo modelo não prescinde do CNSF. Pelo contrário, afirma-se claramente que se pretende reformulá-lo e reforçar os seus poderes, embora não explicite em que termos, excepto, muito vagamente, na passagem em que se refere que serão reforçados os mecanismos de circulação de informação entre o Banco de Portugal e a nova entidade de supervisão no âmbito do CNSF, que passará a ter o seu enfoque na promoção da articulação entre os dois níveis de supervisão, prudencial e comportamental (cf. p. 13). Por outro lado, sustenta-se que a função de coordenação do CNSF fica facilitada «em virtude de passar a ser constituído por apenas duas entidades de supervisão em vez das actuais três» (cf. p. 20).

Muito notória é a aposta no CNEF. Com efeito, pretende-se atribuir «estatuto legal ao Conselho Nacional de Estabilidade Financeira, reforçando igualmente a sua responsabilidade e, em especial, os poderes de coordenação superior do Ministro das Finanças aprofundando assim o conteúdo útil e eficácia dos poderes de "superintendência" actualmente previstos no artigo 91.º do Regime Geral das Instituições de Crédito e Sociedades Financeiras» (cf. p. 21).

Afirma-se também que «o Conselho Nacional de Estabilidade Financeira que reúne, sob a presidência do MFAP, as entidades de supervisão financeira, *será o fórum privilegiado para as decisões de supervisão macroprudencial* (itálico nosso) e terá o seu mandato alargado nesse sentido» (cf. pp. 11-12). Mais à frente, enfatiza-se que «o Conselho Nacional de Estabilidade Financeira, ao reunir os supervisores financeiros sob a presidência do MFAP, será um veículo privilegiado de partilha de informação, tomada de decisão e de alinhamento de responsabilidades em matéria de estabilidade financeira».

Da leitura da proposta do Governo resulta assim clara a intenção de manter o CNSF no quadro do novo modelo de supervisão, inclusive com poderes reforçados, embora não se explicite exactamente em que termos. Se já nas actuais circunstâncias somos de opinião que o seu estatuto jurídico deveria ser melhorado, caso se concretize a projectada reforma da regulação financeira, ainda mais indispensável será a sua profunda revisão.

V. Considerações finais

1. Quer nos sistemas de supervisão tripartidos, quer nos sistemas dualistas, é indispensável a existência de mecanismos de cooperação e coordenação entre as autoridades de supervisão. A criação do CNSF foi, por isso, uma medida acertada, que só peca por tardia. Todavia, o seu recorte institucional afigura-se-nos algo insuficiente para a importante tarefa que lhe está cometida, insuficiência que não foi resolvida com as modificações de Novembro de 2008.

Sintomaticamente, aliás, a proposta do Governo de reforma da supervisão financeira, mesmo num quadro institucional mais simplificado, como é o do modelo *twin peaks*, fala na necessidade de manter o CNSF e *reforçar* os seus poderes.

Tal como o povo diz, «a necessidade aguça o engenho». Por isso, colocado perante os enormes desafios que a crise financeira trouxe, é patente que o CNSF, pela própria dinâmica dos acontecimentos, viu a sua importância mais reconhecida e compreendida, revalorizando assim o seu papel e tornado a sua acção mais efectiva.

2. O tema do modelo institucional da regulação e da supervisão financeira há muito que constitui um dos temas maiores da regulação financeira, convocando saberes multidisciplinares (direito, economia, teoria das organizações, etc.). Mesmo antes da crise actual, já ocupava largamente a atenção de organizações internacionais especializadas, de académicos e de decisores políticos e económicos.

Com a crise dramática que se abateu sobre o sistema financeiro, essa atenção redobrou de intensidade. Multiplicaram-se as propostas e afirmaram-se solenemente propósitos reformadores.

É geralmente reconhecido que cada modelo terá vantagens e fragilidades próprias. Como refere Michel Flamée, vice-presidente da Comissão

Bancária e Financeira e dos Seguros da Bélgica e Presidente da Associação Internacional de Supervisores de Seguros, «generally, it has been acknowledged that there is "no right model" for structuring financial supervision. Very much seems to depend on the envolving needs and circumstances in the individual country»[16].

Cada vez mais vozes se fazem ouvir no sentido de que, muito embora se possam, evidentemente, obter ganhos de eficácia e eficiência através de modelos institucionais de regulação melhor concebidos, a crise que vivemos coloca desafios mais profundos e que poderão mesmo obrigar a modificar a estrutura dos modernos mercados de capitais, o que implicará rever os pressupostos (ou pelo menos alguns) da globalização financeira, afinal o grande pano de fundo em que o sistema financeiro mundial funciona[17].

Longe de se tratar de uma opinião marginal, trata-se de uma posição que tem defensores no seio da própria comunidade financeira ao seu mais alto nível. Assim, por exemplo, o presidente da autoridade de supervisão britânica (Financial Services Authority – FSA), numa conferência organizada pela *British Bankers Association*, em 30 de Junho de 2009, afirmou: «It is therefore essential that we learn lessons and accept the need for radical change – change in the style of supervision, change in regulations applied to banks and changes in the banks themselves. We hope to return to more normal economic conditions: we must not allow a return to the "normality" of the past financial system»[18].

---

[16] Cf. MICHEL FLAMÉE, «Restructuring Financial Sector Supervision – Some International Developments», *in Liber Amicorum Guy Keutgen*, Bruylant, Bruxelas, 2008, p. 183.

[17] A este propósito, veja-se, por exemplo, CLIFFORD SMOUT, «Large Complex Financial Institutions: too big to manage? Too big to regulate?», *in Towards a new framework for financial stability*, David Mayes, Robert Pringle e Michael Taylor (eds.), Central Banking Publications, Londres, 2009. Também nós já aludimos a esta questão: cf. ob. cit., pp. 118-123.

[18] Citado em «From the Board – The Credit Crisis and Its Aftermath», *in Legal Issues of Economic Integration*, vol. 36, n.º 4, Novembro de 2009, p. 280.

A ARBITRABILIDADE DAS QUESTÕES DE CONCORRÊNCIA NO DIREITO PORTUGUÊS: *THE MEETING OF TWO BLACK ARTS*

CLÁUDIA TRABUCO e MARIANA FRANÇA GOUVEIA[*]

Para o Prof. Carlos Ferreira de Almeida:
«*ninguém soube mas a sua vida
vista daquele aeroplano maravilhara-o
chegariam os nevões é verdade
novas e novas sombras sobre a terra
mas a sua vida vista do aeroplano era tão grande
como nenhuma outra coisa que conheceu*».

JOSÉ TOLENTINO MENDONÇA

SUMÁRIO: **1.** *Introdução* **2.** *Arbitrabilidade objectiva no direito português* **3.** *Análise dos diversos institutos do Direito da Concorrência à luz do critério defendido* **3.1.** *Questões de concorrência em arbitragens comerciais* **3.2.** *Aplicabilidade do critério no* private enforcement **3.3.** *Obtenção de compromissos nos procedimentos de controlo de concentrações* **4.** *Controlo estadual da aplicação das regras de ordem pública do Direito da Concorrência* **4.1.** *Violação da ordem pública como fundamento de anulação* **4.2.** *Ordem pública jus-concorrencial* **5.** *Conclusão*

---

[*] Professoras da Faculdade de Direito da Universidade Nova de Lisboa.

1. Introdução

Nas palavras de James Bridgeman, *arbitration of competition law is the meeting of two black arts*[1]. E realmente, arbitragem e direito da concorrência parecem, à primeira vista, inconciliáveis.

A arbitragem é um meio de resolução de litígios privado, cujo fundamento se encontra na convenção de arbitragem, ela própria um contrato entre particulares. É neste contrato que se funda a natureza jurisdicional da actividade dos árbitros. É certo que os seus poderes são jurisdicionais, mas quem os exerce – os árbitros – não deixam nunca de ser privados, juízes não togados, nem pertencentes a qualquer organização pública com carácter permanente.

Esta característica privada nasce, evidentemente, dos litígios para que a arbitragem foi concebida, litígios privados entre privados[2].

Já o Direito da Concorrência é, na sua natureza, público, prosseguindo interesses de natureza e ordem pública. Os objectivos das regras da concorrência são «*o funcionamento eficiente dos mercados, a repartição eficaz dos recursos e os interesses dos consumidores*»[3]. A liberdade de concorrência, quer no que concerne à formação da oferta, quer quanto à procura, e mesmo quanto ao acesso ao mercado, é um factor essencial para o desenvolvimento regular das relações económicas numa economia de mercado.

Estes objectivos concretizam a tarefa essencial atribuída ao Estado de assegurar o funcionamento eficiente dos mercados, de modo a garantir, desde logo, a equilibrada concorrência entre as empresas, consagrada na Constituição da República de 1976 (artigo 81.º, alínea *f*)). Os propósitos principais desta incumbência constitucional são, numa perspectiva *ex post*, a proibição das práticas restritivas da concorrência, em particular dos cartéis, e a repressão dos abusos de posição dominante e, preventivamente, o impedimento de operações de concentração de empresas que possam colocar em risco a concorrência no mercado[4].

---

[1] JAMES BRIDGEMAN, «The Arbitrability of Competition Law Disputes», *in European Business Law Review*, 2008, p. 147.

[2] Para uma história da arbitragem no direito português, cfr. JOSÉ A. A. DUARTE NOGUEIRA, «A Arbitragem na História do Direito Português (Subsídios)», e FRANCISCO CORTES, «A Arbitragem Voluntária em Portugal – Dos Ricos Homens aos Tribunais Privados», *in O Direito*, Ano 124 (1992), vols. III e IV.

[3] Artigo 1.º (Objecto) do Decreto-Lei n.º 10/2003, de 18 de Janeiro.

[4] J. J. GOMES CANOTILHO, VITAL MOREIRA, *Constituição da República Portuguesa Anotada*, vol. I, 4.ª ed., Coimbra, Coimbra Editora, 2007, pp. 969-970.

O fim prosseguido pelo acervo de normas jurídicas que têm em vista a promoção da liberdade de concorrência, estabelecendo a disciplina dos comportamentos concorrenciais adoptados pelos agentes económicos no mercado, é a prossecução do interesse público que consiste na preservação do bem-estar económico e social. Em termos simples, «*os mercados concorrenciais geram preços baixos, produtos melhores e mais baratos, e promovem o desenvolvimento tecnológico, o que em troca aumenta o nível de vida do consumidor individual médio*»[5].

Na esfera do direito comunitário da concorrência, esta finalidade cruza-se com outra – a de integração no mercado ou da construção do mercado comum comunitário, em relação ao qual o direito da concorrência se assume, assim, como um instrumento importante[6].

A natureza pública do direito da concorrência e a especial importância (nacional e comunitária) dos seus princípios e finalidades tornam a sua arbitrabilidade à partida questionável. No entanto, a evolução do Direito a nível internacional tem sido, indubitavelmente, a do cruzamento das duas *artes negras*.

O que nos propomos fazer neste estudo é a análise dos diversos institutos do direito concorrencial do ponto de vista da arbitrabilidade. Começaremos, naturalmente, por encontrar o conceito de arbitrabilidade em vigor no nosso ordenamento jurídico. A LAV refere a disponibilidade do direito como critério, mas a sua exacta configuração é fonte de dúvidas e de evolução doutrina e jurisprudencial.

Após assentarmos num conceito positivo de arbitrabilidade, passaremos a analisar a aplicabilidade desse conceito no tratamento por via arbitral de questões de concorrência. Começamos pelo tema mais tratado na doutrina e que se encontra hoje, no que à sua arbitrabilidade diz respeito, estabilizado: o surgimento de questões de concorrência em arbitragens comerciais. Aqui é importante estudar alguns problemas de difícil resolução que o reconhecimento da arbitrabilidade destas matérias tem trazido, como os deveres dos árbitros e a possibilidade de intervenção no procedimento arbitral das autoridades de concorrência comunitária e nacionais.

---

[5] GORDON BLAKE, RENATO NAZINNI, *Litigating, Arbitrating and Mediating Competition Law Disputes,* 6/2/2009, n.º 2, disponível em URL: http://www.cdr-news.com/index.php?option=comcontent &view=article&id=88:litigating-arbitrating-and-mediating-competition-law-disputes&catid=70:sponsored-articles&Itemid=157.

[6] Sobre a sobreposição dos dois objectivos, leia-se, por todos, SIMON BISHOP, MIKE WALKER, *The Economics of EC Competition Law,* 2.ª ed., London, Sweet & Maxwell, 2002, pp. 3-6.

Passamos, depois, para as situações usualmente chamadas de *private enforcement*, isto é, litígios entre empresas e particulares por violações de direito da concorrência geradoras de danos para os últimos. Finalmente, será analisada a matéria do controlo das operações, área onde é já prática da Comissão Europeia promover a inclusão de convenções de arbitragem.

Sabemos que um tão amplo alargamento da arbitragem no campo do Direito da Concorrência tem necessariamente de poder ser controlado pelo Estado, pelo que terminamos o nosso estudo com a análise da ordem pública enquanto fundamento de anulação da sentença arbitral e, naturalmente, com o conceito de ordem pública jus-concorrencial.

Serão analisadas questões muito diversas, de importância prática e teórica muito diferente. O nosso intuito foi, antes de mais, trilhar caminho novo, ainda virgem na doutrina, na lei e na jurisprudência portuguesas. É um tema deveras interessante, que merece ser objecto de debate na comunidade jurídica portuguesa. Por estas razões nos pareceu ser uma justa homenagem ao Professor Carlos Ferreira de Almeida, jurista de extraordinário rigor, criatividade, coragem e excelência, que nos deu a honra de ser nosso professor e nos dá a honra de ser nosso amigo.

2. Arbitrabilidade objectiva no direito português

A arbitrabilidade é um requisito de validade da convenção arbitral, fundando, assim, a jurisdição do tribunal arbitral[7]. Uma convenção de arbitragem cujo conteúdo não seja arbitrável implica necessariamente a sua invalidade, acarretando a falta de jurisdição (normalmente designada incompetência) do tribunal arbitral.

Estão previstos quatro momentos de controlo da arbitrabilidade pelos tribunais judiciais. Um momento anterior à constituição do tribunal arbitral, através da alegação da excepção de preterição de tribunal arbitral voluntário (artigo 494.º, *j*), CPC) em acção proposta em tribunal judicial. Aqui o nível de apreciação da arbitrabilidade pelo tribunal judicial terá de ser coerente com a tese que se defenda relativamente ao princípio da autonomia da jurisdição arbitral em relação à sua competência, mais conhecido por princípio da competência da competência. É questão que não se pretende tratar agora, deixando-a apenas enunciada[8].

---

[7] RAUL VENTURA, «Convenção de Arbitragem», in *ROA*, 1986 (Ano 46-II), p. 317.

[8] Para uma aplicação jurisprudencial deste princípio, ver Acórdão *Trespasse* (Relação de Lisboa, de 5 de Junho de 2007, processo n.º 1380/2007-1).

Os restantes mecanismos de controlo da arbitrabilidade já são posteriores ao proferimento da sentença arbitral, sendo este o regime regra no nosso direito positivo. Assim, a arbitrabilidade pode ser fundamento de anulação de sentença arbitral, nos termos do artigo 27.º, n.º 1, *a*), LAV; pode obstar à execução da sentença arbitral, de acordo com os artigos 812.º-D, *g*), e 815.º, CPC; pode, por último, obstar ao reconhecimento de sentença arbitral estrangeira, nos termos do artigo 5.º, n.º 2, *a*), da Convenção de Nova Iorque, e 1096.º, *c*), CPC[9].

Especial atenção deve ter-se em relação ao resultado da aplicação da norma prevista no artigo 812.º-D, *g*), ao impor a remessa do processo executivo para despacho liminar e, caso o juiz entenda que o litígio é inarbitrável, o seu indeferimento liminar[10]. Repare-se que quer a remessa do processo para o juiz de execução, quer o indeferimento liminar da execução são oficiosos e anteriores à citação do executado. O que significa que o Estado não prescinde do controlo da arbitrabilidade enquanto requisito de eficácia das sentenças arbitrais, embora possa prescindir de todos os outros fundamentos de anulação.

Nos termos do artigo 1.º, n.º 1, LAV, não são arbitráveis os litígios respeitantes a direitos indisponíveis. Embora a expressão seja conhecida do léxico jurídico, a verdade é que não tem sido fácil determinar em concreto o seu conteúdo.

Em geral, define-se direitos indisponíveis como aqueles que as partes não podem constituir ou extinguir por acto da vontade e os que não são renunciáveis. Lima Pinheiro exemplifica com os direitos familiares pessoais, os direitos de personalidade e o direito de alimentos[11].

Carlos Ferreira de Almeida defendeu, porém, que a qualificação de certo direito como disponível ou indisponível não deve ser feita instituto a instituto, mas questão a questão. Também assim entendeu Paula Costa e Silva, de acordo com a qual o critério de arbitrabilidade há-de ser concretizado de forma casuística, através do confronto do litígio com o regime jurídico do direito em causa[12]. Por exemplo, alguns litígios relativos aos

---

[9] A. FERRER CORREIA, «Da Arbitragem Comercial Internacional», in *Temas de Direito Comercial, Arbitragem Comercial Internacional, Reconhecimento de Sentenças Estrangeiras, Conflitos de Leis*, Coimbra, Almedina, 1989, p. 213

[10] A inarbitrabilidade não aparece, depois, no artigo 812.º-E, CPC, como fundamento de indeferimento liminar, mas é evidente que o é.

[11] LUÍS DE LIMA PINHEIRO, *Arbitragem Transnacional*, Coimbra, Almedina, 2005, p. 105.

[12] PAULA COSTA E SILVA, «Anulação e Recursos da Decisão Arbitral», *in ROA*, 1992 (Ano 52), p. 922.

direitos de personalidade são ou podem ser disponíveis[13], como aliás, foi decidido pelo Supremo Tribunal de Justiça, no Acórdão apresentadora de televisão[14]. O Acórdão tratou de uma acção de indemnização decorrente de violação do direito à imagem, tendo o tribunal entendido que o direito de indemnização não era indisponível, pelo que era arbitrável.

O critério da disponibilidade foi criticado logo no momento da entrada em vigor da Lei de Arbitragem Voluntária. Raul Ventura dizia, então, que não descobria ligação necessária entre o requisito da arbitrabilidade e a vontade das partes: «(...) *duvido que o julgamento por um tribunal arbitral de litígio sobre direito indisponível afecte a indisponibilidade do direito*»[15].

As críticas foram recentemente reavivadas por António Sampaio Caramelo, que afirma que a disponibilidade é um critério de aplicação difícil, retomando para esse feito os conceitos de disponibilidade absoluta e relativa desenvolvidos por João de Castro Mendes[16].

Castro Mendes dividiu disponibilidade em absoluta e relativa, sendo a primeira a que impede em todos os casos e circunstâncias a constituição ou disposição por vontade das partes e a segunda aquela que permite essa disposição (constituição e/ou renúncia) em certos casos[17]. De acordo com Castro Mendes, basta a indisponibilidade relativa para que o litígio não seja arbitrável[18].

Para Sampaio Caramelo, nenhuma das indisponibilidades parece ser a prevista na Lei de Arbitragem Voluntária, porque qualquer uma delas representa um limite injustificado para o desenho do critério. Assim, se a arbitrabilidade correspondesse à indisponibilidade absoluta, *isso implicaria restringir excessivamente o âmbito das matérias arbitráveis, pois que há direitos que, embora não sejam extinguíveis por vontade do seu titular, em todas e quaisquer circunstâncias, apesar disso, tendo esses direitos*

---

[13] CARLOS FERREIRA DE ALMEIDA, «Convenção de arbitragem: conteúdo e efeitos», in *I Congresso do Centro de Arbitragem da Câmara de Comércio e Indústria Portuguesa – Intervenções*, Coimbra, Almedina, 2008, p. 86.

[14] Ac. STJ, de 3 de Maio de 2007, Proc. N.º 06B3359, disponível em www.dgsi.pt.

[15] RAUL VENTURA, «Convenção de Arbitragem», *in ROA*, 1986 (Ano 46-II), p. 321.

[16] ANTÓNIO SAMPAIO CARAMELO, «A disponibilidade do direito como critério de arbitrabilidade do litígio», *in ROA*, 2006 (Ano 66), ponto 7, disponível em www.oa.pt.

[17] JOÃO DE CASTRO MENDES, *Direito Processual Civil – 1.º vol.*, Lisboa, AAFDL, 1994, p. 211.

[18] *Idem*, p. 228. Também neste sentido, PAULA COSTA E SILVA, «Anulação e Recursos da Decisão Arbitral», *in ROA*, 1992 (Ano 52), p. 922, nota 77.

carácter patrimonial, não se vê razão ponderosa (à luz da hierarquia ou grau de relevância dos valores ou interesses tutelados pelo ordenamento jurídico)[19]. Admitir, porém, que a disponibilidade prevista na LAV é a relativa, implicaria alargar a campos inaceitáveis a jurisdição arbitral[20].

Defende, por isso, o Autor que se deveria adoptar o critério da patrimonialidade da pretensão, como fazem o direito alemão e suíço. É esse critério que consta da Proposta de LAV apresentada ao Governo pela Associação Portuguesa de Arbitragem[21]. De acordo com a Proposta, no seu artigo 1.º, n.º 1: «(...) *qualquer litígio respeitante a interesses de natureza patrimonial poder ser cometido pelas partes, mediante convenção de arbitragem, à decisão de árbitros*».

Verifica-se, assim, na doutrina portuguesa alguma polémica relativa não só ao melhor critério de arbitrabilidade, de *iure condendo*; mas também relativo à exacta definição de direito disponível, agora perante o direito constituído.

Parece claro que a questão não encontra solução pela simples leitura da lei, que o problema ultrapassa largamente a sua letra. Tem sido notória na doutrina, que segue aliás a tendência internacional, um alargamento do que entende ser arbitrável. Não há dúvida que a arbitragem, aliás como os restantes meios de resolução alternativa de litígios, têm conhecido um grande desenvolvimento nas últimas duas décadas. Este desenvolvimento trouxe credibilidade e visibilidade à arbitragem, acabando por arrastar consigo uma abertura maior aos litígios que podem ser dirimidos através dela.

Se a tendência doutrinária de alargamento do conceito de arbitrabilidade é inquestionável, é importante também analisar como tem a jurisprudência portuguesa evoluído em relação a este problema.

Num trabalho recente de análise de jurisprudência sobre arbitrabilidade, Joana Galvão Teles conclui que o conceito de arbitrabilidade a que esta recorre é o da disponibilidade relativa, admitindo arbitragem em áreas tipicamente indisponíveis como o Direito do Trabalho, Arrendamento e Direitos de Personalidade[22].

---

[19] ANTÓNIO SAMPAIO CARAMELO, «A disponibilidade do direito como critério de arbitrabilidade do litígio», *in ROA*, 2006 (Ano 66), ponto 7, disponível em www.oa.pt.
[20] *Ibidem*.
[21] A proposta está disponível no sítio da APA: www.arbitragem.pt.
[22] *A Arbitrabilidade dos litígios em sede de invocação de excepção de preterição de tribunal arbitral voluntário*. O texto está disponível em http://laboratorioral.fd.unl.pt/index.

É útil referir alguns dos Acórdãos tratados, para se perceber melhor esta evolução jurisprudencial.

No Caso Insolvência[23], o Tribunal da Relação de Lisboa entendeu que a acção de insolvência era da competência exclusiva dos tribunais judiciais, pelo que não poderia ser (como não havia sido, aliás) objecto de convenção arbitral. Esta inarbitrabilidade não se funda, porém e apenas, na competência exclusiva da jurisdição estatal, mas essencialmente porque se cruzam aqui interesses públicos impossíveis de conciliar com a arbitragem (desde logo a tendencial eficácia geral do processo)[24].

Nos dois casos em que se discutiu a arbitrabilidade de litígios laborais, o Caso Ovarense[25] e o Caso Beira-Mar[26], as Relações do Porto e de Évora decidiram pela arbitrabilidade de litígio após a cessação do contrato de trabalho, contrariando doutrina que considera tais litígios inarbitráveis[27].

Em relação às questões de arrendamento devem referir-se três Acórdãos, dois que entendem que os litígios são arbitráveis[28], e um que entende não serem[29]. É de salientar o Acórdão Trespasse que trata a questão de forma exaustiva, relacionando-a aliás com a do princípio da competência da competência, e que conclui pela arbitrabilidade da acção de despejo, interpretando a lei como estabelecendo que não há competência exclusiva dos tribunais judiciais.

---

php?headline=40&visual=4, acessível também pela página da Faculdade de Direito da UNL (www.fd.unl.pt, – Comunidade, Laboratório RAL, Actividades, Investigação).

[23] Acórdão do Tribunal da Relação de Lisboa, de 25 de Junho de 2009, Proc. N.º 984/08.0TBRMR.L1-8, disponível em www.dgsi.pt.

[24] JOANA GALVÃO TELES, *A Arbitrabilidade dos litígios em sede de invocação de excepção de preterição de tribunal arbitral voluntário*, disponível em www.fd.unl.pt, p. 16.

[25] Acórdão do Tribunal da Relação do Porto, de 24 de Novembro de 1997, in *Colectânea de Jurisprudência*, tomo V, p. 246.

[26] Acórdão do Tribunal da Relação de Évora, de 17 de Outubro de 1998, in *Colectânea de Jurisprudência*, tomo IV, p. 292.

[27] Criticando expressamente as decisões jurisprudenciais citadas, LUÍS DE LIMA PINHEIRO, *Arbitragem Transnacional*, Coimbra, Almedina, 2005, p. 109. O Autor entende que a convenção de arbitragem só é válida se celebrada após a cessação do contrato de trabalho, momento em que os direitos são já disponíveis.

[28] Acórdão do Tribunal da Relação de Lisboa, de 11 de Outubro de 1994, processo n.º 0086041, e acórdão do Tribunal da Relação de Lisboa, de 5 de Junho de 2007, processo n.º 1380/2007-1 (Caso Trespasse).

[29] Acórdão do Tribunal da Relação de Lisboa, de 23 de Outubro de 2003, processo n.º 3317/2003-6.

Esta tendência no sentido da arbitrabilidade não tem sido, porém, seguida numa das áreas típicas da arbitragem internacional: a dos litígios decorrentes de contratos de distribuição comercial. Sampaio Caramelo comentou já o Acórdão Indemnização de Clientela[30], chamando a atenção para a dificuldade que o Tribunal teve em lidar com a arbitrabilidade da indemnização de clientela, direito indisponível nos termos do artigo 38.º da Lei do Contrato de Agência (Decreto-Lei n.º 178/86, de 3 de Julho)[31]. O aresto confunde arbitrabilidade com direito aplicável, acabando por decidir que a eventual não aplicação do direito imperativo (porque a cláusula compromissória permitia o julgamento pela equidade) implica a inarbitrabilidade do mesmo, embora seja disponível[32]. Como veremos adiante, esta linha de raciocínio foi claramente ultrapassada em termos internacionais[33].

Como último patamar de análise sobre o conceito de arbitrabilidade, é importante referir a evolução do conceito em outros ordenamentos jurídicos, em particular na arbitragem internacional.

A nível internacional há três critérios de arbitrabilidade: disponibilidade do direito, ordem pública e patrimonialidade[34]. Há ainda países, de tradição anglo-saxónica, que não têm qualquer critério de arbitrabilidade na lei, sendo ele construído por via jurisprudencial. É o caso dos Estados Unidos da América, onde a única restrição legal é relativa aos litígios laborais, deixando-se o conceito para construção jurisprudencial. Os tribunais norte-americanos vêm considerando que são inarbitráveis os litígios em que estão envolvidos interesses públicos importantes[35].

---

[30] Acórdão do Tribunal da Relação de Guimarães, de 16 de Fevereiro de 2005, Proc. n.º 197/05-1, disponível em www.dgsi.pt.

[31] ANTÓNIO SAMPAIO CARAMELO, «A disponibilidade do direito como critério de arbitrabilidade do litígio», in *ROA*, 2006 (Ano 66), ponto 8, disponível em www.oa.pt.

[32] O Acórdão não é inteiramente claro no seu raciocínio, mas parece-nos ser esta a conclusão a retirar das suas palavras.

[33] No mesmo tipo de vícios incorreram os Acórdãos *Nova Delhi* (STJ, de 11 de Outubro de 2005, proc. n.º 05ª2507) e *Sementes de Milho* (Relação do Porto, de 11 de Janeiro de 2007, proc. n.º 0636141), ambos disponíveis em www.dgsi.pt. Cfr. JOANA GALVÃO TELES, *A Arbitrabilidade dos litígios em sede de invocação de excepção de preterição de tribunal arbitral voluntário*, disponível em www.fd.unl.pt, p. 22 e seguintes.

[34] ANTÓNIO SAMPAIO CARAMELO, «A disponibilidade do direito como critério de arbitrabilidade do litígio», in *ROA*, 2006 (Ano 66), ponto 2, disponível em www.oa.pt.

[35] PATRICK M. BARON e STEFAN LINIGER, «A Second look to arbitrability», in *Arbitration International*, 2003 (Vol. 19, No.1), p. 29.

De acordo com a lei francesa (artigo 2060.º do Código Civil Francês), não são arbitráveis litígios em matérias de ordem pública. A construção doutrinária e jurisprudencial deste conceito tem sido muito restritiva, considerando poucas áreas como inarbitráveis[36]. A ordem pública é vista como um limite ao poder decisório dos árbitros e não como um critério de arbitrabilidade do litígio[37].

Por último, o conceito da patrimonialidade é o utilizado pelas leis alemã e suíça[38] e é também o proposto pela Associação Portuguesa de Arbitragem no seu projecto de Lei de Arbitragem Voluntária[39]. Este é talvez o conceito de arbitrabilidade que permite na sua concretização maior amplitude. Um litígio será arbitrável se envolver qualquer tipo de interesse económico, não sendo relevante se a relação subjacente é comercial ou privada, civil ou administrativa, de direito nacional ou de direito internacional[40]. Mas é também o conceito menos seguro para as partes, na medida em que lhes deixa o risco de não poderem executar a sentença arbitral fora do país onde foi proferida. Se o país do reconhecimento não for tão liberal em matéria de arbitrabilidade quanto o do lugar da arbitragem, poderá não ser possível o seu reconhecimento e posterior execução[41].

A construção do conceito de arbitrabilidade em termos internacionais foi marcada por duas decisões judiciais, uma dos Estados Unidos da América e outra do Tribunal de Justiça das Comunidades Europeias.

Na primeira, conhecida como Caso Mitsubishi, a Chrysler, uma empresa suíça e uma empresa japonesa acordaram na criação de uma outra empresa, a Mitsubishi Motors Corp., com o intuito de vender automóveis da marca Mitsubishi através dos agentes da Chrysler fora dos Estados Unidos da América. Esta empresa fez então um contrato de distribuição com um agente da Chrysler em Porto Rico, acordo que continha uma conven-

---

[36] ALAN REDFERN e MARTIN HUNTER, *Law and Practice of International Commercial Arbitration*, 4.ª edição, London, Thomson, p. 164.

[37] ANTÓNIO SAMPAIO CARAMELO, «A disponibilidade do direito como critério de arbitrabilidade do litígio», in *ROA*, 2006 (Ano 66), ponto 5, disponível em www.oa.pt.

[38] PATRICK M. BARON e STEFAN LINIGER, «A Second look to arbitrability», in *Arbitration International*, 2003 (Vol. 19, No.1), p. 46.

[39] De acordo com a opção que o seu relator havia já defendido em ANTÓNIO SAMPAIO CARAMELO, «A disponibilidade do direito como critério de arbitrabilidade do litígio», in *ROA*, 2006 (Ano 66), ponto 6, disponível em www.oa.pt.

[40] PATRICK M. BARON e STEFAN LINIGER, «A Second look to arbitrability», in *Arbitration International*, 2003 (Vol. 19, No.1), p. 34.

[41] *Idem*, p. 46.

ção de arbitragem. O acordo corria bem, até que esta empresa – Soler – começou a diminuir o nível das suas vendas e a Mitsubishi decidiu suspender o envio de automóveis. A Mitsubihi propôs então uma acção judicial no Federal District Court, pedindo que a Soler fosse obrigada, de acordo com a Lei Federal de Arbitragem e a Convenção de Nova Iorque, a tratar o litígio por via arbitral. A Soler defendeu-se, alegando, entre outros fundamentos, uma violação das leis americanas da concorrência (Sherman Act)[42].

O tribunal julgou favoravelmente a acção, decidindo que as partes deveriam iniciar o processo arbitral, sendo o tribunal arbitral competente para analisar as questões de concorrência. O caso chegou ao Supreme Court e este, notando que o critério da arbitrabilidade tem vindo a ser aplicado muito amplamente, decidiu que no âmbito da arbitragem internacional as questões de concorrência eram arbitráveis[43]. Mas, em simultâneo, decidiu que os tribunais norte-americanos poderiam sempre reavaliar a decisão, quando, em aplicação da Convenção de Nova Iorque, o seu reconhecimento fosse pedido[44].

Instituiu, aqui, a famosa doutrina do segundo olhar (*second look doctrine*), de acordo com a qual o controlo do tribunal judicial pode fazer-se apenas depois da arbitragem. Isto é, admite-se um conceito amplo de arbitrabilidade, mas o Estado reserva-se o direito de validar posteriormente a decisão dos árbitros no que diz respeito à aplicação do direito material do estado do reconhecimento. O problema desloca-se, assim, da arbitrabilidade do litígio para o controlo estadual da aplicação das regras de ordem pública do direito estadual onde é pedido o reconhecimento[45].

---

[42] O resumo foi retirado de JAMES BRIDGEMAN, «The Arbitrability of Competition Law Disputes», in *European Business Law Review*, 2008, p. 155. O caso está publicado em *Mitsubushi Motors Corporation v Soler Chrysler-Plymouth*, 473 U.S. 614, L. Ed. Ed 444 (1985).

[43] Posteriormente a jurisprudência alargou a arbitrabilidade das questões de concorrência à arbitragem doméstica. Cfr. RENATO NAZZINI, «A Principled Approach to Arbitration of Competition Law Disputes: Competition Authorities as *Amici Curiae* and the Status of Their Decisions in Arbitral Proceedings», in *European Business Law Review*, 2008, p. 95.

[44] *Ibidem*.

[45] PATRICK M. BARON e STEFAN LINIGER, «A Second look to arbitrability», in *Arbitration International*, 2003 (Vol. 19, No. 1), p. 54; RENATO NAZZINI, «A Principled Approach to Arbitration of Competition Law Disputes: Competition Authorities as *Amici Curiae* and the Status of Their Decisions in Arbitral Proceedings», in *European Business Law Review*, 2008, p. 97.

Reconhece-se, portanto, que os litígios são arbitráveis, mas não se prescinde do exame posterior da decisão quanto à aplicação das normas de ordem pública.

A questão tem levantado amplíssima polémica, porque se por um lado tem a vantagem de alargar o conceito de arbitrabilidade, afastando--a de vez da existência de regras imperativas no regime jurídico do direito litigioso, por outro tem a desvantagem de estabelecer para os tribunais judiciais a possibilidade permanente de averiguar o mérito da decisão arbitral. Uma possibilidade de intervenção que os cultores da arbitragem pretenderam bem longe e difusa. Por outro lado, ainda, coloca difíceis problemas aos árbitros quanto à sua postura e aplicação do direito nacional das partes intervenientes ou dos eventuais países de reconhecimento[46].

Este aspecto do controlo estadual através da ordem pública será visto posteriormente, embora se deva adiantar que entendemos não ser possível defender o alargamento do conceito de arbitrabilidade sem que se admita a violação de ordem pública como fundamento de anulação de decisões arbitrais[47].

O outro caso onde a questão se colocou é o *Eco Swiss contra Benetton*[48], proferido pelo Tribunal de Justiça das Comunidades Europeias, em Junho de 1999. Em Julho de 1986, a Benetton, a Eco Swiss e a Bulova celebraram um contrato de licença de marca por um período de 8 anos. Nos termos do contrato, mediante autorização da Benetton e da Bulova, a Eco Swiss fabricava e distribuía relógios de luxo, identificados através

---

[46] PATRICK M. BARON e STEFAN LINIGER, «A Second look to arbitrability», *in Arbitration International*, 2003 (Vol. 19, No.1), p. 49 e seguintes; RENATO NAZZINI, «A Principled Approach to Arbitration of Competition Law Disputes: Competition Authorities as *Amici Curiae* and the Status of Their Decisions in Arbitral Proceedings», *in European Business Law Review*, 2008, p. 103 e seguintes.

[47] A esse propósito já se tomou posição em ASSUNÇÃO CRISTAS e MARIANA FRANÇA GOUVEIA, «A violação de ordem pública como fundamento de anulação de sentenças arbitrais – Anotação ao Acórdão do STJ, de 10.7.2008, Proc. N.º 08A1698», *in Cadernos de Direito Privado*, 2009 (no prelo). No mesmo sentido, ANTÓNIO SAMPAIO CARAMELO, «A disponibilidade do direito como critério de arbitrabilidade do litígio», *in ROA*, 2006 (Ano 66), ponto 9, disponível em www.oa.pt, e também em «A Reforma da Lei da Arbitragem Voluntária», *in Revista de Arbitragem e Conciliação*, 2010 (n.º 2) (no prelo), ponto 25.

[48] Acórdão do TJCE, de 1 de Junho de 1999, *Eco Swiss China Ltd contra Benetton International NV*, Proc. C-126/97, CJ 1999, p. I-03055.

da marca BbB (Benetton by Bulova). A Bulova controlava ainda a qualidade da produção. O contrato continha uma cláusula compromissória para o Instituto Holandês de Arbitragem[49].

Em 1991, a Benetton denuncia o contrato, com fundamento em erros quanto sua à remuneração (*royalties*). A Bulova e a Eco Swiss não aceitaram esta denúncia, tendo iniciado processo arbitral na Holanda, conforme cláusula arbitral. Em 1993 é proferida decisão parcial pelo tribunal arbitral, no qual a Benetton perde, ficando decidido que a denúncia era ineficaz. Em consequência, o tribunal ordena que a Benetton indemnize as contrapartes pelos danos causados, o que não foi possível extrajudicialmente. Assim, apenas em 1995 o tribunal decide que o valor da indemnização a pagar pela Benetton era de 29 milhões de dólares[50].

Em 1995, a Benetton instaurou acção no tribunal da Haia, pedindo a anulação de ambas as decisões, com diversos fundamentos, entre eles a violação do artigo 81.º do Tratado da União Europeia. Entendia que tal preceito deveria ser considerado norma de ordem pública do direito holandês. Em 1997, o tribunal superior holandês decide utilizar o mecanismo de reenvio prejudicial para o Tribunal de Justiça das Comunidades Europeias, nos termos do artigo 234.º do Tratado, colocando-lhe cinco questões. O Tribunal entende que a regra do Tratado faz parte da ordem pública e que, se a lei do Estado onde a acção de anulação corria consagrava a violação de ordem pública como fundamento de anulação de decisão arbitral, tal decisão devia ser anulada com esse fundamento[51-52].

Estas duas decisões constituem um marco na arbitragem internacional[53], deixando assente que litígios relativos a direitos com regimes de

---

[49] O resumo é retirado de T. DIEDERIK DE GROOT, «The Impact of the Benetton Decision on International Commercial Arbitration», in *Journal of International Arbitration*, 2003 (20-4), p. 367.

[50] *Idem*, p. 368.

[51] *Idem*, p. 371.

[52] O TJCE decidiu também, e porém, que a circunstância de as normas do Tratado sobre concorrência serem de ordem pública não obrigava a afastar a aplicação da regra de caso julgado, conforme vigorava no direito holandês. Pelo que nenhuma consequência prática se retirava desta decisão para a eficácia da decisão arbitral no caso Benetton. Terá sido tomado em consideração o facto de nenhuma das partes ter levantado a questão da violação destas regras durante o processo arbitral. T. DIEDERIK DE GROOT, «The Impact of the Benetton Decision on International Commercial Arbitration», in *Journal of International Arbitration*, 2003 (20-4), p. 369.

[53] Posteriormente, em 2005, uma decisão do English High Court, no Caso *Eurotunnel* (ET Plus SA v Welters), veio confirmar também a arbitrabilidade de litígios em que

ordem pública são arbitráveis[54]. No caso específico que nos ocupa, estas decisões jurisprudenciais ainda são mais relevantes, na medida em que tratam precisamente questões de Direito da Concorrência. A partir destas decisões é ponto assente na doutrina arbitral internacional que as questões de concorrência são arbitráveis[55].

É tempo, agora, de regressar ao direito português, para reflectir sobre a possibilidade, face aos dados nacionais de direito positivo, da possibilidade de aplicação destas teorias no nosso sistema jurídico.

A extensão da arbitrabilidade está directamente relacionada com o âmbito de intervenção do Estado – um Estado muito intervencionista, no limite um Estado ditatorial, não permitirá a existência de tribunais privados com a mesma legitimidade que os *seus*. Sirva como exemplo a regra de alguns estados árabes, relatada por Redfern e Hunter, que impede arbitragens sobre litígios decorrentes entre uma empresa internacional e o seu agente local[56]. Como é normal, a questão jurídica é também política. Em Portugal, estamos sem dúvida num momento favorável à arbitragem, aceite pela comunidade em geral e pelo Estado em particular[57].

Esta grande abertura tem conduzido, na prática, ao esvaziamento do conceito legal de arbitrabilidade. Como se pode concluir da jurisprudência portuguesa supracitada, o critério da disponibilidade tem-se reduzido à disponibilidade absoluta, isto é, apenas se consideram inarbitráveis os litígios em que se impede em todos os casos e circunstâncias a constituição ou disposição por vontade das partes. Nas situações em que as partes, após a constituição efectiva do direito na sua esfera jurídica, podem dele livremente dispor, já é admissível a arbitragem. O que significa, então, que são arbitráveis os litígios em que estejam em causa direitos relativamente disponíveis.

---

estivessem em causa os artigos 81.º e 82.º do Tratado. JAMES BRIDGEMAN, «The Arbitrability of Competition Law Disputes», in *European Business Law Review*, 2008, p. 158.

[54] LUCA G. RADICATI DI BROZOLO, «Antitrust: a Paradigm of the Relations Between Mandatory Rules and Arbitration – A Fresh Look at the "Second Look", in *International Arbitration Law Review*, 2004 (7,1), p. 23.

[55] JAMES BRIDGEMAN, «The Arbitrability of Competition Law Disputes», in *European Business Law Review*, 2008, p. 154; ANTÓNIO SAMPAIO CARAMELO, «A disponibilidade do direito como critério de arbitrabilidade do litígio», in *ROA*, 2006 (Ano 66), ponto 12, disponível em www.oa.pt.

[56] ALAN REDFERN e MARTIN HUNTER, *Law and Practice of International Commercial Arbitration*, 4.ª edição, Londres, Sweet and Maxwell, 2004, p. 164.

[57] Nos últimos anos tem-se multiplicado a criação, com incentivo público, de centros de arbitragem, em diversas áreas, desde a propriedade industrial até à acção executiva.

Parece decididamente posta de lado a tese de que a existência de normas imperativas limita a arbitrabilidade do litígio. A doutrina é praticamente unânime neste ponto, assim como a larga maioria dos Acórdãos sobre o tema.

Indisponível será, assim, apenas o direito que não pode nunca deixar de ser exercido, independentemente da vontade do seu titular. O que significa que se determinado direito é irrenunciável, basta para que seja relativamente indisponível que o particular não o seja obrigado a exercer, isto é, esteja na sua disponibilidade propor ou não acção.

Esta definição é amplíssima, como Sampaio Caramelo já alertou. Terá como limite apenas os casos em que o exercício do direito é também admissível por via pública. Por exemplo, quando estão em causa crimes públicos[58], direitos colectivos ou difusos, como património público, alguns direitos relativos a menores (*maxime* averiguação oficiosa de maternidade e paternidade[59]), etc. Poderá dizer-se, então que no direito positivo português apenas se impede a arbitragem de litígios cuja iniciativa de exercício do direito é pública, querendo com isto dizer que o Estado tem o dever, de acordo com o princípio da legalidade, de substituir-se ao privado no exercício do seu direito. Só estes direitos são absolutamente indisponíveis e só estes não são arbitráveis.

Este conceito amplíssimo de arbitrabilidade só é aceitável, porém, se se considerar que o Estado tem a possibilidade de controlar a aplicação das regras de ordem pública, quer interna, quer internacional. Será aspecto a que voltaremos adiante.

3. Análise dos diversos institutos do Direito da Concorrência à luz do critério defendido

Encontrado o critério positivo de arbitrabilidade, passa-se agora à análise dos institutos do Direito da Concorrência em que de facto pode ser suscitada a questão da arbitrabilidade de questões jus-concorrenciais. Será

---

[58] Repare-se que os crimes particulares e semipúblicos admitem mediação – Lei 21/2007, de 12 de Junho. Mas há limites quanto às penas aplicáveis – a questão aqui não é já de disponibilidade do direito, mas da natureza pública da sanção (em especial da privativa da liberdade) que não pode, evidentemente, ser aplicada por privados. O mesmo raciocínio se aplica às contra-ordenações.

[59] Artigos 1808.º e 1864.º, CC.

em primeiro lugar considerada a possibilidade de carácter geral de serem suscitadas questões de concorrência no contexto de arbitragens comerciais, para, em seguida, nos dedicarmos à análise do modo como podem ser considerados arbitráveis os litígios que surjam no contexto de dois institutos de índole distinta, a saber, o vulgarmente chamado *private enforcement* e controlo de concentrações.

3.1. Questões de concorrência em arbitragens comerciais

Nos casos em que um árbitro for chamado a resolver um litígio privado que compreenda a aplicação de regras de Direito da Concorrência, a primeira questão a ter em conta é, naturalmente, se a questão em causa é não ou arbitrável para, em seguida, e no caso de a resposta ser afirmativa, se poder considerar se os árbitros são obrigados a aplicar o Direito da Concorrência. Identificando-se um caso que potencialmente justifique a aplicação das regras comunitárias da concorrência, desde logo se existir uma afectação real ou potencial da concorrência no mercado interno, deve ainda apurar-se se os árbitros, designadamente no caso de uma arbitragem internacional, estão ou não obrigados à aplicação dos actuais artigos 101.° e 102.° (ex-artigos 81.° e 82.°) do Tratado que institui a Comunidade Europeia (TCE) na versão alterada pelo Tratado de Lisboa.

Como se viu anteriormente, um dos resultados mais relevantes da jurisprudência *Eco Swiss* é o reconhecimento da arbitrabilidade das questões de concorrência. Outro resultado igualmente relevante que tem vindo a ser retirado desta decisão é a imposição ao árbitro da obrigatoriedade de aplicação das regras comunitárias de concorrência.

Sendo a arbitragem um processo de resolução privada de litígios, o árbitro não tem, nem poderia ter, competências regulatórias, pelo que, muito embora se admita a arbitrabilidade das disputas que envolvam questões de concorrência, pode legitimamente colocar-se a questão de saber de que modo pode/deve o árbitro lidar com as mesmas.

A obrigatoriedade de aplicação pelos tribunais nacionais das regras comunitárias da concorrência, sendo certo que já derivava da jurisprudência comunitária, aparece hoje claramente estabelecida no Regulamento (CE) n.° 1/2003, do Conselho, de 16 de Dezembro de 2002, relativo à execução das regras de concorrência estabelecidas nos artigos 81.° e 82.° do Tratado. Com efeito, o Regulamento, assegurando a atribuição de competências para aplicação integral do direito comunitário da concorrência pelos tribunais nacionais e pelas autoridades responsáveis em matéria de concorrência dos diferentes Estados-membros, impõe a estes tribunais e autoridades que apliquem igualmente as regras comunitárias nos casos em que apliquem a legislação nacional jus-concorrencial a acordos e práticas restritivas que possam afectar o comércio entre os Estados-membros. Saliente-se que esta competência e esta obrigatoriedade compreendem o poder de conceder isenções ao abrigo do artigo 101.º, n.º 3 (ex-artigo 81.º, n.º 3), do TCE, o que até então constituía competência exclusiva da Comissão Europeia.

No que diz respeito aos tribunais arbitrais, porém, esta obrigatoriedade pode apenas derivar da jurisprudência do TJCE e do carácter de princípios de ordem pública das regras da concorrência. Com efeito, nos termos da decisão *Eco Swiss*, uma decisão arbitral que decida um litígio ao qual fosse aplicável o artigo 81.º (actual artigo 101.º) sem efectivamente o aplicar, na medida em que o mesmo constitui matéria de ordem pública comunitária, é susceptível de anulação com este fundamento pelos tribunais estaduais.

Nada é dito no referido acórdão sobre o dever de aplicação *ex officio* das regras comunitárias da concorrência pelo tribunal arbitral, e, sendo certo que a maioria da doutrina defende a existência desse dever[60], encontramos também doutrina em sentido contrário[61]. Estes últimos fazem depender a aplicação do direito comunitário da concorrência da invocação do mesmo pelas partes, muito embora os árbitros devam alertar as partes para a existência de questões concorrenciais, sobretudo se existir o risco de a decisão arbitral ser anulada com esse fundamento[62]. Em qualquer

---

[60] Veja-se, a este respeito, GORDON BLANKE, «Defining the Limits of Scrutiny of Awards Based on Alleged Violations of European Competition Law», *in JIA*, 2006 (Vol. 23-3), p. 250, e JAMES BRIDGEMAN, «The Arbitrability of Competition Law Disputes», *in European Business Law Review*, 2008 (Vol. 19-I), p. 166.

[61] Para DENIS BENSAÚDE, «Thalès Air Defence BV v. GIE Euromissile: Defining the Limits of Scrutiny of Awards Based on Alleged Violations of European Competition Law», *in JIA* (Vol. 22-3), pp. 242-244, o facto de o tribunal arbitral não ter suscitado *sua sponte* uma possível infracção às regras comunitárias relativas à proibição de práticas restritivas da concorrência não é, em si mesmo, um facto de anulação da decisão arbitral.

[62] Assim, HANS VAN HOUTTE, «The Application by Arbitrators of Articles 81 & 82 and their Relationship with the European Union», *in European Business Law Review*, 2008 (Vol. 19-I), p. 65. Este mesmo autor chama a atenção para o facto de o dever de aplicação oficiosa não ser exequível pois que, na maioria dos casos, os árbitros não dispõem da informação, especialmente de carácter económico, que uma análise jus-concorrencial sempre pressuporia.

caso, uma análise das decisões arbitrais proferidas a este respeito indicam que tem vindo a existir uma clara disponibilidade dos árbitros para se entenderem vinculados pela aplicação das regras comunitárias da concorrência[63].

Deste modo, se porventura se suscitar uma questão em relação à qual a lei aplicável seja o Direito português, será de prever a aplicação não apenas do regime jus-concorrencial nacional como também, na medida em que estejam reunidos os respectivos pressupostos, das regras dos actuais artigos 101.º e 102.º do Tratado. De facto, considerando-se que «as normas que compõem o direito comunitário da concorrência integram a ordem pública dos ordenamentos jurídicos dos Estados membros da União e se é isento de dúvidas que questões relativas à aplicação de tais normas podem suscitar-se em arbitragens de âmbito doméstico (*i. e.*, que não ponham em jogo interesses do comércio internacional (...)), parece evidente que os tribunais estaduais devem ter o poder de controlar o conteúdo das sentenças proferidas nessas arbitragens e, consequentemente, de as anular, se verificarem que aquelas normas não foram devidamente tidas em conta pelos árbitros»[64].

---

[63] O mesmo tem acontecido inclusivamente nos casos em que a lei aplicável ao mérito da causa não corresponde a um Estado em que vigore o Direito Comunitário e em que, por isso, a violação de um princípio fundamental de ordem pública não constitui um fundamento para a anulação da decisão. É de referir, a respeito a decisão do Tribunal Federal suíço de 8 de Março de 2006 (publicada *in Rev. de l'Arb*, 2006, n.º 3), que considerou que o desrespeito do artigo 81.º do TCE não era fundamento de anulação da decisão do tribunal arbitral porquanto os conceitos de direito comunitário da concorrência não poderiam ser vistos como universalmente aplicáveis. Neste tipo de situações, porém, a doutrina tem entendido que a aplicação das regras comunitárias pode ser originada quer por razões de ordem prática, para garantir o reconhecimento da decisão arbitral, quer por uma consideração de tais regras como uma espécie de normas imperativas e de aplicação imediata. Tanto o n.º 1 do artigo 7.º da Convenção de Roma de 1980, relativa à lei aplicável às obrigações contratuais, como disposições semelhantes das normas de direito internacional privado de diversas ordens jurídicas, entre as quais a suíça, reconhecem a possibilidade de aplicação de normas imperativas estrangeiras como normas de aplicação imediata. Em situações em que os factos do caso (designadamente, a nacionalidade e a sede das partes e a circunscrição territorial em que a maioria dos efeitos contratuais vão ser produzidos) estejam indiscutivelmente próximos do direito estrangeiro em causa, mormente do Direito Comunitário, poderá o tribunal arbitral considerar pertinente a aplicação deste. *Idem*, pp. 67-68. Cfr. ainda a Sentença arbitral da Câmara de Comércio Internacional 8626, *in ICC Bull*, 2003 (2), p. 55.

[64] Assim, ANTÓNIO SAMPAIO CARAMELO, «A reforma da lei da arbitragem voluntária», *in Revista de Arbitragem e Conciliação*, n.º 2 (no prelo), que recorda a este respeito

Outra questão que sempre se suscita a este propósito respeita à intervenção das autoridades responsáveis pelo controlo das regras de concorrência nestes processos arbitrais. Tem-se entendido que, sendo possível a consulta à Comissão Europeia ou às autoridades nacionais competentes, a mesma não é obrigatória e, no caso de vir a existir, a opinião proferida tende a ser encarada como se do relatório de um perito se tratasse, ainda que especialmente útil e considerado.

A questão da intervenção destas autoridades suscita, aliás, posições mistas da parte da doutrina pois que, se é tida como potencialmente proveitosa para efeitos da obtenção de orientações relativamente à aplicação do regime jus-concorrencial – note-se que os tribunais arbitrais não beneficiam da possibilidade de reenvio prejudicial das questões de interpretação para o Tribunal de Justiça da União Europeia[65] –, o facto de ser solicitada pode, na medida em que seja percebida como indício de uma infracção, dar lugar à abertura de um processo de investigação. Na medida em que a confidencialidade do processo é frequentemente associada aos processos de arbitragem, esta possibilidade tem dado azo a uma postura cautelosa relativamente a estas formas de colaboração. Alguma doutrina tem, pois, recorrido ao argumento de os árbitros não serem considerados «tribunais nacionais» para efeitos da aplicação do disposto no artigo 15.º do Regulamento (CE) n.º 1/2003, para recusarem, por exemplo, o dever de transmissão de cópias das decisões arbitrais que tenham aplicado os artigos 101.º e 102.º do TCE[66].

As práticas restritivas da concorrência são punidas com coimas e, além disso, os acordos restritivos da concorrência são nulos, podendo contudo beneficiar de uma isenção se estiverem reunidas as condições do n.º 3 do actual artigo 101.º do TCE ou, no direito português, no n.º 1 do artigo 5.º da Lei da Concorrência portuguesa (aprovada pela Lei n.º 18//2003, de 11 de Junho). Embora o Direito português da Concorrência seja muito semelhante ao princípio e regras do Direito Comunitário, uma dife-

---

que mesmo uma transacção que envolva apenas empresas portuguesas, na medida em que seja susceptível de afectar as trocas intracomunitárias, pode desencadear a aplicação do direito comunitário da concorrência.

[65] Actual artigo 267.º (ex-artigo 234.º) do Tratado.

[66] HANS VAN HOUTTE, «The Application by Arbitrators of Articles 81 & 82 and their Relationship with the European Union», in *European Business Law Review*, 2008 (Vol. 19--I), p. 73; RENATO NAZZINI, «A Principle Approach to Arbitration of Competition Law Disputes: Competition Authorities as *Amicus Curiae* and the Status of Their Decisions in Arbitral Proceedings», in *European Business Law Review*, 2008 (Vol. 19-I), p. 107.

rença importante consiste no facto de as sanções não terem natureza administrativa, mas sim contra-ordenacional, o que implica a aplicação subsidiária do Direito Penal e do Direito Processual Penal.

Ora, sendo certo que o tribunal arbitral não é um órgão jurisdicional público, não lhe pode ser reconhecida competência para aplicar sanções pela adopção de práticas restritivas em infracção às regras da concorrência. Pode perguntar-se, pois, que sentido poderá fazer o reconhecimento aos tribunais arbitrais do poder de aplicarem Direito da Concorrência se, depois, não lhes cabe decidir que realmente foi adoptada uma conduta que, por preencher os pressupostos de um tipo de infracção, sobretudo contra-ordenacional, deve ser sancionada.

A resposta tem sido dada com recurso à previsão do n.º 2 do artigo 101.º do TCE (a que corresponde, no direito português, o quase idêntico n.º 2 do artigo 4.º da Lei da Concorrência). Assim, apesar de não poderem aplicar sanções, os árbitros podem determinar a nulidade de um acordo que seja contrário à previsão dos referidos tipos[67].

O árbitro é, deste modo, confrontado com uma escolha: prosseguir com a análise jus-concorrencial e concluir pela existência de uma infracção ou, constatando a existência de uma tal infracção, declarar-se incompetente para a sua apreciação. Recorde-se, porém, que, de acordo com a Lei da Arbitragem Voluntária portuguesa, a nulidade do contrato em que se insira uma convenção de arbitragem não acarreta a nulidade desta. Não é defensável que o árbitro tenha ainda uma terceira opção que consista no afastamento pura e simples da questão de concorrência, progredindo a análise como se a mesma não existisse, porquanto, como veremos, na medida em que se considerem as regras de concorrência como de ordem pública, tal daria lugar à anulação da decisão arbitral[68].

Prosseguindo-se com o processo arbitral, caberá ao árbitro analisar a questão de concorrência verificando se existe ou não uma infracção às proibições de condutas restritivas que possa determinar a nulidade de cláusulas ou da totalidade do contrato celebrado entre as partes. Na medida em

---

[67] De acordo com HANS VAN HOUTTE, «The Application by Arbitrators of Articles 81 & 82 and their Relationship with the European Union», *in European Business Law Review*, 2008 (Vol. 19-I), p. 70, cabe ao árbitro que decida declarar a nulidade a determinação da lei aplicável ao contrato e a verificação, nessa sede, da lei apropriada à definição do escopo da nulidade em causa.

[68] Assim, JAMES BRIDGEMAN, «The Arbitrability of Competition Law Disputes», *in European Business Law Review*, 2008 (Vol. 19-I), p. 169.

que os artigos 101.º e 102.º do TCE, embora determinando a nulidade dos referidos acordos ou decisões, não estabelecem qual o alcance e as consequências de tal nulidade, tal definição terá que ser feita nos termos da lei aplicável ao contrato que, naturalmente, poderá ter sido convencionada pelas partes.

Na análise do regime de nulidade a aplicar ao contrato, tem-se entendido que os árbitros gozam de maior flexibilidade do que aquela de que gozaria um órgão jurisdicional público, permitindo-lhes mais facilmente promover a modificação das cláusulas ilícitas (por exemplo, reduzindo a duração de uma obrigação de não concorrência estabelecida contratualmente para a tornar compatível com as recomendações da Comissão Europeia a respeito da análise de acordos verticais)[69]. No que diz respeito às consequências da nulidade, caberá ainda ao árbitro decidir nos termos da lei aplicável sobre as restituições que no caso caibam e sobre eventuais compensações que devam ter lugar como consequência da invalidade das cláusulas restritivas da concorrência[70].

Na medida em que o Regulamento (CE) n.º 1/2003 fez cair a anterior jurisdição exclusiva da Comissão Europeia sobre a aplicação do n.º 3 do artigo 101.º do Tratado e sendo, por isso, tal norma aplicável pelas autoridades nacionais responsáveis pela aplicação das regras de concorrência e pelos tribunais nacionais, tem-se defendido a extensão da competência dos árbitros também à aplicação das isenções previstas na referida disposição. Ainda que o Regulamento não se refira especificamente aos tribunais arbi-

---

[69] HANS VAN HOUTTE, «The Application by Arbitrators of Articles 81 & 82 and their Relationship with the European Union», in *European Business Law Review*, 2008 (Vol. 19--I), p. 71.

[70] De referir que, nos termos do acórdão *Courage Ltd contra Bernard Crehan,* proferido pelo TJCE em 20 de Setembro de 2001 no processo C-453/99, 2001, in CJ I-6279, §§ 26.º e 27.º, foi considerado que as partes num contrato susceptível de restringir ou falsear o jogo da concorrência não ficam impedidas de invocar a violação do artigo 85.º (hoje artigo 101.º) para obterem protecção jurisdicional, mediante formulação de pedido de indemnização por perdas e danos, contra a outra parte. Segundo o TJCE, «a plena eficácia do artigo 85.º do Tratado (actual artigo 81.º, CE) e, em particular, o efeito útil da proibição enunciada no seu n.º 1 seriam postos em causa se não fosse possível a qualquer pessoa reclamar reparação do prejuízo que lhe houvesse sido causado por um contrato ou um comportamento susceptível de restringir ou falsear o jogo da concorrência. Com efeito, um direito deste tipo reforça o carácter operacional das regras comunitárias da concorrência e é de natureza a desencorajar acordos ou práticas, frequentemente disfarçados, capazes de restringir ou falsear o jogo da concorrência».

trais, os acordos e práticas referidas no n.º 1 do artigo que satisfaçam as condições previstas no n.º 3 não são proibidos, não sendo para tanto necessária uma decisão prévia (artigo 1.º, n.º 2, do Regulamento). O artigo 101.º é, assim, directamente aplicável na sua globalidade na ordem jurídica interna dos Estados-membros, daqui se retirando a competência dos tribunais arbitrais para o terem em conta na análise de questões de concorrência[71].

Apesar do exposto quanto à análise da validade do contrato, a decisão que o árbitro venha a tomar a este respeito não obsta a que, naturalmente, possam ser accionados os meios necessários para sancionamento da eventual infracção às regras da concorrência. A respeito desta possibilidade, a doutrina tem considerado que a decisão arbitral não causa entrave à abertura de inquérito pelas autoridades reguladoras competentes nem vincula estas últimas, nem tão-pouco o tribunal que seja posteriormente chamado a apreciar um eventual recurso, relativamente ao sentido das conclusões a que chegou a análise realizada pelo tribunal arbitral[72].

Mais discutível é o papel do árbitro na solução do dilema em que pode ser colocado, simultaneamente vinculado pelo dever de confidencialidade do processo e pela identificação, *ex officio* ou em virtude da defesa apresentada por uma das partes, de indícios sérios de uma infracção às regras da concorrência. Contudo, as análises realizadas a este tipo de situações têm concluído não existir um dever de denúncia a cargo dos árbitros, que ficam, assim, perante uma eventual infracção na mesma posição que ficaria qualquer normal cidadão, embora devam alertar as partes para as consequências expectáveis, incluindo a possibilidade de sancionamento dos comportamentos anticoncorrenciais adoptados por estas[73].

3.2. Aplicabilidade do critério no *private enforcement*

Continuando o movimento dito de «modernização» do direito comunitário da concorrência e, em especial, a atribuição de efeito directo integral ao artigo 81.º pelo Regulamento (CE) n.º 1/2003, a Comissão Euro-

---

[71] RENATO NAZZINI, «A Principle Approach to Arbitration of Competition Law Disputes: Competition Authorities as *Amicus Curiae* and the Status of Their Decisions in Arbitral Proceedings», *in European Business Law Review*, 2008 (Vol. 19-I), p. 93.

[72] JAMES BRIDGEMAN, «The Arbitrability of Competition Law Disputes», *in European Business Law Review*, 2008 (Vol. 19-I), p. 170.

[73] *Ibidem*.

peia procedeu, em 19 de Dezembro de 2005, à publicação de um Livro Verde intitulado «Acções de indemnização devido à violação das regras comunitárias no domínio antitrust»[74], promovendo simultaneamente a consulta pública sobre as medidas propostas no sentido de facilitar a prossecução pelos titulares de direitos e interesses legítimos das ditas acções de indemnização. Na sequência do Livro Verde e dos comentários recebidos ao respectivo teor, a Comissão aprovou um Livro Branco sobre acções de indemnização por incumprimento das regras comunitárias no domínio *antitrust*, publicado em 2 de Abril de 2008, em que procedia à proposta de opções políticas e medidas específicas no sentido de ajudar as vítimas de danos provocados por infracções às regras de concorrência a recorrerem aos meios necessários para obterem compensação pelos prejuízos sofridos.

Com a aprovação dos referidos documentos preparatórios, que não deu ainda origem à apresentação formal de uma proposta de directiva[75], foi intenção da Comissão Europeia criar as condições para facultar a aplicação efectiva das regras de concorrência não apenas através dos meios públicos de fiscalização, supervisão e sancionamento, mas também mediante acções privadas que, indirectamente, através da atribuição de indemnizações aos consumidores e empresas que tenham sofrido danos, tenham um efeito convergente de promoção da aplicação do Direito da Concorrência[76].

No entender da Comissão Europeia «qualquer cidadão ou empresa que sofra um dano em consequência do incumprimento das regras comunitárias no domínio *antitrust* (artigos 81.º e 82.º do Tratado CE) deve ter a possibilidade de exigir reparação a quem causou o dano. O direito das vítimas a uma compensação é garantido pelo direito comunitário, tal como recordado pelo Tribunal de Justiça em 2001 e 2006»[77]. No entanto, reco-

---

[74] COM (2005) 672, final.

[75] Sendo certo que no início do mês de Outubro de 2009 foram divulgadas notícias dando conta da suspensão do processo que conduziria à apresentação do referido diploma comunitário, não houve confirmação oficial de uma intenção pela Comissão Europeia de adiamento do assunto.

[76] Para um resumo das críticas durante muito tempo apontadas à defesa do mecanismo do *private enforcement* no contexto do direito da concorrência e, bem assim, dos argumentos utilizados para as rebater, cfr. CLIFFORD A. JONES, *Private Enforcement of antitrust Law*, Oxford, Oxford University Press, 1999, p. 88-92.

[77] Livro Branco sobre acções de indemnização por incumprimento das regras comunitárias no domínio *antitrust*, COM (2008) 165, final, p. 2.

nhece-se, «apesar da necessidade de estabelecer um quadro normativo eficaz que permita exercer na prática o direito a uma indemnização e muito embora se tenham registado recentemente alguns sinais de melhoria em determinados Estados-Membros, até agora, na prática, as vítimas de infracções às regras comunitárias no domínio *antitrust* só raramente obtêm uma indemnização pelos danos sofridos. O montante da compensação de que estas vítimas são privadas eleva-se a diversos milhares de milhões de euros por ano»[78].

Na esmagadora maioria dos casos, a defesa do direito da concorrência é deixada quase exclusivamente na esfera da actividade das autoridades públicas, sujeita a recurso para os tribunais nacionais competentes. A promoção do *private enforcement*, como é geralmente identificado este conjunto de propostas da Comissão, tem o intuito de garantir a existência de condições eficazes e uniformes nos vários Estados para que os lesados possam obter reparação pelos danos sofridos em consequência do incumprimento das regras comunitárias no domínio da concorrência.

A possibilidade de obtenção de uma indemnização plena junto dos tribunais nacionais é, assim, o mais importante princípio orientador dos documentos aprovados pela Comissão Europeia. Contudo, este princípio tem de algum modo uma natureza instrumental relativamente ao objectivo de defesa da concorrência como interesse público e mesmo em relação à construção de uma verdadeira cultura de concorrência. Com efeito, «a existência de mecanismos eficazes para as pessoas singulares permite igualmente aumentar a probabilidade de detectar um maior número de restrições ilegais da concorrência e de responsabilizar os infractores pelos danos causados. Por conseguinte, uma melhoria dos mecanismos de compensação produzirá igualmente de forma automática efeitos benéficos de dissuasão em termos de infracções futuras e de respeito das regras comunitárias *antitrust*»[79].

Para além do interesse em pôr termo à infracção à conduta infractora, uma empresa que denuncie a infracção às regras de concorrência praticada por outra(s) poderá também ser motivada pelo interesse em obter uma compensação justa pelos prejuízos que sofreu como consequência daquela infracção. Embora a denúncia seja apresentada perante a autoridade pública de defesa da concorrência, esta não terá usualmente com-

---

[78] *Ibidem*.
[79] *Idem*, p. 3.

petência para atribuição de indemnizações, limitando-se, pois, à prossecução dos seus poderes de investigação e instrução de um processo, que poderá culminar com a aplicação de sanções aos infractores. Deste modo, como sucede por exemplo na ordem jurídica portuguesa, restará aos lesados procurarem exercer o seu direito a indemnização junto dos tribunais nacionais.

Nestas acções de indemnização no contexto do direito da concorrência os tribunais nacionais são chamados a dirimir conflitos de partes que opõem privados. Não estão em causa decisões relativamente a questões concorrenciais em sentido técnico-jurídico, isto é, questões relativas à defesa do interesse público da preservação ou promoção da concorrência, mas apenas imputações de danos à esfera jurídica de outrem com base nas provas apresentadas aos tribunais.

Nesta medida, tem sido admitida sem grandes reservas a arbitrabilidade deste tipo de litígios[80]. Neste tipo de situações, o recurso à arbitragem não estará habitualmente definido em momento prévio por uma cláusula compromissória, visto não existir contrato entre as partes em litígio. Apesar das dificuldades práticas previsíveis de celebração nestes casos do compromisso arbitral, não é de excluir que seja submetida a um processo arbitral quer a decisão relativa à responsabilidade civil originada por infracções aos artigos 101.º e 102.º do Tratado e, na ordem jurídica portuguesa, aos artigos 4.º e 6.º da Lei da Concorrência, quer mesmo a determinação apenas do *quantum* de indemnização na sequência da determinação prévia da responsabilidade por um tribunal judicial[81].

No seu Livro Branco a Comissão chama ainda a atenção para a possibilidade de utilização do mecanismo das acções colectivas de reparação de danos, parecendo tomar uma posição claramente favorável ao recurso à agregação dos pedidos individuais de indemnização dos lesados por infracções às regras da concorrência. Justifica a posição neste campo, que tem suscitado acintosas críticas da parte de muitos Estados, com base na neces-

---

[80] Conforme está previsto no artigo 380.º-A, CPC. Por todos, GORDON BLAKE, RENATO NAZINNI, *Litigating, Arbitrating and Mediating Competition Law Disputes*, 6/2/2009, n.º 2. Veja-se, a este respeito, a análise feita relativamente ao direito irlandês por JAMES BRIDGEMAN, «The Arbitrability of Competition Law Disputes», *in European Business Law Review*, 2008 (Vol. 19-I), pp. 161-162.

[81] RENATO NAZZINI, «A Principle Approach to Arbitration of Competition Law Disputes: Competition Authorities as *Amicus Curiae* and the Status of Their Decisions in Arbitral Proceedings», *in European Business Law Review*, 2008 (Vol. 19-I), p. 91.

sidade de assegurar que os consumidores individuais e as pequenas empresas, que sofrem por vezes danos de valor relativamente reduzido e que, por isso, se inibem de intentar uma acção dispendiosa, morosa e de resultado incerto, possam ter acesso a mecanismos que lhes permitam a reparação do prejuízo[82].

Contrariamente ao que sucede no direito estado-unidense, as acções colectivas não têm feito um percurso relevante nos direitos europeus. Contudo, a Comissão integra as sugestões que faz nesta sede, tanto as «acções representativas, intentadas por entidades qualificadas, tais como associações de consumidores, organismos estatais ou associações profissionais, em nome de vítimas» como as «acções colectivas por adesão, nas quais as vítimas decidem expressamente agregar os seus pedidos individuais de indemnização numa única acção», no campo das iniciativas de alcance mais amplo no sentido de reforçar os mecanismos colectivos de reparação no espaço jurídico comunitário.

A utilização do mecanismo da arbitragem quando falamos de acções colectivas é, porém, mais duvidosa. Em Portugal, as acções colectivas são exercidas através da acção popular. A acção popular pode, amplamente e sem preocupações dogmáticas, ser definida como a acção em que um particular (pessoa singular ou colectiva) defende um interesse que não lhe pertence, de que não é titular, ou que lhe pertence mas não exclusivamente.

O leque de interesses defendidos é vastíssimo, integrando as categorias dos interesses difusos, colectivos e individuais homogéneos. Estas categorias têm suscitado algumas divergências doutrinárias[83]. Adoptando a definição de Gomes Canotilho e Vital Moreira, há que distinguir interesse

---

[82] Livro Branco sobre acções de indemnização por incumprimento das regras comunitárias no domínio *antitrust*, COM (2008) 165, final, p. 4.

[83] Diz PAYAM MARTINS, *Class Actions em Portugal*, Lisboa, Edições Cosmos, 1999, p. 112, que os interesses colectivos e difusos têm em comum a indivisibilidade do objecto e a transindividualidade. A diferença entre uma e outra situação está no elemento subjectivo: os titulares dos direitos difusos são indetermináveis (não têm qualquer vínculo entre si, apenas os ligam circunstâncias de facto) e os titulares dos colectivos pertencem a um grupo, classe ou categoria de pessoas ligadas entre si por um vínculo jurídico de base. Já, porém, MIGUEL TEIXEIRA DE SOUSA, *A Legitimidade Popular na Tutela dos Interesses Difusos*, Lisboa, Lex, 2003, p. 45, reúne as três categorias numa única: a de interesses difusos, interesses que têm em simultâneo uma dimensão individual e supra-individual: assim, os interesses difusos comportam duas dimensões subjectivas, uma individual e outra supra-individual, pelo que os interesses colectivos e os interesses individuais homogéneos podem ser englobados numa categoria mais vasta de interesses difusos.

individual, isto é, o direito subjectivo; o interesse público, subjectivado como interesse do Estado e dos demais entes territoriais; o interesse difuso, isto é, a refracção em cada individuo de interesses da comunidade, global e complexivamente considerados; o interesse colectivo, enquanto interesse particular comum a certa categoria ou grupo[84].

Do que falamos ao tratar do *private enforcement* é, em primeira linha, de interesses individuais homogéneos, que na Lei da Acção Popular portuguesa (Lei 83/95, de 31 de Agosto), podem dar origem a indemnização fixada globalmente, sem que o particular tenha possibilidade de alegar e provar danos para além do estabelecido[85].

O problema de aplicação deste regime através da arbitragem começa logo pela virtual impossibilidade de celebração de compromisso arbitral por todos os titulares do interesse individual homogéneo. O que impede, necessariamente, o alargamento do caso julgado aos terceiros não intervenientes, como faz a nossa Lei da Acção Popular. Perante o nosso quadro de direito positivo, não se vê como seja possível arbitrar litígios de forma a que tenham os efeitos da acção popular. Sem estes efeitos, o regime da representação ou substituição dos titulares dos direitos não faz sentido.

3.3. Controlo da aplicação de compromissos nos procedimentos de controlo de concentrações

Um dos assuntos sobre os quais mais se tem escrito no cruzamento do mecanismo da arbitragem com o direito da concorrência é o da arbitrabilidade das questões suscitadas pela execução dos compromissos estabelecidos pelas decisões administrativas de aprovação de operações de concentração de empresas.

Contrariamente ao que sucede com o instituto tratado no número anterior, este é um campo em que se pode genuinamente analisar uma experiência adquirida ao longo de vários processos, quer pela Comissão Europeia quer por algumas autoridades nacionais de concorrência[86].

---

[84] GOMES CANOTILHO e VITAL MOREIRA, *Constituição da República Anotada* – volume I, 4.ª edição, Coimbra, Coimbra Editora, 2007, p. 698.

[85] O que leva LEBRE DE FREITAS a entender que a norma padece de inconstitucionalidade – «A acção popular do direito português», *in Sub Júdice*, n.º 24, Coimbra, 2003, p. 22.

[86] Não é, porém, o caso da portuguesa. Com efeito, a AdC já inseriu, na sequência de compromissos assumidos pelas partes, cláusulas relativas à arbitragem mas com efeitos muito circunscritos relacionados com eventuais litígios originados pelo contrato de man-

Com efeito, são mais de trinta os processos em que a Comissão Europeia fez acompanhar a sua decisão de aprovação de cláusulas compromissórias para efeitos da resolução de litígios resultantes da aplicação dos compromissos impostos[87]. Daqui se retira uma atitude claramente favorável à utilização da arbitragem como mecanismo de acompanhamento da execução das obrigações impostas pela Comissão, atitude essa que ficou também espelhada na forma como a Comissão se referiu à resolução alternativa de litígios na sua Comunicação de 2008 sobre as medidas de correcção passíveis de serem aceites nos termos do Regulamento (CE) n.º 139/2004, do Conselho, e do Regulamento (CE) n.º 802/2004, da Comissão[88]. Nessa sede, a Comissão Europeia não apenas revela considerar que muitas vezes «esse acompanhamento deve ser realizado pelos operadores no mercado, por exemplo, pelas empresas que pretendam beneficiar dos compromissos», designadamente através de um procedimento de arbitragem (§ 66.º), como se reserva a possibilidade de exigir o estabelecimento de tal procedimento de arbitragem acelerado, nomeadamente articulando esta imposição com a nomeação de um administrador responsável pelo controlo do cumprimento dos compromissos assumidos pelas empresas participantes na concentração, para assegurar que os compromissos serão efectivamente aplicados (§ 130.º).

Recorde-se que na referida Comunicação a Comissão delineia os princípios gerais aplicáveis às medidas de correcção a apresentar pelas empresas participantes numa operação de concentração de modo a tornarem a concentração compatível com o mercado comum e, deste modo, lograrem a autorização da operação. Cabe às referidas empresas apresentar à Comissão propostas de medidas de correcção adequadas e pertinentes, as quais serão aceites se for considerado que os compromissos assim assumidos, e a executar pelas empresas participantes após a respectiva autorização, podem suprimir as preocupações de concorrência identificadas.

A aposição de cláusulas compromissórias nas decisões deste tipo não equivale tecnicamente a um mecanismo de controlo ou de execução dos

---

dato para efeitos do compromisso de desinvestimento assumido pelas empresas participantes. É o caso, por exemplo, da recente decisão de 20 de Março de 2003 no Processo 22/2008 – SUMOLIS/COMPAL, disponível em http://www.concorrencia.pt/bdoc/ProcessoFicha.aspx?idProcesso=11893.

[87] Esta foi a contagem revelada por JOHANNES LÜBKING, «The European Commission's View on Arbitrating Competition Law Issues», *in European Business Law Review*, 2008 (Vol. 19-I), p. 77.

[88] Comunicação 2008/C 267/01, publicada no *JOUE* em 22/10/2008 (C 267/1).

compromissos[89]. Não obstante, é precisamente esse o interesse que a Comissão parece encontrar na utilização deste expediente. A intenção subjacente a esta forma de arbitragem não é, porém, a de substituir ou de algum modo restringir os poderes de supervisão atribuídos à Comissão Europeia.

A existência desta possibilidade, e o incentivo que tem vindo a ser dado à sua utilização, mormente pela própria Comissão, reside no reconhecimento de que é fundamental a existência de mecanismos eficientes para controlo e execução dos compromissos assumidos pelas empresas e, concomitantemente, no facto de em muitos casos de desvio ou incumprimentos dos compromissos aprovados se considerar que a violação em causa não é particularmente óbvia ou se afigura pouco significativa para justiçar uma intervenção pública de carácter regulatório[90].

No plano puramente jurídico, estas arbitragens não correspondem a um novo instrumento de supervisão oferecido às autoridades da concorrência. Pelo contrário, o seu propósito é o da resolução de eventuais litígios entre privados por privados, embora tais litígios resultem de situações de desrespeito de deveres assumidos perante a autoridade pública competente[91]. Nessa medida, tem-se preferido afastar a sua qualificação como uma modalidade de arbitragem *sui generis* ou o seu propósito regulatório[92], sendo antes de concluir que estas arbitragens se revestem de uma natureza muito semelhante à das arbitragens tradicionais.

Não obstante, e embora se admita o carácter essencialmente privado das disputas entre privados, opondo normalmente as empresas participantes na concentração e as empresas consideradas contra-interessadas, alguma doutrina aponta-lhes a peculiaridade de serem «semicompulsórias» na medida em que pelo menos as empresas participantes ficam obrigadas a aceitar a utilização desta via de resolução alternativa de litígios, resultando tal obrigatoriedade da decisão da Comissão ou da autoridade da concorrência. Há quem refira, a propósito, a possibilidade de a autoridade da concorrência competente poder impor o recurso a este mecanismo, caso em que restaria às empresas envolvidas acatar este dever, pois que, não desejando

---

[89] LUCA G. RADICATI DI BROZOLO, «Antitrust: a Paradigm of the Relations Between Mandatory Rules and Arbitration – A Fresh Look at the "Second Look"», *in International Arbitration Law Review*, 2004 (7,1), p. 35.

[90] *Ibidem*.

[91] LUCA G. RADICATI DI BROZOLO, «Arbitration in EC Merger Control: Old Wine in a New Bottle», *in European Business Law Review*, 2008 (Vol. 19-I), p. 8.

[92] *Idem*, p. 14.

fazê-lo, à semelhança do que sucede com as demais condições impostas, apenas lhes restará ver recusada a operação. Pelo contrário, as demais empresas, designadamente as que fossem consideradas contra-interessados relativamente à operação de concentração em causa, seriam livres de aceitar ou não o recurso a este mecanismo[93].

Contudo, a atribuição de um tal alcance a este mecanismo levantaria, no nosso entender, sérias dúvidas relativamente à sua admissibilidade na ordem jurídica portuguesa. Se a submissão a este mecanismo de resolução alternativa de litígios for oferecida pelas empresas participantes como compromisso e na medida em que passe a corresponder a uma condição ou obrigação destinadas, nos termos do n.º 3 do artigo 35.º e do n.º 2 do artigo 37.º da Lei da Concorrência, a «garantir o cumprimento de compromissos assumidos pelos autores da notificação com vista a assegurar a manutenção de uma concorrência efectiva», estará garantido o livre consentimento e adesão à convenção[94]. As empresas participantes na operação de concentração abdicam da possibilidade de recurso aos tribunais judiciais, ficando vinculadas pela decisão da autoridade administrativa que considerou esse como um dos motivos essenciais à produção de uma decisão de não-oposição. Admitir-se, pelo contrário, que seja a própria entidade reguladora a impor o recurso à arbitragem, sem que tal resulte de um compromisso assumido pelas empresas participantes, poderia facilmente aparecer como um resultado injustificável e, em muitas situações, desproporcionado pois que seria previsivelmente difícil considerar que a imposição do recurso à arbitragem seria condição necessária para a prossecução do interesse público de defesa da concorrência[95]. É certo que os autores da notificação teriam sempre a possibilidade de retirar a operação no caso de

---

[93] Idem, p. 7.

[94] Neste sentido, não é indiferente a quem pertence a iniciativa de desencadear a emanação de uma decisão de não-oposição a uma operação de concentração. Com efeito, a assunção voluntária de uma promessa unilateral pelas empresas participantes é pressuposto necessário da adopção de uma decisão acompanhada de condições/obrigações. Assim, MIGUEL MENDES PEREIRA, *Lei da Concorrência anotada*, Coimbra, Coimbra Editora, 2009, pp. 360-361. A mesma conclusão pode ser retirada da relação entre a alteração da concentração notificada através da proposta de compromissos, por um lado, e a convolação desses compromissos em condições e obrigações, por outro, esclarecida pela Comissão Europeia na referida Comunicação 2008/C 267/01, *maxime* §§ 7.º a 19.º

[95] Colocado no plano constitucional, poderia legitimamente ser suscitada a questão da compatibilidade de um mecanismo deste tipo com o princípio essencial do acesso à justiça.

se encontrarem em desacordo com a imposição de uma tal condição ou obrigação[96]. No entanto, o motivo que subjaz à imposição destes pressupostos da tomada de uma decisão de não-oposição pela entidade administrativa não serviriam o propósito para que foram concebidos, isto é, «equilibrar o interesse público na manutenção da concorrência efectiva com os direitos e interesses das empresas»[97].

Pelos motivos apontados, e apesar dos seus contornos *sui generis*, consideramos defensável a interpretação do mecanismo como consensual, embora, pelos motivos indicados, o consentimento das partes na arbitragem apareça desfasado no tempo (o consentimento das empresas participantes relativamente aos compromissos implica, pois, neste sentido, consentimento para a arbitragem)[98].

A função prioritária dos compromissos no âmbito do controlo das concentrações é a de identificar problemas concorrenciais e aprovar medidas que possam ser proporcionadas a, no quadro de um juízo de prognose, suprimir os entraves significativos à concorrência efectiva no mercado[99]. Ainda que a Comissão Europeia, na sua comunicação, tenha privilegiado os compromissos de alienação ou desinvestimento, de carácter essencialmente estrutural na medida em que potencialmente permitem eliminar de forma duradoura as preocupações de concorrência suscitadas pela concentração tal como notificada, não excluiu outros tipos de compromissos, designadamente comportamentais, que possam ser igualmente susceptíveis de impedir a criação de entraves à concorrência[100]. Em qualquer caso, uns e outros significarão a adopção de medidas pelas empresas participantes no sentido de concretização dos compromissos assumidos, da qual resultará directamente uma salvaguarda do mercado dos potenciais efeitos nocivos da operação notificada e, pelo menos indirectamente, uma protec-

---

[96] Não curamos aqui da distinção a que procede a lei portuguesa entre «condições» e «obrigações» que podem acompanhar a decisão de não oposição. Sobre esta distinção, leia-se MIGUEL MENDES PEREIRA, *Lei da Concorrência anotada*, Coimbra, Coimbra Editora, 2009, pp. 330-352.

[97] *Idem*, p. 416.

[98] ALEXIS MOURRE, «ICC Draft Best Practice Note on the European Commission Acting as *Amicus Curiae* in International Arbitration Proceedings – Dissenting Opinion on a Dangerous Project», *in European Business Law Review*, 2008 (Vol. 19-I), p. 224.

[99] JONATHAN FAULL, ALI NIKPAY (ed.), *The EC Law of Competition*, 2.ª ed., London, Oxford University Press, 2007, p. 519.

[100] Comunicação 2008/C 267/01, §§ 15-17.

ção de terceiros que operem no mercado. Este último facto redunda no carácter privado da relação entre as empresas participantes na operação e estes terceiros, submetida a arbitragem[101].

No quadro das decisões da Comissão, as cláusulas compromissórias têm vindo a ser apostas em decisões em que sejam aplicadas medidas de correcção respeitantes ao acesso, isto é, as que prevêem «a concessão de acesso a infra-estruturas fundamentais, redes e tecnologias cruciais, designadamente patentes, saber fazer ou outros direitos de propriedade intelectual, bem como matérias-primas essenciais»[102]. Nestes casos, as medidas de correcção terão o intuito de facilitar a entrada de concorrentes no mercado, garantindo que os mesmos terão acesso às infra-estruturas e às tecnologias de base necessárias, afastando de modo eficaz as preocupações jus-concorrenciais existentes. É compreensível que seja nestes casos que mais sentido faz o acompanhamento do mercado através de mecanismos como a arbitragem. Com efeito, a maioria dos compromissos impostos incluem precisamente medidas respeitantes ao acesso que não implicam uma alienação pelas empresas participantes na concentração, sendo, porém, o seu grau de eficácia comparativamente mais baixo do que as medidas que obrigam a uma alienação[103]. Neste sentido, a arbitragem, não apenas não põe em causa as competências da Comissão Europeia, como pode

---

[101] LUCA G. RADICATI DI BROZOLO, «Arbitration in EC Merger Control: Old Wine in a New Bottle», *in European Business Law Review*, 2008 (Vol. 19-I), pp. 9-10.

[102] Comunicação 2008/C 267/01, § 62.º Como é sabido, embora fossem normalmente consideradas medidas comportamentais, o facto de comportarem um efeito directo no mercado, designadamente por se reflectirem numa diminuição das barreiras à entrada, tem-se traduzido no reconhecimento de efeitos estruturais a estas medidas. Cfr., por todos, a decisão do TPI no caso *Gencor c. Comissão*, T-102/96, de 25 de Março de 1999, *in CJ*, 1999, p. I-753, *maxime* § 319.º («(...) não se pode excluir, *a priori*, que compromissos à primeira vista de natureza comportamental, como a não utilização de uma marca durante um certo período ou a disponibilização a terceiros concorrentes de uma parte da capacidade de produção da empresa resultante da concentração, ou mais genericamente o acesso a uma infra-estrutura essencial em condições não discriminatórias, sejam igualmente de natureza a impedir a criação ou o reforço de uma posição dominante»), repetida no caso *ARD c. Comissão*, T-158/00, de 30 de Setembro de 2003, *in CJ*, 2003, p. II-3825, *maxime* §§ 193.º-194.º

[103] Cfr., apesar das suas limitações, designadamente em termos de amostra utilizada, o estudo da Direcção-Geral da Concorrência intitulado *Merger Remedy Study*, de Outubro de 2005, disponível em URL: http://ec.europa.eu/competition/mergers/legislation/remedies_study.pdf, *maxime* pp. 114 e seguintes e 132 e seguintes.

realmente representar uma vantagem do ponto de vista do controlo da execução dos compromissos[104].

A forma como tal controlo se processará será necessariamente distinta em função do conteúdo dos compromissos aprovados e na medida também das dúvidas de natureza jus-concorrencial que derivem da aplicação dos mesmos.

Um caso exemplar a este respeito é a decisão da Comissão no processo que envolveu a concentração das empresas Axalto e Gemplus, ambas produtoras de cartões de plástico inteligentes ou seguros (os vulgarmente chamados «smart cards»)[105]. Reduzindo ao essencial os factos do processo, os receios evidenciados pela Comissão derivavam da titularidade por ambas as empresas de um número muito significativo de patentes no mercado definido como relevante, pelo que, em conjunto, através da combinação das suas respectivas tecnologias, teriam tanto a capacidade como os incentivos para prejudicar a posição dos seus concorrentes no mercado. Existiria sempre o risco de recusarem a concessão de licenças aos concorrentes ou de utilizarem o seu amplo porta-fólio conjunto para fazerem aumentar os custos destes últimos através de ameaças de abertura de processos judiciais por alegadas infracções aos direitos de patente das empresas participantes na concentração («patent attacks»).

No presente caso, as restrições de que a Comissão fez depender a aprovação da operação passaram, em primeiro lugar, pelo compromisso de concessão de licenças não exclusivas em condições que fossem consideradas justas, razoáveis e não discriminatórias, por um lado, e, por outro, de disponibilização de informações de interoperabilidade a qualquer terceiro capaz do fornecimento de cartões SIM através das plataformas OTA («over-the-air»), relativamente às quais as empresas participantes benefi-

---

[104] JOHANNES LÜBKING, «The European Commission's View on Arbitrating Competition Law Issues», in European Business Law Review, 2008 (Vol. 19-I), p. 81, parece considerar, a este respeito, que os papéis do tribunal arbitral e da Comissão Europeia são complementares, porquanto ao primeiro compete resolver o litígio entre as partes, embora não tenha poderes para modificar os compromissos aprovados, devendo a segunda, no âmbito do seu papel de controlo da aplicação dos compromissos, garantir a eficácia da decisão arbitral, pelo que um incumprimento desta última será considerado uma infracção ao compromisso assumido pela empresa participante na concentração.

[105] Processo n.º COMP/M.3998, *Axalto/Gemplus,* decisão de 19 de Maio de 2006, disponível em URL:http://ec.europa.eu/competition/mergers/cases/decisions/m3998_2006 0519_20212_en.pdf.

ciam também de posições de mercado fortes[106]. A decisão é complementada por dois outros compromissos relevantes, a saber: a necessidade de nomeação de um administrador responsável pelo cumprimento dos «remédios» e ainda a submissão de qualquer litígio relacionado com os dois compromissos anteriormente descritos a um procedimento de arbitragem[107].

A razão pela qual se chama a atenção para esta decisão tem que ver com o facto de não apenas ser muito pormenorizado o modo como funcionará o mecanismo de resolução alternativa de litígios – que prevê uma primeira fase de mediação a realizar pelo administrador responsável nomeado seguida de pedido de procedimento de arbitragem para a Câmara de Comércio Internacional caso não se obtenha a conciliação das partes –, como também os poderes a cargo do árbitro, em particular no que respeita à apreciação do conteúdo das licenças propostas pelas partes, e ainda por se ter incluído uma previsão clara relativamente à possibilidade de intervenção da Comissão Europeia no procedimento[108].

Deste modo, a Comissão fica autorizada a participar em todas as fases do procedimento de arbitragem, sendo de destacar o acesso a todas as peças escritas que fazem parte do dito procedimento, que lhe devem ser enviadas pelo tribunal arbitral, a possibilidade de estar presente um seu representante em todas as audiências orais e ainda o poder de apresentar observações escritas ao tribunal arbitral de forma a assegurar a aplicação coerente do direito comunitário da concorrência.

Para além desta intervenção a título de *amicus curiae,* a Comissão pode ser chamada a pronunciar-se a pedido dos árbitros sobre a interpretação a dar aos compromissos aprovados. Este pedido não tem obrigatoriamente que ser feito pelo tribunal arbitral mas, na medida em que o seja,

---

[106] *Idem*, p. 18.

[107] Numa combinação já adoptada em decisões anteriores, designadamente em 10 de Julho de 2002, processo n.º COMP/M.2803, *Telia/Sonera*, em 2 de Setembro de 2003, processo n.º COMP/M.3083, *GE/Instrumentarium*, e 29 de Setembro de 2003, processo n.º COMP/M.3225, *Alcan/Pechiney II*, e adoptada em processos posteriores, como sejam as decisões de 11 de Dezembro de 2006, *Johnson & Johnson/Pfizer Consumer Healthcare*, processo n.º COMP/M.4314, de 11 de Outubro de 2007, *Schering-Plough/Organon BioSciences*, processo n.º COMP/M.4691, de 6 de Novembro de 2007, *Deutsche Bahn/English Welsh & Scottish Railway Holdings (ews)*, processo n.º COMP/M.4746, de 13 de Dezembro de 2007, *Akzo/ICI*, processo n.º COMP/M.4779, ou de 9 de Janeiro de 2009, *Iberia/ /Clickair/Vueling*, processo n.º COMP/M. 5364.

[108] Processo n.º COMP/M.3998, *Axalto/Gemplus*, decisão de 19 de Maio de 2006, p. 35.

constrange-o à adopção da interpretação veiculada pela Comissão. Esta é, aliás, uma regra que foi posteriormente adoptada noutras decisões da Comissão[109].

Apesar do eventual estabelecimento desta intensa colaboração com a Comissão, o tribunal arbitral é autónomo na sua tomada de decisão no caso em apreço, sendo certo que essa decisão não é recorrível para a Comissão nem tão-pouco para os tribunais comunitários[110]. Em todo o caso, reflectindo a importância do mecanismo e, bem assim, o interesse na divulgação dos seus resultados, é estabelecido que a decisão arbitral, expurgada que seja das matérias confidenciais, será publicada pela Comissão Europeia.

A forma como a Comissão, nas suas decisões, revela a sua posição relativamente à arbitragem não a tem isentado de críticas. Em particular relativamente à intervenção da Comissão nos procedimentos de arbitragem internacional, há quem a considere injustificável e mesmo ilegítima pois que, a ser aceite, isso deveria significar forçosamente a extensão dessa possibilidade a todas as entidades reguladoras, designadamente os reguladores sectoriais (energia, serviços financeiros, comunicações electrónicas, entre outros)[111]. Por outro lado, tendo esta regra de colaboração sido proposta em tempos também por um projecto de linhas orientativas da Câmara Internacional do Comércio relativas à arbitragem nestes domínios, foi, porém, criticado por vozes que se pronunciaram contra aquilo que consideraram que este sistema de colaboração claramente comprometia, isto é «os princípios fundamentais da arbitragem como um sistema privado e verdadeiramente internacional de resolução técnica de disputas»[112].

Em Portugal, na ausência do mecanismo da arbitragem, em caso de incumprimento dos compromissos assumidos pelas empresas participantes

---

[109] Assim, por exemplo, na decisão proferida em 9 de Janeiro de 2009 no caso *Iberia/Clickair/Vueling*, processo n.º COMP/M. 5364, disponível em URL: http://ec.europa.eu/competition/mergers/cases/decisions/m5364 _20090109_20212_es.pdf, p. 95.

[110] De acordo com RENATO NAZZINI, «A Principle Approach to Arbitration of Competition Law Disputes: Competition Authorities as *Amicus Curiae* and the Status of Their Decisions in Arbitral Proceedings», *in European Business Law Review*, 2008 (Vol. 19-I), p. 105, haverá, porém, todas as vantagens em que o tribunal arbitral siga as orientações que lhe forem dadas pela Comissão, procurando deste modo diminuir consideravelmente o risco de uma eventual anulação da decisão pelo tribunal nacional que seja chamado a apreciar o caso.

[111] ALEXIS MOURRE, «ICC Draft Best Practice Note on the European Commission Acting as *Amicus Curiae* in International Arbitration Proceedings – Dissenting Opinion on a Dangerous Project», *in European Business Law Review*, 2008 (Vol. 19-I), p. 224.

[112] *Idem*, p. 226.

na concentração, em particular dos compromissos ditos comportamentais, aos terceiros, designadamente aos que se hajam constituído como contra-interessados no contexto do procedimento administrativo de controlo da operação (cfr. artigo 38.º da Lei da Concorrência), estará aberta a possibilidade de denunciar o facto à AdC com vista à abertura de procedimento oficioso nos termos da alínea c) do n.º 1 do artigo 40.º

Através deste expediente, permite-se à AdC «confirmar se houve ou não lugar ao desrespeito de condições ou obrigações impostas às empresas beneficiárias de uma decisão de não-oposição e eventualmente proceder à aplicação da sanção pecuniária compulsória prevista no artigo 46.º, alínea a), da LdC, até integral cumprimento, ou proceder à revogação da decisão»[113]. De assinalar que este procedimento, de carácter administrativo, não se confunde com o processo contra-ordenacional a que os mesmos factos poderão dar origem nos termos do artigo 43.º, n.º 1, alínea d), da Lei da Concorrência[114].

Contudo, enquanto à Comissão Europeia claramente é dada a possibilidade de introduzir na sua decisão de autorização com compromissos uma cláusula de reexame, que lhe permitirá, mediante pedido fundamentado das partes e em circunstâncias excepcionais, derrogar, alterar ou substituir os compromissos, o que poderá ser particularmente importante nos compromissos respeitantes ao acesso, não estão claros quais os poderes conferidos à AdC em situação paralela. Por outro lado, e aqui à semelhança do que sucede também com a Comissão, a Autoridade tem por função restabelecer a concorrência no mercado e, se for o caso, sancionar as violações mais graves das regras da concorrência, e não resolver o litígio existente entre as partes. Os terceiros poderão, naturalmente, recorrer para tanto aos tribunais judiciais competentes, o que, naturalmente, acarretará para estes terceiros a submissão a um processo previsivelmente muito moroso e dispendioso.

Temos poucas dúvidas em considerar a utilidade da introdução de um mecanismo de arbitragem para resolução dos litígios privados resultantes

---

[113] MIGUEL MENDES PEREIRA, *Lei da Concorrência anotada,* Coimbra, Coimbra Editora, 2009, p. 407.

[114] Tenha-se em conta que a violação de condições ou obrigações impostas às empresas pela Autoridade, nos termos previstos no n.º 3 do artigo 35.º e no n.º 2 do artigo 37.º, constitui contra-ordenação punível com coima até 10% do volume de negócios no último ano para cada uma das empresas participantes na infracção.

da adopção pela AdC de decisões de autorização de concentrações com imposição de medidas de correcção.

São várias as vantagens que podem ser apontadas à arbitragem no contexto do direito da concorrência[115]. Para além da celeridade do procedimento, que se traduz num ganho quer para as empresas envolvidas quer para os consumidores na medida em que tal resolução se traduza no restabelecimento da concorrência no mercado, pode ser referida a composição do tribunal, determinada pelas partes em função do sector empresarial em causa e das competências técnicas especializadas dos árbitros. Um dos maiores méritos reconhecidos à arbitragem no contexto da apreciação da aplicação de compromissos em sede de concentrações de empresas, por comparação com os tribunais nacionais, é o facto de os árbitros estarem habitualmente mais próximos do mercado, porventura reunindo os conhecimentos económicos ideais para poderem compreender na íntegra as implicações das medidas a adoptar pelas partes e aplicarem devidamente as regras da concorrência[116].

Nada obsta, por exemplo, a que os árbitros nomeados tenham outra formação que não a jurídica. Em alguma medida, tratando-se do domínio da concorrência, tal será, aliás, de louvar, procurando, designadamente, que o mesmo seja integrado por economistas com um percurso relevante para o domínio a tratar. Por outro lado, como se disse repetidamente, nem todas as questões resultantes da aplicação de compromissos serão questões jus-concorrenciais, sendo expectável que, consoante os sectores, muitas outras matérias venham a revelar-se importantes e possam ser melhor tratadas se o corpo de árbitros compreender especialistas, por exemplo, em domínios que são objecto de regulação sectorial. Por último, na medida em que o litígio envolva empresas internacionais, será normal a designação de árbitros estrangeiros.

Um outro facto a considerar é que na arbitragem, pela sua própria natureza, se promove alguma flexibilidade na resolução do litígio pendente e se deixa campo aberto para a formação de acordos entre as partes, tendo em vista, se for o caso, a continuação de boas relações comerciais

---

[115] Servimo-nos de um catálogo de vantagens equacionado para as arbitragens internacionais, adaptando-o para o contexto nacional português. Cfr. GORDON BLAKE, RENATO NAZINNI, *Litigating, Arbitrating and Mediating Competition Law Disputes*, 6/2/2009, n.º 4.

[116] ALEXIS MOURRE, «ICC Draft Best Practice Note on the European Commission Acting as *Amicus Curiae* in International Arbitration Proceedings – Dissenting Opinion on a Dangerous Project», *in European Business Law Review*, 2008 (Vol. 19-I), p. 223.

entre os intervenientes[117]. Para mais, tal como se viu anteriormente nos procedimentos perante a Comissão, podem ser impulsionados mecanismos que combinem a mediação e a arbitragem, inclusivamente através da previsão de duas fases distintas para a resolução do litígio. Para tanto contribui ainda decisivamente a confidencialidade dos procedimentos, evitando-se, deste modo, a publicidade adversa que poderia provir da divulgação pública do litígio.

Existem, é certo, alguns potenciais entraves a considerar e não podemos deixar, por esse motivo, de os referir e ponderar. Um dos principais óbices a que se alude para contestar este mecanismo tem que ver com o facto de, contrariamente ao que sucederia se o conflito fosse apreciado pelos tribunais judiciais, não ser possível ao tribunal arbitral proceder ao reenvio prejudicial de questões de interpretação de direito comunitário da concorrência aos tribunais comunitários[118]. Com efeito, apenas existindo a submissão de uma acção de anulação da decisão arbitral ao tribunal judicial competente, caso para tanto estejam reunidos os requisitos, poderá este último operar o reenvio.

Contudo, sendo certo que esta carência do tribunal arbitral é intransponível, pode questionar-se se a mesma se traduz efectivamente numa desvantagem. Em primeiro lugar, as questões verdadeiramente difíceis na aplicação dos compromissos dizem respeito a matérias que passam mais pela análise económica das condições do mercado, e inevitavelmente menos pela interpretação do direito comunitário[119]. Em segundo lugar, os tribunais judiciais portugueses têm tido uma atitude tímida relativamente à utilização do mecanismo de reenvio prejudicial, sendo isso particularmente evidente em matérias de direito jus-concorrencial.

Finalmente, haveria que pesar o papel a desempenhar pela AdC num cenário deste tipo. Colocam-se aqui, *mutatis mutandis,* os problemas a que

---

[117] De acordo com GORDON BLAKE, RENATO NAZINNI, *Litigating, Arbitrating and Mediating Competition Law Disputes,* 6/2/2009, n.º 4, por vezes é necessário decorrer o procedimento de arbitragem para que, cristalizando-se as posições das partes, se torne viável a conciliação dos sues interesses.

[118] Sobre o afastamento de tal possibilidade pelo TJCE no acórdão *Nordsee,* RENATO NAZZINI, «A Principle Approach to Arbitration of Competition Law Disputes: Competition Authorities as *Amicus Curiae* and the Status of Their Decisions in Arbitral Proceedings», *in European Business Law Review,* 2008 (Vol. 19-I), p. 101.

[119] ALEXIS MOURRE, «ICC Draft Best Practice Note on the European Commission Acting as *Amicus Curiae* in International Arbitration Proceedings – Dissenting Opinion on a Dangerous Project», *in European Business Law Review,* 2008 (Vol. 19-I), p. 223.

fizemos alusão a propósito da relação com a Comissão Europeia. Em particular, será expectável que, a vir futuramente a tomar uma posição favorável à arbitragem, a AdC, tal como a Comissão, procure contrapesar esse facto com exigências de um estreito acompanhamento do procedimento arbitral e dos seus resultados.

A viabilidade da introdução na ordem jurídica portuguesa de mecanismos de resolução deste tipo teria que passar pela incorporação nas decisões da AdC da previsão do recurso à arbitragem. A Autoridade portuguesa pode encontrar justificação para a adopção de uma atitude favorável a este instrumento de resolução de litígios privados no facto de o mesmo permitir a solução de problemas às empresas concorrentes, designadamente às que se hajam constituído como contra-interessados, que em qualquer caso não legitimariam a abertura de procedimento administrativo oficioso.

Para além do inevitável esforço e dispêndio de recursos implicado por um acompanhamento minucioso da execução dos compromissos, a AdC pode ponderar o facto de estes litígios poderem resultar de divergências relativamente à implementação das medidas que não impliquem necessariamente a existência de um incumprimento das mesmas pelas empresas participantes na concentração. Haverá sempre a considerar, por exemplo, a possibilidade de ocorrência de alterações na estrutura de mercado que sejam consideradas exógenas ao cumprimento estrito dos compromissos e que, por isso e pelo facto de no Direito português não se encontrar prevista a introdução de uma cláusula de reexame da decisão administrativa, poderiam colocar dúvidas sobre a fundamentação de uma eventual intervenção da AdC.

4. Controlo estadual da aplicação das regras de ordem pública do Direito da Concorrência

Admitindo um tão amplo campo de arbitrabilidade em questões de concorrência, é em absoluto necessário verificar os meios de controlo estadual da sua aplicação. Tal controlo faz-se, *a posteriori*, através da acção de anulação da sentença arbitral (artigo 27.º, LAV), do reconhecimento da sentença arbitral estrangeira (artigo V da Convenção de Nova Iorque e artigo 1096.º, CPC) e da oposição à execução (artigo 815.º, CPC).

O controlo da aplicação do Direito da Concorrência faz-se através da cláusula de ordem pública. No entanto, esta não está prevista no artigo 27.º da LAV como fundamento de anulação de decisão arbitral, tornando-se necessário verificar se é ou não fundamento de anulação.

Idêntico problema não se coloca em relação à sentença arbitral estrangeira, pois a violação de ordem pública é elemento expresso de não-reconhecimento (artigo V, 2, *b*)) da Convenção de Nova Iorque e artigo 1096.º, *f*), CPC).

4.1. *Violação da ordem pública como fundamento de anulação*[120]

Os fundamentos da acção de anulação da sentença arbitral estão previstos no artigo 27.º LAV, norma que parece indicar a exclusão de quaisquer outros[121]. Mas alguma doutrina tem, ainda que com muitas cautelas, vindo a defender a inclusão de outras causas[122].

Lima Pinheiro aponta quatro motivos adicionais de anulação, entre os quais a violação da ordem pública. O argumento para esta inclusão é a sua consagração na Convenção de Nova Iorque e no processo de revisão de sentenças estrangeiras previsto no artigo 1096.º do Código de Processo Civil[123]. Segundo Lima Pinheiro, se a violação de ordem pública impede o reconhecimento de uma decisão arbitral estrangeira em Portugal, por maioria de razão deve ser considerada causa de anulação de uma sentença arbitral nacional[124]. Assim, de acordo com a posição deste autor, a violação de ordem pública é fundamento de anulação de sentenças arbitrais, mas apenas a ordem pública internacional.

Paula Costa e Silva defende já posição diversa – entende também que a ordem pública funciona como limite à aplicação do Direito pelos árbitros (assim como pelos tribunais judiciais). Mas, a ordem pública a que se refere é a interna. Admite, assim, que a violação de uma regra de ordem pública interna pode implicar a anulação da sentença arbitral.

---

[120] Segue-se de perto o texto de ASSUNÇÃO CRISTAS e MARIANA FRANÇA GOUVEIA, «A violação de ordem pública como fundamento de anulação de sentenças arbitrais – Anotação ao Acórdão do STJ de 10.7.2008, Proc. N.º 08A1698», in *Cadernos de Direito Privado*, 2009 (no prelo).

[121] PAULA COSTA E SILVA, «Anulação e recursos da decisão arbitral», in *ROA*, 1992 (Ano 52), p. 921.

[122] LIMA PINHEIRO, «Apontamento sobre a impugnação da decisão arbitral», in *ROA*, 2007 (Ano 67), p. 3, disponível em www.oa.pt.

[123] Aplicável às decisões arbitrais estrangeiras, nos termos do artigo 1097.º, CPC.

[124] LIMA PINHEIRO, «Apontamento sobre a impugnação da decisão arbitral», in *ROA*, 2007 (Ano 67), p. 3, disponível em www.oa.pt.

Perante a não consagração deste fundamento como causa de anulação na LAV, distingue três situações: se a violação está na convenção arbitral, a invalidade reconduz-se à não arbitrabilidade do litígio ou à incompetência do tribunal; se a violação está no processo arbitral, há desrespeito dos princípios fundamentais do processo; se a contrariedade se encontra na própria sentença arbitral, há que *paralisar os efeitos desta última por recurso aos critérios gerais de direito*[125].

Repare-se, então, que se trata aqui de ordem pública interna e não internacional, como defende Lima Pinheiro – estes dois conceitos, como se verá à frente, têm níveis de abrangência muito diferentes.

A jurisprudência não é, a este propósito, pacífica: no Acórdão do Supremo Tribunal de Justiça de 2 de Outubro de 2006[126] a recorrente alegou como fundamento de anulação, entre outros, a violação de ordem pública. O tribunal entende que é um vício que não pode ser objecto de acção de anulação, não chegando sequer a analisar a sua ocorrência[127]. Já no Acórdão Cláusula Penal II[128], o Supremo Tribunal de Justiça entende que a ordem pública é fundamento de anulação sem chegar sequer a discutir o ponto, tomando como assente que assim é.

Um outro elemento importante é a recentemente apresentada proposta da Associação Portuguesa de Arbitragem[129], que não lista nos fundamentos de anulação a violação da ordem pública. O artigo 46.º é dedicado ao *pedido de anulação* e segue com grande fidelidade o artigo 34 da Lei-Modelo da UNCITRAL. Precisamente no n.º 3, *b*), (correspondente ao n.º 2 da Lei-Modelo), é eliminada a referência à ordem pública nacional. Nas extensas notas sobre a proposta da LAV nenhuma palavra de explicação existe que justifique esta omissão[130]. A ausência de explicação deve-se ao facto de a inserção deste fundamento de anulação ter

---

[125] PAULA COSTA E SILVA, «Anulação e recursos da decisão arbitral», *in ROA*, 1992 (Ano 52), p. 945.

[126] Processo n.º 1465/2006-2, Caso *Golf das Amoreiras*.

[127] No Acórdão STJ de 24 de Outubro de 2006, Processo n.º 06B2366, foi igualmente decidido que os fundamentos do artigo 27.º são taxativos.

[128] Acórdão STJ de 10 de Julho de 2008, Proc. n.º 08A1698, disponível em www.dgsi.pt.

[129] Disponível http://arbitragem.pt/projectos/index.php

[130] Para a anulação de sentenças proferidas em arbitragem internacional e para o reconhecimento de decisões arbitrais estrangeiras, o fundamento está previsto – artigos 54.º e 57.º, *b*), ii), da Proposta da APA.

estado previsto no projecto até à sua votação final pela «Comissão Revisora»[131].

Como se disse já a propósito da arbitrabilidade, a ordem pública desempenha uma dupla função – por um lado, impõe restrições à arbitrabilidade dos litígios, por outro é fundamento de anulação. Na lei francesa, a ordem pública é a única restrição à arbitrabilidade dos litígios na arbitragem internacional[132]. É certo que os problemas são diversos, mas não é raro que os Estados relacionem arbitrabilidade e ordem pública para reforçar a aplicação de certas regras ou o seu controlo sobre certas matérias que julgam essenciais[133].

Conforme se concluiu a esse propósito, são arbitráveis litígios relativos a direitos relativamente indisponíveis, sendo indiferente se o regime é composto ou não por normas imperativas. É, sem margem para dúvidas, um amplíssimo conceito de disponibilidade e, deve dizer-se, provavelmente não foi este o intuito do legislador de 1986. Talvez por isso não se tenha consagrado a violação da ordem pública como fundamento de anulação. Se não eram arbitráveis litígios cujo regime era constituído por normas imperativas, não havia o problema da sua não aplicação.

Tendo como assente que são arbitráveis litígios cujo regime é imperativo total ou parcialmente, torna-se de imediato necessário determinar se há controlo estadual da aplicação do direito imperativo. Numa outra formulação, assumindo que os árbitros estão obrigados a aplicar as regras imperativas, há que estabelecer o que acontece se o não fizerem. Se, na sua decisão, não aplicarem regras impositivas, mas outras que entendam melhor aplicáveis. Ou, ainda, se invocam a aplicação dessas regras, mas aplicam uma sua interpretação duvidosa ou passível de revisão.

Estas são, evidentemente, questões que têm a ver com o mérito da acção e daí as resistências por parte da comunidade arbitral em aceitar a sua inserção. O controlo da arbitragem, quando não há recurso de mérito, é meramente formal e, por isso, admitir em acção de anulação revisões de mérito é sempre polémico.

Poderia até dizer-se que o mesmo se passa nos tribunais judiciais, que frequentemente estes não aplicam normas de direito imperativo ou apli-

---

[131] ANTÓNIO SAMPAIO CARAMELO, «A Reforma da Lei da Arbitragem Voluntária», in *Revista de Arbitragem e Conciliação*, 2009 (n.º 2), ponto 25.

[132] JEAN-FRANÇOIS POUDRET e SÉBASTIEN BRESSON, *Droit comparé de l'arbitrage international*, Genève, Paris, Bruxelles, Schulthess, L. G. D. F., Bruylant, 2002, p. 311.

[133] GARY B. BORN, *International Commercial Arbitration* – volume I, Austin, Boston, Chicago, New York, The Netherlands, Wolters Kluwer, 2009, p. 771.

cam-nas erroneamente. E desta linha de raciocínio extrapolar-se para a não-
-necessidade de controlo público da arbitragem.

Esta equiparação não é, porém, admissível, na medida em que, primeiro, no sistema judicial há, por regra, recursos; segundo, se é verdade que são renunciáveis (artigo 681.º, CPC), os tribunais judiciais são um órgão de soberania permanente, sendo os seus membros escolhidos de acordo com a lei, assim como é de acordo com a lei que é atribuído um juiz (o juiz natural) a um processo. O controlo da aplicação do Direito tem assim diversas vertentes nos tribunais judiciais, de todo comparáveis com a arbitragem.

O que se acabou de dizer não constitui uma crítica ou uma desvalorização da arbitragem, antes obriga a que o regime de aplicação do Direito seja, nesta jurisdição, muito claro, na medida em que é fundamental que as partes saibam do que prescindem quando optam pela jurisdição arbitral. Parece-nos, aliás, que uma clara noção das consequências da adesão a uma convenção de arbitragem apenas pode valorizar a sua utilização.

Da análise da jurisprudência sobre arbitragem, constata-se que, na maioria dos casos, as partes litigam utilizando a acção de anulação como se de um recurso se tratasse. Litigam, como é tradição forense portuguesa actual, esgotando todos os possíveis e impossíveis meios de impugnação das decisões jurisdicionais. Se este *modus operandi* é lamentável nos tribunais judiciais, é incoerente com a escolha da arbitragem como jurisdição alternativa, autónoma e independente. Talvez um rigoroso esclarecimento sobre o que significa a escolha da jurisdição arbitral, acompanhada de uma jurisprudência informada, possa limitar o número de impugnações de sentenças arbitrais.

É, portanto, essencial determinar o grau de controlo estadual da arbitragem.

O conceito de ordem pública desempenha justamente esta função, porque tem sido utilizado para delimitar o último reduto de intervenção do Estado. O mesmo Estado que estipula normas que as partes não podem afastar, tolera a sua inaplicabilidade através de uma jurisdição por ele não escolhida e controlada apenas num limite mínimo.

É a conhecida doutrina do *second look,* conforme se viu já ao tratar-
-se dos casos *Mitsubishi* e *Eco Swiss*[134].

Em ambos os casos assumiu-se que são aplicáveis em arbitragens normas imperativas e que a sua inaplicabilidade é fundamento de anulação da

---

[134] *Idem*, p. 2857.

sentença arbitral. Este raciocínio é ponto assente na arbitragem internacional, sobretudo porque a Convenção de Nova Iorque contém, no seu artigo V, 2, *b*), este obstáculo ao reconhecimento. Tendo em conta que esta Convenção vigora em Portugal, a regra dela constante é nosso direito positivo.

Também na ordem jurídica interna, na arbitragem doméstica, tem de se reconhecer como fundamento de anulação a violação de ordem pública interna, na medida em que é impossível admitir a inexistência total de controlo estadual da aplicação do seu direito. Nenhum Estado (porque é de Direito) pode tolerar a existência de tribunais privados que não apliquem as regras que esse Estado (esse povo) entendeu essenciais. A mera possibilidade de existência deste controlo é essencial para a coerência do ordenamento jurídico. Falamos de ordem pública nacional e não internacional, seguindo a posição do Acórdão Cláusula Penal II[135] e de Paula Costa e Silva. Parece-nos importante que um investimento grande em arbitragem, que um seu alargamento a litígios indisponíveis tenha como contraponto a possibilidade de um controlo estadual proporcional. Podem-se abrir as fronteiras da arbitrabilidade, mas mantém-se a possibilidade de, em casos de necessidade, encerrá-las para controlar o tráfego.

Este reconhecimento não deve, de todo, assustar os defensores da arbitragem. Pelo contrário, deve ser por eles pedido porque permite distinguir a arbitragem que não tem receio de qualquer controlo, que se sabe aplicadora do Direito. A boa arbitragem, para se distinguir daquela que pretende enviesar a aplicação do Direito, deve promover precisamente a existência deste controlo, porque não o receia.

É, por isso, ainda mais difícil entender o porquê da ausência deste fundamento de anulação na Proposta da APA, Associação representativa da comunidade arbitral portuguesa. Compreende-se que haja algum receio – justificado, sem dúvida – do abuso deste fundamento por parte da advocacia. Compreende-se, ainda, que haja algum receio – justificado, sem dúvida – de errónea aplicação deste fundamento pelos nossos tribunais. Mas julgamos preferível partir de uma posição optimista sobre o tema e, mais, perceber que, como já acontece com a actual legislação, a não-consagração na lei da ordem pública como fundamento de anulação não impede, de todo, que se considere que existe no Direito[136].

---

[135] Acórdão STJ de 10 de Julho de 2008, Proc. n.º 08A1698, disponível em www.dgsi.pt

[136] Como acontece, por exemplo, na arbitragem doméstica nos Estados Unidos da América – GARY B. BORN, *International Commercial Arbitration* – volume II, Austin, Boston, Chicago, New York, The Netherlands, Wolters Kluwer, 2009, p. 2831.

Admitiu-se que o conceito de arbitrabilidade é hoje muito mais amplo do que a letra da lei, apontando claramente o sentido da disponibilidade relativa, aproximando-se da patrimonialidade. Não subsistem dúvidas de que são arbitráveis direitos sujeitos a regimes compostos por normas imperativas. Ao aceitar-se este alargamento, tem necessariamente de permitir-se um correspectivo controlo estadual da aplicação do direito imperativo, controlo que é feito através da verificação da aplicação das normas de ordem pública interna. Esse controlo deve, aliás, ser mais exigente – quanto mais se alarga a arbitrabilidade, maior será o âmbito de controlo estadual, mais cuidado e abrangente terá de ser o conceito de ordem pública.

4.2. Ordem pública jus-concorrencial

Assente que a ordem pública é fundamento de anulação das decisões arbitrais e que são arbitráveis litígios que envolvam questões de concorrência, deve agora verificar-se em que medida as normas de Direito da Concorrência são normas de ordem pública.

De acordo com o acórdão *Eco Swiss*, o artigo 85.º do TCE (actual artigo 101.º) poderia ser considerado como uma disposição de ordem pública na acepção da Convenção de Nova Iorque de 10 de Junho de 1958, sobre o reconhecimento e a execução de sentenças arbitrais estrangeiras.

A utilização feita do conceito de ordem pública pelo TJCE no presente acórdão aponta para a consideração das normas nacionais de ordem pública. Com efeito, quer nas referências feitas às normas do direito processual civil holandês quer na alusão à Convenção de Nova Iorque, o que se pretende é concretizar o conceito indeterminado a que a lei de um Estado-membro recorre para, num caso, possibilitar a anulação de uma decisão arbitral (artigo 1605.º do Código de Processo Civil neerlandês) e, no outro, permitir ao Estado a recusa de reconhecimento e de execução a uma decisão arbitral estrangeira (artigo V, n.ºs 1, alíneas c) e e), e 2 da referida Convenção).

Nos termos do acórdão, «por um lado, esse artigo [o actual artigo 101.º do Tratado] constitui uma disposição fundamental indispensável para o cumprimento das missões confiadas à Comunidade e, em particular, para o funcionamento do mercado interno, por outro lado, o direito comunitário exige que as questões atinentes à interpretação da proibição imposta por este artigo possam ser examinadas pelos órgãos jurisdicionais nacionais chamados a pronunciar-se sobre a validade de uma decisão arbitral e possam constituir objecto, tal sendo o caso, de um reenvio prejudicial para o Tribunal de Justiça». Face aos termos empregues, suscita-se legitimamente a dúvida sobre o problema de saber se o conceito de ordem pública utilizado pelo Direito Comunitário se reveste, afinal, de cariz nacional (e, neste caso, se se refere ao conceito de ordem pública interna ou ao conceito de ordem pública internacional) ou se, pelo contrário, se pode já falar de um conceito de cariz comunitário.

Seguindo a densificação que tem vindo a ser feita pela doutrina portuguesa, o conceito de ordem pública *interna* diz respeito ao conjunto de regras imperativas do sistema jurídico de um Estado, que têm por função servir de limite à autonomia privada e que, no seu todo, representam as especificidades de um ordenamento jurídico, distinto, por isso, dos ordenamentos jurídicos de outros Estados[137]. Por seu turno, o conceito de ordem pública *internacional* deriva da ideia de que a legitimidade que cada Estado tem para, no contexto do seu sistema jurídico, definir este tipo de limites não significa que os possa impor quando está em causa a aplicação de uma lei estrangeira. Por esse motivo, o conceito de ordem pública internacional, sendo muito embora decalcado do conceito de ordem pública interna, é menos amplo que este, na medida em que se assenta no facto de certos valores não deverem ser exigíveis ao direito estrangeiro, sob pena de se excluir a aplicação deste pelos tribunais nacionais[138].

O aprofundamento do conceito de ordem pública no Direito português situa-se, naturalmente, no âmbito do Direito Internacional Privado. Uma das suas bases jurídicas no ordenamento jurídico português é o artigo 22.º do Código Civil, que estabelece que não são aplicáveis os preceitos da lei estrangeira indicados pela norma de conflitos, quando essa aplicação envolva ofensa dos princípios fundamentais da ordem pública internacional do Estado português. Estão em causa as situações em que, tendo-se já determinado qual a lei aplicável a uma determinada situação jurídica, e tratando-se esta de uma lei estrangeira, se detecta a existência de uma colisão com os alicerces do sistema jurídico do Estado do foro, ou seja, do Direito português.

Nessas situações, o direito estrangeiro não pode ser aplicado, uma vez que, a sê-lo, colocaria em causa os valores mais essenciais do Estado

---

[137] RUI MOURA RAMOS, «L'ordre public international en droit portugais», *BFD*, 74, 1998, p. 48.
[138] ANTÓNIO SAMPAIO CARAMELO, «A Reforma da Lei da Arbitragem Voluntária», *in Revista de Arbitragem e Conciliação*, 2010 (n.º 2) (no prelo), ponto 25.

português. Significa isto que a ordem pública internacional se restringe a um «núcleo de valores e princípios impositivo, quer interna, quer externamente, dada a sua essencialidade»[139]. Ou seja, não está em causa uma qualquer contrariedade entre as soluções a que conduz a aplicação da lei estrangeira e aquelas a que conduziria a aplicação da lei do foro; está, isso sim, em causa a ameaça aos valores fundamentais do Estado do foro.

Na análise desta cláusula de salvaguarda, a doutrina tem identificado as seguintes características da chamada reserva de ordem pública internacional[140]: (*i*) indeterminabilidade, na medida em que é irrealizável quer uma definição quer uma enumeração de critérios de delimitação do conceito; (*ii*) excepcionalidade, porque a ordem pública internacional desempenha uma «função protectora do foro, escudando-o da aplicação de uma lei estrangeira considerada inaceitável», apenas nesse sentido e com esta função se permitindo o desvio à aplicação da lei estrangeira; (*iii*) actualidade, porquanto, o conceito de ordem pública é densificado no momento da decisão do caso concreto, o que consolida a necessidade da sua apreciação casuística; e, finalmente, (*iv*) carácter nacional do conceito, pois que, ainda que os valores essenciais a que a ordem pública internacional do Estado português está sujeita possam ser também, pelo menos alguns deles, valores universais, apenas são tidos em conta na medida em que pertençam a este núcleo irredutível de valores que caracteriza a ordem jurídica portuguesa.

As referências às «razões de ordem pública» no Tratado da Comunidade Europeia são várias, sendo de destacar o emprego da expressão para justificar a permissão excepcional de restrições quantitativas às trocas entre Estados-membros (artigo 36.º), a limitação da livre circulação de trabalhadores e do direito de estabelecimento (artigos 45.º e 52.º) e a tomada de medidas que possam traduzir-se numa limitação da livre circulação de capitais (artigo 63.º e 65.º)[141].

É sobretudo a propósito da liberdade de circulação de pessoas, de serviços e do direito de estabelecimento que se tem feito a construção juris-

---

[139] NUNO ANDRADE PISSARRA, SUSANA CHABERT, *Normas de aplicação imediata, ordem pública internacional e direito comunitário,* Coimbra, Almedina, 2004, p. 159.

[140] *Idem,* pp. 161-162; RUI MOURA RAMOS, «L'ordre public international en droit portugais», *BFD,* 74, 1998, pp. 57-58.

[141] Refira-se que existem também no Tratado várias referências à manutenção da «ordem pública» (artigos 72.º, 202.º e 347.º), expressão utilizada no sentido de paz social ou de segurança pública, que foge ao âmbito em que nos movemos na presente análise.

prudencial do conceito de ordem pública no âmbito do Direito Comunitário, sendo evidentes as dificuldades encontradas na conciliação da imposição de uma interpretação restrita deste instrumento de limitação de liberdades fundamentais do Tratado com a necessidade de salvaguardar uma margem de apreciação das situações de facto *sub judice* por parte das autoridades nacionais.

A propósito desta matéria, é de referir também a Directiva n.º 64/221/ /CEE, de 25 de Fevereiro de 1964, sobre a coordenação de medidas aplicáveis a estrangeiros em matéria de estabelecimento justificadas por razões de ordem pública, segurança pública e saúde pública, cujo objectivo não foi o de consagrar uma noção comunitária de ordem pública mas sim o de restringir, do modo possível, o poder de apreciação dos Estados-membros nesta matéria[142]. Assim, encontramos apenas neste acto comunitário a concretização da possibilidade de invocação de motivos de ordem pública para restringir a circulação de nacionais dos Estados-membros. Estabelece-se, nomeadamente, que tais razões não podem ser invocadas com fins económicos e que as medidas de ordem pública ou de segurança pública devem fundamentar-se, exclusivamente, no comportamento pessoal do indivíduo em causa.

A matéria foi retomada muitos anos mais tarde, mas com propósito idêntico, pela Directiva n.º 2004/38/CE, do Parlamento Europeu e do Conselho, de 29 de Abril de 2004, relativa ao direito de livre circulação e residência dos cidadãos da União e dos membros das suas famílias no território dos Estados-membros, que, entre outros efeitos, revoga a Directiva n.º 64/221/CEE.

Pese embora a importância de tais directivas, a verdadeira concretização – ou, deveríamos antes dizer, a concretização possível – do conceito de ordem pública foi feita por via da jurisprudência do TJCE. São de destacar, nesta sede, o acórdão *Van Duyn*[143] e os acórdãos *Bonsig-*

---

[142] Assim, NUNO ANDRADE PISSARRA, SUSANA CHABERT, *Normas de aplicação imediata, ordem pública internacional e direito comunitário,* Coimbra, Almedina, 2004, p. 183.

[143] Acórdão do TJCE de 4 de Dezembro de 1974, *Yvonne van Duyn contra Home Office*, Proc. n.º 41-74, *CJ*, 1974, p. 1337. Nesta decisão estabelece-se o princípio de que a aplicação da reserva de ordem pública é susceptível de controlo jurisdicional, com o objectivo claro de evitar que os Estados pudessem, com este argumento, obstar unilateralmente ao princípio da livre circulação de trabalhadores e que, muito embora a reserva de ordem pública deva ser interpretada restritivamente, tal não significa uma restrição à margem de apreciação da necessidade de salvaguarda da ordem pública a cargo das autoridades nacionais face às circunstâncias do caso concreto.

nore[144], *Rutili*[145] e *Bouchereau*[146], do qual se destaca a reafirmação do princípio da necessidade de verificação de uma ameaça real e suficientemente grave afectando um dos interesses fundamentais da sociedade e da insuficiência da existência apenas de uma perturbação da ordem social, subjacente a qualquer violação da lei.

Uma apreciação da legislação e da jurisprudência comunitárias nestas matérias pode apenas levar-nos a concluir pela interpretação e aplicação restrita do conceito de ordem pública, que, em rigor, mesmo deixando aos Estados uma margem de apreciação considerável face às circunstâncias do caso concreto, não convida à abstracção – sendo prova disso o facto de, em momento algum, o TJCE se ter proposto definir o conceito – mas sim à decisão de cada caso com estrito respeito pelas balizas impostas pelo Direito Comunitário (entre as quais as que constam das directivas referidas *supra*).

Justamente por constituir um conceito próprio a cada Estado, o conceito de ordem pública utilizado no TCE torna-se, em abstracto, indefinível neste contexto tão geral. A ordem pública consiste na defesa dos interesses que cada Estado tem por essenciais para salvaguarda da sociedade. Não podemos, por isso, falar de uma ordem pública comunitária unitária, permanecendo cada Estado-membro livre de tomar decisões que lhe pareçam conformes à ordem pública nacional[147].

Apesar disso, o TJCE tem-se considerado competente para, em matérias em que esteja em causa a ordem pública, controlar a validade de deci-

---

[144] Acórdão do TJCE de 26 de Fevereiro de 1975, *Carmelo Angelo Bonsignore contra Oberstadtdirektor der Stadt Köln*, Proc. N.º 67/74, *CJ*, 1975, p. 297, em que se reafirma a necessidade de que as medidas a tomar pelos Estados contra os nacionais de outros Estados da Comunidade tenham em conta o caso concreto, o que é o mesmo que dizer que a avaliação deve ter em conta a conduta pessoal dos indivíduos no sentido de que essas medidas só serão justificáveis caso a deportação se justifique face à ameaça para a paz e a segurança pública resultante da conduta daquele indivíduo em concreto.

[145] Acórdão do TJCE de 28 de Outubro de 1975, *Roland Rutili contra Ministre de l'intérieur*, Proc. N.º 36/75, *CJ*, 1975, p. 1219, no qual o TJCE enfatizou a excepcionalidade da medida, considerando que as medidas restritivas da liberdade de circulação no território comunitário com fundamento na ordem pública apenas podem verificar-se se a presença ou o comportamento dos indivíduos representar uma ameaça real e suficientemente grave para a ordem pública.

[146] Acórdão do TJCE de 27 de Outubro de 1977, *Regina contra Pierre Bouchereau*, Proc. N.º 30/77, *CJ*, 1977, p. 1999.

[147] Assim, LOUIS DUBOUIS, CLAUDE BLUMANN, *Droit materiel de l'Union européenne*, 3.ª ed., Montchrestien, 2004, p. 56.

sões dos Estados-membros face às regras do Direito Comunitário pois, como afirmou no já referido acórdão *Van Duyn*[148], o conceito de políticas públicas, sobretudo nos casos em que é utilizado como justificação para derrogar um princípio fundamental de Direito Comunitário, deve ser interpretado estritamente e ser sujeito a controlo pelas instituições comunitárias[149].

Tendo em conta a utilização feita pelo TJCE do referido conceito, não deve surpreender que muitos autores se tenham preocupado com o problema de saber se nos referimos a um conceito de pendor nacional ou de natureza comunitária.

Esta dualidade é explicada pela doutrina portuguesa de um modo que nos parece exemplar e que por isso aqui reproduzimos: se, por um lado, uma concepção comunitária da ordem pública se apoiaria no facto de a mera remissão para o Direito interno de cada Estado poder tornar impossível a aplicação do Direito Comunitário, «permitindo aos Estados Membros modificar *motu próprio,* isto é, de forma unilateral, o campo de aplicação do Tratado *rationae personae*»[150], por outro lado, na medida em que o próprio TCE reconhece a diversidade entre as ordens públicas dos Estados, «uma noção comunitária de ordem pública, na ausência de um poder político uno e integrado, não deixaria de constituir uma ficção, reflexo do

---

[148] Acórdão do TJCE de 4 de Dezembro de 1974, *Yvonne van Duyn contra Home Office*, Proc. n.º 41-74, *CJ*, 1974, p. 1337: «the concept of public policy in the context of the community and where, in particular, it is used as a justification for derogating from a fundamental principle of community law, must be interpreted strictly, so that its scope cannot be determined unilaterally by each member state without being subject to control by the institutions of the community. Nevertheless, the particular circumstances justifying recourse to the concept of public policy may vary from one country to another and from one period to another, and it is therefore necessary in this matter to allow the competent national authorities an area of discretion within the limits imposed by the treaty».

[149] Deste modo, o conceito de ordem pública utilizado pelo TCE tem uma natureza distinta do conceito de ordem pública internacional. Com efeito, enquanto este último se reveste de uma natureza «conflitual» pressupondo o funcionamento prévio de normas de conflitos e tendo por função a exclusão da aplicação da lei estrangeira pela lei do foro no caso de confronto com os valores essenciais do ordenamento jurídico do foro, o conceito de ordem pública referido no TCE tem uma natureza «material», visando a auto-exclusão do Direito Comunitário no caso de confronto com os valores essenciais de um ordenamento jurídico. Para maiores desenvolvimentos, NUNO ANDRADE PISSARRA, SUSANA CHABERT, *Normas de aplicação imediata, ordem pública internacional e direito comunitário*, Coimbra, Almedina, 2004, pp. 188-191.

[150] *Idem*, p. 186.

conceito nacional de ordem pública dominante nos Estados-membros com maior peso na decisão comunitária»[151].

Tem-se concluído, deste modo, pelo carácter *misto* do conceito de ordem pública utilizado pelo TCE, o qual, nos termos da interpretação feita pelo TJCE, releva a um mesmo tempo do Direito Comunitário e dos direitos nacionais dos Estados-membros[152].

A respeito da referência feita ao conceito de ordem pública no domínio do Direito da Concorrência pelo TJCE importa ainda considerar se a mesma pode ou não ser incluída como elemento integrante da reserva de ordem pública internacional dos Estados-membros.

Considera o TJCE que as instâncias nacionais devem incluir o artigo 101.º do TCE entre os seus fundamentos de ordem pública, na medida em que o mesmo consubstancia uma disposição fundamental ao bom funcionamento do mercado interno. Cumpre, pois, concluir que sentido operativo pretende o Tribunal atribuir a esta referência à ordem pública.

Trata-se, a nosso ver, de uma tentativa de integração desta norma comunitária – e, em sentido mais amplo, dos princípios essenciais do direito comunitário da concorrência encimados pela mesma necessidade imperiosa de garantia do bom funcionamento do mercado interno – no conceito de ordem pública internacional dos Estados-membros.

Refira-se, inclusivamente, como argumento a favor desta conclusão a referência feita ao facto de o artigo 101.º do TCE ser elegível como «disposição de ordem pública» no sentido da Convenção de Nova Iorque de 1958, onde também o conceito empregue é o conceito de ordem pública internacional.

Significa isto, portanto, que o TJCE considera essencial que, na análise aposteriorística (em relação ao funcionamento das normas de conflitos) empreendida pelas autoridades nacionais dos valores essenciais do

---

[151] MARIA LUÍSA DUARTE, *A liberdade de circulação de pessoas e a ordem pública no direito comunitário*, Coimbra, Coimbra Editora, 1992, p. 274.

[152] LOUIS DUBOUIS, CLAUDE BLUMANN, *Droit materiel de l'Union européenne*, 3.ª ed., Montchrestien, 2004, p. 56. Como preferem afirmar NUNO ANDRADE PISSARRA, SUSANA CHABERT, *Normas de aplicação imediata, ordem pública internacional e direito comunitário*, Coimbra, Almedina, 2004, p. 187, «ambas as teses têm um fundo de verdade e, por isso, a referida reserva deve ser entendida como uma noção híbrida: nacional quanto ao conteúdo e comunitária quanto à fonte, pois, por um lado, só faz sentido recorrer a tal reserva no sentido de escudar um determinado Estado Membro da ingerência comunitária, à luz de exigências internas e, por outro lado, o próprio Direito Comunitário tem uma palavra a dizer quanto à legitimidade de tal recurso, como demonstra a jurisprudência do TJCE».

ordenamento jurídico nacional – e, por arrastamento, no eventual afastamento da aplicação do direito estrangeiro – devem estas autoridades integrar os princípios considerados fundamentais pelo Direito Comunitário, entre os quais o princípio da protecção da concorrência.

Deste modo, chamados a apreciar a conformidade com os valores essenciais da ordem jurídica portuguesa de uma decisão de uma jurisdição que tenha aplicado uma lei estrangeira – designadamente, para o que ao caso importa, uma decisão de um tribunal arbitral –, os tribunais nacionais deverão necessariamente ter em conta a regra essencial que se retira da jurisprudência *Eco Swiss,* considerando, pois, como parte da ordem pública internacional, pelos motivos apontados, as normas previstas nos artigos 101.º e 102.º do TCE.

Tal como se defendeu anteriormente, também na arbitragem doméstica tem de se reconhecer como fundamento de anulação a violação de ordem pública interna, sendo neste caso o fundamento encontrado no facto de não se poder admitir a inexistência total de controlo pelo Estado da aplicação do seu direito imperativo. Isto significa que, admitindo-se a arbitrabilidade das questões de concorrência e, nos moldes anteriormente expostos, a aplicação das regras da Lei n.º 18/2003, de 11 de Junho, e, nos casos em que tal se justifique, as normas dos artigos 101.º e 102.º do TCE, não se afasta o controlo estadual da aplicação do direito imperativo, sendo tal controlo realizado mediante a verificação da aplicação das normas de ordem pública interna.

Ora, as regras de concorrência referidas integram precisamente o conjunto de regras imperativas do sistema jurídico do Estado português que, servindo de limite à autonomia privada, integram a ordem pública interna. Estará, pois, a cargo dos órgãos jurisdicionais públicos um *second look* sobre as decisões de tribunais arbitrais que, na ordem jurídica interna, apreciem questões que suscitem problemas jus-concorrenciais e que salvaguardem a aplicação das regras imperativas do Direito português (incluindo, aqui, quer as normas de fonte nacional quer também, em virtude do efeito directo das mesmas, as normas de concorrência de fonte comunitária) nos casos em que os árbitros não as apliquem (devendo fazê-lo) ou as apliquem de modo duvidoso ou indevido.

É necessário alguma cautela quanto ao exacto âmbito deste controlo da violação da ordem pública em matéria jus-concorrencial. A doutrina tem entendido que se deve atender apenas a violações manifestas da ordem pública. Por exemplo, por ter julgado abrangida por uma isenção ao abrigo do n.º 3 do artigo 101.º uma colusão entre empresas que não poderia como tal ter sido qualificada ou ter erroneamente e de modo grosseiro considerado não existirem efeitos nocivos para o mercado interno que efectivamente existiam ou ainda ter desconsiderado orientações expressas pela Comissão Europeia ou pelo TJCE relativamente ao sentido da aplicação das normas comunitárias)[153]. Esta orientação foi seguida no Caso Thalès Air Defence BV v. GIE Euromissile, onde o tribunal francês decidiu que apenas era causa de anulação de decisão arbitral uma violação óbvia, actual e concreta[154].

Numa primeira abordagem da delicada questão, parece-nos essencial que o controlo seja efectivo, sem que haja qualquer receio de reexames de mérito quanto a aspectos essenciais do regime jurídico. A recente crise financeira demonstrou, como a História o já havia feito, que não há desenvolvimento económico sem controlo público. Pelo que a autonomia privada deve conviver, e bem, com a possibilidade desse controlo.

É importante que a análise verifique se há violações graves de Direito da Concorrência, podendo tal exame implicar uma revisão do mérito da decisão.

5. Conclusão

Como inicialmente avançámos, pretendemos neste artigo iniciar o estudo das possibilidades da arbitragem na concorrência. São dois domínios aparentemente inconciliáveis, mas os caminhos de mútua compreensão estão lançados.

Não nos restam dúvidas de que as questões de concorrência são, em geral, arbitráveis, tendo em conta que a evolução do direito português vai no sentido de considerar arbitráveis os litígios relativamente disponíveis, afastando o conceito de arbitrabilidade da consagração de regras imperativas no direito em litígio.

O Direito da Concorrência, embora público na sua natureza, gera direitos cujos titulares são particulares ou situações jurídicas que podem ser

---

[153] LUCA G. RADICATI DI BROZOLO, «Antitrust: a Paradigm of the Relations Between Mandatory Rules and Arbitration – A Fresh Look at the "Second Look"», in *International Arbitration Law Review*, 2004 (7,1), pp. 29-30.

[154] DENIS BENSAÚDE, «Thalès Air Defence BV v. GIE Euromissile», in *Journal of International Arbitration*, 2005 (22-3), p. 243.

tuteladas ou exercidas por privados. Nesta área faz todo o sentido que a arbitragem seja um meio de resolução de litígios ao dispor dos intervenientes.

Se a via do diálogo está aberta, esta ampla arbitrabilidade coloca problemas de difícil resolução, quer prática, quer teórica, a que procurámos dar resposta. Do que analisámos, parece-nos que o eventual surgimento de arbitragens nesta área em Portugal trará ainda outros e mais difíceis problemas, mas julgamos que o nosso direito tem já a envergadura necessária para os ultrapassar.

Por último, estabelecemos como regra essencial para a adequada arbitrabilidade das questões de concorrência a possibilidade de controlo estadual através da violação da ordem pública. O mundo mostrou recentemente que a inexistência de controlo adequado é prejudicial ao desenvolvimento económico. A liberdade está necessariamente associada a responsabilidade. Uma postura responsável não teme, antes exige, o controlo público da sua actividade.

III
DIREITO DO CONSUMO

REFLEXÃO EM TORNO DOS CONTRATOS PROMOCIONAIS COM OBJECTO PLURAL

Jorge Morais Carvalho[*]

1. Introdução

Numa classificação dos contratos em função da prática comercial, os contratos promocionais com objecto plural assumem particular importância, em especial nas relações jurídicas estabelecidas entre um profissional e um consumidor.

Trata-se de uma prática bastante comum, através da qual um profissional promove a celebração de contratos pela inclusão de vários bens ou serviços no seu objecto, com a indicação de que um ou vários são oferecidos gratuitamente.

No contrato promocional com objecto plural, o profissional emite tipicamente uma declaração contratual com a natureza de proposta ao público, na qual manifesta a intenção de comercializar, no mesmo negócio, vários bens ou serviços, por um preço global predeterminado.

Característica deste contrato é a circunstância de um dos bens ou serviços ser apresentado ao consumidor como gratuito, ou seja, como brinde associado à celebração do contrato.

Em rigor, nos contratos promocionais com objecto plural não existe uma oferta gratuita, uma vez que o consumidor não adquire um bem ou

---

[*] Doutorando na Faculdade de Direito da Universidade Nova de Lisboa.

É com especial prazer que contribuo para estes *Estudos em Homenagem ao Professor Doutor Carlos Ferreira de Almeida*, que, para além de ter tido um papel determinante, nos primeiros anos de licenciatura, na minha paixão pelo Direito, teve influência decisiva no meu interesse pelo direito do consumo e, em especial, pela temática tratada no presente texto.

beneficia de um serviço a título gratuito. A suposta *oferta gratuita* depende da aquisição de um outro bem ou serviço no âmbito do mesmo negócio, pelo que se trata de um só contrato, com um preço global para o consumidor.

As obrigações emergentes deste contrato são, para o consumidor, o pagamento do preço e, para o profissional, a entrega dos bens vendidos e a prestação dos serviços contratados.

É o que sucede, por exemplo, na venda de três chocolates pelo preço de dois (ou, situação idêntica, mas configurada de forma diversa, venda de dois chocolates, com *oferta* de um terceiro), na *oferta* de uma lavagem do carro na compra de um conjunto de pneus, na *oferta* de uma máquina fotográfica com a adesão a um clube de férias ou na *oferta* do serviço de entrega ao domicílio ao titular de um cartão de fidelidade ou cliente de um supermercado aquando da realização de compras.

O objecto do contrato engloba no primeiro caso três chocolates, no segundo um conjunto de pneus e uma lavagem, no terceiro a adesão a um clube de férias e uma máquina fotográfica e no quarto as compras realizadas e a entrega no domicílio, sendo que em qualquer um deles a contrapartida consiste no pagamento de um preço global.

Em todos estes casos, não há verdadeiramente uma oferta gratuita, mas apenas a integração do preço do terceiro chocolate, da lavagem do carro, da máquina fotográfica ou do serviço de entrega ao domicílio no preço global proposto para o conjunto dos bens ou serviços incluídos no objecto do contrato.

Neste sentido, trata-se de uma prática enganosa para o destinatário da proposta, que é atraído para a celebração do contrato pela informação incorrecta de que um bem ou serviço é atribuído gratuitamente, encontrando-se, na realidade, o seu preço englobado no preço global relativo aos vários bens ou serviços integrados no objecto do contrato

Esta prática também pode ser nefasta para os destinatários, dado que, para além de o preço da suposta oferta ser repercutido no preço dos bens ou serviços da empresa ou estabelecimento que emite a proposta, o consumidor arrisca-se a comprar coisas inúteis, impulsionado pela ilusão da oferta de um brinde e, muitas vezes, do engano em relação ao preço do bem ou serviço principal[1].

---

[1] STÉPHANE PIEDELIÈVRES, *Droit de la Consommation*, Economica, Paris, 2008, p. 122.

Antes de descrever o regime jurídico aplicável aos contratos promocionais com objecto plural, procede-se a uma distinção em relação a figuras próximas, à análise dos regimes francês e belga e de uma importante decisão do Tribunal de Justiça da União Europeia (TJUE) sobre a matéria e à reflexão em torno da possibilidade de regular estes contratos face ao objectivo de harmonização máxima da Directiva sobre práticas comerciais desleais.

2. Distinção de figuras próximas

2.1. Oferta gratuita de bens ou serviços

Ao contrário do que sucede no contrato promocional com objecto plural, a prática comercial de oferta gratuita de bem ou serviço implica a efectiva atribuição ao consumidor de um bem ou serviço sem qualquer custo. O consumidor recebe o bem ou beneficia do serviço sem qualquer contrapartida financeira, relativa a esse ou a outro contrato.

Se o contrato promocional com objecto plural tem na sua base uma prática tendencialmente enganosa, a oferta gratuita de bens ou serviços constitui uma prática agressiva de promoção de uma empresa, de uma marca, de um estabelecimento ou simplesmente de um bem ou serviço. Em princípio, o consumidor não recusa uma oferta gratuita, pelo que é um meio eficaz de dar a conhecer a empresa ou o produto.

Por esta razão, a prática foi proibida em França entre 1973 e 1986, sendo actualmente permitida[2].

A oferta gratuita de bens ou serviços distingue-se do fornecimento de bens ou serviços não solicitados, regulados na alínea *f*) do artigo 12.º e no n.º 13.º do Dec.-Lei n.º 57/2008, de 26 de Março, na medida em que este pressupõe a exigência do pagamento do preço por parte do profissional (o objectivo do profissional consiste na celebração de um contrato oneroso) e a oferta constitui um contrato gratuito.

Em Portugal, a oferta de bens ou serviços é, em geral, permitida, sendo, no entanto, proibida a oferta gratuita de bens que visem a pro-

---

[2] Segundo STÉPHANE PIEDELIÈVRES, *Droit de la Consommation*, cit., p. 122, «considera-se nesta hipótese que o consentimento do consumidor não é viciado, pois nenhuma contrapartida aparente é exigida», embora o autor acrescente que «a gratuitidade neste domínio é necessariamente suspeita».

moção de produtos do tabaco[3], de medicamentos[4] e de fórmulas para lactentes[5].

Não existe na oferta gratuita uma ligação a um contrato oneroso, tratando-se de um contrato no qual o bem ou serviço é prestado a título gratuito.

Se se tratar de um bem, o contrato que está na base da oferta é um contrato de doação (artigo 940.º, n.º 1, do CC). Verifica-se a disposição gratuita de uma coisa, a diminuição do património do doador, embora com a ressalva de que este custo acaba por repercutir-se na actividade do profissional, e o espírito de liberalidade. O espírito de liberalidade não implica a natureza altruísta da doação[6], mas tão-só a atribuição de uma vantagem patrimonial a apenas um dos contraentes[7].

Se se tratar de um serviço, o contrato que está na base da oferta é um contrato de prestação de serviço gratuito, em qualquer uma das suas modalidades, conforme o serviço em causa.

Pode também estar em causa, em princípio, qualquer outro contrato, típico ou atípico, como um contrato de locação gratuito (por exemplo, o aluguer de um automóvel), um contrato de hospedagem gratuito ou um contrato de viagem organizada gratuito, entre outros.

Em princípio, aplicam-se as normas do respectivo tipo contratual, sendo especialmente relevante a definição do conteúdo do contrato, no sentido de determinar posteriormente a conformidade ou desconformidade da prestação.

No que respeita à doação, o doador apenas é responsável por qualquer vício no caso de se ter expressamente responsabilizado ou de ter procedido com dolo, nos termos do n.º 1 do artigo 957.º do CC. A principal razão de ser deste regime é a ideia, porventura errada, de que na doação, mesmo que o bem seja defeituoso, o donatário não sofre qualquer prejuízo.

---

[3] V. artigo 16.º, n.ºs 5 e 6, da Lei n.º 37/2007, de 14 de Agosto, sobre o consumo do tabaco.

[4] V. artigos 152.º e 162.º do Dec.-Lei n.º 176/2006, de 30 de Agosto (rectificado pela Declaração de rectificação n.º 73/2006, de 24 de Outubro), que estabelece o regime jurídico dos medicamentos de uso humano.

[5] V. artigo 13.º do Dec.-Lei n.º 217/2008, de 11 de Novembro.

[6] Neste sentido, PIRES DE LIMA e ANTUNES VARELA, *Código Civil Anotado*, vol. II, 4.ª ed., Coimbra Editora, Coimbra, 1997, p. 240.

[7] CARLOS FERREIRA DE ALMEIDA, *Texto e Enunciado na Teoria do Negócio Jurídico*, vol. I, Almedina, Coimbra, 1992, p. 529, refere-se a «unilateralidade da relação custo//benefício».

Ora, se esta teoria já é discutível em relação à generalidade dos contratos de doação, é especialmente desadequada nas doações para consumo, em que, por um lado, existe um intuito de promoção comercial por parte do profissional, que origina vantagens económicas, e, por outro lado, o valor da doação é repercutido no preço dos bens ou serviços colocados no mercado.

Não se pode aplicar o regime da compra e venda para consumo, previsto no Dec.-Lei n.° 67/2003, de 8 de Abril, uma vez que o contrato de doação não se encontra abrangido no respectivo âmbito de aplicação (cfr. artigo 1.°-A, introduzido pelo Dec.-Lei n.° 84/2008, de 21 de Maio).

No entanto, as normas gerais da Lei de Defesa do Consumidor aplicam-se a todos os contratos de consumo, incluindo a doação e outros contratos gratuitos. Assim, às ofertas de bens ou serviços de consumo aplicam-se, por exemplo, o artigo 4.°, que estabelece que «os bens e serviços destinados ao consumo devem ser aptos a satisfazer os fins a que se destinam e produzir os efeitos que se lhes atribuem, segundo as normas legalmente estabelecidas, ou, na falta delas, de modo adequado às legítimas expectativas do consumidor», e o n.° 5 do artigo 7.°, que, em matéria de relevância contratual da publicidade, determina que «as informações concretas e objectivas contidas nas mensagens publicitárias de determinado bem, serviço ou direito consideram-se integradas no conteúdo dos contratos que se venham a celebrar após a sua emissão, tendo-se por não escritas as cláusulas contratuais em contrário».

Aplica-se igualmente às ofertas de bens o regime da responsabilidade objectiva do produtor do Dec.-Lei n.° 383/89, de 6 de Novembro, alterado pelo Dec.-Lei n.° 131/2001, de 24 de Abril, sendo «ressarcíveis os danos resultantes de morte ou lesão pessoal e os danos em coisa diversa do produto defeituoso, desde que seja normalmente destinada ao uso ou consumo privado e o lesado lhe tenha dado principalmente este destino» (artigo 8.°). Não releva para a aplicação deste regime como é que o lesado teve contacto com o bem, mas apenas que este tenha sido posto em circulação pelo produtor.

2.2. Contratos ligados

Os contratos promocionais com objecto plural distinguem-se dos contratos ligados, na medida em que nos primeiros é celebrado um só contrato, ainda que com vários objectos (vários bens ou vários serviços), e nos segundos são celebrados dois contratos, impondo o profissional que, para a celebração de um deles, também seja celebrado o outro[8].

Nos contratos ligados, o profissional pretende comercializar dois bens ou serviços e aproveita a oportunidade de dispor de um bem ou serviço muito procurado para impor a celebração de outro contrato[9].

Assim, no caso de um clube de futebol exigir para a aquisição de um bilhete para determinado jogo a compra de uma camisola da equipa, estamos perante contratos ligados. Se esse mesmo clube promover a comercialização do bilhete com a indicação de *oferta* de uma camisola, trata-se, em princípio, de contrato promocional com objecto plural.

A fronteira entre as duas práticas nem sempre é evidente, sendo sempre necessário analisar se um contrato promocional não esconde, afinal, uma prática de contratos ligados, legalmente proibida (artigo 30.º do Dec.--Lei n.º 143/2001, de 26 de Abril), embora esta proibição possa considerar-se contrária à Directiva relativa às práticas comerciais desleais[10].

2.3. Reduções de preços

Os contratos com objecto plural podem levantar questões relacionadas com a temática das reduções de preços, aplicando-se o respectivo regime sempre que, sob a aparência de uma oferta gratuita no âmbito de um contrato oneroso, seja efectivamente concedido um desconto no preço global.

Assim, se o vendedor anuncia que, na compra de dez pacotes de leite, são entregues doze, trata-se na prática de um desconto no caso de o consumidor adquirir doze pacotes de leite. Nestes casos, é muitas vezes impossível diferenciar entre os bens vendidos e os bens supostamente oferecidos.

A problemática da comercialização de bens ou serviços com reduções de preço encontra-se no limiar entre o direito do consumo e o direito da

---

[8] JOSÉ DE OLIVEIRA ASCENSÃO, *Concorrência Desleal*, Almedina, Coimbra, 2002, p. 630, trata conjuntamente as duas práticas, sob a designação *vendas acopladas*.

[9] LUÍS MENEZES LEITÃO, «A Protecção do Consumidor contra as Práticas Comerciais Desleais e Agressivas», in *O Direito*, anos 134.º-135.º, 2002/2003, pp. 69-85, p. 83, salienta que nestes contratos o consumidor pode ser «confrontado com a necessidade de adquirir outros produtos de que efectivamente não necessita ou poderia obter na concorrência em melhores condições, quando apenas tem necessidade de adquirir um único desses produtos».

[10] Sobre esta questão, v. *infra* os pontos 4 e 5.

concorrência: por um lado, o objectivo é assegurar o conhecimento efectivo dos preços pelo consumidor; por outro lado, pretende defender-se o funcionamento regular dos mercados[11].

Quanto ao regime aplicável, é necessário ter em conta o Dec.-Lei n.º 70/2007, de 26 de Março.

Entre outros aspectos, o diploma impõe que o profissional mencione o novo preço e o preço anteriormente aplicado ou o novo preço e a percentagem de redução, não sendo, assim, permitida a mera indicação do preço anteriormente praticado e da percentagem de redução. A redução de preço deve ser real, i. e., tem de ter como referência o preço anteriormente praticado, que consiste no «preço mais baixo efectivamente praticado para o respectivo produto no mesmo local de venda, durante um período continuado de 30 dias anteriores ao início do período de redução» (n.º 2 do artigo 5.º).

3. Análise dos regimes jurídicos francês e belga

Ainda antes de descrever o regime aplicável em Portugal, é importante analisar os regimes jurídicos francês e belga, pioneiros numa regulação mais aprofundada desta matéria.

---

[11] Para GUILHERME MACHADO DRAY, «Venda com Redução de Preços», *in Estudos do Instituto de Direito do Consumo*, vol. I, 2002, pp. 233-253, p. 236, «a regulamentação da venda com redução de preços insere-se num dos níveis de actuação do direito do consumidor: a defesa da concorrência. Estamos, consequentemente, numa zona de fronteira, tendo em conta que a defesa da concorrência é tradicionalmente prosseguida tendo em vista outras finalidades e mediante um acervo normativo específico, particularmente configurado para efeitos de defesa do (bom) funcionamento dos mercados». O autor acrescenta (p. 239) que regulamentar nesta área tem «por objectivo evitar que os operadores divulguem informações enganosas sobre preços. Visa-se a clareza e exactidão na formação dos preços e no processo de formação negocial, a transparência do mercado e a promoção de uma concorrência leal». CAROLINA CUNHA, «Vendas com Prejuízo», *in Estudos de Direito do Consumidor*, n.º 5, 2003, pp. 207-242, p. 209, defende que «o dispositivo pretende proteger *os interesses do consumidor* em face dos riscos que comportam situações aparentemente benéficas; sem esquecer, em segunda linha, a defesa da *transparência* e de uma certa lisura nas práticas comerciais, bem como o objectivo de *possibilitar o controlo* de algumas delas pelas autoridades competentes».

3.1. Regime francês

Em França, a regulamentação da designada venda com brindes (*vente avec primes*) teve origem numa lei de 20 de Março de 1951, que proibiu esta prática.

Os três objectivos principais da proibição eram lutar contra a inflação, proteger os consumidores contra um aumento do consumo e salvaguardar uma concorrência leal entre as empresas[12].

O regime foi alterado em 1986, com vista a reduzir o impacto da proibição, estimulando a concorrência através da permissão da promoção de bens e serviços, embora garantindo a informação aos consumidores[13].

Actualmente, o artigo L. 121-35 do Code de la consommation estabelece que «é proibida qualquer venda ou proposta para venda de produtos ou bens ou qualquer prestação de serviço ou proposta para prestação de serviço feita aos consumidores e que dê direito, a título gratuito, imediata ou posteriormente, a um brinde que consista em produtos, bens ou serviços, excepto se forem idênticos aos bens ou serviços objecto da venda ou prestação de serviço. Esta disposição não se aplica aos bens ou serviços de pequeno valor nem às amostras».

A parte regulamentar do Código complementa esta norma, estabelecendo que constituem bens ou serviços de pequeno valor aqueles que não ultrapassem 7% do valor do bem, no caso de este ser superior a € 80, € 5 acrescido de 1% do valor do bem, no caso de este ser inferior a € 80 e, em qualquer caso, € 60 (artigo R. 121-8)[14]. O artigo R. 121-9 determina que

---

[12] MICHEL PÉDAMON, «La Réglementation des Ventes avec Primes: Entre Droit de la Consommation et Droit de la Concurrence», in *Études de Droit de la Consommation – Liber amicorum Jean Calais-Auloy*, Dalloz, Paris, 2004, pp. 823-834, p. 824. CAROLE OUERDANE-AUBERT DE VINCELLES, *Altération du Consentement et Efficacité des Sanctions Contractuelles*, Dalloz, Paris, 2002, p. 297, refere que «a venda com brindes é interdita, ainda que o comprador possa estar muito satisfeito com a sua compra. O que a lei reprime então é a prática desleal que consiste em fazer crer na existência de um brinde que é na realidade ilusório».

[13] MICHEL PÉDAMON, «La Réglementation des Ventes avec Primes: Entre Droit de la Consommation et Droit de la Concurrence», cit., pp. 826 e 827.

[14] Estes bens ou serviços podem ser oferecidos ao consumidor, mas estão sujeitos a um dever pré-contratual de transparência e de comunicação de cláusulas mais rígido. Com efeito, o artigo R. 121-10 estabelece que «devem fazer referência, de forma visível e indelével, ao nome, denominação da marca, sigla ou logótipo da pessoa interessada na publicidade. As amostras devem ter a indicação: «Amostra gratuita não pode ser vendida», inscrita de forma visível, indelével e aparente na sua apresentação».

«não são considerados brindes [...] o acondicionamento habitual do produto, os bens, produtos ou prestações de serviços que sejam indispensáveis à utilização normal do produto, do bem ou do serviço objecto da venda, [...] as prestações de serviço pós-venda e as facilidades de estacionamento oferecidas pelos comerciantes aos seus clientes [... e] as prestações de serviços gratuitas que não sejam normalmente objecto de contrato oneroso e não tenham valor de mercado».

Analisando estas normas, é fácil concluir pela sua complexidade, existindo muitas dúvidas acerca da licitude de algumas práticas.

Há, no entanto, várias conclusões que podem ser retiradas do regime.

Assim, é necessário que exista um contrato ou uma proposta de contrato oneroso, no âmbito do qual é entregue o brinde[15]. Se não existir, estamos perante uma oferta de um bem ou serviço, a qual é permitida desde 1986. Também estamos perante uma oferta gratuita no caso de o profissional não informar o consumidor acerca do brinde antes da celebração do contrato[16], uma vez que não existe aquilo que a lei procura evitar, que é uma relação entre a oferta e a decisão de contratar.

Apesar da referência comum a *vente avec primes*, o regime aplica-se quer a contratos de compra e venda quer a contratos de prestação de serviço e aplica-se mesmo que o consumidor não tenha aceitado o brinde, bastando a proposta da sua oferta, ou seja, a tentativa de o oferecer[17].

A proibição não abrange a redução de preços (descontos)[18], o que significa que esta prática é regulada por outras normas do Code de la consommation. A oferta de dinheiro não se considera, portanto, um brinde[19].

Tem-se entendido que é válida, pelo menos face às regras de direito do consumo, a designada *prime autopayante*, que consiste na atribuição de um desconto num produto de outra marca ao adquirente de um determinado bem ou serviço[20], à qual é equiparada a prática do *couponnage élec-*

---

[15] STÉPHANE PIEDELIÈVRES, *Droit de la Consommation*, cit., p. 122, e YVES PICOD e HÉLÈNE DAVO, *Droit de la Consommation*, Armand Colin, Paris, 2005, p. 84.

[16] GILLES TAORMINA, *Théorie et Pratique du Droit de la Consommation – Aspects Généraux et Contrats Spéciaux*, Librairie de l'Université d'Aix-en-Provence Éditeur, Aix-en-Provence, 2004, p. 482.

[17] STÉPHANE PIEDELIÈVRES, *Droit de la Consommation*, cit., p. 122.

[18] JEAN BEAUCHARD, *Droit de la Distribution et de la Consommation*, Presses Universitaires de France, Paris, 1996, p. 376, e GUY RAYMOND, *Droit de la Consommation*, Litec, Paris, 2008, p. 132.

[19] STÉPHANE PIEDELIÈVRES, *Droit de la Consommation*, cit., pp. 122 e 123.

[20] Para GUY RAYMOND, *Droit de la Consommation*, cit., p. 132, esta prática «consiste na atribuição de um desconto a quem adquirir um produto de outra marca, desde que

tronique[21], que consiste na atribuição de descontos em aquisições futuras no mesmo estabelecimento (os chamados *descontos em cartão*).

Não é relevante o momento em que o brinde é entregue, podendo este acto coincidir ou não com o momento da celebração do contrato. O regime aplica-se, nomeadamente, aos brindes que resultem da acumulação de pontos em cartão de cliente[22].

O brinde é permitido se o bem ou serviço for idêntico ao objecto da transacção principal, pelo que se permite a atribuição de unidades gratuitas (por exemplo, *compre 12 e leve 13*) ou a oferta de uma quantidade do produto na mesma embalagem[23]. Atente-se que a única definição de brinde na lei portuguesa – a do Dec.-Lei n.º 291/2001, de 20 de Novembro, relativo à comercialização de géneros alimentícios com brinde – introduz o requisito que este tenha natureza diferente da do bem promovido[24]. No entanto, neste caso, o objectivo é exactamente o perigo para a saúde que pode resultar da mistura de um alimento com uma substância não comestível.

A noção de bem idêntico não é evidente, podendo discutir-se se a referência pode ser um tipo de bens ou se tem de se tratar de bens produzidos em série, que sejam efectivamente idênticos, não sendo possível distingui-los[25].

---

esta operação não envolva custos para esta última»; para STÉPHANE PIEDELIÈVRES, *Droit de la Consommation*, cit., p. 123, «consiste em conceder a um adquirente a possibilidade de obter um produto diferente, normalmente a um preço mais baixo»; para MICHEL PÉDAMON, «La Réglementation des Ventes avec Primes: Entre Droit de la Consommation et Droit de la Concurrence», cit., pp. 828 e 829, consiste «em oferecer a qualquer comprador de um produto ou de um serviço principal um artigo ou serviço suplementar a um preço reduzido».

[21] GILLES TAORMINA, *Théorie et Pratique du Droit de la Consommation – Aspects Généraux et Contrats Spéciaux*, cit., p. 483, e STÉPHANE PIEDELIÈVRES, *Droit de la Consommation*, cit., p. 123.

[22] GUY RAYMOND, *Droit de la Consommation*, cit., p. 132.

[23] STÉPHANE PIEDELIÈVRES, *Droit de la Consommation*, cit., p. 124.

[24] V. alínea g) do artigo 2.º, que define brindes como «quaisquer objectos ou produtos estranhos à composição dos géneros alimentícios que, misturados directa ou indirectamente com estes, têm por finalidade a promoção comercial do género alimentício, dos próprios objectos ou produtos ou ainda de um outro bem, de um serviço ou de uma ideia».

[25] Sobre a orientação dos tribunais franceses sobre a questão, v. YVES PICOD e HÉLÈNE DAVO, *Droit de la Consommation*, cit., p. 85. GILLES TAORMINA, *Théorie et Pratique du Droit de la Consommation – Aspects Généraux et Contrats Spéciaux*, cit., p. 483, critica a jurisprudência, na medida em que exige, por vezes, a total identidade.

No que respeita aos brindes de pequeno valor, permite-se a sua atribuição porque se entende que o consumidor não os tem em conta na sua decisão[26], conclusão muito discutível. Com efeito, esta prática só é utilizada porque incita ao consumo, independentemente do valor dos bens. Aliás, com este regime, apenas os bens com menor qualidade podem ser incluídos no contrato.

Em relação aos bens ou serviços indispensáveis à utilização normal do produto, estão em causa, por exemplo, as pilhas para um aparelho electrónico ou as lâminas para uma máquina de barbear[27].

No que respeita ao regime jurídico aplicável aos brindes permitidos, nomeadamente em matéria de qualidade e de desconformidade, a lei francesa não contém disposições específicas.

3.2. Regime belga

Na Bélgica, os artigos 54 a 62 da Lei sobre as práticas comerciais e sobre a informação e a protecção do consumidor[28] regulam a oferta conjunta de bens ou serviços ao consumidor, definida como «aquisição, gratuita ou não, de bem, serviços ou quaisquer outras vantagens, ou de títulos permitindo a sua aquisição, está ligada à aquisição de outros produtos ou serviços, mesmo idênticos».

Esta norma abrange quer os contratos promocionais com objecto plural quer os contratos ligados. A referência a aquisição gratuita remete para os primeiros e a referência a aquisição não gratuita, ou seja, onerosa, remete para os segundos. O requisito da *ligação* à aquisição de outro bem ou serviço não faz a distinção entre a situação em que existe apenas um contrato (contrato promocional com objecto plural) ou dois contratos (contratos ligados).

Tal como no direito francês, a regra geral é a de que a oferta conjunta de bens ou serviços é proibida (artigo 54), com excepção das situações previstas nos artigos 55 a 58, em que a associação é permitida por se tratar de bens ou serviços que constituem um conjunto.

---

[26] STÉPHANE PIEDELIÈVRES, *Droit de la Consommation*, cit., p. 124.
[27] JEAN BEAUCHARD, *Droit de la Distribution et de la Consommation*, cit., p. 377.
[28] Loi du 14 juillet 1991 sur les pratiques du commerce et sur l'information et la protection du consommateur.

4. Acórdão do TJUE de 23 de Abril de 2009 (Processos C-261/07 e C-299/07)

O TJUE foi chamado a pronunciar-se sobre a compatibilidade da lei belga com a Directiva 2005/29/CE, do Parlamento Europeu e do Conselho, de 11 de Março de 2005, relativa às práticas comerciais desleais das empresas face aos consumidores no mercado interno.

A Directiva 2005/29/CE é uma directiva de harmonização máxima (artigo 4.º), pelo que os estados-membros não podem, no momento da transposição, adoptar ou manter disposições mais favoráveis aos consumidores, nomeadamente proibindo práticas que não se encontrem expressamente referidas no diploma comunitário.

O tribunal belga (Rechtbank van koophandel te Antwerpen) que submeteu ao TJUE as questões prejudiciais, resultantes de dois processos distintos, pretendia saber se a lei belga se encontrava em conformidade com a Directiva.

Tendo em conta a descrição feita pelo TJUE (pontos 20 a 26 do acórdão), o objecto dos litígios era relativamente parecido. Num caso, uma empresa de distribuição de combustíveis oferecia aos consumidores detentores de um cartão de cliente três semanas gratuitas de assistência na reparação de avarias, por cada enchimento de pelo menos 25 litros por automóvel ou de pelo menos 10 litros por ciclomotor, tendo outra empresa, que exerce actividade no domínio da reparação de avarias, requerido ao tribunal que ordenasse a cessação dessa prática comercial, por violar a lei que proíbe as ofertas conjuntas. No outro caso, o litígio opunha a sociedade gestora de uma loja de roupa e a editora que publica uma revista, considerando a primeira que a segunda violou a lei belga ao acompanhar a revista com uma caderneta que conferia direito a um desconto de 15% a 25% sobre produtos vendidos em certas lojas de roupa interior situadas na Região da Flandres.

Os governos belga e francês, no intuito de defender a possibilidade de manutenção da sua legislação perante o TJUE, sustentaram, respectivamente, que as ofertas conjuntas não se encontram abrangidas pelo âmbito de aplicação da Directiva e que a Directiva não impede os estados-membros de proteger o consumidor de forma mais eficaz.

Na sua resposta, o TJUE começa por considerar que as ofertas conjuntas constituem práticas comerciais, para o efeito da aplicação da Directiva (ponto 49). Depois, salienta o objectivo de harmonização total do diploma comunitário (ponto 53), defendendo expressamente que «os estados-membros não podem adoptar medidas mais restritivas que as definidas pela Directiva, mesmo para alcançarem um grau mais elevado de protecção dos consumidores». Tendo em conta este aspecto, como as ofertas conjuntas não são proibidas pelo Anexo I da Directiva, entende o tribunal que «é forçoso reconhecer que, ao estabelecer uma presunção de ilegalidade das ofertas conjuntas, uma regulamentação nacional como a que está em causa nos processos principais não satisfaz as exigências impostas pela Directiva» (ponto 59).

Portanto, o TJUE responde às questões prejudiciais no sentido de que «a Directiva 2005/29/CE [...] deve ser interpretada no sentido de que se opõe a uma regulamentação nacional, como a que está em causa nos litígios dos processos principais, que, salvo certas excepções e sem ter em conta as circunstâncias específicas do caso em apreço, proíbe qualquer oferta conjunta feita por um vendedor a um consumidor».

Esta decisão pode afectar não só as normas directamente relacionadas com o caso, mas também qualquer legislação nacional de conteúdo idêntico[29], como o regime francês, descrito e analisado no ponto anterior. Também a norma portuguesa que proíbe os contratos ligados pode ser posta em causa por esta decisão, uma vez que a lei belga censurada pelo TJUE trata conjuntamente destes contratos e dos contratos promocionais com objecto plural.

No entanto, esta decisão não impede um estado-membro de adoptar um regime regulador destas práticas, encontrando-se apenas limitado pela impossibilidade de determinar a sua proibição.

5. Directiva 2005/29/CE – Harmonização máxima e protecção do consumidor

Complementando a análise do acórdão, importa reflectir em termos genéricos sobre os objectivos da Directiva relativa às práticas comerciais desleais, tentando perceber os termos em que reflecte uma alteração significativa na política europeia de defesa do consumidor.

---

[29] Ainda antes da decisão do tribunal, face à opinião do advogado-geral, JULES STUYCK, «Unfair Terms», in *Modernising and Harmonising Consumer Contract Law*, Sellier, Munich, 2009, pp. 115-144, p. 142, já escrevia que «muitos estados-membros (incluindo França, Alemanha e Bélgica) terão de revogar um certo número de normas ainda existentes sobre promoções de vendas».

Ao contrário de anteriores directivas de direito do consumo, esta é de harmonização máxima, estabelecendo regras uniformes ao nível comunitário, o que significa que os estados-membros não podem adoptar normas mais protectoras dos consumidores, em especial na medida em que se restrinja a livre prestação de serviços ou a livre circulação de mercadorias no mercado interno (artigo 4.º)[30].

A generalidade dos diplomas comunitários aprovados na área do direito do consumo tem como objectivo, por um lado, a protecção do consumidor e, por outro, o desenvolvimento do mercado interno, mediante a harmonização de normas, facilitando-se assim as trocas comerciais entre os estados-membros[31].

O objectivo de harmonizar as normas nacionais não é totalmente alcançado com a adopção de directivas de harmonização mínima[32], uma vez que estas permitem que os estados-membros adoptem ou mantenham normas mais protectoras dos consumidores[33].

Este é um dos problemas das directivas de harmonização mínima. No entanto, deve notar-se que, desta forma, os direitos dos consumidores são mais bem protegidos, não sendo imposta uma diminuição do nível de protecção[34].

---

[30] ASSUNÇÃO CRISTAS, «Concorrência Desleal e Protecção do Consumidor: A Propósito da Directiva 2005/29/CE», *in Prof. Doutor Inocêncio Galvão Telles: 90 Anos – Homenagem da Faculdade de Direito de Lisboa*, Almedina, Coimbra, 2007, pp. 141-162, p. 144.

[31] Cfr. KAMIEL MORTELMANS, «Harmonisation Minimale et Droit de la Consommation», *in Revue Européenne de Droit de la Consommation*, n.º 1, 1988, pp. 3-20, p. 3. ASSUNÇÃO CRISTAS, «Concorrência Desleal e Protecção do Consumidor: A Propósito da Directiva 2005/29/CE», cit., pp. 142 e 143, salienta que «não é muito claro se [... o] acarinhar expresso da defesa dos consumidores constitui um objectivo em si mesmo ou se está, de alguma maneira, instrumentalizado à construção do mercado único».

[32] Por exemplo, em relação ao direito de arrependimento nos contratos celebrados à distância, a norma da Directiva (que se referia a um prazo mínimo de sete dias) foi transposta para o direito interno dos estados-membros, mas o prazo dentro do qual este direito pode ser exercido não se encontra harmonizado: se nos direitos francês, belga, austríaco, inglês e espanhol o prazo de sete dias foi mantido, em Itália esse prazo é de dez dias úteis, em Portugal de catorze dias seguidos e na Alemanha de duas semanas.

[33] V., por exemplo, o artigo 8.º da Directiva 93/13/CEE, o artigo 14.º da Directiva 97/7/CE e o artigo 8.º, n.º 2, da Directiva 1999/44/CE.

[34] Neste sentido, cfr. STEPHEN WEATHERILL e PAUL BEAUMONT, *EU Law – The Essential Guide to the Legal Workings of the European Union*, 3.ª ed., Penguin Books, London, 1999, p. 1037.

No que respeita às directivas de harmonização máxima, tornam menos significativas as diferenças de regime entre estados-membros[35], mas a possibilidade de melhorar a posição do consumidor diminui[36].

Pode, assim, dizer-se que as directivas de harmonização mínima visam a protecção dos consumidores e que as directivas de harmonização máxima se dirigem tendencialmente para a defesa do mercado comum e para a inexistência de barreiras às trocas comerciais entre os estados--membros.

Tal como se conclui no acórdão referido no ponto anterior, a Directiva 2005/29/CE impõe aos estados-membros uma transposição nos termos previstos, sem permitir a concessão aos consumidores de um nível de protecção superior[37]. Isto significa que, na transposição da Directiva para o direito interno, os estados-membros se encontram obrigados a revogar qualquer norma que proíba uma prática não regulada pelo acto comunitá-

---

[35] Como os actos normativos comunitários não cobrem todas as matérias, JULES STUYCK, «Patterns of Justice in the European Constitutional Charter: Minimum Harmonisation in the Field of Consumer Law», in *Law and Diffuse Interests in the European Legal Order – Recht und Diffuse Interessen in der Europäischen Rechtordnung – Liber Amicorum Norbert Reich*, Nomos Verlagsgesellschaft, Baden-Baden, 1997, pp. 279-288, p. 284, defende que todas as directivas têm um efeito de harmonização mínima. Atente-se igualmente nas implicações que as diversidades jurídica e linguística podem ter ao nível de uma harmonização legislativa eficaz (JORGE MORAIS CARVALHO, «La Protección de los Consumidores en la Unión Europea: ¿Mito o Realidad?», in *Criterio Jurídico – Revista de la Pontificia Universidad Javeriana Cali*, Vol. 6, 2006, pp. 243-266, pp. 253 a 257).

[36] Como defende HUGH COLLINS, «The Unfair Commercial Practices Directive», in *European Review of Contract Law*, Vol. I, n.º 4, 2005, pp. 417-441, p. 430, as directivas de harmonização máxima têm o problema de «congelar a protecção dos consumidores na Europa», já que não permitem a adopção de normas mais protectoras.

[37] Sobre a importância deste diploma e a actual tendência de adoptar directivas de harmonização máxima, cfr. GERAINT HOWELLS, «The Scope of European Consumer Law», in *European Review of Contract Law*, vol. 1, n.º 3, 2005, pp. 360-372, p. 364. A esta mudança de método do legislador comunitário, privilegiando as directivas de harmonização máxima, também se refere BRIGITTA LURGER, «The Future of European Contract Law between Freedom of Contract, Social Justice, and Market Rationality», in *European Review of Contract Law*, Vol. I, n.º 4, 2005, pp. 442-468, pp. 452 e 453, que encontra justificação na visão reinante na Europa de que as leis devem estar centralizadas em torno do funcionamento do mercado interno («strictly market functional approach»). ASSUNÇÃO CRISTAS, «Concorrência Desleal e Protecção do Consumidor: A Propósito da Directiva 2005/29/CE», cit., p. 159, refere mesmo que, «com esta directiva, [...] o paradigma alterou-se», defendendo que se terá «porventura verificado que a existência de níveis diferentes de protecção constituía um factor de retracção dos agentes económicos».

rio[38], como o artigo 30.º do Dec.-Lei n.º 143/2001, de 26 de Abril, relativo aos contratos ligados.

Ao impedir os estados-membros de legislar sobre estas matérias, opera-se uma transferência de competências para a União Europeia em matéria de direito privado[39].

Portanto, se as directivas de harmonização mínima nem sempre cumprem o objectivo de aproximar a legislação dos estados-membros, têm a vantagem, do ponto de vista do consumidor, de permitir que cada ordenamento jurídico analise a questão autonomamente[40], permitindo a manutenção ou a adopção de normas mais protectoras[41-42].

A Directiva 2005/29/CE não constitui excepção, como se pode ler nos considerandos 3, 4, 5 e 12, que referem que a manutenção ou aprovação pelos estados-membros de disposições que assegurem aos consumidores uma protecção mais ampla «causam incerteza sobre quais as dis-

---

[38] ASSUNÇÃO CRISTAS, «Concorrência Desleal e Protecção do Consumidor: A Propósito da Directiva 2005/29/CE», cit., p. 145.

[39] STEPHEN WEATHERILL, «Maximum or Minimum Harmonisation – What Kind of Europe Do We Want?», in *The Future of European Contract Law*, Kluwer Law International, Alphen aan den Rijn, 2007, pp. 133-146, p. 145, e HANS-W. MICKLITZ, «The Targeted Full Harmonisation Approach: Looking Behind the Curtain», in *Modernising and Harmonising Consumer Contract Law*, Sellier, Munich, 2009, pp. 47-85, p. 56.

[40] STEPHEN WEATHERILL, «Minimum Harmonisation as Oxymoron? The Case of Consumer Law», in *Verbraucherrecht in Deutschland – Stand und Perspektiven*, Nomos, Baden-Baden, 2005, pp. 15-36, p. 33, refere que «a rejeição da harmonização mínima é perigosamente antagónica da preservação da autonomia regulamentar local e do espaço para a experimentação, que é de grande valor para a União Europeia».

[41] ROGER VAN DEN BERGH, «Forced Harmonisation of Contract Law in Europe: Not to be Continued», in *An Academic Green Paper on European Contract Law*, Kluwer Law International, London, 2002, pp. 249-268, faz uma análise dos custos e dos benefícios da harmonização de leis.

[42] THOMAS WILHELMSSON, «European Consumer Law: Theses on the Task of the Member States», in *Verbraucherrecht in Deutschland – Stand und Perspektiven*, Nomos, Baden-Baden, 2005, pp. 37-63, p. 41, nota 22, aborda a questão da harmonização máxima na óptica do *deficit* democrático. Defende o autor que «a harmonização mínima permite aos cidadãos dos estados-membros optar democraticamente por um nível de protecção mais elevado. Este princípio democrático é normalmente desvalorizado por aqueles que, utilizando palavras como paternalismo ou similares, consideram que a protecção do consumidor tem as suas origens num misterioso "pai" externo que retira opção ao consumidor». STEPHEN WEATHERILL, «Maximum or Minimum Harmonisation – What Kind of Europe Do We Want?», cit., p. 146, considera mesmo que «o debate sobre a "harmonização máxima" merece estar ligado com o debate mais alargado sobre a *Europa*».

posições nacionais aplicáveis a práticas comerciais lesivas dos interesses económicos dos consumidores e criam muitos entraves que afectam empresas e consumidores», que as diferenças de regime «aumentam o custo, para as empresas, do exercício das liberdades ligadas ao mercado interno, em especial quando as empresas efectuam marketing, campanhas publicitárias ou promoções comerciais ao nível transfronteiriço», que «tais obstáculos só podem ser eliminados através da introdução de regras uniformes ao nível comunitário que estabeleçam um nível elevado de protecção dos consumidores e da clarificação de determinados conceitos legais, também ao nível comunitário, na medida em que tal seja necessário para o bom funcionamento do mercado interno e para satisfazer a necessidade de segurança jurídica» e que consumidores e empresas «passarão a poder contar com um quadro jurídico único baseado em conceitos legais claramente definidos regulando todos os aspectos das práticas comerciais desleais na União Europeia»[43].

Também no preâmbulo do Dec.-Lei n.º 57/2008 se pode ler que «o desenvolvimento de práticas comerciais leais é essencial para assegurar a confiança dos consumidores no mercado, para garantir a concorrência e para promover o desenvolvimento de transacções comerciais transfronteiriças».

Não se pode, no entanto, deixar de mencionar que a Directiva (e por consequência o diploma de transposição) se baseia num nível de protecção elevado dos consumidores[44], proibindo as práticas mais nocivas para estes e contendo uma cláusula geral suficientemente aberta para nela se poder incluir outras práticas[45].

---

[43] Assunção Cristas, «Concorrência Desleal e Protecção do Consumidor: A Propósito da Directiva 2005/29/CE», cit., p. 143, resume de forma clara a razão de ser do diploma: «Protege-se o consumidor, porquanto se está a proteger o mercado e ao proteger-se o mercado percebe-se que é uma boa maneira de proteger o consumidor. Protecção da concorrência e protecção do consumidor são objectivos convergentes na prossecução do objectivo último de desenvolvimento do mercado interno».

[44] Como defendem Geraint Howells e Thomas Wilhelmsson, *EC Consumer Law*, Dartmouth, Aldershot, 1997, p. 302, «o principal objectivo do direito comunitário do consumo – criar condições harmonizadas de concorrência no mercado interno – não o impede de ter também objectivos de protecção do consumidor».

[45] Neste sentido, Geraint Howells e Thomas Wilhelmsson, *EC Consumer Law*, cit., p. 304, destacam que «é claro que muitas directivas melhoraram a posição dos consumidores – por vezes consideravelmente – pelo menos em alguns países. Também em países mais avançados na protecção dos consumidores, como os nórdicos, podem observar-se algumas melhorias».

O problema é que um direito do consumo eficaz, pelo menos em Portugal, não passa por cláusulas gerais, a concretizar por tribunais aos quais os litígios raramente chegam[46]. Em muitos casos, afigura-se necessária a intervenção da lei para pôr termo a uma determinada prática comercial atentatória dos direitos dos consumidores. Neste momento, face à Directiva 2005/29/CE, os estados-membros não podem intervir neste domínio[47], ficando qualquer alteração dependente do processo legislativo comunitário, lento e distante de problemas específicos de alguns países ou regiões[48].

À custa de uma intervenção eficaz na protecção dos consumidores, garante-se segurança jurídica às empresas[49].

É curioso notar que, nas últimas décadas, em paralelo com o crescimento da influência das teorias que defendem a protecção da parte mais débil do contrato, o princípio da protecção do consumidor passou a integrar, pelo menos a nível europeu, o objectivo de eliminação de qualquer barreira à iniciativa económica, sendo assim utilizado para promover o sistema económico vigente[50].

---

[46] JORGE PEGADO LIZ, «A "Lealdade" no Comércio ou as Desventuras de uma Iniciativa Comunitária (Análise Crítica da Directiva 2005/29/CE)», *in Revista Portuguesa de Direito do Consumo*, n.º 44, 2005, pp. 17-93, p. 76, defende que as noções previstas no diploma «têm uma característica comum – são totalmente subjectivas e insusceptíveis de uma verificação objectiva por padrões científicos ou comprováveis».

[47] Como se refere no considerando 17 do preâmbulo do diploma comunitário, a lista de práticas comerciais é exaustiva, só podendo «ser alterada mediante revisão» da directiva.

[48] JORGE PEGADO LIZ, «A "Lealdade" no Comércio ou as Desventuras de uma Iniciativa Comunitária (Análise Crítica da Directiva 2005/29/CE)», cit., p. 84, refere-se a um *imobilismo* com referência à lista fechada de práticas consideradas sempre desleais, «não permitindo o adicionamento de situações novas que venham a ser detectadas».

[49] Como refere ASSUNÇÃO CRISTAS, «Concorrência Desleal e Protecção do Consumidor: A Propósito da Directiva 2005/29/CE», cit., p. 160, «para a Europa é mais importante o fortalecimento e o crescimento de um mercado interno do que a protecção do consumidor, [sendo] que esta será sustentada enquanto for um bom suporte àquele objectivo e secundarizada se se tornar um entrave». JORGE PEGADO LIZ, «A «Lealdade» no Comércio ou as Desventuras de uma Iniciativa Comunitária (Análise Crítica da Directiva 2005/29//CE)», cit., p. 86, fala em «cedência manifesta à concepção que pretende reduzir a protecção de consumidores à realização do mercado único».

[50] CARLOS FERREIRA DE ALMEIDA, *Direito do Consumo*, Almedina, Coimbra, 2005, p. 88, refere-se à «percepção legislativa de que a confiança dos consumidores é indispensável para o crescimento económico». GERAINT HOWELLS e THOMAS WILHELMSSON, *EC Consumer Law*, cit., p. 337, salientam a ironia de que, «agora que a protecção dos consumidores tem uma posição firme no Tratado [...], há sinais de que a ideologia do mercado

Os próximos anos serão decisivos para perceber se o direito do consumo, autonomamente ou através de influência positiva sobre o direito dos contratos[51] e a sua absorção por este[52], se vai impor como fonte geradora de diminuição de desequilíbrios ou se vai ser um simples instrumento do mercado, eventualmente potenciador de mais desequilíbrios.

6. Regime jurídico dos contratos promocionais com objecto plural

No direito português não existem normas gerais sobre contratos promocionais com objecto plural, que proíbam ou regulem a compra e venda ou a prestação de serviço com brindes[53].

A lei apenas proíbe a comercialização de géneros alimentícios com brindes. Esta proibição, consagrada no Dec.-Lei n.° 291/2001, de 20 de Novembro, está em grande parte relacionada com a tradição que existia em Portugal de inserir um brinde no bolo-rei. O regime tem como objectivo não a protecção económica dos consumidores ou dos concorrentes mas, como se pode ler no preâmbulo, a diminuição dos «riscos para a segurança

---

interno está a tornar-se dominante». CHRISTOPH SCHMID, «The Instrumentalist Conception of the Acquis Communautaire in Consumer Law and its Implications on a European Contract Law Code», in *European Review of Contract Law*, Vol. 1, n.° 2, 2005, pp. 211-227, p. 211, defende que «a concepção instrumental do direito do consumo europeu, que está orientado para a integração do mercado, é incompatível com a concepção clássica do direito privado, que visa a realização da justiça entre as partes».

[51] A influência do direito do consumo sobre o direito privado em geral é sublinhada por HANS-W. MICKLITZ, «De la Nécessité d'une Nouvelle Conception pour le Développement du Droit de la Consommation dans la Communauté Européenne», in *Études de Droit de la Consommation* – Liber Amicorum *Jean Calais-Auloy*, Dalloz, Paris, 2004, pp. 725--750, pp. 744 e 745.

[52] CARLOS FERREIRA DE ALMEIDA, *Direito do Consumo*, cit., p. 211, entende que, se os critérios teleológicos predominarem sobre os critérios subjectivos, o direito do consumo poderá dissolver-se e, então, «não terá passado de uma estrela cadente, cujo fulgor, intenso mas efémero, se extinguirá quando, após quarenta ou cinquenta anos de ascensão, chegar o tempo da queda e da reintegração num grande corpo do universo jurídico».

[53] No artigo 148.° do Anteprojecto de Código do Consumidor, sob a epígrafe Brindes, proíbe-se as ofertas quando o seu valor real possa induzir o consumidor em erro (primeira parte do n.° 1), quando possam criar confusão com o valor ou a qualidade dos bens ou serviços fornecidos (segunda parte do n.° 1) ou quando «visem influenciar de modo determinante, por motivos alheios ao produto fornecido ou ao serviço prestado, a escolha de uma categoria de consumidores particularmente influenciáveis» (n.° 2).

dos consumidores no acto de manuseamento ou ingestão, de que são exemplos a asfixia, o envenenamento e a perfuração ou obstrução do aparelho digestivo».

A proibição imposta por este diploma apenas abrange a comercialização de alimentos com mistura directa de brindes, ou seja, a mistura na mesma embalagem ou em contacto directo de alimentos com brindes. Portanto, se o brinde for inserido numa embalagem individual, ainda que fornecido em conjunto com o alimento, a sua comercialização é permitida.

Com excepção deste caso, admite-se a introdução de vários objectos num mesmo contrato, com a indicação de que um deles ou uma parte de um deles constitui um brinde ou uma oferta gratuita.

Trata-se de uma prática enganosa, na medida em que, na prática, o consumidor paga pelo bem ou serviço, sendo o preço relativo à suposta oferta integrado na prestação na sua globalidade.

A alínea z) do artigo 8.º do Dec.-Lei n.º 57/2008, de 26 de Março, considera enganosa em qualquer circunstância a prática que consiste em «descrever o bem ou serviço como "grátis", "gratuito", "sem encargos" ou equivalente se o consumidor tiver de pagar mais do que o custo indispensável para responder à prática comercial e para ir buscar o bem ou pagar pela sua entrega».

Esta alínea está pensada para situações de indução do consumidor em erro no que respeita à oferta gratuita de um bem ou serviço.

De iure constituendo, defende-se a adopção de regime semelhante para os contratos promocionais com objecto plural, proibindo a indicação de gratuitidade em relação a qualquer bem ou serviço integrado no contrato ou a uma parte dele e determinando que, se o profissional discriminar entre bens ou serviços adquiridos a título oneroso e bens ou serviços adquiridos a título gratuito, o consumidor possa exigir a atribuição gratuita destes últimos, independentemente da celebração do contrato.

O contrato promocional com objecto plural é, portanto, permitido e deve ser analisado como um todo, tratando-se de um só contrato, que inclui as prestações acordadas pelas partes. A prestação do profissional abrange vários objectos ou uma quantidade variada do mesmo objecto. Se se tratar de dois bens, é em princípio um contrato de compra e venda com dois objectos; se se tratar de dois serviços, é um contrato de prestação de serviços com dois objectos; se se tratar de um bem e de um serviço, é um contrato misto de compra e venda e de prestação de serviço, embora a separação entre os dois objectos permita uma mais fácil determinação do regime jurídico do que noutros contratos mistos.

Apesar de até aqui apenas ter sido feita referência aos dois tipos contratuais mais comuns, a compra e venda e a prestação de serviço, os contratos promocionais também podem envolver outros tipos contratuais. É o caso, por exemplo, de uma agência de viagens que propõe um contrato relativo a uma viagem organizada, incluindo o aluguer de uma viatura durante o período da estadia.

Não deve ser feita uma distinção do regime aplicável em função de alguns dos bens ou serviços serem transmitidos de forma onerosa e outros de forma gratuita. Todos integram o mesmo contrato oneroso, pelo que a todos se aplicam as normas relativas ao tipo contratual em causa. Quando o regime seja diferente em função da onerosidade ou da gratuitidade do contrato, aplicam-se as regras do tipo oneroso. Assim, por exemplo, podem ser aplicadas as regras da empreitada, contrato cujo tipo pressupõe a onerosidade.

A principal diferença de regime entre contrato gratuito e oneroso existe nos contratos que implicam a transmissão do direito de propriedade sobre um bem. Caso o contrato seja gratuito, trata-se em princípio de uma doação; se o contrato for oneroso, está em causa uma compra e venda. Portanto, como se entende o contrato como um todo, e oneroso, aplica-se aos bens transmitidos na sequência de um contrato promocional o regime da compra e venda para consumo, previsto no Dec.-Lei n.º 67/2003, de 8 de Abril.

Questão diversa diz respeito ao próprio cumprimento da obrigação por parte do profissional. Se a celebração de um contrato relativo a um bem ou serviço incluir outro bem ou serviço, esse outro bem ou serviço também tem de ser obrigatoriamente prestado, mesmo que tenha sido proposto como uma oferta ou que tenha sido feita uma ressalva de que a inclusão se encontrava limitada ao *stock* existente[54]. Neste último caso, o princípio da boa fé imposto às partes quer no período pré-contratual (artigo 227.º, n.º 1, do CC) quer no momento do cumprimento da obrigação (artigo 762.º, n.º 2, do CC), obriga o promotor a dispor dos bens ou serviços necessários para satisfazer a procura esperada na sequência da promoção.

---

[54] Concorda-se com JOÃO LIMA CLUNY, «Telemóvel. Promoção. Limitação ao *Stock* Existente. Boa fé», *Casos exemplares da UMAC*, in http://www.fd.unl.pt/Anexos/1705.pdf (consultado em Outubro de 2009), quando o autor refere que, «tendo o consumidor adquirido o produto em causa aliciado pela promoção da entidade vendedora, não deve ser aceitável que esta possa escusar-se ao cumprimento da obrigação baseando-se na limitação do *stock* disponível».

O incumprimento da obrigação de entrega de um dos bens ou da prestação de um dos serviços objecto do contrato deve ser resolvido nos termos gerais dos artigos 790.° e seguintes do CC.

7. Conclusões

A prática comercial que consiste na inclusão de diversos bens ou serviços no objecto de um contrato, com a indicação de que um ou vários são oferecidos gratuitamente, dá lugar à celebração de um contrato promocional com objecto plural.

Esta prática é enganosa, uma vez que a atracção gerada pelo elemento gratuitidade não tem correspondência na realidade, sendo o valor da suposta oferta integrado no preço global. É, igualmente, agressiva, pois a ilusão aumenta o risco de contratação inútil.

O contrato promocional com objecto plural distingue-se da oferta gratuita, por nesta ser atribuído ao consumidor um bem ou serviço de forma gratuita, independentemente da celebração de qualquer outro contrato, e dos contratos ligados, por estes implicarem a celebração de dois contratos e nenhum deles ser gratuito, podendo ainda levantar questões de reduções de preços, quando a situação possa ser qualificada como a concessão de um desconto no preço global.

Esta prática é proibida em França e na Bélgica, mas o TJUE já se pronunciou no sentido de que a proibição é contrária à Directiva 2005/29/CE. Tendo em conta o seu objectivo de harmonização máxima, os estados-membros não podem proibir práticas que não se encontrem expressamente consagradas no diploma comunitário.

Assim, esta prática não pode ser proibida em Portugal. Admite-se, no entanto, que a lei determine que, se o profissional discriminar entre bens ou serviços adquiridos a título oneroso e bens ou serviços adquiridos a título gratuito, o consumidor possa exigir a prestação gratuita destes últimos, independentemente da efectiva celebração do contrato oneroso.

O contrato promocional com objecto plural deve ser analisado como um todo, encontrando-se o devedor obrigado a fornecer todos os bens e prestar todos os serviços incluídos no seu objecto. Não deve ser feita qualquer distinção entre bens ou serviços transmitidos de forma gratuita ou onerosa, aplicando-se o regime jurídico correspondente ao tipo contratual (oneroso) em causa.

O CONSUMIDOR DE REFERÊNCIA PARA AVALIAR A DESLEALDADE DA PUBLICIDADE E DE OUTRAS PRÁTICAS COMERCIAIS

MARÍA ANTONIETA GÁLVEZ KRÜGER[*]

1. Introdução

Neste trabalho abordaremos o tema do consumidor de referência para determinar a deslealdade das práticas comerciais – entre elas, a publicidade –, estabelecido na Directiva 2005/29/CE, relativa às práticas comerciais desleais das empresas face aos consumidores (Directiva PCD). A Directiva recolhe como marco de referência o critério do «consumidor médio», tal como interpretado pela jurisprudência do Tribunal de Justiça das Comunidades Europeias (TJCE) nos casos de publicidade, após a aprovação da Directiva 84/450/CEE, relativa à publicidade enganosa e comparativa (Directiva PEC). Segundo o Considerando («Cdo.»)[1] 18 da Directiva PCD, o consumidor a ter em conta para avaliar a deslealdade de uma prática comercial é o consumidor ideal típico, que é «normalmente informado e razoavelmente atento e advertido, tendo em conta factores de ordem social, cultural e linguística». Junto ao «consumidor médio», a Directiva PCD introduz o conceito de «membro médio de um grupo determinado de consumidores» e consagra disposições que visam proteger consumidores particularmente vulneráveis.

A disciplina publicitária e a da repressão da concorrência desleal são fundamentalmente casuísticas e só adquirem realidade sobre a base de casos concretos, sendo preciso considerar as circunstâncias de cada caso. A

---

[*] LL. M., International Legal Studies, Georgetown University. Doutoranda na Faculdade de Direito da Universidade Nova de Lisboa.

[1] A abreviatura «Cdo.» significa «Considerando».

finalidade principal deste trabalho é rever algumas das decisões prejudiciais do TJCE que foram delimitando o critério do consumidor médio, adoptado na Directiva PCD.

Não aprofundaremos, por razões de extensão, o conteúdo detalhado da Directiva PCD. A nossa intenção é focarmo-nos no tema do consumidor médio como parâmetro para avaliar a deslealdade da publicidade, agora incluída na Directiva PCD. Usaremos indistintamente os termos publicidade ou prática comercial, embora este último conceito seja mais abrangente do que o de publicidade. Na acepção da Directiva PCD, entende-se por prática comercial «qualquer acção, omissão, conduta ou afirmação e as comunicações comerciais, incluindo a publicidade e o *marketing*, por parte de um profissional, em relação directa com a promoção, a venda ou o fornecimento de um produto aos consumidores»[2]. Por produto entende-se «qualquer bem ou serviço, incluindo bens imóveis, direitos e obrigações»[3].

Antes de entrar na jurisprudência do TJCE, veremos brevemente a noção de publicidade e a Directiva PEC. A seguir à jurisprudência escolhida, referir-nos-emos aos antecedentes imediatos do processo de discussão e elaboração da Directiva PCD no tema específico do consumidor de referência. Na última parte veremos as interpretações divergentes relativas à cláusula geral de proibição, quando confrontada com o conceito de «membro médio» e as disposições sobre consumidores particularmente vulneráveis da Directiva PCD.

2. A publicidade

Podem ser muitas e diversas as definições de publicidade. Às vezes é definida como a informação proporcionada sobre os bens e os serviços que circulam no mercado, ou como a «informação dirigida ao público com o objectivo de promover, directa ou indirectamente, uma actividade económica»[4]. Outras vezes, é conceituada simplesmente como uma actividade manipuladora dirigida a alimentar o consumo.

---

[2] Art. 2.º, *d*).
[3] Art. 2.º, *c*).
[4] V. C. FERREIRA DE ALMEIDA, «Conceito de Publicidade», *BMJ*, n.º 349, 1985, p. 133.

Sem prejuízo da definição que se queira subscrever, é óbvio que a publicidade compreende mais do que informação. Além de proporcionar informação sobre a existência, a qualidade e os preços dos bens e dos serviços, a publicidade está dirigida para influenciar a conduta do destinatário da publicidade. A mensagem inclui persuasão – salientando as vantagens dos produtos ou serviços – e tem por finalidade que os consumidores adquiram os bens ou serviços publicitados.

A publicidade é essencial para o bom funcionamento de uma economia de mercado. Além de proporcionar informação, a publicidade incrementa a concorrência e beneficia os consumidores porque lhes permite – ou deveria permitir-lhes – tomar decisões de consumo que melhor sirvam os seus interesses.

Em termos gerais, a regulamentação da publicidade tem entre os seus objectivos principais, além do correcto funcionamento do mercado, proteger os interesses económicos dos consumidores. A publicidade enganosa distorce o processo de tomada de decisão dos consumidores, fazendo com que o consumidor realize transacções que provavelmente não teria feito se estivesse estado bem ou melhor informado. Nesse sentido, o Tribunal Constitucional português afirmou que «tendo em conta que a publicidade se apresenta como um meio poderosíssimo de promover o consumo e de influenciar os consumidores, a Constituição prevê a articulação do seu exercício com os direitos do consumidor» (nomeadamente, o direito à informação e o direito à protecção dos seus interesses económicos), estabelecendo que a publicidade é disciplinada por lei, sendo proibidas todas as formas de publicidade oculta, indirecta ou dolosa (art. 60.º, 2) da CPR)[5]. Por outro lado, a publicidade também está articulada com o exercício do direito de iniciativa económica privada[6]. A publicidade, para além de ser protegida – embora com restrições – «enquanto componente da liberdade económica e da concorrência numa economia de mercado (liberdade de publicidade), constitui também um mecanismo de informação dos consumidores e de promoção da sua liberdade de escolha»[7].

---

[5] Ac. TC n.º 348/2003, de 08/07/03, ponto 7.2.6., em www.tribunalconstitucional.pt
[6] *Id*.
[7] *V.* J. GOMES CANOTILHO E VITAL MOREIRA, *Constituição da República Portuguesa Anotada*, vol. I, 4.ª ed. revista, Coimbra, p. 784.

3. A Directiva 84/450/CEE, de 10 de Setembro de 1984, relativa à publicidade enganosa e comparativa[8] (Directiva PEC)

Na sua origem, a Directiva PEC tinha por objectivo «proteger os consumidores e as pessoas que exercem uma actividade comercial, industrial, artesanal ou liberal, bem como os interesses do público em geral, contra a publicidade enganosa e as suas consequências desleais» (art. 1.º, versão original). Posteriormente, foi alterada para incluir a publicidade comparativa e estabelecer as condições em que a publicidade comparativa é considerada lícita[9].

Na acepção da Directiva PEC, por «publicidade» entende-se «qualquer forma de comunicação feita no âmbito duma actividade comercial, industrial, artesanal ou liberal tendo por fim promover o fornecimento de bens ou de serviços, incluindo os bens imóveis, os direitos e as obrigações»[10]. E por «publicidade enganosa» entende-se «a publicidade que, por qualquer forma, incluindo a sua apresentação, induz em erro ou é susceptível de induzir em erro as pessoas a quem se dirige ou que afecta e cujo comportamento económico pode afectar, em virtude do seu carácter enganador ou que, por estas razões, prejudica ou pode prejudicar um concorrente» (art. 2.º, 2).

Segundo o art. 3.º, para determinar se uma publicidade é enganosa, devem ter-se em conta todos os seus elementos e, nomeadamente, todas as indicações que digam respeito às características dos bens ou serviços, preço, natureza, composição, origem geográfica ou comercial, entre outros. Embora o art. 3.º estabeleça certas pautas ou regras para tentar determinar o carácter enganoso da publicidade, a Directiva PEC não estabelece os parâmetros do nível de erro ou engano relevante[11], quer dizer, não faz menção

---

[8] Alterada pelas Directivas 97/55/CE, de 06.10.97, e 2005/29/CE, de 11.05.05, e revogada pela Directiva 2006/114/CE, de 12.12.06, que a codifica.

[9] Directiva 97/55/CE, de 06.10.97. É de salientar que, além da Directiva PEC, existem outras directivas ou regulamentos comunitários que pretendem evitar que os consumidores sejam enganados pela publicidade em certos campos ou áreas específicas. Alguns exemplos, entre vários, são a Directiva 2000/13/CE, de 20.03.2000, relativa à rotulagem, apresentação e publicidade dos géneros alimentícios, e a Directiva 2007/29/CE, que altera a Directiva 96/8/CE, relativa à rotulagem, publicidade e apresentação dos alimentos destinados a serem utilizados em dietas de restrição calórica para redução do peso.

[10] Art. 2.º, 1, versão original.

[11] *V.* P. SOLER, «Panorama del Derecho de la Publicidad en la Unión Europea», *Actas de Derecho Industrial y de Derecho de Autor*, t. XX, ano 1999, Santiago de Compostela, 2000, p. 369.

a qualquer definição do «consumidor de referência» que deve ser empregue para analisar se uma afirmação ou uma mensagem publicitária é enganosa. Tem sido o TJCE – como já se indicou – quem, na sua jurisprudência, foi introduzindo a noção do consumidor médio.

Em 2005, com a aprovação da Directiva PCD, a Directiva PEC foi novamente modificada. A principal alteração foi em relação ao seu âmbito de aplicação: a Directiva PEC fica restringida à publicidade enganosa que afecte os profissionais, enquanto a publicidade desleal (enganosa) e comparativa que afecte os consumidores é matéria da Directiva PCD. Esta segmentação em dois regimes jurídicos diferentes para regular a mesma matéria (a publicidade enganosa), consoante o agente económico afectado (profissionais ou consumidores), é alvo de críticas, principalmente no que diz respeito à fragmentação ser forçada, pois «é contrária à realidade das coisas»[12], e que a sua aplicação pode gerar incoerências e diferenças (nas legislações dos Estados-Membros), gerando assim insegurança jurídica[13].

A Directiva PEC foi transposta para o direito interno português mediante o Dec.-Lei n.º 330/90 (Código da Publicidade) e as alterações provenientes da Directiva PCD (quer dizer, a sua transposição) foram consagradas no Dec.-Lei 57/2008, de 26 de Março de 2008.

4. A noção do «consumidor médio» na jurisprudência do TJCE

A seguir analisaremos seis decisões prejudiciais do TJCE em matéria de publicidade enganosa, nas quais se pode observar como se foi perfilando (ou tentou-se perfilar) a noção do consumidor médio como consumidor de referência, noção que, segundo alguns consideram, permite falar de um conceito de engano «mais próximo da realidade da vida» e que contribui para um maior dinamismo da concorrência, na medida em que se eleva o nível do erro relevante para determinar a deslealdade da conduta[14]. De facto, a jurisprudência do TJCE relativa ao consumidor médio tem-se desenvolvido principalmente em dois âmbitos: no dos conflitos entre as nor-

---

[12] M. FERNANDO MAGARZO, «Algunos Comentarios a la Directiva 2006/114/CE sobre Publicidad Engañosa y Publicidad Comparativa (Versión Codificada)», *Revista Autocontrol*, n.º 116, Fev. 2007 (texto disponível em www.consum.cat/documentacio/8841.pdf).

[13] Parecer do Comité Económico e Social Europeu, 2004/C 108/17, *JOUE* C 108, de 30.04.04.

[14] P. SOLER, ob. cit., p. 389.

mas sobre concorrência desleal (e publicidade) e o princípio da livre circulação de mercadorias, e no da interpretação do direito comunitário derivado que proíbe os actos de engano[15].

O detalhe e a análise dos casos servem também para ilustrar a complexidade e a particular ambiguidade da tarefa da interpretação nesta matéria. E o recurso que se faz no direito da publicidade a cláusulas gerais e a certas noções mais ou menos indeterminadas concede ao «intérprete-aplicador» uma considerável discricionariedade[16].

Note-se que a noção do consumidor médio provém duma vasta e reiterada jurisprudência do TJCE com a mesma orientação, e que não deve ser confundida com os outros conceitos de consumidor que existem em diversas normas comunitárias[17].

4.1. *Mars*[18] (1995)

Num litígio entre uma associação de luta contra a concorrência desleal e a *Mars GmbH*, a associação pretendia impedir, sob a lei alemã, o uso de uma determinada apresentação para a comercialização de gelados. Os gelados *Mars* eram apresentados numa embalagem que tinha a menção «+ 10%». Essa apresentação tinha sido escolhida como parte de uma campanha publicitária em toda a Europa e no âmbito da qual a quantidade de cada produto tinha sido aumentada em 10%. A associação alegava, *inter alia*, que a forma em que a indicação «+ 10%» foi integrada na apresentação dava ao consumidor a impressão de que o produto foi aumentado numa quantidade correspondente à parte colorida da nova embalagem (a parte colorida ocupava uma superfície sensivelmente superior a 10% da superfície total da embalagem).

---

[15] V. F. PALAU, «El Consumidor Medio y los Sondeos de Opinión en las Prohibiciones de Engaño en Derecho Español y Europeo, A raíz de la Sentencia del TJCE de 16 de Julio de 1998, AS. C-210/96, "Gut Sprigenheide"», *Actas de Derecho Industrial y Derecho de Autor*, t. XIX, 1998, Santiago de Compostela, p. 375.

[16] V. A. MENEZES LEITÃO, «A Concorrência Desleal e o Direito da Publicidade», *Concorrência Desleal*, Coimbra, 1997, p. 144.

[17] V. L. GONZÁLEZ VAQUÉ, «La Noción de Consumidor Medio según la Jurisprudencia del Tribunal de Justicia de las Comunidades Europeas», *Revista de Derecho Comunitario Europeo*, n.º 17, 2004, pp. 49-56.

[18] Ac. TJCE, de 06.07.95, Proc. C-470/93, *CJTE* 1995, p. I-01923.

No seu acórdão, o TJCE assinalou que:

«É dado assente que a menção "+ 10%" é, em si mesma, exacta.

Todavia, foi sustentado que a medida litigiosa se justifica porque um número não negligenciável de consumidores, devido ao facto de a área onde consta a menção "+ 10%" ocupar na embalagem uma superfície superior a 10% da superfície total, será levado a crer que o aumento é mais importante do que aquele que se pretende representar.
Semelhante justificação não pode ser acolhida.

Com efeito, presume-se que os consumidores normalmente informados sabem que não existe necessariamente uma relação entre a dimensão das menções publicitárias relativas ao aumento da quantidade do produto e a importância desse aumento.

Há, pois, que responder à questão prejudicial que o artigo 30 do Tratado deve ser interpretado no sentido de que este se opõe a que uma medida nacional proíba a importação e a comercialização de um produto legalmente comercializado num outro Estado-Membro, cuja quantidade foi aumentada por ocasião de uma campanha publicitária de curta duração e cuja embalagem contém a menção "+ 10%", (...) com o fundamento de que a nova apresentação dará ao consumidor a impressão de que o volume ou o peso do produto foram aumentados de forma considerável»[19].

Observa-se que neste caso o TJCE usou como parâmetro a noção do «consumidor normalmente informado» («*reasonable circumspect consumer*», na versão em inglês do acórdão) para determinar se a apresentação do gelado podia ser enganosa. No entanto o TJCE não explicitou ou sugeriu o que era um «*reasonable circumspect consumer*». Nas palavras do Advogado-Geral Fennelly, no processo *Mars* o TJCE adoptou expressamente pela primeira vez essa noção de consumidor[20]. Essa noção foi logo especificada no caso *Gut Springenheide*, embora no respectivo processo – em contraposição com *Mars* – o TJCE não resolveu o caso (quer dizer, não se pronunciou sobre se a afirmação controvertida era enganosa ou não), mas assinalou algumas orientações ao juiz nacional para determinar a existência de elementos enganosos. Além disso, e conforme se verá, em *Gut Springenheide*, o TJCE indicou que o tribunal nacional podia, na medida

---

[19] N.ᵒˢ 21-25.
[20] Proc. C-220/98, Opinião do Advogado-Geral Fennelly (1999), n.º 27. Ainda que em acórdãos anteriores o TJCE tivesse seguido a mesma orientação jurisprudencial, no caso *Mars* referiu-se expressamente aos «consumidores normalmente informados». V. L. GONZÁLEZ VAQUÉ, *ob. cit.*, p. 59.

que a lei nacional o permitisse, recorrer a sondagens de opinião quando não tivesse a certeza de como resolver um caso.

4.2. *Gut Springenheide*[21] (1998)

Neste caso o TJCE pronunciou-se sobre um assunto relativo a uma indicação constante em embalagens de ovos e uma nota informativa incluída nessas embalagens.

A *Gut Springenheide* comercializava ovos previamente embalados sob a designação «*6-Korn – 10 frische Eier*» (10 ovos frescos – 6 cereais). Segundo esta sociedade, as seis espécies de cereais em questão entravam na composição da alimentação das galinhas na percentagem de 60%. Uma nota informativa, incluída em cada caixa de ovos, exaltava as qualidades dos ovos produzidos com essa alimentação.

A sociedade foi notificada para suprimir a indicação das embalagens assim como a nota informativa porque o órgão jurisdicional alemão considerou que eram susceptíveis de induzir em erro uma parte considerável dos consumidores, na medida em que sugeriam sem razão que a alimentação das galinhas era exclusivamente composta dos seis cereais indicados e que os ovos tinham qualidades particulares.

A *Gut Springenheide* interpôs recurso deste acórdão; alegando que a indicação e a nota informativa controversas eram absolutamente necessárias à informação do consumidor e que o órgão jurisdicional não fizera referência a qualquer parecer de perito que demonstrasse que as mesmas induziam o comprador em erro.

Nesse contexto, o Tribunal alemão submeteu ao TJCE as seguintes questões prejudiciais: (1) para apreciar, nos termos do Regulamento (CEE) n.° 1907/90 (relativo a certas normas de comercialização aplicáveis aos ovos)[22] «se as indicações destinadas à promoção das vendas são de molde a induzir o comprador em erro, devem ser averiguadas as expectativas reais dos consumidores em causa, ou basear-se-á a norma indicada num conceito normativo de comprador, a interpretar em termos exclusivamente jurídicos?; (2) caso se opte pelas expectativas reais dos consumidores, colocam-se as seguintes questões: a) É determinante o entendimento do con-

---

[21] Ac. TJCE, de 16.07.98, Proc. C-210/96, CJTE 1998, p. I-04657.
[22] O art. 10.°, 2, previa que as embalagens de ovos podiam ostentar indicações destinadas à promoção das vendas, desde que essas indicações e o modo com que fossem feitas não induzissem o comprador em erro.

sumidor médio esclarecido ou do consumidor casual?; b) É possível determinar percentualmente a quota de consumidores necessária para considerar existente uma expectativa por parte destes?; (3) Caso se opte por um conceito normativo de comprador, a interpretar em termos exclusivamente jurídicos, coloca-se a questão da forma de determinação deste conceito»[23].

Em resposta a essas questões, o TJCE indicou que:

«*Convém também recordar que o Tribunal de Justiça já foi levado várias vezes a interrogar-se quanto ao carácter eventualmente enganoso duma denominação, duma marca, ou duma indicação publicitária à luz das disposições do Tratado e do direito derivado e que, sempre que os elementos dos autos à sua disposição lhe pareceram suficientes e a solução se impunha, o próprio Tribunal decidiu esta questão em vez de reenviar a sua apreciação final ao órgão jurisdicional nacional (...).*

Resulta destes acórdãos que, para determinar se a denominação, a marca ou indicação publicitária em causa eram ou não susceptíveis de induzir o comprador em erro, o Tribunal de Justiça tomou em consideração a presumível expectativa dum consumidor médio, normalmente informado e razoavelmente atento e advertido, sem ter ordenado qualquer exame pericial ou encomendado uma sondagem de opinião.

Assim, os órgãos jurisdicionais nacionais devem geralmente estar em condições de apreciar, nas mesmas condições, o efeito eventualmente enganoso duma indicação publicitária»[24].

Não obstante, o TJCE afirmou que o direito comunitário não exclui a possibilidade de, se o órgão jurisdicional nacional tiver «especiais dificuldades para avaliar o carácter enganoso da indicação em questão, que o referido órgão jurisdicional possa recorrer, nas condições previstas pelo seu direito nacional, a uma sondagem de opinião ou a um exame pericial destinados a esclarecer a sua apreciação»[25]. O TJCE também assinalou que «compete ao órgão jurisdicional, que considere indispensável encomendar uma sondagem dessa natureza, determinar, em conformidade com o seu direito nacional, a percentagem de consumidores enganados por uma indicação publicitária que lhe pareça suficientemente significativa para justificar, se necessário, a respectiva proibição»[26].

---

[23] N.º 15.
[24] N.os 30-33.
[25] Parte decisória.
[26] N.º 36.

O TJCE especificou mais o conceito de consumidor que se devia utilizar para interpretar a publicidade. Em *Mars* o TJCE referiu-se só ao «consumidor normalmente informado» (*«reasonable circumspect consumer»*), no caso *Gut Springenheide* assinalou que se devia ter como referência «a presumível expectativa dum consumidor médio, normalmente informado e razoavelmente atento e advertido» (*«presumed expectations of an average consumer who is reasonably well informed and reasonably observant and circumspect»*). Embora o fraseio tenha sido diferente, ambas as noções seriam semelhantes porque ambas apontariam para um consumidor hipotético com certo nível de atenção (*alertness*) e discernimento.

A menção que fez o TJCE no sentido de que em casos anteriores tinha utilizado a dita noção de consumidor «sem ter ordenado qualquer exame pericial ou encomendado uma sondagem de opinião» é importante porque implica que a interpretação da mensagem publicitária se apoia primeiro e preferencialmente na apreciação ou opinião do próprio juiz ou do tribunal sobre a publicidade em questão, sem ter que recorrer a sondagens ou outros tipos de provas. Dito por outras palavras, a decisão dos casos baseia-se nos próprios conhecimentos do juiz sobre o carácter enganoso de uma conduta[27], e no que o juiz considera ou conjectura serem as «presumíveis expectativas» de um hipotético «consumidor médio, normalmente informado e razoavelmente atento e advertido».

4.3. *Estée Lauder*[28] (2000)

A *Lancaster* comercializava um creme restaurador da pele chamado «*Monteil Firming Action Lifting Extreme Crème*». Figurando o termo «*lifting*» na denominação, no processo principal a *Estée Lauder* procurou impedir a comercialização dos produtos em que figurasse esse termo, alegando que era enganoso. A *Estée Lauder* alegou que o termo dava a impressão ao comprador de que o produto tinha efeitos idênticos ou comparáveis, sobretudo quanto à duração, a uma operação cirúrgica de *lifting* da pele; porém, o Tribunal alemão considerou que o engano de que os consumidores podiam eventualmente ser vítimas no caso concreto não consistia na sua convicção que o produto tinha tais efeitos, mas sim na convicção de que o produto tinha efeitos de certa duração.

---

[27] F. Palau, ob. cit., p. 389.
[28] Ac. TJCE, de 13.01.2000, Proc. C-220/98, CJTE 2000, p. I-00117.

Uma vez que – na opinião do Tribunal alemão – o conceito do consumidor que se extraía da jurisprudência do TJCE em casos similares pressupunha um determinado grau de atenção e de discernimento por parte do consumidor, o Tribunal alemão não tinha a certeza se a percentagem de pessoas induzidas em erro devia ser superior à de 10% a 15%, consagrada pela jurisprudência alemã.

Na sua resposta, o TJCE seguiu a mesma linha que em *Gut Springenheide*: para determinar se uma denominação, marca ou indicação publicitária é ou não enganosa, deve-se ter em conta «a presumível expectativa de um consumidor médio, normalmente informado e razoavelmente atento e advertido». Contudo, neste caso o TJCE também aludiu a um elemento adicional: além do critério do «consumidor médio», outras considerações – relativas a factores sociais, culturais e linguísticos – deviam ser tidas em apreço[29].

> «Com vista à aplicação desse critério ao caso vertente, devem ser tidos em consideração vários elementos. Há nomeadamente que verificar se factores sociais, culturais ou linguísticos podem justificar que o termo "lifting" empregado a propósito de um creme restaurador seja entendido pelos consumidores alemães de modo diferente do que é entendido pelos consumidores de outros Estados-Membros ou se as condições de utilização do produto são só por si suficientes para sublinhar a natureza transitória dos seus efeitos, neutralizando qualquer conclusão contrária que possa ser tirada do termo "lifting".
>
> Embora, à primeira vista, o consumidor médio, normalmente informado e razoavelmente atento e advertido, não deva esperar que um creme cuja denominação comporta o termo "lifting" produza efeitos duráveis, compete, no entanto, ao órgão jurisdicional nacional verificar, tendo em conta todos os elementos pertinentes, se esse caso aqui se verifica»[30].

Da mesma forma, e seguindo a regra declarada em *Gut Springenheide* sobre o uso de sondagens e a percentagem de consumidores enganados por uma indicação para justificar a proibição do seu uso, o TJCE afirmou que competia ao órgão jurisdicional nacional determinar que percentagem poderia ser «suficientemente significativa». Tendo em conta que o TJCE não rejeitou nem comentou a percentagem fixada na jurisprudência alemã

---

[29] V. como antecedente à menção desses factores (no contexto de um processo sobre marcas) o caso *Graffione*, Proc. C-313/94 (26.11.96).
[30] N.os 29-30.

(10%-15%), talvez se pudesse inferir que para o TJCE essa percentagem podia ser considerada como «suficientemente significativa». Porém, essa inferência é discutível na medida em que a argumentação em contrário poderia ser no sentido de que o TJCE não se pronunciou nem a favor nem contra o assunto, já que, por um lado, não havia qualquer disposição sobre a matéria, e, pelo outro, os Estados-Membros podiam, segundo a versão original da Directiva PEC, manter ou adoptar disposições que visassem uma protecção mais ampla dos consumidores[31].

4.4. *Darbo*[32] (2000)

No processo entre uma associação contra práticas ilícitas no comércio e indústria e *Adolf Darbo AG*, sociedade austríaca que produzia e comercializava na Áustria e na Alemanha doce de morango sob a marca «*d'arbo naturrein*» (puramente natural) e sob a designação «*Garten Erdbeer*» (morango de jardim), o assunto foi determinar se o uso do termo «*naturrein*» era enganoso porque o doce também continha pectina gelificante bem como vestígios ou resíduos de outras substâncias (chumbo, cádmio e pesticidas).

O TJCE, aplicando o critério do «consumidor médio, normalmente informado e razoavelmente atento e advertido», considerou que o consumidor não podia ser enganado pelo uso do termo «puramente natural» simplesmente devido ao facto da presença de pectina estar indicada no rótulo da embalagem. Além disso, o TJCE afirmou que, tal como tinha reconhecido num processo anterior, «os consumidores, cuja decisão de comprar é determinada pela composição dos produtos que têm a intenção de adquirir, lêem em primeiro lugar a lista dos ingredientes...»[33].

Quanto à presença de resíduos de chumbo, cádmio e pesticidas no doce, a associação alegou que o emprego da menção «puramente natural» era susceptível de criar na mente do consumidor a impressão que o doce *d'arbo* era um produto puro da natureza, isento de impurezas ou de qualquer substancia estranha. Porém, na opinião da associação, a simples presença (pequena ou grande) desses resíduos no produto alterava tal descri-

---

[31] Art. 7.º, versão original da Directiva PEC. O actual art. 7.º, depois da alteração introduzida pela Directiva PCD, já não faz referência aos consumidores.
[32] Ac. TJCE, de 04.04.2000, Proc. C-465/98, CJTE 2000, p. I-02297.
[33] Ac. TJCE, de 26.10.95, Proc. C-51/94 (citado em *Darbo*).

ção e, em consequência, tornava-se enganosa em relação às características do doce.

O TJCE rejeitou o argumento:

> «*É pacífico que o ambiente natural contém chumbo e cádmio tendo em conta, designadamente, a poluição do ar ambiente ou do meio aquático, como referem numerosos textos de direito comunitário... A partir do momento em que os frutos de jardim sejam cultivados num ambiente como este, estão inevitavelmente expostos aos agentes poluentes que aí se encontram.*
>
> *Nestas circunstâncias, mesmo admitindo que, em certos casos, consumidores possam ignorar esta realidade e ser por esse facto induzidos em erro, este risco é mínimo e não pode, consequentemente, justificar um obstáculo à livre circulação de mercadorias (...).*
>
> *A mesma conclusão impõe-se... no que toca à presença de vestígios ou de resíduos de pesticidas no doce d'arbo... [A] utilização de pesticidas, mesmo pelos particulares, constitui um dos meios mais correntes de combate aos organismos nocivos nos produtos vegetais e agrícolas. De igual modo, a circunstância de morangos de jardim serem cultivados de maneira "natural" não exclui toda a presença de resíduos de pesticidas nestes*»[34].

Baseado nessas razões, o TJCE assinalou que, não obstante a presença de vestígios de chumbo, cádmio e pesticidas no doce *d'arbo*, a menção «puramente natural» no rótulo da embalagem desse produto não era susceptível de induzir o consumidor em erro sobre as suas características.

Neste processo, o TJCE apoiou-se novamente na sua própria percepção sobre as «presumíveis expectativas» dos consumidores. Além disso, o TJCE assumiu que o consumidor devia saber sobre coisas que, na sua opinião, eram «pacíficas» («*common ground*», na versão em inglês do acórdão).

Outro factor que o TJCE teve em consideração, como o fez em processos anteriores, foi a livre circulação de mercadorias: fez um balanço entre o risco de que alguns consumidores fossem enganados – que considerou mínimo – e as exigências da livre circulação. Tal como o TJCE tem estabelecido noutros processos, as medidas para evitar o risco de engano aos consumidores não podem ultrapassar as exigências da livre circulação de mercadorias e assim justificar barreiras ao comércio, salvo se o risco for suficientemente grave[35].

---

[34] Caso *Darbo*, n.os 27-29.
[35] Proc. C-220/98 (caso *Estée Lauder*, opinião do Advogado-Geral Fennelly, citando os casos *Clinique* e *Mars*).

4.5. Toshiba[36] (2001)

No processo entre a *Toshiba Europe GmbH* e a *Katun Germany GmbH*, relativo a uma publicidade feita no âmbito da comercialização de peças sobresselentes e consumíveis susceptíveis de serem utilizados nas fotocopiadoras distribuídas pela *Toshiba Europe*, o TJCE afirmou que – como nos casos anteriores – para verificar se os números de artigos do fabricante dos equipamentos eram sinais distintivos, no sentido de serem identificados como provenientes de determinada empresa, o órgão jurisdicional de reenvio devia atender à «percepção do indivíduo médio, normalmente informado e razoavelmente atento e judicioso». Além de mencionar o critério do consumidor médio, o TJCE indicou que havia que atender à natureza do público a que a publicidade se destinava. Na opinião do TJCE, no caso em questão parecia que o público era «composto por comerciantes especializados, relativamente aos quais uma associação entre a reputação dos produtos do fabricante de aparelhos e os do fornecedor concorrente era muito menos provável do que se se tratasse de consumidores finais»[37].

4.6. Linhart[38] (2002)

No âmbito de acções judiciais desencadeadas contra *G. Linhart* e *H. Biffl*, acusados de terem colocado no mercado produtos cosméticos incorrectamente designados, a questão prejudicial formulada era determinar se a indicação «dermatologicamente testado» aposta na embalagem de um produto cosmético era susceptível de atribuir a esse produto características que não possuía, permitindo assim às autoridades nacionais proibir a sua comercialização nos termos das normas comunitárias sobre produtos cosméticos[39].

O TJCE indicou que a aplicação do critério do consumidor médio permitia considerar que a menção «dermatologicamente testado», aposta na embalagem, neste caso de sabões e produtos capilares, só podia sugerir a um consumidor médio, normalmente informado e razoavelmente atento e advertido, a ideia de que esse produto tinha sido submetido a um teste para avaliar os seus efeitos sobre a pele e que, consequentemente, a sua

---

[36] Ac. TJCE, de 25.10.2001, Proc. C-112/99, JCTE 2001, p. I-07945.
[37] N.º 52.
[38] Ac. TJCE, de 24.10.2002, Proc. C-99/01, CJTE 2002, p. I-09375.
[39] Neste caso, a Directiva 76/768, de 27.07.1976, e as suas alterações posteriores.

colocação no mercado significava que os resultados do teste tinham sido positivos e que foi verificada a sua boa tolerância pela epiderme ou, pelo menos, o seu carácter inofensivo para a pele[40]. Seguindo este raciocínio, o TJCE declarou que a respectiva menção não podia induzir em erro um consumidor médio, atribuindo aos produtos em causa características que não possuíam e, de qualquer modo, um eventual erro quanto a essas características não seria susceptível de se repercutir na saúde pública[41].

4.7. Sínteses dos casos do TJCE

Da jurisprudência do TJCE referida, depreende-se, principalmente, duas coisas.

A primeira, o papel protagonista da livre circulação de mercadorias. E também que se estaria a recorrer a critérios de eficiência económica: a aceitação de quotas mínimas de engano contribui para desenvolver a concorrência no mercado devido ao facto de manter o estímulo necessário para que o consumidor assuma a sua função de «árbitro» na luta concorrencial, elegendo de maneira racional entre os produtos ou serviços que lhe são propostos[42].

A segunda, que o consumidor de referência para determinar se uma publicidade é enganosa apresenta dois elementos característicos: trata-se de um consumidor que, por um lado, é «normalmente informado» e que, pelo outro, é «razoavelmente atento e advertido». Trata-se então de um consumidor ideal ou hipotético[43] a quem é imposto o dever de uma certa conduta ou atitude[44], o que faz lembrar – com as suas diferenças, evidentemente – as noções ou modelos do «bom pai de família», «comerciante diligente» ou «gestor ordenado». Mas os tribunais também têm de ter em

---

[40] Caso *Linhart*, n.º 32.

[41] *Id.*, n.º 35.

[42] F. PALAU, ob. cit., p. 381.

[43] Segundo P. SOLER, o Tribunal tem partido de uma noção muito «depurada» de consumidor médio relevante: «um consumidor maior de idade, com mentalidade aberta, espírito de aprendizagem» e, principalmente, «uma atitude favorável à interpretação dos mercados nacionais», ob. cit., p. 390.

[44] L. GONZÁLEZ VAQUÉ, ob. cit., pp. 62-63. É de salientar que, segundo este autor, o TJCE, sem chegar a afirmar que o consumidor tem a obrigação de se informar, considera que devido à sua atitude o consumidor médio pode aceder à informação disponível sem ter que fazer uma investigação exaustiva, embora isso não justifique uma completa passividade ou falta de interesse (p. 64).

apreço considerações relativas a factores sociais, culturais ou linguísticos (*Estée Lauder*) e o tipo de pessoas a que a publicidade está destinada (*Toshiba*). O emprego destas considerações adicionais leva-nos a pensar que, na prática, o TJCE estaria consciente que a interpretação da publicidade baseada num consumidor hipotético «normalmente informado e razoavelmente atento e advertido» é insuficiente. Certamente, dever-se-ia tentar, na medida do possível, ter em mente o «consumidor real» dos bens, cuja percepção está condicionada por diversas variáveis externas, que incluem o seu contexto social e de educação, o ambiente em que o consumidor recebe a publicidade, entre outros.

4.8. O consumidor médio em Portugal

Embora a jurisprudência nesta matéria não seja abundante, existem alguns acórdãos que falam do consumidor de referência. Temos, por exemplo, o Acórdão do Tribunal da Relação do Porto (2002) que, num caso sobre publicidade enganosa, usou como consumidor de referência uma noção que faz lembrar a noção perfilada pelo TJCE: «o destinatário medianamente inteligente e atento»[45].

Por outro lado, no âmbito da auto-regulação publicitária, estão as deliberações do Júri de Ética Publicitária (JEP) do Instituto Civil da Autodisciplina da Publicidade (ICAP). Observa-se que, até 2003, era utilizada a noção do «consumidor médio, eventual ou desprevenido» empregue no Acórdão do Supremo Tribunal de Justiça de 27 de Março de 1979[46], num caso sobre confundibilidade de marcas. Mas, já no caso *PT – Comunicações S. A.* contra *Telemilénio* (Outubro de 2003)[47], a Segunda Secção do JEP afastou-se dessa noção para começar a tomar em consideração o critério aplicado pela jurisprudência comunitária (nomeadamente no caso *Estée*

---

[45] Ac. TRP, de 18.09.02, Proc. n.º 0141458, www.dgsi.pt

[46] Ac. STJ, de 27.03.79, *BMJ*, 285, pp. 352-354. Sobre o tema do consumidor médio em matéria de marcas *v*. C. OLAVO, *Propriedade Industrial*, 2ª. ed., Almedina, 2005, p. 108, e C. FERNÁNDEZ-NOVOA, *Tratado sobre Derecho de Marcas*, Madrid, 2004, pp. 274-283.

[47] Processo 16J/2003, deliberação da Segunda Secção do JEP, de 13.10.03, www.icap.pt. Ver também a deliberação do JEP (de 17.11.03), no mesmo processo, que salientou que a Secção «fez bem em abandonar o conceito tradicionalmente defendido pelo Júri de considerar como destinatário da publicidade o consumidor médio, eventual ou desprevenido..., optando por adoptar o conceito estabelecido na jurisprudência comunitária...».

Lauder) para determinar se uma indicação publicitária é enganosa: «a presumível expectativa de um consumidor médio, normalmente informado e razoavelmente atento e advertido».

5. Os antecedentes da Directiva PCD

Antes da sua aprovação, a Directiva PCD foi matéria de intenso debate – quer ao nível das instituições comunitárias, quer ao nível da doutrina – sobre a técnica legislativa empregue e a complexidade e amplitude dos temas que pretende harmonizar, que, de facto, têm a ver, além da defesa dos interesses económicos dos consumidores, com o funcionamento do mercado interno.

A Proposta de uma directiva-quadro foi apresentada pela Comissão no seguimento do Livro Verde sobre a defesa do consumidor na União Europeia (2001).

5.1. A Proposta de Directiva da Comissão[48] – O consumidor de referência escolhido

Na Proposta, a Comissão salientou que apesar de o TJCE já ter determinado o conteúdo da noção do «consumidor médio», muitos Estados-Membros não tinham em consideração essa acepção, avaliando a deslealdade das práticas comerciais relativamente a consumidores mais vulneráveis ou a uma pequena percentagem de consumidores (por exemplo 10 a 15%). Destacou também que alguns dos Estados-Membros consideravam que qualquer publicidade podia distorcer o processo decisório dos consumidores e que, por conseguinte, qualquer imprecisão podia ser contrária às disposições nacionais[49].

A Comissão tentou codificar na Proposta o critério do consumidor médio estabelecido pelo TJCE, incluindo num dos seus artigos a definição («o consumidor normalmente informado e razoavelmente atento e advertido», art. 2.º, *b*)). Também assinalou, no Cdo. 13, que na aplicação do

---

[48] Proposta de Directiva do Parlamento Europeu e do Conselho relativa às práticas comerciais desleais das empresas face aos consumidores no mercado interno, que altera as Directivas 84/450/CEE, 97/7/CE e 98/27/CE, apresentada pela Comissão, COM (2003) 356 final, de 18.06.2003.

[49] *Id.*, Exposição de Motivos, n.º 23.

referido critério, também se devia ter em conta factores sociais, culturais ou linguísticos (decisão *Estée Lauder*). Quer dizer, não se estaria a assumir a presunção que o consumidor médio é exactamente o mesmo em todo o território da UE[50].

Conforme sublinhou a Comissão, o consumidor médio não é o consumidor vulnerável ou atípico. O critério, «que reflecte o princípio de proporcionalidade, é aplicável sempre que uma prática comercial se destine ou afecte a maioria dos consumidores, devendo ser adaptado sempre que a prática comercial se destine de maneira especial a um determinado grupo (por exemplo, crianças), devendo neste caso, a pessoa média deste grupo passar a ser o ponto de referência»[51]. É precisamente essa a noção que, em termos da Comissão, permitiria «clarificar a aplicação da regra pelos tribunais nacionais, reduzindo de modo significativo a possibilidade de decisões divergentes relativamente a práticas semelhantes na EU e constituindo simultaneamente um instrumento que tem em consideração as características sociais, culturais ou linguísticas relevantes dos grupos visados, tal como é previsto pelo Tribunal»[52].

Em relação à escolha do consumidor de referência, na Avaliação de Impacto Exaustiva[53] anexa à Proposta salientou-se que o compromisso mais importante dizia respeito ao equilíbrio que a Proposta devia encontrar entre a defesa do consumidor e a liberdade das empresas relativamente ao consumidor de referência utilizado, para determinar se uma prática é desleal ou não. Reconhecendo que nem todos os consumidores são consumidores médios, o documento fala da necessidade de encontrar um equilíbrio entre a protecção dos consumidores mais vulneráveis e a liberdade de as empresas presumirem existir um determinado grau de compreensão das suas práticas comerciais. O equilíbrio estaria na noção de consumidor médio do TJCE como referência principal, que é reequilibrada sempre que um profissional se dirija a um determinado grupo de consumidores. «Quer se trate de crianças, quer de cientistas espaciais, a referência deve ser feita a uma pessoa média deste grupo»[54]. Deste modo – sublinha-se no documento – «a referência assumida é mais precisa do que a referência geral que existe actualmente em cada Estado-Membro; assegura-se a liberdade

---

[50] Avaliação de Impacto Exaustiva, SEC (2003) 724, 18.06.2003, p. 9.
[51] Proposta..., *cit*., n.º 24.
[52] *Id*.
[53] Avaliação de Impacto Exaustiva, *cit*.
[54] *Id*., pp. 32-33.

comercial, mas, ao mesmo tempo, protege-se os indivíduos mais vulneráveis. De maneira análoga, quando o grupo de consumidores em causa for superior à média, a referência é colocada a um nível mais baixo»[55].

No que diz respeito à proibição geral de práticas desleais, na Proposta da Comissão estabelecem-se as condições para que uma prática comercial possa ser considerada desleal: se a prática for contrária à diligência profissional; e se distorcer ou «for susceptível de distorcer de maneira substancial, em relação a um produto, o comportamento económico do consumidor médio a que se destina ou que afecta, ou da pessoa média do grupo quando a prática comercial for especialmente destinada a um determinado grupo de consumidores» (art. 5.°, 2, da Proposta).

5.2. Posição do Parlamento (1.ª leitura)[56]

Nesta Posição o Parlamento incluiu na definição de consumidor médio, contida no art. 2.°, *b*), da Proposta, a menção específica às «circunstâncias, sociais, culturais e linguísticas», que anteriormente só estavam referidas num dos considerandos. Assim, o consumidor médio ficava redefinido como «o consumidor normalmente informado e razoavelmente atento e advertido, tendo em conta as circunstâncias sociais, culturais e linguísticas».

Para além disso, o Parlamento introduziu no art. 2.° uma definição da noção «grupo determinado de consumidores»: «grupo de consumidores que apresenta características particulares de natureza não económica, nomeadamente: i) consumidores vulneráveis por razões diversas, como a idade, uma deficiência, condições físicas ou psíquicas (nomeadamente temporárias) ou grau de instrução, susceptíveis de influenciar a sua capacidade de avaliação ou reacção; ii) consumidores com conhecimentos específicos no domínio abordado pelo profissional, que lhes permitem compreender uma comunicação comercial especializada» (novo art. 2.°, *c*), em relação à Proposta). E também, num novo Cdo., agregou:

«Os consumidores mais vulneráveis são os que maiores riscos correm de se converterem em vítimas das práticas comerciais desleais abrangidas pela presente directiva; é, pois, necessário proteger os seus interesses en-

---

[55] *Id.*, p. 33.
[56] Posição do Parlamento Europeu, aprovada em primeira leitura em 20.04.04 (P5--TC1-COD (2003) 0134, *JOUE* C, 104, E, de 30.04.2004.

quanto consumidores, tendo na devida conta, de acordo com as circunstâncias de cada caso, factores como a idade (por exemplo, menores e idosos), condições físicas ou mentais específicas (por exemplo períodos de maternidade ou de luto) e grau de instrução. A este respeito, importa impedir que sejam indevidamente aproveitadas as características vulneráveis de um grupo determinado de consumidores. (...)»[57].

Em relação ao segundo requisito da proibição geral de práticas desleais (art. 5.º, 2), o Parlamento manteve a redacção da Proposta, mas incluiu a seguinte menção: «deve no entanto, ser salvaguardada a condição de particular vulnerabilidade de alguns consumidores».

5.3. Posição Comum do Conselho de 15 de Novembro de 2004[58]

Na sua Posição Comum, o Conselho eliminou as definições de «consumidor médio» e de «grupo determinado de consumidores» contidas no art. 2.º anteriormente referido e, na redacção do artigo relativo à proibição geral de práticas desleais (art. 5.º, 2, segundo requisito), eliminou a menção à «salvaguarda da condição de particular vulnerabilidade de alguns consumidores», passando o tema a ser tratado no novo art. 5.º, 3.

Art. 5.º, 3, Posição Comum

«As práticas comerciais que atingem a generalidade dos consumidores, mas que são susceptíveis de distorcer substancialmente o comportamento económico de um único grupo de consumidores particularmente vulneráveis à prática ou ao produto subjacente, em razão da sua doença mental ou física, idade ou credulidade, de uma forma que se considere que o profissional poderia razoavelmente ter previsto, devem ser avaliadas do ponto de vista do membro médio desse grupo. Esta disposição não prejudica a prática publicitária comum e legítima e consiste em fazer afirmações exageradas ou afirmações que não são destinadas a ser interpretadas literalmente».

Este parágrafo, cuja redacção em grande medida serviu de base ao texto adoptado na versão final da Directiva PCD, estaria a acolher a preocupação relativa aos consumidores vulneráveis exposta na Posição do Par-

---

[57] *Id.*, Cdo. 15.
[58] Posição Comum do Conselho, n.º 6/2005, de 15 de Novembro de 2004 (*JOUE* C 38 E, de 15.02.2005).

lamento, complementando-se com uma nova redacção tanto do Cdo. referente ao consumidor médio como o referente aos consumidores vulneráveis, redacção que igualmente foi adoptada na versão final da Directiva PCD:

Cdo. 18, Posição Comum

«É conveniente proteger todos os consumidores das práticas comerciais desleais; todavia, o Tribunal de Justiça considerou necessário nas decisões sobre casos de publicidade após a aprovação da Directiva 84/450/CEE, analisar quais são os efeitos produzidos num consumidor ideal típico. De acordo com o princípio de proporcionalidade e a fim de possibilitar a aplicação efectiva das protecções previstas na mesma, a presente directiva utiliza como marco de referência o critério do consumidor médio, tal como interpretado pelo Tribunal de Justiça, mas prevê também disposições que têm por fim evitar a exploração de consumidores que pelas suas características são particularmente vulneráveis a práticas comerciais desleais. Quando uma prática comercial se destine especificamente a um determinado grupo de consumidores, como as crianças, é conveniente que o impacto da referida prática comercial seja avaliado do ponto de vista do membro médio desse grupo. O critério do consumidor médio não é estatístico. Os tribunais e as autoridades nacionais terão de exercer a sua faculdade de julgamento, tendo em conta a jurisprudência do Tribunal de Justiça, para determinar a reacção típica do consumidor médio num determinado caso».

Cdo. 19, Posição Comum

«Nos casos em que certas características como a idade, doença física ou mental ou a credulidade, tornam os consumidores particularmente vulneráveis a uma prática comercial ou ao produto subjacente, e o comportamento económico apenas desses consumidores é susceptível de ser distorcido pela prática de uma forma que se considera que o profissional pode razoavelmente prever, é adequado prever que eles são devidamente protegidos mediante a avaliação da prática na perspectiva do consumidor médio desse grupo».

5.4. Comunicação da Comissão ao Parlamento Europeu relativa à Posição Comum do Conselho[59]

Nas suas observações, a Comissão sublinhou que a Posição Comum retinha o conceito de consumidor médio da Proposta e apoiado pelo Par-

---

[59] Comunicação..., COM (2004) 753 final, 16.11.2004.

lamento como a referência por «omissão» na avaliação do impacto das práticas potencialmente desleais[60] e que a redacção foi alterada de forma que o texto deixou de conter uma definição de consumidor médio, «na sequência das preocupações manifestadas de que isso impediria o conceito de evoluir em conformidade com a jurisprudência do TJCE». O anterior satisfazia à Comissão tendo em conta a referência ao consumidor médio no texto e a clara ligação à jurisprudência do TJCE no Cdo. 18. Cumpre salientar que o debate ter-se-ia centrado nos «factores sociais, culturais ou linguísticos» (vigentes em cada Estado-Membro), factores que estavam referidos num dos Cdos. da Proposta, que logo foram incluídos na definição de consumidor médio da Posição do Parlamento, e eliminados por completo na Posição Comum do Conselho. A necessidade de ter em conta esses factores nacionais poderia, de certa forma, «multiplicar por 25 a noção do consumidor médio». Considera-se que é provável que seja por essa razão que o TJCE se tem abstido de se referir a tais factores noutros acórdãos[61]. Contudo, a versão definitiva do Cdo. 18 contém a menção.

Por outro lado, na opinião da Comissão, a referência específica à defesa dos consumidores vulneráveis (art. 5.º, 3, da Posição Comum) confirmaria as dúvidas expressas nalgumas alterações do Parlamento de que «a articulação entre a defesa do consumidor médio e a dos consumidores vulneráveis deveria ser mais explícita»[62]. A Comissão considerou que as alterações eram aceitáveis na medida em que que não exigiam uma avaliação das circunstâncias individuais de cada caso, o que seria impraticável, e que as alterações garantem que os consumidores vulneráveis «poderão ser protegidos em caso de exposição a um risco especial, sem pôr em causa práticas publicitárias legítimas, tais como as declarações que não devem ser interpretadas literalmente»[63].

---

[60] *Id.*, p. 3.
[61] HANDIG, citado por L. GONZÁLES VAQUE, «Las Nociones de Consumidor Medio y Miembro Medio de un Grupo Particular de Consumidores en el Reglamento n.º 1924/2006 (declaraciones nutricionales y de propiedades saludables en los alimentos)», *Revista Electrónica de Derecho del Consumo y de la Alimentación*, n.º 11, 2007, nota 38.
[62] Comunicação..., *cit.*, p. 3.
[63] *Id.*

5.5. Posição do Parlamento (2.ª leitura)[64]

Na Posição do Parlamento aprovada em segunda leitura, retirou-se do texto do art. 5.º, 3, da Posição Comum do Conselho a menção a «... que atingem a generalidade dos consumidores, mas...», e inseriu-se na parte que fala de um único grupo de consumidores a menção a «claramente identificável».

Quanto ao Cdo. 18, voltou-se a incluir a citação da definição do consumidor médio do TJCE («normalmente informado e razoavelmente atento e advertido»), que na Proposta da Comissão vinha estabelecida no art. 2.º, *b*), (definições); assim como a alusão aos «factores de ordem social, cultural e linguística», que na Proposta estavam contidos no Cdo. 13. E foi essa a linha finalmente adoptada na Directiva.

5.6. Versão final da Directiva PCD

Como se pode observar nos antecedentes imediatos à elaboração da versão final da Directiva – depois de marchas e contramarchas – a base é essencialmente a mesma que a contida na Proposta da Comissão: o consumidor de referência é o consumidor médio, com atenção a factores de ordem social, cultural e linguística, tal como interpretado pelo TJCE na sua jurisprudência; e quando se tratar de grupos determinados de consumidores, o impacto de uma prática deverá ser avaliado do ponto de vista do membro médio desse grupo. No entanto, conforme veremos na continuação, a inclusão do art. 5.º, 3, tem aberto a porta a interpretações diferentes em pelo menos dois dos Estados-Membros, especificamente Portugal e o Reino Unido. Os efeitos práticos dessa discrepância, a existirem, só se apresentarão, como é evidente, nos casos concretos que chegarem ao TJCE.

6. A Directiva PCD, o consumidor médio, e o membro médio de um grupo determinado de consumidores

Em termos gerais, a estrutura básica da Directiva compreende uma cláusula geral de proibição das práticas comerciais desleais (art. 5.º, 1) e

---

[64] Posição do Parlamento Europeu, aprovada em segunda leitura em 24 de Fevereiro de 2005 (EP-PE_TC2-COD (2003) 0134).

os critérios para determinar quando uma prática comercial é desleal (art. 5.º, 2). Distingue também duas categorias específicas de práticas que se consideram especialmente desleais: as práticas enganosas e as agressivas (arts. 6.º a 9.º), e contém uma «lista negra» exaustiva de 31 práticas que são consideradas desleais em qualquer circunstância (Anexo I).

Nas práticas contidas na «lista negra» do Anexo I, a utilização do consumidor de referência (e, em princípio, de qualquer outro tipo de análise) é desnecessária por se tratar de práticas consideradas *per se* desleais[65]. Uma prática em concreto deverá ser proibida se estiver abrangida por uma das previsões do Anexo I. Mas, na aplicação das disposições, quer relativas às práticas enganosas ou agressivas, quer referentes à cláusula geral, o consumidor de referência faz parte da análise para determinar o impacto da prática. Se uma prática em concreto não se incluir na lista de proibições *per se,* será preciso avaliar se se está perante uma prática enganosa (por acção ou omissão) ou agressiva (tal como definido nos arts. 6.º a 9.º). Só no caso de isso não ocorrer é aplicável a cláusula geral de proibição[66] para avaliar a eventual deslealdade da prática.

Numa tentativa de síntese, pode dizer-se que, segundo a Directiva, uma prática é considerada enganosa, principalmente: *a*) Se contiver informação falsa ou que por qualquer forma induza ou seja susceptível de induzir em erro o consumidor médio (mesmo que a informação seja factualmente correcta), se a falsa informação ou erro se referir a um ou mais dos elementos enumerados no art. 6.º, 1 (por exemplo, informação relativa às características principais do produto, entre outros), e o consumidor médio tomar ou for provável que tome, uma decisão de transacção que não teria tomado de outro modo; *b*) se criar confusão com os produtos de um concorrente, e o consumidor médio tomar ou for provável que tome uma decisão de transacção que não teria tomado de outro modo (art. 6.2, *a*))[67]; *c*) se omitir ou ocultar informação substancial, ou que se lhe apresente de forma pouco clara, ininteligível, ambígua ou tardia, e conduzir ou for sus-

---

[65] *V.* Cdo. 17 Directiva PCD. Sobre este tema MASSAGUER faz notar acertadamente que o Anexo I contém certas disposições cuja apreciação requer também juízos valorativos. «Las Prácticas Comerciales Engañosas en la Directiva 2005/29/CE sobre las Prácticas Comerciales Desleales», *Actualidad Jurídica Uría Menéndez,* n.º 13, (2006), p. 21.

[66] Proposta da Comissão.., *cit.*, n.º 30. *V.* também Conclusões da Advogada-Geral Verica Trstenjak, n.º 74, Proc. C-304/08.

[67] O art. também fala do incumprimento dos compromissos contidos em códigos de conduta.

ceptível de conduzir o consumidor médio a tomar uma decisão de transacção que não teria tomado de outro modo (arts. 7.º, 2, e 7.º, 3)).
De igual modo, nas práticas agressivas (arts. 8.º e 9.º), o consumidor médio faz parte da análise para determinar se uma prática deve ou não ser considerada agressiva.

No que respeita à cláusula geral de proibição, uma prática comercial é desleal se for contrária às exigências relativas à diligência profissional[68] e distorcer ou for susceptível de distorcer substancialmente[69] «o comportamento económico, em relação a um produto, do consumidor médio a que se destina ou que afecta, ou do membro médio de um grupo, quando a prática comercial for destinada a um determinado grupo de consumidores» (art. 5.º, 2). Ambas as condições têm que se verificar, quer dizer, além da distorção substancial (ou possibilidade de sua ocorrência) é necessário também que a prática seja contrária à diligência profissional.

A protecção de certos grupos de consumidores particularmente vulneráveis estaria consagrada no art. 5.º, 3, que dispõe: «As práticas comerciais que são susceptíveis de distorcer substancialmente o comportamento económico de um único grupo, claramente identificável, de consumidores particularmente vulneráveis à prática ou ao produto subjacente, em razão da sua doença mental ou física, idade ou credulidade, de uma forma que se considere que o profissional poderia razoavelmente ter previsto, devem ser avaliadas do ponto de vista do membro médio desse grupo. Esta disposição não prejudica a prática publicitária comum e legítima que consiste em fazer afirmações exageradas ou afirmações que não são destinadas a ser interpretadas literalmente».

A redacção do art. 5.º, 3, como bem se refere, não é particularmente feliz. E confrontada com o art. 5.º, 2, tem sido interpretada e concretizada de maneiras diversas.

Uma interpretação é que o art. 5.º, 3, deve ser entendido como uma outra categoria específica de práticas comerciais que se consideram em especial desleais (além das práticas enganosas agressivas), e em consequência a sua aplicação é independente dos requisitos do art. 5.º, 2, em particular, o referente às exigências relativas à diligência profissional (art. 5.º, 2, *b*), tal como definida no art. 2.º, *h*)). Esta interpretação considera que o art. 5.º, 3, prescinde do requisito da desconformidade à diligência profissional e em seu lugar apenas exige que o profissional poderia ter «razoa-

---
[68] Art. 2.º, *h*).
[69] Art. 2.º, *e*).

velmente previsto» que a sua prática comercial era susceptível de distorcer substancialmente o comportamento económico de um grupo de consumidores vulneráveis (tal como expressamente refere o do art. 5.º, 3). O que determina que se esteja a exigir um grau diferente de diligência (uma «diligência acrescida») aos profissionais, tratando-se de grupos de consumidores particularmente vulneráveis. Quer dizer, a qualificação da deslealdade de uma prática obedeceria a requisitos menos estritos.[70] Esta é a linha seguida pelo Dec.-Lei n.º 57/2008, de 26 de Março de 2008[71], que transpõe ao direito interno português a Directiva PCD.

Outra interpretação é que o art. 5.º, 3, não está a introduzir uma outra categoria de prática que se considera em especial desleal, mas sim um «método de avaliação» para determinar o consumidor de referência que deve ser considerado. Assim, segundo esta interpretação, o art. 5.º, 3, deve ser visto como uma alternativa do art. 5.º, 2, b), devido ao facto de considerar que o art. 5.º, 3, contém uma variante do protótipo do consumidor médio. Assim, o art. 5.º, 2, a), seria de aplicação: se uma prática não é contrária às exigências relativas à diligência profissional, então não pode ser considerada desleal ainda que distorça substancialmente o comportamento económico de um único grupo, claramente identificável, de consumidores particularmente vulneráveis[72]. Esta é a linha seguida pelo Reino Unido na transposição da Directiva PCD (*Consumer Protection from Unfair Traiding Regulations 2008*[73] – *CPRs*).

Tanto o art. 5.º, 2, b), *in fine* como o art. 5.º, 3, falam do «membro médio do grupo»: no primeiro caso, quando se referir a práticas destinadas a um grupo determinado de consumidores; no segundo, quando se referir a práticas susceptíveis de distorcer o comportamento económico de um único grupo, claramente identificável, de consumidores particularmente vulneráveis. Na sua essência, ambas as disposições não diferem muito

---

[70] V. A. CRISTAS, «Concorrência Desleal e Protecção do Consumidor: a propósito da Directiva 2005/29/CE», *Homenagem da Faculdade de Direito de Lisboa ao Prof. Doutor Inocêncio Galvão Telles*, Almedina, 2007, pp. 146 e 148-150.

[71] V. arts. 5.º e 6.º do Dec.-Lei. n.º 57/2008.

[72] V. R. GARCÍA PÉREZ, «Tiempos de Cambios para el Derecho contra la Competencia Desleal: La Directiva sobre Prácticas Comerciales Desleales», *Actas de Derecho Industrial y Derecho de Autor*, t. XXVI, Santiago de Compostela, 2006, pp. 479-480. V. em particular, *UK Consultation on implementing the EU Directive on Unfair Commercial Practices and Amending Existing Consumer Legislation, Department of Trade and Industry*, 2005, n.º 74, disponível em www.berr.gov.uk.

[73] *CPRs*, disponível em www.opsi.gov.uk. V. *regulation* n.ºs 2 e 3.

uma da outra e estariam a estatuir o mesmo no que se refere ao consumidor relevante: quando se tratar de grupos determinados de consumidores, para aferir o impacto de uma prática destinada a eles ou que os possa afectar unicamente, a referência deverá ser feita ao «membro médio» do grupo em questão, quer dizer, as características do grupo (do «membro médio» do grupo) devem ser tomadas em consideração na avaliação. Ora, as perguntas naturais que se seguem são: o «membro médio» do grupo é também uma referência a um padrão ideal (como o consumidor médio), mas dentro de um grupo determinado com certas características, ou estar-se-á a aludir ao membro médio real?

Sem prejuízo da reflexão anterior, como bem assinala A. Cristas, ou o art. 5.º, 3, nada acrescenta ao art. 5.º, 2, e «então não se compreende a razão de existir, ou é necessário procurar um conteúdo útil, imperfeitamente expresso na letra, mas contido no espírito do preceito»[74], e deverá ser conjugado com a intenção (que se pode inferir dos Cdos. 18 e 19) de conferir uma protecção mais reforçada aos consumidores particularmente vulneráveis. E uma alternativa para dar conteúdo útil e coerente com o espírito do art. 5.º, 3, seria interpretar que aquele deve ser entendido como outra categoria de práticas comerciais que se consideram em especial desleais.

Tal como já se indicou, no Reino Unido tem sido adoptada uma aproximação diferente. Embora reconhecendo que não se infere directamente da Directiva, considera-se que o art. 5.º, 3, forma parte do art. 5.º, 2, o que significa que o art. 5.º, 3, é uma variante do padrão do consumidor médio e que está sujeito ao requisito sobre diligência profissional do art. 5.º, 2, *a*)[75].

Assim, o padrão do consumidor médio pode variar em duas circunstâncias: i) quando as práticas forem destinadas a um determinado grupo de consumidores (art. 5.º, 2, *b*), *in fine*); e ii) quando se trate de práticas que são susceptíveis de distorcer substancialmente o comportamento económico de um único grupo, claramente identificável, de certos tipos de consumidores particularmente vulneráveis à prática ou ao produto subjacente, de uma forma que se considere que o profissional poderia razoavelmente ter previsto (art. 5.º, 3)[76]. Nessas duas circunstâncias, o padrão do consumidor médio não será o aplicável mas sim o do membro médio desse grupo.

---

[74] A. Cristas, ob. cit., p. 149.
[75] *UK Consultation...*, *cit.*, n.º 74.
[76] *Id.*, n.º 68, e *CPRs*, *cit.*, *Regulations* 2 (2)-2 (5). V. também o *Guidance on the Consumer Protection from Unfair Trading Regulations*, 2008, disponível em www.oft.gov.uk

No caso do art. 5.º, 2, b), *in fine*, um exemplo seria uma comunicação comercial que se destine a estudantes estrangeiros de inglês: o efeito da comunicação deverá ser avaliado em relação ao «estudante estrangeiro médio de inglês», que, por exemplo, é mais provável de ser enganado se a comunicação não é em inglês simples. Igualmente, caso se trate de uma publicação sobre informação tecnológica destinada a uma audiência com conhecimentos especializados, a prática deverá ser avaliada em relação ao membro médio desse grupo[77]. Em relação ao art. 5.º, 3, considera-se igualmente que o seu propósito é conferir uma protecção adicional aos consumidores vulneráveis, *quando são alvo juntamente com consumidores menos vulneráveis*, sendo a preocupação que estaria na origem do art. 5.º, 3, o facto de poder ser difícil para as autoridades competentes provar que um grupo específico de consumidores vulneráveis foi ou está a ser especialmente alvo de uma prática, como disposto no art. 5.º, 2, b), *in fine*. Um exemplo seria um *mailshot* enviado ao público em geral mas que está desenhado para obter resposta apenas de um grupo particular de consumidores vulneráveis[78].

Considerações finais

O consumidor de referência para determinar a deslealdade da publicidade e de outras práticas desleais é uma noção que não é (e que não poderia ser) imutável, sempre que o seu conteúdo se complementa com as particularidades e circunstâncias de cada caso em concreto, embora se possam construir modelos ou parâmetros desse consumidor de referência (e ainda que tais modelos não sejam representativos dos consumidores reais).

A noção do consumidor médio, perfilada na jurisprudência do TJCE e acolhida agora na Directiva PCD, está construída na assunção de um consumidor ideal, que é «normalmente informado e razoavelmente atento e advertido». Quer dizer que indirectamente está a ser imposto aos consumidores um padrão de conduta ou atitude «razoável» ou uma espécie de «dever de agir razoavelmente». Resta agora saber qual será a interpretação e o conteúdo que os tribunais nacionais e o próprio TJCE vão atribuir à noção do «membro médio de um grupo determinado de consumidores» na acepção do art. 5.º, 2, b), e quando confrontado com o texto do art. 5.º, 3, relativo a consumidores particularmente vulneráveis.

---

[77] *UK Consultation, cit.*, n.ºs 69-70.
[78] *Id.*, n.º 72.

PRÁTICAS COMERCIAIS DESLEAIS COMO IMPEDIMENTO À OUTORGA DE DIREITOS INDUSTRIAIS?

ADELAIDE MENEZES LEITÃO[*]

SUMÁRIO: **1.** *Práticas comerciais desleais: o Direito Europeu do Consumo* **2.** *O Direito Europeu do Consumo como «direito politizado»* **3.** *O Direito Português do Consumo como Direito Europeu transposto: a transposição da Directriz 2005/29/CE, de 11 de Maio de 2005, através do Decreto-Lei n.º 57/2008, de 26 de Março* **4.** *A articulação do Decreto-Lei n.º 57/2008, de 26 de Março, com o Código de Propriedade Industrial* **5.** *Conclusões*

1. Práticas comerciais desleais: o Direito Europeu do Consumo

O tema da nossa intervenção respeita às relações entre o Direito Industrial e as práticas comerciais desleais. Para compreender essas relações é necessário conhecer como se chegou a uma legislação sobre práticas comerciais desleais. Ora, no contexto da evolução histórica deste processo, é fundamental o estudo das soluções legislativas comunitárias.

No campo das práticas comerciais desleais, a inovação a nível comunitário dá-se com a Directriz 2005/29/CE, de 11de Maio de 2005, relativa às práticas comerciais desleais das empresas face aos consumidores no mercado interno, que estabelece um conjunto de regras destinadas a determi-

---

[*] Professora da Faculdade de Direito da Universidade de Lisboa.

O presente estudo foi desenvolvido para a conferência «Práticas Comercias Desleais como limite à outorga de direitos industriais?», proferida em 10 de Julho de 2009, no II Curso de Verão de Direito Industrial. Deixo consignado ao Professor Doutor Oliveira Ascensão o meu agradecimento pelo respectivo convite.

nar se uma prática é desleal ou não e a definir o quadro das práticas comerciais proibidas na União.

De referir que, no início da década de noventa, houve a intenção, a nível comunitário, de promover a harmonização europeia das legislações sobre concorrência desleal, dada a sua incidência no mercado interno e nas condições de concorrência nesse mercado.

O projecto de Directriz relativo à concorrência desleal veio, porém, a ser abandonado, segundo julgamos, porque os diferentes regimes de concorrência desleal tornavam difícil a programada harmonização, designadamente no Reino Unido, onde o instituto da concorrência desleal era desconhecido[1]. Por outro lado, continuavam a levantar-se questões quanto à extensão das atribuições da Comunidade nestas matérias. Assim, o processo legislativo comunitário relativo à concorrência desleal acabou por ser substituído, de acordo com a perspectiva da Comissão Europeia, e nomeadamente da Comissão Barroso, pela Directriz de 2005 relativa às práticas comerciais das empresas face aos consumidores, estando actualmente em curso um projecto de Directriz sobre direitos dos consumidores.

A este propósito, julgamos necessário desmistificar algumas concepções que vêem na disciplina das práticas comerciais desleais puro Direito do Consumo, esquecendo que se trata igualmente da protecção dos concorrentes. Na realidade, subjacente ao discurso sobre o Direito do Consumo Europeu existe um «intradiscurso normativo» no qual surge o Direito da Concorrência Desleal Europeu.

Esta desmistificação resulta sem margem para dúvidas da leitura conjugada do preâmbulo da Directriz 2005/29/CE com o respectivo texto. Com efeito, se é verdade que o preâmbulo sublinha que o quadro normativo para o seu desenvolvimento é o art. 153.º do Tratado, que prevê que a Comunidade deve contribuir para assegurar um elevado nível de protecção dos consumidores, logo de seguida, o texto da Directriz revela que estão também em causa os interesses dos concorrentes. Aliás, basta ler o artigo 1.º para ficar claro que o objectivo do funcionamento correcto do mercado é colocado como prioritário em relação ao objectivo de alcançar um nível elevado de protecção dos consumidores[2].

---

[1] Neste sentido, OLIVEIRA ASCENSÃO, «Concorrência Desleal: As grandes opções», *Nos 20 Anos do Código das Sociedades Comerciais, Homenagem aos Profs. Doutores A. Ferrer Correia, Orlando de Carvalho e Vasco Lobo Xavier*, Coimbra Ed., 2007, p. 128.

[2] Com leitura diferente, OLIVEIRA ASCENSÃO, «Concorrência Desleal: As grandes opções», p. 127, considerando que as práticas comerciais desleais lesam os interesses dos consumidores, pelo que as relações entre concorrentes não estão directamente em causa.

No campo da publicidade, a Directriz 84/450/CEE, do Conselho, de 10 de Setembro de 1984, visou promover a harmonização na matéria. Porém, como são apenas consagrados mínimos de protecção, continuaram a existir diferenças significativas nos diversos sistemas jurídicos, o que era causa de incerteza jurídica, de obstáculos à livre circulação de bens e serviços e de distorções da concorrência.

Do exposto decorre que, no campo da publicidade, tal como em outros, havia que corrigir algumas deficiências no processo de harmonização, que resultam, em grande parte, da utilização do instrumento directriz e da consequente consagração de mínimos de protecção. Efectivamente, se, por um lado, a directiva configura um instrumento que permite ao legislador comunitário alguma maleabilidade para acomodar a disciplina normativa comunitária à tradição jurídica dos diferentes sistemas, por outro, estabelecendo na sua maioria mínimos de protecção, conduz a uma harmonização mínima, uma vez que os diferentes legisladores nacionais, ao fixarem níveis acrescidos de protecção, perpetuam as distorções no mercado interno.

Assim, actualmente, tem vindo a ser sublinhado pela Comissão a necessidade de uma harmonização total (*full harmonization*). Nesta harmonização total, a directiva, ainda que continuando a necessitar de transposição para os ordenamentos nacionais, surge como um instrumento legislativo mais próximo do Regulamento, na medida em que nivela a protecção por igual.

Regressando ao nosso tema inicial, pode afirmar-se que, sob a veste do Direito europeu do consumo, surgiu uma nova disciplina jurídica – o Direito das práticas comerciais desleais – que, no entanto, não deixa de compreender no seu âmago um conjunto de condutas que se desenvolveram nos diferentes ordenamentos jurídicos continentais sob a égide da concorrência desleal. Note-se que esta disciplina das práticas comerciais desleais configura mais um marco na «americanização» do direito privado europeu, uma vez que recorre ao modelo das *unfair trade practices* constante da Secção 5 do *Federal Trade Commission Act*[3].

---

[3] Cfr. ROBERT H. LANDE, *Revitalizing Section 5 of the FTC Act Using «Consumer Choice» Analysis, the antitrustsource*, disponível em www.antitrustinstitute.org/archives/files/Feb09-Lande226f_030320092134.pdf, o Autor esclarece que esta secção é muito mais agressiva do que as leis *anti-trust Sherman Act* e *Clayton Act*, defendendo que deverá ser utilizada de acordo com o enquadramento da «opção do consumidor», de forma a aproximar a legislação norte-americana do Direito da concorrência europeu.

A este respeito, como já se referiu anteriormente, o preâmbulo da Directriz é bastante elucidativo quando sublinha que a Directriz não abrange as práticas comerciais desleais que se limitem a prejudicar os interesses económicos dos concorrentes, mas apenas aquelas que prejudiquem directamente os interesses económicos dos consumidores e, indirectamente, os interesses económicos dos concorrentes.

Deste modo, julgamos poder afirmar que há um núcleo de comportamentos da concorrência desleal que é abrangido actualmente pela disciplina das práticas comerciais desleais e um núcleo residual de comportamentos, que não prejudica os consumidores, que permanece fora das práticas comerciais desleais.

Finalmente, pode ainda ler-se no Preâmbulo que a Directriz não prejudica as disposições comunitárias e nacionais relativas aos direitos de propriedade industrial. Porém, ao transpor-se a Directriz para o direito nacional, através do Decreto-Lei n.º 57/2008, de 26 de Março, coloca-se necessariamente um problema de interpretação e articulação não só com as normas do Código de Propriedade Industrial, que limitam a concessão de direitos industriais a situações em que não se verifique concorrência desleal, mas também com alguns fundamentos específicos que obstam à outorga de direitos industriais.

Com efeito, resulta do art. 73.º, n.º 3[4], do CPI a recusa do registo de patente quando o requerente tenha intenção de praticar actos de concorrência desleal ou quando esta prática seja possível independentemente da sua intenção. O art. 137.º, n.º 3[5], do CPI estabelece igual regime quanto ao modelo de utilidade, bem como o art. 161.º, n.º 3[6], do CPI quanto a topografias e produtos semicondutores, o art. 197.º, n.º 5[7], quanto a dese-

---

[4] «Constitui ainda motivo de recusa [do registo de patente] o reconhecimento de que o requerente pretende fazer concorrência desleal ou de que esta é possível independentemente da sua intenção».

[5] «Constitui ainda motivo de recusa [do registo da invenção] o reconhecimento de que o requerente pretende fazer concorrência desleal ou de que esta é possível independentemente da sua intenção».

[6] «Constitui ainda motivo de recusa [do registo de topografias de produtos semicondutores] o reconhecimento de que o requerente pretende fazer concorrência desleal ou de que esta é possível independentemente da sua intenção».

[7] «Constitui também fundamento de recusa do registo de desenho ou modelo, *quando invocado em reclamação*, o reconhecimento de que o requerente pretende fazer concorrência desleal ou de que esta é possível independentemente da sua intenção».

nho e modelo, o art. 239.º, n.º 1, alínea *e*)[8], quanto à marca, o art. 304.º I, *e*)[9], quanto a logótipo e o art. 308.º, *g*)[10], quanto a denominações de origem ou a indicações geográficas.

Todas estas disposições do Decreto-Lei n.º 143/2008, de 25 de Julho, determinam que a prática, com ou sem intenção, de concorrência desleal deve implicar a recusa do registo dos referidos direitos industriais. Trata-se, pois, de um fundamento geral de recusa de registo destes direitos[11]. Cumpre, assim, descortinar se a intenção ou a prática de condutas comerciais desleais deve também implicar a recusa de registo de direitos industriais.

Acresce, como já referimos, que existem ainda fundamentos específicos de recusa de direitos industriais, que, em alguns casos, também se aproximam das práticas comerciais desleais previstas no Decreto-Lei n.º 57/2008, de 26 de Março.

Por fim, uma análise do elenco das práticas comerciais enganosas revela-nos igualmente que podem resultar da utilização de sinais distintivos do comércio e de direitos industriais, pelo que também por esta via as relações entre os direitos industriais e as práticas comerciais desleais são evidentes.

---

[8] Constitui fundamento de recusa do registo de marca «o reconhecimento de que o requerente pretende fazer concorrência desleal ou de que esta é possível independentemente da sua intenção».

[9] Constitui fundamento de recusa de logótipo «o reconhecimento de que o requerente pretende fazer concorrência desleal ou de que esta é possível independentemente da sua intenção».

[10] Constitui fundamento de recusa de denominações de origem e indicações geográficas que o registo «*possa favorecer actos de concorrência desleal*».

[11] É de referir que nada, do ponto de vista legístico, justifica que se tenha retirado a menção à concorrência desleal das causas de recusa de registo aplicáveis a todos os direitos industriais. Em relação aos desenhos e aos modelos o legislador privatiza os interesses públicos da concorrência desleal ao exigir uma reclamação. Assim, caso não surja nenhuma reclamação, mesmo havendo concorrência desleal, o registo será deferido. Esta solução é manifestamente inapropriada. Também a referência a «*que possa favorecer actos e concorrência desleal*» é um pouco estranha, pois, neste caso, há um alargamento da protecção porque pode nem haver concorrência desleal, mas basta que seja aferida a possibilidade de favorecimento da concorrência desleal das denominações de origem e indicações geográficas. É caso para perguntar quem é que no procedimento legislativo assumirá a responsabilidades por estas incorrecções.

2. O Direito Europeu do Consumo como «direito politizado»

Por detrás do caudal de directivas, tendo como escopo a protecção dos consumidores, parece-nos indiscutível que a Comissão tem procurado atingir objectivos políticos, alguns dos quais essenciais ao desenvolvimento do mercado interno e da União Europeia, objectivos que correspondem ao paradigma económico da última metade do século passado.

Efectivamente, o desenvolvimento da Comunidade Económica Europeia e, posteriormente, da União Europeia, assentou na redução da auto-suficiência económica dos Estados-membros e exigiu, em determinados casos, a destruição de sectores produtivos e de indústrias nacionais pouco competitivas.

O paradigma económico assinalado assentou igualmente no consumo como motor da economia, exponenciado pelo crédito fácil, o que, diga-se, contribuiu para a «economia de bolha» que conduziu à presente crise (2007--2010). A dependência económica implicou dependência política e vulnerabilização dos Estados nacionais, o que aumentou a vertente política da União Europeia[12].

Alguns economistas antecipam contudo um regresso às actividades produtivas básicas e às relações de proximidade, agora com recurso às redes sociais da Internet, que permitem o constante contacto entre produtor e consumidor.

Por paradoxal que seja, um olhar à distância das últimas quatro décadas faz-nos compreender que o Direito do Consumidor favoreceu o consumismo e a internacionalização e globalização dos mercados. Na verdade, ainda que inicialmente rotulado como materialização do Estado Social e dos direitos de terceira e quarta geração, este Direito tem funcionado como um instrumento ao serviço da economia de mercado e da protecção dos produtores e dos comerciantes.

Curiosamente, no início do século XX, afirmava-se que a concorrência desleal protegia os concorrentes e indirectamente os consumidores,

---

[12] A título de exemplo, revelando uma tentativa de maior controlo da economia e da crise pelas instâncias europeias, são de referir as Comunicações da Comissão, de 12 de Outubro de 2008, de 29 de Outubro de 2008, de 26 de Novembro de 2008, de 4 de Março de 2009 e de 3 de Junho de 2009. As versões inglesas podem ser consultadas em www.europa.eu, *Declaration of a concerted European Action Plan of the eurozone countries, From financial crisis to recovery: a European framework to recovery, A European Economic Recovery Plan, Driving the European Recovery, A Share Commitment for Employment*.

mutatis mutandis, no início do século XXI, defende-se que a legislação sobre práticas comerciais desleais protege directamente os consumidores e indirectamente os concorrentes. Não podemos, por isso, deixar de assinalar uma viragem, que poderá ser porventura exclusivamente semântica.

De referir que a Comunidade não se limita a criar instrumentos legislativos, define também estratégias, a que se autovincula no sentido que fazer interagir os seus órgãos, com uma dimensão de política pública, como é o caso da comunicação da Comissão ao Conselho, ao Parlamento Europeu e ao Comité Económico e Social Europeu, apresentada a 13 de Março de 2007, e designada «Estratégia comunitária em matéria de Política dos Consumidores para 2007-2013»[13].

Esta estratégia visa estabelecer um nível de segurança e de protecção equivalente em toda a União Europeia e um mercado interno mais integrado através da concretização dos seguintes objectivos:

1.º) dar mais poderes aos consumidores, instaurando um mercado mais transparente que permita efectuar verdadeiras escolhas de consumo, por exemplo em termos de preço e de qualidade;
2.º) melhorar o bem-estar dos consumidores do ponto de vista da qualidade, da diversidade, da acessibilidade e da segurança; e
3.º) proteger os consumidores dos riscos e ameaças graves.

A concretização desta estratégia política centra-se em cinco domínios:

1.º) melhoria da monitorização dos mercados de consumo e das políticas nacionais a favor dos consumidores;
2.º) melhoria da regulamentação em matéria de defesa do consumidor;
3.º) reforço da segurança dos produtos no mercado graças a instrumentos de monitorização;
4.º) integração dos interesses dos consumidores noutras políticas comunitárias; e
5.º) melhoria da informação e da educação dos consumidores, através, por exemplo, da consolidação do papel dos centros europeus dos consumidores.

---

[13] http://ec.europa.eu/consumers/overview/cons_policy/doc/cps_0713_pt.pdf

Tendo em conta o referido, o Decreto-Lei n.º 57/2008, de 26 de Março, não deve ser compreendido fora do seu contexto, mas como um diploma que resulta da transposição de uma directiva comunitária adoptada com o propósito de desenvolvimento da política pública de mercado interno e de consumo, definida nas instâncias europeias, em especial pela Comissão.

Assim, a nova disciplina sobre práticas comerciais desleais não pode ser apenas vista como puro direito de consumo de mera protecção do consumidor, mas antes como uma disciplina de ordenação do mercado, que protege directamente consumidores e indirectamente os concorrentes. Deste modo, o Direito do Consumidor enquadra a protecção do consumo como bem jurídico público, integrando nessa protecção vários interesses.

Em conclusão, o Direito do Consumidor Português traduz, cada vez mais, o paradigma europeu de ordenação integrada do mercado interno, que se impôs aos legisladores dos Estados-membros da União Europeia. Porém, o aumento do caudal legislativo europeu tem acarretado níveis acrescidos de voluntarismo, que implicam um empobrecimento dos níveis científico-culturais dos direitos nacionais, em especial do direito privado.

3. O Direito Português do Consumo como Direito Europeu transposto: a transposição da Directriz 2005/29/CE, de 11 de Maio de 2005, através do Decreto-Lei n.º 57/2008, de 26 de Março[14]

O primeiro aspecto em que vamos centrar-nos relativamente à transposição da Directriz 2005/29/CE respeita ao conceito de consumidor[15].

---

[14] Sobre esta matéria, *vide* LUÍS MENEZES LEITÃO, «A protecção do consumidor contra as práticas comerciais desleais e agressivas», *O Direito*, anos 134.º-135.º, 2002--2003, pp. 69-85, ELSA DIAS OLIVEIRA, «Práticas Comerciais Proibidas», *Estudos do Instituto de Direito do Consumo* (coord. Luís Menezes Leitão), vol. III, Almedina, Coimbra, 2006, pp. 147-173, ASSUNÇÃO CRISTAS, «Concorrência desleal e protecção do consumidor: a propósito da Directiva 2005/29/CE», *Homenagem da Faculdade de Direito de Lisboa ao Professor Doutor Inocêncio Galvão Telles, 90 Anos*, Almedina, Coimbra, 2007, pp. 141-162.

[15] EKEY / KLIPPEL / KOTTHOFF / MACKEL / PLAB, *Wettbewerbsrecht*, 2. A. Heidelberger Kommentar, C. F. Müller, 2005, p. 76, referindo-se ao conceito de consumidor do Direito da União Europeia e da jurisprudência do Tribunal de Justiça como um *standard* ideal e não como uma figura real. GÜNTHER HÖNN, *Wettbewerbs- und Kartellrecht*, C. F. Müller, 2007, p. 35, preconizando que o conceito de consumidor contribuiu para a liberalização da deslealdade. Cfr., sobre o conceito de consumidor na Alemanha e nos outros países da

Antes de qualquer ulterior desenvolvimento da matéria, cabe referir que a coerência alcançou o estatuto de palavra-chave na harmonização jurídica europeia. Não se trata, porém, de uma coerência sistemática, uma vez que é sobretudo na coerência terminológica que a Comissão tem apostado nos últimos tempos. Ora, esta coerência terminológica tem passado por colocar um conjunto de definições nas directivas, de modo a que os legisladores nacionais fiquem condicionados pelos conceitos nelas referidos.

Um conceito que tem sido objecto de alguma controvérsia é o de consumidor, que, segundo o legislador europeu, é qualquer pessoa singular que actue com fins que não se incluam no âmbito da sua actividade comercial, industrial, artesanal ou profissional. Na linha da Directriz, o consumidor surge no Decreto-Lei n.º 57/2008 como qualquer pessoa singular que, em relação às práticas comerciais, actue com propósitos alheios à sua actividade económica, negócio ou profissão. Ora, este conceito é diferente do que o que resulta do art. 2.º da Lei n.º 24/96, de 31 de Julho (Lei da Defesa do Consumidor), em que o consumidor é apresentado como todo aquele a quem sejam fornecidos bens ou serviços ou transmitidos quaisquer direitos, o que respeita ao consumidor final, podendo abranger pessoas singulares e colectivas[16].

Outro conceito em discussão é o de diligência profissional, que no art. 3.º, h), do Decreto-Lei n.º 57/2008 surge como padrão de competência especializada e de cuidado que se pode razoavelmente esperar de um profissional nas suas relações com os consumidores, avaliado de acordo com a prática honesta de mercado e/ou com o princípio geral de boa fé no âmbito da actividade profissional.

Deste modo, o critério de diligência profissional não deve ser entendido como um critério exclusivo de aferição da concorrência desleal, porque se desvia das relações entre concorrentes para as relações entre profissionais e consumidores, ainda que respeite às práticas honestas de mercado às quais se junta o critério da boa fé. Todos estes critérios cumulativos contribuem para tornar numa «manta de retalhos» a cláusula geral para aferir a deslealdade das práticas comerciais, o que é consequência dos diferentes padrões de lealdade vigentes nos diversos sistemas jurídicos

---

União Europeia, KATHARINA VERA BOESCHE, *Wettbewerbsrecht*, 2. A, C. F. Müller, 2007, pp. 2-3.

[16] FERNANDO BAPTISTA DE OLIVEIRA, «Do Conceito de Consumidor: Algumas Questões e Perspectivas de Solução», *Estudos de Direito do Consumidor*, n.º 2006/2007, pp. 467-551.

europeus. Esta multiplicidade de critérios constitui um factor de insegurança jurídica na aplicação do diploma[17].

O art. 5.º do Decreto-Lei n.º 57/2008 estabelece duas condições gerais a serem aplicadas na determinação do carácter desleal da prática comercial[18]: *a)* que o comportamento seja contrário à diligência profissional e *b)* que seja susceptível de distorcer ou afectar substancialmente o comportamento económico do consumidor, adoptando-se o conceito de consumidor médio.

Os dois critérios, que são cumulativos, apontam quer para um critério de concorrência desleal – actos contrários às exigências de diligência profissional –, quer para um critério da protecção dos consumidores – actos que afectem os consumidores[19].

Assim sendo, se os actos forem contrários à diligência profissional mas não afectarem os consumidores, não se encontram abrangidos pela disciplina das práticas comerciais desleais. Se os actos forem conformes à diligência profissional mas afectarem materialmente o comportamento económico dos consumidores, não se encontram igualmente abrangidos pelas práticas comerciais desleais[20].

---

[17] Sobre os critérios para aferir a deslealdade, o nosso *Estudo de Direito Privado sobre a Cláusula Geral de Concorrência Desleal*, Almedina, Coimbra, 200, p. 57 e ss.

[18] GÜNTHER HÖNN, *Wettbewerbs- und Kartellrecht*, C. F. Müller, 2007, p. 36, refere que o conceito de práticas comerciais tem como função a separação do direito delitual geral.

[19] Neste sentido, também na doutrina alemã, SCHÜNEMANN, *UWG Gesetz gegen den unlauteren Wettbewerb Kommentar*, (Haute-Bavendamm/Henning-Bodewig) Beck, München, 2004, p. 637, defendendo ter o § 3 UWG uma dupla função: de norma fundamental (*Grundnorm*) abrangendo todos os tipos especiais, e de tipo de desenvolvimento para preenchimento de lacuna (*Auffangtatbestand*). Por outro lado, a cláusula geral assenta igualmente na liberdade de decisão do consumidor. De forma idêntica, HEFERMEHL / KÖHLER / BORNKAMM, *Gesetz gegen den unlauteren Wettbewerb UWG*, 26 A., Beck, 2008, p. 150 e ss. GÜNTHER HÖNN, *Wettbewerbs- und Kartellrecht*, C. F. Müller, 2007, p. 37, apresenta a cláusula geral com recurso ao conceito de práticas comerciais, de deslealdade e com a cláusula dos comportamentos irrelevantes (*Bagatellklausel*). Cfr. ainda NORDEMANN, *Wettbewerbsrecht Markenrecht*, 10 A., Nomos, 2004, p. 54 e ss., e TOBIAS LETTL, *Das neue UWG*, Beck, München, 2004, p. 58 e ss.

[20] CORNELIUS MATUTIS, *UWG Pratiker Kommentar zum Gesetz gegen den unlauteren Wettbewerb*, Erich Schmidt Verlag, 2009, p. 57, referindo que através da *Bagatellklausel* procedeu-se, na Alemanha, a uma legalização de parte da concorrência desleal, na medida em que nem toda a concorrência desleal é ilícita; é necessário que tenha uma influência indevida e substancial no comportamento dos consumidores.

Parece, pois, inegável que, pelo menos em parte, estamos num núcleo de fusão ou de sobreposição normativa entre a disciplina da concorrência desleal e a da defesa do consumidor, apesar de a concorrência desleal não ser completamente abrangida pelas práticas comerciais desleais, como também não o é o Direito do Consumidor.

A nova disciplina das práticas comerciais desleais respeita a comportamentos concorrenciais desleais que afectem ou possam afectar o consumidor, daí que vise as condutas relevantes no perímetro contratual, pré-contratual ou pós-contratual, perímetro no qual se encontram as decisões do consumidor sujeitas à análise da sua distorção material ou afectação. Por esta razão, a sua previsão não prescinde do conceito de transacção comercial. Diferentemente, a concorrência desleal configura-se como uma disciplina mais próxima do campo delitual, prescindido da área do contrato.

A lei engloba nas práticas comerciais desleais a publicidade enganosa, bem como outras práticas do período de pós-venda. Incluem-se também na lista de práticas desleais vários métodos publicitários e a publicidade dirigida a crianças.

No art. 5.º do diploma em análise surge-nos uma cláusula geral que deve ser ponderada sempre que se pretenda proibir determinadas práticas comerciais. No art. 6.º estabelece-se que se consideram sempre desleais as práticas comerciais que sejam enganosas ou agressivas. Sobre a acção e omissão enganosa regem os arts 7.º, 8.º, 9.º e 10.º

A lista negra do art. 8.º indica várias práticas que são consideradas enganosas em todas as circunstâncias, tais como:

   a) a publicidade-isco: aliciar o consumidor a comprar um produto de uma empresa, publicitando-o a um preço muito baixo sem dispor de existências suficientes (art. 8.º, *e*));
   b) falsas ofertas «grátis»: dar a impressão errónea de que se trata de ofertas gratuitas, descrevendo um produto como «grátis», «gratuito», «sem encargos» ou equivalente, quando o consumidor tem de pagar mais do que o custo inevitável de responder à prática comercial e de ir buscar o produto ou pagar pela sua entrega (art. 8.º, *z*));
   c) alegações falsas sobre capacidades curativas (art. 8.º, *u*));
   d) publi-reportagens: utilizar conteúdos editoriais nos meios de comunicação social para fazer a promoção de um produto, tendo sido o próprio operador comercial a financiar esta promoção sem o indicar claramente (art. 8.º, *n*));

e) sistemas em pirâmide: promoção em pirâmide em que a contrapartida decorre essencialmente da entrada de outros consumidores no sistema, em vez da venda ou do consumo de produtos (art. 8.º, *r*));

f) referência enganosa aos direitos do consumidor: apresentar direitos do consumidor previstos na lei como uma característica distintiva do operador comercial (art. 8.º, *m*));

g) ofertas limitadas: declarar falsamente que o produto estará disponível apenas durante um período muito limitado, a fim de privar os consumidores do tempo suficiente para tomarem uma decisão informada (art. 8.º, *i*));

h) língua do serviço pós-venda: comprometer-se a fornecer o serviço de assistência pós-venda ao consumidor numa determinada língua e assegurar este serviço apenas noutra língua, sem o ter anunciado de forma clara antes de o consumidor se ter comprometido em relação à transacção (art. 8.º, *f*));

i) garantias a nível europeu: dar a impressão errónea de que o serviço pós-venda relativo ao produto está disponível em Estado-membro distinto daquele em que o produto é vendido (art. 8.º, *ac*)).

Por sua vez, as práticas comerciais agressivas encontram-se reguladas nos arts. 11.º e 12.º, que determinam que se considera agressiva toda a prática comercial que, no seu contexto fáctico, tendo em consideração *todas as características e circunstâncias, mediante assédio, coacção ou influência indevida, limite ou seja susceptível de limitar de forma importante a liberdade de escolha ou o comportamento do consumidor médio em relação a um bem ou serviço, consequentemente, o faça chegar a uma decisão de transacção comercial que de outra forma não haveria tomado.* Trata-se, à semelhança do critério de diligência profissional, de uma noção multifacetada, que implicará dificuldades probatórias acrescidas.

O art. 11.º, 2, estabelece as circunstâncias em que o assédio, a coacção ou a influência indevida devem ser tomados em consideração:

a) momento e local em que ocorrem, a sua natureza e a sua persistência;

b) emprego de linguagem ou de comportamento ameaçadores ou insultantes;

c) utilização por parte do comerciante de qualquer infortúnio ou circunstância de que tenha conhecimento, suficientemente grave para restringir a capacidade de discernimento do consumidor, com o objectivo de influenciar a sua decisão relativamente ao produto;
d) quaisquer obstáculos não contratuais, onerosos e desproporcionados, estabelecidos pelo comerciante quando o consumidor deseje exercer direitos contratuais, incluindo os de pôr fim ao contrato ou de trocar de produto ou de comerciante; e
e) ameaça de exercer qualquer acção judicial que legalmente não possa ser exercida.

O art. 12.º considera que, em todas as circunstâncias, são práticas comerciais agressivas as seguintes:

a) criar a impressão no consumidor de que não pode abandonar o estabelecimento sem celebrar o contrato e realizar o pagamento;
b) efectuar visitas prolongadas ou repetidas em pessoa a casa do consumidor, ignorando as solicitações deste para abandonar a sua casa;
c) fazer solicitações de forma persistente por telefone, fax, correio electrónico ou outros meios de comunicação à distância;
d) impedir ou tentar dissuadir o consumidor de fazer valer os seus direitos de seguro;
e) fazer publicidade dirigida às crianças na qual se dê a entender que, para serem aceites pelos seus colegas, os pais têm de comprar um produto concreto;
f) exigir o pagamento de produtos recebidos pelos consumidores que não tenham sido solicitados;
g) informar o consumidor de que a sua recusa em comprar o bem ou contratar a prestação do serviço põe em causa o seu emprego; e
h) transmitir a impressão falsa de que o consumidor vai ganhar um prémio ou vantagem com a prática de determinado acto.

As práticas comerciais desleais são combatidas através de dois pilares normalmente existentes nas directivas comunitárias:

1.º) o pilar público, que implica a aplicação de uma sanção contra-ordenacional, o pagamento de coimas e judicialização da Administração Pública, à qual cabe aplicar esta sanção, e

2.º) o pilar privado, que abre a possibilidade de recurso às acções cíveis, sejam de responsabilidade civil, sejam de cessação de condutas ou de invalidade contratual, o que favorece que o combate às práticas comerciais desleais seja disseminado pelos particulares.

4. A articulação do Decreto-Lei n.º 57/2008, de 26 de Março, com o Código de Propriedade Industrial

Historicamente, o Direito da Propriedade Industrial abrangia as relações dos industriais entre si, incluindo a liberdade de concorrência, a concorrência desleal, as criações industriais e os sinais distintivos. Actualmente, o Direito Industrial tende a ser visto como um sub-ramo do Direito Comercial, que visa proteger os modos de afirmação económica das empresas através da atribuição de direitos privativos, em relação a formas concretas de afirmação, e da proibição de determinados comportamentos concorrenciais[21].

Assim, o Direito Industrial respeita à constituição, modificação, transmissão e extinção de direitos privativos: patentes, modelos de utilidade, topografias de produtos semicondutores, desenhos ou modelos, marcas, recompensas, denominações de origem e indicações geográficas, em que a protecção dos direitos industriais envolve uma actividade de registo, confiada, em Portugal, a um organismo especializado – o Instituto Nacional de Propriedade Industrial[22].

Deste modo, os direitos industriais configuram direitos subjectivos, cuja outorga está dependente de não se praticarem actos de concorrência desleal[23].

Há, porém, de ter em consideração que a concorrência desleal foi igualmente utilizada para defender monopólios, em situações em que não se verifica a atribuição de direitos industriais[24].

---

[21] Luís. M. Couto Gonçalves, *Manual de Direito Industrial, Patentes, Marcas, Concorrência Desleal*, Almedina, Coimbra, 2005, pp. 23-29.

[22] António Menezes Cordeiro, *Manual de Direito Comercial*, 2.ª ed, 2007, pp. 150-152.

[23] Sobre as relações entre o Direito Industrial e a Concorrência Desleal, Oliveira Ascensão, *Concorrência Desleal*, Almedina, Coimbra, 2002, p. 77, «*nem se confundem nem se excluem [...] umas atribuem posições individuais exclusivas outras disciplinam a correcta ordenação da concorrência*».

[24] André R. Bertrand, «Droits exclusifs, concurrence déloyale et defense de la concurrence», *Direito Industrial*, vol. III, Almedina, Coimbra, 2003, p. 30.

Durante o século XX assistiu-se a uma evolução no Direito da concorrência desleal, que deixou de ser visto como um direito conflitual dos concorrentes para atingir outros patamares de protecção, como a defesa da ordenação do mercado, enquanto interesse público, e a defesa dos consumidores. Esta evolução da concorrência desleal, de que a nova disciplina das práticas comerciais desleais é só mais um estádio resultante do influxo europeu, também se estende aos direitos industriais, cuja regulação deixou de ser considerada num plano estritamente concorrencial para abranger igualmente uma dimensão de defesa do consumidor[25]. Isto significa que a evolução da disciplina da concorrência desleal teve reflexos na transição do direito industrial para uma disciplina integradora da ordenação dos comportamentos no mercado.

Analisando com detalhe o elenco das práticas comerciais enganosas, pode-se afirmar que existem actos de indução em erro do público e actos de aproveitamento, que já se encontravam previstos na concorrência desleal.

Incluem-se nos actos de indução em erro os seguintes actos constantes no art. 8.º do Decreto-Lei n.º 57/2008:

a) Afirmar ser signatário de um código de conduta, quando não o seja;
b) Exibir uma marca de certificação, uma marca de qualidade ou equivalente, sem ter obtido a autorização necessária;
c) Afirmar que um código de conduta foi aprovado por um organismo público ou outra entidade, quando tal não corresponda à verdade;
d) Afirmar que um profissional, incluindo as suas práticas comerciais, ou um bem ou serviço foram aprovados, reconhecidos ou autorizados por um organismo público ou privado quando tal não corresponde à verdade ou fazer tal afirmação sem respeitar os termos da aprovação, do reconhecimento ou da autorização.

No remanescente do referido elenco, a maior parte das condutas tipificadas como práticas comerciais enganosas respeita à publicidade enganosa e às informações inexactas, matéria que se incluía inicialmente nos actos de indução em erro da concorrência desleal, mas que foi sendo pau-

---

[25] O nosso «Direito da Publicidade e Concorrência Desleal – Um estudo sobre as práticas comerciais desleais», *Direito Industrial*, vol. IV, Almedina, Coimbra, 2005, p. 270.

latinamente subtraída à concorrência desleal para passar a ser compreendida no domínio da disciplina publicitária[26].

Por esta razão, em estudo anterior, defendemos que haveria na disciplina das práticas comerciais desleais uma «fusão normativa» das disciplinas da concorrência desleal e publicitária[27]. Diferentemente, as práticas comerciais agressivas, salvo em alguns ordenamentos, como na Alemanha, que desde cedo incorporaram na concorrência desleal a protecção do consumidor, encontravam-se fora da concorrência desleal, porque constituíam actos agressivos para os consumidores e não para os concorrentes.

De referir que na *Unlauterer Wettberb Gesetz*[28] incluía-se quer a disciplina da concorrência desleal quer a disciplina publicitária, que abrangia os métodos publicitários importunos.

Na Alemanha, a transposição da Directriz 2005/29/CE passou pela alteração da UWG, de 22 de Dezembro de 2008, que agora se refere a um conceito de *unlauteren geschäftlichen Handlugen*[29]. Na UWG, o § 3.º contém uma proibição geral de práticas comerciais desleais; o § 4.º concretiza algumas dessas práticas; os §§ 5.º e 5.º-A respeitam ao engano por acção e omissão; o § 6.º à publicidade comparativa e o § 7.º aos métodos publicitários que causam incómodo aos consumidores[30]. Neste país, tem-

---

[26] O nosso *Direito da Publicidade e Concorrência Desleal*, p. 268.

[27] OLIVEIRA ASCENSÃO, *Concorrência Desleal: As grandes opções*, p. 137, considera que está mais à vista uma fusão entre o Direito da Publicidade e o Direito do Consumidor.

[28] www.gesetze-im-internet.de

[29] Quanto à recente doutrina alemã sobre o tema *vide* GUNDA DREYER, *Verhaltenskodizes im Referentenentwurf eines Ersten Gesetzes zur Änderung des Gesetzes gegen unlauteren Wettbewerb*, WRP 2007, pp. 1294-1303, JÜRGEN KEβLER, *Lauterkeitsschutz und Wettbewerbsordnung – zur Umsetzung der Richtlinie 2005/29/EG über unlautere Geschäftspraktiken in Deutschland und Österreich*, WRP 2007, pp. 714-722, HELMUT KÖHLER, *Zur Umsetzung der Richtlinie über unlautere Geschäftspraktiken*, GRUR 2005, p. 793 e ss., *Das Verhältnis des Wettbewerbsrechts zum Recht des geistigen Eigentums – Zur Notwendigkeit einer Neubestimmung auf Grund der Richtlinie über unlautere Geschäftspraktiken*, GRUR 2007, p. 548 e ss., TOBIAS LETTL, *Irreführung durch Lock(vogel)angebote im derzeitigen und künftigen UWG*, WRP 2008, pp. 155-166, INGE SCHERER, *Ende der Werbung in Massenmedien?* WRP 2008, pp. 563-571, *Die «wesentliche Beeinflussung» nach der Richtlinie über unlautere Geschäftspraktiken*, WRP 2008, pp. 708-714, OLAF SOSNITZA, *Der Gesetzentwurf zur Umsetzung der Richtlinie über unlautere Geschäftspraktiken*, WRP 2008, pp. 1014-1034.

[30] Sobre a passagem do conceito de «*guten Sitten*» para «*Unlauterkeit*», visando uma compatibilidade terminológica (*sprachliche Kompatibiliät*) no Direito da União Europeia, SCHÜNEMANN, *UWG Gesetz gegen den unlauteren Wettbewerb Kommentar*, (Haute-

-se defendido que a introdução de uma «*Schwarze Liste*» das práticas comerciais desleais contribui para uma maior segurança jurídica e para uma maior protecção dos consumidores[31].

Deste modo, o legislador alemão promoveu a síntese entre o seu Direito e as disposições das directivas comunitárias que necessitam de transposição. Ora, se, de outro modo, essa síntese não for feita pelo legislador no momento legislativo, o intérprete será obrigado a realizá-la no momento da aplicação do direito, o que não é desejável[32].

No que respeita à evolução do direito da propriedade industrial português, actualmente, o art. 1.º do Decreto-Lei n.º 143/2008, de 25 de Julho, determina que a propriedade industrial desempenha a função de garantir a lealdade da concorrência, pela atribuição de direitos privativos sobre os diversos processos técnicos de produção e desenvolvimento da riqueza[33].

Nestes termos, a lealdade da concorrência configura um valor que não enforma apenas o instituto da concorrência desleal, mas está também presente na atribuição de direitos industriais. A lealdade da concorrência enforma igualmente a disciplina das práticas comerciais desleais, porquanto, como referimos, não se trata de um puro direito do consumidor,

---

-Bavendamm/Henning-Bodewig) Beck, München, 2004, p. 571 e ss. Salientando a importância da ponderação de interesses (*Interessenabwägung*) referidos no § 1 UWG para a concretização da deslealdade, cfr. LUTZ LEHMER, *UWG Kommentar zum Wettbewerbsrecht*, Luchterhand, 2007, p. 50.

[31] Do ponto de vista da aplicação jurídica deve, primeiro, procurar-se uma prática comercial no catálogo de exemplos, de seguida aplicar as pequenas cláusulas gerais e, por fim, a grande cláusula geral do § 3 UWG. Cfr. SCHÜNEMANN, *UWG Gesetz gegen den unlauteren Wettbewerb Kommentar*, (Haute-Bavendamm/Henning-Bodewig) Beck, München, 2004, p. 559, defendendo, deste modo, a subsidiariedade da grande cláusula geral do § 3 UWG (*materielle Subsidiarität*) (p. 569).

[32] OLIVEIRA ASCENSÃO, *Concorrência Desleal: As grandes opções*, p. 132, defende a integração das práticas comerciais desleais na concorrência desleal e a saída desta disciplina jurídica do Código de Propriedade Industrial, permitindo-se, assim, avançar para uma concepção integrada dos diferentes interesses, admitindo, porém, que a referida integração geraria perplexidades. Não acompanhamos a ideia de que as práticas comerciais desleais tivessem de ser subordinadas ao critério valorativo da contrariedade às normas e usos honestos, pois, à semelhança do sistema da nova UWG alemã, a grande cláusula geral tem essencialmente um papel subsidiário. Por outro lado, o retorno à ligação com a disciplina publicitária seria natural.

[33] OLIVEIRA ASCENSÃO, *Concorrência Desleal: As grandes opções*, p. 121, considera esta referência legislativa imperdoável por se confundir a atribuição de exclusivos com a disciplina da concorrência desleal.

dada a sua dimensão abrangente de ordenação do mercado, na qual se coloca quer a defesa da liberdade quer da lealdade da concorrência.

Por esta via, torna-se indispensável que a atribuição de direitos industriais esteja subordinada à não verificação de práticas comerciais proibidas, pelo que, no fundamento de recusa geral de registo de direitos industriais, a referência à concorrência desleal deve compreender não só os actos previstos nos artigos 317.º e 318.º do CPI, mas igualmente as práticas comerciais desleais.

Não obstante alguma harmonia que o intérprete possa e deva procurar na aplicação do direito, a verdade é que o legislador nacional não tem contribuído para essa harmonia. Com efeito, ao legislar com recurso a novos conceitos, ao não introduzir as novas leis na tradição jurídica do seu ordenamento, ao não realizar qualquer síntese, mas a mera justaposição de diplomas, contribui para significativas incongruências legislativas.

A este propósito, o diploma sobre práticas comerciais desleais é exemplificativo do menosprezo do legislador pela tradição do Direito Civil, nomeadamente quando, no artigo 14.º, permite que a prática comercial desleal conduza à anulabilidade do negócio jurídico, sem analisar a questão do *dolus bonus,* ou quando, no artigo 15.º, admite que o consumidor lesado seja ressarcido nos termos gerais da responsabilidade civil, nada acrescentando sobre a protecção dos concorrentes.

O facto de o legislador não acomodar a nova disciplina à legislação existente leva-nos a antever inúmeros problemas na aplicação deste diploma, sobretudo na sua articulação com o Código de Propriedade Industrial.

5. Conclusões

1 – O Direito das práticas comerciais desleais, que surge sob a veste do Direito Europeu do Consumo, compreende no seu âmago um conjunto de condutas que se desenvolveram nos diferentes ordenamentos jurídicos continentais sob a égide da concorrência desleal.

2 – O Direito do Consumidor Português traduz, cada vez mais, o paradigma europeu de ordenação integrada do mercado interno, que se impôs aos legisladores nacionais dos Estados-membros da União Europeia pela necessidade de transposição de directivas.

3 – Os dois critérios utilizados na lei para aferir o carácter, desleal ou não, das práticas comerciais apontam quer para um critério de concorrên-

cia desleal – actos contrários à diligência profissional –, quer para um critério da protecção dos consumidores – actos que afectem ou distorçam substancialmente o comportamento económico dos consumidores.

4 – A disciplina das práticas comerciais desleais representa um ponto de intersecção entre as disciplinas da concorrência desleal e da defesa do consumidor, embora a concorrência desleal não seja completamente abrangida pelas práticas comerciais desleais, como também não o é a disciplina do Direito do Consumidor.

5 – A lealdade da concorrência configura um valor que está presente não só no instituto da concorrência desleal como na atribuição de direitos industriais, valor que perpassa igualmente a disciplina das práticas comerciais desleais.

6 – Por esta via argumentativa torna-se indispensável que a atribuição de direitos industriais esteja subordinada à não verificação de práticas comerciais proibidas, pelo que no fundamento de recusa geral de registo de direitos industriais pela prática de concorrência desleal estão abrangidos não só os actos compreendidos nos artigos 317.º e 318.º do CPI, mas igualmente as práticas comerciais desleais reguladas no Decreto-Lei n.º 57/2008.

7 – Assim sendo, a resposta à pergunta que foi colocada pelo nosso tema só pode ser afirmativa. Efectivamente, as práticas comerciais desleais devem fundamentar a recusa da outorga de direitos industriais.

A TRANSPOSIÇÃO DA DIRECTIVA SOBRE PRÁTICAS COMERCIAIS DESLEAIS (DIRECTIVA 2005/29/CE) EM PORTUGAL PELO DECRETO-LEI N.º 57/2008, DE 26 DE MARÇO

ALEXANDRE SOVERAL MARTINS[*]

1. As finalidades da Directiva

A Directiva n.º 2005/29/CE, do Parlamento e do Conselho, «relativa às práticas comerciais desleais das empresas face aos consumidores no mercado interno» (doravante apenas Directiva), destina-se a aproximar «as legislações dos Estados-Membros relativas às práticas comerciais desleais, incluindo a publicidade desleal, que prejudicam directamente os interesses económicos dos consumidores e consequentemente prejudicam indirectamente os interesses económicos de concorrentes legítimos» (considerando 6)[1].

Isto é, a Directiva intervem apenas para os casos em que estão directamente em causa os interesses dos consumidores e já não para aqueles em que as práticas comerciais desleais «apenas prejudiquem os interesses económicos dos concorrentes» ou «digam respeito a uma transacção entre profissionais» (ainda considerando 6)[2-3]. «Fica assim imediatamente ex-

---

[*] Professor da Faculdade de Direito da Universidade de Coimbra.

[1] Trata-se de um «texto relevante para efeitos do EEE». Algumas das práticas sobre as quais incidem a Directiva e o diploma de transposição já surgiam identificadas em CARLOS FERREIRA DE ALMEIDA, *Os direitos dos consumidores*, Almedina, Coimbra, 1982, p. 90 e ss., quanto às «vendas agressivas».

[2] No texto em francês, usa-se também a expressão «transaction entre professionnels»; mas no texto em espanhol surge «transacciones entre comerciantes» e no texto em inglês «transaction between traders».

[3] Por sua vez, a Directiva relativa à publicidade enganosa e comparativa, sucessiva-

cluído que a presente directriz constitua um ensaio de disciplina comunitária global no domínio da concorrência desleal»[4].

Os interesses das empresas são apenas visados indirectamente. E isto na medida em que são tutelados os interesses das empresas que não utilizam, nas relações com os consumidores, as práticas comerciais desleais abrangidas pela Directiva[5]. Como é evidente, a harmonização do regime no espaço da União Europeia tornará mais fácil o desenvolvimento de estratégias de *marketing* para todo esse território[6]. A publicidade pode também permitir a adequada divulgação de informação, que por sua vez contribui para o melhor funcionamento do mercado.

---

mente alterada (a versão «codificada» surge dada pela Directiva 2006/114/CE do Parlamento Europeu e do Conselho, de 12 de Dezembro de 2006, que aliás revogou a própria Directiva 84/450/CEE), estabelece, no seu art. 1.º, que a mesma «tem por objectivo proteger os negociantes contra a publicidade enganosa e as suas consequências desleais e estabelecer as normas permissivas da publicidade comparativa». O legislador português, através do Decreto-Lei n.º 57/2008, alterou o Código da Publicidade e, entre outras coisas, aditou-lhe um art. 43.º que estabelece o seguinte: «O disposto nos artigos 10.º, 11.º e 16.º do presente Código aplica-se apenas à publicidade que não tenha como destinatários os consumidores» (estão em causa artigos que tratam, respectivamente, do princípio da veracidade, da publicidade enganosa e da publicidade comparativa).

[4] OLIVEIRA ASCENSÃO, «Concorrência desleal: as grandes opções», *Nos 20 anos do Código das Sociedades Comerciais. Homenagem aos Profs. Doutores A. Ferrer Correia, Orlando de Carvalho e Vasco Lobo Xavier*, Coimbra Editora, Coimbra, 2007, p. 127. O mesmo Professor põe em destaque o facto de, relativamente à publicidade enganosa e comparativa, se verificar a sua transformação em «regras protectoras dos operadores económicos, separando-as da disciplina dos consumidores e do público em geral».

[5] FLORIDIA, «L'illecito concorrenziale fra il diritto soggettivo e la tutela dei consumatori», *Diritto industriale. Proprietà intellettuale e concorrenza*, G. Giappichelli, Torino, 2009, p. 318, a propósito da distinção na Itália entre a tutela dos consumidores e o regime da concorrência desleal, escreve: «questa separatezza concerne soltanto gli effetti diretti della protezione e non mai gli effetti indiretti o riflessi, dal punto dei vista dei quali, come nessuno ha mai dubitato che la tutela contro la concorrenza sleale fosse indirettamente una tutela de consumatori pregiudicati dall'atto di concorrenza sleale, nessuno potrebbe mai dubitare che la tutela dei consumatori sia indirettamente una tutela dei concorrenti quando l'atto lesivo si traduce in un pregiudizio concorrenziale». Mas dizia, por sua vez, CARLOS FERREIRA DE ALMEIDA, *Direito do Consumo*, Almedina, Coimbra, 2005, p. 55: «a concorrência desleal, perante os concorrentes, só indirectamente (e nem sempre) afecta interesses dos consumidores; as práticas desleais para com os consumidores só indirectamente (e nem sempre) afectam interesses dos concorrentes».

[6] Cfr. Considerando (4) e HAUSSMANN / OBERGFELL, «Einleitung I», *in* FEZER (heraus.), *Lauterkeitsrecht. Kommentar zum Gesetz gegen den unlauteren Wettbewerb*, Beck, München, 2005, p. 112, ainda com base na Proposta de Directiva.

Para além disso, a Directiva tem em vista os comportamentos que prejudicam directamente os interesses *económicos* dos consumidores, e já não os que prejudicam outros interesses.

No presente trabalho, apenas vamos fazer a análise das medidas de adaptação do direito português às soluções contidas na Directiva. Em especial, procuraremos identificar alguma diferença que exista e a forma como a lei portuguesa utilizou as margens de manobra deixadas pela Directiva quanto a alguns pontos. Sem esquecer, naturalmente, que a Directiva adopta uma «abordagem de harmonização plena» (considerando 14)[7], que torna mais difícil dizer algo de novo ao comentar o regime adoptado em Portugal ou noutro Estado-Membro para além daquilo que já foi escrito a propósito da própria Directiva.

2. A transposição para o direito português

A Directiva n.º 2005/29/CE foi transposta para o direito português através do Decreto-Lei n.º 57/2008, de 26 de Março[8], que veio estabelecer «o regime jurídico aplicável às práticas comerciais desleais das empresas nas relações com os consumidores, ocorridas antes, durante ou após uma transacção comercial relativa a um bem ou serviço (...)»[9]. No entanto, mantém-se, no Código da Propriedade Industrial, o regime da concorrência desleal[10], o que já foi criticado como sendo facto «arcaico e nocivo», por não haver «nenhum laço necessário entre violação de direitos industriais e concorrência desleal»[11]. E mantém-se em vigor o

---

[7] E que, no dizer do Presidente da Comissão do Código do Consumidor, «pode deixar algo perplexo quem mais se preocupa com o rigor jurídico e a precisão que um texto normativo deve sempre ter»: *Código do Consumidor – Anteprojecto*, Instituto do Consumidor, Lisboa, 2006, pp. 11-12. Apesar do Considerando mencionado no texto, a verdade é que, por exemplo, o art. 2.º, n.º 3, do Decreto-Lei n.º 57/2008 estabelece que não é prejudicada «a aplicação de regimes mais exigentes relativos à protecção da saúde e da segurança dos bens ou serviços, aos serviços financeiros ou a bens imóveis». Cfr. tb. o art. 3.º, n.º 3, da Directiva, de que se afasta um pouco o Decreto-Lei.

[8] Já depois da data fixada na Directiva: 12 de Junho de 2007. Os textos legais de outros países que procederam à transposição da Directiva estão disponíveis em http://ec.europa.eu/consumers/rights/index_en.htm

[9] Também alterou o Código da Publicidade e o Decreto-Lei n.º 143/2001, de 26 de Abril (contratos à distância e ao domicílio e equiparados).

[10] Cfr. os arts. 317.º e 318.º do CPI.

[11] OLIVEIRA ASCENSÃO, «Concorrência desleal: as grandes opções», cit., p. 133. Para

Código da Publicidade, agora alterado pelo diploma de transposição da Directiva[12].

Contudo, talvez a urgência da transposição tenha levado o legislador a não envidar por um caminho que o poderia conduzir muito longe. É que a articulação entre o regime da concorrência desleal e aquilo que a Directiva considera serem práticas comerciais desleais não seria fácil[13].

Por outro lado, o legislador nacional não aproveitou mais esta oportunidade para fazer vingar o Código do Consumidor. Com efeito, o Anteprojecto de Código do Consumidor continha já, nos seus arts. 129.º-164.º, uma Subsecção dedicada às Práticas Comerciais Desleais.

Diga-se também que não é esta a primeira intervenção legislativa no que diz respeito a práticas comerciais desleais. Lembramos, por exemplo, o regime da remessa de bens não encomendados, que encontramos no Decreto-Lei n.º 161/77, de 21 de Abril, o regime dos contratos à distância e ao domicílio e equiparados, constante do Decreto-Lei n.º 143/2001, de 26 de Abril, na redacção dada pelo Decreto-Lei n.º 82/2008, de 20 de Maio, que tem em vista «promover a transparência das práticas comerciais e salvaguardar os interesses dos consumidores»[14], o regime das comunicações não solicitadas para fins de *marketing* directo contido no art. 22.º do Decreto-Lei n.º 7/2004, de 7 de Janeiro (entretanto alterado pelo Decreto-Lei n.º 62/2009, de 10 de Março) ou ainda o regime das «práticas comerciais com redução de preço» («saldos», «promoções» e «liquidação»), contido no Decreto-Lei n.º 70/2007, de 26 de Março[15].

---

uma descrição sucinta do que era o panorama antes do surgimento da Directiva 2005//29/CE, cfr. *Livro Verde sobre a defesa do consumidor na União Europeia (apresentado pela Comissão)*, COM (2001) 531 final.

[12] Veja-se que o art. 43.º do Código da Publicidade passa agora a dispor que o disposto nos seus arts. 10.º, 11.º («Publicidade enganosa») e 16.º («Publicidade comparativa») «aplica-se apenas à publicidade que não tenha como destinatários os consumidores».

[13] Para uma breve reflexão sobre a compatibilização entre o regime da publicidade e o da concorrência desleal, cfr. MARIA MIGUEL MORAIS DE CARVALHO, «O conceito de publicidade enganosa», *Nos 20 anos do Código das Sociedades Comerciais. Homenagem aos Profs. Doutores A. Ferrer Correia, Orlando de Carvalho e Vasco Lobo Xavier*, Coimbra Editora, Coimbra, 2007, p. 695, em nota.

[14] Sobre o regime dos contratos à distância, dos contratos ao domicílio, das vendas especiais esporádicas, das vendas efectuadas por entidades cuja actividade seja distinta da comercial, das vendas em pirâmide, das vendas forçadas, do fornecimento de bens ou prestação de serviços não encomendados ou solicitados e das vendas ligadas, cfr. MENEZES LEITÃO, «A protecção do consumidor contra as práticas comerciais desleais e agressivas», *Estudos de Direito do Consumidor*, 5, 2003, Centro de Direito do Consumo, Coimbra, p. 165 e ss.

[15] Cfr. tb. a Declaração de Rectificação n.º 47-A/2007, de 25 de Maio.

É aliás tornado claro logo de início que o regime das práticas comerciais desleais não afasta todas as disposições sobre tais práticas contidas que regulem aspectos específicos em aplicação de regras comunitárias[16].

3. As práticas comerciais desleais proibidas: o caminho seguido

O art. 4.º do Decreto-Lei n.º 57/2008 proíbe as práticas comerciais desleais[17]. Distingue a lei entre as práticas comerciais desleais «em geral» e as práticas comerciais desleais «em especial»[18].

No que a estas últimas diz respeito, é ainda feita a distinção entre: *a)* as «práticas comerciais susceptíveis de distorcer substancialmente o comportamento económico de um único grupo, claramente identificável, de consumidores particularmente vulneráveis, em razão da sua doença mental ou física, idade ou credulidade, à prática comercial ou ao bem ou serviço subjacentes, se o profissional pudesse razoavelmente ter previsto que a sua conduta era susceptível de provocar essa distorção»; *b)* as práticas comerciais enganosas como tal qualificadas atendendo às circunstâncias previstas nos arts. 7.º (acções) e 9.º (omissões) e as práticas comerciais agressivas que assim possam ser qualificadas tendo em conta as circunstâncias previstas no art. 11.º; *c)* as práticas comerciais enganosas e as práticas comerciais agressivas «em qualquer circunstância» (arts. 8.º e 12.º).

Segue-se, assim, com algumas diferenças de arrumação, o esquema já delineado na Directiva, que no entanto remetia para um anexo «a lista das práticas comerciais que são consideradas desleais em quaisquer circunstâncias» (a «lista negra»).

Para além disso, como salta à vista, a Directiva considera «desleais em quaisquer circunstâncias» certas práticas comerciais. Mas a lei portuguesa prefere antes fazer a distinção entre práticas comerciais enganosas ou agressivas que exigem uma certa ponderação (arts. 7.º, 9.º e 11.º) e as práticas comerciais enganosas ou agressivas que são como tal consideradas em quaisquer circunstâncias (arts. 8.º e 12.º), e por isso desleais «em especial» (art. 6.º). É um caminho mais longo e, a meu ver, mais confuso.

---

[16] Art. 2.º, n.º 1.
[17] Cfr. tb. o art. 5.º, n.º 1, da Directiva.
[18] Arts. 5.º e 6.º

4. Práticas comerciais e matéria mercantil

Lendo o disposto nas als. *b)* e *d)* do art. 3.º do Decreto-Lei n.º 57//2008, logo se retira que as práticas comerciais ali em causa não constituem necessariamente actos de comércio[19]. A «prática comercial» será necessariamente a «acção, omissão, conduta ou afirmação de um profissional, incluindo a publicidade e a promoção comercial», que esteja relacionada com «a promoção, a venda ou o fornecimento de um bem ou serviço ao consumidor». Aquele profissional será uma pessoa singular ou colectiva que «actue no âmbito da sua actividade comercial, industrial, artesanal ou profissional».

Ora, se a actividade industrial, em Portugal, também é ainda «comercial», pelo menos quando desenvolvida nos termos previstos no art. 230.º, 1, do Código Comercial, já o mesmo não se pode dizer da actividade dos profissionais liberais, dos que se dedicam à agricultura, dos *«escultores, pintores, escritores, cientistas, músicos»* e, pelo menos em regra, da «actividade artesanal»[20].

5. Práticas comerciais desleais «em geral»

«Em geral»[21], constitui prática comercial desleal «qualquer prática comercial desconforme à diligência profissional, que distorça ou seja susceptível de distorcer de maneira substancial o comportamento económico do consumidor seu destinatário ou que afecte este relativamente a certo bem ou serviço»[22].

É fácil comprovar já uma diferença em relação aos termos usados na Directiva. Assim, para a Directiva, a prática comercial desleal será a que é «contrária às exigências relativas à diligência profissional»; na lei portu-

---

[19] Que são, em Portugal, os *«factos jurídicos voluntários especialmente regulados em lei comercial e os que, realizados por comerciantes, respeitem as condições previstas no final do art. 2.º do CCom»* (itálico no original): cfr. COUTINHO DE ABREU, *Curso de direito comercial*, I, 6.ª ed., Almedina, Coimbra, 2006, p. 45.

[20] Cfr., mais uma vez, COUTINHO DE ABREU, *Curso de direito comercial*, I, cit., pp. 102 e 103, que considera a actividade artesanal sempre fora do comércio.

[21] No n.º 4 do art. 5.º da Directiva, são referidas as práticas comerciais desleais «em especial», pelo que tem sentido identificar como sendo práticas comerciais desleais «em geral» referidas no n.º 2.

[22] Art. 5.º, n.º 1.

guesa, foi antes usado o termo «desconforme». Sempre se poderá discutir se toda a «desconformidade» é «contrária» às referidas exigências.

Para além disso, a apreciação do carácter leal ou desleal da prática comercial deve realizar-se tendo «como referência o consumidor médio, ou o membro médio de um grupo, quando a prática comercial for destinada a um determinado grupo de consumidores»[23]. Ao dizer isto desta forma, o legislador evitou a necessidade de voltar a indicar qual o consumidor referido num determinado preceito. Pelo contrário, na Directiva surge repetida, a cada passo, a referência ao «consumidor médio» que, como está vincado no Considerando (18), é um «consumidor ideal típico»[24] e será «normalmente informado e razoavelmente atento e advertido, tendo em conta factores de ordem social, cultural e linguística, tal como interpretado pelo Tribunal de Justiça».

Mas, e mais importante, o legislador português coloca lado a lado a prática comercial que «distorça ou seja susceptível de distorcer de maneira substancial o comportamento económico do consumidor seu destinatário» e a prática comercial «que afecte este relativamente a certo bem ou serviço».

Não foi assim que a matéria surgiu tratada no n.º 2 do art. 5.º da Directiva. Com efeito, o texto comunitário é bem claro: a prática comercial será desleal se, para além de ser contrária às exigências relativas à diligência profissional, «distorcer ou for susceptível de distorcer de maneira substancial o comportamento económico, em relação a um produto, do consumidor médio a que se destina ou que afecta (...)». A prática comercial, que se destina ou afecta um consumidor médio, deverá ser uma prática que distorce ou é susceptível de distorcer de maneira substancial o comportamento económico» do consumidor médio em relação a um produto. Não se autonomiza, na Directiva, a prática comercial desleal que apenas «afecte» o consumidor destinatário.

De acordo com a al. *e)* do art. 3.º, «Distorcer substancialmente o comportamento económico dos consumidores» significa a «realização de uma prática comercial que prejudique sensivelmente a aptidão do consumidor para tomar uma decisão esclarecida, conduzindo-o, por conseguinte, a tomar uma decisão de transacção que não teria tomado de outro modo», numa redacção que segue o disposto na al. *e)* do art. 2.º da Directiva.

---

[23] Art. 5.º, n.º 2.
[24] E que não se confunde com a média dos consumidores, como se advertia já no Relatório Ghilardotti, p. 12.

Por «decisão de transacção» deverá entender-se «a decisão tomada por um consumidor sobre a questão de saber se, como e em que condições adquirir, pagar integral ou parcialmente, conservar ou alienar um produto ou exercer outro direito contratual em relação ao produto, independentemente de o consumidor decidir agir ou abster-se de agir»: al. *l*) do art. 3.º

Daí que, embora o que esteja acima de tudo em causa seja a «prática comercial que prejudique sensivelmente a aptidão do consumidor para tomar uma decisão esclarecida», a existência de um prejuízo patrimonial não seja irrelevante[25].

6. Práticas comerciais desleais «em especial»

No que diz respeito às práticas comerciais desleais «em especial», há também alguns aspectos da transposição que merecem referência.

a) Os grupos vulneráveis

Como vimos, são consideradas desleais «em especial», em primeiro lugar, as «práticas comerciais susceptíveis de distorcer substancialmente o comportamento económico de um único grupo, claramente identificável, de consumidores particularmente vulneráveis, em razão da sua doença mental ou física, idade ou credulidade, à prática comercial ou ao bem ou serviço subjacentes, se o profissional pudesse razoavelmente ter previsto que a sua conduta era susceptível de provocar essa distorção». Reproduz-se, assim, com pequenas alterações, o disposto no art. 5.º, n.º 3, da Directiva.

b) Acções enganosas (tendo em conta as circunstâncias)

Relativamente agora à identificação das «acções enganosas», o art. 7.º retoma o teor do art. 6.º da Directiva, mais uma vez com pequenas alterações que parecem ser apenas formais.

---

[25] Já não parece de adoptar a leitura que faz AUTERI, «La disciplina della pubblicità», AA.VV., *Diritto industriale. Proprietà intellettuale e concorrenza*, cit., p. 387, a propósito da expressão «falsare in misura rilevante il comportamento económico dei consumatori». Segundo aquele autor, «Risulta chiaramente da queste espressioni la volontà del legislatore di limitare il divieto delle pratiche commeciali scorrette a quelle soltanto che presentino *una rilevante efficacia pregiudizievole nei confronti dei consomatori*».

c) *Omissões enganosas (tendo em conta as circunstâncias)*

No que diz respeito às omissões enganosas (art. 9.º, n.º 1)[26], o texto da lei portuguesa dispõe, entre outras coisas, o seguinte: «1 – Tendo em conta todas as suas características e circunstâncias e as limitações do meio de comunicação, é enganosa, e portanto conduz ou é susceptível de conduzir o consumidor a tomar uma decisão de transacção que não teria tomado de outro modo, a prática comercial: *a)* Que omite uma informação com requisitos substanciais para uma decisão negocial esclarecida do consumidor; *b)* Em que o profissional oculte ou apresente de modo pouco claro, ininteligível ou tardio a informação referida na alínea anterior; *c)* Em que o profissional não refere a intenção comercial da prática, se tal não se puder depreender do contexto».

Cabe destacar que, em lugar de usar a expressão «informação substancial» que encontramos na Directiva[27], o legislador nacional optou por se referir à «informação com requisitos substanciais», o que não parece ser a mesma coisa. Para além disso, a al. *b)* apenas contém a alusão à apresentação «de modo pouco claro, ininteligível ou tardio» da informação. Caiu assim, inexplicavelmente, a referência à apresentação de modo «ambíguo» da informação, que se lê no n.º 2 do art. 7.º da Directiva. E, a nosso ver, mal. É que «ambíguo» não se confunde com «pouco claro» (e muito menos com «ininteligível»).

Por outro lado, a Directiva considera substanciais certas informações no caso de existir um convite a contratar[28]. Ora, o legislador português entendeu estender essa qualificação também aos casos em que existe uma proposta contratual[29]: no caso de proposta contratual ou de convite a contratar, são consideradas substanciais para efeitos do artigo anterior, se não se puderem depreender do contexto, as informações seguintes (...)».

---

[26] É célebre o caso, envolvendo publicidade enganosa por omissão, apreciado no Acórdão do TJ de 16.01.1992 («Nissan»), que pode ser consultado em *Col.*, 1992, I, p. 146 e ss.
[27] Art. 7.º, n.º 1.
[28] Art. 7.º, n.º 4.
[29] Art. 10.º

d) *Práticas comerciais agressivas (tendo em conta as circunstâncias)*

Nos termos do n.º 1 do art. 11.º, será agressiva «a prática comercial que, devido a assédio, coacção ou influência indevida, limite ou seja susceptível de limitar significativamente a liberdade de escolha ou o comportamento do consumidor em relação a um bem ou serviço e, por conseguinte, conduz ou é susceptível de conduzir o consumidor a tomar uma decisão de transacção que não teria tomado de outro modo». O n.º 2 esclarece que se deve atender «ao caso concreto e a todas as suas características e circunstâncias», enumerando alguns aspectos que devem ser tidos em consideração. Assim, aquilo que na Directiva surgia dividido pelos arts. 8.º e 9.º aparece agora concentrado num só artigo, dividido em dois números.

A «influência indevida» vem definida no art. 3.º, al. *j)* (que reproduz o art. 2.º, al. *j)*, da Directiva): «a utilização pelo profissional de uma posição de poder para pressionar o consumidor, mesmo sem recurso ou ameaça de recurso à força física, de forma que limita significativamente a capacidade de o consumidor tomar uma decisão esclarecida». O fundamento daquela posição de poder pode ser qualquer um, ao que parece: económico, intelectual, político, etc.[30]

e) *Acções consideradas enganosas em qualquer circunstância. Práticas comerciais consideradas agressivas em qualquer circunstância*

Quanto às «acções consideradas enganosas em qualquer circunstância», o art. 8.º faz sua a lista contida na primeira parte do Anexo I da Directiva, ainda que novamente com pequenas modificações quanto à redacção. Julgamos, no entanto, que melhor teria sido seguir o caminho apontado no Anteprojecto de Código do Consumidor, que separou por artigos algumas das práticas e adoptou epígrafes que dão a entender com facilidade do que se trata em cada um deles («Isco e troca», «Publicidade-isco», etc.). O mesmo se diga, desde já, quanto às «práticas comerciais consideradas agressivas em qualquer circunstância», reunidas no art. 12.º da lei

---

[30] Nesse sentido, a propósito do Projecto de Directiva, STEINBECK, *in* FEZER (heraus.), *Lauterkeitsrecht. Kommentar zum Gesetz gegen den unlauteren Wettbewerb*, cit., § 4-1, Anm. 51, p. 437.

portuguesa e em adesão ao disposto na segunda parte do mencionado Anexo I. Também quanto a essas matérias o Anteprojecto adoptava epígrafes clarificadoras («Comunicações indesejadas», «Publicidade a menores», etc.).

7. O contrato celebrado «sob a influência» de uma prática comercial desleal

Como vimos, o art. 4.º do Decreto-Lei n.º 57/2008 proíbe as práticas comerciais desleais. Estas práticas comerciais proibidas são aquelas que ocorreram antes, durante ou depois de uma «transacção comercial relativa a um bem ou serviço»: é o que resulta do art. 1.º

Se foi celebrado um contrato «sob a influência de alguma prática comercial desleal», o consumidor tem várias alternativas ao seu dispor: pode pedir a anulação do contrato, «nos termos do artigo 287.º do Código Civil» (art. 14.º, n.º 1); pode pedir a modificação do contrato «segundo juízos de equidade» (art. 14.º, n.º 2); no caso de invalidade parcial (invalidade que afecte «apenas uma ou mais cláusulas do contrato»), o consumidor pode optar pela manutenção do mesmo, «reduzido ao seu conteúdo válido».

Contudo, as demais disposições relativas à «formação, validade ou efeitos dos contratos» não são afectadas[31].

8. A responsabilidade civil

O legislador não hesitou em afirmar que o consumidor que sofreu uma lesão «por efeito de alguma prática comercial desleal proibida» prevista no Decreto-Lei n.º 57/2008 tem direito a ser ressarcido «nos termos gerais». Aqui chegado, o legislador, mais do que hesitar, recusou-se a aprofundar o tratamento da questão.

Compreende-se. Atendendo às múltiplas e variadas práticas comerciais desleais previstas na lei que agora analisamos, é fácil de perceber que nuns casos estará em causa a responsabilidade contratual e noutros a responsabilidade extracontratual. E, como as práticas comerciais desleais abrangidas são aquelas que ocorreram antes, durante ou depois de uma

---

[31] Art. 2.º, n.º 2.

«transacção comercial relativa a um bem ou serviço», podemos estar perante um caso de responsabilidade pré-contratual ou contratual. E até pode ser necessário verificar se não estaremos perante um caso em que se possa falar de pós-eficácia das obrigações.

De qualquer modo, o simples facto de surgir aberta a possibilidade de ressarcimento clarifica a questão.

9. A acção inibitória

Para «prevenir, corrigir ou fazer cessar» uma prática comercial desleal[32], o art. 16.º torna claro que «qualquer pessoa» pode intentar uma acção inibitória, prevista na Lei de Defesa do Consumidor (LDC), aprovada pela Lei n.º 24/96, de 31 de Julho (entretanto objecto de algumas alterações). Assim, é evidente que o consumidor pode também intentar essa acção.

No que diz respeito aos concorrentes (presume-se: os concorrentes do sujeito que levou a cabo a prática comercial desleal), podem os mesmos intentar a referida acção desde que «tenham interesse legítimo em opor-se a práticas comerciais desleais proibidas». Parece, por isso, que não basta alegarem que são concorrentes[33].

Na Directiva, o seu art. 11.º estabelecia a necessidade de os Estados--Membros assegurarem «a existência de meios adequados e eficazes para

---

[32] Cfr., designadamente, o art. 11.º, n.º 2, da Directiva, onde se mencionam as medidas que consistam em «ordenar a cessação de uma prática comercial desleal ou a mover os procedimentos legais adequados para que seja ordenada a cessação (...)» ou «a proibir (...) ou a mover os procedimentos legais adequados para que seja ordenada a sua proibição (...)».

[33] No que diz respeito às infracções intracomunitárias, devem ser referidas a Directiva n.º 98/27/CE, do Parlamento Europeu e do Conselho, de 19 de Maio de 1998, relativa às acções inibitórias em matéria de protecção dos interesses dos consumidores, e a Lei n.º 25/2004, de 8 de Julho. Esta última contém normas que se aplicam, designadamente, «à acção inibitória prevista no artigo 10.º da Lei n.º 24/96, de 31 de Julho», quanto a práticas lesivas dos direitos dos consumidores. E por prática lesiva considera-se «qualquer prática contrária aos direitos dos consumidores (...)». A Directiva n.º 98/27/CE foi alterada pela Directiva 2005/29/CE (art. 16.º), de forma a incluir no Anexo da primeira a referência à segunda. Igual alteração não foi introduzida no Anexo da Lei n.º 25/2004. Justifica-se ainda uma menção ao Regulamento (CE) n.º 2006/2004, do Parlamento Europeu e do Conselho, de 27 de Outubro de 2004, «relativo à cooperação entre as autoridades nacionais responsáveis pela aplicação da legislação de defesa do consumidor».

lutar contra as práticas comerciais desleais» utilizáveis não apenas por pessoas, mas também por «organizações». Esta menção a «organizações» não ficou a constar do texto do art. 16.º do Decreto-Lei n.º 57/2008. Fica, pois, aberto um problema no que diz respeito às entidades sem personalidade jurídica.

A acção inibitória regulada na Lei de Defesa do Consumidor seguirá a forma de processo sumário, mas o seu valor excede a alçada do Tribunal da Relação[34] (com as inerentes consequências ao nível do regime dos recursos). O tribunal que julgue a acção procedente deverá especificar, na sua decisão, «o âmbito da abstenção ou correcção, designadamente através da referência concreta do seu teor e a indicação do tipo de situações a que se reporta»[35]. A decisão transitada será «publicitada, a expensas do infractor», e registada[36]. É também importante referir que a acção inibitória em causa está isenta de custas[37].

10. O regime sancionatório

10.1. O processo de contra-ordenação

Qualquer prática comercial desleal prevista nos arts. 4.º a 12.º do Decreto-Lei n.º 57/2008 constitui contra-ordenação[38]. A fiscalização compete à ASAE (Autoridade de Segurança Alimentar e Económica) ou à autoridade administrativa que seja competente em função da matéria[39]. Será competente, para além da ASAE, a «entidade reguladora do sector no qual ocorra a prática comercial desleal»[40]. Quanto aos respectivos sectores financeiros, serão autoridades administrativas competentes o BP (Banco de Portugal), a CMVM (Comissão do Mercado de Valores Mobiliários) e o ISP (Instituto de Seguros de Portugal) e, em matéria de publicidade, a DGC (Direcção-Geral do Consumidor).

---

[34] Art. 11.º, n.º 1, da LDC.
[35] Art. 11.º, n.º 2, da LDC.
[36] Art. 11.º, n.º 3, da LDC.
[37] Art. 11.º, n.º 1, da LDC.
[38] Art. 21.º, n.º 1. O Regime Geral das Contra-Ordenações (RGCO), aprovado pelo Decreto-Lei n.º 433/82, de 27 de Outubro, objecto de sucessivas alterações, define contra-ordenação como sendo «todo o facto ilícito e censurável que preencha um tipo legal no qual se comine uma coima»: cfr. art. 1.º do RGCO.
[39] Art. 21.º, n.º 5.
[40] Art. 19.º, n.º 1.

As mesmas autoridades administrativas são também competentes para a instrução do processo de contra-ordenação[41]. Em matéria de prova, estabelece o diploma legal que as autoridades administrativas competentes (e, se for o caso, os tribunais), «podem exigir aos profissionais provas de exactidão material dos dados de facto contidos nas práticas comerciais reguladas no presente decreto-lei se, atendendo aos interesses legítimos do profissional e de qualquer outra parte no processo, tal exigência for adequada às circunstâncias do caso»[42]. Faltando essa prova ou sendo elas consideradas insuficientes pela autoridade administrativa (ou pelo tribunal), os dados consideram-se inexactos[43].

No que diz respeito à aplicação das coimas, será competente a entidade prevista no regime regulador sectorial em causa ou, quando esse regime não a preveja, a Comissão de Aplicação das Coimas em Matéria Económica e de Publicidade.

As coimas previstas para a violação do disposto nos arts. 4.º a 12.º são as seguintes: de € 250 a € 3740,98 para o infractor que seja pessoa singular[44]; de € 3000 a € 44 891,81 para o infractor pessoa colectiva[45]. Em caso de negligência, porém, que é sempre punível, os montantes das coimas, máximos e mínimos, são reduzidos para metade.

Mas, para além da coima, e tendo em conta a gravidade da infracção e a culpa do agente, são aplicáveis sanções acessórias: «perda de objectos pertencentes ao agente», «interdição do exercício de profissões ou actividades cujo exercício dependa de título público ou de autorização ou homologação de autoridade pública», «encerramento de estabelecimento cujo funcionamento esteja sujeito a autorização ou licença de autoridade administrativa» e «publicidade da aplicação das coimas e das sanções acessórias, a expensas do infractor»[46], algumas delas (a primeira e a terceira) com uma duração máxima de dois anos a contar da «decisão condenatória final».

---

[41] Art. 21.º, n.º 5.
[42] Art. 22.º, n.º 1.
[43] Art. 22.º, n.º 2. Sobre a material, cfr. o art. 12.º da Directiva.
[44] O valor máximo fixado no RGCO para as coimas aplicáveis às pessoas singulares, «se o contrário não resultar de lei», é precisamente o de € 3740,98: art. 17.º, n.º 1, do RGCO.
[45] O valor máximo fixado no RGCO para as coimas aplicáveis às pessoas colectivas, «se o contrário não resultar de lei», é precisamente o de € 44 891,81: art. 17.º, n.º 2, do RGCO.
[46] Art. 21.º, n.º 2.

10.2. Medidas cautelares

Para além do processo de contra-ordenação, perante uma prática comercial proibida prevista no diploma, qualquer pessoa que tenha interesse legítimo em opor-se à referida prática (incluindo os profissionais concorrentes)[47] pode submeter a questão por qualquer meio à autoridade administrativa competente[48]. E essa mesma autoridade pode ordenar medidas cautelares[49]: a cessação temporária da prática comercial desleal ou a proibição prévia de prática comercial iminente.

A autoridade administrativa pode inclusivamente ordenar as medidas cautelares independentemente de culpa ou da prova de ocorrência de um prejuízo real[50]. O que é necessário, isso sim, é que seja realizado «um juízo prévio de previsibilidade da existência dos pressupostos da ocorrência de uma prática comercial desleal»[51].

A decisão da autoridade administrativa, ordenando a medida cautelar, não é definitiva, na medida em que admite «sempre»[52] recurso «para o tribunal judicial da área onde ocorreu a prática comercial desleal»[53].

Antes de ordenar a medida cautelar, a autoridade administrativa deve proceder à audição do profissional responsável, quando tal seja possível. A autoridade administrativa notifica, «por qualquer meio», o profissional, e este dispõe de um prazo de três dias úteis para se pronunciar[54].

Contudo, essa audição não terá lugar quando: «*a*) A decisão seja urgente; *b*) Seja razoavelmente de prever que a diligência possa comprome-

---

[47] Mais uma vez, caiu a referência a «organizações» contida no art. 11.°, n.° 1, da Directiva.

[48] Art. 20.°, n.° 1.

[49] Sobre a possibilidade de tomada de medidas num «processo simplificado» e «com efeito provisório», cfr. o art. 11.°, n.° 2, da Directiva.

[50] A aplicação de medidas «mesmo na ausência de prova de ter havido uma perda ou prejuízo real, ou de uma intenção ou negligência da parte do profissional» está prevista no art. 11.°, n.° 2, da Directiva.

[51] Art. 20.°, n.° 3.

[52] No art. 11.°, n.° 3, da Directiva, lê-se antes: «Quando as competências referidas no n.° 2 forem exercidas unicamente por uma autoridade administrativa, as decisões devem ser sempre fundamentadas. Além disso, neste caso, devem ser previstos procedimentos mediante os quais o exercício impróprio ou injustificado de poderes pela autoridade administrativa ou a omissão imprópria ou injustificada do exercício desses poderes possam ser objecto de recurso judicial».

[53] Art. 20.°, n.° 7.

[54] Art. 20.°, n.° 4.

ter a execução ou a utilidade da decisão; *c*) O número de interessados a ouvir seja de tal forma elevado que a audiência se torne impraticável, devendo nesse caso proceder-se a consulta pública, quando possível, pela forma mais adequada»[55].

11. Os códigos de conduta

A Directiva menciona, no seu art. 10.°, a possibilidade de as práticas comerciais desleais serem controladas por titulares de códigos de conduta e de haver recurso a esses titulares para que esse controlo seja realizado.

Ora, o regime português veio permitir o controlo das práticas comerciais desleais apenas por parte de titulares de códigos de conduta «que assegurem uma protecção do consumidor superior à prevista» no próprio decreto-lei. E veio ainda sujeitar aqueles titulares a um regime apertado, na medida em que estabelece que, se do teor dos códigos de conduta decorrer o não cumprimento do disposto no regime das práticas comerciais desleais, os titulares desses mesmos códigos ficam sujeitos a responsabilidade civil (nos termos do art. 15.°), à acção inibitória (referida no art. 16.°), a medidas cautelares (as do art. 20.°) e a contra-ordenações (identificadas no art. 21.°)[56].

12. Outras alterações

O legislador português aproveitou o Decreto-Lei n.° 57/08 para introduzir algumas outras modificações que entendeu justificarem-se por força da Directiva 2005/29/CE e das alterações às Directiva 84/450/CEE, 97/7//CE e 2002/65/CE.

Assim, foram alterados e aditados artigos ao Código da Publicidade, como já foi referido, tendo aquele Código visto serem também revogadas algumas das suas disposições (os n.os 4 e 5 do art. 11.° e o art. 22.°-B). No que diz respeito ao art. 11.° do Código da Publicidade, merece especial referência o facto de, agora, aquilo que se deve entender por «Publicidade

---

[55] Art. 20.°, n.° 5. Sobre a aplicação de medidas num «processo simplificado», cfr. o art. 11.°, n.° 2, da Directiva.

[56] Sobre a sujeição dos titulares de códigos de conduta às vias judiciais ou administrativas, cfr. os arts. 10.° e 11.°, 1, da Directiva.

enganosa» dever ser procurado no Decreto-Lei n.º 57/2008. A revogação do art. 22.º-B («Produtos e serviços milagrosos») do mesmo Código fica a dever-se ao facto de a matéria se achar regulada também no Decreto-Lei n.º 57/2008.

Para além disso, foram revogados vários preceitos do Decreto-Lei n.º 143/2001, de 26 de Abril, que contém o regime dos contratos celebrados à distância, ao domicílio e equiparados. Tal revogação incidiu sobre os arts. 26.º (que tinha sobretudo em vista a venda directa ao consumidor), 27.º (relativo às vendas «em cadeia», «em pirâmide» ou em «bola de neve»), 28.º («Vendas forçadas») e 29.º («Fornecimento de bens ou prestação de serviços não encomendados ou solicitados»). Mais uma vez, tais revogações visaram certamente evitar a duplicação de regimes.

O CRITÉRIO DO BEM-ESTAR DOS CONSUMIDORES NO CONTEXTO DA RENOVAÇÃO DO DIREITO COMUNITÁRIO DA CONCORRÊNCIA

SOFIA OLIVEIRA PAIS[*]

SUMÁRIO: **1.** *Introdução* **2.** *As múltiplas finalidades do direito comunitário da concorrência* **3.** *A aparente diminuição da intensidade do objectivo constitucional da integração europeia e a promoção pontual de outras finalidades político-sociais* **4.** *O papel central dos objectivos económicos* **5.** *A dimensão política do critério do bem-estar dos consumidores no direito comunitário da concorrência* **6.** *O conceito de consumidor e os respectivos interesses protegidos à luz das normas de protecção da concorrência e das normas de defesa do consumidor* **7.** *O relevo da questão com a entrada em vigor do Tratado de Lisboa* **8.** *Conclusão*

1. Introdução

O direito comunitário da concorrência tem sofrido nos últimos anos uma profunda mutação do seu programa teleológico. Concebidas prioritariamente para dar resposta ao objectivo de integração económica, as normas de defesa da concorrência viram redefinidas as suas finalidades, com o aprofundamento do mercado único. Simultaneamente, o processo de modernização da política comunitária da concorrência, assente num sistema de aplicação descentralizado, que recorre a uma análise económica dos efeitos das práticas comerciais aparentemente restritivas da concorrência, chama de novo à colação o critério do bem-estar do consumidor. A pro-

---

[*] Professora da Universidade Católica Portuguesa.

moção do «bem-estar dos consumidores e uma afectação eficiente dos recursos» tornam-se, deste modo, as principais finalidades das regras comunitárias da concorrência, ainda que o sentido e alcance desse critério continuem a ser objecto de controvérsia, não obstante o seu tratamento exaustivo na literatura económica e jurídica. Propomos, assim, fazer uma análise do conceito «bem-estar do consumidor», não só a partir da sua abordagem tradicional no contexto do direito comunitário da concorrência, mas ainda confrontá-lo com a perspectiva utilizada no direito do consumo, com o objectivo de identificarmos um critério claro de apreciação das condutas comerciais restritivas da concorrência, susceptível de garantir a confiança e a segurança jurídica dos operadores económicos no mercado e reforçar a legitimidade deste ramo de direito[1].

2. As múltiplas finalidades do direito comunitário da concorrência

A defesa de uma concorrência não falseada no mercado comunitário foi considerada, desde cedo, uma necessidade da Comunidade Europeia[2]. Esta, tal como a generalidade dos países industrializados, acreditava que as economias de mercado, assentes no princípio da livre concorrência, eram essenciais para a promoção não só de liberdades económicas como políticas, e seriam ainda o melhor processo de garantir um elevado nível de vida às respectivas populações[3]. A concorrência é, deste modo, conce-

---

[1] Com a entrada em vigor do Tratado de Lisboa, em 1 de Dezembro de 2009, e a passagem do Tratado da Comunidade Europeia (TCE) a Tratado de Funcionamento da União Europeia (TFUE), foram alterados não só os números, e por vezes o texto, das disposições de defesa da concorrência, como ainda a designação de certas instituições comunitárias (por exemplo, os Tribunais Comunitários passaram a ser referidos no TFUE como Tribunal de Justiça da União Europeia e Tribunal Geral). Ao longo do texto procederemos à actualização da informação, sempre que tal se nos afigure necessário, para tornar a leitura mais, acessível.

[2] V. nomeadamente os artigos 81.º e 82.º do TCE, que, com a entrada em vigor do Tratado de Lisboa, passaram a artigos 101.º e 102.º do TFUE.

[3] P. BUIGUES e A. JACQUEMIN, «Strategies of Firms and Structural Environments in the Large Internal Market», *Journal of Common Market Studies*, 1989, 28, 1, pp. 53 e ss., A. JACQUEMIN, «The international dimension of European Competition Policy», *Journal of Common Market Studies*, 1993, vol. 31, 1, p. 91, e ainda A. JACQUEMIN, «Abuse of dominant position and exclusionary practices: a European view», in *Revitalizing Antitrust in its Second Century*, Essays on Legal Economic and Political Policy, ed. Harry First, Eleanor M. Fox, Robert Pitofsky, Quorum Books, New York, 1991, pp. 260 e ss.

bida como um instrumento de concretização da organização socioeconómica que o poder político decidiu instituir[4]. Equivale isto a dizer que no plano comunitário a defesa da concorrência é considerada essencial para a realização dos objectivos mediatos e imediatos da União Europeia[5]; já no plano nacional, o princípio da livre concorrência, que viu reforçado o seu carácter constitucional a partir da entrada em vigor do Tratado de Maastricht, passou, à luz do art. 4.º do TCE (actualmente, art. 119.º do TFUE), a conduzir as políticas económicas dos Estados-membros[6].

Note-se que os objectivos das políticas de concorrência variam consoante o enquadramento político-social e económico dominante[7]. Daí que,

---

[4] No plano comunitário tem vigorado uma concepção instrumental da concorrência, vista esta não como um fim em si, mas apenas como um meio adequado à satisfação dos objectivos estabelecidos no Tratado – cf., por todos, J. M. CASEIRO ALVES, *Lições de Direito Comunitário da Concorrência*, Coimbra Editora, Coimbra, 1989, pp. 5-14. Veja-se igualmente LUÍS MORAIS, *Empresas Comuns, Joint Ventures, no Direito Comunitário da Concorrência*, Almedina, 2006, pp. 470-471, que, seguindo Kapteyn e Verloren van Themaat, explica que a defesa da concorrência, nos termos do (ex) art. 3.º, al. g), do TCE, deve ser articulada não só com os objectivos mediatos previstos no (ex) art. 2.º do mesmo Tratado (objectivos esses de «natureza predominantemente económica, ligada ao desenvolvimento e expansão económicos e à preservação da estabilidade») como ainda com os objectivos imediatos (como o da «realização do mercado comum, ou de aproximação das políticas económicas dos Estados-Membros»). Para uma visão mais geral do problema das finalidades de uma política de concorrência cf. ROBERT H. BORK, *The Antitrust Paradox. A policy at war with itself*, The free press, New York, 1978, p. 50 e ss.

[5] Cfr, por todos, A. JONES e B. SUFRIN, *EC Competition Law – Text, Cases and Materials*, Oxford University Press, New York, 2004, pp. 1-18.

[6] O ex-art. 4.º, n.º 1, do TCE (actual art. 119.º do TFUE) dispõe que «para alcançar os fins enunciados no artigo 3.º [do TFUE], a acção dos Estados-membros e da União implica, nos termos do disposto nos Tratados, a adopção de uma política económica baseada na estreita coordenação das políticas económicas dos Estados-Membros, no mercado interno e na definição de objectivos comuns, e conduzida de acordo com o princípio de uma economia de mercado aberto e de livre concorrência». Concordamos, pois, com JULIO BAQUERO CRUZ quando afirma tratar-se de uma norma essencial no seio da constituição económica material comunitária, cf. *Between competition and free movement – The economic constitutional law of the European Community*, Hart Publishing, 2002, pp. 10 e ss. e 83 e ss. No mesmo sentido, cf. igualmente LUÍS MORAIS, *Empresas Comuns, Joint Ventures...*, ob. cit., pp. 1615-1616. Sobre a questão de saber se o Tratado da Comunidade Europeia pode ser considerado como uma verdadeira constituição v., entre muitos, FRANCIS SNYDER, «The unfinished constitution of the European Union: principles, processes and culture», in *European constitutionalism. Beyond the State*, Ed. J. H. H. Weiler – Marlene Wind, Cambridge University Press, UK, USA, 2003, p. 55 e ss.

[7] No mesmo sentido BARRY J. RODGER & ANGUS MACCULLOCH, *Competition Law in the EC and UK*, Cavendish Publishing, London, 2004, p.12. Igualmente no sentido de

no contexto comunitário, as disposições de defesa da concorrência não visassem apenas, ou sobretudo, pelo menos inicialmente, a «eficiência económica», objectivo associado geralmente aos modelos de liberalismo económico, mas tenham sido interpretadas essencialmente com o intuito de garantir a realização da integração económica europeia, isto é, assegurar que os obstáculos públicos ao comércio intracomunitário (fiscalizados através das liberdades comunitárias) não seriam recriados pelas empresas com as suas condutas restritivas da concorrência, e, ainda, pontualmente a promoção de outros objectivos político-sociais, nomeadamente a defesa da igualdade de oportunidades, essencial à defesa das pequenas e médias empresas[8], e a protecção do trabalho ou do ambiente[9].

---

que é impossível isolar o direito *antitrust* do seu ambiente político, cf., entre muitos, WILLIAM S. COMANOR, «Antitrust in a political environment», *Antitrust Bulletin*, 1982, pp. 733 e 751.

[8] Em relação às pequenas e médias empresas, a política das autoridades comunitárias tem sido no sentido da sua promoção, com base em premissas que ainda hoje não reúnem o consenso dos economistas. Com efeito, não é claro que as pequenas e médias empresas sejam mais dinâmicas e inovem mais do que as grandes empresas (no sentido de que a inovação é sobretudo assegurada pelas grandes empresas, cf. JOSEPH A. SCHUMPETER, *Capitalism, Socialism and Democracy,* George Allen & Unwin publishers LTD, 1943-1976, especialmente p. 81 e ss; já no sentido de que será a concorrência a incentivar a inovação, cf. KENNETH J. ARROW, *Economic welfare and the allocation of resources to invention in The rate and direction of inventive activity,* National Bureau of Economic Research, Princeton University Press, New York, 1962, pp. 609-625). Desta forma, proteger as pequenas e médias empresas, só pelo facto de o serem, quando não se revelam capazes de actuar de forma eficiente, acaba por prejudicar os consumidores em termos de preço, geralmente fixados a um nível mais elevado, e a própria sociedade, pois conduz a uma afectação ineficiente dos recursos. A melhor solução seria talvez o recurso a outras políticas para a promoção desses objectivos, designadamente políticas fiscais. Por outro lado, certa doutrina tem apelado à protecção de outros interesses além do da eficiência económica, designadamente a defesa da liberdade económica, e do processo concorrencial bem como a dispersão do poder económico. No sentido de que estes é que serão os objectivos primordiais das leis *antitrust* e que a protecção da eficiência e do bem-estar do consumidor são objectivos secundários, v. WALTER ADAMS e JAMES W. BROCK, «Antitrust and enforceability: an empirical perspective», *in Revitalizing Antitrust in its Second Century,* Essays on Legal Economic and Political Policy, ed. Harry First, Eleanor M. Fox, Robert Pitofsky, Quorum Books, New York, 1991, p. 152 e ss. Já no sentido de que a preservação da «estrutura concorrencial do mercado» e a necessidade de se evitar a «concentração excessiva» são as finalidades essenciais da política de concorrência, cf. JEROME A. HOCHBERG, «Law and Enforceability», *in Revitalizing Antitrust in its Second Century,* Essays on Legal Economic and Political Policy, ed. Harry First, Eleanor M. Fox, Robert Pitofsky, Quorum Books, New York, 1991, p. 161 e ss.

[9] Quanto à defesa do ambiente, cf. *infra* caso CECED. Já a protecção do emprego foi alegada no caso Metro I, processo C-26/76, cit. *infra.*, ainda que tal argumento tenha

É certo que à multiplicidade de finalidades político-económicas, e mesmo sociais, atribuídas ao direito comunitário da concorrência, e cuja posição no *ranking* dos objectivos comunitários tem variado ao longo do tempo, foi desde cedo contraposta uma visão monista dos interesses prosseguidos por esse ramo do direito. Defendia-se uma aproximação às soluções norte-americanas, as quais, inspiradas predominantemente pela *economic wisdom* da escola de Chicago[10], visariam o reforço da concorrência enquanto motor da eficiência económica[11].

Este entendimento, todavia, só de forma relativamente recente é que foi, em parte, acolhido pelas instituições comunitárias[12], facto a que não

---

sido considerado pelo Tribunal, como refere K. J. CSERES – cf. «The controversies of consumer welfare standard», *The competition law review*, 2007, 3, 2, p. 165, na medida em que o «efeito estabilizador» gerado permitia a redução de custos e outros ganhos de eficiência.

[10] Como é sabido, a escola de Chicago operou uma revolução *antitrust* no ordenamento jurídico norte-americano, ao introduzir a análise económica do direito enquanto metodologia a seguir no direito da concorrência e ao defender que as restrições verticais, via de regra, devem ser consideradas pró-concorrenciais, Ou seja, para a escola de Chicago, a maioria das regras *antitrust* que proíbem as restrições verticais não tem base económica, como resulta aliás dos ensinamentos de Telser e Posner (fundadores, entre outros, da dita *conventional economic wisdom on vertical restraint*). Cf. LESTER G. TELSER, «Why should manufacturers want fair trade?», *Journal of Law and Economics*, 1960, p. 92, e POSNER, *The rule of reason and the economic approach: reflections on the Sylvania decision*, UCLR, 1977, 45, 1, p. 1.

[11] Note-se que o conceito de eficiência abrange hoje várias dimensões: produtiva (assente na ideia de maximização da produção, ou seja, a empresa procura reduzir os custos de produção, mesmo que não beneficie os consumidores), alocativa (ou afectação eficiente de recursos, isto é, procura-se a paridade entre o preço e o custo marginal de produção, melhorando o bem-estar dos consumidores; por outras palavras, as empresas praticam preços que correspondem às expectativas dos consumidores) e dinâmica (traduzida na introdução de produtos novos ou melhorados). Para uma visão geral desta questão, cf. J. F. BRODLEY, «The economic goals of antitrust: efficiency, consumer welfare and technological progress», *in Revitalizing Antitrust in its Second Century*, Essays on Legal Economic and Political Policy, ed. Harry First, Eleanor M. Fox, Robert Pitofsky, Quorum Books, New York, 1991, p. 96. No contexto comunitário a tripla dimensão do conceito tem sido reconhecida, como veremos, na jurisprudência comunitária e nas Comunicações da Comissão.

[12] Observe-se que, desde cedo, foi criticada uma análise formal das disposições comunitárias da concorrência, alheada de objectivos económicos. Cf., por exemplo, no domínio específico da aplicação dessas disposições à propriedade intelectual, VALENTINE KORAH, «Proposal for a group exemption for patent licenses», *European Law Review*, 1979, p. 206 e ss., e ainda, da mesma autora, *Patent Licensing and EEC Competition Rules: Regulation 2349/84*, ECS Publishing Limited, Oxford, 1985, p. 12 e ss. Veja-se ainda JAMES S. VENIT, «In the wake of Windsurfing: Patent licensing in the common market»,

serão alheias as alterações profundas a que foi sujeito, nestes últimos tempos, o direito da concorrência no contexto europeu[13]. Refiram-se apenas, como marcos essenciais desse processo de modernização, o Regulamento (CE) n.º 2790/1999, sobre os acordos verticais, e o Regulamento (CE) n.º 1//2003, relativo à execução das regras comunitárias da concorrência[14]. O primeiro, que vai servir de modelo aos regulamentos de isenção seguintes, fixa uma espécie de isenção geral para todos os acordos que não ultrapassem certos limiares das quotas de mercado e não contenham restrições consideradas graves pelo legislador comunitário. Ou seja, os novos regulamentos de isenção são construídos em torno de dois conceitos fundamentais: a inexistência de restrições graves e a ausência de poder de mercado. O seu objectivo é diminuir o trabalho da Comissão, permitindo-lhe concentrar-se nas ineficiências económicas produzidas pelos cartéis e abusos de posição dominante[15]. Com o segundo regulamento mencionado, a Comissão operou uma verdadeira *revolução* na aplicação do artigo 81.º do TCE (hoje art. 101.º do TFUE). De facto, a partir de 1 de Maio de 2004,

---

International Review of Industrial Property and Copyright Law, 1987, 18, 1, p. 3 e ss. e, do mesmo autor, «EEC patent licensing revisited: the Commission's patent license regulation», *Antitrust Bulletin*, 1985, pp. 457, 524-252.

[13] Para a defesa de um sistema de «checks and balances», o qual garante que os objectivos, designadamente de eficiência económica, do direito da concorrência, só são limitados quando «socially warranted», cf. MICHAL S. GAL e INBAL FAIBISH, «Six principles for limiting government facilitated restraints on competition», *Common Market Law Review*, 2007, 44, 1, p. 69 e ss.

[14] Cf. Regulamento (CE) N.º 2790/1999, da Comissão, de 22.12.1999, relativo à aplicação do n.º 3 do artigo 81.º do Tratado CE a determinadas categorias de acordos verticais e práticas concertadas, *JO* L 336/21, de 29.12.1999, e o Regulamento (CE) N.º 1/2003, do Conselho, de 16.12.2002, relativo à execução das regras de concorrência estabelecidas nos artigos 81.º e 82.º do Tratado, *JO* L 1/1, de 4.1.2003. Para uma análise do Regulamento (CE) n.º 2790/1999, cf. RALF BOSCHECK, «The EU policy reform on vertical restraints – an economic perspective», *World Competition Law and Economics Review*, 2000, p. 45.

[15] Repare-se que o objectivo de integração europeia conduziu a Comissão a ampliar o campo da proibição do ex-art. 81.º, n.º 1, do TCE (identificando todas as restrições à liberdade de acção das partes com restrições à concorrência), sendo a generalidade dos acordos entre empresas proibidos por essa disposição, mesmo que em seguida fossem isentos nos termos do n.º 3 do mesmo artigo. O princípio aplicável era o de que todos os acordos entre empresas, susceptíveis de restringirem a concorrência, seriam proibidos até serem isentos. Com os novos instrumentos legais, todavia, passou a aplicar-se a máxima contrária: é permitido tudo o que não for expressamente proibido pelos regulamentos de isenção, conferindo-se, deste modo, às empresas uma maior liberdade de acção na configuração dos seus acordos, em função das respectivas necessidades comerciais.

com a entrada em vigor do Regulamento (CE) n.º 1/2003, não só a aplicação do ex-n.º 3, do art. 81.º do TCE deixou de ser monopólio exclusivo da Comissão Europeia[16] (e passou a ser igualmente aplicado pelas autoridades nacionais da concorrência e tribunais nacionais[17], sendo, deste modo, dado mais um passo na aplicação do princípio da subsidiariedade[18]), como

---

[16] A partir de 1 de Maio de 2004, com a entrada em vigor do novo regulamento, os tribunais nacionais e as autoridades nacionais da concorrência passaram a poder aplicar o art. 101.º, n.º 3, do TFUE, solução que não levanta qualquer tipo de dúvida, e que tem como vantagens, além da redução dos encargos comunitários, a remissão da fiscalização deste tipo de restrições para autoridades geralmente conhecedoras das condições locais e das preferência dos cidadãos.

[17] Note-se que a possibilidade conferida às Autoridades Nacionais da Concorrência (ANC) e aos Tribunais Nacionais de aplicarem o art. 101.º, n.º 3, do TFUE é uma medida que pretende igualmente resolver o problema de excesso de trabalho da Comissão, mas que na prática acaba por suscitar outras dificuldades (similares, aliás, às que surgiram no contexto do regulamento das concentrações, a propósito da possibilidade de a Comissão remeter certos casos para as autoridades nacionais; sobre esta questão, cf. SOFIA OLIVEIRA PAIS, *O controlo das concentrações de empresas no direito comunitário da concorrência*, Almedina, Coimbra, 1996, p. 315 e ss., e SOFIA OLIVEIRA PAIS, «O controlo das concentrações de empresas na Lei 18/2003», *in Concorrência – Estudos*, coordenação A. Goucha Soares e M. M. Leitão Marques, 2006, Almedina, Coimbra, p. 71 e ss.); ou seja, têm surgido várias dúvidas sobre o campo e os termos de aplicação do novo regulamento comunitário. Talvez as mais pertinentes consistam em saber o que poderá fazer a Comissão se as autoridades nacionais da concorrência, ou os próprios tribunais nacionais, não seguirem as orientações fixadas no plano comunitário. De facto, a falta de experiência de certos Estados-membros na área da concorrência poderá impedir a celeridade e dificultar mesmo a coerência dos processos. Assim sendo, como devem reagir as empresas concorrentes que discordem das decisões das autoridades nacionais? Poderão as autoridades nacionais ser responsabilizadas nos termos da jurisprudência *Francovich* (acórdão de 19 de Novembro de 1991, Andrea Francovich e Danila Bonifaci / República Italiana, processo C-6/90 e C-9/90, *Colectânea 1991*, p. 5357), ou mais recentemente nos termos do acórdão *Köbler* (de 30 de Setembro de 2003, Gebhard Kobler, processo C-224/01, *Colectânea 2003*, p. 239)? Para uma análise de jurisprudência citada, cf. SOFIA OLIVEIRA PAIS, «O acórdão Marleasing – Rumo à consagração implícita do efeito horizontal das directivas?», *Boletim da Faculdade de Direito da Universidade de Coimbra*, vol. LXVIII, 1992, pp. 283-322, e *Revista de Direito e Economia*, n.ºs 16-19, 1990 a 1993, pp. 471 a 511, bem como SOFIA PAIS, «Incumprimento das directivas comunitárias», *in Dois Temas do Direito Comunitário do Trabalho*, Publicações Universidade Católica, Porto, 2000, p. 13 e ss.

[18] Tem, em todo o caso, sido questionada (HENRY LESGUILLONS, «Retrait du bénéfice de l'application du règlement d'exemption restrictions verticales par les autorités competentes des Etats-membres», *The International Business Law Jounal*, 1999, 5, pp. 509 e 519 e ss.) a eficácia deste princípio, se for desacompanhado da concessão dos meios humanos e materiais necessários para o efeito.

foi instituído o sistema «aprecie você mesmo se o acordo restringe a concorrência», desaparecendo, assim, a obrigação de notificação prévia que incidia sobre as empresas. Ou seja, desde 1 de Maio de 2004 que o sistema de controlo prévio e centralizado, claramente ineficaz, do Regulamento (CEE) n.º 17/62, foi substituído por um sistema descentralizado e de controlo *a posteriori*.

Em suma, o processo de modernização do direito comunitário da concorrência, traduzido na criação de um modelo de aplicação descentralizada do direito comunitário da concorrência, bem como na introdução de uma nova metodologia baseada na análise económica dos efeitos das condutas restritivas da concorrência, conduziu a uma alteração da própria «missão» desse direito, obrigando a uma redefinição dos objectivos visados[19]. A integração económica negativa[20] deixou de ser o objectivo prioritário na aplicação das disposições comunitárias da concorrência, ainda que a adesão de novos Estados-membros em 2004 e 2007[21], bem como a crescente afirmação do mercado único como um processo em construção[22], continuem a não dispensar o recurso a tais disposições para garantirem o sucesso dessa mesma integração. Significa isto que a mudança do «programa teleológico» do direito comunitário da concorrência não implica, de qualquer modo, a sua identificação *tout court* com as soluções consagradas no

---

[19] D. J. GERBER, *Law and Competition in Twentieth Century Europe: Protecting Prometheus*, Oxford University Press, New York, 2001, p. 359 e ss.

[20] Sobre a questão da integração negativa, cf. CATHERINE BARNARD, *The substantive law of the EU. The four freedoms*, 2nd edition, Oxford University Press, p. 19.

[21] Note-se que os sucessivos alargamentos fizeram renascer o receio da criação de entraves ao mercado interno, tanto mais que os novos Estados-membros têm de realizar reformas legislativas e institucionais significativas para adequarem as suas políticas nacionais à comunitária, além de que as autoridades nacionais da concorrência nem sempre terão o «entusiasmo» da Comissão em relação à prossecução de um mercado interno.

[22] Observe-se que a Comissão, desde cedo, esclareceu que o projecto do mercado único não terminava milagrosamente em Dezembro de 1992, antes deveria ser concebido como um processo em construção, a exigir uma vigilância constante. E daí que, mesmo depois de 1 de Janeiro de 1993, a Comissão tenha continuado a adoptar abundante legislação relativa ao mercado interno, com o intuito de tornar as disposições mais eficazes (e em benefício de todos os cidadãos) e de alargar o seu campo de incidência, abordando novas questões, como a segurança dos consumidores, a política do trabalho e do ambiente e os direitos sociais. Tal estratégia, que se coaduna aliás com a passagem de uma Comunidade Económica Europeia a uma verdadeira União Europeia, implicou uma expansão dos objectivos comunitários a realizar e das políticas que lhes servem de instrumento – cf. COM (2000) 257 final, «2000 Review of the Internal market Strategy», Bruxelas, 3.5.2000, disponível em http://ec.europa.eu/internal_market/strategy/docs/stratreview_en.pdf

sistema norte-americano, pois diferenças de regime entre as normas, fruto do seu nascimento em contextos político-económicos divergentes, e reflectidas designadamente em redacções diferentes, têm que ser devidamente ponderadas, e conduzem, por vezes, a soluções diversas[23]. Justifica-se, por isso, uma breve referência ao objectivo constitucional de integração europeia, bem como às outras finalidades político-sociais do direito comunitário da concorrência, antes de nos centrarmos nas suas finalidades económicas.

3. A aparente diminuição da intensidade do objectivo constitucional da integração europeia e a promoção pontual de outras finalidades político-sociais

Em termos históricos, e atendendo ao contexto político-económico específico da União Europeia, podemos afirmar que o objectivo da construção de um mercado interno, proclamado claramente no Tratado de

---

[23] São várias, de facto, as diferenças a assinalar entre o ex-art. 81.º do TCE e o *Sherman Act*, secção 1, destacando-se o facto do ex-n.º 3 do art. 81.º não ter correspondência na disposição norte-americana, à qual subjaz aliás uma *rule of reason*. Já entre o ex-art. 82.º do TCE e a secção 2 do *Sherman Act*, as diferenças mais significativas serão talvez as seguintes: em primeiro lugar, a disposição americana aplica-se também à simples aquisição de poder dominante («wilful acquisition of monopoly power»), isto é, proíbe não só a conduta monopolizadora como a mera tentativa de obtenção desse poder de monopolização, ao passo que o ex-art. 82.º, nos termos da jurisprudência *Continental Can*, só proíbe o reforço da posição dominante e não a sua criação; em segundo lugar, a *Section 2* do *Sherman Act* só se aplica existindo um nexo de causalidade entre a conduta e o poder de mercado, e provada a intenção de a empresa adquirir ou manter o poder de monopólio (tal resultará da menção feita na jurisprudência *US v. Grinnell Corp*, 384 US 563, 1966, p. 570, à necessidade da intenção de a empresa adquirir ou manter tal poder, além da prova da posse de poder de monopólio) elementos que a jurisprudência do Tribunal de Justiça, frequentemente, considera dispensáveis; em terceiro, e último, lugar, importa referir não conter a norma norte-americana uma lista de exemplos de condutas abusivas, como sucede no ex-art. 82.º, nem existir, pelo menos de forma evidente, no ordenamento americano a figura da exploração abusiva, a qual entre nós é reconhecida expressamente ao lado da exclusão abusiva (ainda que se verifique, actualmente, uma tendência no plano comunitário para a exclusão abusiva assumir uma preponderância manifesta em relação à outra categoria de abuso). Para uma análise mais detalhada dos regimes expostos, bem como dos diferentes tipos de sanções fixados nos dois ordenamentos jurídicos, cf. GIORGIO BERNINI, *Un secolo de filosofia Antitrust*, ed. Clueb Bolonha, 1991, pp. 38-44.

Roma[24], foi considerado primordial pelas instituições comunitárias, durante largas décadas. Tribunal de Justiça, Comissão Europeia e Conselho da União Europeia confirmaram a convicção de que a realização do mercado interno geraria ganhos essencialmente a três níveis[25]: maior eficiência produtiva, redistribuição mais eficaz dos recursos, e um menor poder de monopólio[26]. A criação de um mercado único europeu através de um regime de concorrência não falseado, referido não só no preâmbulo do TCE, mas igualmente em várias disposições desse mesmo Tratado (como é o caso dos artigos 2.° e 3.°), era, assim, justificada, entre outras razões, pelo receio de que o desmantelamento das barreiras estatais ao comércio intracomunitário fosse substituído por obstáculos de índole privada às liberdades comunitárias. Significa isto que a defesa da concorrência era vista como um *meio* de realização do mercado interno.

Particularmente explícito deste carácter instrumental da concorrência revelava-se o ex-art. 3.° do TCE, nos termos do qual a Comissão tinha a obrigação de garantir a existência no mercado de uma concorrência não falseada «para alcançar os fins enunciados no artigo 2.°» do mesmo Tratado. Este, por seu turno, estabelecia que a Comissão tinha como missão promover o «desenvolvimento harmonioso, equilibrado e sustentável das

---

[24] Cf. ex-artigos 2.° («[a] Comunidade tem como missão, através da criação de um mercado comum (...)» e 3.°, n.° 1, al. *b*), ([a] acção da Comunidade implica (...) um mercado interno». Repare-se que o Tratado da Comunidade Europeia, em 1957, fazia apenas referência ao mercado comum, e que só com a adopção do Acto Único Europeu, em 1986, é que surge a expressão «mercado interno». É certo que esta última expressão parecer ter, à primeira vista, um campo de aplicação mais restrito do que a primeira, uma vez que o Livro Branco da Comissão, de 1985, sobre a realização do mercado interno deixava de fora certas matérias, como a concorrência (assim, Koen Lenaerts e Piet Van Nuffel, *Constitution Law of the European Union*, Sweet & Maxwell, 2005, p. 143), mas a verdade é que a alteração do nome, como bem sublinha Catherine Barnard (cf. *The substantive law of the EU. The four freedoms*, 2nd edition, Oxford University Press, p. 12) teve «poucos efeitos», devendo os termos ser considerados sinónimos (até porque a concretização do mercado único não pode ser alheia à realização de outras políticas comunitárias, como a política da concorrência ou mesmo outras políticas sociais). Com a entrada em vigor do Tratado de Lisboa, a questão deixa de ter relevo, uma vez que a expressão «mercado comum» foi substituída pela de «mercado interno».

[25] Assim, entre muitos, Hanns Ullrich, «Patents and know-how, free trade, interenterprise cooperation and competition within the internal european market», *International Review of Industrial Property and Copyright Law*, 1992, 23, 5, p. 583 e ss.

[26] Alexis Jacquemin e David Wright, «Corporate strategies and european challenges post-1992», *Journal of Common Market Studies*, 1993, 31, 4, p. 525.

actividades económicas, um elevado nível de emprego e de protecção social, a igualdade entre os homens e mulheres, um crescimento sustentável e não inflacionista, um alto grau de competitividade e de convergência de comportamentos das economias, um elevado nível de protecção e de melhoria da qualidade do ambiente, o aumento do nível e da qualidade de vida, a coesão económica e social e a solidariedade entre os Estados-membros», através, designadamente, das políticas a que se referia o art. 3.° (isto é, por via, nomeadamente, da política comunitária da concorrência). Com a entrada em vigor do Tratado de Lisboa, em 1 de Dezembro de 2009, a ligação intrínseca entre mercado interno e concorrência passou a constar do «Protocolo relativo ao Mercado Interno e à Concorrência» anexo ao Tratado, além de outras referências dispersas pelo direito comunitário originário[27].

Em síntese, a integração europeia tem sido considerada, como aliás referiram o Tribunal de Justiça e a Comissão Europeia nas suas *praxis* decisórias, uma finalidade essencial da política de defesa da concorrência, uma vez que as normas de protecção da concorrência teriam por missão evitar a repartição do espaço europeu pelos vários mercados nacionais, garantindo, designadamente, as liberdades comunitárias (tradicionalmente apelidadas de mercadorias, serviços, capitais e pessoas) e a coesão do mercado europeu.

Ilustrativos desta visão instrumental das disposições comunitárias de defesa da concorrência são os casos *Metro e Hugin*. Nestes, o Tribunal de Justiça declarou que «a concorrência não falseada [visada nos artigos 3.° e 81.° do Tratado CE implicava] a existência no mercado (...) da dose de concorrência necessária para que [fossem] respeitadas as exigências fundamentais e concretizados os objectivos dos Tratados, e em particular a formação de um *mercado único* (...) em condições análogas às de um mercado interno»[28]; logo, as «normas de concorrência [deviam] fiscalizar todos os acordos ou práticas que [fossem] uma ameaça para a liberdade de comércio entre os Estados-membros de uma forma que [pudesse] prejudi-

---

[27] Cf., por exemplo, artigos 3.° e 119.° do TFUE. Note-se que o «desaparecimento» do art. 3.°, al. *g*), do TCE, com a entrada em vigor do Tratado de Lisboa, tem sido assaz criticado pela doutrina, que o considera um indício da desvalorização das regras comunitárias de defesa da concorrência. Cf. *Infra*, ponto 8.

[28] Acórdão de 25 de Outubro de 1977, Metro-Saba, processo 26/76, Recueil 1977, p. 1875.

car os objectivos do *mercado único* entre os Estados-membros, em particular através da repartição dos mercados nacionais» (itálico nosso)[29].

No mesmo sentido apontam ainda as várias decisões da Comissão Europeia, ao proibirem a protecção territorial absoluta em prol das importações paralelas. Nesta perspectiva, a concorrência intramarcas (*intrabrand*) é considerada uma dimensão essencial da integração europeia, na medida em que assegura a cada consumidor na Europa uma ampla escolha de bens e serviços, em função do preço e independentemente da proveniência. Equivale isto a dizer que a integração europeia pode aumentar a eficiência económica, e em especial a eficiência alocativa, ao beneficiar os consumidores, ao reduzir as barreiras ao comércio e ao facilitar a concorrência[30].

Apesar da convicção da Comissão Europeia, a realidade cedo se encarregou de demonstrar que há situações em que a integração europeia prejudica claramente os interesses dos consumidores. De facto, certos interesses associados à criação do mercado único, como a protecção das importações paralelas, podem, na realidade, prejudicar os consumidores, ao impedirem a discriminação de preços por parte de empresas dominantes (uma vez que estas podem fixar um preço único superior aos existentes em certa regiões), e levá-las mesmo a retirar o produto do mercado[31]. Já noutros casos, a protecção das importações paralelas, ao reduzir discrepâncias de preços entre Estados-membros, beneficia directamente o consumidor. No fundo, a necessidade de protecção das importações paralelas sempre dependerá da questão de saber se os importadores paralelos, enquanto intermediários, se apropriam dos benefícios gerados por essa protecção, ou se, pelo contrário, os repercutem nos consumidores. Dito de outro modo,

---

[29] Acórdão de de 31 de Maio de 1979, Hugin / Comissão, processo 22/78, Recueil 1979, p. 1869.

[30] E. BUTTIGIEG, «Consumer interests under the EC's competition rules on collusive practices», *European Business Law Review*, 2005, p. 695 e ss. Note-se que um dos planos, no qual a integração europeia acabou por revelar a sua influência, foi o das garantias dadas aos consumidores, nomeadamente nos serviços pós-vendas. De facto, já antes da Directiva 1994/44/CE, *JO* L 171/12 (1999), a Comissão tinha salvaguardado a posição dos consumidores no caso Zanussi (*JO* L 322/26, 1978). Neste processo, estendeu a protecção dos consumidores ao estabelecer que a garantia de qualquer fabricante seria válida em todo o território da União Europeia, considerando ser mais um dos reflexos positivos da integração europeia na protecção dos interesses dos consumidores.

[31] Foi o que sucedeu, por exemplo, no caso *Distillers* (cf. acórdão do Tribunal de Justiça de 10 de Julho de 1980, Distillers Company Limited / Comissão Europeia, processo 30/78, Recueil 1980, p. 2229 e ss).

para a integração europeia produzir os benefícios previstos (nomeadamente em termos de eficiência produtiva e alocativa, bem como através do controlo de poder de mercado de empresas dominantes), é necessário que as instituições comunitárias, Comissão e Tribunais, afastem uma análise formal da realidade baseada em presunções, que nem sempre se verificam, e apostem numa abordagem económica dos efeitos gerados pelas práticas aparentemente restritivas da concorrência. Só esta solução permitirá dar uma resposta adequada à questão de saber se a integração económica é benéfica, designadamente, do ponto de vista do consumidor, problema este particularmente pertinente com a visão do mercado interno como um processo em construção, que exige uma fiscalização permanente.

Além do objectivo de realização do mercado único, cujo relevo tem aparentemente diminuído de intensidade, dado o processo de modernização do direito comunitário da concorrência (ainda que, como já referimos, tal finalidade sempre subsista, na medida em que o mercado interno é considerado um processo em construção contínua), as disposições de defesa da concorrência foram utilizadas para promover, pontualmente, outros interesses de natureza político-social[32], designadamente através da interpretação conjugada dos ex-artigos 2.º e 3.º do TCE com outras disposições do mesmo Tratado: artigos 6.º (ambiente), 127.º (emprego), 151.º (política cultural), 157.º (política industrial) e 159.º (política regional), todos do TCE[33]. Neste sentido encontramos os acórdãos do Tribunal de Justiça,

---

[32] Também no contexto norte-americano não se vislumbra o consenso quanto aos objectivos visados pelo direito *antitrust*. Refira-se, apenas a título ilustrativo, a posição «clássica» de R. Posner, que defende uma política da concorrência centrada na protecção de valores económicos (como a eficiência económica), cf. R. POSNER *Antitrust law. An economic perspective,* The University of Chicago Press, Chicago, 1976, pp. 10-11 e ss., por contraposição à visão de Pitofksy, que considera essencial a inclusão de outros valores, além dos económicos, na aplicação e interpretação do direito *antitrust*, cf. R. PITOFSKY, «Policy objectives of competition law and enforcement», *in European Competition Law Annual 2003: What is an abuse of a dominant position*, eds. C. D. Ehlermann e I. Atanasiu, The Robert Schuman Centre at the European University Institute, Hart Publishing USA, 2006, p. 128.

[33] Note-se, desde já, que os benefícios esperados com a integração europeia, e com uma aplicação eficaz da política da concorrência, nem sempre são imediatamente visíveis. Por exemplo, na área da propriedade industrial, é necessária a cooperação das autoridades industriais, tornando mais lenta a concretização destes objectivos. Como afirma A. DERINGER, «EEC and antitrust problems with respect to copyright and performing rights licensing societies», *IBL*, 1985, p. 65 e ss, a integração europeia, por vezes, acaba por comprometer a defesa da própria concorrência.

Valsabbia, Coditel II e *Walt Wilhelm,* e o acórdão *Métropole*[34] do Tribunal de Primeira Instância (Tribunal Geral com a entrada em vigor do TFUE), que, mais uma vez, confirmam a tese de que a concorrência é apenas um *meio* de realização *do interesse público comunitário.*

Por seu turno, a Comissão Europeia declarou expressamente no XXIII Relatório sobre Política de Concorrência, que a concorrência desempenhava um papel fundamental na realização dos objectivos comunitários de «crescimento, competitividade e emprego», bem como na promoção da política industrial, encorajando a eficiência alocativa de recursos, e estimulando a investigação e desenvolvimento, inovação e investimento[35]. E de facto, em várias decisões, a Comissão pareceu subordinar a defesa da concorrência à prossecução de interesses no domínio do ambiente e da política industrial.

Paradigmático das preocupações ambientais da instituição comunitária é o caso *CECED*[36]. Neste processo, a Comissão concedeu uma isenção

---

[34] Cf. acórdão de 18 de Março de 1980, *Spa Ferrieria Valsabbia e. a.* / *Comissão,* processos apensos 154, 205, 226 a 228, 263, 264/78 e 31, 39, 83, 85/79, Recueil 1980, p. 907, no qual o Tribunal de Justiça teve em conta a necessidade de protecção do emprego, e o acórdão *Coditel II* (acórdão do Tribunal de Justiça de 6 de Outubro de 1982, *Coditel / / Ciné-Vog Films,* processo 262/81, Recueil 1982, p. 338), sobre a promoção de interesses de ordem cultural; e ainda o acórdão do Tribunal de Justiça, de 13 de Fevereiro de 1969, processo 14/68, *Walt Wilhelm v. Bundeskartellamt,* Recueil 1969, p. 1 e ss, nos termos do qual o ex-art. 81.º, n.º 3, do Tratado CE, aplicado em conjunto com o ex-art. 2.º, do mesmo Tratado, deveria ser interpretado no sentido de visar o desenvolvimento equilibrado e harmonioso das múltiplas políticas económicas comunitárias. Refira-se, por fim, o acórdão *Métropole* (de 11 de Julho de 1996, procs. 528, 542, 543, 546/93, Colectânea 1996, p. 649), no qual o Tribunal de Primeira Instância defendeu que a Comissão podia invocar, à luz do ex-art. 81.º, n.º 3, do TCE, razões de interesse público no seio do direito comunitário da concorrência.

[35] Disponível em http://ec.europa.eu/index_pt.htm

[36] Cf. decisão da Comissão, de 24 de Janeiro de 1999, 2000/475/CE, CECED, processo IV.F.1/36.178, *JO* L 187/47, de 26.7.2000. Esta decisão afasta-se, assim, da conclusão da Comissão no processo de 20 de Julho de 1978, *GB-Inno / FEDETAB* (78/670 CEE, IV. 24.852, *JO* L 224/29, 1978), na qual a instituição comunitária afastou alegadas razões de interesse público (de sobrevivência de grossistas e retalhistas especializados), uma vez que se verificava um aumento significativo dos preço dos produtos em prejuízo dos consumidores. Esta prática revelaria, segundo alguma doutrina, a existência de uma espécie de *rule of reason* no ex-art. 81.º do Tratado CE, que permitiria à autoridade comunitária atender igualmente a interesses não concorrenciais, de índole político-social, aquando da apreciação de uma prática aparentemente restritiva da concorrência (assim R. B. BOUTERSE, *Competition and Integration – What goals count? EEC competition law and goals of industrial, monetary and cultural,* Kluwer Law T. P. Deventer, 1994, p. 120 e ss).

a um acordo entre fabricantes e importadores europeus de máquinas de lavar para deixarem de fabricar, ou importar, máquinas menos eficientes do ponto de vista energético, procurando reduzir a poluição. Ora, o acordo foi isento, apesar de os preços das máquinas aumentarem, com os seguintes argumentos: por um lado, a longo prazo, os consumidores beneficiariam do acordo, porque o aumento dos preços dos produtos seria compensado pela poupança energética (isto é, as contas de electricidade diminuiriam). Por outro lado, mesmo que o acordo não fosse vantajoso para os consumidores, os benefícios ambientais compensariam tal facto, ou seja, a contribuição líquida para a economia de bem-estar da sociedade continuaria a ser positiva. Significa isto que, no balanço económico realizado, a Comissão Europeia deu primazia à realização de interesses ambientais[37].

A subordinação da defesa da concorrência a «outros interesses comunitários» é igualmente visível, pelo menos numa fase inicial, no contexto da política industrial comunitária. De facto, sempre se revelou particularmente controversa a apreciação, do ponto de vista da concorrência, de acordos entre produtores que visavam reduzir o excesso de oferta no mercado. Discutia-se se tais acordos deviam ser tolerados à luz do art. 173.º do TFUE (ex-art. 157.º do TCE), ou se, pelo contrário, deviam ser proibidos nos termos do n.º 1 do art. 101.º do TFUE (ex-art. 81.º do TCE), podendo eventualmente ser considerados válidos nos termos do seu n.º 3.

Durante algum tempo, as decisões comunitárias pareciam dar preferência aos objectivos da política industrial. Encontramos neste sentido o caso *Fibras Sintéticas*, no qual a autoridade comunitária declarou que interesses de natureza económico-social poderiam prevalecer sobre a lei comunitária de defesa da concorrência (que exclui a possibilidade de um acordo anticoncorrencial ser concluído entre produtores de fibras sintéticas), acabando por conceder uma isenção à luz do art. 101.º, n.º 3, do TFUE (ex-art. 81.º, n.º 3, do TCE)[38]. Em apoio dessa subordinação, apon-

---

[37] A defesa do ambiente, além de ser uma política da Comunidade Europeia, prevista no art. 191.º e ss. do TFUE (ex-art. 174.º do TCE), tem sido pontualmente referida nas decisões comunitárias, e certos autores (assim, MASSIMO MOTTA, *Competition Policy Theory and Practice*, Cambridge University Press, 2005, p. 28) sugerem mesmo que, na impossibilidade de se atingir um consenso europeu no domínio do ambiente, se utilize a política da concorrência para promover tais objectivos.

[38] Decisão *Fibras Sintéticas*, de 4 de Julho de 1984, *JO* L 207/17, de 1984. É claro que mesmo nesta hipótese, em que a autoridade comunitária optou por dar relevo a interesses de política industrial, e isentou o acordo nos termos do ex-n.º 3 do art. 81.º, não con-

tava ainda a versão original do art. 173.º do TFUE (ex-art. 157.º do Tratado CE), segundo o qual a Comunidade devia adoptar políticas e acções que garantissem a adaptação da indústria às alterações estruturais, incentivassem o desenvolvimento das pequenas e médias empresas, e fomentassem a inovação, investigação e desenvolvimento tecnológico. Ou seja, a redacção dada inicialmente à disposição em apreço permitia a concepção da política da concorrência como uma mera parte da política industrial geral, à qual teria pontualmente de ceder[39].

Em processos mais recentes, a Comissão alterou, todavia, a sua visão da política de concorrência como uma política «subordinada» à política industrial. A concepção algo «simplista», segundo a qual a defesa da concorrência implicaria a condenação de acordos entre empresas, ao passo que o incentivo à indústria passaria geralmente pela promoção da cooperação entre elas, foi sendo progressivamente substituída pelo entendimento de que as políticas em causa são interactivas e complementares, visando objectivos próximos. A prossecução do interesse comunitário passa pela existência de uma indústria europeia competitiva no seio de um desenvolvimento económico duradouro, que satisfaça os interesses dos consumidores. Nesta perspectiva, as duas políticas influenciar-se-iam reciprocamente, pois se, por um lado, a defesa da concorrência tem como objectivo o desenvolvimento tecnológico capaz de assegurar a inovação, garantindo para o efeito a liberdade das empresas, a política industrial é igualmente importante para assegurar um certo nível de competitividade no mercado, ainda que, por vezes, possa ter como efeito pernicioso a criação de barrei-

---

seguiu afastar totalmente as dúvidas quanto ao preenchimento da segunda e quarta condições de aplicação dessa mesma disposição (e de facto é difícil explicar que um acordo que reduz a produção, e afasta a rivalidade em termos de preços, é vantajoso para os consumidores; ou que, naqueles casos, a concorrência que restava era suficiente). Na realidade, a justificação apresentada pela Comissão no caso *Fibras Sintéticas* (a saber, que a indústria emergente seria «mais saudável e competitiva», seriam eliminados produtos «obsoletos» e «não viáveis», e que a redução da «sobrecapacidade» na indústria beneficiaria os utilizadores das fibras sintéticas que poderiam dispor de «melhores produtos graças a uma maior especialização») não convenceu totalmente, pelo menos numa perspectiva a curto prazo (com efeito, não parecia defensável sustentar que as restrições, impostas a uma indústria saudável, beneficiavam os interesses dos consumidores, geralmente identificados com o alargamento das opções existentes ou com a redução dos preços dos produtos).

[39] RICHARD BLASSELLE, *Traité de droit européen de la concurrence*, Tome I, Publisud, Paris, 2002, p. 20, especialmente nota 15.

ras à entrada no mesmo, ou a concentração excessiva de vantagens concorrenciais em certos sectores empresariais[40].

Há, todavia, hipóteses em que será difícil a conciliação das duas políticas referidas, podendo ficar comprometido o seu carácter complementar. Nesses casos, as instituições comunitárias terão de considerar a última redacção dada ao art. 173.º do TFUE (ex-art. 157.º do TCE), que estabelece claramente a obrigação de a União Europeia (antes Comunidade Europeia) não introduzir medidas que possam conduzir «a distorções da concorrência»[41]. A promoção de interesses de natureza industrial, e designadamente a protecção das pequenas e médias empresas, terá de ser feita com respeito pelas normas comunitárias da concorrência. Logo, a aplicação do art. 173.º do TFUE, em conjunto com o seu art. 101, n.º 3, apenas permitirá considerar como válidas medidas que promovam uma política industrial europeia, desde que seja garantida a subsistência de um certo grau de concorrência (actual ou mesmo potencial) no mercado relevante. Concordamos, deste modo com Motta, quando afirma que a política da concorrência será geralmente a melhor política industrial possível, pois «é pouco provável que empresas numa particular indústria possam crescer, se ficarem protegidas da concorrência, se forem subsidiadas ou isentas das leis que proíbem os cartéis»[42].

Refira-se, por fim, que a defesa da concorrência no mercado tem ainda sido considerada essencial para garantir a dispersão do poder «privado», bem como a defesa da liberdade individual, isto é, a protecção de mercados competitivos é considerada um dos pilares da democracia liberal. Como esclarece Amato, as leis *antitrust* foram adoptadas pelos políticos em resposta a um problema essencial da democracia liberal: garantir

---

[40] Durante um largo período de tempo a Comissão evitou hierarquizar as duas políticas, procurando conciliá-las na medida do possível. Neste sentido veja-se, por exemplo, o XXII Relatório da Comissão sobre a Política de Concorrência, cf. http://ec.europa.eu/index_pt.htm

[41] Como refere a Comissão, na Comunicação ao Conselho e ao Parlamento, Comunicação (90) 556, de 16.11.90, o papel dos poderes públicos será apenas o de criar um ambiente que permita o desenvolvimento industrial, o qual será assegurado pela iniciativa das empresas, não podendo tais poderes substituir a iniciativa privada. Por outro lado, não deverá ser concedida imunidade das normas da concorrência à política industrial. Quer-se uma indústria europeia verdadeiramente competitiva, em detrimento de uma política industrial «dirigista».

[42] MASSIMO MOTTA, *Competition Policy Theory and Practice*, Cambridge University Press, 2005, p. 29.

ao indivíduo a sua liberdade, sem que esta seja utilizada para coagir as outras pessoas. O poder existente na esfera privada deve, portanto, ser fiscalizado, sob pena de suscitar abusos, sendo o direito da concorrência uma arma eficaz na dispersão desse poder económico, e na protecção da liberdade individual, designadamente ao impedir a transferência de riqueza dos consumidores para as empresas[43].

Perfilhando o mesmo entendimento no contexto norte-americano (isto é, defendendo que a política da concorrência deve ter em conta igualmente considerações não económicas, designadamente interesses políticos, como a protecção da liberdade individual na sua dupla dimensão, económica e política) encontramos Pitofsky. Para este autor, excluir «valores políticos» (entendidos estes como o receio de que a concentração de poder económico nas mãos de algumas empresas gere pressões políticas indevidas, e permita a poucos controlar as riquezas de todos) da interpretação das leis *antitrust* é um erro em termos político-legislativos[44].

Amato e Pitofsky comungam, deste modo, da visão da liberdade económica como *conditio sine qua non* não só de riqueza, prosperidade e progresso, mas ainda de liberdade política, sendo, portanto, uma premissa

---

[43] GIULIANO AMATO, *Antitrust and the bounds of power. The dilemma of liberal democracy in the history of the market*, Hart Publishing, Oxford, 1997, p. 2 e ss.

[44] ROBERT PITOFSKY, «Policy objectives of competition law and enforcement», in *European Competition Law Annual 2003: What is an abuse of a dominant position*, eds. C. D. Ehlermann e I. Atanasiu, The Robert Schuman Centre at the European University Institute, Hart Publishing, USA, 2006, p. 128. Segundo este autor, os valores políticos não devem, todavia, influenciar a decisão em casos concretos, pois seriam difíceis de medir, designadamente pelos tribunais; apenas devem ser considerados na elaboração de normas «numa base prospectiva». Além disso, segundo o mesmo autor não deveriam ser atendidos, no ordenamento norte-americano, interesses como a protecção de pequenas e médias empresas ineficientes, ou defenderem-se os ditos «campeões nacionais»; entendimento perfilhado igualmente no contexto comunitário por MASSIMO MOTTA – cf. *Competition Policy Theory and Practice*, Cambridge University Press, 2005, p. 22 e ss. Em sentido próximo, cf. J. BRODLEY («The economic goals of antitrut: efficiency, consumer welfare and technological progress», *in Revitalizing Antitrust in its Second Century*, Essays on Legal Economic and Political Policy, ed. Harry First, Eleanor M. Fox, Robert Pitofsky, Quorum Books, New York, 1991, p. 96), que defende existir uma «unidade» entre os objectivos económicos e os fundamentos político-sociais; e ainda LUÍS S. CABRAL DE MONCADA (cf. *Direito Económico*, Coimbra Editora, Coimbra, 2003, pp. 407-408 e ss.), segundo o qual a «defesa da concorrência, para além de se justificar por razões económicas, maior crescimento e mais racional distribuição (...) justifica-se igualmente por motivos políticos e sociológicos», ou seja, a «defesa da concorrência contribuiu também para a transparência da própria vida política democrática».

para a construção de uma sociedade justa. Tal liberdade deve ser objecto de uma fiscalização externa (seja por parte de entes públicos, seja através do próprio mercado), que evite abusos dos operadores «privados» (uma vez que as empresas, para obterem lucros «excessivos», concordam em restringir a sua liberdade e a dos seus concorrentes, minando a estrutura concorrencial). Trata-se, no fundo, do argumento que já tinha sido aduzido por Adam Smith[45], e que foi acolhido frequentemente no ordenamento comunitário pelas instituições comunitárias, mas que por vezes se revela difícil de conciliar com outros objectivos da política da concorrência, designadamente com o da eficiência económica (e note-se que, à medida que este objectivo tem vindo a ganhar um papel central na política comunitária da concorrência, o argumento da liberdade económica das empresas parece perder relevo).

Em síntese, a defesa da concorrência como um instrumento de promoção do «interesse público comunitário», interpretado este *lato sensu* por forma a abranger uma generalidade de interesses socioeconómicos e políticos[46], tem encontrado apoio no texto constitucional e na *praxis* da Comissão e dos Tribunais, tendo ainda sido acolhida por parte significativa da doutrina[47]. Recentemente, todavia, mercê *inter alia* do processo de modernização do direito comunitário da concorrência, tem-se verificado uma alteração do seu programa teleológico. A realização do mercado interno através das regras de defesa da concorrência deixa de ser considerada uma missão urgente pelas instituições comunitárias, que afirmam ser essencial focar doravante a atenção dessas normas na protecção do bem-estar do consumidor e numa afectação eficiente de recursos.

---

[45] ADAM SMITH, *Inquérito sobre a natureza e as causas da riqueza das nações*, vol. I, tradução de Teodora Cardoso e Luís Cristovão de Aguiar, 4.ª edição, Fundação Calouste Gulbenkian, 1999; e vol. II, tradução de Luís Cristovão de Aguiar, Fundação Calouste Gulbenkien, 1983.

[46] Note-se que, no plano europeu, a integração visada começou por ser sobretudo económica, mas, a partir do Tratado da União Europeia, a dimensão social e política ganharam um relevo acrescido, quer no *aquis communautaire*, quer nos textos doutrinais comunitários (assim, PIERRE BUIGUES e ALEXIS JACQUEMIN, «Strategies of firms and structural environments in the large internal market», *Journal of Common Market Studies*, 1989, p. 53 e ss).

[47] Assim, R. B. BOUTERSE, *Competition and Integration – What goals count? EEC competition law and goals of industrial, monetary and cultural*, ob. cit., p. 120 e ss., e G. MONTI, «Article 81 EC and public policy», *Common Market Law Review*, 2002, 39, pp. 1057 e 1077 e ss.

4. O papel central dos objectivos económicos

Com a renovação do direito comunitário da concorrência, os objectivos económicos têm vindo a adquirir um relevo acrescido, como aliás resulta claramente das declarações feitas pelos sucessivos comissários europeus titulares da pasta da concorrência. Mario Monti e Neelie Kroes estão, pois, de acordo não só em considerarem o bem-estar dos consumidores e uma eficiente afectação dos recursos os objectivos prioritários da política comunitária da concorrência, como ainda quanto ao carácter necessário das várias medidas adoptadas pela Comissão, que procuram reforçar tais valores (refira-se, a título ilustrativo, o facto de os casos que afectarem os consumidores passarem a ter um tratamento preferencial em relação aos restantes, ou de as opiniões das organizações dos consumidores serem tidas em conta, aquando da investigação de condutas ou práticas anticoncorrenciais e no processo em geral de adopção de actos legislativos comunitários)[48].

É claro que a referência ao bem-estar dos consumidores já é feita em várias disposições do direito comunitário originário, bem como em regulamentos e comunicações. Veja-se, por exemplo, a segunda condição do artigo 101.º, n.º 3, do TFUE (ex-art. 81.º, n.º 3, do TCE), que exige, para a aplicação do acordo entre empresas aparentemente restritivo da concorrência, a reserva para os consumidores de uma parte equitativa do lucro resultante do dito acordo[49]. Por outras palavras, o acordo só será válido se

---

[48] Cf., neste sentido, quer o discurso de MARIO MONTI proferido em 28.10.2004, intitulado «A reformed competition policy: achievements and challenges for the future», quer o discurso de NEELIE KROES apresentado em 23.9.2005, com o título «Preliminary thoughts on policy review of article 82 speech at the FCLI», disponíveis em http://ec.europa.eu/ commission_barroso/kroes/index_en-htlm

[49] Note-se que o art. 101.º, n.º 3, do TFUE não utiliza a expressão «consumidores», mas «utilizadores». Nos termos da disposição em causa, os «acordos» entre empresas restritivos da concorrência, abrangidos pelo n.º 1 do art. 101.º do TFUE serão válidos e aplicáveis desde que se verifiquem as condições enunciadas no n.º 3 do mesmo artigo, ou seja, é preciso, nomeadamente, que esses acordos reservem aos «utilizadores» uma «parte equitativa do lucro». É claro que o que se pretende com a segunda condição, como refere a Comissão no ponto 83 das Orientações relativas à aplicação do n.º 3 do art. 81.º do Tratado (2004/C 101/08, *JO* n.º C 101/97, de 27.04.2004), é que «aos consumidores [seja] reservada uma parte equitativa dos ganhos de eficiência gerados pelo acordo restritivo», ainda que o Tratado não defina tal conceito. A Comissão, por seu turno, no ponto seguinte das Orientações referidas, e tal como teremos oportunidade de desenvolver mais tarde, não o limita aos «consumidores finais».

existir uma vantagem para o consumidor, não bastando, à partida, o incremento do bem-estar social.

No mesmo sentido encontramos o art. 102.º, al. *b*), do mesmo Tratado (ex-art. 82.º do TCE), que proíbe certas práticas abusivas de empresas dominantes, o art 2.º do Regulamento 139/2004, relativo ao controlo comunitário das concentrações de empresas, e as Orientações da Comissão sobre os artigos 81.º, n.º 3, e 82.º do TCE[50], e sobre as concentrações horizontais[51].

Nos termos do art. 102.º, al. *b*), do TFUE, são proibidas as práticas abusivas que visem «limitar a produção, a distribuição ou o desenvolvimento técnico em prejuízo dos *consumidores*». Já o art. 2.º, n.º 1, al. *b*), do Regulamento 139/2004, estabelece que, na apreciação das concentrações, a Comissão terá em conta «a posição que as empresas em causa ocupam no mercado e o seu poder económico e financeiro, as possibilidades de escolha de fornecedores e utilizadores, o seu acesso às fontes de abastecimento e aos mercados de escoamento, a existência, de direito ou de facto, de barreiras à entrada no mercado, a evolução da oferta e da procura dos produtos e serviços em questão, os *interesses dos consumidores intermédios e finais*, bem como a evolução do progresso técnico e económico, desde que tal evolução seja vantajosa para os consumidores e não constitua um obstáculo à concorrência».

Por seu turno, a Comissão, nas Orientações, de 2008, sobre as prioridades na aplicação do artigo 82.º do TCE a comportamentos de exclusão abusivos por parte de empresas em posição dominante, afirma ser o primeiro objectivo da política da concorrência aumentar o *bem-estar dos consumidores* e criar uma afectação eficiente dos recursos. Da mesma forma, nas Orientações relativas às concentrações horizontais, bem como nas Orientações relativas à aplicação do art. 81.º, n.º 3, do TCE, a Comissão insiste na necessidade de a operação de concentração, ou a prática restri-

---

[50] Hoje artigos 101.º e 102.º do TFUE.

[51] Regulamento (CE) n.º 139/2004, do Conselho, relativo ao controlo das concentrações de empresas, *JO* L 24/1, de 29.1.2004. Observe-se, ainda, que mesmo outras disposições do mesmo Tratado, fora do contexto da política comunitária da concorrência, apelavam à protecção dos consumidores. Assim, por exemplo, o ex-art. 33.º, n.º 1, al. *e*), do TCE dispunha que a política agrícola comum tinha como objectivo, designadamente, «assegurar preços razoáveis no fornecimento aos consumidores». Cf. ainda a Comunicação da Comissão – Orientação sobre as prioridades da Comissão na aplicação do artigo 82.º do Tratado CE a comportamentos de exclusão abusivos por parte de empresas em posição dominante, Bruxelas, 9.2.2009, C (2009) 864 final.

tiva, produzirem benefícios para os consumidores, isto é, a «riqueza» gerada tem de aproveitar ao «consumidor»[52]. Aliás, as Orientações relativas ao art. 81.°, n.° 3, do TCE, não só referem, no seu parágrafo 42, que a prossecução dos objectivos da política comunitária da concorrência depende da verificação das quatro condições do n.° 3 do art. 81.° do Tratado CE (e designadamente da defesa dos interesses dos consumidores)[53], como reforça a ideia de que a protecção dos consumidores será assegurada através da redução de preços, ou de produtos novos ou melhorados (soluções que estão, ademais, de acordo com o Livro Branco da Comissão sobre a modernização das regras da concorrência)[54].

Além das Orientações referidas, a valorização das finalidades económicas da política comunitária da concorrência encontra igualmente apoio nas conclusões de vários advogados-gerais e na jurisprudência do Tribunal de Justiça. Foram, deste modo, decisivas as contribuições dos advogados-gerais Jacobs e Fennelly, nos acórdãos *Bronner* e *Compagnie Maritime Belge*, respectivamente[55], no sentido de que o principal objectivo das

---

[52] Cf. Comunicação da Comissão – Orientação sobre as prioridades da Comissão na aplicação do artigo 82.° do Tratado CE a comportamentos de exclusão abusivos por parte de empresas em posição dominante, C (2009) 864 final, Bruxelas 9.2.2009, bem como as Orientações para a apreciação das concentrações horizontais nos termos do Regulamento do Conselho relativo ao controlo das concentrações de empresas, 2004/C 31/03, *JO* C 31/5, de 5.2.2004, e ainda as Orientações relativas ao art. 81.°, n.° 3, fixadas na Comunicação da Comissão relativa à aplicação do n.° 3 do artigo 81.° do Tratado CE, 2004/C 101/08, *JO* C 101/97, de 27.4.2004.

[53] No mesmo sentido, cf. E. ROUSSEVA, «Modernizing by eradicating: how the Commission new approach to article 81 EC dispenses with the need to apply article 82 EC to vertical restraints», *Common Market Law Review*, 2005, 42, p. 619, segundo a qual, com a modernização do (ex) art. 81.° do TCE, a exclusão dos concorrentes e o processo de concorrência deixam claramente de ser considerados um fim em si mesmo, mas apenas factores a considerar na apreciação dos *efeitos* do acordo sobre os interesses dos consumidores.

[54] Cf. COM (1999) 101 final, no qual a Comissão declara que tais normas não serão afastadas por razões políticas. Observe-se aliás que já no XXXII relatório sobre política de concorrência a instituição comunitária tinha declarado que «um dos objectivos da política europeia da concorrência [era] promover os interesses dos consumidores, isto é, garantir que beneficiam da riqueza gerada pela economia europeia», cf. http://ec.europa.eu/index_pt.htm

[55] Cf. as conclusões gerais do advogado-geral Jacobs no caso *Bronner*, acórdão do Tribunal de Justiça de 26.11.98, processo C-7/97, *Oscar Bronner / Mediaprint*, Colectânea 1998, p. 7791, bem como as do advogado-geral Fennelly no acórdão do Tribunal de Justiça de 16 de Março de 2000, *Compagnie Maritime Belge* (Cewal), processo C-395/96, Colectânea 2000, p. 1365.

normas da concorrência não é proteger os concorrentes, mas evitar a distorção da concorrência, sobretudo através da salvaguarda dos interesses dos consumidores. Por outro lado, o próprio Tribunal de Justiça já reconheceu que a protecção dos consumidores é um dos objectivos da política comunitária da concorrência. Assim, por exemplo, no acórdão *Suiker Unie* o Tribunal referiu a necessidade de o direito comunitário da concorrência garantir a liberdade de escolha dos consumidores. E no acórdão *Wouters* confirmou a necessidade de serem asseguradas, aos consumidores de serviços legais, garantias de integridade e de experiência[56].

Igualmente relevante, para focar a atenção das normas de defesa da concorrência em valores económicos, foi a adopção do Regulamento (CE) n.º 1/2003, no contexto da modernização do direito comunitário da concorrência. De facto, o regime descentralizado, instituído pelo regulamento comunitário, tem sido mais um argumento aduzido no sentido de se conferir carácter prioritário a objectivos económicos nesse domínio; uma outra solução, que passasse pela possibilidade de invocação de interesses de natureza político-social, poderia ser um meio de as autoridades nacionais sustentarem razões de interesse público distintas dos interesses dos consumidores. Só afastando a consideração de finalidades não económicas, se impedirá a utilização de argumentos como o dos «campeões nacionais» ou a invocação de outros interesses públicos considerados fundamentais pelos Estados-membros[57].

Observe-se, por fim, que a atribuição de um carácter prioritário aos valores económicos, na aplicação das regras de defesa de concorrência, se revela ademais em consonância com as opções feitas pelo direito *antitrust* de outros ordenamentos jurídicos, como é o caso do sistema norte-americano; escolhas que o direito comunitário não pode ignorar numa economia globalizada, pois permitem soluções mais facilmente harmonizáveis[58]. Na

---

[56] Cf. acórdão do Tribunal de Justiça de 16 de Dezembro de 1975, processos apensos 40 a 45, 50, 54 a 56, 111, 113 e 114/73, *Suiker Unie e Outros / Comissão*, Recueil 1975, p. 1663; bem como o acórdão *Wouters* do Tribunal de Justiça, de 19 de Fevereiro de 2002, processo C-309/99, Colectânea 2002, p.1577.

[57] E. BUTTIGIE, *Consumer...*, ob. cit., p. 714.

[58] Repare-se que tal esforço de harmonização já tinha começado a ser desenvolvido por vários Estados-membros da União Europeia, e no próprio plano internacional nas relações entre a União Europeia e os Estados Unidos da América (apesar das dificuldades em se chegar muitas vezes a um acordo sobre quais deveriam ser os objectivos prioritários de uma política de defesa da concorrência, existindo ainda o perigo de as nações mais fortes imporem os seus *standards* aos restantes países). Sobre esta questão, cf. A. JONES e B.

realidade, com a expansão dos mercados e das estratégias empresariais, e com o progresso tecnológico, exige-se a coordenação das várias políticas de concorrência existentes, quanto mais não seja por razões de segurança jurídica. É, aliás, um indício do carácter cada vez mais «global», da política comunitária da concorrência, o facto de as decisões da Comissão Europeia e os acórdãos dos Tribunais Comunitários passarem a fazer apelo, de forma crescente, ao mercado geográfico mundial e atenderem à concorrência efectiva ou potencial no plano mundial[59]. Equivale isto a dizer que, se é verdade que a União Europeia está sobretudo preocupada com a concorrência no espaço comunitário, também é uma realidade que as instituições comunitárias estão conscientes de que uma política comunitária, centrada apenas na maximização do bem-estar no espaço europeu, pode conduzir a efeitos perversos no outro lado do planeta, e originar medidas de retaliação por parte dos governos e empresas afectadas noutros países que não pertencem à União Europeia[60]. Logo, só a aproximação das soluções vigentes nos vários ordenamentos jurídicos conduzirá a soluções adequadas neste domínio.

Em síntese, a «nova» missão do direito comunitário da concorrência – protecção dos consumidores e afectação eficiente dos recursos – encontra claramente apoio nos textos comunitários, na experiência das instituições comunitárias, e nos escritos de um sector significativo da doutrina, ainda que, como veremos de seguida, nem sempre exista consenso sobre a interpretação a dar a tais conceitos[61].

SUFRIN, *EC...*, ob.cit., p. 1266 e ss. Em suma, verifica-se uma tendência para a adopção de soluções convergentes nos Estados Unidos da América e na Europa (apesar de a legislação comunitária ser tradicionalmente mais reguladora e intervencionista), aproveitando esta última (como refere D. HILDEBRAND, *The role of economic analysis in EC competition rules*, Kluwer Law International, The Hague, 1998, p. 138), aparentemente, a experiência norte-americana.

[59] Note-se, aliás, que a identificação de um mercado geográfico mundial já tinha sido feita no acórdão do Tribunal de Justiça, *Commercial Solvents*, de 6 de Março de 1974, processos apensos 6 e 7/73, Recueil 1974, p. 223.

[60] E não se pense que estamos perante hipóteses meramente académicas, pois são vários os casos que têm sido recolhidos pela doutrina europeia a dar conta da dimensão do fenómeno Vejam-se os exemplos dados por A. JACQUEMIN – cf. «The international dimension of European Competition Policy», *Journal of Common Market Studies*, 1993, 31, 1, pp. 90 e 96.

[61] No sentido de que as novas orientações da Comissão serão um domínio consensual, cf. A. JONES e B. SUFRIN (*EC Competition Law...*, ob.cit., p. 17 e ss.), para quem a unanimidade hoje só existirá à volta da ideia de que o direito da concorrência deve pro-

5. A dimensão política do critério de bem-estar dos consumidores no direito comunitário da concorrência

Na doutrina jurídico-económica o conceito de «bem-estar do consumidor» tem sido objecto de múltiplas interpretações, conduzindo à protecção de interesses assaz diferentes. De facto, apesar de existir algum consenso quanto à ideia de que o bem-estar dos consumidores se traduz nos ganhos directos por estes auferidos em termos de preço e qualidade dos produtos, o mesmo não sucede quanto à questão de saber se os interesses a proteger devem ser considerados a curto ou a longo prazo, ou ainda se tais interesses são apenas uma das dimensões do bem-estar social, cuja promoção será o verdadeiro objectivo de uma política de defesa da concorrência[62]. São, deste modo, possíveis várias aproximações ao *standard* de «bem-estar dos consumidores», destacando-se, pelo relevo que têm assumido no contexto comunitário, as doutrinas de Chicago e pós-Chicago.

A escola de Chicago baseia-se na teoria neoclássica microeconómica para alegar que o único objectivo das políticas *antitrust* deve ser o de garantir a eficiência económica[63]. Para a generalidade dos economistas,

---

mover a eficiência económica, o mesmo não se podendo dizer a propósito da defesa de outros objectivos como a protecção dos concorrentes, do ambiente ou da política industrial. Não se considera, actualmente, admissível, à luz do direito comunitário da concorrência, uma operação de concentração que se revele economicamente ineficiente, mas que garanta postos de trabalho, pelo menos a curto prazo, ou um acordo de licença que cause prejuízos imediatos ao consumidor mas que seja benéfico do ponto de vista do ambiente, pois o objectivo da eficiência económica parece sobrepor-se a interesses extraconcorrenciais, ainda que se reconheça que a resolução destas questões será, como é evidente, sempre fruto de opções políticas.

[62] J. F BRODLEY, *The economic goals of antitrust...*, ob. cit., p. 104 e ss.

[63] W. S. BOWMAN, *Patent and antitrust law. A legal and economic appraisal*, The university of Chicago Press, Chicago, USA 1973, pp. 2-3, e R. H. BORK, *The antitrust paradox...*, ob. cit., p. 51 e ss. Note-se que apesar de este entendimento ter tido sempre um enorme acolhimento no contexto norte-americano não é o único. De facto, a par deste, tem sido igualmente defendida a tese de que o direito *antitrust* também visa a defesa de outros interesses, como o da protecção das pequenas empresas, a igualdade de oportunidades, ou a protecção do ambiente. Sobre esta questão, cf., por exemplo J. F. BRODLEY, «The economic goals of antitrust: efficiency, consumer welfare and technological progress», *in Revitalizing Antitrust in its Second Century*, Essays on Legal Economic and Political Policy, ed. Harry First, Eleanor M. Fox, Robert Pitofsky, Quorum Books, New York, 1991, pp. 96 e ss., 104 e ss. e 113 e ss., ELEANOR FOX, «Lessons of economics for antitrust. Problems of antitrust for economists», *in 2 Mainstream in Industrial organization*, ed. Jong and Shepherd, Kluwer, Boston, p. 309 e ss., e JERROLD G. VAN CISE, «Antitrust past – present – future», *Antitrust Bulletin*, 1991, p. 985 e ss., e especialmente p. 1002 e ss.

existirá eficiência quando os recursos estão afectados segundo a distribuição próxima do «óptimo do pareto» (isto é, não é possível aumentar o bem-estar de um agente económico sem prejudicar um outro). Trata-se de uma solução que favorece o *statu quo*, salvo existindo benefícios inequívocos[64]. Já a escola de Chicago, e em particular Richard Posner, defende uma formulação ligeiramente diferente, nos termos da qual uma prática empresarial é mais eficiente quando, no balanço a realizar pelas autoridades da concorrência, os benefícios produzidos no mercado superam os respectivos custos. Significa isto que a situação de «monopólio» poderá ser preferível à da concorrência, nos casos em que os benefícios auferidos pela empresa «monopolista» compensem os prejuízos causados aos consumidores, um vez que o objectivo do direito *antitrust* é o bem-estar social, não devendo preocupar-se com a redistribuição social da riqueza[65]. Acredita--se, portanto, na maximização da riqueza através de uma concorrência livre da intervenção pública, solução que salvaguardaria a liberdade individual, e em especial a liberdade contratual. Ou seja, para Chicago, o direito *antitrust* deve ser neutro, regido apenas por princípios económicos, imune a considerações de natureza política e social, e alheio a preocupações de redistribuição social da riqueza.

Nesta ordem de ideias, o conceito de eficiência económica é equiparado ao de bem-estar *social,* conceito este que abrange todos os intervenientes no mercado. Afasta-se, deste modo, a visão do consumidor como a parte mais fraca no mercado, a precisar de protecção. O consumidor é apenas um dos operadores no mercado, em paridade com os restantes, não se justificando por isso um tratamento mais favorável. Para os autores de Chicago os interesses dos consumidores apenas ficariam comprometidos quando as empresas no mercado reduzissem a produção ou aumentassem os preços. Seriam, por conseguinte, aceites práticas empresariais que promovessem o bem-estar social, mesmo que os interesses do consumidor, no caso concreto, não fossem salvaguardados[66].

---

[64] MASSIMO MOTTA, *Competition Policy Theory and Practice*, ob. cit., p. 43.

[65] R. POSNER, *Antitrust law. An economic perspective,* The University of Chicago Press, Chicago, 1976, pp. 10-11 e 22, e BORK, *The antitrust paradox...*, ob. cit., pp. 91 e ss., 106 e ss., 405-406 e 427.

[66] Note-se que este entendimento tem consequências jurídicas significativas, designadamente aquando da aplicação do art. 101.° do TFUE. De facto, se aceitarmos esta perspectiva, deixa de ser necessária a distinção entre as duas condições do art. 101.°, n.° 3, apesar de a letra e a *ratio* da disposição, e a própria jurisprudência comunitária sobre este assunto apontarem nesse sentido (cf. acórdão do Tribunal de Justiça de 25 de Outubro de

Já os autores *pós-Chicago* contestam este entendimento. A doutrina pós-Chicago abrange, como afirma Lawrence Sullivan[67], uma «vizinhança intelectual», na qual que se podem encontrar, nos dias de hoje, um certo número de economistas, advogados, juízes e autoridades da concorrência, identificada sobretudo pelo consenso quanto às críticas dirigidas à escola de Chicago[68]. Não estamos, como sublinha Eric Harris, perante um corpo de princípios económico-jurídicos coerente, mas sim face a uma atitude céptica perante alguns dos *excessos* da escola de Chicago[69]. Note-se que as doutrinas do pós-Chicago, tal como as de Chicago, valorizam o objectivo de eficiência económica produtiva e alocativa, mas consideram igualmente fundamental a *eficiência dinâmica*, conceito geralmente associado ao aparecimento de novos produtos, serviços ou processos de produção, que permitem a inovação e o progresso tecnológico[70]. Nesta perspectiva defende-se que a política *antitrust* deve dar igualmente prioridade à inovação, sem negligenciar a protecção dos interesses do consumidor, e que esses objectivos só podem ser alcançados através da preservação do processo concorrencial *a longo prazo*[71]. Deste modo, os interesses dos con-

---

1977, *Metro-SB-Grossmärkte GmbH / Comissão*, processo 26-76, Recueil 1977, p. 1875). Ou seja, a autoridade comunitária assumiria que um acordo que melhora a produção, a distribuição, ou o progresso tecnológico, beneficiaria necessariamente os consumidores, directa ou indirectamente, através, por exemplo, da redução dos preços, da introdução de melhoramentos ou mesmo de novos produtos no mercado.

[67] L. A. SULLIVAN, «Post-Chicago economics: economists, lawyers, judges, and enforcement officials in a less determinate theoretical world», *Antitrust Law Journal*, 1995, 63, p. 669. No sentido de que L. A. Sullivan deve ser considerado como «o representante» dos que desafiam a escola de Chicago, ao acreditar que a lei deve basear-se no texto legal e nas construções jurisprudenciais, posição com a qual se identifica certa doutrina norte-americana, v. ELEANOR M. FOX, «The battle for the soul of antitrust», *California Law Review*, 1987, 75, pp. 917 e ss. e 922.

[68] DORIS HILDEBRAND, *The role of economic analysis in the EC competition rules*, Kluwer Law International, The Hague, Netherlands, 1998, p. 176, H. HOVENKAMP, «The reckoning of post-chicago antitrust», *in Post-Chicago Developments in Antitrust Law*, ed. Antonio Cucinotta, Roberto Pardolesi, e ROGER VAN DEN BERGH, *New Horizons in Law and Economics*, Edward Elgar, Cheltenham, 2002, p.7.

[69] Assim, ERIC HARRIS, «Recent developments in United States Antitrust Laws», *in Antitrust between EC law and national law*, Bruylant, Bruxelles, 1998, p. 19.

[70] F. M. SCHERER, «Antitrust, efficiency, and progress», *in Revitalizing Antitrust in its Second Century*, Essays on Legal Economic and Political Policy, ed. Harry First, Eleanor M. Fox, Robert Pitofsky, Quorum Books, New York, 1991, p. 130 e ss.

[71] Cf. JOSEPH F. BRODLEY, «The economic goals of antitrust: efficiency, consumer welfare and technological progress», *in Revitalizing...*, ob. cit., p. 96. No mesmo sentido cf.

sumidores a curto prazo podem ser subordinados aos da sociedade em geral, desde que, no futuro, lhes seja assegurada uma parte equitativa dos ganhos auferidos em termos globais. Por outras palavras, uma política de defesa da concorrência, qualquer que ela seja, nem sempre poderá assegurar a protecção dos interesses dos consumidores a curto prazo, sob pena de ignorar as outras dimensões da eficiência económica como a eficiência dinâmica ou produtiva[72]. Aliás, foram precisamente argumentos ligados à protecção da inovação, que foram utilizados pela Comissão Europeia, e confirmados em grande medida pelo Tribunal, no caso Microsoft[73]. Neste caso, a Comissão Europeia condenou a Microsoft por abuso de posição dominante, decisão esta confirmada pelo Tribunal de Primeira Instância (Tribunal Geral com a entrada em vigor do TFUE), uma vez que a Microsoft recusou fornecer a outras empresas informações sobre interoperabilidade, com o objectivo de excluir os concorrentes do mercado; além disso, a autoridade comunitária proibiu a subordinação da disponibilidade do

---

J. FLYNN, «Antitrust policy, innovation efficiencies and the supression of technology», *Antitrust Law Journal*, 1998, 66, p. 487 e ss. O grande problema destes três tipos de eficiência, como sublinha BRODLEY (*The economic*..., ob. cit., p. 101), reside na dificuldade em medi-los. A mais simples, ainda que menos relevante, segundo o mesmo autor, seria a eficiência produtiva, uma vez que origina vários indícios directamente observáveis (como, por exemplo, a redução dos custos de fabrico). Já a eficiência pela inovação seria especialmente difícil de medir (pois não é fácil comparar entre os resultados actuais da investigação e os que existiriam se a conduta tivesse sido proibida), e o mesmo se diga quanto à eficiência alocativa (uma vez que é difícil o conhecimento das variáveis económicas relevantes, como a elasticidade da procura ou as múltiplas causas de alteração dos preços ou da produção). Logo, a melhor solução para Brodley seria as autoridades da concorrência utilizarem outros métodos que permitissem medir a eficiência (como, por exemplo, comparar a sobrevivência e o crescimento da empresa em relação às outras empresas no mercado), pois só a consideração dos vários tipos de eficiência, pelas autoridades da concorrência é que permitirá fiscalizar eficazmente as várias condutas restritivas da concorrência, não só os tradicionais comportamentos colusivos, mas ainda as condutas de exclusão.

[72] J. F. BRODLEY, ob. cit., p. 1036.

[73] Decisão da Comissão, de 21 de Abril de 2004, disponível em http://ec.europa.eu/competition/antitrust/cases/decisions/37792/en.pdf e acórdão do Tribunal de Primeira Instância, de 17 de Setembro de 2007, processo T-201/04, disponível http://curia.europa.eu. Sobre este caso cf. MAURITS DOLMANS e THOMAS GRAF, «Analysis of tying under article 82 EC: The European Commission's Microsoft decision in perspective», *World Competition Law and Economics Review*, 2004, p. 225, D. S. EVANS e A. J. PADILLA, «Tying under article 82 EC and the Microsoft decision: a comment on Dolmans and Graf», *World Competition Law and Economics Review*, 2005, p. 504, e ARIANNA ANDREANGELI, «Interoperability as an "essential facility" in the Microsoft case – encouraging competition or siftling innovation», *European Law Review*, 2009, 34, 4, p. 584 e ss.

Windows 2000 Client PC Operating System à aquisição simultânea do *Windows Media Player*, uma vez que tal medida tinha por efeito criar barreiras à entrada no mercado de empresas concorrentes, acabando por reduzir, pelo menos a longo prazo, a inovação, e portanto a escolha, dos consumidores, que ficariam cativos da oferta da Microsoft, sendo afastada a concorrência no mercado dos leitores de *media*. Neste tipo de decisões, uma das dificuldades reside na ponderação dos ganhos auferidos pelos consumidores a longo prazo, os quais deveriam ser efectivamente avaliados, e não apenas presumidos, sob pena de se tornarem meramente hipotéticos. Daí que Brodley proponha certos limites à aplicação destes critérios pelas autoridades da concorrência: a prática empresarial deve aumentar o bem-estar social, em especial a eficiência dinâmica e produtiva; essa prática deve ser necessária, adequada e proporcional, ou seja, é a que causa menos prejuízo aos consumidores dentro das alternativas existentes; é possível o restabelecimento da concorrência e uma parte dos ganhos criados serão reservados para os consumidores[74]. Com esta solução, Brodley acaba por matizar uma certa concepção do critério do «bem-estar do consumidor» (que exige a consideração exclusiva e imediata dos benefícios auferidos pelos consumidores finais), muitas vezes dificilmente exequível[75].

Apesar de a generalidade dos economistas continuar a preferir aplicar o critério de «bem-estar social» ou «bem-estar total», na medida em que permite às autoridades da concorrência maximizarem a eficiência económica, sem se preocuparem com a distribuição da riqueza (conduzindo a decisões objectivas e previsíveis)[76], a verdade é que o princípio da protecção do bem-estar do consumidor tem ganho crescente relevo, especialmente no contexto comunitário, no qual assume aliás uma dimensão política. Com efeito, o apoio político dos consumidores, que somos todos nós, às autoridades encarregadas da aplicação das regras de defesa da concorrência, exige que estas proíbam práticas empresariais que diminuam os seus ganhos, ainda que tais práticas se afigurem eficientes do ponto de vista da sociedade em geral. Como refere Lyons, nenhum governo demo-

---

[74] J. F. BODLEY, ob. cit., p. 1037.
[75] B. R. LYONS, *Could Politicians Be More Right Than Economists? A Theory of Merger Policy*, Centre for Competition and Regulation, UEA, Working Paper 02-01, 2002, p. 2, disponível em http://www.uea.ac.uk/polopoly_fs/1.104451!ccr02-1revised.pdf
[76] Assim, FARRELL, J., & KATZ, M. L, *The Economics of Welfare Standards in Antitrust*, Competition Policy Center Paper CPC06-061 (2006), pp. 9-10, que consideram, nessa medida, ser o critério da «eficiência» preferível ao da «equidade».

crático vai aplicar uma política de defesa da concorrência assente apenas em critérios de eficiência e de bem-estar social. Na realidade, como sublinha o mesmo autor, «a preferência do voto da maioria», a «indiferença perante proprietários estrangeiros», ou a «alteração das legislações que inicialmente conservava pequenas empresas por razões sociais», serão alguns dos motivos invocados em apoio do critério do bem-estar dos consumidores[77]. A estes acresce a visão do consumidor, como a parte mais fraca no mercado, que é preciso proteger. De facto, certa literatura económica tem sublinhado que factores vários apontam para a necessidade de, no balanço dos interesses em jogo, ser necessário reforçar-se a protecção do consumidor, com vista ao equilíbrio do balanço de interesses visados. Neste sentido, invocam a existência das vantagens das assimetrias de informação das empresas em relação aos reguladores, bem como a intensa actividade de «lobbies», desenvolvida geralmente por grandes empresas, ou as suas facilidades de investigação, que justificariam a adopção do «bem-estar dos consumidores» como critério de apreciação das operações de concentração e práticas restritivas da concorrência para contrabalançar o peso das empresas e reequilibrar os interesses a ponderar[78].

Assim se entende que as várias instituições comunitárias envolvidas na aplicação das regras de defesa da concorrência tenham feito, e continuem a fazer, apelo à necessidade de defesa dos interesses dos consumidores, enquanto critério de apreciação dos efeitos das condutas comerciais das empresas. Paradigmático é o caso *GlaxoSmithKline*[79], relativo ao recurso de uma decisão da Comissão, que negou um pedido de isenção feito pela Glaxo Wellcome SA (filial do grupo GlaxoSmithKline, um dos maiores produtores mundiais de produtos farmacêuticos), pois concluiu que o acordo estabelecido com os grossistas espanhóis, que estabelecia uma distinção entre preços cobrados a grossistas válidos para a revenda interna de medicamentos reembolsáveis a farmácias ou hospitais e preços mais elevados cobrados pelas exportações para quaisquer outros Estados-Membros, infringia o n.° 1 do art. 81.° do TCE (actual art. 101.° do TFUE). O Tribunal vai anular parcialmente a decisão da Comissão, alegando *inter*

---

[77] B. R. LYONS, *Could Politicians Be More Right Than Economists?...*, ob. cit., p. 2 e ss.

[78] Cf. LYONS, ob. cit., p. 4, que analisa os argumentos referidos, especialmente no contexto do controlo das concentrações de empresas.

[79] Acórdão do Tribunal de Primeira Instância de 27 de Setembro de 2006, processo T-168/01, disponível em http://curia.europa.eu

alia que «o objectivo conferido ao artigo 81.º, n.º 1, CE, que constitui uma disposição fundamental indispensável ao cumprimento das missões confiadas à Comunidade e, em particular, ao funcionamento do mercado interno (...) é o de evitar que as empresas, ao restringirem a concorrência entre elas ou com terceiros, reduzam o bem-estar dos *consumidores finais* dos produtos em causa[80] (...) [aliás na] audiência, a Comissão salientou por várias vezes que tinha sido nesta perspectiva que conduzira a sua análise, concluindo, num primeiro momento, que as condições gerais de venda restringiam, com toda a evidência, o bem-estar dos consumidores, e, num segundo momento, interrogando-se sobre se esta restrição seria compensada por um acréscimo de eficiência que beneficiasse os consumidores» (parágrafo 118, itálico nosso).

No mesmo sentido encontramos o acórdão *Österreichische Postsparkasse*[81], relativo à infracção de disposições de defesa da concorrência por instituições de crédito austríacas, no qual o Tribunal declarou que «as normas que se destinam a garantir que a concorrência não seja falseada no mercado interno têm por finalidade última aumentar o bem-estar do *consumidor final*. Em particular, essa finalidade resulta dos termos do artigo 81.º CE. (...) O direito e a política da concorrência têm, assim, um impacto inegável nos interesses económicos concretos de clientes *finais* adquirentes de bens ou de serviços. Ora, o reconhecimento a esses clientes – que aleguem que sofreram um prejuízo económico devido a um contrato ou a uma actuação susceptível de restringir ou falsear a concorrência – de um interesse legítimo em que a Comissão declare a existência de uma infracção aos artigos 81.º CE e 82.º CE contribui para a concretização dos objectivos do direito da concorrência» (parágrafo 115, itálico nosso).

É claro que há sempre quem defenda que as múltiplas referências aos interesses dos consumidores não devem ser lidas no sentido de que o consumidor é o beneficiário *directo* das normas comunitárias da concorrência[82]. Estas visariam assegurar imediatamente a *workable competition* e só

---

[80] Apesar de a tradução portuguesa do acórdão, por lapso, utilizar a expressão «consumidor», nas versões inglesa, francesa e italiana, só para referir alguns exemplos, a menção é feita claramente ao «consumidor final».

[81] Acórdão de 7 de Junho de 2006, processos apensos T-213/01 e 214/01, Colectânea 2006 p. 1601.

[82] Em defesa do bem-estar social como objectivo do direito da concorrência, veja-se ROGER VAN DEN BERGH, «The difficult reception of economic analysis in Europe», *in Post-Chicago Developments in Antitrust Law*, ed. Antonio Cucinotta, Roberto Pardolesi,

mediatamente poderiam aproveitar aos consumidores. Neste sentido apontaria o acórdão *Commercial Solvents*[83], no qual o Tribunal de Justiça ignorou os interesses dos consumidores e declarou que as normas comunitárias da concorrência deveriam preocupar-se em proteger os concorrentes, designadamente as pequenas empresas[84]. Da mesma forma, no caso *GE / / Honeywell*, apesar de a concentração conduzir a uma redução dos preços com a eliminação de ineficiências, não foi autorizada, entre outras razões, porque excluiria concorrentes do mercado[85].

Não nos parece, no entanto, como já tivemos oportunidade de justificar, ser tal entendimento o mais adequado, sobretudo hoje com o processo de modernização da política comunitária da concorrência e com a redefinição do seu quadro teleológico. Significa isto que as autoridades da concorrência não se devem bastar com a presunção de que os prejuízos causados à concorrência por certas práticas comerciais prejudicam automaticamente os consumidores, tal como não devem presumir que os benefícios produzidos pelas condutas aparentemente restritivas da concorrência se estendem automaticamente ao consumidor final. As autoridades referidas têm de apreciar os efeitos económicos dos comportamentos comerciais das empresas, devendo prestar uma maior atenção, do nosso ponto de vista, às consequências sofridas pelo consumidor final.

ROGER VAN DEN BERGH, *New Horizons in Law and Economics*, Edward Elgar, Cheltenham, 2002, p. 43, segundo o qual a solução do bem-estar do consumidor reduziria o campo da «defesa da eficiência», isto é, certas operações (de concentração) podem aumentar os preços e ainda assim produzir benefícios. Só optando pelo critério do bem-estar social, geral, é que poderia ser tido em conta o argumento da «defesa de eficiência».

[83] Acórdão do Tribunal de Justiça de 6 de Março de 1974, *Commercial Solvents v. Comissão*, Processos apensos 6 e 7/73, Recueil 74, p. 223 e acórdão do Tribunal de Justiça de 16 de Dezembro de 1975, *Cooperatieve Vereniging Suiker Unie e outros / Comissão*, Processos apensos 40 a 45, 50, 54 a 56, 111, 113 e 114/73, Recueil 1975, p. 1663

[84] Acórdão de 6 de Março de 1974, *Commercial Solvents / Comissão*, processo apensos 6 e 7/73, Recueil 1974, p. 223.

[85] Cf. decisão da Comissão de 3 de Julho de 2001, *General Electric / Honeywell*, COMP/M.2220, 2004/134/CE, *JO* L 48/1, de 18.2.2004, e acórdãos do Tribunal de Primeira Instância de 14 de Dezembro de 2005, *GE Honeywell International Inc. / Comissão*, processo T-209/01, Colectânea 2005, p. 5527, e de 14 de Dezembro de 2005, *General Electric Company / Comissão*, Processo T-210/01, Colectânea 2005, p. 5575.

6. O conceito de consumidor e os respectivos interesses protegidos à luz das normas de protecção da concorrência e das normas de defesa dos consumidores

Estabelecido o «bem-estar do consumidor» como o critério de orientação da actuação das instituições comunitárias, no âmbito do direito comunitário da concorrência, interessa definir, com mais precisão, o conceito de consumidor e esclarecer que interesses deverão ser salvaguardados.

Note-se, desde já, que o TCE não definia, em nenhuma das suas disposições, o conceito de consumidor. Esse papel tem sido desempenhado, sobretudo, pela Comissão Europeia, que, nas suas decisões e comunicações, tem seguido uma noção ampla, equiparando-a frequentemente ao conceito de «comprador», não necessariamente final[86]. Veja-se, por exemplo, o ponto 84 das Orientações sobre o art. 81.º, n.º 3, do TCE[87], no qual a Comissão afirma que o conceito de «consumidores» engloba todos os utilizadores dos produtos cobertos pelo acordo, incluindo grossistas, retalhistas e consumidores finais. Por outras palavras, nos termos das Orientações referidas, os consumidores são os clientes das partes no acordo e os compradores subsequentes. Estes clientes podem ser «empresas, como é o caso dos compradores de maquinaria industrial ou de matéria-prima para transformação, ou particulares, como é o caso dos compradores de gelados ou bicicletas». A Comissão tem, deste modo, recorrido a uma noção de consumidor que abrange, além dos utilizadores finais, os intermediários, os grossistas e os retalhistas[88]. Ora, a questão que se coloca é a de saber

---

[86] Observe-se que a protecção dos consumidores, neste domínio, apenas será plenamente eficaz se for coadjuvada por normas de outro tipo, designadamente do direito do consumo, relativas à responsabilidade do produtor, à publicidade ou à segurança dos produtos, cuja investigação ultrapassa, contudo, o objecto do nosso trabalho. Refira-se ainda que há quem defenda ser vantajosa a fusão dos dois ramos de direito – direito da concorrência e direito de consumo – num único ramo. Sobre esta questão, cf. BARRY J. RODGER e ANGUS MACCULLOCH, *Competition Law and Policy in the EC and UK*, Cavendish Publishing, London, 2004, p. 14, e ainda LUÍS M. COUTO GONÇALVES, *Manual de Direito Industrial, Patentes, Marcas, Concorrência Desleal*, Almedina, Coimbra, 2005, especialmente pp. 31 e 32.

[87] Actual art. 101.º do TFUE.

[88] Cf. as decisões da Comissão *Bayer*, *JO* L 30/13, de 1976, *Kabel / Luchaire*, *JO* L 222/34, de 1975, e *Centraal Bureau voor de Rijwielhandel*, *JO* L 20/18, de 1978. Note-se que, nesta perspectiva, o consumidor não é necessariamente a parte mais fraca no mercado a precisar de protecção, face a falhas de mercado ou abusos de poder económico por parte dos outros agentes económicos. Aliás, só a partir do Tratado de Amesterdão, assinado em

como equilibrar os vários interesses enunciados numa hipótese de conflito, pois, como é previsível, podem surgir casos em que os efeitos de uma prática comercial afectem de forma diferente os compradores intermediários e os consumidores finais; os efeitos da conduta podem, por exemplo, ser benéficos para aqueles e causarem prejuízos a estes últimos. O problema é tanto mais relevante, quanto frequentemente as instituições comunitárias identificam os dois tipos de interesses, isto é, presumem que os prejuízos ou benefícios dos compradores intermediários se reflectem nos consumidores finais, quando na realidade nem sempre tal sucederá. Dito ainda de outro modo: nem sempre a aplicação das regras de defesa da concorrência implicarão um ganho imediato para o consumidor. E se é certo que uma política da concorrência dirigida à prossecução contínua dos interesses imediatos dos consumidores não parece viável, tanto mais que comprometeria dimensões essenciais da eficiência económica, como já referimos, também é verdade que nos parece ser a consideração mais realista dos efeitos das práticas comerciais das empresas nos consumidores finais uma necessidade cada vez mais evidente.

Com a concepção ampla de consumidor, as instituições comunitárias afastam-se do conceito geralmente adoptado no âmbito da legislação de defesa dos consumidores, que identifica o «consumidor» com a pessoa singular que actua fora do comércio ou da sua profissão, ou seja, será o adquirente de bens ou serviços para utilização particular[89]. Note-se que

---

1997, é que começa a ganhar forma a concepção do consumidor como aquele que precisa de ser protegido no mercado. Com efeito, só a partir dessa data é que é introduzido no TCE o Título XIV, relativo à defesa dos consumidores, cujo art. 153.º estabelece, não só a obrigação de a Comunidade lhes assegurar um elevado nível de protecção (designadamente no plano da saúde, segurança e educação), como ainda a necessidade de os seus interesses serem considerados na definição e execução das outras políticas comunitárias (cf. J. STUYCK, «European consumer law after the treaty of Amesterdam: consumer policy in or beyond the internal market», *Common Market Law Review*, 2000, 37, pp. 367 e 386 e ss., e P. G. KAPTEYN, *Introduction to the law of the european communities, From Maastricht to Amsterdam*, Kluwer Law International, London, pp. 1104 e ss. e 1107).

[89] Neste sentido, cf. o art. 2.º da Directiva 85/577/CEE, do Conselho (*JO* L 1985, 372/31), bem como o art. 15.º do Regulamento (CE) n.º 44/2001 (*JO* L 2001, 12/1), e o art. 1.º da Directiva do Conselho 87/102/CEE (*JO* L 42/48, de 1987), e ainda o art. 2.º da Directiva 93/13/CEE, de 1993 (*JO* L 95/29). São igualmente inúmeras as directivas comunitárias adoptadas no domínio da protecção dos consumidores; refiram-se apenas a título de exemplo, a Directiva 92/59/CEE, sobre a segurança dos produtos (*JO* L 1992, 228/24 1992), a Directiva 94/47/CE, sobre os contratos de *time sharing* (*JO* L 1994, 280/83) e a Directiva 97/7/CE, sobre contratos à distância (*JO* L 144/9, 1997).

esta legislação, adoptada sobretudo com o intuito de prevenção de danos, visa, como refere Carlos Ferreira de Almeida, auxiliar o consumidor final, enquanto *parte mais fraca*, nas suas transacções no mercado, permitindo superar as falhas desse mesmo mercado[90], que não poderiam ser normalmente resolvidas através da aplicação das regras de defesa da concorrência (basta pensar-se nas assimetrias de informação, ou ainda em medidas de saúde ou segurança)[91]. Trata-se de legislação que parte geralmente de uma visão subjectiva do consumidor, assente nas suas necessidades e interesses, sejam estes de ordem económica ou não (uma vez que neste contexto legislativo o acesso rápido e eficaz à justiça é essencial), e que é orientada não só por argumentos de eficiência económica como de justiça social[92]. Com a legislação de defesa dos consumidores procurar-se-ia salvaguardar, como refere Cseres, não só a livre escolha entre vários produtos e serviços de qualidade a baixos preços, adquirindo nesta dimensão relevo questões como a saúde e segurança desses produtos ou serviços, como ainda garantir uma informação adequada sobre a natureza e consequências da decisão de aquisição, afastando-se, nesta medida, dos interesses visados pelas regras de defesa da concorrência, centradas sobretudo na defesa dos interesses dos consumidores em termos de preço, qualidade e quantidade produzida[93].

---

[90] Como sublinha este autor, a protecção dos direito dos consumidores resulta da «consciencialização de que, nas relações com as empresas, suas fornecedoras, o consumidor se encontra em desvantagem, tornando aconselhável que os poderes públicos tomem medidas para um maior equilíbrio entre as posições da procura e da oferta no mercado de bens de consumo», cf. CARLOS FERREIRA DE ALMEIDA, *Os Direitos dos Consumidores*, Almedina, Coimbra, 1982, p. 223. Para uma visão geral da insuficiência do direito tradicional para uma defesa eficaz do consumidor, cf. ANTÓNIO PINTO MONTEIRO, *A protecção dos consumidores de serviços públicos essenciais*, Estudos de Direito do Consumidor, Centro de Direito do Consumo, Faculdade de Direito da Universidade de Coimbra, n.º 2, 2000, p. 333 e ss.

[91] CSERES, «The controversies...», *The Competition Law Review*, 2007, 3, p. 129.

[92] CSERES, ob. cit., loc. cit.

[93] CSERES, ob. cit. pp. 129-130. Para uma visão do papel do Tribunal de Justiça na protecção dos consumidores, nomeadamente através de uma interpretação extremamente lata das Directivas Comunitárias adoptadas com a finalidade de defesa do consumidor final, cf. HANNES UNBERATH, ANGUS JOHNSTON, «The double-headed approach of the ECJ concerning consumer protection», *Common Market Law Review*, 2007, 44, 5, p. 1237 e ss. Já para uma abordagem geral da função do direito comunitário de defesa do consumidor, a par de uma concepção crítica do Livro Verde da Comissão sobre o «consumer acquis» (COM 2006, 744 final), cf. BETTINA HEIDERHOFF e MEL KENNY, «The Commission's 2007 green paper on the consumer acquis: deliberate deliberation», *European Law Review*, 2007, p. 740.

Em síntese, o conceito de bem-estar de consumidor no direito comunitário da concorrência não visa apenas os consumidores finais, ao contrário da legislação de defesa dos consumidores (o que pode dificultar a adopção das decisões comunitárias quando os interesses dos consumidores finais entrem em conflito com os dos compradores intermédios), sendo os interesses protegidos sobretudo de índole económica. Neste sentido encontramos claramente as novas Orientações sobre o art. 81.º, n.º 3, do TCE[94], já referidas, nos termos das quais é necessário que as práticas comerciais gerem «benefícios económicos objectivos, capazes de compensar os efeitos da restrição da concorrência»[95].

E que tipo de benefícios económicos serão doravante considerados? Mais uma vez as Orientações da Comissão são claras. Por um lado, será sobretudo dado relevo aos «ganhos de eficiência», que abrangem quer «ganhos de eficiência em termos de custos», quer «ganhos de eficiência de natureza qualitativa, através dos quais é criado valor sob a forma de produtos novos ou melhorados [ou] maior variedade de produtos»[96]. Dito ainda de outro modo, «os benefícios que a concorrência proporciona aos consumidores são preços mais baixos, melhor qualidade e maior variedade de bens, serviços novos ou melhorados»[97].

Por outro lado, objectivos de outras disposições do Tratado, nomeadamente interesses não-económicos, «apenas podem ser tidos em conta se puderem ser incluídos nas quatro condições do n.º 3 do artigo 81»[98], isto é, tais interesses têm de se traduzir em benefícios económicos e cumprir as condições do art. 81.º, n.º 3. Trata-se da visão, já perfilhada no Livro Branco, e que se revelaria mais adequada, segundo alguma doutrina, à aplicação descentralizada do art. 81.º, n.º 3, do TCE (art. 101.º, n.º 3 do TFUE)[99]. Outra solução poderia permitir que tribunais nacionais justificassem práticas restritivas da concorrência com base em políticas nacionais, com o risco de decisões contraditórias e podendo mesmo comprometer a uniformidade do direito comunitário. Aliás, o próprio Tribunal no

---

[94] Actual art. 101.º do TFUE.
[95] Ponto 33 das Orientações sobre o art. 81.º, n.º 3, do TCE, já citadas.
[96] Pontos 42 e 59 das Orientações sobre o art. 81.º, n.º 3, do TCE, já citadas.
[97] Ponto 5 das Orientações sobre as prioridades da Comissão na aplicação do art. 82.º do TCE, já referidas.
[98] Ponto 42.
[99] CSERES, ob. cit., p. 169.

acórdão *Matra*[100] afastou a invocação de «circunstâncias excepcionais», à luz do art. 81.°, n.° 3, para tornar válido e aplicável o acordo restritivo da concorrência. Como declarou o Tribunal, nesse caso, embora a Comissão tenha referido «circunstâncias excepcionais» na sua decisão (designadamente razões de política regional e razões inerentes à rapidez e à eficácia das condições de realização do projecto em causa), tais circunstâncias «só foram tomadas em consideração pela Comissão a título superabundante (...) [estando] suficientemente provado que, na falta de referência a estas circunstâncias, a decisão adoptada pela autoridade administrativa seria, no seu dispositivo, idêntica à decisão impugnada» (paragráfo 133).

7. O relevo da questão com a entrada em vigor do Tratado de Lisboa

A entrada em vigor do Tratado de Lisboa (também designado por Tratado Reformador), em 1 de Dezembro de 2009, coloca a questão de saber se os temas que temos vindo a analisar continuarão a ser objecto do mesmo entendimento. Como é sabido, o Tratado de Lisboa, assinado em 13 de Dezembro de 2007, e que altera o Tratado da União Europeia, bem como o Tratado da Comunidade Europeia, doravante designado Tratado de Funcionamento da União Europeia, foi objecto de elevada contestação, o que originou a sua entrada em vigor praticamente com um ano de atraso. Não pretendemos fazer aqui uma análise do processo conturbado de ratificação desse Tratado, questão esta aliás já tratada de forma exaustiva pela doutrina[101]. Apenas examinaremos as alterações fundamentais introduzidas no plano da política comunitária da concorrência.

À primeira vista, as normas de defesa da concorrência, designadamente os artigos 101.° e 102.° do TFUE, permaneceram praticamente inalteradas (refira-se apenas a substituição da menção ao «mercado comum»

---

[100] Acórdão do Tribunal de Primeira Instância, de 15 de Julho de 1994, *Matra / / Comissão*, Processo T-17/93, Colectânea 1994, p. 595.

[101] Cf., por exemplo, PAUL CRAIG, «The Treaty of Lisbon, Process, Architecture and Substance», *European Law Review*, 2008, 33, 2, p. 137 e ss., bem como SUZANNE KINGSTON, «Ireland's options after the Lisbon referendum: stategies, implications and competing visions of Europe», *European Law Review*, 2009, 34, 3, p. 455 e ss., e ainda os textos de PAULO PITTA E CUNHA, «O Tratado de Lisboa e a revisão dos Tratados da União Europeia e da Comunidade Europeia», e «A ratificação do Tratado de Lisboa», *in Da crise internacional às questões europeias – Estudos diversos*, Lisboa, 2009, pp. 109 e 139, respectivamente.

por «mercado interno»), tendo-se verificado, em todo o caso, a deslocação quer do art. 4.º do TCE, inserido na Parte I – Os Princípios, para o Título VIII – A Política Económica e Monetária, do TFUE, com uma nova numeração (art. 119.º do TFUE), quer do art 3.º, al. g), do TCE para o «Protocolo relativo ao Mercado Interno e à Concorrência», anexo ao Tratado. Esta última modificação deu-se a pedido do presidente francês Nicolas Sarkozy, segundo o qual a concorrência deve deixar de ser considerada como um «fim em si mesmo» e passar a ser um «meio para a realização do mercado interno»[102].

Embora a reestruturação operada seja considerada por muitos, e designadamente pelo presidente da Comissão Europeia[103], como uma mera alteração formal, não é essa a opinião de uma parte significativa da doutrina. É o caso, por exemplo, de Alan Riley, que alega ter tal mudança enfraquecido o «competition *acquis*», sendo susceptível de produzir várias consequência nefastas para o direito comunitário da concorrência[104]: aumenta o poder de os Estados distorcerem a concorrência através de subsídios e legislação (uma vez que o ex-art. 3.º, al. g), do TCE deixa de poder ser aplicado em conjugação com o ex-art. 10.º e o ex-art. 92.º do mesmo Tratado); impede a liberalização de sectores industriais tradicionalmente protegidos (dado que as alterações introduzidas com o Tratado de Lisboa limitam o campo de actuação do ex-art. 86.º do TCE); favorece o argumento dos «campeões nacionais» no contexto do controlo das operações de concentração (ou seja, com a mudança do ex-art. 3.º, al. g), do TCE, a apreciação dessas operações poderá ter em conta interesses nacionais em vez de privilegiar o critério do bem-estar do consumidor). Acresce, segundo o mesmo autor, que o efeito interpretativo dos artigos dos Tratados não é totalmente equivalente ao dos protocolos anexos a esses mesmos Tratados, pelo menos no que à actuação do Tribunal de Justiça diz respeito. Por outras palavras, a interpretação teleológico-funcional dos ex-artigos 3.º, 81.º e 82.º do TCE, conduziu a jurisprudência do Tribunal a considerar estas duas últimas disposições fundamentais para a realização

---

[102] Cf.http://www.guardian.co.uk/business/2007/jun/25/france.eu e ainda http://europa.eu/lisbon_treaty/index_en

[103] Cf.http://www.reuters.com/article/worldNews/idUSL2289400220070622?pageNumber=2&virtualBrandChannel=0

[104] ALAN RILEY, *The EU Reform Treaty & the Competition Protocol: undermining EC Competition Law*, CEPS (Center of European Policy Studies) Policy Brief, n.º 142, September 2007, pp. 2-4, disponível em http://www.ceps.eu

dos objectivos da Comunidade Europeia. Logo, para Alan Riley, é duvidoso que as disposições de defesa da concorrência mantenham o seu estatuto, quando o ex-art. 3.º, al. *g*), do TCE foi remetido para um protocolo. Apesar dos receios expressos, e independentemente dos objectivos proteccionistas subjacentes às alterações referidas[105], a verdade é que a livre concorrência permanece um princípio fundamental no texto do novo Tratado, sendo aliás aí referida inúmeras vezes[106]. Por outro lado, e como recorda Michel Petit[107], chefe dos serviços jurídicos da Comissão, o ex-art. 3.º, al. *g*), do TCE nunca foi um objectivo do direito comunitário. De facto, e como já tivemos oportunidade de referir, o direito comunitário da concorrência, ao contrário de uma certa visão da legislação *antitrust* norte-americana, não considera a concorrência como um fim em si mesmo, mas apenas como um meio de realização do «interesse comunitário». Além disso, é preciso não esquecer que o protocolo da concorrência é juridicamente vinculativo, garantindo, como tal, o estatuto do direito da concorrência. Ou seja, o protocolo faz parte do Tratado, ao qual foi anexado, tendo o mesmo valor jurídico das disposições de direito originário. Por fim, importa sublinhar que o receio de desvalorização do princípio da livre concorrência, nomeadamente no contexto comunitário, tem sido constantemente afastado pela Comissão Europeia. Refira-se a título ilustrativo, as declarações categóricas feitas por Neelie Kroes: «*[T]he Internal Market and Competition Protocol is a legally binding confirmation that a system of ensuring undistorted competition is an integral part of the Internal Market. The Protocol paraphrases the current Treaty provisions: competition is not an end in itself – but it is the best means anyone has found to create the conditions for growth and jobs. Integrating competition into the very concept of the "Internal Market" clarifies that the one simply cannot exist without the other – which is a fact. The competition rules which have served European citizens so well for fifty years remain fully in force. And the European Commission*

---

[105] Para certa doutrina – cf. ALAN RILEY, ob. cit., loc. cit. –, as modificações referidas serviriam para justificar medidas nacionais proteccionistas, afastando a aplicação das regras da concorrência a empresas nacionais.

[106] Refira-se apenas, a título de exemplo, os artigos 3.º, n.º 1, al. *b*), 32.º e 96.º, 101.º, 102.º, 106.º, 107.º, 113.º, 116.º e 119.º, todos do TFUE.

[107] Carta dirigida ao editor do *Financial Times*, em 27 de Junho de 2007, disponível em http://www.ceps.eu

will continue to do its job as the independent competition enforcement authority for Europe, fairly but firmly»[108].

8. Conclusão

O direito comunitário da concorrência sofreu nestes últimos tempos uma profunda mudança do seu programa teleológico. Elaboradas para garantir a integração do mercado europeu, as normas comunitárias de defesa da concorrência abandonaram aparentemente tal prioridade, e, à semelhança do que vem sucedendo noutros ordenamentos jurídicos, passaram a centrar-se na defesa de interesses económicos. A protecção dos consumidores e uma afectação eficiente dos recursos foram, deste modo, elevadas a critério de apreciação das práticas restritivas da concorrência, solução considerada por certa doutrina particularmente adequada ao modelo de aplicação descentralizada das normas de defesa da concorrência, cujo estatuto não foi, quanto a nós, posto em causa com a entrada em vigor do Tratado de Lisboa. É certo que o conceito de consumidor utilizado no direito comunitário da concorrência é mais amplo que o aplicado no direito do consumo, revelando o campo de aplicação divergente destas duas políticas, que se afirmam como complementares na sua finalidade de protecção do consumidor. De facto, enquanto o direito do consumo visa a protecção de interesses não necessariamente económicos, como a saúde ou a segurança, do consumidor final, o direito da concorrência pretende salvaguardar sobretudo interesses económicos do «comprador», ainda que este seja um mero intermediário. Ora, o problema é que os interesses deste último nem sempre coincidem com os do consumidor final, e, em caso de divergência, as instituições comunitárias negligenciam, por vezes, as necessidades do consumidor final. Sugerimos assim que, na apreciação das práticas restritivas da concorrência, seja dado um maior relevo aos interesses do *consumidor final*, o que implica uma maior coordenação com o direito do consumo. Conciliar a aplicação destes dois ramos de direito terá vantagens inegáveis em termos de clareza e certeza jurídicas, nomeadamente na aplicação dos critérios de apreciação das práticas restritivas da concorrência, evitando, por exemplo, decisões contraditórias, como permitirá ainda reforçar a legitimidade deste ramo de direito e das autorida-

---

[108] http://europa.eu/rapid/pressReleasesAction.do?reference=SPEECH/07/425&format=HTML&aged=0&language=EN&guiLanguage=en

des encarregadas da sua aplicação. É claro que estas considerações não ignoram que uma política de defesa da concorrência nem sempre poderá assegurar, em todas as circunstâncias, a protecção dos interesses dos consumidores finais a curto prazo, sob pena de ignorar as outras dimensões da eficiência económica, como a eficiência dinâmica ou produtiva. Isto significa que os interesses actuais dos consumidores, promovidos pelo direito comunitário da concorrência, poderão ter de ser subordinados temporariamente aos da sociedade em geral, desde que, num futuro previsível, lhes seja assegurada um parte equitativa dos ganhos auferidos em termos globais. Apesar das dificuldades de prova envolvidas, ao procurar realizar um equilíbrio difícil entre os vários interesses em jogo, trata-se da solução mais adequada.

IV
DIREITO DOS VALORES MOBILIÁRIOS

OS FUNDOS DE INVESTIMENTO

PAULO CÂMARA[*]

SUMÁRIO: **1.** *Enquadramento geral; a evolução do tratamento normativo* **2.** *Tipologia dos organismos de investimento colectivo* **3.** *A moldura comunitária* **4.** *A sociedade gestora* **5.** *O depositário* **6.** *Os participantes* **7.** *As sociedades de investimento mobiliário* **8.** *Tipologia dos fundos de investimento imobiliário* **9.** *Composição e gestão do fundo* **10.** *Os fundos de investimento imobiliário para arrendamento habitacional*

1. Enquadramento geral; a evolução do tratamento normativo

I. Em Portugal, o regime jurídico dos fundos de investimento tem sofrido diversas modificações, desde a sua consagração originária.

O Decreto-Lei n.º 46 342, de 20 de Maio de 1965, forneceu as primeiras indicações sobre a matéria no âmbito do qual se desenvolveram os fundos FIDES e FIA, nacionalizados em 1976[1].

---

[*] Docente universitário. Advogado (Sérvulo & Associados – Sociedade de Advogados RL) [pc@servulo.com].

A escolha do tema visa prestar homenagem ao decisivo papel que o Professor Carlos Ferreira de Almeida desempenhou na emancipação científica do Direito dos valores mobiliários português – através do seu ensino, da sua produção doutrinária, da orientação de múltiplos trabalhos monográficos e da coordenação do Grupo de Trabalho que preparou o anteprojecto de Código dos Valores Mobiliários (1998-1999), a que me orgulho de ter pertencido.

[1] ÁLVARO REIS FIGUEIRA, «Fundos Comuns de Investimento: Uma experiência interrompida», *Scientia Jurídica*, t. 34 (1985), pp. 344-377.

O tema foi retomado pelo Decreto-Lei n.º 134/85, de 2 de Maio, que revogava o diploma anterior e introduzia maior densidade ao regime dos fundos e das sociedades gestoras[2].

Volvidos poucos anos, o Decreto-Lei n.º 229-C/88, de 4 de Julho, determinou o regime dos fundos de investimento, mobiliários ou imobiliários, abertos ou fechados.

O Decreto-Lei n.º 276/94, de 2 de Novembro foi o marco normativo seguinte, ao transpor para a ordem jurídica interna a Directiva do Conselho n.º 85/611/CEE, de 20 de Dezembro de 1985, no âmbito dos fundos de investimento mobiliário. Foi entretanto alterado pelo Decreto-Lei n.º 308//95, de 20 de Novembro, pelo Decreto-Lei n.º 323/97, de 26 de Novembro, pelo Decreto-Lei n.º 323/99, de 13 de Agosto, e pelo Decreto-Lei n.º 60//2002, de 20 de Março.

Ao Decreto-Lei n.º 252/2003, de 17 de Outubro, coube a transposição para a ordem jurídica nacional das Directivas n.ºs 2001/107/CE e 2001//108/CE, com vista a regulamentar as sociedades gestoras, os prospectos simplificados e os investimentos em OICVM. Também sofreu alterações impostas pelo Decreto-Lei n.º 52/2006, de 15 de Março, pelo Decreto-Lei n.º 357-A/2007, pelo Decreto-Lei n.º 148/2009, de 25 de Junho e pelo Decreto-Lei n.º 71/2010, de 18 de Junho.

II. Os fundos de investimento imobiliário, de seu lado, também foram objecto de diversas modificações.

Até ao Decreto-Lei n.º 229-C/88, de 4 de Julho, o regime dos fundos de investimento compreendia a disciplina dos fundos mobiliários e imobiliários.

O Decreto-Lei n.º 294/95, de 17 de Novembro, entretanto, separou os fundos de investimento imobiliário, dedicando-lhes um diploma autónomo. Este, por seu turno, foi alterado pelo Decreto-Lei n.º 323/97, de 26 de Novembro.

Por último, o Decreto-Lei n.º 60/2002, de 20 de Março, aprovou o regime actual destes fundos. Já mereceu alterações através do Decreto-Lei n.º 252/2003, de 17 de Outubro, do Decreto-Lei n.º 13/2005, de 7 de Janeiro, do Decreto-Lei n.º 357-A/2007, de 31 de Outubro, do Decreto-Lei n.º 211-A/2008, de 3 de Novembro, e do Decreto-Lei n.º 71/2010, de 18 de Junho.

---

[2] ÁLVARO REIS FIGUEIRA, «Fundos Comuns de Investimento: Uma experiência interrompida», cit., pp. 377-380.

III. Ao todo, no Direito comum dos fundos de investimento, e deixando por ora de lado os fundos com características especiais, computam-se dezassete intervenções legislativas, o que merece ser anotado. Demais, no plano comunitário, a Directiva sobre a matéria tem sido objecto de sucessivas modificações, tendo sido recentemente substituída pela Directiva n.º 2009/65/CE, do Parlamento Europeu e do Conselho, de 13 de Julho de 2009 (Directiva UCITS IV), cujas novas disposições devem estar transpostas até 30 de Junho de 2011. A isto acrescem os documentos técnicos preparados pelo *Committee of European Securities Regulators* (CESR), com relevo interpretativo. O regime fiscal dos fundos de investimento, por seu lado, recebe tratamento no Estatuto dos Benefícios Fiscais, o que o torna permeável a alterações quase contínuas[3]. A estes sinais de persistente flutuação legislativa soma-se a elevada densidade e extensão dos textos regulamentares nesta matéria[4], a que acresce, por fim, a assimetria de tratamento entre organismos de investimento colectivo e outros tipos de fundos, a gerar recorrentes dúvidas aplicativas.

Daqui resulta um quadro normativo instável, insuficientemente sistematizado e de difícil acessibilidade.

2. Tipologia dos organismos de investimento colectivo

I. Os organismos de investimento colectivo podem ser classificados segundo diversos critérios. Em atenção à composição dos patrimónios geridos, distinguem-se os organismos de investimento colectivo em valores mobiliários. Estes têm como objecto típico a gestão de patrimónios compostos por activos de elevada liquidez – valores mobiliários, instrumentos financeiros derivados, instrumentos do mercado monetário e depósitos à ordem ou a prazo não superior a 12 meses[5].

Entre os organismos de investimento colectivo em valores mobiliários, cabe por seu turno contrapor os não harmonizados e os harmoniza-

---

[3] Cfr., por último, os arts. 22.º a 25.º e art. 49.º do Estatuto dos Benefícios Fiscais, na redacção dada pela Lei n.º 3-B/2010, de 28 de Abril.

[4] Em referência estão, em primeiro plano, os Regulamentos da CMVM n.º 15/2003 (OICVM), n.º 8/2002 (fundos de investimento imobiliário), n.º 7/2004 (comercialização de fundos estrangeiros) e n.º 16/2003 (contabilidade). No tocante ao registo de entidade gestora de fundos de investimento, tem ainda aplicação o Regulamento n.º 2/2007, sobre registo de actividades de intermediação financeira.

[5] Art. 45.º, Decreto-Lei n.º 252/2003, de 17 de Outubro (RJOIC), recentemente alterado pelo Decreto-Lei n.º 148/2009, de 25 de Junho.

dos. Os fundos harmonizados são fundos de investimento abertos que obedeçam integralmente às regras estabelecidas no Título III do Decreto-Lei n.º 252/2003, de 17 de Outubro, que, por seu turno, procedem à transposição das indicações comunitárias. Em relação a estes últimos, a autorização pela autoridade competente permite a sua livre comercialização em todo o espaço comunitário: são estes, pois, os beneficiários do «passaporte comunitário» dos fundos[6].

Ao invés, os organismos de investimento colectivo que não sejam harmonizados são todos os fundos de investimento fechados ou os fundos abertos que não sigam o estabelecido no Título III do Decreto-Lei n.º 252//2003, de 17 de Outubro (RJOIC).

II. Central é igualmente a distinção entre fundos de investimento abertos e fundos de investimento fechados: estes pressupõem um número tendencialmente fixo de unidades de participação[7], ao passo que nos fundos de investimento aberto o número de unidades de participação varia em função das respectivas subscrições[8].

Os fundos de investimento abertos estão igualmente associados a uma maior liquidez, dado que, nestes, os participantes podem proceder ao resgate das unidades de participação. Este é o acto jurídico que provoca a extinção da unidade de participação[9] e que investe o participante no direito ao recebimento do valor patrimonial líquido, em dinheiro, referente aos valores mobiliários resgatados[10]. O resgate não é permitido nos fundos de investimento fechados[11].

III. Merece ainda distinguir os *fundos de fundos*, que se caracterizam por circunscreverem os seus investimentos em unidades de participações de outros fundos. Tal permite um acesso indirecto a aplicações em fundos mais inacessíveis e abre a porta a uma maior diversificação. Em contrapartida, porém, as comissões de gestão podem ser suportadas duplamente[12].

---

[6] Art. 1.º, n.º 5, Decreto-Lei n.º 252/2003, de 17 de Outubro (RJOIC). Cfr. NIAMH MOLONEY, *EC Securities Regulation*, cit., pp. 251-54.

[7] O que não prejudica a possibilidade de aumento de capital do fundo: art. 22.º, n.º 3, Decreto-Lei n.º 252/2003, de 17 de Outubro (RJOIC).

[8] Art. 2.º, n.º 1, Decreto-Lei n.º 252/2003, de 17 de Outubro (RJOIC).

[9] Art. 9.º, n.º 2, Decreto-Lei n.º 252/2003, de 17 de Outubro (RJOIC).

[10] Arts. 10.º, n.º 2, *b*), e 20.º, n.º 4, Decreto-Lei n.º 252/2003, de 17 de Outubro (RJOIC).

[11] Art. 22.º, n.º 2, Decreto-Lei n.º 252/2003, de 17 de Outubro (RJOIC).

[12] TIMOTHY SPANGLER, *The Law of Private Investment Funds,* Oxford, (2008), p. 14.

Por fim, autonomizam-se os *fundos garantidos*, que comportam garantias prestadas por terceiros quanto à protecção do capital, rendimento ou perfil de rendimentos.

3. A moldura comunitária

I. Uma componente importante do regime dos fundos de investimento decorre da transposição da Directiva do Conselho n.° 85/611/CEE (aqui referida Directiva OICVM) para a ordem jurídica interna portuguesa. O seu fôlego harmonizador é moderado, dado excluir nomeadamente do seu âmbito os fundos de investimento fechados e os fundos de investimento imobiliário.

Em virtude da sua longevidade e da evolução que a matéria tem sofrido[13], esta Directiva OICVM já sofreu alterações por oito vezes (!)[14], o que a tornou um diploma excessivamente retalhado. Nomeadamente com base nesse fundamento, foi recentemente aprovada a Directiva n.° 2009/ /65/CE, do Parlamento Europeu e do Conselho, de 13 de Julho de 2009 (Directiva UCITS IV), que procede à revogação da Directiva OICVM, e cujas novas disposições devem ser transpostas para o direito interno português até 30 de Junho de 2011.

II. O legislador comunitário optou desde sempre por tratar a gestão dos fundos de investimento de modo separado da intermediação em instrumentos financeiros[15].

Trata-se de uma opção que não é isenta de críticas, dado que resultam algumas antinomias desta separação de tratamento comunitário. As Directivas comunitárias em matéria de fundos de investimento são tipica-

---

[13] NIAMH MOLONEY, *EC Securities Regulation*, cit., pp. 231-335.

[14] Em referência estão as alterações provocadas pelas Directivas n.os 88/220/CEE, do Conselho, de 22 de Março de 1988, 95/26/CE, do Parlamento Europeu e do Conselho, de 29 Junho de 1995, 2000/64/CE, do Parlamento Europeu e do Conselho, de 7 de Novembro de 2000, 2001/107/CE, do Parlamento Europeu e do Conselho, de 21 de Janeiro de 2002, 2001/108/CE, do Parlamento Europeu e do Conselho, de 21 de Janeiro de 2002 (UCITS III), 2004/39/CE, do Parlamento Europeu e do Conselho, de 21 de Abril de 2004 (DMIF), 2005/1/CE, do Parlamento Europeu e do Conselho, de 9 de Março de 2005 e 2008/18/CE.

[15] Recorde-se que a DMIF exclui do seu âmbito os organismos de investimento colectivo, seus gestores e depositários: art. 2.°, n.° 1, *h*), da Directiva n.° 2004/39/CE, do Parlamento Europeu e do Conselho, de 21 de Abril de 2004 (DMIF).

mente Directivas «de produto» – sendo muito centradas num tipo de valor mobiliário e no enquadramento que o envolve –, ao passo que a DMIF (à semelhança da Directiva pré-vigente, a DSI) representa uma Directiva que regula serviços e actividades de intermediação financeira[16]. Por esse motivo, a regulação dos fundos de investimento tem sido considerada como assimétrica em relação à dos produtos financeiros equivalentes que são comercializados sob a forma de contratos de seguro ou de contratos de depósito[17].

A acrescer, a DMIF é muito mais desenvolvida no tocante aos deveres de conduta dos intermediários; em contraste, a posição do custodiante é muito pouco tratada na Directiva OICVM. Por fim, a DMIF inclui no seu âmbito a gestão de carteiras e a consultoria entre os serviços de intermediação financeira, que estão ao alcance das sociedades gestoras de fundos de investimento mobiliário.

Uma forma de mitigar este quadro é ensaiada, entre nós, na nova redacção do art. 289.º, n.º 4, CVM, resultante da transposição da DMIF, que prescreve uma aplicação parcelar do regime de intermediação aos fundos de investimento.

4. A sociedade gestora

I. Na sua actividade, a sociedade gestora está vinculada a estritos deveres fiduciários em defesa dos interesses dos participantes[18].

Cabem aqui deveres de cuidado na gestão dos fundos (na selecção dos activos, na sua contabilização, no exercício dos direitos inerentes, na distribuição de rendimentos)[19] e, igualmente, deveres de lealdade na defesa impostergável dos interesses dos participantes[20].

---

[16] NIAMH MOLONEY, *EC Securities Regulation*, cit., pp. 238-242.

[17] PAULO CÂMARA, *Manual de Direito dos Valores Mobiliários* (2009), pp. 19-21, 215-226.

[18] PIER GIUSTO JAEGER / PAOLO CASELLA, *I Fondi comuni d'investimento*, Milano (1984), pp. 101-108; FRANCESCO CAPRIGLIONE (org.), *Le Gestioni di Patrimoni Mobiliari. Un'analisi comparata*, Milano (1991), pp. 37-57, 85-98, 145-179, 279-297, 343-357.

[19] Art. 31.º, n.º 2, Decreto-Lei n.º 252/2003, de 17 de Outubro (RJOIC).

[20] Aproximando a sua função à do *trustee*; MARIA JOÃO TOMÉ, «Alguns aspectos dos fundos comuns de investimento mobiliário abertos "private"», em MARIA DE FÁTIMA RIBEIRO (org.), *Jornadas Sociedades Abertas, Valores Mobiliários e Intermediação Financeira*, Coimbra, (2007), pp. 140-144; *Id.*, «Fundos de Investimento Mobiliários Abertos»,

Entre os deveres de fonte legislativa aqui incluídos contam-se os deveres de correcta valorização do valor das unidades de participação e da sua divulgação diária, no caso dos fundos abertos, ou mensal, no caso dos fundos fechados[21].

Além dos deveres fixados na lei, somam-se os deveres decorrentes do regulamento de gestão. Esta peça representa o instrumento contratual que conforma adicionalmente o âmbito da actuação devida pela sociedade gestora e que delimita a política de investimentos a ser prosseguida, na margem permitida pela lei.

Correspectivamente ao cumprimento destes deveres, a sociedade gestora aufere uma comissão de gestão, que deve ser indicada nos documentos constitutivos do fundo. Estes documentos podem prever ainda comissões de subscrição, resgate ou transferência (art. 30.º, RJOIC)[22].

II. As sociedades gestoras são sociedades financeiras (art. 6.º, n.º 1, *d*), RGIC) sujeitas à supervisão comportamental da CMVM e à supervisão prudencial do Banco de Portugal.

O seu objecto de actividade tem vindo a sofrer um alargamento significativo. Actualmente, além da gestão de fundos de investimento mobiliário, as sociedades gestoras podem ainda proceder à gestão de fundos de investimento imobiliário, de carteiras individuais, de fundos de capital de risco e, em regime de subcontratação, de fundos de pensões[23]. Podem ainda comercializar unidades de participação geridas por outros organismos de investimento colectivo e, bem assim, prestar o serviço de consultoria.

Estas assumem-se, por isso, como sociedades gestoras de activos polifuncionais. Trata-se de um reconhecimento relevante e que por si sugere a necessidade de, no futuro, se proceder a uma reformulação transversal do regime da gestão de activos, eliminando diferenças injustificadas que sub-

---

em *Estudos em Homenagem ao Banco de Portugal – 150.º aniversário (1846-1996)*, (1998), pp. 150-172.

[21] Arts. 57.º e 58.º, Decreto-Lei n.º 252/2003, de 17 de Outubro (RJOIC).

[22] Ocorre acrescentar que a CMVM divulga tabelas comparativas de custos e comissões cobrados por sociedades gestoras, bem como faculta um simulador de custos que calcula, com base no montante de subscrição e na duração do investimento definidos pelo investidor, a percentagem e o valor que os custos representam no montante investido. Para o respectivo acesso: http://web3.cmvm.pt/sdi2004/fundos/custos/index_custos.cfm

[23] Art. 31.º, n.ºs 4-6, Decreto-Lei n.º 252/2003, de 17 de Outubro (RJOIC).

sistam na disciplina jurídica da gestão de activos de diversa natureza detidos colectivamente[24].

III. A posição dos fundos, como investidores institucionais, é igualmente da maior importância no governo das sociedades em que investem[25].

Neste contexto, particularmente importante se revela o exercício activo, crítico e informado dos direitos de voto inerentes às acções integrantes do património dos fundos. Por esse motivo, a lei portuguesa obriga as entidades gestoras a comunicar ao mercado e à CMVM o sentido do exercício do direito de voto das acções na carteira dos fundos geridos (art. 74.º RJOIC).

5. O depositário

I. Os activos geridos por organismos de investimento colectivo devem ser confiados a um único depositário[26].

O depositário assume uma dupla função: a um tempo, cumpre funções de custódia dos activos do fundo[27] – que, pese embora o infeliz *nomen iuris* deste sujeito, assentam sobretudo em contratos de registo (e não de depósito), dada a forçosa desmaterialização dos valores mobiliários líquidos (art. 62.º, CVM). Estes deveres de custódia podem ser subcontratados a terceiro, se a sociedade gestora nisso consentir[28].

Além disso, é-lhe confiada uma ampla gama de deveres de fiscalização e acompanhamento dos fundos. Em causa estão nomeadamente os deveres de fiscalizar e garantir perante os participantes o cumprimento da lei, dos regulamentos e dos documentos constitutivos dos fundos, designadamente quanto aos prazos de entrega da contrapartida e das operações

---

[24] Neste sentido, pronunciando-se a favor de uma futura autonomização legislativa de uma Sociedade Gestora de Activos cujo escopo global de actividades englobe todas aquelas que são admissíveis às sociedades financeiras que exercem actividades usualmente caracterizadas como de gestão de activos e, adicionalmente, de capital de risco: CONSELHO NACIONAL DE SUPERVISORES FINANCEIROS, Better Regulation *do Sistema Financeiro* (2007), pp. 15-20.

[25] CARLOS ALVES, *Os Investidores Institucionais e o Governo das Sociedades: Disponibilidade, Condicionantes e Implicações* (2005).

[26] Art. 38.º, n.º 1, Decreto-Lei n.º 252/2003, de 17 de Outubro (RJOIC).

[27] Art. 40.º, n.º 2, *b)* e *c)*, Decreto-Lei n.º 252/2003, de 17 de Outubro (RJOIC).

[28] Art. 40.º, n.º 3, Decreto-Lei n.º 252/2003, de 17 de Outubro (RJOIC).

sobre os activos do fundo; o dever de efectuar o pagamento aos participantes dos rendimentos das unidades de participação e do valor do resgate, reembolso ou produto da liquidação; o dever de elaborar e manter actualizada a relação cronológica de todas as operações realizadas para os fundos; e o dever de elaborar mensalmente o inventário discriminado dos valores à sua guarda e dos passivos dos fundos[29]. Esta segunda vertente dos deveres do depositário representa uma especificidade do regime dos fundos de investimento, que não se verifica nos depositários dos fundos de pensões[30].

II. O depositário representa um papel importante no âmbito da governação dos fundos de investimento[31]. O exercício das funções do depositário deve, por isso, pautar-se por bitolas de independência[32], atenta a natureza fiduciária da sua posição, em obediência estrita e exclusiva aos interesses dos participantes[33].

6. Os participantes

I. As unidades de participação em fundos de investimento mobiliário são valores mobiliários que representam quotas ideais detidas por cada participante sobre um património reunido para o investimento em valores mobiliários[34].

---

[29] Art. 40.º, n.º 2, *e*) a *j*), Decreto-Lei n.º 252/2003, de 17 de Outubro (RJOIC).
[30] Art. 49.º do Decreto-Lei n.º 12/2006, de 20 de Janeiro.
[31] Sobre o tema: JOHN THOMSON / SANG-MOK CHOI, *Governance Systems for Collective Investment Schemes in OECD Countries*, OCDE (2001), disponível em < http://www.oecd.org/dataoecd/3/3/1918211.pdf; TIAA-CREF, *Statement Regarding Investment Fund Governance and Practices* (2004), http://www.tiaa-cref.org/about/governance/investment/topics/statement_fund_governance.html
[32] Um dos exemplos clássicos a documentar a essencialidade da independência do depositário é o da fraude de grandes proporções na gestão de activos realizada pela *Bernard L. Madoff Investment Securities*, detectada em 2008. Cfr. nomeadamente *The High Level Group on Financial Supervision in the EU* (coord. JACQUES DE LAROSIÈRE), *Report*, (25-Fev.-2009), p. 26.
[33] Art. 40.º, n.º 1, Decreto-Lei n.º 252/2003, de 17 de Outubro (RJOIC). Merece registar, a propósito, as propostas de desdobramento da função do depositário formuladas por FERNANDO NUNES SILVA, «Governação de Organismos de Investimento Colectivo. Análise crítica do modelo vigente em Portugal», *Cadernos MVM*, n.º 21 (Agosto 2005), pp. 74-81.
[34] A figura fora já enquadrada atrás: cfr. *supra*, § 9.º, 1. Cfr. ainda VÍCTOR CERVERA-MERCADILLO, «Las participaciones como valores mobiliarios negociables», *Revista de Derecho Bancario y Bursátil* (Jan-Mar 1999), pp. 131-197.

Dada a concentração dos poderes de gestão e de representação na sociedade gestora, os paticipantes não podem dirigir instruções específicas quanto à gestão do fundo[35] – nisto se demarcando a gestão de patrimónios colectivos da gestão individual de carteiras.

II. Contrariamente aos comproprietários (art. 1412.º, CC), aos participantes não assiste o direito de solicitar a divisão de coisa comum[36]. Caso pretendam desvincular-se do investimento do fundo, devem transmitir as unidades de participação ou, no caso dos fundos abertos, proceder ao correspondente resgate (*open-end principle*)[37]. A qualidade de participante cessa também em caso de reembolso ou de liquidação do fundo[38].

8. As sociedades de investimento mobiliário

I. O conceito *de organismo de investimento colectivo* delineado na ordem jurídica portuguesa abre a possibilidade de estes serem dotados de personalidade jurídica, assumindo forma societária[39], como aliás é admitido na Directiva comunitária que disciplina a matéria[40]. Todavia, até há pouco tempo esta possibilidade concedida pelo Direito nacional tinha apenas mero alcance programático, dada a inexistência de organismos de investimento colectivo dotadas de personalidade jurídica: o sistema nacional era, pois, puramente contratual. O panorama alterou-se com o DL

---

[35] Art. 23.º, n.º 2, Decreto-Lei n.º 252/2003, de 17 de Outubro (RJOIC).

[36] A natureza dos fundos de investimento é palco de alguma discussão doutrinária, dividindo-se entre os que sustentam que o direito do participante tem natureza contratual, os que, ao invés, se assinalam natureza real, e os que sustentam tratar-se de propriedade fiduciária. Para uma ilustração: PIER GIUSTO JAEGER, «Prospettive e problemi giuridici dei fondi comuni d'investimento mobiliare», em LUIGI GERACI / PIER GIUSTO JAEGER (org.), *L'istituzione dei fondi comuni d'investimento*, Milano (1970), pp. 3-142; MARIA JOÃO TOMÉ, *Alguns aspectos dos fundos comuns de investimento mobiliário abertos «private»*, cit., pp. 123-144; *Id.*, *Fundos de Investimento Mobiliários Abertos*, cit., pp. 150-172; ÁLVARO REIS FIGUEIRA, *Fundos Comuns de Investimento: Uma experiência interrompida*, cit., pp. 356-366.

[37] Cfr. *supra*, § 43.º, 2, e ainda: MARIA JOÃO TOMÉ, «Fundos de Investimento Mobiliários Abertos», em *Estudos em Homenagem ao Banco de Portugal – 150.º aniversário (1846-1996)* (1998), pp. 146-150.

[38] Art. 9.º, n.º 2, Decreto-Lei n.º 252/2003, de 17 de Outubro (RJOIC).

[39] Art. 1.º, n.º 2, Decreto-Lei n.º 252/2003, de 17 de Outubro (RJOIC).

[40] Cf. art. 1.º, n.º 3, da Directiva do Conselho 85/611 CEE, de 20 de Dezembro de 1985 (*JOCE* L 375, de 31.12.85).

n.º 71/2010, de 18 de Junho, que permitiu a constituição de fundos de investimento sob forma societária.

Pode referir-se que em muitos Estados europeus – tal como França, Itália e Espanha –, esta alternativa entre fundos personalizados e não personalizados já era efectiva. Com efeito, nesses sistemas coexistem respectivamente os *Fonds Communs de Placement*, os *Fondi comuni di investimento mobiliare* e os *Fondos de Inversíon Mobiliaria*, ao lado das *Sociétés d'Investissement à Capital Variable* (SICAV)[41], das *Società d'Investimento a Capitale Variable* (também denominadas pela mesma abreviatura, SICAV) e das *Sociedades de Inversíon Mobiliaria*. Os primeiros obedecem a um modelo contratual, sendo meros patrimónios autónomos, nos termos existentes na lei nacional; os últimos, em contrapartida, são sociedades que se encarregam directamente da gestão do respectivo acervo patrimonial dirigido ao investimento em valores mobiliários[42].

II. Em Portugal, a discussão sobre a desejabilidade da consagração de sociedades de investimento mobiliário iniciou-se há vários anos. Adianta-se recorrentemente que o aumento das formas jurídicas de captação de aforro colectivo apenas traz vantagens, do ponto da eficiência de afectação de recursos e do desenvolvimento dos mercados financeiros. Esta forma jurídica do aforro colectivo, com larga difusão no estrangeiro, facultaria ao mercado nacional alternativas na natureza, na constituição e funcionamento de organismos de investimento colectivo. Além do mérito inerente à diversificação, como vantagens adicionais desta solução figuram a sua maior atracção para a constituição de fundos e para o investimento por entidades de base não residente. Não se conhecem, aliás, vozes públicas a contestar estas conclusões.

O DL n.º 71/2010, de 18 de Junho, correspondeu, assim, a uma tendência internacional bem definida e obedeceu a razões de índole funcional, ligadas ao princípio de maximização de formas de investimento, consensualmente partilhadas. O regime consagrado para as sociedades de investimento mobiliário (bem como para as sociedades de investimento imobiliário) reflecte um alinhamento com o sistema jurídico-mobiliário

---

[41] ISABELLE RIASSETTO / MICHEL STORCK, *OPCVM*, Paris (2002), pp. 115-152.

[42] J. PILVERDIER-LATREYTE, *Le Marché Financier Français*, Paris (1991), p. 38 e ss.; A. GERVASONI / F. PERRINI, *I Fondi di Investimento Mobiliare Chiusi*, Milano, p. 12 e ss.; J. E. CACHÓN BLANCO, *Derecho del Mercado de Valores*, cit., I, p. 575 e ss.; AA.VV., *Le Gestioni di Patrimoni Mobiliari. Un'Analisi Comparata*, Giuffrè, Milano (1991), pp. 78 e ss., 345 e ss. e *passim*.

pré-vigente. As SIM e SII podem ser heterogeridas ou autogeridas, consoante designem ou não uma terceira entidade para o exercício da respectiva gestão. Às SIM ou SII autogeridas é aplicável, nos termos do artigo 81.º-H, n.º 2, do RJOIC e do artigo 58.º-I, n.º 2, do RJFII, o disposto nos artigos 29.º a 37.º do RJOIC e nos artigos 6.º a 11.º do RJFII, respectivamente, ficando sujeitas, com as necessárias adaptações, aos requisitos de organização e aos deveres da sociedade gestora em relação aos fundos de investimento mobiliários ou imobiliários, aos activos por eles geridos e aos respectivos investidores, designadamente decorrentes das regras de conduta, dos deveres de informação e delegação de funções.

A opção de fundo respeitante à fiscalidade das SIM e SII è a da sua neutralidade ante os fundos homólogos de natureza contratual. A este propósito, o artigo 118.º, n.º 1, da Lei n.º 3-B/2010, de 28 de Abril, referente ao Orçamento do Estado para 2010, estabelece que às sociedades de investimento imobiliário e às sociedades de investimento mobiliário é aplicável o regime fiscal dos fundos de investimento mobiliário e dos fundos de investimento imobiliário presente no artigo 22.º do Estatuto dos Benefícios Fiscais. Por seu turno, o artigo 118.º, n.º 2, refere que às sociedades de investimento imobiliário de capital variável é aplicável o disposto no artigo 49.º do Estatuto dos Benefícios Fiscais, que estabelece uma isenção relativamente de imposto municipal sobre imóveis e de imposto municipal sobre as transmissões onerosas de imóveis os prédios integrados em fundos de investimento imobiliário abertos. Esta neutralidade fiscal da forma jurídica dos fundos impede que os SIM e SII tenham um efeito predatório em relação aos fundos de forma contratual.

8. Tipologia dos fundos de investimento imobiliário

I. As especificidades dos fundos de investimento imobiliário resultam da natureza dos activos em que os fundos investem.

Apesar da noção ampla de organismo de investimento colectivo, o Decreto-Lei n.º 252/2003, de 17 de Outubro, remete a regulação dos fundos de investimento imobiliário para lei especial[43]. A matéria é actualmente regida pelo Decreto-Lei n.º 60/2002, de 20 de Março – diploma dedicado exclusivamente aos fundos de investimento imobiliário (adiante, RJFII).

---

[43] Art. 1.º, n.º 6, do Decreto-Lei n.º 252/2003, de 17 de Outubro.

Nem sempre, porém, foi assim. Como vimos, a matéria dos fundos mereceu um regime unificado até 1995, altura em que – por obra do Decreto-Lei n.º 294/95, de 17 de Novembro – foi cindido o tratamento dos fundos de investimento mobiliário dos fundos de investimento imobiliários. Tal não constitui necessariamente a melhor opção. Uma concentração do material normativo permite identificar mais claramente pontos comuns e diferenças de disciplina dos dois tipos fundamentais de fundos. Aliás, é sabido que, entre nós, as entidades gestoras de fundos de investimento mobiliário podem dedicar-se à gestão de fundos de diversa natureza. Demais, o regime dos fundos mobiliários é em alguns pontos mais desenvolvido, colocando dúvidas frequentes sobre a sua vocação para o preechimento de lacunas, por analogia, no regime dos fundos imobiliários.

II. Contrariamente ao que sucede com os fundos de investimento mobiliário, nos fundos de investimento imobiliário não existe, à data, harmonização comunitária.

Este quadro não é tido como satisfatório, nomeadamente em virtude de os fundos imobiliários não beneficiarem de passaporte comunitário. Em 2007, a Comissão Europeia constituiu um grupo de peritos para prepararem recomendações sobre a necessidade de encetar trabalho legislativo nesta área. O grupo apresentou o seu relatório em Março de 2008, sendo favorável a uma extensão da harmonização comunitária[44] – mas daqui não resultou, até à data, qualquer proposta concreta de texto comunitário.

III. Em função da fixidez ou variabilidade de unidades de participação, são admitidos fundos imobiliários fechados e abertos – e ainda mistos, quando coexistam duas categorias de unidades de participação, uma em número fixo e outra em número variável (art. 3.º, RJFII).

IV. Embora legalmente admissíveis no sistema nacional, a par de muitos sistemas jurídicos europeus[45], os fundos de investimento imobiliário abertos suscitam tradicionais dificuldades no plano aplicativo. Tendo o

---

[44] EXPERT GROUP REPORT, *Open-Ended Real Estate Funds* (Mar.-2008), disponível em http://ec.europa.eu/internal_market/investment/docs/other_docs/expert_groups/report_en.pdf

[45] São onze os Estados europeus que prevêem um regime para fundos de investimento imobiliário abertos: cfr. EXPERT GROUP REPORT, *Open-Ended Real Estate Funds* (2008). Este Relatório não considera ainda o regime estabelecido em Abril de 2008, no Reino Unido, de PAFs (*Property Authorised Investment Funds*).

correspondente investimento centrado em bens imobiliários, cuja alienação não é imediata, é notória a dificuldade destes fundos em operarem quando os mercados estão em queda. Alguns sistemas jurídicos consagram nesse contexto limitações temporais aos resgates, o que os aproxima nessa medida dos fundos fechados.

9. Composição e gestão do fundo

I. As regras sobre composição do património são mais exigentes em caso de fundos de investimento fechados objecto de oferta pública de subscrição (art. 46.°, RJFII) e, mais ainda, em caso de fundos de investimento imobiliários abertos (art. 38.°, RJFII).

Aos fundos de investimento fechados objecto de oferta particular de subscrição cujo número de participantes seja superior a cinco é aplicável o reduto mínimo de exigências prudenciais[46], que se concretizam no regime seguinte: O valor dos imóveis e de outros activos equiparáveis não pode representar menos de 75% do activo total do fundo de investimento; só podem investir em imóveis localizados em Estados-membros da União Europeia ou da OCDE, não podendo os investimentos fora da União Europeia representar mais de 10% do activo total do fundo de investimento; e o endividamento não pode representar mais de 33% do activo total do fundo de investimento (art. 48.°, n.° 1, RJFII).

Os dois últimos limites antecedentes não se aplicam aos fundos de investimento fechados objecto de oferta particular de subscrição cujo número de participantes seja igual ou inferior a cinco (art. 48.°, n.° 2, RJFII).

II. O valor patrimonial das unidades de participação deve ser calculado de acordo com a periodicidade estabelecida no respectivo regulamento de gestão, dentro dos limites e condições definidos por regulamento da CMVM, sendo este, no mínimo, calculado mensalmente, com referência ao último dia do mês respectivo (art. 30.°, RJFII).

Uma das singularidades do regime nacional reside no hibridismo do modelo de avaliação de imóveis do fundo, entre o valor histórico de aqui-

---

[46] Acerca da flexibilidade quanto à composição do património destes fundos, e da possibilidade de conformação dos requisitos de endividamento através do regulamento de gestão: MARIA JOÃO TOMÉ, «A propósito dos fundos de investimento imobiliário fechados de subscrição particular: Duas questões», *Direito dos Valores Mobiliários*, vol. VIII, (2008), pp. 461-471.

sição e o valor de mercado[47]: ao permitir a fixação do valor do imóvel no intervalo entre o valor de aquisição e a média simples das avaliações, a lei aumenta exponencialmente a intensidade dos deveres fiduciários da entidade gestora.

III. Para uma gestão adequada de eventuais conflitos de interesses, nos termos do art. 28.º, n.º 3, RJFII dependem de autorização da CMVM, a requerimento da sociedade gestora, a aquisição e a alienação de imóveis à sociedade gestora, depositário e pessoas que estejam próximas destas.

O requerimento apresentado pela sociedade gestora deve ser devidamente justificado e acompanhado de pareceres elaborados por dois peritos avaliadores independentes, podendo a CMVM, em caso de dúvida, ou caso considere o valor da aquisição ou alienação excessivo ou insuficiente, solicitar nova avaliação do imóvel por um terceiro perito avaliador, por ela designado. Os valores determinados pelos peritos avaliadores servem de referência ao preço da transacção proposta, não podendo este preço ser superior, no caso de aquisição do imóvel pelo fundo de investimento, ao menor dos valores determinados pelos peritos, nem inferior, no caso da alienação do imóvel pelo fundo de investimento, ao maior dos valores determinados pelos peritos[48].

IV. A lei não impõe um limite temporal dentro do qual deva ser constituído o primeiro fundo de investimento. Os limites mais relevantes são contados a partir da autorização do fundo. De um lado, são fixados 180 dias para constituir o fundo, sob pena de caducidade da autorização (art. 20.º, n.º 7, RJFII). Além disso, vale o prazo de doze meses para o fundo atingir um património de 5 milhões de euros (art. 20.º, n.º 8, *b*), RJFII), o que é importante para ajuizar do melhor momento para proceder ao pedido da sua constituição.

V. Retenha-se que as sociedades gestoras de fundos de investimento imobiliário podem, além da gestão de fundos, prestar igualmente serviços de consultoria para investimento imobiliário e proceder à gestão individual de patrimónios imobiliários. Neste último caso, ficam todavia sujeitas ao regime prudencial que vale para as sociedades gestoras de patrimónios[49].

---

[47] Art. 8.º do Regulamento da CMVM n.º 8/2002.
[48] Art. 28.º, n.ºs 4 e 5, RJFII.
[49] Cfr. arts. 6.º, n.º 3, e 10.º, n.º 2, RJFII.

10. Os fundos de investimento imobiliário para arrendamento habitacional

I. Uma das medidas recentemente previstas para contribuir para o desagravamento dos encargos decorrentes da crise financeira prende-se com a consagração dos fundos de investimento imobiliário para arrendamento habitacional (FIIAH) e sociedades de investimento imobiliário para arrendamento habitacional (SIIAH), disciplinados pela Lei de Orçamento do Estado para 2009[50] e pela Portaria n.° 1553-A/2008, de 31 de Dezembro, que neste ponto a veio complementar.

Os FIIAH recebem aplicação do regime geral dos fundos de investimento imobiliário, salvo algumas especialidades que importa conhecer. A regulamentação das SIIAH encontra-se ainda dependente da previsão de um regime para as sociedades de investimento imobiliário, na sequência do processo legislativo iniciado através da consulta pública conduzida pela CMVM em Março e Abril de 2008[51].

II. O regime agora consagrado prevê que os FIIAH e as SIIAH constituídos entre 1 de Janeiro de 2009 e 31 de Dezembro de 2013, bem como os imóveis por aqueles adquiridos durante esse período, possam beneficiar de um regime especial em sede fiscal.

Para efeitos de aplicação do regime em análise, consideram-se FIIAH os fundos que reúnam as seguintes características:

(i) Fundos fechados de subscrição particular ou de subscrição pública, devendo o respectivo valor do activo total atingir, após o primeiro ano de actividade, o montante mínimo de dez milhões de euros, sob pena de a Comissão do Mercado de Valores Mobiliários poder revogar a autorização do FIIAH;

(ii) A tratar-se de fundos de subscrição pública, devem ter a participação de, pelo menos, cem participantes, não podendo a respectiva participação individual exceder 20% do valor do activo total

---

[50] Cfr. arts. 102.°-104.° da Lei n.° 64-A/2008, de 31 de Dezembro. Como elementos preparatórios do actual regime, cfr. o texto originário da Proposta de Lei – que pode ser consultado através de www.parlamento.pt – e as alterações aprovadas no debate parlamentar referentes ao correspondente art. 87.°, constantes do *Diário da Assembleia da República*, I Série, n.° 20 (29-Nov.-2008).

[51] Os documentos referentes ao processo de consulta pública n.° 6/2008 encontram-se disponíveis em http://www.cmvm.pt/NR/exeres/0A70FD7E-9174-4251-8332-F819D19FA305.htm.

do fundo. No caso de incumprimento daquele limite, além da possibilidade da revogação da autorização do fundo, o direito à distribuição de rendimentos do FIIAH é imediata e automaticamente suspenso, no valor da participação que exceda o limite de participação individual[52];

(iii) Pelo menos 75 % do activo total do FIIAH deve ser constituído por imóveis, situados em Portugal, destinados ao arrendamento para habitação permanente. Note-se que este limite percentual é aferido em relação à média dos valores apurados no final de cada um dos últimos seis meses, devendo verificar-se no prazo de dois anos a contar da data de constituição do FIIAH e de um ano a contar da data do aumento do capital, relativamente ao montante do aumento.

III. Uma das principais marcas distintivas dos FIIAH consiste na possibilidade de celebração de um contrato de arrendamento entre a entidade gestora do fundo e os mutuários de contratos de crédito à habitação que procedam à alienação do imóvel objecto do contrato a um FIIAH. Nestes casos, o valor da renda do arrendamento é fixado por acordo das partes e é susceptível de actualização nos termos gerais.

Esta relação contratual assume natureza híbrida, já que o arrendatário adquire, *ex lege*, um direito de opção de compra do imóvel ao fundo, susceptível de ser exercido até 31 de Dezembro de 2020[53].

O direito de opção de compra pode ser exercido a todo o tempo, desde que observado um período de antecedência mínima de 90 dias[54]. Contudo, este direito de opção de compra extingue-se caso o arrendatário não proceda ao pagamento da renda acordada, por um período superior a três meses. Note-se ainda que o direito de opção apenas é transmissível por morte do titular.

O exercício da opção de compra é realizado com base no valor, susceptível de actualização, da alienação do imóvel ao FIIAH. A *susceptibilidade* de actualização, neste quadro, significa que a actualização apenas é devida se prevista contratualmente. Se acolhida no contrato, a actualização é efectuada de acordo com a variação do índice harmonizado de preços no

---

[52] Art. 3.º do regime jurídico constante do n.º 1 do art. 104.º da Lei n.º 64-A/2008, de 31 de Dezembro.

[53] Art. 5.º do regime jurídico constante do n.º 1 do art. 104.º da Lei n.º 64-A/2008, de 31 de Dezembro.

[54] Art. 3.º, n.º 1, da Portaria n.º 1553-A/2008, de 31 de Dezembro.

consumidor. O valor de exercício da *call option* é acrescido dos encargos suportados pelo FIIAH, nomeadamente os custos de avaliação, de transmissão e de registo do imóvel, caso a opção de compra seja exercida nos dois anos imediatamente subsequentes à alienação do imóvel ao FIIAH.

Esta configuração aproxima o contrato celebrado da locação financeira restitutiva[55]. Também aqui há uma união de contratos: compra e venda e arrendamento, a que está associado um direito de recompra, de natureza potestativa. Pode, neste sentido, afirmar-se estarmos perante um *arrendamento restitutivo*.

Uma feição distintiva, porém, reside no facto de o arrendatário gozar, nos termos da lei, de um direito a receber o valor correspondente à diferença entre o *valor da alienação futura do imóvel a terceiros* e o valor actualizado da aquisição desse mesmo imóvel pelo FIIAH. Para tal, com uma antecedência mínima de 90 dias em relação ao prazo do contrato de arrendamento ou à data de uma eventual cessação antecipada do contrato, o arrendatário deve comunicar não pretender exercer direito de aquisição. A prestação do arrendatário é deduzida dos seguintes montantes: de um lado, das importâncias relativas aos custos de colocação do imóvel no mercado em condições normais de utilização e a eventuais rendas vencidas e não pagas[56]; de outro lado, do montante correspondente às rendas relativas ao período entre o momento da cessação antecipada do contrato e o momento da alienação do imóvel a terceiro, tendo como limite as rendas devidas até ao termo do contrato de arrendamento que havia sido acordado pelas partes[57].

Por fim, em caso de dificuldade ou impossibilidade de alienação do imóvel por causa não imputável à entidade gestora do fundo, o pagamento devido ao arrendatário tem lugar no prazo máximo de dois anos após a cessação do contrato de arrendamento, sendo, neste último caso, o imóvel valorizado de acordo com a média simples do valor atribuído por dois peritos avaliadores.

IV. De forma a incentivar a constituição de FIIAH, foi criado um regime fiscal mais favorável, assente numa ampla série de benefícios fis-

---

[55] Em geral, reenvia-se para DIOGO LEITE DE CAMPOS, «Nota sobre a admissibilidade da locação financeira restitutiva ("lease.back") no direito português», *ROA* (1982), pp. 775-793; ANA FILIPA MORAIS ANTUNES, *O contrato de locação financeira restitutiva*, Lisboa (2008).
[56] Art. 4.º, n.ºs 1 e 3, da Portaria n.º 1553-A/2008, de 31 de Dezembro.
[57] Art. 4.º, n.º 4, da Portaria n.º 1553-A/2008, de 31 de Dezembro.

cais[58]. Este regime fiscal vigorará até 31 de Dezembro de 2020, data a partir da qual é aplicável o regime geral dos fundos de investimento imobiliário[59-60].

Frise-se ainda ter sido constituída uma comissão de acompanhamento para a verificação do regime legal e regulamentar aplicável à actividade dos FIIAH e para o controlo da observância dos princípios de bom governo[61].

V. O elemento crítico deste regime situa-se no equilíbrio entre, de um lado, os interesses dos arrendatários, e, de outro lado, os interesses dos investidores no fundo.

Sucede que o valor de recompra é calculado com base no valor de aquisição do imóvel pelo FIIAH, actualizado com base do índice de preços no consumidor. Além disso, o arrendatário que não pretenda exercer a opção de compra tem o direito a receber o valor correspondente à diferença entre o valor da alienação futura do imóvel a terceiros e o valor actualizado de aquisição desse imóvel pelo FIIAH, deduzido dos custos de colocação do imóvel, em condições normais de utilização, e de eventuais

---

[58] Em causa estão os seguintes benefícios: Isenção de IRC dos rendimentos obtidos por FIIAH constituídos regularmente entre 1 de Janeiro de 2009 e 31 de Dezembro de 2013, e que operem ao abrigo do direito português; Isenção de IRC e de IRS dos rendimentos respeitantes a unidades de participação nos FIIAH, devendo, porém, ser excluído o saldo positivo entre as mais-valias e as menos-valias da alienação dessas unidades de participação; Isenção de IMI dos prédios urbanos destinados ao arrendamento para habitação permanente, enquanto se mantiverem na carteira do FIIAH, bem como isenção de Imposto Municipal de Transacções no que toca às respectivas aquisições pelo fundo ou pelos arrendatários; Dedução à colecta, em sede de IRS, das rendas pagas e isenção de IRS das mais-valias decorrentes da transmissão, nos casos em que ocorreu a conversão do direito de propriedade num direito de arrendamento; Isenção de imposto de selo dos actos praticados, desde que conexos com a transmissão dos prédios urbanos destinados a habitação permanente, seja no momento da constituição da situação arrendatícia, seja no da sua extinção por exercício do direito de compra; Isenção de taxas de supervisão devidas pelas entidades gestoras de FIIAH quanto à gestão desses fundos.

[59] Art. 9.º, n.º 2, do regime jurídico constante do n.º 1 do art. 104.º da Lei n.º 64-A/2008, de 31 de Dezembro.

[60] Art. 9.º, n.º 1, do regime jurídico constante do n.º 1 do art. 104.º da Lei n.º 64-A/2008, de 31 de Dezembro.

[61] Art. 7.º do regime jurídico constante do n.º 1 do art. 104.º da Lei n.º 64-A/2008, de 31 de Dezembro. A designação dos membros da comissão de acompanhamento foi efectuada através do Despacho do Secretário de Estado do Tesouro e das Finanças n.º 2564//2009, de 20 de Janeiro de 2009.

rendas vencidas e não pagas[62]. São ainda deduzidas as rendas relativas ao período que medeia entre o momento de cessação antecipada do contrato e o momento de alienação do imóvel a terceiro, tendo como limite as rendas devidas até ao termo do contrato de arrendamento acordado entre as partes[63].

Desta forma, pode ser criado um encargo permanente para o fundo, que em última análise fica sujeito a uma *call option* do arrendatário. Assim configurado, o esquema pode revelar-se desinteressante para os participantes do fundo. Com efeito, em ambas as alternativas, e deixando de lado o recebimento das rendas, o fundo pode ficar a perder: se o imóvel valorizar, o adquirente tem incentivos para comprar o imóvel em boas condições e, ainda que não exerça a opção, beneficia da valorização ulterior do imóvel – descontados os custos de colocação e as rendas devidas pelo período decorrido até ser alienado o imóvel a terceiro. Se, ao invés, ocorrer uma depreciação profunda do imóvel, o adquirente não terá vantagem em exercer a *call option* e renunciará naturalmente ao direito de adquirir o imóvel[64].

A atractividade para arrendatários, por seu turno, depende em larga medida do rigor das avaliações dos imóveis e do momento de renúncia ao exercício da *call option*. Se aquelas avaliações forem conservadoras e se o prazo de renúncia ocorrer em momento precoce na relação arrendatícia, não se vislumbram vantagens apreciáveis para a esfera do arrendatário.

Resta a utilidade dos FIIAH enquanto instrumento de reestruturação de crédito mal parado. Esta não é despicienda, já que a figura introduz, embora com notas de rigidez, alternativas interessantes para a renegociação de créditos em incumprimento. Assim sendo, porém, e no limite, os FIAAH apresentam-se mais vocacionados a servirem de instrumento (de recuperação do crédito) bancário do que como instrumento do mercado de capitais.

---

[62] Art. 4.º, n.ºs 1 e 3, da Portaria n.º 1553-A/2008, de 31 de Dezembro.

[63] Art. 4.º, n.º 4, da Portaria n.º 1553-A/2008, de 31 de Dezembro.

[64] A mitigar o exposto, deve referir-se que a isenção de mais-valias cessa quando o contrato de arrendamento termine ou quando não seja exercido o direito de opção de compra: art. 8.º, n.º 4, do regime jurídico constante do n.º 1 do art. 104.º da Lei n.º 64-A/2008, de 31 de Dezembro.

CONTRATOS SOBRE DIVISAS (FX) E INSTRUMENTOS FINANCEIROS

(O CASO ESPECIAL DOS *ROLLING SPOT FOREX CONTRACTS*)

NUNO CASAL[*]

SUMÁRIO: *Introdução* **A.** *Indicação de sequência* **B.** *Breve descrição dos aspectos essenciais da contratação fx* **C.** *Qualificação dos contratos sobre divisas estrangeiras (incl. o caso dos* rolling spot contracts*)* **1.** *Os contratos sobre divisas em geral* **2.** *O caso especial dos* rolling spot forex contracts **a)** *descrição do fenómeno* **b)** *critério legal: a lista dos instrumentos financeiros (art. 2.º CdVM e Secção C do Anexo I DMIF)* **c)** *teor literal* **d)** *elemento sistemático* **e)** *trabalhos preparatórios* **f)** *teleologia da norma* **g)** *valor de uso normal da linguagem* **h)** *conclusão* **i)** *os* rolling spot contracts *como instrumentos financeiros* **D.** *Algumas consequências jurídicas da qualificação como instrumentos financeiros* **1.** *Sujeição ao regime da intermediação financeira do Código dos Valores Mobiliários e à supervisão da CMVM* **2.** *Abrangência pelo Sistema de Indemnização dos Investidores* **E.** *Conclusão. Bibliografia*

Introdução

A contratação sobre divisas estrangeiras (*foreign exchange, forex, fx* ou *currency contracts*) é um fenómeno de dimensão considerável. A sub-

---

[*] Doutorando na Faculdade de Direito da Universidade Nova de Lisboa e jurista na Comissão do Mercado de Valores Mobiliários (CMVM).

As opiniões expressas no presente texto são-no a título exclusivamente pessoal, em nada vinculando a CMVM.

missão às regras da intermediação financeira, e do Código dos Valores Mobiliários em geral, é portadora de consequências de vulto, pelo que assume importância considerável a qualificação dos contratos sobre divisas como instrumentos financeiros.

A. **Indicação de sequência**

A contratação sobre divisas não é uma realidade homogénea, assumindo vários graus de sofisticação, os quais não serão indiferentes para a sua qualificação jurídica e consequente submissão a determinado regime jurídico.

Nestes termos, iniciaremos a presente análise pela descrição dos aspectos essenciais da contratação *fx* que sejam relevantes para a qualificação jurídica.

Em seguida proceder-se-á à referida qualificação – operação que obrigará à análise da teleologia da qualificação de determinada realidade como instrumento financeiro e beneficiará do estudo dos trabalhos preparatórios da DMIF[1] – e à extracção de algumas consequências jurídicas relevantes.

B. **Breve descrição dos aspectos essenciais da contratação fx**

A contratação em divisas estrangeiras abarca toda a actividade comercial relacionada com a compra e venda de duas moedas, tendo surgido modernamente com o abandono do sistema de Bretton Woods na década de 1970.

A contratação sobre divisas é dos mercados financeiros mais líquidos[2], assumindo deste modo um relevo muito importante para a regulação

---

[1] Directiva 2004/39/CE, do Parlamento Europeu e do Conselho, de 21 de Abril de 2004, relativa aos mercados de instrumentos financeiros, que altera as Directivas 85/611/ /CEE e 93/6/CEE, do Conselho, e a Directiva 2000/12/CE, do Parlamento Europeu e do Conselho, e que revoga a Directiva 93/22/CEE, do Conselho.

[2] O Banco de Pagamentos Internacionais (BIS) computava o *turnover* diário típico em Abril de 2007 como superior a US$ 3.2 biliões (US$ 3.2 trillion) e a sondagem anual do Euromoney estima um crescimento de 41% entre 2007 e 2008, respectivamente *in Triennial Central Bank Survey* (December 2007), Bank for International Settlements e

dos mercados financeiros. Caracteriza-se pela predominância das formas não organizadas de negociação, *i. e.*, contratação no anteriormente denominado *mercado de balcão* ou OTC[3], a qual não se traduz de forma alguma em exclusividade, sendo numerosas as bolsas em que são negociados contratos sobre divisas, pela dispersão geográfica, de locais de execução, pela negociabilidade quase permanente dos activos e pela estratificação dos mercados em níveis de acesso diferenciados de acordo com a natureza dos participantes[4].

No seu aspecto mais básico um contrato sobre divisas pode não ser mais que uma compra e venda[5] – fora de mercado (OTC) ou em mercado organizado – de diferentes divisas com liquidação dentro de um espaço de tempo não relevante. É o chamado mercado à vista (*spot*).

Como seria de esperar, a negociação sobre divisas, mesmo ao nível do retalho, assume uma grande sofisticação, ocorrendo neste, como noutros mercados, frequentes operações de derivados como, *i. a.*, *forwards*, futuros, *swaps*, e opções.

Assume neste âmbito particular interesse o caso especial da negociação com *tom-next rollover*, técnica negocial que dá origem aos *rolling spot contracts*, a qual se impõe analisar e em seguida qualificar.

C. Qualificação dos contratos sobre divisas estrangeiras (incl. o caso dos *rolling spot contracts*)

1. Os contratos sobre divisas em geral

Para efeitos da presente análise é importante a qualificação jurídica dos tipos contratuais, pois a mesma é plena de efeitos jurídicos.

Annual FX poll (May 2008), Euromoney, ambos *apud*. http://en.wikipedia.org/wiki/ Foreign _exchange_market#cite_note-BIS-0, consultado a 3/2/2009.

[3] Iniciais de *over the counter*, designação corrente para a negociação fora das formas organizadas de negociação ou mercado de balcão.

[4] *In* http://en.wikipedia.org/wiki/Foreign_exchange_market#cite_note-BIS-0

[5] Os contratos pelos quais se trocam duas moedas podem ser qualificados como contratos de compra e venda ou de troca, dependendo do facto de uma das moedas ter curso legal no local onde se efectua a transacção, cf. CARLOS FERREIRA DE ALMEIDA, *Contratos II – Conteúdo. Contratos de Troca*, Coimbra, Almedina, 2007, p. 165.

Tendo em conta o prazo para a liquidação dos contratos[6], estes podem ser contratos à vista ou derivados[7], sendo esta dicotomia importante na medida em que os contratos à vista sobre divisas estrangeiras, ao contrário dos contratos derivados sobre o mesmo objecto, não estão abrangidos pela disciplina regulatória dos instrumentos financeiros (*incl.*, disciplina da intermediação financeira em transposição da DMIF)[8].

A qualificação dos contratos sobre divisas estrangeiras à vista, bem como dos seus futuros, *swaps*, e opções, não é polémica, sendo os primeiros, por definição, contratos à vista e os restantes unanimemente reconduzidos a contratos de derivados[9].

Importa analisar com particular atenção a técnica de negociação intitulada *tom-next rollover*, base dos *rolling spot forex contracts*[10], e reconduzi-los a uma das categorias anteriores ou erigi-la em categoria autónoma.

---

[6] Afirmando o carácter a prazo como essencial à noção de derivado, cf., JOSÉ DE OLIVEIRA ASCENSÃO, «Derivados», in INSTITUTO DOS VALORES MOBILIÁRIOS, *Direito dos Valores Mobiliários*, IV vol., Coimbra, Coimbra Editora, 2003, pp. 41-68, p. 47, e JOSÉ ENGRÁCIA ANTUNES, «Os Derivados», in *Cadernos do Mercado de Valores Mobiliários*, 30 (200), acessível *in* http://www.cmvm.pt/NR/rdonlyres/4E827D52-114A-4E50-A0BF-D3DACC4CBD05/11390/CadernosMVM31.pdf, pp. 91-136, p. 100. Sobre a relação entre contratos de bolsa a prazo e derivados, cf. CARLOS FERREIRA DE ALMEIDA, *Contratos II – Conteúdo. Contratos de Troca*, Coimbra, Almedina, 2007, p. 154, n. 173.

[7] Afirmando a divisão dos contratos sobre divisas (contratos de câmbio) entre contratos à vista e a prazo e reconhecendo que o critério para a referida divisão é semelhante ao adoptado para os contratos de bolsa, CARLOS FERREIRA DE ALMEIDA, *Contratos II – Conteúdo. Contratos de Troca*, Coimbra, Almedina, 2007, p. 165.

[8] Os serviços da Comissão Europeia mantêm na internet uma página dedicada à resposta de questões sobre a DMIF intitulada *Your Questions on MiFID*. Concordando com o exposto no texto, cf. a resposta à pergunta 885/295, *in* COMISSÃO EUROPEIA, *Your Questions on MiFID*, acessível *in* http://ec.europa.eu/yqol/index.cfm?fuseaction=legislation.showGroup&groupCode=MiFID

[9] A qualificação dos *forwards* sobre divisas estrangeiras é debatida, defendendo a Financial Services Authority (FSA) do Reino Unido a sua natureza de contrato à vista quando a finalidade não for financeira e havendo uma tomada de posição da Comissão Europeia que os qualifica como instrumentos financeiros de acordo com a Secção C do Anexo I da DMIF, excluindo embora os *FX forwards* comerciais (*i. e.*, aqueles que são transaccionados sem conexão com a prestação de um serviço de investimento).

[10] Literalmente *contratos rolantes à vista sobre divisas estrangeiras*. Poder-se-ia ensaiar uma tradução, talvez como *contratos móveis à vista sobre divisas estrangeiras*. Todavia, dada a óbvia imperfeição da tentativa de tradução e a sua inexistente utilização, continuaremos a utilizar a expressão consagrada em língua inglesa.

2. O caso especial dos *rolling spot forex contracts*

a) Descrição do fenómeno

A negociação com *rollover tom-next* (abreviatura de *tomorrow, next day*) é comum neste mercado e implica a assunção de uma posição (compradora ou vendedora) num contrato à vista (*spot*) a qual é fechada antes de atingir a maturidade através da realização da operação inversa. O saldo proveniente do contrato que se celebrou é utilizado para a abertura de uma posição de valor aproximadamente equivalente em contrato similar com maturidade superior.

Das diferenças entre o valor de abertura e encerramento dos contratos resultam mais ou menos-valias que são entregues ou pedidas aos clientes, procedendo assim os intermediários financeiros a um ajuste periódico de perdas e ganhos. A esta realidade acresce o facto de tipicamente exigirem cauções das posições (margens), as quais são de igual modo periodicamente ajustadas.

Esta prática traduz-se na manutenção de uma posição através de vários contratos *spot* de diversas maturidades, expondo o seu titular ao risco de variação de duas divisas. Importa assim, qualificar ou recusar a qualificação deste modelo comercial como técnica de derivação.

Está em causa, não o investimento em cada um dos contratos *spot* individualmente considerados, mas a criação por parte do intermediário financeiro, que efectua o *rollover* (deslocação temporal), de uma posição que tem, sem dúvida, semelhanças com os derivados.

b) Critério legal: a lista dos instrumentos financeiros (art. 2.º CdVM e Secção C do Anexo I DMIF)

A fonte normativa para a qualificação de determinada realidade como instrumento financeiro é o art. 2.º do Código dos Valores Mobiliários (CdVM)[11], que o faz enunciando uma tipologia de instrumentos financei-

---

[11] Pertencem ao Código dos Valores Mobiliários, aprovado pelo Decreto-Lei n.º 486/ /99, de 13 de Novembro, e alterado pelos Decretos-Leis n.º 61/2002, de 20 de Março, n.º 38/ /2003, de 8 de Março, n.º 107/2003, de 4 de Junho, n.º 183/2003, de 19 de Agosto, n.º 66/ /2004, de 24 de Março, n.º 52/2006, de 15 de Março, n.º 219/2006, de 2 de Novembro, n.º 357-A/2007, de 31 de Outubro, e n.º 211-A/2008, de 3 de Novembro, pela Lei n.º 28/ /2009, de 19 de Junho, e pelo Decreto-Lei n.º 185/2009, de 12 de Agosto, os artigos citados sem expressa indicação da fonte legal.

ros. Assim, nos termos do art. 2.º do Código dos Valores Mobiliários, os contratos sobre divisas são instrumentos financeiros se revestirem a forma de (contratos) derivados. Deste modo, o primeiro passo será a qualificação dos contratos *sobre divisas* como (contratos)[12] derivados, da qual decorre a sua qualificação como instrumentos financeiros[13].

Na referida tipologia não consta *expressis verbis* qualquer referência aos *rolling spot forex contracts* (ou à negociação com *tom/next rollover* de contratos à vista), apenas a al. *e)* do n.º 1 do aludido artigo refere na sua subal. *i)* [...] *As opções, os futuros, os swaps, os contratos a prazo e quaisquer outros* contratos derivados *relativos a* [...] *divisas* [...] – o que nos obriga a indagar do preenchimento do conceito de (contrato) derivado.

c) Teor literal

A interpretação de qualquer preceito começa obrigatoriamente pela análise do seu teor literal. O preceito em questão recorre a uma enunciação de exemplos-padrão (*opções, futuros, swaps, e contratos a prazo*) articulada com um conceito indeterminado (contrato derivado)[14], ou seja, não fornece um conceito ou definição de contrato derivado, bastando-se com a enunciação de alguns tipos contratuais (de contratos derivados) e mencionando a admissibilidade de quaisquer outros. De acordo com os usuais cânones hermenêuticos, o intérprete terá de interpretar o conceito indeterminado *outros contratos derivados* por analogia com os tipos de contratos

---

[12] A recondução dos derivados a contrato é controversa no caso dos derivados de bolsa, sendo negada por JOSÉ DE OLIVEIRA ASCENSÃO, «Derivados», *in* INSTITUTO DOS VALORES MOBILIÁRIOS, *Direito dos Valores Mobiliários*, IV vol., Coimbra, Coimbra Editora, 2003, 41-68, pp. 63-64. JOSÉ ENGRÁCIA ANTUNES, «Os Derivados», *in Cadernos do Mercado de Valores Mobiliários*, 30 (200), acessível *in* http://www.cmvm.pt/NR/rdonlyres/4E827D52-114A-4E50-A0BF-D3DACC4CBD05/11390/CadernosMVM31.pdf, pp. 91-136, p. 98, Considera serem os derivados em geral contratos no *sentido amplíssimo* de modelo negocial abstracto apto a gerar vinculações jurídicas. Todavia, o carácter contratual dos *rolling spot forex contracts* não é posto em causa.

[13] Os *rolling spot forex contracts* não são valores mobiliários, estando apenas em causa a sua qualificação como (contratos) derivados e instrumentos financeiros.

[14] Pode questionar-se a fundamentação científica da enumeração legal sob análise. Em verdade, a categoria dos *contratos a prazo* não parece constituir um (sub)tipo de *contrato derivado* (a par das *opções, futuros* e *swaps*), sendo, outrossim, a relevância jurídica do decurso do tempo uma das características da contratação derivada. Nestes termos, os contratos a prazo não são um verdadeiro exemplo-padrão, e não serão utilizados como tal na presente análise.

derivados nominados, *opções, futuros, swaps, e contratos a prazo*[15]. Este contributo para a aquisição do conteúdo dos contratos derivados estará presente durante o processo tendente a tal fim e será chamado à colação no momento da subsunção.

Uma vez que o conceito a interpretar (*contrato derivado*) é um conceito de origem económica e de contornos fluidos, ponderaremos, antes do recurso ao valor comum das palavras, os outros elementos da interpretação de normas que poderão eventualmente conduzir a resultados hermenêuticos mais restritos que o valor de uso social das palavras.

d) Elemento sistemático

O Código dos Valores Mobiliários não contém uma noção de derivado[16-17], nem a mesma se retira da DMIF ou da Directiva UCITS.

Dos preceitos do Código dos Valores Mobiliários sobre derivados é possível extrair os seguintes elementos para a construção do seu conceito[18]:

---

[15] Ver nota anterior.

[16] O Código dos Valores Mobiliários refere os derivados (instrumentos financeiros ou contratos) nos arts. 2.º, 111.º, n.º 1, al. *h*), sub. *ii*), 204.º, n.º 1, al. *b*), 213.º, n.º 5, 248.º, n.º 1, al. *a*), 289.º, n.º 3, als. *f*) a *h*), 311.º, n.º 3, als. *a*) e *b*), 314.º-D, n.º 1, al. *a*), 378.º, n.º 4.

[17] Ao contrário do Código dos Valores Mobiliários, o Glossário do Manual da FSA http://fsahandbook.info/FSA/glossary-html/handbook/Glossary/R?definition=G1035 contém uma definição de *rolling spot forex contract*, definindo-o como *either of the following: (a) a future, other than a future traded or expressed to be as traded on a recognised investment exchange, where the property which is to be sold under the contract is foreign exchange or sterling; or (b) a contract for differences where the profit is to be secured or loss avoided by reference to fluctuations in foreign exchange; and in either case where the contract is entered into for the purpose of speculation.*

O aludido manual http://fsahandbook.info/FSA/html/handbook/PERG/13/Annex2 qualifica *expressis verbis* os *rolling spot forex contracts* como instrumentos financeiros inclusos no ponto 4 da Secção C do Anexo I da DMIF.

[18] O art. 204.º, n.º 1, al. *b*), referindo-se a instrumentos financeiros derivados, faz apelo ao subtipo dos instrumentos financeiros *cuja configuração permita a formação ordenada de preços*. Cremos estar essencialmente perante as exigências de padronização, cf. MIGUEL CUNHA, «Os Futuros de Bolsa: Características Contratuais e de Mercado», *in* INSTITUTO DOS VALORES MOBILIÁRIOS, *Direito dos Valores Mobiliários*, I vol., Coimbra, Coimbra Editora, 1999, pp. 63-132, p. 78.

a) Complexidade (arts. 111.º, n.º 1, al. *h*), subal. *ii*)[19], 314.º-D[20]), a qual significa, para efeitos do último preceito citado, dificuldade de apreensão dos contornos essenciais do produto e dos seus riscos, e
b) Interdependência económica com um subjacente[21] (arts. 213.º, n.º 5, 289.º, n.º 3, al. *f*), 248.º, n.º 1, al. *a*), 311.º, n.º 3, als. *a)* e *b*), exprimem a relação entre derivado e subjacente).

Importa, contudo, lembrar, a título de lugar paralelo no sistema, que o art. 38.º do Regulamento de nível 2 da DMIF[22] densifica normativamente[23] o conceito de instrumento financeiro *derivado* para efeitos dos derivados sobre as mercadorias da subal. *iii)* da al. *e)* do n.º 1 do art. 2.º[24]. [Esta norma não se aplica directamente aos contratos derivados sobre divisas, mas da mesma podem extrair-se elementos úteis para a caracterização dos contratos derivados].

---

[19] A associação a instrumento financeiro derivado impede que ofertas de distribuição de valores mobiliários não representativos de capital emitidos por instituições de crédito de forma contínua ou repetida sejam excluídas do Título III do CdVM (Ofertas Públicas).

[20] Os instrumentos financeiros derivados são considerados instrumentos financeiros complexos e, como tal, excluída a sua admissibilidade para a prestação exclusiva dos serviços de recepção e transmissão ou execução de ordens de clientes (*execution-only brokerage*).

[21] O designado subjacente é o objecto do contrato derivado, cf. CARLOS FERREIRA DE ALMEIDA, *Contratos II – Conteúdo. Contratos de Troca*, Coimbra, Almedina, 2007, p. 153.

[22] Regulamento (CE) n.º 1287/2006, da Comissão, de 10 de Agosto de 2006, que aplica a Directiva 2004/39/CE, do Parlamento Europeu e do Conselho, no que diz respeito às obrigações de manutenção de registos das empresas de investimento, à informação sobre transacções, à transparência dos mercados, à admissão à negociação dos instrumentos financeiros e aos conceitos definidos para efeitos da referida directiva.

[23] O facto de a densificação normativa de um preceito constante de Decreto-Lei ser efectuado por regulamento comunitário explica-se facilmente pelo carácter de norma de transposição de directiva do preceito em questão e pelo facto de o regulamento integrar a norma jurídica portuguesa, sendo, desde a sua entrada em vigor, direito nacional (embora de origem comunitária).

[24] Esta norma, referente a mercadorias, com liquidação física, desde que sejam transaccionadas em mercado regulamentado ou em sistema de negociação multilateral ou, não se destinando a finalidade comercial, tenham características análogas às de outros instrumentos financeiros derivados nos termos do artigo 38.º do Regulamento (CE) n.º 1287//2006, da Comissão, de 10 de Agosto, transpõe o ponto 7 da Secção 6 do anexo I da DMIF.

Do preceito em questão extraem-se outros dois elementos importantes para a construção da noção derivado, a exclusão dos contratos à vista e a finalidade financeira (por oposição a comercial).

(exclusão dos contratos à vista)
De acordo com esta norma, para se poder qualificar um contrato como derivado é necessário que o mesmo não seja um contrato à vista (elemento negativo ou delimitação negativa do contrato derivado), o que se verifica sempre que a entrega do bem (*ls*.) estiver prevista para o período geralmente aceite como período de entrega normalizado (que nunca pode ser inferior a dois dias de negociação). Acresce que o núcleo dos contratos de derivados resultantes é alargado sempre que, *independentemente das suas condições expressas, se se verificar um entendimento entre as partes no sentido de a entrega do instrumento subjacente dever ser adiada e não ser realizada no período* de liquidação padrão (último parágrafo do n.º 2, *ex vi* do proémio do n.º 1, ambos do citado art. 38.º). Do exposto é possível concluir que (1) a delimitação do âmbito de *derivado* não é estritamente formal, incorporando elementos de reconhecimento do negócio indirecto[25], primando a materialidade subjacente, *i. e.*, as estipulações das partes sobre o esquema negocial padrão e (2) que os contratos derivados (inominados, *i. e.*, a categoria residual) não têm como principal função a entrega de um bem, bastando-se frequentemente com o estabelecimento de fluxos financeiros. (Esta característica encontra-se paredes meias com a finalidade do contrato que será abordada em seguida).

(finalidade financeira por oposição a comercial)
Uma hipótese hermenêutica seria considerar a finalidade prosseguida pelos contraentes como critério distintivo entre instrumentos financeiros e outros contratos. Deste modo, os contratos aos quais presidisse uma finalidade de investimento seriam instrumentos financeiros, ficando de fora aqueles com uma finalidade meramente comercial[26].

---

[25] Sobre o negócio indirecto, cf., entre nós, ORLANDO CARVALHO, «Negócio Indirecto (Teoria Geral)», *in Boletim da Faculdade de Direito da Universidade de Coimbra*, Suplemento X (1981), *passim*, PEDRO PAIS DE VASCONCELOS, *Contratos Atípicos*, Coimbra, Almedina, 1995, p. 243 e ss., e RUI PINTO DUARTE, *Tipicidade e Atipicidade dos Contratos*, Coimbra, Almedina, 2000, p. 39.

[26] Nesta acepção, *finalidade* parece corresponder ao que se designa por *motivos individuais* [dos contraentes], cf. CARLOS FERREIRA DE ALMEIDA, *Contratos II – Conteúdo. Contratos de Troca*, Coimbra, Almedina, 2007, p. 110.

Sem dúvida que se pode reconhecer alguma valia a este critério[27]. Contudo, vários óbices se lhe poderão apontar. De um ponto de vista dogmático, a finalidade prosseguida pelos contraentes é algo que dificilmente se pode assacar a um tipo contratual. Cada sujeito jurídico pode celebrar contratos tendo em vista prosseguir vários fins e *in concreto* a compra de divisas pode ter intuitos especulativos ou comerciais (*v. g.*, para o pagamento de bens ou serviços), ou outros, o que torna o critério em análise juridicamente inoperante. Além do mais, é de referir que o mesmo recebe escassa consagração normativa directa. Apenas é usado no ponto 7 da Secção C para qualificar como instrumentos financeiros os contratos derivados de mercadorias, passíveis de liquidação física (não mencionados no ponto 6 da referida Secção, *i. e.*, negociados em mercado regulamentado ou MTF), desde que possuam as características de outros instrumentos financeiros derivados, *i. a.*, liquidação e compensação por sistemas registados ou sujeição a ajustes regulares de perdas e ganhos (*margin calls*)[28].

---

[27] O critério da finalidade é desenvolvido pelo CESR, *CESR's Technical Advice on Possible Implementing Measures of the Directive 2004/39/EC on Markets in Financial Instruments – 1st Set of Mandates where the deadline was extended and 2nd Set of Mandates*, ref.ª: CESR/05-290b, acessível *in* http://www.cesr.eu/index.php?docid=3263, p. 14., referindo-se este Comité aos *fins para os quais é usado* (*purposes for which it is used*). A pp. 15-17, na caixa 4, §§ 3, *c*), 4, *c*), 5, *b*), 6, *d*), 7 e 8, a intenção real das partes é usada como índice na qualificação dos contratos como para *fins comerciais* ou como *outros contratos derivados*.

[28] Este critério é densificado normativamente pelo n.º 4 do art. 38.º do Regulamento de nível 2 da DMIF no que tange àqueles contratos concluídos com ou por um operador ou administrador de rede de transmissão de energia, mecanismo de ajustamento dos fluxos de energia ou rede de oleodutos, bastando nestes casos que seja necessário para manter o equilíbrio entre a oferta e a procura de energia num determinado momento. Chamamos a atenção para uma disparidade, porventura meramente literal, entre as versões em língua alemã, francesa e italiana, por um lado, pelo outro lado, em língua portuguesa e espanhola do citado preceito: A versão portuguesa exclui (do âmbito financeiro) os contratos *se for necessário manter o equilíbrio entre a oferta e a procura*, e a espanhola *si* [...] *es necesario mantener en equilibrio la oferta y la demanda de energia en un momento dado*, enquanto que as outras versões citadas referem *wenn* [...] *er für den Ausgleich des Energieangebots und der Energienachfrage zu einem bestimmten Moment unabdingbar ist* (língua alemã) *lors'* [...] *qu'il est nécessaire pour équilibrer l'offre et la demande d'énergie à un moment donné* (língua francesa) e *se* [...] *è necessario per bilanciare le forniture e i consumi di energia in un determinato momento* (língua italiana). Ou seja, nas versões portuguesa e espanhola, para aferir da necessidade basta atentar à situação existente, enquanto nas outras versões citadas a necessidade se afere na relação entre os contratos a examinar e a situação existente. A versão em língua inglesa é neutra quanto a este aspecto, apenas referindo: *if* [...] *it is necessary to keep in balance the supplies and uses of energy at a given time*.

Todavia, esta finalidade comercial é afastada pelo n.º 1 do art. 38.º do Regulamento de Nível 2 da DMIF, *i. e.*, o preceito em questão ficciona que não têm finalidade comercial determinados contratos derivados quando os contratos sejam padronizados, negociados (de acordo com um critério bastante lato) e compensados de acordo com determinadas características.

Deste modo assiste-se a um enfraquecimento acentuado do critério da finalidade enquanto motivo individual dos contraentes. A finalidade comercial ou de investimento dos contratos em questão, de critério que presidiria à demarcação do universo dos instrumentos financeiros, passou a mera inspiração para essa operação. De uma lógica concreta, passou-se a uma lógica de aptidão, *i. e.*, a finalidade prosseguida pelas partes no contrato não é critério de inclusão de determinada realidade no universo dos instrumentos financeiros, mas preside à elaboração da enumeração[29].

Assim, de acordo com o critério de aptidão do instrumento típico[30] (ou do tipo contratual) para a realização de operações de investimento *l. s.* (incluindo especulação, arbitragem e cobertura de risco) foram enumeradas na secção C do Anexo I da DMIF vários tipos e formas de negociação ou liquidação que são abstractamente aptos para a prossecução de investimento.

e) Trabalhos preparatórios

Inexistindo trabalhos preparatórios publicamente disponíveis da última revisão do Código dos Valores Mobiliários, da qual resultou o teor actual do art. 2.º, terá o intérprete de recorrer aos elementos provenientes da DMIF. Tal recurso à interpretação conforme à directiva é tanto mais lícito

---

[29] Neste sentido, e afirmando que a transposição da DMIF causou (no Reino Unido) uma mudança do critério distintivo entre contratos sobre mercadorias, à vista e derivados, e de uma lógica de intenção (*purpose*) para uma de similitude (*look-alike*) [logo, mais objectiva], JONATHAN HERBST, SIMON LOVEGROVE e MARK WOODWARD, «Commodity Derivatives», *in* MATTHEW ELDERFIELD, *A Practitioner's Guide to MiFID*, 1.ª ed., Londres, City & Financial Publishing, 2007, pp. 311-331, pp. 325 e 326.

[30] O referido critério de aptidão do tipo encontra-se, do ponto de vista da *escala* ou da *granularidade* da análise, entre a função económico-social e os motivos individuais das partes, tal como estas noções se encontram identificadas por CARLOS FERREIRA DE ALMEIDA, *Contratos II – Conteúdo. Contratos de Troca*, Coimbra, Almedina, 2007, p. 110, atendendo a aspectos mais concretos que aquela e situando-se num plano mais abstracto que estes últimos.

quanto esta Directiva é de harmonização máxima, deixando um espaço de manobra consideravelmente exíguo ao legislador transpositor. Esta operação foi realizada na secção anterior através do recurso aos trabalhos do CESR.

f) Teleologia da norma

Como ponto de partida é possível fixar a asserção que a inclusão na lista de instrumentos financeiros (art. 2.º do CdVM e Secção C do Anexo I da DMIF) tem como objectivo sujeitar a prática de actividades profissionais sobre as realidades económicas descritas à disciplina do Código dos Valores Mobiliários (e da DMIF), concedendo à actividade em questão a natureza de actividade regulada e sujeitando-a a um apertado regime prudencial e comportamental. Justificamos esta afirmação pelo facto de a definição das actividades reguladas, *i. e.*, os serviços e actividades de investimento em instrumentos financeiros, depender exactamente da definição de *instrumento financeiro* e do reconhecimento desta natureza aos instrumentos em causa.

Cremos que a sujeição ou não à disciplina regulatória dos instrumentos financeiros depende em primeira linha, não do tipo de risco associado (mero risco de perda da substância do investimento ou risco superior no casos dos produtos alavancados), mas da aptidão do tipo negocial para a realização de aplicações meramente financeiras. Esta afirmação generaliza o regime existente, pelo que, no caso dos derivados sobre mercadorias, deve ser entendida *cum granum salis*.

O referido critério da aptidão do tipo negocial é um reflexo da aludida destrinça entre finalidade de investimento e finalidade comercial.

Deste modo se explica que, por um lado, as acções e obrigações sejam instrumentos financeiros, embora o risco associado nunca seja superior ao do capital investido, e pelo outro lado, as mercadorias e outras realidades que possam ter existência para além do universo de investimento, apenas sejam instrumentos financeiros quando assumem a natureza de derivados, o que significa, *grosso modo,* que são sujeitas a uma técnica de contratação que muito facilmente permite o investimento puro (incl. investimento *ss.*, especulação e arbitragem), podendo não dar lugar à liquidação financeira. Com efeito, para um agente económico apenas interessado em realizar mais-valias na negociação de determinado activo é extraordinariamente mais cómoda a negociação indirecta (*i. e.*, através de derivados) no activo, de modo a não necessitar de alienar o bem comprado ou adquirir para entregar um bem vendido.

g) Valor de uso normal da linguagem

Sendo o (contrato) derivado uma realidade com raiz na Economia e nas Finanças, importa analisar qual o conteúdo que estas ciências lhe atribuem.

São assim (contratos) derivados aqueles contratos financeiros cujo valor é dependente do valor de outro bem (o subjacente ou *fundamental*), sendo usado, como outros investimentos, para as finalidades de cobertura de risco, especulação e arbitragem[31]. Frequentemente[32], assiste-se a um efeito de alavancagem (*leverage*), de acordo com o qual o investidor se expõe a um risco em montante superior ao do capital investido, o que implica que o risco do investimento ultrapassa o da manutenção da substância.

h) Conclusão

De acordo com os elementos chamados à colação é possível construir o conceito jurídico de *derivado* nos seguintes termos. O derivado é um instrumento financeiro e um contrato que tem por referência outro bem jurídico (o subjacente), variando o valor do derivado em função do preço daquele[33-34]. (Pode haver influências cruzadas). A referida interdependên-

---

[31] Cf. AMADEU JOSÉ FERREIRA, «Operações de Futuros e Opções», in AMADEU JOSÉ FERREIRA et al., Direito dos Valores Mobiliários, Lisboa, Lex, 1997, pp. 121-188, p. 122 e 123, JOSÉ ENGRÁCIA ANTUNES, «Os Derivados», in Cadernos do Mercado de Valores Mobiliários, 30 (200), acessível in http://www.cmvm.pt/NR/rdonlyres/4E827D52-114A-4E50-A0BF-D3DACC4CBD05/11390/CadernosMVM31.pdf, pp. 91-136, pp. 92 e 93, e JUAN IGNACIO SANZ CABALLERO, Derivados Financieros, Madrid, Marcial Pons, 2000, p. 105, o qual descreve sob um ponto de vista económico os derivados como instrumentos aptos à transferência do risco, caracterizados pela diversificação dos seus subjacentes e capacidade para gerar alavancagem (*leverage*) sobre os subjacentes, sendo em instrumentos que, integrados numa gestão financeira estática, podem causar efeitos típicos de uma gestão de carteira dinâmica.

[32] O referido efeito de *alavancagem* não é necessário, nem exclusivo da contratação em derivados, JOSÉ ENGRÁCIA ANTUNES, «Os Derivados», in Cadernos do Mercado de Valores Mobiliários, 30 (200), acessível in http://www.cmvm.pt/NR/rdonlyres/4E827D52-114A-4E50-A0BF-D3DACC4CBD05/11390/CadernosMVM31.pdf, pp. 91-136, p. 92.

[33] AMADEU JOSÉ FERREIRA, «Operações de Futuros e Opções», in AMADEU JOSÉ FERREIRA et al., Direito dos Valores Mobiliários, Lisboa, Lex, 1997, pp. 121-188, p. 136 e ss., AMADEU JOSÉ FERREIRA, Direito dos Valores Mobiliários, Lisboa, Associação Académica da Faculdade de Direito de Lisboa, 1997, p. 239, e JOSÉ DE OLIVEIRA ASCENSÃO, «Derivados», in INSTITUTO DOS VALORES MOBILIÁRIOS, Direito dos Valores Mobiliários, IV vol., Coimbra, Coimbra Editora, 2003, pp. 41-68, p. 49.

[34] No caso dos derivados de crédito as relações podem ser mais complexas, sendo

cia com o subjacente atribui-lhe uma complexidade estrutural, a qual implica a sua difícil apreensibilidade e dificulta a percepção do risco associado. Os derivados distinguem-se da contratação directa sobre o subjacente pela decorrência de um período temporal superior ao tempo normal de liquidação entre a negociação e a entrega dos bens (liquidação física)[35], havendo por vezes mera liquidação financeira[36]. Os derivados são instrumentos jurídicos aptos ao investimento e transferência de riscos económicos[37], o que é compatível com o efeito da qualificação de determinada realidade como derivado, a sua sujeição à disciplina dos instrumentos financeiros.

São derivados as *opções*, *futuros*, *swaps*, *contratos a prazo* e os instrumentos financeiros análogos.

i) Os *rolling spot contracts* como instrumentos financeiros

Cumpre agora decidir se é possível considerar os *rolling spot forex contracts* contratos derivados relacionados com divisas (análogos às *opções*, *futuros*, *swaps e contratos a prazo*).

---

questionável se o derivado varia em função do preço do subjacente ou se a variação do preço de ambos depende de factores comuns. Sobre derivados de crédito entre nós, cf. SOFIA LEITE BORGES e SOFIA TORRES MAGALHÃES, «Derivados de Crédito – Algumas Notas Sobre o Regime dos Valores Mobiliários Condicionados por Eventos de Crédito», in *Cadernos Mercado de Valores Mobiliários*, acessível in http://www.cmvm.pt/NR/rdonlyres/10E723CB-5CC3-4589-9464-C8550BCE0860/2018/SBorges_SMagalhaes.pdf, e JOSÉ ENGRÁCIA ANTUNES, «Os Derivados», in *Cadernos do Mercado de Valores Mobiliários*, 30 (200), acessível in http://www.cmvm.pt/NR/rdonlyres/4E827D52-114A-4E50-A0BF-D3DACC4CBD05/11390/CadernosMVM31.pdf, pp. 91-136, p. 122 ss.

[35] Salientando este aspecto no que respeita aos futuros, MIGUEL CUNHA, «Os Futuros de Bolsa: Características Contratuais e de Mercado», in INSTITUTO DOS VALORES MOBILIÁRIOS, *Direito dos Valores Mobiliários*, I vol., Coimbra, Coimbra Editora, 1999, pp. 63-132, p. 77.

[36] Com efeito, em determinados contratos, no momento do vencimento apenas há lugar a uma liquidação financeira, *i. e.*, em vez da realização das duas prestações simétricas (*v. g.*, dinheiro contra acções), são as mesmas convertidas no seu equivalente pecuniário e apenas se movimenta o saldo líquido resultante da «compensação» que assim opera.

[37] Os instrumentos são assim aptos, não só para a colocação de disponibilidades financeiras (investimento ss.), como também para a prossecução de actividades de arbitragem ou de cobertura de riscos. A função de transferência do risco é erigida em característica dos derivados por JOSÉ ENGRÁCIA ANTUNES, «Os Derivados», in *Cadernos do Mercado de Valores Mobiliários*, 30, (200), acessível in http://www.cmvm.pt/NR/rdonlyres/4E827D52-114A-4E50-A0BF-D3DACC4CBD05/11390/CadernosMVM31.pdf, pp. 91-136, p. 101.

Dada a técnica legal de delimitação dos contratos derivados sobre divisas, o intérprete terá de seguir um processo de qualificação indiciário, compatível com concepções tipológicas do Direito e, se bem que cientificamente apurado, portador de alguma incerteza e insegurança jurídica.

Na análise dos *rolling spot contracts*, há que distinguir entre os vários planos da situação. Como referimos, ao nível da compra e venda dos contratos à vista sobre divisas não há dúvida que esses contratos não são em si instrumentos financeiros. Ao nível da relação entre o cliente e o intermediário financeiro que procede ao *rollover*, a questão coloca-se de modo diferente.

Nos casos em que o investidor coloca determinado capital que é pelo seu intermediário financeiro utilizado para abrir uma posição contratual a transportar perto da maturidade para posição contratual diferente com maturidade superior, estamos perante uma situação híbrida que congrega vários elementos de derivados e de contratação à vista.

Típica da contratação à vista é a utilização de um contrato a contado (*spot*).

Por outro lado, os investimentos em *fx spot* com *tom/next* com *rollover* comungam de algumas das características do investimento em derivados.

Desde logo, as variações diárias do activo à vista que subjaz ao contrato *sub judice* (*in casu*, o contrato *forex spot*) influenciam o valor da posição contratual do contraente do *rolling spot forex contract* de modo análogo àquele em que, *v. g.*, a evolução do preço de uma acção faz variar o valor de um futuro (de bolsa ou um contrato diferencial[38]) que a tenha por objecto.

---

[38] Um contrato diferencial, comummente designado por CFD (acrónimo da expressão anglófona *contract for differences*), é um contrato derivado, que não admite liquidação física e no qual as partes, sem alienar ou adquirir o subjacente, se expõem ao risco de variação de dois bens, assumindo um dos contraentes o dever de, na maturidade do contrato, pagar em dinheiro a diferença entre um valor inicial de referência e o valor de mercado, cf. CARLOS FERREIRA DE ALMEIDA, *Contratos II – Conteúdo. Contratos de Troca*, Coimbra, Almedina, 2007, p. 154. Sobre a noção de contrato diferencial cf., *v. g.*, MIGUEL CUNHA, «Os Futuros de Bolsa: Características Contratuais e de Mercado», *in* INSTITUTO DOS VALORES MOBILIÁRIOS, *Direito dos Valores Mobiliários*, I vol., Coimbra, Coimbra Editora, 1999, pp. 63-132, p. 124, CARLOS FERREIRA DE ALMEIDA, *Contratos II – Conteúdo. Contratos de Troca*, Coimbra, Almedina, 2007, p. 136, n. 216, e JOSÉ ENGRÁCIA ANTUNES, «Os Derivados», *in Cadernos do Mercado de Valores Mobiliários*, 30 (200), acessível *in* http://www.cmvm.pt/NR/rdonlyres/4E827D52-114A-4E50-A0BF-D3DACC4CBD05/11390/CadernosMVM31.pdf, pp. 91-136, p. 125.

O exposto significa uma maior complexidade estrutural do *rolling spot forex contract*, que acarreta maiores dificuldades na sua avaliação e na determinação do respectivo risco.

É igualmente típica da derivação o investimento ou compra de uma posição negocial que perdura no tempo para além do período normal de liquidação (atingida através da técnica do *rollover*).

Não menos característico da contratação derivada é igualmente o facto de, através do expediente do *rollover*, se alterarem completamente as prestações (fluxos financeiros) de uma compra e venda, *i. e.*, prestações (tendencialmente únicas) de duas moedas em sentidos opostos, para um número indeterminado de prestações em vários sentidos da mesma moeda. Chamamos neste ponto à colação o princípio da materialidade subjacente identificado *supra*, no texto, a propósito das estipulações das partes contrárias ao tipo negocial e que, embora não passível de aplicação directa nesta sede, pode ser arguido argumentativamente e a título de analogia com um lugar paralelo no sistema, o facto de uma convenção *inter partes* e contrária ao tipo negocial base ter eficácia para qualificar como derivado um tipo contratual que à partida seria qualificado como à vista. Tal implica que o argumento não possa ser considerado decisivo, mas que possa e deva ser levado em consideração como índice no processo de qualificação do instrumento.

Tal como nos contratos derivados, o investidor está exposto ao risco de variação de um activo sem o chegar a deter *proprio sensu*, na medida em que a técnica de encerramento de posições antes de atingirem a maturidade e o reinvestimento em contrato semelhante e maior maturidade implica a exposição ao risco de (des)valorização de dois activos – neste caso divisas – sem que haja uma efectiva compra e venda, com efectiva liquidação física, ou seja, entrega dos bens, *in casu*, entrega de uma divisa e recepção de outra, sendo assim os instrumentos jurídicos em causa aptos à prossecução de objectivos de investimento.

É típico da contratação derivada a existência de alavancagem (*leverage*), que se verifica pelo facto de o investimento inicial consistir em meras margem ou caucionamento da posição contratual[39]. Como as posições

---

[39] Cf. MIGUEL CUNHA, «Os Futuros de Bolsa: Características Contratuais e de Mercado», in INSTITUTO DOS VALORES MOBILIÁRIOS, *Direito dos Valores Mobiliários*, I vol., Coimbra. Coimbra Editora, 1999, pp. 63-132, pp. 82-91, e AMADEU JOSÉ FERREIRA, «Operações de Futuros e Opções», in AMADEU JOSÉ FERREIRA *et al.*, *Direito dos Valores Mobiliários*, Lisboa, Lex, 1997, pp. 121-188, pp. 148-151.

contratuais são fechadas antes da exigibilidade da liquidação, não há necessidade de mobilizar o capital correspondente à totalidade do risco ao qual existe exposição, apenas de dispor das referidas margens. Deste modo o risco incorrido pelo investidor é maior que o da manutenção da substância do investimento.

Identificados alguns elementos da técnica de derivação, importa em seguida determinar se os mesmos são suficientes para a sua submissão ao regime jurídico dos contratos derivados.

Este percurso interpretativo, se bem que complexo e aparentemente sinuoso, é ditado pela natureza gradual, *fuzzy* inerente aos tipos contratuais em causa e adequa-se a uma análise tipológica, sendo essencial a ponderação das consequências da decisão de interpretação/qualificação para a sua correcção (momento sinépico da interpretação ou integração vertical).

Cremos que a ponderação final deve levar em consideração, além das características já apontadas, a ponderação das consequências da decisão (momento sinépico ou integração vertical) e da existência de uma analogia funcional entre os *rolling spot forex contracts* e (algum d') os tipos de derivados nominados.

Quanto à análise do elemento típico da contratação à vista, cumpre acrescer que o mesmo não nos deverá impressionar demasiado, dado todo o derivado ter um subjacente (ainda que por vezes meramente teórico ou funcional) – e que a técnica de derivação consiste precisamente em determinar uma correlação entre o preço daquele subjacente e o valor da posição no derivado. Este facto é reconhecido pelo art. 38.º do citado Regulamento, de acordo com o qual a utilização de um instrumento jurídico típico da negociação à vista não impede a sua qualificação como derivado quando as partes tiverem convencionado o adiamento das prestações.

Todos os outros elementos analisados militam a favor da qualificação dos *rolling spot forex contracts* como derivados, faltando apenas considerar a ponderação das consequências da decisão e da existência de uma analogia funcional entre os *rolling spot forex contracts* e (algum d') os tipos de derivados nominados. Tal como nos futuros, *v. g.*, de bolsa, os *rolling spot forex contracts* estão estruturados, como se demonstrou, de modo adequado à obtenção de diferenças entre cotações contratadas e cotações reais de determinada divisa e não de modo adequado à compra e venda de divisas estrangeiras[40]. Assim, os referidos *rolling spot forex contracts*, de

---

[40] Cf., AMADEU JOSÉ FERREIRA, «Operações de Futuros e Opções», *in* AMADEU JOSÉ FERREIRA *et al.*, *Direito dos Valores Mobiliários*, Lisboa, Lex, 1997, pp. 121-188, p. 151.

acordo com a descrição *supra*, são análogos aos futuros sobre divisas, justificando-se a sua submissão ao mesmo regime jurídico[41].

D. Algumas consequências jurídicas da qualificação como instrumentos financeiros

1. Sujeição ao regime da intermediação financeira do Código dos Valores Mobiliários e à supervisão da CMVM

Poderia parecer escusado analisar explicitamente a sujeição dos *rolling spot forex contracts* ao regime da intermediação financeira (incl. a sujeição à supervisão da CMVM), na medida em que aquela resultaria, *ipso iure*, da qualificação de determinada realidade como instrumento financeiro – arts. 2.º, 289.º, 290.º e 359.º, n.º 1, al. *b*).

Todavia, os serviços da Comissão Europeia publicaram uma resposta a uma pergunta sobre a inclusão dos *forwards* sobre divisas no âmbito da DMIF que não pode ser ignorada, tendo de ser chamada à colação[42].

Com efeito, a Comissão Europeia declarou que, apesar de os *forwards* sobre divisas serem instrumentos financeiros nos termos da secção C do Anexo I da DMIF, parte das transacções sobre estes instrumentos financeiros não estará sujeita à DMIF. Tal ocorre sempre que não seja prestada uma actividade ou serviço de investimento, o que, de acordo com a resposta em questão, pode decorrer de duas causas: a qualificação como serviço auxiliar dos serviços sobre divisas estrangeiras relacionados com a prestação de serviços de investimento e as isenções do art. 2.º DMIF (transpostas pelo n.º 3 do art. 289.º).

Estranha-se na exposta aplicação da lei o facto de os serviços sobre divisas estrangeiras relacionados com a prestação de serviços de investi-

---

[41] Este raciocínio é análogo ao desenvolvido por LUIZ DA CUNHA GONÇALVES, *Comentário ao Código Comercial Português* II, Lisboa, Empresa Editora José Bastos, 1916, p. 371, a propósito de um esquema negocial em acções. Assim, a técnica de adquirir uma posição negocial em acções, realizar a operação inversa antes da respectiva liquidação e transferir o saldo para uma posição semelhante é qualificada como a construção de um *contrato diferencial indirecto*. Salienta-se a actualidade da qualificação, pese embora o diferente quadro normativo.

[42] Referimo-nos à pergunta 292/120.2, *in Your Questions on MiFID*, acessível *in* http://ec.europa.eu/yqol/index.cfm?fuseaction=legislation.showGroup&groupCode=MiFID. Diferente doutrina parece resultar da resposta à pergunta 191/33.

mento terem uma eficácia excludente da sujeição ao regime da DMIF de operações de instrumentos financeiros que lá estariam incluídos.

Independentemente do mérito intrínseco da resposta da Comissão, porventura inspirado por necessidades práticas de não alterar por via de uma resposta a aplicação da lei (*law in action*) no Reino Unido[43], importa referir que não se coloca questão similar a propósito dos *rolling spot forex contracts* e que, mesmo no Reino Unido, estes são considerados como inteiramente abrangidos pela DMIF, sendo a sua aptidão para o desenvolvimento de fins de investimento (por oposição aos comerciais) ainda mais patente que no caso dos *forwards*.

Nestes termos, as actividades ou serviços de investimento exercidos a título profissional sobre *rolling spot forex contracts* são reservadas a intermediários financeiros, e sujeitas ao regime do CdVM e à supervisão da CMVM.

2. Abrangência pelo Sistema de Indemnização dos Investidores

Nos termos do art. 3.º do RJ SII[44], o Sistema de Indemnização dos Investidores (SII) abrange os fundos de investidores afectos a operações de investimento ou detidos, administrados ou geridos por sua conta no âmbito de operações de investimento.

Sendo operações de investimento as previstas no art. 199.º-A do RGICSF[45] equivalentes aos serviços e actividades de intermediação financeira em instrumentos financeiros constantes do art. 290.º CdVM, e relativas a instrumentos financeiros, importa indagar se os *rolling spot forex contracts* são instrumentos financeiros para efeitos do SII.

---

[43] Com efeito, os serviços sobre divisas estrangeiras do Espaço Económico Europeu encontram-se altamente concentrados neste Estado, o qual não os considera sujeitos à DMIF.

[44] Regime Jurídico do Sistema de Indemnização de Investidores, aprovado pelo Decreto-Lei n.º 222/99, de 22 de Junho, alterado pelo Decreto-Lei n.º 252/2003, de 17 de Outubro, e pelo Decreto-Lei n.º 162/2009, de 20 de Julho.

[45] Regime Geral das Instituições de Crédito e Sociedades Financeiras, aprovado pelo Decreto-Lei n.º 298/92, de 31 de Dezembro, com alterações introduzidas pelos Decretos-Leis n.º 246/95, de 14 de Setembro, n.º 232/96, de 5 de Dezembro, n.º 222/99, de 22 de Junho, n.º 250/2000, de 13 de Outubro, n.º 285/2001, de 3 de Novembro, n.º 201/2002, de 26 de Setembro, n.º 319/2002, de 28 de Dezembro, n.º 252/2003, de 17 de Outubro, n.º 145/2006, de 31 de Julho, n.º 104/2007, de 3 de Abril, n.º 357-A/2007, de 31 de Outubro, n.º 1/2008, de 3 de Janeiro, n.º 126/2008, de 21 de Julho, n.º 211-A/2008, de 3 de Novembro, pela Lei n.º 28/2009, de 19 de Junho, pelo Decreto-Lei n.º 162/2009, de 20 de Julho, e pela Lei n.º 94/2009, de 1 de Setembro.

O RJ SII remete a definição de *instrumento financeiro* para a DSI[46], directiva que foi substituída pela DMIF. Duas hipóteses se colocam ao intérprete: considerar a remissão estática ou dinâmica. Não vislumbramos qualquer razão que justifique considerar a remissão estática, o que além do mais provocaria uma disparidade entre o objecto das actividades reguladas e aquele das actividades cobertas pelo SII, o que não ocorreu quando o SII foi criado nem é defensável a sua desejabilidade.

Considerando assim a remissão efectuada pela al. *b*) do art. 2.º do RJ SII como efectuada para a Secção C do Anexo I da DMIF, os *rolling spot forex contracts* devem considerar-se cobertos pelo SII.

E. Conclusão

Os contratos à vista sobre divisas, ao contrário dos contratos derivados sobre o mesmo objecto, não são instrumentos financeiros.

Os *rolling spot forex contracts* são instrumentos financeiros, desde que se qualifiquem como contratos derivados.

Os contratos derivados caracterizam-se por serem:

a) instrumentos financeiros e contratos que têm por referência outro bem jurídico (o subjacente), variando o valor do derivado em função do preço daquele,

b) estruturalmente complexos, cujo valor e risco são (mais) dificilmente apreensíveis,

c) instrumentos financeiros que pressupõem a decorrência de um período temporal superior ao tempo normal de liquidação entre a negociação e a entrega dos bens (liquidação física).

Os *rolling spot forex contracts*, substancialmente análogos aos *futuros*, são instrumentos financeiros aptos para o investimento e transferência de riscos económicos, o que é compatível com o efeito da qualificação de determinada realidade como derivado e a sua sujeição à disciplina dos instrumentos financeiros.

---

[46] Directiva dos Serviços de Investimento: Directiva 93/22/CEE, do Conselho, de 10 de Maio de 1993, relativa aos serviços de investimento no domínio dos valores mobiliários.

Os *rolling spot forex contracts* são instrumentos financeiros análogos a *opções*, *futuros*, *swaps* e *contratos a prazo* (nos termos e para os efeitos da al. *e*), do n.º 1 do art. 2.º CdVM).

Os *rolling spot forex contracts* são contratos derivados, logo, instrumentos financeiros para efeitos da DMIF, do CdVM e do SII.

Bibliografia

ALMEIDA, Carlos Ferreira de, *Contratos II – Conteúdo. Contratos de Troca*, Coimbra, Almedina, 2007.

ANTUNES, José Engrácia, «Os Derivados», *in Cadernos do Mercado de Valores Mobiliários*, 30 (200), acessível *in* http://www.cmvm.pt/NR/rdonlyres/4E827D52-114A-4E50-A0BF-D3DACC4CBD05/11390/CadernosMVM31.pdf, pp. 91-136, consultado a 26/02/2010.

ASCENSÃO, José de Oliveira, «Derivados», *in* INSTITUTO DOS VALORES MOBILIÁRIOS, *Direito dos Valores Mobiliários*, IV vol., Coimbra, Coimbra Editora, 2003, pp. 41-68.

BORGES, Sofia Leite e SOFIA TORRES MAGALHÃES, «Derivados de Crédito – Algumas Notas Sobre o Regime dos Valores Mobiliários Condicionados por Eventos de Crédito», *in Cadernos Mercado de Valores Mobiliários*, acessível *in* http://www.cmvm.pt/NR/rdonlyres/10E723CB-5CC3-4589-9464-C8550BCE0860/2018/SBorges_SMagalhaes.pdf, consultado a 26/02/2010.

CABALLERO, Juan Ignacio Sanz, *Derivados Financieros*, Madrid, Marcial Pons, 2000.

CARVALHO, Orlando, «Negócio Indirecto (Teoria Geral)», *in Boletim da Faculdade de Direito da Universidade de Coimbra*, Suplemento X (1981).

CESR, *CESR's Technical Advice on Possible Implementing Measures of the Directive 2004/39/EC on Markets in Financial Instruments – 1st Set of Mandates where the deadline was extended and 2nd Set of Mandates*, ref.ª: CESR/05-290b, acessível *in* http://www.cesr.eu/index.php?docid=3263, consultado a 26/02/2010.

COMISSÃO EUROPEIA, *Your Questions on MiFID*, acessível *in* http://ec.europa.eu/yqol/index.cfm?fuseaction=legislation.showGroup&groupCode=MiFID, consultado em 26/02/2010.

CUNHA, Miguel, «Os Futuros de Bolsa: Características Contratuais e de Mercado», *in* INSTITUTO DOS VALORES MOBILIÁRIOS, *Direito dos Valores Mobiliários*, I vol., Coimbra, Coimbra Editora, 1999, pp. 63-132.

DUARTE, Rui Pinto, *Tipicidade e Atipicidade dos Contratos*, Coimbra, Almedina, 2000.

FERREIRA, Amadeu José, *Direito dos Valores Mobiliários*, Lisboa, Associação Académica da Faculdade de Direito de Lisboa, 1997.

– , «Operações de Futuros e Opções», *in* AMADEU JOSÉ FERREIRA *et al.*, *Direito dos Valores Mobiliários*, Lisboa, Lex, 1997, pp. 121-188.

HERBST, Jonathan, SIMON LOVEGROVE e MARK WOODWARD, «Commodity Derivatives» *in* MATTHEW ELDERFIELD, *A Practitioner's Guide to MiFID*, 1.ª ed., Londres, City & Financial Publishing, 2007, pp. 311-331.

VASCONCELOS, Pedro Pais de, *Contratos Atípicos*, Coimbra, Almedina, 1995.

VALORES MOBILIÁRIOS *VS.* LETRAS E LIVRANÇAS: VIRTUDES DE UM CONFRONTO POUCO USUAL

Carolina Cunha[*]

SUMÁRIO: **1.** *Introdução* **2.** *As inegáveis diferenças – de estrutura, de conteúdo, de criação e de construção jurídica – entre valores mobiliários e letras e livranças* **3.** *As afinidades entre a disciplina da Lei Uniforme e o regime dos valores mobiliários: aquisição a um não-titular, legitimação activa e legitimação passiva* **4.** *Exame crítico do valor e utilidade da categoria «títulos de crédito»* **5.** *O suporte documental como ponto nevrálgico: referência à querela em torno da qualificação dos valores escriturais como «títulos de crédito»* **6.** *Suporte em papel vs. suporte informático: similitude da função global que desempenham e diferenças na forma concreta como a desempenham (o certificado de registo e o bloqueio)* **7.** *Suporte informático, penhora e reforma* **8.** *A actual definição de valores mobiliários ao portador (art. 52.°, 1, CdVM)* **9.** *«Títulos de crédito», títulos cambiários e valores mobiliários: algumas conclusões*

1. Introdução

As necessidades de prover a uma segura e expedita circulação de riqueza foram, como é sabido, determinantes para o advento e sedimentação dos institutos da letra e da livrança[1]. A plasticidade dos instrumentos

---

[*] Professora da Faculdade de Direito da Universidade de Coimbra.

[1] O texto que aqui apresentamos é tributário da nossa investigação de doutoramento e as principais ideias que expomos são desenvolvidas na nossa dissertação *Letras e livranças: paradigmas actuais e recompreensão de um regime*. No percurso empreendido foram para nós essenciais os ensinamentos de Carlos Ferreira de Almeida, quer em matéria de

assim criados e as utilidades prático-económicas do regime plasmado nos textos normativos que desembocaram na Lei Uniforme acabaram por atribuir à letra e à livrança uma vitalidade multissecular que justifica a sua utilização, ainda recorrente, por uma *praxis* que rompeu com o paradigma da circulação e passou a privilegiar a vinculação cambiária como forma de criar garantias adicionais ou de assegurar o acesso imediato ao processo executivo.

Mas a urgência em garantir uma segura e expedita circulação de riqueza continua a fazer-se sentir com renovada intensidade num outro sector do actual estádio de evolução do sistema capitalista: o domínio das transacções bolsistas. Não é de estranhar, portanto, que o *direito dos valores mobiliários* tenha acabado por «importar» um núcleo de soluções normativas fulcrais do *direito cambiário*, o que torna viável e interessante uma comparação entre os dois regimes e as realidades que disciplinam. A insistência da doutrina portuguesa em fazer remontar a origem de tais soluções a um (entre nós inexistente) *regime* (geral) *dos títulos de crédito* forçar-nos-á, todavia, a desenvolver algumas considerações sobre esta vetusta e abrangente categoria.

Repare-se que os contrastes que é hábito empreender entre os valores mobiliários e a categoria dos títulos de crédito acabam, afinal, por tomar como referência desta última o regime e as particularidades dos títulos cambiários[2]. Julgamos preferível proceder a uma *comparação directa*, com a vantagem de ambas as figuras – valores mobiliários e letras e livranças – disporem de uma disciplina jurídica específica que pode ser levada em conta no processo. O contraste revela-se ainda interessante se tivermos em conta que, de um ponto de vista histórico-cultural, tanto as letras e livranças como os valores mobiliários se apresentam como instrumentos jurídicos de circulação de riqueza. O regime da transmissão dos valores mobiliários e do(s pressupostos de) exercício dos direitos a eles inerentes constitui, em certa medida, uma evolução na continuidade, pelo que só confrontando-o com as soluções da Lei Uniforme estaremos em condições

---

negócio jurídico, quer em sede de teoria dos registos e dos valores mobiliários. Não poderíamos, portanto, deixar de nos associar, com reconhecimento, aos *Estudos de Homenagem*.

[2] Subcategoria onde podemos incluir a letra, a livrança e o cheque. A nossa exposição e raciocínio centrar-se-ão, contudo, por razões ligadas ao âmbito da investigação que efectuámos (veja-se o esclarecimento que prestamos na nota 1), nas figuras da letra e da livrança, deixando de lado o cheque e a respectiva Lei Uniforme (cujas afinidades com a Lei Uniforme que disciplina as letras e livranças são por demais conhecidas).

de compreender a *assinalável recorrência das respostas fornecidas pelo arsenal jurídico* a necessidades que variam menos do que a sofisticação dos instrumentos que as suscitam.

2. **As inegáveis diferenças – de estrutura, de conteúdo, de criação e de construção jurídica – entre valores mobiliários e letras e livranças**

Comecemos por *inventariar as principais diferenças* entre os valores mobiliários e as clássicas figuras da letra e da livrança. Trata-se de uma tarefa indispensável para compreender por que razão algumas particularidades do regime das segundas não transitaram, sequer adaptadas, para os primeiros.

Podemos dizer que os valores mobiliários supõem, *no que toca à estrutura*, uma *relação singular entre dois sujeitos* – v. g., o accionista e a sociedade, o obrigacionista e o emitente, etc. Não é essa a estrutura da relação jurídica cambiária, que se caracteriza pela *pluralidade passiva*, articulando-se as posições dos devedores de acordo com um esquema complexo, que atende à sua qualidade de obrigado principal ou de garantia e, para efeitos de regresso, à sua posição relativa na cadeia cambiária. As letras e livranças implicam, portanto (sempre que o obrigado principal não pague atempadamente), uma fase de liquidação de responsabilidade entre garantes que não encontramos nos valores mobiliários. Ao mesmo tempo, é a própria circulação da letra ou livrança que vai engrossando o lado passivo – cada endosso provoca, na (sociologicamente típica) ausência de cláusula em contrário, a *assunção de uma posição debitória pelo sujeito que acaba de transmitir a titularidade activa*. Esta é uma diferença central em face dos valores mobiliários: o ex-titular não assume *ipso iure* uma obrigação pelo facto de transmitir o valor; o «círculo cambiário» não se espelha, portanto, num correlato «círculo mobiliário».

Seguem-se as óbvias *diferenças de criação*: enquanto que os valores mobiliários são emitidos em massa e integrados em conjuntos homogéneos, as letras e livranças são alvo de uma *emissão singular e detalhada*[3].

---

[3] Mesmo que o sujeito emitente opte por criar mais do que um título em simultâneo, o que não é de todo invulgar nos impropriamente chamados processos de «reforma». Note-se que o «engenho e a arte» dos agentes económicos conduzem frequentemente à criação de figuras de fronteira, aproveitando a maleabilidade oferecida pelo instituto das letras e livranças. Por exemplo, em Espanha, por volta de 1980, entendeu a Bolsa de Madrid

Há, contudo, em sede de criação, uma outra diferença fundamental, para cuja expressão podemos mobilizar as categorias clássicas do *carácter constitutivo* dos títulos cambiários, contraposto (mesmo antes do próprio advento dos valores mobiliários) ao *carácter declarativo* dos títulos de acção, os quais se limitam a declarar ou manifestar um direito ou posição jurídica já existente[4]. Como observa Soveral Martins, o título de acção é declarativo «na medida em que a socialidade *surge antes* do título e subsiste *mesmo sem* a sua incorporação no título»; o título apenas vem «tornar aplicável um conjunto de regras quanto à legitimação para o exercício dos direitos, quanto à transmissão da participação representada e quanto à tutela dos adquirentes»[5].

Ou seja: enquanto a criação de uma letra ou livrança corresponde à *criação de um novo bem ou utilidade jurídica-económica* (a prestação em dinheiro que constitui objecto do crédito cambiário), à criação de um valor mobiliário não é possível assinalar este preciso carácter de novidade: o bem ou vantagem que dará conteúdo ao valor mobiliário (a posição accionista, obrigacionista, etc.) já eclodiu previamente no mundo jurídico-eco-

---

implantar um «mercado de letras de câmbio», admitindo entidades de crédito a negociar em mercado *«letras bursátiles»* por elas sacadas à própria ordem e aceites pelos respectivos clientes (*maxime* em virtude de um mútuo ou abertura de crédito), letras cujo valor seria depositado pelas mesmas entidades junto da Bolsa um dia antes do vencimento e que, adquiridas no mercado por investidores, se destinavam a possibilitar à banca o refinanciamento de operações activas – como relata CANDIDO PAZ-ARES, *La letra de favor*, Editorial Civitas, S. A., Madrid, 1987, pp. 101-103. Em Itália, a partir de 1975, conheceram notável expansão os aceites bancários em massa, operações através das quais empresas carecidas de fundos acordam com um banco o aceite por este de uma massa de títulos por elas sacados e que depois são colocados no mercado por uma sociedade financeira – sobre o fenómeno, ver PELLIZZI, «Le accettazioni bancarie», *BBTC*, ano XLV, 1982, I, pp. 992-1005. Já em 1994, ainda em Itália, assinala-se a entrada em vigor de um diploma que especificamente regula a chamada *«cambiale finanziaria»*, instrumento alvo de emissão em série e destinado à recolha (não bancária) de poupanças entre o púbico em geral – cfr. SPADA, «Dai titoli cambiari ai valori mobiliari (suggestioni della "leggina" sulle cambiali finanziarie)», *Riv. Dir. Civ.*, ano XL, 1994, II, pp. 499-508; MARTORANO, «Profili cartolari delle cambiali finanziarie», *BBTC*, ano LIX, 1996, pp. 129-148; GIUSEPPE FAUCEGLIA, «La cambiale finanziaria tra le discipline del titolo di credito e del valore mobiliare», *Riv. Dir. Comm.*, ano XCIV, 1996, I, pp. 621-641; CARLO LO VETRO, «Sui titoli di credito atipici di massa e sui titoli c. d. similari alle obbligazioni», *Riv. Dir. Comm.*, ano XCIV, 1996, II, pp. 369-399.

[4] Cfr., com extensas referências bibliográficas, A. SOVERAL MARTINS, *Cláusulas do contrato de sociedade que limitam a transmissibilidade das acções. Sobre os arts. 328.º e 329.º do CSC*, Almedina, Coimbra, 2006, p. 163 e ss.

[5] SOVERAL MARTINS, *Cláusulas do contrato de sociedade*, pp. 164 e 165.

nómico, pelo que a «utilidade» aportada pela subsequente criação do valor mobiliário consiste essencialmente no regime aplicável às vicissitudes da sua existência[6].

Cabe, de seguida, assinalar as *diferenças de função*: se os valores mobiliários, na sua tipologia sortida, estão vocacionados para mobilizar a riqueza dispersa e aplicá-la ao financiamento dos respectivos emitentes[7], as letras e livranças, como é sabido, não trazem em si a marca de qualquer função. São instrumentos dúcteis e transparentes, que podem ser funcionalizados ou coloridos de modo a servir um amplo espectro de possibilidades, desde a garantia de dívidas (pelo próprio ou por terceiro) à dilação de pagamentos, passando pelo financiamento individual do (de um dos) subscritor(es).

Tudo isto se reflecte nas patentes *diferenças de conteúdo* entre valores mobiliários e letras e livranças. Estas documentam um simples *direito de crédito*, dotado de um objecto invariável e singelo: uma prestação em dinheiro. O sujeito que ingresse na titularidade do direito adquire o poder de exigir ao(s) devedor(es) uma prestação em dinheiro, a realizar em época determinada (ou determinável) e num local certo. Com isto queremos frisar que *o titular de uma letra ou livrança é simplesmente um credor* – o sujeito activo de uma relação jurídica obrigacional, embora documentada num infungível suporte de papel e submetida a um regime peculiar. Muito mais intrincado se apresenta o conteúdo dos valores mobiliários e consideravelmente mais complexa se revela a posição jurídica a reconhecer ao respectivo titular[8]. O fenómeno não surpreende, já que se limita a traduzir a crescente sofisticação dos mecanismos jurídicos que estruturam as formas de criação e circulação da riqueza económica. Os autores favorecem a fórmula «posição jurídica» para condensar a *diversidade de vínculos jurídicos (activos mas também passivos) que a titularidade de valo-*

---

[6] O que não impede SOVERAL MARTINS, *Cláusulas do contrato de sociedade*, p. 165, de considerar que «nessa medida, poderá falar-se de uma função constitutiva do título de acção».

[7] Assim FERREIRA DE ALMEIDA, «Valores mobiliários: o papel e o computador», *Nos 20 anos do Código das Sociedades Comerciais – Homenagem aos Profs. Doutores A. Ferrer Correia, Orlando de Carvalho e Vasco Lobo Xavier*, Coimbra Editora, Coimbra, 2007, pp. 621-629, p. 625; ou J. AMADEU FERREIRA, *Valores mobiliários escriturais. Um novo modo de representação e circulação de direitos*, Almedina, Coimbra, 1997, p. 20 e ss.

[8] Tão (mais) complexo e denso se perfila o conteúdo dos valores mobiliários que assistimos, inclusive, ao fenómeno dos direitos destacados – art. 1.º, *f*), Código dos Valores Mobiliários (CdVM).

res mobiliários atribui; resta agora esclarecer de que modo se processa o encabeçamento dessa posição complexa no sujeito titular do valor mobiliário. Resta, portanto, um problema de construção jurídica.

A vulgarmente chamada «circulação da letra» resume-se a um fenómeno de circulação de um direito de crédito, cuja titularidade se transmite – ainda que segundo regras bem diferentes das que balizam a vulgar cessão de créditos. Qual o *quid* transmitido, porém, na circulação de valores mobiliários? A resposta mais óbvia ou imediata será a de que se transmite a referida posição jurídica complexa – ainda que segundo regras bem diferentes da vulgar cessão da posição contratual. Temos, porém, muitas dúvidas de que possa ser essa a resposta adequada. A solução que nos parece preferível, no actual contexto do nosso sistema e pensamento jurídico, é a que aponta para a *construção dos valores mobiliários* (quer titulados, quer escriturais) como *coisas incorpóreas*, cuja propriedade atribui a titularidade plena das posições jurídicas (activas e passivas) correspondentes ao seu conteúdo.

Esta nossa opinião, que aqui não cabe desenvolver, é fortemente tributária da doutrina que constrói as participações sociais – e, muito em particular, as acções, que, como é sabido, são valores mobiliários – como bens objecto de direitos (próximos dos) reais[9]. Busca ainda inspiração (embora mais remota) naquelas correntes que, no âmbito do fenómeno dos «direitos sobre direitos», classificam o direito subjectivo «dominado» como coisa incorpórea[10], isto na medida em que também a construção que perfilhamos opera uma «coisificação» da posição jurídica complexa correspondente ao núcleo dos valores mobiliários. Cremos, por fim, que está em harmonia com o regime da transmissão dos valores mobiliários e com a possibilidade, legalmente prevista, da constituição de usufruto ou penhor sobre eles (cfr., desde logo, o art. 68.º, 1, *g*), do Código dos Valores Mobiliários – CdVM).

---

[9] Cfr. J. M. Coutinho de Abreu, *Curso de Direito Comercial*, vol. II, «Das Sociedades», Almedina, 3.ª ed., Coimbra, 2009, pp. 348-349; M. Nogueira Serens, *Notas sobre a sociedade anónima*, 2.ª ed., Coimbra Editora, Coimbra, 1997, pp. 18-19. Extensamente, sobra a natureza jurídica da participação social, P. Pais de Vasconcelos, *A participação social nas sociedades comerciais*, 2.ª ed., Almedina, Coimbra, 2006, pp. 389 e ss. (embora o Autor prefira a expressão *parte social* para designar o «objecto da participação social» susceptível de ser transmitido ou onerado – assim p. 501). No direito italiano, construindo os «valori mobiliari» como «bens de segundo grau», Luigi Salamone, *Unità e molteplicità della nozione di valore mobiliare*, Giuffrè, Milano, 1995, p. 111 e ss.

[10] Manuel de Andrade, *Teoria geral da relação jurídica*, vol. I, «Sujeitos e objecto», Almedina, Coimbra, 1987 (reimp.), pp. 228, 195-198.

É, aliás, a destinação funcional ao mercado que, em nosso entender, mais incisivamente demanda que os valores mobiliários sejam tratados deste modo: atendendo à complexidade intrínseca que o conteúdo de algumas espécies de valores mobiliários apresenta, o seu comércio padronizado e célere exige, além da conhecida característica da fungibilidade, a *simplificação redutora proporcionada pelo estatuto de coisa*. No arsenal de ferramentas conceptuais que o jurista tem ao seu dispor para processar a relativa novidade da figura, parece-nos a opção mais eficaz e em linha com uma evolução há muito detectada. Recordando as sensatas palavras de Manuel de Andrade: «o conceito de coisa ligou-se, no começo, àquilo que tem existência material; depois, todavia, foi-se alargando e desenvolvendo por maneira a compreender *entes imateriais de vária ordem*, à medida que se foi tornando mais vasto o círculo dos objectos capazes de dar satisfação às necessidades e interesses humanos»[11].

---

[11] MANUEL DE ANDRADE, *Teoria geral da relação jurídica*, vol. I, p. 203, sublinhados nossos. Citando SCUTO, o Autor acrescenta: «o conceito jurídico de coisa ou bem *progride com o progredir das necessidades da vida*, e neste seu progressivo desenvolvimento, vai-se *espiritualizando*» (mais uma vez, sublinhados nossos). Subsiste, naturalmente, a *vexata quaestio* da admissibilidade de um direito de propriedade sobre coisas incorpóreas, em face do disposto no art. 1302.º CCiv (para um panorama do problema, cfr. RUI PINTO DUARTE, *Curso de Direitos Reais*, 2.ª ed., Principia, 2007, p. 30 e ss.) E o art. 1303.º, 1, CCiv não fornece grande auxílio, já que se limita a aludir aos «direitos de autor» e à «propriedade intelectual». Remete, assim, para o *núcleo tradicional* do conceito de coisa incorpórea enquanto *criação do espírito*, identificada com a obra artística, literária, científica, intelectual, a invenção industrial, em suma, com os «produtos do engenho, da inteligência ou da sensibilidade humanas» (MOTA PINTO, *Teoria Geral do Direito Civil*, 4.ª ed., por PINTO MONTEIRO / PAULO M. PINTO, Coimbra Editora, Coimbra, 2005, p. 336). Ora, o valor mobiliário não é um produto da actividade espiritual do homem; não é uma criação do engenho ou da sensibilidade que reclame a tutela do direito numa dupla vertente patrimonial e pessoal, através do reconhecimento de certos poderes ao sujeito criador (poderes que se discute, aliás, se devem ser reconduzidos ao quadro do direito de propriedade – criticamente, OLIVEIRA ASCENSÃO, *Direito Civil – Teoria Geral*, vol. I, «Introdução. As pessoas. Os bens», Coimbra Editora, Coimbra, 1997, pp. 324-325); também não se encontra previsto no elenco dos bens jurídicos objecto de propriedade industrial. Tal como em boa medida sucede com o estabelecimento – a que muitos assinalam, igualmente, o estatuto de coisa incorpórea (cfr., desde logo, COUTINHO DE ABREU, *Curso de Direito Comercial*, vol. I, «Introdução, Actos de comércio, Empresas, Sinais distintivos», 6.ª ed., Almedina, Coimbra, 2006, p. 238 e ss.) – é a *dinâmica do tráfico jurídico que reclama que o valor mobiliário seja tratado como coisa*. Tudo ponderado, não custa admitir, apesar da ausência de previsão no n.º 1 do art. 1303.º CCiv, que também aos valores mobiliários possam ser «subsidiariamente aplicáveis» os preceitos atinentes ao direito de propriedade regulado no Código Civil, dentro dos mesmos condicionalismos fixados pelo n.º 2 daquela norma.

Importa precisar que, na concepção que perfilhamos, o valor mobiliário *constitui uma coisa incorpórea seja qual for o seu modo de representação*. Quer isto dizer que, no que respeita aos valores titulados, *não se confunde* o direito (real) sobre o valor mobiliário, coisa incorpórea, com o direito (real) sobre o papel, coisa corpórea. O segundo é, em termos jurídico-económicos, mera consequência do estatuto particular que a lei atribui ao documento, tanto em sede de transmissão do (direito sobre o) valor mobiliário, como em sede de exercício das faculdades que integram a posição jurídica correspondente ao seu conteúdo[12]. Ora, quando o legislador elege para a transmissão do valor mobiliário *um sistema de apoio diferente do papel*, deixa de ser necessário e de fazer sentido – por evidente falta de objecto – o correspondente direito sobre o papel. Portanto, a natureza do suporte documental do valor mobiliário escritural (que é um suporte documental informático, integrado em sistema ou base de dados) e, particularmente, o seu carácter heterónomo[13], condensam ou simplificam o feixe de direitos encabeçados no titular do valor mobiliário, já que o reduzem ao direito sobre a coisa incorpórea.

Se recuperarmos aqui a polémica quanto à caracterização do valor mobiliário como direito representado ou como representação do direito[14], podemos dar mais um passo na construção que propomos. A representação

---

[12] Aqui encontramos, portanto, uma afinidade significativa com o regime das letras e livranças – cfr. o que dizemos no nosso *Letras e livranças: paradigmas actuais e recompreensão de um regime*, Cap. IV-1.1, n.º 6, sobre a propriedade do papel. Também C. Osório de Castro, *Valores mobiliários: conceito e espécies*, 2.ª ed., Universidade Católica Portuguesa, Porto, 1998, pp. 50-51, salienta a existência de «um direito (de propriedade) distinto do direito ou posição jurídica» que os valores titulados incorporam: «os títulos, enquanto coisas, é que são atribuídos em propriedade».

[13] Usamos a expressão com o sentido que lhe dá C. Ferreira de Almeida, «Registo de valores mobiliários», *Direito dos Valores Mobiliários*, vol. VI, pp. 51-138, pp. 97-99, ao caracterizar o registo de valores mobiliários como acto jurídico-privado *heterónomo* de conteúdo vinculado, cujos efeitos se repercutem em património alheio e não no do próprio agente (intermediário financeiro).

[14] Aderindo à concepção do direito representado, Soveral Martins, *Valores mobiliários (acções)*, IDET – Instituto de Direito das Empresas e do Trabalho, Cadernos, n.º 1, Almedina, Coimbra, 2003, p. 13; Osório de Castro, *Valores mobiliários*, p. 66; Amadeu Ferreira, *Valores mobiliários escriturais*, p. 389 (caracterizando os valores mobiliários escriturais como «direitos registados»). Cfr. todavia, Ferreira de Almeida, «Valores mobiliários: o papel e o computador», p. 623, que opta por privilegiar a tese oposta, caracterizando os valores mobiliários como «documentos representativos de situações jurídicas».

(seja titulada ou escritural) é, na verdade, um *requisito legal imprescindível para a criação do valor mobiliário enquanto coisa incorpórea*; e irá, subsequentemente, funcionar como eixo do regime consagrado para a respectiva transmissão e para o exercício dos direitos ou faculdades que encerra[15]. Contudo, o valor mobiliário titulado não desaparece em caso de destruição ou perda do papel, como não desaparece o valor mobiliário escritural em caso de destruição do respectivo registo informático. O legislador, *ciente do risco de aniquilamento do suporte*[16], fixou mecanismos dirigidos à respectiva reconstituição (cfr. os arts. 1069.º e ss. CPCiv e o art. 51.º CdVM); no entretanto, parece evidente que o valor mobiliário-coisa incorpórea não desaparece, mesmo que a sua transmissão e o exercício de faculdades que encerra acabem por ficar condicionados à reconstituição do suporte documental (seja físico ou informático). Por tudo isto, parece-nos um tanto ou quanto estéril a discussão binária quanto à prevalência da situação jurídica ou do respectivo suporte documental. *O valor mobiliário não é um documento*[17]*: é uma coisa incorpórea*. Contudo, *tanto* a sua transmissão *como* o exercício dos direitos a ele inerentes *implicam*, por razões que teremos oportunidade de examinar, a existência de um suporte documental (em papel ou computador)[18].

---

[15] Como afirma SOVERAL MARTINS, *Cláusulas do contrato de sociedade*, p. 212: «o registo em conta individualizada é uma forma de representação das acções, tal como o é o documento em papel. Só depois de ter ganho essa forma de representação é que o valor se torna valor *mobiliário*». Sobre o regime da transmissão de participações sociais na fase anterior a essa representação, veja-se a exposição do Autor nas p. 213 e ss.

[16] Risco de intensidade variável consoante o modo de representação, de acordo com FERREIRA DE ALMEIDA, «Valores mobiliários: o papel e o computador», p. 628: «a possibilidade de extravio do papel envolvia mais riscos do que a remota possibilidade de perda simultânea do registo e do seu *back-up*».

[17] Como observa OLIVEIRA ASCENSÃO, «As acções», *Direito dos Valores Mobiliários*, vol. II, Coimbra Editora, Coimbra, 2000, pp. 57-90, p. 51, a propósito das acções tituladas, o direito social «não está preso ao papel, ultrapassa as mudanças e a própria perda do papel»; o facto de poder ser reformado demonstra «que o direito subsiste, para além da perda da sua base de representação».

[18] Tal como, em nosso entender, também a letra e a livrança não são documentos: ainda que no sentido empírico (*v. g.*, «A entregou uma letra a B»; «C assinou uma livrança») e mesmo em certos trechos da Lei Uniforme (veja-se o excerto paradigmático «a letra contém» que inicia o art. 1.º, LU) possam ser tidas por documentos, correspondem, se não tomarmos a nuvem por Juno, a *direitos de crédito pecuniários cuja transmissão e exercício implicam a documentação num único suporte de papel*. Mas é fácil tomar a nuvem por Juno, porque é mais fácil *apreender* a existência (física) do suporte de papel do que a existência (mental porque jurídica) do direito de crédito. E, mesmo em relação a

3. As afinidades entre a disciplina da Lei Uniforme e o regime dos valores mobiliários: aquisição a um não-titular, legitimação activa e legitimação passiva

Sublinhámos que diversos aspectos do regime da transmissão dos valores mobiliários e do(s pressupostos de) exercício dos direitos a eles inerentes constituem uma evolução na continuidade face às soluções consagradas na Lei Uniforme. Parece-nos, desde logo, evidente a semelhança entre o art. 16.º, II, LU[19] e o art. 58.º, 1, CdVM[20]: ambos visam resolver um *conflito de titularidade* introduzindo uma excepção à regra geral *nemo plus iuris* e ambos se apoiam na *boa fé do adquirente* (num caso, do adquirente do direito cambiário; no outro, do adquirente do valor mobiliário).

Contudo, o art. 16.º, II, LU *presume essa boa fé*, desonerando o adquirente de ter que a provar, pelo relevo decisivo que confere à aparência de titularidade do *tradens* alicerçada numa cadeia regular de endossos. Ou seja, para mobilizar a tutela da Lei Uniforme, basta ao adquirente exibir o título e a série ininterrupta de endossos que ostenta. O mesmo não se passa em face do art. 58.º, 1, CdVM: o adquirente de um valor mobiliário tem

---

realidades jurídicas documentadas informaticamente, alguma doutrina, depois de dar por assente que o conceito de documento abrange tal modo de representação, não deixa de levar a discussão para a questão de saber se os próprios «*Papierlose Urkunden*» merecem ou não a qualificação jurídica de coisas – assim LUKAS HANDSCHIN, *Papierlose Wertpapiere*, Basel & Frankfurt am Main, Helbing & Lichtenhahn, 1987, pp. 20-21.

[19] Para maiores desenvolvimentos no que toca à interpretação e aplicação do art. 16.º, LU, cfr. o nosso *Letras e livranças: paradigmas actuais e recompreensão de um regime*, Cap. IV-2.1.

[20] Norma que, como salienta BRANDÃO DA VEIGA, *Transmissão de valores mobiliários*, Almedina, Coimbra, 2004, p. 105, «se aplica em geral *a todos os valores mobiliários*, independentemente da sua forma de representação (46.º CdVM), das suas modalidades (52.º CdVM), da sua integração em sistema ou não» (sublinhados nossos). Trata-se, na verdade, de um preceito incluído no Capítulo I do Título II, que estabelece as *disposições gerais* aplicáveis aos valores mobiliários. Note-se que a norma (*lato sensu*) correspondente do antigo Código do Mercado dos Valores Mobiliários, o art. 64.º, 6, estava inserida na Secção II do Capítulo IV do Título I, relativa aos *valores mobiliários escriturais*. O preceito, que foi alvo de diversos reparos por parte da doutrina, dispunha: «As pessoas em nome das quais se encontrem definitivamente inscritos nas contas referidas no n.º 1, quaisquer direitos sobre os valores nelas registados presumir-se-ão seus legítimos titulares, nos precisos termos em que o registo o defina, não podendo essa presunção ser elidida mediante prova em contrário *contra terceiros de boa fé* a que tenham sido transmitidos por título oneroso ou dados em penhor, caução ou qualquer outra forma de garantia».

de *provar que procedeu de boa fé*. Falta, aqui, tipicamente, uma documentação da cadeia de transmissões que possa ser convocada como aparência fundadora de uma presunção de boa fé. Sobretudo quando as transmissões têm lugar em mercado de bolsa parece «totalmente impossível estabelecer um nexo ininterrupto de entre os vários adquirentes do mesmo valor mobiliário»[21]. O próprio registo de valores escriturais (ou equiparados) «não

---

[21] Já que é o sistema que ordena ofertas e «casa» as ordens, «traduzindo-se a liquidação física das operações em apuramento de saldos entre as contas dos vários intermediários» – PAULA COSTA E SILVA, «Efeitos do registo e valores mobiliários. A protecção conferida ao terceiro adquirente», *ROA*, ano 58, 1998, pp. 859-874, pp. 867-868. FERREIRA DE ALMEIDA, «Valores mobiliários: o papel e o computador», p. 626, destaca como vantagem do «uso de computador e do respectivo suporte informático» em sede de valores mobiliários «a maior facilidade de *tracing*, isto é, de reconstituição da sucessão de titulares», embora logo ressalve os limites de semelhante reconstituição sempre que «na sucessão se integrem *operações de bolsa* realizadas em nome próprio por intermediários financeiros».

Note-se que PAULA COSTA E SILVA (cfr. «A transmissão de valores mobiliários fora de mercado secundário», *Direito dos Valores Mobiliários*, vol. I, Coimbra Editora, Coimbra, 1999, pp. 217-252, pp. 219-220) escrevia dentro no quadro fornecido pelo anterior Código do Mercado de Valores Mobiliários, distinguindo entre as transmissões realizadas dentro e fora de mercado secundário – definido como mercado organizado para assegurar a compra e venda de valores e que integra o mercado da bolsa, os mercados especiais e o mercado de balcão – para concluir que «só poderão considerar-se operações imputáveis ao fora de mercado aquelas em que não haja a intermediação [financeira] na realização da operação». Já no domínio do CdVM, socorramo-nos do quadro traçado por M. BOTELHO DA SILVA, «Os sistemas alternativos de negociação ou a bolsa como instrumento do princípio da igualdade», *Direito dos Valores Mobiliários*, vol. V, Coimbra Editora, Coimbra, 2004, pp. 309-323, pp. 310-313, que elege como fio condutor a «progressiva perda» da garantia do investidor quanto à qualidade dos valores negociados e à *best execution* («justiça» no preço): temos o *mercado regulamentado* (aquele a que se aplicam determinadas normas, em especial as limitadoras e disciplinadoras da admissão à negociação e da própria negociação); o *mercado não regulamentado* (a que se aplicam outras normas, menos exigentes); os *sistemas alternativos de negociação* (produto de um regime negocial predisposto pelo intermediário financeiro) e o *puro fora de mercado* (espaço de negociação *ad hoc* e não organizado de valores mobiliários, «obviamente não fora de mercado em sentido económico»). Seja como for, esclarece BOTELHO DA SILVA que, no fora de mercado, os negócios em valores mobiliários podem ocorrer *com ou sem* mediação de terceiros, *maxime* de intermediários financeiros – os sistemas alternativos de negociação, na sua posição de charneira entre a negociação em Bolsa e a negociação normal fora de Bolsa, brotam, precisamente, de um movimento de complexificação e organização da mediação profissional. O Autor adverte, ainda, que «nem todos os mercados regulamentados têm que ser bolsas, nem todas as bolsas têm que ser mercados regulamentados». Sobre a transmissão em mercado e fora de mercado, ver ainda ISABEL VIDAL, «Da (ir)relevância da forma de represen-

revela em simultâneo a sucessão de direitos da mesma natureza», mas «apenas em directo a titularidade actual, com o respectivo saldo»; por isso, a própria reconstituição das transmissões (quando viável) só pode fazer-se «por recurso a arquivos, que podem ser até arquivos de outras entidades registadoras»[22].

Tanto o art. 58.º, 1, CdVM como o art. 16.º, II, LU supõem ainda, como requisito da protecção que dispensam, que o acto de aquisição do terceiro não padeça de falhas. O CdVM é mais explícito nesta exigência (só há inoponibilidade quando «a aquisição tenha sido efectuada de acordo com as regras de transmissão aplicáveis»), que também vigora, todavia, no contexto normativo do art. 16.º, II, LU[23].

Podemos dizer, em suma, que as necessidades de tutela da circulação se fazem sentir com idêntica intensidade nos dois quadrantes – títulos cambiários e valores mobiliários – e que as soluções encontradas para as satisfazer são bastante semelhantes. Existe, contudo, uma moldura de protecção especial para as operações sobre valores mobiliários realizadas em mercado regulamentado, o que se justifica pelo facto de a circulação se processar no interior de um peculiar sistema fechado[24].

---

tação para efeitos de transmissão de valores mobiliários», *Cadernos do Mercado de Valores Mobiliários* (ed. electrónica), n.º 15, Dezembro de 2002, pp. 287-316, p. 303 e ss.

[22] Assim FERREIRA DE ALMEIDA, «Registo de valores mobiliários», p. 116. Advertindo também contra o exagero da «impossibilidade de se estabelecer o trato sucessivo nos valores escriturais», que tende a esquecer que «as entidades de custódia têm um *dever de conservadoria* dos registos em conta», BRANDÃO DA VEIGA, *Transmissão de valores mobiliários*, p. 112.

[23] O art. 16.º, II, LU *não confere ao destinatário da sua tutela uma blindagem universal*: apenas o protege contra a exigência de restituição da letra esgrimida pelo «desapossado» – ou, como prefere alguma doutrina, contra a invocação da excepção de que o direito cambiário e a letra pertencem a outrem. Ou seja, *no conflito que o opõe a um anterior titular do direito*, o sujeito tutelado pelo art. 16.º, II, LU pode conservar a letra porque é considerado, no presente, titular do crédito cambiário. Permanece, contudo, vulnerável a outras excepções.

[24] A verdade é que as operações de bolsa se processam num contexto de tal modo peculiar que os esquemas tradicionais de protecção do adquirente acabam por se revelar *desnecessários*: a tutela é suficientemente conferida pelos mecanismos de funcionamento do próprio sistema – um sistema de negociação fechado à influência de variáveis externas, no seio do qual o resultado transmissivo se produz de forma padronizada e autista, na estrita observância das regras que o informam. Ora, a *genérica inimpugnabilidade* das transacções realizadas em mercado de bolsa (que alguma doutrina equipara a actos abstractos – para uma crítica a esta posição, veja-se o que escrevemos no nosso *Letras e livranças: paradigmas actuais e recompreensão de um regime*, Cap. III, 1.2, n.º 9) *protege a aquisi-*

Seguindo o trilho das correlações entre o regime geral dos valores mobiliários e a Lei Uniforme, deparamo-nos com duas outras afinidades incontornáveis: em matéria de *legitimação activa* e de *legitimação passiva*. Passamos, portanto, da disputa em torno da titularidade efectiva do valor mobiliário para a *perspectiva relacional do exercício dos direitos* a ele inerentes. Quem se propõe exercer esses poderes tem que atestar a regularidade da sua situação; quem está obrigado ao correspectivo cumprimento quer assegurar-se do carácter liberatório da prestação que efectue. O objectivo do ordenamento jurídico – aqui como em matéria de letras e livranças – parece ser o de *fornecer a necessária segurança a estes dois interlocutores* no momento em que a circulação se suspende[25] ou, no caso das letras e livranças, chega ao seu termo natural. E o ponto nevrálgico parece residir no facto de a circulação implicar uma (mais ou menos) *intensa alteração da titularidade activa* sem que seja exequível fazer uso de um mecanismo decalcado sobre a notificação do devedor[26], expediente a que o direito civil recorre em sede de cessão de créditos para acautelar interesses semelhantes.

Comecemos pela *legitimação activa*. Dispõe a regra geral do art. 55.º, 1, CdVM que cabe a «quem, em conformidade com o registo ou com o título, for titular de direitos relativos a valores mobiliários» a legitimação para o exercício «dos direitos que lhes são inerentes». No que toca aos valores mobiliários escriturais (e equiparados[27]), o sujeito que pretenda

---

ção de qualquer terceiro sem necessidade de recorrer ao art. 58.º, 1, CdVM, ao mesmo tempo que oferece uma *segurança sucedânea da proporcionada pela regular sucessão de registos* – o que explica, em nosso entender, que para elas valha o regime especial do art. 80.º, 2, CdVM e não a regra geral do art. 70.º CdVM.

[25] Actualmente, a suspensão da circulação dos valores mobiliários para efeitos do exercício dos direitos inerentes já não é necessária – veja-se o que diremos adiante sobre as alterações decorrentes da Directiva 2007/36/CE, do Parlamento Europeu e do Conselho, de 11 de Julho de 2007, relativa ao exercício de certos direitos dos accionistas de sociedades cotadas.

[26] Ou *nem sempre* seja exequível recorrer a tal mecanismo. Na verdade, nos valores mobiliários nominativos o emitente tem «a faculdade de conhecer a todo o tempo a identidade dos titulares» (art. 52.º, 1, CdVM); em particular, nos valores mobiliários titulados nominativos, cada transmissão implica (entre outras formalidades) o «registo junto do emitente» ou de intermediário financeiro que o represente» (art. 102.º, 1, CdVM). Portanto, em *sentido meramente informativo* (que não técnico ou rigoroso) existe, nestes casos, uma «notificação» do titular passivo da situação jurídica inerente ao valor mobiliário.

[27] Usamos a expressão para abranger os valores mobiliários titulados em cujo contexto normativo releve o registo realizado pelos intermediários financeiros, como acontece com os que estão depositados ou integrados em sistema centralizado.

exercer os tais «direitos inerentes» deverá *apresentar um certificado de registo* que comprove a sua titularidade (art. 83.º CdVM); em sede de valores mobiliários titulados nominativos, o sujeito prevalecer-se-á da *titularidade que constar «no registo do emitente»* (art. 104.º, 2, CdVM); no que toca aos valores mobiliários titulados ao portador, o exercício de direitos «depende da posse do título» (art. 104.º, 1, CdVM). Há, em todas estas situações – e à semelhança do que sucede no art. 16.º, I, LU – o recurso a um *procedimento simplificado de determinação do titular activo* que dispensa demonstrações complementares e se basta (nos dois primeiros casos) com o suporte fornecido por uma aparência documental – o certificado de registo e o registo do emitente – em certa medida equiparável à exigida pela Lei Uniforme[28]. No caso dos valores mobiliários titulados ao portador, somos confrontados com o relevo de uma *aparência «real»*: legitimado será o possuidor do título – como sucede (embora apenas complementarmente[29]) em matéria de letras sempre que o último endosso da série «for em branco» (art. 16.º, I, LU).

Estes dois tipos de aparência são retomados como suporte do efeito liberatório e desresponsabilizador associado à *legitimação passiva*, com um importante aditamento: o emitente deverá *estar de boa fé* quando realiza a prestação ou reconhece o direito a quem se apresenta perante ele como legitimado «pelo registo ou pelo título» (art. 56.º CdVM). Não custa estabelecer novo paralelo, desta feita com o art. 40.º, III, LU, que, para desobrigar validamente aquele que paga, exige aparência documental («regularidade da sucessão de endossos») e ausência de «fraude ou falta grave».

4. Exame crítico do valor e utilidade da categoria «títulos de crédito»

Foi nossa intenção revelar o interesse e utilidade do confronto imediato entre duas disciplinas que não é habitual contrastar directamente: o regime das letras e livranças e o regime dos valores mobiliários. O confronto, não obstante, acaba por ser feito indirectamente, por intermédio da supercategoria à qual as letras e livranças vêm a ser subsumidas: a cate-

---

[28] Ainda que na Lei Uniforme o suporte documental ostente sempre a própria sequência dos negócios unilaterais transmissivos (a cadeia de endossos).

[29] Ou seja, a aparência «real» complementa a aparência documental: de nada vale à legitimação do portador a posse associada ao último endosso em branco se, para trás, houver alguma quebra da série de endossos documentada na letra.

goria dos títulos de crédito. Não foi por acaso que recusámos uma comparação nestes moldes, nem é por acaso que ignoramos a debatida questão de saber se os valores mobiliários são, afinal, títulos de crédito. A nossa opção metodológica assenta na convicção de que os «títulos de crédito» correspondem, na fase actual do nosso sistema jurídico, a uma *categoria altamente sobreestimada, de contornos imprecisos* (não raro, flutuantes), *cujo núcleo essencial acaba por ser inteiramente decalcado sobre os títulos cambiários*, ou seja, sobre as letras, as livranças e os cheques.

O nosso ordenamento jurídico não contém um regime geral dos títulos de crédito[30]. Das poucas normas legais que mencionam a categoria dos títulos de crédito – vejam-se, por exemplo, os arts. 483.º e 484.º CCom; os arts. 623.º, 1466.º, 2262.º CCiv; e os arts. 857.º e 1069.º e ss. do CPCiv – não tem sido extraída, pela doutrina, qualquer noção operativa. O pensamento nacional nesta matéria revela-se largamente tributário das concepções estruturais italianas, que concilia com alguns contributos germânicos e polvilha com uma pitada de influência francesa[31]. Esta receita culmina na construção de uma figura assente nos tradicionais – e, as mais das vezes, insubsistentes – «caracteres gerais dos títulos cambiários»[32].

---

[30] Ausência que a doutrina não deixa, aliás, de acentuar – cfr. ENGRÁCIA ANTUNES, *Os títulos de crédito. Uma introdução*, Coimbra Editora, Coimbra, 2009, p. 8; ou SOVERAL MARTINS, *Títulos de crédito e valores mobiliários*, Parte I – Títulos de crédito, Volume I – I. Dos títulos de crédito em geral. II. A letra, Almedina, Coimbra, 2008, pp. 9-10.

[31] Veja-se, entre vários, o exemplo recente de SOVERAL MARTINS, *Títulos de crédito e valores mobiliários*, que, depois de sucintas referências às noções de títulos de crédito avançadas por ASCARELLI, FERRI, BRUNNER e ULMER, reconhece «na noção de VIVANTE méritos descritivos e um alto valor pedagógico, que permitem a sua utilização para clarificar o regime dos títulos de crédito» (p. 12). Em sentido convergente, FERNANDO OLAVO, *Direito Comercial*, vol. II, 2.ª parte, fascículo I, «Títulos de crédito em geral», Coimbra Editora, Coimbra, 1977, pp. 12-15.

[32] Ou «conjunto de características comuns que a doutrina portuguesa, de forma convergente, atribui aos títulos de crédito», para utilizar as palavras de FERREIRA DE ALMEIDA, «Registo de valores mobiliários», p. 110.

A verdade é que no curso da evolução multissecular do instituto das letras e livranças se foram sedimentando regras específicas, justificadas pelas necessidades de tutela do tráfico cambiário e da posição dos terceiros adquirentes do título. Sobre essas regras a doutrina foi erguendo um sistema de princípios – da incorporação à autonomia, passando pela abstracção, pela literalidade ou pela independência recíproca das obrigações cambiárias – que formam hoje as alegadas traves-mestras de um direito cambiário percebido como edifício submetido a uma lógica peculiar da qual resultam soluções *sui generis*, insusceptíveis de serem reconduzidas aos, ou alcançadas pelos, quadros dogmático-normativos gerais do direito privado – seja ele especial (mercantil) ou comum (civil). Procurámos, nos Cap. III

Mas, embora não se trate aqui de uma especificidade nacional, os raciocínios construtivos parecem muitas vezes inquinados por uma espécie de qualificação *a priori*, que leva a estabelecer para muitos daqueles «caracteres gerais» um *antípoda igualmente válido e igualmente integrante* do conceito de título de crédito.

Vejamos: é comum afirmar que os títulos de crédito se caracterizam pela *literalidade* – mas atenção, pode tratar-se de uma literalidade incompleta, que remete para elementos extracartulares (como sucede no caso das acções)[33]. E nem todos os títulos de crédito são *abstractos* – alguns, pelo contrário, são causais (vejam-se, nomeadamente, as acções)[34]. Acresce que nem todos os títulos de crédito são *constitutivos* – alguns são, pelo contrário, meramente declarativos (como as acções). Quanto à *autonomia*, pelo menos em um dos seus dois sentidos, falta nos títulos de crédito causais e não inteiramente literais (como as acções). Resta, portanto, a *incorporação* no documento de papel, característica comum a todos os títulos de crédito da construção clássica, mas que está, justamente, na linha de fogo das discussões em torno da possibilidade de incluir os valores mobiliários escriturais (com destaque para as acções) dentro de uma construção «moderna» do conceito.

Dada a heterogeneidade ou oscilação de conteúdo de uma categoria assim construída, bem como a mencionada ausência de um regime geral entre nós aplicável, não surpreende que o (histórica e geograficamente) bem sedimentado regime dos títulos cambiários contido na Lei Uniforme acabe por ser *tomado como referente normativo do discurso sobre títulos*

---

e IV do nosso *Letras e livranças: paradigmas actuais e recompreensão de um regime*, demonstrar que assim não é: que as soluções cambiárias não estão imbuídas do esoterismo que vulgarmente lhes vai associado e que podem ser correctamente explicadas e compreendidas a partir de coordenadas gerais do nosso ordenamento jurídico, como sejam o princípio *res inter alios acta*, a tutela (ainda que pontual ou particularizada) da confiança numa aparência, as regras vigentes para a interpretação dos negócios jurídicos formais ou para a determinação do âmbito da forma legal, bem como as regras que disciplinam, em geral, a solidariedade passiva.

[33] Como observa FERNANDO OLAVO, *Direito Comercial*, «a literalidade, conforme se trate de títulos causais [como as acções] ou de títulos abstractos que vivem independentemente da causa [como a letra e livrança], é mais ou menos intensa, ou melhor, processa-se directamente ou por referência»; da literalidade imperfeita, incompleta ou *per relationem* dos títulos de acção nos fala SOVERAL MARTINS, *Títulos de crédito e valores mobiliários*, p. 16.

[34] Cfr., por exemplo, FIORENTINO, «Distinzione di titoli di credito causali ed astratti», *Riv. Dir. Comm.*, ano XLIV, 1946, I, pp. 552-568.

de crédito[35]. Por isso assinalávamos, há pouco, que a comparação entre o regime dos valores mobiliários e o regime cambiário sempre acaba por ser realizada pela doutrina – só que sob a capa comum dos «títulos de crédito».

De que serve e para que serve, então, a categoria dos títulos de crédito? Qual a sua utilidade prática? Na doutrina, acaba por ser utilizada como *expediente para designar em bloco um conjunto alargado de situações jurídicas*, tendo como protagonistas as letras, as livranças, os cheques e as acções. Como figurantes muito secundários, amiúde mencionados mas raras vezes estudados, surgem-nos as guias de transporte, os conhecimentos de carga e de depósito ou as cautelas de penhor. A categoria tem, portanto, escasso relevo prático[36]. Assume, quando muito, um (questionável) *relevo didáctico ou expositivo*, que porventura explica a sua perpetuação em obras vocacionadas para o ensino, ou um *relevo histórico adquirido*, que justifica a tentativa de subsunção aos seus parâmetros de realidades novas (como os valores mobiliários) enquanto expediente de redução da complexidade do sistema.

5. O suporte documental como ponto nevrálgico: referência à querela em torno da qualificação dos valores escriturais como «títulos de crédito»

A heterogeneidade das preocupações subjacentes às normas que utilizam a expressão «títulos de crédito» dificulta a tarefa de encontrar um denominador comum para a correspondente noção por elas pressuposta. Contudo, se excluirmos do lote os preceitos dominados por preocupações exegéticas (*v. g.*, o art. 2262.º CCiv) ou enunciativas (*v. g.*, o art. 483.º CCom), o quadro simplifica-se de forma a deixar emergir um claro vector de aproximação entre as restantes normas: os «títulos de crédito» caracterizam-se, explicitamente, pela *presença de um suporte físico em papel*. É esse documento que vai ser objecto da imobilização controlada prevista

---

[35] Ver, por exemplo, Osório de Castro, *Valores mobiliários*, pp. 36-37; Oliveira Ascensão, *Direito Comercial*, vol. III, «Títulos de crédito», Faculdade de Direito de Lisboa, 1992, p. 8; ou J. Engrácia Antunes, *Os títulos de crédito*, p. 8.

[36] Como bem salienta Soveral Martins (*Títulos de crédito e valores mobiliários*, pp. 9-10), «não há um regime legal unitário e completo que seja de aplicar depois de realizada a qualificação de um documento como título de crédito».

nos arts. 623.º CCiv e 857.º CPCiv; é à perda ou destruição desse documento que os arts. 484.º CCom e 1069.º-1073.º CPCiv, vão prover, criando um substituto. Vai, porém, implícito nestes regimes que *não se trata de um documento qualquer* – caso contrário, a sua imobilização física não seria determinante para o efeito de garantia que se pretende alcançar, nem tão--pouco se tornaria necessário um minucioso e apertado processo para obter a sua substituição. Trata-se de um *documento vital para a sorte da situação jurídica documentada*.

Ora, é justamente esse o vector de consenso entre as diversas figuras (letras, acções, etc.) que a doutrina tradicional (leia-se, anterior ao advento dos valores mobiliários) costuma englobar dentro do conceito geral de títulos de crédito: a importância do documento, traduzida na característica (apresentada como metáfora) da incorporação. E é esse também o *principal pomo da discórdia no que toca à absorção (ou não) dos valores mobiliários escriturais pela categoria dos «títulos de crédito»*: a ausência de um suporte em papel e os termos da equivalência (ou da dissemelhança) entre o suporte em papel e o suporte informático. As dificuldades centram--se, para a maioria dos autores, no facto de a falta do papel implicar a impossiblidade de posse ou propriedade do título, impedindo que circule de mão em mão e tornando inexistente (por falta de objecto) o famoso «direito sobre o papel», que seria o alvo dos negócios de transmissão.

Assim, para Osório de Castro[37], o suporte informático, embora físico, «não incorpora os valores no sentido em que essa incorporação tem lugar, no caso dos valores titulados». Isto porque o titular dos valores mobiliários escriturais «não é *proprietário* do "registo" dos mesmos; não há um *direito sobre o registo*, distinto do direito registado e que este deva seguir – ao passo que, tratando-se de valores titulados, há um direito sobre o documento, diverso do direito documentado».

Idêntica linha de raciocínio segue Amadeu Ferreira[38], para quem «o conceito de incorporação tal como é tradicionalmente entendido para os títulos de crédito não é adequado a exprimir a relação entre o registo e o direito registado». Os valores documentados em papéis circulam *com* o documento e *na medida em que* o documento circula: «a circulação concretiza-se através de negócios jurídicos que têm por objecto *tanto* o direito *como* o título». Ora, «o registo não circula como circulam os documentos, não circulando igualmente o suporte do registo, seja qual for a sua natu-

---

[37] OSÓRIO DE CASTRO, *Valores mobiliários*, p. 44, sublinhados nossos.
[38] AMADEU FERREIRA, *Valores mobiliários escriturais*, p. 400, sublinhados nossos.

reza». Portanto, «o direito registado *não circula com* o registo»; quando muito, «pode dizer-se que circula através dele».

Soveral Martins, por último, admite que a incorporação, «a existir, verifica-se no registo, não no suporte do registo, embora seja estranha a ideia de incorporação num "não-corpo"»[39]. Mas o Autor recusa aos valores mobiliários escriturais o estatuto de títulos de crédito, argumentando que «em caso de transmissão do valor representado, *não é o mesmo documento* que permite, a cada novo titular, o exercício do direito»[40]. Sem negar, portanto, que «no registo em conta e no seu suporte podemos ver documentos»[41], frisa, contudo, que *«para cada novo titular será feito um novo registo*: não é o registo que se transmite, não é o suporte que se transmite».

Dissonante irrompe, aqui, a voz de Ferreira de Almeida: «os valores mobiliários escriturais ou, com mais precisão, os registos de titularidade de valores mobiliários escriturais, considerados como textos ou documentos, pertencem à categoria mais ampla dos títulos de crédito, para a definição dos quais é *indiferente o suporte* (em papel ou informático)». Para alcançar tal conclusão, o Autor *desmonta* o *relevo da posse do título em papel*, reputando «óbvio» que a posse é apenas um instrumento e não um elemento essencial do regime dos títulos de crédito[42]. Abre, assim, caminho para afirmar que «a função da posse do título foi integralmente substituída pelo registo nos valores mobiliários escriturais, a legitimação pela posse foi substituída por legitimação pela inscrição»; em suma, «para os valores mobiliários escriturais vigora o princípio "registo vale título", rigorosamente equivalente ao princípio "posse vale título", que vigorava e vigora para os títulos de crédito em papel».

---

[39] Soveral Martins, *Cláusulas do contrato de sociedade*, p. 188.
[40] Soveral Martins, *Títulos de crédito e valores mobiliários*, pp. 29-30.
[41] Advertindo, porém que «não são os suportes que representam os valores mobiliários, mas sim os registos em conta», porque «os suportes são apenas isso mesmo: são suportes de registos» (Soveral Martins, *Cláusulas do contrato de sociedade*, p. 186).
[42] Ferreira de Almeida, «Registo de valores mobiliários», pp. 111-114. Sobre a (não) vigência da regra «posse vale título» sequer no quadro do art. 16.°, II, LU, cfr. o nosso *Letras e livranças: paradigmas actuais e recompreensão de um regime*, Cap. IV, 2.1, n.° 27.

6. Suporte em papel vs. suporte informático: similitude da função global que desempenham e diferenças na forma concreta como a desempenham (o certificado de registo e o bloqueio)

O problema central, quer-nos parecer, é uma *desajustada concepção do relevo jurídico da materialidade do papel* nos «títulos de crédito» tradicionais, que acaba por converter a incorporação de metáfora em realidade ôntica e atribuir à posse do documento uma importância desmesurada[43]. Se se entender, como propomos em sede de letras e livranças, que os negócios cartulares de transmissão *não têm* por objecto o documento *mas sim* o direito documentado e que a legitimação *não advém* da posse do documento *mas sim* da cadeia de transmissões *nele inscrita*, estará aberto o caminho para compreender a *função meramente instrumental* que o papel (mas não a sua posse) desempenha no mais desenvolvido e detalhado dos regimes jurídicos dos «títulos de crédito»: o regime das letras e livranças[44].

---

[43] Quanto à reificação da metáfora, é elucidativo o seguinte trecho de AMADEU FERREIRA, *Valores mobiliários escriturais*, p. 401: «É certo que a incorporação não deve ser entendida em sentido físico, mas como uma imagem. Mas, apesar de imagem, não pode negar-se que o documento circula fisicamente». Sobre o relevo exagerado da posse do documento, sirva de ilustração a síntese que FERREIRA DE ALMEIDA («Registo de valores mobiliários», pp. 111-113) apresenta das concepções tradicionais da «posse vale título» e da «legitimação pela posse», ambas assentes na ideia de incorporação enquanto «conexão incomum que faz depender a existência de um bem incorpóreo (o direito) da posse de uma coisa corpórea (o papel)». Note-se que o Autor não chega a negar a função da posse nos títulos de crédito em papel, *apenas contesta que a posse seja um elemento essencial* – leia-se, insubstituível – do respectivo regime. Desvalorizando, igualmente, a importância da posse no actual contexto (italiano) dos títulos de crédito, GIANFRANCO GRAZIADEI, «Note al margine del "mito" dela circolazione reale dei titoli di credito», *Riv. Dir. Comm.*, ano LXXXIX, 1991, n.° 5-6, pp. 321-329, pp. 326-329. O Autor questiona se ainda valem «as antigas motivações que fizeram da "posse" o elemento base de um sistema» e considera que «a sua sobrevivência está ligada a uma forma de costume e de hábito à qual não estamos ainda prontos a renunciar e por força da qual queremos ainda "tocar", "possuir" o nosso direito com o mesmo espírito como qual nos apraz "tocar" o jornal ou um livro e nos assusta a ideia de um jornal electrónico».

[44] Por razões que tivemos oportunidade de esclarecer no nosso *Letras e livranças: paradigmas actuais e recompreensão de um regime* (cfr., em particular, Cap. II, 4.2, n.° 21; Cap. IV, 1.1, n.° 6; Cap. IV, 2.1, n.° 27), negamos à posse dos títulos cambiários as virtualidades que a doutrina tradicional lhe associa. O que se transmite através do endosso é o direito de crédito cambiário: a aquisição da propriedade do documento é consequência da aquisição da titularidade daquele direito. O próprio reconhecimento de um direito de pro-

O que nos permite concluir que, sob o ponto de vista da necessidade motriz da circulação, o que interessa é criar um *sistema de controlo* que permita, através de uma *simples consulta ou exibição*, saber quem é, em cada momento, o titular do direito ou situação jurídica, de modo a fornecer a aparência necessária para alicerçar a juridicamente tutelada confiança do adquirente ou do devedor, afastando o *espectro normativo* da alienação e cessão civilistas – em particular, a sujeição do adquirente às consequências da regra *nemo plus iuris* e a necessidade de notificar o devedor a cada transmissão realizada[45]. Para isso, o suporte (de inscrição) da titularidade[46] tem que ser *exclusivo, fiável e estanque*.

---

priedade sobre o documento aparece, no plano económico-jurídico, como instrumental: é reclamado pelo valor que o documento assume enquanto *suporte único das declarações negociais de criação e transmissão* do crédito cambiário, ao mesmo tempo que funciona como um *mecanismo de defesa* do sujeito activo desse crédito – a sequela permite-lhe recuperar o título extraviado ou roubado, voltando a estar em condições de exibir o suporte e assim exercer ou transmitir o direito. Por isso é estéril argumentar que, nos valores mobiliários escriturais, não há um «direito sobre o registo»: porque haveria de existir, se o registo informatizado e integrado num sistema apertadamente controlado não é um *quid* susceptível de se perder na rua ou de ser roubado de um cofre? O direito sobre o papel existe como tutela reclamada pelo papel *enquanto* suporte infungível – mas vulnerável – de titularidade do direito nele documentado.

O que nos leva ao ponto seguinte: o alicerce da legitimação activa e passiva, nos títulos cambiários, *não é a posse do papel* da letra ou livrança: é *a inscrição da titularidade nesse papel*. «Portador legítimo» para o art. 16.º, I, LU não é o que tem a posse da letra: é o que encabeça o final de uma sequência de declarações transmissivas. Não nos deve ofuscar o facto de o regime cambiário compreender na sua órbita a circulação de letras endossadas em branco (art. 14.º, II, LU) e de prover à *absorção desse fenómeno* em sede de legitimação através das regras próprias contidas no art. 16.º, I, LU (regras que prevêem que o facto de o último endosso ser em branco não priva o portador – depreende-se, o portador não nomeado no título – de legitimação e que presumem a inexistência de transmissões não documentadas quando a um endosso em branco se segue um outro endosso). Como não nos deve ofuscar o facto de ser necessária a *exibição do papel* para o exercício do direito cambiário – é que o papel é o suporte único da sequência declarativa que atesta a titularidade –, ou a *entrega do papel* para a concretização do efeito transmissivo – o endosso é um negócio jurídico unilateral receptício que tem que ser exarado naquele documento, o qual tem que entrar, portanto, na esfera de acção do endossante. É preciso não tomar a nuvem por Juno: *apesar* de fortemente tributária do regime da posse de coisas móveis na sua evolução e sedimentação, a tutela da aparência vertida na LU *não depende* exactamente da posse do título. Onde o factor posse cobra um relevo *sui generis* é (apenas) em sede de *títulos ao portador clássicos*, cuja transmissão opera «pela entrega real» do título (art. 483.º CCom), ficando o portador *ipso facto* legitimado para o exercício do direito documentado.

[45] Notificação cujo regime visa justamente combater o *risco geral* de o devedor ficar exposto às sanções de ter cumprido perante um não-titular (desde logo, o constrangi-

Durante séculos, a utilização de uma folha de papel ou *chartùla* que a transmissão do direito fazia passar de mão em mão foi suficiente para cumprir este desiderato. Ainda hoje o é, no que toca às letras e às livranças[47]. Não assim para as acções e restantes valores mobiliários, domínio em que a aceleração das trocas levou, no último quartel do século passado e sob a pressão da famosa «avalanche de papéis» (*paperwork crunch*)[48], à adopção e difusão da chamada representação escritural. Ora, é óbvio que nem o registo nem a respectiva base informática circulam de mão em mão. Nem precisam: o necessário *controlo* é assegurado através da integração num *único sistema estanque*: o sistema de registo de valores mobiliários[49].

É também óbvio que a esse sistema, criado e gerido por entidades próprias (os intermediários financeiros *lato sensu*), não tem acesso directo o comum dos mortais (ou das pessoas colectivas) que pretenda adquirir um valor mobiliário, pelo que a consulta do suporte informático *não se faz nos mesmos termos* do que a consulta do suporte em papel. Mas não só a consulta permanece possível (através do certificado de registo), como o sistema providencia os mecanismos necessários para substituir as utilidades práticas do papel – e estamos a aludir ao problema levantado pelo valor temporalmente circunscrito da consulta do suporte informático através de certificado, problema desconhecido da consulta presencial do suporte em papel[50].

---

mento de pagar duas vezes) ou de ter de incorrer em custos relacionados com averiguações de titularidade – custos evidentemente acrescidos sempre que o direito ou situação jurídica circule intensamente.

[46] A ressalva explica-se porque, nos *clássicos títulos ao portador* (*v. g.*, uma acção titulada ao portador), o documento não contém qualquer *inscrição* de titularidade. Neste âmbito – mas não no das letras e livranças – a ausência de formalização das transmissões no papel atribui sentido às asserções «posse vale título» e «legitimação pela posse». Veja-se, contudo, o que dizemos adiante sobre a evolução do sistema quanto aos *valores mobiliários ao portador*.

[47] Letras e livranças que, note-se, cada vez menos circulam e cada vez mais se conservam como garantia e/ou título executivo.

[48] Ver, por todos, FERREIRA DE ALMEIDA, «Valores mobiliários: o papel e o computador», p. 624.

[49] Esta ideia, ainda que veiculada através da terminologia tradicional, aflora já em AMADEU FERREIRA, *Valores mobiliários escriturais*, p. 401 (sublinhados nossos), quando afirma que, nos valores escriturais em sistema de registo, «o vínculo jurídico (incorporação) não se estabelece apenas com *o registo* na conta do título (incorporação em sentido próprio) mas com *o sistema de registo* (incorporação imperfeita)».

[50] Veja-se o seguinte exemplo. Se o sujeito que me quer vender terça-feira um lote de *acções escriturais* me exibe um certificado datado de segunda-feira, aprazando nós a conclusão do negócio para quarta-feira, nada me garante que, na quinta-feira, quando eu

A exclusividade infungível do papel enquanto suporte das declarações cambiárias relevantes é, sem dúvida, uma das suas grandes vantagens, com a qual o sistema de registo *não pode directamente competir*[51]. Mas também não precisa: basta-lhe colocar ao dispor do adquirente os meios para conseguir *o mesmo resultado protector*. É o que leva a cabo com o *instituto do bloqueio*. Na modalidade prevista no art. 72.°, 2, *a*), CdVM, o potencial adquirente pode solicitar a (e certificar-se da) imobilização dos valores mobiliários que pretende adquirir, evitando surpresas no período que medeia entre a consulta do suporte e o encerramento da *fattispecie* transmissiva (cuja derradeira etapa consiste no registo): «durante o prazo de vigência do bloqueio, a entidade registadora fica proibida de transferir os valores mobiliários bloqueados» (art. 72.°, 4, CdVM). Isto, note-se, no que toca às operações *fora* de mercado, porque as operações em mercado regulamentado ocorrem dentro de um sistema fechado, cujo funcionamento tutela de modo tão satisfatório o potencial adquirente que torna *inoperativa* a própria ideia de consulta do suporte para protecção da aparência.

Repara-se que problema idêntico se coloca quanto ao *exercício de direitos inerentes ao valor mobiliário escritural* (ou equiparado): o préstimo temporalmente circunscrito da consulta via certificado cria o risco de ocorrência de uma transmissão na *décalage* que se interpõe entre a data da passagem do certificado e o exercício efectivo do direito inerente. Quem exibe um certificado de ontem pode não ser já hoje o activamente legitimado em conformidade com o art. 55.°, 1, CdVM. E idêntica – mas, desta feita, obrigatória[52] – é a solução encontrada para o resolver: impõe-se o

---

vier requerer à entidade registadora que proceda ao registo dos valores mobiliários na minha conta invocando o art. 66.°, 2, *a*), CdVM, não seja surpreendido com a impossibilidade dessa operação por violar o «trato sucessivo» do art. 70.° CdVM – isto porque, na própria terça-feira, o tal sujeito vendeu a outrem as mesmas acções e o competente registo foi lavrado no dia seguinte. Não seria assim caso se tratasse de *acções tituladas nominativas* (sujeitas ao regime do art. 102.° CdVM): o papel que suporta a declaração de transmissão em meu benefício é igualmente o suporte da aparência de titularidade: antes mesmo de ser registada no emitente, uma aquisição conflituante teria que constar do título e ser-me-ia, portanto, cognoscível pelo seu simples exame.

[51] Por isso não concordamos com a citada afirmação de FERREIRA DE ALMEIDA, «Registo de valores mobiliários», p. 113, no sentido de que o registo é *«rigorosamente»* equivalente à posse do título para efeitos de legitimação.

[52] Já o bloqueio do art. 72.°, 2, *a*), CdVM é facultativo: *«pode* também ser efectuado».

bloqueio dos valores mobiliários «em relação aos quais tenham sido passados certificados para exercício de direitos a eles inerentes, durante o prazo de vigência indicado no certificado», art. 72.º, 1, *a*), CdVM.

Aqui, contudo, há que dar conta de uma *novidade recente*, trazida pela Directiva 2007/36/CE, do Parlamento Europeu e do Conselho, de 11 de Julho de 2007, relativa ao exercício de certos direitos dos accionistas de sociedades cotadas. Dispõe o art. 7.º, 2, da Directiva: «Os Estados-Membros devem prever que os direitos dos accionistas de participarem e votarem em assembleias gerais em relação às suas acções sejam determinados em relação às acções de que são titulares *numa data específica anterior à assembleia geral* ("data de registo")»[53], data que «não deve preceder em mais de trinta dias a data da assembleia geral a que se aplica» (art. 7.º, 3). Durante o *período* compreendido entre a «data de registo» e a assembleia geral a que se aplica devem os Estados-Membros garantir que «os direitos dos accionistas de venderem ou transferirem as respectivas acções [...] *não sejam sujeitos a nenhuma restrição* a que não estejam sujeitos noutra altura » – art. 7.º, 1, *b*), da Directiva. Trata-se de uma opção pelo chamado «sistema de data de referência», que no debate anterior à aprovação da Directiva se perfilou como preferível à alternativa do chamado «sistema de reconciliação»[54].

---

[53] Só não terão de o fazer no que toca às «sociedades que possam identificar os nomes e endereços dos seus accionistas a partir do registo actualizado de accionistas no dia da assembleia geral» (art. 7.º, 2, § 2.º).

[54] «Num sistema de data de referência é estabelecida uma data que antecede a data da reunião de accionistas na qual é fixada a *lista de accionistas* que poderão participar na assembleia geral com possibilidade de exercício de direitos de voto. O sistema da data de referência apresenta a vantagem de *prescindir da emissão de certificados para o exercício de direitos* por parte das entidades registadoras, o que agiliza e economiza os procedimentos de legitimação tanto da parte dos accionistas, como da parte da sociedade emitente» – Consulta Pública da CMVM n.º 6/2006, sobre a Proposta de Directiva relativa ao exercício do direito de voto pelos accionistas de sociedades com sede social num Estado-Membro e cujos valores mobiliários estejam admitidos à negociação num mercado regulamentado e que altera a Directiva 2004/109/CE, § 2.º Questionário, ponto 3, www.cmvm.pt (sublinhados nossos). Quanto ao alternativo sistema de reconciliação, ficaria a cargo da entidade gestora do sistema centralizado onde as acções estivessem integradas e *permitiria assegurar ao emitente informações actualizadas à data (ou véspera) da assembleia geral* sobre as transacções ocorridas até então; «a verificação da legitimidade para o exercício de direitos de voto nestes moldes continuaria a exigir a prova perante o emitente da qualidade de accionista com uma determinada antecedência, mas [também] não implicaria a imobilização das acções e, dessa forma, não oneraria os accionistas» (*idem*).

Este regime parece implicar uma subtil alteração da regra contida no art. 55.º, 1, CdVM: legitimado para o exercício do direito de voto numa dada assembleia geral *passará a ser quem constar do registo na data fixada como relevante*, independentemente de posteriores alterações de titularidade sofridas pelas acções em apreço. Trata-se, portanto, de uma forma original de lidar com o préstimo temporalmente circunscrito da consulta via certificado, não só porque afasta o mecanismo privilegiado para esse efeito – o bloqueio, até aqui «parte integrante do sistema de legitimação para o exercício do direito de voto»[55] –, como porque se revela *soberanamente insensível à ocorrência de discrepâncias* entre a titularidade das acções, revelada pela legitimação geral *ex vi* art. 51.º, 1, CdVM e a legitimação para ao exercício do (inerente) direito de voto. Além de outras motivações (relacionadas com o estatuto do accionista e com a dinâmica das sociedades anónimas), parece claro que se pretendeu salvaguardar – uma vez mais – necessidades associadas à circulação de valores mobiliários, *maxime* de acções: a abolição do bloqueio permite que continuem a ser transaccionados, não obstante a iminência de uma assembleia geral.

7. Suporte informático, penhora e reforma

Voltemos à ideia da *equivalência funcional entre o papel e o sistema de registo informatizado* de valores mobiliários, na sua qualidade de *suportes juridicamente relevantes* para o exercício e transmissão das situações jurídicas documentadas. Vimos já que essa equivalência era possibilitada pelo facto de ambos os suportes assegurarem um *continuum* estanque e seguro de documentação da titularidade do direito. Atentemos, agora, no modo como o sistema jurídico, após a introdução da figura dos valores mobiliários escriturais, *harmonizou* (pelo menos em alguns quadrantes) *o tratamento jurídico de ambos os suportes*.

Estão em causa dois regimes – a *penhora* e a *reforma* – que, na sua tradicional aplicação aos «títulos de crédito», trazem para primeiro plano a materialidade do papel. «Sequestra-se» o papel para que o direito documentado não circule; «substitui-se» o papel extraviado ou destruído para que o direito se volte a poder transmitir e exercer. Ora, o registo informatizado de valores mobiliários, enquanto sistema estanque de documentação da titularidade do direito, *pode ser alvo das mesmas operações – só*

---

[55] Consulta Pública da CMVM n.º 6/2006.

que concretizadas através de processos diferentes, adaptados à diversa natureza do suporte.

Como se «sequestra» o suporte informático de um valor mobiliário escritural, impedindo-o de circular? Novamente através do *expediente do bloqueio* – desta feita, previsto no art. 72.°, 1, *c*), do CdVM – enquanto a penhora se mantiver. Em consonância, o n.° 14 do art. 861.°-A CPCiv manda aplicar aos valores mobiliários escriturais (ou equiparados), «com as necessárias adaptações», o regime previsto para a penhora de contas bancárias, que inclui a «cativação do saldo» existente «desde a data da notificação» (861.°-A, n.° 6, CPCiv).

E os registos informatizados de valores mobiliários também podem vir a necessitar de reforma? Naturalmente que sim. Apesar de dificilmente se conceber que um registo informático se possa «extraviar»[56], a corporalidade do suporte – não se esqueça que tanto os registos como os respectivos *backups* estão alojados em máquinas (*v. g.*, servidores) ou em objectos tangíveis (*v. g.*, discos externos) – expõe-no ao *risco da destruição*; a fragilidade também corpórea da «inscrição» dos dados no suporte expõe--nos ao *risco de serem danificados ou apagados*[57]. Por isso preceitua o art. 51.°, 6, do CdVM que o regime da reforma de documentos previsto no CPCiv se aplica, «com as devidas adaptações», também à reforma de valores mobiliários escriturais.

8. A actual definição de valores mobiliários ao portador (art. 52.°, 1, CdVM)

Resta-nos, por fim, mencionar um dado normativo extraordinariamente interessante no quadro que nos ocupa: a *definição de valores mobiliários ao portador adoptada pelo CdVM* no seu art. 52.°, 1. Na medida em que carece de ser operativa *também* em sede de valores escriturais, não pode socorrer-se do *critério clássico* da transmissão mediante «entrega real» do documento-papel adoptado pelo art. 483.° CCom. Como alternativa (porventura inspirado num resultado prático lateral produzido pela também clássica diferenciação entre acções nominativas e ao portador), adoptou o

---

[56] Coisa diferente será o acesso não autorizado de terceiros ao sistema.

[57] Risco que, em tempos, também se assinalou para as letras, livranças e, sobretudo, acções (*v. g.*, o papel ficava tão velho que a tinta saía ou desvanecia-se; um incêndio ou inundação apagava as palavras).

legislador o critério de o emitente ter ou não «a faculdade de conhecer a todo o tempo a identidade dos titulares». Ou seja, dentro da moderna categoria dos valores mobiliários, *a posse* qua tale *tem uma importância ainda mais reduzida* do que a que lhe era adequado assinalar (em nossa opinião) no contexto tradicional dos chamados «títulos de crédito». Releva agora, somente, no campo dos valores titulados ao portador (não depositados), cuja transmissão ainda opera mediante a «entrega do título» (art. 101.º, 1, CdVM). Em todos os outros casos de valores mobiliários ao portador (*i. e.*, nos escriturais e nos depositados), *a posse deu lugar à inscrição em registo*. Com isto, a titularidade dos valores mobiliários ao portador passou a ser (quase sempre) documentada num suporte informático, ainda que permaneça subtraída ao conhecimento da entidade emitente. Aqui sim, encontramos uma tendência porventura digna... de registo: não um movimento do corpóreo ou material para o incorpóreo ou imaterial, mas antes uma progressão *do anónimo e sem rasto para o documentado e inscrito*.

9. «Títulos de crédito», títulos cambiários e valores mobiliários: algumas conclusões

Julgamos ter deixado clara a linha de evolução que liga certos aspectos do regime cambiário vertido na Lei Uniforme aos correlativos aspectos do regime dos valores mobiliários contido no CdVM. Quer estejamos perante *uma inscrição no papel* que «corporiza» o título, quer perante uma *inscrição informática* num sistema «descarnado» (mas, não obstante, assente num lastro físico de máquinas), o que permanece é a inscrição, quer dizer, a documentação do direito ou situação jurídica num suporte contínuo, único e estanque. Esse suporte apresenta, no caso das letras e livranças como no caso dos valores mobiliários, características semelhantes: *a sua consulta* (eventualmente acoplada, no caso dos valores mobiliários escriturais, ao expediente do bloqueio) fornece uma sólida aparência de titularidade do direito ou situação jurídica inscrita. A confiança suscitada por essa aparência é tutelada essencialmente em duas sedes – no que toca à *transmissão* e no que toca ao *exercício dos direitos* –, criando, em homenagem às necessidades da circulação que fortemente influenciam o regime de ambas as figuras, uma disciplina muito diferente da cessão e alienação civilistas. Protegem-se, assim (em moldes não inteiramente coincidentes do ponto de vista técnico-jurídico), tanto o adquirente de boa fé como o devedor de boa fé que depuseram a sua confiança *naquilo que resultava da inscrição no suporte (em papel ou informático)*. A constatação desta proximidade pode servir de base a uma melhor compreensão e/ou interpretação do regime (bastante mais jovem) dos valores mobiliários[58].

Quanto à vetusta categoria dos «títulos de crédito», assumindo o risco de cometer sacrilégio, *não nos parece que possua actualmente mais do que um (discutível) relevo histórico e didáctico*. Poder-se-ia pensar em operar uma sua radical «reciclagem» e utilizá-la para exprimir a ideia, acima destacada, de continuidade no suporte de inscrição da titularidade de um direito, com as funções referidas. Mas o lastro de conotações de que odre tão antigo está eivado desaconselha, seguramente, que nele se verta vinho tão novo. Pela nossa parte, *sugerimos abandonar paulatinamente a expressão «títulos de crédito»*, substituindo-a no uso linguístico *seja pelas concretas figuras* que o seu emprego pretende nomear (*v. g.*, letra, livrança, cheque, acções ou obrigações tituladas), *seja pelas directas referências ao regime cambiário* que a menção de supostas características como a «autonomia» ou a «incorporação» afinal encapota. Salvo o devido respeito, julgamos esta opção preferível ao arrastar de discussões pouco frutíferas em torno das fronteiras de uma categoria tão desprovida de utilidade prática e dotada de um peso teórico francamente excessivo.

---

[58] Por exemplo: *pode* a *caução* prevista no art. 623.º, 1, CCiv ser prestada através de valores mobiliários *escriturais* – como acções ou obrigações? Para responder à pergunta não é necessário determinar se os valores escriturais são «títulos de crédito». Se, nos termos que propomos, nos libertarmos das malhas (imprecisas) da expressão e entendermos que o preceito do CCiv se refere genericamente a figuras como a letra, a livrança, as acções tituladas, etc., não parece difícil concluir que também os valores escriturais, além de constituírem *valores*, são passíveis da *imobilização jurídica* que o art. 623.º, 1, CCiv supõe – basta recorrer, por hipótese, ao bloqueio voluntário previsto no art. 72.º, 2, *a*), CdVM.

UM CÓDIGO DOS INSTRUMENTOS FINANCEIROS? ALGUMAS NOTAS SOLTAS

Amadeu Ferreira[*]

1. Desde que seu fui aluno na Faculdade de Direito de Lisboa, na cadeira de Sistema Jurídicos Comparados (1989-1990) e, sobretudo, do diálogo que com ele pude manter no âmbito da minha dissertação de mestrado (1994), de que foi arguente (1995)[1], tenho tido o privilégio de um contacto muito estreito com o Senhor Professor Doutor Carlos Ferreira de Almeida. Entre 1997 e 1999 integrei a comissão, por ele presidida, que elaborou o Código dos Valores Mobiliários (CVM)[2], razão de um longo período de intenso trabalho diário que me permitiu conhecer as suas grandes qualidades humanas e científicas, nomeadamente de grande saber, rigor e seriedade no tratamento de todas as matérias. Lembro, em particular, as discussões de grande profundidade e amplitude, que punham constantemente à prova o meu saber e as minhas convicções, em que muitas vezes não estivemos de acordo, mas de que sempre saiu uma visão mais aprofundada dos problemas. Das muitas realizações da longa e brilhante carreira do Professor Doutor Carlos Ferreira de Almeida, a elaboração do Código dos Valores Mobiliários ocupa, seguramente, um lugar importante.

---

[*] Professor Convidado na Faculdade de Direito da Universidade Nova de Lisboa e Vice-Presidente do Conselho Directivo da Comissão do Mercado de Valores Mobiliários (CMVM).

Devem entender-se as opiniões aqui expressas como sendo estritamente pessoais, em nada vinculando a Comissão do Mercado de Valores Mobiliários.

[1] Amadeu José Ferreira, *Valores Mobiliários Escriturais. Um novo modo de representação e circulação de direitos*, Almedina, 1997.

[2] Para uma perspectiva de todo o processo que conduziu à elaboração do Código dos Valores Mobiliários *vd. Trabalhos Preparatórios do Código dos Valores Mobiliários*, Ministério das Finanças / Comissão do Mercado de Valores Mobiliários, 1999.

Ao longo de cerca de dois anos, num contacto muito assíduo e muito estreito – quase sempre abrangendo todo o dia, incluindo o almoço –, pude comprovar também as enormes qualidades humanas e pedagógicas do Professor Doutor Carlos Ferreira de Almeida. Nessa altura, tinha iniciado o seu funcionamento a Faculdade de Direito da Universidade Nova de Lisboa e pude testemunhar o carinho e o empenhamento sem limites por ele colocados quer relativamente ao funcionamento da nova escola de direito, que sempre quis moderna, prestigiada e inovadora, quer relativamente aos conteúdos aí ministrados e à qualidade científica e humana dos docentes que nela deviam leccionar.

Na discussão dos temas relevantes para o código a elaborar, sempre foi sua preocupação a adequada integração sistemática das matérias, o acompanhamento do que de mais recente se produzia nos outros ordenamentos jurídicos, uma grande atenção à realidade portuguesa, nomeadamente na área financeira, que ele bem conhecia de há muitos anos e, ainda, num exercício de racionalidade e coerência que foram para mim de grande aprendizagem científica e enriquecimento humano. Aí tive oportunidade de conhecer mais de perto o homem que aos cinco anos brincava com as fichas do registo predial de que o seu pai [de família oriunda do meu vizinho Mogadouro] fora conservador, por esta razão tendo de percorrer algumas terras de Portugal, que ainda jovem jurista assumiu grandes responsabilidades na banca em Angola, que mais tarde enveredou pela carreira académica de que falava com verdadeira paixão. Era sempre com um brilho nos olhos que falava dos seus alunos, que conhecia pelo nome, com cujos êxitos vibrava e para quem, com todo o carinho, o vi preocupado na preparação dos materiais pedagógicos que foi editando para eles.

Nas suas opções políticas, éticas e científicas, sempre nele observei uma grande clareza e uma grande frontalidade, sem medo das consequências. Posso testemunhar que sempre o vi preocupado com a renovação do ensino do direito em Portugal, de grande rigor e profundidade, aberto à sociedade em que nos inserimos e a todas as suas valências, assente em matrizes de grande modernidade. Esse seu labor, que continua, apesar de se encontrar já jubilado, tem vindo a ser plasmado na configuração e evolução da Faculdade de Direito da Universidade Nova de Lisboa, onde, como poucos, tem lutado pela imposição de uma nova maneira de ensinar o direito.

Por tudo o que fica dito, mas sobretudo pelo que não sei dizer, é uma honra associar-me a esta homenagem ao Senhor Professor Carlos Ferreira de Almeida.

2. O CVM procurou responder aos problemas que então se colocavam no domínio dos mercados de valores mobiliários, elencados na «Apresentação do Senhor Ministro das Finanças», em que está bem presente a óptica do chamado mercado de capitais, em que a bolsa de valores assumia um papel central[3]. É, aliás, a partir da bolsa de valores que a legislação portuguesa se vai alargando e integrando outras áreas dos mercados financeiros, facto que não deixa de delimitar o seu âmbito. Daí que o Código existente à altura se chamasse Código do Mercado de Valores Mobiliários [aprovado pelo Decreto-Lei n.º 142-A/91, de 10 de Abril], designação alterada pela comissão encarregada de o rever, passando a chamar-se Código dos Valores Mobiliários (CVM). A esse propósito refere o Professor Carlos Ferreira de Almeida em intervenção no Conselho Nacional do Mercado de Valores Mobiliários: «Ainda em aspectos externos, gostava de salientar (porque esse ponto não tem sido objecto de nenhum comentário) que os nossos últimos textos não designam este diploma legislativo como Código do Mercado de Valores Mobiliários mas sim como Código dos Valores Mobiliários. A alteração é proposta, resultou do texto na medida em que, com excepção do título 4.º sobre os mercados, todos os restantes, na totalidade ou parcialmente, não se referem a mercados num sentido restrito, mas apenas a mercados em sentido muito amplo (…) Na verdade não se trata apenas de um Código do Mercado de Valores Mobiliários, mas, se politicamente tal for aceite, de um Código dos Valores Mobiliários que trata dos aspectos de mercados, mas também de outros aspectos que só em sentido muito amplo é que se podem considerar como mercados»[4].

No mesmo sentido, mas indo além dos aspectos externos e formais, escreve-se no Preâmbulo do Decreto-Lei n.º 486/99, de 13 de Novembro, que aprovou o CVM, n.º 7: «O âmbito de aplicação material do Código, tal como acontecia aliás no Código anterior, excede o regime dos mercados de valores mobiliários, o que bem se vê, em especial, nos títulos II, V e VI, sobre valores mobiliários, sistemas de liquidação e intermediação. Por isso se achou adequado adoptar a designação mais genérica de Código dos Valores Mobiliários. Intensifica-se, portanto, a relação entre o âmbito de aplicação do Código e o conceito de valor mobiliário (…) O Código aplica-se também aos instrumentos financeiros, em particular aos instrumentos financeiros derivados. Daí que a expressão "valor mobiliário" uti-

---

[3] Vd. Trabalhos Preparatórios…, p. 9 e ss.
[4] Vd. Trabalhos Preparatórios…, p. 92.

lizada ao longo do Código signifique também "instrumento financeiro", salvo nos títulos que são expressamente excluídos pelo n.º 4 do art. 2.º».

Sobre a mesma questão se pronuncia Paulo Câmara[5], concluindo que se afigura «clara a vantagem em tomar como âmbito temático sob exame o Direito dos valores mobiliários, dada a maior unidade conceptual da realidade que esta disciplina toma como referente». Com efeito, diz, embora o actual título possa não ser o ideal, «é mais vantajosa a manutenção do actual título do texto codificado do que a utilização de um título enganador. De outro modo dito, se o diploma em causa fosse apelidado de Código dos Instrumentos Financeiros, tal transmitiria a mensagem de uma regulação sistemática e completa dos instrumentos financeiros, o que não corresponde ao conteúdo do diploma».

O autor apresenta uma posição que releva sobretudo em termos dogmáticos, face à legislação existente, mas que não me parece que deva prevalecer nem *de iure condendo*, nem em termos pedagógicos. O facto de a noção de instrumento financeiro não estar adequadamente desenvolvida é um problema da doutrina e da reflexão jurídica que, com alguma dificuldade, tem acompanhado entre nós toda a inovação que tem existido. Porém, desde a aprovação do actual CVM teve lugar um conjunto de desenvolvimentos que aconselham a ultrapassagem dos estreitos limites em que se contém.

Razões de ordem dogmática, de mais adequada protecção dos investidores, de efectividade da supervisão, e pedagógicas, aconselham a elaboração de um Código dos Instrumentos Financeiros. É a este tema que dedicamos as notas lacunares e superficiais que se seguem, mais apostadas em mostrar a ideia do que em demonstrá-la.

3. A lista de instrumentos financeiros constante do CVM tomava o conceito de valor mobiliário como matriz essencial, consagrando uma tímida abertura à consagração de novos valores mobiliários, obrigando a um controlo administrativo do BP e da CMVM conforme a sua natureza monetária ou não. Porém, muito rapidamente se sentiu necessidade de consagrar um regime aberto de valores mobiliários [Decreto-Lei n.º 66/2004, de 24 de Março], acabando, sem margem para dúvidas, com o proclamado princípio da tipicidade dos valores mobiliários [*vd.* CVM art. 1.º, *g*)], que há muito tempo não passava do papel e era diariamente negado pela prá-

---

[5] PAULO CÂMARA, *Manual de Direito dos Valores Mobiliários*, Almedina, Coimbra, 2009, pp. 227-230.

tica dos mercados financeiros, necessariamente abertos a produtos financeiros oriundos de outras jurisdições, nomeadamente comunitárias.

Porém, em consequência da transposição da Directiva dos Mercados e Instrumentos Financeiros [Directiva 2004/39/CE, do Parlamento Europeu e do Conselho, de 21 de Abril de 2004], o CVM sofre nova e profunda alteração [Decreto-Lei n.º 357-A/2007, de 31 de Outubro]. Na parte que aqui nos interessa, relativa aos instrumentos financeiros, o CVM vê alargado o elenco dos instrumentos financeiros em duas direcções: por um lado acolhe o elenco da própria directiva, cuja principal novidade é a inclusão de instrumentos financeiros derivados sobre mercadorias, bem como activos financeiros de natureza nocional [CVM, art. 2.º, 1]; a inclusão de contratos de seguro ligados a fundos de investimento e aos contratos de adesão individual aos fundos de pensões abertos «atenta a proximidade da função que desempenham com a categoria dos instrumentos financeiros, em geral, e dos fundos de investimento, em particular», diz-se no preâmbulo daquele diploma [CVM; art. 2.º, 3[6]]. O esforço de alargamento impõe-se com o objectivo de não permitir que realidades materialmente semelhantes possam estar sujeitas a regulação jurídica diversa, assim permitindo a «fuga» para instrumentos menos regulados e com menos exigências de transparência, o que é factor de menos correcto funcionamento do mercado e redunda em prejuízo da protecção dos investidores.

Igualmente o conceito de instrumento financeiro complexo, na sequência da DMIF, tem vindo a ser objecto de importante atenção, merecendo especial regulação por lei [Decreto-Lei n.º 211-A/2008, de 3 de Novembro], dentro das medidas adequadas a combater a crise financeira em curso[7]. Em qualquer caso é a própria lei que promete novos desenvol-

---

[6] *Vd.*, quanto à regulamentação dessa matéria, o Regulamento CMVM n.º 8/2007, relativo à comercialização de fundos de pensões abertos de adesão individual e de contratos de seguro ligados a fundos de investimento.

[7] O art. 2.º, 1, do Decreto-Lei n.º 211-A/2008, de 3 de Novembro, define assim os instrumentos financeiros complexos: *Os instrumentos financeiros que, embora assumindo a forma jurídica de um instrumento financeiro já existente, têm características que não são directamente identificáveis com as desse instrumento, em virtude de terem associados outros instrumentos de cuja evolução depende, total ou parcialmente, a sua rendibilidade, têm que ser identificados na informação prestada aos aforradores e investidores e nas mensagens publicitárias como produtos financeiros complexos.*

E acrescenta-se no n.º 6 do mesmo artigo: *Consideram-se produtos financeiros complexos, designadamente, os instrumentos de captação de aforro estruturados, também designados por ICAE.*

vimentos já que, no art. 2.º, 7, daquele diploma, estabelece que *A emissão e a comercialização de produtos financeiros complexos regem-se por lei especial*. Enquanto tal não acontece, habilita a CMVM e o BP a emitir os regulamentos que entenderem adequados[8].

Uma regulação sistemática, como deve ser, há-de abranger, tendencialmente, todos os instrumentos financeiros, sejam eles da área seguradora, bancária ou da chamada área do mercado de capitais. Perante essa exigência, fica bem clara a desadequação da actual regulação dos instrumentos financeiros, já que não estará apenas em causa o elenco dos instrumentos financeiros, mas a adequação do diploma legal à regulação desses instrumentos em todos os aspectos relevantes: regime de emissão, comercialização/negociação, informação/publicidade, intermediação, liquidação, supervisão e sanção. Como é óbvio, nada impede que vários desses instrumentos financeiros continuem a ter uma legislação especial, mas tal não impede aquele regime unitário.

Devido aos desenvolvimentos de que foi objecto desde a sua publicação o âmbito de aplicação do CVM, tal como definido no seu artigo 2.º, não corresponde à designação do mesmo diploma. Igualmente, a primazia que é concedida aos valores mobiliários no art. 1.º faz agora menos sentido, em que o conceito de instrumento financeiro assume claramente o lugar de conceito matriz, com inegáveis consequências sistémicas, dogmáticas, pedagógicas, de regulação e de supervisão.

As divisões actualmente existentes, em matéria de diplomas legais autónomos, além de terem subjacente o tratamento comunitário dado às várias matérias, prendem-se, sobretudo, com o âmbito de actuação das entidades de supervisão financeira, o Banco de Portugal (BP), o Instituto de Seguros de Portugal (ISP) e a CMVM. Esse tem sido um dos obstáculos a uma construção unitária de um conceito de instrumento financeiro uniforme e operativo[9] e a causa da persistência, apesar dos esforços e avanços feitos, de assimetrias regulatórias e mesmo de lacunas. Quaisquer argu-

---

[8] Vd., por exemplo, o Regulamento CMVM n.º 1/2009, relativo à publicidade sobre produtos financeiros complexos sujeitos à supervisão da CMVM.

[9] JOSÉ ENGRÁCIA ANTUNES (*Os Instrumentos Financeiros*, Almedina, 2009) conclui que se trata do conceito-chave do novo direito do mercado de capitais, apesar de considerar que o conceito de instrumento financeiro está ainda em estado de «crisálida» (p. 36), e sendo apresentado como «um conceito global de referência ou de cúpula» (p. 37) e meramente casuístico, preenchido com a enumeração legal dos diferentes tipos em vez de uma definição geral e abstracta (p. 40), devendo ainda ser entendido como um conceito aberto e multidisciplinar (p. 42).

mentações em sentido contrário, que não assentem na necessidade de uma regulação unitária dos instrumentos financeiros e na defesa adequada dos investidores que os tenham adquirido, não devem prevalecer por obedecerem a motivos corporativos ou outros menos sérios.

4. Foi apresentado a discussão pública, até 31 de Dezembro de 2009, um projecto do Ministério das Finanças[10] contendo uma Proposta de Reforma da Supervisão Financeira em Portugal, visando a redução a duas das autoridades de supervisão financeira, o chamado modelo dualista: o Banco de Portugal, onde se concentraria toda supervisão de natureza prudencial, seja bancária seja seguradora, e uma nova entidade que tivesse a seu cargo toda a supervisão da actividade das instituições financeiras, também dita de natureza comportamental. Em consequência da concretização desse modelo, seriam extintas a CMVM e o ISP, sendo as suas funções assumidas pelo Banco de Portugal ou pela nova entidade a criar, conforme a matéria de supervisão em causa. Caso a proposta do Ministério das Finanças venha a ter adequada concretização, poderá perguntar-se qual o caminho que deve seguir a sistematização legal de que temos vindo a falar. Por mim, creio que o desfecho dessa evolução do modelo de supervisão, em nada deve influenciar a sistematização jurídica das matérias relativas a todos os instrumentos financeiros e à protecção dos investidores nesses instrumentos, sejam eles relacionados com a área bancária, de capitais ou seguradora. O que deve evitar-se é a situação actual em que cada autoridade de supervisão tem as «suas» leis, ainda que versando sobre as mesmas matérias ou sobre matérias conexas, o que dificulta a aplicação harmonizada das mesmas e é fonte de riscos e de desprotecção para os investidores. A matriz deve ser a da «protecção da poupança», consagrada no artigo 101.º da Constituição, já que por ela deve ser aferido o bem jurídico protegido e adequadamente sancionadas as suas violações, seja em termos criminais, seja em termos contra-ordenacionais.

Justifica-se a organização das matérias em torno de dois núcleos essenciais, as instituições e tudo o que lhe seja atinente, nomeadamente em matéria prudencial, de um lado, e os instrumentos financeiros e todos os aspectos relativos ao seu regime de emissão, comercialização/negociação, informação/publicidade, intermediação, liquidação, supervisão e sanção, do outro. É óbvio que o ideal seria a sistematização de todas as matérias

---

[10] *Vd.* o documento em http://www.cmvm.pt/NR/exeres/38F562CC-727D-4148-9403-8C67113E0C32.htm

num único instrumento legal, um verdadeiro código do sistema financeiro, evitando-se a enorme dispersão legislativa actual, em que são inevitáveis as repetições, as sobreposições e as lacunas, sendo também grande o risco de sujeição a princípios distintos ou à consagração de regimes jurídicos não harmonizados, quando devam sê-lo.

5. A progressiva complexidade dos instrumentos financeiros tem trazido uma cada vez maior integração entre os vários sectores tradicionais. Hoje não existem apenas produtos puramente bancários, de capitais ou da área seguradora, frequentemente se encontrando características de todos eles num só instrumento financeiro. Daí que também já não tenha a devida aderência à realidade a existência de vários tipos de fundos ou sistemas de protecção dos investidores, separados e estanques entre si, mesmo ao nível da gestão, com graus de protecção diferenciados e graus ou modos de cobertura distintos em caso de accionamento. Estão, nomeadamente nesse caso, o Fundo de Garantia de Depósitos (FGD)[11] e o Sistema de Indemnização dos investidores (SII)[12].

O mercado é uma instituição que está consagrada na nossa Constituição como um dos pilares da organização da nossa sociedade, merecendo uma especial e apertada tutela, também no quadro do sistema financeiro. O conceito de mercado, porém, não tem sido devidamente tido em conta em toda a sua dimensão, nomeadamente no que à sua tutela concerne e à dos agentes que actuam no seu seio, nele confiam e lhe entregam a guarda ou gestão dos seus bens. Ora, é esse conceito e essa tutela que devem presidir à unificação dos instrumentos legislativos, dos princípios que os regem e do regime jurídico a que devem estar sujeitos, aí assentando a unificação que defendemos no parágrafo anterior.

Através dos sistemas de garantia, o legislador dá indicações sobre a hierarquia que quer ver respeitada quanto aos bens jurídicos protegidos. É sabido que, através de recente intervenção legislativa, o nível de cobertura dos depósitos, através do FGD, passou a ser de 100 mil euros por titular de conta, ao passo que o nível de cobertura dos investimentos em instrumentos financeiros passou a ser de apenas 25 mil euros. Assim, que-

---

[11] O Fundo de Garantia de Depósitos (FGD) é regulado pelo RGICSF – Regime Geral das Instituições de Crédito e Sociedades Financeiras.
[12] O Sistema de Indemnização dos Investidores (SII) é regulado pelo Decreto-Lei n.º 222/99, de 22 de Junho, alterado pelo Decreto-Lei n.º 252/2003, de 17 de Outubro, e pelo Decreto-Lei n.º 162/2009, de 20 de Julho.

brou-se o equilíbrio que vinha da anterior regulação, assente num princípio de indiferença, já que qualquer dos sistemas previa uma cobertura de até 25 mil euros em qualquer caso. Pela nova legislação se dá uma indicação clara quanto à maior protecção que se atribui aos depósitos bancários em contraponto com os investimentos em instrumentos financeiros de risco, aqueles merecedores de maior aprovação social e estes olhados como produtos de menos valia social, por vezes com associações pouco abonatórias no discurso público. Não vamos aqui comentar essa visão que subjaz às alterações legais efectuadas, mas não podemos deixar de pôr em dúvida a sua constitucionalidade e realçar as consequências que poderão vir a ter para o sector financeiro, caso não sejam rapidamente alteradas. O que não pode deixar de ser realçado é a errada concepção que parece prevalecer quanto ao tipo de cobertura a que estão sujeitos os investimentos em instrumentos financeiros de risco: o que se cobre não é o risco derivado dos próprios instrumentos, já que esse corre por conta do cliente, mas as situações de erros de gestão ou crimes ou outras práticas irregulares ou ilegais praticadas pelos responsáveis das instituições. Ora, não pode aceitar-se que estas práticas relevem para efeitos de tomar em conta o risco de contraparte, mas já não para cobertura de outros riscos por elas originadas. Por fim, mas não menos importante, aquele tipo de orientação legislativa está a criar condições culturais para o enfraquecimento e menor eficácia da supervisão dos instrumentos financeiros de risco e todas as práticas ilícitas ou irregulares ligadas à sua emissão e comercialização.

6. A Faculdade de Direito da Universidade Nova de Lisboa tem no seu programa de estudos a disciplina semestral, de opção, inicialmente na licenciatura agora no mestrado, *Títulos de Crédito e Valores Mobiliários*. Desde o seu início, por amável convite dos órgãos responsáveis da Faculdade, tenho vindo a reger essa cadeira, o que tem acontecido sempre no primeiro semestre de cada ano lectivo.

Numa fase inicial tive algumas dúvidas sobre as reais vantagens pedagógicas da associação dos títulos de crédito aos valores mobiliários. Porém, a prática de leccionação ao longo de quase uma dezena de anos, convenceu-me das grandes virtualidades dessa associação. Hoje, estou convencido de que não faz sentido que seja doutra forma, independentemente das opiniões que possam defender-se sobre a natureza jurídica dos títulos de crédito e dos valores mobiliários ou outros instrumentos financeiros.

Apesar da sua designação, a leccionação prática da disciplina tem vindo a acompanhar a evolução mais recente da doutrina e da legislação neste domínio. Talvez devesse hoje, mais adequadamente, denominar-se *Títulos de Crédito e Instrumentos Financeiros*. A referência a títulos de crédito parece-me essencial não apenas como definidor do âmbito da disciplina, mas também do seu enquadramento histórico-dogmático, já que há um fio condutor que permite alicerçar uma tradição que vem desde os títulos de crédito e que, embora com modificações essenciais, se continua pelos valores mobiliários e por outros instrumentos financeiros. É óbvio que a mudança de nome não é essencial, mas não pode deixar de ter-se presente este alargado âmbito no momento de definir o programa a leccionar e a ponderação que cada uma das matérias deve merecer no contexto geral da disciplina. Tal em nada colide com a eventual existência de cadeiras autónomas, seja de Direito Bancário, seja de Direito dos Seguros.

Se faço aqui referência a aquela disciplina é também para apontar o professor Carlos Ferreira de Almeida como definidor dessa orientação, de modo mais abrangente e amplo do que, em termos pedagógicos, se tem praticado ou proposto noutras escolas[13]. Também por essa visão aberta e abrangente lhe rendo aqui a minha singela homenagem.

---

[13] Para uma perspectiva nessa matéria *vd.* PAULA COSTA E SILVA, *Direito dos Valores Mobiliários. Relatório*, Lisboa, 2005.

DELIMITAÇÃO DOS VOTOS RELEVANTES PARA EFEITOS DE CONSTITUIÇÃO E DE EXIGIBILIDADE DO DEVER DE LANÇAMENTO DE OFERTA PÚBLICA DE AQUISIÇÃO

VÍTOR PEREIRA NEVES[*]

1. Introdução

I. São numerosos e diversificados os domínios em que, ao longo dos anos, foram sendo sucessivamente notados os contributos prestados pelo Professor Doutor Carlos Ferreira de Almeida para o desenvolvimento da ciência e, também, do ordenamento jurídicos nacionais.

Na preparação do presente artigo, a dificuldade em seleccionar um desses domínios acabou por me conduzir ao direito dos valores mobiliários, que constitui precisamente uma daquelas matérias em que o trabalho desenvolvido pelo Professor Doutor Carlos Ferreira de Almeida, para além do interesse que naturalmente suscitou por parte da comunidade jurídica, continua – e continuará, decerto por muitos anos – a atingir uma repercussão que excede, largamente, as circunscritas fronteiras daquela comunidade.

Com efeito, este é um dos domínios em que, através da Presidência da Comissão que elaborou o anteprojecto do actual Código dos Valores Mobiliários[1], a obra do Professor Doutor Carlos Ferreira de Almeida marca, não apenas o ordenamento jurídico nacional, mas também a *vida* dos mais diversos agentes económicos portugueses e, com eles, parte substancial da nossa (mais relevante) actividade económica.

---

[*] Professor da Faculdade de Direito da Universidade Nova de Lisboa.

[1] Doravante abreviadamente referido como CVM, ao qual pertencem todas as disposições legais adiante citadas sem referência específica à sua fonte.

II. Já em estudo anterior[2] analisei os critérios de imputação de direitos de voto, tal como consagrados no número 1 do artigo 20.° do CVM, para, com base nos institutos sintomáticos, porque extremos, da *aquisição potestativa* e da *alienação potestativa* em sociedades abertas, sustentar que, aos mesmos critérios, quando para eles remetem outras disposições do CVM, deveria ser reconhecida uma natureza (meramente) *transitiva*.

Assim, e em concretização de tal assunção fundamental, propuseram-se dois pressupostos a considerar na interpretação das disposições legais que, no CVM, se referem àqueles critérios de imputação de direitos de voto.

Quanto ao primeiro, sublinhou-se que os critérios enunciados em cada uma das alíneas do número 1 do artigo 20.° constituem o que podemos considerar o *limiar mínimo* de imputação de direitos de voto que, tal como aí consagrados, cumprem a função prioritária de demarcarem as situações em que se constituem posições de *influência*, efectiva ou potencial, sobre direitos de voto correspondentes ao capital de uma qualquer sociedade aberta, justificativas, por si só, da constituição de deveres de *revelação* dessas mesmas posições ao mercado, em obediência a um propósito fundamental de *transparência*. Neste contexto, os critérios de imputação de direitos de voto servem o propósito de delimitar as posições que, uma vez constituídas, devem ser comunicadas ao *mercado*, de modo a que todas as decisões de *investimento* e de *desinvestimento* no capital de sociedades abertas possam ser tomadas com disponibilidade de todas as informações potencialmente relevantes para a formulação de um juízo plenamente esclarecido sobre quem, e em que termos, exerce, ou pode (vir a) exercer, *influência* sobre as mesmas sociedades.

De acordo com o segundo dos referidos pressupostos, aos critérios de imputação de direitos de voto enunciados no número 1 do artigo 20.° deve ainda ser reconhecida uma função secundária, associada, não já àqueles objectivos de *transparência*, mas antes aos objectivos prosseguidos em cada uma das disposições do CVM que, a propósito das mais variadas matérias, remetem para aqueles mesmos critérios. Neste caso, uma adequada interpretação das referidas disposições não parece consentir que se tomem as remissões que nelas são feitas para o número 1 do artigo 20.° com o sentido imediato de que basta o preenchimento das previsões de cada uma das alíneas deste para que todos os direitos de voto assim imputados, para efei-

---

[2] Vítor Pereira Neves, «A natureza *transitiva* dos critérios de imputação de direitos de voto no Código dos Valores Mobiliários», em *Estudos Comemorativos dos 10 anos da Faculdade de Direito da Universidade Nova de Lisboa*, Coimbra, 2008, p. 507 e ss.

tos de *transparência*, também o sejam para os demais efeitos visados nas normas remissivas concretamente consideradas. Com efeito, nestes casos, como mandam os bons cânones hermenêuticos, a *selecção* final dos direitos de voto potencialmente relevantes não pode prescindir da consideração *concretizadora* dos fins especificamente prosseguidos por cada uma das normas em causa e, bem assim, do contexto em que tais normas se integram.

Como corolário, não obstante a aparente linearidade da remissão para o número 1 do artigo 20.º, a consideração acrítica de todos os direitos de voto imputados nos termos desta disposição, lida com os olhos da *transparência* que norteia de forma prioritária o teor do mesmo preceito, não pode nunca constituir o último passo na determinação das imputações de direitos de voto potencialmente relevantes quando em causa esteja a prossecução de outros fins.

Nesse quadro, os critérios de imputação de direitos de voto consagrados no número 1 do artigo 20.º devem ser considerados como correspondendo a *vias* abstractamente possíveis para que, a propósito de cada uma das normas do CVM que para eles remetem, se possam considerar verificadas situações de *influência* com a *intensidade* concretamente considerada relevante para os efeitos de cada uma daquelas mesmas normas. No entanto, saber se a potencialidade inerente a cada uma dessas mesmas *vias* efectivamente se concretiza, ou não, em cada caso concreto, é questão que depende de uma averiguação suplementar, que se soma ao (e nunca se consome no) limitado juízo de imputação tido por relevante para os efeitos mais alargados (ou menos exigentes) de *transparência*[3].

Dito de outro modo, relativamente a cada uma das normas do CVM que, para além do seu artigo 16.º, mandam computar os votos imputáveis a um determinado participante em função dos critérios do número 1 do artigo 20.º do CVM, cabe ao intérprete *individualizar*, no âmbito do conjunto dos direitos de voto imputáveis ao participante em causa de acordo com a pura e simples aplicação daqueles critérios, aqueles votos que são relevantes para os efeitos da norma concretamente considerada e aqueles outros que, não obstante serem relevantes para efeitos de *transparência*, devem ter-se por irrelevantes para aqueles outros fins[4].

---

[3] PAULA COSTA E SILVA, «A imputação de direitos de voto na oferta pública de aquisição», em *Jornadas: Sociedades abertas, valores mobiliários e intermediação financeira*, Coimbra, 2007, p. 241 e ss., p. 261.

[4] Esta proposta de *qualificação* dos critérios de imputação de direitos de voto previstos no número 1 do artigo 20.º fora do domínio limitado das normas funcionalizadas à

III. Entre as normas do CVM que remetem para os critérios de imputação do número 1 do artigo 20.º, e que têm suscitado maior atenção por parte da doutrina, conta-se o artigo 187.º, que identifica os circunstancialismos em que um determinado participante, ultrapassados determinados *limiares* de participação, vê constituir-se na sua esfera jurídica o dever de lançamento de uma oferta pública de aquisição[5] sobre a totalidade das acções representativas do capital de uma sociedade aberta (e, bem assim, dos demais valores mobiliários emitidos por uma determinada sociedade que confiram direito à subscrição ou aquisição daquelas acções).

Esta atenção da doutrina justificar-se-á por duas razões principais.

Em primeiro lugar, por esta ser uma matéria de importância crucial na regulamentação do mercado de valores mobiliários português, que suscita a ponderação de interesses manifestamente contraditórios que carecem de uma composição ajustada, em termos de segurança jurídica mas também em termos de justiça material das soluções para que aponte[6].

Em segundo lugar, também deporá no sentido da atenção antes referida o facto de esta ser uma daquelas matérias em que uma perspectiva tendente à *unicidade* acrítica do sentido atribuído aos critérios de imputação dos direitos de voto apresenta resultados interpretativos que, não obstante a sua eventual exemplaridade formal (e, portanto, a sua *congruência* com a prossecução de objectivos de pura segurança jurídica), se mostra substancialmente desadequada[7]. Com efeito, sendo recorrentemente reconhe-

---

prossecução de propósitos de *transparência* corresponde à resposta que se julga mais adequada para um problema que, há muito, vem sendo identificado por diversos autores que, em Portugal, têm sido confrontados com os resultados objectivamente injustificados a que conduz uma interpretação que pretenda sustentar a *unicidade* de sentido daqueles mesmos critérios de imputação, não obstante a grande disparidade de contextos em que os mesmos critérios relevam. Assim, e a título meramente exemplificativo, veja-se o já citado VÍTOR PEREIRA NEVES, «A natureza *transitiva* dos critérios de imputação de direitos de voto no Código dos Valores Mobiliários», em *Estudos Comemorativos dos 10 anos da Faculdade de Direito da Universidade Nova de Lisboa*, Coimbra, 2008, p. 507 e ss., e, bem assim, os diversos textos que aí são citados a este mesmo propósito.

[5] Doravante, simplesmente referida como OPA.

[6] Assim, veja-se a parte 4, *infra*.

[7] No mesmo sentido, PAULA COSTA E SILVA, «Sociedade aberta, domínio e influência dominante», em *Direito dos Valores Mobiliários*, VIII, Coimbra, 2008, p. 559. Acresce que, como se dirá na parte 4, o sentido referido no texto conduziria ainda a resultados inadmissíveis no contexto global do ordenamento jurídico português, porque determinante de uma fractura insustentável entre o sentido que assim se atribui ao artigo 187.º e as imposições que, com relevância para a interpretação deste, resultam de fontes hierarquicamente

cido que a imposição do dever de lançamento de OPA (apenas) se justifica em resultado da verificação de uma alteração na estrutura de *domínio* da sociedade aberta concretamente visada[8], o posterior entendimento segundo o qual, para os efeitos do artigo 187.º, seriam relevantes todos os votos imputáveis por aplicação de qualquer dos critérios de imputação enunciados no número 1 do artigo 20.º teria o efeito necessário de impor a conclusão simultânea de que, afinal, não obstante a razão de ser da referida imposição, o conceito de *domínio* de que a mesma partiria seria um conceito puramente *formal*, enquanto conceito manipulado pelo legislador para este efeito específico, sem nenhuma correspondência *substancial* com o conceito de *domínio* vulgarizado no ordenamento jurídico português (e, *inclusive*, especificamente explicitado pelo legislador do próprio CVM, no artigo 21.º, ao qual se voltará mais adiante).

No entanto, e um pouco paradoxalmente, o que se nota é que toda esta atenção da doutrina pela matéria em apreço ainda não conduziu a uma consolidação mínima de posições a propósito das principais questões que a mesma matéria suscita, multiplicando-se os reparos críticos[9], mas escasseando ainda construções que possam contribuir para a superação dos mesmos reparos.

Ora, é partindo precisamente deste actual ponto de situação que se propõe, neste artigo, ilustrar que o sentido que anteriormente se propôs para os critérios de imputação previstos no número 1 do artigo 20.º corresponde também ao sentido mais adequado para lograr uma adequada interpretação do artigo 187.º, permitindo, a um mesmo passo, a adopção de soluções *formal* e *substancialmente congruentes*, não só na perspectiva interna do CVM[10], mas também em face do sistema global em que este se integra (e, em particular, em face das fontes que lhe são hierarquicamente superiores e que se assumem como relevantes para a matéria em apreço[11]).

---

superiores, com destaque para as de índole constitucional e as decorrentes dos princípios harmonizadores emanados da União Europeia.

[8] É esse, desde logo, o enquadramento que é dado à matéria no Considerando 9.º da Directiva 2004/25/CE, do Parlamento e do Conselho, de 21 de Abril, e no ponto 12 do preâmbulo do próprio CVM.

[9] Assim, e por todos, PAULA COSTA E SILVA, «Sociedade aberta, domínio e influência dominante», em *Direito dos Valores Mobiliários*, VIII, Coimbra, 2008, p. 541 e ss., p. 568.

[10] Partes 2 e 3.

[11] Parte 4.

No caminho a percorrer para a prossecução deste objectivo principal, procurar-se-ão, fundamentalmente, as respostas para as três questões que, noutra sede[12], já enunciei como constituindo aquelas questões que, de forma mais decisiva, hão-de caracterizar as opções fundamentais a tomar em sede de delimitação final do âmbito de aplicação do dever de lançamento de OPA. Essas questões são as seguintes:

Pode haver *domínio* (ou, melhor, *influência dominante* sobre o modo de exercício de direitos de voto), relevante para efeitos do artigo 187.º, quando a *influência* de que o participante disponha sobre o modo de exercício dos mesmos direitos lhe tenha sido cometida através de outro instrumento, que não um acordo parassocial?

Pode haver *influência dominante* sobre o modo de exercício de direitos de voto relevante para efeitos do artigo 187.º quando o participante não tenha a possibilidade de, assertivamente, determinar o seu conteúdo, apenas lhe sendo reservado um controlo negativo, habitualmente traduzido em direito de veto de determinadas opções? E, a ser assim, qual o âmbito material necessário de tais direitos para que possam consubstanciar *influência dominante*?

Pode, finalmente, considerar-se que existe *influência dominante* relevante, para efeitos do artigo 187.º, quando não haja ainda, mas possa vir a haver no futuro, efectiva *influência dominante* sobre o modo de exercício de direitos de voto?

A estas questões voltarei, pontualmente, ao longo do presente texto, na expectativa de que, no final, a minha opinião sobre as mesmas possa resultar inteiramente esclarecida.

2. Os pressupostos do dever de lançamento de OPA: dos *pressupostos quantitativos* aos *pressupostos qualitativos*

I. Numa primeira aproximação, poderia parecer que o artigo 187.º, ao determinar a constituição do dever de lançamento de OPA sobre a totalidade das acções (e de outros valores mobiliários emitidos por uma determinada sociedade aberta que confiram direito à subscrição ou aquisição

---

[12] Vítor Pereira Neves, «A natureza *transitiva* dos critérios de imputação de direitos de voto no Código dos Valores Mobiliários», em *Estudos Comemorativos dos 10 anos da Faculdade de Direito da Universidade Nova de Lisboa*, Coimbra, 2008, p. 507 e ss., pp. 540 e 541.

daquelas acções), trata apenas dos *pressupostos quantitativos* da constituição e da subsequente exigibilidade desse mesmo dever, aceitando acriticamente como relevantes, para satisfação dos referidos pressupostos *quantitativos*, todos e quaisquer direitos de voto imputáveis ao mesmo participante por força da pura e simples aplicação do número 1 do artigo 20.º, sem qualquer outra especificação de natureza *qualitativa*[13].

Acontece, porém, que tal entendimento não resiste a uma análise mais aprofundada do preceito em causa.

Na verdade, e em primeiro lugar, a ser válido, este entendimento seria contraditório com o sentido que se tem por mais adequado para as remissões que, recorrentemente, outras disposições do CVM fazem para o número 1 do artigo 20.º, conforme sumariamente retomado acima. De outra forma, e dando já por adquirido que, em outras disposições do CVM, não é esse o sentido da remissão feita, nos mesmos exactos termos, para o número 1 do artigo 20.º, o reconhecimento da bondade do entendimento descrito importaria a aceitação de que, afinal, a utilização de técnicas remissivas idênticas, em diferentes artigos do CVM, visaria, afinal, a atribuição de sentidos radicalmente distintos em cada um dos contextos concretamente considerados[14]. Ora, como rapidamente se induz, a conformação acrítica com este caminho não é posição que, metodologicamente, em ponderação dos bons cânones hermenêuticos, possa ser aceite.

Não pretendo, no entanto, começar por aí. Com efeito, outros, e variados, são os argumentos que levam a recusar o entendimento enunciado.

Desde logo, mais do que compaginar o sentido da remissão feita no artigo 187.º com o sentido que a mesma remissão assume em outras disposições do CVM, o que cabe notar é que o entendimento aqui considerado começa por não permitir encontrar, para o referido artigo 187.º, se interpretado na sua globalidade, um sentido coerente que possa corresponder ao tal pensamento do *legislador racional* que o artigo 9.º do Código Civil manda presumir.

---

[13] E, na verdade, esta parece ser a orientação seguida, desde logo, pela própria Comissão do Mercado de Valores Mobiliários.

[14] Recordem-se, mais uma vez, as considerações tecidas em VÍTOR PEREIRA NEVES, «A natureza *transitiva* dos critérios de imputação de direitos de voto no Código dos Valores Mobiliários», em *Estudos Comemorativos dos 10 anos da Faculdade de Direito da Universidade Nova de Lisboa*, Coimbra, 2008, p. 507 e ss., a propósito do artigo 194.º e, em, especial, sobre a necessidade de leitura restritiva da remissão aí feita para o número 1 do artigo 20.º, sob pena de manifesta inconstitucionalidade do citado artigo 194.º

No artigo 187.º, a lei refere-se, no número 1, aos casos em que se constitui dever de lançamento de OPA. Posteriormente, no número 2, refere-se a situações especiais em que tal dever, já constituído, não é exigível ou, talvez melhor, em face do número 3, em que a sua exigibilidade se encontra suspensa[15].

Quanto à constituição, estatui-se no número 1 do artigo 187.º que incorre no dever de lançamento de OPA aquele participante que, directamente ou nos termos do número 1 do artigo 20.º, ultrapasse um terço ou metade dos direitos de voto correspondentes ao capital social de uma sociedade aberta. Quanto à exigibilidade, esclarece-se que, regra geral, o dever constituído se torna imediatamente exigível, podendo no entanto essa exigibilidade ser suspensa, por força do número 2 do artigo 187.º, desde que, cumulativamente, se verifiquem duas condições: (i) que o participante se tenha limitado a ultrapassar o *limiar* de um terço dos direitos de voto correspondentes ao capital social, mas não tenha atingido o segundo *limiar* correspondente a metade desses mesmos direitos de voto; e (ii) que o mesmo participante prove que, não obstante ter ultrapassado aquele primeiro *limiar*, não tem o *domínio* da sociedade visada nem está com ela em *relação de grupo*.

Tomadas à letra, estas proposições poderiam significar que, ultrapassado o *limiar* de metade de direitos de voto por qualquer das *vias* de imputação do número 1 do artigo 20.º, o participante em causa ficaria sempre constituído no dever de lançamento de OPA, que seria invariável e automaticamente exigível sem necessidade de qualquer outra indagação e sem admissibilidade de qualquer contrademonstração. Por outro lado, ultrapassado apenas o *limiar* correspondente a um terço dos direitos de voto, ao participante abrir-se-ia a possibilidade de demonstrar que a tal ultrapassagem não correspondia a aquisição do *domínio* da sociedade participada, nem se encontrava estabelecida com ela qualquer *relação de grupo*, assim se furtando – mesmo que temporariamente – à exigibilidade do dever de lançamento de OPA constituído como efeito imediato da ultrapassagem daquele mesmo *limiar*.

Sobre os elementos que poderiam ser aduzidos para realização desta demonstração, a lei nada diz expressamente, embora, em tese geral, se possa admitir que esses elementos se podem agrupar em dois grupos distintos.

---

[15] Casos estes que, como referido, se referem à suspensão da exigibilidade do dever de lançamento de OPA e que não se confundem com aqueles outros em que há suspensão do próprio dever de lançamento, tal como prevista no artigo 190.º

Assim, em primeiro lugar, o participante em causa poderá invocar que a ultrapassagem do *limiar* de um terço dos direitos de voto não correspondeu à aquisição do *domínio* sobre a sociedade aberta em causa, pela simples razão de que, para tomar o exemplo mais extremo, existe um accionista ou um grupo organizado de accionistas que controla, positivamente, mais de metade do capital daquela sociedade, o que, só por si, demonstra que não existe qualquer *domínio* que quem detenha mais de um terço dos direitos de voto possa vir a exercer. Neste caso, o que o participante faria relevar seria que, atenta a estrutura accionista da sociedade em apreço, o controlo de mais de um terço dos direitos de voto não lhe atribuiria qualquer posição privilegiada na tomada de deliberações pela Assembleia Geral da mesma sociedade. De outra forma ainda, o participante estaria a ilidir a presunção de que o legislador partiu, segundo a qual, atenta a tendencial dispersão do capital das sociedades abertas (em especial quando os valores representativos do mesmo capital se encontrem admitidos à negociação[16]) e os naturais *inércia* ou *absentismo* de um número alargado de investidores de menor dimensão, quem se apresente numa sociedade aberta com mais de um terço do capital dessa sociedade terá a possibilidade de, com elevada probabilidade, exercer uma *influência dominante* sobre a mesma. Admite-se, no entanto, que a remanescente estrutura accionista da sociedade em causa ou o histórico comportamental dos demais accionistas contrariem, em determinadas situações concretas, essa probabilidade e, por essa mesma razão, admite-se também que o participante suspenda a exigibilidade do dever de lançamento de OPA até à verificação de qualquer circunstância superveniente que, nos termos da alínea *b*) do número 3 do artigo 187.º, faça cessar tal suspensão.

Em segundo lugar, o participante poderia ainda vir demonstrar que não teria passado a *dominar* a sociedade aberta em que tivesse ultrapassado o *limiar* de um terço dos correspondentes direitos de voto porque tal ultrapassagem levaria em consideração a soma de todos os direitos de voto imputáveis ao participante em causa nos termos do número 1 do artigo 20.º, quando é evidente que, em alguns desses casos, tal imputação *abstrai* de uma *intensidade* mínima da *conexão* entre o participante e os direitos de voto que lhe são imputados que possa fundamentar a existência de uma qualquer posição de *domínio* sobre a sociedade participada[17]. Neste

---

[16] O que justificará a regra do número 4 do artigo 187.º

[17] Pense-se, por exemplo, no caso de uma sociedade que detém 30% do capital de uma sociedade aberta, tendo como membros do seu órgão de administração ou de fiscali-

caso, o esforço contrademonstrativo do participante não atenderia já às particularidades da estrutura accionista da sociedade participada, mas antes à concreta *intensidade* da *conexão* estabelecida entre o participante e cada um dos direitos de voto que lhe são imputados nos termos do número 1 do artigo 20.º

E, aqui chegados, se confrontarmos cada um destes grupos de potenciais argumentos que o participante pode aduzir para suspender a exigibilidade do dever de lançamento de OPA quando esteja ultrapassado o *limiar* de um terço dos direitos de voto com a situação em que se encontra aquele outro participante que tenha ultrapassado o *limiar* de metade desses mesmos direitos, existem duas conclusões que se oferecem como claras.

De acordo com a primeira, imediatamente se entende a razão pela qual a lei apenas admitiu que o participante pudesse invocar as especificidades da estrutura accionista de uma sociedade aberta para afastar a presunção de *domínio* dessa mesma sociedade por mera detenção de mais de um terço dos direitos de voto e, consequentemente, pudesse levar, nessa circunstância específica, à suspensão da exigibilidade do dever de lançamento de OPA. Na verdade, se essa ultrapassagem for do *limiar* de metade dos direitos de voto, e não apenas de um terço desses mesmos direitos, quaisquer que sejam as especificidades da sociedade aberta em causa, e (em particular) da sua estrutura accionista, já anteriormente a lei tinha mandado presumir, de modo insusceptível de ser contrariado, que, «*em qualquer caso*», existiria «*domínio*»[18].

Contudo, outro tanto não se pode dizer relativamente ao segundo grupo de argumentos acima referidos. Com efeito, aqui falta, por completo, qualquer razão justificativa que pudesse ter levado o legislador a restringir ao participante que ultrapasse o limiar de um terço dos direitos de voto a invocação da *baixa intensidade* da sua *conexão* com parte dos direitos de voto que lhe são imputados, para efeitos de afirmação da inexistência de qualquer posição de *domínio* sobre a sociedade participada. É que, a este segundo nível, a posição daquele que ultrapasse o limiar de

---

zação outros accionistas que detêm mais 4% desse mesmo capital. Neste caso, é claro que, nos termos do número 1 do artigo 20.º, à sociedade em causa são imputáveis 34% dos direitos de voto, quando, na realidade, ela apenas pode controlar, no sentido de *dominar*, o modo de exercício dos 30% que directamente detém. E quanto agora se diz a propósito do critério de imputação previsto na alínea *d*) do número 1 do artigo 20.º poderia, de igual modo, dizer-se relativamente a cada uma das alíneas que se lhe seguem na mesma disposição, pelas razões referidas adiante, na parte 3.

[18] Assim, veja-se o número 2 do artigo 21.º, ao qual se retornará mais adiante.

um terço dos direitos de voto ou de metade desses mesmos direitos pode, na prática, ser rigorosamente idêntica[19], ou mesmo mais favorável ao primeiro, sendo manifestamente iníqua qualquer leitura do artigo 187.º que aponte no sentido de tal citada restrição[20].

A verdade, no entanto, é que a letra da lei é clara, apenas permitindo que seja feita a contraprova do *domínio* por parte daquele que tenha ultrapassado o limite de um terço dos direitos de voto, desde que não tenha logrado alcançar metade dos mesmos direitos.

Está, por isso, o intérprete condenado a aceitar, no plano do direito constituído, esta evidente iniquidade?

A resposta é obviamente negativa.

II. A *correcção* de tal iniquidade, adoptando para a lei um sentido que trate de modo igual o que é efectivamente igual e de modo desigual o que é efectivamente desigual, deve passar por tratar de forma idêntica aquele que ultrapasse o *limiar* de um terço dos direitos de voto e aquele outro que exceda metade dos mesmos direitos, recusando também ao primeiro que, nos termos e para os efeitos do número 2 do artigo 187.º, possa invocar qualquer menor *intensidade* na sua conexão com alguns dos direitos que lhe sejam imputáveis nos termos do número 1 do artigo 20.º[21].

---

[19] Pense-se, por exemplo, para retomar exemplos já dados, nos casos em que um accionista de uma sociedade aberta detém 30% do capital de uma sociedade aberta, tendo como membros do seu órgão de administração ou de fiscalização outros accionistas que detêm mais 21% desse mesmo capital. Neste caso, é claro que, nos termos do número 1 do artigo 20.º, à sociedade em causa são imputáveis 51% dos direitos de voto, quando, na realidade, ela apenas pode controlar, no sentido de *dominar*, o modo de exercício dos 30% que directamente detém, sendo rigorosamente indiferente, para estes efeitos de afirmação de uma qualquer *influência dominante*, qual o número dos votos que sejam detidos pelos seus administradores ou fiscalizadores. Ora, de acordo com o referido no texto, tal número apenas deixaria de ser irrelevante para aplicação formal do CVM pois, embora substancialmente a situação seja idêntica, se os administradores ou fiscalizadores em causa detiverem entre 4% e 19%, pode o accionista em causa furtar-se à exigibilidade do dever de lançamento de OPA, nos termos do número 2 do artigo 187.º, o que deixará de poder fazer se os mesmos afinal detiverem 21% dos direitos de voto.

[20] Chamando também atenção para a falta de *harmonia* entre o número 1 e o número 2 do artigo 187.º, embora sem depois avançar no sentido da sanação de tal constatação e acabando por se conformar com a mesma, veja-se PAULA COSTA E SILVA, «Sociedade aberta, domínio e influência dominante», em *Direito dos Valores Mobiliários*, VIII, Coimbra, 2008, p. 541 e ss., pp. 558 e 559.

[21] Em sentido contrário, mas parecendo incorrer, por isso, na *iniquidade* acima descrita, pronuncia-se, mediante apresentação de um exemplo concreto, PAULO CÂMARA, «O

Deste modo, a prova admissível para os efeitos do número 2 do artigo 187.º é, apenas, a que se relaciona com as especificidades da estrutura accionista da sociedade concretamente considerada que possam justificar que, no caso concreto, o controlo de um terço dos direitos de voto não corresponda à detenção de uma posição de *domínio* sobre a sociedade participada. Esse é, aliás, o sentido mais conforme que o disposto no número 3 do artigo 187.º quanto às causas que impõem a cessação da suspensão da exigibilidade do dever de lançamento de OPA, que parecem estritamente relacionadas com o progressivo *reforço quantitativo* da posição anteriormente detida.

Conclui-se assim que, do que a lei trata na distinção entre o participante que ultrapassa o *limiar* de metade dos direitos de voto e o participante que ultrapassa o *limiar* de um terço desses mesmos direitos é apenas da concessão ao segundo da possibilidade de provar que, não obstante tal ultrapassagem, não adquiriu uma posição de *domínio* sobre a sociedade visada (nem com ela está em *relação de grupo*), exigindo-se para o efeito que demonstre, cumulativamente, que (i) à *influência* que pode exercer sobre mais de um terço, mas menos de metade, dos direitos de voto, não se soma a existência de uma qualquer *relação de grupo* entre o participante e a sociedade aberta em causa; e que, (ii) em face da estrutura accionista da mesma sociedade aberta, a *influência* atomizada sobre apenas um terço dos direitos de voto não permite projectar essa mesma *influência* na conformação da *vontade colectiva* correspondente à sociedade globalmente considerada.

Já as questões de natureza *qualitativa* – relacionadas com a *intensidade* da *conexão* estabelecida entre o participante e os direitos de voto que lhe sejam imputados nos termos do número 1 do artigo 20.º – são, assim, questões que passam ao lado do número 2 do artigo 187.º[22].

---

dever de lançamento de Oferta Pública de Aquisição no novo Código dos Valores Mobiliários», em *Direito dos Valores Mobiliários*, II, Coimbra, 2000, p. 203 e ss., p. 261.

[22] Pois, como se dirá a seguir no texto, são questões que, quando se suscite a aplicação do número 2 do artigo 187.º, já se encontrarão resolvidas, porque essenciais ao preenchimento prévio das previsões alternativas do número 1 do mesmo artigo. E, note-se, a identificação exacta do momento relevante para a solução desta questão está longe de revestir mero interesse teórico. Na verdade, e por um lado, como já se disse acima, dessa identificação depende saber se a mesma questão é relevante para qualquer dos *limiares* mínimos de direitos de voto a que se refere o número 1 do artigo 187.º ou se apenas releva para o primeiro deles e, por outro lado, da mesma identificação depende ainda a tomada de posição final sobre a distribuição do ónus de prova dos elementos constitutivos e de que depende a exigibilidade do dever de lançamento de OPA, como se retomará na parte 3.

Mas daqui não se pode concluir pela irrelevância dessas mesmas questões para os efeitos do artigo 187.º, quando tomado na sua globalidade. Aliás, e bem ao inverso, é novamente o regime do número 2 do artigo 187.º que permite sustentar um argumento de sinal inverso que se tem por decisivo a tal propósito.

Na verdade, para que se possa, nos termos do número 2 do artigo 187.º, suspender a exigibilidade do dever de lançamento de OPA, é necessário que o mesmo dever se tenha constituído, nos termos do número 1, por verificação ou, pelo menos, por presunção de verificação dos elementos que, uma vez afastados nos termos do citado número 2, permitam aquela suspensão. Dito de outro modo, não é logicamente concebível que o legislador admita que se afaste a exigibilidade de um dever por demonstração da não verificação de determinado facto se não tiver precisamente partido, na estatuição de tal dever, do pressuposto inverso de que esse facto se verifica efectivamente[23].

E é isso mesmo que se passa neste caso.

Como já antes se referiu, no número 1 do artigo 187.º, a lei parte do pressuposto de que, dada a tendencial dispersão do capital e, consequentemente, dos direitos de voto numa sociedade aberta, associada aos tendenciais *inércia* ou *absentismo* de parte relevante dos pequenos accionistas, o *controlo atomizado* de um terço dos direitos de voto tenderá a ser suficiente para que o participante em causa *controle* a tomada de deliberações em reuniões da Assembleia Geral da sociedade concretamente considerada. Trata-se, no entanto, de uma presunção, por si só, inilidivelmente suficiente para constituir o dever de lançamento de OPA, mas que a lei permite que seja ilidida, embora apenas para efeitos de suspensão da exigibilidade de tal dever. Já quando o dever de lançamento de OPA se tenha constituído por ultrapassagem do *limiar* de metade dos direitos de voto, a lei presume inilidivelmente que o *controlo* atomizado de tais direitos de voto é, por si só, suficiente para que o participante em causa *controle* a tomada de deliberações em reuniões da Assembleia Geral da sociedade concretamente considerada, motivo pelo qual aquela ultrapassagem é causa suficiente, não só para a constituição, mas também para a exigibilidade daquele dever, sem admissibilidade de qualquer *contraprova* ou *contrademonstração*.

---

[23] No mesmo sentido, embora depois não concluindo em coerência com o citado argumento, pronuncia-se PAULA COSTA E SILVA, «Sociedade aberta, domínio e influência dominante», em *Direito dos Valores Mobiliários*, VIII, Coimbra, 2008, p. 541 e ss., p. 557.

Mas quanto vem de ser referido esgota a sua projecção na mera ponderação de elementos de natureza *quantitativa*, os quais apenas adquirem sentido se, com *anterioridade lógica* em relação aos mesmos, se der por adquirida a solução de uma outra questão de natureza *qualitativa*. Ou seja, e em termos simplificados, do que se trata nas considerações que antecedem é de saber quantos votos são necessários para exercer uma *influência dominante* sobre uma sociedade aberta, no pressuposto, que não se trata especificamente e antes se dá por adquirido no artigo 187.º, segundo o qual apenas se consideram para este efeito direitos de voto com os quais o participante mantenha um *vínculo* de tal modo *forte* ou *intenso* que permita afirmar um *controlo atomizado* sobre os mesmos direitos de voto que, uma vez considerados estes globalmente, nas *quantidades* legalmente tidas por relevantes, permitam ao mesmo participante o exercício de uma posição de *domínio* sobre a sociedade em causa.

Ora, deste outro aspecto, a lei não trata especificamente no artigo 187.º, limitando-se a considerar (potencialmente) relevantes os direitos de voto directamente detidos, bem como os que sejam imputáveis ao participante nos termos do número 1 do artigo 20.º A meu ver, a lei não trata especificamente esta questão e, atenta a natureza dos critérios de imputação dos direitos de voto previstos nesta disposição legal, quando para eles remetem as demais disposições do CVM, a opção mais coerente com o espírito do sistema é, precisamente, a de não proceder a tal tratamento individualizado.

Na verdade, é ao intérprete que cabe partir do pressuposto de que, para efeitos de aplicação do artigo 187.º, os direitos de voto imputáveis a um determinado participante, com relevância para satisfação dos critérios *quantitativos* fixados neste mesmo artigo, não são necessariamente todos os direitos de voto imputáveis ao participante em causa para efeitos de *transparência*, nos termos do número 1 do artigo 20.º

Assim, é ao mesmo intérprete que cabe, em primeiro lugar, *crivar* todos estes direitos de voto em função dos critérios e dos fins específicos visados pelo artigo 187.º, distinguindo os direitos de voto imputáveis de acordo com o número 1 do artigo 20.º que são efectivamente relevantes para constituição do dever de lançamento de OPA daqueles outros que se devem ter por irrelevantes para este efeito. E este exercício prévio, onde entra o tal juízo *qualitativo* sobre a *intensidade mínima* da *conexão* entre o participante e cada um dos direitos de voto que lhe são imputáveis, deve ser concretizado, de forma uniforme, independentemente de qual seja o *limiar* mínimo de natureza *quantitativa* cuja ultrapassagem se esteja a testar. Apenas num segundo momento, após a selecção final dos direitos de voto imputáveis que sejam relevantes para a constituição do dever de lançamento de OPA, é que importa somar todos estes direitos para verificar se os mesmos ficam aquém, ou vão além, dos *limiares* de relevância indicados no número 1 do artigo 187.°, sabendo que então, mas apenas então, o tratamento a dar a quem tenha ultrapassado o *primeiro* limiar correspondente a um terço dos direitos de voto ou a quem tenha ultrapassado o segundo *limiar* correspondente a metade desses direitos é, ou pode ser, em face do número 2 do artigo 187.°, manifestamente distinto[24].

Por esta via se alcança um sentido coerente, e equitativo, para o artigo 187.°, ainda tomado, apenas, na perspectiva interna de adequação das soluções que este consagra para cada um dos problemas que trata[25].

III. A questão que imediatamente se segue é a que se relaciona com a necessidade de identificar, tão concretamente quanto possível, os elementos que, nos termos e para efeitos do artigo 187.°, deverão constituir o tal qualificativo suplementar de *conexão* ou de *influência* ao qual se poderá chegar pelas *vias* de imputação de direitos de voto consagradas no número 1 do artigo 20.° e que deverá permitir distinguir os direitos de voto imputáveis que serão efectivamente relevantes para constituição do dever de lançamento de OPA daqueles outros que, embora relevantes para efeitos de *transparência* (e, eventualmente, de outras disposições do CVM), não podem relevar para este efeito específico.

Por quanto já se referiu, a pedra de toque para tal análise há-de ser encontrada na referência à noção de *domínio* ou de *influência dominante*, a que a lei se refere nos números 2 e 3 do artigo 187.° Trata-se, no entanto, de matéria a que se pretende dirigir a parte 3 deste artigo, sabendo de ante-

---

[24] Na medida em que, como acima se referiu, ao participante que se tenha limitado a ultrapassar o *limiar* de um terço dos direitos de voto se abre a possibilidade de, tomando por base a estrutura accionista da sociedade participada, demonstrar que à ultrapassagem daquele limiar não corresponde a aquisição de uma qualquer posição de domínio sobre a mesma sociedade, o que está liminarmente vedado a quem tenha ultrapassado o *limiar* de metade dos direitos de voto em causa.

[25] Mais adiante, nas partes 3 e 4, estas considerações sobre a adequação (e, mesmo, a inevitabilidade) da posição sustentada no texto, em atenção à necessária congruência da mesma com o sistema em que o artigo 187.° se integra, serão especificamente retomadas, num primeiro momento ainda no puro plano do CVM (parte 3) e, num segundo, evocando já as fontes que lhe são hierarquicamente superiores e que não podem deixar de ser ponderadas nesta sede (parte 4).

mão que, nesta sede, o ponto de partida há-de, naturalmente, encontrar-se na noção que o próprio CVM acolhe de sociedades em *relação de domínio* no seu artigo 21.º[26].

IV. Antes de prosseguir nessa análise, importa, no entanto, deixar desde já esclarecidas as razões pelas quais se propõe liminarmente a concentração da análise apenas nos conceitos de *domínio* ou de *influência dominante*, quando o número 2 do artigo 187.º, que se tomou como a âncora fundamental para esta análise, também se refere, em aparente alternatividade àqueles conceitos, à inexistência de uma qualquer *relação de grupo* entre o participante que ultrapasse o *limiar* de um terço dos direitos de voto e a sociedade participada. É que, não obstante o referido número 2 do artigo 187.º parecer colocar estas duas realidades em idêntico plano, o sentido a atribuir às mesmas, no contributo que podem prestar para a interpretação global do artigo 187.º, não pode ser o mesmo, sendo patente que o contributo que a referência às *relações de grupo* pode prestar, nesta sede, é nulo.

Na verdade, se assentarmos na definição dada pelo número 3 do artigo 21.º, constata-se que, para efeitos do CVM, consideram-se em *relação de grupo* as sociedades como tal qualificadas pelo Código das Sociedades Comerciais[27], independentemente de as respectivas sedes se situarem em Portugal ou no estrangeiro. Ou seja, e por outro modo, o objectivo do número 3 do artigo 21.º parece ter sido o de alargar o conceito que, de *relação de grupo*, é dado pelo CSC, embora tal alargamento opere numa perspectiva exclusivamente subjectiva e não objectiva, porquanto as *relações de grupo* continuam a ser objectivamente caracterizadas nos mesmos termos, e de acordo com os mesmos critérios, que já resultavam do CSC. Apenas deixam de ser um exclusivo das relações entre sociedades com sede em Portugal[28], passando também, por força e para efeitos do CVM, a poder existir nas relações destas com sociedades sedeadas no estrangeiro.

---

[26] No mesmo sentido, mas apenas para os efeitos do número 2 do artigo 187.º e, portanto, com conclusões completamente díspares em sede de interpretação global deste mesmo artigo, veja-se PAULO CÂMARA, «O dever de lançamento de Oferta Pública de Aquisição no novo Código dos Valores Mobiliários», em *Direito dos Valores Mobiliários*, II, Coimbra, 2000, p. 203 e ss., pp. 259 a 261.

[27] Doravante abreviadamente referido como CSC.

[28] Como resulta do número 2 do artigo 481.º do CSC, e abstendo-me aqui de considerar a difícil compatibilização desta disposição com os *princípios jurídico-constitucionais* e *jurídico-comunitários* de que fala ENGRÁCIA ANTUNES, «O Âmbito de Aplicação do Sis-

Este alargamento subjectivo das potenciais *relações de grupo*, na perspectiva exclusiva do CVM[29], não suscitaria especiais dificuldades, não fora o facto de, para os efeitos específicos do número 2 do artigo 187.º, poder parecer que se está a configurar uma situação em que a causa da constituição de tal *relação de grupo* coincide com a circunstância de, a uma determinada entidade, passarem a ser imputáveis direitos de voto correspondentes a mais do que um terço dos direitos de voto inerentes ao capital de uma determinada sociedade aberta. Não pode ser esse, no entanto, o sentido da referência legal a *relação de grupo* na disposição em apreço. Com efeito, o CSC, de que o CVM parte, numa perspectiva objectiva, sem referência a qualquer necessidade de ajuste, caracteriza precisamente as *relações de grupo* entre sociedades tomando como elemento caracterizador fundamental a *causa*, no sentido de *fonte*, de tais relações, não havendo a mínima possibilidade de, de entre as *causas* que o CSC prevê, fazer emergir a potencial relevância da detenção de uma participação de mais de um terço do capital de uma qualquer sociedade.

---

tema das Sociedades Coligadas», em *Estudos em Homenagem à Professora Doutora Isabel de Magalhães Collaço*, II, Coimbra, 2002, p. 95 e ss.

[29] Faz-se esta restrição ao CVM porque, embora sem relevo para o presente artigo, se entende que a ausência de dificuldades emergentes do alargamento subjectivo do conceito de *relação de grupo* para o CVM não é identicamente transponível para o CSC. Com efeito, a opção do CSC de acolher um conceito exclusivamente orgânico de *relação de grupo* entre sociedades, como se analisará mais adiante, coloca questões de difícil compatibilização com a aceitação do estabelecimento daquelas mesmas relações entre sujeitos que, para o CSC, não podem estar relacionadas de tal modo. Em abstracto, esta patente contraditoriedade apenas poderá ser superada, se se pretender uma solução global, por uma de duas formas: ou se considera que o número 3 do artigo 21.º do CVM veio alargar o conceito de *relação de grupo* a sociedades que não tenham a sua sede em Portugal, derrogando assim, de forma genérica, o disposto no número 2 do artigo 481.º do CSC; ou se considera que, não tendo sido esse o objectivo da disposição legal citada, o número 3 do artigo 21.º do CVM teria aditado que, existindo uma causa adequada para a constituição de uma *relação de grupo*, as disposições do CVM tornar-se-iam imediatamente aplicáveis independentemente de as sociedades em causa terem a sua sede em Portugal ou no estrangeiro, o que, neste último caso, teria o efeito de tornar o regime do CVM autónomo em relação ao regime do CSC ou, por outro modo, o de aplicar aquele onde este, em atenção à sede das sociedades em causa, não seja aplicável. Como facilmente se antecipa, em tese geral, nenhuma destas perspectivas de solução genéricas é inteiramente convincente, razão pela qual se entende que apenas caso a caso, em ponderação de cada uma das disposições do CVM que referencie as sociedades em *relação de grupo*, é que se poderá tentar encontrar uma solução satisfatória para a contradição apontada. É, assim, precisamente essa via que aqui se percorrerá, considerando especificamente o disposto no artigo 187.º do CVM.

Com efeito, como é recorrentemente referido pela doutrina portuguesa, não existe, a propósito das *relações de grupo* entre sociedades comerciais[30], a possibilidade de constituição das mesmas relações por via puramente *fáctica*, a partir de uma qualquer observação do poder efectivamente exercido por uma sociedade sobre outra, já que o conceito legalmente relevante é *orgânico*[31], assente na verificação de uma determinada *fonte*, à qual o CSC associa determinadas consequências, estando vedado a quaisquer sociedades comerciais que se comportem como se entre elas existisse uma *relação de grupo* quando a mesma relação não se encontre devidamente *institucionalizada*, quer quanto à sua origem, quer quanto às suas consequências.

Explicitando melhor quanto se pretende dizer, importa notar que o elemento nuclear do estabelecimento de uma *relação de grupo*, por qualquer das formas previstas nos artigos 488.° e ss. do CSC, é o de sobreposição, ao interesse social de cada uma das sociedades em *relação*, do interesse do grupo constituído por todas elas, ainda que, em alguns casos, a prossecução de tal interesse do grupo possa impor a prática de actos prejudiciais aos interesses individuais de alguma ou algumas daquelas sociedades[32]. Assim, a existência de uma *relação de grupo* funciona como uma espécie de *causa de justificação* que exclui a ilicitude dos actos praticados por quem tenha a seu cargo a administração de uma determinada sociedade e, em atenção ao referenciado interesse primordial do grupo, pratique actos prejudiciais a esta mesma sociedade, na certeza de que, na falta de tal *relação de grupo*, tal comportamento seria ilícito e causa, a título exemplificativo, de responsabilidade civil para os seus autores, nos termos genericamente previstos nos artigos 72.° e ss. do CSC.

É precisamente esta *desfocagem* em relação ao princípio geral da necessária prossecução do interesse social que não pode admitir-se em termos gerais e que, como se viu, a lei também não admitiu, a não ser em casos contados e com consequências bem definidas. Contudo, também como já se sublinhou, entre esses casos não se conta a detenção de uma participação superior a um terço do capital de uma qualquer sociedade co-

---

[30] E ao contrário do que, ao menos numa primeira aproximação, parece existir em relação às sociedades em *relação de domínio*.

[31] ENGRÁCIA ANTUNES, *Os Grupos de Sociedades*, Coimbra, 1993, pp. 483 e 484.

[32] Dando acriticamente por adquirido, o que não interessa aprofundar para os efeitos da análise que aqui se pretende realizar, que tal possibilidade também existe nas *relações de grupo paritário* a que se refere o artigo 492.° do CSC.

mercial. Conclui-se assim que, na lógica do próprio sistema, não pode a referência feita, no artigo 187.°, a *relação de grupo*, valer com o sentido de que, com ela, a lei pretendeu abranger os casos em que a mesma relação se viesse a constituir por um participante no capital de uma sociedade aberta adquirir direitos de voto, ou *influência* sobre directos de voto, que lhe permitam ultrapassar o *limiar* de um terço a que se refere o número 2 daquela disposição legal.

Na verdade, por quanto anteriormente se referiu, se esse fosse o sentido da lei, a citada disposição legal, na parte que se refere às *relações de grupo*, deveria ser dada como vazia de sentido: que a simples ultrapassagem do *limiar* de um terço dos direitos de voto correspondentes ao capital social de uma sociedade aberta não equivale nunca ao estabelecimento de uma *relação de grupo* entre o participante em causa e esta sociedade é uma evidência que carece de maiores explicações e, assim também, sempre prescindiria de qualquer *prova* ou *demonstração* a cargo daquele mesmo participante.

Que sentido útil se pode, assim, atribuir ao número 2 do artigo 187.°, na parte em que permite ao participante que suspenda a exigibilidade do dever de lançamento de OPA quando prove que a ultrapassagem do *limiar* de um terço dos direitos de voto não corresponde, ou coexiste, com a existência de uma *relação de grupo* entre o participante e a sociedade aberta?

Enjeitando liminarmente o entendimento segundo o qual a lei teria, por este modo, e não obstante a manifesta infelicidade de redacção, eleito o estabelecimento de uma *relação de grupo* como pressuposto suficiente para a imposição do dever de lançamento de OPA, independentemente de qualquer participação de uma das sociedades assim relacionadas no capital das outras, a melhor interpretação da lei é a de que, no caso, o número 2 do artigo 187.° qualifica como causa determinante da exigibilidade de tal dever a coexistência, numa determinada situação, de uma *relação de grupo* entre um participante e uma sociedade aberta e da detenção, pelo primeiro, de mais de um terço dos direitos de voto correspondentes ao capital social desta última.

A *relação de grupo* aparece assim como um elemento autónomo à detenção ou à *influência* sobre os direitos de voto imputados ao participante, na medida em que não encontra nestas a sua *causa*, funcionando apenas como um elemento adicional que, uma vez verificado, e somado à ultrapassagem do *limiar* de um terço dos direitos de voto, impõe, independentemente de qualquer outra demonstração ou contrademonstração, e como consequência automática, a exigibilidade do dever de lançamento de OPA sobre a sociedade participada, sem que o participante, em tal caso, possa vir suspender tal exigibilidade com o argumento de que, atenta a estrutura accionista da sociedade visada, a *influência* que detém sobre um terço dos direitos de voto não se projecta igualmente em *influência* sobre a sociedade globalmente considerada[33].

3. Os *pressupostos qualitativos* de relevância dos direitos de voto imputáveis a um determinado accionista para efeitos de constituição do dever de lançamento de OPA

I. Conforme anteriormente referido, o que se pretende aqui é concretizar o que, para efeitos do artigo 187.º, deverá constituir o tal qualificativo suplementar de *influência* ao qual se poderá chegar por qualquer das *vias* de imputação de direitos de voto consagradas no número 1 do artigo 20.º e que constituirá um dos pressupostos essenciais à constituição e à exigibilidade do dever de lançamento de OPA sobre a totalidade do capital social de uma sociedade aberta.

Para esse efeito, já se notou que a lei manda partir do conceito de *domínio*, associando a constituição e a consequente exigibilidade do dever de lançamento de OPA à aquisição de uma posição de *domínio* sobre a sociedade aberta. Ora, também sobre o que signifique ter o *domínio* de uma sociedade, «*para efeitos*» do CVM[34], é o próprio CVM que, no número 1 do seu artigo 21.º, vem esclarecer que «*considera-se relação de domínio a relação existente entre uma pessoa singular ou colectiva e uma sociedade quando, independentemente de o domicílio ou a sede se situar em Portugal ou no estrangeiro, aquela possa exercer sobre esta, directa ou indirectamente, uma influência dominante*». Verifica-se assim que, para a lei, existe *domínio* quando possa ser exercida *influência dominante* sobre a sociedade visada, sendo também esse, precisamente, e como já se viu, o pressuposto de que a alínea *b)* do número 3 do artigo 187.º faz depender a cessação da suspensão da exigibilidade do dever de lançamento de OPA, o que, mais uma vez, e se necessário fosse, con-

---

[33] Ainda assim, mesmo acolhendo esta interpretação, a referência às *relações de grupo* no número 2 do artigo 187.º não resulta isenta de dificuldades. No entanto, atenta a escassez de relevância prática das mesmas, opta-se por, nesta sede, não seguir na análise detalhada das mesmas.

[34] Assim, veja-se precisamente o início do número 1 do artigo 21.º

firma que o CVM tem em vista, no artigo 187.º, precisamente a mesma figura que define no artigo 21.º

O problema está, então, em concretizar o que, para este efeito, se deve entender por *influência dominante*. A solução do problema está sobremaneira facilitada, porquanto, no número 2 do mesmo artigo 21.º, o CVM veio estabelecer um conjunto de presunções inilidíveis de *domínio*, que obviamente não esgotam todos os casos possíveis de *influência dominante* mas constituem pontos de apoio valiosíssimos na delimitação dos mesmos, embora as mesmas presunções não possam deixar de ser lidas, quando em causa esteja a aplicação do artigo 187.º do CVM, de acordo com as demais presunções que neste são estabelecidas a este mesmo propósito e que já acima se enunciaram, a saber: (i) a de que a ultrapassagem do limiar de um terço constitui, para este efeito, presunção, embora ilidível, de *domínio*; e (ii) a de que, quando somada a uma determinada *relação de grupo*, tal ultrapassagem faz presumir, de modo agora inilidível, esse mesmo domínio.

Antes de avançar na análise desta matéria, importa notar que, na consideração dos direitos de voto relevantes para os efeitos do artigo 187.º, deve ter-se em conta que, nos termos do CVM, a *influência* exercida pelo participante no capital de uma determinada sociedade aberta pode, e deve, ser medida em duas perspectivas diferenciadas ou, se se preferir, implica que se percorram, sucessivamente, duas fases logicamente sucessivas. Assim, e em primeiro lugar, existe a *influência* que cada accionista pode exercer sobre cada um dos direitos de voto com que, por qualquer modo, está relacionado por qualquer das *vias de conexão* referidas no número 1 do artigo 20.º Esta primeira abordagem é, assim, uma abordagem *atomística* ou *atomizada*, assente na consideração individualizada de cada um dos mesmos direitos de voto, procurando medir qual o nível ou a *intensidade* da *influência* que, sobre os mesmos, pode ser exercida pelo participante em causa[35]. Em segundo lugar, escrutinada por este modo a *influência* exercível sobre cada um dos direitos de voto, afere-se a projecção desta naquela outra *influência*, medida por consideração global da posição que o participante em causa assume perante a sociedade em cujo capital participa, não já voto a voto, mas considerando a vontade colectiva correspondente às deliberações que a Assembleia Geral desta colegialmente tome.

---

[35] Referindo-se também a esta realidade, PAULA COSTA E SILVA, «Sociedade aberta, domínio e influência dominante», em *Direito dos Valores Mobiliários*, VIII, Coimbra, 2008, p. 541 e ss., p. 552 e ss.

No número 1 do artigo 21.º, quando se refere a *influência dominante*, a lei refere-se especificamente a esta segunda perspectiva, sendo igualmente essa a perspectiva que encontramos na referência a *domínio* e a *influência dominante* nos números 2 e 3 do artigo 187.º Já nas presunções do número 2 do artigo 21.º e na definição dos limiares mínimos de cuja ultrapassagem decorre o dever de lançamento de OPA nos termos do número 1 do artigo 187.º, a lei centra-se antes, primordialmente, naquela análise *atomizada* da relação ou da imputação de cada um dos direitos de voto ao seu titular.

E, neste momento, é efectivamente esta a perspectiva que nos interessa. Sobre aquela outra já dissemos o suficiente acima, a propósito dos *pressupostos quantitativos* do dever de lançamento de OPA, restando agora verificar como se individualizam os direitos de voto que, uma vez somados, permitirão satisfazer esses *pressupostos quantitativos*.

II. Do confronto do número 1 do artigo 21.º com o número 1 do artigo 486.º do CSC resulta evidente, em primeiro lugar, que o CVM procede a um alargamento do âmbito subjectivo do conceito de *domínio*, alargando-o às pessoas singulares, a outras pessoas colectivas que não sociedades comerciais e ainda a pessoas colectivas sedeadas no estrangeiro. Nota-se, em segundo lugar, que, ao contrário do que fez no número 3 do artigo 21.º a propósito das relações de grupo, quanto aos critérios objectivos de demarcação do que se deva entender por relação de domínio, o legislador não se limitou a remeter para o CSC, conduzindo-nos assim à indução de que, também nesta perspectiva objectiva ou material, o legislador do CVM pretendeu acolher um sentido diverso de *domínio*.

Ao tentar, no entanto, identificar quais as diferenças que o legislador teria procurado consagrar, as dificuldades aumentam. Ainda assim, existe uma que não passa despercebida. Enquanto o legislador do CVM admite que, para formação do conceito de *influência dominante*, concorra o exercício directo e indirecto, sem especificar a forma que este deve revestir, o legislador do CSC foi mais específico, remetendo também para o conceito de *influência dominante*, mas apenas assumindo como relevante a que seja exercida directamente ou através de pessoas que preencham os requisitos indicados no número 2 do artigo 483.º do mesmo CSC, ou seja, através de pessoa dependente do participante, directa ou indirectamente, ou com ele esteja em relação de grupo, ou que seja titular de participações por conta de qualquer dessas sociedades. Admite-se assim que a técnica legislativa do número 1 do artigo 21.º não seja idêntica à técnica usada no número 3 do mesmo artigo por o legislador ter efectivamente pretendido alargar o conceito de *domínio*, não só na perspectiva subjectiva antes referida, mas também a partir da ampliação das circunstâncias relevantes para sustentar a possibilidade de exercício indirecto de uma *influência dominante* para além dos limites do número 2 do artigo 483.º do CSC.

Isso mesmo é, depois, confirmado pela análise do número 2 do artigo 21.º, onde o legislador, na alínea *b*), veio acrescentar, como presunção não ilidível de *domínio*, a possibilidade de exercer a maioria dos direitos de voto, nos termos de acordo parassocial, situação que não encontra paralelo no número 2 do artigo 486.º do CSC.

Constata-se assim que, relativamente a esta última disposição, o artigo 21.º é mais abrangente quanto à identificação das fontes que podem justificar a existência de uma *influência* sobre direitos de voto individuais que, conjuntamente considerados, podem conduzir à constituição de uma situação de *influência dominante* sobre a sociedade aberta. Constata-se, no entanto, também, que o artigo 21.º, apesar de mais abrangente, não deixou de apontar, no seu número 2, para critérios precisos quanto às fontes potencialmente relevantes para a instalação de situações de imputação suficientes para a constituição de uma situação de domínio sobre a sociedade aberta.

Com efeito, as alíneas *a*) e *b*) da disposição legal em apreço referem-se à *disposição* de direito de voto ou à *possibilidade de exercício dos mesmos, por via de acordo parassocial*.

Ora, começando precisamente pela *disposição* de direitos de voto, não restarão dúvidas de que, partindo da presunção de que o legislador se expressou correctamente, do que aqui se trata, ao utilizar-se a palavra *dispor* (que corresponde a uma faculdade tradicionalmente carregada de significado), é de situações em que o participante mantém plena (*disposição* ou) liberdade de decisão sobre o modo de exercício dos direitos de voto em causa, estando-lhe conferida uma total discricionariedade a tal respeito[36], sem qualquer vinculação externa[37] que o iniba ou limite.

---

[36] Situação que não se confunde com aquela a que se refere a alínea *g*) do número 1 do artigo 20.º, onde a *discricionariedade* aí referida não pode deixar de atentar ao circunstancialismo de partida, segundo o qual, na origem de tal situação, está uma *atribuição de poderes*, e não uma titularidade originária dos mesmos. E esta diferença mostra-se plena de consequências pois, na referida alínea *g*), se existe *discricionariedade* na decisão que melhor responde aos interesses prosseguidos, a delimitação concreta de quais sejam estes interesses não pode deixar de ser colhida do acto inicial de *atribuição de poderes*. Ao invés, na situação referida no texto, como aquela a que se reporta a alínea *a*) do número 2

De alcance naturalmente mais limitado há-de ser a *possibilidade de exercício* da maioria (ou, no que releva para o artigo 187.º) de um terço dos direitos de voto, *por via de acordo parassocial*. A formulação desta alínea *b*) do número 2 do artigo 21.º não é inteiramente clara, porquanto não é usual que, por via de acordo parassocial, uma das partes exerça os direitos de voto da outra, não sendo igualmente crível que tivesse sido essa a situação tida em vista pelo legislador.

Parece, assim, que o melhor ponto de partida há-de ser o de considerar que, para interpretação desta alínea, se deve começar por assentar na situação a que se refere na alínea *c*) do número 1 do artigo 20.º, onde, em vez de se referir à *possibilidade de exercício de direitos de voto por via de acordo parassocial*, a lei se reporta antes, genericamente, à existência de um *acordo para o seu exercício*.

Deste modo, neste caso, não estão já em causa os direitos de voto de que um accionista disponha, de modo exclusivo, no sentido antes referido, e que relevam nos termos da alínea *a*) do número 2 do artigo 21.º Aqui, referem-se antes os direitos de voto cujo exercício o participante pode *influenciar* por ter celebrado com o seu titular acordo parassocial *para o seu exercício*. Importa, assim, avançar na concretização das situações que se poderão considerar a coberto desta cláusula geral e, para esse efeito, existem duas notas que podem ser preliminarmente afirmadas.

Em primeiro lugar, é necessário que o *acordo para o exercício dos direitos de voto* em causa resulte da actuação das partes no mesmo acordo enquanto accionistas da sociedade e, portanto, actuando em ponderação dos seus interesses enquanto accionistas. É isso que resulta da referência da lei a acordo parassocial, para o qual é a mesma lei que, no artigo 17.º do CSC, oferece um conceito inequívoco. Deste modo, todos os acordos que se possam reportar ao exercício do direito de voto mas que não resultem da actuação das partes como accionistas, e nessa específica qualidade, não podem considerar-se relevantes. Assim, e a título exemplificativo, não serão aqui relevantes os acordos quanto ao exercício do direito de voto que resultem estabelecidos no contexto de um penhor de acções representati-

---

do artigo 21.º, à *discricionariedade* sobre a escolha da melhor decisão soma-se também a *discricionariedade* na selecção dos interesses a prosseguir caso a caso. É por isso que, como adiante se referirá, se entende que para o cômputo da maioria referida na alínea *a*) do número 2 do artigo 21.º não podem considerar-se os votos imputáveis ao participante em causa nos termos da alínea *g*) do número 1 do artigo 20.º

[37] Para além daquelas, naturalmente, que regulam o exercício de qualquer direito.

vas do capital de sociedade aberta, porque, nesse caso, o acordo surge norteado pela actuação de uma das partes como credor pignoratício e não como accionista, o que é a fonte de profundas restrições na actuação deste mesmo credor, desde logo porque limitados os fins, e os interesses, que pode licitamente prosseguir (e que são, só por si, incompatíveis com a afirmação de qualquer situação de *influência dominante*).

Em segundo lugar, é ainda necessário que o acordo se reporte ao exercício do direito de voto propriamente dito e não apenas, por exemplo, ao processo prévio de decisão (ou de concertação) quanto ao mesmo exercício. Deste modo, acordos que apenas imponham deveres de concertação prévia, ainda que empenhada e em boa fé, mas que não vão ao ponto de *condicionar* efectivamente o exercício dos direitos de voto concretamente considerados não podem relevar nesta sede. Mas, que significa, então, *condicionar*? Basta que se impossibilite o exercício dos direitos em causa pela outra parte no acordo parassocial, como se de um simples direito de veto se tratasse, ou, no extremo oposto, exige-se antes um poder assertivo de imposição de decisões que, no limite, devem ser seguidas por aquela outra parte no acordo parassocial?

A eventual opção por esta segunda alternativa, atenta a escassez de situações subsumíveis na mesma, teria a consequência imediata de tornar praticamente inaplicável a alínea c) do número 1 do artigo 20.º ou a alínea a) do número 2 do artigo 21.º Ao invés, a adopção da primeira teria como resultado o reconhecimento de que exerce *influência dominante* sobre uma sociedade aberta aquele que pode exercer sobre a mesma um mero controlo negativo, obstaculizador da tomada de decisões, sem, no entanto, poder impor ou contribuir para a imposição das suas próprias intenções. Ora, para os efeitos da alínea c) do número 1 do artigo 20.º, não parecem restar dúvidas relativamente a que este mero controlo negativo será suficiente para conclusão afirmativa quanto ao juízo de imputação, porquanto não se duvidará igualmente que, nesse caso, estaremos perante *acordos para o exercício de direitos de voto*. Já para os efeitos do disposto na alínea b) do número 2 do artigo 20.º, a questão parece merecer resposta diversa, tendo em conta que aqui não basta qualquer acordo relativo ao exercício dos direitos de voto, é necessário que o participante *exerça* esses direitos de voto. Não basta, por este modo, um controlo puramente negativo e, assim, mesmo reconhecendo que não terá sido objectivo do legislador limitar-se aos casos em que há substituição efectiva no exercício de direitos por via de acordo parassocial, não pode passar-se ao lado do essencial, caindo no extremo oposto em que o mero controlo negativo se traduz. O próprio conceito de *influência dominante*, enquanto critério material decisivo para a afirmação de qualquer situação de *domínio*, a tanto se opõe[38].

O melhor caminho parece, assim, ser aquele que, partindo do carácter manifestamente mais restritivo da alínea *b)* do número 1 do artigo 21.º, por comparação com a alínea *c)* do número 1 do artigo 20.º, se posiciona a meio termo, considerando que são relevantes para a primeira os votos detidos por parte em acordo parassocial, cujo posicionamento em Assembleia Geral a outra parte possa determinar de forma exclusiva e, ainda, aqueles outros relativamente aos quais, não existindo tal poder unilateral, estejam instituídos mecanismos contratuais[39] que possam conduzir à imposição da vontade do participante ou, no limite, à promoção de condições restritivas da liberdade decisória que possam impulsionar o accionista para a ponderação, aquando da determinação final do sentido dos seus votos, de outros interesses que não apenas a sua visão sobre o melhor interesse da sociedade em causa, impulsionando-o para a tentativa de identificação de um *consenso* (ou, pelo menos, para evitar um *dissenso*) quando, na falta de tais condições restritivas, poderia objectivamente decidir de outro modo[40].

Este parece ser, devidamente interpretado o artigo 21.º, números 1 e 2, o melhor entendimento quanto ao patamar mínimo da imputação de direitos de voto para efeitos de afirmação de uma posição de *influência dominante* sobre uma sociedade aberta e, por esta via, para que os direitos de voto concretamente imputados ao participante possam considerar-se relevantes para preenchimento da previsão do número 1 do artigo 187.º e consequente constituição do dever de lançamento de OPA, quando ultra-

---

[38] No mesmo sentido, ENGRÁCIA ANTUNES, *Os Grupos de Sociedades*, Coimbra, 1993, pp. 383 e 384. A idêntica conclusão deveria conduzir o desenvolvimento da ideia, que se tem por unanimemente aceite, segundo a qual é incompatível com o conceito de domínio a admissibilidade de qualquer solução que, no limite, pudesse conduzir à existência de um domínio societário que não fosse *exclusivo* (PAULO CÂMARA, «O dever de lançamento de Oferta Pública de Aquisição no novo Código dos Valores Mobiliários», em *Direito dos Valores Mobiliários*, II, Coimbra, 2000, p. 203 e ss., p. 260). Na verdade, admitir que o simples veto é causa de domínio, e sabendo que existe a possibilidade de existirem diferentes grupos de bloqueio sem qualquer relação entre eles, tal significaria que qualquer deles seria *dominador*.

[39] Usualmente denominados mecanismos de resolução de *impasses*.

[40] Poderá assim concluir-se que, nesta sede, o CVM foi mais longe do que o CSC, admitindo como situação de *influência dominante* a *co-influência*, e não apenas a influência exclusiva, de que nos fala ENGRÁCIA ANTUNES, *Os Grupos de Sociedades*, Coimbra, 1993, p. 375 e ss.

passados os *limiares quantitativos* mínimos aí referidos. Mas, ao seguir esse entendimento, apenas se estarão a considerar relevantes para esta disposição legal, que constitui o objecto central deste texto, as alíneas *a)*, *b)*[41] e parte da alínea *c)* do número 1 do artigo 20.°, desconsiderando todas as outras pelo simples motivo de que, confrontado o artigo 20.° com o artigo 21.°, se dever concluir que apenas aquelas alíneas, tal como interpretadas, constituem causas bastantes de imputação de direitos de voto para que se constitua uma situação de *domínio*[42].

A conclusão não é surpreendente se for tido em conta que as diferentes alíneas do artigo 20.° constituem, em termos genéricos, uma escala de progressiva menor intensidade da *intensidade* ou da *influência* exercidas pelo participante sobre os direitos de voto que lhe são imputados, conforme se conclui do disposto no número 3 do artigo 192.° Assim, quando se parte do pressuposto segundo o qual, para aplicação do artigo 187.°, devemos recortar, de entre todos os votos imputáveis ao participante de acordo com o número 1 do artigo 20.°, aqueles em que se regista um suplemento de *influência* que, ultrapassados determinados *limiares quantitativos*, possa conduzir a uma posição de *influência dominante* sobre a sociedade, não se estranha que tal suplemento se encontre naturalmente nas primeiras alíneas do número 1 do artigo 20.° e que, à medida que avançamos nas mesmas, o tal *qualificativo de influência* deixe de ser notado (ou, mesmo, em alguns casos, apareça como abstractamente incompatível com a situação visada nas mesmas[43]).

Não sendo possível nesta sede avançar na análise de cada uma das demais alíneas do número 1 do artigo 20.°, as razões pelas quais, em geral, as mesmas se devem considerar irrelevantes para os efeitos do artigo 21.°

---

[41] Naturalmente, admitindo que estão em relação de domínio a sociedade dominada e a sociedade dominante, apenas aqui releva a imputação ascendente (dos votos detidos pela dominada à dominante) e não a imputação descendente (dos votos detidos pela dominante à dominada). Na verdade, se o pressuposto é, nos termos referidos no texto, o de computar apenas os votos sobre os quais se pode exercer influência relevante para efeitos de domínio, nenhuma influência pode a sociedade dominada exercer sobre a sociedade dominante e, assim, a imputação descendente, para estes efeitos, não pode considerar-se relevante.

[42] Assim também, em termos de princípio, no que se refere à relação entre o artigo 20.° e o artigo 21.°, veja-se PAULA COSTA E SILVA, «A imputação de direitos de voto na oferta pública de aquisição», em *Jornadas: Sociedades abertas, valores mobiliários e intermediação financeira*, Coimbra, 2007, p. 241 e ss., p. 262.

[43] Como já se viu acontecer, por exemplo, relativamente à imputação nos termos da alínea *f)* do número 1 do artigo 20.°

e, assim também, para os efeitos do artigo 187.º, resultam já claras da exposição que antecede. Existem duas notas que, no entanto, pela sua relevância, importa relevar em termos sumários. Assim, e em primeiro lugar, parece claro que, em face das considerações que antecedem, a única *influência dominante* relevante é a influência presente, não relevando direitos de aquisição de influência futura, por muito *dominante* que esta seja. Nestes casos, será no momento em que se venha a concretizar efectivamente a aquisição de tal posição que a questão da constituição e da exigibilidade do dever de lançamento de OPA deve ser tratada[44].

Em segundo lugar, importa notar que é no próprio artigo 20.º que encontramos alguns pontos de apoio para o entendimento perfilhado. Assim, e por exemplo, observe-se que, na alínea *h*) do número 1 do artigo 20.º, é o próprio legislador que vem qualificar os eventuais efeitos da situação que aí descreve como uma situação de *influência concertada*, substancialmente distinta da *influência dominante* de que fala o artigo 21.º e que é posteriormente retomada no artigo 187.º

III. Mas não é apenas quanto às fontes da imputação relevante para efeitos de constituição e de exigibilidade do dever de lançamento de OPA que importa concretizar o conceito de *influência dominante* relevante para os efeitos de existência de *domínio* sobre sociedades abertas e, assim, para os efeitos do artigo 187.º

Na verdade, como resulta claro do artigo 21.º, números 1 e 2, não basta, neste contexto, que o participante detenha uma *influência* sobre os direitos de voto, com a *intensidade* antes referida, em situações ou por referência a quaisquer matérias limitadas. É necessário que essa *influência*, com tal *intensidade*, se projecte materialmente num conjunto de circunstâncias que possa conduzir à conclusão de que, na verdade, o participante em causa exerce, ou pode exercer, uma efectiva *influência dominante* sobre a sociedade aberta em causa.

Assim, e por exemplo, a possibilidade de impedir a tomada de deliberações que, nos termos da lei, exijam maiorias qualificadas de dois terços não constitui âmbito de *influência* bastante para imposição do dever de lançamento de OPA resulta evidente como única conclusão viável em face do número 2 do artigo 187.º Com efeito, ao admitir que o participante que ultrapasse o *limiar mínimo* de um terço pode demonstrar que não detém o *domínio* da sociedade em causa, e sendo ainda certo que em qualquer

---

[44] Como o regime desta implica. Assim, veja-se a parte 4 deste artigo.

sociedade anónima existem matérias em relação às quais aquela fasquia deliberativa não pode ser aligeirada, em protecção dos accionistas minoritários, o que se deve concluir, muito claramente, é que o poder de veto relativamente a tais matérias não constitui, nos termos referidos, *influência dominante* bastante para efeitos de constituição e de exigibilidade do dever de lançamento de OPA.

Contudo, não é apenas esta a directriz interpretativa que se deduz do CVM. Com efeito, ao aceitar a acima aduzida relação estreita entre o artigo 187.º e o artigo 21.º, existem outras conclusões que imediatamente se impõem.

Assim, resulta deste artigo 21.º, nas alíneas *a)* e *b)* do seu número 2, que a *influência* relevante para afirmação de uma situação de *domínio* se refere à generalidade das matérias que podem, em abstracto, ser objecto de deliberação em reunião da Assembleia Geral da sociedade[45]. É isso que se conclui da total ausência de restrições na formulação destas alíneas. Mais adiante, na alínea *c)*, diz-se, no entanto, que basta, para a existência de *influência dominante*, que o participante «*possa nomear ou destituir a maioria dos titulares dos órgãos de administração ou de fiscalização*». Desta forma, deve concluir-se que basta, para a existência de *influência dominante*, que o participante disponha ou possa exercer a maioria dos direitos de voto para aqueles efeitos limitados a que se reporta a citada alínea *c)*, ainda que não beneficie de tais faculdades em relação à generalidade das demais matérias[46].

Em suma, devidamente considerado o artigo 21.º, e medida a sua relevância para a interpretação do artigo 187.º, o que se conclui é que existe *domínio* ou *influência dominante*, o que é o mesmo, quando o participante possa exercer, sobre direitos de voto representativos de um terço ou de metade do capital de uma sociedade aberta, uma *influência* com a *intensidade* descrita em II. em relação à tomada específica de deliberações

---

[45] BRITO PEREIRA, *A OPA obrigatória*, Coimbra, 1998, pp. 261 e 262.

[46] Com a formulação acolhida no texto não se ignora que a alínea *c)* do número 2 do artigo 21.º não exige que o poder de nomeação ou de destituição dos titulares dos cargos aí referidos opere necessariamente por via do controlo de direitos de voto, como, aliás, também decorre da Directiva 2004/25/CE (PAULA COSTA E SILVA, «Sociedade aberta, domínio e influência dominante», em *Direito dos Valores Mobiliários*, VIII, Coimbra, 2008, p. 541 e ss., pp. 543 e 544 e 558 e 559). No entanto, tendo em conta que, neste artigo, apenas interessa o *domínio* relevante para os efeitos do artigo 187.º, e que aí claramente só releva o *domínio* adquirido por via da imputação de direitos de voto nos termos acima descritos, a formulação reconhecidamente restritiva do texto, nesta sede, parece justificável.

que se reportem à nomeação ou à destituição da maioria dos titulares de órgãos de administração ou de fiscalização da mesma sociedade[47].

E, na verdade, bem se entende que assim seja, pelo menos em relação à maioria dos titulares de órgãos de administração, porquanto é nestes que, nas sociedades anónimas, se concentra o essencial dos poderes que determinam positivamente a vida da sociedade. E, assim, se é evidente que a actuação de tais titulares é, e deve ser, juridicamente independente em relação aos accionistas da sociedade em causa, por muito relevante que seja a participação destes, o que é certo é que a detenção por estes do poder de nomear novos administradores, ou destituir os administradores em funções, constitui uma via de *influência* potencial sobre os referidos administradores a que o CVM não se mostra indiferente[48]. Já a referência aos titulares dos órgãos de fiscalização (em especial quando alternativa à dos titulares dos órgãos de administração) pode, numa perspectiva de política legislativa, aparecer como mais duvidosa. Ainda assim, o poder que estes têm na vida da sociedade e, em especial, as funções que lhe estão cometidas no acompanhamento, na avaliação e na eventual responsabilização permanentes da actividade dos administradores, poderá constituir mais um veículo de potencial *influência* sobre o modo de actuação destes, tão ou mais eficaz do que o poder exercido sobre tais administradores com a

---

[47] Note-se que a lei se refere expressamente à *maioria* dos titulares dos órgãos de administração ou de fiscalização. Assim, qualquer poder de determinar a eleição de um número diferente daqueles titulares fica fora do âmbito da presunção inilidível de *domínio*. Mas poderá, com base em tal poder, demonstrar-se assertivamente a existência de uma situação de *influência dominante*, para os efeitos do número 1 do artigo 21.º e do artigo 187.º, embora não ancorada na presunção do número 2 do artigo 21.º? A resposta para esta questão já resulta de quanto se referiu acima. Deste modo, e em primeiro lugar, a questão só faz sentido quando a minoria em causa possa constituir-se como uma minoria de bloqueio no seio dos mesmos órgãos em causa. E, ainda assim, só quando a instalação de tal minoria ocorra em termos tais que a tomada de qualquer deliberação não possa passar sem concertação da maioria com essa minoria, existindo *estímulos* efectivos (nomeadamente por via de mecanismos de resolução dos denominados *impasses* estabelecidos por via contratual) para o sucesso dessa concertação, é que parece existir efectivamente *influência dominante*. Quando, ao invés, a formação de maiorias deliberativas para a tomada de deliberação, apesar de carecer do voto favorável da minoria em causa, resulte do critério exclusivo de cada um dos participantes, sem estímulos para a sua concertação que excedam o normal objectivo de entendimento que habitual e salutarmente existe entre accionistas e administradores da mesma sociedade, já falta o mínimo para que se possa afirmar a existência de qualquer *influência dominante*.

[48] PAULA COSTA E SILVA, «Sociedade aberta, domínio e influência dominante», em *Direito dos Valores Mobiliários*, VIII, Coimbra, 2008, p. 541 e ss., p. 550.

espada, de sempre longínqua utilização, traduzida na sua possível destituição pelos accionistas.

Do mesmo modo, mas agora na perspectiva inversa, na lógica global do artigo 21.º, a disposição de direitos de voto (ou a possibilidade de os exercer, por via de acordo parassocial) em relação a matérias que não incluam a nomeação ou a destituição da maioria dos titulares dos órgãos de administração ou de fiscalização já não constitui *indício* suficiente de *influência dominante* tutelado pela presunção inilidível do artigo 21.º, número 2, e assim, de *influência* relevante para os efeitos do artigo 187.º E, à parte desta presunção, não pode, com base na cláusula geral do número 1 do mesmo artigo 21.º, demonstrar-se assertivamente a existência de tal influência, que permita afirmar a existência de uma situação de *influência dominante*, mesmo quando a disposição de direitos de voto não abranja tais matérias? A questão é relevante porque, desde logo, uma eventual resposta negativa à mesma poderia imediatamente justificar a crítica de que, afinal, ao arrepio do que parece ter sido a intenção do legislador, as presunções inilidíveis de *domínio* listadas no número 2 do artigo 21.º passariam antes a valer como causas exclusivas desse *domínio*, inutilizando o número 1 da mesma disposição.

Não obstante a aparente procedência desta crítica, penso que a resposta para a questão que enunciei deve mesmo ser de sentido negativo. Com efeito, e como já disse, nas sociedades anónimas a determinação da vida social opera a partir dos órgãos de administração e, assim, a disposição de votos em assembleia geral que não se reflictam na composição (ou na fiscalização) daquela acabam por passar ao lado da citada determinação e, assim, de uma qualquer situação de *influência dominante*, não puramente formal, mas substancialmente sustentada. Acresce, por outro lado, que, tomando como imperativo o regime do artigo 373.º do CSC, porque intrínseco ao tipo sociedade anónima, nem sequer parece possível, (por exemplo) por via estatutária, transferir para a assembleia geral a competência para as matérias mais fundamentais na condução efectiva da vida da sociedade ou, bem assim, impor à administração que, pontualmente, sujeite a decisão sobre as mesmas a apreciação prévia (e vinculativa) dos accionistas. Desta forma, nem sequer por esta via estatutária é possível lograr a instalação desta posição de *influência dominante* a favor de quem não disponha (ou não possa exercer, por via de acordo parassocial) a maioria ou um terço dos votos quando em causa esteja a nomeação ou a destituição da maioria dos titulares dos órgãos de administração ou de fiscalização.

Mas, assim sendo, volte-se rapidamente a atenção para a crítica acima enunciada ao entendimento agora perfilhado: com este entendimento, as presunções inilidíveis de *domínio* listadas no número 2 do artigo 21.° não passam antes a valer como causas exclusivas desse *domínio*, inutilizando a cláusula aberta do número 1 da mesma disposição? Mais uma vez, pensa-se que não, por duas razões fundamentais. Em primeiro lugar, porque o que as alíneas do número 2 do artigo 21.° fazem é tornar indiscutíveis situações que, em variadas circunstâncias, poderiam ser discutidas[49]. Em segundo lugar porque, mesmo com este entendimento, não resulta minimamente prejudicada a possibilidade de, às situações do número 2 do artigo 21.°, se somarem outras situações de *influência dominante* que, na falta de presunção inilidível que as qualifique, ficam necessariamente remetidas para a cláusula geral do número 1 do mesmo artigo 21.°

IV. De quanto antecede, conclui-se que, na delimitação dos votos relevantes para os efeitos do número 1 do artigo 187.°, se devem contar apenas os votos que contribuam para a instalação de uma efectiva posição de *influência dominante* sobre a sociedade aberta, medindo-se essa *influência* pela *intensidade* do controlo exercido pelo participante sobre tais direitos de voto, a partir da fonte de imputação concretamente considerada (II), e pelo âmbito das matérias que tal controlo eventualmente abranja (III). Conclui-se assim que, nos termos inicialmente referidos e em conformidade com o sentido geral que se atribui às remissões para os critérios de imputação de direitos de voto em diversas disposições do CVM, a concreta aplicação das mesmas disposições pressupõe uma *especificação*, no sentido de *qualificação*, dos mesmos direitos em atenção às especificidades deste contexto particular.

De outra forma, o mero preenchimento das previsões de cada uma das alíneas do número 1 do artigo 20.° não é suficiente para, nos termos do número 1 do artigo 187.°, considerar constituído o dever de lançamento de OPA. Para esse efeito, é necessário que tal preenchimento seja *qualificado*, mediante a demonstração dos elementos suplementares que vêm de ser descritos.

---

[49] Assim, e por exemplo, poderia questionar-se se as situações indicadas nas alíneas *a)* e *b)* do número 2 do artigo 21.° também constituiriam causas de situações de *domínio* quando, nos termos dos estatutos da sociedade aberta em causa, as maiorias deliberativas em Assembleia Geral, em relação a todas as matérias, estivesse fixada nos 60%, por exemplo. Ora, o objectivo do número 2 do artigo 21.° parece precisamente ser o de, em nome da segurança jurídica, não abrir espaço para esta discussão.

Aqui chegados, justifica-se uma última palavra para reforçar quanto já anteriormente se sustentou a outros propósitos, mas que se oferece também como válido em sede de constituição e de exigibilidade do dever de lançamento de OPA. Em face de possíveis dúvidas que ainda se possam suscitar a tal propósito, deve notar-se que aquele mero preenchimento das previsões das citadas alíneas do número 1 do artigo 20.º não constitui, sequer, motivo bastante para que se possa afirmar presuntivamente, ainda que de modo ilidível, a verificação dos tais elementos *qualificativos* suplementares que possam conduzir, nos termos que se têm por relevantes para a melhor interpretação do número 1 do artigo 187.º, à constituição e à subsequente exigibilidade do dever de lançamento de OPA[50].

A única presunção relevante nesta sede é a que resulta implícita no número 2 do mesmo artigo 187.º, segundo a qual a imputação de votos potencialmente relevantes em quantidade superior a um terço do capital da sociedade constitui presunção ilidível de *domínio*, considerando-se como inilidível a presunção de *influência dominante* que resulte da ultrapassagem do *limiar* de metade desses mesmos direitos de voto, como aliás já resultava do número 2 do artigo 21.º Como já se disse, aquela primeira presunção justifica-se apenas, e apenas pode ser coerentemente ilidida, com a demonstração de circunstâncias atinentes à estrutura accionista da sociedade aberta em causa. Tudo quanto releve da caracterização *qualitativa* mínima dos votos para efeitos de preenchimento os *limiares quantitativos* mínimos do número 1 do artigo 20.º é já questão que nada tem que ver com esta presunção e que se resolve, mediante aplicação do número 1 do artigo 187.º, sem qualquer juízo de natureza presuntiva e, assim, sem qualquer desvio aos ónus de arguição e de demonstração genericamente aplicáveis.

4. Apreciação crítica do regime legal português dos pressupostos de constituição do dever de lançamento de OPA

I. Em face das conclusões que antecedem, é chegado o momento de proceder a uma apreciação crítica do regime que se defendeu ser aquele

---

[50] Sendo aqui igualmente relevantes as razões aduzidas, noutro contexto, em Vítor Pereira Neves, «A natureza *transitiva* dos critérios de imputação de direitos de voto no Código dos Valores Mobiliários», em *Estudos Comemorativos dos 10 anos da Faculdade de Direito da Universidade Nova de Lisboa*, Coimbra, 2008, p. 507 e ss., pp. 540 e 541, p. 529.

que, por ponderação de todos os elementos interpretativos relevantes, se deve assumir como sendo o vigente no ordenamento jurídico português. O objectivo principal é o de oferecer uma *avaliação* do que parece constituir uma adequada ponderação dos critérios de resolução de conflitos que a matéria dos pressupostos da constituição e da exigibilidade do dever de lançamento de OPA necessariamente suscita, viabilizando assim a conclusão de que, para além da correspondência àqueles elementos interpretativos, a posição anteriormente defendida é ainda a que melhor parece responder a estes conflitos.

Na verdade, e antes de mais, há que proceder a tal avaliação à luz da consideração dos interesses dos accionistas minoritários de uma qualquer sociedade aberta, independentemente de qualquer ponderação de quais possam ser, em concreto, os interesses daqueles que tenham adquirido uma determinada posição de *influência* sobre uma parte relevante do capital da mesma sociedade[51]. Ora, a propósito daqueles interesses, importa sublinhar que a posição primária, múltiplas vezes repetida ou pressuposta de forma acrítica, segundo a qual o alargamento dos casos de OPA obrigatória, em resultado da aceitação como relevantes para os efeitos do artigo 187.° de todos os votos imputáveis segundo qualquer das alíneas do número 1 do artigo 20.°, constitui invariavelmente um benefício para aqueles accionistas minoritários está longe de ser acertada.

Em face de quanto se disse anteriormente, esta afirmação já não deverá causar qualquer perplexidade.

Com efeito, o que se pretende salientar é que, devidamente analisado o artigo 187.°, torna-se claro que, do mesmo, resulta que um accionista que adquira uma determinada posição de *influência* sobre uma sociedade aberta, apenas por uma vez ficará constituído no dever de lançamento de OPA. Assim, quando se considere ultrapassado o *limiar mínimo* daquela posição de *influência* que, à face do regime legal vigente, se mostre suficiente para a constituição daquela obrigação, estar-se-á simultaneamente a aceitar que, daí em diante, qualquer reforço *quantitativo* ou *qualitativo* daquela posição de *influência* deixará de ser relevante, por qualquer modo, para este efeito. Ou seja, ao contrário do que muitas vezes, explícita ou implicitamente, se entende, a *antecipação* dos pressupostos de constituição do dever de lançamento de OPA não representa, necessariamente, uma tutela acrescida dos accionistas minoritários, sendo indispensável reco-

---

[51] PAULA COSTA E SILVA, «Sociedade aberta, domínio e influência dominante», em *Direito dos Valores Mobiliários*, VIII, Coimbra, 2008, p. 541 e ss., pp. 550 a 552.

nhecer que, muitas vezes, essa *antecipação* pode mesmo funcionar no sentido diametralmente oposto.

É que dela pode resultar, por exemplo, o efeito adverso de colocar os accionistas minoritários de uma sociedade aberta numa posição em que os mesmos se verão compelidos a optar entre (*i*) sair do capital da sociedade num momento em que a configuração da sua estrutura accionista ainda não justificaria essa decisão ou, pura e simplesmente, (*ii*) aceitar o risco de, no futuro, verem essa estrutura accionista evoluir num sentido que, esse sim, seja considerado insustentável, sem que então tenham nova oportunidade de *desinvestir* o que tenham *investido* no capital da sociedade em causa.

Ora, como bem se entende, a colocação dos accionistas minoritários nesta situação não parece corresponder a uma solução que, a deduzir-se da lei, possa entender-se corresponder aos fins essencialmente tidos em vista pelo legislador, português e comunitário, quando se reportou aos pressupostos de constituição do dever de lançamento de OPA. Na verdade, retomem-se aqueles fins usualmente evocados a este propósito para confirmar que nenhum deles é adequadamente prosseguido com uma *desmesurada* antecipação do momento em que aquele dever se considere constituído.

Assim, e em primeiro lugar, o dever de lançamento de OPA constitui uma forma de permitir a todos os accionistas de uma dada sociedade aberta que se *desfaçam* das suas participações, apropriando-se de uma contrapartida equiparável àquela que tenha sido obtida pelos demais accionistas que, com a disposição das acções que anteriormente detinham, tenham contribuído para a constituição da posição de *influência* que justifica o dever de lançamento de OPA, no pressuposto de que essa contrapartida há-de reflectir um justo *prémio de controlo* pago pelo novo accionista *controlador* ou, para utilizar a expressão da lei, *dominador*[52].

Contudo, sempre que o dever de lançamento de OPA seja imposto em momento anterior àquele em que aquela posição de *influência* se concretize numa efectiva posição de *domínio* da sociedade aberta, o accionista alegadamente *controlador* não terá ainda, naturalmente, pago qualquer contrapartida pela aquisição do domínio da sociedade, pela singela razão de que ainda não o adquiriu. Desta forma, ao mandar calcular a contrapartida mínima em OPA obrigatória de acordo com o histórico das contrapartidas pagas pelo accionista em causa nos últimos seis meses, no pressuposto de que, nesses seis meses, teriam sido praticados os actos que teriam conduzido o mesmo accionista à aquisição do *domínio* da sociedade e con-

---

[52] Assim, veja-se o próprio ponto 12 do preâmbulo do CVM.

sequente pagamento do respectivo preço, a solução legal seria manifestamente desadequada aos fins tidos em vista.

Na verdade, essa mesma solução só se compreende quando, efectivamente, o dever de lançamento de OPA sucede, e não antecede, a efectiva aquisição do domínio sobre a sociedade aberta, tanto bastando para justificar que é também esta necessária *congruência* entre o regime legal estatuído e os fins unanimemente reconhecidos como prosseguidos pelo mesmo que conduz à conclusão segundo a qual, relevantes para os efeitos do artigo 187.º, não podem ser todos os direitos de voto considerados relevantes pelo artigo 20.º, mas apenas aqueles que, de entre eles, viabilizem uma efectiva posição de *influência dominante* sobre a sociedade aberta em causa.

Por outro lado, e em segundo lugar, também se pode entender – como acima se deixou melhor explicitado – que o dever de lançamento de OPA responde antes, ou também, à necessidade de assegurar aos accionistas minoritários que tenham investido em acções representativas do capital de determinada sociedade aberta em razão de um determinado equilíbrio de poder entre accionistas, que tenham a possibilidade de alienar as acções que tenham adquirido, a valor adequado, porque tal equilíbrio de poder se alterou substancialmente e, assim, a *base* do investimento realizado resultou significativamente modificada.

Ora, assumindo este como um outro interesse dos accionistas minoritários tutelado pela imposição do dever de lançamento de OPA obrigatória, também imediatamente se conclui que a concreta prossecução do mesmo é incompatível com a *antecipação* da constituição e da exigibilidade do dever de lançamento de OPA para um momento em que ainda não se tenha concretizado uma efectiva alteração do *domínio* da sociedade visada porquanto, a aceitar-se tal *antecipação*, isso significará que, no futuro, a efectiva concretização daquela alteração de *domínio* passará sem a imposição de um renovado dever de lançamento de OPA, o que coloca os accionistas minoritários na insustentável situação acima referida de terem de optar, *antecipadamente*, entre sair sem que nada o justifique ainda ou ficar suportando o risco de virem a ver concretizada uma situação com que não pretendam continuar.

Assim, e em conclusão, só a *simultaneidade* efectiva entre a imposição do dever de lançamento de OPA e a verificação da efectiva alteração do *domínio* da sociedade visada é que permite corresponder, de modo eficaz, à prossecução dos interesses dos accionistas minoritários que estão na base daquela mesma imposição.

E, note-se, quanto agora se refere está longe de se situar apenas no plano da pura política (ou infelicidade) legislativa ou do mais ou menos vago apelo à presunção do número 3 do artigo 9.º do Código Civil, aqui tomados como alicerces para a melhor interpretação do artigo 187.º

Na verdade, ao procurar identificar o sentido desta disposição, não pode o intérprete deixar de assumir como um dos pressupostos fundamentais para a sua análise que, ao legislar em tal matéria, o legislador nacional não estava inteiramente livre, não apenas porque se encontrava limitado pelos imperativos constitucionais adiante referidos, mas também, e com especial interesse nesta sede, porque estava vinculado a, de acordo com o direito comunitário relevante, transpor para o direito português soluções que assegurassem a imposição do dever de lançamento de OPA a quem adquirisse o *controlo* de qualquer sociedade aberta[53].

Assim, qualquer que seja o sentido a atribuir ao artigo 187.º na determinação dos pressupostos de constituição do dever de lançamento de OPA, não pode descurar-se que o mesmo sentido não poderá deixar de ser compaginado com as fontes comunitárias relevantes, de modo a aferir se, e em que termos, o legislador nacional consagrou, no direito interno, soluções compatíveis com os princípios de harmonização definidos a um nível superior para toda a União Europeia.

E, com este enquadramento, resulta claro que aceitar como relevantes, para o cômputo dos *limiares mínimos* referidos no artigo 187.º, todos os direitos de voto imputáveis ao participante segundo os diferentes critérios do número 1 do artigo 20.º tem o efeito imediato de conduzir à conclusão de que o direito português, na realidade, não se conforma com os referidos imperativos comunitários.

Com efeito, como se disse, a *antecipação* acrítica da constituição do dever de lançamento de OPA para momento em que, dada a natureza dos critérios de imputação do número 1 do artigo 20.º, não existe (ainda) qualquer posição de *controlo* sobre a sociedade aberta, tem o efeito automático de excluir a imposição de tal dever quando, em momento posterior, tal posição de *controlo* venha efectivamente a constituir-se. Ora, se não será relevante para o direito comunitário a eventual imposição do dever de lançamento de OPA quando não haja alteração de *controlo*, qualquer solução que prescinda da imposição de tal dever quando exista uma efectiva alteração de *controlo* já é solução frontalmente contraditó-

---

[53] Assim, para além do já referido Considerando 9.º da Directiva 2004/25/CE, veja-se, em sede dispositiva, o número 1 do artigo 5.º da mesma Directiva.

ria com o mesmo direito e, portanto, inadmissível no âmbito do direito interno português.

Assim, e em suma, pretender fundamentar a existência do dever de lançamento de OPA no puro e simples preenchimento dos critérios de imputação do número 1 do artigo 20.º, sem neles destrinçar os que permitem efectivamente aceder ao *domínio* de todos os outros, equivale, automaticamente, a adoptar para o artigo 187.º um sentido que o direito comunitário, a que o CVM deve obediência, não tolera.

E contra esta conclusão não se invoque que o legislador comunitário deixou, para os diferentes legisladores nacionais, uma ampla liberdade na conformação do conceito de *controlo* de uma sociedade aberta para efeitos de constituição do dever de lançamento de OPA[54] e que, em linha com tal liberdade, o legislador português apenas terá optado por atribuir um sentido *latíssimo* a tal conceito.

Com efeito, embora seja acertado que o legislador comunitário optou pela remissão da definição última de *controlo* para os legisladores nacionais, também não se pode tomar como menos certo que a amplitude deixada aos legisladores nacionais não pode, naturalmente, ser lida como chegando ao ponto de se admitir a manipulação do mesmo conceito, tornando-o em algo puramente formal sem qualquer correspondência ao conceito substancial usualmente conotado com o mesmo.

Ora, seria precisamente essa a fronteira que o legislador português não teria observado, caso fosse de adoptar para o artigo 187.º o sentido que vem de ser sujeito a crítica no presente artigo, com a especial agravante de, com tal sentido, se acabar por, nos termos acima ilustrados, considerar adoptadas soluções que não só não observam aquela correspondência substancial mínima como nem sequer são minimamente *congruentes* com os fins tidos em vista pelo legislador comunitário na imposição, aos legisladores nacionais, da directriz harmonizadora em apreço.

II. Por outro lado, também não pode ser desconsiderado o conflito que se deve considerar existir entre quem adquire uma determinada posição de *influência dominante* sobre uma sociedade aberta e aqueles outros accionistas que, estando confrontados com tal alteração na conformação da estrutura accionista da sociedade em causa, pretendem deixar o capital social desta – ou porque consideram ter sido significativamente alterada a *base* em que decidiram investir ou, pura e simplesmente, porque preten-

---

[54] Nos termos do número 3 do artigo 5.º da Directiva 2004/25/CE.

dem aceder ao mesmo *prémio de controlo* com que tenham sido remunerados aqueles que, deixando a sociedade em momento anterior, permitiram que se constituísse aquela nova posição de *influência*.

Dito de outro modo, do que se trata é do reconhecimento de que, subjacente à imposição do dever de lançamento de OPA, está a oneração de um participante com uma situação jurídica passiva, regra geral substancialmente gravosa e muitas vezes inibidora da concretização de múltiplas transacções, em atenção à necessária protecção de um conjunto de interesses, considerados prioritários, sejam eles tomados na individualidade de um conjunto de accionistas minoritários ou na perspectiva institucional de criação de condições adequadas para a protecção de *investimentos* que criem confiança no bom funcionamento dos mercados de valores mobiliários e, portanto, contribuam para o desenvolvimento destes mesmos mercados[55].

Ora, o que a este propósito se regista é que a atenção se centra muitas vezes neste segundo grupo de interesses, sem consideração de que a prossecução dos mesmos implica, para os participantes em sociedades abertas, restrições a posições jurídicas constitucionalmente garantidas como o são o *direito de propriedade* ou a *liberdade de iniciativa económica*. Desta forma, e sem entrar em grandes pormenorizações a tal propósito, importa fazer eco das posições jurisprudenciais e doutrinais que vêm sendo sucessivamente repetidas no ordenamento jurídico português, segundo a qual, não obstante a Constituição da República Portuguesa atribuir à lei a possibilidade de conformar tais posições jurídicas, tal conformação não pode nunca ir ao ponto de contrariar a natureza daqueles direitos fundamentais, devendo apenas contribuir para uma melhor explicitação do seu conteúdo e para a sua compatibilização com outros direitos ou valores de suprema dignidade constitucional ou de *interesse geral*, que com eles possam abstractamente conflituar.

Os referidos interesses dos accionistas minoritários ou do interesse institucional de salvaguarda de condições adequadas para o bom funcionamento dos mercados de valores mobiliários corresponde precisamente a um destes casos que, a coberto desta cláusula de *interesse geral*, podem contribuir para a restrição constitucionalmente admitida daqueles direitos fundamentais, embora, naturalmente, tal admissão esteja dependente da

---

[55] PAULO CÂMARA, «O dever de lançamento de Oferta Pública de Aquisição no novo Código dos Valores Mobiliários», em *Direito dos Valores Mobiliários*, II, Coimbra, 2000, p. 203 e ss., p. 256.

efectiva existência de interesses suficientemente valiosos que possam justificar tais restrições.

O recurso pelo legislador a técnicas que desconsiderem a ponderação concreta desses interesses, assentando em meras *ficções*[56] que com eles podem, em concreto, não ter qualquer relação, constitui um expediente que está manifestamente para além do limite que a liberdade conformadora de que o legislador dispõe deve observar. Ora, é precisamente a esse resultado que se chega quando se aceitem, acriticamente, como relevantes para os efeitos do artigo 187.º todos os votos que resultem imputáveis de acordo com o número 1 do artigo 20.º, sem ponderação das restrições que antes se sublinharam.

Na verdade, o reconhecimento ao legislador ordinário de liberdade conformadora dos direitos fundamentais não significa que estes fiquem dependentes da, e sejam absolutamente contingentes à, plena discricionariedade do mesmo legislador, no sentido de não poderem concretizar-se sem a mediação deste ou que possam, por acção ou omissão, ser aniquilados pelo mesmo. Com efeito, ao elevar-se a *liberdade de iniciativa económica privada* e o *direito de propriedade privada* a direitos fundamentais com «*natureza análoga aos direitos, liberdades e garantias*», aqueles direitos passam a beneficiar do estatuto destes outros, nomeadamente no que se refere à sua aplicabilidade directa, por força do número 1 do artigo 18.º da CRP.

Assim, a CRP, ao remeter para a lei a definição dos quadros de exercício daqueles direitos, não autoriza o legislador a contrariar a natureza e/ou o núcleo essencial destes. Os propósitos da norma constitucional, tal como uniformemente afirmados, são apenas os de habilitar o legislador a concretizar o seu conteúdo, compatibilizando-o, na medida do necessário, com outros direitos ou valores de dignidade constitucional ou de «*interesse geral*».

Ora, no caso em apreço, estando em causa a *liberdade de iniciativa económica privada* e o *direito de propriedade privada,* qualificados – nos termos referidos – como direitos fundamentais de «*natureza análoga*» aos «*direitos, liberdades e garantias*», e, em especial, estando em causa restrições a esses mesmos direitos, não pode a determinação do exacto alcance do artigo 187.º deixar de ser ponderada à luz deste enquadramento essen-

---

[56] PAULA COSTA E SILVA, «A imputação de direitos de voto na oferta pública de aquisição», em *Jornadas: Sociedades abertas, valores mobiliários e intermediação financeira*, Coimbra, 2007, p. 241 e ss., p. 280.

cial. Dito de outra forma, sendo o regime legal em apreço um regime restritivo de direitos fundamentais, importa verificar se, e na medida do possível evitar que, na lógica global do ordenamento, as soluções adoptadas redundem em escusadas, ou desproporcionadas, lesões à *liberdade de iniciativa económica privada* ou ao *direito de propriedade privada*, colocando em crise a aceitabilidade das mesmas lesões, em razão da protecção constitucional dispensada àqueles direitos.

Com efeito, no número 2 do artigo 18.º da CRP, estabelece-se que «*a lei só pode restringir os direitos, liberdades e garantias nos casos expressamente previstos na Constituição, devendo as restrições limitar-se ao necessário para salvaguardar outros direitos ou interesses constitucionalmente protegidos*».

Com base nesta disposição constitucional, têm a doutrina e a jurisprudência do Tribunal Constitucional feito constante apelo à necessidade de as «*normas restritivas*» do conteúdo essencial dos direitos fundamentais respeitar o «*princípio da proporcionalidade*», o que, recorrendo à formulação tradicional, significa que qualquer restrição deve ser *adequada*, *necessária* e *proporcional* (em sentido estrito).

Da exigência de *adequação* resulta que as normas restritivas de direitos fundamentais têm de constituir forma apropriada para a prossecução dos fins visados pela lei, exigindo portanto que se identifiquem concretamente esses fins, se pondere a sua potencial relevância nesta sede e se averigúe da idoneidade das restrições impostas à prossecução dos mesmos fins.

Da exigência de *necessidade* resulta que as restrições têm de ser necessárias à prossecução dos fins visados, no sentido em que estes não pudessem ser logrados por outros meios, menos onerosos, para os direitos constitucionalmente protegidos. Desta forma, o juízo de necessidade assenta numa análise comparativa do efeito lesivo dos instrumentos utilizados com o efeito que decorreria da adopção de outros instrumentos abstractamente idóneos à prossecução dos mesmos fins visados.

Finalmente, da *proporcionalidade em sentido estrito* resulta que os meios legais restritivos e os efeitos produzidos devem situar-se numa relação de «*justa medida*», no sentido em que deve ser objecto de análise crítica a contraposição entre os valores lesados e a extensão da lesão, de um lado, e os benefícios colhidos de tal lesão, de outro.

É, assim, em ponderação destes diferentes critérios que deve ser medido o regime legal em apreço e, fazendo-o, a conclusão que imediatamente se impõe é a de que, mesmo não entrando especificamente no terceiro critério aduzido (o da *proporcionalidade em sentido estrito*) que, em abstracto, se pode assumir como de aferição mais subjectiva, a interpretação segundo a qual o artigo 187.º deve ser lido tomando como relevantes para cumprimento dos *limiares mínimos* aí referidos todos os votos imputáveis nos termos do número 1 do artigo 20.º impõe um sentido para o mesmo artigo 187.º que acarreta restrições *desproporcionadas*, à *liberdade de iniciativa económica privada* e ao *direito de propriedade privada*, desde logo porque *desadequadas* e *desnecessárias* para a prossecução dos fins tidos em vista.

A *desnecessidade* das referidas restrições já foi anteriormente sustentada pela doutrina portuguesa[57]. Com efeito, embora a atribuição de uma hipótese de *saída* em condições adequadas aos accionistas minoritários em caso de instalação de uma nova posição de domínio sobre sociedade aberta corresponda, como antes referido, a uma solução destinada à prossecução de interesses valiosos que podem justificar restrições aos direitos fundamentais de *livre iniciativa económica* e de *propriedade privada*, a prossecução de tais fins não exige que a mesma *hipótese de saída* seja atribuída em todos os casos em que o artigo 187.º, se interpretado nos termos latos que vêm sendo recusados neste artigo, a atribuiria.

Na verdade, e como já demonstrado, a consideração de todos os votos imputáveis a determinados participantes como relevantes para a satisfação dos *limiares mínimos* a que se refere o número 1 do artigo 187.º acaba por impor aos mesmos participantes o dever de lançamento de OPA num contexto em que, do ponto de vista substancial, aqueles estão longe de aceder a qualquer posição de *domínio* efectivo sobre a sociedade aberta em causa e, assim, estão longe de se encontrar colocados na situação que justifica o regime legal em causa e, mais relevante ainda, da situação que pode, em abstracto, justificar as restrições aos direitos fundamentais potencialmente relevantes nesta sede.

Desta forma, é a medida da *necessidade* de protecção dos accionistas minoritários que impõe que, na interpretação do artigo 187.º, o intérprete distinga, de entre os votos imputáveis ao participante nos termos do número 1 do artigo 20.º, aqueles que contribuem efectivamente para a instalação de uma posição de *domínio*, em sentido substancial, de todos os outros em que, quanto muito, se pode falar de meras *ficções* de ultrapassagem de tal limite.

---

[57] PAULA COSTA E SILVA, «Sociedade aberta, domínio e influência dominante», em *Direito dos Valores Mobiliários*, VIII, Coimbra, 2008, p. 541 e ss., p. 570.

E, quando se diz a propósito da *desnecessidade* das restrições pode, de igual modo e com idêntica propriedade, dizer-se da sua *desadequação*. Na verdade, que uma interpretação do artigo 187.º nos termos que vêm de ser criticados neste texto corresponde a uma solução *inapta* (ou *inadequada*) à prossecução dos valiosos fins tidos em vista pela mesma norma já resultou acima justificado, desde logo porque, no limite, tal interpretação acaba por deixar sem cobertura situações em que aqueles fins precisamente exigiriam necessária protecção.

Assim, e em conclusão, é também a necessária compaginação do artigo 187.º, assumido como norma restritiva dos direitos constitucionalmente protegidos de *propriedade privada* e de *livre iniciativa económica*, com os imperativos constitucionais relevantes que exige que, para a mesma disposição, seja identificado um regime que não represente uma restrição *desnecessária* e *desadequada* àqueles direitos, o que impõe que a remissão para o cômputo dos votos nos termos do número 1 do artigo 20.º, sem qualquer *qualificação*, se deva ter por constitucionalmente inadmissível, exigindo a leitura restritiva acima suportada.

5. Conclusões

O cômputo dos direitos de voto para os efeitos do número 1 do artigo 187.º, literalmente remetido para o número 1 do artigo 20.º, exige que a remissão em causa seja lida em conformidade com a *natureza transitiva* dos critérios de imputação de direitos de voto previstos naquela mesma disposição legal. Na verdade, aqui, como em geral acontece, não é possível realizar tal cômputo sem atender ao contexto em que o mesmo deve ser feito e sem assegurar a *congruência* do resultado a que esse cômputo conduza com os fins tidos em vista.

É por essa razão que entendo que, para os efeitos do artigo 187.º, só devem considerar-se como relevantes aqueles direitos de voto que, de entre os imputáveis nos termos do número 1 do artigo 20.º, sejam susceptíveis de contribuir para a efectiva constituição de uma situação de *influência dominante* do participante sobre a sociedade aberta em causa.

Sobre o que, para este efeito, se deva entender com *influência dominante*, e sob pena de *fragmentação* inadmissível do ordenamento jurídico, não pode o intérprete deixar de contemplar as situações referidas nos números 1 e 2 do artigo 21.º, especializando-as na estrita medida do necessário em razão do número 1 do artigo 187.º Ora, essa *especialização* esgota-se na existência de uma presunção ilidível de *domínio*, que releva para os efeitos do artigo 187.º, mas que não releva nas demais situações e, em geral, para efeitos do conceito geral de *domínio* apresentado pelo artigo 21.º

Daqui resulta que, para os efeitos do número 1 do artigo 187.º, só deverão considerar-se relevantes, de todos os votos imputáveis nos termos do número 1 do artigo 20.º, aqueles que, pela sua *fonte* e pela *abrangência* das matérias a que se reportem, sejam adequados à instalação daquela situação de *influência dominante*. É por isso que concluímos que, em geral, apenas se deverão considerar relevantes os votos imputáveis até «parte» da alínea *c*) do número 1 do artigo 20.º e na estrita medida em que os votos em causa recaiam (como reduto mínimo) na eleição da maioria dos membros dos órgãos de administração ou de fiscalização das sociedades abertas concretamente consideradas.

Ao longo do presente texto, procurei demonstrar que esta é a única leitura que permite conferir *congruência teleológica* ao instituto em apreço e, ainda, atribuir *coerência sistemática interna* ao número 1 do artigo 187.º, compatibilizando-o com os demais números desse artigo e, também, com os demais artigos do CVM. Além disso, este é também o único sentido que permite compatibilizar o regime legal da constituição do dever de lançamento de OPA com as directrizes hierarquicamente superiores relevantes nesta sede, sejam de natureza constitucional, sejam as emanadas da União Europeia.

INTERMEDIAÇÃO EXCESSIVA

FREDERICO DE LACERDA DA COSTA PINTO[*]

SUMÁRIO: *Introdução* **I.** *Formas de actuação, conflitos de interesses e danosidade na intermediação excessiva* **II.** *A proibição legal: estrutura e conteúdo dos três tipos de infracção previstos no artigo 310.º* **III.** *Os elementos da infracção e consumação do facto* **IV.** *Relevância penal da intermediação excessiva*

Introdução

1. Ao escrever este estudo, com o qual pretendo apresentar uma singela mas sincera homenagem ao Senhor Professor Carlos Ferreira de Almeida, tive oportunidade de voltar a folhear os *Trabalhos Preparatórios do Código dos Valores Mobiliários,* publicados pelo Ministério das Finanças e pela CMVM, em Dezembro de 1999[1]. Fi-lo na expectativa de encontrar elementos que permitissem clarificar algumas opções realizadas no regime da intermediação excessiva reformulado nessa altura. Não encontrei no texto consultado referências expressas a esse aspecto, mas identifiquei outras pistas explicativas, de que adiante se dará conta.

---

[*] Mestre em Direito. Professor Convidado da Faculdade de Direito da Universidade Nova de Lisboa. Assessor do Conselho Directivo da Comissão do Mercado de Valores Mobiliários.

O presente estudo teve origem num parecer interno elaborado sobre o tema, no âmbito da CMVM, agora substancialmente desenvolvido e documentado em relação à versão inicial. De qualquer modo, o texto que agora se publica expressa apenas opiniões pessoais que, em caso algum, vinculam a CMVM.

[1] MF / CMVM, *Trabalhos Preparatórios do Código dos Valores Mobiliários,* Coimbra, 1999.

Contudo, voltar a pegar naquela publicação a esta distância acabou por reavivar memórias de factos com mais de uma década. Emocionou-me, desde logo, a leitura do texto de apresentação – pormenorizado e rigoroso – do Senhor Professor António Sousa Franco, então Ministro das Finanças, sobre a reforma em curso, por razões óbvias e por todos partilhadas. Mas recordou-me ainda os dias passados em várias sessões de trabalho com o Professor Carlos Ferreira de Almeida e o Dr. Amadeu Ferreira, no ano de 1998, na biblioteca do primeiro, a debater linha por linha o anteprojecto sobre parte do regime sancionatório do Código dos Valores Mobiliários que me tinha sido solicitado (projecto esse antecedido por um relatório com diversas propostas elaborado por um grupo de trabalho no âmbito de CMVM, como se documenta a p. 39 dos *Trabalhos Preparatórios*). Sessões intensas, duras, exigentes, rigorosas, onde – envolto em densas espirais de fumo criadas pelos sucessivos cigarros que os meus companheiros de trabalho (se assim posso dizer) metodicamente devoravam – ia respondendo a cada pergunta, dúvida, objecção, reparo e crítica, num esforço de fundamentação jurídico-penal e de persuasão que talvez tenha correspondido à mais longa «prova oral» que alguma vez realizei. O que só redundou na consolidação do anteprojecto, na sua fácil aprovação depois no Grupo de Trabalho alargado e, finalmente, no derradeiro teste que foi a sua aplicação durante a última década[2].

Ao reler os textos citados, não deixo de sentir alguma surpresa também pela organização, rigor e extensão da reforma levada a cabo, do elenco de pessoas envolvidas e da quantidade de trabalho produzido e efectivamente documentado nos *Trabalhos Preparatórios*. Uma década passada e assistimos a reformas legislativas importantes, decisivas e consequentes que, no entanto, não evidenciam tais qualidades. Hoje, com raras excepções, legisla-se sem coordenação sistemática, de forma reactiva e casuística, com horizontes curtos e negando aos aplicadores do direito o tempo necessário para sedimentar devidamente as soluções legislativas. Tudo foi diferente com os trabalhos de reforma que agora cito. E isso deve-se, desde logo, ao Senhor Professor Carlos Ferreira de Almeida e aos múltiplos saberes e vontades que, com o seu entusiasmo, soube congregar num único projecto.

---

[2] Aplicação que se encontra amplamente documentada no recente estudo publicado pela CMVM, *Contra-ordenações e crimes no mercado de valores mobiliários – O sistema sancionatório, a evolução legislativa e as infracções imputadas desde 1991*, Lisboa, 2009.

2. O presente texto analisa os contornos jurídicos e o conteúdo da intermediação excessiva no mercado de valores mobiliários enquanto prática ilícita, prevista nos artigos 310.° e 397.°, n.° 2, al. *c*), do Código dos Valores Mobiliários (CódVM). Um regime que, não sendo completamente novo, foi reformulado na revisão de 1999. Antes disso, o tema tinha sido brilhante e exaustivamente tratado entre nós num estudo de José António Veloso, que na vigência do código de 1991 (antes, portanto, da actual redacção do artigo 310.°) o aprofundou de forma exemplar[3]. Em vários aspectos, o presente estudo é subsidiário e tributário desse texto.

A lei portuguesa adoptou um conceito amplo de intermediação excessiva que integra não apenas os casos básicos de *churning* (isto é, de «agitação» da carteira de títulos através da repetição de operações que, em si mesmo, integra diversas realidades negociais, como se verá), mas também situações de adulteração do padrão de relacionamento entre o cliente e o intermediário financeiro (art. 310.°, n.° 1, do CódVM). Além disso, a partir de 1999, o legislador estendeu a tipicidade da infracção à concessão de crédito para a realização de operações sobre valores mobiliários (art. 310.°, n.° 2), pelo que a autonomia conceptual e legislativa da figura neste caso tem de se centrar sobre outros elementos que não os casos já contemplados no n.° 1 do preceito.

No presente estudo procura-se aprofundar a estrutura típica da infracção e o conteúdo dos elementos que a integram. A configuração da tipicidade da intermediação excessiva é particularmente importante pois, entre outras razões, não só decide sobre os limites entre o proibido e o permitido, como também adquire relevância quanto ao momento da consumação, à natureza da infracção e ao consequente regime de contagem dos prazos de prescrição. Para se decidir sobre qualquer um destes aspectos é fundamental delimitar com rigor a estrutura típica da contra-ordenação, tanto mais que o artigo 310.° do CódVM não contempla apenas um tipo de infracção, mas pelo menos três tipos distintos, como procurarei evidenciar neste estudo; e, por outro lado, ao utilizar como elemento do tipo o conceito genérico de «operações» que pode ser integrado com realidades económicas muito diversas, o legislador fez dessa forma variar a natureza da infracção, o momento da consumação e a consequente contagem do prazo de prescrição. Aspectos que, ao nível da factualidade básica, acabam

---

[3] Cfr. JOSÉ ANTÓNIO VELOSO, «*Churning*: alguns apontamentos, com uma proposta legislativa», *in* AAVV, *Direito dos Valores Mobiliários,* Lisboa, 1996, pp. 349 a 453.

igualmente por condicionar a eventual relevância criminal da intermediação excessiva, como procurarei destacar na última parte deste estudo.

I. Formas de actuação, conflitos de interesses e danosidade na intermediação excessiva

A intermediação excessiva não corresponde a um modelo de infracção apenas existente no mercado de valores mobiliários. Trata-se antes de uma forma de actuação fraudulenta que desde cedo se identificou na prestação de serviços financeiros (embora também não seja exclusiva deste ramo da actividade económica) e compreende diversas formas de actuação consoante o tipo de relação negocial em causa e o sector em que surja.

1. É possível identificar tipologias de intermediação excessiva na prestação de serviços bancários, na área dos seguros e na actividade de corretagem sobre valores mobiliários[4]. Assim, a oneração de uma conta bancária com comissões ou custos determinados no interesse do banco, sem vantagens para o cliente, a alteração das condições das apólices ou da sua renovação de forma a desfavorecer o cliente e a beneficiar a seguradora ou a multiplicação de operações de compra e de venda sobre valores mobiliários para gerar comissões para um intermediário financeiro constituem situações comuns que se subsumem a este padrão de infracção.

Estas práticas tornam-se possíveis porque a relação de prestação de serviços entre o cliente e o intermediário financeiro é acompanhada de alguma dependência fáctica, profissional ou contratual do primeiro em relação ao segundo, dependência essa que resulta desde logo da relação assimétrica entre um profissional do mercado e um investidor, que em regra não têm um nível de conhecimentos, formação ou experiência equivalentes. E, por isso mesmo, tais práticas surgem com mais frequência em domínios especializados onde vigoram contratos de adesão e/ou em que o intermediário financeiro tem algum controlo sobre a conta do cliente ou possui um particular ascendente sobre o mesmo, ao ponto de poder determinar ou influenciar de forma decisiva as operações que geram para si comissões ou outros benefícios relevantes.

---

[4] Elucidativo sobre alguns destes casos, e com muita informação relevante, JOSÉ ANTÓNIO VELOSO, *Churning* (cit. nt. 3), p. 350 e ss., e notas.

A razão fundamental que leva à proibição desta forma de actuar é a inversão fraudulenta da lógica de prestação de serviços: em vez de o intermediário financeiro actuar no interesse do cliente (e fazer-se remunerar legitimamente pelo serviço que presta) actua fundamentalmente no seu próprio interesse, usando o ascendente que tem sobre o cliente ou sobre a sua conta, que ainda por cima fica onerado com custos que são estranhos aos seus interesses genuínos. Como sublinham Loss e Seligman (citando Poser), *the ultimate question which has to be decided in any churning case is whether the broker was acting primarily for the purpose of generating commissions for himself or in the best interest of the customer*[5]. Por isso estes casos são muitas vezes tratados como modalidades de *fraude*[6], pois o intermediário financeiro, em vez de servir o cliente, serve-se do cliente e ainda o faz pagar por isso. Este aspecto faz com que a doutrina também classifique estes casos como formas de actuação «não éticas» da parte do intermediário financeiro.

Vista nesta perspectiva, a intermediação excessiva pode ser considerada uma forma particularmente grave de gerir conflitos de interesses entre o intermediário financeiro e o cliente[7]. Usando os nossos referentes legais,

---

[5] Cfr. Loss / Seligman, *Securities Regulation*, Third Edition, Volume VIII, Revised, New York, 2004, p. 3923, nota 225.

[6] Veja-se, para o efeito, Lipton, *Broker-Dealer Regulation*, New York, 1996, § 5.04 (2), afirmando que a fraude se funda, desde logo, na violação dos deveres que o corretor assume na representação do cliente em negócios justos. Em sentido parcialmente distinto, ultrapassando esta perspectiva fiduciária e relacionando a fraude ao controlo da conta pelo corretor, e não apenas à violação de deveres profissionais, José António Veloso, *Churning* (cit. nt. 3), p. 374. Ainda, Hazen, *The Law of Securities Regulation*, Third Editon, St. Paul, Minn., 1998, p. 518. Para a densificação do conceito de «fraude» no direito sancionatório do mercado de valores mobiliários, veja-se Alexandre Brandão da Veiga. *Crime de manipulação, defesa e criação de mercado*, Coimbra, 2001, p. 54 e ss.

[7] Neste sentido, Loss / Seligman, *Securities Regulation* (cit. nt. 6), p. 3926: *Churning, in essence, involves a conflict of interest in which a broker or dealer seeks to maximize his or her remuneration in disregard of the interests of the customer*. No mesmo sentido, Fazenda Martins, «Deveres dos intermediários financeiros, em especial, os deveres para os clientes e os mercados», *in Cadernos do Mercado de Valores Mobiliários*, 7 (2000), pp. 340-341. Sobre a relação entre a intermediação excessiva e as várias modalidades de conflitos de interesses, José António Veloso, *Churning* (cit. nt. 3), p. 354 e ss., que associa o fenómeno à estrutura de remuneração variável dos corretores, ao regime de taxas e ao crescimento da negociação sobre derivados, enquanto situações propiciadoras ou indutoras de posturas negociais mais agressivas dos profissionais do mercado. Para uma exposição e análise dos problemas de conflitos de interesses na intermediação financeira, veja-se Fazenda Martins, *op. cit.*, p. 337 e ss; uma boa análise da relação entre o inter-

o intermediário financeiro deve orientar a sua actividade pela protecção dos legítimos interesses dos clientes e da eficiência do mercado, estando vinculando aos ditames da boa fé e a elevados padrões de diligência, lealdade e transparência (art. 304.º, n.ºs 1 e 2, do CódVM). Para o efeito, cabe--lhe especificamente organizar-se de forma a identificar e evitar conflitos de interesses com os clientes (art. 309.º, n.º 1, do CódVM) e, mais do que isso, uma vez identificado um caso de potencial conflito, deve dar prevalência aos interesses dos clientes sobre os seus próprios interesses (art. 309.º, n.º 3, do CódVM)[8].

Todo este corpo de valores é derrogado com a intermediação excessiva já que nestes casos o intermediário financeiro realiza operações que correspondem fundamentalmente aos seus interesses, designadamente porque garantem uma margem de negócio, de comissões ou de outras vantagens, mas não a uma adequada prossecução dos interesses dos clientes que tem a seu cargo e, além disso, não actua de forma leal e desrespeita os ditames da boa fé. Exactamente o oposto daquilo que o cliente legitimamente pode esperar do intermediário financeiro (quer por via legal, quer por via contratual) e que, por isso, se pode considerar, legitimamente, defraudado.

O conflito de interesses subjacente à intermediação excessiva existe em abstracto, mas o aspecto mais relevante para esta infracção é que o mesmo é erroneamente gerido em concreto através da actuação do intermediário financeiro. O que pode corresponder a diversas situações, designadamente quando o intermediário financeiro tem interesse na operação pelas vantagens que esta lhe traz, mas a operação não tem qualquer interesse para o cliente; quando a operação tem maiores vantagens para o intermediário do que para o cliente; ou, no caso mais grave, quanto a operação traz vantagens certas para o intermediário financeiro e para o cliente são maiores os riscos e/ou os encargos do que eventuais vantagens a obter. Em qualquer um dos casos a gestão do conflito de interesses é ilegítima pela prossecução desproporcionada de um interesse em relação ao outro, pela inadequação da operação ao perfil do cliente e pelo desvio da finali-

---

mediário financeiro e o cliente, encontra-se em SOFIA NASCIMENTO RODRIGUES, *A protecção dos investidores em valores mobiliários*, Coimbra, 2001, pp. 42 a 48; depois, recentemente, PAULO CÂMARA, *Manual de Direito dos Valores Mobiliários*, Coimbra, 2009, pp. 371 e ss.

[8] Para uma análise dos deveres dos intermediários financeiros, veja-se FAZENDA MARTINS, *Cadernos do Mercado de Valores Mobiliários*, 7 (2000), p. 329 e ss. (cit. nt. 7).

dade legalmente vinculante na actuação do intermediário financeiro (a protecção dos interesses do cliente pelo próprio intermediário financeiro).

2. Os casos de intermediação excessiva comportam intrinsecamente a violação de regras sobre os conflitos de interesses, mas acrescentam-lhe algo mais: o elemento de «fraude» na prestação dos serviços (pela quebra de deveres fiduciários e de actuação no interesse do cliente) e um elemento de oneração patrimonial do cliente decorrente das operações realizadas. Através do primeiro a actuação do intermediário financeiro inverte a lógica de prestação de serviços e faz com que aquele execute operações para obter comissões ou para prosseguir outros objectivos estranhos aos clientes (existe um desvio de fim com violação das regras de gestão do conflito de interesses). Pelo segundo, a oneração do cliente desacompanhada de vantagens evidencia que a operação foi realizada não no seu interesse mas sim no interesse do intermediário financeiro ou, pelo menos, elimina a dúvida sobre a motivação subjacente às operações.

Este último aspecto é importante, pois se a negociação é excessiva (no plano quantitativo, no plano qualitativo ou simplesmente perante o histórico da carteira) mas o cliente ganha com ela, as vantagens que obtém ultrapassam os encargos que assume. Pode existir uma actuação menos correcta do intermediário financeiro na gestão do risco das operações, em especial à luz do perfil de investidor do cliente, mas se este teve lucros dificilmente se consegue demonstrar de forma isenta de dúvida que a actuação foi essencialmente no interesse do intermediário financeiro – porque, em parte, também acabou por corresponder a um interesse económico do cliente (este teve mais vantagens do que encargos e, por isso, ainda lucrou). Noutros termos, a intermediação excessiva, para ser mais do que uma situação de violação de conflitos de interesses e não suscitar dúvidas de subsunção, implica uma oneração do cliente que corresponde à lesão do bem jurídico tutelado pela proibição legal[9].

3. Uma forma elementar de identificar indiciariamente as situações relevantes consiste em apurar se com as operações realizadas o intermediário financeiro (ou outra pessoa ou entidade) ganha enquanto o cliente só perde. Mas este ponto de partida por si só não é suficiente. Quando além

---

[9] Considera LIPTON, *Broker-Dealer Regulation* (cit. nt. 6), § 5.04 (1), que pode existir *churning* mesmo que o cliente tenha lucros ocasionalmente ou de tempos a tempos. O que, bem vistas as coisas, não invalida o que se afirma no texto.

desta situação existem elementos que permitem perceber que o intermediário financeiro prosseguiu os seus interesses com esta instrumentalização do cliente ou da sua conta estamos perante factos que podem integrar-se no âmbito axiológico da infracção ao artigo 310.º do CódVM, isto é, na esfera de protecção da norma. Por isso, o âmbito do tipo de intermediação excessiva há-de contemplar, no seu núcleo essencial, os casos em que o intermediário financeiro executa ou incita o cliente a executar operações que oferecem vantagens seguras ao primeiro (comissões, sucesso em operações de colocação, controlo da dispersão accionista de uma empresa) e só geram riscos e encargos para o segundo.

Não significa isto que, entre nós, o prejuízo do cliente faça parte do tipo de infracção, como elemento essencial que careça de ser autonomamente comprovado. O que está em causa e se deve sublinhar é que, para uma correcta compreensão da esfera de protecção da norma, o conceito de «operação» no artigo 310.º não pode ser desligado da dimensão qualitativa e quantitativa da intermediação excessiva, designadamente – quanto a esta última – dos encargos que a mesma gera para o cliente, pois é com base na mesma que se consegue demonstrar de forma segura que a operação é feita no interesse do intermediário financeiro (é esse o seu fim principal, para usar a terminologia da lei) sem que corresponda aos interesses do cliente. Ou seja, é com base nessa contraposição de encargos e de vantagens que se consegue integrar a actuação do intermediário financeiro no artigo 310.º, o que será tão mais claro quanto mais nítida for a desproporção entre os encargos do cliente a as vantagens do intermediário financeiro ou de outra pessoa ou entidade que o mesmo esteja a beneficiar. O tema será adiante retomado a propósito da concretização dos conceitos de excesso de transacções e repetição de operações.

II. **A proibição legal: estrutura e conteúdo dos três tipos de infracção previstos no artigo 310.º**

A lei portuguesa contempla (desde 1991) uma infracção de intermediação excessiva, actualmente prevista no artigo 310.º do CódVM, de 1999. O tipo total de infracção é completado pela descrição do art. 397.º, n.º 2, al. c), do CódVM. Apesar de já constar do Código do Mercado de Valores Mobiliários de 1991 (CódMVM, 1991) uma proibição de intermediação excessiva, o seu âmbito foi alargado e agravado com o Código dos Valores Mobiliários de 1999 (CódVM).

1. O tipo de infracção da intermediação excessiva no CódMVM de 1991 assentava na mesma técnica legislativa utilizada no CódVM de 1999, ou seja, resultava da articulação entre uma norma de conduta, onde se delimitava a matéria da proibição (o tipo de ilícito), e uma norma de sanção, onde se cominava a consequência para a prática da conduta proibida[10].

O Código de 1999 introduziu três tipos de alteração ao regime anterior: alargou o âmbito de aplicação da infracção ao criar o n.º 2 do artigo 310.º (passando a prever a concessão de crédito para a aquisição de valores mobiliários), reorganizou os elementos do tipo e agravou a sanção legal cominada para o facto. Vejamos cada um destes aspectos autonomamente.

O âmbito da proibição de intermediação excessiva contida no artigo 664.º, al. c), do CódMVM, de 1991, estava articulado com o âmbito legal das actividades de intermediação financeira enunciadas nos artigos 608.º e ss. desse diploma. Com o CódVM de 1999 a concessão de crédito para a realização de operações sobre instrumentos financeiros foi qualificada como um serviço auxiliar de investimento (artigo 291.º, al. b), do diploma) e, para além disso, o legislador aditou ao tipo básico da intermediação excessiva o n.º 2 do artigo 310.º O alargamento do âmbito do tipo de infracção em 1999 parece assim ter sido uma decorrência directa da reformulação e alargamento legal do elenco de serviços de investimento e, simultaneamente, uma clara opção de tutela sancionatória neste domínio: para efeito de realização do tipo, o legislador equiparou um serviço auxiliar de investimento a alguns dos serviços ou actividades principais[11]. Se não o tivesse feito poderia questionar-se se a intermediação excessiva

---

[10] Veja-se, sobre este regime do código antigo, JOSÉ ANTÓNIO VELOSO, *Churning* (cit. nt. 3), p. 413 e ss. Para uma exposição sobre as técnicas legislativas usadas na construção legal dos tipos de contra-ordenação contidos no Código dos Valores Mobiliários, veja-se FREDERICO DE LACERDA DA COSTA PINTO, *O novo regime dos crimes e contra-ordenações no Código dos Valores Mobiliários,* Coimbra, 2000, pp. 25 a 28, e ALEXANDRE BRANDÃO DA VEIGA, «A construção dos tipos contra-ordenacionais no novo Código dos Valores Mobiliários», *Cadernos do Mercado de Valores Mobiliários,* 7 (2000), p. 415 e ss. A adequação e legalidade das diversas técnicas de tipificação dos ilícitos de mera ordenação social no âmbito do mercado e valores mobiliários foi já expressamente reconhecida pelos tribunais: veja-se, para o efeito, a sentença do Tribunal de Pequena Instância Criminal, 1.º Juízo, 2.ª secção, de 16 de Março de 2005 (processo n.º 632/01).

[11] Embora o problema da relação entre a concessão de crédito para aquisição de valores mobiliários e a intermediação excessiva não fosse ignorado pela doutrina. De forma isolada, é certo, JOSÉ ANTÓNIO VELOSO, *Churning* (cit. nt. 3), p. 399, já se lhe referia como um factor a ter em conta para aferir o risco do investimento.

abrangia ou não aqueles serviços; ao tê-lo feito o legislador resolveu de forma expressa o problema. Esta opção acabou por conferir autonomia real ao âmbito da infracção do n.º 2 do artigo 310.º, pois estando a repetição de operações sobre valores mobiliários já prevista no n.º 1 do artigo, o aditamento do n.º 2 e a equiparação legal para efeitos sancionatórios entre um serviço auxiliar de investimento e serviços principais que o mesmo opera só se podem compreender como um tipo autónomo de intermediação excessiva.

Para além deste aspecto, o CódVM de 1999 introduziu ainda alterações ao nível da configuração típica da infracção básica e da gravidade da sanção aplicável à intermediação excessiva. Os comportamentos proibidos são os mesmos (à excepção do aditamento feito pelo novo n.º 2 do artigo 310.º) mas as cláusulas que descrevem as violações de deveres fiduciários do intermediário financeiro enquanto finalidades ilícitas que motivam a sua actuação foram reformuladas, passando a ter uma enunciação mais simples. Assim, na lei antiga (artigo 664.º, al. c), do CódMVM de 1991) a falta de justificação para as operações realizadas constituía uma exigência que acrescia à finalidade ilícita das operações, como um requisito cumulativo que condicionava a consumação da infracção. Ou seja, não bastava o propósito ilícito do intermediário financeiro, era ainda necessário demonstrar, cumulativamente, que a operação não se justificava. Tal elemento foi eliminado do tipo de infracção, deixando de ser um elemento expresso do tipo. O mesmo se passou com a cláusula de «fim único» que surgia como alternativa ao «fim principal» na actuação do intermediário financeiro, esta suprimida por eventual desnecessidade pois se o fim da actuação do intermediário financeiro for apenas o de cobrar comissões ou prosseguir objectivos estranhos ao cliente estará demonstrado por excesso que o fim principal da actuação foi esse e não, como exige a lei, uma actuação orientada pelos objectivos da conta e do cliente. Portanto, a este nível, pode concluir-se que a reforma de 1999 procedeu a uma simplificação não inovadora do tipo de infracção.

Finalmente, à proibição de intermediação excessiva que constava do artigo 664.º, al. c), do CódMVM de 1991 correspondia uma contra-ordenação leve (por força da norma de sanção residual, do artigo 672.º, al. b), do mesmo diploma). A opção era criticada pela doutrina, com inteira razão, pois perante a gravidade dos factos materiais que a infracção podia comportar (quer no nível da violação de deveres profissionais, quer no plano dos riscos e danos criados para os investidores) a qualificação da contra-ordenação era manifestamente insuficiente e incompreensível perante outras infracções equivalentes[12]. Em 1999, o legislador passou a qualificar a intermediação excessiva como uma contra-ordenação muito grave, a que cabe hoje (depois da elevação das molduras sancionatórias, em 2009[13]) uma coima entre € 25 000 e € 5 000 000, acrescida das sanções acessórias previstas no art. 404.º do CódVM e das consequências civis da infracção (exclusão legal de comissões, juros ou outras remunerações decorrentes da realização das operações ilícitas)[14].

2. A compreensão do *churning* na doutrina norte-americana assenta numa generalização conceptual, criada a partir de uma rica casuística jurisprudencial, cruzada com alguns instrumentos normativos genéricos[15]. Seguindo Lipton, que acolhe uma perspectiva amplamente partilhada pela doutrina americana e europeia, os elementos necessários para demonstrar processualmente um caso de *churning* são três: (i) a negociação na conta foi excessiva à luz os objectivos do investidor (*excessive in light of his investments objectives*); (ii) o corretor exerceu um domínio (*exercised control*) sobre a negociação realizada na conta; (iii) o corretor actuou com intenção de prejudicar o investidor ou, de forma voluntária ou negligente, desconsiderou os interesses do seu cliente (*acted with the intent to defraud or with the wilfull and reckless disregrad*)[16]. Cada uma destas exigências

---

[12] Neste sentido, em pormenor, JOSÉ ANTÓNIO VELOSO, *Churning* (cit. nt. 3), p. 416.

[13] Cfr. artigo 388.º, n.º 1, al. *a*), do CódVM, na redacção que lhe foi dada pela Lei n.º 28/2009, de 19 de Junho.

[14] Sobre a importância das sanções civis nas infracções contra o mercado de valores mobiliários, veja-se JOSÉ ANTÓNIO VELOSO, *Churning* (cit. nt. 3), p. 425 e ss.

[15] Com razão refere JOSÉ ANTÓNIO VELOSO, *Churning* (cit. nt. 3), p. 356 e ss., que se trata de «um labirinto de perspectivas em que se combinam estatutos, regulation e common law». Actualmente veja-se, para o efeito, o disposto na *Rule 15cl-7* da *SEC*, a *Rule 408(c)* da *New York Stock Exchanges* e a *Conduct Rule* 1M-2310-2 da *NASD*. Em caso de conexão das transacções realizadas com valores mobiliários, é ainda aplicável a *Rule 10b-5* do *Securities Exchange Act* de 1933 (*Employment of Manipulative and Deceptive Devices*).

[16] LIPTON, *Broker-Dealer Regulation* (cit. nt. 6), § 5.04 (3). Coincidente, com uma extensa e profunda explanação sobre o conteúdo e os limites de cada um destes três elementos, entre nós, JOSÉ ANTÓNIO VELOSO, *Churning* (cit. nt. 3), pp. 378 e ss., 363 e ss. e 403 e ss., respectivamente. A exigência de controlo da conta não corresponde apenas ao controlo formal associado à gestão discricionária de carteira. Traduz-se antes numa ideia material de domínio sobre os investimentos realizados, que pode ocorrer com operações não autorizadas ou desconhecidas, uma aceitação constante das recomendações do intermediário financeiro ou em função da falta de experiência ou preparação do investidor. Em termos semelhantes, FAZENDA MARTINS, *Cadernos do Mercado de Valores Mobiliários*, 7 (2000), p. 341 (cit. nt. 7). Ainda, LOSS / SELIGMAN, *Securities Regulation* (cit. nt. 5), p. 327.

é depois analiticamente decomposta à luz de precedentes judiciais e do direito estatutário que traçam e delimitam o âmbito das pretensões processuais relativas ao *churning*.

No nosso sistema sancionatório a configuração da infracção resulta, diversamente, da articulação dos elementos usados para a descrever num tipo legal. Por isso, o processo hermenêutico usado para identificar os casos relevantes é distinto. Mas a compreensão da doutrina norte-americana e a casuística jurisprudencial que a determina (e por vezes fundamenta) podem servir para iluminar igualmente o alcance fenomenológico dos conceitos legais abstractos ou, na nossa terminologia, o âmbito do tipo e a esfera de protecção da norma.

Quanto à sua estrutura típica, os tipos legais da intermediação excessiva na lei portuguesa (artigo 310.º do CódVM) exigem *comportamentos materiais* (incitamento do cliente seguido da execução de operações ou apenas estas se o intermediário financeiro tiver domínio da conta), *finalidades específicas* associadas às operações realizadas (ter como fim principal cobrar comissões ou prosseguir outros objectivos estranhos ao cliente) e o *elemento subjectivo das infracções* (dolo ou negligência).

O confronto deste elenco de elementos da infracção com aquele habitualmente usado na doutrina norte-americana evidencia que o controlo da conta pelo intermediário financeiro não é elemento essencial de todas as formas de intermediação excessiva, mas apenas um elemento útil para a delimitação de uma das situações previstas na lei portuguesa.

3. Os conceitos que integram os tipos legais de intermediação excessiva são, antes de mais, uma forma de regular a actividade de intermediação financeira e reflectem a experiência de décadas sobre a necessidade de disciplinar, ao nível do direito público, a relação entre o investidor e um profissional do mercado. Este lastro histórico e a finalidade de tutela que preside a tal regulação reflectem-se necessariamente na concretização dos conceitos usados nos tipos legais.

O regime legal da intermediação excessiva constitui, na economia do Código dos Valores Mobiliários, uma parte das disposições gerais que organizam, delimitam e orientam a actividade de intermediação financeira. Por isso, os conceitos usados no artigo 310.º para descrever a intermediação excessiva têm, por um lado, de ser interpretados e compreendidos no quadro das relações entre o cliente e o intermediário financeiro e, por outro, devem ter adesão à realidade negocial gerada pela prestação dos serviços de intermediação financeira[17].

A densificação dos conceitos legais não deve assim ser fixada apenas em função de uma hermenêutica formal e literalista, desenvolvida fora do contexto e função da disciplina legal da intermediação financeira. Noutros termos, o alcance do tipo não pode resultar apenas do sentido literal possível das palavras descontextualizado da actividade de prestação de serviços financeiros. É fundamental, dentro deste círculo hermenêutico, garantir uma adesão dos conceitos legais ao substrato económico e jurídico desta actividade que pode ser abrangida pelo tipo legal. Só desta forma as normas legais da intermediação excessiva podem cumprir adequadamente a sua função disciplinadora de uma actividade profissional e a sua função de garantia de uma equilibrada ponderação dos interesses em jogo[18].

Vale isto por dizer, a título de exemplo, que o conceito «incitamento» na intermediação excessiva corresponde não apenas ao valor semântico que lhe está associado noutros contextos infraccionais, mas sim a uma

---

[17] Para uma análise jurídica das modalidades de relação entre o cliente e o intermediário financeiro, e suas repercussões jurídicas, veja-se CARLOS FERREIRA DE ALMEIDA, «Relação de clientela na intermediação de valores mobiliários», in IVM (org.), *Direito dos Valores Mobiliários*, vol. III, Coimbra, 2001, p. 121 e ss. Uma exposição dos deveres do intermediário financeiro para com o cliente é feita por SOFIA NASCIMENTO RODRIGUES, *A protecção dos investidores* (cit. nt. 7), pp. 42 a 48, que distingue a protecção do cliente da protecção do investidor: o primeiro é um conceito mais amplo que inclui o segundo, podendo existir situações de clientela de pessoas que não são investidores, mas que beneficiam ainda assim de tutela jurídica substantiva. No plano da responsabilidade civil, consulte-se ainda LUÍS MENEZES LEITÃO, «Actividades de intermediação e responsabilidade dos intermediários financeiros», in IVM (org.), *Direito dos Valores Mobiliários,* volume II, Coimbra, 2000, p. 129 e ss.

[18] Sobre a importância do contexto (ou dos «sentidos contextualizados») e de outros referentes hermenêuticos na criação, interpretação e aplicação das normas legais, à luz das funções das normas jurídicas, veja-SE ANTÓNIO MANUEL HESPANHA, «Ideias sobre a interpretação», Liber Amicorum *de José de Sousa e Brito*, Coimbra, 2009, pp. 31-32 e ss., e *passsim*. A ligação entre o sistema jurídico e a realidade económica através de conceitos jurídicos com conteúdo económico é apresentada por AMADEU FERREIRA, *Direito dos Valores Mobiliários,* Lisboa, 1997, pp. 30 a 32, como um aspecto essencial deste ramo do direito. Com este tipo de alargamento hermenêutico procura-se, no fundo, evitar um divórcio da lei «perante as realidades da vida», como sublinha em relação ao crime de burla ANTÓNIO ALMEIDA COSTA, *in* FIGUEIREDO DIAS (dir.), *Comentário Conimbricense do Código Penal,* Parte Especial, tomo II, Coimbra, 1999, p. 298 (§ 15.º em anotação ao artigo 217.º).

forma específica de relacionamento negocial entre o cliente e o intermediário financeiro que lhe presta um serviço especializado[19]. Desse ponto de vista, o conceito de «incitamento» pode ser integrado com comportamentos negociais diversos que vão desde formas agressivas de venda de produtos financeiros, ao aconselhamento, à sugestão, à recomendação, à informação especializada, até à persuasão negocial assente em vantagens indirectas do negócio proposto (vantagens fiscais, societárias, prestígio socioeconómico, acesso preferencial a outros produtos financeiros ou linhas de crédito, etc.). É este o contexto material e profissional em que surge o conceito e ao qual o mesmo será aplicado.

Noutro exemplo, o conceito de «repetição de operações» no artigo 310.°, n.° 1, do CódVM não pode significar algo sem relação material com a área de negócio regulada – não se trata apenas, por exemplo, de fazer novamente uma operação anteriormente realizada, como se poderia inferir de um significado literal de parco alcance na intermediação financeira. A repetição de operações normativamente relevante corresponde às técnicas negociais aptas a gerar o excesso integrado na esfera de protecção da norma, e este tem de se aferir não necessariamente perante uma elementar contabilidade aritmética de transacções (apenas um entre os vários casos possíveis que se podem subsumir ao excesso), mas sim num quadro mais complexo que apela ao seu significado negocial: o tipo de conta do cliente, a natureza dos activos negociados, a dimensão da transacção, a sua relação com o perfil de risco do cliente, os objectivos deste, a técnica de negociação usada, os custos criados e a sua relação com o investimento feito – enfim, toda uma diversidade de critérios que apelam a realidades inerentes à relação entre um profissional do mercado e o seu cliente e que, devidamente ponderados, permitem apreciar o real significado das operações realizadas e não apenas uma parte pouco significativa do caso.

Como refere, a este propósito e de forma exacta, José António Veloso:

«A quantidade de transacções realizadas por conta do cliente, que dá à infracção o seu nome de *overtrading* ou *excessive trading*, só é relevante porque e na medida em que um número anormal de transacções constitua indício de que o corretor não serviu em primeiro lugar os interesses que lhe

---

[19] Uma apresentação extensa e profunda das várias formas de relação negocial entre o intermediário financeiro e o cliente encontra-se em CARLOS FERREIRA DE ALMEIDA, «Transacções de conta alheia no âmbito da intermediação no mercado de valores mobiliários», *in* AA.VV., *Direito dos Valores Mobiliários,* Lisboa, 1997, p. 290 e ss., *maxime* 294 e ss., e, ainda, o estudo do mesmo Autor citado na nota 17.

estavam confiados. Mas os tribunais e os comentadores sublinham que não há uma forma simples para demonstrar o juízo de uma conta ter sido sujeita ao processo pelo qual se faz a manteiga. O critério de avaliação depende essencialmente da *natureza da conta*, que, por sua vez, é função dos *objectivos afirmados pelo cliente*»[20].

Este entendimento confirma a ideia, já assumida por Loss e Seligman, de que *a essência da intermediação excessiva* reside na sobreposição dos interesses do intermediário aos interesses do cliente[21]. Evidenciada essa inversão de objectivos na actuação do agente, atingimos o núcleo material da ilicitude na intermediação excessiva, o que reflexamente torna as operações inadequadas ao cliente. A essência da intermediação excessiva não reside, no entanto, nesta inadequação, mas antes na sobreposição dos interesses do intermediário financeiro aos interesses do cliente que aquele deveria salvaguardar, por imperativo legal e contratual. Ou, noutras palavras, na prossecução dos interesses do intermediário financeiro à custa da oneração do cliente. A demonstração de tal facto através da repetição aritmética de operações só é possível para os casos em que o excesso qualitativo resulte do factor quantidade e só é necessária para esclarecer casos dúbios. Na verdade, a multiplicação sucessiva de operações para gerar comissões constitui apenas uma das modalidades de intermediação excessiva. Esta pode existir quer com uma sequência simples, quer com uma sequência complexa de operações. A venda de activos de uma conta com a sua recompra subsequente para a mesma conta a um preço superior (permitindo à contraparte ganhar na diferença, prejudicando a conta gerida pelo intermediário financeiro) pode constituir intermediação excessiva e não comporta mais do que duas operações de natureza distinta. De igual modo, a circulação de títulos por diversas contas geridas pelo intermediário, com cobrança de comissões em cada sequência de operações, pode

---

[20] JOSÉ ANTÓNIO VELOSO, *Churning* (cit. nt. 3), p. 378 (itálicos no original), invocando jurisprudência norte-americana que atribui relevância, por exemplo, «à natureza da conta e situação do cliente, suas necessidades e objectivos», à «estrutura e objectivos duma conta», «aos fins dos investidor». Coincidente, LIPTON, *Broker-Dealer Regulation* (cit. nt. 6), § 5.04 (3)(b). No mesmo sentido, LOSS / SELIGMAN, *Securities Regulation* (cit. nt. 5), pp. 3923, 3929 e 3930. A falta de congruência entre as operações realizadas com o histórico do cliente é valorizada por STEINBERG, *Securities Regulation,* Third Edition, 1998, p. 903.
[21] Cfr. LOSS / SELIGMAN, *Securities Regulation* (cit. nt. 7), p. 3931, nota 225, reproduzida *supra*, nota 5 deste texto.

apontar para um excesso no conjunto, em que o todo ilumina o real significado das partes, embora a perspectiva de cada conta não o evidencie de forma inequívoca. Casos existem, como acontece com a concessão de crédito para aquisição de valores mobiliários, em que o excesso nem carece de ser associado a uma repetição aritmética de operações (que pode ou não existir no caso concreto). A multiplicação aritmética das operações pode assim ser relevante ou irrelevante em função da natureza da conta, dos objectivos do cliente, do seu perfil de risco e da finalidade que preside a tais estratégias de investimento. Pode haver excesso sem multiplicação de operações, da mesma forma que esta não dá necessariamente origem a um caso de intermediação excessiva (*v. g.* a gestão agressiva da conta de um cliente que faça *day trade*).

O excesso de intermediação decorrente de «operações repetidas» pode ser indiciado e concretizado, como referem a doutrina e a jurisprudência norte-americanas, através do recurso a indicadores de natureza diversa, adequados ao tipo de operações executadas, aos activos negociados, aos objectivos da conta e ao perfil do investidor, como por exemplo os seguintes: a análise da frequência e tipo de negociação realizada (designadamente os casos genericamente de *in and out trading* ou outras operações estranhas aos objectivos do cliente); através da determinação dos rácios de rotação da carteira (*turnover rates,* determinados a partir do custo das compras sobre o investimento, líquido ou agregado); ou através do cálculo da taxa de rendibilidade necessária para cobrir os encargos decorrentes das operações efectuadas (*cost to equity ratio,* determinado a partir do valor dos encargos sobre o valor do investimento)[22].

Essencial é reconhecer que estamos perante critérios de quantificação meramente indiciários, como sublinha José António Veloso, «tendo o carácter excessivo do trading de ser aferido pelos objectivos do investidor e pela natureza da sua conta, isto é, por coisas tão subtis como a atitude do investidor perante o risco e as suas preferências de poupança e consumo, em última análise a apreciação depende de ponderações essencialmente qualitativas»[23]. A existência de intermediação excessiva não depende da

---

[22] LIPTON, *Broker-Dealer Regulation* (cit. nt. 6), § 5.04 (3)(b). Ainda, LOSS / SELIGMAN, *Securities Regulation* (cit. nt. 5), p. 3931. Entre nós, com grande desenvolvimento e distinções fundamentais em função dos referentes descritos, designadamente o tipo de operações e o tipo de activos, JOSÉ ANTÓNIO VELOSO, *Churning* (cit. nt. 3), pp. 378 a 403.

[23] JOSÉ ANTÓNIO VELOSO, *Churning* (cit. nt. 3), p. 379, em ligação com o que escreve até à p. 403 e, ainda, p. 433, onde apresenta o conceito de excesso que defende na

aplicação de tais critérios, mas o recurso aos mesmos poderá ser um valioso elemento auxiliar para indiciar ou confirmar a existência de infracção.

O excesso relevante será assim e sempre um desvio qualitativo em relação à natureza da conta e aos objectivos do cliente, a que pode acrescer um desvio quantitativo por inadequação das operações realizadas em função do seu «volume ou frequência», como referem as normas do direito norte-americano sobre a matéria: nas palavras da *Rule 15cl-7* da *Securities and Exchange Commission*, a infracção abrangerá «*any transactions of purchase and sale wich are excessive in size or frequency in view of the financial resources and character of such acount*» (coincidente ainda a *Rule 408 (c)* da NYSE); ou, de forma mais elucidativa, o artigo 29.º, n.º 1, do *Regolamento Intermediari* da CONSOB, em Itália: «*Gli intermediari autorizzati i si astengono dall'effetuare con o per conto degli investitori operazioni no adeguate per tipologia, oggetto, frequenza o dimensione*».

Em conclusão, a multiplicação de operações na intermediação excessiva constitui apenas um indicador da actuação abusiva do intermediário e, enquanto conceito regulador da actividade de intermediação financeira, pode ser integrado com todas as realidades negociais que, surgindo na prestação deste serviço, sejam usadas pelo intermediário para sobrepor os seus interesses aos interesses do cliente.

4. O disposto no artigo 397.º, n.º 2, al. *c*), do CódVM, a norma de sanção da intermediação excessiva, ao exigir a realização das operações, permite afirmar com toda a clareza que para a infracção se consumar não basta o incitamento, é necessário que as operações sejam efectivamente realizadas. Por isso, a efectiva realização das operações na intermediação excessiva constitui um elemento essencial da infracção. O que bem se compreende, porque numa análise material da situação subjacente ao tipo o mero incitamento não gera oneração do cliente: esta só resulta da operação efectivamente realizada. O incitamento do cliente é, no contexto do

---

proposta que apresenta como «uma simples referência à desproporção com os fins e recursos do investidor». Noutro plano, LOSS / SELIGMAN, *Securities Regulation* (cit. nt. 5), p. 3930 e ss., invocam por exemplo os objectivos do investidor e a existência de operações de risco em carteiras de investidores com um perfil conservador. Entre nós, PAULO CÂMARA, *Manual* (cit. nt. 7), pp. 417-418, sublinha a necessidade de por vezes se cruzarem critérios qualitativos com critérios quantitativos, que permitam ponderar não só a adequação do serviço ao perfil do cliente mas também, designadamente, o tipo e quantidade dos instrumentos financeiros no portofólio global do mesmo.

artigo 310.º, um momento de ilicitude autónomo (correspondente a uma tentativa) quando o intermediário financeiro não tem uma situação de domínio sobre a conta do cliente que lhe permita realizar desde logo as operações que dão origem ao excesso. Mas é sempre necessário para existir infracção consumada que se identifique a operação que onera o cliente e que dá vantagem ao intermediário financeiro ou a terceiro.

Trata-se de uma infracção ampla, como se referiu, porque contempla não apenas os casos mais comuns de *churning*, isto é «agitação» da conta, com compras e vendas sucessivas para gerar comissões para o intermediário financeiro, mas também os casos em que essas operações são determinadas por outros objectivos, desde que sejam estranhos aos clientes[24]. No primeiro caso, a lei associa a vantagem do intermediário financeiro à repetição de operações sobre valores mobiliários, pois é dessa forma que aquele pode obter comissões; no segundo caso, o legislador associa a dimensão quantitativa da infracção (a oneração para o cliente) à dimensão qualitativa da mesma (adulteração dos deveres fiduciários de prosseguir os interesses do cliente), pois a operação tem objectivos estranhos aos interesses do cliente. Ou seja, de forma sintética: para a lei é aceitável que um cliente fique onerado com os encargos de uma operação se a mesma foi feita no seu interesse; o que a lei não aceita – e por isso proíbe – é que o cliente fique sujeito aos encargos de uma operação quando a mesma é feita no interesse de outrem (seja do intermediário financeiro, seja de outra qualquer pessoa ou entidade).

Deste ponto de vista, o bem jurídico tutelado pela proibição de intermediação excessiva é o património do cliente perante actuações do intermediário financeiro que, violando as boas regras da profissão, são essencialmente motivadas por interesses estranhos ao primeiro.

5. A esta luz, o artigo 310.º do Código dos Valores Mobiliários não contém apenas um tipo de ilícito de intermediação excessiva, mas sim três tipos autónomos que abrangem realidades negociais distintas no âmbito da prestação de serviços financeiros.

Na verdade, uma análise atenta do artigo 310.º do CódVM permite concluir que o artigo contém dois tipos diferentes de intermediação exces-

---

[24] Esta configuração ampla da intermediação excessiva, no sentido de não abranger apenas os casos tradicionais de *churning*, mas também outras realidades, foi sublinhada por FAZENDA MARTINS, *Cadernos do Mercado de Valores Mobiliários*, 7 (2000), p. 341, (cit. nt. 7), no início de vigência do novo código.

siva no n.º 1 e mais um tipo autónomo de intermediação excessiva no n.º 2. Os elementos usados pelo legislador para organizar cada uma das infracções são em parte comuns e em parte diferentes, sendo esta diferença o factor que autonomiza cada um dos tipos de ilícito e que justifica a sua previsão legal.

a) Nas situações em que o intermediário financeiro não tem o domínio da conta do cliente[25], aplica-se a primeira parte do n.º 1 do artigo 310.º, conjugado com a última parte que se refere aos fins ilegítimos do agente. Neste caso, são elementos do ilícito de intermediação excessiva o incitamento ao cliente, a realização de operações repetidas e a finalidade principal de cobrar comissões ou prosseguir outros objectivos estranhos ao interesse do cliente. Acresce ao elemento subjectivo geral, ou seja, o dolo ou a negligência do infractor.

Para aferir a ilicitude material do facto e os desvios qualitativos ao padrão legal de boa actuação profissional pode ser ponderada, por exemplo, a relação entre o cliente e o intermediário financeiro, os riscos que aquele estava disposto a assumir por decisão sua, livre e esclarecida, o tipo de conta, incluindo o seu histórico, e a natureza das operações realizadas. Para indicar, confirmar ou determinar a medida do excesso, qualquer um dos critérios quantitativos pode ter aqui aplicação, o que depende do tipo de operação realizada: uma grande operação pode justificar a aplicação preferencial do critério da rendibilidade necessária para cobrir os custos, enquanto uma sequência intensiva de operações pode justificar a ponderação dos rácios de rotação de carteira ou uma análise específica da frequência e modalidade de negociação. É, portanto, a natureza das operações que determina o critério para aferir o excesso e não o oposto. Uma conjugação positiva de vários critérios corresponde a indicadores muito

---

[25] Para este efeito, «cliente» é, não apenas aquele que tem com o intermediário financeiro uma «relação de clientela», mas qualquer cliente efectivo ou mesmo ocasional. Sobre estes conceitos e a sua relação com o âmbito da intermediação excessiva, veja-se, no sentido referido, CARLOS FERREIRA DE ALMEIDA, in Direito dos Valores Mobiliários III (cit. nt. 17), pp. 127-129. Sobre a protecção da relação de clientela, SOFIA NASCIMENTO RODRIGUES, A protecção dos investidores (cit. nt. 7), p. 43 e ss., que distingue entre protecção da clientela e protecção do investidor. Para efeito da intermediação excessiva, como se viu no n.º II.4 deste texto, a exigência legal de realização de operações (artigo 397.º, n.º 2, al. c), do CódVM) faz com que o núcleo essencial da infracção se reporte a clientes (regulares ou ocasionais) que investem em valores mobiliários. O cliente não investidor poderá, contudo, ser protegido no plano sancionatório através da regra da «punibilidade» da tentativa.

fortes de ilicitude material (por exemplo, taxas elevadas de rotação na escala «2-4-6» de Goldberg, a que acrescem custos elevados que exigiriam taxas de rendibilidade fora dos parâmetros do realizável perante a situação do mercado (taxas de, por exemplo, 25% ou 30% em fases deprimidas do mercado) constituem indicadores muito fortes de intermediação excessiva)[26].

b) Se o intermediário financeiro tiver o domínio da conta, é aplicável a segunda parte do n.º 1 do artigo 310.º, de acordo com a qual o agente realiza as operações por conta do cliente, com o fim principal de cobrar comissões ou de prosseguir outro objectivo estranho aos interesses do cliente. É igualmente necessário o dolo ou a negligência na actuação.

Neste caso, a natureza e finalidade da conta são essenciais para identificar o excesso, bem como a aceitação e esclarecimento do cliente sobre o tipo de operações realizadas[27]. Uma aceitação inequívoca do risco das operações pelo cliente pode excluir a tipicidade, enquanto uma actuação negocial estranha ao histórico da carteira e ao perfil do risco do cliente podem indiciar uma situação de excesso. Também aqui a quantificação do excesso tem de respeitar a natureza das operações realizadas, nos termos descritos para o caso anterior.

c) O terceiro tipo de ilícito consiste na concessão de crédito para a realização de operações sobre valores mobiliários com a mesma finalidade (de cobrar comissões ou de prosseguir outro objectivo estranho aos interesses do cliente). Este tipo de ilícito previsto no n.º 2 do artigo 310.º tem autonomia perante o anterior mas relaciona-se com ele: a concessão de crédito exige uma intervenção pessoal do cliente, pois corresponde a um contrato autónomo, podendo ser seguido da execução de operações ordenadas pelo cliente por incitamento do intermediário financeiro ou por operações realizadas por conta do cliente.

O alargamento do n.º 2 do artigo 310.º corresponde a um tipo autónomo, não só formalmente como materialmente. Contempla uma realidade

---

[26] Sobre o recurso a estes indicadores do excesso, veja-se LIPTON, *Broker-Dealer Regulation,* (cit. nt. 6), § 5.04 (3) (b); LOSS / SELIGMAN, *Securities Regulation* (cit. nt. 5), p. 3931 e ss.; e, entre nós, JOSÉ ANTÓNIO VELOSO, *Churning* (cit. nt. 3), p. 383 e ss.

[27] Sobre os deveres de informação decorrentes do contrato de gestão de carteiras, consulte-se PEDRO BOULLOSA GONZALEZ, «Gestão de carteiras – deveres de informação», in *Cadernos do Mercado de Valores Mobiliários,* 30 (2008), p. 147 e ss., em anotação a uma decisão judicial.

diferente daquela que está descrita no n.º 1, porque se assim não for o preceito será inútil e repetitivo. Ou seja, a ilicitude material da infracção ao n.º 2 do artigo 310.º não há-de residir numa repetição de operações sobre valores mobiliários que gere, pelo seu número, comissões para o intermediário financeiro. Tal caso já está no n.º 1 e não pode surgir novamente no n.º 2, sob pena de existir uma redundância normativa do legislador.

Quando a intermediação excessiva está associada a uma operação de crédito sobre valores mobiliários não é o momento contratual de concessão de crédito que revela ou esgota o excesso da actividade de intermediação financeira, mas sim todo o conjunto de encargos que o agente assume e enquanto os assume. A operação que gera a actividade de intermediação financeira excessiva no n.º 2 do art. 310.º não é, portanto, a subscrição de valores mobiliários, enquanto acto negocial autónomo, mas sim a concessão de crédito para esse efeito seguida da realização de operações, e a infracção existe enquanto subsistir o excesso. Este, por seu turno, depende da oneração contratual do cliente nessa relação de intermediação financeira. O que n.º 2 do artigo 310.º, enquanto tipo autónomo de infracção tem, portanto, de distintivo em relação ao número anterior é o facto de a oneração para o cliente poder resultar da concessão de crédito para a realização de operações sobre valores mobiliários, pois esta também é uma actividade de intermediação financeira (art. 289.º, n.º 1, al. *b*), e 291.º, al. *b*), do CódVM). É esse o núcleo da ilicitude do preceito: a concessão de crédito para a realização de operações sobre valores mobiliários é uma actividade de intermediação financeira que será ilícita se for excessiva, no sentido do n.º 1, isto é, se a finalidade principal do intermediário for obter comissões ou se visar outros objectivos estranhos ao cliente.

As *operações* que consumam a infracção são assim diferentes no n.º 1 e no n.º 2, pois no primeiro caso são operações repetidas sobre instrumentos financeiros (no sentido que a expressão pode ter na actividade de intermediação excessiva) e no segundo caso são operações de concessão de crédito seguidas da realização de operações sobre instrumentos financeiros. Para haver intermediação excessiva no âmbito da concessão de crédito para negociação em valores mobiliários é necessário que se verifique uma de duas situações, ambas potencialmente cobertas pelo tipo do n.º 2 do art. 310.º do CódVM: ou o cliente é incentivado a subscrever vários contratos de concessão de crédito para aquisição de valores mobiliários e efectivamente subscreve tais contratos e realiza as transacções previstas; ou o cliente é incentivado a subscrever crédito usado depois para aquisição de valores mobiliários que o obriga a uma assunção de encargos que podem durar ao longo do tempo.

O tipo legal do n.º 2 do artigo 310.º abrange as duas situações, embora a repetição de concessão de crédito seja pouco plausível por razões de crescimento exponencial do risco e porque o excesso para o cliente acabaria sempre por resultar da cumulação de encargos assumidos (caso em que se cai na segunda situação). Por isso, o segundo caso é aquele que corresponde ao núcleo essencial da esfera de protecção da norma. O excesso quantitativo para o cliente resulta dos encargos que assumiu de forma duradoura e que foram determinados fundamentalmente pela prossecução de fins do intermediário financeiro. A aferição qualitativa do excesso pode ser semelhante aos casos anteriores, em particular pela inadequação das operações ao perfil de risco do cliente, o que inclui a simples desconsideração deste aspecto, pela sua singularidade em relação ao histórico da sua carteira ou pela sua estranheza aos objectivos da conta. O recurso a critérios quantitativos para indiciar ou confirmar o excesso depende das condições do contrato de concessão de crédito e do tipo de gestão da conta de valores mobiliários que for feita: por exemplo, em investimentos conservadores, em que os títulos permanecem em carteira ou são dados em penhor sem movimentação, não são utilizáveis os rácios de rotação de carteira, mas pode adquirir um especial sentido a aferição da taxa de rendibilidade necessária para cobrir custos, em especial pela progressiva oneração do cliente durante a vigência do contrato de crédito.

Em ambos os casos será necessário comprovar o elemento de fraude intrínseco à intermediação excessiva, ou seja, que o fim principal de tal operação é a cobrança de comissões ou a prossecução de outro objectivo estranho aos interesses do cliente, pois – como se viu – é exactamente neste aspecto que reside o núcleo de ilicitude material da infracção.

6. Em pontual conclusão, com a interpretação do artigo 310.º, n.º 1 e n.º 2, do CódVM que se propõe todas as opções do legislador ganham sentido, pela autonomia material correspondente a cada um dos três tipos de ilícito que o artigo prevê e pela congruência entre a esfera de protecção da norma e a realidade económica que o legislador pretende regular (protecção do cliente perante um profissional do mercado). Uma interpretação distinta que reduza o âmbito do artigo 310.º a uma mera repetição aritmética de operações sobre valores mobiliários inutiliza *contra legem* o regime legal, desprotegendo significativamente o cliente perante o intermediário financeiro.

III. Os elementos da infracção e a consumação do facto

Com base nos elementos até aqui reunidos já se torna possível afirmar que a natureza das infracções descritas nos três tipos contidos no artigo 310.º depende das operações executadas e do padrão que possa ser reconduzido a uma actividade de intermediação financeira excessiva. O que significa que o art. 310.º enquanto parte de um tipo legal de contra--ordenação não contempla apenas uma infracção com uma natureza estática, mas sim uma diversidade de infracções cuja natureza depende do tipo de operações ilícitas que forem executadas.

1. Numa situação de repetição sucessiva de operações sobre acções determinada pela obtenção pontual de comissões a infracção será instantânea, pois ocorre e esgota-se no momento em que os negócios são feitos. Mas se a mesma ocorrer, por exemplo, mensalmente (para equilibrar a facturação do intermediário financeiro) a homogeneidade das operações executadas já permite encontrar um caso de infracção habitual, em que o excesso, podendo estar nos negócios autónomos, assume um padrão mais vasto em que as partes são peças de um todo[28].

Deste ponto de vista, a descrição legal da infracção prevista no art. 310.º, n.º 1, do CódVM corresponde a um *tipo aberto*[29], pois a sua exacta concretização remete em boa parte para realidades negociais empíricas com uma estrutura diversificada e que contempla, por isso, tanto actos pontuais e isolados como situações duradouras ou repetidas.

Esta característica não é exclusiva da intermediação excessiva. Acontece também noutros tipos, como a violação da defesa de mercado (art. 311.º) ou mesmo na manipulação (art. 379.º), em que o ilícito tanto pode traduzir-se na prática de um acto isolado como numa repetição prolongada de actos. A título de exemplo, tanto pode haver manipulação com uma operação de natureza fictícia ocorrida no fecho do mercado num dia específico, como haverá manipulação com uma sequência de operações de natureza fictícia executadas regularmente durante um período de tempo[30].

---

[28] Sobre a importância dogmática da ponderação da actividade e não apenas dos actos isolados, ao nível da causalidade e do dano a calcular, veja-se JOSÉ ANTÓNIO VELOSO, *Churning* (cit. nt. 3), pp. 378-379.

[29] Sobre o conceito de «tipo aberto», veja-se, entre nós JORGE DE FIGUEIREDO DIAS, *Direito Penal, Parte Geral*, 2.ª edição, Coimbra, 2007, p. 290 e ss. (Cap. 11, § 13.º e ss.).

[30] Neste sentido, sobre as diversas possibilidades de concretização dos tipos de manipulação, veja-se FREDERICO DE LACERDA DA COSTA PINTO, *O novo regime dos crimes*

No primeiro caso a infracção é instantânea e no segundo será duradoura ou habitual. Relevante é que se identifique uma ilicitude material subsistente renovada a cada acto lesivo.

2. À luz dos elementos reunidos, podemos agora analisar o problema da consumação da infracção.

É sabido que o conceito de consumação tem um conteúdo formal e um conteúdo material. Consumação é, no plano formal, a realização de todos os elementos exigidos pelo tipo legal e, no plano material, corresponde à lesão dos interesses tutelados pelo legislador com a tipificação de uma certa infracção[31]. Em regra, o legislador usa o conceito formal de consumação para determinar o momento em que o facto ocorre e contar a partir daí o prazo de prescrição. É este o conceito que surge no n.º 1 do artigo 119.º do Código Penal. Nestes casos o legislador supõe que o facto e a sua descrição legal coincidem num certo momento que esgota a sua comissão e também a sua danosidade. Contudo, noutras situações o facto perdura no tempo ou implica uma repetição homogénea de actos subsumíveis a um tipo e, nestas hipóteses, o legislador determina que se atenda à materialidade desse facto: a prescrição só se começa a contar a partir do momento em que a consumação cessar (crimes duradouros) ou do último acto praticado (nos crimes continuados e nos crimes habituais).

A eleição deste momento posterior para o início da contagem do prazo de prescrição tem também a ver com razões de justiça material: se a ilicitude subsiste no tempo ou é continuamente actualizada não faz sentido que o agente possa beneficiar da contagem do prazo de prescrição quando, simultaneamente, ainda se verifica uma agressão actualizada ao bem jurídico tutelado. Todas estas razões devem ser convocadas para a leitura e resolução do

---

e contra-ordenações (cit. nt. 10), p. 89, e, com mais desenvolvimentos, ALEXANDRE BRANDÃO DA VEIGA, *Crime de manipulação* (cit. nt. 6), p. 119 e ss. (em ligação com o que escreve a p. 93 e ss.). Um caso desta natureza e com este enquadramento foi objecto de uma sentença proferida pelo 4.º Juízo Criminal da Comarca de Lisboa, 2.ª secção, em 29 de Julho de 2005 (Juíza Rita Loja), p. 165 e ss., onde exactamente se reconheceu que o conceito de «operações fictícias» (artigo 379.º, n.º 1, do CódVM) podia ser integrado com diversas técnicas negociais, umas instantâneas e outras duradouras ou repetidas no tempo, o que foi tido em conta para efeito da determinação da natureza da infracção e contagem dos prazos de prescrição (p. 158 e ss. da sentença).

[31] Sobre estes conceitos, FIGUEIREDO DIAS, *Direito Penal, Parte Geral*, 2.ª edição (cit. nt. 29), pp. 686-687 (Cap. 27, § 11.º).

problema da contagem do prazo de prescrição na intermediação excessiva prevista quer no n.º 1 quer no n.º 2 do artigo 310.º do CódVM.

3. Em tese geral, a natureza da infracção depende das operações que forem realizadas, pois como vimos estas são elementos essenciais em cada um dos três tipos de infracção, quer ao nível do tipo de ilícito, quer na formulação da norma de sanção.

Assim, o n.º 1 do artigo 310.º, em qualquer um dos dois tipos que prevê, tanto comporta operações de natureza instantânea como a realização sucessiva de operações que, pelo seu padrão de homogeneidade, configuram uma infracção habitual. Se as operações forem sobre derivados, torna-se relevante não apenas a data da aquisição dos mesmos e o seu valor subsequente de mercado, mas também a data e os efeitos do seu exercício efectivo ou da sua execução, caso os mesmos ocorram, bem como o período que medeia entre ambos[32]. Nestes casos, a infracção a existir poderá ter natureza duradoura subsistindo durante o período de maturidade ou de vigência do derivado[33]. O que bem se compreende, pois, nestes casos, entre a aquisição dos derivados e a sua venda ou exercício existem variações de risco, necessidades informativas permanentes e a ponderação de decisões de investimento[34] que em regra colocam o investidor nas mãos e no saber do profissional do mercado[35].

---

[32] Para uma perspectiva geral sobre os derivados, veja-se AMADEU FERREIRA, *Direito dos Valores Mobiliários* (cit. nt. 18), p. 233 e ss., com indicações bibliográficas. Uma exposição mais recente sobre as diversas figuras negociais que podem integrar este instrumento financeiro, encontra-se em JOSÉ ENGRÁCIA ANTUNES, «Os derivados», *in Cadernos do Mercado de Valores Mobiliários*, 30 (2008), p. 91 e ss.

[33] Para além destes aspectos (isto é, a relação entre a natureza da operação com a natureza da infracção) os derivados suscitam ainda problemas específicos na intermediação excessiva, quer de informação inicial quer de acompanhamento da evolução dos mercados e das possíveis decisões de investimento, ao ponto de a complexidade e opacidade dos produtos financeiros poderem determinar uma prevalência do critério da inadequação ao cliente sobre o critério da taxa de rotação da carteira para se aferir o eventual excesso. Neste exacto sentido, JOSÉ ANTÓNIO VELOSO, *Churning* (cit. nt. 3), pp. 398-399 e ss. (desenvolvidamente, p. 397 e ss.), que chega a afirmar que nos casos de contas de opções (e hoje, por maioria de razão, em produtos financeiros ainda mais complexos do que estas) pode funcionar uma presunção de que a conta é efectivamente controlada pelo intermediário financeiro (p. 399).

[34] Em pormenor, JOSÉ ANTÓNIO VELOSO, *Churning* (cit. nt. 3), p. 399 e ss.

[35] O que pode implicar a prevalência de critérios qualitativos sobre critérios quantitativos para aferição do excesso de intermediação, nos termos em que descreve JOSÉ ANTÓNIO VELOSO, *Churning* (cit. nt. 3), p. 400 e nota 60.

Algumas especialidades neste domínio existem também quanto ao tipo previsto no n.º 2 do artigo 310.º do CódVM. Dos elementos anteriormente analisados, verificámos que na concessão de crédito para operações sobre valores mobiliários o excesso ilícito desta actividade de intermediação financeira não resultava nem apenas do incitamento do cliente para assumir os créditos, nem das operações sobre valores mobiliários, mas sim da operação de concessão do crédito nas circunstâncias descritas. Mas cabe também verificar que a oneração do cliente e as vantagens do intermediário financeiro não se esgotam no momento da concessão de crédito, mas sim na vigência do contrato que implica repetidos encargos para os clientes e benefícios adicionais para o intermediário financeiro, tudo afinal em nome, fundamentalmente, dos interesses deste. Mas, assim sendo, não podemos deixar de tratar a subsistência da relação contratual como um todo e os encargos assumidos e repetidos também nesse contexto temporal alargado, pois durante todo esse tempo estamos perante uma actividade de intermediação financeira.

Neste contexto, é aliás pouco significativo por si só o acto de celebração do contrato de crédito, quando a oneração para o cliente resulta da sua vigência e da sua associação aos valores mobiliários adquiridos. Como já se referiu, não é a concessão de crédito em si mesmo que lesa o bem jurídico tutelado (o património do cliente) mas a sua conjugação com o investimento realizado e com o cumprimento dos encargos do contrato ao longo do tempo, em especial quando este está associado no plano das garantias aos valores mobiliários adquiridos ao abrigo do mesmo.

O que, em suma, permite concluir que a actividade de intermediação financeira que se traduza na concessão de crédito para operações sobre valores mobiliários é, em regra, uma actividade duradoura que implica a prática de actos homogéneos durante a vigência do contrato e que, onerando o cliente no contexto da situação descrita no art. 310.º do CódVM, se traduz numa situação de intermediação excessiva. Nesta modalidade, a infracção é habitual, dura enquanto subsistir para o cliente a oneração do contrato de concessão de crédito e, seguramente, enquanto essa se repetir no cumprimento dos encargos desse mesmo contrato. Se a actividade de intermediação financeira num caso como este é ilícita no início por ser um caso de intermediação excessiva, tal excesso existe necessariamente de forma duradoura e repetida durante toda a vigência do contrato que onera o cliente.

Numa leitura material da intermediação excessiva resultante da concessão de crédito para operações sobre valores mobiliários a ilicitude material não se esgota com essa concessão de crédito. Pelo contrário, a assunção duradoura de encargos e o seu cumprimento representam um preenchimento intensificado do tipo e uma agressão repetida e crescente ao bem jurídico tutelado. Isto não acontece com as infracções instantâneas. Nestas, o momento da consumação esgota a lesão ao bem jurídico tutelado. Diversamente, nas infracções duradouras e habituais a continuação do facto implica uma actualização da agressão ilícita ao bem jurídico protegido, que só cessa quando terminar a agressão ao bem jurídico (infracção duradoura) ou quando for praticado o último acto de uma sequência homogénea de actos lesivos (infracção habitual).

No caso de intermediação excessiva por concessão de crédito para aquisição de valores mobiliários só com o fim dos encargos assumidos pelo contrato de crédito é que cessa a ilicitude material do facto e pode começar a contar-se a prescrição, nos termos do art. 119.º, n.º 2, al. *b*), segunda parte, do Código Penal. Se assim não fosse teríamos uma situação iníqua em que o autor da infracção continuaria a receber os benefícios correspondentes à lesão do bem jurídico, repetidos e actualizados, mas já estaria a beneficiar da contagem do prazo de prescrição. Exactamente aquilo que a lei quer evitar com o regime do n.º 2 do art. 119.º do Código Penal.

IV. Relevância penal da intermediação excessiva

A contra-ordenação por práticas de intermediação excessiva não afasta por si a relevância jurídico-penal da conduta do agente. Aliás, em rigor, não afasta sequer outras infracções que podem surgir em concurso, como seja a violação de defesa do mercado (art. 311.º do CódVM) ou mesmo a violação de outros deveres específicos dos intermediários financeiros (cfr. artigo 304.º e ss. do CódVM). Casuisticamente, terão de ser ponderadas, contudo, as hipóteses de concurso aparente, designadamente por relações de sobreposição normativa, entre a violação do disposto no artigo 310.º e outros regimes que regulem conflitos de interesses ou relações com os clientes.

1. A intermediação excessiva traduz-se numa actuação desleal ou abusiva de um intermediário financeiro para com o seu cliente. A possível relevância criminal destes factos centra-se em regra na tutela do património do cliente, através da incriminação da burla (artigos 217.º e 218.º do Código Penal) e da infidelidade (artigo 224.º do Código Penal). Casos mais graves podem contudo envolver, alternativa ou cumulativamente, outras incriminações (como o abuso de confiança ou falsificação de documentos)[36].

Os ilícitos de mera ordenação social e os factos criminais têm em regra autonomia no direito sancionatório dos mercados de valores mobiliários. No plano criminal, os destinatários das normas não são necessariamente os mesmos (no caso da contra-ordenação será em regra uma pessoa colectiva, concretamente um intermediário financeiro, embora também possa ser uma pessoa singular), os factos típicos são em parte distintos (com elementos típicos que não coincidem e não se sobrepõem) e os interesses tutelados podem ser parcialmente diferentes; depende apenas dos tipos incriminadores convocados para valorar o caso. Para além desta diferenciação substantiva, existe ainda – para os casos de efectiva sobreposição factual – uma autonomia processual entre os ilícitos, que decorre directamente do artigo 420.º, n.º 1, do CódVM. Em suma, as infracções em causa têm autonomia substantiva e processual, legalmente tutelada pelo disposto no artigo 420.º, n.º 1, do CódVM.

Qual seja o tipo incriminador adequado ao tratamento jurídico-penal da intermediação excessiva é matéria que exige alguns esclarecimentos adicionais.

Uma primeira distinção pode ser relevante para seleccionar os tipos incriminadores aplicáveis, separando os casos em que o autor dos factos contacta com o cliente antes das transacções a efectuar dos casos em que tal não acontece, designadamente por se tratar de situações de gestão de carteira por parte do intermediário financeiro. A existência de contacto entre o autor e a vítima pode ser um passo necessário para invocar a situação material subjacente à tipicidade da burla (artigo 217.º e ss. do Código Penal), ficando os demais casos de gestão de carteira sujeitos em princípio ao âmbito de protecção da infidelidade (artigo 227.º do Código Penal). Se estas situações de gestão de carteira forem acompanhadas de informações falsas, erradas, incompletas ou omissas ao cliente sobre a forma como a

---

[36] Sobre as diversas possibilidades de se identificar a relevância jurídico-penal da intermediação excessiva, veja-se, com pormenor e rigor, JOSÉ ANTÓNIO VELOSO, *Churning* (cit. nt. 3), p. 417 e ss., que associa as duas realidades, quanto à forma de comissão do facto, através designadamente das sugestivas expressões *churning-burla* e *churning-infidelidade* (p. 419); veja-se, ainda, p. 420 e nota 89, quanto à hipótese interessante de uma das modalidades de *churning* poder traduzir-se num caso de concurso entre abuso de confiança quanto à venda de títulos e infidelidade pela cobrança de comissões.

carteira está a ser gerida, pode sair-se da esfera de protecção da infidelidade para o âmbito da burla e da falsificação de documentos.

2. A execução da burla exige um momento «fraudulento» – a «indução em erro ou engano», sobre «factos astuciosamente provocados» pelo autor – que deve corresponder ao exercício de um domínio do agente sobre a actuação da vítima, ao ponto de determinar a prática do acto que causa a esta o prejuízo patrimonial. É esse domínio do autor que justifica que corra pelo agente e não pela vítima o risco de ilicitude associado à danosidade patrimonial dos actos praticados.

O domínio em causa para efeitos da aplicabilidade do crime de burla não corresponde exactamente à exigência da jurisprudência norte-americana de «controlo da conta» pelo intermediário financeiro. Entre nós, o elemento de controlo da conta não corresponde a uma exigência legal de todos os casos de intermediação excessiva, podendo existir infracção mesmo nos casos em que não existe controlo da conta (concretamente, no tipo de ilícito que assenta no acto de incitamento e no caso da concessão de crédito para aquisição de valores mobiliários). O controlo da conta entre nós serve apenas para reconduzir os factos a uma das modalidades de intermediação excessiva. Tal exigência acaba assim por ter essencialmente uma função negativa de exclusão da tipicidade da infracção: quando as operações corresponderem de forma inequívoca a uma vontade plenamente livre e esclarecida do cliente no plano negocial, pode estar indiciada a inexistência de um excesso ilícito do intermediário, pois o risco das operações será nesse caso plenamente assumido pelo investidor.

A ideia de «controlo da conta», usada para caracterizar esta prática no sistema norte-americano, adquire entre nós mais relevância no plano da identificação do domínio negocial sobre as operações realizadas para efeito de selecção de eventuais tipos incriminadores aplicáveis. O domínio relevante deste ponto de vista tem de se identificar a partir e no âmbito da relação entre o cliente e o profissional de mercado, reportando-se ao domínio da informação necessária para a identificação e gestão do risco negocial das operações. A «astúcia» do agente que dá origem, para efeitos da burla, ao erro ou engano do cliente, no caso da intermediação excessiva resultará, no mínimo, da consciência do risco negocial das operações que o intermediário pode ter e o cliente não terá (ou não terá com o mesmo horizonte e profundidade) e que corresponde a uma vantagem informativa inerente ao estatuto de profissional do mercado que gere o património do cliente ou o aconselha no sentido de realizar as melhores decisões de investimento.

As vantagens informativas do intermediário financeiro sobre o cliente dependem da configuração do caso concreto, como, por exemplo, do perfil de risco e dos conhecimentos do cliente, dos seus objectivos de investimento, da simplicidade ou complexidade dos produtos a negociar e do conhecimento dos demais factores do mercado que possam interferir com a adequada gestão do risco do investimento[37]. Particularmente relevantes neste caso podem ser as expectativas tendenciosas, irrealistas ou não fundamentadas sobre a evolução dos negócios em causa, com que o agente pode iludir o cliente ao ponto de não lhe permitir uma adequada gestão do risco das operações com adesão à realidade.

A «astúcia» criminalmente exigida para a burla (determinada a partir da vantagem informativa que o profissional do mercado tem sobre o investidor concreto, que permite ao primeiro obter as vantagens da negociação feita pelo cliente, ficando este com o risco das operações sem ter exacta consciência do mesmo) pode assumir formas mais ou menos graves. Mas em regra assentará numa adequação dos meios e da informação à prevalência dos objectivos do agente sobre os interesses do cliente, o que pode ir de uma simples regra de «economia de esforço» (por exemplo, uma simples ilusão de lucro, não acompanhada da informação sobre os riscos de insucesso da operação, ou uma pressão criada pela eventual perda de uma significativa oportunidade de investimento), até esforços de persuasão mais elaborados do ponto de vista comunicacional (por exemplo, com reuniões de apresentação dos produtos através de especialistas credíveis, através da sugestão velada de que o agente possui informação que o resto do mercado não conhece ou da oferta de vantagens pelo cruzamento de produtos em que o interesse de alguns oculta o risco de outros). É esta assimetria entre o profissional do mercado e o seu cliente que pode conferir ao primeiro o «domínio do erro» em que o segundo incorre ou se encontra, para efeito de subsunção dos factos ao tipo incriminador da burla[38]. Os deveres le-

---

[37] Coincidente quanto ao recurso a critérios desta natureza para se reconhecer um controlo de facto do intermediário financeiro, LOSS / SELIGMAN, *Securities Regulation* (cit. nt. 5), p. 3927. Tais critérios podem também assumir uma função negativa: por exemplo, HAZEN, *The Law of Securities Regulation* (cit. nt. 6), p. 519, usa a congruência das operações com o histórico da conta para excluir a possível existência de *churning*.

[38] Sobre o conteúdo e significado destes conceitos para a compreensão do crime de burla, veja-se, por todos, de forma profunda e esclarecedora, ANTÓNIO ALMEIDA COSTA, *Comentário Conimbricense II* (cit. nt. 18), p. 295 e ss. (§ 15.º e ss. em anotação ao artigo 217.º do Código Penal).

gais e contratuais do intermediário financeiro para com o cliente permitem igualmente atribuir relevância às condutas omissivas do agente, inclusivamente em situações duradouras[39]. Finalmente, o montante dos prejuízos sofridos e as especiais características da vítima autorizam que se apliquem, sem grande dificuldade, as qualificações da burla previstas no artigo 218.º do Código Penal, com as consequentes agravações das penas principais.

3. As situações em que o intermediário financeiro realiza uma gestão discricionária da conta do cliente, sem intervenção regular deste, permitem aplicar o crime de infidelidade previsto no artigo 224.º do Código Penal[40]. Esta incriminação pressupõe exactamente uma *administração autónoma* de interesses de terceiros, colocados por lei ou acto jurídico a cargo do agente[41]. O facto de o ilícito de infidelidade poder ser cometido quer por acção, quer por omissão, adquire uma especial relevância nas situações duradouras em que a omissão do investimento ou do desivestimento podem corresponder a uma forma de prática do crime.

Já as limitações do tipo incriminador quando à configuração do tipo subjectivo (admite-se o dolo directo, diverge-se quanto ao dolo necessário e exclui-se o dolo eventual)[42] podem revelar-se por vezes inadequadas a alguns casos de instrumentalização das contas dos clientes aos objectivos do intermediário financeiro, com atribuição àquelas dos riscos e prejuízos que resultem das operações e a este das vantagens patrimoniais das operações isentas de risco. O problema só pode ser ultrapassado com o entendimento de que em tais casos, se estiver comprovado que as operações rea-

---

[39] Sobre a burla por omissão, veja-se ANTÓNIO ALMEIDA COSTA, *Comentário Conimbricense II* (cit. nt. 18), p. 307 e ss. (§ 21.º em anotação ao artigo 217.º do Código Penal).

[40] Assim, expressamente, também JOSÉ ANTÓNIO VELOSO, *Churning* (cit. nt. 3), p. 419, que, no entanto, admite a aplicabilidade marginal da incriminação também à intervenção do agente em contas não discricionárias.

[41] Assim, AMÉRICO TAIPA DE CARVALHO, *Comentário Conimbricense II* (cit. nt. 18), p. 364 e ss. (§ 6.º e ss. em anotação ao artigo 224.º do Código Penal). Coincidente, JOSÉ ANTÓNIO VELOSO, *Churning* (cit. nt. 3), p. 419.

[42] Veja-se AMÉRICO TAIPA DE CARVALHO, *Comentário Conimbricense II* (cit. nt. 18), pp. 367-369 (§§ 13.º a 15.º em anotação ao artigo 224.º do Código Penal), que admite, com razão, a comissão do crime com dolo directo e dolo necessário. Mais restritivo, PAULO PINTO DE ALBUQUERQUE, *Comentário do Código Penal*, Lisboa, 2008, p. 619 (anotação 9, ao artigo 224.º), que restringe o âmbito do tipo ao dolo directo, o que acaba por criar injustificadas lacunas de punibilidade.

lizadas tinham «como fim principal a cobrança de comissões ou outro objectivo estranho aos interesses dos clientes» (artigo 310.º, n.º 1, do CódVM), estará evidenciada a existência de dolo directo de infidelidade ou, pelo menos, de dolo necessário[43].

Ao contrário da burla, o crime de infidelidade não comporta agravações da pena, nem assume outra natureza processual que não seja a de crime semipúblico. Uma assimetria difícil de aceitar[44] perante as opções que subjazem quer à burla quer ao abuso de confiança e que reclama uma intervenção legislativa que contemple formas qualificadas de infidelidade patrimonial.

4. Algumas formas de negociação em instrumentos financeiros podem estar associadas não só a casos de intermediação excessiva como também à violação de regras de idoneidade e transparência, profissionalmente vinculativas para o agente (artigo 311.º do CódVM)[45], como também ao crime de manipulação de mercado (art. 379.º do CódVM). A título de exemplo, operações sucessivas de compra e venda de títulos usando a mesma carteira (*in and out trading*), rotação intensiva de títulos por várias carteiras controladas pela mesma pessoa ou por pessoas diferentes concertadas entre si por incitamento do intermediário (*circular trading*), venda de um activo seguido da sua compra para a mesma carteira (*reversal trading*) ou compras e vendas de clientes diferentes concertadas entre si através de recomendações opostas dadas pelo mesmo intermediário financeiro com desconhecimento dos clientes (*cross trading* ou *switching*) criam fluxos negociais com alguma artificialidade perante a lógica subjacente ao mercado, pois as transacções (tal como a liquidez e o preço que delas resultam) são sustentadas não por uma oferta e procura real dos investido-

---

[43] Coincidente, LIPTON, *Broker-Dealer Regulation* (cit. nt. 6), § 5.04 (3): *excessive trading itself connotes intentionality*, invocando jurisprudência neste sentido.

[44] JOSÉ ANTÓNIO VELOSO, *Churning* (cit. nt. 3), p. 422, refere-se à «excessiva disparidade entre as penas dos dois crimes», em especial quando o prejuízo atinja um valor consideravelmente elevado.

[45] Sobre esta infracção, veja-se FREDERICO DE LACERDA DA COSTA PINTO, *O novo regime dos crimes e contra-ordenações* (cit. nt. 10), p. 96; ALEXANDRE BRANDÃO DA VEIGA, *Crime de manipulação* (cit. nt. 6), p. 169 e ss.; MARTA CRUZ ALMEIDA, «O dever de defesa do mercado», IVM (org.), *Direito dos Valores Mobiliários,* vol. IV, Coimbra, 2003, p. 385 e ss.; e, em comentário a uma decisão judicial onde se apreciou um caso de *matched orders* com objectivos fiscais, FILIPE MATIAS SANTOS, «Defesa do Mercado», *Cadernos do Mercado de Valores Mobiliários*, p. 181 e ss.

res, mas sim por uma vontade autónoma que controla as operações e instrumentaliza o mercado aos seus propósitos ilícitos. Ou seja, trata-se nesse sentido de «operações de natureza fictícia» e, em alguns casos, «práticas fraudulentas», com aptidão para alterar o regular funcionamento do mercado (art. 379.º, n.º 1, do CódVM)[46].

---

[46] Ilustrativo, LIPTON, *Broker-Dealer Regulation* (cit. nt. 6), § 5.04 (3) (b) e, entre nós, JOSÉ ANTÓNIO VELOSO, *Churning* (cit. nt. 3), p. 381 e ss. Associando algumas destas práticas à manipulação, ALEXANDRE BRANDÃO DA VEIGA, *Crime de manipulação* (cit. nt. 6), p. 93 e ss.; FREDERICO DE LACERDA DA COSTA PINTO, *O novo regime dos crimes e contra-ordenações* (cit. nt. 10), p. 89; FABRIZIO / TROVATORE, *in* BEDOGNI (org.), *Il Testo Unico della Intermediazione Finanziaria*, Milano, 1998, p. 1001 e ss. Elementos para a compreensão da origem dos conceitos legais à luz das directivas do abuso de mercado, em especial a artificialidade das práticas negociais e o seu potencial enganatório, encontram-se em HELENA BOLINA, «Manipulação do mercado e do abuso de informação privilegiada na nova directiva sobre abuso de mercado (2003/6/CE)», *Cadernos do Mercado de Valores Mobiliários* 18 (2004), p. 69. Com interesse ainda, quer como indício de violação da defesa do mercado (art. 311.º do CódVM), quer como possível indício de manipulação, o elenco de práticas manipuladoras constante da tipologia do CESR, e divulgado entre nós no estudo da CMVM, *Iniciativas da CMVM sobre abuso de mercado*, Lisboa, 2008, p. 44 e ss. (disponível em *www.cmvm.pt*).

OBRIGAÇÕES SOBRE O SECTOR PÚBLICO – ALGUNS PROBLEMAS

FLORBELA DE ALMEIDA PIRES e FILIPE SANTOS BARATA[*]

SUMÁRIO: **1.** *Introdução* **2.** *Noção* **3.** *Entidades emitentes* **4.** *Créditos elegíveis* **4.1.** *Aspectos gerais* **4.2.** *Créditos sobre administrações centrais* **4.2.1.** *Noção de administração central* **4.2.2.** *Administração estadual directa* **4.2.3.** *Administração estadual indirecta: institutos públicos* **4.2.4.** *Administração estadual indirecta: empresas públicas* **4.2.5.** *Órgãos e entidades administrativas independentes* **4.2.6.** *Associações públicas* **4.2.7.** *Entidades regionais de turismo* **4.3.** *Créditos sobre autoridades regionais* **4.3.1.** *Noção de autoridade regional* **4.3.2.** *Regiões autónomas dos Açores e da Madeira* **4.3.3.** *Institutos públicos regionais* **4.3.4.** *Sector empresarial regional* **4.3.5.** *Outras entidades de âmbito regional* **4.4.** *Créditos sobre autoridades locais* **4.4.1.** *Noção de autoridade local* **4.4.2.** *Municípios* **4.4.3.** *Freguesias* **4.4.4.** *Sector empresarial local* **4.5.** *Créditos com garantia expressa e juridicamente vinculativa de administrações centrais, autoridades regionais ou autoridades locais* **4.5.1.** *Noção de garantia expressa e juridicamente vinculativa* **4.5.2.** *Garantias negociais* **4.5.3.** *Garantias legais: Áreas metropolitanas, associações de municípios e associações de freguesias* **4.5.4.** *Garantias legais: Sector empresarial metropolitano e intermunicipal* **4.5.5.** *Garantias legais:* PARPÚBLICA *– Participações Públicas, SGPS, S. A.* **5.** *Procedimento de emissão* **6.** *Garantia dos credores obrigacionistas* **6.1.** *Afectação e segregação patrimonial* **6.1.1.** *Aspectos gerais* **6.1.2.** *Património autónomo* **6.2.** *Privilégio creditório* **6.2.1.** *Noção* **6.2.2.** *Beneficiários* **6.3.** *Auditor independente* **6.3.1.** *Aspectos gerais* **6.3.2.** *Funções do auditor independente* **6.3.3.** *Relação entre*

---

[*] Mestres em Direito pela Faculdade de Direito da Universidade de Lisboa. Advogados associados da Cuatrecasas, Gonçalves Pereira & Associados, RL.

Vide no final do artigo Abreviaturas utilizadas.

auditor independente, entidade emitente, Banco de Portugal e credores obrigacionistas **6.4.** *Representante comum e assembleia de obrigacionistas* **6.5.** *Dissolução e liquidação da entidade emitente* **6.5.1.** *Princípio da continuidade da emissão* **6.5.2.** *Vencimento antecipado por deliberação dos obrigacionistas*

1. Introdução

As Obrigações Sobre o Sector Público eram um instrumento financeiro desconhecido no direito nacional até à entrada em vigor do DL n.º 59/2006. Apenas as obrigações hipotecárias encontravam um regime especial no Decreto-Lei n.º 125/90, de 16 de Abril[1]. O DL n.º 59/2006 passou a permitir um novo tipo de obrigação dotada de garantias especiais, ou seja, um «*instrumento financeiro que tenha por subjacente, em alternativa aos créditos hipotecários, créditos sobre, ou com garantia de, administrações centrais ou autoridades regionais e locais de um dos Estados-Membros da União Europeia*»[2]. Por outras palavras, um instrumento financeiro *garantido* por (i) créditos sobre administrações centrais ou autoridades regionais e locais de um dos Estados-Membros da União Europeia ou por (ii) créditos com garantia expressa e juridicamente vinculativa das mesmas entidades[3].

Até à presente data, duas instituições bancárias nacionais já se socorreram desta figura como forma de financiamento da sua actividade[4].

Instrumentos semelhantes às Obrigações Sobre o Sector Público encontram-se na Alemanha (*Öffentliche Pfandbriefe*[5]) e na Irlanda (*Public*

---

[1] Alterado pelos Decreto-Lei n.º 17/95, de 27 de Janeiro, e Decreto-Lei n.º 52/2006, de 15 de Março. Sem prejuízo desta consagração legal, as Obrigações Hipotecárias não beneficiaram de uma aceitação generalizada por parte dos agentes do mercado bancário nacional. Apenas com a entrada em vigor do DL n.º 59/2006 assistimos no mercado nacional a um fenómeno de revitalização deste valor mobiliário.

[2] Preâmbulo do DL n.º 59/2006.

[3] N.º 2 do artigo 32.º do DL n.º 59/2006.

[4] O Banco BPI, S. A. que, em Junho de 2008, aprovou um programa de emissão de Obrigações Sobre o Sector Público, no valor de € 2.000.000.000,00 e a Caixa Geral de Depósitos, S. A. que lançou, em Fevereiro de 2009, um programa de emissão de Obrigações Sobre o Sector Público de até € 5.000.000.000,00.

[5] § 20.º, *Unterabschnitt* (Subsecção) 2, *Pfandbriefgesetz*, de Setembro 2009.

Credit Covered Securities[6]), tendo sido ordenamentos inspiradores do legislador nacional nesta matéria.

No direito alemão, de acordo com o § 1, 1.ª frase, da *PfandBG*, a emissão de obrigações (*Pfandbriefgeschäft*) abrange, por um lado, as obrigações garantidas por créditos hipotecários (*Pfandbriefe* ou *Hypothekenpfandbriefe*), à semelhança do que sucede com o regime nacional das obrigações hipotecárias, e as obrigações garantidas por créditos sobre entidades do sector público (*Kommunalschuldverschreibungen, Kommunalobligationen* ou *Öffentlicher Pfandbrief*). No direito irlandês, as «*Designated Public Credit Institutions*» encontram-se habilitadas a emitir as *Public Credit Covered Securities*[7].

À semelhança das obrigações hipotecárias, também não existe a nível comunitário uma definição de Obrigações Sobre o Sector Público. No entanto, os traços característicos deste instrumento financeiro poderão facilmente ser identificados no n.º 4 do artigo 22.º da Directiva OICVM. A Directiva n.º 88/220/CEE, do Conselho, de 22 de Março de 1998, uma das que alterou a Directiva OICVM, foi a responsável pela introdução do referido n.º 4 no artigo 22.º da Directiva OICVM, o qual consagrou uma «definição» aproximada de Obrigações Sobre o Sector Público, na medida em que os requisitos aí vertidos sejam cumpridos. Assim, as bases para o modelo legal de Obrigações Sobre o Sector Público são as consagradas neste artigo. Note-se que a Directiva OICVM não foi pensada para regular as Obrigações Sobre o Sector Público (nem tão-pouco as obrigações hipotecárias) antes tendo por objectivo regular os OICVM na União Europeia e definir os montantes das respectivas participações patrimoniais.

Do ponto de vista dos investidores sujeitos à supervisão do Banco de Portugal e no que respeita ao índice de ponderação de risco associado ao investimento neste tipo de instrumento, a aquisição de Obrigações Sobre o Sector Público que revistam as características elencadas no referido n.º 4 do artigo 22.º da Directiva OICVM, permitirá a aplicação de uma ponderação de risco de 10%[8].

---

[6] *Asset Covered Securities Bill, 2001*, alterado pelo *Asset Covered Securities (Ammendment) Act 2007*.

[7] Artigo 41 do Capítulo 2 (*Issue of asset covered securities by designated public credit institutions*) do *Asset Covered Securities Bill, 2001*.

[8] Em vez dos habituais 20% associados ao investimento noutros instrumentos financeiros. Nos termos do Aviso n.º 7/2006 do Banco de Portugal será aplicado um coeficiente de ponderação de 10% aos elementos do activo representados por obrigações hipotecárias

De forma sintética, no âmbito da Directiva OICVM, os elementos caracterizadores deste instrumento financeiro podem ser sintetizados segundo as seguintes directrizes:

1. Obrigações emitidas por uma instituição bancária europeia (*obrigações que sejam emitidas por uma instituição de crédito que tenha a sua sede social num Estado-Membro*[9]);
2. Em caso de incumprimento pela entidade emitente, nomeadamente nas situações de liquidação, os titulares das Obrigações Sobre o Sector Público gozam de prioridade nos pagamentos que lhes são devidos (*activos que [...], no caso de falência do emitente, serão utilizados prioritariamente para reembolsar o capital e pagar os juros vencidos*[10]);
3. Os fundos obtidos com a emissão de Obrigações Sobre o Sector Público apenas poderão ser investidos em activos elegíveis, a definir por lei (*os valores resultantes da emissão dessas obrigações devem ser investidos em conformidade com a legislação aplicável aos activos*[11]);
4. As pretensões dos titulares de Obrigações Sobre o Sector Público devem estar garantidas por activos elegíveis (*activos que, durante todo o período de validade das obrigações, possam cobrir direitos relacionados com as obrigações*[12]);

---

ou *obrigações sobre o sector público* emitidas nos termos do Decreto-Lei n.º 59/2006, ou por outras obrigações que cumpram os critérios definidos no n.º 4 do artigo 22.º da Directiva OICVM.

[9] N.º 4 do artigo 22.º da Directiva OICVM.
[10] *Ibidem*.
[11] *Ibidem*. Esta regra terá sido pensada para os casos em que as Obrigações Sobre o Sector Público são emitidas por entidades especializadas. As Obrigações Sobre o Sector Público surgem como um instrumento de refinanciamento da actividade geral desenvolvida pela entidade emitente, não existindo no DL n.º 59/2006 um princípio de especial destinação dos fundos resultantes da emissão que imponha a respectiva aplicação exclusivamente na concessão de novos créditos sobre administrações centrais ou autoridades regionais e locais, como decorreria do n.º 4 do artigo 22.º da Directiva OICVM. Não obstante, entende-se por verificado o referido requisito na medida em que, indirecta e reflexamente, as condições da concessão de crédito a administrações centrais ou autoridades regionais e locais sempre sairão beneficiadas com a emissão de Obrigações Sobre o Sector Público enquanto instrumento privilegiado de financiamento das entidades emitentes.
[12] *Ibidem*.

5. A emissão de Obrigações Sobre o Sector Público encontra-se sujeita a supervisão pública especial (*uma instituição de crédito que tenha a sua sede social num Estado-Membro e que esteja sujeita por lei a uma fiscalização pública especial destinada a proteger os detentores de obrigações*[13]).

Acresce que a Directiva n.º 2006/48/CE, do Parlamento Europeu e do Conselho, de 14 de Junho de 2006, relativa ao acesso à actividade das instituições de crédito e ao seu exercício[14], quanto às posições em risco sob a forma de obrigações, prevê, no parágrafo 68 do Anexo VI, alínea *a*) (Parte I), que por «obrigações cobertas» devem entender-se, *inter alia*, as obrigações definidas no n.º 4 do artigo 22.º da Directiva OICVM, cuja cobertura seja constituída por posições em risco sobre, ou garantidas por, administrações centrais, bancos centrais, entidades do sector público, administrações regionais e autoridades locais da União Europeia[15].

O parágrafo 68 do Anexo VI da Directiva n.º 2006/48/CE elenca, assim, o conjunto de activos que poderão ser afectos ao cumprimento das Obrigações Sobre o Sector Público, sendo que a legislação interna especial dos Estados-Membros deverá prever estes tipos de activos como activos elegíveis para efeitos de emissão. O DL n.º 59/2006 não foi excepção, devendo as respectivas emissões de Obrigações Sobre o Sector Público, ao abrigo da legislação nacional, dar cumprimento às disposições comunitárias relevantes.

As Obrigações Sobre o Sector Público, atendendo a uma estrutura legal específica e à garantia da qualidade dos créditos elegíveis que lhes estão afectos, são um instrumento financeiro de fácil implementação no

---

[13] *Ibidem*.

[14] Publicada no *JO*, n.º L 177, de 30 de Junho de 2006. Esta directiva revogou a Directiva 2000/12/CE, do Parlamento Europeu e do Conselho, de 20 de Março de 2000, relativa ao acesso à actividade das instituições de crédito e ao seu exercício (alterada pela Directiva 2000/28/CE, do Parlamento Europeu e do Conselho, de 18 de Setembro de 2000, e pela Directiva 2002/87/CE, do Parlamento Europeu e do Conselho, de 16 de Dezembro de 2002, relativa à supervisão complementar de instituições de crédito, empresas de seguros e empresas de investimento de um conglomerado financeiro).

[15] A alínea *b*) prevê igualmente que a cobertura possa ser constituída por posições em risco sobre, ou garantidas por, administrações centrais e bancos centrais fora da União Europeia, bancos de desenvolvimento multilaterais, organizações internacionais às quais seja atribuído o grau 1 da qualidade do crédito.

mercado bancário. Além disso, estão, na maioria dos casos, associadas elevadas notações de risco, sendo remoto o incumprimento pela entidade emitente e valiosa a garantia associada. Ao contrário das operações de titularização, as Obrigações Sobre o Sector Público são obrigações que permanecem no balanço (*on balance sheet*) da entidade emitente, sendo, assim, uma responsabilidade assumidamente sua.

2. Noção

As Obrigações Sobre o Sector Público são valores mobiliários representativos de dívida do emitente e, nesta medida, identificam-se com o tipo «Obrigação» descrito no artigo 348.º e desenvolvido ao longo do Capítulo IV do Título IV do CSC. Porém, estão sujeitas ao regime especial previsto no DL n.º 59/2006, decalcado sobre o regime das obrigações hipotecárias, com expressa exclusão da aplicação daquele capítulo do CSC, excepto no tocante aos artigos 355.º a 359.º[16].

De acordo com o DL n.º 59/2006, as Obrigações Sobre o Sector Público caracterizam-se por serem garantidas por *créditos sobre administrações centrais ou autoridades regionais e locais de um dos Estados-Membros da União Europeia e créditos com garantia expressa e juridicamente vinculativa das mesmas entidades*. Não se trata assim de obrigações emitidas por entidades do sector público[17], mas de obrigações que beneficiam de uma garantia especial, sendo esta um privilégio creditório (especial) sobre os créditos que o emitente detém sobre as referidas entidades do sector público (administrações centrais ou autoridades regionais ou locais de Estados-Membros da União Europeia) ou créditos que beneficiem, eles próprios, de garantia emitida por estas entidades, nos termos exigidos pelo n.º 2 do artigo 32.º do DL n.º 59/2006.

Além dos créditos elegíveis para garantia das Obrigações Sobre o Sector Público, a título complementar as Obrigações Sobre o Sector Público também podem ser garantidas pelos activos descritos no artigo 17.º

---

[16] Alínea *a*) do n.º 2 do artigo 10.º, artigo 14.º e n.º 1 do artigo 32.º do DL n.º 59//2006.

[17] Também a designação Obrigações Hipotecárias poderia induzir noutro sentido, uma vez que se trata de valores mobiliários garantidos não por hipoteca sobre imóvel, mas por créditos garantidos por hipoteca, ou seja, créditos hipotecários.

do DL n.° 59/2006, desde que tais activos não excedam 20% do valor total dos créditos sobre o sector público[18].

Ademais, identificam-se no DL n.° 59/2006 outros aspectos distintivos das Obrigações Sobre o Sector Público: não podem ser emitidas com prazo de reembolso inferior a 2 anos nem superior a 50 anos[19], não estão sujeitas a registo comercial independentemente de serem admitidas à negociação em mercado regulamentado[20], apenas podem ser emitidas por entidades sujeitas à supervisão do Banco de Portugal, nos termos que a seguir se desenvolvem, e o cumprimento dos requisitos legais e regulamentares aplicáveis é verificado por um auditor independente[21]. A designação «Obrigações Sobre o Sector Público» é reservada às obrigações reguladas pelo DL n.° 59/2006[22].

3. Entidades emitentes

O capítulo VI do DL n.° 59/2006, dedicado às Obrigações Sobre o Sector Público, não estabelece requisitos especiais sobre a natureza ou os fundos próprios das entidades emitentes destas obrigações. Nesta matéria, vale a remissão geral operada pelo n.° 1 do artigo 32.°, segundo a qual o regime das obrigações hipotecárias é aplicável, com as necessárias adaptações, às Obrigações Sobre o Sector Público.

Ora, no tocante às obrigações hipotecárias, o artigo 2.° do DL n.° 59//2006 dispõe que apenas podem emiti-las *as instituições de crédito legalmente autorizadas a conceder créditos garantidos por hipoteca que disponham de fundos próprios não inferiores a € 7 500 000*. Por sua vez, o artigo 6.° do mesmo diploma criou um novo tipo de instituição de crédito. Trata-se das instituições de crédito hipotecário cujo objecto é a *concessão,*

---

[18] Os créditos a que se refere o artigo 17.° do DL n.° 59/2006 são (*a*) depósitos, no Banco de Portugal, de moeda ou títulos elegíveis no âmbito das operações de crédito do Eurosistema, (*b*) depósitos à ordem ou a prazo constituídos junto de instituições de crédito com notação de risco igual ou superior a «A-» ou equivalente», (*c*) outros activos que preencham simultaneamente requisitos de baixo risco e elevada liquidez, a definir por aviso do Banco de Portugal.
[19] Artigo 12.° do DL n.° 59/2006.
[20] Alínea *b*) do n.° 2 do artigo 10.° do DL n.° 59/2006.
[21] Artigo 34.° do DL n.° 59/2006.
[22] N.° 3 do artigo 1.° do DL n.° 59/2006.

aquisição e alienação de créditos garantidos por hipoteca sobre bens imóveis a fim de emitir obrigações hipotecárias. Estas instituições podem também *conceder, adquirir e alienar créditos sobre administrações centrais ou autoridades regionais e locais de um dos Estados-Membros da União Europeia e créditos com garantia expressa e juridicamente vinculativa das mesmas entidades, tendo em vista a emissão de obrigações sobre o sector público*[23].

No tocante às Obrigações Sobre o Sector Público é de concluir que a sua emissão está, em primeiro lugar, reservada a instituições de crédito autorizadas a conceder crédito às entidades do sector público ou a quaisquer outras entidades, desde que os créditos concedidos beneficiem de garantia *expressa e juridicamente vinculativa* de *administrações centrais* ou *autoridades regionais e locais,* e, em segundo lugar, que disponham de fundos próprios não inferiores a € 7 500 000. Além destas, podem emitir Obrigações Sobre o Sector Público as instituições de crédito hipotecário.

As Obrigações Sobre o Sector Público não podem ser emitidas por sociedades anónimas comuns, por sociedades financeiras e por instituições de crédito que não estejam autorizadas a conceder créditos ou créditos que possam considerar-se relevantes para efeitos do DL n.º 59/2006. Nestas circunstâncias estarão as sociedades de garantia mútua e as instituições de moeda electrónica. Quanto às demais instituições de crédito, deverá verificar-se se, não obstante as limitações a que algumas estão sujeitas quanto aos destinatários dos créditos ou até à finalidade dos mesmos, não haverá casos em que tais créditos possam ser elegíveis em virtude da natureza pública do devedor ou do respectivo garante do crédito. Os bancos, a Caixa Central de Crédito Agrícola Mútuo e as instituições financeiras de crédito, por exemplo, terão em carteira, com maior probabilidade, créditos elegíveis para emissão de Obrigações Sobre o Sector Público.

---

[23] N.º 2 do artigo 6.º do DL n.º 59/2006. O DL n.º 59/2006 veio, assim, dezasseis anos volvidos após a entrada em vigor do primeiro regime legal das obrigações hipotecárias, criar as Instituições de Crédito Hipotecário. Estas apresentam uma estreita ligação histórica com as obrigações hipotecárias, na medida em que à concessão de crédito hipotecário estava associada a técnica da emissão de obrigações hipotecárias como forma de refinanciamento.

4. Créditos Elegíveis

4.1. Aspectos Gerais

Um dos aspectos nucleares do regime das Obrigações Sobre o Sector Público respeita à identificação dos chamados «créditos elegíveis». É em torno desta identificação que surgem algumas das mais complexas questões do regime das Obrigações Sobre o Sector Público. O n.º 2 do artigo 32.º do DL n.º 59/2006 refere-se apenas a créditos sobre *administrações centrais ou autoridades regionais e locais de um dos Estados-Membros da União Europeia*. A mesma formulação consta igualmente do preâmbulo do DL n.º 59/2006 e também do n.º 2 do artigo 6.º na parte referente à actividade das instituições de crédito hipotecário.

Relativamente a cada um destes segmentos, isto é *administrações centrais, autoridades regionais e locais*, caberá ao direito de cada Estado--Membro identificar que entidades se devem considerar incluídas, ponderando-se, de um lado, os objectivos prosseguidos pelo regime das Obrigações Sobre o Sector Público e, do outro, os aspectos do regime daquelas entidades que permitem considerar que os créditos sobre as mesmas se enquadram nos objectivos da criação das Obrigações Sobre o Sector Público.

Quanto ao primeiro elemento desta ponderação, dir-se-á que não é indiferente a junção, no mesmo diploma, das Obrigações Sobre o Sector Público e das obrigações hipotecárias. Trata-se, em ambos os casos, de obrigações que beneficiam de uma garantia especial: um privilégio creditório especial sobre um património autónomo constituído por créditos. No caso das obrigações hipotecárias, os créditos são, por sua vez, garantidos por hipotecas; no caso das Obrigações Sobre o Sector Público, os créditos são devidos ou garantidos por certas entidades do sector público. Em último grau, as obrigações emitidas ao abrigo do DL n.º 59/2006, alicerçam-se indirectamente seja sobre um activo tido por pouco volátil (os bens imóveis que garantem os créditos dados em garantia nas hipotecárias), seja sobre um activo considerado seguro (a natureza dos devedores ou dos garantes dos créditos no caso das Obrigações Sobre o Sector Público). O regime do DL n.º 59/2006 desenvolve-se justamente em torno da garantia da segregação patrimonial e da supervisão prudencial da carteira de créditos afecta, no que é complementado pelos Avisos do Banco de Portugal n.ºs 5/2006[24], 6/2006, 7/2006 e 8/2006 e pela Instrução n.º 13/2006.

---

[24] Este aplicável apenas às obrigações hipotecárias.

Particularizando agora o caso das Obrigações Sobre o Sector Público, sabendo-se de antemão que no sector público podem ser encontradas entidades de diversa origem e natureza e até que a inclusão de tais entidades no sector público variará consoante o critério adoptado[25], é mister identificar que características ou aspectos do regime dessas entidades devem relevar. Do que já se disse, e sem prejuízo do necessário aprofundamento quanto às entidades que, de acordo com o direito português, devem incluir-se nas noções de *administração central, autoridades regionais e locais,* conclui-se que tais entidades serão as que, prosseguindo os fins próprios da *administração central, regional ou local* e assumindo a forma de pessoa colectiva pública, não deverão, relativamente aos seus credores, encontrar-se em situação equivalente à das entidades do sector privado.

Independentemente dos mecanismos jurídicos concretamente resultantes do seu regime, os credores destas entidades deverão beneficiar de prerrogativas especiais resultantes da natureza do devedor ou, pelo contrário, não beneficiar dos mecanismos de defesa dos seus créditos habitualmente atribuídos aos credores, como por exemplo a possibilidade de liquidação universal dos bens do devedor, justamente em virtude da natureza pública do devedor.

Quanto a este último ponto, ainda assim, naturalmente, o regime das Obrigações Sobre o Sector Público tem por assente que o risco corrido pelos credores do sector público é abstractamente menor do que o risco dos créditos sobre devedores do sector privado e, por isso mesmo, restringiu o âmbito de tais créditos às *administrações* e *autoridades* dos Estados-Membros da União Europeia. Em suma, presume-se que estas *administrações* e *autoridades* são, em virtude da sua natureza, boas pagadoras.

Uma última nota de natureza geral para referir que, não obstante a letra do n.º 2 do artigo 32.º do DL n.º 59/2006 se referir a créditos sobre administrações centrais ou autoridades regionais e locais de *um dos Estados-Membros da União Europeia,* nada obsta a que, para efeitos da mesma emissão ou de um mesmo programa de Obrigações Sobre o Sector Público, o património afecto para garantia das obrigações seja composto por créditos sobre entidades públicas de mais do que um dos Estados-Membros da União Europeia ou que tal património reúna créditos sobre entida-

---

[25] Pense-se, por exemplo, nas empresas participadas pelo Estado ou quaisquer outras entidades públicas estaduais nos termos previstos no artigo 2.º do Decreto-Lei n.º 558/ /99, de 17 de Dezembro, as quais, não sendo empresas públicas, são incluídas no Sector Empresarial do Estado.

des de diferente natureza, isto é, sobre entidades da administração central e autoridades regionais e locais.

4.2. Créditos sobre Administrações Centrais

4.2.1. *Noção de Administração Central*

O primeiro grupo de créditos elegíveis para garantia das Obrigações Sobre o Sector Público é sobre *administrações centrais* dos Estados-Membros da União Europeia. As administrações centrais são contrapostas às *autoridades regionais* e *locais* no n.º 2 do artigo 32.º do DL n.º 59/2006.

No direito português, não existe uma definição geral de *administração central*, embora a noção de entidade, órgão ou serviço central apareça incidentalmente na lei, expressa ou implicitamente, sendo possível à doutrina construir, com alguma segurança, uma definição de administração central. O critério é territorial: a administração central é aquela que incide sobre todo o território nacional contrapondo-se à administração periférica, a qual designa os órgãos e serviços locais[26] e os órgãos e serviços com competência no estrangeiro[27]. A administração periférica é o «conjunto de órgãos e serviços de pessoas colectivas que dispõem de competência limitada a uma área territorial restrita e funcionam sob a direcção dos correspondentes órgãos centrais»[28].

Esta mesma classificação é aplicável ao Estado e a outras pessoas colectivas públicas como, por exemplo, os institutos públicos, as empresas públicas ou as associações públicas. Todos dispõem, ou podem dispor, de órgãos e serviços de âmbito nacional e de órgãos e serviços periféricos.

Assim, no que respeita ao Estado, fazem parte da administração central, por exemplo, o Governo e os vários ministérios, e da administração periférica, por exemplo, as repartições de finanças (administração local do Estado) e as embaixadas (administração no estrangeiro).

Paralelamente, a organização administrativa portuguesa, tal como configurada na Constituição, comporta a administração do Estado (directa e indirecta), as Regiões Autónomas e as autarquias locais.

---

[26] Os quais não se confundem com a administração das Regiões Autónomas ou com a administração autárquica.

[27] AMARAL, DIOGO FREITAS DO, *Curso de Direito Administrativo*, vol. I, Almedina, 2006, pp. 226, 311-313.

[28] *Ibidem*, p. 313.

Tomando como ponto de partida que, para efeitos das Obrigações Sobre o Sector Público, no direito português, as *autoridades regionais* e *locais* serão as Regiões Autónomas e as autarquias locais, afigura-se desadequada a contraposição entre, por um lado, a *administração central* e, por outro, as referidas autoridades regionais e locais.

Com efeito, a interpretarmos o n.º 2 do artigo 32.º do DL n.º 59/2006 no sentido de que *administração central* corresponde ao que acima se expôs, consideraríamos elegíveis todos os créditos contraídos por órgãos e serviços centrais da administração directa do Estado e como não elegíveis os créditos contraídos por órgãos e serviços periféricos do Estado, quando é certo que, em ambos os casos, o devedor é o mesmo, isto é, o Estado.

Pelo contrário, seria de considerar em igualdade de circunstâncias os créditos contraídos por todos os órgãos centrais, incluindo dos institutos públicos, das empresas públicas e até de certas associações públicas, o que não parece admissível por se encontrarem diferenças assinaláveis de regime entre estas entidades e o Estado e mesmo nestas entidades entre si, designadamente no que respeita ao papel assumido pelo Estado, quanto aos poderes sobre elas exercidos.

Deve então concluir-se que o sentido de *administração central* para efeitos do DL n.º 59/2006 não pode coincidir com o de administração central contraposta à administração periférica.

Os objectivos do regime das Obrigações Sobre o Sector Público e a contraposição com as *autoridades regionais* e *locais* levam-nos antes a considerar que a *administração central* será, para efeitos da identificação dos créditos elegíveis, a *administração estadual*. Só esta é coerente com aquela contraposição e nos oferece um ponto de partida razoável para passar agora a identificar que entidades, no âmbito da administração estadual, poderão relevar como devedoras ou garantes de créditos elegíveis para garantia de Obrigações Sobre o Sector Público.

Importa apelar a outras classificações, considerando separadamente a administração directa e a administração indirecta do Estado, incluindo-se aqui os institutos públicos e as empresas públicas[29], as chamadas *entidades administrativas independentes,* e ainda analisar as associações públicas.

---

[29] Ainda de acordo com a classificação adoptada por FREITAS DO AMARAL, *ob. cit.*, p. 359.

4.2.2. Administração estadual directa

A prossecução dos fins do Estado pode ser efectuada através do próprio Estado ou através de pessoas colectivas públicas distintas do Estado. Na administração directa tais fins são prosseguidos pelos órgãos e serviços integrados na pessoa colectiva Estado. A noção está consolidada, quer constitucionalmente, quer na legislação ordinária, actualmente partindo da Lei n.º 4/2004, de 15 de Janeiro[30]. O Governo é o órgão com o poder de *dirigir os serviços e a actividade da administração directa do Estado*[31]. Neste domínio identifica-se uma multiplicidade de órgãos e serviços, com competências a nível central e local, mas apenas uma única pessoa colectiva: o Estado.

Na perspectiva dos emitentes de Obrigações Sobre o Sector Público, independentemente do órgão ou do serviço que concretamente tenha contraído, autorizado ou aprovado a dívida, o devedor é tão-somente o Estado. Assim, todos os créditos (regularmente)[32] contraídos por quaisquer órgãos ou serviços da administração directa do Estado são naturalmente elegíveis para efeitos do regime das Obrigações Sobre o Sector Público. Dir-se-á até que serão estes os casos paradigmáticos enquadráveis na referência às *administrações centrais* dos Estados-Membros da União Europeia.

Com efeito se, por um lado, os créditos sobre os Estados oferecem aparentemente menores riscos, por outro, os credores não poderão demandá-los em tribunal para exigir a respectiva dissolução e liquidação patrimonial universal. A situação dos credores é simultaneamente mais e menos vantajosa quando comparada com a que detêm sobre os devedores comuns. Mas é precisamente esta diversidade que justifica a utilização destes créditos para efeitos da criação de um novo instrumento financeiro como as Obrigações Sobre o Sector Público.

---

[30] Alterada pela Lei n.º 51/2005, de 30 de Agosto, pelo Decreto-Lei n.º 200/2006, de 25 de Outubro, pelo Decreto-Lei n.º 105/2007, de 3 de Abril, e pela Lei n.º 64-A/2008, de 31 de Dezembro.

[31] Alínea *d)* do artigo 199.º da CRP.

[32] Além dos regimes específicos previstos nas várias leis orgânicas, vigora neste âmbito também o regime geral de emissão e gestão da dívida pública, previsto na Lei n.º 7/98, de 3 de Fevereiro. De salientar que, nos termos do artigo 18.º, os princípios desta Lei se aplicam também à dívida pública directa de todas as entidades do sector público, sem prejuízo das disposições especiais das leis de finanças das Regiões Autónomas e das autarquias locais.

No caso português, a reflexão está agora em saber em que medida é que apenas serão elegíveis, para efeitos de Obrigações Sobre o Sector Público, os créditos sobre o Estado ou se, adicionalmente, devem considerar-se como créditos elegíveis os créditos sobre outras entidades integradas na administração estadual.

4.2.3. *Administração estadual indirecta: institutos públicos*

Os institutos públicos são pessoas colectivas de tipo institucional, criadas para assegurar o desempenho de determinadas funções administrativas, de carácter não empresarial, pertencentes ao Estado ou a outra pessoa colectiva pública[33].

No que respeita aos institutos públicos integrados na administração do Estado, a sua existência justifica-se para o *desenvolvimento de atribuições que recomendem, face à especificidade técnica da actividade desenvolvida, designadamente no domínio da produção de bens e da prestação de serviços, a necessidade de uma gestão não submetida à direcção do Governo,* como determina o n.º 1 do artigo 8.º da LQIP. Ademais, cada instituto *só pode prosseguir os fins específicos que justificaram a sua criação*[34]. Assim, através da devolução de poderes, o Estado comete a outras pessoas colectivas a prossecução de alguns dos seus fins. Para o efeito, essas pessoas colectivas são dotadas de autonomia administrativa e financeira, estando, contudo, sujeitas a tutela e superintendência[35].

Actualmente, nos termos do n.º 7 do artigo 37.º da LQIP, os institutos públicos de regime comum, isto é a generalidade dos institutos públicos com excepção dos casos previstos nos artigos 45.º a 48.º da LQIP[36], não podem recorrer ao crédito, *salvo em circunstâncias excepcionais expressamente previstas na lei de enquadramento orçamental*. Portanto, aparentemente, seriam excepcionais os casos em que se suscitaria o problema da elegibilidade dos créditos sobre os institutos públicos do Estado para efeitos da emissão de Obrigações Sobre o Sector Público.

---

[33] FREITAS DO AMARAL, *ob. cit.*, p. 363.
[34] N.º 3 do artigo 8.º da LQIP.
[35] Alínea *d)* do artigo 199.º da CRP e n.º 2 do artigo 4.º, artigo 7.º, artigos 41.º e 42.º da LQIP.
[36] Aqui se incluindo, entre outros, as *regiões de turismo*, o Banco de Portugal e as entidades administrativas independentes.

Mas esta proibição é relativamente recente e não tem por efeito considerar inválidos os contratos que consubstanciem recurso ao crédito celebrados em data anterior à da entrada em vigor da LQIP[37] havendo adicionalmente as situações excepcionais previstas na lei de enquadramento orçamental.

A autonomia financeira dos institutos públicos tem por consequência que, em princípio, pelas obrigações do instituto público responde o respectivo património. Esgotado este património, os credores não podem requerer a insolvência do instituto e a liquidação dos seus bens[38], como sucede com a generalidade dos devedores. Os institutos públicos são criados e extintos por acto legislativo.

Em coerência com este regime e com a sua natureza pública, a LQIP dispõe actualmente que os credores, uma vez executada a integralidade do património do instituto público, podem demandar directamente o Estado para satisfação dos seus créditos e ainda que este tem o dever de promover a extinção do instituto quando tiver que cumprir as suas obrigações em virtude da insuficiência dos respectivos bens. Assim resulta do n.º 6 do artigo 36.º e da alínea *d*) do artigo 16.º da LQIP.

De salientar que, não obstante a LQIP, como se referiu, ser uma lei recente, o regime resultante destas disposições deve entender-se aplicável também aos créditos contraídos pelos institutos públicos antes da sua entrada em vigor, sobretudo o disposto no n.º 6 do artigo 36.º relativamente à acção directa dos credores contra o Estado. Com efeito, só esta solução é coerente com, por um lado, os fins estaduais prosseguidos pelos institutos públicos e os consequentes poderes de tutela e de superintendência exercidos pelo Estado e, pelo outro, a relativa desprotecção dos credores na medida em que não gozam, contra os institutos públicos, das prerrogativas de que dispõem relativamente às pessoas colectivas privadas. Esta solução não viola o disposto no n.º 1 do artigo 50.º da LQIP, quando determina que a lei se aplica apenas para o futuro, pois, como se disse, a responsabilidade última do Estado pelas dívidas dos institutos públicos é consequência de normas e princípios que vigoravam já antes da entrada em vigor da LQIP.

Do exposto resulta que os créditos sobre institutos públicos de regime comum que integram a administração indirecta do Estado são elegí-

---

[37] V. artigos 50.º e 55.º da LQIP.
[38] Nos termos da alínea *a*) do n.º 2 do artigo 2.º do Código da Insolvência, as pessoas colectivas públicas não podem ser objecto de processo de insolvência.

veis para efeitos de emissão de Obrigações Sobre o Sector Público por se considerarem ainda créditos sobre a *administração central* portuguesa, entendida esta como *administração estadual*, pelas razões acima apontadas.

4.2.4. *Administração estadual indirecta: empresas públicas*

A definição actual de empresas públicas, constante do RSEE, engloba dois tipos: as empresas públicas que poderemos designar por empresas públicas *stricto sensu* e as entidades públicas empresariais ou EPEs[39]. O mesmo diploma trata ainda das empresas participadas, as quais, juntamente com as empresas públicas, compõem o sector empresarial do Estado.

As empresas públicas *stricto sensu* são as *sociedades constituídas nos termos da lei comercial, nas quais o Estado ou outras entidades públicas estaduais possam exercer, isolada ou conjuntamente, de forma directa ou indirecta, uma influência dominante*[40], ao passo que as EPEs são criadas por Decreto-Lei e são dotadas de um capital estatutário, pertencente ao Estado e destinado a responder às respectivas necessidades permanentes[41].

Não cabe aqui desenvolver todos os aspectos do RSEE mas apenas aqueles que parecem ter relevo para efeitos de determinação dos créditos elegíveis para emissão de Obrigações Sobre o Sector Público.

Assim, observa-se que o RSEE tem um tronco comum aplicável a ambos os tipos de empresas públicas e um regime especial para as EPEs de tal modo que, a final, se pode claramente concluir que se trata de entidades de natureza distinta. As empresas públicas *stricto sensu* são pessoas colectivas de direito privado que, salvaguardadas as especialidades resultantes da presença do accionista Estado, são criadas e extintas por actos de direito privado. Pelo contrário, as EPEs são pessoas colectivas de direito público e, não obstante a sua natureza empresarial e gestão privada, não lhes são aplicáveis *as regras gerais sobre dissolução e liquidação de sociedades, nem as dos processos especiais de recuperação e falência*[42]

---

[39] Artigo 3.º do RSEE.
[40] N.º 1 do artigo 3.º do RSEE.
[41] Artigos 24.º e 26.º do RSEE.
[42] Redacção do n.º 2 do artigo 34.º do RSEE, a qual deve ser lida à luz do actual regime previsto no Código da Insolvência. Também a alínea *a*) do n.º 2 do artigo 2.º do

salvo na medida em que tal seja determinado pelo Decreto-Lei que regular a respectiva extinção[43].

O RSEE não dispõe, de forma expressa, que os credores das EPEs gozam de uma acção directa contra o Estado no caso de insuficiência dos bens daquelas. No entanto, não podendo tais credores desencadear o processo de insolvência da EPE, ficariam numa situação de maior desprotecção do que os credores de uma pessoa colectiva privada. Ademais, a inaplicabilidade do processo de insolvência à EPE impede o cumprimento da função de prevenção e protecção geral dos credores, prosseguida por aquele processo. Isto é, os credores actuais nada poderiam fazer para evitar que a EPE continuasse a endividar-se, diminuindo cada vez mais a garantia geral dos credores actuais e a dos futuros. Acresce ainda que, como sucede em muitas EPEs existentes, a maior parte do acervo patrimonial da EPE poderá ser constituído por bens do domínio público ou por bens especialmente afectados à realização de fins de utilidade pública e, portanto, impenhoráveis.

Neste enquadramento, para mais considerando o âmbito da tutela económica e financeira exercida pelo Ministro das Finanças e pelo ministro responsável pelo sector de actividade da EPE[44], em particular a necessidade de autorização para o endividamento ou para a assunção de responsabilidades de natureza similar fora do balanço, nos termos previstos no n.º 2 do artigo 13.º do RSEE, é de concluir que, perante a insuficiência do património da EPE para fazer face às suas dívidas, terá o Estado o dever de suprir essa falta em termos similares aos previstos para os institutos públicos de regime comum.

Em conclusão, quanto à elegibilidade dos créditos sobre as empresas públicas para efeitos da emissão de Obrigações Sobre o Sector Público resulta que os créditos sobre as empresas públicas *stricto sensu* não devem considerar-se elegíveis por não poderem incluir-se na noção de *administração central*, com o sentido de *administração estadual*, desde logo por se tratar de pessoas colectivas privadas.

Pelo contrário, os créditos sobre EPEs devem ser considerados elegíveis pois, quanto a estes, verificam-se todas as características que se identificam nos créditos sobre o Estado e sobre os institutos públicos. Devem

---

Código da Insolvência exclui expressamente as entidades públicas empresariais do processo de insolvência.

[43] Pode, contudo, existir execução singular por dívidas, nos termos gerais.
[44] V. artigo 29.º do RSEE.

então ser ainda considerados como créditos sobre a administração do Estado português ou sobre a *administração central*[45].

4.2.5. *Órgãos e entidades administrativas independentes*

Os órgãos e as entidades administrativas independentes fazem parte da administração estadual central, com a particularidade de serem independentes do Governo. Contrariamente ao que sucede com os órgãos e serviços da administração directa em geral e com as pessoas colectivas incluídas na administração indirecta, o Governo não dirige ou sequer superintende os órgãos e as entidades administrativas independentes. Incluem-se neste grupo desde órgãos como o Provedor de Justiça ou a Comissão Nacional de Eleições a pessoas colectivas como o Banco de Portugal ou a Comissão do Mercado de Valores Mobiliários e outras entidades reguladoras.

O tratamento unitário destes órgãos e pessoas colectivas é complexo, visto não existir um regime que lhes seja aplicável na sua globalidade. A salientar que alguns têm consagração constitucional. A CRP prevê que também a lei possa criar entidades administrativas independentes[46]. Por sua vez, o n.º 1 do artigo 48.º da LQIP caracteriza como institutos públicos de regime especial, a par de outros, o Banco de Portugal *e os fundos que funcionam junto dele* (alínea *e*)) e, separadamente, as *entidades administrativas independentes* (alínea *f*)). O n.º 2 do artigo 48.º da LQIP esclarece que cada uma das categorias elencadas no n.º 1 pode ser regulada por uma lei específica.

Sobre o Banco de Portugal e as *autoridades reguladoras* independentes, o artigo 23.º da Lei n.º 64-A/2008, de 31 de Dezembro, estabeleceu que os respectivos diplomas estatutários deveriam ser alterados até 31 de Dezembro de 2009 por forma a convergirem com o regime constante da Lei n.º 12-A/2008, de 27 de Fevereiro, que estabelece os regimes de

---

[45] Para efeitos de atribuição de notação de risco, o regime das EPEs tem sido entendido como contendo uma garantia legal implícita por parte do Estado. Esta «garantia» não deverá ser enquadrada na parte final do n.º 2 do artigo 32.º do DL n.º 59/2006, desde logo porque aí se exige que as garantias sejam «expressas», mas também porque o caso se enquadra melhor na dívida da *administração central* em virtude do regime das EPEs do que nos casos, pontuais, de concessão de garantias. V. também *infra*, n.º 4.5.

[46] N.º 3 do artigo 267.º da CRP.

vinculação, de carreiras e de remunerações dos trabalhadores que exercem funções públicas, e da Lei n.º 66-B/2007, de 28 de Dezembro, que estabelece o sistema integrado de gestão e avaliação do desempenho da administração pública (SIADAP).

As entidades administrativas independentes, enquanto pessoas colectivas, não podem ser objecto de processo de insolvência, como determina a alínea *a*) do n.º 2 do artigo 2.º do Código da Insolvência.

Fora estas referências, restam apenas os regimes e as leis orgânicas próprios de cada órgão ou entidade, pelo que quanto à questão da elegibilidade dos créditos para efeitos de emissão de Obrigações Sobre o Sector Público, na falta de um regime unitário, não poderá avançar-se com uma conclusão definitiva e sem reservas. Para cada caso, haverá que consultar a respectiva lei especial. Ainda assim, relativamente aos órgãos estaduais independentes, a melhor solução parece ser a de admitir que eventuais créditos sobre eles são elegíveis, na medida em que fazem parte claramente parte da *administração central* ou *estadual*.

Quanto às entidades administrativas independentes, no pressuposto de que podem endividar-se[47] e uma vez que os seus credores estão impedidos de recorrer às medidas usualmente ao seu dispor para efeitos de garantia do crédito, como é o caso da promoção de um processo de insolvência tendente à liquidação universal dos bens da entidade administrativa independente, dir-se-á que devem tais entidades ser ainda incluídas no elenco das entidades elegíveis para efeitos da noção de *administração central* presente no n.º 2 do artigo 32.º do DL n.º 59/2006. Aliás, os aspectos que justificarão a especialidade das entidades administrativas independentes no regime dos institutos públicos não se prendem especialmente com as soluções da alínea *d*) do n.º 2 do artigo 16.º e do n.º 6 do artigo 36.º da LQIP, sobre extinção e acção contra o Estado, mas sobretudo com as matérias tratadas sob os capítulos *tutela, superintendência e responsabilidade* (capítulo IV do título III da LQIP), e eventualmente *organização* (capítulo I do título III da LQIP).

---

[47] Por exemplo, o n.º 3 do artigo 26.º do Estatuto da Comissão do Mercado de Valores Mobiliários, aprovado pelo Decreto-Lei n.º 473/99, de 8 de Novembro, e alterado pelos Decreto-Lei n.º 232/2000, de 25 de Setembro, Decreto-Lei n.º 183/2003, de 19 de Agosto, e Decreto-Lei n.º 169/2008, de 26 de Agosto, proíbe a CMVM de contrair empréstimos sob qualquer forma.

4.2.6. Associações públicas

As associações públicas são «pessoas colectivas públicas, de tipo associativo, destinadas a assegurar autonomamente a prossecução de determinados interesses públicos pertencentes a um grupo de pessoas que se organizam com esse fim»[48]. Uma das principais e não única diferença entre as associações públicas e os institutos públicos reside na circunstância de aquelas prosseguirem fins próprios, ao passo que estes prosseguem fins do Estado. Por esta razão, os institutos públicos integram-se na administração estadual indirecta, ao passo que as associações públicas serão melhor integradas numa noção de administração autónoma[49].

As associações públicas podem agrupar-se consoante a natureza dos respectivos associados, havendo associações públicas de entes públicos, de entes privados e associações mistas, isto é, reunindo entes públicos e entes privados. É também possível identificar algumas particularidades de regime aplicáveis a umas ou outras. Assim, por exemplo, o regime jurídico do associativismo municipal, aprovado pela Lei n.º 45/2008, de 27 de Agosto, ao qual se voltará adiante.

Por ora, interessa reter que, em virtude da relação entre as associações públicas e a administração estadual, à partida não deverão ser integradas na noção de *administração central* para efeitos da emissão de Obrigações Sobre o Sector Público. Adicionalmente, também não parece que possam ser caracterizadas como *autoridades regionais* ou como *autoridades locais* justamente por prosseguirem fins próprios, pelo que os créditos sobre as associações públicas não serão, em princípio, elegíveis para efeitos de emissão de Obrigações Sobre o Sector Público. Nalguns casos, será eventualmente possível considerar que certos créditos sobre associações públicas se encontram expressamente garantidos por *administrações centrais* ou *autoridades regionais* ou *locais,* o que se analisará *infra,* em 4.5.

4.2.7. Entidades regionais de turismo

As entidades regionais de turismo foram criadas pelo Decreto-Lei n.º 67/2008, de 10 de Abril, o qual operou, na sequência das orientações gerais aprovadas pelo Governo no âmbito do Programa de Reestruturação

---

[48] FREITAS DO AMARAL, *ob. cit.*, pp. 423-424.
[49] Neste sentido, FREITAS DO AMARAL, *ob. cit.*, p. 423 e ss.

da Administração Central do Estado (PRACE)[50], uma reorganização das entidades públicas com responsabilidades na área do Turismo. Em termos resumidos, foram extintas as regiões de turismo e as zonas de turismo, sendo aquelas substituídas, com modificações, pelas entidades regionais de turismo. Seguidamente, foram sendo aprovados os vários estatutos destas entidades, por portaria conjunta dos membros do Governo com tutela na área da administração local, das finanças, da administração pública e do turismo[51].

As anteriores regiões de turismo já vinham qualificadas como institutos públicos de regime especial pela LQIP[52], tal como as entidades administrativas independentes, qualificação que se mantém aplicável às entidades regionais de turismo, na medida em que lhes sucederam.

Não obstante a qualificação da LQIP, a doutrina preferia enquadrar as regiões de turismo no elenco das associações públicas[53], por estruturalmente associarem um conjunto de municípios ao Estado.

Em face do Decreto-Lei n.º 67/2008, de 10 de Abril, o qual deu às entidades regionais de turismo um regime especial (relativamente à LQIP) e unitário, é de entender que a qualificação doutrinária não foi substancialmente alterada, embora se deva referir que de associações públicas de entes públicos, como eram as regiões de turismo, se passou para associações públicas mistas de entes públicos e privados, com as entidades regionais de turismo.

Na verdade, em primeiro lugar, é forçoso observar que a qualificação como institutos públicos resultante da alínea *d*) do n.º 1 do artigo 48.º da LQIP não passa de uma qualificação abstracta visto não se alicerçar num regime jurídico que a sustente. Com efeito, como se determina no n.º 2 do mesmo artigo, as entidades elencadas no n.º 1 poderão ser sujeitas a um regime específico. Existindo tal regime, será a partir dele que se extrairá a natureza da entidade em causa.

Assim, resulta do Decreto-Lei n.º 67/2008, de 10 de Abril, que se trata de pessoas colectivas de direito público, de âmbito territorial (por-

---

[50] Resolução do Conselho de Ministros n.º 124/2005, de 4 de Agosto, e Resolução do Conselho de Ministros n.º 39/2006, de 21 de Abril.

[51] Conforme previsto no artigo 27.º do Decreto-Lei n.º 67/2008, de 10 de Abril. A partir da aprovação inicial dos estatutos, as alterações passarão a ser aprovadas pela assembleia geral da entidade regional de turismo.

[52] V. alínea *d*) do n.º 1 do artigo 48.º da LQIP.

[53] Neste sentido FREITAS DO AMARAL, *ob. cit.*, pp. 432-433 e 434.

tanto não de âmbito central), dotadas de autonomia administrativa e financeira e de património próprio[54]. Relativamente aos seus órgãos, integram pelo menos uma assembleia geral, uma direcção e um fiscal único[55], sendo que a assembleia geral integra *obrigatoriamente* o presidente da câmara de cada município, os representantes dos departamentos do Estado, bem como de entidades públicas e *privadas*, com interesse na valorização turística da região[56]. Ou seja, em segundo lugar, verifica-se efectivamente que a entidade regional de turismo é uma pessoa colectiva pública que associa o Estado, os municípios e as demais entidades públicas e privadas que manifestem interesse em participar na entidade[57]. Ademais, os planos e actividades e as contas de gerência das entidades regionais de turismo são elaborados de acordo com as normas aplicáveis às autarquias locais[58].

Enquanto pessoas colectivas públicas, as entidades regionais de turismo não podem ser objecto de processo de insolvência[59]. O Decreto-Lei n.º 67//2008, de 10 de Abril não se pronuncia sobre o problema de saber se, extinto o património da entidade regional de turismo, os credores poderão accionar os respectivos membros associados para pagamento dos créditos, sendo que tal hipótese, não se afigurando desproposidada, também não se apresenta suficientemente sustentada. Seja como for, tal acção não se deveria dirigir exclusivamente ao Estado.

Dir-se-á que o Estado ainda actua através das entidades regionais de turismo. Por certo, mas tal critério não seria suficiente e os objectivos estaduais parecem diluídos no seio dos interesses próprios prosseguidos por cada entidade regional[60].

Do exposto resulta que a criação e a participação do Estado nas entidades regionais de turismo não se afiguram elementos suficientes para considerar que os créditos sobre estas entidades se devam considerar como créditos sobre a *administração central* do Estado português, ainda que tal expressão seja entendida como *administração estadual* pelas razões que acima se expuseram.

---

[54] V. n.º 1 do artigo 1.º do Decreto-Lei n.º 67/2008, de 10 de Abril.
[55] V. artigo 9.º do Decreto-Lei n.º 67/2008, de 10 de Abril.
[56] V. artigo 19.º do Decreto-Lei n.º 67/2008, de 10 de Abril.
[57] V. artigo 7.º do Decreto-Lei n.º 67/2008, de 10 de Abril.
[58] V. artigo 16.º do Decreto-Lei n.º 67/2008, de 10 de Abril.
[59] Alínea *a*) do n.º 2 do artigo 2.º do Código da Insolvência.
[60] FREITAS DO AMARAL, *ob. cit.*, p. 419 e ss., integra as associações públicas na administração autónoma, a qual inclui ainda as autarquias locais e as regiões autónomas dos Açores e da Madeira.

Como se verá, as entidades regionais de turismo também não poderão ser incluídas no elenco das *autoridades regionais* ou *locais* para efeitos do DL n.º 59/2006, e os créditos sobre as mesmas não podem considerar-se *ipso facto* créditos (expressamente) garantidos pela administração estadual portuguesa ou por autoridades regionais ou locais portuguesas. Assim, é de concluir que os créditos sobre as entidades regionais de turismo não são elegíveis para efeitos de emissão de Obrigações Sobre o Sector Público.

4.3. Créditos sobre autoridades regionais

4.3.1. *Noção de autoridade regional*

O n.º 2 do artigo 32.º do DL n.º 59/2006 refere-se às *autoridades regionais* (e locais) *de um dos Estados-Membros da União Europeia* em alternativa às *administrações centrais*. Atendendo aos objectivos e pressupostos das Obrigações Sobre o Sector Público é de entender que estas *autoridades regionais* serão independentes das entidades integradas na *administração central* de cada Estado e terão um âmbito *regional*, por contraposição ao âmbito central ou unitário da Administração estadual. Observa-se que não se trata de quaisquer entidades de âmbito regional, mas sim de *autoridades*, portanto de entidades que, em virtude do seu estatuto de acordo com o direito interno do Estado-Membro em causa, podem figurar *lado a lado* com as entidades integradas na *administração central*. Terão uma legitimidade paralela à das entidades integradas na administração central e oferecem aos seus credores um conforto financeiro e jurídico diverso, acrescido, do que se encontra noutras entidades públicas e privadas. Mais uma vez, é a natureza especial das *autoridades regionais* o elemento justificador da elegibilidade dos créditos sobre as mesmas para efeitos de emissão de Obrigações Sobre o Sector Público.

No tocante à administração portuguesa, parece evidente que serão *autoridades regionais* as integradas na administração regional autónoma dos Açores e da Madeira.

A administração regional autónoma dos Açores e da Madeira inclui também fenómenos de descentralização administrativa. Em ambos os casos se identificam institutos públicos regionais e um sector empresarial regional.

À semelhança da análise efectuada a propósito da *administração central*, cumpre verificar em que medida estas entidades são ainda *autoridades regionais* e se os créditos sobre as mesmas são elegíveis para efeitos da emissão de Obrigações Sobre o Sector Público.

4.3.2. *Regiões Autónomas dos Açores e da Madeira*

São autoridades regionais a Região Autónoma dos Açores e a Região Autónoma da Madeira. Trata-se de pessoas colectivas públicas, dotadas de autonomia política, legislativa, administrativa, financeira e patrimonial[61], cujos órgãos de governo próprio são democraticamente eleitos e não estão sujeitas a tutela administrativa por parte do Estado. Em ambos os casos, o órgão encarregado da condução da política da região e órgão superior da administração regional é o Governo Regional. Ademais, o regime financeiro das regiões autónomas é objecto de uma lei de valor reforçado[62], que dispõe sobre a origem das receitas regionais e sobre o endividamento público regional. Nesta matéria, o princípio geral é naturalmente o de que as regiões autónomas podem contrair dívida pública fundada e flutuante (nalguns casos sujeita a aprovação por parte da Assembleia da República ou da respectiva Assembleia Legislativa Regional[63]). Até recentemente, dispunha-se que os empréstimos a emitir pelas regiões autónomas não podem beneficiar de garantia pessoal do Estado[64]. A Lei Orgânica n.º 1/2010, de 29 de Março, alterou esta regra da LFRA e o artigo 35.º passou a dispor que os empréstimos *a emitir pelas Regiões Autónomas podem beneficiar de garantia pessoal do Estado, nos termos da respectiva lei.*

São desnecessários outros desenvolvimentos para concluir que os créditos sobre a Região Autónoma dos Açores e a Região Autónoma da Madeira são claramente elegíveis para efeitos da emissão de Obrigações Sobre o Sector Público.

4.3.3. *Institutos Públicos Regionais*

O artigo 2.º da LQIP declara-se expressamente aplicável aos institutos públicos das Regiões Autónomas dos Açores e da Madeira, salvaguar-

---

[61] V. artigo 1.º do EPAA e artigos 1.º, 2.º e 5.º do EPAM.
[62] Actualmente a LFRA.
[63] V. artigos 27.º e 28.º da LFRA: empréstimos em moeda sem curso legal em Portugal e dívida fundada (médio e longo prazo).
[64] Artigo 35.º da LFRA na redacção da Lei Orgânica n.º 1/2007, de 19 de Fevereiro. Este artigo salvaguardava *as situações legalmente previstas*. Aparentemente, uma dessas situações seria justamente a constante do artigo 117.º do EPAM onde se afirmava e afirma ainda que *[o]s empréstimos a emitir pela Região Autónoma da Madeira poderão beneficiar de garantia pessoal do Estado, nos termos da respectiva lei*. A salientar que não existe disposição equivalente no EPAA.

dando a necessidade de decreto legislativo regional consagrar as devidas adaptações.

Na Região Autónoma dos Açores, a adaptação da LQIP foi efectuada pelo DLR n.º 13/2007/A, de 5 de Junho. Neste há uma equivalência sistemática e material quase textual com a LQIP. Os «institutos IPRA»[65] exercem ainda fins próprios da Região Autónoma dos Açores e estão sujeitos a tutela e superintendência.

Tal como na LQIP, os IPRA de regime comum não podem recorrer ao crédito, salvo em circunstâncias excepcionais *expressamente previstas no diploma regional de enquadramento orçamental*[66], devem ser extintos se e quando a Região Autónoma dos Açores tiver de cumprir as obrigações do instituto em virtude da insuficiência do seu património[67] e os credores poderão demandar a Região para satisfação dos seus créditos, em caso de insuficiência do património do instituto.

A adaptação da LQIP à Região Autónoma da Madeira tomou forma com o DLR n.º 17/2007/M, de 12 de Novembro, adoptando um modelo francamente mais sintético. Os «institutos IP-RAM»[68] estão sujeitos a todas as regras e princípios da LQIP e, portanto, também não poderão recorrer ao crédito salvo em casos excepcionais, devem ser extintos se e quando a Região Autónoma da Madeira tiver de cumprir as obrigações do instituto em virtude da insuficiência do seu património e os credores poderão demandar a Região para satisfação dos seus créditos, em caso de insuficiência do património do instituto.

Do exposto resulta que os IPRA e os IP-RAM estão para a administração regional autónoma como os institutos IP estão para a administração estadual. Assim, para efeitos da emissão de Obrigações Sobre o Sector Público, os créditos sobre os institutos públicos regionais devem considerar-se ainda créditos sobre *autoridades regionais* sendo, portanto, créditos elegíveis no quadro do DL n.º 59/2006.

4.3.4. *Sector empresarial regional*

O artigo 5.º do RSEE esclarece que apenas dispõem de sectores empresariais próprios, além do Estado, as regiões autónomas, os municípios

---

[65] Artigo 51.º do DLR n.º 13/2007/A, de 5 de Junho, designação a adoptar pelos institutos públicos regionais integrados na administração indirecta da Região Autónoma dos Açores.
[66] N. 3 do artigo 34.º do DLR n.º 13/2007/A, de 5 de Junho.
[67] Alínea *d*) do n.º 2 do artigo 16.º do DLR n.º 13/2007/A, de 5 de Junho.
[68] Artigo 32.º do DLR n.º 17/2007/M, de 12 de Novembro.

e as suas associações. Estes sectores empresariais estarão sujeitos a legislação especial e, supletivamente, ao RSEE.

A propósito do sector empresarial do Estado, concluiu-se que os créditos sobre as empresas públicas *stricto sensu*, isto é as sociedades previstas no n.º 1 do artigo 3.º do RSEE, não seriam elegíveis para efeitos de emissão de Obrigações Sobre o Sector Público. Pelo contrário, os créditos sobre as EPEs deveriam ser considerados elegíveis, atendendo, por um lado, à sua natureza de pessoas colectivas de direito público e à dependência entre estas entidades e o Estado, nomeadamente em matéria de limites e autorizações para endividamento e, por outro, ao facto de aos seus credores estar legalmente vedado o recurso ao processo judicial tendente à liquidação universal de bens, tendo-se concluindo a final que, relativamente às EPEs, os respectivos credores deverão beneficiar de um direito de acção contra o Estado para satisfação dos seus créditos, em termos similares aos expressamente previstos para os institutos públicos.

Relativamente ao sector empresarial da Região Autónoma dos Açores, vigora o DLR n.º 7/2008/A, de 24 de Março, alterado e republicado pelo DLR 17/2009/A, de 14 de Outubro, que contém o regime do sector público empresarial da Região Autónoma dos Açores.

No respeito pelas bases gerais do RSEE, também o sector empresarial da Região Autónoma dos Açores integra as empresas públicas regionais e as empresas participadas (artigo 2.º), sendo aquelas as sociedades constituídas nos termos da lei comercial, nas quais a Região possa exercer uma influência dominante, e as EPEs regionais (designadas EPERs). Ambos os tipos de empresas públicas regionais estão sujeitos a orientações estratégicas de gestão e controlo financeiro, incluindo-se a necessidade de autorização expressa do Governo Regional ou da assembleia geral para o endividamento fora do balanço (n.º 2 do artigo 15.º). Contudo, tal como no RSEE, só as EPERs são pessoas colectivas públicas, portanto apenas quanto a elas se exclui a aplicação das regras gerais sobre dissolução e liquidação de sociedades e sobre *os processos especiais de recuperação e falência* (artigo 43.º)[69], sendo extintas por DLR.

Na Região Autónoma da Madeira vigoram também as regras do RSEE, com a especialidade das regras constantes do DLR n.º 13/2007/M, de 17 de Abril, relativo ao exercício do poder de tutela nas empresas em que a Região Autónoma da Madeira tenha uma influência dominante. Assim, também o sector empresarial regional da Madeira inclui as empresas partici-

---

[69] E também alínea *a*) do n.º 2 do artigo 2.º do Código da Insolvência.

padas e as empresas públicas regionais, nestas se encontrando as sociedades comerciais dominadas e as EPEs regionais. O recentíssimo DLR n.º 13/2010/M, de 5 de Agosto, que nesta data ainda não entrou em vigor[70], estabelece, pela primeira vez, o regime do sector empresarial da Região Autónoma da Madeira (SERAM) também com respeito pelas bases gerais do RSEE. Fazem parte do SERAM as empresas públicas regionais e as empresas participadas (artigo 2.º). As empresas públicas regionais são as sociedades constituídas nos termos da lei comercial, nas quais a Região ou outras entidades públicas regionais possam exercer uma influência dominante, e as entidades públicas empresariais da Região Autónoma da Madeira (artigo 3.º), denominadas EPERAM (n.º 2 do artigo 33.º). Através de resolução do Governo Regional, serão emitidas orientações estratégicas de gestão destinadas à globalidade do sector empresarial da Região Autónoma da Madeira (artigo 11.º). A Inspecção regional de Finanças efectuará o controlo financeiro das empresas (artigo 12.º) e o endividamento fora do balanço está sujeito a autorização expressa do membro do governo regional responsável pelo sector e do membro do governo regional responsável pela área das finanças ou da assembleia geral, consoante se trate de EPERAM ou de sociedade comercial (n.º 2 do artigo 13.º). Só as EPERAMs são pessoas colectivas de direito público, sendo criadas por DLR (artigo 33.º), excluindo-se quanto a elas a aplicação das regras gerais sobre dissolução e liquidação de sociedades e sobre *os processos especiais de recuperação e falência* (artigo 43.º).

Em coerência com as conclusões obtidas em matéria de administração estadual, relativamente ao sector empresarial regional haverá então que distinguir o caso das EPEs regionais das demais empresas públicas, para concluir que estas devem ainda considerar-se incluídas no elenco das *autoridades regionais* para efeitos do DL n.º 59/2006 sendo, portanto, os créditos sobre elas admissíveis para efeitos de emissão de Obrigações Sobre o Sector Público. Pelo contrário, as empresas públicas regionais, constituídas nos termos da lei comercial, não poderão ser consideradas como autoridades regionais, não sendo os créditos sobre elas admissíveis para a emissão de Obrigações Sobre o Sector Público.

---

[70] Nos termos do artigo 48.º, o DLR n.º 13/2010/M, de 5 de Agosto, entra em vigor 60 dias após a sua publicação.

4.3.5. Outras entidades de âmbito regional

O EPAA, nos seus artigos 129.º, 130.º e 131.º prevê a possibilidade de criação, por DLR, de entidades administrativas independentes regionais, com *funções de regulação, fiscalização e supervisão*, e bem assim a designação de provedores sectoriais regionais pela Assembleia Legislativa e o Conselho Económico Social dos Açores. Não se observam disposições semelhantes no EPAM.

Trata-se, portanto, de entidades independentes relativamente ao Governo Regional, no sentido de que não estão sujeitas à superintendência deste órgão, embora estejam integradas na administração regional.

Sem análise pormenorizada do regime individualmente aplicável a estas entidades, apenas se poderá adiantar que a sua integração no elenco das *autoridades regionais* será, em princípio, admissível, em termos idênticos aos expostos *supra* em 4.2.5.

4.4. Créditos sobre autoridades locais

4.4.1. *Noção de autoridade local*

As considerações tecidas a propósito da noção de *autoridades regionais* são correspondentemente aplicáveis à noção de *autoridades locais de um Estado-Membro da União Europeia*, para efeitos do DL n.º 59/2006. Tratar-se-á de pessoas colectivas públicas, dotadas de legitimidade própria face à administração estadual e regional, prosseguindo fins próprios e cuja posição no seio da administração do Estado-Membro as permite considerar como *autoridades* cujo estatuto se oferece como reforçado na perspectiva dos respectivos credores e em comparação com os devedores comuns. No caso português, as *autoridades locais* por excelência para efeitos do DL n.º 59/2006 serão as autarquias locais, portanto actualmente apenas os municípios e as freguesias.

Em paralelo com o analisado a propósito da administração estadual e regional, cumpre ainda verificar o regime do sector empresarial local. Relativamente às associações de municípios e de freguesias, serão analisadas a propósito dos *créditos com garantia expressa e juridicamente vinculativa* de *administrações centrais ou autoridades regionais e locais*.

4.4.2. Municípios

Os municípios são pessoas colectivas territoriais dotadas de órgãos representativos que visam a prossecução de interesses próprios das populações respectivas[71]. Têm património e finanças próprios, estando apenas sujeitos a tutela de legalidade por parte da administração estadual[72]. Os órgãos dos municípios são a assembleia municipal e a câmara municipal, sendo esta o seu órgão executivo.

O endividamento dos municípios e respectivos limites é objecto de regime próprio estabelecido na lei das finanças locais (LFL), em particular nos artigos 35.º a 44.º Assim, o artigo 36.º da LFL descreve o conceito de endividamento líquido municipal, o artigo 37.º o limite do endividamento líquido municipal e o artigo 38.º o regime de crédito dos municípios. Neste esclarece-se que *os municípios podem contrair empréstimos e utilizar aberturas de crédito junto de quaisquer instituições autorizadas por lei a conceder crédito, bem como emitir obrigações e celebrar contratos de locação financeira, nos termos da lei*. A contracção de empréstimos está sujeita a autorização da assembleia municipal, podendo os empréstimos de curto prazo ser objecto de autorização global, quando da aprovação do orçamento[73]. Além do limite geral de endividamento, o montante dos empréstimos está, por sua vez, sujeito a um limite específico, fixado no artigo 39.º da LFL: a curto prazo não pode exceder, em cada momento, *10% da soma do montante das receitas provenientes dos impostos municipais, das participações do município no* Fundo de Equilíbrio Financeiro *e da participação no IRS (...), da derrama e da participação nos resultados das entidades do sector empresarial local, relativas ao ano anterior*; a médio e longo prazos, a dívida *não pode exceder, em 31 de Dezembro, de cada ano, a soma do montante das receitas provenientes dos impostos municipais, das participações do município no* Fundo de Equilíbrio Financeiro *e da participação no IRS (...), da participação nos resultados das entidades do sector empresarial local e da derrama relativas ao ano anterior*.

A salientar que, nos termos dos números 10, 11 e 12 do artigo 38.º da LFL, os municípios estão proibidos de sacar ou aceitar letras de câmbio, subscrever livranças, conceder avales ou outras garantias pessoais ou reais, salvo nos casos expressamente previstos na lei. Os municípios não

---
[71] V. n.º 2 do artigo 235.º e artigos 249.º a 254.º da CRP.
[72] V. artigos 238.º e 242.º da CRP.
[73] V. n.ᵒˢ 6 e 7 do artigo 38.º da LFL.

podem ainda conceder empréstimos, ou *celebrar contratos com entidades financeiras com a finalidade de consolidar dívida de curto prazo, bem como a cedência de créditos não vencidos*. Quanto ao sentido desta última proibição, esclareça-se que os credores dos municípios não estão impedidos de ceder os respectivos créditos, interpretação que releva caso o credor do município vise ceder o crédito, por exemplo, a uma instituição de crédito hipotecário[74].

Em geral, ou mesmo em caso de desequilíbrio financeiro conjuntural ou estrutural ou ruptura financeira, o Estado não pode assumir a responsabilidade pelas obrigações dos municípios[75]. Em caso de desequilíbrio financeiro conjuntural devem ser contraídos empréstimos para saneamento financeiro, e em caso de desequilíbrio financeiro estrutural ou de ruptura financeira deve ser elaborado e aprovado um plano de reequilibro financeiro, nos termos previstos nos artigos 40.º e 41.º da LFL. O regime do saneamento e do reequilíbrio financeiro municipal é desenvolvido pelo Decreto-Lei n.º 38/2008, de 7 de Março.

Atendendo ao regime dos municípios, em particular à sua natureza de pessoas colectivas públicas que prosseguem fins próprios e que são dotadas de legitimidade própria no seio da administração pública portuguesa, não restam dúvidas de que devem ser qualificados como *autoridades locais* e os créditos sobre os municípios devem assim ser considerados elegíveis para efeitos de emissão de Obrigações Sobre o Sector Público.

4.4.3. Freguesias

Também as freguesias são pessoas colectivas territoriais dotadas de órgãos representativos, visando a prossecução de interesses das populações respectivas[76]. Têm património e finanças próprios e estão sujeitas a tutela de legalidade por parte da administração estadual[77]. O órgão executivo das freguesias é a junta de freguesia[78].

---

[74] A proibição de cedência dos créditos não vencidos respeita aos créditos detidos pelos próprios municípios, visando provavelmente evitar que, em virtude de uma cedência do crédito, o município venha a arrecadar um valor inferior ao do valor nominal do crédito cedido, numa fase em que o crédito ainda não se venceu e em que, portanto, ainda não se tratará de um crédito em incumprimento.
[75] Artigo 43.º da LFL.
[76] V. n.º 2 do artigo 235.º e artigos 249.º a 254.º da CRP.
[77] V. artigos 238.º e 242.º da CRP.
[78] V. artigos 244.º a 248.º da CRP.

O endividamento das freguesias está sujeito às restrições e limites previstos na LFL. As freguesias podem *contrair empréstimos de curto prazo*[79] *e utilizar aberturas de crédito, junto de quaisquer instituições autorizadas por lei a conceder crédito, desde que sejam amortizados na sua totalidade no prazo máximo de um ano após a sua contracção*[80]. Podem, contudo, celebrar contratos de locação financeira para aquisição de bens móveis, por um prazo máximo de 5 anos[81]. Estes contratos (empréstimos, aberturas de crédito e locação financeira) estão sujeitos a autorização da assembleia de freguesia[82].

A única garantia dos empréstimos contraídos pelas freguesias são as receitas provenientes do Fundo de Financiamento das Freguesias (FFF)[83] pois é-lhes vedado o saque, o aceite e o aval de letras de câmbio, a subscrição de livranças, e a concessão de garantias pessoais ou reais[84].

O montante dos empréstimos das freguesias não pode, em cada momento, exceder 10% do FFF e o montante das dívidas a fornecedores não pode ultrapassar 50% das suas receitas do ano anterior[85].

O Estado não pode assumir a responsabilidade pelo cumprimento das obrigações das freguesias[86].

As freguesias são claramente *autoridades locais* para efeitos do DL n.º 59/2006, podendo os créditos sobre as mesmas ser admitidos para efeito de Obrigações Sobre o Sector Público.

Contudo, recorde-se que as Obrigações Sobre o Sector Público não podem ser emitidas com prazo de reembolso inferior a 2 anos[87], sendo que o vencimento médio das Obrigações Sobre o Sector Público em circulação em cada momento não pode ultrapassar o prazo de vencimento médio dos créditos que lhes estão afectos[88]. Ora, as freguesias apenas podem contrair empréstimos a curto prazo, como se referiu, pelo que não poderá estruturar-se uma emissão de Obrigações Sobre o Sector Público totalmente alicerçada em empréstimos sobre freguesias.

---

[79] Não podem contrair empréstimos de médio ou de longo prazo, como esclarece o n.º 6 do artigo 44.º da LFL.
[80] N.º 1 do artigo 44.º da LFL.
[81] N.º 2 do artigo 44.º da LFL.
[82] N.º 3 do artigo 44.º da LFL.
[83] N.º 5 do artigo 44.º da LFL.
[84] N.º 6 do artigo 44.º da LFL.
[85] N.os 4 e 7 do artigo 44.º da LFL.
[86] Artigo 43.º da LFL.
[87] Artigo 12.º do DL n.º 59/2006.
[88] N.º 2 do artigo 19.º, *ex vi* do n.º 1 do artigo 32.º do DL n.º 59/2006.

4.4.4. *Sector empresarial local*

O regime do sector empresarial local (RSEL) aplica-se às empresas municipais (EMs e EEMs) e também às empresas intermunicipais (EIMs e EEIMs) e às empresas metropolitanas (EMTs e EEMTS). Quanto a estas últimas suscitam-se problemas particulares dada a sua criação no âmbito das associações de municípios e das áreas metropolitanas de Lisboa e do Porto.

Por ora interessa analisar o regime das primeiras, isto é das empresas municipais. Tal como sucede no regime do sector empresarial do Estado, as empresas municipais incluem duas categorias ou tipos. Assim, nos termos do artigo 3.º do RSEL são empresas municipais quer as sociedades constituídas nos termos da lei comercial nas quais os municípios possam exercer uma influência dominante, quer as pessoas colectivas de direito público com natureza empresarial designadas entidades empresariais locais. Estas últimas, sendo criadas pelos municípios, passam a adoptar a designação de entidades empresariais municipais e a sigla EEM[89] pelo que a sigla EM a que se refere o n.º 6 do artigo 8.º do RSEL fica reservada às sociedades comerciais, isto é, às empresas públicas que têm a natureza de pessoas colectivas de direito privado.

Quer as EMs quer as EEMs apresentam particularidades importantes de regime com impacto em matéria de endividamento e de solidez financeira. Em primeiro lugar, a sua criação ou aquisição deve ser justificada demonstrando-se a viabilidade económico-financeira e racionalidade económica[90], em segundo lugar, estão sujeitas a controlo financeiro pela Inspecção Geral de Finanças[91] e a deveres especiais de informação[92] e, em terceiro lugar, no caso de o seu *resultado de exploração anual operacional acrescido dos encargos financeiros se apresentar negativo, é obrigatória a realização de uma transferência financeira a cargo dos sócios, na proporção da respectiva participação social com vista a equilibrar os resultados de exploração operacional do exercício em causa*[93]. O incumprimento desta obrigação (e de outras constantes do artigo 31.º) acarreta para os municípios que os empréstimos contraídos pelas empresas passem

---

[89] Artigo 36.º do RSEL.
[90] Artigo 9.º do RSEL.
[91] Nos termos do artigo 26.º do RSEL.
[92] Artigo 27.º do RSEL.
[93] N.º 2 do artigo 31.º do RSEL.

a relevar para os respectivos limites de endividamento, nos termos do artigo 32.º da RSEL e da alínea *b*) do n.º 2 do artigo 36.º da LFL[94].

Relativamente a empréstimos e garantias, as empresas municipais não podem conceder empréstimos ou prestar garantias a dívidas das entidades *participantes* (sócios ou detentores do capital estatutário, consoante se trate de EMs ou de EEMs), não podendo estes, por sua vez, conceder-lhes empréstimos[95]. A LFL proíbe-as em termos mais gerais de conceder empréstimos a *entidades públicas ou privadas*[96]. Significa, portanto, que as transferências financeiras previstas no n.º 2 do artigo 31.º, em caso de resultado de exploração anual negativo, serão verdadeiras entregas de capital.

Relativamente às EEMs acrescem as características já conhecidas nas entidades equivalentes do sector empresarial do Estado e do sector empresarial regional: têm um capital estatutário detido por entidades públicas[97] e a sua extinção e liquidação é decidida pelo município[98]. Em termos distintos do disposto no RSEE a propósito desta matéria, o qual refere que as EPEs não estão sujeitas ao regime da insolvência[99], o RSEL adoptou uma redacção próxima da constante da LQIP[100], ao estabelecer que *as entidades empresariais locais devem ser extintas quando a autarquia (...) responsável pela sua constituição tiver de cumprir obrigações assumidas pelos órgãos da entidade empresarial local para as quais o respectivo património se revele insuficiente*[101]. Esta redacção permite afirmar que

---

[94] Excepto se a empresa, embora participada pelo município, não estiver integrada no sector empresarial local.
[95] N.ºs 2 e 3.º do artigo 32.º do RSEL.
[96] N.º 11 do artigo 38.º da LFL.
[97] Artigo 37.º do RSEL.
[98] N.º 1 do artigo 44.º do RSEL.
[99] N.º 2 do artigo 34.º do RSEE.
[100] Alínea *d*) do n.º 1 do artigo 16.º da LQIP.
[101] N.º 2 do artigo 44.º do RSEL. PEDRO GONÇALVES suscita a questão de saber se, quanto às EMs, também deverá haver lugar à sua extinção *quando o município tiver de cumprir obrigações assumidas pelos órgãos da entidade empresarial para as quais o respectivo património se revele insuficiente*, concluindo no sentido de que tal dever jurídico não existe embora se imponha como dever político (*Regime Jurídico das Empresas Municipais*, Almedina, 2007, p. 254). A questão que pode suscitar-se é, contudo, outra. Sendo a EM uma sociedade comercial em que os sócios têm responsabilidade limitada, como sucede nas sociedades por quotas ou nas sociedades anónimas, não parece que o município possa cumprir as obrigações da EM, quando o RSEL lhe proíbe a concessão de empréstimos e o regime societário não dá aos credores da sociedade um direito de acção contra

os credores da EEM podem legitimamente exigir ao município o cumprimento das obrigações da entidade empresarial, não dispondo, por outro lado, da possibilidade de suscitar a liquidação universal do seu património, aspecto que resulta da alínea *a*) do n.º 2 do artigo 2.º do Código da Insolvência.

E será que os credores das EMs, isto é das empresas municipais que revestem a forma societária, podem exigir aos municípios o pagamento das dívidas destas empresas (ou pelo menos dos empréstimos a elas concedidos), em virtude da obrigação constante do n.º 2 do artigo 32.º (obrigação de transferência financeira), conjugada com a imputação dos empréstimos para efeitos de limites ao endividamento dos municípios, em caso de incumprimento daquela obrigação (artigo 32.º do RSEL e alínea *b*) do n.º 2 do artigo 36.º da LFL)?

Note-se que a obrigação de efectuar transferências financeiras em caso de resultados de exploração anual negativos se aplica a todos os sócios da EM e não apenas aos municípios. Trata-se de um regime muito aproximado, embora com especialidades, ao das prestações suplementares de capital, reguladas nos artigos 210.º a 213.º do CSC, e cuja obrigatoriedade, no tocante às EMs, não resulta do contrato de sociedade e de deliberação dos sócios mas directamente da lei. Ora, o objectivo destas prestações é o de efectivamente financiar a sociedade, de tal modo que o n.º 4 do artigo 212.º expressamente determina que os credores da sociedade não podem sub-rogar-se no direito desta[102], ao contrário do que sucede quanto ao regime comum das entradas de capital, nos termos da alínea *a*) do n.º 1 do artigo 30.º do CSC[103].

Na falta de preceito especial sobre a matéria e recordando que, nos termos do artigo 6.º do RSEL, as empresas municipais se regem subsidiariamente pelo RSEE e pelas *normas aplicáveis às sociedades comerciais*, o regime das prestações suplementares de capital apresenta-se efectivamente como o mais adequado ao caso. Assim, da obrigação constante do

---

o sócio. O eventual dever de extinção da EM poderá surgir da necessidade constante de reforço dos seus capitais próprios nos termos do n.º 2 do artigo 31.º, conjugado com o regime do artigo 9.º do RSEL.

[102] Nos termos dos artigos 606.º a 609.º do CódCiv.

[103] Os credores da sociedade podem exercer os direitos da sociedade relativamente às entradas de capital não realizadas, a partir do momento em que estas se tornem exigíveis.

n.º 2 do artigo 31.º do RSEL não resultam quaisquer direitos adicionais para os credores relativamente aos sócios da EM. Em consequência, também a sanção para o sócio público (isto é, a imputação no limite do endividamento prevista no artigo 32.º do RSEL e na alínea b) do n.º 2 do artigo 36.º da LFL) em caso de incumprimento do artigo 31.º não faz nascer na esfera jurídica dos credores qualquer direito de acção contra o município, como se defende quanto às EEMs.

Em conclusão, as EMs não devem considerar-se incluídas no conceito de *autoridades locais* para efeitos de aplicação do DL n.º 59/2006. Trata-se de pessoas colectivas privadas que, pelo seu regime, não podem incluir-se numa noção de administração local indirecta. Paralelamente, estão sujeitas às regras gerais aplicáveis em matéria de insolvência. Pelo contrário, as EEMs são pessoas colectivas públicas integradas na administração local indirecta, estão sujeitas a um regime especial de extinção e liquidação e os respectivos credores podem demandar o município responsável pela sua criação para cumprir as obrigações assumidas pela EEM. Assim, estes créditos podem ser elegíveis para efeitos de emissão de Obrigações Sobre o Sector Público, incluindo-se ainda na categoria de créditos sobre *autoridades locais*.

4.5. Créditos com garantia expressa e juridicamente vinculativa de administrações centrais, autoridades regionais ou autoridades locais

4.5.1. *Noção de garantia expressa e juridicamente vinculativa*

Para garantia da emissão de Obrigações Sobre o Sector Público, o n.º 2 do artigo 32.º do DL n.º 59/2006 permite também a afectação de créditos sobre quaisquer entidades desde que tais créditos sejam acompanhados de *garantia expressa e juridicamente vinculativa* de *administrações centrais*, *autoridades regionais* ou *autoridades locais* de um dos Estados--Membros da Comunidade Europeia.

Em tese, as entidades garantes poderão ser quaisquer das entidades acima referidas, portanto, quaisquer entidades do sector público integradas nas noções de *administração central*, *autoridade regional* ou *autoridade local*. Na prática, contudo, no que respeita às entidades portuguesas, algumas estão legalmente proibidas de conceder garantias negociais, pelo que só serão responsáveis pelas dívidas de terceiros na estrita medida em que tal responsabilidade resulte da lei.

Assim, por exemplo, nos termos do n.º 3 do artigo 14.º da LQIP, os institutos públicos *não podem garantir a terceiros o cumprimento de obrigações de outras pessoas jurídicas, públicas ou privadas*[104]. A mesma regra vale para os IPRA[105] e para os IP-RAM[106]. Relativamente às entidades públicas empresariais, o n.º 2 do artigo 32.º do RSEL proíbe as empresas integradas no sector empresarial local (o que inclui também as que sejam pessoas colectivas de direito privado) de intervir como garantes de empréstimos *em favor das entidades participantes* e o n.º 11 do artigo 38.º da LFL proíbe-as, em termos mais gerais, de conceder empréstimos a entidades públicas ou privadas, *salvo nos casos expressamente permitidos por lei*. Pelo que será de concluir que as EEMs estão, à partida, proibidas de conceder garantias[107].

Os municípios (n.º 10 do artigo 38.º da LFL) e as freguesias (n.º 6 do artigo 44.º da LFL) não podem igualmente conceder garantias.

O n.º 2 do artigo 32.º do DL n.º 59/2006 exige que se trate de *garantia expressa* e *juridicamente vinculativa*. Relativamente ao carácter *expresso* da garantia, por contraposição às chamadas garantias *implícitas*, pretende-se que não existam dúvidas sobre a obrigação do garante, de modo a que o crédito garantido se equipare, sem riscos, a um crédito directo sobre a entidade do sector público[108].

---

[104] Salvo se a lei o autorizar expressamente. Nesses casos, aplicar-se-á, com as necessárias adaptações, o regime da Lei n.º 112/97, de 16 de Setembro, que estabelece o regime jurídico da concessão de garantias pessoais pelo Estado ou por outras pessoas colectivas de direito público, como esclarece o artigo 3.º desta lei.

[105] N.º 3 do artigo 14.º do DLR n.º 13/2007/A, de 5 de Junho.

[106] N.º 3 do artigo 14.º da LQIP, *ex vi* do n.º 1 do artigo 29.º do DLR n.º 17/2007/M, de 12 de Novembro.

[107] Referem-se aqui apenas as EEMs porque apenas estas foram consideradas como *autoridades locais* e, portanto, só quanto a estas tem relevo a questão de saber se podem intervir como garantes para efeitos de emissão de Obrigações Sobre o Sector Público.

[108] Para efeitos de atribuição de notação de risco, os especialistas têm considerado que a dívida das entidades públicas empresariais beneficia de uma garantia *implícita* por parte do Estado português. Esta conclusão alicerça-se no RSEE, em particular no regime do artigo 34.º sobre a extinção da EPE e não aplicação do processo de insolvência. Já se a EPE contrair dívida à qual o Estado atribui uma garantia negocial, considera-se então que existe uma garantia *expressa* e a classificação atribuída é geralmente superior. Para efeitos de emissão de Obrigações Sobre o Sector Público, esta questão não releva pois, como se desenvolveu *supra* (em 4.2.4.), os créditos sobre EPEs devem considerar-se elegíveis, não por se tratar de créditos garantidos, mas porque as EPEs são elas próprias elegíveis como entidades do sector público. Ainda assim, nada impede que a EPE beneficie de uma garantia concedida pelo Estado, nos termos expostos.

Quanto ao facto de se tratar de garantia *juridicamente vinculativa* parece, pelo menos quanto ao caso português, uma formulação desnecessária e até algo imprópria. Naturalmente que o padrão legal só poderia assentar numa garantia válida e eficaz, crê-se que será este o sentido da expressão. Cumpre lembrar que a validade e eficácia das garantias deve ser apreciada não só perante o direito interno, mas também perante o direito comunitário, atendendo às regras relativas à proibição de auxílios por parte dos Estados, ou provenientes de recursos estatais, que afectem as trocas comerciais entre os Estados-Membros, por falsearem ou ameaçarem falsear a concorrência[109]. O tema dos auxílios dos Estados sob a forma de garantias é objecto de preocupação especial por parte da Comissão Europeia. Veja-se a *Comunicação da Comissão relativa à aplicação dos artigos 87.º e 88.º do Tratado CE aos auxílios de estatais sob a forma de garantias (2008/C 155/02)*[110].

Uma questão que se suscita a propósito desta parte do n.º 2 do artigo 32.º do DL n.º 59/2006 prende-se com a fonte e âmbito das garantias incluídas: estarão apenas em causa garantias de fonte negocial, as quais são geralmente específicas quanto ao âmbito das obrigações cobertas, ou serão também admissíveis as garantias resultantes da lei, as quais, por sua vez, tendem a ser gerais quanto ao âmbito das obrigações cobertas pela garantia?

Efectivamente, o caso paradigmático que terá originado o n.º 2 do artigo 32.º do DL n.º 59/2006 será o das garantias negociais. Contudo, não há razão para excluir como elegíveis os créditos sobre entidades que, não sendo *administrações centrais ou autoridades regionais e locais de um dos Estados-Membros da União Europeia*, beneficiem de garantia por parte de uma destas entidades por força de disposição legal expressa. Estão nestas circunstâncias as áreas metropolitanas de Lisboa e do Porto, as EEIMs e as EEMTs, ainda que indirectamente, e a PARPÚBLICA – Participações Públicas, SGPS, S. A. em termos que se desenvolverão de seguida.

4.5.2. Garantias negociais

A concessão de garantias pessoais por parte do Estado e de outras pessoas colectivas de direito público é objecto da Lei n.º 112/97, de 16 de

---

[109] V. artigos 87.º e 88.º do Tratado da União Europeia.
[110] *JO* C 155, de 20.6.2008, rectificada pelo acto n.º 2008/C 244/11, *JO* C 244/32, de 25.9.2008.

Setembro. Além desta, a Lei n.° 60-A/2008, de 20 de Outubro, estabeleceu a possibilidade de concessão extraordinária de garantias pessoais pelo Estado, no âmbito do sistema financeiro, regime que foi regulamentado pela Portaria n.° 1219-A/2008, de 23 de Outubro.

No regime geral, isto é, na Lei n.° 112/97, de 16 de Setembro, dispõe-se que a concessão de garantias pessoais se reveste de carácter excepcional, deve fundamentar-se *em manifesto interesse para a economia nacional,* respeitar o princípio da igualdade e as regras de concorrência nacionais e comunitárias[111]. Em caso de violação destas e demais regras da Lei n.° 112/97, de 16 de Setembro, a garantia será nula. A lei desenvolve ainda as condições necessárias para a concessão da garantia e o processo tendente à concessão.

Nos termos do artigo 12.°, os créditos garantidos deverão ser utilizados em prazos não superiores a 5 anos, devendo ser totalmente reembolsados no prazo máximo de 20 anos. Em contrapartida, *o Estado goza de privilégio mobiliário geral sobre os bens das entidades beneficiárias de garantia pelas quantias que tiver efectivamente despendido, a qualquer título, em razão da garantia concedida,* além do pagamento das taxas devidas[112].

Relativamente ao seu regime, as garantias concedidas ao abrigo da Lei n.° 112/97, de 16 de Setembro, seguirão, em princípio, o regime da fiança, excepto em caso de aval em será aplicável o regime do aval de letra, de livrança ou de cheque, consoante o caso[113].

Não obstante o regime geral, podem ser aplicáveis ao caso proibições específicas. É o que sucedia com a relação entre o Estado e as Regiões Autónomas até 2010, e sucede ainda com os municípios e as freguesias, não podendo aquele garantir as obrigações contraídas por estes[114]. Em todo o caso, para efeitos da emissão de Obrigações Sobre o Sector Público a questão não releva, por todos serem entidades elegíveis, respectivamente, enquanto *administrações centrais, autoridades regionais* e *autoridades locais.*

---

[111] N.° 2 do artigo 1.° da Lei n.° 112/97, de 16 de Setembro.
[112] Artigos 22.° e 23.° da Lei n.° 112/97, de 16 de Setembro.
[113] V. artigo 24.° da Lei n.° 112/97, de 16 de Setembro.
[114] V. artigo 35.° da LFRA na redacção da Lei Orgânica n.° 1/2007, de 19 de Fevereiro, com um aparente desvio constante do artigo 110.° do EPAM, e o artigo 43.° da LFL.

4.5.3. Garantias legais: áreas metropolitanas, associações de municípios e associações de freguesias

As áreas metropolitanas de Lisboa e do Porto (AML e AMP) são actualmente reguladas pela Lei n.º 46/2008, de 27 de Agosto. São pessoas colectivas de direito público, constituindo uma forma específica de associação dos municípios das zonas de Lisboa e do Porto[115], com património e finanças próprios[116]. Os seus órgãos são a assembleia metropolitana e a junta metropolitana[117]. As áreas metropolitanas podem contrair empréstimos, em termos idênticos aos dos municípios[118].

Os fins prosseguidos pelas AML e AMP são elencados no artigo 4.º da Lei n.º 46/2008, de 27 de Agosto. São fins próprios, que podem classificar-se, numa perspectiva territorial, como *supra*municipais e *infra*estaduais. De certo modo, as áreas metropolitanas, assim como outras associações de municípios, destinam-se a colmatar as lacunas causadas pela falta de criação das regiões administrativas. A sua natureza associativa, aliada à prossecução de fins próprios, não permite considerá-las como verdadeiras *autoridades regionais* ou *locais* para efeitos de emissão de Obrigações Sobre o Sector Público.

Porém, o n.º 5 do artigo 26.º da Lei n.º 46/2008, de 27 de Agosto, estabelece que *os municípios são subsidiariamente responsáveis pelo pagamento das dívidas contraídas pelas associações de municípios que integram, na proporção da população residente em cada um dos municípios integrantes*. Consequentemente, os empréstimos contraídos pelas AML e AMP relevam para a contagem dos limites à capacidade de endividamento dos municípios integrantes[119].

Deste modo, os créditos sobre as AML e AMP beneficiam de uma garantia geral expressa, com origem na lei, imposta sobre os municípios integrantes. Como se disse acima, por esta via, os créditos sobre as AML e AMP poderão ser elegíveis para emissão de Obrigações Sobre o Sector Público.

---

[115] Incluindo a península de Setúbal e, quanto ao Porto, também os municípios de Entre Douro e Vouga. V. artigo 2.º e o anexo I à Lei n.º 46/2008, de 27 de Agosto.
[116] Artigo 25.º da Lei n.º 46/2008, de 27 de Agosto.
[117] Artigo 5.º da Lei n.º 46/2008, de 27 de Agosto.
[118] N.º 1 do artigo 26.º da Lei n.º 46/2008, de 27 de Agosto.
[119] N.º 3 do artigo 26.º da Lei n.º 46/2008, de 27 de Agosto.

Relativamente às demais associações de municípios, há que analisar o disposto na Lei n.º 45/2008, de 27 de Agosto. De acordo com esta, as associações de municípios podem ser de fins múltiplos ou de fins específicos. As primeiras, denominadas comunidades intermunicipais (CIMs), são pessoas colectivas de direito público, ao passo que as segundas são pessoas colectivas de direito privado.

Apenas relativamente às CIMs, a Lei n.º 45/2008, de 27 de Agosto, dispõe em termos paralelos aos previstos na Lei n.º 46/2008, de 27 de Agosto, relativamente às AML e AMP. Nos termos do artigo 27.º da Lei n.º 45/2008, os municípios são subsidiariamente responsáveis pelo pagamento das dívidas contraídas pelas CIMs (n.º 4), o que releva para os limites municipais de endividamento (n.º 2). Em conclusão, enquanto associações públicas, as CIMs não poderão considerar-se *autoridades regionais ou locais* mas os empréstimos por si contraídos beneficiam de uma garantia geral expressa, com origem na lei, imposta sobre os municípios integrantes e, por esta via, tais créditos serão admissíveis para emissão de Obrigações Sobre o Sector Público.

Relativamente às associações de freguesias, o regime apresenta-se um pouco diverso. A Lei n.º 175/99, de 21 de Setembro, dispõe sobre as associações de freguesias que sejam pessoas colectivas de direito público. Em matéria de endividamento, apenas podem contrair empréstimos de curto prazo, tal como as freguesias, relevando tais empréstimos para efeitos da capacidade de endividamento das freguesias associadas (artigo 21.º). Porém, a referida Lei n.º 175/99, de 21 de Setembro, não estabelece, de forma expressa, a responsabilidade das freguesias associadas pelas dívidas da associação. Assim, embora seja defensável tal responsabilidade, dificilmente tais créditos poderão enquadrar-se no elenco dos créditos elegíveis para efeitos de emissão de Obrigações Sobre o Sector Público, pois o n.º 2 do artigo 32.º do DL n.º 59/2006 exige que a garantia seja expressa. Seja como for, estes créditos, assim como os créditos sobre as freguesias, terão pouco interesse para tais emissões, por se tratar de créditos cujo prazo é inferior ao mínimo exigido para a maturidade das Obrigações Sobre o Sector Público.

4.5.4. *Garantias legais: sector empresarial metropolitano e intermunicipal*

As EEMTs são as entidades públicas empresariais integradas no sector empresarial metropolitano, isto é, no âmbito das AML ou AMP. Com efeito, são criadas pelas áreas metropolitanas, sob proposta da junta metropolitana e autorização da assembleia metropolitana[120]. Enquanto entidades criadas pelas áreas metropolitanas, as EEMTs não podem ser equiparadas às EEMs. Estas são instrumentos de administração indirecta dos municípios e, por essa via, foram incluídas no elenco de *autoridades locais* para efeitos do n.º 2 do artigo 32.º do DL n.º 59/2006. As EEMTs, pelo contrário, prosseguirão os fins da área metropolitana que as criou e não podem ser consideradas nem *autoridades regionais*, nem *autoridades locais*.

Contudo, beneficiam ainda de uma garantia, embora indirecta, por parte dos municípios integrados na AML ou AMP, consoante o caso. Com efeito, enquanto pessoas colectivas públicas as EEMTS não podem ser objecto de processo de insolvência[121] e devem ser extintas quando a área metropolitana responsável pela sua criação tiver que cumprir as suas obrigações. Por sua vez, os municípios, como se viu, respondem pelas dívidas das áreas metropolitanas[122], em termos legalmente expressos. Assim, é possível entender que as dívidas das EEMTs são expressamente garantidas pelos municípios que integram a área metropolitana que as criou e, nessa medida, os créditos sobre as mesmas poderão ser admitidos para efeitos de emissão de Obrigações Sobre o Sector Público.

O que se disse é correspondentemente aplicável às EEIMs. Estas são criadas pelas CIMs, mediante autorização da assembleia intermunicipal, sob proposta do conselho executivo[123]. Não são *autoridades regionais* ou *locais* mas as suas obrigações deverão ser cumpridas pela CIM responsável pela sua criação, quando o respectivo património for insuficiente[124]. Por sua vez, os municípios que integram a CIM respondem pelo pagamento das dívidas desta[125]. Afinal, resulta da lei, de forma expressa, a responsabilização de autoridades locais pelas dívidas das EEIMs, podendo

---

[120] V. alínea *m*) do n.º 1 do artigo 14.º e alínea *f*) do artigo 11.º da Lei n.º 46/2008, de 27 de Agosto.

[121] Alínea *a*) do n.º 2 do artigo 2.º do Código da Insolvência e n.º 2 do artigo 44.º do RSEL.

[122] N.º 5 do artigo 26.º da Lei n.º 46/2008, de 27 de Agosto.

[123] Alínea *f*) do artigo 13.º e alínea *l*) do n.º 1 do artigo 16.º da Lei n.º 45/2008, de 27 de Agosto.

[124] N.º 2 do artigo 44.º do RSEL.

[125] N.º 4 do artigo 27.º da Lei n.º 45/2008, de 27 de Agosto. Este artigo refere-se naturalmente às dívidas *contraídas* pela CIM, mas por identidade de razão deverá incluir todas as obrigações da mesma, ainda que não resultem exactamente de dívida *contraída*.

então os créditos sobre as mesmas relevar para emissão de Obrigações Sobre o Sector Público.

4.5.5. *Garantias Legais:* PARPÚBLICA *– Participações Públicas, SGPS, S. A.*

A PARPÚBLICA – Participações Públicas, SGPS, S. A. (PARPÚBLICA) é uma sociedade anónima cujo capital pertence inteiramente ao Estado. Enquanto pessoa colectiva de direito privado não poderá, desde logo, ser incluída na noção de *administração central* ou considerada como *autoridade regional* ou *local* para efeitos do n.º 2 do artigo 32.º do DL n.º 59/ /2006.

Contudo, em virtude do disposto no n.º 2 do artigo 4.º do Decreto-Lei n.º 209/2001, de 2 de Setembro, a PARPÚBLICA apresenta uma particularidade que a distingue das demais empresas detidas pelo Estado: à relação entre o Estado e a PARPÚBLICA é aplicável, entre outras disposições, o artigo 501.º do CSC.

Ora, nos termos desta disposição, o Estado é responsável pelas obrigações da PARPÚBLICA, significando, portanto, que a PARPÚBLICA beneficia de uma garantia geral, expressa, de origem legal, por parte do Estado. Deste modo, eventuais créditos sobre a PARPÚBLICA deverão ser considerados elegíveis para a emissão de Obrigações Sobre o Sector Público.

5. Procedimento de emissão

O procedimento tendente à emissão de Obrigações Sobre o Sector Público inicia-se juridicamente com a deliberação de emissão. Em geral, a emissão de obrigações deve ser deliberada pelos accionistas, salvo quando o contrato de sociedade preveja que pode ser deliberada pela administração[126]. Porém, a emissão de Obrigações Sobre o Sector Público pode ser deliberada pelo órgão de administração do emitente, como determina o artigo 9.º, aplicável por remissão do n.º 1 do artigo 32.º do DL n.º 59/2006. A deliberação deve incluir as características das obrigações e as condições da emissão.

---

[126] N.º 1 do artigo 350.º do CSC.

Relativamente à oferta das Obrigações Sobre o Sector Público, são aplicáveis os critérios previstos nos artigos 109.º a 111.º do CódVM para caracterizar a oferta como pública ou particular. A oferta será pública se for dirigida a destinatários indeterminados e particular se o não for ou se apenas for dirigida a investidores qualificados, tal como legalmente definidos. Em princípio, a oferta pública de Obrigações Sobre o Sector Público deverá ser precedida da divulgação de um prospecto, previamente aprovado pela CMVM[127], e objecto de intermediação obrigatória[128], excepto se o valor nominal unitário, preço de subscrição ou de venda das Obrigações Sobre o Sector Público for igual ou superior a € 50.000,00[129] ou se o valor total da oferta for inferior a € 50.000.000,00 num período de 12 meses[130]. De grande utilidade para a emissão de Obrigações Sobre o Sector Público é a possibilidade de elaboração e publicação de um prospecto de base, expressamente prevista na alínea *b)* do n.º 1 do artigo 135.º-C do CódVM em cuja redacção se enquadram quer as obrigações hipotecárias, quer as Obrigações Sobre o Sector Público.

A emissão de Obrigações Sobre o Sector Público não está sujeita a registo comercial, mesmo nos casos em que seja efectuada por oferta particular e sem admissão à negociação em mercado regulamentado. Isto mesmo resulta da exclusão de aplicação da alínea *l)* do n.º 1 do artigo 3.º do Código do Registo Comercial[131], por um lado, e do n.º 1 do artigo 351.º do CSC[132], por outro, determinadas pela alínea *b)* conjugada com a alínea

---

[127] N.º 1 do artigo 134.º e n.º 1 do artigo 114.º do CódVM.
[128] Artigo 113.º do CódVM.
[129] Alínea *e)* do n.º 1 do artigo 111.º do CódVM.
[130] Alínea *j)* do n.º 1 do artigo 111.º do CódVM. O artigo 111.º do CódVM inclui outras excepções ao âmbito de aplicação do regime das ofertas públicas. Contudo, os casos referidos parecem ser os que, com maior probabilidade, poderão ser aplicados à emissão de Obrigações Sobre o Sector Público.

[131] Que dispõe que está sujeita a registo a *emissão de obrigações, quando realizada através de oferta particular, excepto se tiver ocorrido, dentro do prazo para requerer o registo, a admissão das mesmas à negociação em mercado regulamentado de valores mobiliários.*

[132] O n.º 1 do artigo 351.º do CSC dispõe, em termos equivalentes aos da citada alínea *l)* do n.º 1 do artigo 3.º do Código do Registo Comercial, que estão sujeitas a registo comercial *a emissão de obrigações e a emissão de cada uma das suas séries, quando realizadas através de oferta particular, excepto se tiver ocorrido dentro do prazo para requerer o registo a admissão das mesmas à negociação em mercado regulamentado de valores mobiliários.*

a), ambas do n.º 2 do artigo 10.º, aplicáveis por remissão do n.º 1 do artigo 32.º do DL n.º 59/2006.

Após a emissão, as Obrigações Sobre o Sector Público podem ser admitidas à negociação em mercado regulamentado, nas mesmas condições que quaisquer outros valores mobiliários obrigacionais[133]. Relativamente à sucessão de emissões e à emissão em séries, as mesmas são admitidas praticamente sem limites. Isto é, pode ser deliberada uma emissão mesmo enquanto não estiver subscrita e realizada uma emissão anterior, não vigorando a proibição de deliberação resultante do n.º 2 do artigo 350.º do CSC, por via da exclusão operada pela alínea *a*) do n.º 2 do artigo 10.º do DL n.º 59/2006[134], e pode ser lançada uma nova oferta ou uma nova série sem o pagamento prévio da totalidade do preço de subscrição ou da colocação em mora dos subscritores faltosos e do cumprimento das formalidades associadas à emissão ou à série anteriores, por não ser aplicável o artigo 169.º do CódVM, como determina o n.º 2 do artigo 11.º do DL n.º 59/2006[135].

6. Garantia dos credores obrigacionistas

6.1. Afectação e segregação patrimonial

6.1.1. *Aspectos gerais*

Uma vez que as Obrigações Sobre o Sector Público são, como se referiu, garantidas por um privilégio creditório especial sobre os créditos elegíveis, bem como outros activos complementares, daqui decorre um *princípio de afectação* dos tais créditos e outros activos. A afectação inclui ainda o produto de juros e reembolsos dos créditos elegíveis[136]. Nos termos do DL 59/2006, o valor nominal global das Obrigações Sobre o Sector Público em circulação pode ir até 100% do valor nominal global dos créditos elegíveis e outros activos (com o limite de 20%) afectos às referidas obrigações e o vencimento médio das obrigações em circulação não

---

[133] V. n.º 1 do artigo 13.º aplicável por remissão do n.º 1 do artigo 32.º do DL n.º 59/2006.

[134] Por remissão do n.º 1 do artigo 32.º do DL n.º 59/2006.

[135] Por remissão do n.º 1 do artigo 32.º do DL n.º 59/2006.

[136] N.º 1 do artigo 4.º aplicável *ex vi* dos n.ºs 1 e 4 do artigo 32.º do DL n.º 59/2006.

pode ultrapassar, em cada momento, o vencimento médio daqueles créditos elegíveis e demais activos afectos[137].

Dispõe o n.º 4 do artigo 33.º do DL n.º 59/2006 que o registo dos activos em contas segregadas da entidade emitente, previsto no artigo 4.º do DL n.º 59/2006, deve ser realizado de forma a assegurar a segregação entre os activos afectos às obrigações hipotecárias e às Obrigações Sobre o Sector Público.

Assim, o n.º 3 do artigo 4.º do DL n.º 59/2006[138] exige, por um lado, que os créditos elegíveis e outros activos sejam adequadamente registados em contas segregadas da entidade emitente e, por outro, que sejam identificados sob a forma codificada nos documentos das respectivas emissões, tratando-se de um verdadeiro e próprio registo administrativo no seio da entidade emitente.

Quanto ao primeiro requisito, o n.º 4 do artigo 4.º do DL n.º 59/2006[139] esclarece que do registo de cada crédito devem constar as seguintes indicações: (i) montante ainda em dívida, (ii) taxa de juro e (iii) prazo de amortização. Segundo a Instrução do Banco de Portugal n.º 13/2006, no âmbito do registo do património autónomo, as contas segregadas da entidade emitente devem identificar (i) os devedores dos créditos e as eventuais entidades cedentes e/ou gestoras (no caso de cessão de créditos para efeitos de emissão de Obrigações Sobre o Sector Público), bem como (ii) proceder à identificação completa dos outros activos[140].

Em caso de celebração de operações sobre instrumentos financeiros derivados para cobertura de alguns dos riscos emergentes da emissão de Obrigações Sobre o Sector Público, o registo junto da entidade emitente deverá prever igualmente as seguintes menções em relação a cada instrumento financeiro derivado: (i) Obrigações Sobre o Sector Público objecto de cobertura por esse instrumento, (ii) activo ou activos subjacentes a essas Obrigações Sobre o Sector Público, (iii) montante da operação, (iv) identificação da contraparte do contrato de derivados e (v) data de início e data do respectivo vencimento[141].

---

[137] N.ºs 1 e 2 do artigo 19.º do DL n.º 59/2006, por remissão do n.º 3 do artigo 32.º do DL n.º 59/2006.
[138] Aplicável por remissão do n.º 1 do artigo 32.º do DL n.º 59/2006.
[139] Aplicável por remissão dos n.ºs 1 e 4 do artigo 32.º do DL n.º 59/2006.
[140] N.º 5 da Instrução do Banco de Portugal n.º 13/2006.
[141] N.º 5 do artigo 20.º, aplicável por remissão do n.º 1 do artigo 32.º do DL n.º 59/2006.

Conforme referido *supra*, os créditos elegíveis e outros activos (com o limite de 20%) afectos à emissão de Obrigações Sobre o Sector Público, sem prejuízo do registo em contas segregadas da entidade emitente, não saem do respectivo balanço.

Quanto ao outro requisito, isto é o de que os créditos elegíveis e outros activos sejam identificados sob a forma codificada nos documentos das respectivas emissões, trata-se de código definido pelo Banco de Portugal para cada instituição e, de forma separada, para as obrigações hipotecárias e para as Obrigações Sobre o Sector Público, devendo constar dos títulos ou das contas de registo individualizado[142]. A este código corresponde uma chave que contém a identificação financeira do acervo de activos afecto à garantia das Obrigações Sobre o Sector Público[143]. Assim, em relação à informação respeitante aos créditos elegíveis, outros activos e instrumentos financeiros derivados afectos à garantia das Obrigações Sobre o Sector Público, será promovido um registo em suporte informático, encriptado com uma chave que, nos termos do DL n.º 59/2006, deve ser depositada no Banco de Portugal[144].

As condições em que os titulares das Obrigações Sobre o Sector Público podem ter acesso à referida chave do código foram definidas pelo Aviso do Banco de Portugal n.º 8/2006[145]. Estes últimos, em caso de incumprimento (pagamento de juros ou de capital), deverão solicitar ao representante comum dos obrigacionistas que providencie, junto do Banco de Portugal, a revelação da chave do código[146].

Para efeitos do depósito da chave do código junto do Banco de Portugal, as instituições devem, nomeadamente, cumprir tempestivamente as obrigações de reporte estabelecidas na Instrução do Banco de Portugal n.º 7/2006, relativa ao Regulamento da Central de Responsabilidades de Crédito[147]. A Central de Responsabilidades de Crédito é uma base de dados, gerida pelo Banco de Portugal, com informação prestada pelas entidades participantes[148] sobre os créditos concedidos, à qual está associado um conjunto de serviços relativos ao seu processamento e difusão.

---

[142] N.º 6 da Instrução do Banco de Portugal n.º 13/2006.
[143] N.º 7 da Instrução do Banco de Portugal n.º 13/2006.
[144] N.º 5 do artigo 4.º do DL n.º 59/2006.
[145] Publicado no *DR* n.º 196, 1.ª série, de 11 de Outubro de 2006.
[146] N.º 4 do Aviso do Banco de Portugal n.º 8/2008.
[147] V. n.º 8 da Instrução do Banco de Portugal n.º 13/2006.
[148] As entidades participantes são, para efeitos da Instrução do Banco de Portugal n.º 7/2006, as entidades sujeitas à supervisão do Banco de Portugal *que concedam crédito,*

6.1.2. Património Autónomo

Em termos gerais, a garantia das obrigações é constituída por todos os bens que integram o património do devedor (universalidade objectiva) e que, na sua totalidade, respondem pelas respectivas dívidas. Assim mesmo dispõe o artigo 601.º do CódCiv nos termos do qual *pelo cumprimento da obrigação respondem todos os bens do devedor susceptíveis de penhora, sem prejuízo dos regimes especialmente estabelecidos em consequência da separação de patrimónios.*

Esta mesma regra é aplicável quando se trate de emissões de obrigações, posto que as mesmas representam direitos de crédito sobre o emitente.

Contudo, as Obrigações Sobre o Sector Público beneficiam de uma garantia especial, sendo esta um privilégio creditório (especial) sobre os *activos afectos* os quais, nos termos do n.º 2 do artigo 4.º do DL n.º 59/2006[149], constituem *património autónomo, não respondendo por quaisquer dívidas da entidade emitente até ao pagamento integral dos montantes devidos aos titulares das* Obrigações Sobre o Sector Púbico.

Esta autonomia patrimonial, como facilmente se depreende, apresenta vantagens inequívocas na garantia do cumprimento das obrigações assumidas pela entidade emitente perante os credores obrigacionistas e, consequentemente, no que à notação de risco das emissões diz respeito.

Questão que se coloca prende-se em qualificar este património autónomo. Será um património perfeito ou imperfeito?

Manuel de Andrade[150] analisa a existência, dentro do acervo patrimonial de uma pessoa, de espécie de «centro patrimonial à parte» ou até de diversos centros patrimoniais similares, sendo que a este complexo patrimonial à parte se dá o nome de património separado ou autónomo. As dívidas que são próprias de um património autónomo serão as que se encontram em conexão com a função específica desse mesmo património, com base numa afectação especial nos termos da qual esse património foi criado, por contraposição à afectação geral do restante património. Assim, para se reconhecer a existência de um património autónomo, *i. e.*

---

sucursais de instituições de crédito com sede no estrangeiro e actividade em Portugal e outras entidades designadas pelo Banco de Portugal que, de algum modo, exerçam funções de crédito ou actividade com este directamente relacionada.

[149] Aplicável por remissão dos n.os 1 e 4 do artigo 32.º do DL n.º 59/2006.
[150] ANDRADE, MANUEL A. DOMINGUES, *Teoria Geral da Relação Jurídica*, vol. I, Almedina, 1992, p. 217 e ss.

para sabermos se estamos perante um património distinto e autónomo, sob a perspectiva do tratamento jurídico que lhe é conferido, há que verificar como se processa a responsabilidade por dívidas: património autónomo será «o conjunto patrimonial a que a ordem jurídica dá um tratamento especial, distinto do restante património do titular, sob o ponto de vista da responsabilidade por dívidas», sendo determinante que o património em questão «só responda e responda só ele por certas dívidas», tratando-se de um «complexo patrimonial com dívidas próprias e privativamente suas, com dívidas que nele, e só nele, se localizam, e que ao mesmo tempo se conserva imune a quaisquer outras responsabilidades do titular»[151].

Também para Mota Pinto[152] a existência de plena autonomia patrimonial exige o concurso de ambas as características no património autónomo (só responder e responder só ele por certas dívidas), não bastando a verificação de uma delas apenas.

Finalmente, Almeida Costa[153] define património autónomo ou separado como aquele que tem dívidas próprias, distinguindo entre situações de autonomia completa ou total, de autonomia parcial ou incompleta. Assim, a autonomia completa verifica-se quando «uma determinada massa de bens está exclusivamente afectada ao cumprimento de certas dívidas» numa dupla perspectiva, a saber: (i) a massa de bens apenas responde por essas dívidas, e não por outros débitos do titular do património autónomo, e (ii) por essas mesmas dívidas só ela responde, não se incluindo outros bens do seu titular.

Tendo em mente estas considerações, o património autónomo previsto no DL n.º 59/2006 para efeitos de garantia das Obrigações Sobre o Sector Público deverá caracterizar-se como um património *imperfeito*. Vejamos.

---

[151] Para este autor, *Teoria Geral...*, ob. cit., pp. 218, 219 e 220, para que se possa falar de uma verdadeira e própria autonomia, absoluta e integral, o património deverá aparecer como «completamente separado», formando um «compartimento estanque», sendo que a qualificação de património autónomo implica que uma determinada massa patrimonial só seja sensível a certas dívidas, e não às outras dívidas do respectivo titular. O património principal ou geral permanece estranho e insensível à primeira classe de obrigações. Não bastará que sobre um dado conjunto de bens certas dívidas tenham um tratamento preferencial.

[152] PINTO, CARLOS ALBERTO DA MOTA, *Teoria Geral do Direito Civil*, ed. por ANTÓNIO PINTO MONTEIRO e PAULO MOTA PINTO, Coimbra Editora, 2005, p. 348, nota (408).

[153] COSTA, MÁRIO JÚLIO DE ALMEIDA, *Direito das Obrigações*, ob. cit., p. 845, referindo que «a lei admite diversas situações de autonomia patrimonial».

A responsabilidade pelas dívidas do património autónomo encontra-se afecta, em primeira instância, ao cumprimento das Obrigações Sobre o Sector Público e, num segundo plano, uma vez e apenas quando satisfeitas as dívidas da entidade emitente de Obrigações Sobre o Sector Público perante os credores obrigacionistas pode ser utilizado para satisfação das dívidas dos demais credores da entidade emitente.

Se os créditos elegíveis e outros activos afectos ao cumprimento das Obrigações Sobre o Sector Público apenas respondem, em primeira linha, por essas dívidas, uma vez satisfeitas as obrigações da entidade emitente perante os credores obrigacionistas e demais beneficiários[154], não é menos verdade que o remanescente reverterá para o património geral da entidade emitente, uma vez que os créditos afectos são pertença desta última.

Quanto a este aspecto, a disponibilização do património a favor dos credores gerais da entidade emitente apenas ocorrerá uma vez extinta a afectação, sendo que os bens deixam de constituir um património autónomo.

No entanto, afigura-se que esta análise é ainda parcelar, uma vez que atende apenas ao cenário em que o património autónomo cumpre plenamente a sua função, em virtude da suficiência dos créditos elegíveis especialmente afectos.

O que relevará é a verificação da hipótese inversa, isto é, a de que os credores obrigacionistas poderão concorrer com os restantes credores da entidade emitente, na qualidade de credores comuns, em caso de insuficiência dos activos afectos para efeitos de pagamento de capital e juros, como parece ser o caso. Com efeito, o património geral da entidade emitente encontra-se ainda, embora num segundo plano, à disposição dos titulares das Obrigações Sobre o Sector Público em caso de insuficiência do património autónomo, pelo que, não se poderá afirmar que o património autónomo responde e só ele responde pelo pagamento das dívidas aos titulares das Obrigações Sobre o Sector Público. Assim, o património autónomo previsto no DL n.º 59/2006 não é um património autónomo perfeito, mas antes um património autónomo *imperfeito*.

Outra questão que pode suscitar-se é a de saber se este património autónomo (imperfeito) é um património *estático* ou um património *dinâmico*. Para este efeito, verifica-se que, caso os créditos elegíveis, bem como

---

[154] Estes beneficiários serão as contrapartes das operações sobre instrumentos derivados e o representante comum dos obrigacionistas. Por comodidade, será feita referência apenas aos titulares das Obrigações Sobre o Sector Público.

os demais activos afectos, se revelem insuficientes, a entidade emitente poderá afectar novos créditos elegíveis ou outros activos (com o limite de 20%)[155], registando-os em contas segregadas, de forma a assegurar o pagamento aos titulares das Obrigações Sobre o Sector Público, com base num *mecanismo de substituição* que operará durante a vida das Obrigações Sobre o Sector Público. Numa óptica de regularização de incumprimentos, poderão permanecer afectos às Obrigações Sobre o Sector Público créditos elegíveis que entrem em incumprimento em momento posterior à respectiva afectação desde que esse incumprimento não seja igual ou superior a noventa dias[156].

Isto significa que o património autónomo (imperfeito) afecto ao cumprimento das Obrigações Sobre o Sector Público não constitui um património estático, antes adquirindo uma configuração dinâmica.

A letra da lei aponta claramente neste sentido, nomeadamente o n.º 3 do artigo 4.º do DL n.º 59/2006[157], ao referir expressamente que os créditos e outros activos que *em cada momento* integrem o património autónomo devem ser registados em contas segregadas da entidade emitente, de forma a cumprirem a sua função.

Ainda relativamente à manutenção do património autónomo, importa reter o essencial das disposições regulamentares em vigor.

Assim, nos termos da Instrução do Banco de Portugal n.º 13/2006, as instituições de crédito emitentes de Obrigações Sobre o Sector Público deverão enviar ao Banco de Portugal, com a antecedência de um mês relativamente à data da emissão (i) um relatório previsonal com a descrição da organização e política de gestão dos riscos inerentes ao património autónomo afecto às obrigações, indicando, em particular, os procedimentos ou modelos de gestão de risco e de controlo de eventuais desfasamentos entre activos e passivos e (ii) no contexto da definição do *portfolio* inicial associado à emissão, indicar a composição prevista do património autónomo e outros elementos que demonstrem o cumprimento do regime prudencial aplicável[158].

---

[155] N.º 1 do artigo 21.º do DL n.º 59/2006, *ex vi* do n.º 1 do artigo 32.º do DL n.º 59/2006.

[156] N.º 3 do artigo 21.º do DL n.º 59/2006, *ex vi* do n.º 1 do artigo 32.º do DL n.º 59/2006.

[157] *Ex vi* dos n.ºs 1 e 4 do artigo 32.º do DL n.º 59/2006.

[158] Nos termos do n.º 9 da Instrução do Banco de Portugal n.º 13/2006, as instituições têm a obrigação de remeter ao Banco de Portugal um mapa com a composição por-

A composição previsional do património autónomo para efeitos de emissão de Obrigações Sobre o Sector Público, bem como os outros elementos que demonstrem o cumprimento do regime prudencial aplicável, deverá ser posteriormente aferida, devendo ser novamente enviada ao Banco de Portugal informação relativa à composição do património afecto às Obrigações Sobre o Sector Público pelas instituições de crédito emitentes com a antecedência mínima de cinco dias úteis relativamente à data daquelas emissões[159].

O órgão de administração deverá, relativamente às informações relativas ao património autónomo *supra* referidas, remeter ao Banco de Portugal uma declaração que ateste que se encontram preenchidos todos os requisitos aplicáveis. Estes requisitos respeitam ao registo do património autónomo nos termos legais e regulamentares[160]. Adicionalmente, o Banco de Portugal deverá receber um parecer do auditor independente que certifique as asserções do órgão de administração na sua declaração.

---

menorizada do património autónomo afecto às Obrigações Sobre o Sector Público. O mapa em questão deve ser elaborado, em separado, para as Obrigações Sobre o Sector Público e para as obrigações hipotecárias. O montante dos créditos poderá ser apresentado de forma agregada, devendo ainda ser indicado o montante dos respectivos juros corridos. Os restantes elementos – outros activos, instrumentos financeiros derivados e outras operações contratadas – devem ser identificados de forma pormenorizada. A unidade monetária de referência a utilizar é o euro. O mapa deverá ter por referência o último dia de cada semestre e deve ser enviado ao Banco de Portugal através de transmissão electrónica, nomeadamente pelo BPnet, ou em suporte magnético, até ao final do mês seguinte ao respectivo semestre (n.º 10 da Instrução do Banco de Portugal n.º 13/2006). Para efeitos estatísticos, devem ser remetidas ao Banco de Portugal, até ao final da primeira quinzena de cada mês, e tendo por referência o final do mês anterior, informações sobre o número e valor das obrigações hipotecárias ou das obrigações sobre o sector público em circulação, assim como sobre eventuais emissões ou amortizações realizadas no respectivo período (n.º 11 da Instrução do Banco de Portugal n.º 13/2006). As instituições devem estar em condições de, em qualquer momento, poder justificar perante o Banco de Portugal as informações prestadas, mantendo, para o efeito, a necessária documentação.

[159] Note-se que, no que diz respeito a emissões subsequentes, não integradas em programa de emissões anterior, deverão as instituições de crédito enviar ao Banco de Portugal a composição previsional do património autónomo e outros elementos que demonstrem o cumprimento do regime prudencial aplicável (no prazo de um mês e nos cinco dias úteis relativamente à data da emissão, respectivamente), bem como declaração e parecer do auditor independente.

[160] N.º 3 da Instrução do Banco de Portugal n.º 13/2006.

Em caso de divergência entre o parecer emitido pelo auditor independente (a ser comunicado com a antecedência de cinco dias úteis em relação à data da emissão) e a composição previsional do património autónomo (comunicada ao Banco de Portugal com a antecedência de mínima de um mês em relação à referida data), será necessário proceder à revisão deste parecer[161].

6.2. Privilégio creditório

6.2.1. Noção

O n.º 1 do artigo 3.º do DL n.º 59/2006, aplicável às Obrigações Sobre o Sector Público por via da remissão operada pelo n.º 1 do artigo 32.º do mesmo diploma dispõe que os titulares das obrigações *gozam de um privilégio creditório especial* sobre os créditos *que lhes subjazem, bem como sobre os outros activos previstos no artigo 17.º, com precedência sobre quaisquer outros credores, para efeitos de reembolso do capital e recebimento dos juros correspondentes às* Obrigações Sobre o Sector Público.

O artigo 733.º do CódCiv define privilégio creditório como a faculdade que a lei, em atenção à causa do crédito, concede a certos credores, independentemente do registo, de serem pagos com preferência relativamente a outros[162-163]. Todos os privilégios têm fonte legal, não existindo

---

[161] N.º 3, 2.ª frase, da Instrução do Banco de Portugal n.º 13/2006.

[162] Sobre os privilégios creditórios no direito português, *vide* SERRA, ADRIANO PAES DA SILVA VAZ, «Privilégios», *BMJ*, n.º 64, 1957, pp. 41-337, e PIRES, MIGUEL LUCAS, *Dos Privilégios Creditórios: Regime Jurídico e sua influência no concurso de credores*, Almedina, 2005.

[163] Conforme refere RITO, ANTÓNIO SILVA, «Privilégios creditórios na nova legislação sobre recuperação e falência da empresa», *Revista da Banca*, n.º 27, Julho-Setembro 1993, pp. 93-106, pp. 93-94, a lei pode conceder a determinados credores a faculdade de serem pagos com preferência a outros, atendendo à causa do crédito. Trata-se de um desvio relativamente à regra da *par conditio creditorum* e daí entender-se que as disposições que criam privilégios são sempre de natureza excepcional. Segundo este autor, «por via excepcional surge a figura dos credores privilegiados, expressão que prefiro substituir por créditos privilegiados, pois é a ponderação da natureza e da origem do crédito que motiva o legislador a criar a sua especial protecção jurídica e não qualquer consideração relacionada com o titular do crédito».

privilégios nascidos de negócio jurídico[164], e estando a *ratio* da sua consagração ligada ou à qualidade dos credores, ou à natureza do crédito em si mesmo. O efeito da preferência manifesta-se quando é intentada acção executiva em que são penhorados os bens sujeitos à garantia, sendo que só nesse momento o credor poderá fazer valer o seu direito.

O referido artigo 735.º do CódCiv admite duas modalidades de privilégios: por um lado, os privilégios mobiliários, que poderão ser gerais ou especiais e, por outro, os privilégios imobiliários, sendo que relativamente a estes últimos apenas encontramos no CódCiv privilégios especiais. Os privilégios mobiliários serão especiais ou gerais, consoante abranjam o valor da totalidade dos bens móveis existentes no património do devedor à data da penhora, ou incidam apenas sobre certos e determinados bens móveis.

Assim, o privilégio creditório conferido aos titulares das Obrigações Sobre o Sector Público é um privilégio mobiliário especial, uma vez que incide apenas sobre os bens compreendidos no património autónomo afecto à respectiva emissão, e não todo o património do devedor. Aliás, é precisamente sobre o conjunto de créditos elegíveis e outros activos afectos à emissão de Obrigações Sobre o Sector Público que se consagra o referido privilégio creditório especial a favor dos obrigacionistas, apenas respondendo pelo cumprimento das Obrigações Sobre o Sector Público os créditos afectos e outros activos registados em contas segregadas da entidade emitente.

A consagração deste privilégio creditório a favor dos titulares das Obrigações Sobre o Sector Público encontra-se em sintonia com o disposto no n.º 4 do artigo 22.º da Directiva OICVM que, conforme referido, exige que a garantia das Obrigações Sobre o Sector Público contemple, perante uma situação de incumprimento da entidade emitente, nomeadamente em caso de liquidação, que os titulares das obrigações gozem de prioridade nos pagamentos que lhes são devidos (*activos que [...], no caso de falência do emitente, serão utilizados prioritariamente para reembolsar o capital e pagar os juros vencidos*[165]).

A propósito desta disposição, a doutrina alemã[166] tem defendido que,

---

[164] VARELA, JOÃO DE MATOS ANTUNES, *Das Obrigações em geral*, vol. II, 7.ª ed., Almedina, 2007, p. 571.

[165] N.º 4 do artigo 22.º da Directiva OICVM.

[166] BELLINGER, DIETER, «Commentary on Art. 22 (4) of the UCITS directive», *in* AA.VV., *Les banques Hypothécaires et L'Obligation Foncière en Europe*, Fédération

em caso de liquidação da entidade emitente, o referido preceito deve ser interpretado no sentido da necessidade de se separar um conjunto de activos, para efeitos de cobertura das Obrigações Sobre o Sector Público, do restante património da entidade emitente, de forma a que aquele conjunto de activos se encontre alocado para pagar preferencialmente aos titulares das Obrigações Sobre o Sector Público.

O DL 59/2006 reflecte claramente esta solução.

Na senda do disposto no artigo 733.º do CódCiv, dispõe o n.º 3 do artigo 3.º do DL n.º 59/2006 que o privilégio creditório não se encontra sujeito a registo, menção desnecessária atendendo ao facto de já resultar da lei que os privilégios não estão sujeitos a registo.

O privilégio creditório traduz-se, assim, no direito que assiste aos credores obrigacionistas no âmbito de emissões de Obrigações Sobre o Sector Público de serem pagos com preferência relativamente aos demais credores da entidade emitente, em caso de liquidação, sendo que, após o integral pagamento desses créditos, o eventual remanescente deverá ser devolvido à massa insolvente geral, a fim de satisfazer os créditos dos credores comuns da referida entidade.

Também os credores obrigacionistas, em caso de insuficiência do património autónomo para efeitos de satisfação dos créditos respectivos, poderão recorrer ao restante património da entidade emitente, embora na qualidade de credores comuns, concorrendo em igualdade de circunstâncias com os demais credores que se encontrem na mesma posição.

Cumpre salientar que, nos termos do n.º 2 do artigo 21.º do DL n.º 59/ /2006[167], quando e enquanto as Obrigações Sobre o Sector Público permanecerem na posse da entidade emitente, não haverá privilégio creditório especial, nem afectação e segregação patrimonial.

6.2.2. Beneficiários

O privilégio creditório especial é extensível às contrapartes das operações sobre instrumentos financeiros derivados no que diz respeito aos créditos emergentes dessas operações[168].

Hypothecaire Européenne, Nomos Verlagsgesellschaft, Baden-Baden, 3.ª ed., 2001, pp. 63--82, p. 80.

[167] Aplicável por via da remissão operada pelo n.º 1 do artigo 32.º do DL n.º 59/ /2006.

[168] N.º 3 do artigo 20.º do DL n.º 59/2006, *ex vi* do n.º 1 do artigo 32.º do DL n.º 59/2006.

Paralelamente, também a remuneração do representante comum dos obrigacionistas, os custos e encargos subjacentes ao exercício das respectivas funções, bem como as despesas de convocação e realização de assembleias de obrigacionistas, quando incorridas em cumprimento das condições da emissão, constituirão encargos do património autónomo e beneficiam, consequentemente, do privilégio creditório consagrado no DL n.º 59/2006[169].

O DL n.º 59/2006 não estendeu o privilégio creditório às entidades que concedam linhas de crédito irrevogáveis à entidade emitente, para pagamento de reembolsos e juros devidos no âmbito das Obrigações Sobre o Sector Público, com vista a fazer face a necessidades temporárias de liquidez[170]. Esta ausência de previsão legal poderá colocar alguns problemas de ordem prática no que diz respeito à obtenção dos referidos financiamentos, sendo que o n.º 2 do artigo 18.º do DL n.º 59/2006 exigiu uma determinada notação de risco à entidade financiadora (igual ou superior a «A-» ou equivalente), sem que correlativamente lhes tenha atribuído qualquer garantia especial.

No entanto, a não extensão do privilégio creditório especial a estas entidades deve-se essencialmente ao facto de se tratar de instituições que, no contexto da operação de emissão de Obrigações Sobre o Sector Público, assumem uma função eventual e circunscrita no tempo, sendo participantes que poderão eventualmente surgir (caso se coloquem questões de liquidez), mas que tenderão a desaparecer num curto espaço de tempo, em virtude do reembolso da dívida contraída.

O privilégio creditório especial também não foi legalmente conferido à instituição de crédito designada para efeitos de gestão do património autónomo, em caso de liquidação da entidade emitente; porém, de acordo com o ponto 3 do n.º 2.º do Aviso do Banco de Portugal n.º 8/2006 esta remuneração constituiu um encargo do património autónomo quando se trate de entidade designada pelo Banco de Portugal, no âmbito de uma liquidação subsequente à revogação da autorização da instituição de crédito emitente das Obrigações Sobre o Sector Público.

A articulação entre a ausência de consagração legal e a referida disposição do Aviso do Banco de Portugal suscita alguma reflexão adicional.

---

[169] N.º 6 do artigo 14.º do DL n.º 59/2006, *ex vi* do n.º 1 do artigo 32.º do DL n.º 59/2006.

[170] V. n.º 1 do artigo 18.º, aplicável *ex vi* do n.º 1 do artigo 32.º do DL n.º 59/2006.

Por um lado, é de entender que o legislador, em futuras alterações ao DL n.º 59/2006, deveria consagrar a extensão do referido privilégio creditório a esta última entidade, sob pena de se suscitarem obstáculos práticos não despiciendos, nomeadamente a dificuldade em encontrar no mercado uma instituição de crédito que aceite ser responsável pela gestão do património autónomo, então separado, sem ter uma posição pelo menos paritária com a dos titulares das Obrigações Sobre o Sector Público, com as contrapartes dos instrumentos financeiros derivados e com o representante comum dos obrigacionistas.

Por outro lado, a necessidade de consagração legal do privilégio creditório e a sua ausência suscitam o problema da ilegalidade do ponto 3 do n.º 2 do Aviso do Banco de Portugal n.º 8/2006, posto que, em última análise, ao se estabelecer que a remuneração da instituição de crédito designada constitui encargo do património autónomo está, sem dúvida, a privilegiar-se essa entidade em comparação com outros credores do emitente, os quais são pagos pelo património comum e apenas terão acesso aos bens e direitos incluídos no património autónomo após serem pagos todos os beneficiários do privilégio creditório. O ponto 3 do n.º 2 do Aviso do Banco de Portugal n.º 8/2006 parece, assim, criar um privilégio por acto *infra*legal.

6.3. Auditor independente

6.3.1. *Aspectos gerais*

O artigo 34.º do DL n.º 59/2006 prevê a designação de um auditor independente, para cada emissão de Obrigações Sobre o Sector Público, entidade responsável pela auditoria da respectiva emissão, zelando pelo cumprimento dos requisitos legais e regulamentares, com base na certificação do conjunto de documentos a remeter à entidade supervisora e elaborando um relatório anual de acompanhamento da actividade desenvolvida pela entidade emitente de Obrigações Sobre o Sector Público.

O auditor independente deverá estar registado junto da CMVM[171],

---

[171] N.º 2 do artigo 34.º do DL n.º 59/2006. Por seu turno, o n.º 1 do artigo 9.º do CódVM determina que apenas podem ser registados como auditores as sociedades de revisores oficiais de contas e outros auditores habilitados a exercer a respectiva actividade em Portugal que sejam dotados dos meios humanos, materiais e financeiros necessários para assegurar a sua idoneidade, independência e competência técnica. Segundo o n.º 2 do

competindo-lhe, após designação pelo órgão de administração da entidade emitente, a defesa dos interesses dos titulares das Obrigações Sobre o Sector Público[172].

Deparamos com uma «supervisão» especial e específica da actividade de emissão de Obrigações Sobre o Sector Público, a par da supervisão exercida pelo Banco de Portugal.

Contrariamente ao que sucede no direito alemão, em que a figura do auditor independente alemão («*Treuhänder*») aparece largamente regulada na *PfandBG*, e no direito irlandês («*Asset Cover Monitor*»), o regime legal nacional não o regulou de forma exaustiva, apenas lhe dedicando um artigo[173], sem prejuízo de outras disposições regulamentares igualmente aplicáveis.

De acordo com o regime vigente, na prossecução das funções que lhe são cometidas por lei, o auditor independente verifica o cumprimento, por parte da entidade emitente, dos requisitos legais e regulamentares aplicáveis às Obrigações Sobre o Sector Público[174], estabelecidos no DL n.º 59/2006 e nos Avisos e Instruções do Banco de Portugal.

6.3.2. *Funções do auditor independente*

Nos termos do Aviso do Banco de Portugal n.º 13/2006 (n.º 2.1), a entidade emitente deve remeter ao Banco de Portugal um conjunto de informações sobre cada emissão[175], acompanhado de uma declaração do órgão de administração da entidade emitente, relativa ao registo do património autónomo, e de parecer do auditor independente que certifique as asserções do órgão de administração.

Para dar cumprimento a esta obrigação legal, o auditor independente terá que validar a informação fornecida pela entidade emitente ao Banco de Portugal, no que diz respeito à (i) organização, políticas e procedimentos e (ii) ao património autónomo, *inter alia*, sobre o cumprimento dos critérios definidos pelo Banco de Portugal (condições de elegibili-

---

artigo 10.º do CódVM, os auditores devem manter seguro de responsabilidade civil adequado a garantir o cumprimento das respectivas obrigações.

[172] Artigo 34.º do DL n.º 59/2006.
[173] *Idem*.
[174] E obrigações hipotecárias, quando aplicável.
[175] N.º 2 da Instrução do Banco de Portugal n.º 13/2006.

dade dos activos, a respectiva valorização e cumprimento dos limites prudenciais estabelecidos).

Adicionalmente, o auditor independente deve elaborar um relatório anual sobre o cumprimento pela entidade emitente dos requisitos legais e regulamentares (n.º 4 do artigo 34.º do DL n.º 59/2006)[176]. Este relatório deverá validar o cumprimento por parte da entidade emitente de todos os critérios e requisitos de elegibilidade dos activos que compõem o património autónomo.

As funções do auditor independente junto da entidade emitente podem, assim, ser sintetizadas do seguinte modo: (i) análise e validação de políticas, procedimentos e critérios definidos pela entidade emitente de Obrigações Sobre o Sector Público e (ii) verificação e confirmação dos critérios de elegibilidade dos activos e demais requisitos prudenciais.

É do interesse tanto da entidade emitente como do auditor independente a existência de apertados deveres de monitorização, por forma a dar cabal cumprimento às disposições legais e, em última instância, zelar pela protecção dos interesses dos credores obrigacionistas.

Justifica-se, assim, um controlo e acompanhamento muito próximos do património autónomo por parte do auditor independente, com um elevado grau de envolvimento, o qual determina a obrigação de prestação de informações mensais sobre a existência de eventuais incumprimentos detectados no contexto da emissão de Obrigações Sobre o Sector Público ou até mesmo obrigações de notificação imediata, caso chegue ao conhecimento do auditor independente o referido incumprimento das disposições legais e regulamentares aplicáveis que não seja sanado num curto período de tempo.

6.3.3. *Relação entre auditor independente, entidade emitente, Banco de Portugal e credores obrigacionistas*

O auditor independente é nomeado, por exigência legal, pela entidade emitente de Obrigações Sobre o Sector Público, mediante deliberação a ser tomada pelo respectivo órgão de administração.

---

[176] O Banco de Portugal, embora legitimado para o fazer ao abrigo do n.º 5 do artigo 34.º do DL n.º 59/2006, até à conclusão do presente estudo não tinha ainda regulamentado por Aviso (ouvida a CMVM e a Ordem dos Revisores Oficiais de Contas) o conteúdo e as formas de divulgação do relatório do auditor.

O regime legal denota expressamente grande preocupação com a independência do auditor independente em relação à entidade emitente, enunciando um conjunto de regras que deverão ser tidas em conta por esta última aquando da nomeação do auditor independente.

Por um lado, impõe que o auditor independente (i) não esteja associado a qualquer grupo de interesses específicos da entidade emitente, nem (ii) se encontre em qualquer circunstância numa situação susceptível de afectar a sua isenção de análise ou de decisão, nomeadamente em virtude de ser titular ou actuar em nome ou por conta de titulares de participação qualificada igual ou superior a 2% do capital social da entidade emitente e de ter sido reeleito por mais de dois mandatos, de forma contínua ou intercalada[177].

O sentido da norma é, de facto, assegurar que não exista no momento da nomeação do auditor independente qualquer dependência jurídico-económica, evitando-se potenciais conflitos de interesses. Caso tal circunstância venha a ocorrer em momento posterior, a entidade emitente deve promover, de imediato, a substituição do auditor independente.

Sem prejuízo do exposto, deve existir uma estreita colaboração entre a entidade emitente e o auditor independente.

A entidade emitente deve disponibilizar ao auditor independente todos os elementos que se revelem necessários ou convenientes para a verificação do cumprimento das normas legais e regulamentares, incluindo os que se revelem necessários ou convenientes à verificação do cumprimento das políticas de limitação de riscos e do regime prudencial[178].

A relação do auditor independente com o Banco de Portugal traduz-se fundamentalmente em obrigações de reporte relativamente ao *status* do património autónomo afecto ao cumprimento das Obrigações Sobre o Sector Público e demais disposições regulamentares aplicáveis. Mas a fiscalização exercida pelo auditor independente não se confunde com a supervisão exercida pelo Banco de Portugal. Actuam em planos distintos e o auditor independente não se encontra investido por lei de quaisquer poderes especiais junto da entidade emitente. A supervisão geral e prudencial é exercida pelo Banco de Portugal ao longo da vida das Obrigações Sobre o Sector Público.

Conforme analisado, o auditor independente é uma entidade que, nomeada pela entidade emitente, por exigência do DL n.º 59/2006, e cuja

---

[177] Alíneas *a*) e *b*) do n.º 4 do artigo 34.º do DL n.º 59/2006.
[178] N.º 9 do Aviso do Banco de Portugal n.º 6/2006.

presença é sempre obrigatória nas emissões de Obrigações Sobre o Sector Público, executa, por direito próprio, os deveres legalmente impostos em benefício dos titulares das Obrigações Sobre o Sector Público, informando a autoridade de supervisão da evolução das suas tarefas (deveres de reporte), nomeadamente em caso de incumprimento de disposições legais e regulamentares por parte da entidade emitente.

Assim, em primeiro lugar, o auditor independente exerce, portanto, uma função de supervisão em relação ao património autónomo surgindo como uma instância privada de controlo, não detém qualquer estatuto de direito público, nem é um representante do Banco de Portugal, tratando-se, pelo contrário, de uma entidade de direito privado independente, por imposição do DL n.º 59/2006.

Em segundo lugar, o auditor independente não é um representante da entidade emitente, uma vez que não pratica actos jurídicos com reflexos na esfera jurídica desta última. Aliás, a consagração legal da figura do auditor independente vai precisamente no sentido do seu distanciamento em relação à entidade emitente, não se encontrando ligado a esta por qualquer vínculo de representação[179].

Quanto à relação do auditor independente com os titulares das Obrigações Sobre o Sector Público, a mesma consiste em zelar pelos seus interesses com base em deveres de protecção atribuídos por lei. Assim, o auditor independente também não é um representante dos credores das Obrigações Sobre o Sector Público, visto que não pratica actos que se repercutam na esfera jurídica destes – antes cumpre deveres próprios impostos por lei. Ademais, os direitos e deveres que impendem sobre o auditor independente surgem antes da emissão de Obrigações Sobre o Sector Público, numa altura em que os credores obrigacionistas ainda não estão identificados, nem ocupam qualquer posição perante a entidade emitente de Obrigações Sobre o Sector Público. Adicionalmente, o auditor independente não salvaguarda todos os interesses dos credores das Obrigações Sobre o Sector Público mas apenas os previstos no DL n.º 59/2006. A sua actuação relaciona-se deste modo com o objecto, mas não com o sujeito.

O auditor independente é titular de um ofício com funções de supervisão, no sentido do cumprimento de tarefas de controlo e colaboração, não tendo qualquer direito de disposição sobre o património autónomo.

---

[179] O dever de remuneração não será suficiente para fundamentar o exercício de representação por parte do auditor independente.

O auditor independente não se encontra, no exercício das funções que lhe são atribuídas pelo DL n.º 59/2006, sujeito a instruções de qualquer entidade.

Face ao exposto, o auditor independente deve caracterizar-se como uma figura *sui generis*, que não detém qualquer relação contratual, nem é representante da entidade emitente de Obrigações Sobre o Sector Público, do Banco de Portugal, nem dos titulares de Obrigações Sobre o Sector Público.

Em virtude da caracterização referida, é de afastar a possibilidade de o auditor independente ser responsabilizado em sede de responsabilidade contratual, uma vez que não é identificável qualquer relação jurídica específica entre o auditor independente e as demais entidades participantes da emissão de Obrigações Sobre o Sector Público.

O incumprimento, por parte do auditor independente, das obrigações decorrentes do DL n.º 59/2006 poderá conduzir a uma lesão dos titulares das Obrigações Sobre o Sector Público, em virtude da violação de uma disposição legal de protecção.

A doutrina[180] tem entendido que a verificação desta vertente de responsabilidade extracontratual pressuporá a verificação de determinados requisitos cumulativos, sendo que a conduta do auditor independente será ilícita na medida em que (i) os interesses violados correspondam à violação de uma norma legal, (ii) a norma legal vise a protecção de interesses particulares autonomizáveis e (iii) o dano produzido se inscreva no círculo de interesses que a norma legal se destina a proteger.

Apenas e tão-somente com a verificação destes requisitos, de forma cumulativa, poderá o auditor independente ser demandado pelos titulares das Obrigações Sobre o Sector Público por violação de deveres legais de protecção em sede de responsabilidade extra-obrigacional.

Em conclusão, o artigo 34.º do DL n.º 59/2006 afirma expressamente que o auditor independente actua na defesa dos titulares das Obrigações Sobre o Sector Público, impondo-lhe deveres legais que visam a protecção de pessoas determinadas ou círculos de pessoas contra as eventuais lesões dos seus bens[181]. Se o património autónomo se revelar insolvente, ou se não cumprir com os requisitos prudenciais exigidos pelo DL n.º 59/2006,

---

[180] COSTA, MÁRIO JÚLIO DE ALMEIDA, *Direito das Obrigações*, ob. cit., p. 563, VARELA, JOÃO DE MATOS ANTUNES, *Das Obrigações em Geral*, ob. cit., pp. 536-542.

[181] MONTEIRO, JORGE FERREIRA SINDE, *Responsabilidade por Conselhos, Recomendações e Informação*, Almedina, 1989, p. 240.

resultando desse facto um dano para os credores obrigacionistas, o auditor independente poderá ser responsabilizado, em sede de responsabilidade extracontratual caso se conclua que não cumpriu os respectivos deveres legais, em virtude de uma *mala gestio*, estando consagrado no DL n.º 59/ /2006 um verdadeiro e próprio dever legal de protecção em benefício dos credores obrigacionistas.

6.4. Representante comum e assembleia de obrigacionistas

Em derrogação à exclusão geral operada pela alínea *a*) do n.º 2 do artigo 10.º do DL n.º 59/2006, o n.º 1 do artigo 14.º do mesmo diploma esclarece que às Obrigações Sobre o Sector Público são aplicáveis os artigos 355.º a 359.º do CSC, com as especificidades que a seguir se estabelecem. Trata-se das disposições societárias relativas às assembleias de obrigacionistas e ao representante comum[182]. A conclusão é, portanto, a de que valem aqui as disposições gerais, cumprindo apenas tomar em atenção as particularidades consagradas ao longo do artigo 14.º

Quanto ao representante comum, o n.º 2 do artigo 14.º dispõe que o mesmo é inicialmente designado pelo *órgão de administração* da entidade emitente, sendo único para todas as emissões de Obrigações Sobre o Sector Público realizadas pela mesma entidade.

O n.º 3 do mesmo artigo alarga o elenco de pessoas que podem ser designadas representante comum, permitindo-se que seja designada *uma instituição de crédito ou outra entidade autorizada a prestar serviços de representação de investidores em algum Estado membro da União Europeia, desde que não se encontre em relação de domínio ou de grupo com a entidade emitente*. Poderão igualmente desempenhar as funções de representante comum dos titulares das Obrigações Sobre o Sector Público as entidades mencionadas no artigo 357.º do CSC, isto é, as sociedades de advogados, sociedades de revisores de contas ou pessoas singulares dotadas de capacidade jurídica plena.

O n.º 4 pronuncia-se sobre o conteúdo da designação do representante comum: (i) a respectiva remuneração, (ii) os custos e encargos ine-

---

[182] Sobre o representante comum dos obrigacionistas, vejam-se, na doutrina portuguesa, BARBOSA, NUNO, *Competência das Assembleias de Obrigacionistas*, Almedina, 2002, pp. 113-132, e PIRES, FLORBELA DE ALMEIDA, *Direitos e Organização dos Obrigacionistas em Obrigações Internacionais (Obrigações Caravela e Eurobonds)*, Lex, 2001, pp. 152 e ss., 216 e ss. e 248 e ss.

rentes ao desempenho das suas funções, (iii) as despesas de convocação e realização de assembleias de obrigacionistas, (iv) os limites aplicáveis à responsabilidade do representante comum e (v) os termos das responsabilidades que perante ele são assumidas pela entidade emitente e pelos demais intervenientes na emissão.

Por sua vez, o n.º 5 do artigo 14.º do DL n.º 59/2006 confere igualmente à assembleia de obrigacionistas a competência para deliberar sobre a *nomeação*, *remuneração* e *destituição* do representante comum dos obrigacionistas, bem como sobre a alteração das condições iniciais da respectiva designação.

Esta possibilidade apresenta-se algo contraditória com a estatuição do n.º 2 do artigo 14.º, na parte em que impõe que o representante comum dos obrigacionistas é *único* para todas as emissões de Obrigações Sobre o Sector Público emitidas pela *mesma entidade*.

A conciliação destas duas disposições só poderá efectuar-se dando prevalência à vontade dos credores obrigacionistas manifestada na respectiva assembleia. Pelo que, do ponto de vista da entidade emitente, deverá ser indicado sempre o mesmo representante comum para todas as emissões de Obrigações Sobre o Sector Público, podendo posteriormente tal designação ser modificada por assembleia de obrigacionistas de uma determinada emissão, caso em que, a final, poderão subsistir emissões de Obrigações Sobre o Sector Público com representantes comuns distintos.

Como anteriormente referido, o património autónomo inerente às emissões de Obrigações Sobre o Sector Público[183] suportará a remuneração do representante comum dos obrigacionistas, compreendendo os custos e os encargos inerentes ao desempenho das funções e as despesas de convocação e realização de assembleias de obrigacionistas, quando incorridas com respeito pelas condições da emissão.

Os poderes de representação dos credores obrigacionistas conferidos ao representante comum, bem como a sua forma de articulação com a assembleia de obrigacionistas, podem ser fixados nas condições de emissão das Obrigações Sobre o Sector Público, compreendendo: *a)* a execução das deliberações da assembleia de obrigacionistas que tenham decretado o vencimento antecipado das obrigações em causa; *b)* o exercício, em nome e representação dos obrigacionistas, dos direitos que lhes sejam conferidos pelo DL n.º 59/2006 ou pelas condições da emissão;

---

[183] N.º 6 do artigo 14.º do DL n.º 59/2006.

e *c)* a representação dos obrigacionistas em juízo, em qualquer tipo de acções.

O representante comum dos obrigacionistas tem, assim, a seu cargo um conjunto de actos de gestão com vista à protecção dos interesses dos titulares das Obrigações Sobre o Sector Público[184].

6.5. Dissolução e liquidação da entidade emitente

6.5.1. *Princípio da continuidade da emissão*

O princípio da continuidade da emissão constitui um princípio basilar em sede de Obrigações Sobre o Sector Público.

O n.º 1 do artigo 5.º, justamente epigrafado *continuidade das emissões*, aplicável às Obrigações Sobre o Sector Público por via da remissão operada pelo n.º 1 do artigo 32.º do DL n.º 59/2006, prevê que, *em caso de dissolução e liquidação da entidade emitente, os créditos e os activos que integram o património autónomo são separados da massa insolvente, tendo em vista a sua gestão autónoma, nos termos de procedimento a fixar por aviso do Banco de Portugal, até pagamento integral dos montantes devidos aos titulares das* Obrigações Sobre o Sector Público.

Segundo o n.º 2 do mesmo artigo, *em caso de dissolução e liquidação da entidade emitente é igualmente separado da massa insolvente o produto dos juros e reembolsos dos créditos hipotecários e dos outros activos afectos às* Obrigações Sobre o Sector Público.

O n.º 4 do artigo 5.º do DL n.º 59/2006 acrescenta ainda que a dissolução e a liquidação da emitente não produzem quaisquer efeitos sobre o pontual cumprimento da obrigação de pagamento de juros e reembolsos por parte dos devedores dos créditos elegíveis e dos outros activos afectos às Obrigações Sobre o Sector Público.

Assim, do exposto resulta que, por um lado, os créditos elegíveis subjacentes à emissão, incluindo os restantes activos afectos à mesma, são *ope legis* separados da massa insolvente da entidade, tornando-se impermeáveis à liquidação. O processo de liquidação geral da entidade emitente apenas incluirá os demais bens e direitos da entidade em processo de liquidação. Por outro lado, a situação também não afecta a situação jurídica dos

---

[184] Sobre a natureza jurídica do representante comum dos obrigacionistas, FLORBELA PIRES, *Direito e Organização dos Obrigacionistas...*, ob. cit., p. 154 e ss., conclui tratar-se de uma forma *sui generis* de representação legal, afastando a representação voluntária.

devedores que são contrapartes nos créditos elegíveis, os quais manterão o pagamento das quantias em dívida, quer a título de reembolso de capital ou do pagamento de juros.

Do ponto de vista agora da emissão de Obrigações Sobre o Sector Público, a consequência é também a de que as mesmas não serão afectadas pela eventual dissolução e liquidação da entidade emitente.

De salientar que este princípio de continuidade vigora independentemente do facto que desencadeou a liquidação, aplicando-se quer aos casos de liquidação obrigatória, resultante de revogação da autorização por parte do Banco de Portugal[185], quer aos de dissolução e liquidação por acto voluntário da entidade emitente. O património autónomo assim permanecerá, afecto ao pagamento integral dos montantes devidos aos titulares das Obrigações Sobre o Sector Público.

Nos casos de dissolução e liquidação voluntária pela entidade emitente, o Aviso do Banco de Portugal n.º 8/2006[186], que regulamenta o princípio da continuidade das emissões de Obrigações Sobre o Sector Público, prevê que o *projecto de dissolução voluntária de uma instituição de crédito emitente de (...) obrigações sobre o sector público que se encontrem em circulação (...) deve conter a identificação da instituição de crédito que será designada para efectuar a gestão do património autónomo afecto à garantia das obrigações e o pagamento dos montantes devidos aos titulares das obrigações, bem como os termos em que tais serviços serão prestados*[187]. Portanto, neste caso, a própria entidade emitente deve designar a instituição de crédito que ficará encarregada da gestão autónoma do património afecto ao cumprimento das obrigações assumidas perante os titulares das Obrigações Sobre o Sector Público.

Nos casos de revogação de autorização pelo Banco de Portugal, o mesmo Aviso prevê que *o Banco de Portugal designa uma instituição de crédito para assumir a gestão do património autónomo afecto à garantia das obrigações e o pagamento dos montantes devidos aos titulares das obrigações*[188]. Esta designação é efectuada em simultâneo com a decisão

---

[185] O n.º 1 do artigo 8.º do Decreto-Lei n.º 199/2006, de 25 de Outubro, que regula a liquidação e dissolução de instituições de crédito e sociedades financeiras com sede em Portugal e suas sucursais criadas noutro Estado-membro manda aplicar o CIRE ao procedimento de liquidação destas entidades.

[186] Entrou em vigor em 2 de Outubro de 2006.

[187] N.º 1 do Aviso do Banco de Portugal n.º 8/2006.

[188] Ponto 1 do n.º 2 do Aviso do Banco de Portugal n.º 8/2006.

de revogação da autorização. Visa-se assegurar que os pagamentos devidos aos titulares das Obrigações Sobre o Sector Público não sofrerão interrupção, o que poderia suceder caso se mantivesse o poder de nomeação da entidade gestora na esfera jurídica da entidade emitente.

Relativamente à retribuição da instituição de crédito designada, a mesma é, em ambos os casos, fixada pelo Banco de Portugal, constituindo um encargo do património autónomo como anteriormente se referiu, de acordo com o ponto 3 do n.º 2 do Aviso do Banco de Portugal n.º 8/2006[189].

A instituição de crédito assim designada, pelo emitente ou pelo Banco de Portugal, assumirá a gestão do património autónomo afecto à garantia das obrigações e o pagamento dos montantes devidos aos respectivos titulares, funções até então desempenhadas pela entidade emitente.

A instituição de crédito designada não incorpora no respectivo balanço os créditos elegíveis e outros activos separados da massa insolvente da entidade emitente. Nessa medida, tais activos não se encontram à disposição dos credores da instituição de crédito designada. As funções desta entidade, atribuídas por lei, apenas se traduzem na actividade de *gestão dos créditos*, cujo fim último consiste na satisfação dos direitos dos credores obrigacionistas.

Após o início do exercício das funções de gestão, a instituição de crédito designada deve elaborar, em relação ao património autónomo e respectivas Obrigações Sobre o Sector Público, um balanço de abertura, acompanhado das notas explicativas necessárias[190].

Por forma a assegurar a liquidez do património autónomo, bem como o pagamento tempestivo aos titulares das Obrigações Sobre o Sector Público, a instituição de crédito designada deverá ainda, no âmbito dos poderes que lhe são cometidos (*i*) praticar todos os actos e operações necessários ou convenientes à boa gestão dos créditos e das respectivas garantias, incluindo vender os créditos, assegurar os serviços de cobrança, os serviços administrativos relativos aos créditos, todas as relações com os respectivos devedores e os actos conservatórios modificativos e extintivos relativos às garantias, (*ii*) proceder e manter actualizado o registo, em contas extrapatrimoniais, dos elementos que integram o património autónomo e (*iii*) elaborar um relatório e contas anual, a remeter ao Banco de Portugal, até ao final do trimestre seguinte ao termo do exercício, acompanhado

---

[189] V. *supra*, 6.2.2.
[190] Ponto 1 do n.º 3 do Aviso do Banco de Portugal n.º 8/2006.

de relatório de auditoria[191]. Este relatório de auditoria, será elaborado por auditor independente, nomeado pela instituição de crédito designada, sendo-lhe aplicáveis as disposições constantes do art. 34.° do DL n.° 59/2006, ou seja, deverão ser atendidos os requisitos subjectivos e objectivos de que o referido preceito faz depender a nomeação do auditor independente[192].

Uma outra consequência do princípio da continuidade da emissão manifesta-se sobre os contratos sobre instrumentos financeiros derivados, celebrados aquando da emissão de Obrigações Sobre o Sector Público e integrados no património autónomo especialmente afecto. Estes contratos não deverão conter como evento de crédito (*credit event*), ou facto gerador de incumprimento, a liquidação da entidade emitente, na medida em que esta situação não afecta de forma adversa a capacidade de cumprimento das obrigações assumidas pela entidade emitente no âmbito da emissão de Obrigações Sobre o Sector Público. Uma vez que esta limitação não se encontra legalmente consagrada, caberá à entidade emitente salvaguardá-la aquando da negociação do respectivo contrato, em virtude da necessidade da manutenção dos contratos sobre instrumentos financeiros derivados durante toda a vida das Obrigações Sobre o Sector Público.

A liquidação da entidade emitente tem ainda outra consequência no plano do património autónomo. Este perde a sua natureza dinâmica na medida em que, a partir desse momento, deixam de poder ser incluídos novos activos da titularidade da entidade emitente no património então separado, apenas se procurando, na medida do possível, e tendo em linha de conta os activos de cobertura segregados, assegurar o pagamento pontual aos titulares das Obrigações Sobre o Sector Público.

6.5.2. *Vencimento antecipado por deliberação dos obrigacionistas*

O princípio da continuidade da emissão apenas pode ser posto em causa por decisão dos credores obrigacionistas. Com efeito, o n.° 3 do artigo 5.°, aplicável *ex vi* do n.° 1 do artigo 32.° do DL n.° 59/2006, prevê que, em caso de dissolução e liquidação da entidade emitente, *sem prejuízo*

---

[191] Alíneas *a*) a *c*) do ponto 2 e ponto 5 do n.° 3 do Aviso do Banco de Portugal n.° 8/2006.

[192] Pontos 3 e 4 do n.° 3 do Aviso do Banco de Portugal n.° 8/2006.

do disposto nas condições de emissão, a assembleia de obrigacionistas pode deliberar, por maioria não inferior a dois terços dos votos dos titulares das Obrigações Sobre o Sector Público, o respectivo vencimento antecipado.

Para pôr em causa o referido princípio da continuidade da emissão, a maioria é exigente. O vencimento antecipado será, porventura, uma medida pouco interessante e justificável financeiramente apenas em casos muito particulares, pois atendendo às características das Obrigações Sobre o Sector Público parece preferível, por princípio, aguardar pela respectiva maturidade.

De recordar que o vencimento antecipado das Obrigações Sobre o Sector Público não produzirá quaisquer efeitos sobre os devedores dos créditos elegíveis e dos outros activos afectos às Obrigações Sobre o Sector Público[193] e, nessa medida, os titulares das Obrigações Sobre o Sector Público não ficam necessariamente favorecidos com o vencimento antecipado destas (e estritamente destas) obrigações. Nesta hipótese, a entidade designada para a gestão dos créditos terá que liquidar o património afecto, com as consequentes desvantagens associadas à venda antecipada de créditos.

Em suma, o princípio da continuidade da emissão poderá ser afastado pelos obrigacionistas em caso de dissolução e liquidação da entidade emitente[194].

Bibliografia

AA.VV., Coordenação de António Menezes CORDEIRO, *Código das Sociedades Comerciais Anotado,* Almedina, 2009;

AA.VV., Organização de Eduardo Paz FERREIRA, *Estudos sobre o Novo Regime do Sector Empresarial do Estado*, Almedina, 2000;

---

[193] N.º 4 do artigo 5.º do DL n.º 59/2006.

[194] Sem prejuízo do vencimento antecipado das Obrigações Sobre o Sector Público, através de uma opção de compra (*call option*), previamente estabelecida nas condições da emissão (a exercer em caso de liquidação ou fora desse caso) ou posteriormente submetida aos obrigacionistas para aprovação como alteração das condições da emissão. Através do exercício da opção de compra, dependendo das condições estabelecidas para a mesma, a entidade emitente poderá amortizar (geralmente ao valor nominal) as Obrigações Sobre o Sector Público, mediante o pagamento de um prémio de reembolso sobre o valor nominal que, no entanto, tende a ser decrescente em função do momento em que a opção de compra é exercida.

AA.VV., *European Covered Bond Fact Book*, European Covered Bond Council, 4.ª edição, 2009;
ABREU, Jorge M. Coutinho de, *Definição de empresa pública*, Separata do *BFDUC*, n.º XXXIV, 1990;
AMARAL, Diogo Freitas do, *Curso de Direito Administrativo*, vol. I, Almedina, 2006;
ANDRADE, Manuel A. Domingues, *Teoria Geral da Relação Jurídica*, vol. I, Almedina, 1992;
BARBOSA, Nuno, *Competência das Assembleias de Obrigacionistas*, Almedina, 2002;
BELLINGER, Dieter, «Commentary on art. 22 (4) of the UCITS directive», in AA.VV., *Les banques Hypothécaires et L'Obligation Foncière en Europe*, Fédération Hypothecaire Européenne, Nomos Verlagsgesellschaft, 3.ª ed., 2001, pp. 63-82;
CÂMARA, Paulo, *Manual de Direito dos Valores Mobiliários*, Almedina, 2009;
CÂMARA, Paulo, «O regime jurídico das obrigações e a protecção dos credores obrigacionistas», *Direito dos Valores Mobiliários*, IV, 2003, pp. 309-345, ou *Revista da Faculdade de Direito da Universidade de Lisboa*, XLIV-1-2, 2003, pp. 109-142;
CASTRO, Carlos Osório de, *Valores mobiliários: conceito e espécies*, UCP, 1998;
COSTA, Mário Júlio de Almeida, *Direito das Obrigações*, 10.ª ed. reelaborada, Almedina, 2006;
FERREIRA, Eduardo Paz, *Da Dívida Pública e das Garantias dos Credores do Estado*, Almedina, 1995;
GONÇALVES, Fernando, *Regime Jurídico do Aval e Outras Garantias Pessoais*, Almedina, 2003;
GONÇALVES, Pedro, *Regime Jurídico das Empresas Municipais*, Almedina, 2007;
MALAQUIAS, Pedro Ferreira, «O Novo Regime Jurídico das Obrigações Hipotecárias», *Actualidad Jurídica*, Uría Menéndez, 2006 (número extraordinário), pp. 99-111;
MATIAS, Armindo Saraiva, «Obrigações Hipotecárias e Titularização de Créditos Hipotecários», *Revista da Ordem dos Advogados*, Ano 69, Jan.-Jun. 2009, pp. 109-126;
MONTEIRO, Jorge Ferreira Sinde, *Responsabilidade por Conselhos, Recomendações e Informação*, Almedina, 1989;
PINTO, Carlos Alberto da Mota, *Teoria Geral do Direito Civil*, ed. por António Pinto Monteiro e Paulo Mota Pinto, Coimbra Editora, 2005;
PIRES, Florbela de Almeida Pires, *Direitos e Organização dos Obrigacionistas em Obrigações Internacionais – Obrigações Caravela e Eurobonds*, Lex, 2001;
PIRES, Miguel Lucas, *Dos Privilégios Creditórios: Regime Jurídico e sua influência no concurso de credores*, Almedina, 2005;
RITO, António Silva, «Privilégios creditórios na nova legislação sobre recuperação e falência da empresa», *Revista da Banca*, n.º 27, Jul.-Set. 1993, pp. 93-106;
SERRA, Adriano Paes da Silva Vaz, «Privilégios», *Boletim do Ministério da Justiça*, N.º 64, 1957, pp. 41-337;
VASCONCELOS, Pedro Pais de, «As obrigações no financiamento da empresa», *Probl. Dto. Soc.*, 2008, pp. 321-329;
VARELA, João de Matos Antunes, *Das Obrigações em geral*, vol. II, 7.ª ed., Almedina, 2007.

Abreviaturas Utilizadas

AML – Área Metropolitana de Lisboa, nos termos da Lei n.º 46/2008, de 27 de Agosto, que estabelece o regime jurídico das áreas metropolitanas de Lisboa e do Porto
AMP – Área Metropolitana do Porto, nos termos da Lei n.º 46/2008, de 27 de Agosto, que estabelece o regime jurídico das áreas metropolitanas de Lisboa e do Porto
CIM ou CIMs – Comunidade(s) Intermunicipal(ais), associação(ões) de municípios de fins múltiplos, nos termos da Lei n.º 45/2008, de 27 de Agosto, que estabelece o regime jurídico do associativismo municipal
CMVM – Comissão do Mercado de Valores Mobiliários
CódCiv – Código Civil
CódVM – Código dos Valores Mobiliários
CRP – Constituição da República Portuguesa
CSC – Código das Sociedades Comerciais
Directiva OICVM – Directiva n.º 85/611/CE, de 20 de Dezembro de 1985, (*JO* n.º L 375, de 31 de Dezembro de 1985), alterada pela Directiva n.º 88/220/CEE, do Conselho, de 22 de Março de 1998, (*JO* n.º L 100 de 19 de Abril de 1988), e pela Directiva n.º 2001/108/CE, de 21 de Janeiro de 2001, do Parlamento Europeu e do Conselho (*JO* n.º L 041 de 13 de Fevereiro de 2002), que *coordena as disposições legislativas, regulamentares e administrativas relativas a alguns Organismos de Investimento Colectivo em valores mobiliários*
DL n.º 59/2006 – Decreto-Lei n.º 59/2006, de 20 de Março, que estabelece o novo regime aplicável às obrigações hipotecárias e às instituições de crédito hipotecário, bem como às obrigações sobre o sector público
DLR – Decreto Legislativo Regional
DRR – Decreto Regulamentar Regional
EEM ou EEMs – Entidade(s) Empresarial(ais) Municipal(ais) nos termos do regime jurídico do sector empresarial local, aprovado pela Lei n.º 53-F/2006, alterado pelas Lei n.º 67-A/2007, de 31 de Dezembro, e Lei n.º 64-A/2008, de 31 de Dezembro
EEIM ou EEIMs – Entidade(s) Empresarial(ais) Intermunicipal(ais) nos termos do regime jurídico do sector empresarial local, aprovado pela Lei n.º 53-F/2006, alterado pelas Lei n.º 67-A/2007, de 31 de Dezembro, e Lei n.º 64-A/2008, de 31 de Dezembro
EEMT ou EEMTs – Entidade(s) Empresarial(ais) Metropolitana(s) nos termos do regime jurídico do sector empresarial local, aprovado pela Lei n.º 53-F/2006, alterado pelas Lei n.º 67-A/2007, de 31 de Dezembro, e Lei n.º 64-A/2008, de 31 de Dezembro
EIM ou EIMs – Empresa(s) Intermunicipal(ais), nos termos do regime jurídico do sector empresarial local, aprovado pela Lei n.º 53-F/2006, alterado pelas Lei n.º 67-A//2007, de 31 de Dezembro, e Lei n.º 64-A/2008, de 31 de Dezembro
EM ou EMs – Empresa(s) Municipal(ais), nos termos do regime jurídico do sector empresarial local, aprovado pela Lei n.º 53-F/2006, alterado pelas Lei n.º 67-A/2007, de 31 de Dezembro, e Lei n.º 64-A/2008, de 31 de Dezembro
EMT ou EMTs – Empresa(s) Metropolitana(s), nos termos do regime jurídico do sector empresarial local, aprovado pela Lei n.º 53-F/2006, alterado pelas Lei n.º 67-A/2007, de 31 de Dezembro, e Lei n.º 64-A/2008, de 31 de Dezembro

EP ou EPs – Empresa(s) Pública(s), nos termos do Decreto-Lei n.º 558/99, de 17 de Dezembro, alterado pelo Decreto-Lei n.º 300/2007, de 23 de Agosto, e pela Lei n.º 64-A/2008, de 31 de Dezembro

EPAA – Estatuto Político-Administrativo da Região Autónoma dos Açores, aprovado pela Lei n.º 39/80, de 5 de Agosto, e alterado pelas Lei n.º 9/87, de 26 de Março, Lei n.º 61/98, de 27 de Agosto, e pela Lei n.º 2/2009, de 12 de Janeiro

EPAM – Estatuto Político-Administrativo da Região Autónoma da Madeira, aprovado pela Lei n.º 13/91, de 5 de Junho, e alterado pelas Lei n.º 130/99, de 21 de Agosto, e Lei n.º 12/2000, de 21 de Junho

EPE ou EPEs – Entidade(s) Pública(s) Empresarial(ais), nos termos do Decreto-Lei n.º 558//99, de 17 de Dezembro, alterado pelo Decreto-Lei n.º 300/2007, de 23 de Agosto, e pela Lei n.º 64-A/2008, de 31 de Dezembro

EPER – Entidade Pública Empresarial Regional nos termos do Regime do Sector Público Empresarial da Região Autónoma dos Açores, aprovado pelo DLR n.º 7/2008/A, de 24 de Março, alterado e republicado pelo DLR n.º 17/2009/A, de 14 de Outubro

EPERAM ou EPERAMs – Entidades públicas empresariais da Região Autónoma da Madeira, nos termos do DLR n.º 13/2010/M, de 5 de Agosto

LFL – Lei das Finanças Locais, aprovada pela Lei n.º 2/2007, de 15 de Janeiro, rectificada pela Declaração de Rectificação n.º 14/2007, de 15 de Fevereiro, alterada pelas Lei n.º 22-A/2007, de 29 de Junho, Lei n.º 67-A/2007, de 31 de Dezembro e Lei n.º 3--B/2010, de 28 de Abril

LFRA – Lei de Finanças das Regiões Autónomas, aprovada pela Lei Orgânica n.º 1/2007, de 19 de Fevereiro, alterada pelas Lei Orgânica n.º 1/2010, de 29 de Março, e Lei Orgânica n.º 2/2010, de 16 de Junho

LQIP – Lei-Quadro dos Institutos Públicos, aprovada pela Lei n.º 3/2004, de 3 de Abril, e alterada pelos Decreto-Lei n.º 200/2006, de 25 de Outubro, Decreto-Lei n.º 105//2007, de 3 de Abril, e Lei n.º 64-A/2008, de 31 de Dezembro

RSEE – Regime jurídico do sector empresarial do Estado e das empresas públicas, previsto no Decreto-Lei n.º 558/99, de 17 de Dezembro, e alterado pelos Decreto-Lei n.º 300//2007, de 23 de Agosto, e Lei n.º 64-A/2008, de 31 de Dezembro

RSEL – Regime jurídico do sector empresarial local, aprovado pela Lei n.º 53-F/2006, de 29 de Dezembro, e alterado pelas Lei n.º 67-A/2007, de 31 de Dezembro, e Lei n.º 64-A/2008, de 31 de Dezembro

SERAM – Regime do sector empresarial da Região Autónoma da Madeira, aprovado pelo DLR n.º 13/2010/M, de 5 de Agosto

OS DEVERES DO ÓRGÃO DE ADMINISTRAÇÃO DA SOCIEDADE VISADA NA PENDÊNCIA DE UMA OFERTA PÚBLICA DE AQUISIÇÃO

António Soares e Rita Oliveira Pinto[*]

I. Introdução

Este nosso breve estudo versa sobre uma das matérias mais sensíveis do regime jurídico aplicável às Ofertas Públicas de Aquisição («*OPAs*» ou individualmente «*OPA*»)[1], e que é a da actuação do órgão de administração de uma sociedade objecto de uma OPA («*Sociedade Visada*») e que esteja sujeita à lei portuguesa, desde o momento em que tome conhecimento da decisão de lançamento da OPA até à cessação do respectivo processo.

Neste âmbito, propomo-nos descrever, em traços gerais, os deveres legais a que, de acordo com o direito português, fica sujeito o órgão de administração de uma Sociedade Visada (ponto II, *infra*), bem como tecer alguns comentários sobre o que sobre a mesma matéria dispõe a Directiva 2004//25/CE, do Parlamento Europeu e do Conselho, de 21 de Abril de 2004 («*Directiva das OPAs*»), e sobre a forma como se deu, nesta parte, a sua implementação em outros países europeus (ponto III, *infra*).

---

[*] Advogados.
[1] Por facilidade de exposição, faremos apenas referência às Ofertas Públicas de Aquisição cuja contrapartida a oferecer aos destinatários da oferta é em dinheiro e não às Ofertas Públicas de Troca com contrapartida em valores mobiliários.

II. Os deveres a que, de acordo com o direito português, se encontra sujeito o órgão de administração da Sociedade Visada na pendência de uma OPA

A) Considerações gerais e elenco dos deveres legais

O núcleo dos principais deveres do órgão de administração da Sociedade Visada na pendência de uma OPA foi introduzido em 1991 pelo Código do Mercado de Valores Mobiliários[2], tendo sido objecto de algumas alterações, a maioria com um intuito meramente clarificador, mais do que inovador, nomeadamente no que respeita aos deveres que agora constam do Código dos Valores Mobiliários[3] («*CVM*») actualmente em vigor.

O aparecimento de uma OPA sujeita o órgão de administração da Sociedade Visada a um conjunto de deveres, sendo alguns deles deveres de praticar determinados actos (deveres de *facere*) e outros deveres de abstenção (deveres de *non facere*).

São os seguintes os deveres que uma OPA faz impender sobre o órgão de administração da Sociedade Visada:

***Deveres de* facere:**
(i) Dever de solicitar a dispensa de inclusão no prospecto da OPA de informações lesivas da sociedade (art. 141.º do CVM e 64.º do CSC);
(ii) Dever de informar a CMVM sobre negócios realizados pelos titulares do órgão de administração e/ou pelas pessoas que com a sociedade visada estejam em alguma das relações referidas no art. 20.º do CVM, tendo por objecto quaisquer valores mobiliários emitidos pela sociedade visada (art. 181.º, n.º 5, alínea *a*), do CVM);
(iii) Dever de prestar todas as informações que lhe venham a ser solicitadas pela CMVM no âmbito das suas funções de supervisão (art. 181.º, n.º 5, alínea *b*), do CVM);
(iv) Dever de informar os seus trabalhadores sobre o conteúdo dos documentos da OPA – anúncio de lançamento e prospecto – e sobre o conteúdo do relatório por si elaborado sobre a opor-

---

[2] Aprovado pelo Decreto-Lei n.º 142-A/91, de 10 de Abril, conforme alterado.
[3] Aprovado pelo Decreto-Lei n.º 486/99, de 13 de Novembro, conforme alterado.

tunidade e as condições da oferta, assim que sejam tornados públicos (art. 181.°, n.° 5, alínea c), do CVM);
(v) Dever de agir de boa fé quanto à correcção da informação e à lealdade do comportamento (art. 181.°, n.° 5, alínea d), do CVM);
(vi) Dever de dar parecer sobre pedidos do oferente para negociar, fora de um mercado regulamentado, valores mobiliários objecto da oferta ou dos que integram a contrapartida, (art. 180.°, n.° 1, alínea a), do CVM);
(vii) Dever de elaborar um relatório sobre oportunidade e condições da oferta (art. 181.°, n.os 1 a 3, do CVM);
(viii) Dever de divulgar, em apenso ao seu relatório, eventual parecer dos trabalhadores quanto às repercussões da oferta a nível do emprego (art. 181.°, n.° 4, do CVM).

A estes deveres específicos do órgão de administração da Sociedade Visada na pendência de uma OPA acrescem, ainda, os deveres gerais de actuação consagrados no art. 64.° do Código das Sociedades Comerciais («*CSC*»), a saber, o dever de cada um dos seus membros actuar com a diligência de um gestor criterioso e ordenado e o dever de lealdade, no interesse da sociedade, atendendo aos interesses de longo prazo dos sócios e ponderando os interesses dos outros sujeitos relevantes para a sustentabilidade da sociedade, tais como os seus trabalhadores, clientes e credores.

Deveres de non facere:
O dever de não praticar actos de gestão que não sejam de gestão normal, susceptíveis de alterar, de modo relevante, a situação patrimonial da sociedade visada e que possam afectar, de modo significativo, os objectivos anunciados pelo oferente (art. 182.° do CVM). Este dever é vulgarmente conhecido e adiante referido, por facilidade de exposição, como «*Passivity Rule*».

A análise que de seguida se faz vai, no entanto, dirigir-se a apenas dois destes deveres, mais concretamente, ao dever de elaborar um relatório sobre a oportunidade e as condições da oferta e ao dever de não praticar actos de gestão que não sejam de gestão normal da Sociedade Visada, ou seja, a *Passivity Rule,* tendo a respectiva escolha sido feita em função da relevância que assumem no contexto de uma OPA.

B) Dever de elaborar um relatório sobre a oportunidade e as condições da OPA

Em conformidade com o disposto no art. 181.º, n.ºs 1 a 3, do CVM, o órgão de administração da Sociedade Visada deve, no prazo de oito dias após a recepção dos projectos de prospecto e de anúncio de lançamento[4], emitir um relatório sobre a oportunidade e as condições da oferta.

Refira-se, antes de mais, que a elaboração deste relatório deve observar os princípios da qualidade da informação estabelecidos no artigo 7.º do CVM, ou seja, a informação nele contida deverá ser completa, verdadeira, actual, clara, objectiva e lícita.

Como resulta da norma citada, um dos temas a tratar em tal relatório é o da oportunidade da OPA, o que, quanto a nós significa que o órgão de administração da Sociedade Visada tenha que formular um juízo sobre a adequação da oferta, atenta a actividade em curso da sociedade, tendo presente o momento em que é efectuada.

Relativamente às condições da oferta, a lei exige a emissão de um parecer autónomo e fundamentado, pelo menos, sobre os seguintes termos:

(a) O tipo e o montante da contrapartida oferecida;
(b) Os planos estratégicos do oferente para a Sociedade Visada;
(c) As repercussões da oferta nos interesses da Sociedade Visada, em geral[5] e, em particular, nos interesses dos seus trabalhadores e nas suas condições de trabalho e nos locais em que a sociedade exerça a sua actividade;
(d) A intenção dos membros do órgão de administração que simultaneamente sejam accionistas da Sociedade Visada, quanto à aceitação da oferta.

Importa ter presente que é o órgão de administração quem tem um conhecimento mais profundo sobre os negócios e os interesses da Sociedade Visada encontrando-se, portanto, numa posição ímpar para avaliar o impacto e as repercussões que a OPA pode vir a ter nesta, nomeadamente

---

[4] De acordo com o estabelecido nos artigos 175.º, n.º 2, alínea *b*), 115.º, n.º 1, alíneas *m*) e *o*), e 179.º, alínea *c*), todos do CVM, o órgão de administração deve receber esses documentos no prazo máximo de vinte dias a contar da publicação do anúncio preliminar da OPA.

[5] Devem ser atendidos os interesses dos accionistas bem como os interesses dos seus trabalhadores, credores e clientes.

se isso implicar a entrada de um novo accionista ou uma mudança no controlo da sociedade. Por tal motivo, justifica-se que deva partilhar a sua visão com os accionistas e outros interessados da Sociedade Visada através do relatório sobre a oferta. Este relatório é, pois, uma peça de informação de grande valor, quer para os accionistas e demais «stakeholders» da sociedade, como, também, para o próprio oferente[6].

É, portanto, neste relatório que o órgão de administração se deve pronunciar sobre o mérito da OPA em curso[7].

Tal relatório assume uma especial relevância em situação de OPA hostil[8], onde poderá ter um papel determinante na tomada de decisão pelos accionistas de aceitar ou rejeitar a OPA, nomeadamente pelos pequenos investidores.

No que respeita à contrapartida da OPA, cumpre notar que o órgão de administração é desde logo chamado a pronunciar-se sobre esta no prazo de oito dias a contar da data da recepção dos projectos de documento da oferta, ainda que a mesma possa vir a ser revista por auditor independente, designado por determinação da CMVM, por entender que a contrapartida proposta pelo oferente não se encontra devidamente justificada ou não é equitativa, de acordo com os critérios estabelecidos no art. 188.º, n.ºs 2 e 3, do CVM.

Na eventualidade de haver lugar, posteriormente, à revisão da contrapartida mínima da OPA em resultado da avaliação efectuada pelo auditor independente, o órgão de administração poderá voltar a emitir opinião sobre o novo valor que vier a ser fixado.

Ao contrário do que sucede noutros países, tal como no Reino Unido e, também recentemente, na Hungria, não existe qualquer obrigação de o órgão de administração da Sociedade Visada contratar um banco de investimento ou uma empresa especializada para realizar um estudo e emitir

---

[6] JAN WOUTERS, PAUL VAN HOOGHTEN e MATTIAS BRUYNEEL, «The European Takeover Directive: A Commentary», in *The European Takeover Directive and its Implementation*, Oxford University Press, New York, 2009, p. 44.

[7] A CMVM tem insistido de que «*é esse, e não outro, o momento processualmente adequado para o órgão de administração da sociedade visada se pronunciar sobre os méritos da oferta, devendo cumprir as exigências de completude, veracidade, actualidade, clareza, objectividade e licitude da informação transmitida*», in parecer genérico da CMVM sobre os deveres de comportamento na pendência de OPA de 21 de Março de 2006.

[8] OPA face à qual não existe o acordo do órgão de administração da Sociedade Visada.

uma opinião independente sobre a contrapartida proposta («*fairness opinion*»), muito embora já haja casos entre nós em que órgãos de administração de Sociedades Visadas por OPAs consideraram adequado solicitar opiniões independentes sobre o preço da oferta para fundamentar o seu parecer sobre o mesmo.

O relatório do órgão de administração da Sociedade Visada sobre a OPA deve ser aprovado em reunião desse órgão colegial de acordo com as regras legais e estatutárias aplicáveis. Sem prejuízo de a deliberação respeitante ao relatório poder ser aprovada pela maioria dos membros presentes e representados, o art. 181.°, n.° 3, do CVM exige que seja incluída no relatório informação sobre eventuais votos negativos expressos nessa deliberação.

Uma questão que cumpre ter presente respeita a eventuais situações de conflito de interesses dos administradores e sobre a admissibilidade do seu voto.

Esta questão terá necessariamente de ser analisada numa base casuística e à luz do disposto no art. 410.°, n.° 6, do CSC, de acordo com os administradores que tenham, por conta própria ou de terceiro, um interesse em conflito com o da sociedade, os quais não podem votar nas deliberações do conselho que respeitem às matérias objecto do conflito.

A lei não concretiza o que se encontra abrangido no âmbito do conceito de «conflito de interesse» entre um administrador e a sociedade[9]. Entendemos, todavia, que um administrador só estará impedido de votar nas situações em que a deliberação a ser tomada pelo órgão de administração versa sobre um assunto face ao qual o administrador tem objectivamente um interesse pessoal (no sentido que incide na sua esfera pessoal e/ou patrimonial) relevante que pode conflituar com o da sociedade[10]. Caso se trate de uma situação de interesse em conflito com a sociedade, por conta de terceiro, considera-se que muito embora o interesse directo ou primário

---

[9] De referir que a lei apenas concretiza esse conceito no que se refere às situações de conflito de interesses entre os sócios e a sociedade (arts. 251.° e 384.°, 6, do CSC). Dessa enumeração legal de situações de conflitos de interesses resulta que se trata de situações em que existe um conflito pessoal com o sócio, ou seja, com incidência na sua esfera pessoal e/ou patrimonial.

[10] Neste sentido, RAÚL VENTURA in *Estudos Vários sobre Sociedade Anónimas*, Almedina, Coimbra, 1992, p. 551 e ss., refere que «*o interesse apura-se objectivamente, não importando o interesse em sentido subjectivo, isto é, o interesse que em concreto tenha determinado sujeito. No momento em que a lei veda ao administrador o exercício do direito de voto, não pode haver contra ele mais do que uma simples suspeição*».

possa ser o interesse do terceiro, o interesse que exclui o voto há-de ser o interesse (ainda que indirecto) do administrador e não um puro interesse de terceiro[11].

Assim, concretizando, sempre diremos que não se nos afigura que o facto de um administrador da Sociedade Visada ser, simultaneamente, accionista desta ou membro do órgão de administração do Oferente gerem, por si só, impedimentos de voto daquele administrador na deliberação social destinada a aprovar o relatório da Sociedade Visada.

O art. 181.º, n.º 1, do CVM prevê igualmente a emissão de um relatório no prazo de cinco dias após divulgação de eventuais adendas ao prospecto.

Efectivamente, nos termos do artigo 142.º do CVM, o oferente deve divulgar adenda ou rectificação ao prospecto, (que estão sujeitas a aprovação prévia pela CMVM), sempre que nele for detectada alguma deficiência ou ocorrer qualquer facto novo, ou se tome conhecimento de qualquer facto anterior não considerado no prospecto, que seja relevante para a decisão dos destinatários da oferta[12]. Pela mesma razão, se em momento anterior ao da aprovação do prospecto e do início do período da oferta, ocorrer qualquer facto novo, relevante para os destinatários da oferta, que não tenha sido considerado nos projectos de documentos da oferta na qual o relatório emitido pelo órgão de administração da Sociedade Visada se baseou, deve o mesmo voltar a pronunciar-se à luz dos projectos revistos dos documentos da oferta e actualizar o relatório[13].

Por fim, o art. 181.º, n.º 4, do CVM prevê que um eventual parecer dos trabalhadores ou seus representantes sobre as repercussões da OPA ao nível de emprego, emitido até ao início da oferta, seja anexado ao relatório da administração da Sociedade Visada.

Afigura-se que a consulta e o direito que é conferido aos trabalhadores da Sociedade Visada de emitirem o seu parecer apenas terá como base

---

[11] Neste sentido, RAÚL VENTURA, obra citada.

[12] A ocorrer essa adenda ou rectificação ao prospecto, situar-se-á temporalmente durante o período em que os accionistas podem aceitar a OPA.

[13] No seu parecer genérico sobre os deveres de comportamento na pendência de OPA de 21 de Março de 2006, a CMVM pronunciou-se no sentido de que «*para assegurar que a informação constante do relatório a emitir pela sociedade visada respeita os requisitos previstos no artigo 7.º do Cód.VM importa que, em caso de alterações reputadas pela CMVM como significativas aos documentos da oferta, haja lugar a uma actualização do relatório do conselho de administração da sociedade visada, à luz dos novos elementos constantes dos documentos da oferta*».

a informação constante do relatório do órgão de administração da Sociedade Visada que anteriormente terá sido tornado público, uma vez que os documentos elaborados pelo oferente contendo as suas intenções a nível de emprego dos trabalhadores da Sociedade Visada só serão tornados públicos aquando do início da oferta.

C) A *Passivity Rule*

O dever do órgão de administração da Sociedade Visada de não praticar actos de gestão que não sejam de gestão normal, e que sejam susceptíveis de alterar, de modo relevante, a situação patrimonial da sociedade visada e que possam afectar, de modo significativo, os objectivos anunciados pelo oferente encontra-se consagrado no art. 182.º do CVM.

Esta regra não se aplica a todas as OPAS, mas apenas àquelas OPAS que tenham por objecto acções ou outros valores mobiliários que dêem direito à sua subscrição ou aquisição[14] (não se aplica quando a OPA incida, por exemplo, apenas sobre obrigações) e desde que tal OPA incida sobre mais de um terço dos valores mobiliários da respectiva categoria. Esta limitação do âmbito de aplicação da *Passitivity Rule* foi uma das alterações introduzidas nesta matéria com a aprovação do CVM vigente.

Os interesses que a *Passivity Rule* visa acautelar são, em primeiro lugar, os interesses dos accionistas da Sociedade Visada enquanto destinatários da proposta contratual de aquisição em que se consubstancia a OPA.

Na verdade, uma vez que a decisão de aceitar ou de rejeitar a OPA, que, por regra, se efectua por via da alienação ou da não-alienação da quantidade de acções indispensável para o respectivo sucesso, é da competência dos accionistas da Sociedade Visada, não deve o órgão de administração desta actuar de forma a interferir nessa sua liberdade de decisão, nomeadamente através da prática de actos que sejam susceptíveis de dificultar ou de frustrar o eventual êxito da OPA.

Nessa medida, a prática, pela Sociedade Visada, de actos susceptíveis de comprometer o êxito de uma OPA deverá ser sujeita à prévia decisão dos accionistas da Sociedade Visada[15].

---

[14] O artigo 173.º, n.º 3, do CVM estabelece que às OPAs sobre outros valores mobiliários não são aplicáveis, entre outros, os deveres do emitente.

[15] Luís Manuel Teles de Menezes Leitão, in «As medidas defensivas contra uma oferta pública de aquisição hostil», in O Direito, ano 138 (2006), III, p. 467: «*a melhor posição é a de proibir à administração lançar medidas defensivas após o conhecimento da*

É, todavia, certo que a *Passivity Rule* protege também os interesses do oferente de não ver ocorrerem alterações significativas na sociedade, desde o momento de publicação do anúncio preliminar até ao fim do processo da OPA[16], cujas acções ou outros valores mobiliários que conferem direito à sua subscrição ou aquisição são objecto de tal OPA, muito embora essa protecção seja limitada, uma vez que os accionistas são livres de aprovarem a prática de quaisquer actos abrangidos pela *Passivity Rule*.

Na realidade, da alínea *b)* do n.° 3 e da alínea *b)* do n.° 4 do art. 182.° do CVM decorre que os sócios da Sociedade Visada podem autorizar o órgão de administração a praticar actos de gestão abrangidos pela *Passivity Rule*.

A realização da Assembleia Geral destinada a autorizar a prática de actos pelo órgão de administração está sujeita às seguintes especificidades[17]:

– Ter sido convocada, exclusivamente, para dar a referida autorização no período que medeia entre a data em que o órgão de admi-

---

oferta, a menos que os accionistas o permitam. Efectivamente, como donos da empresa, devem ser estes a avaliar as condições da oferta, decidindo sobre se esta justifica ou não medidas defensivas, mas também quais podem ser lançadas». Também JAVIER GARCIA DE ENTERRÍA, *in Mercado de Control, Medidas Defensivas Y Ofertas Competidoras. Estúdios sobre OPAs*, Civitas, 1999, p. 66.

[16] Neste sentido, RAÚL VENTURA, *in Estudos Vários sobre Sociedade Anónimas*, Almedina, Coimbra, 1992, pp. 201-202, em comentário ao artigo 575.° do Código do Mercado de Valores Mobiliários que anteriormente regulava esta matéria, menciona que «*Agora o legislador pende claramente para o oferente; procura preservar-lhe não só o alvo. tal como existe ao tempo do lançamento da oferta, mas como ele deverá continuar existindo, ao tempo do encerramento da oferta, para que o oferente possa satisfazer os seus objectivos e realizar as suas intenções*». Também JORGE BRITO PEREIRA, «*A Limitação de poderes da sociedade visada durante o processo de OPA*», in *Direito de Valores Mobiliários*, vol. II, Coimbra, Editora, 2000, p. 180, refere em comentário ao artigo 182.° do CVM que «*dois interesses distintos são protegidos por esta norma. Por um lado, pretende-se defender o interesse do oferente que, dirigindo uma proposta de aquisição dos valores mobiliários emitidos por uma determinada sociedade, terá interesse em que não sejam criadas barreiras artificiais à proposta aquisitiva e que, tanto quanto possível, a sociedade visada, não tenha, no momento da aquisição, contornos substancialmente diferentes daqueles que tinha no início do processo aquisitivo. Por outro lado, pretende-se defender os interesses dos titulares desses valores mobiliários que, podendo estar interessados na sua alienação no âmbito da OPA, terão interesse em que a proposta aquisitiva siga toda a sua tramitação, até que a compra e venda se mostre concluída*».

[17] Estas normas legais foram introduzidas no CVM aquando da transposição da Directiva das OPAs.

nistração tomou conhecimento da decisão de lançamento da OPA e a data da sua cessação, prevendo ainda a lei um encurtamento do prazo mínimo para a divulgação da convocatória de uma tal assembleia geral, o qual, neste caso, poderá ser de apenas quinze dias;
– Está sujeita a quóruns deliberativos agravados, porquanto a aprovação dos actos abrangidos pela *Passivity Rule* (bem como de eventuais distribuições antecipadas de dividendos e de outros rendimentos) fica sujeita à mesma maioria que a necessária para alterar estatutos.

Em nosso entender, o facto de a prática de determinados actos de gestão abrangidos pela *Passivity Rule* ter de ser previamente autorizada pela Assembleia Geral de accionistas não prejudica o disposto no artigo 373.º, n.º 3, do CSC, de acordo com o qual, em matérias de gestão da Sociedade Visada os accionistas só podem deliberar a pedido do órgão de administração da sociedade. Assim, o artigo 181.º do CVM não determina uma transferência de competências de matérias de gestão do órgão de administração da Sociedade Visada para a sua Assembleia Geral, mas antes exige uma autorização prévia dos accionistas para a prática de determinados actos de gestão pela respectiva administração.

Relativamente ao âmbito subjectivo da *Passivity Rule*, o legislador apenas faz referência ao órgão de administração da Sociedade Visada. No entanto, consideramos que este dever de abstinência se deve considerar estendido aos órgãos de administração de sociedades controladas relativamente às quais o órgão de administração da Sociedade Visada tenha o direito de dar instruções, designadamente às sociedades em relação de grupo paritário ou em relação de subordinação (por força do disposto nos artigos 492.º, n.º 1, e 503.º do CSC) e às sociedades em relação de domínio total (artigos 491.º e 503.º do CSC)[18].

A *Passivity Rule* aplica-se a partir do momento em que o órgão de administração da Sociedade Visada toma conhecimento da decisão de lançamento de OPA, no limite, o momento da recepção do anúncio preliminar[19],

---

[18] JORGE BRITO PEREIRA, obra citada, p. 190, PAULO CÂMARA, in *Manual de Direito dos Valores Mobiliários*, Almedina, Coimbra, 2009, pp. 624-626, defendem este entendimento.

[19] Artigos 182.º, n.º 1, alínea *a*), e 175.º, n.º 1, do CVM que estabelece o dever do oferente de enviar o anúncio preliminar à CMVM, sociedade visada e à entidade gestora de mercado onde os valores objecto da oferta são negociados (se aplicável) e publicá-lo, logo que tome a decisão de lançamento de OPA.

e mantém-se até à data do apuramento do resultado da OPA ou até à sua cessação em momento anterior.

Os actos abrangidos pela Passitivity Rule são os seguintes:

- Actos do órgão de administração da sociedade;
- Que não sejam de gestão normal;
- Que sejam susceptíveis de alterar, de modo relevante, a situação patrimonial da sociedade visada; e
- Que possam afectar, de modo significativo, os objectivos anunciados pelo oferente.

A lei enumera também, a título exemplificativo, um conjunto de casos em que se presume inilidivelmente que existe susceptibilidade de alterar, de modo relevante a situação patrimonial da visada, e que são:

- A emissão de acções ou de outros valores mobiliários que confiram direito à sua subscrição e aquisição, e
- A celebração de contratos que visem a alienação (mas não já a aquisição) de parcelas importantes do activo social.

Ficam também abrangidos pelo dever de abstinência do órgão de administração decorrente da referida *Passivity Rule* os actos de execução de decisões tomadas antes do conhecimento da decisão de lançamento da OPA que ainda não tenham sido total ou parcialmente executados[20].

Encontram-se excluídos do dever de abstinência do órgão de administração, os seguintes actos:

- Actos que resultem do cumprimento de obrigações assumidas antes do conhecimento da decisão de lançamento;
- Actos autorizados por deliberação de assembleia geral convocada exclusivamente para o efeito durante o período que media entre a data em que o órgão de administração tomou conhecimento da decisão de lançamento da OPA e a data da sua cessação;
- Actos destinados à procura de oferentes concorrentes[21], os quais terão, naturalmente, de se sujeitar a um critério de licitude[22].

---

[20] Esta regra resulta do artigo 9.º, n.º 3, da Directiva das OPAs, tendo sido introduzida no CVM aquando da respectiva implementação.

[21] Também esta regra foi introduzida no CVM em resultado da transposição da Directiva das OPAs.

[22] A CMVM já emitiu opinião sobre este tema, no seu parecer genérico sobre os deveres de comportamento na pendência de OPA de 21 de Março de 2006, tendo entendido

Uma eventual violação da *Passivity Rule* pelo órgão de administração da Sociedade Visada, terá por consequência a nulidade da respectiva deliberação do conselho de administração, por esta contrariar preceito legal imperativo, em conformidade com o disposto no artigo 411.°, n.° 1, alínea c), do CSC. Caso já tenham sido praticados actos em execução da deliberação, a declaração de nulidade dessa deliberação é insusceptível de afectar os direitos adquiridos de boa fé por terceiros, como resulta disposto no artigo 61.°, n.° 2, do CSC. Isto sem prejuízo do regime da responsabilidade civil dos administradores com a consequente obrigação de indemnizar o oferente e outros eventuais lesados e do regime de responsabilidade contra-ordenacional, nos termos gerais de direito.

Acresce que a prática de um acto pelo órgão de administração em violação da *Passivity Rule* poderá legitimar um pedido do oferente de modificação ou revogação da oferta, sujeita a autorização da CMVM, verificados os requisitos do regime da alteração das circunstâncias consagrado no artigo 128.° do CVM, ou seja, quando tal acto configure uma alteração imprevisível e substancial das circunstâncias em que o oferente tenha fundado a decisão de lançamento da oferta, isso seja cognoscível pelos destinatários da oferta e sejam excedidos os riscos inerentes à mesma[23].

Por fim, importa salientar que o nosso legislador decidiu acolher a regra de reciprocidade prevista pela Directiva das OPAs e assim veio estabelecer no artigo 182.°, n.° 5, do CVM que a *Passivity Rule* não é aplicável às OPAs lançadas por sociedades que não estejam sujeitas à mesma regra ou que sejam dominadas por sociedades que não se encontrem sujeitas à mesma regra.

---

que «*a sociedade visada em oferta pública de aquisição não pode financiar, sequer parcialmente, directa ou directamente, ou por qualquer outro modo, custear a obtenção de financiamento relativamente a ofertas concorrentes*» em resultado do dever de lealdade a que se encontra sujeito o órgão de administração e igualmente da proibição de financiamento para aquisição de acções próprias por terceiro, e ainda que «*a administração da sociedade não pode facultar informação privilegiada designadamente a potenciais oferentes concorrentes*» em resultado do regime de informação privilegiada que obriga à sua divulgação pública imediata.

[23] Tem sido cada vez mais utilizada pelos oferentes a prática de enumerar no anúncio preliminar da oferta os pressupostos em que foi fundada a decisão de lançar a oferta, dessa forma deles dando conhecimento público para um eventual recurso ao regime previsto no artigo 128.° do CVM.

III. A Directiva das OPAs e a adopção da *Passitivy Rule* em outros países

A Directiva das OPAs consagra, no seu artigo 3.º, os seis princípios gerais que devem ser assegurados pelos Estados-Membros na aplicação dessa directiva, a saber:

- o tratamento equitativo de todos os titulares de valores mobiliários (da mesma categoria) e a protecção dos restantes titulares de valores mobiliários em caso de aquisição do controlo;
- os titulares dos valores mobiliários devem dispor de tempo e informação suficientes para poderem tomar uma decisão sobre a oferta; o órgão de administração da sociedade visada deve apresentar o seu parecer sobre a oferta;
- o órgão de administração da sociedade visada deve agir tendo em conta os interesses da sociedade no seu conjunto e não pode impedir os titulares dos valores mobiliários de decidirem sobre o mérito da oferta;
- não devem ser criados mercados artificiais para os valores mobiliários da sociedade visada, da sociedade oferente ou de qualquer outra sociedade interessada na oferta de que resulte uma subida ou descida artificial dos preços e que falseiem o funcionamento normal dos mercados;
- um oferente só deve anunciar a oferta depois de se assegurar de que está em plenas condições de satisfazer integralmente qualquer contrapartida em numerário ou depois de tomar todas as medidas para garantir a entrega de outro tipo de contrapartida, e
- a sociedade visada não deve ser perturbada em virtude de uma oferta respeitante aos seus valores mobiliários no exercício da sua actividade para além de um período razoável.

Em concretização dos princípios gerais que incidem sobre a actuação do órgão de administração da Sociedade Visada, o artigo 9.º da Directiva veio consagrar a obrigação do órgão de administração da Sociedade Visada de obter a autorização prévia da assembleia geral de accionistas antes de empreender qualquer acção susceptível de conduzir à frustração da oferta (exceptuando a procura de outras ofertas), nomeadamente antes de proceder a qualquer emissão de valores mobiliários susceptível de impedir, de forma duradoura, que o oferente assuma o controlo da sociedade visada[24]. Relativamente às decisões tomadas pelo órgão de administração da Sociedade Visada antes de ter recebido informação sobre a oferta e que não tenham ainda sido parcial ou totalmente executadas, a mencionada disposição prevê a necessidade de a assembleia geral de accionistas aprovar ou confirmar qualquer decisão que não se insira no quadro normal das actividades da sociedade e cuja execução seja susceptível de conduzir à frustração da oferta.

O artigo 9.º da Directiva veio, ainda, estabelecer a obrigação do órgão de administração da Sociedade Visada de elaborar e tornar público um documento do qual conste o seu parecer fundamentado sobre a oferta.

A sujeição do órgão de administração a uma regra de neutralidade na sua actuação foi um dos assuntos mais controversos e debatidos no processo legislativo europeu. Como não se conseguia alcançar um acordo entre os Estados-Membros quanto à imposição legal dessa obrigação, foi dada uma solução de compromisso com as disposições introduzidas no artigo 12.º da Directiva.

No que à matéria em estudo diz respeito, o citado artigo 12.º introduziu um regime facultativo, prevendo que os Estados-Membros pudessem reservar o direito de não exigir que as sociedades com sede social nos seus territórios aplicassem a regra de neutralidade na actuação do órgão de administração da Sociedade Visada (conhecida por direito dos Estados--Membros de «*opt-out*»). Os Estados-Membros que exercerem o direito de *opt-out* devem dar às sociedades a opção, que deve ser reversível, de aplicar a referida regra da neutralidade (conhecida por direito das sociedades de «*opt-in*»). Qualquer sociedade que vise exercer o direito de *opt-in* deve tomar essa decisão em assembleia geral de accionistas de acordo com as regras aplicáveis à alteração dos estatutos e comunicá-la à autoridade de supervisão do Estado-Membro onde a sociedade em causa tenha a sua sede social e às autoridades de supervisão dos Estados-Membros onde os seus valores mobiliários estejam admitidos à negociação em mercado regulamentado.

---

[24] Comparativamente com os Estados Unidos da América «*US state takeover laws take a different approach than the passivity rule. The board of US companies are not required to remain passive in face of unsolicited bid and, in most cases, need not seek shareholder approval prior ro taking certain defensive actions so long as they comply with their fiduciary duties and the company's charter documents*», JOSHUA BERICK e TOM SHROPSHIRE, in «The EU Takeover Directive in Context: A Comparasion to the US Takeover Rules», in *The European Takeover Directive and its Implementation*, Oxford University Press, New York, 2009, p. 115.

O referido artigo 12.º estabeleceu, ainda, que os Estados-Membros pudessem dispensar as sociedades que se encontrassem sujeitas à regra de neutralidade na actuação do órgão de administração da Sociedade Visada de não a aplicar se fossem alvos de uma OPA lançada por uma sociedade que não se encontrasse sujeita a tal regra ou que fosse dominada por uma sociedade que a ela não estivesse sujeita («*regra da reciprocidade*»).

A complexidade resultante dos mencionados arranjos opcionais de *opt-out* e *opt-in* bem como a regra da reciprocidade têm sido duramente criticadas e apontadas como uma das maiores fraquezas da Directiva das OPAs[25].

Um estudo realizado sobre a implementação da Directiva das OPAs[26] abrangendo 22 (vinte e dois) dos Estados-Membros da União Europeia,[27] revelava que, em 31 de Dezembro de 2008:

- 16 (dezasseis) Estados-Membros tinham imposto a *Passivity Rule*.
- 6 (seis) Estados-Membros tinham exercido o direito de *opt-out*, não obrigando as sociedades com sede nos seus territórios a aplicar essa regra, sem prejuízo do direito de *opt-in* das sociedades. São eles a Alemanha, a Bélgica, a Itália, a Holanda, a Hungria e o Luxemburgo.
- 11 (onze) Estados-Membros tinham acolhido internamente a regra da reciprocidade, a saber, a Dinamarca, a Eslovénia, a Espanha, a França e Portugal, para além dos Estados-Membros que exerceram o direito de *opt-out* cuja regra de reciprocidade é aplicável às sociedades que exercerem o direito de *opt-in*.

Atento ao desvio do regime adoptado pela grande maioria dos Estados-Membros, cremos que vale a pena fazer umas breves notas a respeito do regime vigente nos Estados-Membros que exerceram o direito de *opt-out*.

---

[25] Sobre estas matérias, M. GATI, «Optional arrangements and reciprocity in the Takeover Directive», in *European Takeovers. The Art of Acquisition*, Euromoney Books, London, 2005, p. 103. A. JOHNSTON, «The European Takeover Directive: Ruined by Protectionism or Respecting Diversity», *Company Lawyer*, 2004, p. 276, M. BECHT, «Reciprocity in Takeovers», in G. FERRANINI, K. J. HOPT, J. WINTER e E. WYMEERSCH, *Reforming Company and Takeover Law in Europe*, Oxford University Press, 2004, pp. 654-655, JAN WOUTERS, PAUL VAN HOOGHTEN e MATTIAS BRUYNEEL, obra citada, pp. 60-64.

[26] PAUL VAN HOOGHTEN, in *The European Takeover Directive and its Implementation*, Oxford University Press, New York, 2009, pp. 78-85.

[27] Excepto Chipre, República Checa, Grécia, Polónia e Eslováquia, que já implementaram a Directiva das OPAs, mas não contempladas neste estudo.

Relativamente à Alemanha, que foi um dos Estados-Membros mais críticos na regra da neutralidade da actuação do órgão de administração da Sociedade Visada aquando da discussão da Directiva das OPAs, pode dizer-se, em termos genéricos, que o regime alemão vigente estabelece a regra de que o órgão de administração da Sociedade Visada não deve praticar actos que possam impedir o sucesso da OPA. Contudo, essa proibição não é imoderadamente limitadora da actuação do órgão de gestão da Sociedade Visada, na medida em que lhe é permitido praticar não apenas actos que um gerente prudente e consciencioso de uma sociedade que não estivesse sujeita a OPA pudesse prosseguir, em particular actos que se enquadrem na estratégia societária vigente (e nesse contexto, realizar transacções extraordinárias susceptíveis de frustrar a OPA), como procurar ofertas concorrentes e, ainda, praticar actos aprovados pelo conselho de supervisão ou pelos sócios. De referir, que nenhuma das maiores sociedades alemãs exerceu o direito de *opt-in*[28].

No que respeita à Bélgica, verifica-se que os princípios constantes da legislação belga sobre OPAs correspondem, em traços gerais, à regra da neutralidade estabelecida na Directiva, atendendo ao princípio basilar do regime jurídico belga segundo o qual o órgão de administração da Sociedade Visada deve actuar no melhor interesse da sociedade e ao princípio de que não pode adoptar acções que frustrem a OPA. No entanto, existem alguns desvios a este princípio que possibilitam que o órgão de administração da Sociedade Visada possa, em determinadas circunstâncias, adoptar determinadas medidas defensivas face à OPA lançada sobre a Sociedade Visada (tais como efectuar uma remição de acções ou aumentar o capital social)[29]. Isto sem prejuízo da possibilidade de as sociedades exercerem o direito de *opt-in*.

Em Itália, a lei prevê que a *Passivity Rule* só é aplicável se estiver estabelecida no contrato de sociedade da Sociedade Visada, sendo que os

---

[28] Secção 33, parágrafos 1 e 2 do German Securities Acquisition and Takeover Act (Wertpapiererwerbsund Ubernahmegesetz- Takeover Act). STEPHAN F. OPPENHOFF, *in* «Implementation of the European Takeover Directive in Germany», *in The European Takeover Directive and its Implementation*, Oxford University Press, New York, 2009, pp. 342-344.

[29] Artigos 557, 928 e 607 do Belgium Company Code. PAUL VAN HOOGHTEN, *in* «Implementation of the European Takeover Directive in Belgium», *in The European Takeover Directive and its Implementation*, Oxford University Press, New York, 2009, pp. 178-180.

termos e condições em que pode ser inserida essa cláusula estatutária se encontram fixados por lei[30], o mesmo sucedendo na Holanda[31].

Na Hungria, a regra da neutralidade do órgão de administração também só é aplicável se estabelecida no contrato de sociedade da Sociedade Visada[32].

Por último, também as sociedades com sede no Luxemburgo que quiserem exercer o direito de *opt-in* e aderir à regra da neutralidade consagrada na Directiva têm de a inserir previamente nos respectivos contratos de sociedade, sendo que, na ausência dessa decisão dos accionistas, o órgão de administração da Sociedade Visada pode adoptar medidas defensivas na pendência de uma OPA[33].

---

[30] Artigo 104 do Consolidated Financial Act (CFA). LUCA PICONE, MARTA SASSELLA, *in* «Implementation of the European Takeover Directive in Italy», *in The European Takeover Directive and its Implementation*, Oxford University Press, New York, 2009, pp. 452-454.

[31] Artigo 2:359 do Dutch Civil Code. HENK ARNOLD SIJNJA, WILLIAM DE VREEDE, *in* «Implementation of the European Takeover Directive in the Netherlands», *in The European Takeover Directive and its Implementation*, Oxford University Press, New York, 2009, pp. 600-604.

[32] DANIEL STRAUB, BALÁZS SEPSEY, *in* «Implementation of the European Takeover Directive in Hungry», *in The European Takeover Directive and its Implementation*, Oxford University Press, New York, 2009, p. 370.

[33] Luxembourg law, May 19, 2006. LAURENT SCHUMMER RICCARDO FALCONI, *in* «Implementation of the European Takeover Directive in Luxembourg», *in The European Takeover Directive and its Implementation*, Oxford University Press, New York, 2009, pp. 546-549.

OS ACORDOS DE CONCERTAÇÃO DIRIGIDOS AO DOMÍNIO DE SOCIEDADES ABERTAS

Magda Viçoso[*]

SUMÁRIO: **I.** *Notas introdutórias* **1.** *Plano de trabalho* **2.** *Delimitação do objecto* **3.** *Enquadramento sistemático* **II.** *Acordos de concertação tendentes ao domínio de sociedades abertas* **1.** *Formação* **2.** *Elementos essenciais de conteúdo* **3.** *Validade e eficácia* **III.** *Qualificação como contrato de cooperação associativa* **1.** *Noção* **2.** *Qualificação dos acordos de concertação* **3.** *Principais consequências jurídicas* **IV.** *Conclusões. Bibliografia citada*

I. Notas introdutórias

1. Plano de trabalho

A delimitação do escopo e dos objectivos deste trabalho teve como ponto de partida o tema geral proposto na disciplina de Direito Privado, no programa de doutoramento, do ano lectivo 2008/2009: o estudo dos denominados «contratos de cooperação associativa» no direito português.

No âmbito deste tema genérico, optámos por debruçar-nos sobre os «acordos de concertação» nas sociedades abertas, ou seja, sobre acordos dirigidos à cooperação *inter partes* com vista a implementar determinado programa ou projecto numa sociedade aberta. De entre os diversos programas ou projectos visados pelos acordos de concertação, trataremos apenas aqueles que se destinem à aquisição ou manutenção do domínio.

---

[*] Doutoranda na Faculdade de Direito da Universidade Nova de Lisboa.

O estudo desta matéria no universo das sociedades abertas acarreta particularidades importantes relacionadas, não só com as especificidades desta realidade social, como com preocupações de política regulatória.

Nos últimos tempos, o conceito de domínio e as ficções em torno da concertação naquele universo têm sido objecto de particular debate doutrinário no plano mobiliário[1]. Não obstante, o estudo destes acordos pressupõe considerar três valências[2]:

a) as regras gerais de direito civil aplicáveis aos negócios jurídicos que surgem ao abrigo da autonomia privada;
b) as regras societárias de que emergem implicações relevantes para os acordos situados na esfera parassocial; e
c) a disciplina desenvolvida pelo direito dos valores mobiliários em resposta às especificidades destes acordos no referido universo das sociedades abertas.

Assim, apesar do profícuo debate a este propósito no plano mobiliário, os seguintes aspectos carecem, ainda, de um maior desenvolvimento: (i) a caracterização dos acordos de concertação; (ii) a sua qualificação, em geral, como negócios jurídicos e, em particular, como contratos de cooperação associativa; e (iii) a aferição das consequências jurídicas que daí advêm.

Desta feita, pretendemos efectuar um estudo integrado das três valências acima identificadas, com vista a recortar e afinar os elementos estru-

---

[1] Vejamos alguns exemplos: CARLOS OSÓRIO DE CASTRO, «A Imputação dos direitos de voto no Código dos Valores Mobiliários», *Cadernos do Mercado de Valores Mobiliários*, 7, 2000, p. 161 e ss.; JOÃO MATTAMOUROS RESENDE, «A imputação de Direitos de Voto no Mercado de Capitais», *Cadernos do Mercado de Valores Mobiliários*, 26, 2007, p. 59 e ss.; JOÃO SOARES DA SILVA, «Algumas observações em torno da tripla funcionalidade da técnica de imputação de votos no Código dos Valores Mobiliários», *Cadernos do Mercado de Valores Mobiliários*, 26, 2007, p. 47 e ss.; PAULA COSTA E SILVA, «A imputação de direitos de voto na oferta pública de aquisição», *Jornadas sobre Sociedades Abertas, Valores Mobiliários e Intermediação Financeira*, Almedina, Coimbra, 2007, p. 243 e ss.; PAULO CÂMARA, *Manual de Direito dos Valores Mobiliários*, Almedina, Coimbra, 2009, p. 550 e ss.; VÍTOR PEREIRA NEVES, «A natureza transitiva dos critérios de imputação de direitos de voto no Código dos Valores Mobiliários», *Estudos Comemorativos dos 10 anos da Faculdade de Direito da Universidade Nova de Lisboa*, volume II, Almedina, Coimbra, 2008, p. 507 e ss.

[2] Outros ramos do direito têm também ponderado os contornos e consequências jurídicas da concertação, como, por exemplo, o direito da concorrência.

turais dos acordos de concertação que signifiquem consequências jurídicas pertinentes.

2. Delimitação do objecto

Com base nestes objectivos, o problema que nos ocupa é a caracterização dos acordos de concertação, tendentes ao domínio de sociedades abertas, os quais doravante designaremos por «acordos de concertação». Uma vez empreendida esta tarefa de caracterização, passaremos à sua qualificação como contratos de cooperação associativa e à ponderação das consequências jurídicas que daí decorrem.

Vejamos, então, com maior precisão os contornos dos acordos de concertação e das principais noções em presença.

a) *Acordos de concertação: Da perspectiva social para a perspectiva jurídica*

A realidade social objecto deste estudo são os acordos entre duas ou mais pessoas dirigidos à prática de determinados actos concertados tendentes ao domínio de uma sociedade aberta.

Deste modo, ocupamo-nos dos acordos destinados à prática concertada de actos jurídicos que se repercutem, directa ou indirectamente, no exercício dos direitos sociais que permitem implementar o programa acordado[3].

Os acordos na esfera parassocial têm sido objecto de alguma flutuação terminológica, quer nos diplomas legais que os acolhem quer nos textos doutrinários que tratam esta matéria. Apesar disso, a lei societária e mobiliária adopta os conceitos de acordo parassocial e de concertação e disciplina o seu conteúdo e consequências, tal como explicitaremos em I.3, *infra*.

Também a doutrina tem autonomizado os acordos de concertação, essencialmente tendo como critério a finalidade prosseguida pelas partes: assegurar uma influência concertada sobre determinada sociedade, para o

---

[3] Seguindo FERNANDO GALVÃO TELLES, a propósito dos acordos parassociais, diremos que os acordos de concertação também se caracterizam pela sua «ligação com a relação social», apesar de não se incluírem na esfera estatutária nem na esfera deliberativa (*apud* RAÚL VENTURA, «Acordos de Voto», *Estudos Vários sobre Sociedades Anónimas*, Almedina, Coimbra, 2003, reimpressão de 1992, p. 11).

efeito impondo comportamentos idóneos àquele objectivo. Já a jurisprudência têm, sobretudo, limitado a sua análise à validade e efeitos dos acordos parassociais[4].

b) *Sociedades abertas: Definição legal*

Os acordos de concertação têm especial relevância quando respeitem à influência sobre sociedades abertas. Este conceito engloba as sociedades que se subsumam a qualquer das seguintes situações enumeradas no art. 13.º do Código dos Valores Mobiliários («CVM»)[5]:

(i) a sociedade constituída «através de oferta pública de subscrição dirigida especificamente a pessoas com residência ou estabelecimento em Portugal»;

(ii) «a sociedade emitente de acções ou de outros valores mobiliários que confiram direito à subscrição ou à aquisição de acções que tenham sido objecto de oferta pública de subscrição dirigida especificamente a pessoas com residência ou estabelecimento em Portugal»;

(iii) «a sociedade emitente de acções ou de outros valores mobiliários que confiram direito à sua subscrição ou aquisição, que estejam ou tenham estado admitidas à negociação em mercado regulamentado situado ou a funcionar em Portugal»;

(iv) «a sociedade emitente de acções que tenham sido alienadas em oferta pública de venda ou de troca em quantidade superior a 10% do capital social dirigida especificamente a pessoas com residência ou estabelecimento em Portugal»; e

---

[4] A doutrina e a jurisprudência têm autonomizado várias tipologias de acordos na esfera parassocial. Por exemplo, a doutrina italiana distingue as seguintes tipologias de acordos parassociais: «*sindicati di voti*», «*sindicati di blocco*» e «*sindicati di concertazioni*», tendo estes últimos como objectivo garantir uma influência dominante sobre determinada sociedade (*vide* LUCA GIANNINI e MARIANO VITALI, *I patti parasociali*, Maggioli Editore, Rimini, 2008, pp. 85 e 137). Entre nós, o conceito de concertação tem sido, sobretudo, objecto de apreciação doutrinal e em algumas decisões da Comissão do Mercado de Valores Mobiliários («CMVM»). Por sua vez, a jurisprudência tem atendido à definição de concertação noutros ramos do direito, como no campo da concorrência.

[5] Acerca do elenco de situações geradoras da qualificação como sociedade aberta, *vide* ANTÓNIO PEREIRA DE ALMEIDA, «Sociedades abertas», *Direito dos Valores Mobiliários*, volume VI, Coimbra Editora, Coimbra, 2006, pp. 10-14, e, ainda, PAULA COSTA E SILVA, «Domínio de sociedade aberta e respectivos efeitos», *Direito dos Valores Mobiliários*, volume V, Coimbra Editora, Coimbra, 2004, pp. 326-333.

(v) «a sociedade resultante de cisão de uma sociedade aberta ou que incorpore, por fusão, a totalidade ou parte do seu património».

Os elementos comuns a este elenco são a «dispersão», efectiva ou potencial, pelo público das acções representativas do respectivo capital social (ou de certos instrumentos relacionados) e, bem assim, uma «estrutura accionista fragmentada» (ou potencialmente fragmentada), em virtude de uma oferta pública, da admissão à negociação ou da sucessão de patrimónios[6].

Ainda que tal dispersão em determinados casos seja meramente potencial ou pretérita, com esta definição pretende-se espelhar a realidade de sociedades tendencialmente caracterizadas pelos seguintes aspectos: (i) a separação entre a propriedade e o controlo, o qual pode advir de uma minoria do capital social; (ii) o maior risco de custos de agência atendendo ao afastamento entre os accionistas e a gestão especializada; e (iii) uma estrutura accionista dispersa em que podem conviver accionistas com interesses díspares.

c) *Sociedades abertas: Domínio*

Tal como acima referido, os acordos de concertação visam assegurar uma influência dominante ou outra sobre uma sociedade. De entre tais acordos, optámos por estudar os acordos dirigidos à aquisição ou manutenção do domínio.

Nos termos do n.º 1 do art. 21.º do CVM, «para efeitos deste Código, considera-se relação de domínio a relação existente entre uma pessoa singular ou colectiva e uma sociedade quando, independentemente de o domicílio ou a sede se situar em Portugal ou no estrangeiro, aquela possa exercer sobre esta, directa ou indirectamente, uma influência dominante».

Por sua vez, de acordo com o n.º 2 do mesmo preceito, «existe, em qualquer caso, relação de domínio quando uma pessoa singular ou colectiva:
a) Disponha da maioria dos direitos de voto;
b) Possa exercer a maioria dos direitos de voto, nos termos de acordo parassocial;

---

[6] Vide PAULO CÂMARA, *Manual de Direito dos Valores Mobiliários*, cit., pp. 522--536, em particular, a propósito das características e antecedentes históricos das sociedades abertas.

c) Possa nomear ou destituir a maioria dos titulares dos órgãos de administração ou de fiscalização».

Para além deste conceito de domínio, no art. 187.º do CVM, relativo ao dever de lançamento de oferta pública de aquisição («OPA»), presume-se existir uma mudança de domínio relevante para este efeito quando alguém ultrapasse um terço ou metade dos direitos de voto, calculados nos termos do art. 20.º do CVM. Ainda que superado o limite de um terço, admite-se a inexigibilidade de lançamento de OPA obrigatória quando se demonstre perante a CMVM que o obrigado não tem o domínio da sociedade visada nem está com ela em relação de grupo.

Esta disposição reflecte o impacto no domínio das sociedades abertas do denominado *«market for corporate control»*. Nesta sede, não pretendemos embrenhar-nos em considerações de análise económica do direito. No entanto, a presença na nossa lei de alguns elementos de um conceito de domínio substancial importa para o estudo dos acordos de concertação[7]. Senão vejamos.

Em primeiro lugar, na medida em que o controlo pode ser obtido por titulares de uma minoria do capital social disperso pelo público, será potencialmente maior a volatilidade das mudanças de controlo em sociedades abertas. Para alguns, esta volatilidade resulta, sobretudo, de dois aspectos: (i) uma suposta função de maximização de riqueza atribuída às mudanças de controlo; e (ii) uma suposta conexão directa entre a eficiência da gestão e a cotação da sociedade, recorrendo-se aos mecanismos de transição de controlo como forma de punir gestores ineficientes[8].

Em segundo lugar, dado que os instrumentos que permitem o exercício de uma influência dominante transcendem em muito a aquisição de

---

[7] Na opinião de PAULA COSTA E SILVA, o domínio pode resultar (i) da «dissociação» entre a titularidade de acções e a legitimidade para o exercício de direitos de voto, (ii) da atribuição a terceiros do poder de determinar o sentido de voto e (iii) de direitos especiais que permitam a nomeação dos órgãos de gestão ou supervisão (cfr. «Sociedade aberta, domínio e influência dominante», *Direito dos Valores Mobiliários*, volume VIII, Coimbra Editora, Coimbra, 2008, pp. 541-571).

[8] Para maior desenvolvimento sobre esta temática, remetemos para: HENRY G. MANNE, «Mergers and the Market for Corporate Control», *Journal of Political Economy*, 73, 1965, p. 110 e ss.; FRANK EASTERBROOK / DANIEL FISCHEL, *The Economic Structure of Corporate Law*, Harvard University Press, 1991, p. 162 e ss.; ROBERTA ROMANO, «A guide to Takeovers: Theory, Evidence and Regulation», *European Takeovers, Law and Practice*, Butterwoods, 1992, p. 3 e ss.; e GRAHAM STEDMAN, *Takeovers*, Longman, Londres, 1993, p. 16.

participações sociais. O domínio é avaliado com base num conjunto de situações de influência efectiva sobre o exercício do direito de voto e, bem assim, de influência potencial sobre o exercício do direito de voto previstas no art. 20.º do CVM (neste último caso recorrendo a ficções legais de imputação de direitos de voto)[9].

d) *Os acordos de concertação relativos ao domínio de sociedades abertas*

Em jeito de conclusão, reiteramos que, nesta sede, nos debruçaremos sobre a caracterização dos acordos tendentes à prática de actos concertados finalisticamente dirigidos à tomada ou manutenção do domínio[10].

Tal como acima referido, a relevância destes acordos nas sociedades abertas advém da sua potencial dispersão accionista e do seu potencial contacto com o mercado de valores mobiliários, os quais podem trazer repercussões que não surgem nas sociedades de capital não aberto ao público.

Da perspectiva das partes, estes acordos propiciam, em especial, o controlo dos destinos da sociedade (em sentido amplo), sem o investimento necessário para adquirir a maioria do seu capital social. Neste âmbito, tais acordos podem atribuir o poder de influência, directa ou indirecta, sobre o exercício dos direitos de voto ou sobre a composição dos órgãos de administração e/ou fiscalização ou podem habilitar as partes a adquirir uma participação social de controlo.

Já da perspectiva regulatória, a tutela dos investidores, dos accionistas minoritários e do mercado impõe intervenções diversas destinadas, *inter alia*, a salvaguardar os princípios de transparência, de igualdade de

---

[9] *Vide* PAULO CÂMARA acerca do que denomina as «técnicas de influência societária» e o «apagamento da relevância jurídico-mobiliária da posição de sócio» (*Manual de Direito dos Valores Mobiliários*, cit., pp. 550, 556 e 558). Também para CARLOS OSÓRIO DE CASTRO, as ficções legais de imputação têm por objectivo «imputar ao participante os direitos de voto cujo exercício se considere ser por ele influenciado ou influenciável, já no uso de alguma faculdade jurídica, já num plano puramente fáctico» (cit., p. 167).

[10] Sobre os conceitos de tomada e manutenção de controlo e alguns exemplos de acordos dirigidos a esta finalidade, *vide* PAULO CÂMARA, *Parassocialidade e transmissão de valores mobiliários*, Dissertação de Mestrado em Ciências Jurídicas, Universidade de Direito, Faculdade de Direito, 1996, pp. 96-103. Também ALAIN VIANDIER apresenta alguns exemplos de acordos de concertação no sistema francês (*OPA, OPE et autres offres publiques*, 3.ª edição, Éditions Francis Lefebvre, Levallois, 2006, pp. 98--104 e 236-238).

tratamento dos titulares de valores mobiliários da mesma categoria e de bom governo societário[11].

Assim, um dos desafios deste estudo passa pelo contraste entre, por um lado, os benefícios que as partes pretendem obter através destes acordos e, por outro lado, as suas consequências jurídicas construídas para dar resposta às implicações da concertação.

3. Enquadramento sistemático

A disciplina dos acordos de concertação resulta, essencialmente, de fontes legais nos panoramas societário e mobiliário.

a) *Fontes no panorama societário*

As fontes societárias têm vários contributos nesta área, através da delimitação positiva e negativa dos contornos da autonomia parassocial. Verificados determinados requisitos que desenvolvermos em II.3, *infra*, os acordos de concertação podem situar-se nesta esfera de autonomia.

Esta delimitação positiva é efectuada no art. 17.º do Código das Sociedades Comerciais («CSC»), segundo o qual:

> «1. Os acordos parassociais celebrados entre todos ou entre alguns sócios pelos quais estes, nessa qualidade, se obriguem a uma conduta não proibida por lei têm efeitos entre os intervenientes, mas com base neles não podem ser impugnados actos da sociedade ou dos sócios para com a sociedade.
>
> 2. Os acordos referidos no número anterior podem respeitar ao exercício do direito de voto, mas não à conduta de intervenientes ou de outras pessoas no exercício de funções de administração ou de fiscalização.

---

[11] A título exemplificativo, destacamos: (i) as regras de transparência sobre participações qualificadas, acordos parassociais, informação privilegiada e informação financeira aplicáveis a sociedades abertas e/ou a sociedades emitentes de acções admitidas à negociação em mercado regulamentado (*vide* arts. 16.º, 19.º e 245.º a 248.º do CVM); (ii) os deveres de informação e recomendações sobre governo societário (*vide* Regulamento n.º 1/2007 e Código de Governo das Sociedades aprovados pela CMVM em 2007, entretanto revogados pelo Regulamento n.º 1/2010 e por novo Código aprovado em 2010); (iii) a exigência de lançamento de OPA obrigatória e geral, permitindo o direito de saída por uma contrapartida mínima e assegurando um tratamento igualitário aquando de uma alteração de controlo (*vide* EDDY WYMEERSCH, «The Mandatory Bid: A Critical View», *European Takeovers, Law and Practice*, cit., p. 351 e ss., a propósito dos objectivos subjacentes a este dever).

3. São nulos os acordos pelos quais um sócio se obriga a votar:
a) Seguindo sempre as instruções da sociedade ou de um dos seus órgãos;
b) Aprovando sempre as propostas feitas por estes;
c) Exercendo o direito de voto ou abstendo-se de o exercer em contrapartida de vantagens especiais».

Segundo a doutrina, este preceito trata certos acordos parassociais, mas não regula exaustivamente tais acordos. Ou seja, a autonomia parassocial vai para além dos acordos previstos no art. 17.º e as partes podem validamente vincular-se a acordos parassociais com elementos estruturais diversos[12]. Ainda assim, esta disposição permite a identificação de alguns elementos caracterizadores destes acordos e, bem assim, dos limites que se colocam à sua validade e eficácia.

Por outro lado, a autonomia parassocial pode ser delimitada com o auxílio das regras que disciplinam os universos estatutário e deliberativo. Apesar de corresponderem a esferas distintas, a delimitação do âmbito daqueles universos também pode criar limites negativos e positivos aos instrumentos parassociais.

Assim, é nos planos legal e estatutário que se define o núcleo de direitos sociais. Já na esfera parassocial, as partes podem acordar, com efeitos *inter partes*, direitos adicionais ou restrições face aos direitos previstos na lei e nos estatutos.

Em acréscimo, a validade de tais acordos depende da sua conformação com limites mínimos comuns aos que se colocam na esfera estatutá-

---

[12] A não taxatividade do art. 17.º do CSC é unânime entre a doutrina portuguesa. A título exemplificativo, *vide* RAÚL VENTURA (cit., p. 13) e PAULO CÂMARA (*Parassocialidade e transmissão de valores mobiliários*, cit., p. 245). Esta opção legislativa foi largamente influenciada pelo projecto de articulado proposto por ADRIANO PAES DA SILVA VAZ SERRA («Assembleia Geral», *BMJ*, 197, 1970, p. 86 e ss.), assim como pela proposta de 5.ª Directiva apresentada pela Comissão ao Conselho em 19.08.1983. A visão parcelar da nossa lei contrasta, por exemplo, com a opção do legislador italiano, o qual veio detalhar o conceito de parassocialidade em 2003 e 2007. Assim, nos termos do art. 2341.º-bis do *Codice Civile*, os acordos parassociais distinguem-se pela sua finalidade e objecto. Nesta norma, consideram-se acordos parassociais aqueles que regulam o exercício do direito de voto, estabelecem limites à transmissão de acções ou têm por objecto ou efeito o exercício conjunto de influência dominante. Também, no art. 122.º do *Testo Unico delle disposizioni in materia di intermediazione finanziaria*, acolhem-se disposições aplicáveis aos acordos parassociais relativos a sociedades «cotadas», distinguindo acordos relativos a consulta prévia, limites à transmissão de acções, aquisição concertada de acções, exercício conjunto de influência dominante, promoção ou frustração de uma OPA.

ria. Por exemplo, a doutrina entende que, à luz do n.º 3 do art. 17.º do CSC, os acordos parassociais devem respeitar a repartição de competências entre órgãos sociais e a sua validade é posta em causa se excluírem ou constrangerem, de forma desproporcionada, direitos nucleares dos sócios.

Do mesmo modo, os contornos da autonomia deliberativa, sobretudo o regime previsto nos arts. 56.º e 58.º do CSC quanto aos vícios das deliberações sociais, podem contribuir para a delimitação negativa da esfera de autonomia parassocial.

b) *Fontes no panorama mobiliário*

O legislador mobiliário regula algumas formas de concertação, cuja validade não contesta, antes impõe, um conjunto de consequências jurídicas às partes concertadas.

Para efeitos do cumprimento de deveres de informação, no n.º 1 do art. 19.º do CVM consideram-se relevantes «os acordos parassociais que visem adquirir, manter ou reforçar uma participação qualificada em sociedade aberta ou assegurar ou frustrar o êxito de oferta pública de aquisição», impondo-se a sua publicação sempre que o acordo «seja relevante para o domínio sobre a sociedade».

Por sua vez, na alínea *h)* do n.º 1 do art. 20.º do CVM, prevêem-se os seguintes acordos de concertação: um acordo com o participante que «vise adquirir o domínio da sociedade ou frustrar a alteração de domínio» ou que «de outro modo, constitua um instrumento de exercício concertado de influência sobre a sociedade participada». Ao abrigo do n.º 4 da mesma norma, presume-se serem instrumentos de exercício concertado de influência «os acordos relativos à transmissibilidade de acções»[13].

---

[13] Este normativo é, sobretudo, inspirado na Directiva 2004/25/CE, do Parlamento Europeu e do Conselho, de 21 de Abril de 2004, sobre ofertas públicas de aquisição (*JO*, L 142, de 30.04.2004), em cuja alínea *d)* do art. 2.º se entende que «actuam em concertação», as «pessoas singulares ou colectivas que cooperam com o oferente ou com a sociedade visada com base num acordo, tácito ou expresso, oral ou escrito, tendo em vista, respectivamente, obter o controlo da sociedade visada ou impedir o êxito da oferta». O mesmo preceito destina-se, ainda, a transpor a alínea *a)* do art. 10.º da Directiva 2007/14/CE, da Comissão, de 8 de Março de 2007, que estabelece requisitos de transparência respeitantes aos emitentes cujos valores mobiliários estão admitidos à negociação num mercado regulamentado (*JO*, L 69, de 09.03.2007). Segundo esta alínea, são relevantes, para efeitos da divulgação de participações qualificadas, os acordos em que as partes se obriguem «a adoptarem, através do exercício concertado dos direitos de voto que possuem, uma política comum duradoura em relação à gestão do emitente em causa».

Estes acordos são relevantes para efeitos de imputação de direitos de voto e, em consequência, têm impacto, entre outros, no contexto da divulgação de participações qualificadas, do lançamento de OPA obrigatória e da aquisição tendente ao domínio total[14].

c) *Outras fontes*

Noutros ramos do direito encontramos alguns auxiliares relevantes na caracterização e apreciação da validade dos acordos de concertação.

No direito penal, a jurisprudência considera elementos essenciais do tipo «associação criminosa», consagrado no art. 299.° do Código Penal, um acordo de vontades entre uma pluralidade de pessoas com uma finalidade criminosa, que reúna as características de estabilidade e duração[15]. Adiante ponderaremos se estes elementos são também relevantes para a caracterização dos acordos de concertação.

Por sua vez, no direito da concorrência, em regra, são nulos «os acordos entre empresas, as decisões de associações de empresas e as práticas concertadas que sejam susceptíveis de afectar o comércio entre os Estados-Membros e que tenham por objectivo ou efeito impedir, restringir ou falsear a concorrência no mercado comum» (cfr. art. 81.° do Tratado que institui a Comunidade Europeia, na sua versão consolidada). Encontramos uma disposição similar no art. 4.° da Lei da Concorrência. Estas disposições e a construção doutrinal e jurisprudencial em seu redor permitem uma melhor compreensão do processo de formação, da estrutura e da natureza dos acordos de concertação.

Estes exemplos de formas de concertação ilícitas, à luz da nossa ordem jurídica, contribuem, ainda, para o estudo dos acordos de concertação ao evidenciarem as especificidades dos acordos relativamente aos quais o legislador efectua um juízo de desvalor.

---

[14] *Vide* arts. 16.°, 187.° e 194.°, todos do CVM.
[15] Citamos, a título de exemplo, os acórdãos do STJ de 09.02.1995 (*CJ*, 1995, 1, p. 198), de 17.04.1997 (*BMJ*, 466, p. 22) e de 23.11.2000 (*CJ*, 2000, 3, p. 220).

II. Acordos de concertação tendentes ao domínio de sociedades abertas

1. Formação

A primeira tarefa de que nos ocupamos respeita à formação dos acordos de concertação. Esta tarefa pressupõe três etapas de análise: (a) a caracterização do acordo; (b) a apreciação do significado das declarações negociais das partes; e (c) o processo de formação e a forma.

a) *Acordo*

Comecemos esta tarefa definindo se, em resultado do processo de formação dos acordos de concertação, as partes concluem ou não um negócio jurídico.

Os acordos parassociais típicos previstos no art. 17.º do CSC são, segundo Raúl Ventura, acordos cujos intervenientes pretendem que produzam efeitos jurídicos, excluindo, desta feita, os *gentlemen agreements*, colocados no plano da honra[16]. Com efeito, no plano societário, não subsistem dúvidas doutrinárias de que os acordos parassociais juridicamente relevantes se subsumem à tese contratual, parecendo recorrer-se a um critério objectivo quanto à produção de efeitos jurídicos.

Já no universo mobiliário, esta questão não está decidida de forma unânime, em virtude da introdução, em 2006, da alínea *h*) do n.º 1 do art. 20.º do CVM, tendo a doutrina sido, de certa forma, parca na discussão deste aspecto. Em momento anterior à adopção da mencionada alínea *h*), entendia-se que a imputação de direitos de voto, em resultado de um acordo de voto, apenas era despoletada por negócios jurídicos[17].

Recentemente discutiu-se se o aditamento da referida alínea teria por objectivo alargar o seu âmbito a acordos vinculantes ou não[18]. Esta tese já foi contestada, com dois fundamentos: (i) aquela alínea não deve ser considerada uma cláusula residual no âmbito do art. 20.º do CVM, mas antes uma norma destinada a abarcar «quem partilhe e coopere na implementação de um determinado *projecto comum ou concertado de poder* no qua-

---

[16] *Vide* RAÚL VENTURA, cit., p. 23.
[17] *Vide* CARLOS OSÓRIO DE CASTRO, cit., p. 186.
[18] PAULA COSTA E SILVA discute esta possibilidade na esteira do exemplo alemão («A imputação de direitos de voto na oferta pública de aquisição», cit., pp. 276-278).

dro de uma sociedade aberta»; e (ii) neste domínio não devem ser relevantes os meros *gentlemen agreements*[19].

A relevância de práticas concertadas, às quais não subjaz um contrato, é também controvertida noutros ordenamentos jurídicos assim como noutros ramos do direito.

Richard Whish analisa esta questão no campo do direito da concorrência, à luz do caso *Dyestuffs*, no qual o Tribunal de Justiça das Comunidades Europeias («TJCE») se ocupa da distinção entre acordos de concertação e práticas concertadas. O Tribunal considerou que podem existir «práticas concertadas que não tenham todos os elementos de um contrato, mas que, *inter alia*, resultam da coordenação entre participantes evidenciada pelo seu comportamento»[20].

Em alguns ordenamentos jurídicos, no domínio mobiliário, podem ser relevantes práticas concertadas, independentemente de serem ou não expressão de um contrato[21]. Noutros, parece vingar a teoria da relevância dos acordos de concertação de natureza contratual[22].

---

[19] VÍTOR PEREIRA NEVES, cit., pp. 516-517.

[20] Segundo o Tribunal, ainda que os comportamentos paralelos não possam, em si mesmos, ser considerados práticas concertadas, podem, no entanto, constituir fortes indícios de tais práticas quando conduzam a condições de concorrência que não correspondem às condições normais do mercado. Tal sucede, especialmente, quando tais comportamentos têm por efeito determinar um equilíbrio de preços distinto daquele que resultaria da sã concorrência. Em casos como *Peroxygen* e *Wood Pult*, o teste aplicado pela Comissão Europeia e pelo TJCE para identificar as práticas concertadas, sem um acordo subjacente, fundou-se na busca de respostas para as seguintes questões: o paralelismo de preços pode ser explicado através de outros factores independentes das eventuais práticas concertadas? A estrutura do mercado ter-se-ia comportado da mesma forma na ausência das supostas práticas? *Vide* RICHARD WHISH, *Competition Law*, 6.ª edição, Oxford University Press, Oxford, 2008, p. 552 e ss.

[21] Por exemplo, na secção 2 (5) do *Wertpapierwerbs und Ubernahmegesetz* («WpÜG»), entende-se que «actuam concertadamente», as «pessoas físicas ou jurídicas que concertam a sua conduta com o oferente, com base num acordo ou de qualquer outra forma, relativamente à aquisição de valores mobiliários da sociedade visada ou ao exercício de direitos de voto representativos das acções da sociedade visada». Por sua vez, «agem em concertação com a sociedade visada», as «pessoas físicas ou jurídicas, que, com base num acordo ou de qualquer outra forma, adoptam condutas destinadas a impedir uma OPA voluntária ou obrigatória em conjunto com a sociedade visada». Também a propósito da secção 13 (d) (3) do *Williams Act* (na qual se prevê uma noção de concertação para efeitos da divulgação de determinadas participações), a jurisprudência veio a considerar acordos sem natureza contratual. No caso *SEC v Savoy Industries*, decidiu-se que aquela secção se aplica a

A doutrina francesa desenvolveu com algum detalhe esta temática à luz do art. L233-10 do *Code du Commerce*. Seguindo uma linha subjectiva, alguns autores defenderam a tese contratualista, à luz da qual só seriam relevantes os acordos que correspondessem a uma «*convention*», nos termos do art. 1101.º do *Code Civil*.

De um prisma estrutural, a concertação juridicamente relevante pressuporia um «encontro de vontades», com carácter vinculativo atribuído, expressa ou tacitamente, pelas partes, por contraposição aos acordos de cavalheiros[23].

Para além daquele elemento intencional («*animus*» ou «confiança das partes no acordo»), seria, ainda, essencial a existência de uma «comunhão de objectivos». A esta luz não seriam juridicamente relevantes, para efeitos daquele preceito, nem os comportamentos paralelos em que existe uma mera coincidência de interesses ou objectivos, nem as práticas concertadas ou actos de execução de um acordo sem natureza contratual[24].

---

práticas concertadas que «não se subsumam à clássica noção de contrato» (D. Columbia Circuit, 1978, 587, F.2d 1149). Ou seja, a concertação assenta num acordo, mas aquele acordo não necessita de ter a natureza contratual (*vide* GEORGES LEKKAS, *L'harmonisation du droit des offres publiques et la protection de l'investisseur*, L. G. D. J., Paris, 1999, p. 57). Também, na secção 824 do *Companies Act 2006* admite-se, expressamente, a relevância de acordos que não sejam contratos, bastando um acordo ou expectativas recíprocas mesmo que não vinculativos (*vide* ANDY RYDE e ROLAND TURNILL, «Share Dealings – Restrictions and Disclosure Requirements», *A Practitioner's Guide to the City Code on Takeovers and Mergers 2008/2009*, cit., pp. 74-78).

[22] Para efeitos do art. L 233-10 do *Code de Commerce*, actuam concertadamente, «as pessoas que celebrem um acordo dirigido à aquisição ou transmissão de direitos de voto ou ao exercício de direitos de voto, de modo a implementar determinada política para a sociedade».

[23] *Vide* ALAIN VIANDIER, cit., pp. 233-234. Neste âmbito, cita a posição adoptada pelo Tribunal do Comércio de Nîmes, a 06.03.1992 (JCP 92, E 145). Também FRANCK AUCKENTHALER exclui a aplicação neste domínio do conceito de práticas concertadas presente no direito da concorrência e cita decisões da autoridade de supervisão francesa nesse sentido (cfr. *Droit des Marchés des Capitaux*, L. G. D. J., Paris, 2004, p. 412). Estes autores referem, ainda, a posição idêntica de LE CANNU («L'action de concert», *Rev. Sociétés*, 1991, p. 689) e SCHMIDT / BAJ («Réflexions sur la notion d'action de concert», *RD Bancaire*, 1991, p. 88, e «Récentes évolutions de l'action de concert», *RD Bancaire*, 1992, p. 186). Recentemente, a decisão do *Court d'Appel de Paris* de 02.04.2008 sobre o conceito de concertação previsto no art. L 233-10 do *Code de Commerce*, pode suscitar algumas dúvidas a este propósito, já que se entendeu que, para efeitos daquela disposição, não é necessário um acordo que revista um carácter vinculativo, bastando um comportamento colectivo organizado com uma finalidade comum.

[24] *Apud* GEORGES LEKKAS, cit., p. 77.

Em contraposição a esta tese, veio alegar-se que os acordos de concertação não assumiriam aquela vocação contratual, por dois motivos: estes acordos não denotariam uma contraposição de interesses suficiente; mais, como os seus efeitos jurídicos não seriam «desejados» pelas partes, estes não pressuporiam uma vontade de criar uma situação jurídica. Assim, tais acordos seriam meros factos jurídicos voluntários e lícitos, cujos efeitos atribuídos pela lei não seriam pretendidos pelas partes[25].

Na ausência de uma resposta decisiva nas fontes legais e tendo em conta que nem todos os acordos são contratos, cabe-nos apreciar, à luz das regras gerais de direito civil, se os acordos de concertação podem reunir as características definidoras dos contratos.

Com efeito, não pretendemos tratar a questão de determinar se, para efeitos do regime mobiliário, apenas relevam acordos de natureza contratual[26]. Pretendemos, outrossim, aferir em que circunstâncias aqueles acordos podem assumir natureza contratual no direito português. Senão vejamos.

Segundo as teorias subjectivas, um contrato corresponde à «fusão» ou «acordo de vontades» das partes no sentido de se vincularem a um conjunto de situações jurídicas activas e passivas. Estas teses assumem duas

---

[25] GEORGES LEKKAS, cit., pp. 77-80. Esta classificação coincide, de certa forma, com a teoria subjectivista proposta por MANUEL DE ANDRADE, segundo o qual os factos jurídicos voluntários são factos da vida social produtivos de efeitos jurídicos advenientes de uma manifestação de vontade. Nesta concepção, de entre os factos jurídicos voluntários, os negócios jurídicos caracterizam-se pelo facto de a ordem jurídica lhes atribuir efeitos jurídicos concordantes com a vontade das partes (*Teoria Geral da Relação Jurídica*, volume II, 9.ª reimpressão, Almedina, Coimbra, 2003, pp. 4-8). Ora, segundo GEORGES LEKKAS, aquela concordância entre a vontade das partes e os efeitos do negócio não existe nos acordos de concertação.

[26] Em qualquer caso, se se demonstrar que aqueles acordos se podem reconduzir a uma figura contratual, deixa-se um ónus acrescido ao intérprete e aplicador do direito caso pretenda alegar que na alínea *h*) do n.º 1 do art. 20.º do CVM, contrariamente às demais alíneas do mesmo preceito, para além de acordos de natureza contratual, o legislador pretendeu abranger os acordos de cavalheiros. Ou seja, em nossa opinião, a sustentação daquela tese careceria da explicação dos seguintes aspectos: (i) se na alínea *c*) por «acordo» se entende negócio jurídico vinculante, por que razão o «acordo» previsto na alínea *h*) teria um sentido diferente? (ii) porque razão um acordo não vinculante constitui uma situação que se reconduz à *ratio* deste preceito? E (iii) porque razão os acordos de cavalheiros ou as meras práticas concertadas poderiam dar lugar às várias consequências associadas à imputação de direitos de voto (em particular, ao lançamento de OPA obrigatória e à faculdade de aquisição potestativa)? Sem nos determos mais neste aspecto, não podemos deixar de antecipar que a resposta positiva a estas questões nos parece de difícil fundamentação.

variantes: alguns autores atentam na denominada vontade psicológica, enquanto outros só consideram juridicamente relevante a vontade declarada ou real[27].

Por sua vez, da perspectiva objectiva, um contrato é um «acordo dirigido à produção de efeitos jurídicos», conformes com o «significado objectivo e socialmente relevante» de «duas ou mais declarações concordantes».

Esta perspectiva visa superar o dogma da vontade, em particular, atendendo: (i) à sua subjectividade e carácter equívoco como fundamento de efeitos jurídicos; e (ii) às dificuldades em determinar o que seja a vontade psicológica ou declarada e em ultrapassar as incoerências entre a vontade e a declaração[28].

Nesta esteira, a qualificação dos acordos de concertação como contratos depende de dois requisitos:

(i) o consenso entre duas ou mais declarações negociais das partes, afastando-se, assim, os actos paralelos que não constituem, nem resultam de, enunciados com significados concordantes[29]; e

(ii) a produção de efeitos jurídicos conformes com o significado das declarações das partes[30]; deste modo, não basta para aquela qua-

---

[27] Nas palavras de INOCÊNCIO GALVÃO TELLES, o contrato consiste num «encontro e fusão das manifestações de vontade das partes» e as declarações negociais limitam-se a «tornar clara» «uma vontade» (*Manual dos contratos em geral*, 4.ª edição, Coimbra Editora, Coimbra, 2002, pp. 74-75 e 126). Já MANUEL DE ANDRADE tenta destrinçar os contratos dos «simples acordos (...) realizados sem intuito negocial», ou seja, «sem qualquer intuito de assumir uma vinculação jurídica» e não podendo, portanto, «recorrer aos meios judiciais» (cit., pp. 31-32). A este propósito, *vide* ainda LUÍS DE LIMA PINHEIRO, *Contratos de Empreendimento Comum (Joint Venture) em Direito Internacional Privado*, Almedina, Coimbra, 2003, pp. 126-127.

[28] *Vide* CARLOS FERREIRA DE ALMEIDA (*Contratos*, I, *Conceito, Fontes, Formação*, 4.ª edição, Almedina, Coimbra, 2008, pp. 32-36, e *Texto e enunciado na teoria do negócio jurídico*, volume I, Almedina, Coimbra, 1992, pp. 80-95 e 118) e C. MASSIMO BIANCA (*Diritto civile, Il contratto*, 2.ª edição, Giuffrè Editore, Milão, 2000, pp. 18 e ss. e 207).

[29] A propósito da irrelevância de comportamentos paralelos em que se verifique uma constância ou padrão de comportamento, a título espontâneo e não em resultado da vinculação a um acordo, *vide* PAULA COSTA E SILVA («A imputação de direitos de voto na oferta pública de aquisição», cit., pp. 264-265), ALAIN VIANDIER (cit., pp. 232, 233 e 248) e FRANCK AUCKENTHALER (cit., p. 412).

[30] Nas palavras de CARLOS FERREIRA DE ALMEIDA, o contrato é um «enunciado com performatividade jurídica», ou seja, ao seu significado corresponde «um efeito jurídico, segundo regras juridicamente relevantes» (*Texto e enunciado na teoria do negócio jurídico*, volume I, cit., p. 132).

lificação a «vontade» de concertadamente dominar a sociedade, a harmonização de interesses, nem um acordo de cortesia ou actos concertados cuja exequibilidade não seja possível[31].

Esta qualificação não se altera quando as partes pretendam subtrair-se às consequências jurídicas destes acordos. Nestes casos, as partes emitem, igualmente, um enunciado dirigido à alteração das situações jurídicas vigentes, mas com o seguinte refinamento. De acordo com aquele enunciado, as partes visam limitar os efeitos daquelas alterações à relação *inter partes*.

Assim, a tese não contratualista presente na doutrina francesa (designadamente, Georges Lekkas) careceria de fundamento à luz do direito português pelas seguintes razões:

Em primeiro lugar, a contraposição de interesses não é um requisito definidor ou qualificador de um contrato, verificando-se, aliás, que determinados negócios jurídicos legalmente típicos se caracterizam pela sintonia de interesses (como, por exemplo, a doação).

Mais, muitas vezes, uma das finalidades das partes nestes acordos é obter o domínio através de uma OPA obrigatória subsequente. Logo, não se verifica qualquer incompatibilidade ou discrepância entre os termos do acordo e as suas consequências jurídicas.

Em acréscimo, a «vontade» não se perfaz num fundamento credível para fundar a criação de efeitos jurídicos. Antes cria uma confusão entre a eficácia jurídica vertida nos actos de comunicação das partes (*i. e.*, as situações jurídicas activas e passivas que permitem a aquisição ou manutenção do domínio) e as implicações legais do contrato (como seja o lançamento de OPA obrigatória).

---

[31] A distinção entre contratos e *gentlement agreements*, na opinião de CARLOS FERREIRA DE ALMEIDA, depende do seguinte critério objectivo: «O acordo será contrato, se segundo a concepção social dominante, como tal for considerado, isto é, se a comunidade de referência lhe reconhecer eficácia jurídica». Mais, «as partes podem, expressa ou tacitamente, conceder relevância contratual a acordos que, em princípio, não a teriam (...), assim como podem retirar-lhe eficácia jurídica». «Há todavia acordos que não são contratos, porque não produzem efeitos jurídicos. (...) O que falta a estes acordos para serem contratos não é uma referência normativa, nem os correspondentes efeitos provenientes de eventual cumprimento, que lhes advêm das normas aplicáveis no quadro vigente da instituição respectiva (...). O que não têm, apenas, é um enquadramento jurídico e a consequente possibilidade de exequibilidade (*enforcement*) por uma instituição jurídica, designadamente, por um tribunal» (vide *Contratos*, I, cit., pp. 30-32 e 34).

Deste modo, mesmo quando as partes não pretendem os efeitos jurídicos externos ou impostos pela lei, podemos encontrar, de igual modo, acordos de concertação que constituam enunciados com significados absolutamente coincidentes entre si e com os efeitos jurídicos consensualizados entre as partes.

Nestes acordos verifica-se uma absoluta concordância quanto à alteração das situações jurídicas em que se alicerça o domínio, da qual depende a sua natureza contratual[32].

b) *Declarações negociais*

Nos termos do disposto nos arts. 217.º e 232.º do Código Civil («CC»), a existência de um acordo de concertação depende da absoluta coincidência de significados das declarações negociais, expressas ou tácitas, de cada uma das partes.

Estes acordos podem suscitar uma particular dificuldade: a atribuição de relevância jurídica e a aferição do significado declarativo de certos comportamentos das partes. Na verdade, muitas vezes a existência de um acordo apenas pode inferir-se da conduta das partes quando esta assuma um significado declarativo relevante. Acresce que, com vista a subtrair-se das consequências jurídicas destes acordos, as partes evitam o uso da linguagem, sobretudo da linguagem escrita.

Estas dificuldades serão superadas em conformidade com o n.º 1 do art. 217.º do CC, segundo o qual: «a declaração negocial pode ser expressa ou tácita: é expressa quando feita por palavras, escrito ou qualquer outro meio directo de manifestação da vontade, e tácita, quando se deduz de factos que, com toda a probabilidade, a revelam».

À luz desta norma, a doutrina tem avançado dois critérios para atribuir relevância jurídica às declarações tácitas: o critério dos meios e o critério da finalidade.

Se recorrermos ao primeiro, serão relevantes as declarações emitidas através de um comportamento concludente não linguístico. Ou seja, através de um comportamento do qual se infere, com toda a probabilidade, que

---

[32] Também, na área da concorrência, encontramos formas de concertação proibidas e cominadas com sanções gravosas (a nulidade dos contratos). Nestes casos, apesar de visarem a sua vinculação a determinadas situações jurídicas, em regra, as partes não «desejam» submeter-se às suas consequências jurídicas.

o significado da declaração é a adesão a um acordo para o exercício concertado do domínio[33].

Nas palavras de Mota Pinto, a concludência é essencialmente um problema de interpretação, a resolver de acordo com a teoria da impressão do destinatário. Mais, segundo o mesmo autor, dos factos concludentes não se pretende extrair uma vontade, mas sim um «significado declarativo». Para extrair o significado de uma declaração é necessário construir uma «cadeia de ilações», a partir da conduta das partes e das circunstâncias, recorrendo àquela teoria fixada pela jurisprudência, à luz do disposto no art. 236.º do CC.

Assim, para Mota Pinto, o nexo de concludência depende do estabelecimento, em face das circunstâncias concretas, de um nexo de «inclusão» ou «incompatibilidade» ou de «coerência» ou «repugnância», entre um acto e o respectivo enunciado implícito[34].

Ao contrário, segundo o critério finalístico, uma declaração tácita é aquela cuja finalidade principal ou exclusiva não é a exteriorização da vontade, mas que, ainda assim, permite que dela se deduza, com grande probabilidade, determinada vontade das partes[35].

---

[33] *Vide* CARLOS FERREIRA DE ALMEIDA, *Contratos*, I, cit., pp. 97 e 98. Por sua vez, INOCÊNCIO GALVÃO TELLES define as declarações expressas como uma «manifestação directa» «feita por meio da linguagem (...) ou por outro modo dirigido à transmissão da vontade (...) com significação negocial». Por contraposição, entende que as declarações tácitas são efectuadas por meio de um «comportamento concludente» (cit., pp. 135-136).

[34] PAULO MOTA PINTO recorre, assim, a um «critério prático» e ao padrão da «impressão do destinatário», ou seja, ao juízo de «um declaratário normal, colocado na posição real do declaratário». No mesmo sentido, cita o Acórdão do STJ de 16.07.1981 (*BMJ*, 309, p. 283). Cfr. *Declaração tácita e comportamento concludente no negócio jurídico*, Almedina, Coimbra, 1995, pp. 746 e 760. CARLOS FERREIRA DE ALMEIDA recorre também às regras de interpretação estipuladas no art. 236.º do CC para identificar os comportamentos relevantes. No entanto, considera pertinente encontrar um «enunciado pressuposto como condição necessária» de outro enunciado expresso, com toda a probabilidade e segundo a «avaliação» que seria efectuada pela sua «audiência potencial» (*vide Texto e enunciado na teoria do negócio jurídico*, volume II, Almedina, Coimbra, 1992, pp. 719 e 726).

[35] Nas palavras de MANUEL DE ANDRADE, a declaração expressa resulta de um «comportamento declarativo» destinado a «exteriorizar um certo conteúdo de vontade negocial», ou seja, de «vontade de realizar um negócio jurídico de conteúdo correspondente ao significado exterior da declaração». Em contraste, a declaração tácita destina-se «unicamente ou em via principal a outro fim, mas *a latere* permite concluir com bastante segurança uma dada vontade negocial». Para chegar a este juízo, recorre a um critério prático-empírico e não lógico. *Vide* cit., pp. 127-134. PEDRO PAIS DE VASCONCELOS adopta um

Vejamos, então, a aplicação prática destas considerações no que respeita à formação dos acordos de concertação. Recorrendo a alguns exemplos, cabe-nos colocar as seguintes questões: a aquisição em simultâneo de acções ou a adopção de comportamentos idênticos em assembleia geral podem ser considerados declarações tácitas?

Não temos uma resposta única para esta questão. Aqueles actos podem, em função da envolvente circunstancial, ser considerados juridicamente relevantes, competindo-nos distinguir quatro hipóteses.

A actuação de accionistas que, em paralelo, aumentam progressivamente a sua participação social ou que, em assembleia geral, submetem e votam favoravelmente propostas coincidentes ou refutam determinadas propostas, não parece pressupor *de per se* qualquer declaração no sentido da adesão a um acordo de concertação.

Por outro lado, em determinadas circunstâncias, aqueles actos podem ser meros actos de execução de um contrato não revelado, e não declarações negociais. O acordo de concertação pode ser concluído através de declarações negociais expressas (por exemplo, através de linguagem oral ou gestual), apesar de as partes o ocultarem a terceiros.

Outra hipótese que urge considerar é a prática daqueles actos, de forma concertada, sem um acordo subjacente, caso em que não nos encontraremos no domínio contratual, já que as partes seguem determinada prática porque têm interesses coincidentes e não porque se tenham vinculado a determinadas situações jurídicas conformes com o significado das suas declarações negociais.

Por último, estes actos podem ser rodeados de circunstâncias que nos levem a concluir que consistem numa declaração tácita. Vejamos um exemplo:

Um accionista propõe oralmente a outro o exercício do domínio conjunto sobre uma sociedade, com vista à implementação de determinado plano estratégico. Se o destinatário desta proposta vota em assembleia geral de forma coerente com aquele plano estratégico[36] e inicia um processo

---

critério finalístico ou misto, à luz do qual a declaração tácita decorre de um «comportamento do qual se deduza com toda a probabilidade a comunicação de algo, embora esse comportamento» não tenha sido finalisticamente dirigido à comunicação daquele conteúdo» (*Teoria Geral do Direito Civil*, 5.ª edição, Almedina, Coimbra, 2008, pp. 460 e 461).

[36] Por exemplo, aprovando propostas relacionadas com os princípios gerais do plano estratégico, propostas submetidas pelo órgão de administração à assembleia em linha com o plano ou propostas de eleição dos candidatos apresentados pelo primeiro accionista para o órgão de administração.

de aquisição de acções da sociedade, tais actos podem ser interpretados como uma declaração tácita de aceitação da referida proposta negocial, atento o contexto e os indícios evidenciados pela conduta daqueles accionistas em assembleia e *a posteriori*[37].

Ou seja, há que averiguar, à luz do disposto no art. 236.º do CC, se um destinatário normal, colocado nas circunstâncias concretas, poderia razoavelmente pressupor daqueles actos um enunciado coerente com a referida proposta.

Em síntese, os acordos de concertação são propícios a gerar zonas cinzentas em que se impõe traçar uma fronteira clara entre práticas paralelas, actos concertados e declarações tácitas enformadoras do próprio acordo.

Se recorremos a um critério objectivo, através do referido juízo de prognose, é mais fácil diferenciar, por um lado, actos paralelos ou executórios e, por outro lado, as declarações negociais em si mesmas. Só podem ter este valor actos de que se deduza um enunciado implícito, cujo significado seja, de forma clara e coerente, a actuação concertada das partes com vista a exercer o domínio sobre a sociedade.

A teoria finalística é susceptível de promover resultados diversos. Os actos de execução de um acordo oculto podem confundir-se com declara-

---

[37] Na decisão do *Court d'Appel de Paris* de 02.04.2008, a propósito do conceito de concertação previsto no art. L233-10 do *Code de Commerce*, o Tribunal sufraga o entendimento vertido na decisão n.º 207C1202 da *Autorité de Marchés Financiers* («AMF») de 26.06.2007, na parte em que considera que um conjunto de accionistas da sociedade Eiffage (incluindo a sociedade espanhola Sacyr) actuavam ao abrigo de um acordo de concertação. Para o efeito, são tidos em conta, entre outros, os seguintes indícios de um acordo prévio: (i) O objectivo da Sacyr de explorar as oportunidades de negócio com a Eiffage desde 2006; (ii) As aquisições de acções da Eiffage, realizadas em 2006 e 2007, pela Sacyr (atingindo 33,32%) e por um grupo doutros accionistas da Eiffage; ficou provado que estes últimos (a) tinham relações próximas com os accionistas ou dirigentes da Sacyr, (b) em alguns casos, eram meros *special purpose vehicles* que apenas detinham acções na Eiffage, (c) tentaram adquirir aquelas acções secretamente (porque evitaram atingir o patamar que obrigaria à sua divulgação ou, quando o atingiram, violaram os deveres de informação) e (d) não demonstraram uma justificação para o elevado investimento na Eiffage, em montantes desproporcionados face à sua situação financeira; (iii) A conduta da Sacyr na assembleia geral de 18.04.2008 (no sentido de nomear os novos membros do órgão de administração) e, bem assim, após aquela assembleia, incluindo (a) a sua preocupação e revolta face à inibição de direitos de voto do referido grupo de accionistas e a apresentação de uma acção judicial, não obstante os votos da Sacyr não terem sido inibidos, (b) ter dado por adquirido o sentido de voto daqueles accionistas durante a acção judicial e (c) as declarações de um dos seus dirigentes e sócios fundadores referindo-se a um bloco espanhol.

ções tácitas, na medida em que deles se deduza a «intenção» das partes de exercer concertadamente o controlo. Em acréscimo, as dificuldades e subjectividade inerentes à determinação do que seja a «vontade» das partes, criam o risco de vir a considerar-se relevantes actos paralelos, já que a finalidade última da conduta de qualquer accionista é assumir uma influência decisiva na vida da sociedade.

As decisões do *Panel on Takeovers and Mergers* («*Panel*»), a propósito da definição de «*acting in concert*», vertida no *City Code on Takeovers and Mergers* («*Takeovers Code*»), contribuem para elucidar aquela distinção. Neste âmbito, apenas são relevantes as práticas concertadas com base num acordo destinado a assegurar o controlo de certa sociedade. Segundo o *Panel*, outras «interacções» não fundadas naquele acordo não terão relevância jurídica para efeitos do *Takeovers Code*. Observemos alguns exemplos[38]:

(i) aquisições simultâneas com uma finalidade idêntica não constituem concertação relevante para o *Panel*; tal sucede, por exemplo, no caso de aquisições por diversos accionistas que visem frustrar determinada OPA, durante a pendência da mesma, actuando cada um deles com base em razões próprias e não em cumprimento de um acordo prévio;

(ii) se diversas pessoas que pretendem adquirir o domínio de uma sociedade, apesar de não actuarem de modo concertado, vierem mais tarde a decidir cooperar para obter ou manter o seu controlo, tal não gera o dever imediato de lançamento de OPA obrigatória, ao abrigo da *Rule 9* do *Takeover's Code*; segundo o *Panel*, aquele dever só surge se alguma das partes vier a adquirir acções depois de ter chegado àquele acordo, ou seja, só quando houver cooperação entre as partes, uma vez firmado o acordo;

---

[38] No *Takeovers Code*, duas ou mais pessoas actuam de modo concertado, «se, nos termos dum contrato ou acordo (formal ou informal), cooperarem de forma a adquirir ou consolidar o controlo sobre a sociedade ou a frustrar o sucesso de uma oferta sobre a sociedade». *Vide* GARY EABORN, *Takeovers: Law and Practice*, LexisNexis, Butterworths, Reino Unido, 2005, p. 156, GRAHAM STEDMAN, cit., pp. 191-102, e CHRISTOPHER PEARSON / NICK ADAMS, «Mandatory and Voluntary Offers and their Terms», *A Practitioner's Guide to the City Code on Takeovers and Mergers 2008/2009*, City & Financial Publishing, Surrey, 2008, p. 140. Para maior detalhe sobre as «*board seeking proposals*», *vide* STEPHEN KENYON-SLADE, *Mergers and Takeovers in the US and UK, Law and Practice*, Oxford University Press, Oxford, 2003, p. 681.

(iii) em regra, não se subsume à definição de concertação a conduta de alguns accionistas que votem no mesmo sentido em certas deliberações; no entanto, consoante as circunstâncias, o *Panel* pode considerar relevante tal comportamento; por exemplo, quando estiver em causa um conjunto de accionistas que submetem ou ameaçam submeter uma deliberação para alterar a administração da sociedade («*board control-seeking proposal*»); em princípio, tal conduta será uma expressão ou um indício de um acordo de concertação.

Estamos, assim, em condições de concluir que, nos acordos de concertação, os comportamentos das partes reveladores de concertação tendem a não consistir enunciados com significado declarativo para efeitos da formação de um negócio jurídico.

Em primeiro lugar, porque nem todos estes comportamentos têm um significado negocial. É o caso das práticas paralelas, as quais não são um acto de comunicação dirigido à vinculação a um determinado acordo, nem enunciam implicitamente uma finalidade comum.

Em segundo lugar, porque as práticas concertadas tendem a ser manifestações ou indícios de um acordo prévio e não actos constitutivos de um acordo que inclua um enunciado declarativo. Não obstante, com base numa análise casuística, pode verificar-se que, no contexto do processo de formação, estas pressupõem um enunciado declarativo com significado coincidente.

c) *Processo negocial e forma*

O processo de formação dos acordos de concertação pode levantar algumas questões práticas quanto à aplicação do disposto no art. 232.º do CC, segundo do qual «o contrato não fica concluído enquanto as partes não houverem acordado em todas as cláusulas sobre as quais qualquer delas tenha julgado necessário o acordo».

A dúvida que se pode colocar em função da frequente complexidade destes processos negociais é a seguinte: a partir de que momento se entende que as partes chegaram a um acordo? Com efeito, nos acordos destinados a adquirir o domínio de uma sociedade aberta, esta questão assume particular acuidade, porquanto um acordo de concertação pode gerar o dever de lançamento de OPA obrigatória e dar lugar à imediata divulgação do respectivo anúncio preliminar, em conformidade com o art. 191.º do CVM.

A resposta a esta questão depende da interpretação das declarações negociais, com vista a aferir, subjectivamente e em relação a cada uma das partes, qual o conteúdo mínimo essencial para alcançar um acordo. Sem prejuízo deste critério de essencialidade subjectiva, esta tarefa é facilitada nos contratos típicos, relativamente aos quais é possível fixar quando é obtido consenso relativamente ao conteúdo mínimo do tipo legal ou social em presença[39].

Em particular, os acordos dirigidos à aquisição do controlo podem originar alguma confusão quanto ao seu conteúdo. Numa vertente subjectiva e numa perspectiva simplista, poderia parecer que bastaria a «vontade» de adquirir o controlo para que se desse uma «fusão de vontades» geradora de um acordo. Ora, esta tese não nos parece suficiente. Já a perspectiva objectiva revela-se mais perspicaz a determinar quando se chega a um consenso.

Assim, afigura-se necessário determinar, ao abrigo dos critérios de interpretação consagrados no art. 236.º do CC, qual o significado do «domínio» para cada uma das partes vertido no seu enunciado declarativo expresso ou tácito[40].

Ou seja, para se concluir que existe consenso quanto a um acordo de concertação não basta verificar se as partes chegaram a consenso quanto ao objectivo de controlar a sociedade. É necessário inquirir se, para além desse elemento, para os declarantes o consenso depende também da concordância quanto a determinados termos do controlo e quanto aos meios idóneos para o atingir.

A resposta pode ser negativa e pode concluir-se que para as partes apenas era primordial o consenso quanto ao objectivo de adquirir o domínio, por exemplo, através do lançamento de uma OPA conjunta.

Mas compreende-se com manifesta facilidade que a resposta àquela questão seja positiva. Sobretudo nos acordos tendentes à aquisição do domínio, tendo em conta as consequências que daí advêm quanto ao lançamento de OPA obrigatória, as partes podem assumir diversos elementos

---

[39] A propósito do critério da essencialidade subjectiva vertido no art. 232.º do CC, vide, a título exemplificativo, INOCÊNCIO GALVÃO TELLES, cit., p. 249, e CARLOS FERREIRA DE ALMEIDA, Contratos, I, cit., p. 112.

[40] No direito Inglês, a jurisprudência estipula um teste objectivo para aferir se o acordo é obtido, recorrendo ao padrão de razoabilidade de um observador externo (Smith v Hughes [1871], LR 6 QB 597): o assim designado teste da «fly on the wall». Vide EWAN MCKENDRICK, Contract Law, 5.ª edição, Palgrave Mcmillan, Nova Iorque, 2003, p. 27.

como determinantes da sua decisão negocial, incluindo, entre outros: o preço da OPA obrigatória subsequente, a política de aquisições na pendência da OPA, e, bem assim, a estratégia a implementar, o governo societário, a política de distribuição de dividendos, a estrutura accionista e a manutenção da admissão a negociação após a aquisição do domínio.

O processo de formação destes acordos não revela especificidades, seguindo as regras gerais de direito civil, seja quando este processo se reconduz à estrutura de proposta/aceitação, acolhida nos arts. 224.º e ss. do CC, seja quando siga outros modelos formativos.

Desde logo, porque os acordos de concertação não estão sujeitos a requisitos formais, beneficiando do princípio da liberdade de forma estabelecido no art. 219.º do CC[41]. Mais, as discussões ou negociações preliminares equivalentes a um convite a contratar e a troca de propostas e contrapropostas, mesmo entre accionistas ou detentores de direitos de voto nos termos do art. 20.º do CVM, não devem ser equiparados ao consenso entre as partes.

O acordo apenas será completo quando este encadeamento dinâmico de actos culminar em declarações contratuais concordantes sobre os aspectos necessários para cada uma das partes para alcançar o consenso[42].

Em jeito de conclusão da análise que vimos de empreender acerca da formação dos acordos de concertação, afigura-se que a sua qualificação como contratos depende da ponderação casuística dos seguintes dois requisitos:

---

[41] Estes acordos apenas estão sujeitos aos requisitos de publicidade estabelecidos no art. 19.º do CVM acima enunciado. A violação deste requisito não determina a invalidade dos acordos em questão. Por contraposição, no direito italiano, certos *«pactus occultos»* nas ditas sociedades «cotadas» são considerados nulos (cfr. n.º 3 do art. 122.º do *Testo Unico delle disposizioni in materia de intermediazione finanziaria* e LUCA GIANNINI e MARIANO VITALI, cit., pp. 97 e 110-112).

[42] Para CARLOS FERREIRA DE ALMEIDA, em certos casos, «o contrato forma-se pelo diálogo, mais ou menos complexo, constituído por sucessivas enunciações, designadamente orais, que conduzem ao consenso, sem que seja possível destrinçar a formulação de uma proposta e a aceitação dessa proposta». Com base na interpretação daquelas enunciações, haverá consenso quando se encontrar a «identidade significativa» entre proposta//aceitação, declarações conjuntas ou várias declarações com uma conexão remissiva suficiente entre si («Interpretação do Contrato», *O Direito*, 124, IV, 1992, pp. 637 e 648). Na opinião de PEDRO PAIS DE VASCONCELOS, esta tarefa implica buscar conexões explícitas ou implícitas entre declarações negociais, ainda que espacial e temporalmente dispersas (*vide Teoria Geral do Direito Civil*, cit., p. 464).

(i) a existência de consenso entre dois ou mais enunciados com significados concordantes relativos à tomada ou ao exercício do domínio; e
(ii) a produção de efeitos jurídicos conformes com o significado daqueles enunciados, donde resulta que as partes se obrigam a um conjunto de situações activas e passivas destinadas a assegurar o domínio juridicamente vinculantes ou eficazes.

Por outras palavras, na sequência de uma ponderação casuística e tendo presente que nem todos os acordos são contratos, à luz das regras gerais de direito civil, os acordos de concertação podem reunir as referidas características essenciais à sua qualificação como contratos.

2. Elementos essenciais de conteúdo

Delimitados os pressupostos de que depende a sua qualificação como contratos, passamos a analisar os elementos essenciais dos acordos de concertação.
O nosso estudo debruça-se sobre os seguintes elementos estruturais: as pessoas, o objecto e a função económico-social que caracterizam esta figura contratual. Os demais elementos (*i. e.*, a função eficiente e as suas circunstâncias) não assumem especificidades *in casu*[43].

---

[43] No CC não se encontra uma disposição equivalente ao art. 1108.º do *Code Civil*, segundo o qual a validade de um contrato depende de quatro condições essenciais de validade: o consenso, as partes, o objecto e a causa. Do mesmo modo, o art. 1325.º do *Codice Civile* estipula quatro requisitos dos contratos, incluindo: as partes, a causa, o objecto e a forma. No entanto, a doutrina portuguesa, com algumas divergências, estabilizou quais os elementos essenciais do contrato à luz do CC. Tais divergências prendem-se, sobretudo, com as distinções entre o objecto mediato e imediato e entre a causa ou fim. A este propósito, *vide* CARLOS FERREIRA DE ALMEIDA (*Contratos*, II, *Conteúdos, Contratos de troca*, Almedina, Coimbra, 2007, pp. 65-67, 106-110 e 117-125), INOCÊNCIO GALVÃO TELLES (cit., pp. 73-74), MANUEL DE ANDRADE (cit., pp. 327 e 343-348) e PEDRO PAIS DE VASCONCELOS (*Teoria Geral do Direito Civil*, cit., pp. 308-310, 434 e 581). Nesta exposição, tivemos por referência a sistematização proposta por CARLOS FERREIRA DE ALMEIDA (*Contratos*, II, cit., p. 18 e ss.).

a) *Pessoas*

Os acordos de concertação são contratos bilaterais ou multilaterais consoante os seus efeitos recaiam sobre duas ou mais pessoas. Nestes contratos, todas as partes intervenientes assumem a posição de sujeitos e de beneficiários, em vista do domínio da sociedade. Por sua vez, o domínio depende da combinação das situações jurídicas activas de que as partes tiram benefícios e das situações jurídicas passivas às quais se submetem.

Estes contratos não suscitam questões específicas quanto à capacidade e representação, aplicando-se as regras gerais de direito civil.

Já no que respeita à qualidade das partes nestes negócios, parecem surgir especificidades estruturais relevantes à sua caracterização.

No caso dos acordos parassociais, a doutrina tende a impor que, pelo menos, um dos intervenientes seja sócio, sendo pacificamente aceites como válidos os acordos entre alguns sócios (os acordos legalmente típicos acolhidos no art. 17.° do CSC) e entre todos os sócios ou entre um ou mais sócios, a sociedade ou terceiros (acordos legalmente atípicos por referência àquele normativo)[44].

No que respeita aos acordos de concertação, podemos assumir uma posição mais ampla quanto à qualidade das partes[45].

Desde logo, os acordos tendentes à aquisição do domínio podem ser celebrados entre pessoas que não sejam sócios nem lhes sejam imputáveis quaisquer direitos de voto.

Por sua vez, os acordos de exercício concertado de domínio ou tendentes à manutenção do domínio de uma sociedade aberta pressupõem que um ou vários intervenientes tenha a qualidade de sócio ou de detentor de direitos de voto, nos termos do art. 20.° do CVM, ou tenha a possibilidade de nomear a maioria dos membros dos órgãos de administração ou fiscalização da sociedade. Estes requisitos constituem um reduto através do

---

[44] PAULO CÂMARA adopta esta posição maximalista, segundo qual, da perspectiva dos sujeitos/beneficiários, basta a presença de um sócio para a qualificação de um acordo como parassocial, doutro modo estaríamos perante uma «situação jurídica extra-social» (cfr. *Parassocialidade e transmissão de valores mobiliários*, cit., pp. 179, 183, 188 e 189). Por sua vez, na opinião de RAÚL VENTURA, por exemplo, um acordo de voto supõe que, pelo menos, um dos intervenientes seja sócio ou tenha legitimidade para exercer o direito de voto (cit., pp. 13 e 23).

[45] Segundo ALAIN VIANDIER, a qualidade de accionista é irrelevante para a caracterização dos acordos de concertação no direito francês (cit., p. 235).

qual se estabelece uma conexão com a posição de socialidade. Apresentem-se alguns exemplos destas sub-hipóteses.

A sociedade A celebra um contrato de opção de compra de acções de determinada sociedade aberta, pelo qual adquire o direito a comprar uma percentagem significativa de acções. De seguida, a referida sociedade vincula-se a um contrato com um terceiro não accionista, nem detentor de quaisquer direitos de voto, nos termos do art. 20.º do CVM, ao abrigo do qual se obrigam a levar a cabo um conjunto de actos destinados à aquisição do domínio da sociedade através do lançamento de uma OPA.

Da perspectiva dos sujeitos/beneficiários, ainda que a sociedade A e o terceiro não sejam accionistas, este contrato configura um acordo de concertação. Mais, aquando da celebração do acordo, os direitos de voto imputados à sociedade A passam a ser imputados também ao terceiro, por força das alíneas *e*), *h*) e *i*) do n.º 1 do art. 20.º do CVM. Mesmo que não fossem imputados quaisquer votos à sociedade A, ainda assim estaríamos perante um acordo de concertação.

Do mesmo modo, se, na sequência de uma OPA voluntária, a sociedade B, à qual são imputados a maioria dos direitos de voto de uma sociedade visada, celebrasse um acordo com um oferente concorrente destinado a implementar uma estratégia conjunta na sociedade, estaríamos perante um acordo de concertação destinado ao exercício conjunto do domínio e à manutenção do mesmo pela sociedade B, através da frustração da oferta inicial. Mesmo que não fossem imputados ao oferente concorrente quaisquer direitos de voto, estaríamos igualmente perante um acordo de concertação, em resultado do qual passar-lhe-iam a ser imputados os direitos de votos detidos pela sociedade B.

Tal como *supra* referido, o conceito de domínio de uma sociedade aberta, acomodado no art. 21.º do CVM, permite que um não-accionista possa dominar a sociedade, desde que lhe sejam imputados a maioria dos seus direitos de voto (com base nas ficções previstas no n.º 1 do art. 20.º do CVM) ou que possa nomear a maioria dos membros dos órgãos de administração ou de fiscalização.

A doutrina tende, assim, a considerar que no CVM se prevê um conceito de domínio híbrido onde confluem: (i) elementos formais, como seja, o patamar de um terço dos direitos de voto a partir do qual surge o dever de lançamento de OPA, presumindo-se uma mudança de controlo; e elementos substanciais, como sejam a estipulação de critérios de imputação gizados para detectar situações de influência sobre os direitos de voto e a possibilidade de não exigibilidade daquele dever quando se demonstre a ausência de domínio efectivo.

Contudo, nem todas as situações cobertas por aquele conceito serão de domínio efectivo. As ficções previstas no art. 20.º do CVM contribuem para tal situação, já que não admitem o afastamento casuístico da imputação de direitos de votos quando não exista uma real e substancial possibilidade de influenciar o exercício de direitos de voto[46].

Desta feita, os acordos de concertação não parecem depender da qualidade de sócio de qualquer das partes. Logo, à luz deste critério pessoal, nem todos os acordos de concertação serão qualificados como acordos parassociais, em harmonia com a construção doutrinária a este propósito.

Assim, podemos encontrar áreas de sobreposição entre estas duas categorias (ou seja, acordos de concertação que se subsumem à classe dos acordos parassociais). Por outro lado, podemos ter acordos de concertação que não preenchem os requisitos dos acordos parassociais, tal como identificados pela doutrina.

b) *Objecto*

A caracterização de um acordo de concertação depende do *quid* relativamente ao qual os efeitos do contrato respeitam. Podem, assim, levantar-se diversas hipóteses:

(i) os efeitos destes acordos incidem sobre a posição de socialidade[47]?
À primeira vista, parece que não, porquanto as partes no acordo podem nem ter a qualidade de sócios;

---

[46] *Vide* PAULA COSTA E SILVA, «Sociedade aberta, domínio e influência dominante», cit., pp. 567-570, e «Domínio de sociedade aberta e respectivos efeitos», cit., pp. 333-339. Vários autores têm criticado a «dupla funcionalidade» dos critérios de imputação previstos no n.º 1 do art. 20.º do CVM, já que as ficções aí fixadas podem conduzir a situações de domínio dito «virtual», as quais serão relevantes para efeitos do dever de lançamento de OPA obrigatória ou de uma aquisição potestativa (e não apenas para efeitos informativos). Neste sentido, *vide*, em particular, JOÃO MATTAMOUROS RESENDE, JOÃO SOARES DA SILVA, PAULA COSTA E SILVA e VÍTOR PEREIRA NEVES nos artigos citados na nota de rodapé 1, *supra*.

[47] Nas palavras de RAÚL VENTURA, a propósito dos acordos de voto, o respectivo objecto é o modo como a pessoa se comporta relativamente ao exercício do direito de voto (cit., p. 23).

(ii) aqueles efeitos respeitarão ao controlo da sociedade[48]? Também parece que não, já que o controlo da sociedade parece ser a finalidade prosseguida.

Os efeitos destes acordos respeitam ao modo como são exercidas as situações jurídicas que habilitam as partes a, através da sua actuação concertada, atingir ou manter o domínio da sociedade aberta. Estes acordos criam obrigações *de facere* ou de *non facere*[49] das diversas partes relativamente ao que podemos designar como «posição de parassocialidade».

Esta posição engloba as acções ou omissões que permitem às partes, no acordo de concertação, interferir na forma como são exercidos os direitos que integram a posição de socialidade e, logo, a aquisição ou manutenção do domínio.

c) *Função económico-social*

Os acordos de concertação distinguem-se, em larga medida, pela presença de uma finalidade comum às partes: a obtenção de uma influência dominante, impondo para tanto um conjunto de comportamentos idóneos a atingir aquele fim[50].

Esta finalidade assume uma dupla vocação. Por um lado, aquela finalidade confere «unidade» aos demais elementos contratuais, *i. e.*, marca e atravessa os demais elementos[51]. Por outro lado, a função económico-

---

[48] *Vide* ALAIN VIANDIER, segundo o qual um dos elementos essenciais destes contratos é o consenso sobre o controlo (cit., pp. 232, 233 e 250).

[49] CARLOS FERREIRA DE ALMEIDA, *Contratos*, II, cit., pp. 72-73.

[50] LUCA GIANNINI e MARIANO VITALI, cit., p. 137.

[51] De acordo com a sistematização proposta por CARLOS FERREIRA DE ALMEIDA, inspirado na concepção de EMÍLIO BETTI, a função económico-social corresponde à «finalidade metajurídica» ou socialmente relevante do contrato, assim como a uma «síntese dos seus elementos essenciais» (*vide Contratos*, II, cit., pp. 105 e 111 e ss., e *Texto e enunciado na teoria do negócio jurídico*, volume I, cit., pp. 506-508 e 519). Assim, a função económico-social é a finalidade global aglutinadora dos demais elementos contratuais. Opinião semelhante é apresentada por MARIA HELENA BRITO (*O contrato de concessão comercial*, Almedina, Coimbra, 1990, pp. 207 e 211).

Salientamos, no entanto, que este é um conceito envolto em alguma confusão terminológica, em particular, para aqueles que vêm a causa como uma condição de validade dos contratos. Por exemplo, INOCÊNCIO GALVÃO TELLES define a função económico-social a que o acordo se destina meramente por contraposição com os motivos individuais e subjectivos (cit., p. 73). Por sua vez, à luz do direito italiano, destacamos, em particular:

-social transcende os fins individuais de cada uma das partes e reconduz-se à razão justificativa da relevância atribuída pela ordem jurídica àquele contrato[52].

A função económico-social dos acordos de concertação suscita algumas dúvidas quanto às circunstâncias que a rodeiam. Em vários ordenamentos, discute-se se esta finalidade de assegurar o controlo deve ser duradoura ou pode ser meramente momentânea.[53]

Na Alemanha, a jurisprudência já se pronunciou, no caso *Pixelpark*, no sentido de que, para efeitos do § 30 (2) do *WpÜG* (o qual regula o dever de lançamento de OPA obrigatória), a concertação entre as partes requer a possibilidade de exercício contínuo de influência dominante sobre a sociedade[54].

Este requisito da duração não se encontra expressamente previsto nas fontes legais que regulam os acordos parassociais e os acordos de concertação no direito português. Encontramos a referência a este requisito de estabilidade e permanência noutros ramos do direito. Por exemplo, tal

---

FRANCESCO GALGANO, para quem a causa corresponde à «função económico-social de um acto de vontade», *i. e.*, à «justificação da tutela da autonomia privada» (*Il contratto*, Cedam, Verona, 2007, p. 142 e ss.) e C. MASSIMO BIANCA, o qual reconduz a causa à «função prática do contrato» (cit., p. 8).

[52] C. MASSIMO BIANCA, cit., pp. 450-451.

[53] Para ALAIN VIANDIER, o móbil destes contratos seria assegurar uma política duradoura variável consoante o tipo de acordo. Em qualquer caso, a concertação seria um estado contínuo (cit., pp. 232, 241, 248 e 252). Em sentido idêntico, *vide* FRANCK AUNCKENTHALER (cit., p. 415) e GEORGES LEKKAS (cit., p. 78).

[54] Decisão do *OLG Frankfurt*, de 25.06.2004, Az. WpÜG 5, 6 and 8/03, ZIP 2004, 1309. *Vide*, a este propósito: MATTHIAS CASPER, «Case Note – The Pixelpark-ruling of the Regional Appellate Court Frankfurt (OLG Frankfurt) of 25 June 2004: The first decision on "Acting in Concert" and its expected effects on German Takeover Law», *German Law Journal*, 5, 01.08.2004, nesta data edição electrónica em http://www.germanlawjournal.com/article.php?id=481; SEBASTIAN BARRY, HANNES BRACHT e MATTHIAS CASPER, «Agreements on voting conduct in the election of the supervisory board (Aufsichtsrat) as Case for a Mandatory Offer – Case Note on OLG München of 27 April 2005», *German Law Journal*, 6, 01.12.2005, nesta data edição electrónica em http://www.germanlawjournal.com/article.php?id=679; e PATRICK NORDHUES, «Acting in concert», *in International Financial Law Review*, Fevereiro de 2007, nesta data edição electrónica em http://www.iflr.com. Na Alemanha, chegou mesmo a pretender-se consagrar este elemento de permanência na definição legal de concertação proposta num projecto de lei de 2007, segundo o qual aquela corresponderia à «coordenação idónea a influenciar a estratégia societária em termos permanentes ou substanciais». A subjectividade e carácter difuso desta definição culminou na não adopção do referido projecto (*vide* PAULO CÂMARA, *Manual de Direito dos Valores Mobiliários*, cit., p. 552).

como acima referido, a jurisprudência requer um acordo que revele características de estabilidade e duração para que o mesmo se subsuma ao crime de associação criminosa, previsto no art. 299.º do Código Penal.

No mencionado tipo criminal estamos perante uma forma de concertação finalisticamente dirigida a determinado objectivo comum, o qual depende de um «mínimo de estrutura organizatória», «grande estabilidade e duração na prática de crimes» e da «permanência da associação». Neste contexto, a estabilidade e duração de uma organização finalisticamente dirigida são elementos típicos essenciais[55].

Em contraste, no que respeita aos acordos de concertação que nos ocupam, parece ter sido deixada à liberdade das partes a conformação do elemento temporal do domínio. Por natureza, os conceitos de aquisição ou manutenção do domínio podem envolver, em nosso entender, quer um carácter contínuo quer um carácter fortuito[56].

Questão diferente, mas sobre a qual não nos debruçaremos, pois ultrapassa o tema objecto deste estudo, é decidir quais as situações de domínio que devem ser relevantes para efeitos da aplicação de certas consequências jurídicas, como o dever de lançamento de OPA obrigatória ou o direito de aquisição potestativa.

Por último, cabe-nos salientar que a finalidade dos acordos de concertação não é objecto de censura pela ordem jurídica.

A aquisição de domínio apenas é sujeita a consequências jurídicas que, tal como acima referido, visam a tutela do mercado de capitais e dos accionistas minoritários. Mesmo nos casos em que as partes no contrato não cumprem as obrigações decorrentes da aquisição do domínio, tal não determina a nulidade dos acordos de concertação.

Este é um factor distintivo destes contratos face aos acordos de concertação no campo da concorrência. Neste âmbito, a ordem jurídica atribui, em regra, um valor negativo à sua finalidade. Em princípio, a sua finalidade não corresponde a uma função económico-social juridicamente relevante, o que determina a sua nulidade.

---

[55] *Vide*, em particular, os acórdãos do STJ de 23.11.2000 (*CJ*, 2000, III, p. 220), de 10.07.1996 (*CJ*, 1996, II, p. 229) e de 15.02.1995 (*CJ*, 1995, I, p. 205).

[56] Nos termos da alínea *a*) do art. 10.º da Directiva 2007/14/CE (referida na nota de rodapé 13, *supra*), consideram-se relevantes, para efeitos da divulgação de participações qualificadas, os acordos em que as partes se obriguem a adoptar «através do exercício concertado dos direitos de voto que possuem, uma política comum duradoura em relação à gestão do emitente em causa».

3. Validade e eficácia

Os acordos de concertação, tal como *supra* caracterizados, são contratos válidos e plenamente eficazes na nossa ordem jurídica.

A validade e a eficácia dos acordos de concertação estão sujeitas aos limites gerais que se colocam à autonomia privada, consagrada no art. 405.º do CC, sem prejuízo de eventuais especificidades[57].

Se, por um lado, os acordos de concertação são contratos cuja validade e eficácia pode ser afectada pelos limites e vícios aplicáveis aos contratos em geral e previstos no CC. Por outro lado, enquanto contratos finalisticamente dirigidos ao domínio de sociedades abertas, cumpre apreciar se estes acordos estão sujeitos a outros limites e vícios decorrentes da lei mobiliária e societária.

Por exemplo, a sua validade depende da idoneidade do seu objecto e da licitude do seu fim apreciados nos termos gerais da lei civil. Quanto à respectiva eficácia, estes acordos apenas produzem efeitos *inter partes*, em harmonia com o princípio da relatividade dos contratos[58].

Ora, estas causas exemplificativas de invalidade e de ineficácia são, igualmente, tratadas nos universos mobiliário e societário. Questione-se o seguinte: as disposições específicas vigentes nestes universos são importantes para delimitar as causas de invalidade e de ineficácia dos acordos de concertação? Passemos, assim, a analisar algumas dessas causas.

a) *Limites no panorama mobiliário*

Ao abrigo do CVM, os acordos de concertação são tidos como válidos e plenamente eficazes.

---

[57] No que respeita aos acordos parassociais, a jurisprudência reconhece expressamente a plena aplicação a estes contratos dos princípios gerais de direito civil como sejam, o princípio da revogabilidade unilateral *ad nutum* das vinculações duradouras, a regra da resolubilidade ou modificabilidade dos contratos por alteração das circunstâncias, o abuso de direito e a interpretação ou integração do negócio segundo critérios de normalidade ou segundo ditames da boa fé, assim como as regras gerais de responsabilidade civil. *Vide*, a título de exemplo, o Acórdão do STJ de 11.03.1999, *BMJ*, 485, 1999, p. 432 e ss.

[58] Assim, à semelhança de qualquer contrato, os acordos de concertação poderão ser nulos em caso de ilicitude, impossibilidade ou indeterminabilidade do seu objecto, assim como quando a sua função económico-social ou fim comum for contrário à lei, ordem pública ou bons costumes, conforme previsto nos arts. 280.º, 281.º e 294.º, todos do CC. Acresce que, ao abrigo do n.º 2 do art. 406.º do CC, os contratos produzem efeitos obrigacionais, dependendo de disposição legal a sua eficácia face a terceiros.

Mesmos nos casos em que as partes não se acomodam às consequências jurídicas que advém destes acordos, em caso algum, a sua validade e eficácia são afectadas, seja perante o incumprimento de deveres de informação seja perante o incumprimento do dever de lançamento de OPA obrigatória.

A violação de deveres de informação relativos a acordos de concertação que constituam acordos parassociais, nos termos do art. 19.º do CVM, não determina a invalidade dos acordos em questão. Apenas poderá determinar a eventual anulabilidade das deliberações sociais tomadas com base em votos expressos em execução de acordos não comunicados ou não publicados.

Já as cominações aplicáveis à violação do dever de lançamento de OPA, estipulado no art. 187.º do CVM, conduzem à imediata e automática inibição de direitos de voto e perda de dividendos e, bem assim, à eventual anulabilidade de deliberações sociais (cfr. art. 192.º do CC).

Qualquer destes casos de anulabilidade é eventual por três razões: primeiro, depende do exercício do direito de voto em execução do acordo parassocial ou em incumprimento da referida inibição; segundo, depende da arguição deste vício; assim como depende da não superação da prova de resistência.

Dito de outra forma, o legislador preocupa-se apenas com a validade das deliberações conexas com os acordos de concertação e determina que estes acordos podem despoletar vários vícios ao nível destas deliberações sociais, caso (i) não sejam cumpridas as consequências impostas às partes naqueles acordos, (ii) aquelas deliberações não passem a prova de resistência e (iii) a sua anulabilidade venha a ser invocada.

b) *Limites no panorama societário à autonomia parassocial*

A doutrina tem vindo a entender que o regime aplicável aos acordos parassociais previstos no art. 17.º do CSC permite identificar, por analogia, os seguintes limites extensivos à generalidade dos acordos parassociais, cuja violação determina a sua invalidade:

(i) a licitude do conteúdo (n.º 1 do art. 17.º do CSC)[59];

---

[59] Encontramos limite paralelo na esfera deliberativa na alínea *d*) do n.º 1 do art. 56.º do CSC.

(ii) a conformação com a delimitação de competências dos órgãos sociais (n.º 2 do art. 17.º do CSC)[60];
(iii) a proibição do esvaziamento de direitos sociais (n.º 3 do art. 17.º do CSC)[61].

Estas causas de invalidade são concretizações dos vícios já estabelecidos na lei civil. Na verdade, em qualquer destes três casos, mais não estamos do que perante um negócio jurídico cujo conteúdo seja contrário à lei [em (i) e (ii) *supra*] ou cuja finalidade colida com o núcleo mínimo de direitos dos sócios, protegidos pelas normas imperativas que os consagram, pela ordem pública e pelos bons costumes [em (iii) *supra*][62].

Assim, naquelas situações, há que colocar duas hipóteses: quando os acordos de concertação se subsumirem à categoria dos acordos parassociais (designadamente, respeitando o requisito imposto por alguns autores quanto à intervenção de, pelo menos, um sócio como parte), aplicar-se-á o disposto no art. 17.º do CSC, por analogia; se tais acordos não preencherem os requisitos daquela categoria, chegar-se-á a idêntico resultado mediante a aplicação das causas gerais de invalidade estabelecidas no CC.

Quanto à eficácia dos acordos parassociais, a doutrina tem sustentado, à luz do n.º 1 do art. 17.º do CSC, que estes apenas produzem efeitos entre as partes, designadamente, tais efeitos não se repercutem nas esferas da sociedade, doutros sócios que não sejam parte nem dos órgãos sociais.[63] De igual modo, sempre que os acordos de concertação não se

---

[60] A delimitação de competências é também um limite à autonomia deliberativa, nos termos da alínea *c*) do n.º 1 do art. 56.º e do art. 405.º, ambos do CSC.

[61] A proibição do esvaziamento de direitos sociais é uma limitação que se coloca, de igual modo, à autonomia estatutária (*vide*, por exemplo, o disposto no arts. 24.º, 214.º, 328.º, 380.º, 384.º, todos do CSC).

[62] Também para RAÚL VENTURA esta norma é uma mera repetição das regras civis quanto aos limites à autonomia privada (cit., pp. 82 e 95). No direito inglês, os acordos parassociais também são válidos e eficazes nos termos dos princípios gerais de direito dos contratos (*vide* JOHN CADMAN, *Shareholders' Agreements*, 4.ª edição, Thomson, Sweet & Maxwell, Londres, 2004, p. 2).

[63] Na medida em que apenas têm efeitos entre os intervenientes, com base nestes acordos não podem ser impugnados actos da sociedade ou dos sócios para com a sociedade, mesmo quanto aquela seja parte. A este propósito, *vide* RAÚL VENTURA, cit., p. 15. Neste âmbito, o nosso regime contrasta com o denominado «*Duomatic principle*», vigente no direito inglês, à luz do qual um acordo parassocial entre todos os sócios poderá produzir efeitos jurídicos na esfera societária (*vide* JOHN CADMAN, cit., pp. 4 e 5).

reconduzam à classe dos acordos parassociais, chegar-se-á ao mesmo resultado por aplicação do n.º 2 do art. 406.º do CC.

c) *Limites no panorama societário à autonomia estatutária e à autonomia deliberativa*

Em acréscimo aos limites referidos em *b) supra*, noutros domínios surgem constrangimentos adicionais, cuja aplicação aos acordos parassociais e aos acordos de concertação é discutível:

(i) a conformação das limitações estatutárias à livre transmissão de acções com o interesse social [cfr. alínea *c*) do n.º 2 do art. 328.º do CSC];
(ii) a conformação do exercício do direito de voto com os interesses da sociedade e dos demais sócios [cfr. alínea *b*) do n.º 1 do art. 58.º e art. 460.º, ambos do CSC].

Apesar da clara distinção entre os planos estatutário e deliberativo e o plano parassocial, a doutrina tem discutido a aplicação analógica aos acordos parassociais de alguns dos limites colocados naqueles domínios[64].

Vejamos, então, as orientações que têm sido propostas a propósito da área mais estudada dos acordos parassociais: os acordos de voto.

---

[64] Em particular, atendendo ao menor grau de eficácia dos acordos parassociais, a doutrina maioritária defende a tese da não coincidência entre a autonomia parassocial e a autonomia estatutária. Por exemplo, tem-se admitido que o princípio da livre transmissibilidade de acções pode ser restringido num acordo parassocial, para além do disposto no art. 328.º do CSC, excepto quando configurar uma fraude à lei, uma violação da boa fé, dos bons costumes ou da ordem pública, ou um pacto leonino. *Vide* GIUSEPPE SANTONI sobre a inaplicabilidade dos limites estatutários àqueles acordos atenta a sua diversidade de efeitos, salvo em casos excepcionais (*Patti parasociali*, Pubblicazioni della Facoltà Guiridica dell'Università di Napoli, Nápoles, 1985, pp. 75-80). Por sua vez, com base numa análise casuística, alguns autores alegam que alguns limites legais aplicáveis à autonomia estatutária devem aplicar-se analogicamente aos acordos parassociais, como sejam: (i) a total proibição de transmissibilidade de acções por tempo indefinido; (ii) a limitação da transmissibilidade de acções em violação do interesse social; (iii) a limitação absoluta do direito de voto. Do mesmo modo, apesar da separação entre a autonomia parassocial e a autonomia deliberativa, alguns autores sustentam que os acordos parassociais podem, por analogia, ser considerados nulos quando revistam um carácter abusivo por se mostrarem prejudiciais aos interesses da sociedade ou lesivos dos interesses dos restantes sócios. *Vide* PAULO CÂMARA, *Parassocialidade e transmissão de valores mobiliários*, cit., pp. 236, 248, 251, 268-270, 288-294 e 329-331.

Uma alternativa possível passa por sustentar que, ainda que os acordos de voto tenham efeitos limitados, de forma mediata, podem afectar o interesse social, uma vez que influenciam a conduta dos sócios na adopção de deliberações sociais. Nesta linha, aqueles acordos quando contrários ao interesse social seriam considerados nulos e não vinculariam os sócios[65].

Em sentido semelhante, os «deveres de lealdade dos accionistas», derivados do princípio geral de boa fé e reconhecidos pelo regime das deliberações abusivas, podem também ser tidos como limites à parassocialidade. Tais deveres teriam por efeito constranger acordos lesivos dos interesses da sociedade e dos restantes sócios[66].

O entendimento contrário a estas teses defende que o interesse social e dos demais sócios não é relevante por três razões. Primeiro, porque estes acordos não produzem efeitos na esfera social, logo não podem pôr em causa o interesse social. Segundo, o exercício do direito de voto não está sujeito a controlo de mérito, sobretudo com base num critério fluido e de contornos incertos, como o interesse social. Terceiro, o direito de voto é um direito subjectivo que pode ser exercido no interesse individual, desde que não revista um carácter abusivo.[67]

Nestes termos, os limites decorrentes do interesse social tornam-se num «falso problema», sobretudo na medida em que o direito de voto pode

---

[65] RAÚL VENTURA, cit., pp. 92-94. Esta posição está em linha com anteprojecto de ADRIANO PAES DA SILVA VAZ SERRA, segundo o qual o interesse social era um dos limites de validade dos acordos parassociais.

[66] PAULO CÂMARA, *Parassocialidade e transmissão de valores mobiliários*, cit., p. 289 e ss. A título de exemplo, refere os acordos que prevejam maiorias absolutas muito altas com o objectivo de bloquear a sociedade.

[67] VASCO LOBO XAVIER, «A validade dos "sindicatos de voto" no direito português constituído e constituendo», *ROA*, 1985, n.os 1 a 3, p. 639 e ss. No mesmo sentido, MARIA DA GRAÇA TRIGO alega que apenas o carácter abusivo do direito de voto pode afectar a validade destes acordos e não a contrariedade ao interesse social. Por outras palavras: «Não serão admissíveis as vinculações de voto que conduzam à emissão de votos contrários à boa fé, aos bons costumes e ao fim económico e social do direito»; «a prossecução de um fim ilícito – por violar a regra da exclusão do abuso de direito – produz a nulidade do acordo» (vide *Os acordos parassociais sobre o exercício do direito de voto*, Universidade Católica Editora, Lisboa, 1998, pp. 106, 107, 110 e 183-189). Vide também MÁRIO LEITE SANTOS, *Contratos parassociais e acordos de voto nas sociedades anónimas*, Edições Cosmos, Lisboa, 1996, pp. 210 e 211.

ser exercido no interesse individual, salvo nos casos em que seja exercido em abuso de direito[68].

Ora, à primeira vista, os constrangimentos previstos nas esferas estatutária e deliberativa não pareceriam ser causas de invalidade dos acordos de concertação já decorrentes das regras aplicáveis aos contratos em geral. Mas uma análise mais detalhada das limitações em causa e da construção doutrinária em seu redor permite concluir que estamos perante manifestações dos princípios gerais de direito civil. Senão vejamos.

Os acordos de concertação determinam a vinculação das partes a um conjunto de situações jurídicas, cujos reflexos, só de forma mediata, podem afectar a esfera social. Desde logo, se estes contratos se qualificarem como acordos parassociais, tal dependerá do exercício dos direitos sociais em prejuízo da sociedade e dos demais sócios. Se não se reconduzirem àquela categoria e só indirectamente se relacionarem com a posição de socialidade, os seus efeitos sobre a dimensão societária são ainda mais longínquos.

Mais, estes acordos surgem no domínio da autonomia privada para permitir às partes prosseguir uma finalidade comum, situada para além das esferas societária e deliberativa. Parece-nos um limite desnecessário impor restrições conexas com o plano social (como o interesse da sociedade e dos sócios) quando aquela finalidade não seja contrária à lei, ordem pública ou bons costumes.

O controlo da validade destes acordos não constitui uma situação lacunar que necessite da aplicação analógica daquelas regras. Antes beneficia de dois círculos de protecção.

Assim, olhando para um primeiro círculo, mais próximo da esfera social: se da execução daqueles acordos resultar o exercício de direito de voto, de forma abusiva, aplicar-se-á directamente o previsto no art. 58.º do CSC.

Num segundo círculo, as regras gerais de direito civil encarregam-se de impedir a validade de acordos de concertação quando: prevejam o exercício de direitos de forma contrária à boa fé (desrespeitando deveres de correcção e lealdade *inter partes*, à luz do disposto no n.º 2 do art. 762.º do CC) ou de forma abusiva (visando uma lesão ou dano para a sociedade ou os accionistas minoritários, nos termos dos arts. 281.º e 334.º do CC).

---

[68] *Vide* JORGE HENRIQUE DA CRUZ PINTO FURTADO, *Deliberações de sociedades comerciais*, Almedina, Coimbra, 2005, pp. 87-90, 266-273 e 608-611, em particular, acerca da relevância da boa fé e dos bons costumes nesta sede.

Nesta sede, as normas de direito societário limitam-se a prestar um contributo interpretativo, ao abrigo de um elemento sistemático. Ou seja, as manifestações dos princípios da boa fé e da proibição do exercício abusivo dos direitos, no domínio societário, constituem um auxiliar interpretativo importante para apreciar se as situações jurídicas a que as partes se obrigaram num acordo de concertação conduzem ou não ao exercício de direitos sociais ou extra-sociais de forma contrária à boa fé, aos bons costumes e ao respectivo fim económico-social.

III. Qualificação como contrato de cooperação associativa

1. Noção

Realizadas as tarefas de caracterização e apreciação dos limites à sua validade e eficácia, estamos agora em condições de passar para mais uma etapa de qualificação. Tal como nos propusemos, cumpre aferir se os acordos de concertação se subsumem ou não à categoria dos contratos de cooperação associativa. Desta feita, há que começar pela análise dos contornos desta categoria.

Ainda que doutrina portuguesa não seja abundante na densificação do conceito de cooperação associativa, encontramos aí alguns auxiliares preciosos para este percurso.

Desde logo, a qualificação como contratos de cooperação associativa é sujeita à verificação dos seguintes três requisitos cumulativos:

a) os contratos de cooperação são contratos em que as partes prosseguem um «fim comum» ou «objectivo comum»; Ainda que não desenvolvam uma actividade única, verifica-se uma «concertação de actividades para a realização do fim comum»[69];

b) de entre os contratos de cooperação, a cooperação associativa distingue-se como uma comunhão fundada em interesses comuns, ou seja, as partes têm interesses múltiplos, mas convergentes[70];

---

[69] MARIA HELENA BRITO, cit., pp. 207 e 211. No mesmo sentido, *vide* LUÍS DE LIMA PINHEIRO, cit., p. 130 e ss.

[70] MARIA HELENA BRITO distingue a cooperação associativa da cooperação auxiliar em virtude de esta forma de comunhão se traduzir na prossecução de um interesse único de uma das partes (*v. g.*, no mandato ou agência), por contraposição com a multiplicidade de

c) por último, a sua distinção relativamente aos contratos de troca resulta, ainda, da unidade do resultado jurídico ou igualdade dos efeitos que advém para as partes dos contratos de cooperação[71].

No mesmo sentido, tem-se afirmado que os contratos de cooperação associativa criam «uma comunidade estável de pessoas para o exercício comum de uma actividade dirigida à realização de interesses comuns», da qual decorrem os mesmos efeitos jurídicos para qualquer das partes[72].

A doutrina italiana identifica características similares nos designados «*contrattos com comunione di scopo*», independentemente de criarem ou não um centro único de interesses.

Nesta linha, alguns autores colocam a pedra de toque nos seguintes aspectos: a «concordância dos interesses das partes», a «identidade do fim prosseguido» e, bem assim, as «vantagens comuns das prestações das partes». Nas palavras de Francesco Galgano, estes contratos são «instrumentos idóneos à realização de interesses comuns de diversos sujeitos»[73].

2. Qualificação dos acordos de concertação

Vejamos então se os acordos de concertação reúnem a referida tríade de que depende a sua qualificação como contratos de cooperação associativa: comunhão de escopo, de interesses e de resultado jurídico.

---

interesses idênticos que caracteriza a cooperação associativa (cit., pp. 208-210). *Vide* Luís de Lima Pinheiro, cit., pp. 130 e ss. e 159 e ss.

[71] Maria Helena Brito entende que outro traço distintivo face à cooperação auxiliar é a participação das partes nos resultados ou vantagens obtidos apenas presente na cooperação associativa. Não obstante, tal participação não requer que as partes tenham de se encontrar numa posição de igualdade, seja substantiva seja formal (cit., pp. 213-214).

[72] *Vide* Carlos Ferreira de Almeida, *Contratos*, II, cit., pp. 42 e 45. Ainda na opinião do mesmo autor, tendo como critério as «variações da função económico-social», estes contratos caracterizam-se pela «bilateralidade da relação custo/benefício» (ou seja, a «coincidência de sacrifícios e vantagens para cada um dos participantes») e pela «coincidência da finalidade global» ou «fim comum», «para a realização do qual se exige um mínimo de organização» (*vide Texto e enunciado na teoria do negócio jurídico*, volume I, cit., pp. 519 e 533-536).

[73] Francesco Galgano traça a fronteira entre os denominados «*contratti com comunione di scopo*» e «*contratti di scambio*», discernindo apenas nos primeiros a coincidência dos interesses e do fim prosseguido pelas partes (cit., pp. 257 e 263). Por sua vez, C. Massimo Bianca destaca nos «*contratti com comunione di scopo*», a «unidade do resultado jurídico ou vantagens comuns das prestações das partes» (cit., p. 57).

É clara a comunhão de fins e de interesses, porquanto as partes têm por objectivo a mudança ou manutenção do domínio sobre uma sociedade aberta e convergem os seus interesses e concertam a sua actividade para a realização daquele fim comum.

Assim, ao abrigo de um acordo de concertação, as partes não prosseguem fins exclusivos assentes em interesses divergentes, nem desenvolvem uma actividade paralela desligada da prossecução da finalidade comum.

Pelo contrário, pela sua natureza, estes acordos implicam um nexo directo ou vínculo indissociável entre, por um lado, um móbil comum fundado em interesses convergentes (o domínio da sociedade) e, por outro, a actividade concertada das partes (idónea a alcançar aquele fim).

Na defesa da tese contratualista, na doutrina francesa alega que os acordos de concertação previstos no art. L233-10 do *Code de Commerce* correspondem a um «*contrat d'intérêt commun*», cujos elementos preponderantes são a prossecução de um propósito comum e a implementação de uma actividade concertada[74]. Também no direito inglês, estes acordos pressupõem que as «partes cooperem activamente para atingir um objectivo comum»[75].

Em acréscimo, e no que respeita ao último elemento da referida tríade, refira-se que os efeitos dos acordos de concertação se aplicam uniformemente às partes. As situações jurídicas activas e passivas decorrentes destes acordos aplicam-se, pois, uniformemente a todos os contraentes. Por outras palavras: (i) qualquer das partes retira do contrato as vantagens comuns pretendidas (*i. e.*, as situações jurídicas que permitem o domínio); e (ii) o domínio depende da sujeição de todas as partes às situações jurídicas passivas que o propiciam.

A integração na categoria dos contratos de cooperação associativa contribui para excluir do âmbito dos acordos de concertação alguns contratos que apenas acidentalmente se aproximam desta figura. Deste modo, apenas serão acordos de concertação aqueles que tenham uma finalidade comum ligada ao domínio da sociedade[76].

---

[74] LE CANNU *apud* ALAIN VIANDIER, o qual também considera essencial à caracterização dos acordos de concertação, no direito francês, «*une communauté d'objectifs*» (cit., pp. 236-238).

[75] GRAHAM STEDMAN, cit., p. 18.

[76] A propósito do papel da «causa» ou «função económico-social» na qualificação dos contratos, *vide* RUI PINTO DUARTE, *Tipicidade e atipicidade dos contratos*, Almedina, Coimbra, 2000, pp. 121-130.

Esta questão é suscitada, por exemplo, pelos acordos quanto à transmissibilidade negativa ou positiva de acções. Assim, certos acordos quanto à transmissão de acções têm somente uma «função aritmética» ou económica[77]. Outros assumem uma pretensão organizatória, porquanto o fim prosseguido pelas partes seja assegurar a estabilidade accionista[78].

A qualificação destes contratos depende de uma tarefa de interpretação e das circunstâncias concretas. Analisemos dois exemplos comuns na *praxis* societária que permitem elucidar esta distinção: os acordos de *standstill* e os acordos de exclusividade[79].

---

[77] Na opinião de PAULO CÂMARA relativamente aos acordos parassociais, esta qualificação depende do seu «alcance organizativo» (*vide Parassocialidade e transmissão de valores mobiliários*, cit., pp. 195 e 215). Esta referência ao «alcance organizativo» não deve potenciar qualquer confusão entre as esferas societária e parassocial. Com efeito, a separação entre estas duas esferas resulta essencialmente da diversidade de efeitos, sendo incontestável que a segunda apenas se reflecte *inter partes* com uma feição obrigacional e só a primeira se reflecte no plano social e é oponível à sociedade e a terceiros (nas palavras de GIUSEPPE SANTONI só esta assume «significado organizativo»). *Vide* RAÚL VENTURA, cit., pp. 11-12 e 36. PAULA COSTA E SILVA considera que os acordos de transmissibilidade de acções apenas devem ser considerados acordos de concertação quando definam «uma política comum de aquisições» e não quando regulem o modo de transmissão («A imputação de direitos de voto na oferta pública de aquisição», cit., p. 277). FRANCK AUCKENTHALER também aclara a distinção entre acordos com fins puramente económicos ou capitalistas e acordos dirigidos à tomada de controlo (cit., p. 415).

[78] Em 08.11.2006, a CMVM já se pronunciou sobre os acordos de transmissibilidade, a propósito de um contrato de preferência entre accionistas do BPI celebrado em 30.06.1993, no qual se previam preferências recíprocas entre accionistas. Em 09.08.2005, a CMVM entendeu que «a celebração de pactos de preferência entre accionistas de sociedade aberta *de per se* não determina a imputação de direitos de voto entre as partes contraentes, nos termos da alínea *e*) do n.º 1 do art. 20.º do Cód.VM». Na sequência da introdução, em 2006, da alínea *h*) do n.º 1 e do n.º 4 do art. 20.º do CVM, a CMVM considerou que aquele acordo gerava imputação, pelas seguintes razões: (i) tal acordo visaria «implicitamente evitar a alienação das acções a entidades que não gozem da aquiescência dos subscritores do acordo»; (ii) algumas partes do acordo reforçaram a respectiva participação no BPI em momento posterior ao lançamento de OPA pelo BCP (*i. e.*, entre Março e Junho de 2006 terão ultrapassado o limiar de 50% dos direitos de voto da sociedade); (iii) desta forma, as partes terão criado condições para a frustração de iniciativas destinadas a constituir ou modificar o controlo do BPI. A CMVM decidiu, assim, que as partes deveriam adoptar as soluções destinadas a afastar a aplicação do dever de lançamento de OPA obrigatória. Em virtude deste entendimento, as partes revogaram o referido acordo. *Vide* comunicados do BPI disponíveis nesta data em http://www.cmvm.pt/NR/rdonlyres/35AF1A5C-9311-4138-B290-63A40772517F/6224/OCM8686.pdf e http://web3.cmvm.pt/sdi2004/emitentes/docs/FR11117.pdf.

[79] Por exemplo, no direito inglês, os acordos de *standstill* podem determinar uma

Um acordo de *standstill* pode ter uma mera função económica, ligada à estabilização do preço dos valores mobiliários admitidos em mercado regulamentado. Esta função é comum no contexto de ofertas públicas de distribuição iniciais. Ao evitar as vendas de determinadas parcelas de referência assegura-se a manutenção do preço e fomenta-se a negociação dos valores recentemente admitidos.

Mas tais acordos podem, igualmente, visar um objectivo de manutenção do domínio ou de criação de condições para a aquisição do domínio, evitando a diluição dos actuais accionistas. Só neste segundo caso estamos perante um acordo de concertação. Em particular, na fase preparatória de uma OPA, é comum pretender-se manter o equilíbrio entre as posições do bloco de potenciais adquirentes. Do mesmo modo, em resposta a uma OPA, estes acordos constituem uma táctica de defesa frequente de blocos de accionistas que não aceitem a oferta[80].

Há ainda que traçar a fronteira entre os acordos de concertação e os meros acordos de exclusividade. Estes últimos não revelam uma finalidade comum de aquisição do domínio, na medida em que as partes assumam a obrigação de, durante certo período, apenas negociar a aquisição ou a manutenção do domínio com a contraparte. Neste panorama, as partes mantêm interesses divergentes e finalidades próprias no que ao domínio da sociedade respeita. O mesmo não sucede num acordo de exclusividade que inclua uma cláusula no sentido de impedir determinada pessoa de participar no capital social de uma sociedade. Neste cenário, tal acordo denotaria um objectivo comum de manutenção do domínio[81].

---

situação de concertação relevante e o *Takeover Panel* deve ser consultado em casos duvidosos (*vide* GRAHAM STEDMAN, cit., p. 18).

[80] A título de exemplo e a propósito dos acordos de *lock up*, ALAIN VIANDIER esclarece que, no direito francês, em regra, estes não serão acordos de concertação, salvo quando tenham um objectivo comum de assegurar a estabilidade accionista. Por sua vez, os pactos de preferência, em princípio, também não serão considerados acordos de concertação, desde que seja mantida a liberdade de decisão de cada uma das partes e as suas decisões não dependam de concertação com os outros contraentes (cit., pp. 239-247). No mesmo sentido, FRANCK AUCKENTHALER traça uma clara fronteira entre acordos sobre a transmissibilidade de acções que deixam liberdade às partes quanto à tomada de decisões de (des)investimento, por contraposição com aqueles em que as partes ficam vinculadas a manter determinado equilíbrio entre participações sociais (cit., pp. 413-414).

[81] *Vide* o exemplo de um acordo relativo à sociedade *Lagardère Groupe* citado por ALAIN VIANDIER (cit., pp. 234).

3. Principais consequências jurídicas

As eventuais especificidades da aplicação aos contratos de cooperação associativa das regras vigentes para os contratos em geral são uma matéria pouco tratada entre nós.

Na doutrina italiana, colocou-se esta questão, sobretudo porque a disciplina geral dos contratos, nesta ordem jurídica, terá sido formulada tendo por referência os contratos de troca e não os contratos de cooperação. Não obstante, a diversidade de regimes específicos aplicáveis aos contratos de cooperação e a ausência de derrogações expressas no regime geral (atinentes à unidade de fim ou de interesses) parece não permitir falar de uma categoria unitária com uma disciplina comum[82].

Vejamos, então, como é que este problema se coloca relativamente aos acordos de concertação.

Do que vem exposto, podemos discernir as seguintes especificidades associadas à sua caracterização e qualificação como contratos de cooperação associativa: os acordos de cooperação são contratos entre duas ou mais partes, tendencialmente *intuitus personae*, ao abrigo dos quais as partes se vinculam uniformemente a um conjunto de situações jurídicas activas e passivas que determinam a prática de acções ou omissões concertadas, destinadas a assegurar o domínio de uma sociedade aberta.

Elencaremos, de seguida, alguns exemplos de consequências jurídicas emergentes destas especificidades.

a) *Contratos* intuitus personae

Os acordos de concertação são tendencialmente contratos *intuitus personae*, em que a posição ou qualidade das partes é muitas vezes relevante para o fim comum prosseguido.

A intensidade do carácter pessoal dos acordos de concertação pode ter vários níveis, particularmente díspares e a averiguar casuisticamente[83]:

---

[82] FRANCESCO GALGANO, cit., pp. 261 e 262.
[83] *Vide* CARLOS FERREIRA DE ALMEIDA, *Contratos*, II, cit., pp. 37 e 38, sobre a categoria dos contratos *intuitus personae*. Salientamos, ainda, o critério proposto por C. MASSIMO BIANCA para identificar os contratos *intuitus personae*: «a identidade de uma parte ou a sua qualidade é determinante para efeitos do consenso segundo um critério de normalidade» (cit., pp. 59-60). Em especial, no que respeita aos acordos de concertação, destacamos a opinião de ALAIN VIANDIER, segundo o qual estes contratos, no direito francês, qualificam-se, em geral, como contratos *intuitus personae* (cit., p. 236).

(i) nos acordos dirigidos a adquirir o domínio, as partes podem considerar quer irrelevantes quer determinantes as qualidades ou fortuna de uma ou várias partes para o sucesso em alcançar o resultado comum pretendido com o acordo;
(ii) nos acordos dirigidos a exercer ou manter o domínio, as qualidades ou posição de uma ou diversas partes, necessárias para assegurar tal domínio, podem frequentemente assumir uma relevância acrescida, pela natureza do próprio acordo; tal como *supra* referido, estruturalmente, os acordos de concertação destinados a manter ou a exercer o domínio pressupõem que, pelo menos, uma das partes seja sócio, seja detentor de direitos de voto, nos termos do art. 20.º do CVM, ou tenha a possibilidade de nomear a maioria dos membros dos órgãos de administração ou de fiscalização da sociedade aberta.

Independentemente da sua intensidade variável, neste contrato de cooperação, o carácter pessoal assume um vínculo directo com o fim comum prosseguido. Por outras palavras: estes contratos podem ser celebrados em atenção a certa qualidade ou posição subjectiva apta a proporcionar os efeitos jurídicos visados pelas partes, pois ela é crucial para a prossecução do fim económico-social do contrato. Por via da interpretação de cada contrato, com mediana facilidade, poderá aferir-se se a cooperação está ou não alicerçada na confiança e características de uma ou mais partes[84].

Atendendo a esta característica tendencial, estes contratos evidenciam algumas particularidades de regime. Vejamos alguns exemplos:

(i) a impossibilidade de cumprimento por uma das partes, cuja qualidade ou posição seja determinante para a produção dos efeitos jurídicos pretendidos com o acordo, pode conduzir à sua extinção, em conformidade com o disposto no art. 791.º do CC; nos contratos de cooperação associativa, esta situação de impossibilidade afecta estruturalmente o contrato, já que as acções e omissões de todas as partes são essenciais para a obtenção do fim comum;

---

[84] *Vide* a opinião de LUÍS DE LIMA PINHEIRO a propósito do que designa como «contratos de empreendimento comum», cit., p. 204 e ss.

(ii) o recurso à execução específica, nos termos dos arts. 828.º e 830.º do CC, não parece ser possível, já que a substituição por um terceiro (sobretudo, nos acordos tendentes à aquisição no domínio) ou pelo tribunal (seja nos acordos tendentes à aquisição seja à manutenção do domínio) não serão idóneos a atingir o resultado jurídico pretendido[85];

(iii) o erro vício quanto à pessoa é essencial e pode determinar a anulação do contrato, nos termos do art. 251.º do CC, porquanto a qualidade ou a posição da pessoa se encontra indissociavelmente ligada à realização do fim comum.

b) *Interpretação e integração*

De acordo com os critérios interpretativos vertidos nos arts. 236.º e 237.º do CC[86], a interpretação dos contratos em geral segue diversos critérios:

(i) o sentido comum ao declarante e ao declaratário;
(ii) na ausência deste sentido comum, considera-se o sentido do declarante, desde que conhecido do declaratário;
(iii) na falta daqueles critérios, atende-se ao «sentido que um declaratário normal, colocado na posição do real declaratário, possa deduzir do comportamento do declarante, salvo se este não puder razoavelmente contar com ele»;

---

[85] A doutrina societária tem vindo a debater esta questão, excluindo a execução específica em relação aos acordos de voto, com fundamento na liberdade de voto em assembleia geral. *Vide*, no direito italiano, LUCA GIANNINI e MARIANO VITALI (cit., p. 151) e, no direito português, RAÚL VENTURA (cit., p. 98).

[86] Esta disposição parece ser inspirada na teoria da impressão do destinatário proposta por MANUEL DE ANDRADE, a qual revela um pendor subjectivo ao assentar essencialmente no conceito de vontade do declarante e do declaratário normal (*vide* PEDRO PAIS DE VASCONCELOS, *Teoria Geral do Direito Civil*, cit., p. 546 e ss. e MANUEL DE ANDRADE, cit., p. 311 e ss.). Este pendor decorre das referências efectuada às declarações negociais como declarações de vontade. Para alguns autores, como CARLOS FERREIRA DE ALMEIDA, este preceito deve ser interpretado de acordo com uma teoria objectivista, ou seja, deve buscar--se o significado compreendido num acto de comunicação, pela pessoa que realizou aquele acto ou pelo declaratário normal de acordo com padrões de normalidade e razoabilidade, incluindo o círculo de pessoas que sejam os seus potenciais receptores (*Texto e enunciado na teoria do negócio jurídico*, volume I, cit., pp. 183 e 189-191). A posição objectivista é seguida pela jurisprudência [*v. g.*, os Acórdãos do STJ de 13.04.1994 (*CJ*, 1994, II, p. 32 e ss.), 14.01.1997 (*CJ*, 1997, 1, p. 47 e ss.) e de 11.10.2001 (*CJ*, 2001, 3, p. 81 e ss.)].

(iv) nos casos duvidosos, manda-se atender ao sentido «menos gravoso para o disponente» ou que conduza ao «maior equilíbrio das prestações», consoante os contratos sejam gratuitos ou onerosos.

Também no que respeita à integração de lacunas, nos termos do art. 239.º do CC, determina-se o recurso à denominada «vontade conjectural» das partes ou aos «ditames da boa fé, quando outra seja a solução por eles imposta».

A ponderação destes critérios no caso dos acordos de concertação não pode deixar de ser influenciada pela unidade finalística e de resultado que os caracteriza. Esta unidade contrasta com a correspectividade presente nos contratos de troca.

Este «recentramento» é, sobretudo, relevante nos casos duvidosos e lacunares, cujos critérios de resolução parecem gizados para lidar com a referida correspectividade.

Assim, na aferição do significado compreendido num enunciado contratual com uma função de cooperação, os padrões de normalidade e de razoabilidade do «declaratário» e a justiça interna do negócio parecem ser manifestamente distintos.

A busca do «significado que qualquer contraente com base nas circunstâncias concretas deveria razoavelmente atribuir ao acordo» deve ter em conta a finalidade e interesses comuns subjacentes e caracterizadores do acordo[87].

No que respeita aos contratos de cooperação associativa, à semelhança de algumas propostas relativamente aos contratos atípicos, parece-nos que a sua interpretação em casos duvidosos e a sua integração devem atender às particularidades da equação económica e justiça interna destes contratos marcados pela comunhão e unidade de fins, de interesses e de efeitos, observando em todos os casos o princípio da boa fé[88].

c) *Consequências do incumprimento*

Algumas das normas do CC aplicáveis às consequências do incumprimento em sentido lato (incluindo, a impossibilidade, a mora, o incum-

---

[87] Cfr. a posição objectivista de C. MASSIMO BIANCA (cit., p. 419).
[88] Cfr. PEDRO PAIS DE VASCONCELOS, *Contratos Atípicos*, Almedina, Coimbra, reimpressão da 1.ª edição de 1995, 2000, pp. 433-446.

primento definitivo e o cumprimento defeituoso) foram pensadas tendo por referência os «contratos bilaterais» ou os designados contratos sinalagmáticos[89].

Assim, ao abrigo do art. 428.º do CC, a excepção de não-cumprimento é aplicável aos «contratos bilaterais», na medida em que se verifique um nexo sinalagmático entre a prestação incumprida e a recusa do cumprimento da contraprestação[90].

Também, nos termos dos arts. 795.º e 801.º do CC, a resolução com fundamento no incumprimento é um instituto exclusivo dos mencionados «contratos bilaterais», com fundamento no sinalagma que une prestações recíprocas[91].

A questão da natureza sinalagmática dos contratos de cooperação tem sido objecto de debate a propósito do contrato de sociedade. Por exemplo, Lima Pinheiro afasta aquela natureza, alegando que a mesma implica um

---

[89] No direito italiano, na sequência da posição assumida por PINO, discute-se a aplicabilidade ou não da excepção de não cumprimento e da resolução por excessiva onerosidade superveniente aos contratos de cooperação associativa. Aquela posição é refutada por outros autores, como FRANCESCO GALGANO, e parece ser também recusada pela jurisprudência, já que consideram poder existir um vínculo sinalagmático nesta categoria de contratos que justifica a aplicação daqueles institutos (vide FRANCESCO GALGANO, cit., p. 261).

[90] JOÃO DE MATOS ANTUNES VARELA caracteriza os contratos bilaterais, por contraposição com os contratos unilaterais, como aqueles de que «não só nascem obrigações para ambas as partes, como essas obrigações se encontram unidas uma à outra por um vínculo de *reciprocidade* ou *interdependência*». Em sua opinião, é este vínculo sinalagmático que justifica a recusa temporária em cumprir pela parte não faltosa, ao abrigo da *exceptio* (*Das obrigações em geral*, volume I, 10.ª edição, 5.ª reimpressão da edição de 2000, Almedina, 2008, pp. 396, 398 e 400-402). Neste domínio, a letra da nossa lei contrasta com as opções seguidas noutros ordenamentos (como, por exemplo, no inglês) centrados na ordem do cumprimento e/ou no princípio da igualdade, sem atender à bilateralidade ou pluralidade de partes. Este modelo é, ainda, seguido no *«Draft Common Frame of Reference»* e nos *«Principles of European Contract Law»*. Nos comentários àqueles princípios, fica claro que nos «contratos sinalagmáticos» incluem-se contratos «bilaterais e plurilaterais». A este propósito, remetemos para: (i) HUGH BEALE, ARTHUR HARTKAMP, HEIN KÖTZ, DENIS TALLON, *Contract Law, Casebooks on the common law of Europe*, Hart Publishing, Oxford and Portland, Oregon, 2002, p. 722 e ss.; (ii) OLE LANDO e HUGH BEALE, *Principles of European Contract Law*, partes I e II, compilado e revisto, Kluwer Law International, Haia, 2000, p. 405; e (iii) EDWIN PEEL, *The Law of Contract*, 12.ª edição, Londres, Sweet & Maxwell, 2007, pp. 807-820 (esta obra corresponde a uma edição actualizada da obra de G. H. TREITEL, *The Law of Contract*, 11.ª edição, Londres, Sweet & Maxwell, 2003).

[91] JOÃO DE MATOS ANTUNES VARELA considera que o «vínculo de *reciprocidade* ou *interdependência*» justifica o direito de resolução pela parte não faltosa nos contratos bilaterais, por contraposição com os contratos unilaterais (cit., pp. 402-404).

vínculo de reciprocidade e interdependência entre as obrigações das partes, o qual, em seu entender, não se verifica nos referidos contratos. Opõe-se, assim, à tese de Enneccerus, o qual justifica a natureza sinalagmática do contrato de sociedade com o seguinte fundamento: «cada sócio promete a sua prestação (para promoção do fim comum) porque os outros também se obrigaram a prestar (para o mesmo fim)»[92].

Alguns autores discutem, ainda, a aplicação da *exceptio* aos contratos plurilaterais, arguindo que também neste caso pode existir um vínculo sinalagmático entre as prestações de cada uma das partes e as prestações dos demais intervenientes.

Assim, na linha da doutrina italiana (liderada, neste matéria, por Perisco) e do princípio da boa fé vigente no nosso ordenamento, defendem que «cada um dos contraentes pode recusar a sua prestação» num contrato plurilateral, verificados os demais requisitos legalmente previstos: (i) quando «a parte que a reclama não tenha ainda cumprido»; ou (ii), ainda que o demandante já tenha cumprido, a *exceptio* «poderá ser legitimamente oposta pelo demandado quando a prestação em falta deva ser considerada *essencial*, de harmonia com todas as circunstâncias do caso concreto»[93].

Em nosso entender, só desta forma pode assegurar-se que o credor beneficia deste mecanismo nos contratos plurilaterais, de modo a compelir os demais contraentes a cumprir e a, consequentemente, assegurar o equilíbrio contratual e proteger-se do risco de incumprimento.

Não se vislumbra uma razão relevante para tratar diferentemente as partes num acordo de concertação consoante este tenha duas ou mais partes ou pelo facto de estas revelarem um fim comum. Vejamos porquê.

Demonstrada a relação entre as obrigações essenciais das partes e o fim comum (o domínio), não há razão para suprimir este mecanismo de autotutela à parte não faltosa no acordo de concertação perante o não-cumprimento por uma contraparte de prestações idóneas e essenciais a assegurar o domínio.

---

[92] Luís de Lima Pinheiro enumera as diferentes posições assumidas pela doutrina portuguesa: Fernando Olavo, Ferrer Correia e Pinto Furtado negam a natureza sinalagmática do contrato de sociedade, contrastando com o entendimento de José Tavares, Brito Correia e, de certa forma, Menezes Cordeiro / Menezes Leitão (cit., p. 138 e ss., em particular, a nota de rodapé 263 da p. 140).

[93] Vide José João Abrantes, *A excepção de não cumprimento do contrato no direito civil português, Conceito e Fundamento*, Almedina, Coimbra, 1986, pp. 55-58 e Adriano Paes da Silva Vaz Serra, «Excepção de Contrato Não Cumprido (*Exceptio Non Adimpleti Contractus*)», *BMJ*, 67, 1957, nota de rodapé (10), pp. 21 e 22.

Acresce que, os acordos de concertação parecem caber numa noção de «sinalagma» em sentido lato[94]. Tal sinalagma não é afastado nem pela pluralidade de partes nem pela unidade de escopo, de interesses e de efeitos.

Consideremos algumas notas de Calvão da Silva sobre este tema: «do ponto de vista do credor, a obrigação pode ser representada como direito ao cumprimento. (...) Poder-se-á então dizer que, no plano funcional, o cumprimento é o momento essencial da obrigação, pelo qual se faz seguir o sinalagma genético do sinalagma funcional, ao evitar que a interdependência funcional seja turbada ou rompida pelo incumprimento e com o cumprimento a realizar realmente o sinalagma funcional»[95].

À primeira vista, a correspectividade entre as prestações das partes parece um elemento nevrálgico para que exista uma relação sinalagmática. No entanto, na medida em que o «cumprimento é o momento essencial da obrigação» e que deste depende a realização do sinalagma, afigura-se da maior relevância ponderar se o vínculo de cooperação é ou não afectado pelo incumprimento, em moldes similares ao vínculo de troca.

Usando este critério, chegamos à conclusão de que o incumprimento de obrigações essenciais para a realização do fim comum «rompe» não só a relação por estas estabelecida com a prossecução daquele fim, como a relação indirectamente estabelecida com as prestações das demais partes dirigidas à mesma finalidade. Tal incumprimento pode afectar, de igual modo, o equilíbrio contratual e a uniformidade de efeitos próprios dos contratos de cooperação.

Também para efeitos do direito de resolução, a doutrina propõe uma definição de «bilateralidade» que não atende eminentemente ao número de intervenientes, mas sim à presença do referido vínculo sinalagmático.

A este propósito, tende a considera-se que «o contrato bilateral é aquele em que cada um dos contraentes promete uma prestação em troca da prestação ou correspectivo da contraprestação e esta daquela». Por contraposição aos contratos unilaterais, aqueles contratos revelam uma «conexão causal» ou «dependência recíproca», em resultado da qual «cada um dos contraentes só se obriga a prestar para obter a prestação da outra parte». Nestes termos, a doutrina chega a confundir os contratos bilaterais com os

---

[94] Concordamos, pois, com a opinião de FRANCESCO GALGANO, citando BOLAFFI, no sentido de que os contratos plurilaterais mais não são do que uma forma particular de contratos sinalagmáticos (cit., p. 263).

[95] JOÃO CALVÃO DA SILVA, *Cumprimento e sanção pecuniária compulsória*, Faculdade de Direito da Universidade de Coimbra, Coimbra, 1987, pp. 336-338 e 241-244.

contratos de troca, identificando-os como aqueles «cuja função consiste no intercâmbio de prestações»[96].

No que respeita aos denominados «contratos de estrutura associativa», Vaz Serra apresenta duas posições nesta matéria: segundo a tese de Betti e Barassi, a resolução não deve ser admitida na medida em que nestes contratos, não obstante a reciprocidade de prestações, estas não são «contrapostas» ou «uma das prestações é função da outra»; já na opinião de Enneccerus-Lehmann, aqueles contratos podem ser considerados «bilaterais» para este efeito, porquanto «as prestações de cada uma das partes são prometidas como retribuição das prestações da outra»[97].

Esta sobreposição de categorias e conceitos carece de clarificação. Em nossa opinião, a referência aos contratos bilaterais, nos arts. 795.º e 801.º do CC, cobre os contratos em que exista uma nexo sinalagmático entre as prestações de cada uma das partes e as prestações das demais, em virtude do respectivo fim comum. A existência deste vínculo é clara nos contratos de troca. Mas tal não significa que não exista nos contratos plurilaterais e nos contratos de cooperação associativa, pelas razões acima descritas.

Aliás, o equilíbrio e justiça interna entre prestações não são estranhos ao regime dos contratos de cooperação associativa expressamente previstos na lei. Por exemplo, o regime aplicável às obrigações de entrada dos sócios, fixado no art. 285.º do CSC, prevê manifestações do «reequilíbrio» entre prestações das partes de forma proporcional e após prazo razoável.

Apesar de englobados na categoria da cooperação associativa e independentemente de terem duas ou mais partes, nos acordos de concertação é clara a «dependência recíproca» entre as prestações das partes necessárias para atingir o fim comum. A unicidade de fim e de interesses não afecta a relação de reciprocidade das obrigações essenciais, mesmo que esta se estabeleça entre mais do que duas partes e de forma mediata por via do fim comum. Tal unicidade ou comunhão finalística funciona como um elemento de conexão entre as várias prestações.

Ora, é na essencialidade dessas obrigações para efeitos da realização do fim comum que se funda o sinalagma e, em consequência, o direito de resolução perante o respectivo incumprimento por uma ou várias partes[98].

---

[96] Vide ADRIANO PAES DA SILVA VAZ SERRA, «A Resolução do Contrato», BMJ, 68, 1957, pp. 154-155, 157 e 166.
[97] Vide ADRIANO PAES DA SILVA VAZ SERRA, «A Resolução do Contrato», cit., p. 186.
[98] Vide JOÃO CARLOS BRANDÃO DA FONSECA acerca do fundamento da resolução ligado à «interdependência genética e funcional de prestações recíprocas» ou «um pro-

Este direito fica, obviamente, sujeito aos requisitos gerais da resolução, em particular, ao princípio da boa fé, reflectido no n.º 2 do art. 762.º e no n.º 2 do art. 802.º, ambos do CC. Deste modo, a resolução depende da denominada «intensidade da lesão» ou «gravidade do incumprimento». Ou seja, aquele direito existirá ou não em função da «projecção do concreto incumprimento (da sua natureza e da sua extensão) no interesse actual do credor», a ser apreciado de acordo com o princípio da boa fé e com o critério da essencialidade. Em síntese, também para efeitos da resolução dos acordos de concertação, cabe aferir «a repercussão do incumprimento no equilíbrio sinalagmático do contrato», de forma a determinar a «relevância resolutiva da violação de uma obrigação essencial»[99].

Em conclusão, nos acordos de concertação, não obstante a pluralidade de partes e a unidade finalística, é possível identificar um vínculo de conexão ou de reciprocidade entre os custos e benefícios das partes que advêm da realização do fim comum.

O que diferencia esta forma de reciprocidade da existente nos contratos de troca é o seguinte: nestes últimos, existe uma reciprocidade simétrica entre as vantagens de uma parte e os sacrifícios da contraparte; nos acordos de concertação, existe uma reciprocidade global e mediata que está presente nas prestações de todas e cada uma das partes determinantes para a concretização do fim comum; neste sentido, todas as prestações substancialmente relacionadas com este fim são recíproca e globalmente interdependentes.

Apenas se exclui a correspectividade ou simetria entre os custos de uma parte e os benefícios da outra. Os benefícios para todas as partes resultam da «partilha» de vantagens comuns decorrentes da realização do fim comum. Do mesmo modo que qualquer das partes suporta os sacrifícios comuns inerentes à realização daquele fim.

O factor distintivo da cooperação, ou seja, a referida comunidade de fins, de interesses e de resultado jurídico, não afecta aquele vínculo e, em nosso entender, não põe em causa o recurso aos institutos acima descritos, na medida em que estes sejam usados para repor o equilíbrio na relação contratual perturbado pelo incumprimento[100].

---

blema de repartição do risco obrigacional» (*A resolução do contrato no direito civil, Do enquadramento e do regime*, Coimbra Editora, 1996, pp. 111 e 127).

[99] Vide JOÃO CARLOS BRANDÃO DA FONSECA, cit., pp. 126 e 129-134.

[100] Vide CARLOS FERREIRA DE ALMEIDA, *Texto e enunciado na teoria do negócio jurídico*, volume I, cit., pp. 520, 521, 524 e 543-535.

A análise da aplicação das regras gerais sobre o incumprimento aos acordos de concertação, enquanto contratos de cooperação associativa, despoleta uma questão adicional: tal incumprimento deve determinar consequências jurídicas no plano mobiliário? Em particular, tal incumprimento deve afastar a imputação de direitos de voto ao abrigo do art. 20.º do CVM? A resposta a este problema terá implicações *inter alia* ao nível dos deveres de informação sobre participações qualificadas e de lançamento de OPA e da aquisição tendente ao domínio total.

Na ausência de uma determinação legal, qualquer entendimento a este propósito pressupõe uma reflexão, por um lado, acerca dos efeitos gerais do incumprimento e, por outro, à luz de casos paralelos tratados no CVM.

Quanto aos efeitos gerais do incumprimento, sempre que este conduzir à extinção da relação jurídica, na sequência da resolução do contrato, tal não poderá deixar de ser ponderado no domínio mobiliário. Por outras palavras, a partir da extinção do acordo de concertação, este deixa de gerar imputação dos direitos de voto. Até à extinção dos efeitos jurídicos, parece manter-se a situação de potencial influência sobre o exercício dos direitos de voto que subjaz ao referido art. 20.º do CVM.

Já se o incumprimento der lugar a uma mera suspensão ou paralisia dos efeitos do acordo de concertação (por exemplo, ao abrigo da *exceptio*), em regra não conduzirá à destruição daquela influência potencial sobre os direitos de voto. Ainda assim, esta situação pode ser relevante para efeitos da suspensão do dever de lançamento de OPA obrigatória, nos termos do art. 190.º do CVM.

A relevância do regime do incumprimento no direito civil tem ainda algumas manifestações ou casos paralelos no art. 20.º do CVM. Por exemplo, alguns autores entendem que na existência de uma condição suspensiva, desde que não se trate de uma «condição potestativa» em que o evento condicionante dependa da vontade do beneficiário, a imputação de direitos de voto tem lugar aquando da verificação da condição[101].

Ora, nestas circunstâncias, um acordo desprovido de efeitos jurídicos cuja produção não depende do respectivo beneficiário não parece determi-

---

[101] *Vide* CARLOS OSÓRIO DE CASTRO, cit., p. 188. Maior controvérsia sobre este tema é levantada por PAULA COSTA E SILVA, «A imputação de direitos de voto na oferta pública de aquisição», cit., pp. 267-271. Não se confunda, a este propósito, os entendimentos que a CMVM casuisticamente tem adoptado a propósito de condições suspensivas legais apostas a acordos que podem dar lugar ao dever de lançamento de OPA obrigatória.

nar a susceptibilidade de influenciar o exercício dos direitos de voto. Do mesmo modo, um contrato cuja cessação ou suspensão dos seus efeitos dependa do exercício de um direito potestativo por uma das partes não deve deixar de dar lugar a imputação, até que a cessação se efective.

Tal situação parece ainda mais clara quando atendemos à comunhão de escopo, de interesses e de resultado jurídico presente nos acordos de concertação. Com efeito, enquanto não for quebrada aquela tríade intimamente ligada à manutenção do domínio, parece manter-se a susceptibilidade de exercício de influência sobre a sociedade aberta.

Por último, questão distinta da que acabamos de apreciar, mas que não nos ocupa neste âmbito, é a de saber se tais casos de influência potencial deveriam ou não dar lugar a uma ficção legal geradora, não só de deveres de informação ao mercado, como constitutiva do dever de lançamento de OPA obrigatória ou do direito de aquisição tendente ao domínio total.

IV. Conclusões

Os acordos de concertação sobre os quais nos debruçámos são contratos entre duas ou mais partes que se vinculam uniformemente a um conjunto de situações jurídicas activas e passivas, destinadas a assegurar o domínio sobre uma sociedade aberta. Por outras palavras, as partes obrigam-se a um conjunto de acções ou omissões concertadas dirigidas à aquisição ou manutenção do domínio.

A demonstração da natureza contratual destes acordos revela algumas especificidades, em particular relativas à sua formação e relevância jurídica, as quais advêm, sobretudo, da frequente tentativa das partes de furtar-se à aplicação das consequências jurídicas despoletadas por certos acordos de concertação.

Ainda assim, aquela vocação contratual é inequívoca sempre que as partes cheguem a consenso quanto à produção de efeitos jurídicos dos respectivos enunciados, com significados concordantes relativos à tomada ou ao exercício do domínio.

Por sua vez, a caracterização estrutural dos acordos de concertação é amplamente marcada pelo elemento finalístico, ou seja, os efeitos jurídicos a que as partes se vinculam unitariamente estão inevitavelmente ligados à prossecução de um fim comum (o domínio da sociedade aberta).

Na nossa ordem jurídica, os acordos de concertação são plenamente válidos e eficazes *inter partes* e, não obstante a sua disciplina societária e mobiliária, as causas de invalidade e de ineficácia destes contratos decorrem dos princípios gerais de direito civil. Mesmo quando as partes não se conformam com as respectivas consequências jurídicas, a validade e a eficácia destes acordos não é afectada. As cominações de tal violação situam-se no plano do exercício dos direitos sociais e da validade das deliberações sociais conexas.

A qualificação dos acordos de concertação como contratos de cooperação associativa é uma decorrência dos seus elementos estruturais reveladores de uma comunhão de escopo, de interesses e de resultado jurídico.

Aliás, a sua integração na categoria dos contratos de cooperação associativa contribui para excluir deste âmbito figuras próximas que não sejam idóneas ou tendentes à tomada ou estabilidade do controlo. Ou seja, apenas serão acordos de concertação aqueles que tenham uma finalidade comum ligada ao domínio da sociedade.

A sua qualificação revelou-se uma tarefa fácil. É clara a comunhão de fins e de interesses nos acordos de concertação, porquanto as partes têm por objectivo a mudança ou manutenção do domínio sobre uma sociedade aberta e convergem os seus interesses e concertam a sua actividade para a realização daquele fim comum. Mais, para atingir aquela finalidade, os efeitos jurídicos dos acordos de concertação aplicam-se uniformemente às partes, já que todas partilham as vantagens e se submetem aos sacrifícios relacionados com a aquisição ou manutenção do domínio.

As características necessárias e tendenciais dos acordos de concertação, que determinam a sua inclusão na categoria dos contratos de cooperação associativa, importam consequências jurídicas diversas.

Por um lado, estes contratos assumem características tendenciais que implicam uma aplicação indiferenciada do regime geral de direito civil, como sejam as particularidades dos contratos *intuitus personae*.

Por outro lado, a ausência da correspectividade típica dos contratos de troca induz algumas singularidades na aplicação das regras gerais aos acordos de concertação, como por exemplo, em matéria de interpretação e integração de lacunas.

Nesta sede, a equação económica destes contratos ganha contornos distintos dos contratos de troca. A resolução dos casos duvidosos e lacunares nos acordos de concertação, em harmonia com o princípio da boa fé, não pode deixar de considerar a justiça interna própria da cooperação associativa.

Ou seja, há que ponderar que destes contratos advêm benefícios comuns e não correspectivos, os quais, por sua vez, dependem de sacrifícios comuns. Logo, a correcta interpretação e integração nunca pode afectar aquela comunidade e organização de vantagens e desvantagens e a prossecução do fim comum.

Por último, a unidade de escopo, de interesses e de efeitos também não afasta a reciprocidade de custos e benefícios e o consequente equilíbrio contratual a ponderar ao nível das consequências do incumprimento.

Deste modo, em regra, as suas características necessárias e distintivas, enquanto acordos de cooperação bilaterais ou plurilaterais, tendem a não afastar a aplicação aos acordos de concertação das regras gerais de direito civil destinadas a assegurar aquele equilíbrio, como sejam as que disciplinam a excepção de não-cumprimento e a resolução por incumprimento.

Atendendo à letra dos preceitos que consagram estes institutos, cujo âmbito objectivo parece circunscrever-se aos «contratos bilaterais» (cfr. arts. 428.º, 795.º e 801.º do CC), tal aplicação reveste algumas particularidades: a letra e a *ratio* de tais preceitos envolve uma exigência de reciprocidade; logo, com base numa aferição casuística, tais institutos serão de aplicar somente às situações de incumprimento de obrigações essenciais para a aquisição ou manutenção do domínio; só entre estas prestações existe uma reciprocidade global e mediata inerente à concretização do fim comum.

Em síntese, ainda que os contratos de cooperação associativa não sejam uma categoria com um regime unitário ou objecto de detalhado desenvolvimento doutrinário, no que respeita aos acordos de concertação, as regras gerais de direito civil dão plena resposta às questões suscitadas pela sua caracterização, validade e eficácia, sem prejuízo de o regime geral dos negócios jurídicos requerer alguns afinamentos em face das suas características essenciais e tendenciais.

As regras gerais de direito civil assistem, ainda, o intérprete e o aplicador do direito na densificação das regras específicas vigentes no ordenamento mobiliário, como sejam as relativas à imputação de direitos de voto prevista no art. 20.º do CVM.

Bibliografia citada

ABRANTES, José João, *A excepção de não cumprimento do contrato no direito civil português, Conceito e Fundamento*, Almedina, Coimbra, 1986.
ANDRADE, Manuel de, *Teoria Geral da Relação Jurídica*, volume II, 9.ª reimpressão, Almedina, Coimbra, 2003.
ANTUNES VARELA, João de Matos, *Das obrigações em geral*, volume I, 10.ª edição, 5.ª reimpressão da edição de 2000, Almedina, 2008.
AUCKENTHALER, Franck, *Droit des Marchés des Capitaux*, L. G. D. J., Paris, 2004.
BARRY, Sebastian; BRACHT, Hannes; CASPER, Matthias, «Agreements on voting conduct in the election of the supervisory board (Aufsichtsrat) as Case for a Mandatory Offer – Case Note on OLG München of 27 April 2005», *German Law Journal*, 6, 2005, edição electrónica disponível a 30.09.2009, em http://www.germanlawjournal.com/article.php?id=679.
BEALE, Hugh; HARTKAMP, Arthur; KÖTZ, Hein; TALLON, Denis, *Contract Law, Casebooks on the common law of Europe*, Hart Publishing, Oxford and Portland, Oregon, 2002.
BIANCA, C. Massimo, *Diritto civile, Il contratto*, 2.ª edição, Giuffrè Editore, Milão, 2000.
BRANDÃO DA FONSECA, João Carlos, *A resolução do contrato no direito civil – Do enquadramento e do regime*, Coimbra Editora, Coimbra, 1996.
BRITO, Maria Helena, *O contrato de concessão comercial*, Almedina, Coimbra, 1990.
CADMAN, John, *Shareholders' Agreements*, 4.ª edição, Thomson, Sweet & Maxwell, Londres, 2004.
CALVÃO DA SILVA, João, *Cumprimento e sanção pecuniária compulsória*, Faculdade de Direito da Universidade de Coimbra, Coimbra, 1987.
CÂMARA, Paulo, *Manual de Direito dos Valores Mobiliários*, Almedina, Coimbra, 2009.
CÂMARA, Paulo, *Parassocialidade e transmissão de valores mobiliários*, Dissertação de Mestrado em Ciências Jurídicas, Universidade de Direito, Faculdade de Direito, 1996.
CASPER, MATTHIAS, «Case Note – The Pixelpark-ruling of the Regional Appellate Court Frankfurt (OLG Frankfurt) of 25 June 2004: The first decision on "Acting in Concert" and its expected effects on German Takeover Law», *German Law Journal*, 5, 2004, edição electrónica disponível a 30.09.2009, em http://www.germanlawjournal.com/article.php?id=481.
COSTA E SILVA, Paula, «A imputação de direitos de voto na oferta pública de aquisição», *Jornadas sobre Sociedades Abertas, Valores Mobiliários e Intermediação Financeira*, Almedina, Coimbra, 2007, p. 243 e ss.
COSTA E SILVA, Paula, «Domínio de sociedade aberta e respectivos efeitos», *Direito dos Valores Mobiliários*, volume V, Coimbra Editora, Coimbra, 2004, p. 325 e ss.
COSTA E SILVA, Paula, «Sociedade aberta, domínio e influência dominante», *Direito dos Valores Mobiliários*, volume VIII, Coimbra Editora, Coimbra, 2008, p. 541 e ss.
D'ANDREA, Silvio, *Manuale delle società*, Il Sole 24 ORE, Milão, 2008.
EABORN, Gary, *Takeovers: Law and Practice*, LexisNexis, Butterworths, Reino Unido, 2005.
EASTERBROOK, Frank; FISCHEL, Daniel, *The Economic Structure of Corporate Law*, Harvard University Press, 1991.

FERREIRA DE ALMEIDA, Carlos, *Contratos*, I, *Conceito, Fontes, Formação*, 4.ª edição, Almedina, Coimbra, 2008.

FERREIRA DE ALMEIDA, Carlos, *Contratos*, II, *Conteúdos, Contratos de troca*, Almedina, Coimbra, 2007.

FERREIRA DE ALMEIDA, Carlos, «Interpretação do Contrato», *O Direito*, 124, IV, 1992, p. 629 e ss.

FERREIRA DE ALMEIDA, Carlos, *Texto e enunciado na teoria do negócio jurídico*, volumes I e II, Almedina, Coimbra, 1992.

GALGANO, Francesco, *Il contratto*, Cedam, Verona, 2007.

GALVÃO TELLES, Inocêncio, *Manual dos contratos em geral*, 4.ª edição, Coimbra Editora, Coimbra, 2002.

GIANNINI, Luca; VITALI, Mariano, *I patti parasociali*, Maggioli Editore, Rimini, 2008.

KENYON-SLADE, Stephen, *Mergers and Takeovers in the US and UK, Law and Practice*, Oxford University Press, Oxford, 2003.

LANDO, Ole; BEALE, Hugh, *Principles of European Contract Law*, partes I e II, compilado e revisto, Kluwer Law International, Haia, 2000.

LEKKAS, Georges, *L'harmonisation du droit des offres publiques et la protection de l'investisseur*, L. G. D. J., Paris, 1999.

LIMA PINHEIRO, Luís de, *Contratos de Empreendimento Comum (Joint Venture) em Direito Internacional Privado*, Almedina, Coimbra, 2003.

MATTAMOUROS RESENDE, João, «A imputação de Direitos de Voto no Mercado de Capitais», *Cadernos do Mercado de Valores Mobiliários*, 26, 2007, p. 59 e ss.

MANNE, Henry G., «Mergers and the Market for Corporate Control», *Journal of Political Economy*, 73, 1965, p. 110 e ss.

MCKENDRICK, Ewan, *Contract Law*, 5.ª edição, Palgrave Mcmillan, Nova Iorque, 2003.

MOTA PINTO, Paulo, *Declaração tácita e comportamento concludente no negócio jurídico*, Almedina, Coimbra, 1995.

NORDHUES, Patrick, «Acting in concert», *in International Financial Law Review*, Fevereiro de 2007, edição electrónica disponível a 30.09.2009, em *http://www.iflr.com*

OSÓRIO DE CASTRO, Carlos, «A Imputação dos direitos de voto no Código dos Valores Mobiliários», *Cadernos do Mercado de Valores Mobiliários*, 7, 2000, p. 161 e ss.

PAIS DE VASCONCELOS, Pedro, *Contratos Atípicos*, Almedina, Coimbra, reimpressão da 1.ª edição de 1995, 2000.

PAIS DE VASCONCELOS, Pedro, *Teoria Geral do Direito Civil*, 5.ª edição, Almedina, Coimbra, 2008.

PEARSON, Christopher; ADAMS, Nick, «Mandatory and Voluntary Offers and their Terms», *A Practitioner's Guide to the City Code on Takeovers and Mergers 2008/2009*, City & Financial Publishing, Surrey, 2008, p. 133 e ss.

PEEL, Edwin, *The Law of Contract*, 12.ª edição, Londres, Sweet & Maxwell, 2007 (esta obra corresponde a uma edição actualizada da obra de TREITEL, G. H., *The Law of Contract*, 11.ª edição, Londres, Sweet & Maxwell, 2003).

PEREIRA DE ALMEIDA, António, «Sociedades abertas», *Direito dos Valores Mobiliários*, volume VI, Coimbra Editora, Coimbra, 2006, p. 9 e ss.

PEREIRA NEVES, Vítor, «A natureza transitiva dos critérios de imputação de direitos de voto no Código dos Valores Mobiliários», *Estudos Comemorativos dos 10 anos da Facul-*

dade de Direito da Universidade Nova de Lisboa, volume II, Almedina, Coimbra, 2008, p. 507 e ss.

Pinto Duarte, Rui, *Tipicidade e atipicidade dos contratos*, Almedina, Coimbra, 2000.

Pinto Furtado, Jorge Henrique da Cruz, *Deliberações de sociedades comerciais*, Almedina, Coimbra, 2005.

Ryde, Andy; Turnill, Roland, «Share Dealings – Restrictions and Disclosure Requirements», *in A Practitioner's Guide to the City Code on Takeovers and Mergers 2008/ /2009*, City & Financial Publishing, Surrey, 2008, p. 69 e ss.

Romano, Roberta, «A guide to Takeovers: Theory, Evidence and Regulation», *European Takeovers, Law and Practice*, Butterwoods, 1992, p. 3 e ss.

Santoni, Giuseppe, *Patti parasociali*, Pubblicazioni della Facoltà Guiridica dell'Università di Napoli, Nápoles, 1985.

Santos, Mário Leite, *Contratos parassociais e acordos de voto nas sociedades anónimas*, Edições Cosmos, Lisboa, 1996.

Soares da Silva, João, «Algumas observações em torno da tripla funcionalidade da técnica de imputação de votos no Código dos Valores Mobiliários», *Cadernos do Mercado de Valores Mobiliários*, 26, 2007, p. 47 e ss.

Stedman, Graham, *Takeovers*, Longman, Londres, 1993.

Trigo, Maria da Graça, *Os acordos parassociais sobre o exercício do direito de voto*, Universidade Católica Editora, Lisboa, 1998.

Vaz Serra, Adriano Paes da Silva, «A Resolução do Contrato», *BMJ*, 68, 1957, p. 153 e ss.

Vaz Serra, Adriano Paes da Silva, «Assembleia Geral», *BMJ*, 197, 1970, p. 86 e ss.

Vaz Serra, Adriano Paes da Silva, «Excepção de Contrato Não Cumprido (*Exceptio Non Adimpleti Contractus*)», *BMJ*, 67, 1957, p. 17 e ss.

Ventura, Raúl, «Acordos de Voto», *Estudos Vários sobre Sociedades Anónimas*, Almedina, Coimbra, 2003 (reimpressão de 1992).

Viandier, Alain, *OPA, OPE et autres offres publiques*, 3.ª edição, Éditions Francis Lefebvre, Levallois, 2006.

Whish, Richard, *Competition Law*, 6.ª edição, Oxford University Press, Oxford, 2008.

Wymeersch, Eddy, «The Mandatory Bid: A Critical View», *European Takeovers, Law and Practice*, Butterworths, Londres, 1992, p. 351 e ss.

Xavier, Vasco Lobo, «A validade dos "sindicatos de voto" no direito português constituído e constituendo», *ROA*, 1985, n.os 1 a 3, p. 639 e ss.

ÍNDICE

VOLUME I

Introdução 5
José Lebre de Freitas, *Uma Nota Pessoal* 7
Curriculum vitae científico, profissional e pedagógico de Carlos Manuel Figueira Ferreira de Almeida 9
Plano da obra 39

I
Direito Comparado

Catarina Botelho, Lost in Translations – *A crescente importância do Direito Constitucional Comparado* 49

Maria Helena Brito, *A utilização do método comparativo em direito internacional privado. Em especial, o problema da qualificação* 103

João Caupers, *Carlos Ferreira de Almeida, comparatista* 135

Ana Rita Gil, *Novo Mundo / Velha Europa – A Comparação do Direito da Imigração no Canadá e na União Europeia* 153

José Manuel Meirim, *Os grupos organizados de adeptos: comparação entre as ordens jurídicas portuguesa e espanhola* 185

II
Direito Económico

Marisa Apolinário, *A regulação do sector do gás natural em Portugal: presente e futuro* 231

TIAGO DUARTE, Treaty Claims, Contract Claims e Umbrella Clauses na Arbitragem Internacional de Protecção de Investimentos 259

ANTÓNIO PEDRO FERREIRA, O reenquadramento do exercício da actividade seguradora no início do século XXI – Antecedentes próximos e perspectivas de evolução 301

LUÍS COUTO GONÇALVES, O Acordo de Londres no âmbito da patente europeia 379

ARMINDO SARAIVA MATIAS, Regulação bancária: conceito e tipologia 399

PAULO DE SOUSA MENDES, A orientação da investigação para a descoberta dos beneficiários económicos e o sigilo bancário 413

LUÍS MÁXIMO DOS SANTOS, O Conselho Nacional de Supervisores Financeiros 425

CLÁUDIA TRABUCO e MARIANA FRANÇA GOUVEIA, A arbitrabilidade das questões de concorrência no direito português: the meeting of two black arts 443

III
Direito do Consumo

JORGE MORAIS CARVALHO, Reflexão em torno dos contratos promocionais com objecto plural 499

MARIA ANTONIETA GÁLVEZ KRÜGER, O consumidor de referência para avaliar a deslealdade da publicidade e de outras práticas comerciais ... 521

ADELAIDE MENEZES LEITÃO, Práticas comerciais desleais como impedimento à outorga de direitos industriais? 549

ALEXANDRE SOVERAL MARTINS, A transposição da directiva sobre práticas comerciais desleais (Directiva 2005/29/CE) em Portugal 569

SOFIA OLIVEIRA PAIS, O critério do bem-estar dos consumidores no contexto da renovação do direito comunitário da concorrência 587

IV
Direito dos Valores Mobiliários

PAULO CÂMARA, Os Fundos de Investimento 631

NUNO CASAL, Contratos sobre divisas (fx) e instrumentos financeiros (o caso especial dos rolling spot forex contracts) 651

CAROLINA CUNHA, *Valores mobiliários vs. letras e livranças: virtudes de um confronto pouco usual* 673

AMADEU FERREIRA, *Um Código dos Instrumentos Financeiros? Algumas notas soltas* 701

VÍTOR NEVES, *Delimitação dos votos relevantes para efeitos de constituição e de exigibilidade do dever de lançamento de oferta pública de aquisição* 711

FREDERICO DE LACERDA DA COSTA PINTO, *Intermediação excessiva* 755

FLORBELA DE ALMEIDA PIRES e FILIPE SANTOS BARATA, *Obrigações sobre o sector público – Alguns problemas* 789

ANTÓNIO SOARES e RITA OLIVEIRA PINTO, *Os deveres do órgão de administração da sociedade visada na pendência de uma Oferta Pública de Aquisição* 861

MAGDA VIÇOSO, *Os acordos de concertação dirigidos ao domínio de sociedades abertas* 879